Robert Fricke

Vorlesungen über die Theorie der automorphen Funktionen

Robert Fricke

Vorlesungen über die Theorie der automorphen Funktionen

ISBN/EAN: 9783743312265

Hergestellt in Europa, USA, Kanada, Australien, Japan

Cover: Foto ©Paul-Georg Meister /pixelio.de

Manufactured and distributed by brebook publishing software
(www.brebook.com)

Robert Fricke

Vorlesungen über die Theorie der automorphen Funktionen

VORLESUNGEN ÜBER DIE THEORIE

DER

AUTOMORPHEN FUNCTIONEN

VON

ROBERT FRICKE UND FELIX KLEIN
IN BRAUNSCHWEIG · IN GÖTTINGEN

ZWEITER BAND

DIE FUNCTIONENTHEORETISCHEN AUSFÜHRUNGEN
UND DIE ANWENDUNGEN

MIT 114 IN DEN TEXT GEDRUCKTEN FIGUREN

LEIPZIG UND BERLIN

DRUCK UND VERLAG VON B. G. TEUBNER

1912

Vorrede.

Fast 15 Jahre sind dahingegangen, seit der erste Band dieses Werkes zum Abschluss und zur Herausgabe gelangte; und es bedarf der Begründung, warum erst jetzt, so lange Zeit später, der zweite das Werk abschliessende Band folgt. Mit den allgemeinen Vorarbeiten zum zweiten Bande hatte ich alsbald nach Vollendung des ersten begonnen, hatte auch 1901 eine erste Lieferung herausgegeben, in der ich die Existenz der automorphen Functionen, die Theorie der automorphen Formen und diejenige der Poincaré'schen Reihen einer ausführlichen Behandlung unterzog. Aber in den darauf folgenden Jahren wurden öfter wiederholte Ansätze, das Werk durch den Abschluss zu krönen, immer wieder durch zeitraubende amtliche Verpflichtungen, in welche ich mich neu einzuarbeiten hatte, unterbrochen; und ich habe Jahre lang die Befürchtung gehegt, dass der grosse mit Klein's „Vorlesungen über das Ikosaeder" beginnende Publicationsplan noch in seiner letzten Etappe einer aussichtslosen Stockung zum Opfer fiele.

Indessen ist hier von selbst aus der Noth eine Tugend geworden. Denn um die Mitte des verflossenen Jahrzehntes setzte vor allen in den ausgezeichneten Untersuchungen P. Koebe's eine neue Entwicklung in der Behandlung der Fundamentaltheoreme über der Existenz eindeutig umkehrbarer polymorpher Functionen auf Riemann'schen Flächen ein, eben der Gegenstand, welchem der noch fehlende Theil dieses Werkes vornehmlich gewidmet sein sollte. Das lebhafte Interesse, welches diese Entwicklung erregte, gab mir den Ansporn, jetzt mit aller Kraft an die Vollendung des Werkes zu gehen, um so mehr, als ich ja nun durch Koebe's Ergebnisse in den Stand gesetzt war, dem Werke einen weit befriedigenderen Abschluss zu verleihen, als dies vor einem Jahrzehnt möglich gewesen wäre.

In dieser letzten Entwicklungsperiode des vorliegenden Werkes hat sich noch einmal dieselbe Wendung wiederholt, welche vor 30 Jahren Klein's eigene Arbeiten über automorphe Functionen beherrschte. Die große Reihe jener Arbeiten, in denen Klein die ausführliche Theorie der elliptischen Modulfunctionen geschaffen und die Theorie der elliptischen Functionen um beziehungsreiche Ausblicke bereichert hatte, lag

a*

schon ein wenig zurück. In natürlicher Fortentwicklung war Klein an die allgemeinen eindeutigen Functionen mit linearen Transformationen in sich (automorphen Functionen) herangegangen, eben um jene Zeit, als zugleich Poincaré, der Anregung Hermite's und der Fuchs'schen Arbeiten über Differentialgleichungen folgend, zu demselben Gegenstande gelangt war. In einer durch die fördernde persönliche Beziehung beider Forscher zu einander höchst fruchtbar und lebendig gestalteten Entwicklung gelangten beide alsbald an die Fundamentaltheoreme über die Existenz polymorpher Functionen heran; und es gelang Klein, das Rückkehrschnitttheorem, sodann das Grenzkreistheorem für beliebiges Geschlecht *p*, sowie endlich im Abschnitt IV seiner grossen Arbeit im Bde. 21 der Math. Annalen pg. 141 ff. aus dem Herbst 1882 ein allgemeines Fundamentaltheorem aufzustellen, das den Gipfelpunkt der damaligen Entwicklung bildet.

Aber mit abschliessenden Beweisen dieser Theoreme sah es damals noch recht ungünstig aus. Zwar hatten Klein und Poincaré unabhängig von einander Beweisansätze auf Grund von Continuitätsbetrachtungen entwickelt; ersterer hatte diesen Ansatz sogleich im Falle seines allgemeinsten Theorems skizziert, und Poincaré hatte bereits ein Jahr später wenigstens in dem einfachsten Falle des Grenzkreistheorems den Continuitätsbeweis in bewunderungswürdiger Weise vertieft. Aber auch in diesem engeren Gebiete konnte man von einem völlig befriedigenden Abschluss kaum sprechen: und bei den übrigen Theoremen Klein's war die wirkliche Durchführung des Continuitätsbeweises überhaupt nicht versucht.

Für Klein selbst trat ein äusseres Hinderniss dadurch ein, dass sein Gesundheitszustand in Folge hochgradiger Überarbeitung im Jahre 1882 ein so bedenklicher wurde, dass er die Fortführung seiner Untersuchungen zunächst vollständig unterbrechen musste. Vor allem aber ist kein Zweifel, dass die damalige Zeit für die Gewinnung exacter Beweise der Fundamentaltheoreme innerlich noch unreif war. Man vergegenwärtige sich die damalige Zeitrichtung; man erinnere sich z. B. der geistreichen und bewunderten Denkweise der Arbeiten Klein's. Getragen von einer lebendigen Intuition hatte diese Denkweise die vielfach einander entfremdeten verschiedenen Disciplinen der Mathematik durch Herausarbeitung ihrer inneren Verwandtschaft neu befruchtet und auf diese Weise schon durch den bedeutenden Umfang des Interessengebietes zu einer grossen Reihe von Schöpfungen geführt, die sich durch Beziehungsreichthum und harmonische Abrundung auszeichnen. Ich meine, dass man nicht wegen der schliesslich vorliegenden äusseren Form, sondern vor allem wegen der inneren Ideengänge dieser Schöp-

fungen von einer „ästhetisierenden" Richtung der neueren Mathematik
sprechen darf, und ich glaube, dass diese Richtung eine ihrer schönsten
Blüthen in Kl__n s Arbeit über Transformation siebenten Grades der
elliptischen Functionen (Math. Ann. Bd. 14, 1878) getrieben hat. Die
Aufstellung der Fundamentaltheoreme hatte zur Schranke dieser Periode
geführ_, und die Gewinnung exacter Beweise für dieselben lag bereits
jenseits der Schranke.

Aber was damals nicht gelang, hat die Zwischenzeit von selbst erfüllt. Eine neue Entwicklungsperiode, die in den Anfängen ihren vornehmlich „kritisierenden" Charakter bereits durch ihre Neigung zur Prin-
cipienforschung bekundete, setzte nun ein. Weierstrass' Tradition gab
zunächst den Arbeiten der französischen Mathematiker neue Anregungen,
und hüben wie drüben war es weiterhin vornehmlich G Can_or's Schöpfung
der Mengenlehre, welche immer tieferen Einfluss auf die Fortentwicklung
der Mathematik gewann. Eine Reihe ausgezeichneter Arbeiten E Picard's
und eine grosse Abhandlung Poincaré's brachten in den neunziger Jahren
einen ersten directen und erschöpfenden Beweis des Grenzkreistheorems,
und einen weiteren, ganz der neuen Periode angehörenden Beweis dieses
Theorems gab Poincaré 1907. Vor allem aber gelangte nun die mit
frischer Kraft ausgestattete junge Generation, welche der neuen Periode
die Impulse für ihre Lebensarbeit entnahm, an die Fundamentaltheoreme
heran. Allen voran hat P. Koebe in mehrjähriger Arbeit alle Theoreme
Klein's nach einheitlicher auf den Gebrauch der sogenannten Überlagerungsfläche beruhender Methode bewiesen; und allerneuestens gelten
die Bemühungen Koebes und des durch seine mengentheoretischen
Arbeiten rühmlichst bekannten L. E. J. Bouwer der Sicherstellung
jenes ursprünglichen Beweises auf Grund von Continuitätsbetrachtungen.

Diese Untersuchungen Bouwer's und Koebe's befinden sich eben
noch in voller Entwicklung, worüber die Verhandlungen auf der letzt-
jährigen Naturforscherversammlung in Karlsruhe ein lebendiges Bild
ergaben. Ich habe nicht für zweckmässig gehalten, den Abschluss
dieser Untersuchungen abzuwarten, sondern glaube, dass eben jetzt, wo
die allgemeine Aufmerksamkeit aufs neue sich diesen Entwicklungen
zugewandt hat, der richtige Augenblick für die Beendigung und Herausgabe des vorliegenden Werkes gekommen ist. Die Stellung, welche ich
gegenüber den Fundamentaltheoremen eingenommen habe, ist demnach
die folgende. Dem Programm getreu, welches ich in der ersten Lieferung (pg. 45 u. f.) aufstellte, habe ich die Beweise des Grenzkreis-, des
Hauptkreis- und des Rückkehrschnittheorems im Anschluss an Koebe's
Untersuchungen auf Grund der Methode der Überlagerungsfläche behandelt, auch eine Skizze des von Koebe herrührenden „iterierenden

Verfahrens" gegeben und dessen Verwerthung beim Beweise des allgemeinsten Klein'schen Theorems bezeichnet. Demgegenüber habe ich in dem Kapitel über den Continuitätsbeweis von vornherein auf abschliessende Allgemeinheit der Darstellung verzichtet und bin dafür um so lieber (vornehmlich auf Grund eigener Untersuchungen) auf eine ausführliche descriptive Behandlung der Gruppen- und Flächencontinua eingegangen, aus welcher dann die Richtigkeit des Continuitätsbeweises in niederen der unmittelbaren Betrachtung zugänglichen Fällen intuitiv einleuchtend erschien.

Es gehört demnach das Kapitel über den Continuitätsbeweis seinem Wesen nach durchaus jener oben gekennzeichneten Denkweise an, in welcher das ganze Werk wurzelt. Auch in der als Anhang angefügten Entwicklung habe ich noch einmal zu dieser Denkweise zurückkehren wollen. Ich behandele hier theilweise unter Benutzung einer älteren Arbeit Wiman's ein specielles Kapitel aus der Transformationstheorie der automorphen Functionen, welches berufen scheint, auf interessante Art in die allgemeine Theorie der Gleichungen sechsten Grades einzugreifen. Neben den Anwendungen der Theorie der automorphen Functionen auf die grossen die Riemann'sche Theorie der algebraischen Functionen abschliessenden Fundamentaltheoreme mögen auch diese Anwendungen der Beachtung würdig erscheinen. Sie führen uns zurück zu der Tradition der „Vorlesungen über das Ikosaeder und die Auflösung der Gleichungen vom fünften Grade" und eröffnen neue Perspectiven für das Eingreifen der transcendenten Functionentheorie in die überkommenen Probleme der Algebra. —

Der Zweck der vorliegenden Zeilen soll nun auch der sein, dass ich der Empfindung des Dankes für mannigfache mir gewordene Unterstützung und Anregung Ausdruck verleihe. In allererster Linie gilt Herrn Geheimrath Klein mein herzlichster Dank. Was über die Entstehung des ganzen Werkes, das Klein's und meinen Namen zusammen trägt, zu sagen ist, habe ich bereits in der Vorrede zum ersten Bande ausgesprochen und brauche es hier nicht zu wiederholen. Es ist ja nur natürlich, dass für mich eine sich über so viele Jahre hinziehende Arbeit nur dadurch immer wieder neuen Reiz gewann, dass sie sich zu einer selbständigen gestaltete. Aber Klein hat trotz vielfältiger Ablenkung durch anderweitige Interessen die Fortentwicklung des Werkes die lange Zeit seiner Entstehung hindurch mit unverminderter Lebhaftigkeit verfolgt. Zugleich hat Klein abgesehen von dem Kapitel über die Continuitätsmethode jeden Correcturbogen durchgesehen und mir hierbei eine grosse Zahl werthvoller Bemerkungen mitgetheilt. Speciell für den zweiten Band ist Klein's Einfluss abgesehen von dem, was aus seinen ursprünglichen Arbeiten aus dem Anfang der achtziger Jahre folgte, besonders nach zwei Richtungen hin massgeblich geworden. Erstlich hat in den neunziger Jahren der so früh verstorbene E. Ritter im Anschluss an Vorlesungen von Klein und unter seiner Führung die Theorie der automorphen Formen und der Poincaré'schen Reihen auf eine neue Basis gebracht, die für die erste 1901 erschienene Lieferung des vorliegenden Bandes bestimmend wurde. Fürs zweite hat Koebe während der Zeit seines Göttinger Aufenthaltes mehrere Semester hindurch den Seminarvorträgen Klein's beigewohnt und ist hierdurch, sowie auch im übrigen durch den anregenden Verkehr mit Klein im vollen Umfange für die Beweise der Fundamentaltheoreme gewonnen worden. Die Bedeutung dieser Entwicklung für den vorliegenden Band habe ich oben bereits gekennzeichnet. Das nun abgeschlossene Werk beendet zugleich den ganzen Publicationsplan, an welchen ich, einer Aufforderung Klein's folgend, im Herbst 1887 mit der Bearbeitung der Modulfunctionen herantrat. Ich darf mich gewiss des Erfolges freuen, dass ich diesen weitreichenden Plan wenn auch fast ein Vierteljahrhundert später in herzlicher Freundschaft und enger wissenschaftlicher Beziehung zu Klein zu Ende bringen konnte.

Nächst Klein sind es die glänzenden Arbeiten und Ideen Herrn Poincaré's, denen ich die allermannigfachste Anregung verdanke. Ich will ja auch hier nicht wiederholen, was ich schon in der Vorrede zum ersten Bande über die bewundernswerthen Schöpfungen des genialen französischen Mathematikers ausgesprochen habe. Ohnehin wird ja der Leser des Buches Poincaré's Namen aufs vielfältigste anerkannt finden. Aber ich will doch noch einen Dank mehr persönlicher Art abstatten. Meine eigenen Untersuchungen haben vielfach den arithmetischen Gesetzen der Gruppen gegolten; und ich glaube, dass der Leser insbesondere des allerletzten Kapitels den Eindruck gewinnen wird, dass auf diesem Gebiete nicht unschöne Entwicklungen entstanden sind. Poincaré's Arbeit über die zu den indefiniten ternären quadratischen Formen gehörenden Gruppen aus dem Jahre 1887 ist es gewesen, der ich die erste Anregung verdanke, dass ich in dieser Richtung vor etwa 20 Jahren vorgegangen bin.

Herr L. E. J. Brouwer hatte die Güte mir sein grundlegendes Theorem über die Invarianz der Dimensionenanzahl noch vor Veröffentlichung desselben brieflich mitzutheilen. Die grosse Bedeutung dieses Theorems für die Durchführung des allgemeinen Continuitätsbeweises hat Brouwer selbst in einer höchst interessanten, in den diesjährigen Göttinger Nachrichten erscheinenden Note besprochen. Als ich im Herbst 1910 mit der Correctur des die Continuitätsmethode behandelnden Capitels beschäftigt war, wurde ich durch die sehr freundliche Mittheilung Brouwer's über sein genanntes Theorem gerade noch in den Stand gesetzt, auf diese höchst wichtige Wendung in der Fortentwickelung der Continuitätsmethode hinweisen zu können (cf. pg. 413)

Mit lebhaftestem Interesse und verbindlichstem Danke habe ich stets die vielfachen schriftlichen und persönlichen Mittheilungen aufgenommen, durch die mich Herr Prof. Koebe über die raschen Fortschritte seiner ausgezeichneten Untersuchungen auf dem Laufenden hielt. Ganz besonders aber möchte ich anerkennen, daß Herr Koebe gelegentlich meiner letzten Anwesenheit in Leipzig noch am Abend der glänzenden Centenarfeier unserer hochverehrten Verlagsfirma B. G. Teubner zu einer Zeit, als ich gerade mit Koebe's Arbeiten im Zusammenhange beschäftigt war, in einer mehrstündigen Unterhaltung eine grössere Reihe von Punkten mit mir besprach, über welche mir eine persönliche Bezugnahme erwünscht erschien.

Da Herr Geheimrath Klein durch anderweitige Verpflichtungen an der Mitcorrectur des Capitels über die Continuitätsmethode verhindert war, so ist es mir eine besondere Freude gewesen, dass ich durch seine Vermittelung die wirksame Unterstützung des Herrn Dr. Bieberbach bei der Correctur jenes Capitels gewann. Meinem Wunsche entsprechend hat alsdann Herr Bieberbach neben Klein und mir auch noch eine Correctur der beiden folgenden Capitel über das Hauptkreis- und das Grenzkreistheorem, sowie über das Rückkehrschnitttheorem gelesen. Ich bin Herrn Dr. Bieberbach aufs Herzlichste für das grosse Opfer verbunden, das er mir gebracht hat. Seiner ausgezeichneten Kenntniss der modernsten Functionentheorie und seiner überaus sorgfältigen Correctur danke ich eine große Reihe werthvoller Bemerkungen.

Und nun habe ich zum Schluss noch einen ganz besonderen Dank abzustatten. Es war gewiss eine schwierige Zumuthung, dass dieses Buch in einer Reihe von Lieferungen und mit langen Unterbrechungen zum Druck gegeben wurde. Aber unsere hochgeachtete Verlagsfirma hat es das Buch nicht entgelten lassen: mit bekannter Liberalität ist sie meinen Wünschen stets in förderndster Weise entgegengekommen und hat dem Buche eine technisch vollendete Gestalt gegeben. So möge nun das Buch unter der bewährten Führung der Firma B. G. Teubner seinen Weg in die grosse Welt antreten, möge an seinem Theile mitwirken zur Förderung und Verbreitung unserer schönen Wissenschaft, möge Leser finden, in denen sich die Freude und Hingebung wiederspiegelt, die wir bei seinem Werden empfunden haben.

Braunschweig, den 20. Februar 1912.

Robert Fricke.

Inhalts-Verzeichniss.

Erster Abschnitt.

Engere Theorie der eindeutigen automorphen Functionen einer Veränderlichen.

Erstes Kapitel.

Begriff, Existenz und Grundeigenschaften der automorphen Functionen.

Zweites Kapitel.

Formentheoretische Ausführungen für automorphe Gebilde des Geschlechtes null.

Drittes Kapitel.

Theorie der Poincaré'schen Reihen mit besonderen Ausführungen für die Gebilde des Geschlechtes null.

Viertes Kapitel.
Die automorphen Formen und ihre analytischen Darstellungen bei Gebilden beliebigen Geschlechtes.

Zweiter Abschnitt.
Fundamentaltheoreme über die Existenz polymorpher Functionen auf Riemann'schen Flächen.

Erstes Kapitel.
Continuitätsbetrachtungen im Gebiete der Hauptkreisgruppen.

Zweites Kapitel.

Beweis des Hauptkreis- und des Grenzkreistheorems.

Zweiter Band.

Theorie und Anwendung der eindeutigen automorphen Functionen einer Veränderlichen.

Im ersten Bande der vorliegenden Vorlesungen ist der Begriff der *eigentlich discontinuierlichen Gruppen linearer Substitutionen einer complexen Variabelen* ζ zunächst in geometrischer, gruppentheoretischer und arithmetischer Hinsicht der Untersuchung unterzogen. Wir haben dabei in den Polygon- bez. Polyedernetzen der einzelnen Gruppe ein wichtiges Attribut derselben erkannt, um einmal die Beschaffenheit der einzelnen Gruppe zu verstehen, sowie um einen sachgemässen Überblick über alle existierenden Gruppen unserer Art zu gewinnen.

Die Betrachtung der functionentheoretischen Bedeutung unserer Gruppen soll uns jetzt zu dem centralen Begriffe hinführen, welcher unsere weiteren Ausführungen beherrscht. Ist eine einzelne Gruppe Γ vorgelegt, so fragen wir nach *Functionen* $z = \varphi(\zeta)$, *welche ihren Wert nicht ändern, falls man auf das Argument ζ eine Substitution jener Gruppe ausübt.* Für diese Functionen $\varphi(\zeta)$ ist die Benennung „*linear-automorphe*" oder kurz „*automorphe*" *Functionen* gebräuchlich geworden.

Die zur einzelnen Function $z = \varphi(\zeta)$ inverse Function $\zeta = f(z)$ wird entsprechend die Eigenschaft haben, *dass sie bei geschlossenen Umläufen der Variabelen z in lineare Functionen:*

$$\zeta' = \frac{\alpha\,\zeta + \beta}{\gamma\,\zeta + \delta}$$

ihrer selbst übergeht. Eine solche Function $\zeta = f(z)$ soll demgemäss als eine „*linear-polymorphe*" oder kurz „*polymorphe*" *Function* bezeichnet werden.

Der erste Abschnitt wird sich mit der Theorie der automorphen Functionen für eine gegebene Gruppe Γ beschäftigen. Wir werden hierbei, wie auch schon in den „Vorlesungen über Modulfunctionen" ausgedehnten Gebrauch von *formentheoretischen* Betrachtungen machen. Indem wir übrigens bei Entwicklung des Begriffs der automorphen Functionen an die ausgebildete Theorie der analytischen, speciell der

algebraischen Functionen anknüpfen, werden wir genötigt sein, unsere
Betrachtungen auf *Polygongruppen* einzuschränken, d. h. diejenigen
Gruppen Γ auszuschliessen, die erst im Innern des ζ-Halbraumes (und
nicht schon in der ζ-Ebene) eigentlich discontinuierlich sind.

Die weiteren Abschnitte werden Anwendungen der Theorie der
automorphen Functionen auf algebraische Functionen behandeln, sowie
auf sonstige bei Riemann'schen Flächen in Betracht kommende
Functionen und Functionssysteme. Grundlegend werden in dieser Hinsicht mehrere *fundamentale Theoreme über Existenz linear-polymorpher
Functionen auf gegebenen Riemann'schen Flächen* sein. Die Frage-
stellungen, deren Beantwortung durch diese Theoreme geliefert wird,
sollen uns sehr bald (nämlich in § 11 des ersten Kapitels) beschäftigen.
Diese Existenztheoreme werden uns eine ebenso interessante wie ausgedehnte Erweiterung unserer functionentheoretischen Kenntnisse vermitteln; und sie werden uns andrerseits gestatten, die Theorie der
algebraischen Gebilde durch Verwertung der geometrisch-functionen-
theoretischen Anschauungen und Hilfsmittel, die in Bd. I und im
ersten Abschnitte des vorliegenden Bandes entwickelt werden, nach
verschiedenen Richtungen hin wesentlich weiter zu bilden.

Erster Abschnitt.

Engere Theorie der eindeutigen automorphen Functionen einer Veränderlichen.

Erstes Kapitel.

Begriff. Existenz und Grundeigenschaften der automorphen Functionen.

Der Begriff der automorphen Functionen einer gegebenen Gruppe ist zunächst noch etwas genauer zu umgrenzen, und es wird sich alsdann für uns vor allem um den Beweis der Existenz solcher Functionen handeln. Wir stützen uns hierbei auf die in „M." I pg. 508 ff. auseinandergesetzten Principien, vermöge deren *Schwarz* und *Neumann* die allgemeinen *Riemann'schen Existenztheoreme* begründeten. Dabei wird sich zugleich ergeben, dass die verschiedenen automorphen Functionen, welche wir bei einer und derselben Gruppe gewinnen werden, durch algebraische Relationen an einander geknüpft sind. Wir finden solchergestalt für jede Gruppe ein zugehöriges *algebraisches Gebilde*, ein Umstand, der für den Aufbau unserer Theorie fundamental sein wird. Alle diese grundlegenden Entwicklungen basieren übrigens wieder auf dem Gebrauche eines *Discontinuitätsbereiches* der Gruppe; dieses im ersten Bande in ausgedehntester Weise benutzte Gebilde wird demnach auch hier für die functionentheoretischen Untersuchungen eines der hauptsächlichsten Hilfsmittel werden.

§ 1. Begriffsbestimmung der automorphen Functionen.

Die reguläre Einteilung der ζ-Ebene, welche zu einer vorgelegten Polygongruppe erster Art gehört, besteht entweder aus einem oder aus zwei oder aus unendlich vielen Polygonnetzen N [cf. I pg. 164*)]. Ein einzelnes dieser Netze greifen wir auf; es bestehe aus den Poly-

---

*) Citate auf den ersten Band des vorliegenden Werkes sollen in der im Texte befolgten Weise gegeben werden; Stellenangaben mit blosser Seitennummer beziehen sich auf den vorliegenden zweiten Band.

gonen P_0, P_1, P_2, $\cdots$. Die Substitutionen, durch welche P_0 in P_0, P_1, P_2, $\ldots$ übergeführt wird, nennen wir $V_0 = 1$, V_1, V_2, $\cdots$. Die letzteren bilden in ihrer Gesamtheit eine Gruppe $\varGamma$, welche entweder mit der vorgelegten Polygongruppe $\varGamma$ identisch ist oder eine Untergruppe derselben darstellt.

Ist das Letztere der Fall, so legen wir der nachfolgenden Betrachtung an Stelle der ursprünglichen Gruppe die in ihr enthaltene Gruppe $\varGamma$ der Substitutionen V_0, V_1, V_2, $\ldots$ zu Grunde. Die hierin liegende Beschränkung ist, wie wir weiter unten erkennen werden, nur eine *unwesentliche*.

Dagegen bedeutet es eine *wesentliche* Einschränkung, wenn wir hinfort annehmen, *dass das einzelne Polygon P_0 „endlich" viele Seiten hat*, oder was auf dasselbe hinausläuft, *dass die Gruppe $\varGamma$ aus „endlich" vielen Erzeugenden hergestellt werden kann*. Diese Beschränkung erscheint mit Rücksicht auf unsere functionentheoretischen Hilfsmittel geboten. Übrigens hatten wir auch in Bd. I bei jeder ausführlicheren Betrachtung der Gruppen die gleiche Beschränkung eintreten lassen.

Wegen der Gestalt des Polygones P_0 und des zugehörigen Netzes N gelten weiterhin alle Haupttheoreme aus I. als bekannt. Wir dürfen annehmen, dass die Seiten von P_0 ausschliesslich Vollkreise bez. Kreisbogen sind. P_0 möge n Cyclen „fester" Ecken haben, und die aus P_0 durch Zusammenbiegung einander zugeordneter Randcurven entstehende geschlossene Fläche F möge das Geschlecht p besitzen. Wie in I. erteilen wir alsdann dem Polygon P_0 und damit der Gruppe $\varGamma$ den „Charakter" (p, n). Das Polygon P_0 als solches kann, auch wenn p beliebig gross ist, einen einfach zusammenhängenden Bereich darstellen; dies wird insbesondere stets gelten, falls das zugehörige Netz N eine und nur eine Grenzcurve besitzt.

Das Ausgangspolygon P_0 ist entweder mit dem Discontinuitätsbereich von $\varGamma$ identisch oder stellt einen Teil desselben dar. Es ist demnach die Benennung „Discontinuitätsbereich", welche in I. einen gruppentheoretisch-geometrischen Sinn besass, nicht mehr in jedem Falle zutreffend. Um eine einwurfsfreie Bezeichnung zu benutzen und um die grundlegende Bedeutung von P_0 für die folgenden functionentheoretischen Entwicklungen zu kennzeichnen, nehmen wir für P_0 hinfort die Benennung „*Fundamentalbereich*" auf und lassen übrigens der Kürze halber den Index 0 in der Bezeichnung P_0 weiterhin meist fort*).

Den Begriff des „Fundamentalbereichs" hat Klein bei seinen ersten Untersuchungen über Modulfunctionen in Bd. 11 der Mathem. Annalen pg. 133 (1878) eingeführt und späterhin in Bd. 21 der gleichen Zeitschrift pg. 141 ff. (1882) ganz allgemein definiert.

Nach diesen Vorbemerkungen gehen wir zu unserem eigentlichen Gegenstande. Ist irgend eine Gruppe von Transformationen einer oder mehrerer Variabelen gegeben, so ist es eine wohlbekannte mathematische Ideenentwicklung, dass man nach *Invarianten dieser Gruppe* sucht, d. i. nach solchen Functionen der Variabelen, die ihren Wert nicht ändern, falls man auf die Variabelen eine Transformation der Gruppe ausübt.

Bei Anwendung auf unsere Gruppe Γ gestalten wir diesen Gedanken in der Art weiter aus, dass wir den Begriff einer „*analytischen*" *Function* $\varphi(\zeta)$ *der complexen Variabelen* ζ bilden, *welche bei Ausübung jeder einzelnen Substitution* $V_k = \begin{pmatrix} \alpha_k, & \beta_k \\ \gamma_k, & \delta_k \end{pmatrix}$ *der Gruppe* Γ *auf ihr Argument* ζ *ihren Wert nicht ändert:*

$$(1) \qquad \varphi\left(\frac{\alpha_k \zeta + \beta_k}{\gamma_k \zeta + \delta_k}\right) = \varphi(\zeta), \qquad k = 0, 1, 2, 3, \ldots$$

Dies soll bedeuten, dass $\varphi(\zeta)$, von irgend einem Punkte des Ausgangspolygons bis zum homologen Punkte des Polygons P_k auf geeignetem Wege analytisch fortgesetzt, am Schlusse den Anfangswert wieder erreichen soll.

Um den aufgestellten Begriff zu einem nicht zu umfänglichen zu gestalten und weiter zu präcisieren, schreiben wir für die Function $\varphi(\zeta)$ noch ausdrücklich die Eigenschaften vor:

$\varphi(\zeta)$ *soll an keiner Stelle des Fundamentalbereichs einen wesentlich singulären Punkt besitzen;*

$\varphi(\zeta)$ *soll im Fundamentalbereich überall unverzweigt und eindeutig sein.*

Unter Vorbehalt der weiteren Erläuterung dieser Bedingungen erklären wir zunächst, *dass jede mit den geforderten Eigenschaften ausgestattete Function* $\varphi(\zeta)$ *als eine zur Gruppe* Γ *bez. zum Fundamentalbereiche* P *gehörende automorphe Function benannt werden soll.*

Die Bedeutung der letzten Forderungen werden wir aber in der Weise darlegen können, dass wir die *Gestalt der Potenzreihenentwicklung* aufweisen, welche $\varphi(\zeta)$ in der Umgebung der einzelnen Stelle ζ_0 des Fundamentalbereichs zulassen soll.

Liefert ζ_0 nicht gerade einen Randpunkt von P, so setzen wir:

$$(2) \qquad t = \zeta - \zeta_0 \quad \text{bezw.} \quad t = \frac{1}{\zeta},$$

je nachdem ζ_0 endlich oder ∞ ist. Es soll dann in der Umgebung dieser Stelle die Darstellung durch eine daselbst convergente Potenzreihe:

$$(3) \qquad \varphi(\zeta) = t^m (a_0 + a_1 t + a_2 t^2 + a_3 t^3 + \cdots)$$

gelten, wobei $a_0 \neq 0$ ist und m eine endliche ganze positive oder negative Zahl oder null bedeutet. Für $m > 0$ verhält sich $\varphi(\zeta)$ offenbar an der Stelle ζ_0 regulär, während bei $m < 0$ die Function $\varphi(\zeta)$ daselbst eine polare Unstetigkeit besitzt.

Dieser Ansatz wird unverändert gültig bleiben, falls ζ_0 einen von einer festen Ecke verschiedenen Randpunkt des Fundamentalbereichs darstellt. Was wir in diesem Falle unter der „Umgebung der Stelle ζ_0 des Fundamentalbereichs" zu verstehen haben, wird aus Darlegungen des nächsten Paragraphen hervorgehen. Einstweilen wolle man sich nur erinnern, dass jeder Randpunkt der fraglichen Art durch „erlaubte Abänderung" von P in einen inneren Punkt dieses Bereiches verwandelt werden kann.

Was endlich die festen Eckpunkte des Polygons P angeht, so dürfen wir nach i pg. 128 P so gewählt denken, dass dieselben ausschliesslich *elliptisch* oder *parabolisch* sind. Der einfachen Ausdrucksweise halber gestalten wir P des näheren so, dass bei der einzelnen solchen Ecke die beiden an sie heranragenden Polygonseiten einander

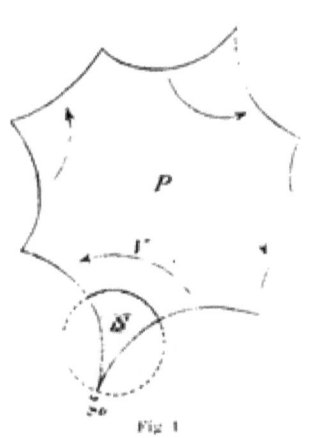

Fig. 1

durch die betreffende Erzeugende V zugeordnet sind; d. h. diese Ecke soll nicht mit anderen von ihr verschiedenen Ecken in einen Cyclus zusammengehören. Wir schneiden dann vermöge einer Bahncurve der fraglichen Substitution V an der in Rede stehenden Ecke einen kleinen Sector S vom Polygon P ab, wie dies im parabolischen Falle durch die beigefügte Figur 1 versinnlicht wird. *Diesen Sector S bezeichnen wir als die „Umgebung des festen Eckpunktes ζ_0 im Fundamentalbereiche"*.

Um die Darstellung von $\varphi(\zeta)$ in dieser Umgebung zu charakterisieren, handeln wir hier sogleich von der *Abbildung der fraglichen Umgebung auf die Fläche eines einfach und vollständig bedeckten Kreises*. Liegt eine elliptische Ecke ζ_0 vor, so bringt man die zugehörige Substitution $\zeta' = V(\zeta)$ auf die Gestalt:

$$(4) \qquad \frac{\zeta' - \zeta_0}{\zeta' - \zeta_0'} = e^{\frac{2i\pi}{l}} \frac{\zeta - \zeta_0}{\zeta - \zeta_0'},$$

wo ζ_0' der zweite Fixpunkt und l die Periode von V ist. Bei einer parabolischen Ecke ζ_0 haben wir entsprechend für V die Gestalt:

$$(5) \qquad \frac{1}{z' - z_0} = \frac{1}{z - z_0} + \gamma;$$

hier wird γ mit dem dritten Coefficienten in der ursprünglichen Gestalt $V = \begin{pmatrix} \alpha, & \beta \\ \gamma, & \delta \end{pmatrix}$ der Substitution identisch sein, falls man letztere in Übereinstimmung mit $\alpha + \delta = 2$ wählt. Jetzt wird die gedachte Umgebung der festen Ecke einfach durch:

$$(6) \qquad t = \left(\frac{z - z_0}{z - \bar{z}_0} \right)^l \quad \text{bezw.} \quad t = e^{\frac{2 i \pi}{\gamma} \cdot \frac{1}{z - z_0}}$$

in der t-Ebene auf die Fläche eines Kreises um den Nullpunkt $t = 0$ abgebildet*).

Die einzelne unserer automorphen Functionen $\varphi(\zeta)$ wird jetzt in der Umgebung jener Ecke vermöge des in (6) gegebenen t eine Entwicklung von der Gestalt (3) zulassen sollen, wo wieder $a_0 \neq 0$ und m endlich und ganzzahlig ist. Unsere Forderung kommt also einfach darauf hinaus, dass $\varphi(\zeta)$ als Function von t aufgefasst in der Umgebung von $t = 0$ regulär oder doch nur polar unstetig sein soll.

Durch die Forderung der Entwickelbarkeit in einer Reihe (3) an der einzelnen Stelle ζ_0 des Fundamentalbereichs sind die beiden an $\varphi(\zeta)$ zuletzt gestellten Bedingungen vollständig zum Ausdruck gebracht, sofern P einen *einfach* zusammenhängenden Bereich vorstellt. Ist dies nicht der Fall, so kann die Function $\varphi(\zeta)$, obschon sie unverzweigt ist, innerhalb P gleichwohl mehrdeutig sein; denn die Fortsetzung über solche in P verlaufende geschlossene Wege, die sich innerhalb dieses Bereiches nicht auf Punkte zusammenziehen lassen, braucht

---

*) Loxodromische und hyperbolische Ecken treten bei geschickter Auswahl des Polygons P, wie schon im Texte bemerkt wurde, nicht auf. Man hat von diesem Umstande nicht immer Gebrauch gemacht, vielmehr anfänglich auch Polygone mit Zipfeln der genannten Art zugelassen. Hierbei ist dann, wie man heute weiss, der Satz fundamental, dass zwar die Umgebung einer loxodromischen, nicht aber die einer hyperbolischen Ecke auf eine Kreisfläche abbildbar ist. Diese Ausnahmestellung der hyperbolischen Zipfel wurde jedoch anfangs nicht hinreichend beachtet, was gelegentlich zur Quelle von unrichtigen Auffassungen und Beweislücken wurde; cf. Comptes rendus, Bd. 93 pg. 582 (1881) und Mathem. Annalen Bd. 19 pg. 558 ff. (1881). Man sehe hierüber die ausführlichen Darlegungen von Klein in der Abhandlung „*Über den Begriff des functionentheoretischen Fundamentalbereichs*", Math. Ann. Bd. 40 pg. 130 (1891) oder auch die Erörterung in I pg. 143 ff.

nicht notwendig die anfänglichen Functionswerte zu reproducieren. Durch unsere Festsetzung sind jedoch derartige unverzweigte, aber mehrdeutige Functionen ausdrücklich ausgeschlossen.

§ 2. Herstellung eines zum Fundamentalbereich gehörenden Elementarpotentials zweiter Gattung.

Den Existenzbeweis der automorphen Functionen liefert Poincaré[*]) dadurch, dass er dieselben direct analytisch bildet; und zwar durch *Quotienten gewisser convergenter Reihen*, mit denen wir uns unten im dritten und vierten Kapitel ausführlich zu beschäftigen haben. Klein[**]) gründet seine parallel gehenden Betrachtungen auf die allgemeinen *Riemann'schen Existenztheoreme*, wo alsdann bei den genauen Nachweisen dieser Theoreme die Methoden von Schwarz und Neumann zur Geltung kommen, die wir bereits in „M." I pg. 508 ff. heranzuziehen hatten[***]). Diese Betrachtungen in „M." I bezogen sich auf eine geschlossene Riemann'sche Fläche. Hier tritt an deren Stelle unser Fundamentalbereich P. Es wird sich zeigen, dass dieser Unterschied ein unwesentlicher ist.

Wir untersuchen zunächst nicht complexe Functionen von $\zeta = \xi + i\eta$, sondern die reellen Bestandteile derselben, die für sich genommen *logarithmische Potentiale* darstellen. Für diese Potentiale gebrauchen wir allgemein die Bezeichnung $u(\xi, \eta)$. Dieselben besitzen die in „M." I pg. 504 ff. dargelegten Grundeigenschaften. Insbesondere sind sie eindeutig und eindeutig fortsetzbar innerhalb derjenigen Bereiche, für welche wir sie erklären, sowie im allgemeinen daselbst überall stetig. Doch werden wir sogleich auch mit Potentialen zu thun haben, die an einer vorgeschriebenen Stelle ζ_0 polar unstetig wie der reelle Bestandteil von $\frac{1}{\zeta - \zeta_0}$ werden.

---

[*]) Siehe insbesondere die Abhandlungen „*Mémoire sur les fonctions fuchsiennes*" und „*Mémoire sur les groupes kleinéens*", Acta math. Bd. 1 pg. 193 und Bd. 3 pg. 49 (1882 und 83), sowie die vorangehenden Noten Poincaré's in Bd. 93 und 94 der Comptes rendus (1881 und 82).

[**]) Man vergl. den Aufsatz „*Neue Beiträge zur Riemann'schen Functionentheorie*", Math. Ann. Bd. 21 pg. 141 (1882).

[***]) E. Ritter behandelt den Existenzbeweis der automorphen Functionen im Anschluss an Klein und zwar für das Geschlecht $p = 0$ in dem Aufsatze „*Die eindeutigen automorphen Formen vom Geschlechte null*", Math. Ann. Bd. 41 pg. 1 (1892), für beliebiges Geschlecht p in der Abhandlung „*Die multiplicativen Formen auf algebraischen Gebilden etc.*", Math. Ann. Bd. 44 pg. 349 (1893).

Die Herstellung geeigneter Potentiale $u(\xi, \eta)$ gründet sich erstlich auf die Lösung der sogenannten *Randwertaufgabe* („M." I pg. 510 und 513), welche direct nur für kreisförmige Bereiche durchgeführt wird, nämlich vermöge des Poisson'schen Integrals. Hierbei haben wir die Darstellung von „M." I erst noch in gewisser Hinsicht zu ergänzen.

Es spielen nämlich erstens die festen Ecken des Fundamentalbereichs P eine ähnliche Ausnahmerolle, wie in „M." I pg. 510 die Verzweigungspunkte einer mehrblättrigen Riemann'schen Fläche. Wir ziehen für die einzelne feste Ecke wieder einen dreieckigen Sector S heran, wie wir ihn im vorigen Paragraphen vermöge einer Bahncurve der zugehörigen Substitution V abschnitten (cf. Figur 1 pg. 6). Durch die in (6) pg. 7 erklärte Function t wird dieser Sector S auf eine Kreisfläche der t-Ebene abgebildet. Nachdem wir für diese Kreisfläche

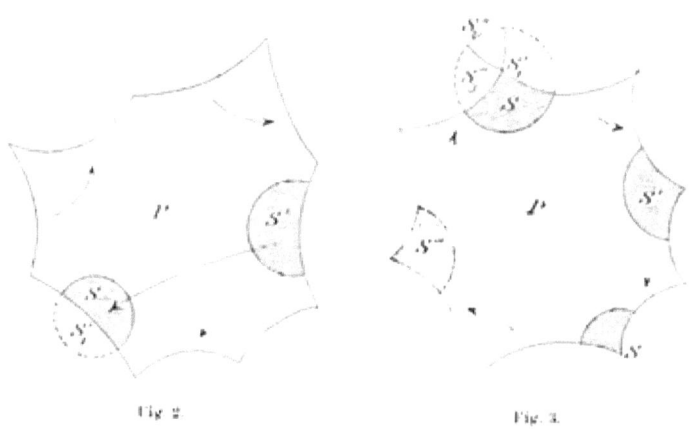

Fig. 2   Fig. 3.

die Randwertaufgabe gelöst haben, übertragen wir die Werte des gewonnenen Potentials rückwärts auf den Sector S. Für den Sector S ist somit die Randwertaufgabe in folgendem Sinne lösbar: Auf der durch die Bahncurve von V gelieferten Seite von S ist eine stetige Wertefolge in der Art aufgetragen, dass in den beiden Endpunkten dieser Seite gleiche Werte stattfinden. *Dann giebt es auf S ein und nur ein überall stetiges Potential $u(\xi, \eta)$ unserer Art, welches stetig in die aufgetragenen Randwerte übergeht, längs der beiden von der festen Polygonecke auslaufenden Seiten von S in correspondierenden Punkten gleiche Werte hat und bei Fortsetzung über eine dieser Seiten in dem zum benachbarten Polygon P_1 gehörenden entsprechenden Sector S_1 die äquicedente Werterteilung zu der in S aufweist.*

Wir betrachten zweitens eine Kreisfläche, die, ohne eine Ecke von P zu erreichen, über eine Seite dieses Polygons in ein benachbartes Polygon P_1 hineingreift. Die Kreisfläche wird durch diese Polygonseite in zwei zweieckige Sectoren S und S'_1 zerlegt, deren letzterer in P_1 liegen mag und mit dem Sector S' des Ausgangspolygons P äquivalent sein soll. In Figur 2 ist ein solches Sectorenpaar S, S' gezeichnet*).

Wir nehmen gleich auch noch den dritten Fall hinzu, dass eine Kreisfläche eine zufällige Ecke von P umschliesst. Ist dieser Eckpunkt im Polygonnetze insgesamt von ν Polygonen umgeben, so wird man den fraglichen Kreis sofort in ν dreieckige Sectoren S, S' .... $S^{(\nu-1)}$ des Fundamentalbereichs auseinanderlegen. Man veranschauliche sich dies an Figur 3 (pg. 9), wo $\nu = 4$ ist.

Wir fassen nun gleich beide Fälle zusammen, indem wir $\nu > 2$ nehmen. Auf diejenigen ν Sectorenseiten, welche von der ursprünglichen Kreisperipherie herrühren, trage man stetige Randwertfolgen in der Art auf, dass in je zwei correspondierenden Seitenendpunkten gleiche Werte vorliegen. *Dann giebt es in dem aus den ν getrennten Stücken S, S'...., $S^{(\nu-1)}$ bestehenden Bereiche ein und nur ein überall stetiges Potential $u(\xi, \eta)$, welches stetig in die aufgepflanzten Randwerte übergeht, in je zwei zugeordneten Punkten solcher Sectorenseiten, die von Seiten des Bereiches P herrühren, gleiche Werte annimmt und bei Fortsetzung über eine Seite dieser Art in dem daselbst anliegenden Sector $S_k^{(i)}$ des benachbarten Bereiches P_k dieselbe Werterverteilung annimmt, wie in dem mit $S_k^{(i)}$ äquivalenten Sector $S^{(i)}$ von P.*

Nunmehr setzt die „*Methode des Grenzüberganges durch alternierendes Verfahren*" ein (cf. „M." I pg. 511 und 514). Sind zwei zum Teil in Deckung befindliche Bereiche gegeben, und ist die Randwertaufgabe für jeden einzelnen dieser Bereiche lösbar, so gelingt auf Grund jener Methode die Lösung dieser Aufgabe auch für den aus den beiden gegebenen Bereichen durch Verschmelzung entspringenden neuen Bereich. Die Sectoren bezw. Sectorencyclen sind hierbei in der angegebenen Weise gerade so gut als Bereiche brauchbar, wie die in „M." I pg. 512 ff. gebrauchten Kreisscheiben.

Des näheren wird man bei der Composition der Bereiche etwa so verfahren, dass man zunächst den Rand von P vollständig mit Sectoren

---

*) Die „dem Fundamentalbereich angehörende" Umgebung eines von einer Ecke verschiedenen Randpunktes von P wird immer aus zwei in dieser Art einander correspondierenden Sectoren S, S' bestehen.

bedeckt. In Figur 4 ist dies für ein kanonisches Polygon von Charakter (0,4) ausgeführt. Zunächst sind an den vier festen Ecken Sectoren aufgelagert. Von diesen Ecken abgesehen haben wir noch weitere fünf Sectorencyclen: die zusammengehörenden Sectoren sind jedesmal mit derselben Nummer versehen. Für diesen gürtelförmigen Bereich würden die Randwerte längs des inneren, stark markierten Randes aufzutragen sein. In je zwei correspondierenden äusseren Randpunkten finden dann gleiche Werte $u(\xi, \eta)$ statt, und bei Fortsetzung über diesen Rand zeigt $u(\xi, \eta)$ das schon mehrfach ausgesprochene Verhalten, in Nachbarpolygonen eine mit P äquivalente Werteverteilung zu zeigen. Ist der Bereich P als solcher mehrfach zusammenhängend, so wird man natürlich zur Belegung des gesamten Randes mehrere Sectorenketten nötig haben.

Wir überdecken endlich zur Fortführung des alternierenden Verfahrens auch noch das gesamte Innere von P dachziegelartig mit Kreisscheiben und werden bei diesem Process stets mit *endlich* vielen Kreisscheiben und Sectoren ausreichen.

Übrigens müssen wir gerade wie in „M." I pg. 511 Sorge tragen, dass das schliesslich herauskommende Potential an einer beliebig wählbaren Stelle ζ_0 des Fundamentalbereichs unendlich wird, wie der reelle Bestandteil von $(\zeta - \zeta_0)^{-1}$. Hier gilt die Stelle ζ_0 als endlich und von einer festen Ecke verschieden; andernfalls müssten wir $(\zeta - \zeta_0)^{-1}$ durch ζ bezw. durch t^{-1} ersetzen, wo t durch die erste oder zweite Formel (6) pg. 7 gegeben ist. Wir erreichen das genannte Ziel, indem wir für alle an ζ_0 beteiligten Kreisscheiben bezw. Sectorencyclen an Stelle des überall endlichen Potentials immer dasjenige wählen, welches bei ζ_0 in vorgeschriebener Weise unstetig wird. In der That bekommt das am Schlusse entspringende Potential $u(\xi, \eta)$ selbst auf diese Weise an der Stelle ζ_0 den gewünschten Unstetigkeitspunkt; hierdurch aber

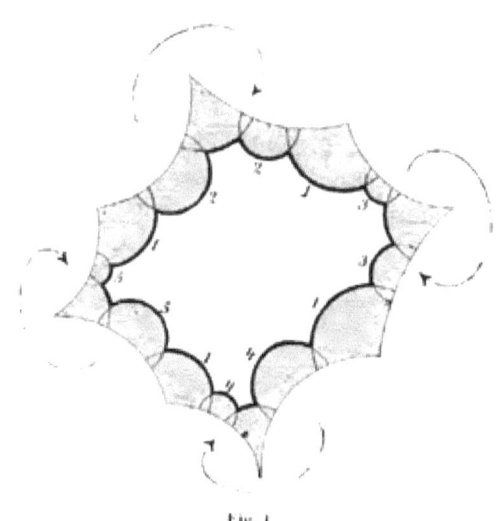

Fig. 4

ist die für die Weiterentwicklung erforderliche Gewähr dafür geschaffen, dass $u(\xi, \eta)$ nicht mit einer Constanten identisch ist.

Üben wir jetzt auf P und $u(\xi, \eta)$ alle Substitutionen der Gruppe Γ aus, so gewinnen wir für sämtliche Polygone $P, P_1, P_2, \ldots$ des Netzes eindeutig definierte Potentiale. Dabei ist es nun gerade der Erfolg des eingehaltenen Verfahrens, dass die analytische Fortsetzung des im einzelnen Polygon aufgetragenen Potentials über den Rand hin in ein benachbartes Polygon von selbst zu dem dort erklärten Potential hinführt. *Das Potential $u(\xi, \eta)$ ist für den gesamten Bereich des zusammenhängenden Netzes N der Polygone $P, P_1, P_2 \ldots$ eindeutig erklärt und zeigt die Haupteigenschaft der automorphen Functionen, in äquivalenten Punkten der Polygone $P, P_1, P_2, \ldots$ gleiche Werte zu besitzen: $u(\xi, \eta)$ ist ein „automorphes Potential".*

Wenn wir das so gewonnene Potential $u(\xi, \eta)$ als ein „zum Fundamentalbereiche P gehörendes Elementarpotential zweiter Gattung" bezeichnen, so ist diese Ausdrucksweise nach „M." I pg. 506 insofern gerechtfertigt, als $u(\xi, \eta)$ an einer und nur einer Stelle des Fundamentalbereichs in der oben bezeichneten Weise unstetig wird, sich also genau so verhält, wie auf der Riemann'schen Fläche ein zur Herstellung eines Integrals zweiter Gattung dienendes Elementarpotential.

§ 3. Herstellung automorpher Functionen der Gruppe Γ.

Es ist jetzt ein Leichtes, vom Elementarpotential zweiter Gattung $u(\xi, \eta)$ aus für unsere Gruppe Γ automorphe Functionen selber zu gewinnen. Wir bilden zunächst das zu $u(\xi, \eta)$ *conjugierte Potential* (cf. „M." I pg. 505):

$$(1) \qquad v(\xi, \eta) = \int_{(\xi_0, \eta_0)}^{(\xi, \eta)} \left(\frac{\partial u}{\partial \xi} \, d\eta - \frac{\partial u}{\partial \eta} \, d\xi \right),$$

wo wir die feste untere Grenze (ξ_0, η_0) etwa innerhalb P wählen und die Integrationsbahn gänzlich im Innern des Netzes verlaufen lassen.

Aus dem automorphen Charakter von $u(\xi, \eta)$ und der Conformität der Abbildung der verschiedenen Polygone des Netzes auf einander folgt nun zunächst nur erst, dass das Differential von v:

$$dv(\xi, \eta) = \frac{\partial u}{\partial \xi} \, d\eta - \frac{\partial u}{\partial \eta} \, d\xi$$

automorphen Charakter hat. Für $v(\xi, \eta)$ selber ergiebt sich dieser Charakter allgemein noch keineswegs, ja wir können, falls das Netz N einen mehrfach zusammenhängenden Bereich darstellt, nicht einmal auf die Eindeutigkeit von v schliessen. *Vielmehr wird sich das Potential $v(\xi, \eta)$ bei Fortsetzung von irgend einer Stelle bis zu einer äquivalenten Stelle oder (bei mehrfachem Zusammenhange des Netzes) bis zur Anfangs-stelle zurück, allgemein zu reden, nur erst bis auf eine reelle additive Constante reproducieren.*

Für die Fortsetzung der Untersuchung ist der Gebrauch der zum Fundamentalbereich P gehörenden geschlossenen Fläche F zweckmässig, deren Beziehung auf P und das Polygonnetz N wir bereits in I pg. 178 ff. erläuterten. Die geschlossenen Wege im Polygonnetze und ebenso die Wege zwischen äquivalenten Punkten in N ergaben auf F geschlossene Umläufe; und umgekehrt liefert der einzelne solche Umlauf auf F etwa von einer in Betracht kommenden Stelle des Ausgangspolygons P aus einen eindeutig bestimmten Weg der gekennzeichneten Arten in N, wenn man nur diejenigen n Stellen auf F meiden will, welche den festen Ecken von P correspondieren. Für diese Stellen nehmen wir übrigens die im ersten Bande gebrauchte Bezeichnung $e_1, e_2, \ldots, e_n$ wieder auf.

Wir überzeugen uns nunmehr leicht, *dass ein auf F geschlossener Umlauf, der sich auf einen Punkt zusammenziehen lässt, im Polygonnetz stets einen Weg mit verschwindendem Integralwert $\int dv(\xi, \eta)$ liefert.* Eine stetige Deformation des Umlaufs auf F, bei der wir die Stellen $e_1, e_2, \ldots, e_n$ meiden, liefert nämlich eine eindeutig bestimmte stetige Deformation des entsprechenden Weges im Polygonnetz, bei welcher das zugehörige Integral $\int dv$ unverändert bleibt. Man wolle nur be-achten, dass, falls es sich im Polygonnetze um einen offenen Weg handelt, Anfangs- und Endpunkt in ihren bezüglichen Polygonen äqui-valente Bahnen beschreiben, wobei dann die Unveränderlichkeit des Integrals aus dem automorphen Charakter von $dv(\xi, \eta)$ ersichtlich ist. Wir ziehen daraufhin auf F den Umlauf auf eine Reihe beliebig kleiner Kreise um Punkte e zusammen*). Für den einzelnen solchen Kreis ist alsdann einfach $\int dv = 0$; denn man wolle nur bemerken, dass sich die Umgebung des einzelnen Punktes e, bezw. der entsprechende Sector von P vermittelst einer der oben erklärten Functionen t in der t-Ebene auf eine Kreisfläche abbildet, in welcher $v(\xi, \eta)$ ein überall stetiges eindeutiges Potential ist.

---

*) Da es sich im Texte um Potentiale *zweiter* Gattung handelt, so dürfen wir nach bekannten Sätzen die Integrationsbahn ohne Änderung des Integralwertes über die Unstetigkeitsstelle unseres Potentials hinweg-schieben. Der Einfachheit halber ist die Ausdrucksweise in den nächst folgenden Zeilen so gewählt, dass jener Unstetigkeitspunkt nicht gerade in einer festen Polygonecke liegt.

Ist nun das Geschlecht p der Gruppe $\varGamma$ gleich null, so gelangen wir zu einem höchst einfachen Resultate. In diesem Falle lässt sich nämlich jeder Umlauf auf F stetig auf einen Punkt zusammenziehen: jetzt haben wir also auch in $v(\xi, \eta)$ ein Potential mit automorphem Charakter. *Ist das Geschlecht p der Gruppe $\varGamma$ gleich null, so gewinnen wir in:*

$$(2) \qquad q(\zeta) \qquad u(\xi, \eta) + i v(\xi, \eta)$$

einen mit allen Kennzeichen einer automorphen Function versehenen Ausdruck; diese automorphe Function $q(\zeta)$ von $\varGamma$ hat überdies noch die Eigenschaft, an einer willkürlich gewählten Stelle des Fundamentalbereichs P einen Pol erster Ordnung zu besitzen, übrigens aber in P allenthalben stetig zu sein.

Ist das Geschlecht $p > 0$, so giebt es bekanntlich stets Umläufe auf F, die sich nicht auf Punkte zusammenziehen lassen; und jeder solche Umlauf lässt sich aus $2p$ elementaren Umläufen herstellen. Dementsprechend wird der Ausdruck:

$$(3) \qquad Z = u(\xi, \eta) + i v(\xi, \eta)$$

auf der geschlossenen Fläche F den Charakter eines „Elementarintegrals zweiter Gattung" zeigen, welches nur an einer willkürlich zu wählenden Stelle von F einen Pol, und zwar einen solchen der ersten Ordnung, besitzt und übrigens auf der Fläche rein imaginäre Perioden aufweist.

Von hier aus aber gelangen wir auf dieselbe Weise zu automorphen Functionen, wie wir in „M" I pg. 540 aus den Integralen zweiter Gattung einer Riemann'schen Fläche deren algebraische Functionen herstellten. Wir wählen zunächst irgend μ Pole auf F aus und construieren uns die μ zugehörigen Functionen (3), welche wir $Z_1, Z_2, \ldots, Z_\mu$ nennen. Demnächst setzen wir mit Constanten c den Ausdruck an:

$$(4) \qquad c_1 Z_1 + c_2 Z_2 + \cdots + c_\mu Z_\mu$$

und wollen diese Constanten c so bestimmen, dass der Ausdruck (4), über irgend einen geschlossenen Weg auf F fortgesetzt, sich reproduciert. Es genügt, diese Forderung für die oben gedachten $2p$ elementaren Umläufe aufzustellen. Damit aber ergeben sich für die $c_1, c_2, \ldots, c_\mu$ im ganzen $2p$ lineare homogene Gleichungen mit reellen Coefficienten. Wir werden hiernach jedenfalls brauchbare Systeme nicht durchgängig verschwindender Zahlen c angeben können, wenn wir μ ausreichend gross, z. B. $\mu > 2p$ wählen. *Für jedes solche System erkennen wir im Ausdruck (4) eine automorphe Function $q(\zeta)$ unserer Gruppe, welche mindestens zwei Pole im Fundamentalbereiche besitzt (insofern mindestens zwei Coefficienten c von 0 verschieden sind), und welche demnach gewiss nicht mit einer Constanten identisch ist.*

Wir haben damit *für jede unserer Gruppen $\varGamma$ den Existenzbeweis zugehöriger automorpher Functionen* geführt.

§ 4. Abbildung des Fundamentalbereichs P auf eine geschlossene Riemann'sche Fläche.

Eine einzelne der bisher construierten automorphen Functionen $\varphi(\zeta)$ hat im Fundamentalbereich P nur einfache Pole. Die Anzahl der letzteren wollen wir μ nennen; und wir nehmen wieder der einfachen Ausdrucksweise halber an, dass keiner derselben in einer festen Polygonecke gelegen ist. Wir stellen die Aufgabe, *die Gesamtanzahl ν der Nullpunkte von $\varphi(\zeta)$ im Fundamentalbereiche P zu bestimmen.*

Zu diesem Zwecke benutzen wir die wohlbekannte Regel:

$$(1) \qquad \nu - \mu = \frac{1}{2 i \pi} \int\limits_{(P)} \frac{d\varphi(\zeta)}{\varphi(\zeta)},$$

wo das mit dem Index (P) versehene Integral im positiven Sinne über den gesamten Rand des Bereiches P zu erstrecken ist. Ist P mehrfach zusammenhängend, so hätte man freilich erst noch durch Anbringung geeigneter Querschnitte einfachen Zusammenhang herzustellen. Indessen werden die auf die beiden Ufer des einzelnen solchen Querschnitts bezogenen Integrale sich gegenseitig aufheben, so dass wir von diesen Querschnitten auch von vornherein absehen können.

Man muss Sorge tragen, dass $\varphi(\zeta)$ längs der Integrationsbahn nirgends verschwindet oder unendlich wird. In dieser Hinsicht machen nur die festen Ecken von P Schwierig-keit; denn übrigens können wir nötigen-falls durch erlaubte Abänderung von P erreichen, dass der Polygonrand weder durch einen Pol noch durch einen Null-punkt von $\varphi(\zeta)$ hindurchläuft.

Liegt aber in einer einzelnen festen Ecke ein Nullpunkt der Ordnung ν', so schneiden wir daselbst wieder wie oben einen Sector vermöge einer zugehörigen Bahncurve ab und wählen diesen Sector

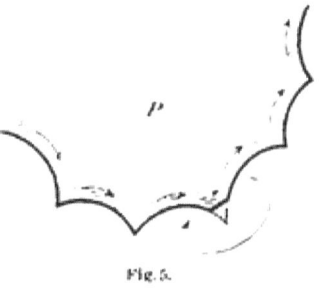

Fig. 5.

so klein, dass abgesehen von der Ecke selbst auf ihm kein weiterer Nullpunkt oder Pol von $\varphi(\zeta)$ vorkommt. Die Integration leiten wir jetzt, wie Figur 5 vermöge der stark markierten Bahn anzeigt, unter Vermeidung der fraglichen Ecke gleich über die den Sector abschneidende Bahncurve weiter.

Wir bestimmen sogleich den Anteil, welchen diese zum ab-geschnittenen Sector gehörende Bahncurve für unser Integral liefert. Letzteres transformieren wir zu diesem Ende auf die Gestalt:

$$(2) \qquad \frac{1}{2\,i\,\pi}\int \frac{d\log \varphi\,(\zeta)}{dt}\,d\,t;$$

unter t verstehen wir hierbei die zu unserer Ecke gehörende Function (6) pg. 7, durch welche der Sector auf eine Kreisfläche abgebildet wird. Da sich die Integration in (2) im negativen Sinne auf den Rand dieser Kreisfläche bezieht, so haben wir als Integralwert $-\nu'$, unter ν', wie festgesetzt, die Ordnung des Nullpunktes von $\varphi\,(\zeta)$ in der fraglichen Ecke verstanden.

Diese Betrachtung bleibt übrigens uneingeschränkt gültig, falls $\nu' = 0$ ist, d. h. falls $\varphi\,(\zeta)$ in der gedachten festen Ecke keinen Nullpunkt hat.

Mögen nun in den n festen Ecken Nullpunkte der Ordnungen $\nu_1, \nu_2 \ldots, \nu_n$ von $\varphi\,(\zeta)$ gelegen sein, wobei natürlich $\nu_k = 0$ zu nehmen ist, falls $\varphi\,(\zeta)$ in der k^{ten} Ecke nicht verschwindet. Von diesen Ecken abgesehen aber mögen insgesamt noch ν_0 Nullpunkte vorliegen. Wir schneiden alsdann an allen festen Ecken in der beschriebenen Weise Sectoren ab und nennen den Restbereich P'. An Stelle von (1) tritt unter diesen Umständen die genauere Formel:

$$(3) \qquad \nu_0 - \mu = \frac{1}{2\,i\,\pi}\int\limits_{(P')} \frac{d\,\varphi\,(\zeta)}{\varphi\,(\zeta)},$$

wo das Integral im positiven Umlaufssinn über den Rand von P' zu erstrecken ist.

Die n an den festen Ecken liegenden Bahncurven liefern für die rechte Seite von (3), wie wir sahen, den Betrag $(-\nu_1 - \nu_2 - \cdots - \nu_n)$. Der übrige Teil des Randes von P' setzt sich aus lauter Paaren von je zwei mit einander äquivalenten Curven zusammen. Dabei ist die eine der beiden Curven des einzelnen Paares immer in der entgegengesetzten Richtung wie die andere zu durchlaufen. Die Folge ist, dass sich die Integralbeträge der Curven des einzelnen Paares gerade fortheben; die Integration in (3) rechter Hand führt somit zu:

$$\nu_0 - \mu = -\nu_1 - \nu_2 - \cdots - \nu_n,$$

so dass die Gesamtanzahl ν aller Nullpunkte gleich der Gesamtanzahl μ aller Pole ist. In bekannter Weise erweitern wir dieses Ergebnis sofort zu folgendem Theorem: *Unsere automorphe Function $\varphi\,(\zeta)$, welche im Fundamentalbereiche μ einfache Pole hat, nimmt jeden beliebig vorgeschriebenen complexen Wert insgesamt an μ Stellen des Bereiches P an, die natürlich in irgend welchen Zusammenordnungen coincidieren dürfen.* Wir wollen diese für $\varphi\,(\zeta)$ charakteristische Anzahl μ fortan als die „Wertigkeit" der automorphen Function $\varphi\,(\zeta)$ bezeichnen.

Das erhaltene Resultat wollen wir jetzt in eine geometrische und für die Folge höchst wichtige Ausdrucksform kleiden. Wir schreiben:

$$(4) \qquad\qquad \varphi(\zeta) = z$$

und wollen den Fundamentalbereich P auf die Ebene der dadurch erklärten Variabelen z conform abbilden. Indem correspondierende Randpunkte von P gleiche Werte z liefern, gelangen wir zu einem geschlossenen Abbilde, welches eindeutig auf P bezogen ist, und welches nach dem gerade bewiesenen Satze die z-Ebene allenthalben μ-fach bedeckt. Bei $z = \infty$ verlaufen die μ Blätter getrennt. An einer im Endlichen gelegenen Stelle z_0 tritt dann und nur dann eine Verzweigung ein, wenn in der im Sinne von (3) pg. 5 zu verstehenden Entwicklung:

$$(5) \qquad\qquad z - z_0 = t^m (a_0 + a_1 t + a_2 t^2 + \cdots)$$

der Exponent $m > 1$ ist. Solche Verzweigungsstellen kommen aber nur in endlicher Anzahl vor. Gäbe es nämlich unendlich viele, so würden dieselben sich wenigstens an einer Stelle z häufen; dem aber widerspricht in bekannter Weise die Thatsache, dass z in der Umgebung *jeder* Stelle des Fundamentalbereichs eine convergente Entwicklung (5) gestattet und also reguläres Verhalten zeigt.

Indem wir zusammenfassen, sind wir zu folgendem grundlegenden Satze gelangt: *Der Fundamentalbereich P wird durch die automorphe Function $z = \varphi(\zeta)$ auf eine gewöhnliche μ-blättrige Riemann'sche Fläche des Geschlechtes p abgebildet; diese Abbildung ist eine conforme, wenn man von den μ festen Polygonecken und den in endlicher Anzahl auftretenden Verzweigungspunkten absieht.* Die gewonnene Fläche kann in jeder Beziehung die bisher gebrauchte geschlossene Fläche F ersetzen, welche wir nur erst im Sinne der analysis situs stetig, aber noch nicht conform auf den Fundamentalbereich P bezogen hatten. Wir werden die Riemann'sche Fläche selbst dieserhalb fortan durch F oder, wenn wir ihre Blätterzahl andeuten wollen, durch F_μ bezeichnen.

§ 5. Von der Gesamtheit aller zu einer Gruppe Γ gehörenden automorphen Functionen und deren Haupteigenschaften.

Auf Grund der bewiesenen Abbildbarkeit des Polygons P bez. des Polygonnetzes N auf eine Riemann'sche Fläche F ist es leicht, über die Existenz und Beschaffenheit aller zur Gruppe Γ bez. zum Fundamentalbereich P gehörenden automorphen Functionen eine Reihe grundlegender Aussagen zu machen. Wir wollen hierbei die soeben zur Abbildung benutzte Function $z = \varphi(\zeta)$ kurz $z(\zeta)$ nennen, um das Symbol $\varphi(\zeta)$ für eine beliebige unserer automorphen Functionen benutzen zu können: die zu $z(\zeta)$ inverse Function werden wir durch $\zeta(z)$ bezeichnen. Um übrigens die Eindeutigkeit der Beziehung von P auf F besonders deutlich hervorzuheben, könnte man sich die Fläche mit demjenigen Querschnittsystem versehen denken, welches dem Rande des Polygons P entspricht.

Man benutze jetzt einfach die bekannte Beziehung zwischen der Fläche F und dem Netze N, nach welcher den gesamten geschlossenen Umläufen auf F gerade die gesamten, äquivalente Punkte verbindenden Wege in N correspondieren. Man betrachte eine beliebige automorphe Function $\varphi(\zeta)$ unseres Fundamentalbereichs P als Function $\varphi[\zeta(z)]$ auf der Riemann'schen Fläche F. Da $\varphi(z)$ in P eindeutig und ohne wesentliche Singularitäten ist, so gilt dasselbe von $\varphi[\zeta(z)]$ auf F. Da $\varphi(\zeta)$ bei Fortsetzung über Wege zwischen äquivalenten Punkten sich reproduciert, so erweist sich $\varphi[\zeta(z)]$ bei beliebigen Umläufen auf der unzerschnittenen Fläche als eindeutig. Nach einem wohlbekannten functionentheoretischen Grundsatze (cf. „M.“ I pg. 499) ergiebt sich: $\varphi[\zeta(z)]$ *ist eine zur Riemann'schen Fläche F gehörende algebraische Function.*

Ist umgekehrt $w(z)$ eine beliebige algebraische Function von F, so betrachte man $w[z(\zeta)]$ als Function von ζ. Dieselbe ist offenbar innerhalb P eindeutig und frei von wesentlichen Singularitäten; bei Fortsetzung über einen Weg zwischen äquivalenten Punkten aber wird sie sich reproducieren. *Somit ist $w[z(\zeta)]$ eine automorphe Function von P im Sinne der von uns festgesetzten Definition.*

Wir sind auf diese Weise zum folgenden „allgemeinen Existenztheorem der automorphen Functionen“ gelangt: *Die Gesamtheit aller zur Gruppe Γ bezw. zum Fundamentalbereich P gehörender automorpher Functionen $\varphi(\zeta)$ wird gerade von der Gesamtheit aller, der Riemannschen Fläche F angehörender algebraischer Functionen $w(z)$ geliefert, indem wir die letzteren durch Vermittlung von $z(\zeta)$ als Functionen $w[z(\zeta)]$ von ζ ansehen.* Wir wollen dementsprechend im Anschluss an die Bezeichnung „algebraisches Gebilde“ die Gesamtheit der automorphen Functionen der fraglichen Gruppe als ein *„automorphes Gebilde“* benennen. Späterhin werden wir auch noch „Formen“ und „Integrale“ als dem automorphen Gebilde zugehörig zu betrachten haben.

Das gewonnene Ergebnis ist nach beiden Seiten hin fundamental. Einmal ist es besonders interessant, *dass wir in der Angabe des Fundamentalbereichs P (gerade so gut wie in einer geschlossenen Riemannschen Fläche) die Definition eines eindeutig bestimmten zugehörigen algebraischen Gebildes besitzen.* Der Fundamentalbereich, der vermöge der Zusammengehörigkeit seiner Randcurven als ein geschlossenes Gebilde aufgefasst werden kann, ist sozusagen eine neue Gestalt der Riemannschen Fläche. Andrerseits übertragen sich die bekannten Grundsätze über die Functionen eines algebraischen Gebildes ohne weiteres auf die Functionen des automorphen Gebildes, d. h. auf die automorphen Functionen unseres Fundamentalbereiches bezw. des ganzen Polygonnetzes.

Indem wir zunächst den letzten Ansatz verfolgen, erkennen wir erstlich, *dass jede unserer automorphen Functionen* $\varphi(\zeta)$ *eine endliche „Wertigkeit" μ bekommt, welche angiebt, an wie vielen Stellen des Fundamentalbereiches* $\varphi(\zeta)$ *mit einem beliebig vorzuschreibenden complexen Werte gleich wird.* Ist insbesondere das Geschlecht $p = 0$, so giebt es „*einwertige*" Functionen, welche wir auch als „*Hauptfunctionen*" bezeichnen wollen. Diese Hauptfunctionen betreffend liefern die Erörterungen in „M." I pg. 534 das Theorem: *Ist das Geschlecht p des Fundamentalbereiches P gleich null, so giebt es ∞^3 Hauptfunctionen, welche sich in einer unter ihnen, $q(\zeta)$, als linear-gebrochene Functionen:*

$$(1) \qquad \frac{a\,q(\zeta) + b}{c\,q(\zeta) + d}$$

mit nicht-verschwindender Determinante, $ad - bc \neq 0$, darstellen.

Ist $p > 0$, so kommen nur für $\mu \geq 2$ automorphe Functionen vor. und zwar wird die untere Grenze $\mu = 2$ bei $p = 1$ und $p = 2$ stets erreicht, für $p > 2$ aber nur dann, wenn das durch P definierte algebraische Gebilde hyperelliptisch ist. Allgemein aber gelten über die Minimalwerte von μ die in „M." I pg. 556 entwickelten Regeln.

Sind $q_1(\zeta)$ und $q_2(\zeta)$ irgend zwei automorphe Functionen unserer Gruppe Γ, und sind μ_1 und μ_2 die Wertigkeiten derselben, so gilt folgender Satz: *Die Functionen* φ_1, φ_2 *sind an einander durch eine algebraische Relation:*

$$(2) \qquad G(q_1, q_2) = 0$$

gebunden, welche in q_1 den Grad μ_2 und in q_2 den Grad μ_1 erreicht. Diese Relation ist entweder irreducibel und dann vom Geschlechte p, oder es stellt $G(\varphi_1, \varphi_2)$ eine höhere als erste Potenz einer irreducibelen Function vor.

Man kann bei gewähltem φ_1 die Function q_2 immer leicht so bestimmen, dass die Gleichung (2) irreducibel wird. *Ist aber $G(q_1, q_2) = 0$ irreducibel, so lässt sich jede automorphe Function unserer Gruppe Γ als rationale Function $R(q_1, q_2)$ der beiden speciellen Functionen φ_1, φ_2 darstellen.* Umgekehrt liefert selbstverständlich jede Function $R(q_1, q_2)$ eine automorphe Function unseres Gebildes. Im niedersten Falle kann man an Stelle dieses Satzes den noch einfacheren treten lassen: *Ist* *das Geschlecht p des Fundamentalbereichs P gleich null, so lässt sich jede Function unseres automorphen Gebildes als rationale Function R(φ) einer Hauptfunction φ darstellen.*

Weitere Angaben beziehen sich auf die Abhängigkeit der automorphen Functionen von ζ. In der nächsten Umgebung jedes Grenzpunktes vom Polygonnetz N drängen sich die Polygone P_k in unendlicher Anzahl zusammen. Da eine automorphe Function $φ(ζ)$ einen vorgeschriebenen complexen Wert im einzelnen Polygon $μ$ Male annimmt, so wird $φ(ζ)$ einen beliebig gewählten Wert in nächster Nähe des Grenzpunktes noch unendlich oft annehmen. Es ergiebt sich: *Jeder Grenzpunkt des Polygonnetzes N ist ein wesentlich singulärer Punkt der einzelnen automorphen Function $φ(ζ)$.*

Hat das Netz N eine oder unendlich viele Grenzcurven, so ist jede derselben überall dicht mit wesentlich singulären Punkten von $φ(ζ)$ besetzt. Bei der analytischen Fortsetzung von $φ(ζ)$ können wir der einzelnen Grenzcurve zwar beliebig nahe kommen; aber wir können sie nicht erreichen, geschweige denn überschreiten. Vielmehr werden sich die Convergenzradien der Potenzreihenentwicklungen für $φ(ζ)$ bei Annäherung an die Grenzcurve dem Werte 0 nähern. Nach „M.“ I pg. 110 drücken wir dies kurz so aus: *Die Grenzcurve bez. alle unendlich vielen Grenzcurven des Netzes N stellen eine „natürliche Grenze“ für jede zugehörige automorphe Function $φ(ζ)$ dar.*

Eine besondere Rolle spielen die parabolischen Polygonspitzen, wie bereits in „M.“ I pg. 235 ff. besprochen wurde. Die einzelne parabolische Spitze gehört zu den Grenzpunkten; gleichwohl gewinnen wir, wenn wir uns dem parabolischen Punkte nicht gerade tangential zu den zugehörigen Bahncurven annähern, einen bestimmten Grenzwert der Function*).

Im Innern des Netzes N ist $φ(ζ)$ unbegrenzt analytisch fortsetzbar und besitzt als automorphe Function in jedem Polygon P_k die äquivalente Werteverteilung wie in P. Daraus folgt: *Nicht nur in P, sondern im ganzen Netze N, d. i. im gesamten Definitionsbereiche ist die einzelne unserer automorphen Functionen $φ(ζ)$ eine eindeutige Function ihres Argumentes ζ.* Wir erkennen den merkwürdigen und später noch weiter zu verfolgenden Satz: *Die algebraischen Functionen der Riemann-*

---

*) Überspannt das Polygonnetz die ganze ζ-Ebene (bis auf isoliert liegende Grenzpunkte), so ragt dasselbe an den einzelnen parabolischen Punkt immer von zwei entgegengesetzten Seiten heran. Die beiderseits zu erreichenden Grenzwerte einer einzelnen Function werden hier nur dann identisch sein müssen, wenn die einander gegenüberliegenden parabolischen Polygonzipfel bezüglich $Γ$ äquivalent sind.

schon Fläche F, welche in z im allgemeinen „mehrdeutig“ sind, werden, falls man ζ zur unabhängigen Variabelen macht, „eindeutige“ Functionen dieses Argumentes ζ. Der bekannte Satz der Theorie der elliptischen Functionen, dass die algebraischen Functionen einer Riemann'schen Fläche vom Geschlechte 1 eindeutige Functionen des zugehörigen überall endlichen Integrals sind, ordnet sich dabei, wie wir bald noch weiter verfolgen, als Specialfall ein. Schon hier ermessen wir die weitgehende Bedeutung, welche die automorphen Functionen für die Theorie der algebraischen Gebilde besitzen.

Endlich kommen wir hier nochmals auf den allgemeine Fall einer Gruppe Γ zurück, bei welcher ein einzelnes Netz N eines ist unter zwei oder unendlich vielen äquivalenten N, N' bez. N, N', N''.... Haben wir φ(ζ) für N construiert, so giebt es ja in allen weiteren Netzen N', N''.... Functionen mit der äquivalenten Werteverteilung. Würden wir (was allerdings dem von Weierstrass festgestellten Grundbegriffe einer analytischen Function widersprechen würde) den Inbegriff aller dieser Functionswerte als *eine* Function φ(ζ) ansehen, so würde diese gegenüber allen Substitutionen von Γ invariant sein.

Es liegt nahe, etwa unter Vermittlung der Polyeder des ζ-Halbraumes nach einer analytischen Verbindung zwischen den Functionswerten in den verschiedenen Netzen zu suchen. Nähere Untersuchungen liegen hierüber aber noch nicht vor.

§ 6. Classification und nähere Betrachtung der elementaren automorphen Functionen.

Die Classification aller Gruppen Γ in I pg. 164 u. f. geschah nach gruppentheoretisch-geometrischen Principien. Daneben werden für die Classification der automorphen Functionen natürlich auch functionentheoretische Gesichtspunkte maßgeblich sein, so dass die beiden Classificationen einander nicht ganz genau parallel gehen werden. Wir behandeln hier zunächst nur erst die „elementaren“ automorphen Functionen. Hierunter sollen nicht nur solche automorphe Functionen verstanden werden, welche rational und im gewöhnlichen Sinne elementartranscendent sind; sondern wir rechnen hierher auch diejenigen automorphen Functionen, welche doppeltperiodische Functionen oder mit diesen verwandte Functionen darstellen. In der That ist ja die Theorie der doppeltperiodischen Functionen, soweit wir sie hier zu benutzen haben, längst allseitig durchforscht.

I. Cyclische Functionen.

In diese Kategorie rechnen wir alle automorphen Functionen $\varphi(\zeta)$, welche zu cyclischen Gruppen Γ gehören.

1. Functionen cyclischer Gruppen von elliptischen oder parabolischen Substitutionen.

Die hierher gehörenden Functionen werden wir leicht erledigen. Dem Fundamentalbereiche der einzelnen Gruppe dieser Art giebt man nach „M." I pg. 190 und 188 die Gestalt einer Kreissichel, deren Spitzen speciell im parabolischen Falle an ein und denselben Punkt ζ_0 von entgegengesetzten Seiten heranragen. Das Geschlecht p ist beide Male 0. Die zugehörigen *Hauptfunctionen* haben wir bereits oben (pg. 7) in der Gestalt:

$$(1) \qquad \varphi(\zeta) = \left(\frac{\zeta - \zeta_0}{\zeta - \zeta_0'}\right)^t \quad \text{bezw.} \quad \varphi(\zeta) = e^{2i\pi\frac{1}{\gamma}\frac{1}{\zeta - \zeta_0}}$$

kennen gelernt, als wir vermöge dieser Functionen einzelne Zipfel der Kreissicheln (nämlich elliptische oder parabolische Polygonecken) auf Vollkreise abbildeten.

2. Functionen cyclischer Gruppen von hyperbolischen oder loxodromischen Substitutionen.

Die erzeugende Substitution V einer loxodromischen Gruppe bringe man auf die Normalgestalt:

$$(2) \qquad \frac{\zeta' - \zeta_0}{\zeta' - \zeta_0'} = z e^{9i} \frac{\zeta - \zeta_0}{\zeta - \zeta_0'}$$

und rechne den hyperbolischen Fall als Specialfall $\vartheta = 0$ hier gleich mit ein. Dem Fundamentalbereich verleihen wir nach I pg. 66 die Ge-

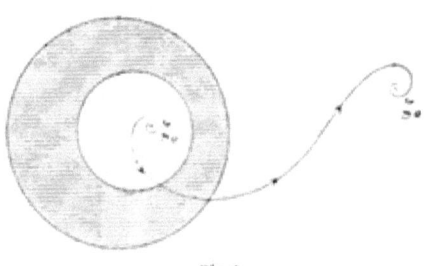

Fig. 6.

stalt eines Kreisringes, dessen Ränder demjenigen Kreisbüschel angehören sollen, welches die beiden Fixpunkte ζ_0, ζ_0' von V zu Grenzpunkten hat. Im hyperbolischen Falle sind diese Kreise die Niveaucurven von V. Man sieht, dass gegenwärtig das Geschlecht $p = 1$ vorliegt.

Um die zugehörigen Functionen zu bilden, schneiden wir die ζ-Ebene längs einer doppelspiraligen bezw. kreisförmigen Bahncurve von V

durch (cf. Figur 6) und bilden die zerschnittene Ebene vermöge der Function:

$$(3) \qquad u = \log\left(\frac{z - z_0}{z - z_0'}\right)$$

auf einen von zwei parallelen Geraden begrenzten Streifen der u-Ebene ab, wie ihn Figur 7 darstellt. Der zerschnittene ringförmige Fundamental
bereich bildet sich auf
ein geradliniges Parallelo-
gramm der Ecken

$$u_0, \ u_0 + 2 i \pi,$$
$$u_0 + \log z + i \vartheta,$$
$$u_0 + \log z + i(\vartheta + 2\pi)$$

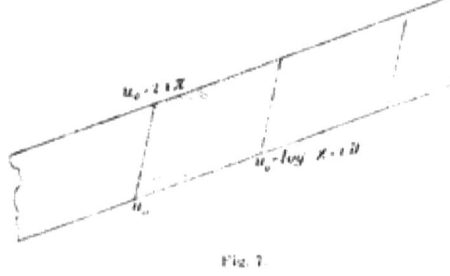

Fig. 7

ab, wo $\log z$ reell zu
nehmen ist. Die Gegen-
seiten des Parallelogramms
sind auf einander bezogen durch die Substitutionen:

$$(4) \qquad u' = u + 2 i \pi, \quad u' = u + \log z + i \vartheta,$$

von denen die zweite der Erzeugenden V und die erste einem Umlauf um ζ_0 entspricht. Wir schliessen hieraus ohne weiteres auf folgendes Resultat: *Die zur in Rede stehenden cyclischen Gruppe gehörenden auto-morphen Functionen $\varphi(\zeta)$ sind die eindeutigen doppeltperiodischen Func-tionen des Argumentes u und der Perioden ω_1, ω_2, welche gegeben sind durch:*

$$u = \log\left(\frac{z - z_0}{z - z_0'}\right), \quad \omega_1 = 2 i \pi, \quad \omega_2 = \log z + i \vartheta.$$

Der *hyperbolische* Specialfall ist dabei durch ein *rein imaginäres Periodenverhältnis* ausgezeichnet*).

---

* Auf den loxodromischen Fall bezieht sich noch folgende beiläufige Aus-führung. Grenzt man durch zwei vermöge V auf einander bezogene doppel-spiralige Niveaucurven einen Bereich B ab, so wird derselbe in der u-Ebene auf einen durch zwei parallele Gerade eingegrenzten Streifen abgebildet, der den Streifen der Figur 7 senkrecht überkreuzt, und dessen Gegenseiten durch die zweite parabolische Substitution (4) mit einander correspondieren. Demgemäss wird der Bereich B vermöge der Function:

$$t = e^{\frac{2 i \pi u}{\log z + i \vartheta}} = e^{\frac{2 i \pi}{\log z + i \vartheta} \log\left(\frac{z - z_0}{z - z_0'}\right)}$$

auf die Vollebene t abgebildet. Schneiden wir jetzt von B vermöge einer Bahn-curve von V einen an ζ_0 heranragenden loxodromischen Zipfel ab, so wird letzterer sich auf eine Kreisfläche der t-Ebene abbilden. Die Möglichkeit dieser

II. Functionen der regulären Körper.

Die *elliptischen Rotationsgruppen* oder *Gruppen der regulären Körper* sind bekanntlich die einzigen nicht-cyclischen Gruppen von endlicher Ordnung. Wir haben hier erstlich die Gruppen vom Diedertypus, sodann die Tetraedergruppe, die Oktaedergruppe und die Ikosaedergruppe. Die Structur dieser Gruppen und die ihnen zugehörigen Einteilungen der ζ-Ebene in Netze endlich vieler Kreisbogendreiecke sind in „Ikos." und „M." I hinreichend besprochen.

Die zu diesen Gruppen gehörenden automorphen Functionen nennen wir kurz „*Functionen der regulären Körper*"; sie stellen *rationale Functionen von ζ* dar, welche in „Ikos.", Abschnitt I, einer allseitigen algebraisch-functionentheoretischen Untersuchung unterworfen sind.

III. Doppeltperiodische Functionen.

1. Functionen mit additiven Perioden.

Unter diese Rubrik gehören die automorphen Functionen der *parabolischen Rotationsgruppen* oder *doppeltperiodischen Gruppen*. Jede solche Gruppe hat einen einzelnen Grenzpunkt. Wird ζ so gewählt, dass dieser Grenzpunkt bei $\zeta = \infty$ liegt, so hat der Fundamentalbereich die Gestalt eines „Periodenparallelogramms", und andrerseits liefert jedes Periodenparallelogramm einen geeigneten Fundamentalbereich von der hierher gehörigen Art (cf. Figur 8). *Es ordnen sich demnach die gewöhnlichen doppeltperiodischen Functionen als eine specielle Art elementarer automorpher Functionen hier ein.* Die Betrachtungen von § 2 ff. gewinnen damit auch für die Theorie der doppeltperiodischen Functionen eine grundlegende Bedeutung, insofern sie den Existenzbeweis dieser Functionen bei gegebenen Perioden enthalten: in den bezüglichen Lehrbüchern pflegt man diesen Beweis gewöhnlich durch Bildung der Thetareihen oder der Productentwicklung der Sigmafunction zu führen. Die Variabele ζ wird natürlich für das einzelne elliptische Gebilde zum *überall endlichen Integral*, in dem die algebraischen Functionen des Gebildes sowie zum Teil auch noch die

---

Abbildung für einen loxodromischen (nicht-hyperbolischen) Zipfel teilten wir oben (pg. 7) bereits mit.

Werden wir bei dieser Sachlage $t(z)$ als eine Hauptfunction des Fundamentalbereichs B vom Geschlechte 0 bezeichnen, so darf man gleichwohl in $t(z)$ keine eindeutige automorphe Function sehen. B ist gar kein gruppentheoretischer Discontinuitätsbereich, und entsprechend ist $t(z)$ eine unendlich vieldeutige Function von ζ. Man vergl. die Erörterungen über mehrdeutige automorphe Functionen am Schlusse des Kapitels.

Integrale eindeutig sind, was im Zusammenhang unserer späteren Betrachtungen noch deutlicher hervortreten wird.

Die in I pg. 222 ff. besprochenen speciellen parabolischen Rotationsgruppen mit elliptischen Substitutionen entstehen sämtlich durch höchst einfache Erweiterungen aus Gruppen der eben gemeinten Art, die parallelogrammatische Discontinuitätsbereiche haben. Wir werden dem-

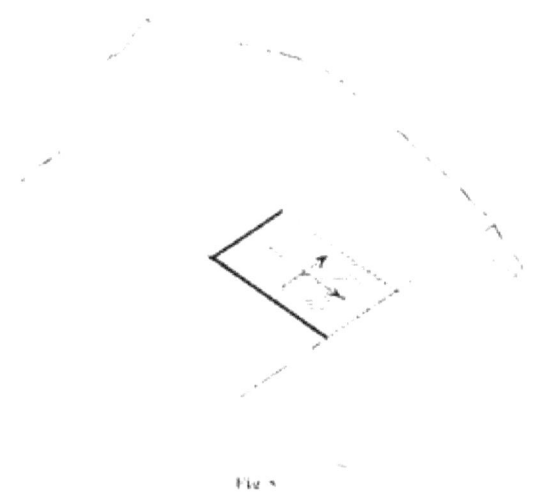

Fig. 8

nach auch jene umfassenderen parabolischen Rotationsgruppen, welche übrigens sämtlich dem Geschlechte $p = 0$ angehören, hier ohne weiteres als erledigt ansehen dürfen.

2. Functionen mit multiplicativen Perioden.

Hierher gehören schliesslich die automorphen Functionen der in I pg. 236 betrachteten Polygongruppen mit *zwei* Grenzpunkten. Legen wir die letzteren nach $\zeta = 0$ und $\zeta = \infty$, so haben die beiden Erzeugenden der Gruppen die Gestalt $\zeta' = \alpha_1 \zeta$, $\zeta' = \alpha_2 \zeta$. In diesem Sinne nennen wir die zugehörigen Functionen $\varphi(\zeta)$ *multiplicativ-periodisch*[*]). Im übrigen haben wir hier keineswegs mit wesentlich neuen Functionen zu thun; es handelt sich einfach um gewöhnliche additiv-doppeltperiodische Functionen des Argumentes $u = \log \zeta$ und der Perioden $\omega_1 = \log \alpha_1$, $\omega_2 = \log \alpha_2$.

---

[*]) Diese Functionen sind vielfach betrachtet worden. Man vergl. z. B. den sechsten Abschnitt in O. Rausenberger's „*Lehrbuch der Theorie der periodischen Functionen einer Variabeln u.s.w.*" (Leipzig, 1884).

§ 7. Vorbereitungen zur Classification der höheren automorphen Functionen.

Um die Classification der noch übrig bleibenden automorphen Functionen späterhin nicht unterbrechen zu müssen, schicken wir eine Untersuchung voraus, welche die *hyperbolischen Rotationsgruppen* oder *Hauptkreisgruppen* betrifft.

Die ausführliche Theorie dieser Gruppen, welche man in I pg. 284 ff. findet, haben wir auf die in der projectiven Ebene gelegenen kanonischen Polygone gestützt. Der Existenzbeweis der Functionen $q(\zeta)$ knüpfte an die Polygone der ζ-Ebene. Wir müssen demnach die Beziehung dieser letzteren Polygone zu denen der projectiven Ebene erst noch etwas näher betrachten.

Dem einzelnen in der projectiven Ebene gelegenen Polygon, welches als solches immer einen einfach zusammenhängenden Bereich darstellt, kommt vermöge seiner Seitenzuordnung ein gewisses Geschlecht p zu, und dasselbe besitzt eine bestimmte Anzahl n fester Ecken. Wir erteilten alsdann dem Polygon das Symbol (p, n) als „Charakter". Hinfort wollen wir an Stelle dieser Bezeichnungen lieber p', n', (p', n') brauchen und das Polygon selber P' nennen, um die Bezeichnungen $p, n, (p, n)$, P für den correspondierenden Fundamentalbereich der ζ-Ebene vorzubehalten. P' dürfen wir übrigens als geradliniges Polygon von $(2n' + 4p')$ Seiten annehmen, dessen genauere Gestalt in I pg. 310 ff. besprochen ist.

Unter den n' festen Ecken mögen μ hyperbolische sein, die in das Äussere der absoluten Ellipse hinausreichen. Die übrigen $\nu = n' - \mu$ Ecken werden dann elliptisch oder parabolisch sein.

Für die ζ-Ebene wird jedenfalls nur der Teil von P' in Betracht kommen, welcher im Innern der Ellipse liegt. Aber wir müssen uns dieses Innere doppelseitig denken und beide Seiten längs der Ellipse zusammenhängen lassen. Indem wir den Hauptkreis in der ζ-Ebene mit der reellen ζ-Axe zusammenfallen lassen, wird etwa die obere Seite des Ellipseninneren der positiven, die untere der negativen ζ-Halbebene entsprechen. Auf beiden Seiten denken wir genau unter einander Exemplare des Polygons P' gelagert; offenbar liefern dieselben zwei einander längs der reellen ζ-Axe symmetrische Abbilder.

Es macht nun einen durchgreifenden Unterschied aus, ob die Anzahl $\mu = 0$ oder > 0 ist.

Im ersten Falle, d. h. wenn keine hyperbolischen Ecken bei P' auftreten, stehen die beiden eben gemeinten einander bezüglich des Hauptkreises (der reellen ζ-Axe) symmetrischen Abbilder *ausser* Zusammenhang, und *eines* unter ihnen, etwa das in der positiven Halbebene liefert den Fundamentalbereich *P*. *Ist μ = 0, d. h. giebt es keine hyperbolischen Ecken an P', so ist der Fundamentalbereich P auf das projective Polygon P' eindeutig bezogen und hat den gleichen Charakter p = p', n = n'; der Hauptkreis ist in diesem Falle nach seiner ganzen Ausdehnung ein Grenzkreis.*

Ist μ > 0, so hängen die auf den beiden Seiten des Ellipseninneren aufgelagerten Polygone P'' in μ endlich ausgedehnten Strecken der

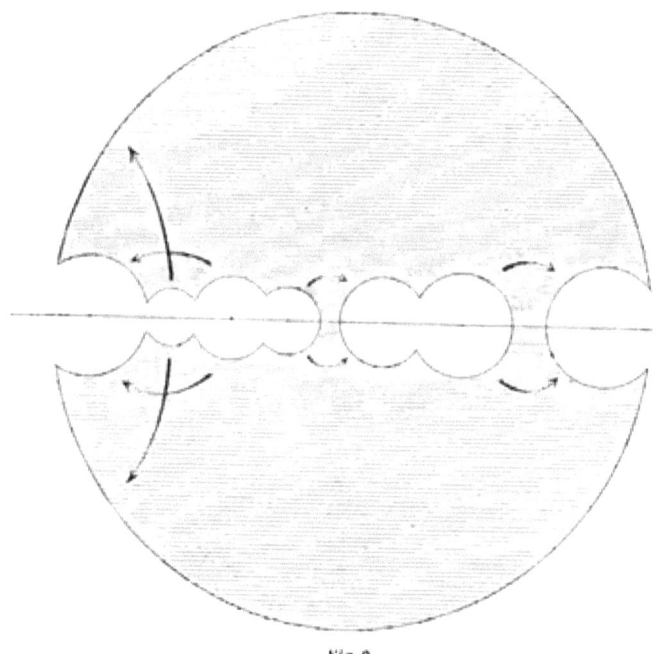

Fig. 9.

Ellipse zusammen. Entsprechendes wird von den beiden Abbildern in der ζ-Ebene gelten, welche nunmehr erst zusammengenommen den Fundamentalbereich *P* darstellen. *Hat das Polygon P'' μ > 0 hyperbolische Ecken, so ist das projective Polygon P' auf den Fundamentalbereich P 1·2-deutig bezogen; letzterer stellt einen sich selbst längs der reellen ζ-Axe symmetrischen, μ-fach zusammenhängenden Bereich vor.* Figur 9 erläutert den Fall p' = 1, n' = 2, μ = 2. Die zu *P* gehörende Riemann'sche Fläche *F* gestattet, dem Übergange von ζ zum conjugiert complexen Werte entsprechend, eine symmetrische Umformung in sich, bei der eine aus μ getrennten Zügen bestehende Symmetrielinie auftritt.

Um im letzteren Falle den Charakter (p, n) des Fundamentalbereichs P aus demjenigen des projectiven Polygons P' zu bestimmen,
bemerke man erstlich, dass P offenbar $v = n' - \mu$ *Paare* symmetrisch
liegender fester Ecken bekommt; es gilt also:

$$(1) \qquad\qquad n = 2(n' - \mu) = 2v.$$

Zur Bestimmung von p knüpfen wir an die Gestalt von P',
welches ein Polygon von $(2n' + 4p')$ Seiten mit *einem* Cyclus zufälliger
im Innern der Ellipse liegender Ecken darstellt. Entsprechend hat P
zwei solche Eckencyclen, denen auf der zu P gehörenden geschlossenen
Fläche F zwei symmetrische, etwa durch A und B zu bezeichnende
Punkte correspondieren. Wir denken uns diese Punkte A, B, ausserdem aber die $2v$ den festen Ecken von P entsprechenden Stellen der
Fläche F als „Randpunkte" derselben markiert. Sehen wir von allen
weiteren Querschnitten zunächst ab, so stellt die solcherweise „berandete"
Fläche einen $(2p + 2v + 2)$-fach zusammenhängenden Bereich dar.
Durch Zusatz derjenigen Querschnitte, welche dem Rande von P ent-
sprechen, wird der Grad des Zusammenhanges auf μ herabgemindert.
Es sind dies die folgenden Querschnitte:

1. p' Paare conjugierter Querschnitte a_k, b_k, deren einzelner
   in A beginnt und ebenda endigt;

2. p' Paare von Querschnitte, die zu den ebengenannten
   symmetrisch liegen, und deren einzelner eben deshalb in
   B beginnt und eben dort endigt;

3. v Querschnitte von A nach Stellen, die festen Polygonecken correspondieren;

4. v zu jenen symmetrische Querschnitte von B aus;

5. μ Querschnitte von A nach B.

Eine bekannte Grundgleichung der analysis situs liefert damit:

$$(2p + 2v + 2) - 4p' - 2v - \mu = \mu,$$

woraus sich für das Geschlecht p berechnet:

$$(2) \qquad\qquad p = 2p' + \mu - 1.$$

Wir merken hiernach als Resultat an: *Hat P' $\mu > 0$ hyperbolische Ecken,
so ist der Charakter des Fundamentalbereichs P durch:*

$$(2p' + \mu - 1, \quad 2n' - 2\mu)$$

gegeben, falls (p', n') derjenige von P' ist.

Eine weitere Bemerkung bezieht sich auf alle Polygongruppen Γ bez. die ihnen zugehörigen automorphen Gebilde.

Es mögen zwei Gruppen Γ, Γ' vorgelegt sein, von denen die eine durch die Substitution $S(\zeta) = \dfrac{a\zeta + b}{c\zeta + d}$ in die andere transformiert wird, $\Gamma' = S^{-1}\Gamma S$; wir sagen dann, Γ und Γ' gehören der gleichen „Classe" an. Dabei gewinnen wir aus den Functionen $\varphi(\zeta)$ von Γ einfach in $\varphi[S(\zeta)]$ diejenigen von Γ'. *Alle Gruppen ein und derselben Classe liefern nicht wesentlich verschiedene automorphe Gebilde; speciell correspondiert ihnen ein und dasselbe algebraische Gebilde.*

Für die Classification der Functionen $\varphi(\zeta)$ ist übrigens auch hier wieder diejenige der Gruppen in I pg. 165 nicht endgültig maßgebend. So z. B. ist die a. a. O. für die Hauptkreisgruppen durchgeführte Einteilung in zwei Typen als für die functionentheoretische Untersuchung nicht besonders wesentlich bei Seite gelassen. Haben wir eine Gruppe Γ, welche auch Substitutionen enthält, die die beiden ζ-Halbebenen austauschen, so giebt es in Γ eine Untergruppe Γ_2 des Index 2, die die einzelne Halbebene immer nur wieder in sich selbst transformiert. Von den Functionen der Γ_2 wird man dann leicht zu denen der Gruppe Γ übergehen*).

§ 8. Classification und nähere Betrachtung der höheren automorphen Functionen.

Auf Grund der vorausgesandten Vorbereitungen schreiten wir nunmehr zur Classification der höheren automorphen Functionen selbst.

I. Hauptkreisfunctionen.

1. Functionen mit Grenzkreis.

An dieser Stelle ordnen sich die Functionen der hyperbolischen Rotationsgruppen mit $\mu = 0$ ein. Weitere Einteilungsprincipien für diese Art automorpher Functionen sind:

a) Einteilung in „*Geschlechter*" nach der Zahl p.

b) Einteilung aller automorphen Gebilde des einzelnen Geschlechtes in „*Gattungen*" nach der Zahl u der festen Ecken. Wie in I pg. 261 ff. ist (p, u) „*Gattungscharakter*". Wir erinnern daran, dass für $p = 0$ die Anzahl $u > 3$, für $p = 1$ entsprechend $u > 1$ sein muss, während für $p > 2$ die Zahl u irgend eine nicht-negative ganze Zahl sein kann.

*) Dies soll natürlich nicht hindern, dass wir vorkommendenfalls auch einmal Gruppen Γ solcher Art als Beispiele verwerten. So werden wir z. B. am Schlusse des ersten Paragraphen im nächsten Kapitel die zum Geschlechte null gehörenden Gruppen der besprochenen Art betrachten.

c) Einteilung aller automorphen Gebilde der einzelnen Gattung in „*Familien*", deren einzelne eine bestimmte „*Signatur*" $(p, n; l_1, l_2 \ldots, l_n)$ bekommt. Die l sind ganze Zahlen > 1 oder ∞; sie geben die Perioden der zu den festen Ecken gehörenden erzeugenden Substitutionen an. Zwei Combinationen von Zahlen l, welche abgesehen von der Reihenfolge der l übereinstimmen, liefern ein und dieselbe Familie. Nach I pg. 389 gilt der wichtige Satz: *Die einzelne Familie stellt ein „Continuum" von* $\infty^{2n+6p-6}$ *wesentlich verschiedenen automorphen Gebilden dar.* Daneben tritt der Satz: *Zwischen den verschiedenen Familien besteht kein continuierlicher Übergang**).

Wir reihen hieran sogleich die Besprechung einiger wichtiger

Specialfälle.

α) Das Geschlecht *null* der Functionen mit Grenzkreis.

Wie schon erwähnt, gilt in diesem Falle $n > 3$. Die einzelne Familie $(0, n; l_1, l_2, \ldots, l_n)$ umfasst ∞^{2n-6} Gebilde. Im niedersten Falle $n = 3$ ist die Dimension dieser Mannigfaltigkeit null; wir wissen aus I, *dass sich die Familie* $(0, 3; l_1, l_2, l_3)$ *auf eine einzige Gruppenclasse und damit im wesentlichen auf ein Gebilde reducirt.* Nach I pg. 287 ist eine Gruppe dieser Art stets der Erweiterung durch Spiegelungen fähig. Auf diese Weise gelangen wir zu den wohlbekannten *regulärsymmetrischen Netzen von Kreisbogendreiecken mit Grenzkreis* (cf. „M." I pg. 95); die in Rede stehenden Functionen $\varphi(\zeta)$ nennen wir demnach auch „*Functionen der Kreisbogendreiecke*" oder kurz „*Dreiecksfunctionen*".

Für $n > 4$ stellt die Möglichkeit der Erweiterung durch eine Spiegelung V stets eine Besonderheit vor. Findet sie statt, so wollen wir sogleich die Wirkung der Transformation V auf eine zugehörige Hauptfunction $z(\zeta)$ feststellen. In $z'(\zeta) = z[V(\zeta)]$ liegt eine von ζ abhängende complexe Variabele vor, welche zwar in allen äquivalenten Punkten ζ gleiche Werte hat. Aber erst, wenn wir z' durch seinen conjugierten Wert $\bar{z}'$ ersetzen, erhalten wir in $z'(\zeta)$ eine automorphe Function im gewöhnlichen Sinne**). Offenbar ist $\bar{z}'$ wieder eine Hauptfunction und als solche linear in z; dann aber wird z' linear in $\bar{z}$ sein, wo $\bar{z}$ den zu z conjugiert complexen Wert bedeutet. Also

---

*) Wenigstens innerhalb des für uns allein maßgeblichen Gebietes der *eindeutigen* automorphen Functionen.

**) $z'(\zeta)$ würde eine conforme Abbildung „mit Umlegung der Winkel" vermitteln.

folgt: *Der Spiegelung V entsprechend erfährt die Hauptfunction z selber eine lineare Substitution zweiter Art:*

$$(1) \qquad z' = \frac{a\bar{z} + b}{c\bar{z} + d}.$$

Diese Substitution besitzt (den Punkten des Symmetriekreises von V entsprechend) unendlich viele Fixpunkte; sie stellt nach „M." I pg. 198 somit selber eine *Spiegelung mit reellem Symmetriekreise* dar.

Weiterhin hat man zwei Fälle zu unterscheiden: Entweder liegen die ν den festen Polygonecken entsprechenden Stellen der z-Ebene sämtlich auf jenem Symmetriekreise, oder diese Stellen sind teilweise oder durchgängig bezüglich jenes Kreises zu Paaren symmetrisch gelegen. Der erste Fall liefert ein besonders elegantes Ergebnis: Hier wird das Innere (und natürlich auch das Äussere) des Symmetriekreises der z-Ebene auf ein Kreisbogen-ν-eck der ζ-Halbebene von den Winkeln $\frac{\pi}{l_1}, \frac{\pi}{l_2}, \ldots, \frac{\pi}{l_\nu}$ abgebildet, und der ganze Fundamentalbereich P kann aus zwei symmetrischen Polygonen dieser Art aufgebaut werden*).

β) Die Familie $(p, 0)$ der Functionen mit Grenzkreis.

Die für jedes $p > 2$ eintretende Gattung $(p, 0)$ enthält nur eine einzige Familie und stellt ein Continuum von ∞^{6p-6} automorphen Gebilden dar. Das Besondere ist hier, *dass jetzt der einzelne Fundamentalbereich P eine Riemann'sche Fläche F liefert, bei der die Umgebung jeder Stelle**) „ausnahmslos" ein-eindeutig auf die ζ-Halbebene bezogen ist.* Man kann dies auch dahin aussprechen, *dass ζ auf jener Riemann'schen Fläche F eine „unverzweigte" linear-polymorphe Function darstellt.*

Für den niedersten Fall $p = 2$ ist das zu Grunde liegende kanonische Achteck P und seine Transformationstheorie in 1 pg. 333 ausführlich entwickelt.

2. Hauptkreisfunctionen mit isoliert liegenden Grenzpunkten.

Für alle noch nicht genannten Hauptkreisfunctionen hat das projective Polygon $\mu > 0$ hyperbolische Ecken. Diese Functionen $\varphi(\zeta)$

---

*) Siehe übrigens die weitergehenden Erörterungen in § 1 des nächsten Kapitels.

**) Die Umgebung eines Verzweigungspunktes ist selbstverständlich mehrblättrig zu denken.

sind dann aus der einen ζ-Halbebene in die andere über die reelle Axe (den Hauptkreis) analytisch fortsetzbar: *sie existieren also in der ganzen ζ-Ebene, nur werden sie auf dem Hauptkreise unendlich viele isoliert liegende Grenzpunkte haben.* Bei der weiteren Classification wird wieder die Rücksichtnahme auf den functionentheoretischen Fundamentalbereich P voranstehen: wir haben analog wie unter 1. folgende Classificationsprincipien:

a) Einteilung in „*Geschlechter*" nach der Zahl p des Fundamentalbereichs P.

b) Einteilung aller automorphen Gebilde des einzelnen Geschlechtes in „*Gattungen*" nach der Anzahl $n = 2\nu$ der festen Ecken; (p, n) oder $(p, 2\nu)$ heisse wieder der „*Charakter*" der Gattung. Hierbei ist ν eine nicht-negative ganze Zahl und also n eine ebensolche gerade Zahl. Nur muss für $p = 0$ stets $\nu > 1$ und für $p = 1$ entsprechend $\nu > 0$ genommen werden: denn die hiermit ausgeschlossenen Combinationen würden für das projective Polygon P' die Werte $p' = 0$, $n' < 3$ liefern, die auszuschliessen sind.

c) Die Gebilde der einzelnen Gattung $(p, 2\nu)$ zerfallen nach dem Zahlwert von p' in endlich viele, nämlich $1 + \left[\frac{p}{2}\right]$, Abteilungen, die wir als „*Stämme*" bezeichnen wollen. In der That sind zufolge (2) pg. 28 für p' nur die Werte $0, 1. 2, \ldots, \left[\frac{p}{2}\right]$ zulässig, wo wir unter dem Symbol $[A]$ die grösste in A enthaltene ganze Zahl verstehen[*]. Der einzelne Stamm bekommt den „*Charakter*" $(p, 2\nu, p')$ oder (p, n, p'). Der Grad μ des Zusammenhangs von P und die Eckenanzahl n' von P' bestimmen sich jetzt zu:

$$(2) \qquad \mu = 1 + p - 2p', \quad n' = 1 + \tfrac{1}{2}n + p - 2p'.$$

---

[*] Die Einteilung der einzelnen Gattung in $1 + \left[\frac{p}{2}\right]$ Stämme entspricht genau der Einteilung aller „ortho-symmetrischen" Riemann'schen Flächen gegebenen Geschlechtes p in $1 + \left[\frac{p}{2}\right]$ Arten nach der Anzahl μ der Übergangs- oder Symmetrielinien. Man vergl. die folgenden Schriften und Abhandlungen von Klein „*Über Riemann's Theorie der algebraischen Functionen und ihrer Integrale*", pg. 72 (Leipzig, 1882), „*Über conforme Abbildung von Flächen*", Mathem. Ann. Bd. 19 (1881), „*Über die Realitätsverhältnisse bei der einem beliebigen Geschlechte zugehörigen Normalcurve der q*", Math. Ann. Bd. 42 (1892), sowie die Untersuchung von G. Weichold, „*Über symmetrische Riemann'sche Flächen und die Periodicitätsmoduln der zugehörigen Abel'schen Normalintegrale erster Gattung*", Zeitschrift f. Math. u. Phys., Bd. 28 S. 321 (1883).

d) Einteilung aller automorphen Gebilde des einzelnen Stammes in „*Familien*“, deren einzelne eine „*Signatur*“ $(p, 2\nu, p'; l_1, l_2, \ldots, l_\nu)$ bekommt. Hierbei sind die Zahlen $l_1, l_2, \ldots, l_\nu$ genau in derselben Bedeutung gebraucht, wie bei den Functionen mit Grenzkreis.

Für den Umfang der einzelnen Familie ist wieder das Theorem von 1 pg. 389 maßgeblich. Die Anzahl $(3n' - \nu + 6p' - 6)$ drückt sich mit Rücksicht auf (2) so aus:

$$3n' - \nu + 6p' - 6 = n + 3p - 3.$$

Merken wir demzufolge den Satz an: *Die einzelne Familie stellt ein Continuum von ∞^{n+3p-3} unterschiedenen automorphen Gebilden dar. Zwischen den verschiedenen Familien besteht kein continuierlicher Zusammenhang.*

Die Fundamentalbereiche haben hier überall nicht die Gestalt kanonischer Polygone. Man kann aber nach den in 1 pg. 182 ff. entwickelten Regeln diese Gestalt wieder gewinnen, wenn man kein besonderes Gewicht auf die kreisförmige Gestalt der Polygonseiten legt.

Als einen besonders wichtigen Specialfall merken wir den für jedes $p > 2$ eintretenden, nur eine einzige Familie umfassenden Stamm mit $p' = 0$, $n = 0$. Wir haben in diesem Falle $n' = p + 1$, und übrigens entspricht diesen Bedingungen ein Continuum von ∞^{3p-3} automorphen Gebilden. Einem kanonischen Polygon P vom Charakter $(0, n')$ gaben wir in 1 pg. 305 die Gestalt eines geradlinigen $2n'$-ecks mit lauter concaven Winkeln; die a. a. O. mitgeteilte Figur ist hier als Figur 10 reproduciert. Im vorliegenden Falle sind die festen Ecken $c_1, c_2, \ldots c_{n'}$ alle

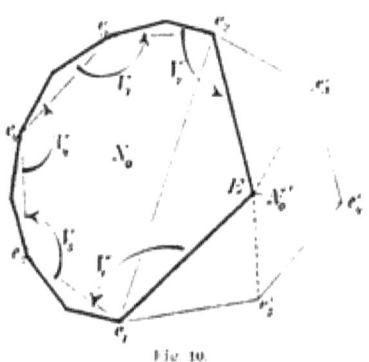

Fig. 10.

hyperbolisch und also ausserhalb der Ellipse gelegen. Die bewegliche Ecke E dachten wir zwar gewöhnlich im Innern der Ellipse; aber nichts hindert, den Punkt E *im Innern* des Polygons N_0'' der Figur über die Ellipse hinüber z. B. in den an $c_{n'}'$ heranragenden Zipfel treten zu lassen. Man vergegenwärtige sich unter diesen Umständen die Lage des in der Figur stark markierten $2n'$-ecks. Keine einzige Ecke liegt mehr auf oder innerhalb der Ellipse; die beiden von c_a auslaufenden Seiten liegen gänzlich ausserhalb der Ellipse und gehen demnach für die ζ-Ebene überhaupt verloren, die übrigen $(2n'-2)$ Seiten haben demgegenüber je ein mittleres im Ellipseninneren verlaufendes Stück. Es ergiebt sich, *dass der zugehörige Fundamentalbereich P von $2n'-2 = 2p$ getrennt verlaufenden und paarweise einander zugeordneten Vollkreisen begrenzt ist, wobei immer zwei einander correspondirende Vollkreise benachbart sind.* Figur 11 erläutert den Fall $p = 3$.

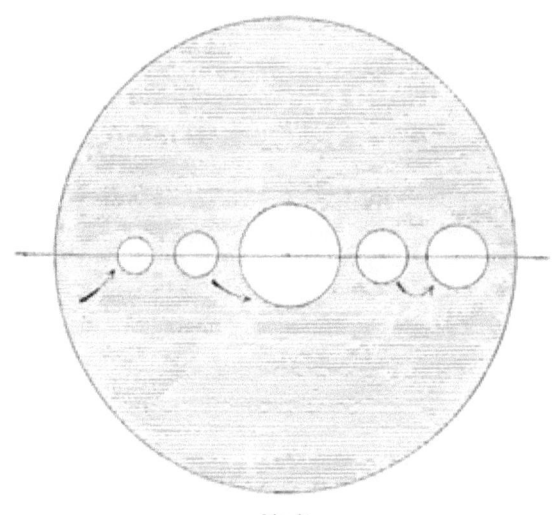

Fig. 11.

II. Höhere automorphe Functionen ohne Hauptkreis.

Bei der genaueren Einteilung der Functionen ohne Hauptkreis macht sich der Mangel einer ausführlichen Kenntnis der Nichtrotationsgruppen hinderlich geltend. Wir müssen uns hier mit wenigen Andeutungen begnügen und teilen mit Rücksicht auf die Natur des Grenzgebildes zunächst etwa so ein:

1. Functionen mit unendlich vielen isoliert liegenden Grenzpunkten;

2. Functionen mit einer (nicht-analytischen) Grenzcurve;

3. Functionen mit unendlich vielen (kreisförmigen oder nicht-analytischen) Grenzcurven.

Innerhalb jeder dieser Kategorien wird man dann ferner nach dem Geschlecht p und der Anzahl n fester Ecken in „*Gattungen*", die Gattungen aber weiter in „*Familien*" einteilen.

Wir machen hier nur noch aufmerksam auf zwei besonders wichtige *Specialfälle*:

α) Automorphe Gebilde des Geschlechtes 0.

Die hierher gehörigen automorphen Gebilde ordnen wir wieder in Familien zusammen, wobei der einzelnen Familie analog wie bei den Hauptkreisfunctionen eine Signatur $(0, n: l_1, l_2, \ldots, l_n)$ zuerteilt wird. Der Fundamentalbereich P ist in der kanonischen Gestalt von $2n$ paarweise einander zugeordneten Randcurven eingegrenzt*) und hat n feste, sowie n zufällige, zu einem Cyclus gehörige Ecken. Die Anzahl n muss hierbei > 3 sein, doch haben wir bereits für $n = 4$ Nicht-rotationsgruppen.

Ein besonderer Fall ist wieder der, dass sich der Fundamentalbereich aus zwei einander symmetrischen Kreisbogen-n-ecken der Winkel

$$\frac{\pi}{l_1}, \frac{\pi}{l_2}, \ldots, \frac{\pi}{l_n}$$

aufbauen lässt. Regulär-symmetrische Vierecknetze dieser Art wurden in I pg. 399 ff. ausführlich studirt. Die damaligen Entwicklungen ergaben uns insbesondere den Satz, *dass solche von regulär-symmetrischen Vierecknetzen gelieferten automorphen Gebilde in allen drei solchen unter 1, 2, und 3, je nach der Natur der Grenzmannigfaltigkeit unterschiedenen Kategorien vorkommen können.*

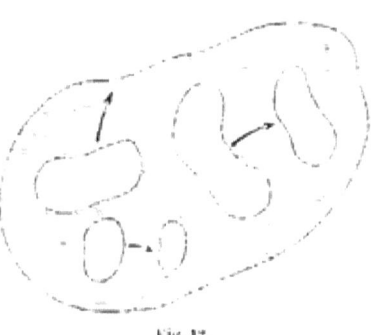

Fig. 12.

Es braucht kaum bemerkt zu werden, dass die pg. 30 unter α genannten Hauptkreisfunctionen mit $p = 0$ sich hier als Specialfall einordnen.

β) Automorphe Gebilde von Fundamentalbereichen mit $2p$ getrennt verlaufenden geschlossenen Randcurven.

Die hier gemeinten Gebilde stellen die Verallgemeinerung derjenigen pg. 34 besprochenen Gebilde vor, deren Bereich P durch p Paare einander zugeordneter Vollkreise mit Hauptkreis berandet waren. Hierher gehören die automorphen Gebilde solcher Fundamentalbereiche, bei

---

*) Ob sich dieselben stets als $2n$ Kreisbogen fixiren lassen, muss dahingestellt bleiben. Die Normalpolygone (cf. I pg. 123 ff.) für die in Rede stehenden Gruppen sind zwar ausschliesslich von Kreisbogen berandet; doch ist die Anzahl der Seiten bei ihnen im allgemeinen $> 2n$.

denen kein Hauptkreis vorzuliegen braucht, und die an Stelle von Kreisen durch $2p$ getrennt verlaufende geschlossene, paarweise äquivalente, übrigens aber irgend wie gestaltete Curven (cf. Figur 12) berandet sind.*) *Es handelt sich somit um Gebilde der Gattung $(p, 0)$, und zwar gehören dieselben durchweg in die erste der eben unterschiedenen drei Kategorien, d. h. wir haben Functionen mit unendlich vielen isoliert liegenden Grenzpunkten.*

Als einen Specialfall haben wir zunächst den anzusehen, dass die p erzeugenden Substitutionen ausschliesslich *hyperbolisch* sind. Hierher gehören dann wiederum im speciellen als besondere Fälle diejenigen Gruppen, *welche sich aus $(p + 1)$ Spiegelungen an isoliert verlaufenden Vollkreisen erzeugen lassen.* In diesem Falle lässt sich der Fundamentalbereich P aus zwei einander symmetrischen Bereichen aufbauen, deren einzelner von jenen $(p + 1)$ Vollkreisen berandet ist. Natürlich ordnen sich hier als Specialfälle auch wieder Hauptkreisgruppen ein, bei denen die $(p + 1)$ Vollkreise einen gemeinsamen Orthogonalkreis haben.

§ 9. Von den Integralen der automorphen Gebilde.

In der Theorie der elliptischen Functionen besteht der wichtige Satz, dass ein beliebiges Integral zweiter Gattung eine *eindeutige* Function vom zugehörigen Integrale erster Gattung ist. Es ist dies nur ein Specialfall eines allgemeinen auf automorphe Gebilde bezüglichen Theorems, das jetzt abgeleitet werden soll.

Für irgend ein vorgelegtes automorphes Gebilde denken wir den Fundamentalbereich P sogleich in die kanonische Gestalt gesetzt, um das zugehörige System der erzeugenden Operationen in der in 1 pg. 186 verabredeten Gestalt benutzen zu können. Auf der zugehörigen Riemann'schen Fläche F sind die algebraischen oder Abel'schen Integrale des Gebildes allgemein durch den Ansatz:

$$(1) \qquad J = \int^{z} R(w, z)\, dz$$

gegeben (cf. „M." 1 pg. 501). Wir wollen jetzt *das einzelne solche Integral* auf Grund der Beziehung der Riemann'schen Fläche auf das Polygonnetz *als Function von ζ auffassen.* Wir bezeichnen dasselbe in diesem Sinne durch $J(\zeta)$ und nennen es „*ein zum vorgelegten automorphen Ge-*

---

*   Die Randcurven dürfen selbstverständlich auch Vollkreise darstellen; nur müssen wir wieder dahingestellt sein lassen, ob man in jedem Falle durch erlaubte Abänderung den $2p$ Randcurven Kreisform geben kann. Bildet man nach I pg. 123 ff. ein zugehöriges Normalpolygon, so sind zwar die Randcurven ausschliesslich Kreisbogen, aber das Auftreten zufälliger Ecken scheint alsdann nicht ausgeschlossen zu sein.

bilde gehörendes Integral". Es ist von vornherein deutlich, *dass gemäss der Weierstrass'schen Begriffsbestimmung der analytischen Function ein solches Integral $J(\zeta)$ eine nur für den Bereich des Polygonnetzes N definierte Function darstellt und jeden Grenzpunkt des Netzes zum wesentlich singulären Punkt hat.*

Um jetzt sogleich die Frage der Vieldeutigkeit der Function $J(\zeta)$ zu discutieren, setzen wir zunächst voraus, dass das Polygonnetz N *eine* Grenzcurve besitze und somit einen *einfach* zusammenhängenden Bereich darstelle[*]. Unter diesen Umständen ist auch der Bereich F einfach zusammenhängend: er möge den Charakter (p, n) besitzen. Hier liegen dann folgende grundlegenden Verhältnisse vor: Jeder im Netze N geschlossene Weg ist innerhalb desselben auf einen Punkt zusammenziehbar: ihm wird demnach auf der Fläche F ein geschlossener Umlauf entsprechen, der gleichfalls auf einen Punkt zusammenziehbar ist. Jedem eigentlichen Periodenwege auf F (der nicht auf einen Punkt zusammengezogen werden kann) muss umgekehrt ein offener Weg im Netze zwischen zwei äquivalenten Punkten correspondieren.

Die Anwendung dieser Angaben auf die Integrale erster und zweiter Gattung des automorphen Gebildes ist sofort vollzogen. Die Fortsetzung des einzelnen solchen Integrals $J(\zeta)$ über einen im Netze geschlossenen Umlauf führt stets zum Anfangswerte $J(\zeta)$ zurück, da diesem Umlauf auf der Fläche kein eigentlicher Periodenweg entspricht. Wir gewinnen den Satz: *Hat das Polygonnetz N eine und nur eine Grenzcurve, so sind die automorphen Integrale erster und zweiter Gattung „eindeutige" Functionen von ζ[**]. Dieselben bleiben gänzlich unverändert gegenüber den n elliptischen und parabolischen Erzeugenden $V_1, V_2, \ldots, V_n$; bei Ausübung einer der übrigen $2p$ Erzeugenden V_{a_i}, V_{b_i} nimmt das einzelne Integral $J(\zeta)$ einen additiven Periodenzuwachs an.* Die Ausübung einer elliptischen oder parabolischen Substitution kommt in der That auf einen einfachen Umlauf um einen der Punkte $e_1, e_2, \ldots, e_n$ der Fläche F hinaus: auf die Wirkung der V_{a_i}, V_{b_i} kommen wir unten nochmals zurück.

Bei den Integralen dritter Gattung liegen die Verhältnisse etwas complicierter. Ein solches Integral besitzt auf der Fläche F logarithmische Unstetigkeitspunkte, und die Umkreisung eines einzelnen solchen

---

[*] Auch der Fall der doppeltperiodischen Functionen ordnet sich hier ein. Das zugehörige Polygonnetz N hat einen einzigen Grenzpunkt und bedeckt somit einen einfach zusammenhängenden Bereich.

[**] Dieses Theorem ist von Klein in der Abhandlung „Neue Beiträge zur Riemann'schen Functionentheorie" Abschn. V, Mathem. Ann. Bd. 21 (1882) angegeben worden.

Punktes liefert einen Periodenzuwachs. Trifft sich jedoch insbesondere, dass einem solchen Unstetigkeitspunkte eine *parabolische* Ecke des Bereiches *P* entspricht, so werden alle beliebig vielfachen Umläufe um jenen Punkt von *F* offene Wege im Netze liefern. Man gewinnt den Satz: *Unter der Bedingung eines einfach zusammenhängenden Netzes N werden von den Integralen dritter Gattung J(ζ) diejenigen, aber auch nur diejenigen eindeutige Funktionen von ζ liefern, deren logarithmische Unstetigkeitspunkte ausschliesslich in parabolischen Polygonecken liegen. Gegenüber den zugehörigen parabolischen Erzeugenden V, wird die einzelne solche Function J(ζ) sich um eine additive Constante ändern, übrigens aber die vorhin genannten Eigenschaften der Integrale erster und zweiter Gattung teilen.*

Ist das Netz *N* mehrfach zusammenhängend, so giebt es in *N* stets geschlossene Wege, welche sich auf *F* nicht auf Punkte zusammenziehen und demnach eigentliche Periodenwege darstellen. *Jetzt werden demnach die Integrale J(ζ), allgemein zu reden, nicht mehr eindeutige, sondern unendlich vieldeutige Functionen von ζ liefern.*

Aber es giebt von dieser allgemeinen Regel in speciellen Fällen Ausnahmen. Wenden wir uns z. B. zu einem automorphen Gebilde von der pg. 35 unter *β* besprochenen Art mit einem Bereiche *P*, der von $2p$ getrennt verlaufenden geschlossenen Randcurven begrenzt ist! Diese $2p$ Randcurven liefern auf der Fläche *F* p Rückkehrschnitte, die wir als Schnitte $a_1, a_2, \ldots, a_p$ wählen. Die allgemeine Theorie der Erzeugenden (cf. I pg. 184 ff.) gestaltet sich hier im speciellen so, dass die Substitutionen $V_{b_1}, \ldots, V_{b_p}$ sämtlich gleich 1 werden; als Erzeugende der Gruppe restieren nur noch die Substitutionen $V_{a_1}, \ldots, V_{a_p}$, zwischen denen eine Relation *nicht* existiert.

Nun giebt es nach „M." I pg. 531 Normalintegrale zweiter Gattung, welche bei Fortsetzung über die p Wege a_i keine von 0 verschiedene Periodenzuwüchse erfahren. Also ergiebt sich mit Rücksicht auf die Nichtexistenz einer Relation zwischen den V_{a_i} der Satz: *Bei einem Fundamentalbereich P mit $2p$ getrennt verlaufenden Randcurven giebt es stets „eindeutige" Integrale zweiter Gattung J(ζ).* Aus den in „M." I pg. 531 weiter über diese Integrale gemachten Angaben folgt noch: *Speciell giebt es Integrale J(ζ) dieser Art, welche nur an einer willkürlich wählbaren Stelle $ζ_0$ des Fundamentalbereichs unstetig wie $(ζ - ζ_0)^{-1}$ werden; das einzelne solche Integral ist durch seine Unstetigkeitsstelle bis auf eine additive Constante eindeutig bestimmt.* Im Verlaufe des vierten Kapitels werden wir solche Integrale als Functionen von ζ durch convergente Reihen darstellen und ausführlicher untersuchen.

Wir kommen jetzt nochmals auf den zuerst betrachteten Fall eines Gebildes mit einer Grenzcurve zurück, beschränken uns jedoch auf die zugehörigen Integrale erster und zweiter Gattung $J(z)$, welche unter allen Umständen eindeutig sind. Ein einzelnes derartiges Integral $J(z)$ habe den Erzeugenden $V_{a_1}, \ldots V_{a_j}, V_{b_1}, \ldots V_{b_p}$ entsprechend die Perioden $\omega_{11}, \ldots, \omega_{1p}, \omega_{21}, \ldots, \omega_{2p}$. Eine beliebige Substitution V der Gruppe Γ führt alsdann J in:

$$(2) \qquad J' = J + m_1 \omega_{11} + \cdots + m_p \omega_{1p} + n_1 \omega_{21} + \cdots + n_p \omega_{2p}$$

über. Die Bedeutung der hierbei auftretenden ganzen Zahlen m, n ergiebt sich, wenn man die zur Ausübung gebrachte Substitution V symbolisch als Product:

$$(3) \qquad V = \Pi(V_1, \ldots V_a, V_{a_1}, \ldots V_{b_p})$$

schreibt. Alsdann ist offenbar m_k die Summe der in (3) rechter Hand auftretenden Exponenten von V_{a_k}, und entsprechend sind die $n_1, \ldots, n_p$ zu definieren.

Für $p = 0$ ist $J(z)$ einfach eine automorphe Function der Gruppe Γ. Hat man jedoch $p > 0$, so treten unendlich viele Transformationen (2) auf, *die in ihrer Gesamtheit offenbar eine Abel'sche Gruppe G mit einander vertauschbarer parabolischer Substitutionen bilden.* Aus den voraufgesandten Überlegungen entspringt dann sofort der Satz: *Die Abel'sche Gruppe G steht zur Gruppe Γ in der Beziehung des $1 \cdot \varkappa$-deutigen Homomorphismus*[*]. Hierbei entspricht der identischen Substitution innerhalb G eine ausgezeichnete Untergruppe $\Gamma_\varkappa$ des Index $\varkappa$ in Γ. Diese $\Gamma_\varkappa$ umfasst alle Substitutionen V, welche die gesamten Integrale erster und zweiter Gattung unverändert lassen; es werden diese Substitutionen aber von allen denjenigen symbolischen Producten (3) geliefert, bei denen die Summe aller Exponenten der einzelnen Erzeugenden V_{a_k}, V_{b_k} in jedem Producte gleich null ist*[**].*

Eine bemerkenswerte Folgerung ziehen wir noch für den Fall eines automorphen Gebildes mit Grenzkreis. Die Gruppe Γ des Charakters (p, n) hatten wir in diesem Falle (cf. I. pg. 313 ff.) durch Composition hergestellt aus p Gruppen des Charakters $(1, 1)$ und einer Gruppe vom Charakter $(0, n + p)$, wobei sich diese Charaktere auf

---

[*] Wegen der Benennungen „Homomorphismus" und „Isomorphismus" der Gruppen vergleiche man die Note in I. pg. 194.

[**] Für einen der Theorie der Modulfunctionen angehörenden Specialfall sind die Ansätze des Textes in der Abhandlung des Verf. „Über ausgezeichnete Untergruppen in der Gruppe der elliptischen Modulfunctionen" (Mathem. Ann. Bd. 31. 1887) weitergeführt.

die projectiven Polygone beziehen. Letztere Gruppe hatte die $(u + p)$ Erzeugenden:

$$V_1 \ldots V_a, \quad V_{a_1}{}^{1}V_{b_1}V_{a_1}V_{b_1}{}^{1}, \ldots, V_{a_p}{}^{1}V_{b_p}V_{a_p}V_{b_p}{}^{1}.$$

Diese Substitutionen gehören nun offenbar alle der eben betrachteten Gruppe Γ_z an; also folgt: *Die zu Γ gehörenden „eindeutigen" Integrale $J(\zeta)$ bleiben unverändert gegenüber allen Substitutionen der gedachten Gruppe vom Charakter $(0, u + p)$.*

Übrigens liefert die letztere Gruppe in der ζ-Ebene einen Fundamentalbereich des Geschlechtes $p - 1$, welcher durch den Hauptkreis in p getrennten Stücken durchsetzt und solchergestalt in zwei einander symmetrische Hälften zerlegt wird. Auf der zu diesem Fundamentalbereich gehörenden Riemann'schen Fläche sind die betrachteten Functionen zwar eindeutig, aber sie besitzen das System der p Symmetrielinien zur natürlichen Grenze.

§ 10. Allgemeines Eindeutigkeitstheorem. Anwendung auf lineare Differentialgleichungen.

Die Sätze über Eindeutigkeit der Integrale $J(\zeta)$ in ζ sind nur Specialfälle eines allgemeineren Eindeutigkeitstheorems. Um bei Formulierung des letzteren zu einfachen Verhältnissen zu gelangen, beschränken wir uns jetzt kurzweg auf den *Fall eines automorphen Gebildes mit „einer" Grenzcurve*. Unter dieser Voraussetzung gilt folgender Satz: *Eine Function, welche auf der Riemann'schen Fläche F, abgesehen von den u den festen Polygonecken entsprechenden Punkten, überall regulär oder doch nur polar unstetig ist, und welche diese Eigenschaften bei unbeschränkter Fortsetzung über die Fläche hin bewahrt, ist in Abhängigkeit von ζ innerhalb des Polygonnetzes N eine eindeutige Function, falls sie nur die eine Forderung befriedigt, sich bei einem l_i-fachen Umlauf um jede solche Stelle der Fläche zu reproduciren, welche einer elliptischen Polygonecke der Periode l_i entspricht.* Man bemerke, dass hier betreffs der Mehrdeutigkeit der Function gegenüber Periodenwegen auf der Fläche, sowie auch gegenüber den Umläufen um die den parabolischen Polygonecken entsprechenden Punkte keinerlei beschränkende Voraussetzungen gemacht sind.

Zum Beweise unseres Theorems führen wir im Netze N einen beliebigen geschlossenen Umlauf aus und denken uns den correspondierenden Weg auf F construiert. Jener Umlauf und sein Abbild auf der Fläche F sollen alsdann zusammengezogen werden; jedoch sollen Hinwegschiebungen über feste Polygonecken hierbei verboten sein. Unter diesen Umständen wird sich der geschlossene Weg auf eine Reihe schleifenförmiger Umläufe um elliptische Polygonecken zusammenziehen lassen. Eine einfache solche Schleife wird aber auf der Fläche F ein l_r-facher Umlauf um den correspondierenden Punkt. Zufolge unserer Annahme wird sich die vorgelegte Function bei diesem Umlauf und also überhaupt bei dem ursprünglich gewählten geschlossenen Wege reproducieren, d. h. sie ist in ζ eindeutig*).

Man kennt nun ausser den Integralen $J(\zeta)$ unseres automorphen Gebildes noch eine ausgedehnte Classe von Functionen, auf welche das aufgestellte Eindeutigkeitstheorem Anwendung findet. Es sind dies die *Lösungen* solcher *linearer homogener Differentialgleichungen* beliebiger Ordnung m, deren Coefficienten algebraische Functionen der Fläche F sind. Dabei müssen freilich wegen der singulären Punkte der Differentialgleichungen gewisse gleich noch näher zu formulierende Voraussetzungen gemacht werden.

Indem wir F als Riemann'sche Fläche über der z-Ebene anordnen (cf. pg. 17), geben wir der fraglichen Differentialgleichung die Form:

$$(1) \quad \frac{d^m Z}{dz^m} + R_1(w, z)\frac{d^{m-1}Z}{dz^{m-1}} + R_2(w, z)\frac{d^{m-2}Z}{dz^{m-2}} + \cdots + R_m(w, z)Z = 0.$$

Ein „*Fundamentalsystem*" von Lösungen dieser Gleichung sei durch $Z_1, Z_2, \ldots, Z_m$ gegeben**). Dieses Functionssystem hat alsdann die Grundeigenschaft, *sich bei beliebigen geschlossenen Umläufen auf F linear-homogen zu substituieren*. Geht also beim einzelnen Umlauf Z_i in Z_i' über, so hat man für die $Z_1', Z_2', \ldots, Z_m'$ die Darstellung:

$$(2) \quad \begin{cases} Z_1' = a_{11}Z_1 + a_{12}Z_2 + \cdots + a_{1m}Z_m, \\ Z_2' = a_{21}Z_1 + a_{22}Z_2 + \cdots + a_{2m}Z_m, \\ \cdot \quad \cdot \quad \cdot \quad \cdot \quad \cdot \\ Z_m' = a_{m1}Z_1 + a_{m2}Z_2 + \cdots + a_{mm}Z_m. \end{cases}$$

---

*) Das im Texte behandelte Eindeutigkeitstheorem hat bereits bei den ersten Untersuchungen von Poincaré und Klein über automorphe Functionen eine hervorragende Rolle gespielt. In allgemeiner Gestalt ist dasselbe von Klein in der Abhandlung „*Neue Beiträge zur Riemann'schen Functionentheorie*", Mathem. Annalen Bd. 21, pg. 214 (1882) ausgesprochen worden. Poincaré hat in seinen ersten Noten in den Comptes rendus Bd. 92 (1881) und Bd. 93 (1882) namentlich auch das im Texte sogleich zu betrachtende Beispiel der linearen Differentialgleichungen behandelt.

**) Die hier zu benutzenden elementaren Sätze aus der Theorie der linearen Differentialgleichungen findet man ausführlich behandelt in L. Schlesinger, *Handbuch der Theorie der linearen Differentialgleichungen*", Bd. 1 (Leipzig 1895). Siehe auch L. Heffter „*Einleitung in die Theorie der linearen Differentialgleichungen*" (Leipzig 1894) oder die modernen Lehrbücher über höhere Analysis.

mit m^2 constanten Coefficienten c_{ik} einer nichtverschwindenden Determinante. Für die geschlossenen Umläufe kommen dabei aber nicht nur die eigentlichen Periodenwege auf F in Betracht, sondern auch noch Umläufe um einzelne „*singuläre Punkte*" der Differentialgleichung, die wir in der Anzahl ν voraussetzen. Die zu diesen singulären Punkten gehörenden Substitutionen (2) nennen wir symbolisch $S_1, S_2, \ldots S_\nu$, während den $2p$ elementaren Periodenwegen a_k, b_k die Substitutionen S_{a_k}, S_{b_k} unseres Fundamentalsystems entsprechen sollen.

Indem wir von der Riemann'schen Fläche zum Fundamentalbereiche P zurückgehen, haben wir betreffs der Lage der singulären Punkte die Bedingungen zu formulieren: *Die singulären Punkte sollen in P ausschliesslich in feste Ecken fallen.* Somit muss die Anzahl der singulären Stellen $\nu < \mu$ sein. Liegt aber insbesondere in der einzelnen elliptischen Ecke mit der Periode l_i eine singuläre Stelle der Differentialgleichung, so setzen wir weiter voraus, *dass die zugehörige Substitution S_i ihrerseits nach von einer endlichen Periode λ_i ist, und dass λ_i ein Teiler der Zahl l_i ist.*

Unter diesen Umständen sind offenbar die Vorbedingungen für die Gültigkeit unseres Eindeutigkeitstheorems erfüllt. Wir gewinnen den Satz: *Jedes Integral Z der Differentialgleichung* (1) *stellt innerhalb des Netzes N eine „eindeutige" Function $Z(\zeta)$ dar; dabei werden sich die vom Fundamentalsystem der Gleichung* (1) *gelieferten eindeutigen Functionen $Z_1(\zeta), Z_2(\zeta), \ldots Z_m(\zeta)$ gegenüber den Substitutionen V der Gruppe Γ linear-homogen substituieren.*

Die Gesamtheit dieser Substitutionen der $Z_1, \ldots Z_m$ wird wieder eine Gruppe G bilden, welche die oben mit $S_1, \ldots S_\nu, S_{a_1}, \ldots S_{b_p}$ bezeichneten Substitutionen zu Erzeugenden hat. Diese Gruppe steht zur Gruppe Γ in einer nach der einen Seite hin eindeutigen Beziehung. In der That entspricht jedem V ein eindeutig bestimmtes S: so correspondieren den V_{a_k}, V_{b_k} die Substitutionen S_{a_k}, S_{b_k}, und wir lassen den $V_1, V_2, \ldots V_\nu$ die $S_1, S_2, \ldots S_\nu$ entsprechen, während für $\mu > \nu$ den $V_{\nu+1}, \ldots V_\mu$ übereinstimmend die identische Substitution $S = 1$ zugehört. Auch umgekehrt kann einem S ein V eindeutig zugeordnet sein: notwendige Bedingungen sind hierzu, dass $\nu = \mu$ ist, und dass die oben mit λ_i bezeichneten Perioden den l_i genau gleich sind. Merken wir somit an: *Die Gruppen Γ und G stehen jedenfalls in der Beziehung des einseitig eindeutigen „Homomorphismus": doch kann in besonderen Fällen auch „Isomorphismus" vorliegen.*

Wir kommen in einem späteren Abschnitte des vorliegenden Werkes auf diese Ansätze noch ausführlich zurück und werden uns dort insbesondere auch mit Systemen convergenter Reihen, welche

solche Functionsscharen $Z_1(\zeta)$, $Z_2(\zeta)$, ... $Z_m(\zeta)$ darstellen, zu beschäftigen haben.

§ 11. ζ als linear-polymorphe Function. Die Fundamentalprobleme.

Haben wir soeben die Functionen der Riemann'schen Fläche F in
Functionen von ζ umgewandelt, so wollen wir jetzt umgekehrt den
Wertvorrat der auf das Netz N beschränkten Variabelen ζ auf die
geschlossene Riemann'sche Fläche F übertragen. Die letztere denken
wir dabei als mehrblättrige Fläche über der Ebene einer zur vorgelegten
Gruppe Γ gehörenden automorphen Function $z = \varphi(\zeta)$. Wir erhalten so
die zur automorphen Function $z = \varphi(\zeta)$ *inverse Function* $\zeta = f(z)$,
welche wir nach der pg. 1 verabredeten Sprechweise als *„linear-polymorphe"* oder kurz *„polymorphe" Function auf der Riemann'schen
Fläche F* bezeichnen wollten. In der That ist ja die Function $\zeta = f(z)$
auf F *eindeutig*, und zwar von einigen elementaren Fällen abgesehen
unendlich vieldeutig: und es ist *jeder bei einem beliebigen Umlaufe auf
der Fläche zu erreichende Zweig ζ' dieser Function eine lineare Function
des Ausgangszweiges ζ:*

$$(1) \qquad\qquad \zeta' = \frac{\alpha\zeta + \beta}{\gamma\zeta + \delta}$$

Wir bezeichneten oben (pg. 29) automorphe Gebilde, die in einander
transformierbar waren und also zu einer und derselben „Classe" gehörten, als nicht wesentlich verschieden. Üben wir auf ζ die damals
mit S bezeichnete Substitution:

$$(2) \qquad\qquad \zeta' = S(\zeta) = \frac{a\zeta + b}{c\zeta + d}$$

mit beliebigen *complexen Coëfficienten nicht-verschwindender Determinante*
$(ad - bc)$ aus, so erhalten wir eine neue polymorphe Function $\zeta' = S(\zeta)$,
welche wir als *mit ζ zu der gleichen „Classe" gehörig* bezeichnen. Da
die Coëfficienten a, b, c, d von S nur in ihren Quotienten zur Geltung
kommen, *so umfasst die einzelne so definierte Classe $\searrow^\zeta$ polymorphe
Functionen ζ* (insofern der Wertbereich einer complexen Variabelen als
zweifach unendlich zu gelten hat).

Um das Verhalten einer particulären Function ζ der Classe an
der einzelnen Stelle der Fläche näher darzulegen, müssen wir auf die
Angaben von pg. 5 ff. zurückgreifen. Der damaligen Entwicklungsgrösse t
stellen wir jetzt eine entsprechende Grösse τ gegenüber, welche wir
für eine im Endlichen gelegene Stelle z_0 der Fläche durch:

$$(3) \qquad\qquad \tau = z - z_0 \quad \text{oder} \quad \tau = \sqrt[m]{z - z_0}$$

definieren, je nachdem es sich um eine gewöhnliche Stelle oder einen m-blättrigen Verzweigungspunkt z_0 handelt: für die unendlich fernen Punkte der Riemann'schen Fläche tritt entsprechend:

$$(4) \qquad \tau = \frac{1}{z} \quad \text{bezw.} \quad \tau = \sqrt[m]{\frac{1}{z}}$$

ein. Alsdann haben wir an jeder Stelle der Fläche ohne Ausnahme für die pg. 5 bezw. 7 definierte Grösse t eine Entwicklung:

$$t = \tau(\alpha_0 + \alpha_1\tau + \alpha_2\tau^2 + \cdots) \quad \text{mit} \quad \alpha_0 \neq 0.$$

In diesem allgemeinen Ansatze sind folgende speciellen Darstellungen enthalten:

1. Für einen Punkt der Fläche, der nicht einer elliptischen oder parabolischen Polygonecke entspricht, giebt es eine particuläre Function ζ der Classe, welche die Darstellung gestattet:

$$(5) \qquad \zeta = \tau(1 + \alpha_1\tau + \alpha_2\tau^2 + \alpha_3\tau^3 + \cdots).$$

2. Für einen elliptischen Eckpunkt mit dem Winkel $\frac{2\pi}{l}$ giebt es an der entsprechenden Stelle der Fläche in der Classe eine besondere Function ζ mit der Entwicklung:

$$(6) \qquad \zeta = \tau^l(1 + \beta_1\tau + \beta_2\tau^2 + \beta_3\tau^3 + \cdots).$$

3. Endlich hat man für eine solche Stelle der Fläche, welche einer parabolischen Ecke entspricht, ein specielles ζ mit:

$$(7) \qquad \zeta = \log\tau + (\gamma_1\tau + \gamma_2\tau^2 + \gamma_3\tau^3 + \cdots).$$

Die übrigen polymorphen Functionen der Classe sind dann jedesmal nach (2) linear in dem dargestellten ζ ausdrückbar. Übrigens soll natürlich keineswegs behauptet sein, dass es eine und dieselbe Function ζ sei, auf welche sich die Darstellungen (5), (6) und (7) beziehen.

Wir merken endlich noch den Satz an: *Die polymorphen Functionen sind nur an denjenigen n Stellen der Fläche F verzweigt, welche den festen Polygonecken entsprechen: die elliptischen Ecken liefern endlichblättrige, die parabolischen ∞-blättrige Verzweigungspunkte.* Wir wollen diese n Verzweigungsstellen wieder durch $z = e_1, z = e_2, \ldots z = e_n$ näher bezeichnen; natürlich liegt der einzelne Verzweigungspunkt nur in einem bestimmten Blatte der Riemann'schen Fläche bei $z = e_k$.

Die Classification der polymorphen Functionen ist mit derjenigen der automorphen Gebilde unmittelbar mitgegeben; wir brauchen demnach hierbei nicht ausführlich zu verweilen.

Als besonders zugänglich und eben deshalb hervorragend wichtig haben wir jedenfalls die *„polymorphen Functionen mit Hauptkreis"* zu bezeichnen. Natürlich findet bei dieser Kategorie von polymorphen Functionen wieder die fundamentale Fallunterscheidung statt, ob der Hauptkreis ein Grenzkreis ist oder nicht. Hier giebt es dann immer particuläre Functionen $\zeta = f(z)$, für welche die *sämtlichen* bei analytischer Fortsetzung eintretenden *Substitutionen* (1) „*reelle*" *Coefficienten* $\alpha, \beta, \gamma, \delta$ aufweisen.

Wir nennen weiter als bemerkenswerten Specialfall, dass feste Polygonecken fehlen: hier gelangen wir zum Begriff der *„unverzweigten polymorphen Function"*. Dabei kann insbesondere ein Grenzkreis vorliegen oder auch ein Hauptkreis, der kein Grenzkreis ist. Auch kann eine Function dieser Art die zerschnittene Fläche auf ein Polygon ohne Hauptkreis abbilden. Im letzteren Fall ist wiederum der Specialfall besonders wichtig, dass das abbildende Polygon von $2p$ geschlossenen Curven begrenzt ist, die durch p loxodromische oder vielleicht im speciellen hyperbolische Substitutionen auf einander bezogen sind. Diesem Specialfalle kommt der grosse Vorteil zu, dass die Beziehung der Riemann'schen Fläche auf das Polygon besonders durchsichtig ist: die $2p$ Randcurven des Polygons entsprechen den Ufern eines Systems von p Rückkehrschnitten auf der Fläche F.

Die Einführung unserer polymorphen Functionen $\zeta = f(z)$ auf der Riemann'schen Fläche F erscheint ganz besonders wichtig mit Rücksicht auf die pg. 37 ff. behandelten Eindeutigkeitstheoreme, nach denen nicht nur die algebraischen Functionen, sondern auch noch zahlreiche weitere auf der Fläche existierende Functionen in ζ eindeutig sind. Es haben sich denn auch die Untersuchungen von Klein und Poincaré gleich anfangs der fundamentalen, unserem bisherigen Entwicklungsgange gewissermaßen inversen Fragestellung zugewandt, ob vielleicht auf *jeder* Riemann'schen Fläche polymorphe Functionen geeigneter Beschaffenheit existieren möchten. Wir wollen in dieser Hinsicht schon hier wieder unter Bevorzugung der Hauptkreisfälle folgende Fragen formulieren, die wir *„Fundamentalprobleme"* nennen, und deren Lösungen die später zu behandelnden *„Fundamentaltheoreme"* liefern werden.

I. *Sind auf einer beliebig gegebenen Riemann'schen Fläche des Geschlechtes* p *über der* z-*Ebene* n *willkürlich gewählte Verzweigungsstellen* $e_1, e_2, \ldots, e_n$ *markiert, so fragen wir nach der Existenz einer an diesen Stellen verzweigten polymorphen Function* $\zeta = f(z)$, *welche die kanonisch zerschnittene Fläche* (cf. I pg. 182 ff.) *auf ein Polygon unserer Art mit Grenzkreis und von der Signatur* $(p, n: l_1, l_2, \ldots, l_n)$ *abbildet, unter den* l_i *beliebige ganze Zahlen* > 1 *oder* ∞ *verstanden.*

II. *Es sei eine orthosymmetrische Riemann'sche Fläche beliebigen Geschlechtes p über der z-Ebene gegeben, deren Symmetrielinie aus μ geschlossenen Zügen besteht; alsdann ist μ eine der Zahlen $p + 1$, $p - 1$, $p - 3, \ldots$, und also ist $p' = \frac{1}{2}(p - \mu + 1)$ eine ganze Zahl aus der Reihe $0, 1, 2, \ldots, \left[\frac{p}{2}\right]$. Wenn wir nun $n = 2\nu$ paarweise symmetrische Stellen $e_1, e'_1, \ldots, e_\nu, e'_\nu$ willkürlich markieren, existiert alsdann stets eine an diesen Stellen verzweigte polymorphe Function $\zeta = f(z)$, welche die geeignet zerschnittene Fläche auf ein Hauptkreispolygon der pg. 27 besprochenen Art von der Signatur $(p, 2\nu, p'; l_1, l_2, \ldots l_\nu)$ abbildet, das durch den Hauptkreis in μ Strecken durchsetzt und in zwei symmetrische Hälften zerlegt wird? Natürlich sollen dabei wieder die ganzen Zahlen $l_i > 1$ oder ∞, übrigens aber willkürlich gewählt sein.*

III. *Ist wieder eine beliebige Riemann'sche Fläche gegeben, deren Geschlecht p jedoch > 0 sein soll, und ist diese Fläche längs p einander nicht treffender Rückkehrschnitte zerschnitten, so wird nach der Existenz einer unverzweigten polymorphen Function $\zeta = f(z)$ gefragt, welche die zerschnittene Fläche auf einen von $2p$ paarweise einander zugeordneten geschlossenen Randcurven begrenzten Bereich von der pg. 35 unter β betrachteten Art abbildet*).*

Natürlich kann es sich auch in den Fällen I. und II. um unverzweigte polymorphe Functionen handeln, man hat einfach die mit u bezeichnete Anzahl $= 0$ zu nehmen. Übrigens dürfen selbstverständlich auch die im Probleme I. und III. zu Grunde gelegten Flächen orthosymmetrisch oder auch diasymmetrisch sein.

Auf polymorphe Functionen ohne Hauptkreis bezieht sich nur das Fundamentalproblem III. Man könnte in dieser Hinsicht noch wesentlich weiter gehen, und insbesondere hat Klein in der dritten

---

*) Siehe wegen der Existenztheoreme der polymorphen Functionen die beiden gleich überschriebenen Noten von Klein „*Über eindeutige Functionen mit linearen Transformationen in sich*", Mathem. Ann. Bd. 19 pg. 565, Bd 20 pg. 49 (1882), sowie die zusammenfassende Darstellung im Abschnitt IV der Abhandlung „*Neue Beiträge zur Riemann'schen Functionentheorie*". Math. Ann. Bd. 20 pg. 206 (1882). Bei den Gebilden mit $p = 0$ hatte Poincaré bereits etwas früher die fraglichen Existenztheoreme aufgestellt, worüber man seine Mitteilungen in den Comptes rendus vom April und August 1881, sowie die Abhandlung „*Sur les fonctions uniformes, qui se reproduisent par des substitutions linéaires*", Math. Ann. Bd. 19 pg. 553 (1882) vergleichen wolle. Die Verallgemeinerung liess Poincaré in vielfacher Berührung mit den kurz voraufgehenden Untersuchungen von Klein alsdann in den Comptes rendus vom April 1882 folgen, sowie ausführlichst in der Abhandlung „*Sur les groupes des équations linéaires*", Acta mathem. Bd. 4 pg. 201 (1883).

seiner eben genannten Arbeiten bereits einen weit allgemeineren Standpunkt eingenommen. Wir haben in I pg. 443 ff. aus r Polygonen mit Grenzkreisen von den Signaturen:

$$(8) \qquad (p_i, n_i; l_1^{(i)}, l_2^{(i)}, \ldots, l_{n_i}^{(i)}), \qquad i = 1, 2, \ldots, r$$

durch den Process der Composition einen Discontinuitätsbereich hergestellt, der als solcher (d. i. ohne Hinzufügung von Querschnitten) einen v-fach zusammenhängenden Bereich darstellt. Die zugehörige Riemann'sche Fläche ist vom Geschlechte $p = \sum\limits_{i=1}^{r} p_i$, und sie trägt dem Rande des Discontinuitätsbereichs entsprechend r verschiedene kanonische Schnittsysteme von dem in I pg. 183 besprochenen Typus, wobei aber ihr Zusammenhang noch ein v-facher bleibt.

Denken wir jetzt eine Riemann'sche Fläche des Geschlechtes p mit einer derartigen Zerschneidung willkürlich gewählt und schreiben wir für die einzelnen Signaturen (8) beliebige ganze Zahlen $l > 1$ oder ∞ vor, so handelt es sich um die Existenz einer polymorphen Function auf dieser Riemann'schen Fläche, welche die Abbildung der Fläche auf einen Discontinuitätsbereich der oben bezeichneten Art leistet. Klein lässt a. a. O. an der Composition neben den Hauptkreisgruppen auch noch irgend welche cyclische nicht-loxodromische Gruppen, sowie elliptische und parabolische Rotationsgruppen teilnehmen; auf diese Weise gelangt er zu einem noch etwas allgemeineren Fundamentalprobleme, dem die Betrachtungen in Abschnitt IV der genannten Arbeit gewidmet sind.

Die weitere Behandlung der aufgestellten Fundamentalprobleme soll hier einstweilen hinausgeschoben werden. Wir haben uns mit denselben im zweiten Abschnitte ausführlichst zu beschäftigen; ihre volle Erledigung ist einer der Hauptzielpunkte des vorliegenden Werkes.

§ 12. Differentialgleichung dritter Ordnung für die polymorphen Functionen.

Wir kommen hier noch beiläufig auf den bekannten „Schwarz'schen Differentialausdruck"

$$(1) \qquad [z]_z = \frac{\dfrac{d^3 z}{d z^3}}{\dfrac{d z}{d z}} - \frac{3}{2}\left(\dfrac{\dfrac{d^2 z}{d z^2}}{\dfrac{d z}{d z}}\right)^2$$

dritter Ordnung zurück, welcher bereits in „Ikos." pg. 74 und „M." I pg. 97 und 63 betrachtet wurde*). Die Grundeigenschaft dieses Aus-

---

*) Wegen der Litteratur des Ausdrucks (1) sehe man die Angaben in „Ikos." pg. 74.

drucks ist, dass er unverändert bleibt, wenn man ζ durch eine beliebige linear-gebrochene Function seiner selbst ersetzt:

(2)
$$\left[\frac{a\zeta+b}{c\zeta+d}\right]_z = [\zeta]_z.$$

Verstehen wir demnach unter ζ eine polymorphe Function unserer Art auf einer Riemann'schen Fläche über der z-Ebene, so wird $[\zeta]_z$ eine eindeutige Function auf der Fläche darstellen.

Um das Verhalten dieser eindeutigen Function an irgend einer Stelle z_0 der Fläche in Untersuchung zu ziehen, dürfen wir für ζ eine beliebige particuläre unter den ∞^3 polymorphen Functionen der Classe eintragen. Um von den Reihenentwicklungen (5) ff. pg. 44 Gebrauch machen zu können, rechnen wir uns zunächst die Relation aus (cf. „Ikos." pg. 75):

(3)
$$[\zeta]_z = [\zeta]_\tau \left(\frac{d\tau}{dz}\right)^2 + [\tau]_z.$$

Andrerseits stellen wir bei Gültigkeit der Entwicklung (5) pg. 44 für $[\zeta]_\tau$ folgende Entwicklung fest:

(4)
$$[\zeta]_\tau = 6(a_2 - a_1^2) + 24(a_3 - 2a_2 a_1 + a_1^3)\tau + \cdots.$$

Man betrachte jetzt zunächst solche Stellen der Fläche, an denen ζ nicht verzweigt ist. Ist z_0 eine im Endlichen gelegene Stelle dieser Art, die zugleich keinen Verzweigungspunkt der Fläche darstellt, so ergiebt sich aus (4) sofort, dass $[\zeta]_\tau$ in der Umgebung dieser Stelle regulär ist.

Haben wir aber einen im Endlichen gelegenen m-blättrigen Verzweigungspunkt der Fläche, so brauchen wir τ im Sinne der zweiten Formel (3) pg. 43 und finden:

(5)
$$[\zeta]_z = \frac{m^2 - 1}{2 m^2}\, \tau^{-2} m + \frac{1}{m^2}\, \tau^{-2m+2} [\zeta]_\tau.$$

An dieser Stelle der Fläche hat somit $[\zeta]_\tau$ einen Pol der Ordnung $2m$.

Bei $z = \infty$ dürfen wir die Fläche als unverzweigt annehmen; alsdann geht aus (3) sofort hervor, dass $[\zeta]_z$ im einzelnen Blatte bei $z = \infty$ einen Nullpunkt vierter Ordnung besitzt.

Indem wir jetzt zur Untersuchung der elliptischen und parabolischen Verzweigungsstellen der Fläche schreiten, nehmen wir (was keine Schwierigkeit hat) letztere so gewählt an, dass mit keiner dieser Stellen ein unendlich ferner Punkt oder ein Verzweigungspunkt der Fläche coincidirt. Bei Gebrauch der Entwicklungen (6) resp. (7) pg. 44 werden wir somit $\tau = z = z_0$ und also $[\zeta]_z = [\zeta]_\tau$ zu nehmen haben. Im Falle (6) pg. 44 ist aber:

$$(6) \qquad [\zeta]_\tau = \frac{1}{2}\left(1 - \frac{1}{l^2}\right)\tau^{-2} + a_{-1}\tau^{-1} + a_0 + a_1\tau + \cdots$$

und diese Formel gilt im parabolischen Falle (7) pg. 44 sogleich mit, wenn man $l = \infty$ einträgt. Wir constatieren an jeder der fraglichen Stellen einen Pol zweiter Ordnung für $[\zeta]_\tau$.

Die vorstehenden Betrachtungen begründen das Ergebnis: *Die polymorphen Functionen der vorgelegten Classe sind Integrale einer Differentialgleichung dritter Ordnung von folgender Gestalt:*

$$(7) \qquad \frac{d^3\zeta}{dz^3} - \frac{3}{2}\left(\frac{d^2\zeta}{dz^2}\right)^2 \Big/ \frac{d\zeta}{dz} = R(w, z),$$

deren rechte Seite eine bestimmte algebraische Function der Fläche ist; und man kann sagen, dass $\frac{a\zeta + b}{c\zeta + d}$ *das allgemeine Integral dieser Differentialgleichung ist, falls* ζ *ein particuläres Integral bedeutet und* a, b, c, d *willkürliche complexe Constante sind.*

Über die Function $R(w, z)$ lassen sich folgende Angaben machen:

1. sie hat in einem m-blättrigen Verzweigungspunkte der Fläche jeweils einen Pol der Ordnung $2m$.

2. sie weist an den n Verzweigungsstellen $c_1, c_2, \ldots, c_n$ der polymorphen Functionen je einen Pol zweiter Ordnung auf.

3. übrigens ist $R(w, z)$ auf der Fläche allenthalben regulär und besitzt insbesondere an der Stelle ∞ jedes Blattes einen Nullpunkt vierter Ordnung.

Einige weitere Angaben lassen sich noch über die Reihenentwicklungen von $R(w, z)$ an den Stellen $z = \infty$ machen. Aber auch wenn wir diese Angaben hinzunehmen, ist $R(w, z)$ aus den aufgezählten Eigenschaften im allgemeinen noch keineswegs bestimmt. Wir verfolgen diese Verhältnisse etwas weiter für den Fall des Geschlechtes $p = 0$, wo wir die Ebene einer zugehörigen Hauptfunction $z = q(\zeta)$ zu Grunde legen. In diesem Falle tritt an Stelle von $R(w, z)$ eine rationale Function von z, welche in den n Stellen c_i jeweils Pole zweiter Ordnung hat und übrigens allenthalben regulär verläuft. Da die fragliche rationale Function überdies bei $z = \infty$ einen Nullpunkt vierter Ordnung hat, so ist sie gleich dem Quotienten einer rationalen ganzen Function $(2n - 4)^{\text{ten}}$ Grades und des Productes $\prod\limits_{i=1}^{n}(z - c_i)^2$.

Um genauer die Gestalt der in Rede stehenden Function zu er-
kennen, bemerken wir, dass $[\zeta]_z \cdot \prod_{i=1}^{n}(z-e_i)$ gleich dem Quotienten einer
ganzen Function $(2n-4)^{\text{ten}}$ Grades und der Function n^{ten} Grades:

$$(z-e_1)(z-e_2)\cdots(z-e_n)$$

ist. Wendet man auf diesen Quotienten die Partialbruchzerlegung an,
so entspringt ein Ansatz, dem wir die Form geben:

$$[\zeta]_z \prod_{i=1}^{n}(z-e_i) = 2 G_{n-4}(z) + \sum_{i=1}^{n}\frac{A_i}{z-e_i},$$

wo $G_{n-4}(z)$ eine ganze Function $(n-4)^{\text{ten}}$ Grades von z ist. Zur
Bestimmung der Constanten A_i entwickeln wir die linke Seite dieser
Gleichung in der Umgebung von $z=e_i$ in eine Reihe nach $\tau = z-e_i$
und finden auf Grund von (6) sofort:

$$A_i = \frac{1}{2}\left(1-\frac{1}{l_i^2}\right)\cdot(e_i-e_1)\cdots(e_i-e_{i-1})(e_i-e_{i+1})\cdots(e_i-e_n).$$

Wir sind auf diese Weise zu dem Ergebnisse gelangt: *Legt man
im Falle $p=0$ eine Hauptfunction $z=q(\zeta)$ zu Grunde, so ist die zu
ihr inverse polymorphe Function $\zeta = f(z)$ ein Integral einer Differentialgleichung dritter Ordnung von folgender Gestalt:*

$$(8) \qquad [\zeta]_z = \frac{2}{\prod_{i=1}^{n}(z-e_i)}\left(G_{n-4}(z)\right.$$

$$\left. + \sum_{i=1}^{n}\frac{\frac{1}{4}\left(1-\frac{1}{l_i^2}\right)}{z-e_i}(e_i-e_1)\cdots(e_i-e_{i-1})(e_i-e_{i+1})\cdots(e_i-e_n)\right).$$

Die $(n-3)$ *Coefficienten der ganzen Function* $G_{n-4}(z)$ *sind zunächst
noch unbekannte complexe Constante.* Im niedersten Falle, $n=3$, tritt
keine Function G auf; hier also ist die rechte Seite der Gleichung (8)
endgültig bestimmt. In den höheren Fällen, $n>3$, werden wir die
$(n-3)$ zunächst unbekannt bleibenden Constanten als die *accessorischen
Parameter* der Differentialgleichung bezeichnen: wir kommen auf dieselben bei der Behandlung der Fundamentaltheoreme zurück.

Die in „M.“ 1 pg. 63 unter (5) für $n=3$ angegebene Differentialgleichung subsumiert sich übrigens nicht direct unter den eben gewonnenen Ansatz (8), weil bei der damaligen Gleichung einer der drei

Punkte c nach $z = \infty$ fällt. Führen wir dieser Annahme entsprechend $z' = (z - c_3)^{-1}$ ein, so liefert die Formel (3), da offenbar $[z]_{z'} = 0$ ist:

$$[z]_{z'} = [z]_z \left(\frac{dz}{dz'}\right)^2 = [z]_z (z - c_3)^4.$$

Mit Rücksicht auf (6) findet man somit als Entwicklung von $[z]_{z'}$ bei $z = c_3$ bezw. $z' = \infty$:

$$[z]_{z'} = \frac{1}{2}\left(1 - \frac{1}{l_3^2}\right)(z - c_3)^2 + \cdots = \frac{1}{2}\left(1 - \frac{1}{l_3^2}\right) z'^{-2} + \cdots,$$

so dass an dieser Stelle ein Nullpunkt zweiter Ordnung liegt. Lassen wir den Index an z' fortan wieder fort und legen übrigens die beiden im Endlichen verbliebenen Verzweigungsstellen c_1 und c_2 nach $z = 0$ und $z = 1$, so wird offenbar $[z]_z z^2 (z - 1)^2$ eine rationale Function in z; wir erteilen derselben die Gestalt:

$$[z]_z z^2 (z - 1)^2 = A(z - 1)^2 + Bz^2 + Cz(z - 1).$$

Zur Bestimmung der Coefficienten A, B, C dienen die Anfangsglieder der Reihenentwicklungen von $[z]_z$ für die Umgebungen von $z = 0$, 1 und ∞; wir finden als specielle Gestalt der Differentialgleichung dritter Ordnung für diesen Fall:

$$(9) \qquad [z]_z = \frac{1 - \dfrac{1}{l_1^2}}{2 z^2} + \frac{1 - \dfrac{1}{l_2^2}}{2(z - 1)^2} + \frac{\dfrac{1}{l_1^2} + \dfrac{1}{l_2^2} - \dfrac{1}{l_3^2} - 1}{2z(z - 1)},$$

was mit Gleichung (5) in „M." 1 pg. 63 übereinstimmt*).

§ 13. Verallgemeinerung des Begriffs der automorphen Functionen.

Die Eindeutigkeit unserer automorphen Functionen ist eine Grundeigenschaft derselben, welche namentlich für die im dritten Kapitel zu betrachtenden analytischen Darstellungen dieser Functionen von grundlegender Bedeutung sein wird. Demgegenüber verdient es bemerkt zu werden, dass die meisten bislang aufgestellten Begriffsbestimmungen, sowie die benutzten Methoden ihre Gültigkeit auch für die Behandlung *mehrdeutiger* automorpher Functionen bewahren.

Wir wollen in dieser Hinsicht an folgenden ganz allgemeinen Ansatz anknüpfen. Es sei in der z-Ebene durch endlich viele Randcurven ein beliebiger einfach oder mehrfach zusammenhängender

---

*) Über die Gestalt der Differentialgleichung (8) und der mit ihr zusammenhängenden homogenen linearen Differentialgleichung zweiter Ordnung (die wir späterhin betrachten) sind mehrere invariantentheoretische Untersuchungen angestellt. Wir nennen die betreffenden Abhandlungen unten im Zusammenhang.

Bereich P festgelegt, der auch in irgend einer Weise mehrblättrig
über sich selbst hinübergreifen und dabei in seinem Innern einzelne
Verzweigungspunkte aufweisen darf. Die Randcurven von P sollen
zu Paaren einander zugeordnet sein, in der Art, dass P genau wie
unsere oben betrachteten Polygone durch Zusammenbiegung auf einander bezogener Randcurven in eine geschlossene Fläche umgewandelt
werden kann. Die Zuordnung der Randcurven soll durch analytische
Transformationen $\zeta' = T_1(\zeta)$, $\zeta' = T_2(\zeta)$, ... festgelegt sein.

Es wird nun die Frage sein, *ob der so definierte Bereich P als
„Fundamentalbereich" für ein Gebilde analytischer Functionen von ζ angesehen werden kann, die dann als automorphe Functionen der aus den*
T_1, T_2 ... *zu erzeugenden Transformationsgruppe zu bezeichnen sein
würden.* Hier zeigt sich nun, dass die pg. 8 ff. zum Existenzbeweis
eindeutiger automorpher Functionen benutzte Methode in der That
brauchbar bleibt. *Gelingt es, den Bereich P wie damals (pg. 11) dachziegelartig mit endlich vielen Kreisscheiben und Kreissectoren vollständig
zu überdecken und kann man die Randwertaufgabe für die einzelnen
überdeckenden Stücke lösen, so lässt sich der Existenzbeweis der eben gemeinten Functionen wie früher erledigen.* Offenbar werden hierbei nur
diejenigen Sectoren bez. Sectorencyclen in nähere Untersuchung zu
ziehen sein, welche an den „festen" Ecken von P liegen, wo die Frage
der Abbildbarkeit solcher Sectoren auf Kreisscheiben zu behandeln
sein würde. Alle übrigen im Innern von P gelegenen Kreisscheiben
(auch diejenigen, welche innere Verzweigungspunkte umschliessen),
sowie alle am Rande, aber nicht an festen Ecken liegenden Kreissectoren bieten keine Schwierigkeit.

Dieser Ansatz ist ausser bei den Discontinuitätsbereichen unserer
Gruppen Γ nur erst für die am nächsten liegende Verallgemeinerung
betrachtet worden. Es handelt sich bei dieser Verallgemeinerung darum,
dass alle Transformationen T nach wie vor lineare Substitutionen sein
sollen, und dass P an festen Ecken ausnahmslos elliptische oder parabolische besitzt. Aber die Winkel in den elliptischen Ecken dürfen ganz
beliebige sein, und es darf der Bereich P über sich selbst hinübergreifen
sowie das aus P entspringende Polygonnetz N die ζ-Ebene ganz oder
teilweise in irgend welcher Art beliebig, ja unendlich vielfach überdecken. Wir erkennen sofort, *dass der gedachte Bereich P als Fundamentalbereich ein Gebilde zugehöriger vieldeutiger „linear"-automorpher Functionen definiert.*

Die einzelne dieser Functionen $z = \varphi(\zeta)$ bildet den Fundamentalbereich wieder auf eine gewöhnliche Riemann'sche Fläche über der
z-Ebene ab; und auf dieser besitzt die zu $\varphi(\zeta)$ inverse Function

$\zeta = f(z)$ den Charakter einer linear-polymorphen Function, indem sie insbesondere einer gewissen Differentialgleichung dritter Ordnung $[z] = F(w, z)$ genügt. Gerade von Seiten dieser Differentialgleichungen sowie gewisser homogener linearer Differentialgleichungen 2. Ordnung, welche wir alsbald mit jenen Gleichungen dritter Ordnung eng verbunden finden werden, ist man an das Studium der in Rede stehenden polymorphen Functionen und ihrer inversen unendlich vieldeutigen automorphen Functionen herangegangen. Dabei bot bereits der niederste Fall, dass nämlich der Fundamentalbereich P vom Geschlechte null ist und drei feste Ecken besitzt, ein höchst ausgedehntes Feld der Untersuchung dar. Wir weisen in dieser Hinsicht auf die autographierten Vorlesungen von Klein „*Über die hypergeometrische Function*" aus dem Wintersemester 1893/94*), sowie auf die Abhandlung von F. Schilling „*Beiträge zur geometrischen Theorie der Schwarz'schen s-Function*"**) hin.

---

*) Ausgearbeitet von E. Ritter, in Commission bei B. G. Teubner, Leipzig.

**) Göttinger Dissertation von 1893, abgedruckt in den Mathemat. Annalen Bd. 44 pg. 162.

Zweites Kapitel.

Formentheoretische Ausführungen für die automorphen Gebilde des Geschlechtes null.

Wir wenden uns jetzt zur ausführlichen Betrachtung der automorphen Gebilde des Geschlechtes null. Hierbei geben wir nach einem kurzen Überblicke über die Gestalten der zugehörigen Fundamentalbereiche der Untersuchung eine Wendung, welche nach den im Gebiete der Modulfunctionen gesammelten Erfahrungen besonderen Erfolg verspricht. In der That war der Gebrauch der *Modulformen* sowohl bei Auffindung der einfachsten Functionen eines vorgelegten Fundamentalbereichs und der zwischen ihnen bestehenden algebraischen Zusammenhänge, als auch beim Studium analytischer Darstellungen in Gestalt unendlicher Reihen oder Producte von grundlegender Bedeutung. In ersterer Hinsicht vergleiche man z. B. die formentheoretischen Entwicklungen in „M." II pg. 431 ff., welche dort die Grundlage für die Transformation elfter Ordnung der elliptischen Functionen liefern. In letzterer Beziehung bemerke man, dass die zahlreichen aus der Theorie der doppeltperiodischen Functionen entnommenen unendlichen Reihen und Producte nicht direct Modulfunctionen, sondern unmittelbar erst Modulformen nicht verschwindender Dimension darstellen.

Diese bei den Modulfunctionen hervorgetretenen Verhältnisse sind typisch für das Gesamtgebiet der eindeutigen automorphen Functionen. Erst durch Spaltung der Variabeln ζ in den Quotienten der *binären Variabeln* ζ_1, ζ_2, wie sie bereits in I pg. 194 ff. vorbereitet wurde, und durch Einführung der in ζ_1, ζ_2 homogenen „*automorphen Formen*" $\varphi(\zeta_1, \zeta_2)$ gelangen wir zu den einfachsten Grössen des einzelnen automorphen Gebildes. Auf der anderen Seite sind es die automorphen *Formen*, welche direct durch die unten ausführlich zu betrachtenden, von Poincaré entdeckten und nach ihm benannten Reihen dargestellt werden (siehe die Einleitung und den ersten Paragraphen im nächsten Kapitel).

Poincaré selbst gründet seine Entwicklungen über automorphe Functionen resp. Formen auf die eben genannten Reihen. Im Gegensatze dazu soll hier der Begriff der automorphen Formen ohne jeden weitergehenden Gebrauch von Reihenentwicklungen vermöge eines „*Differentiationsprocesses*" von den im vorigen Kapitel erhaltenen automorphen Functionen aus aufgebaut werden. Dabei gewinnen unsere Entwickelungen durch Aufnahme der formentheoretischen Gesichtspunkte ausserordentlich an Beziehungsreichtum, so dass die zunächst in Aussicht genommene Beschränkung auf das Geschlecht *null* gerechtfertigt erscheinen wird.

Der formentheoretische Standpunkt wird uns Anlass geben, neben den polymorphen Functionen ζ nun auch „*polymorphe Formen*" ζ_1, ζ_2 auf den Riemann'schen Flächen zu betrachten; dieselben stehen in einer interessanten Beziehung zu gewissen homogenen linearen Differentialgleichungen zweiter Ordnung, welche wir unten betrachten werden.

Historisch ist das Studium der polymorphen *Formen* in Riemann's principieller Arbeit über die *P*-Function[*] und in Schwarz' Untersuchungen über hypergeometrische Reihen[**] sogar früher gewesen als dasjenige der automorphen *Functionen*. Dabei ist allerdings zu bemerken, dass in den genannten Arbeiten äusserlich die formentheoretische Schreibweise noch nicht zur Benutzung kommt; wir werden das fragliche Sachverhältnis unten ausführlich aufzuweisen haben.

Auch Poincaré vermeidet noch die homogene Betrachtungsweise. Dagegen wird der formentheoretische Standpunkt consequent von Klein wie früher beim Ikosaeder und den Modulfunctionen, so auch in seinen functionentheoretischen Vorlesungen aus dem Anfang der neunziger Jahre durchgeführt[***]. Die ausgezeichneten Untersuchungen Ritter's, welche sich an diese Vorlesungen anschliessen[†], bekunden in ausführlichster Weise die wesentlichen Vorteile der *formentheoretischen Methoden*.

---

[*] *Beiträge zur Theorie der durch die Gauss'sche Reihe darstellbaren Functionen*", Abhandl. der Göttinger Gesell. d. Wiss. von 1857 oder gesammelte Werke pg. 62.

[**] „*Über diejenigen Fälle, in welchen die Gauss'sche hypergeometrische Reihe eine algebraische Function ihres vierten Argumentes ist*", Journ. f. Mathem. Bd. 75 (1872).

[***] Vergl. die Zusammenstellung in I, Vorrede pg. VI.

[†] In Betracht kommt hier zunächst Ritter's Dissertation „*Die eindeutigen automorphen Formen vom Geschlechte null, eine Revision und Erweiterung der Poincaré'schen Sätze*", Mathem. Ann. Bd. 41 pg. 1 (1892).

§ 1. Gestalten der Fundamentalbereiche bei den Gebilden des Geschlechtes null.

Unsere weiteren Überlegungen knüpfen wir zweckmässig an die „kanonische Gestalt" des Fundamentalbereichs an, welche nach I pg. 182 in jedem Falle erreichbar ist. Wir haben dabei mit einem Polygone P von $2n$ Seiten zu thun, wenn der Charakter $(0, n)$ vorliegt: Figur 13 erläutert schematisch die Verhältnisse für $n = 5$. Die n wie in der Figur durch $\varepsilon_1, \varepsilon_2 \ldots , \varepsilon_n$ bezeichneten festen Ecken sind die Fixpunkte

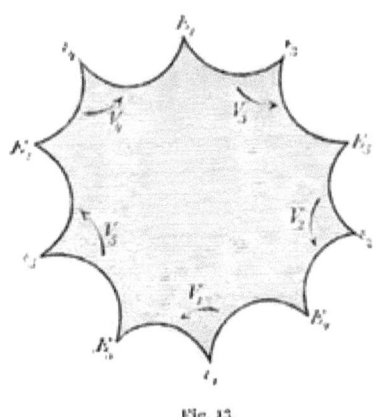

Fig. 13.

der Erzeugenden $V_1, V_2, \ldots, V_n$. Die n zufälligen Ecken $E_1, E_2, \ldots, E_n$ bilden einen Cyclus; ihm entspricht die eine hier bestehende Relation:

$$(1) \qquad V_1 \cdot V_2 \cdots V_n = 1$$

zwischen den Erzeugenden. Zu dieser Gleichung treten natürlich noch die den Perioden der elliptischen Erzeugenden entsprechenden Relationen:

$$V_k^{q_k} = 1 .$$

sowie unter Umständen auch noch secundäre Relationen hinzu.

In der Ebene einer zugehörigen Hauptfunction $z = q(\zeta)$ mögen den festen Ecken die Stellen $e_1, e_2, \ldots, e_n$ correspondieren: den n zufälligen Ecken entspricht ein Punkt E. Das „kanonische Querschnittsystem", welches zum Polygon der Figur 13 führt, besteht alsdann in bekannter Weise aus n von E nach den Stellen $e_1, e_2, \ldots, e_n$ hinlaufenden Schnitten.

Das aus dem vorgelegten Polygone P entspringende *Polygonnetz* N kann sowol einen Grenzkreis oder eine nicht-analytische Grenzcurve besitzen als auch die ganze ζ-Ebene bis auf die isoliert liegenden Grenzpunkte bedecken. Im Falle eines Grenzkreises kann man die $2n$ Seiten des Polygons stets als $2n$ Kreisbogen annehmen. Ob dies auch in den übrigen Fällen stets möglich ist, musste in I unentschieden bleiben.

Als Beispiele von Fällen *ohne* Hauptkreis mögen die beiden in Figur 14 zusammengestellten gelten. Das linker Hand gezeichnete, aus zwei einander symmetrischen Vierecken bestehende Polygon P (welches man leicht in die kanonische Gestalt umsetzen wird) hat die Signatur $(0.4: \curvearrowleft, \curvearrowleft, \curvearrowleft, \curvearrowleft)$ und ist aus der Figur 156 in I pg. 440

herausgeschnitten, wo das eine der beiden symmetrischen Vierecke die
Bezeichnung P'' trägt. Wie man dort nachsehen wolle, gelangen wir
hier zu einem Netze N *mit einer nicht-analytischen Grenzcurve.* Das
zweite in Figur 14 gezeichnete Polygon von der Signatur $(0,4; 2, 2, 3, 3)$
entstammt dem in Figur 153 I pg. 435 dargestellten Netze; letzteres
aber überdeckt *bis auf isoliert liegende Grenzpunkte die ganze z-Ebene.*
Die Umwandlung auch dieses Bereiches in die kanonische Gestalt ist
leicht ausgeführt. Man wähle etwa die vier Punkte ε_1, ε_2, ε_3, ε_4 zu
festen Ecken eines kanonischen Bereiches. Von den zum so gedachten

kanonischen Bereiche ge-
hörenden vier Erzeugenden
V_1, V_2, V_3, V_4 sind die
ersten beiden die in
Figur 14 mit V_1 und V_2
bezeichneten Substitutio-
nen. Für die Substitution
V_3 der Figur gilt:

$$V'_3 = V'_2 V_3 = V_1^{-1} V'_1,$$

Fig. 14

Wir lenken demnächst die Aufmerksamkeit auf *Polygone mit
Hauptkreis,* der aber *kein Grenzkreis* ist. Polygone dieser Kategorie
haben wir pg. 26 ff. betrachtet und müssen, um zum Geschlechte null
zu gelangen, in den damaligen Formeln eintragen:

$$p - p' = 0,\ \mu = 1,\ n = 2(n' - 1).$$

Das dem Fundamentalbereiche angehörende Segment des Hauptkreises ist eine Symmetrielinie des hier vorliegenden *orthosymmetrischen
Fundamentalbereichs;* wir können die Hauptfunction z so wählen, dass
sich dieses Segment des Hauptkreises auf die reelle z-Axe abbildet.

Es liegt im vorliegenden Falle am nächsten, die Stelle E *auf
der reellen z-Axe* zu wählen. Das kanonische Polygon hat alsdann
eine Gestalt, wie sie für $n = 6$ das Beispiel der Figur 15 (pg. 58) darlegt.
Das Charakteristische ist, dass $(n - 2)$ unter den n zufälligen Ecken
zu Paaren auf dem Hauptkreise coincidieren.

Diese Gestalt des Polygons ist vermöge der in I pg. 299 ff. in der projektiven Ebene durchgeführten Betrachtungen besonders leicht verständlich. Wir haben in dieser Ebene ein Polygon vom Charakter (0, n'), welches *eine* feste (hyperbolische) Ecke ausserhalb der Ellipse besitzt. Wir treffen dann gerade die in Figur 15 dargelegten Verhältnisse, wenn wir im Sinne der genannten Entwicklungen den daselbst mit E bezeichneten Punkt *auf* der Ellipse wählen. Lassen wir

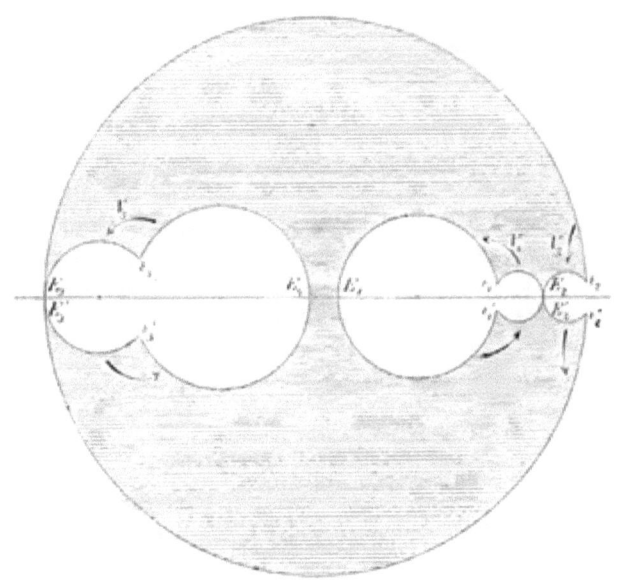

Fig. 15.

denselben sogar über die Ellipse hinausrücken, so verwandelt sich das eben betrachtete Polygon in dasjenige der Figur 16. Wir erkennen, *dass sich unsere Gruppe durch Ineinanderschiebung von $n' - 1 = \frac{1}{2} n$ cyclischen elliptischen oder parabolischen Gruppen erzeugen lässt* (cf. I pg. 191). Die Erzeugenden $V_1, V_2, \ldots, V_{\frac{1}{2}n}$ sind von einander unabhängig; der Relation (1) geschieht dadurch Genüge, dass für den Rest der Erzeugenden gilt:

(2) $V_{\frac{1}{2}n+1} = V_{\frac{1}{2}n}^{-1}, \ldots, V_{n-1} = V_2^{-1}, V_n = V_1^{-1}.$

Wandert andrerseits der Punkt E der projectiven Ebene in das Ellipseninnere hinein, so gelangt man zu der in Figur 17 (pg. 60) gezeichneten Gestalt des Fundamentalbereichs. Hier ist E sogar bis über die Polare der hyperbolischen Spitze hinausgewandert; diese Polare liefert den in Figur 17 punktierten Kreis. Man wolle nicht unterlassen, die den beiden zuletzt angegebenen Gestalten des Fundamentalbereichs entsprechenden Zerschneidungen der Ebene der Hauptfunction sich zu veranschaulichen.

In den eben betrachteten Fällen waren die Punkte e in der z-Ebene zu Paaren einander symmetrisch bezüglich des Symmetriekreises (der reellen z-Axe) gelegen. Natürlich kann auch der Fall

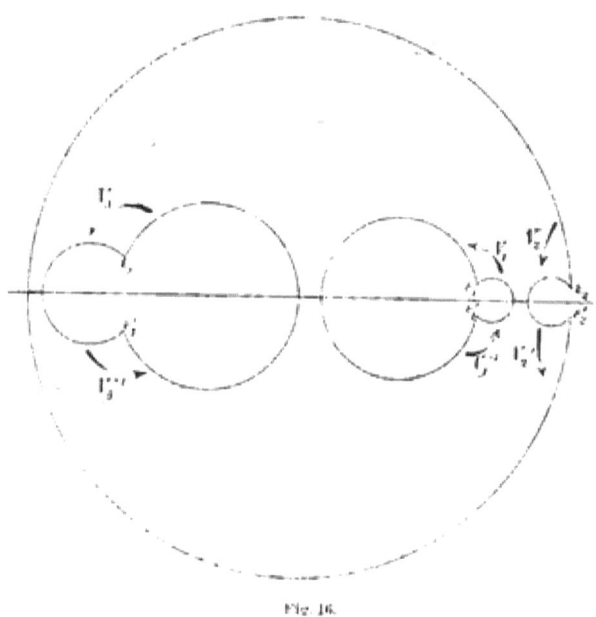

Fig. 16.

eintreten, dass die Punkte e teilweise oder insgesamt auf dem Symmetriekreise liegen*). Figur 18 (pg. 61) liefert einen orthosymmetrischen Fundamentalbereich vom Charakter $(0,7)$, bei welchem drei unter den sieben Punkten e auf dem Symmetriekreise der z-Ebene liegen. Die zugehörige Zerschneidung der z-Ebene, welche nicht direct die kanonische ist, wolle man sich auch hier herstellen. Der Symmetriekreis der z-Ebene bildet sich auf die stark markierten Kreisbogen der Figur ab; dieselben werden im Polygonnetze N Symmetriekreise darstellen. Das Erzeugendensystem weicht von dem kanonischen insofern ab, als an Stelle von V_2 die Substitution $V'_2 = V_1 V_2$ tritt.

Um eine möglichst vielseitig entwickelte Kenntnis der wichtigsten Typen von Fundamentalbereichen des Geschlechtes null zu gewinnen,

<hr />

*) Man vergl. übrigens die auf diese Polygone bezüglichen Angaben von pg. 31.

betrachten wir schliesslich auch noch solche Gruppen Γ, welche Substitutionen enthalten, die *die beiden Seiten des Hauptkreises austauschen**).

Eine einzelne Gruppe Γ dieser Kategorie enthält eine ausgezeichnete Untergruppe Γ_2 des Index 2, deren Substitutionen die einzelne Seite des Hauptkreises immer nur wieder in diese selbst transformieren. In der ζ-Ebene hat diese Γ_2 ein orthosymmetrisches Polygon, welches vom Hauptkreise in μ Segmenten durchsetzt wird. Es handelt sich

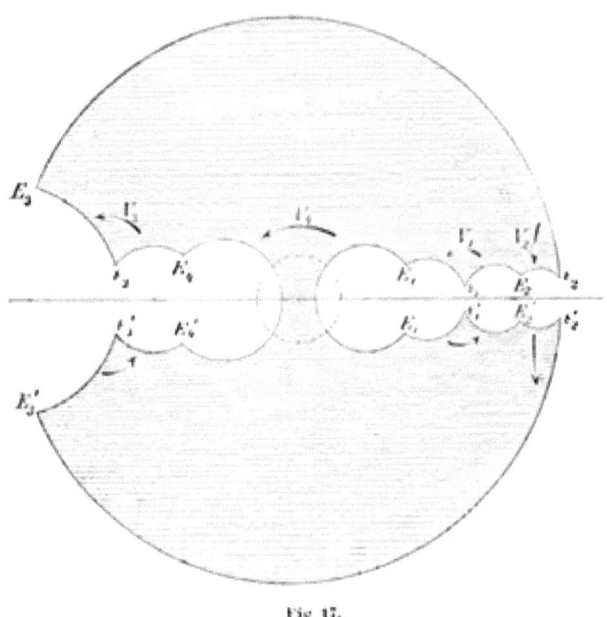

Fig. 17.

wieder um ein Polygon vom Charakter (p, n) derjenigen Kategorie, die oben pg. 31 unter 2. besprochen wurde, und an die wir auch soeben anknüpften; ist der Charakter des zugehörigen projectiven Polygons (p', n'), so gelten für beide Charaktere und die Zahl μ die Relationen (4) pg. 32. In dem besonderen jetzt vorliegenden Falle gestattet nun das orthosymmetrische Polygon bez. das Polygonnetz N der Γ_2 neben der symmetrischen Umformung am Hauptkreise noch eine Transformation *erster* Art von der Periode zwei, welche die beiden symmetrischen Polygonhälften austauscht, und deren Zusatz zur Gruppe Γ hinführt. Die einzelne Hälfte liefert also einen Discontinuitätsbereich für Γ, wobei die μ Hauptkreissegmente entweder zu Paaren einander zu-

---

*) Diese Gruppen sind bei der Classification in I pg. 164 ff. unter IIIc 2β genannt.

gewiesen sind oder auch einzeln auf sich selber bezogen sein können. Die unmittelbare Anschauung lehrt nun, dass dieser Discontinuitätsbereich

stets und nur dann vom Geschlechte 0 ist, wenn erstens das Geschlecht p' des projectiven Polygons gleich 0 ist und zweitens jedes der μ Segmente sich selber zugeordnet ist.

Ein erstes Beispiel liefere uns das in Figur 19 schraffierte Polygon. Hier ist $\mu = 2$ und der in der Figur mit K bezeichnete Kreis reiht sich dem Hauptkreise als zweiter Symmetriekreis an. Die oben genannte Transformation erster Art

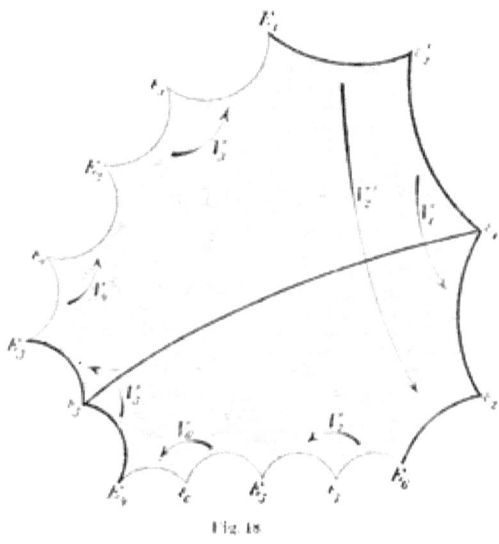

Fig. 18.

von der Periode 2 ist diejenige elliptische Substitution dieser Periode, welche die Schnittpunkte des Kreises K mit dem Hauptkreise zu Fixpunkten hat.

Ein noch interessanteres Beispiel ist das folgende: Wir gehen von einem Discontinuitätsbereich zweiter Art aus, der von $(p + 1)$ getrennt verlaufenden, den Hauptkreis orthogonal schneidenden Vollkreisen eingegrenzt ist (in Figur 20 sind die fraglichen Kreise K_1, K_2, K_3, K_4 genannt, es ist $p = 3$ genommen). Die Spiegelungen:

$$V_1, V_2, \ldots, V_{p+1}$$

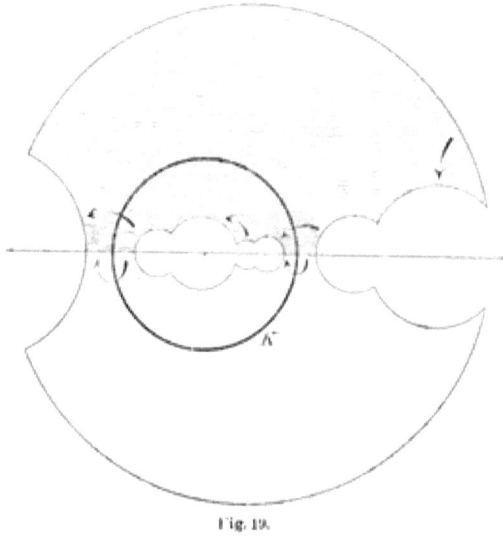

Fig. 19.

an diesen $(p + 1)$ Vollkreisen sind die Erzeugenden der zugehörigen Gruppe, die Γ_2 heisse. Diese Gruppe gestattet die Erweiterung durch

Zusatz der Spiegelung $\overline{V}_0$ am Hauptkreise und liefere solchergestalt die Gruppe $\overline{\varGamma}$, als deren Discontinuitätsbereich wir etwa die in Figur 20 schraffierte Hälfte des bisherigen Bereiches wählen. Die umfassendste in $\varGamma$ enthaltene Untergruppe *erster* Art $\varGamma$ können wir aus:

$$V_0\,V_{p+1}.\quad V_1\,V_{p+1},\ldots,\;V_p\,V_{p+1}$$

erzeugen. Der Rand des zugehörigen Fundamentalbereichs erster Art

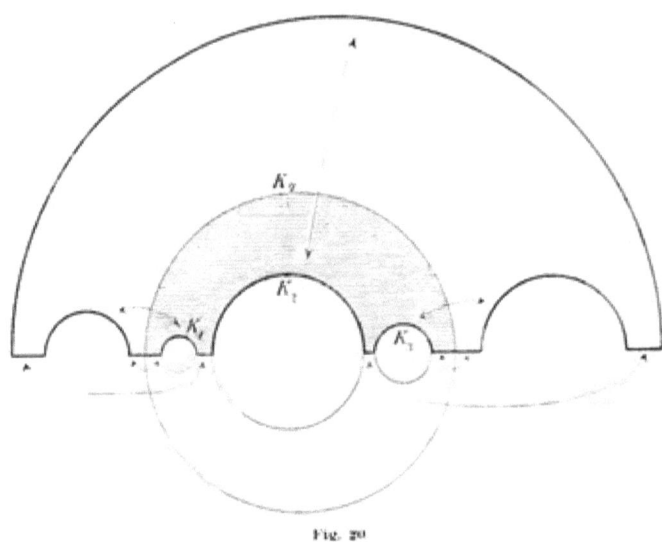

Fig. 20

ist in Figur 20 stark markiert; wir erkennen sofort, *dass wir hier mit einer Hauptkreisgruppe des Geschlechtes null von der Signatur*:

$$(0,\; 2p+2;\; 2,\; 2,\ldots 2)$$

zu thun haben, unter deren Erzeugenden die erste, nämlich $V_0\,V_{p+1}$, *die beiden Seiten des Hauptkreises austauscht*).*

Lassen wir $V_0\,V_{p+1}$ fort, so bilden $V_1\,V_{p+1}\ldots$, $V_p\,V_{p+1}$ die p Erzeugenden der umfassendsten in $\varGamma_2$ enthaltenen Untergruppe *erster* Art. Letztere möge $\varGamma_2$ heissen; wir wissen, dass sie das Geschlecht p aufweist. Offenbar ist $\varGamma_2$ als ausgezeichnete Untergruppe des Index 2

---

*) Um übrigens dem im Texte benutzten Fundamentalbereiche der Gruppe $\varGamma$ die kanonische Gestalt zu verleihen, wird man nach Vorschrift von I pg. 305 verfahren. In der einen symmetrischen Hälfte des bisherigen Bereiches wird man einen Punkt E wählen, von hier aus $\nu = 2p+2$ Schnitte nach den Ecken dieser Bereichhälfte führen und die ν entspringenden Stücke dieser Hälfte der anderen Bereichhälfte in richtiger Zuordnung anhängen.

in der Gruppe Γ des Geschlechtes 0 enthalten. Wir merken also für später das Ergebnis an: *Zur Gruppe Γ_2 des Geschlechtes p gehört ein automorphes Gebilde vom „hyperelliptischem" Charakter.*

Übrigens lässt sich diese ganze Entwicklung auch auf den Fall verallgemeinern, dass die den an die Spitze gestellten Discontinuitätsbereich zweiter Art berandenden Symmetriekreise einander berühren oder gar schneiden; natürlich müssen die dabei auftretenden Schnittwinkel aliquote Teile von π sein. Auch die Folgerung auf den hyperelliptischen Charakter der zugehörigen Gruppe Γ bleibt hier bestehen.

Bei vielen unter den betrachteten Gruppen giebt es übrigens neben den primären Relationen zwischen den Erzeugenden auch noch *secundäre* Relationen. So hat man im Falle des in Figur 14 rechts stehenden Bereiches die secundäre Relation:

$$(3) \qquad\qquad (V_2 V_1)^3 = 1,$$

deren Bedeutung aus dem in I pg. 435 gezeichneten Polygonnetze hervorgeht. Bei den durch die Figuren 15 ff. erläuterten Gruppen bestehen sogar $(n' - 1)$ secundäre Relationen; denn als solche sind die Gleichungen (2) pg. 58 aufzufassen. Ganz allgemein hat man auch bei den zuletzt besprochenen, durch die Figuren 19 und 20 erläuterten Gruppen secundäre Relationen. Um z. B. bei dem durch Figur 20 erläuterten Falle zu verweilen, so liegen hier $(p + 1)$ secundäre Relationen vor, dem $(p + 1)$-fachen Zusammenhange des Discontinuitätsbereichs der durch Γ_2 bezeichneten Gruppe entsprechend. Die Sachlage ist die, dass die $(2p + 2)$ festen Ecken eines kanonischen Polygons der fraglichen Gruppe Γ zu Paaren zusammengeordnet, die Fixpunkte von $(p + 1)$ elliptischen Substitutionen der Periode 2 liefern. Die $(2p + 2)$ Erzeugenden sind hier einfach zu Paaren identisch, und in diesen $(p + 1)$ Identitäten besitzt man die fraglichen secundären Relationen. Wie man sieht, machen diese Relationen im concreten Falle, wo sie vorliegen mögen, niemals besondere Schwierigkeiten. Nur sind diese concreten Fälle unter einander so verschiedenartig, dass es schwierig erscheint, allgemeine Angaben zu machen.

§ 2. Recapitulation über die homogenen Variabelen, Substitutionen und Gruppen.

Der Einführung der homogenen Variabelen ξ_1, ξ_2 und der Besprechung der homogenen Gestalt der Substitutionen und Gruppen waren die Entwicklungen in I pg. 194 ff. gewidmet. Die für die nächstfolgende Untersuchung wesentlichsten Punkte der damaligen Entwicklung sollen hier kurz zusammengefasst werden.

Die *homogenen Variabelen* ξ_1, ξ_2, deren Quotient $\frac{\xi_1}{\xi_2} = \zeta$ ist, sollen zunächst so beschränkt sein, dass ζ *auf das Polygonnetz* N einer vorgelegten Gruppe Γ *eingeschränkt* erscheint. Ausserdem gelten die Festsetzungen, die man immer beim Operieren mit homogenen Variabelen treffen wird: *Es soll weder ξ_1 noch ξ_2 unendlich werden können*, und es soll auch ein *gleichzeitiges Verschwinden beider Variabelen ausgeschlossen* sein. Die hiernach zulässigen Wertepaare ξ_1, ξ_2 nennen wir weiterhin kurz „*erlaubte Wertepaare*". Wir können diesen Vorschriften z. B. in der Art genügen, dass wir:

$$(1) \qquad \xi_1 = \frac{\zeta \tau}{1 + |\tau|}, \quad \xi_2 = \frac{\tau}{1 + |\tau|}$$

setzen, unter τ eine beliebige complexe Zahl verstanden, die jedoch beständig von 0 und ∞ verschieden sein soll; dabei ist in üblicher Weise mit ζ der absolute Betrag von ζ gemeint, und ζ soll auf das Netz N beschränkt sein. Übrigens haben wir den Ansatz (1) hier nur beiläufig genannt.

Die *homogenen ζ-Substitutionen:*

$$(2) \qquad \xi'_1 = \alpha \xi_1 + \beta \xi_2, \quad \xi'_2 = \gamma \xi_1 + \delta \xi_2,$$

die wir, wie in I pg. 194, symbolisch U nennen, sollen *unimodular* gebildet sein, d. h. die Determinante $\alpha\delta - \beta\gamma = 1$ haben. Der einzelnen nicht-homogenen Substitution V entsprechen dann immer zwei unimodulare homogene U, welche durch gleichzeitigen Zeichenwechsel der vier Coefficienten in einander übergehen. Wir sprachen dies a. n. O. dahin aus, *dass die nicht-homogene Gruppe Γ zur zugehörigen unimodularen homogenen Gruppe $1 \cdot 2$-deutig homomorph sei.* Übrigens gilt der Satz, dass zulässige Wertsysteme ξ_1, ξ_2 durch die Substitutionen der homogenen Gruppe stets wieder in ebensolche Wertsysteme übergeführt werden.

Die Gestalt der *Erzeugenden* der homogenen Gruppe ist in I pg. 198 festgesetzt. Handelt es sich um eine *elliptische* Substitution, welche zur Polygonecke ε_k gehört, so denken wir auch diesen speciellen Wert $\zeta = \varepsilon_k$ als Quotienten von $\varepsilon_k^{(1)}$ und $\varepsilon_k^{(2)}$ dargestellt und verstehen unter (ζ, ε_k) den Ausdruck:

$$(3) \qquad (\zeta, \varepsilon_k) = \xi_1 \varepsilon_k^{(2)} - \xi_2 \varepsilon_k^{(1)}.$$

Für den zweiten Fixpunkt ε'_k der fraglichen Substitution setzen wir entsprechend $\varepsilon'_k = \varepsilon_k^{'(1)} : \varepsilon_k^{'(2)}$ und bilden nach Analogie von (3) den Ausdruck (ζ, ε'_k). Dann haben wir für die elliptische Erzeugende U_k:

$$(4) \qquad (\zeta', \varepsilon_k) = e^{\frac{\pi i}{l_k}}(\zeta, \varepsilon_k), \quad (\zeta', \varepsilon'_k) = e^{-\frac{\pi i}{l_k}}(\zeta, \varepsilon'_k),$$

wenn l_k die Periode von V_k ist. In dieser Gestalt ist U_k unimodular und liefert, auf die Gestalt (2) umgerechnet, $\alpha + \delta = 2 \cos \frac{\pi}{l_k}$.

Der Grenzfall $l_k = \infty$ führt zur homogenen Gestalt einer *parabolischen* Erzeugenden U_k, bei welcher wir nach I pg. 198 in der That $\alpha + \delta = 2$ annehmen wollten. In Übereinstimmung hiermit wird man, falls ε_k die parabolische Polygonecke ist, aus der Gestalt (5) pg. 6 für V_k als homogene Substitution U_k zunächst gewinnen:

$$\zeta'_1 - \varepsilon_k \zeta'_2 = \zeta_1 - \varepsilon_k \zeta_2, \quad \zeta'_2 = \gamma \zeta_1 + (1 - \varepsilon_k \gamma) \zeta_2.$$

Führt man hier neben ε_k noch einen zweiten von ε_k verschiedenen festen Punkt $\zeta = \varepsilon'_k$ willkürlich ein, so kann man U_k auch umrechnen auf:

$$\zeta'_1 - \varepsilon_k \zeta'_2 = \zeta_1 - \varepsilon_k \zeta_2, \quad \zeta'_1 - \varepsilon'_k \zeta'_2 = (\varepsilon_k - \varepsilon'_k) \gamma (\zeta_1 - \varepsilon_k \zeta_2) + (\zeta_1 - \varepsilon'_k \zeta_2).$$

Wir spalten nunmehr ε_k willkürlich in den Quotienten $\varepsilon_k^{(1)} : \varepsilon_k^{(2)}$, wollen dann aber über eine entsprechende Spaltung von ε'_k in der Weise verfügen, dass wir setzen:

$$\varepsilon_k^{'(2)} = \frac{2 i \pi \, \varepsilon_k^{(2)}}{\gamma (\varepsilon_k - \varepsilon'_k)}, \quad \varepsilon_k^{'(1)} = \varepsilon'_k \cdot \varepsilon_k^{'(2)}.$$

Alsdann ergiebt sich, wie man leicht berechnet, als homogene Gestalt der parabolischen Erzeugenden U_k:

$$(5) \qquad (\zeta', \varepsilon_k) = (\zeta, \varepsilon_k), \quad (\zeta', \varepsilon'_k) = 2 i \pi (\zeta, \varepsilon_k) + (\zeta, \varepsilon'_k).$$

Von dieser Darstellung der parabolischen Substitution werden wir weiterhin in der Regel Gebrauch machen.

Die *primäre Relation* (1) pg. 56 zwischen den $V_1, V_2, \ldots, V_n$ hat nach I pg. 202 die homogene Gestalt:

$$(6) \qquad U_1 U_2 U_3 \ldots U_n = (-1)^r,$$

wobei die homogene Substitution $\zeta'_1 = -\zeta_1$, $\zeta'_2 = -\zeta_2$ symbolisch durch -1 bezeichnet ist. Die Natur etwaiger *secundärer Relationen* zwischen den Erzeugenden, wie wir solche am Schlusse des ersten Paragraphen bei den dort betrachteten Beispielen besprachen, ist allgemein in I pg. 173 ff. klargestellt. Bei einer Gruppe mit nur einem Grenzkreise oder einer einzelnen nicht-analytischen Grenzcurve kommen bekanntlich solche Relationen nicht vor. Liegt eine Gruppe mit secundären Relationen vor, so werden wir dieselben leicht in die homogene Gestalt umrechnen (cf. unten pg. 95), und wir merken uns für diese Gestalt das Schema vor:

$$(7) \qquad \begin{cases} \Pi_1(U_1, U_2, \ldots, U_n) = (-1)^{m_1}, \\ \Pi_s(U_1, U_2, \ldots, U_n) = (-1)^{m_s}, \end{cases}$$

wobei die Werte der rechten Seiten bei jeder concreten Gruppe ohne Mühe bestimmt werden können*).

§ 3. Allgemeine Begriffsbestimmung der automorphen Formen.

Nach den vorbereitenden Entwicklungen der beiden letzten Paragraphen gehen wir an die *Definition der automorphen Formen* heran. Wir können dabei übrigens, wo nichts anderes gesagt ist, *sogleich ein automorphes Gebilde beliebigen Geschlechtes* als vorgelegt ansehen, um später nicht bei $p > 0$ die gleichen Erklärungen wiederholen zu müssen.

Unter den Eigenschaften, welche wir für die automorphen Formen als charakteristisch ansehen wollen, stellen wir folgende voran: *Eine automorphe Form $q(\zeta_1, \zeta_2)$ soll eine homogene Function ganzzahliger oder rational gebrochener positiver oder negativer Dimension sein; dabei soll $q(\zeta_1, \zeta_2)$ für den gesamten Bereich erlaubter Wertepaare der Variabelen ζ_1, ζ_2 erklärt sein und in diesem Bereich überall unverzweigt sein.* Wir nennen die Dimensionen der Form $q(\zeta_1, \zeta_2)$ in ζ_1, ζ_2 kurz d und bezeichnen die Form auch wohl genauer durch $q_d(\zeta_1, \zeta_2)$. Den Begriff einer „unverzweigten“ Form aber werden wir so fixieren: Es seien $\zeta_1^{(0)}, \zeta_2^{(0)}$ zwei specielle Werte mit einem Quotienten $\zeta^{(0)} = \zeta_1^{(0)} : \zeta_2^{(0)}$, der einen Punkt im Innern des zu Grunde liegenden Polygonnetzes liefert. Weiter seien α_1, α_2 zwei complexe Constante, für welche:

$$\alpha_1 : \alpha_2 = \zeta_1^{(0)} : \zeta_2^{(0)}$$

gilt; die Determinante $(\zeta. \alpha) = \zeta_1 \alpha_2 - \zeta_2 \alpha_1$ wird dann für das Wertepaar $\zeta_1^{(0)}, \zeta_2^{(0)}$ nicht verschwinden. Die Forderung, $q_d(\zeta_1, \zeta_2)$ sei an der Stelle $\zeta_1^{(0)}, \zeta_2^{(0)}$ unverzweigt, ist dann einfach dahin zu erklären, dass:

$$(1) \qquad (\zeta. \alpha)^{-d} q_d(\zeta_1, \zeta_2)$$

eine bei $\zeta = \zeta^{(0)}$ unverzweigte *Function* von ζ ist.

Man beschreibe jetzt von irgend einem Ausgangspaare ζ_1, ζ_2 innerhalb des Bereiches zulässiger Werte ζ_1, ζ_2 einen continuierlichen Weg zu einem mit dem Ausgangspaare bezüglich der homogenen unimodularen Gruppe äquivalenten Wertepaare:

---

*) Es giebt einen besonderen Fall, in welchem die $U_1, U_2, \ldots, U_n$ noch nicht die ganze homogene Gruppe erzeugen. Wenn nämlich n gerade ist und die $U_1, U_2, \ldots, U_n$ durchweg parabolisch sind, und wenn ausserdem entweder überhaupt keine secundären Relationen (7) vorliegen oder doch nur solche, deren rechte Seiten durchweg $+1$ lauten, so ist es in keiner Weise möglich, aus den $U_1, U_2, \ldots, U_n$ durch Wiederholung oder Combination die homogene Substitution -1 herzustellen. Will man in diesem Falle die gesamte homogene Gruppe bilden, so ist es nötig, den n homogenen Erzeugenden $U_1, U_2, \ldots, U_n$ noch die Substitution -1 ausdrücklich hinzuzufügen.

$$\xi'_1 = \alpha \xi_1 + \beta \xi_2, \quad \xi'_2 = \gamma \xi_1 + \delta \xi_2.$$

Längs dieses Weges ist $\varphi(\xi_1, \xi_2)$ eindeutig fortsetzbar, und zwar soll die automorphe Form am Schlusse des Weges bis auf eine multiplicative Constante μ ihren Anfangswert wieder annehmen:

$$(2) \qquad \varphi(\alpha \xi_1 + \beta \xi_2, \gamma \xi_1 + \delta \xi_2) = \mu \cdot \varphi(\xi_1, \xi_2).$$

Hierin liegt gegenüber den bei den automorphen Functionen befolgten Festsetzungen nach zwei Richtungen hin eine Verallgemeinerung. Einmal nämlich lassen wir hier, während die bisher betrachteten automorphen Functionen gegenüber den Substitutionen der zu Grunde liegenden Gruppe Γ absolut invariant sind, bei den automorphen Formen auch von 1 verschiedene Multiplicatoren μ zu, welche wir übrigens bald noch weiter präcisieren werden. *Vor allem aber sehen wir zweitens von der Forderung der Eindeutigkeit der Formen $\varphi(\xi_1, \xi_2)$ in ξ_1, ξ_2 zunächst ganz ab.* Beschreiben wir im Wertbereiche des Variabelenpaares einen geschlossenen Umlauf, so darf bei Fortsetzung über denselben $\varphi(\xi_1, \xi_2)$ in sich selbst, multipliciert mit einem von 1 verschiedenen Multiplicator μ, übergehen.

Es ist wichtig zu überlegen, dass die an die automorphen Formen gestellte Forderung, unverzweigt zu sein, durchaus nicht der Mehrdeutigkeit der $\varphi(\xi_1, \xi_2)$ widerspricht. Es gilt sogar der Satz, *dass eine automorphe Form von gebrochener Dimension d unter allen Umständen mehrdeutig ist.* Tragen wir nämlich für ξ_1 und ξ_2 ihre Ausdrücke (1) pg. 64 ein:

$$(3) \qquad \varphi(\xi_1, \xi_2) = \tau^d \varphi\left(\frac{z}{1+z i}, \frac{1}{1+z i}\right).$$

so haben wir bei festgehaltenem z mit einer Function von τ allein zu thun. Nun ist aber τ beliebig complex variabel unter Ausschluss der beiden Werte $\tau = 0$ und $\tau = \infty$: τ ist also auf einen *zweifach* zusammenhängenden Bereich eingeschränkt. Im Innern des letzteren ist τ^d bei gebrochenem d zwar unverzweigt, aber nicht eindeutig, nimmt vielmehr bei einem Umlauf um den Punkt $\tau = 0$ den von 1 verschiedenen Factor $e^{2 i \pi d}$ an.

In dieser Allgemeinheit aufgefasst, werden uns die automorphen Formen dasselbe leisten, wie die Modulformen innerhalb der Theorie der Modulfunctionen. Den Übergang zu den Functionen vollzogen wir damals, indem wir Quotienten von Modulformen gleicher Dimension herstellten. Unter Vorbehalt weiterer Festsetzungen über die Formen $\varphi(\xi_1, \xi_2)$ sprechen wir hier gleich den analogen Satz aus: *Der Quotient zweier automorpher Formen unseres vorgelegten Gebildes, welche gleiche Dimension haben, und welche bei gleichen Wegen von ξ_1, ξ_2 zu den äqui-*

valenten Wertepaaren $\varsigma'_1, \varsigma'_2$ *dieselben Multiplicatoren* μ *annehmen, ist eine automorphe Function des Gebildes.*

Den automorphen Functionen hatten wir noch die Eigenschaft erteilt, dass sie an keiner Stelle des Fundamentalbereichs wesentlich singulär sein sollten. Diese Forderung brachten wir oben (pg. 5 ff.) dadurch zum Ausdruck, dass wir an jeder einzelnen Stelle ζ_0 des Fundamentalbereichs für eine automorphe Function $\varphi(\zeta)$ die Entwickelbarkeit in eine Reihe von der Gestalt (3) pg. 5 verlangten, wo die Entwicklungsgrösse t ebenda näher erklärt ist.

In ganz entsprechender Weise wollen wir jetzt bei den automorphen Formen verfahren.

Betrachten wir zunächst irgend eine Stelle des Fundamentalbereichs, *die von einer elliptischen oder parabolischen Ecke verschieden ist,* so setzen wir:

$$(4) \qquad t = \zeta - \zeta_0 \quad \text{oder} \quad t = \frac{1}{\zeta},$$

je nachdem die ausgewählte Stelle im Endlichen bei ζ_0 oder unendlich fern liegt. Wir bilden sodann das vorhin unter (1) angesetzte Product nach der daselbst gegebenen Vorschrift. Dasselbe ist nur noch vom Quotienten $\zeta_1 : \zeta_2 = \zeta$ abhängig und soll an der gedachten Stelle entweder regulär oder doch nur polar unstetig sein. Es folgt: *Eine automorphe Form* $\varphi_d(\zeta_1, \zeta_2)$ *soll an jeder von einer festen Ecke verschiedenen Stelle des Fundamentalbereichs eine in der Umgebung dieser Stelle convergente Darstellung:*

$$(5) \qquad \varphi_d(\varsigma_1, \varsigma_2) = (\zeta, \alpha)^d t^m (a_0 + a_1 t + a_2 t^2 + \cdots)$$

gestatten, wo a_0 *von null verschieden ist und* m *eine endliche ganze Zahl bedeutet. Ist* $m \neq 0$, *so sagen wir, dass* $\varphi(\varsigma_1, \varsigma_2)$ *an der betrachteten Stelle einen Nullpunkt* m^{ter} *Ordnung oder einen Pol* $(-m)^{ter}$ *Ordnung hat, je nachdem* $m > 0$ *oder* $m < 0$ *ist.*

Liegt zweitens eine *elliptische* Ecke ε vor, so sei wieder ε' der zweite Fixpunkt der zugehörigen Substitution. Indem wir das Symbol (ζ, ε') im Sinne von pg. 64 brauchen, bilden wir jetzt das nur vom Quotienten $\zeta_1 : \zeta_2 = \zeta$ abhängende Product:

$$(\zeta, \varepsilon')^{-d} \varphi_d(\varsigma_1, \varsigma_2).$$

Dasselbe soll eine im Punkte ε unverzweigte Function von ζ darstellen; es wird demnach eine in der Umgebung von $\zeta = \varepsilon$ convergente Entwicklung existieren:

$$\varphi_d(\varsigma_1, \varsigma_2) = (\zeta, \varepsilon')^d \left[a_0 \left(\frac{\zeta - \varepsilon}{\zeta - \varepsilon'} \right)^m + a'_1 \left(\frac{\zeta - \varepsilon}{\zeta - \varepsilon'} \right)^{m+1} + a'_2 \left(\frac{\zeta - \varepsilon}{\zeta - \varepsilon'} \right)^{m+2} + \cdots \right],$$

wo $a \neq 0$ ist und m eine endliche ganze Zahl bedeutet. Es sollte nun $\varphi_d(\zeta_1, \zeta_2)$ bei Ausübung der in Frage kommenden elliptischen Substitution:

$$(6) \qquad (\zeta', \varepsilon) = e^{\frac{\pi i}{l}}(\zeta, \varepsilon), \quad (\zeta', \varepsilon') = e^{-\frac{\pi i}{l}}(\zeta, \varepsilon')$$

bis auf eine multiplicative Constante μ reproduciert werden. Ebenso wird sich demnach auch $(\zeta, \varepsilon')^{-d}\varphi_d(\zeta_1, \zeta_2)$ verhalten. Nun aber ist das Verhalten von $(\zeta, \varepsilon')^{-d}\varphi_d$ bei Ausübung von (6) wegen $a_0 \neq 0$ aus dem Anfangsgliede der angeschriebenen Reihenentwicklung leicht direct zu entnehmen: man findet, dass $(\zeta, \varepsilon')^{-d}\varphi_d$ *gegenüber* (6) *die Einheitswurzel $e^{\frac{2\pi i m}{l}}$ als Factor annimmt.* Es folgt, dass in der für φ_d angesetzten Reihenentwicklung sich allein die Exponenten m, $m + l$, $m + 2l, \ldots$ einstellen werden, und wir gelangen zu dem Ergebnisse: *In der Umgebung einer elliptischen Ecke ε soll eine automorphe Form $\varphi_d(\zeta_1, \zeta_2)$ eine convergente Entwicklung der Gestalt:*

$$(7) \qquad \varphi_d(\zeta_1, \zeta_2) = (\zeta, \varepsilon')^d \left(\frac{\zeta}{\zeta}, \frac{\varepsilon}{\varepsilon'}\right)^{\frac{m}{l}}\left[a_0 + a_1\left(\frac{\zeta}{\zeta}, \frac{\varepsilon}{\varepsilon'}\right)^l + a_2\left(\frac{\zeta}{\zeta}, \frac{\varepsilon}{\varepsilon'}\right)^{2l} + \cdots\right]$$

gestatten, wo a_0 von null verschieden ist und m eine endliche ganze Zahl bedeutet. Bei Benutzung der Entwicklungsgrösse:

$$(8) \qquad t = \left(\frac{\zeta - \varepsilon}{\zeta - \varepsilon'}\right)^l$$

lässt sich die Formel (7) so schreiben:

$$(9) \qquad \varphi_d(\zeta_1, \zeta_2) = (\zeta, \varepsilon')^d t^{\frac{m}{l}}(a_0 + a_1 t + a_2 t^2 + \cdots).$$

Wir werden $\varphi_d(\zeta_1, \zeta_2)$ „im Fundamentalbereich" an der correspondierenden Stelle ε einen Nullpunkt der Ordnung $\left(\frac{m}{l}\right)$ bez. einen Pol der Ordnung $\left(-\frac{m}{l}\right)$ zuschreiben, falls m nicht gleich null ist, sondern eine positive bez. negative Zahl bedeutet. Auf die genaue Bestimmung des der Substitution (6) entsprechenden Multiplicators der Form $\varphi_d(\zeta_1, \zeta_2)$ kommen wir unten zurück. Dass übrigens hier Nullpunkte „gebrochener" Ordnung (im Fundamentalbereiche gemessen) auftreten, darf nicht überraschen. Ein Nullpunkt der Ordnung $\frac{m}{l}$ bekommt, in ζ gemessen, die ganzzahlige Ordnung m.

Etwas anders liegen die Verhältnisse bei einer *parabolischen Ecke* ε. Die Forderung der Unverzweigtheit von φ_d bezieht sich nur auf die Stellen im Innern des Polygonnetzes, kommt also für parabolische Ecken nicht in Betracht. Zur Bildung einer Function von $\zeta_1 : \zeta_2 = \zeta$ allein werden wir demnach hier von der bei Herstellung des Productes (1) befolgten Regel insofern abweichen dürfen, dass wir die Determinante (ζ, ε), welche an der Stelle ε verschwindet, benutzen. Zufolge (5) pg. 65 wird $(\zeta, \varepsilon)^{-d}\varphi_d(\zeta_1, \zeta_2)$ bei Ausübung der parabolischen Substitution irgend einen Multiplicator annehmen. Wenn wir demnach die Entwicklungsgrösse t im Anschluss an (5) pg. 65 und unter unwesentlicher Abweichung von (6) pg. 7 in der Gestalt:

$$(10) \qquad t = e^{\frac{(\zeta, \varepsilon')}{(\zeta, \varepsilon)}} = e^{\frac{2i\pi}{e^i(\imath - \varepsilon)}} \cdot e^{\frac{2i\pi}{\gamma} \cdot \frac{1}{\zeta - \varepsilon}}$$

ansetzen, so wird $(\zeta, \varepsilon)^{-d}\varphi_d(\zeta_1, \zeta_2)$ eine Function von t sein, die bei einem Umlauf um $t = 0$ einen Factor μ annimmt. *Hier werden wir nun die künftigen Entwicklungen am besten vorbereiten, wenn wir die beschränkende Vorschrift geben, dass auch ein solcher bei einer parabolischen Substitution auftretende Multiplicator μ stets eine Einheitswurzel:*

$$(11) \qquad \mu = e^{\frac{2i\pi m}{l}}$$

sein soll, deren endlicher Grad l hier zunächst keiner weiteren Einschränkung unterworfen sein soll. Dieser Festsetzung entspricht die Reihenentwicklung:

$$\varphi_d(\zeta_1, \zeta_2) = (\zeta, \varepsilon)^d \, t^{\frac{m}{l}} (a_0 + a_1 t + a_2 t^2 + \cdots)$$

oder explicite:

$$(12) \qquad \varphi_d(\zeta_1, \zeta_2) = (\zeta, \varepsilon)^d \left(e^{\frac{(\zeta, \varepsilon')}{(\zeta, \varepsilon)}} \right)^{\frac{m}{l}} \left[a_0 + a_1 e^{\frac{(\zeta, \varepsilon')}{(\zeta, \varepsilon)}} + a_2 e^{\frac{2(\zeta, \varepsilon')}{(\zeta, \varepsilon)}} + \cdots \right],$$

wo, um es zu wiederholen, l eine noch nicht näher bestimmte positive ganze Zahl ist, m eine beliebige ganze Zahl bedeutet und a_0 von null verschieden ist. Ist m nicht gleich null, so sagen wir, dass φ_d an der Stelle des Fundamentalbereiches, welche der Ecke ε entspricht, einen Nullpunkt der Ordnung $\frac{m}{l}$ *oder einen Pol der Ordnung* $\left(-\frac{m}{l}\right)$ *besitzt, je nachdem $m > 0$ oder < 0 ist.* Man bemerke, dass wir hier bei der Abzählung der Ordnung des Verschwindens bez. Unendlichwerdens vom Verschwinden des Factors (ζ, ε), welcher bei $t = 0$ angenähert durch:

$$(\zeta, \varepsilon) = \frac{(\varepsilon, \varepsilon')}{\log t}$$

gegeben ist, abgesehen haben. Es wird dieser Umstand sowohl in den nächstfolgenden Rechnungen wie auch späterhin bei einer Convergenzbetrachtung innerhalb der Theorie der Poincaré'schen Reihen seine besondere Bedeutung gewinnen.

§ 4. Der Differentiationsprocess und die Hauptformen der Gebilde des Geschlechtes null.

Bei der wirklichen Bildung automorpher Formen soll uns die zur Herstellung der Modulformen in „M." I pg. 117 befolgte Methode vorbildlich sein. Wir stellten a. a. O. aus der Modulfunction J durch einen „Differentiationsprocess" die fundamentalen Modulformen g_2, g_3, Δ her. Als Grundthatsache kann man hierbei bezeichnen, dass die „*Differentialform" zweiter Dimension*:

$$(1) \qquad (\xi, d\xi) = \xi_1 d\xi_2 - \xi_2 d\xi_1 = -\xi_2^2 d\frac{\xi_1}{\xi_2}$$

bei Ausübung einer unserer Substitution in:

$$(\xi', d\xi') = (\alpha\delta - \beta\gamma)(\xi, d\xi)$$

übergeht und also *gegenüber den „unimodularen" Substitutionen unserer homogenen Gruppe Γ absolut invariant* ist.

Hieraus entspringt ein „*Differentiationsprocess*", vermöge dessen wir aus den Functionen $q(\xi)$ automorphe Formen herstellen. *Ist $q(\xi)$ irgend eine automorphe Function des vorgelegten Gebildes, so gewinnen wir in:*

$$(2) \qquad q_{-2}(\xi_1, \xi_2) = \frac{dq(\xi)}{(\xi, d\xi)} = -\frac{1}{\xi_2^2}\frac{dq(\xi)}{d\frac{\xi_1}{\xi_2}}$$

eine automorphe Form $(-2)^{\text{ter}}$ Dimension dieses Gebildes, welche gegenüber den Substitutionen der homogenen Gruppe noch die besondere Eigenschaft hat, absolut invariant zu sein.

Bis hierher ist die Entwicklung seit Anfang des dritten Paragraphen für automorphe Gebilde jedes Geschlechtes gültig. Indem wir jetzt *wieder ausschliesslich zum Geschlechte null* zurückkehren, wenden wir den Differentiationsprocess auf eine *Hauptfunction* $z = q(\xi)$ des Gebildes an. Die entspringende Form:

$$(3) \qquad q_{-2}(\xi_1, \xi_2) = \frac{dz}{(\xi, d\xi)} = -\frac{1}{\xi_2^2}\frac{dz}{d\frac{\xi_1}{\xi_2}}$$

möge als eine *Hauptform* des Gebildes bezeichnet werden.

Um das Verhalten dieser Hauptform im Fundamentalbereiche Γ näher darzulegen, führen wir für die einzelne Stelle dieses Bereiches die zugehörige Entwicklungsgrösse t ein und setzen die Hauptform in die Gestalt:

$$(4) \qquad q_{-2}(\xi_1, \xi_2) = -\frac{1}{\xi_2^2}\frac{dz}{dt}\frac{dt}{d\frac{\xi_1}{\xi_2}}.$$

Der Factor $\frac{dz}{dt}$ hat an der Stelle $z = \infty$ einen Pol zweiter Ordnung, ist aber übrigens im ganzen Fundamentalbereich, die festen Ecken eingeschlossen, endlich und von null verschieden. Der Pol von z möge der Einfachheit halber nicht gerade in einer festen Ecke des Bereiches l' gelegen sein.

Der Factor $\frac{dt}{dz}$ ist abgesehen von den festen elliptischen oder parabolischen Ecken und dem vielleicht dem Bereiche angehörenden Punkte $\zeta = \infty$ stets endlich und von null verschieden. An der Stelle $\zeta = \infty$ erkennt man aber:

$$\frac{dt}{z^2_\zeta\, dz} = \frac{dt}{(\zeta.\, d\zeta)}$$

leicht als eine endliche, nicht-verschwindende Form. Es bleiben also allein noch die festen Polygonecken zu untersuchen übrig. Bei einer elliptischen Ecke ε haben wir:

$$\frac{dt}{dz} = l\left(\frac{z-\varepsilon}{z-\varepsilon'}\right)^{l-1} \frac{\varepsilon-\varepsilon'}{(z-\varepsilon')^2} = \frac{l(\varepsilon-\varepsilon')}{(\zeta-\varepsilon')^2}\, t^{1-\frac{1}{l}},$$

während man bei einer parabolischen Ecke ε entsprechend zu der Gleichung geführt wird:

$$\frac{dt}{dz} = -\frac{2i\pi}{\gamma}\frac{1}{(\zeta-\varepsilon)^2}\cdot e^{\frac{2i\pi}{\gamma}\frac{1}{\zeta-\varepsilon}} \cdot e^{\frac{2i\pi}{\gamma}\frac{1}{\zeta-\varepsilon}} = \frac{2i\pi}{\gamma}\cdot\frac{1}{(\zeta-\varepsilon)^2}\, t.$$

Nun kommt im parabolischen Falle bei der Abschätzung der Ordnung des Verschwindens der Factor $(\zeta-\varepsilon)^2$ im Nenner nicht in Betracht (vergl. den Schluss des vorigen Paragraphen). Unter Zusammenfassung beider Fälle können wir somit angeben, dass $\frac{dt}{dz}$ in der einzelnen festen Ecke einen Nullpunkt der Ordnung $\left(1-\frac{1}{l}\right)$ bekommt, wobei für eine parabolische Ecke $l = \infty$ zu nehmen ist.

Indem wir zusammenfassen, haben wir den Satz gewonnen: *Die einzelne Hauptform $\varphi_{-2}(\zeta_1, \zeta_2)$ unseres Gebildes vom Geschlechte null hat n Nullpunkte in den n festen Ecken des Fundamentalbereichs l', und zwar hat der Nullpunkt in der Ecke ε_k die Ordnung $\left(1-\frac{1}{l_k}\right)$; weiter hat $\varphi_{-2}(\zeta_1, \zeta_2)$ einen Pol der Ordnung 2, welcher mit dem Pole der zu Grunde liegenden Hauptfunction $z = \varphi(\zeta)$ coincidirt. Übrigens aber ist unsere Hauptform an allen Stellen des Fundamentalbereichs endlich und von null verschieden.*

§ 5. Die Schar der Primformen und die Grundformen bei automorphen Gebilden mit $p = 0$.

Bezeichnen wir wie früher den Wert der Hauptfunction z in der Ecke ε_k durch c_k, so wird offenbar die Function:

$$\prod_{k=1}^{n}(z - c_k)^{1 - \frac{1}{l_k}}$$

genau die gleichen Nullpunkte wie die Hauptform $q_{-2}(\xi_1, \xi_2)$ haben und mit letzterer auch in der Ordnung jedes einzelnen Nullpunktes übereinstimmen. Das Product:

$$(1) \qquad q_{-2}(\xi_1, \xi_2) \cdot \prod (z - c_k)^{-\left(1 - \frac{1}{l_k}\right)}$$

wird demnach im Fundamentalbereich abgesehen von dem einen Pole der Hauptfunction z allenthalben endlich und von null verschieden sein.

Um aber das Verhalten des Productes (1) an der Unstetigkeitsstelle von z zu bestimmen, haben wir den Ausdruck:

$$(2) \qquad 2 \sum_{k=1}^{n}\left(1 - \frac{1}{l_k}\right) = \frac{2}{\nu}$$

zu bilden. Die durch die rechte Seite dieser Gleichung definierte Zahl ν ist eben diejenige, welche in „Ikos." pg. 117 ff. durch N bezeichnet wurde, und welche für die vier Gruppen der regulären Körper die Werte $2n$, 12, 24 und 60 besass. Bei denjenigen automorphen Gebilden des Geschlechtes null, welche von parabolischen Rotationsgruppen geliefert werden, ist $\nu = \infty$ (cf. I pg. 223 ff.); dieser Fall gilt jedoch bei den nächsten Betrachtungen für ausgeschlossen. *Für die uns in erster Linie interessierenden höheren automorphen Gebilde mit unendlich vielen Grenzpunkten ist ν stets eine negative ganze oder rationale Zahl.*

Das Product (1) hat nun offenbar an der genannten Stelle einen Pol der Ordnung $\frac{2}{\nu}$ resp. einen Nullpunkt der Ordnung $\left(-\frac{2}{\nu}\right)$. Die $\left(-\frac{\nu}{2}\right)^{te}$ Potenz des Productes wird demnach ebenda einen *Nullpunkt erster Ordnung* besitzen. Da im übrigen weder Nullpunkte noch Pole auftreten, so werden wir in jener Potenz:

$$(3) \qquad \left\{\frac{dz}{(z, dz)}\prod_{k=1}^{n}(z - c_k)^{-\left(1 - \frac{1}{l_k}\right)}\right\}^{-\frac{\nu}{2}}$$

*eine unverzweigte automorphe Form der Dimension ν gewonnen haben,
welche im ganzen Fundamentalbereich P frei von Polen ist und nur einen
einzigen Nullpunkt erster Ordnung, nämlich an der Unstetigkeitsstelle
von z, aufweist.* Wir bezeichnen die so gewonnene Form (3) fortan
durch $z_2(\zeta_1, \zeta_2)$.

Eine Form, welche im Fundamentalbereich überall endlich ist und
daselbst nur einen einzigen Nullpunkt erster Ordnung besitzt, soll als
„*Primform*" bezeichnet werden. Eine erste solche Primform besitzen
wir in $z_2(\zeta_1, \zeta_2)$. Offenbar wird aber auch in:

$$(4) \qquad z_1(\zeta_1, \zeta_2) = z(\zeta) \cdot z_2(\zeta_1, \zeta_2)$$

eine Primform vorliegen, deren Nullpunkt mit dem Nullpunkte der
Hauptfunction z coincidiert, und die sich gegenüber den Operationen
der homogenen Gruppe genau so verhält, wie $z_2(\zeta_1, \zeta_2)$. *Daraufhin
aber gelangen wir sogleich weiter in:*

$$(5) \qquad a z_1(\zeta_1, \zeta_2) + b z_2(\zeta_1, \zeta_2) = (a z + b) \cdot z_2$$

*zu einer binären Schar von Primformen der Dimension ν, die sich sämt-
lich gegenüber den homogenen Substitutionen $U_1, V_2 \ldots$ wie $z_2(\zeta_1, \zeta_2)$ verhalten,
und deren Nullpunkt mit variablem Parameter $a:b$ im Fundamental-
bereich frei beweglich ist.* Der Quotient irgend zweier Formen der
Schar, welche verschiedene Nullpunkte haben, liefert dann umgekehrt
wieder eine Hauptfunction des Gebildes.

Entsprechend der Zerlegung von z in den Quotienten $z_1 : z_2$ soll
jetzt auch der Wert c_k der Hauptfunction z in der einzelnen festen
Ecke in $c_k^{(1)} : c_k^{(2)}$ gespalten werden. Wir haben alsdann in:

$$(6) \qquad (z, c_k) = z_1 c_k^{(2)} - z_2 c_k^{(1)}$$

eine Form der binären Schar (5), welche im Fundamentalbereich P
an der Ecke ε_k einfach verschwindet. Handelt es sich um eine
elliptische Ecke, so wird (z, c_k) an dieser Stelle, im Polygonnetze gemessen, einen Nullpunkt der Ordnung l_k besitzen. Die Folge ist,
dass auch noch:

$$(7) \qquad Z_k(\zeta_1, \zeta_2) = \sqrt[l_k]{(z, c_k)}$$

eine unverzweigte Form unseres automorphen Gebildes ist. Wir wollen
dieselbe als die zur elliptischen Ecke ε_k gehörende „*Grundform*" bezeichnen. Im Falle einer parabolischen Ecke ε_k ist $(z, c_k)^{\lambda_k}$ mit *beliebigem
reellen rationalen oder irrationalen Exponenten* λ_k unverzweigt. Der
Grundform (7) einer elliptischen Ecke würde hier eigentlich die Function
$\log (z, c_k)$ entsprechen, welche im Wertbereich der ζ_1, ζ_2 gleichfalls

unverzweigt ist. Indessen bleiben wir mit unseren Festsetzungen von pg. 70 in Übereinstimmung, *wenn wir auch für die einzelne parabolische Ecke ε_k eine Grundform $Z_k(\zeta_1, \zeta_2)$ wie in (7) definieren, indem wir dabei unter t_k eine positive ganze Zahl verstehen, über die wir von Fall zu Fall nach Gutdünken verfügen.*

Zwischen je drei Formen der binären Schar (5) besteht offenbar eine lineare Relation. Nun sind aber, falls Z_h, Z_i, Z_k irgend drei unter unseren ν Grundformen sind, $Z_h'^k, Z_i'^k, Z_k'^k$ drei Formen der genannten Schar. In der That zeigt man denn auch sofort, *dass zwischen Z_h, Z_i, Z_k die Relation besteht:*

$$(8) \qquad (c_i, c_k) Z_h'^k + (c_k, c_h) Z_i'^k + (c_h, c_i) Z_k'^k = 0.$$

§ 6. Verhalten der automorphen Formen $q_A(\zeta_1, \zeta_2)$ gegenüber den Gruppenerzeugenden.

Für die Weiterentwicklung wird es jetzt von grundlegender Bedeutung sein, dass wir das *Verhalten der automorphen Formen $q_A(\zeta_1, \zeta_2)$, speciell der gewonnenen Prim- und Grundformen, gegenüber der unimodularen Substitutionen $U_1, U_2, \ldots, U_\sigma$ feststellen.* Dabei haben wir, da es sich im allgemeinen um mehrdeutige Formen handelt, stets auch den *Weg* anzugeben, auf welchem das ursprüngliche Wertepaar ζ_1, ζ_2 in das äquivalente ζ_1', ζ_2' übergehen soll. In dieser Hinsicht ist folgende Betrachtung anzustellen:

Da eine automorphe Form $q_A(\zeta_1, \zeta_2)$ als Product von ζ_2' und einer Function von ζ allein darstellbar ist, so wird es bei der einzelnen Erzeugenden U ausreichend sein, dass wir den Übergang von ζ zu ζ' und zugleich den von ζ_2 zu ζ_2' festlegen. Beide Wege kann man entweder gleichzeitig oder auch nach einander ausgeführt denken. Wir beginnen damit, einen speciellen Übergang von ζ, ζ_2 zu ζ', ζ_2' zu beschreiben, den wir dann hernach in erforderlicher Weise verallgemeinern.

Liegt erstlich der Punkt ζ im Ausgangsbereich P in der Umgebung der zu U gehörenden Ecke ε, so wird ζ' im benachbarten Bereiche P' gleichfalls nahe bei ε liegen: *wir begeben uns dann von ζ zu ζ' direct längs einer Bahncurve von U.* Der Einfachheit halber nehmen wir an, dass die Werte $\varepsilon, \varepsilon'$ für U [cf. Formel (4) pg. 64 und (5) pg. 65] beide endlich seien. Der Anfangswert ζ_2 wird alsdann $\neq 0$ sein; und wir folgern aus den eben citierten Formeln für eine elliptische Substitution:

(1)
$$\zeta'_2 = e^{-\frac{\pi i}{l}} \frac{\zeta - \varepsilon'}{\zeta - \varepsilon'} \zeta_2,$$

während bei einer parabolischen Substitution entsprechend gilt:

(2)
$$\zeta'_2 = 2 i \pi \zeta_2 \frac{\varepsilon^{(2)}}{\varepsilon'^{(2)}} \frac{\zeta - \varepsilon}{\zeta - \varepsilon'} + \frac{\zeta - \varepsilon'}{\zeta - \varepsilon'} \zeta_2.$$

Da nunmehr ζ und ζ' nur wenig von ε verschieden sind und übrigens

$\varepsilon \neq \varepsilon'$ ist. so hat man näherungsweise im ersten Falle $\zeta'_2 = e^{-\frac{\pi i}{l}} \zeta_2$. im zweiten $\zeta'_2 = \zeta_2$. *Wir schreiben daraufhin in der Ebene von ζ_2 einfach die geradlinige Bahn von ζ_2 nach ζ'_2 vor. welche sich speciell bei einer parabolischen Erzeugenden um so mehr auf einen Punkt zusammenziehen wird. je näher ζ an der parabolischen Ecke gewählt wird.*

Um jetzt unsere Vorschrift in der nötigen Allgemeinheit auszugestalten, setzen wir ausführlich:

(3)
$$\varphi_d(\zeta_1, \zeta_2) = \zeta_2 \psi(\zeta).$$

Die Function $\psi(\zeta)$ ist alsdann nach pg. 66 allenthalben im Innern des Polygonnetzes N unverzweigt. nur etwa von der Stelle $\zeta = \infty$ (d. h. vom Werte $\zeta_2 = 0$) abgesehen, sofern letztere überhaupt dem Innern des Netzes N angehört. Deformieren wir somit den Weg von ζ nach ζ' stetig, ohne ihn über $\zeta = \infty$ oder über einen Grenzpunkt der Gruppe hinwegzuschieben, und ändern wir die Bahn von ζ_2 nach ζ'_2 gleichfalls stetig ab. ohne sie über $\zeta_2 = 0$ gleiten zu lassen*), so wird der dem anfänglichen Wege zugehörige Multiplicator der Form $\varphi_d(\zeta_1, \zeta_2)$ hierbei unverändert erhalten bleiben. Dasselbe wird gelten. wenn wir mit den beschriebenen Deformationen der Wege auch noch stetige Abänderungen von ζ und ζ_2 vornehmen, wobei ζ' und ζ'_2 äquivalente Änderungen erfahren. Bei diesen Abänderungen wird man nur zunächst wieder $\zeta = \infty$ bez. $\zeta_2 = 0$ vermeiden.

Übrigens ist die Wirkung einer Hinwegschiebung des Weges über $\zeta = \infty$, falls dieser Punkt dem Netze N angehört. sehr leicht controllierbar. Man hat nämlich in:

(4)
$$\psi'(\zeta) = \zeta_1^{-d} \varphi_d(\zeta_1, \zeta_2) = \zeta^{-d} \cdot \psi(\zeta)$$

eine bei $\zeta = \infty$ unverzweigte Function. Somit ist $\psi(\zeta)$ an dieser Stelle gerade so verzweigt wie ζ'. Es folgt. dass der Multiplicator der Form $\varphi_d(\zeta_1, \zeta_2)$ wiederum unverändert bleibt, falls bei Hinwegschiebung der Bahn von ζ über ∞ die Bahn von ζ_2 gleichzeitig über

---

*) Man erinnere sich, dass der Wert ∞ für ζ_2 beständig verboten ist

den Nullpunkt $\zeta_2 = 0$ hinweggleitet*). Alle vermöge der bisher besprochenen Änderungen aus dem ursprünglichen Wege von ζ, ζ_2 nach
ζ', ζ'_2 entspringenden Übergänge wollen wir als „primitive Wege"
zwischen den äquivalenten Wertepaaren ζ, ζ_2 und ζ', ζ'_2 bez. ζ_1, ζ_2 und
ζ'_1, ζ'_2 bezeichnen.

Von den primitiven Wegen gelangen wir im Falle eines einfach
zusammenhängenden Netzes N zu den allgemeinsten Wegen, indem
wir der Bahn des Punktes ζ_2 noch *eine beliebige Anzahl σ von Umläufen um den Nullpunkt $\zeta_2 = 0$ im positiven Sinne**)* anhängen. Hierbei
erfährt nur der erste Factor von $\zeta_2^\lambda \varphi(\zeta)$ eine Änderung, welche man
sofort angiebt. Ist N von unendlich hohem Zusammenhange, so
können wir der Bahn von ζ noch *Umläufe um Grenzpunktmengen oder
Grenzcurvenscharen* anfügen. Indessen sehen wir von der hierin liegenden Verallgemeinerung ab; denn in der That werden wir die Wirkung
eines solchen geschlossenen Umlaufs dadurch bestimmen können, dass
wir nach Maßgabe der correspondierenden „secundären Relation" die
primitiven Bahnen der an letzterer beteiligten Erzeugenden combinieren***).

Unsere Aufgabe läuft jetzt im wesentlichen darauf hinaus, die
Wirkung des im Anfang des Paragraphen festgelegten Weges von
ζ, ζ_2 nach ζ', ζ'_2 auf eine vorgelegte Form $\varphi_d(\zeta_1, \zeta_2)$ zu bestimmen.
Handelt es sich um eine elliptische Substitution U [cf. Formel (6) pg. 69],
so benutze man in der Umgebung der zugehörigen Ecke ϵ die Darstellung (7) pg. 69 für $\varphi_d(\zeta_1, \zeta_2)$. Eine leichte Untersuchung zeigt,
dass $\varphi_d(\zeta_1, \zeta_2)$ nach Ausführung des Weges den Factor $e^{-\frac{\pi i d}{l} + \frac{2 i \pi m}{l}}$
angenommen hat. Bei einer parabolischen Substitution [cf. Formel (5)
pg. 65] ist die analytische Darstellung (12) pg. 70 zu benutzen; dabei
tritt alsdann der Multiplicator $e^{\frac{2 i \pi m}{l}}$ auf. Von hier aus entspringt
dann sofort als Hauptergebnis: *Vollziehen wir eine einzelne Erzeugende U
vermöge eines Überganges, der aus einem primitiven Wege durch Anfügung von σ Umläufen des Wertes ζ_2 um seinen Nullpunkt entsteht,
so ändert sich, je nachdem U elliptisch oder parabolisch ist, die einzelne
automorphe Form $\varphi_d(\zeta_1, \zeta_2)$ um den Multiplicator:*

---

*) Dass übrigens die Hinwegschiebungen über $\zeta = \infty$ und $\zeta_2 = 0$ stets gleich-
zeitig eintreten müssen, liegt bereits in unseren ursprünglichen Festsetzungen begründet, insofern der Wert ∞ für ζ_1 unzugänglich ist.

**) Umläufe im negativen Sinne werden durch negative Werte von σ angezeigt
sein.

***) Man unterlasse nicht, sich diese Verhältnisse an den Figuren 16, 19
und 20 pg. 59 ff. im einzelnen recht deutlich zu machen.

(5) $\mu = e^{-\frac{\pi i d}{l} + \frac{2 i \pi m}{l} + 2 i \pi d a}$ bezw. $\mu = e^{\frac{2 i \pi m}{l} + 2 i \pi d a}$.

*wofern die Form in der zugehörigen Ecke ε, im Fundamentalbereich gemessen,
einen Nullpunkt der Ordnung* $\frac{m}{l}$ $\left(\textit{Pol der Ordnung } \frac{m}{l}\right)$ *aufweist*[*].

Die Anwendung dieses allgemeinen Theorems auf die Prim- und
Grundformen bietet nun keinerlei Schwierigkeit mehr. So haben
wir z. B. bei der zur Ecke ε_k gehörenden Grundform $Z_k(\zeta_1, \zeta_2)$ für die
Dimension d den Wert $\frac{\nu}{l_k}$ einzutragen; die Anzahl m ist gleich 1 zu
nehmen, falls die Substitution U_k selber ausgeübt wird, dagegen muss
man $m = 0$ setzen, wenn eine der $(n-1)$ übrigen Erzeugenden in
ihrer Wirkung auf $Z_k(\zeta_1, \zeta_2)$ betrachtet wird. Bei der Schar der
Primformen (5) pg. 74 kann man stets $m = 0$ setzen.

§ 7. Die Grundformen bei den Gruppen der Kreisbogendreiecke.

Zur Erläuterung der vorangehenden allgemeinen Erörterungen
sollen die Formen der Kreisbogendreiecke dienen, d. h. die automorphen
Formen derjenigen Gebilde, welche durch die Signaturen $(0, 3; l_1, l_2, l_3)$
zu charakterisieren sind. Wir wollen hierbei vorübergehend auch die
Gebilde berücksichtigen, welche im Sinne der pg. 21 benutzten Sprechweise aus „elementaren" automorphen Functionen bestehen.

I. Gruppen der regulären Körper.

Das Interesse, welches hier an den „Formen" der regulären Körper
genommen wird, gründet sich auf den Umstand, dass die Sätze über
die Dimension der zugehörigen Grundformen Z_1, Z_2, Z_3 und deren Verhalten gegenüber den Gruppenerzeugenden in den allgemeinen
Theoremen des vorigen Paragraphen einen gemeinsamen Ausdruck
finden.

Was zunächst die *Dimensionen* angeht, so bezeichnen wir dieselben
für die drei Grundformen stets mit d_1, d_2, d_3, während wie oben ν die
Dimension der Primformen ist. Mit Hilfe der Formeln (2) und (7)
pg. 73 u. ff. berechnen wir uns alsdann leicht die folgende Tabelle:

---

[*] Bei Formen *ganzzahliger* Dimension bleiben hiernach beliebige Umläufe
des Argumentes ζ_2 um seinen Nullpunkt ohne Wirkung, was auch von vornherein
klar ist.

	Signatur	ν	d_1	d_2	d_3
Dieder	$(0, 3; 2, 2, n)$	$2n$	n	n	2
Tetraeder	$(0, 3; 2, 3, 3)$	12	6	4	4
Oktaeder	$(0, 3; 2, 3, 4)$	24	12	8	6
Ikosaeder	$(0, 3; 2, 3, 5)$	60	30	20	12

Dies sind nun in der That die Grade der *ganzen rationalen Formen* Z_1, Z_2, Z_3, wie sie in „Ikos." pg. 47 ff. berechnet sind; so z. B. haben wir im Falle des Oktaeders:

$$Z_1(\zeta_1, \zeta_2) = \zeta_1^{12} - 33\zeta_1^8\zeta_2^4 - 33\zeta_1^4\zeta_2^8 + \zeta_2^{12};$$
$$Z_2(\zeta_1, \zeta_2) = \zeta_1^8 + 14\zeta_1^4\zeta_2^4 + \zeta_2^8;$$
$$Z_3(\zeta_1, \zeta_2) = \zeta_1\zeta_2(\zeta_1^4 - \zeta_2^4).$$

wobei die unter (8) pg. 75 allgemein in Ansatz gebrachte Relation nach „Ikos." pg. 55 hier im speciellen so lautet:

$$Z_1^2 - Z_2^3 + 108 Z_3^4 = 0.$$

Die einzelne Grundform $Z_k(\zeta_1, \zeta_2)$ nimmt nun bei *Ausübung der unimodularen Erzeugenden U* den Multiplicator:

$$(1) \qquad \mu = e^{\frac{\pi i(2 - d_k)}{\nu}} \quad \text{bezw. } \mu = e^{-\frac{\pi i d_k}{\nu}}$$

an, je nachdem es sich um U_1 oder eine der beiden anderen Erzeugenden handelt. So finden wir z. B., dass die drei Ikosaedergrundformen gegenüber allen Erzeugenden absolut invariant sind. Von den Oktaederformen ist jedoch nur Z_2 bei allen drei U absolut invariant; Z_1 erfährt Zeichenwechsel bei U_1 und U_3, Z_3 gleichfalls bei U_1 und U_3. In „Ikos." pg. 57 und 55 sind diese Sätze durch directe Ausrechnung gewonnen.

Die Grundformen der regulären Körper sind erschöpfend von Klein in der Abhandlung „*Über binäre Formen mit linearen Transformationen in sich*"[*] aufgestellt. Es handelt sich dabei um dieselben Formen, welche in den Entwicklungen von Fuchs über algebraisch integrierbare lineare Differentialgleichungen zweiter Ordnung[**] als „*Primformen*" bezeichnet und untersucht werden.

---

[*] Mathem. Annalen Bd. 9 (1875).
[**] Vergl. die Arbeit „*Über die linearen Differentialgleichungen zweiter Ordnung, welche algebraische Integrale besitzen, und eine neue Anwendung der Invariantentheorie.*" Journ. f. Math. Bd. 81 (1875).

II. Parabolische Rotationsgruppen vom Geschlechte null.

Der Vollständigkeit halber verfolgen wir auch kurz, wie sich unsere allgemeinen Erörterungen im Falle der drei *parabolischen Rotationsgruppen der Signaturen* $(0, 3; 2, 3, 6)$, $(0, 3; 2, 4, 4)$, $(0, 3; 3, 3, 3)$ gestalten. Wir hatten diese Gebilde zunächst ausgeschlossen, weil bei ihnen $\nu = \infty$ wird: in der That aber haben wir hier mit einfachen Verhältnissen zu thun, wie wir etwa am *Beispiele des ersten Falles* $(0, 3; 2, 3, 6)$ kurz ausführen.

Indem wir den Grenzpunkt der Gruppe nach $\zeta = \infty$ legen, können wir die unimodularen homogenen Substitutionen in die folgende Gestalt setzen:

$$(2) \qquad z_1' = e^{\pi i} z_1 + \beta z_2, \quad z_2' = e^{-\pi i} z_2.$$

Die Folge ist, dass der Differentiationsprocess (cf. pg. 71) jetzt in $\dfrac{dz}{dz}$ eine *„Function"* liefert, welche gegenüber den Operationen der „nicht-homogenen" Gruppe abgesehen von multiplicativen sechsten Einheits-wurzeln unverändert bleibt. Die Nullpunkte und Pole dieser Function im Fundamentalbereich (cf. pg. 71 ff.) aber zeigen, dass dieselbe bis auf einen constanten Factor mit:

$$(z - e_1)^{\frac{1}{2}}(z - e_2)^{\frac{2}{3}}(z - e_3)^{\frac{5}{6}}$$

identisch ist, wobei wir der Einfachheit halber wieder annehmen, dass alle drei Werte e endlich sind. Wir können z geradezu so gewählt denken, dass die Gleichung besteht:

$$(3) \qquad \frac{dz}{dz} = (z - e_1)^{\frac{1}{2}}(z - e_2)^{\frac{2}{3}}(z - e_3)^{\frac{5}{6}}.$$

Umgekehrt stellt sich alsdann ζ als *Integral erster Gattung des hier zu Grunde liegenden elliptischen Gebildes* so dar[*]:

$$(4) \qquad \zeta = \int \frac{dz}{\sqrt[6]{(z - e_1)^3 (z - e_2)^4 (z - e_3)^5}}.$$

Erwähnt mag noch werden, dass die Function:

$$(5) \qquad l(\zeta) = \sqrt[3]{\frac{z - e_2}{z - e_3}}$$

---

[*] Dieses elliptische Gebilde entspricht dem automorphen Gebilde derjenigen Untergruppe, welche aus allen parabolischen Substitutionen der im Texte betrachteten Gesamtgruppe besteht.

bis auf einen constanten Factor die $\wp$-Function des genannten elliptischen Gebildes vorstellt; in der That transformiert sich das Integral (4) denn auch leicht in die Gestalt:

$$\zeta = \frac{3}{\sqrt{e_2 - e_1}} \int \frac{dt}{\sqrt{e_2 - e_1 - t(e_3 - e_1)}},$$

welche von der Normalgestalt des Integrals erster Gattung im äquianharmonischen Falle nicht mehr wesentlich verschieden ist.

III. Gruppen der Kreisbogendreiecke mit Hauptkreis.

Bei den jetzt zu besprechenden Gebilden, welche aus *höheren automorphen Functionen* im Sinne von pg. 29 ff. bestehen, ist die Dimension ν der Primformen eine im allgemeinen gebrochene negative Zahl. Setzen wir $\nu = -\nu'$, so hat man nach (2) pg. 73:

$$(6) \qquad \frac{1}{l_1} + \frac{1}{l_2} + \frac{1}{l_3} + \frac{2}{\nu'} = 1.$$

Aus dieser Gleichung entspringt zunächst die Folgerung, dass es nur *endlich* viele Fälle mit ganzzahligen Werten ν' giebt; in der That findet man durch directe Discussion der Gleichung (6), *dass es insgesamt 98 Gebilde der Signatur* $(0, 3; l_1, l_2, l_3)$ *giebt, deren Primformen ganzzahlige negative Dimensionen ν haben.*

Stellen wir noch die weitergehende Forderung, dass *auch die drei Grundformen von ganzzahliger negativer Dimension* sein sollen, so haben wir diejenigen Signaturen $(0, 3; l_1, l_2, l_3)$ auszusondern, bei denen das kleinste gemeinschaftliche Vielfache von l_1, l_2, l_3 in ν' aufgeht. Jedoch soll hierbei, falls eine oder mehrere der Zahlen l_1, l_2, l_3 gleich ∞ sind, das kleinste gemeinschaftliche Vielfache der endlichen Zahlen l gemeint sein.

Indem wir die so gedachten Gebilde hier näher betrachten wollen, soll jedoch von zwei Gruppen, die man sofort als commensurabel erkennt, der Einfachheit halber immer nur eine zugelassen werden. Der Übergang zu den Formen der anderen Gruppe ist nämlich dabei stets durch einfache algebraische Operationen zu vollziehen. Wir gelangen so insgesamt noch zu *zehn* Gebilden, die wir hier, nach zunehmender Dimensionenzahl ν geordnet, zusammenstellen wollen; wir geben dabei in tabellarischer Übersicht gleich auch die Anzahlen d_1, d_2, d_3 der Dimensionen der zugehörigen Grundformen an:

Signatur	$-\nu$	$-d_1$	$-d_2$	$-d_3$
$(0, 3; 2, 3, 7)$	84	42	28	12
$(0, 3; 2, 3, 8)$	48	24	16	6
$(0, 3; 2, 4, 5)$	40	20	10	8
$(0, 3; 2, 3, 9)$	36	18	12	4
$(0, 3; 2, 3, 10)$	30	15	10	3
$(0, 3; 2, 3, 12)$	24	12	8	2
$(0, 3; 2, 4, 6)$	24	12	6	4
$(0, 3; 2, 3, 18)$	18	9	6	1
$(0, 3; 2, 3, \infty)$	12	6	4	12
$(0, 3; 2, 4, 12)$	12	6	3	1

Im Falle der Modulfunctionen, der hier an der vorletzten Stelle eingeordnet ist, wurde als dritte Grundform $z_3(\xi_1, \xi_2)$ die in der betreffenden Ecke des Fundamentalbereichs verschwindende Primform gewählt.

Für die Bestimmung der *Multiplicatoren* μ, welche die einzelne Grundform gegenüber den unimodularen Erzeugenden U_1, U_2, U_3 annimmt, gelten wieder die am Schlusse von § 6 pg. 78 gemachten Vorschriften. Im Falle der Modulgruppe sind die drei Grundformen der Dimensionen $-6, -4, -12$ die wohlbekannten, in „M." I pg. 118 ff. durch $g_2(\omega_1, \omega_2)$, $g_3(\omega_1, \omega_2)$, $\Delta(\omega_1, \omega_2)$ bezeichneten Modulformen; dieselben sind gegenüber den unimodularen Erzeugenden U_1, U_2, U_3 absolut invariant (cf. „M." I pg. 118). Übrigens aber wolle man sich von dem merkwürdigen Satze überzeugen: *Ausser den drei Modulformen g_2, g_3, Δ sind es nur noch die drei Grundformen des Gebildes von der Signatur* $(0, 3; 2, 3, 7)$, *welche gegenüber allen drei erzeugenden Substitutionen U_1, U_2, U_3 absolut invariant sind.* Invarianz bis auf Zeichenwechsel liegt in den drei Fällen $(0, 3; 2, 3, 8)$, $(0, 3; 2, 4, 5)$, $(0, 3; 2, 4, 6)$ vor.

Wir schliessen noch ein paar historische Notizen an. Schwarz hat bei seinen Untersuchungen zwar sehr wohl die Dreiecksnetze mit Hauptkreis gekannt, aber seine mit der Aufstellung der Grundformen zusammenhängenden analytischen Entwicklungen beziehen sich noch nicht auf diese Dreiecksnetze. Der erste, der die Grundformen der fraglichen Gebilde (wenn auch noch nicht in ihrer einfachsten, beim Gebrauch binärer Variabelen ζ_1, ζ_2 eintretenden Gestalt) aufgestellt hat. ist Halphen*) gewesen. Unmittelbar darauf hat alsdann Poincaré**) sogleich für beliebige Gebilde des Geschlechtes null auf Grund seiner Reihen eine Theorie der Grundformen entwickelt. Jedoch sind auch diese Entwicklungen in nicht-homogener Gestalt gegeben, wie schon pg. 55 bemerkt wurde. Den Gebrauch der binären Variabelen ζ_1, ζ_2 und der homogenen Formen haben, wie gleichfalls pg. 55 erwähnt wurde. Klein und Ritter consequent durchgeführt.

§ 8. Die eindeutigen automorphen Formen und ihre Multiplicatorsysteme.

Die Prim- und Grundformen sind, wie wir z. B. im Falle der Gruppen der Kreisbogendreiecke soeben gesehen haben. nur in wenigen Fällen von ganzzahliger Dimension. Diese Formen sind demnach, obschon sie beständig unverzweigt sind. keineswegs immer eindeutige automorphe Formen (cf. pg. 67). Gleichwohl werden die Prim- und Grundformen für die Betrachtung der *eindeutigen automorphen Formen*, zu denen wir uns jetzt hinwenden, die Grundlage abgeben.

An die Spitze ist folgende Definition zu stellen: *Eine zu einer vorliegenden Gruppe Γ des Geschlechtes $p = 0$ gehörende unverzweigte automorphe Form $\varphi_d(\zeta_1, \zeta_2)$ der ganzzahligen Dimension d soll als eine „eindeutige" automorphe Form bezeichnet werden. falls der zu irgend einer einzelnen Substitution U der Gruppe gehörende Multiplicator μ der Form stets ein und derselbe ist, welchen innerhalb des Bereiches zulässiger Werte ζ_1, ζ_2 gelegenen Weg die Argumente ζ_1, ζ_2 auch bei Ausübung der Substitution beschreiben mögen.*

Die nächste Frage würde sein, ob vielleicht *jede* automorphe Form. die unverzweigt und von *ganzzahliger* positiver oder negativer Dimension ist, eindeutig ist. In der That ist dies der Fall, wenn das Polygonnetz N eine Grenzcurve besitzt und also *einfach* zusammenhängend ist. Wir überzeugen uns hiervon leicht durch eine Betrachtung, wie wir sie schon pg. 75 ff. auszuführen hatten. Verstehen wir nämlich unter $a = a_1 : a_2$ irgend einen speciellen Wert, so haben wir in:

---

*) „*Sur les fonctions, qui proviennent de la série de Gauss*", Comptes rendus, Bd. 92 (1881).

**) In der Abhandlung „*Mémoire sur les fonctions fuchsiennes*", Acta mathematica Bd. 1 (1882).

$$(\xi_1 \alpha_2 - \xi_2 \alpha_1)^{-d} \varphi_d(\xi_1, \xi_2) = \varphi(\zeta)$$

eine Function von ζ, die im einfach zusammenhängenden und nirgends über sich selbst hinübergreifenden Bereiche N unverzweigt und also eindeutig ist. Da aber der Factor $(\xi_1 \alpha_2 - \xi_2 \alpha_1)^{-d}$ wegen des ganzzahligen Wertes d eindeutig ist, so besteht in der That der Satz: *Bei einer Gruppe Γ mit einfach zusammenhängendem Netze N ist jede unverzweigte automorphe Form „ganzzahliger" Dimension d eine „eindeutige" Form.*

Bei der weiteren Entwicklung des Begriffs der eindeutigen automorphen Formen werden wir nun, sofern nicht ausdrücklich das Gegenteil gesagt wird, zunächst allein den *Fall eines einfach zusammenhängenden Netzes N* in Betracht ziehen. Die Rücksichtnahme auf „secundäre" Relationen zwischen den Erzeugenden $U_1, U_2, \ldots U_n$, welche bei mehrfach zusammenhängenden Netzen N eintreten, wird allerdings in den concreten Fällen, die wir unten betrachten werden, keinerlei Schwierigkeit darbieten. Aber für die „allgemeine" Inbetrachtnahme der secundären Relationen fehlt uns eine systematische Theorie der Discontinuitätspolyeder, von welcher in der That in Bd. 1 Abstand genommen wurde.

Wir betrachten jetzt die Multiplicatoren der Formen $\varphi_d(\xi_1, \xi_2)$ für beliebige Substitutionen der unimodularen homogenen Gruppe, wie dies in allgemeiner Gestalt zuerst von E. Ritter in der pg. 55 genannten Abhandlung gethan wurde. Als erster Satz ergiebt sich: Bei einer vorgelegten eindeutigen Form $\varphi_d(\xi_1, \xi_2)$ der zu Grunde liegenden Gruppe Γ mögen den beiden Operationen U und U' die Multiplicatoren μ und μ' entsprechen: dann wird der durch Combination aus U und U' entspringenden Substitution $U \cdot U'$ offenbar der Multiplicator $\mu \cdot \mu'$ zugehören. *Gegenüber der Combination der Operation der homogenen Gruppe Γ multipliciren sich die zugehörigen Multiplicatoren.*

Den n Erzeugenden $U_1, U_2, \ldots, U_n$ mögen jetzt die Multiplicatoren $\mu_1, \mu_2, \ldots, \mu_n$ entsprechen. Einer beliebigen Substitution der Gruppe würde alsdann der Multiplicator:

$$(1) \qquad \mu_1^{\alpha_1} \cdot \mu_2^{\alpha_2} \cdot \mu_3^{\alpha_3} \cdots \mu_n^{\alpha_n}$$

zugehören, wo die Exponenten α irgend welche positive oder negative ganze Zahlen oder auch 0 darstellen. Nun aber muss der identischen Substitution 1 der Multiplicator 1 und der Substitution -1 der Multiplicator $(-1)^d$ zugehören. So oft wir also aus den Erzeugenden $U_1, U_2, \ldots, U_n$ eine der Substitutionen ± 1 herstellen können, muss der correspondierende Multiplicator (1) gleich $(\pm 1)^d$ sein. Die wesentlich verschiedenen Arten, aus den U_1, U_2, ..., U_n eine der Substitutionen $+1$ zu erzeugen, werden aber durch die Relationen:

$$(2) \qquad U_1^{l_1} = -1, \; U_2^{l_2} = -1, \ldots, \; U_n^{l_n} = -1, \quad U_1 \cdot U_2 \ldots U_n = (-1)^\nu$$

geliefert (cf. pg. 64 ff.), wo jedoch unter den n ersten Gleichungen alle diejenigen wegfallen sollen, welche parabolische U haben. Bezeichnen wir $\mu_1, \mu_2, \ldots, \mu_n$ als das „*Multiplicatorsystem*" der Form $\varphi_d(z_1, z_2)$, so haben wir den wichtigen Satz: *Jedes bei den eindeutigen automorphen Formen der Dimension d auftretende Multiplicatorsystem befriedigt die Relationen:*

$$(3) \qquad \mu_1^{l_1} = (-1)^d, \; \mu_2^{l_2} = (-1)^d, \ldots, \; \mu_n^{l_n} = (-1)^d, \quad \mu_1 \cdot \mu_2 \ldots \mu_n = (-1)^{\nu d},$$

wo natürlich unter den n ersten Relationen wieder diejenigen auszulassen sind, welche Multiplicatoren parabolischer Substitutionen enthalten.

Von der Zahl d kommt hier offenbar einzig in Betracht, ob sie gerade oder ungerade ist. Unterscheiden wir demnach „*Multiplicatorsysteme für gerade bez. ungerade Dimension*", so haben wir das Resultat: *Die Multiplicatorsysteme für gerade Dimension befriedigen die Relationen:*

$$(4) \qquad \mu_1^{l_1} = 1, \; \mu_2^{l_2} = 1, \ldots, \; \mu_n^{l_n} = 1, \quad \mu_1 \cdot \mu_2 \cdot \mu_3 \ldots \mu_n = 1,$$

diejenigen für ungerade Dimension aber die folgenden:

$$(5) \qquad \mu_1^{l_1} = -1, \; \mu_2^{l_2} = -1, \ldots, \; \mu_n^{l_n} = -1, \quad \mu_1 \cdot \mu_2 \ldots \mu_n = (-1)^\nu.$$

Ist l_k eine endliche Zahl, d. h. ist U_k elliptisch, so ist hiernach μ_k eine Einheitswurzel des Grades l_k bez. $2 l_k$:

$$(6) \qquad \mu_k = e^{2 i \pi \frac{\nu_k}{l_k}} \qquad \text{für} \quad d \equiv 0 \; (\text{mod. } 2),$$

$$(7) \qquad \mu_k = e^{i \pi \cdot \frac{2 \nu_k + 1}{l_k}} \qquad \text{für} \quad d \equiv 1 \; (\text{mod. } 2),$$

wobei in jedem Falle ν_k als eine ganze Zahl aus der Reihe $0, 1, 2, \ldots$ $(l_k - 1)$ angenommen werden kann. Ist $l_k = \infty$, d. h. haben wir eine parabolische Substitution U_k, so braucht zunächst keine Potenz von μ_k mit $+1$ oder -1 identisch zu sein. Jedoch bleiben wir mit unseren Festsetzungen von pg. 70 in Übereinstimmung, indem wir bestimmen, dass fortan auch bei einer parabolischen Erzeugenden U_k der Multiplicator μ_k eine Einheitswurzel:

$$(8) \qquad \mu_k = e^{2 i \pi \frac{\nu_k}{l_k'}}$$

sein soll; hierbei soll l_k' irgend eine endliche ganze Zahl bedeuten, und ν_k wird eine Zahl aus der Reihe $0, 1, 2, \ldots, (l_k' - 1)$ sein.

Natürlich müssen die $\mu_1, \mu_2, \ldots, \mu_n$ auch noch der letzten Relation (4) bez. (5) genügen, worauf wir gleich zurückkommen.

Irgend ein System μ_1, μ_2, ..., μ_n, welches den Relationen (4) bez. (5) genügt, sowie nötigenfalls den Festsetzungen (8) entspricht, soll als ein „*theoretisch mögliches*" *Multiplicatorsystem* bezeichnet werden, wobei die Frage, ob diesem System auch automorphe Formen $\tau_d(\zeta_1, \zeta_2)$ zugehören mögen, einstweilen unentschieden bleibt.

Die Hauptfrage wird zunächst diejenige nach der Anzahl aller theoretisch möglichen Multiplicatorsysteme bei gegebener Gruppe Γ sein. Für die Beantwortung dieser Frage wird folgende Überlegung grundlegend. Hat man in μ_1, μ_2, ..., μ_n und μ'_1, μ'_2, ..., μ'_n irgend zwei theoretisch mögliche Multiplicatorsysteme, so hat man in:

$$(9) \qquad \mu''_1 = \mu_1 \cdot \mu'_1, \ \ \mu''_2 = \mu_2 \cdot \mu'_2, \ \ldots, \ \mu''_n = \mu_n \cdot \mu'_n$$

wiederum ein solches Multiplicatorsystem. Bezeichnen wir die beiden gegebenen Systeme symbolisch durch M und M', so mag das durch Multiplication entspringende System (9) symbolisch als Product $M'' = M \cdot M'$ geschrieben werden. Natürlich ist $M' \cdot M = M \cdot M'$; und man hat in M'' ein System für gerade Dimension, falls M und M' entweder beide zu gerader Dimension oder beide zu ungerader Dimension gehören, während im anderen Falle M'' ein Multiplicatorsystem für ungerade Dimension darstellt. Wir bemerken endlich, dass das besondere Multiplicatorsystem:

$$(10) \qquad \mu_1 = 1, \ \mu_2 = 1, \ \ldots, \ \mu_n = 1$$

als zu gerader Dimension d gehörig in jedem Falle auftritt.

Die soeben gewonnenen Resultate gestatten nun in der Sprechweise der Gruppentheorie folgende Formulierung: *Die gesamten bei unserer Gruppe Γ theoretisch möglichen Multiplicatorsysteme* M_0, M_1, M_2, ... *bilden gegenüber Multiplication eine Abel'sche Gruppe; dabei handelt es sich entweder um lauter Systeme für gerade Dimension d, oder die Multiplicatorsysteme für gerades d bilden in der gesamten Abel'schen Gruppe eine Untergruppe des Index zwei.* Unter M_0 verstehe man dabei das System (10), welches man symbolisch auch durch $M_0 = 1$ bezeichnen wird.

Die Anzahl aller Systeme 1, M_1, M_2, ... und damit die Ordnung der fraglichen Abel'schen Gruppe soll in den folgenden Paragraphen bestimmt werden. Es wird sich dabei um eine arithmetische Untersuchung handeln, welche für den Ausbau der Theorie der eindeutigen automorphen Formen von grosser Bedeutung ist.

§ 9. Die Anzahl aller Multiplicatorsysteme M
bei gegebener Gruppe Γ.

Bei der Bestimmung der Anzahl aller Systeme M, die bei unserer zu Grunde liegenden Gruppe Γ theoretisch möglich sind, hat man drei Fälle zu unterscheiden, von denen sich die beiden ersten sehr leicht erledigen lassen.

I. *Unter den Erzeugenden $U_1, U_2, \ldots, U_n$ kommen wenigstens zwei parabolische Substitutionen vor.*

Unter den n Substitutionen $U_1, U_2, \ldots, U_n$ seien insgesamt $n' \geq 2$ parabolische enthalten. Die übrigen $(n - n')$ Substitutionen U_k werden alsdann elliptisch sein, und für die einzelne derselben ist μ_k durch (6) bez. (7) pg. 85 auf l_k unterschiedene Möglichkeiten eingeschränkt. Man wähle nun, je nachdem $d \equiv 0$ oder $\equiv 1$ (mod. 2) ist, nach (6) bez. (7) pg. 85 ein beliebiges System von Multiplicatoren für die elliptischen Erzeugenden; hierbei hat man die Auswahl unter einer *endlichen* Anzahl von Combinationen. Die noch übrig bleibenden n' Multiplicatoren der parabolischen Erzeugenden müssen alsdann in Übereinstimmung mit der letzten Relation (4) bez. (5) pg. 85 als irgend welche Einheitswurzeln gewählt werden. Offenbar darf man $(n' - 1)$ dieser Einheitswurzeln willkürlich bestimmen, worauf die letzte aus der fraglichen Relation eindeutig berechenbar ist: *Sind unter den n Erzeugenden $U_1, U_2, \ldots, U_n$ insgesamt $n' > 2$ parabolische Substitutionen enthalten, so giebt es sowohl für gerade als für ungerade Dimension $\infty^{n'-1}$ Multiplicatorsysteme.*

II. *Unter den Erzeugenden $U_1, U_2, \ldots, U_n$ ist nur eine parabolische Substitution enthalten.*

Es mögen $U_1, U_2, \ldots, U_{n-1}$ elliptisch sein, während U_n die eine im vorliegenden Erzeugendensystem enthaltene parabolische Substitution ist. Hier haben wir nun zunächst sowohl für gerades als auch für ungerades d je $l_1 \cdot l_2 \cdots l_{n-1}$ Systeme $\mu_1, \mu_2, \ldots, \mu_{n-1}$. Der Multiplicator μ_n ist aber jedesmal aus den $\mu_1, \mu_2, \ldots, \mu_{n-1}$ vermöge der letzten Relation (4) bez. (5) pg. 85 eindeutig berechenbar. *Ist unter den Erzeugenden $U_1, U_2, \ldots, U_n$ die letzte U_n die einzige parabolische, so giebt es insgesamt $2 l_1 \cdot l_2 \cdots l_{n-1}$ verschiedene Multiplicatorsysteme, von denen die Hälfte zu geradem, die andere Hälfte zu ungeradem d gehört.*

III. *Die Erzeugenden U_1, U_2, ..., U_n sind sämtlich elliptisch.*

Hier sind etwas weitergehende Entwicklungen erforderlich; wir betrachten zunächst einzig den Fall $d = 0$ (mod. 2).

1. Anzahl der Multiplicatorsysteme für gerade Dimension d.

Die gruppentheoretische Sprechweise vom Schlusse des vorigen Paragraphen soll jetzt in Benutzung genommen werden. Wir bezeichnen die Abel'sche Gruppe aller theoretisch möglichen Multiplicatorsysteme mit geradem d symbolisch durch $[l_1, l_2, ..., l_n]$; die Ordnung der Gruppe $[l_1, l_2, ..., l_n]$ haben wir zu bestimmen. Die Multiplicatoren haben jedenfalls die Gestalt:

$$(1) \qquad \mu_1 = e^{2i\pi \frac{\nu_1}{l_1}}, \; \mu_2 = e^{2i\pi \frac{\nu_2}{l_2}}, \; ..., \; \mu_n = e^{2i\pi \frac{\nu_n}{l_n}}.$$

Um aber der letzten Relation (4) pg. 85 zu genügen, haben wir die ganzen Zahlen ν_1, ν_2, ..., ν_n derart zu wählen, dass:

$$\frac{\nu_1}{l_1} + \frac{\nu_2}{l_2} + \cdots + \frac{\nu_n}{l_n} = G$$

wird, wo G irgend eine ganze Zahl ist. Eine Abänderung von ν_k um ein ganzzahliges Multiplum von l_k hat keine Abänderung des Multiplicatorsystems (1) zur Folge. Es wird demnach keine Einschränkung der Allgemeinheit sein, wenn wir $G = 0$ nehmen. Die von den ν_k noch zu fordernde Bedingung nimmt daraufhin die Form an:

$$(2) \qquad \frac{\nu_1}{l_1} + \frac{\nu_2}{l_2} + \cdots + \frac{\nu_n}{l_n} = 0.$$

Es gilt, die Anzahl der Lösungen ν_1, ν_2, ..., ν_n dieser diophantischen Gleichung aufzustellen. Als nicht verschieden werden dabei zwei solche Lösungen ν_1, ν_2, ..., ν_n und ν'_1, ν'_2, ..., ν'_n gelten, bei denen:

$$\nu'_1 \equiv \nu_1 (\text{mod. } l_1), \; \nu'_2 \equiv \nu_2 (\text{mod. } l_2), \; ..., \; \nu'_n \equiv \nu_n (\text{mod. } l_n)$$

zutrifft. Das kleinste gemeinsame Vielfache von l_1, l_2, ..., l_{n-1} heisse L_n. Den grössten gemeinsamen Teiler von l_n und L_n nenne man s_n und setze $l_n = s_n \cdot t_n$, wo t_n alsdann relativ prim zu $L_n \cdot s_n^{-1}$ sein wird. Aus (2) folgt:

$$\left(\frac{L_n}{l_1}\right)\nu_1 + \left(\frac{L_n}{l_2}\right)\nu_2 + \cdots + \left(\frac{L_n}{l_{n-1}}\right)\nu_{n-1} + \frac{L_n s_n^{-1} \cdot \nu_n}{t_n} = 0;$$

und da hier die $(n-1)$ ersten Glieder ganzzahlige Werte haben, so ist ν_n durch t_n teilbar. Wir schreiben dieserhalb $\nu_n = u \cdot t_n$, unter u eine ganze Zahl verstanden.

Es existieren nun insbesondere Lösungssysteme ν_1, ν_2, ... mit $n=1$. In der That ist die Gleichung:

$$\left(\frac{L_n}{l_1}\right)\nu_1 + \left(\frac{L_n}{l_2}\right)\nu_2 + \cdots + \left(\frac{L_n}{l_{n-1}}\right)\nu_{n-1} = -L_n \cdot s_n^{-1}$$

durch ganze Zahlen ν_1, ν_2, ..., ν_{n-1} lösbar, da die $(n-1)$ links in den Klammern stehenden Ausdrücke ganze Zahlen ohne einen allen gemeinsamen Factor > 1 darstellen.

Merken wir demgemäss als ersten Satz an: *Bei den zu den Multiplicatorsystemen* M *unserer Gruppe* $[l_1, l_2, ..., l_n]$ *gehörenden Zahlsystemen* ν_1, ν_2, ..., ν_n *ist* ν_n *stets durch* t, *teilbar; im speciellen können wir ein Zahlsystem:*

(3) $\qquad\qquad \nu_1^{(0)}, \nu_2^{(0)}, ..., \nu_{n-1}^{(0)}, t_n$

herstellen, dessen Multiplicatorsystem $M^{(0)}$ *heissen möge.*

Die Combination zweier Systeme M und M′ wird nun dadurch vollzogen, dass wir die Zahlensysteme ν_1, ν_2, ..., ν_n und ν'_1, ν'_2, ..., ν'_n additiv zu $\nu_1 + \nu'_1$, $\nu_2 + \nu'_2$, ..., $\nu_n + \nu'_n$ verbinden. Somit hat das Multiplicatorsystem $(M^{(0)})^n$ ein durch l_n teilbares ν_n und wird demnach zur Gruppe $[l_1, l_2, ..., l_{n-1}]$ gehören. Ist bei einem beliebigen M die Zahl $\nu_n = n \cdot t_n$, so gehört $M \cdot (M^{(0)})^{-n}$ der gleichen Gruppe $[l_1, l_2, ..., l_{n-1}]$ an. Hiermit ist ein inductiver Weg zur Bestimmung der Gruppenordnung vorgezeichnet. Wir haben nach bekannten Sätzen über Abel'sche Gruppen zunächst das Ergebnis: *Die Ordnung der Abel'schen Gruppe* $[l_1, l_2, ..., l_n]$ *ist gleich dem* s_n-*fachen der Ordnung der Gruppe* $[l_1, l_2, ..., l_{n-1}]$.

Wir verabreden nun folgende Bezeichnungsweise. Der grösste gemeinsame Teiler der beiden Zahlen l_i, l_k heisse δ_{ik}; die grösste in l_i, l_k, l_m zugleich aufgehende ganze Zahl nenne man δ_{ikm} und benutze auch für vier, fünf etc. Zahlen l die entsprechende Bezeichnung.

Die Ordnung der Gruppe $[l_1]$ ist gleich 1. Für die Gruppe $[l_1, l_2]$ ist s_2 mit dem grössten gemeinsamen Teiler δ_{12} von l_1 und l_2 identisch; *die Ordnung der letzteren Gruppe ist somit* δ_{12}. Um für die Gruppe $[l_1, l_2, l_3]$ den grössten gemeinsamen Teiler s_3 der Zahl l_3 und des kleinsten gemeinsamen Multiplums L_3 von l_1 und l_2 zu bestimmen, verfährt man nach der „Methode des Ausscheidens und Hinzufügens" folgendermaßen: Der grösste gemeinsame Teiler von l_3 und l_1 ist δ_{13}, der von l_3 und l_2 ist δ_{23}. Im Producte $\delta_{13} \cdot \delta_{23}$ ist der gemeinsame Teiler δ_{123} aller drei Zahlen l_1, l_2, l_3 zweimal mitgerechnet. Entfernen wir ihn einmal durch Division, so haben wir im $\frac{\delta_{12} \cdot \delta_{23}}{\delta_{123}}$ den gesuchten grössten gemeinsamen Teiler s_3 von l_3 und L_3. Es folgt: *Die Ordnung der Gruppe $\{l_1, l_2, l_3\}$ ist gleich:*

$$(4) \qquad \frac{\delta_{12} \cdot \delta_{15} \cdot \delta_{23}}{\delta_{123}} .$$

Es ist leicht, die hierin zu Tage tretende Regel zu verallgemeinern. Der grösste gemeinsame Teiler s_n von l_n und dem kleinsten gemeinsamen Multiplum L_n der Zahlen $l_1, l_2 \ldots \ldots l_{n-1}$ stellt sich für $n = 4, 5, \ldots$, sowie allgemein so dar:

$$(5) \quad \begin{cases} s_4 = \dfrac{\delta_{14}\,\delta_{24}\,\delta_{34}\,\delta_{1234}}{\delta_{124}\,\delta_{134}\,\delta_{234}} , \\[2ex] s_5 = \dfrac{\delta_{15}\,\delta_{25}\,\delta_{35}\,\delta_{45}\,\delta_{1235}\,\delta_{1245}\,\delta_{1345}\,\delta_{2345}}{\delta_{125}\,\delta_{135}\,\delta_{145}\,\delta_{235}\,\delta_{245}\,\delta_{345}\,\delta_{12345}} , \\[2ex] \cdot \\[1ex] s_n = \dfrac{\delta_{1n} \cdots \delta_{n-1,\,n}\ \delta_{123n} \cdots \delta_{n-3,\,n-2,\,n-1,\,n}\,\delta_{12345n} \cdots}{\delta_{12n} \cdots \delta_{n-2,\,n-1,\,n}\ \delta_{1234n} \cdots \delta_{n-4,\,n-3,\,n-2,\,n-1,\,n} \cdots} . \end{cases}$$

Statt aber beim Aufbau dieser Formeln synthetisch nach der Methode des Ausscheidens und Hinzufügens zu verfahren, ist folgender directe Beweisgang weit überzeugender.

Die im Ausdruck von s_n oberhalb und unterhalb des Bruchstrichs stehenden Factoren δ sind ausschliesslich aus solchen Primfactoren zusammengesetzt, die auch in l_n aufgehen. Es sei q ein einzelner dieser Primfactoren und q^α die höchste in l_n aufgehende Potenz desselben. Der für s_n angegebene Ausdruck hängt von den Zahlen $l_1, l_2 \ldots \ldots l_{n-1}$ symmetrisch ab und wird somit bei einer anderen Anordnung dieser Zahlen unverändert bleiben. Von diesem Umstande machen wir in folgender Weise Gebrauch. Es sei q^{α_k} die höchste in l_k aufgehende Potenz von q, wo $k = 1, 2, 3, \ldots n-1$ genommen werden soll; wir denken uns alsdann die $(n-1)$ Zahlen l so angeordnet, dass

$$\alpha_1 > \alpha_2 > \alpha_3 > \cdots > \alpha_{n-1}$$

zutrifft. Die Folge ist, *dass die in $\delta \ldots_{,\,k,\,n}$ enthaltene höchste Potenz von q unabhängig davon wird, wie viele und welche Indices bei $\delta \ldots_{,\,k,\,n}$ den beiden letzten k, n voraufgehen.* Wir nennen diese höchste Potenz von q etwa q^{β_k}; offenbar hat man $\beta_k = \alpha_k$, falls $\alpha_k < \alpha$ ist, und $\beta_k = \alpha$, falls $\alpha_k > \alpha$ zutrifft.

Man schreibe jetzt den Ausdruck für s_n so:

$$(6) \qquad s_n = \delta_{1n} \cdot \frac{\delta_{2n} \cdots \delta_{n-1,\,n}\,\delta_{123n} \cdots \delta_{n-3,\,n-2,\,n-1,\,n} \cdots}{\delta_{12n} \cdots \delta_{n-2,\,n-1,\,n}\,\delta_{1234n} \cdots} .$$

Hier zähle man zunächst oberhalb des Bruchstrichs diejenigen Factoren ab, welche q in der höchsten Potenz $q^{\alpha_2 \div 1}$ enthalten. Es handelt sich also um die Anzahl der Factoren $\delta \ldots k+1, n$, wobei k eine bestimmte Zahl aus der Reihe $1.2 \ldots n-2$ ist. Unter den

$$\delta_{2n}, \ldots, \delta_{n-1, n}$$

kommt ein solcher Factor vor, unter den $\delta_{123n}, \ldots, \delta_{n-3, n-2, n-1, n}$ aber $\binom{k}{2}$ u. s. w.: die Gesamtzahl der gesuchten Factoren ist:

$$(7) \qquad 1 + \binom{k}{2} + \binom{k}{4} + \binom{k}{6} + \cdots.$$

Analog findet man als Anzahl der Factoren mit der höchsten Potenz $q^{\gamma_k + 1}$ im Nenner der rechten Seite von (6):

$$\binom{k}{1} + \binom{k}{3} + \binom{k}{5} + \binom{k}{7} + \cdots.$$

Diese Zahl ist aber mit der unter (7) gegebenen Anzahl identisch. Nehmen wir somit der Reihe nach $k = 1.2, \ldots, n-2$, so folgt, dass sich in (6) rechter Hand aus dem mit δ_{1n} multiplicierten Bruche alle Factoren q gerade vollständig fortheben lassen.

Nunmehr beachte man, dass q^{γ} gerade auch die höchste in L_n enthaltene Potenz von q ist. Der erste Factor δ_{1n} auf der rechten Seite von (6) liefert somit gerade die richtige Potenz q^{γ} für s_n.

Da diese Betrachtung für jeden beliebigen Primfactor q von l_n gilt, so ist die Richtigkeit des unter (5) gegebenen Ausdrucks von s_n thatsächlich dargethan.

Hiermit sind wir unmittelbar am Ziele: *Die Anzahl der theoretisch möglichen Multiplicatorsysteme für gerade Dimension d ist im Falle von lauter elliptischen Erzeugenden für $n = 3. 4 \ldots$, sowie allgemein gegeben durch:*

$$(8) \quad \begin{cases} \dfrac{\delta_{12}\delta_{13}\delta_{23}}{\delta_{123}}, \quad \dfrac{\delta_{12}\delta_{13}\delta_{31}\delta_{23}\delta_{24}\delta_{34}\delta_{1234}}{\delta_{123}\delta_{124}\delta_{134}\delta_{234}}, \\[2mm] \cdot \\[1mm] \dfrac{\delta_{12}\delta_{14}\cdots\delta_{n-1, n}\delta_{1234}\cdots\delta_{n-3, n-2, n-1, n}\delta_{123456}\cdots}{\delta_{123}\delta_{124}\cdots\delta_{n-2, n-1, n}\delta_{12345}\cdots\delta_{n-4, n-3, n-2, n-1, n}} \ ^{*)} \end{cases}$$

2. Anzahl der Multiplicatorsysteme für ungerade Dimension d.

Die Anzahl der theoretisch möglichen Multiplicatorsysteme für ungerade Dimension d ist entweder mit der unter (8) bestimmten Anzahl identisch, oder es giebt überhaupt für ungerades d kein Multi-

---

*) Die im Texte gegebene Bestimmung der Anzahl aller Multiplicatorsysteme für gerades d ist erst neuestens vom Verf. durchgeführt worden und wird hier zum ersten Male mitgeteilt.

plicatorsystem. Zur Entscheidung über diese Alternative ziehen wir die in (7) pg. 85 gegebenen Gestalten der Multiplicatoren $\mu_1, \ldots \mu_n$ heran. Die hierbei benutzten ganzen Zahlen $\nu_1, \nu_2, \ldots \nu_n$ müssen zur Befriedigung der letzten Relation (5) pg. 85 in:

$$(9) \qquad \frac{2\nu_1+1}{l_1} + \frac{2\nu_2+1}{l_2} + \cdots + \frac{2\nu_n+1}{l_n} = G$$

eine ganze, mit ν modulo 2 congruente Zahl G liefern.

Sind alle Zahlen $l_1, \ldots l_n$ ungerade, so befriedigen wir diese Forderung in der That durch:

$$(10) \qquad \nu_1 = \frac{l_1-1}{2}, \quad \nu_2 = \frac{l_2-1}{2}, \ldots \nu_n = \frac{l_n-1}{2}.$$

Ist wenigstens eine Zahl, etwa l_k, gerade, so hat die Abänderung von ν_k um $\frac{1}{2}l_k$ eine Änderung von G um 1 zur Folge. Die Bedingung $G \equiv \nu$ (mod. 2) bietet hier also keine Schwierigkeit; und es ist keine Einschränkung der Allgemeinheit, wenn wir $G = 0$ in (9) einsetzen. Multiplicieren wir die Gleichung (9) alsdann mit dem kleinsten gemeinsamen Multiplum L von $l_1, l_2, \ldots l_n$, so nimmt sie die Gestalt an:

$$(11) \qquad 2\left(\frac{L}{l_1}\nu_1 + \frac{L}{l_2}\nu_2 + \cdots + \frac{L}{l_n}\nu_n\right) + \left(\frac{L}{l_1} + \frac{L}{l_2} + \cdots + \frac{L}{l_n}\right) = 0.$$

Für jedes zulässige System $\nu_1, \ldots, \nu_n$ würde hier sowohl in der ersten wie in der zweiten Klammer ein ganzzahliger Summenwert stehen müssen; es muss also die Bedingung:

$$(12) \qquad \frac{L}{l_1} + \frac{L}{l_2} + \cdots + \frac{L}{l_n} \equiv 0 \quad (\text{mod. } 2)$$

erfüllt sein. Ist dies der Fall, so lässt sich die Gleichung (11) auch stets durch ganze Zahlen $\nu_1, \ldots \nu_n$ lösen, da die $L \cdot l_1^{-1}, \ldots L \cdot l_n^{-1}$ keinen gemeinsamen Factor > 1 besitzen. Ist jedoch die Bedingung (12) nicht erfüllt, so ist die Gleichung (11) durch ganzzahlige ν überhaupt nicht zu lösen.

Um nun die Congruenz (12) zu discutieren, so ziehe man die höchste Potenz 2^λ heran, welche in einer der Zahlen $l_1, \ldots l_n$ enthalten ist. Nur die durch 2^λ teilbaren l liefern in (12) Glieder von ungeradem Zahlenwerte; alle übrigen Glieder stellen gerade Zahlen dar. Also ergiebt sich das Theorem: *Sind alle Zahlen l ungerade oder ist eine „gerade" Anzahl von Zahlen $l_1, l_2, \ldots l_n$ durch die höchste überhaupt auftretende Potenz 2^λ der Zahl 2 teilbar, so ist die Anzahl der Multiplicatorsysteme für ungerades d die in (8) gegebene; dagegen giebt es keine Multiplicatorsysteme für ungerades d, falls die $l_1, \ldots l_n$ in ungerader Anzahl durch die höchste Potenz 2^λ mit $\lambda > 0$ teilbar sind*).*

---

*) Dieser Satz ist zuerst von Ritter in § 6 seiner pg. 55 genannten Arbeit aufgestellt.

§ 10. Beispiele zur Bestimmung der Anzahl der Multiplicatorsysteme M. Wirkung secundärer Relationen.

Die allgemeinen Anzahlbestimmungen des voraufgehenden Paragraphen sollen nunmehr an einigen Specialfällen und Beispielen Erläuterung finden. Wir werden hierbei vornehmlich solche Fälle betrachten, bei denen parabolische Substitutionen nicht auftreten.

1. Haben *keine zwei unter den Zahlen* $l_1, l_2, \ldots, l_\sigma$ *einen von* 1 *verschiedenen gemeinsamen Teiler*, so giebt es nur das eine Multiplicatorsystem $\mu_1 = \mu_2 = \cdots = \mu_\nu = 1$ für gerades d; und nur falls alle $l_1, l_2, \ldots, l_\sigma$ ungerade sind, reiht sich das eine System (10) für ungerades d an. Für die erste der zehn Gruppen Γ, auf welche sich die Tabelle pg. 82 bezieht, findet sich demnach nur ein einziges System M.

Auch weitere Gruppen jener Tabelle wird man hier zweckmässig als Beispiele betrachten. So findet man für die Gruppe der Signatur (0, 3; 2, 3, 8) zwei Systeme M, die beide zu $d \equiv 0$ (mod. 2) gehören. Die Gruppe (0, 3; 2, 3, 18) besitzt zwölf Multiplicatorsysteme, die zur Hälfte zu geradem d gehören.

2. Ist *ein von* 1 *verschiedener gemeinsamer Teiler zweier Zahlen* l *niemals in einer dritten enthalten*, so ist die Anzahl der Systeme M für gerade d durch $\delta_{12} \cdot \delta_{13} \cdots \delta_{\sigma-1, \sigma}$ gegeben. So haben wir bei der Signatur (0, 3; 2, 3, 12) sechs Systeme M, die zu geradem d gehören.

3. Sind *sämtliche Zahlen* $l_1, \ldots, l_\sigma$ *einander gleich* und gleich l, so haben alle im Ausdruck (8) pg. 91 benutzten Factoren δ den gemeinsamen Wert l. Die Anzahl der Factoren δ in jenem Ausdruck oberhalb des Bruchstrichs ist aber:

$$\binom{n}{2} + \binom{n}{4} + \binom{n}{6} + \cdots$$

während unterhalb des Bruchstrichs:

$$\binom{n}{3} + \binom{n}{5} + \binom{n}{7} + \cdots$$

Factoren δ stehen. Die erste dieser Zahlen übertrifft die letztere um $(n-1)$. Somit existieren l^{n-1} Multiplicatorsysteme für gerade Dimension d; und es reihen sich ebenso viele Systeme M für ungerades d an, falls l ungerade ist oder bei geradem l die Zahl n gleichfalls gerade ist.

4. Im Falle der *Modulgruppe* (0, 3; 2, 3, ∞) haben wir eine parabolische Erzeugende. Nach der unter II. pg. 87 entwickelten Regel werden wir hier zwölf Multiplicatorsysteme gewinnen, von denen sechs zu ungerader Dimension gehören.

In der Modulgruppe sind noch einige *Untergruppen mit je nur einer parabolischen Erzeugenden* enthalten. Hierher gehören insbesondere diejenigen drei Congruenzuntergruppen der Indices 5, 7 und 11, welche die wohlbekannten Resolventen 5ten, 7ten und 11ten Grades der Modulargleichungen 6ten, 8ten und 12ten Grades liefern. Die Discontinuitätsbereiche dieser Gruppen sind in „M." I pg. 647 und 753 sowie „M." II pg. 420 angegeben. Man hat z. B. für die zweite Gruppe den hierneben in Figur 21 reproducierten Bereich. Zufolge dieser Figur handelt es sich um eine Gruppe der Signatur (0, 5: 2, 2, 2, 3, ∞). Die Anzahl aller Systeme M ist hier 48; zur Hälfte gehören dieselben ungerader Dimension d an. —

Es wird am Platze sein, dass wir auch die Bedeutung und Wirkung etwaiger *secundärer Relationen* zwischen den Erzeugenden an

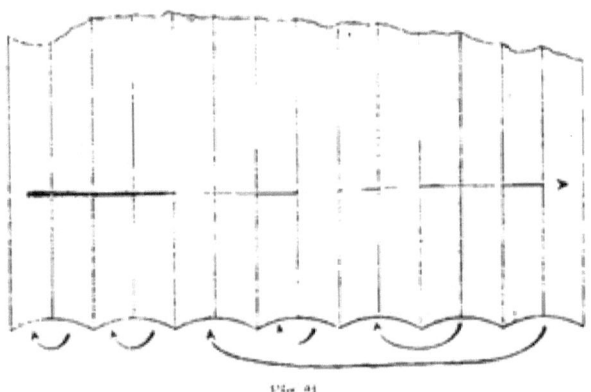

Fig. 21

einigen Beispielen erläutern. Wir hatten uns bereits, falls s secundäre Relationen vorliegen, für dieselben das Schema (7) pg. 65 angemerkt. Für die Multiplicatoren $\mu_1, \mu_2, \ldots, \mu_n$ bei gerader Dimension d entspringen hieraus ebenso viele neue Gleichungen:

$$(1) \qquad \prod_1 (\mu_1, \mu_2, \ldots, \mu_n) = 1 \ldots \prod_s (\mu_1, \mu_2, \ldots, \mu_n) = 1.$$

während sich für ungerades d an die bezüglichen Relationen (5) pg. 85 die s weiteren anreihen:

$$(2) \qquad \prod_1 (\mu_1, \mu_2, \ldots, \mu_n) = (-1)^{m_1} \ldots \prod_s (\mu_1, \mu_2, \ldots, \mu_n) = (-1)^{m_s}.$$

Die Relationen (1) werden natürlich stets durch das Multiplicatorsystem $M_0 = 1$ befriedigt. *Allgemein definieren diese Relationen eine Untergruppe innerhalb der im vorigen Paragraphen betrachteten Abel-*

schen *Gruppe aller* M *bei geradem d: diese Untergruppe stellt uns jetzt
die Gesamtheit theoretisch möglicher Systeme* M *von gerader Dimension
dar.* Für ungerade Dimension giebt es dann entweder ebenso viele
Systeme M oder gar keine, worüber man nach den Regeln des vorigen
Paragraphen unter Hinzunahme der Relation (2) zu entscheiden hat.

Wir kommen nun sogleich auf die Beispiele von pg. 57 ff. zurück.

1. Zu dem in Figur 14 pg. 57 rechter Hand gegebenen Bereiche
gehörte eine Gruppe der Signatur $(0, 4 : 2, 3, 2, 3)$, die durch Ineinanderschiebung zweier Tetraedergruppen erzeugbar ist. Das zugehörige
Discontinuitätspolyeder besitzt *eine* im ς-Halbraume verlaufende Kante,
welche die ς-Ebene *nicht* erreicht. Ihr entspricht die bereits pg. 63
genannte secundäre Relation $(V_1 V_2)^2 = 1$.

Um die homogene Gestalt dieser Relation zu bestimmen, be-
rücksichtige man, dass V_1 und V_2 für sich eine Tetraedergruppe erzeugen. Bilden wir für letztere das Erzeugendensystem U_1, U_2, U_3
nach den allgemeinen Vorschriften von pg. 64, so wird $U_1 U_2 U_3 = -1$;
und da $U_3^{3} = -1$ ist, so folgt offenbar:

$$(3) \qquad\qquad (U_1 U_2)^3 = 1$$

als homogene Gestalt der secundären Relation.

Die Regeln des vorigen Paragraphen liefern nun zunächst *sechs*
Systeme M für gerades d und ebenso viele für ungerade Dimension.
Bei geradem d hat man nämlich:

$$\mu_1 = \mu_3 = \pm 1, \quad \mu_2 = \mu_1^{-1} = e^{2i\pi \frac{k}{3}}, \qquad (k = 0, 1, 2);$$

für ungerade Dimension genügt es, das eine System zuzufügen:

$$\mu_1 = i, \ \mu_2 = -1, \ \mu_3 = i^3, \ \mu_4 = -1.$$

aus dem alle sechs Systeme durch Combination mit den sechs zuvor
gegebenen Systemen entstehen.

Jetzt aber haben wir der Relation (3) entsprechend $(\mu_1 \mu_2)^3 = 1$ zu
fordern: *es bleiben nur drei Systeme mit geradem d und keines für
ungerade Dimension* über.

2. Nehmen wir das Beispiel der Figuren 15 ff. pg. 58 und setzen
insbesondere etwa:

$$l_1 = l_2 = 6, \ l_2 = l_5 = 10, \ l_3 = l_4 = 15,$$

so liefern die Regeln des vorigen Paragraphen je 27000 Systeme M für
gerade und ungerade Dimension.

Hier haben wir *drei* secundäre Relationen, nämlich:

$$V_1 V_6 = 1, \ V_2 V_5 = 1, \ V_3 V_4 = 1.$$

Man muss auf die Gestalten (6) pg. 64 der homogenen Erzeugenden zurückgehen, um als homogene Gestalt dieser Relationen:

(4) $$U_1 U_6 = 1, \quad U_2 U_5 = 1, \quad U_3 U_4 = 1$$

zu erkennen. Es folgt $\mu_6 = \mu_1^{-1}, \; \mu_5 = \mu_2^{-1}, \; \mu_4 = \mu_3^{-1}$; und da hiermit die Relation $\mu_1 \cdot \mu_2 \ldots \mu_6 = 1$ von selbst erfüllt ist, so liefern die übrigen Relationen (4) bez. (5) pg. 85 das Resultat, *dass von allen 2·27000 Systemen* M *nur je* 900 *für gerade und ungerade Dimension als theoretisch möglich hier übrig bleiben.*

3. Wir betrachten endlich noch den Fall der Figur 20 pg. 62, lassen jedoch die damals mit p bezeichnete Anzahl, welche bei Figur 20 den Wert 3 hatte, beliebig.

Die Gruppe hat in nicht-homogener Gestalt $(2p + 2)$ elliptische Substitutionen der Periode 2 zu Erzeugenden, welche zu Paaren identisch sind; in den $(p + 1)$ so entspringenden Gleichungen haben wir ebensoviele secundäre Relationen vor uns, welche alle im vorliegenden Falle bestehenden Relationen dieser Art erschöpfen.

In der homogenen Gestalt werden diese Substitutionen von der Periode 4; und es stellt sich heraus, dass sie zu Paaren einander invers sind, was wir durch:

(5) $$U_1 U_2 = 1, \quad U_3 U_4 = 1 \ldots, \quad U_{2p+1} U_{2p+2} = 1$$

zum Ausdruck bringen.

Nach dem Beispiel 3. am Anfang des vorliegenden Paragraphen würden die Regeln des vorangehenden Paragraphen hier 2^{2p+1} Syteme M für gerade Dimension und ebensoviele für ungerades d liefern. Die Wirkung der secundären Relationen ist es, *dass sich jetzt die Anzahl der theoretisch möglichen Multiplicatorsysteme auf je* 2^{p+1} *für beide Dimensionsarten reduciert.*

§ 11. Darstellung aller unverzweigten automorphen Formen eines Gebildes mit $p = 0$ durch die Prim- und Grundformen.

Die Hauptfrage der nächsten Entwicklung wird sein, ob für jedes theoretisch mögliche Multiplicatorsystem zugehörige eindeutige automorphe Formen existieren oder nicht. Diese Frage werden wir beantworten können, indem wir hier vorab von der *Darstellbarkeit überhaupt aller unverzweigten automorphen Formen der Gruppe* Γ *vermöge der* pg. 73 ff. *eingeführten Primformen* z_1, z_2, *bezw. der Grundformen:*

$$Z_k = (z, c_k)^{\frac{1}{t_i}}$$

handeln. Es gilt zunächst, einen Fundamentalsatz über Anzahl der Nullpunkte und Pole einer Form $\varphi_d(\xi_1, \xi_2)$ zu entwickeln.

Es sei $\varphi_d(\xi_1, \xi_2)$ irgend eine unverzweigte automorphe Form unserer Gruppe Γ; die Dimension d dieser Form stelle eine ganze Zahl oder einen rationalen Bruch dar. Die Primform $z_2(\xi_1, \xi_2)$ hat die Dimension ν, welche sich nach pg. 73 aus:

$$(1) \qquad \frac{2}{\nu} = 2 - \sum_{k=1}^{\sigma} \left(1 - \frac{1}{l_k}\right)$$

berechnet. Der Quotient von φ_d^ν und z_2^d ist von der Dimension null und heisse $\psi(\zeta)$; dann gilt:

$$(2) \qquad [\varphi_d(\xi_1, \xi_2)]^\nu = \psi(\zeta)\, [z_2(\xi_1, \xi_2)]^d.$$

Wir ziehen nun die „im Fundamentalbereiche gelegenen" Nullpunkte und Pole der unverzweigten Form $\varphi_d(\xi_1, \xi_2)$ heran und erinnern daran, dass in den festen Ecken des Bereiches auch Nullpunkte und Pole gewisser „gebrochener" Ordnungen vorkommen können (cf. pg. 69). Da $\psi(\zeta)$ sich gegenüber den Erzeugenden nur um multiplicative Einheitswurzeln endlicher Grade ändern kann (cf. pg. 77 ff.), so giebt es eine Potenz mit endlichem Exponenten von ψ, welche gegenüber allen Erzeugenden absolut invariant ist und also eine automorphe *Function* von Γ vorstellt. Demnach wird im Fundamentalbereiche auch bei $\psi(\zeta)$ die Gesamtordnung der Nullpunkte gleich der Gesamtordnung der Pole sein. Die Primform z_2 ist polfrei und hat nur einen einfachen Nullpunkt im Fundamentalbereiche. Die Formel (2) liefert daraufhin sofort den wichtigen Grundsatz: *Bei einer unverzweigten automorphen Form der Dimension d unserer Gruppe Γ übertrifft die Gesamtordnung des Verschwindens im Fundamentalbereiche diejenige der Pole um den Betrag* $\frac{d}{\nu}$.

Sehen wir von den elementaren Gruppen Γ ab, so ist ν eine negative Zahl (cf. pg. 73). Bei allen nicht-elementaren Gruppen wird demnach für die einzelne Form die Gesamtordnung der Nullpunkte grösser oder kleiner als diejenige der Pole sein, je nachdem die Dimension d negativ oder positiv ist.

Soll eine Form $\varphi_d(\xi_1, \xi_2)$ frei von Polen sein, so ist die Gesamtordnung des Verschwindens $\frac{d}{\nu}$. Es folgt: *Eine Form von nicht-verschwindender Dimension d kann im Fundamentalbereiche nicht überall endlich und gleichzeitig überall von null verschieden sein.*

Zwei unverzweigte Formen, welche genau (in Lage und Ordnung) gleiche Nullpunkte und Pole besitzen, haben gleiche Dimension. Ihr

Quotient wird, in eine geeignete Potenz mit endlichem Exponenten erhoben, eine überall endliche automorphe Function von Γ darstellen und ist also mit einer Constanten identisch. *Eine unverzweigte automorphe Form von Γ ist hiernach durch ihre Nullpunkte und Pole bis auf einen constanten Factor eindeutig bestimmt.*

Auf Grund dieses letzten Theorems gelingt es jetzt leicht, eine beliebige unverzweigte Form $\varphi_d(\zeta_1, \zeta_2)$ durch die Grundformen und Primformen unserer Gruppe Γ auszudrücken. Möge in der k^{ten} festen Polygonecke ein Nullpunkt der Ordnung $\dfrac{m_k}{l_k}$ $\left(\text{Pol der Ordnung} - \dfrac{m_k}{l_k}\right)$ von $\varphi_d(\zeta_1, \zeta_2)$ gelegen sein, sofern diese Ecke elliptisch ist; und möge für $l_k = \infty$, d. h. im parabolischen Falle, die entsprechende Ordnung durch den zunächst nicht weiter eingeschränkten rationalen Bruch $\dfrac{m_k'}{l_k'}$ gegeben sein. Alle weiteren Nullpunkte und Pole sind von ganzzahliger Ordnung; jene mögen bei $z = x_1, x_2, \ldots, x_r$ diese bei $z = y_1, y_2, \ldots, y_\sigma$ gelegen sein, wo jede Stelle so oft aufgeführt sein soll, als die Multiplicität des betreffenden Nullpunktes resp. Poles erfordert.

Um alsdann die in Aussicht genommene Darstellung von q_d zu leisten, spalten wir das einzelne x in den Quotienten $x' : x''$ und entsprechend y in $y' : y''$ und setzen:

$$(3) \qquad (z, x_1) = z_1 x_1'' - z_2 x_1', \ldots, (z, y_1) = z_1 y_1'' - z_2 y_1', \ldots,$$

unter $z_1 = z_1(\zeta_1, \zeta_2)$ und $z_2 = z_2(\zeta_1, \zeta_2)$ unsere pg. 74 gewonnenen Primformen verstanden.

Neben ihnen haben wir auch noch die pg. 74 betrachteten Grundformen heranzuziehen und gelangen vermöge des zuletzt aufgestellten Theorems sofort zu dem Ergebnis: *Die beliebig vorgelegte unverzweigte automorphe Form $q_d(\zeta_1, \zeta_2)$ unserer Gruppe lässt sich mit Hilfe einer hier unbestimmt bleibenden Constanten C in den Primformen und Grundformen so darstellen:*

$$(4) \qquad q_d(\zeta_1, \zeta_2) = C\, \frac{(z, x_1)\,(z, x_2)\ldots(z, x_r)}{(z, y_1)\,(z, y_2)\ldots(z, y_\sigma)} \prod_{k=1}^{n}{}' (z, e_k)^{\frac{m_k}{l_k}},$$

wo durch den oberen Index am Productzeichen angedeutet sein soll, dass im Falle einer parabolischen Ecke der Exponent $\dfrac{m_k}{l_k}$ durch $\dfrac{m_k'}{l_k'}$ zu ersetzen ist.

Indem man vom einzelnen Factor des in (4) rechts stehenden Productes Π eine geeignete Potenz von (z, e_k) mit *ganzzahligen* Exponenten absondert und den vor dem Productzeichen stehenden Factoren hinzugesellt, kann man erreichen, dass die n unter dem Productzeichen stehenden Exponenten positive echte Brüche bedeuten oder gleich null sind. Wir dürfen hiernach vom Ausdruck (4) unserer automorphen Form $\varphi_d(z_1, z_2)$ sogleich annehmen, dass die Bedingungen:

$$(5) \qquad 0 < m_k < l_k \quad \text{bez.} \quad 0 \leq m_k' < l_k'$$

erfüllt sind. Vor dem Productzeichen auf der rechten Seite der Gleichung (4) steht ein in z_1, z_2 rationaler und homogener Ausdruck, dessen Dimension in z_1, z_2 offenbar $\tau - \sigma$ ist und durch m bezeichnet werden mag. Die Darstellung (4) der Form $\varphi_d(z_1, z_2)$ können wir daraufhin abgekürzt auch so schreiben:

$$(6) \qquad \varphi_d(z_1, z_2) = R_m(z_1, z_2) \prod_{k=1}^{n}{}'(z, e_k)^{\frac{m_k}{l_k}}.$$

Die Gesamtordnung der Nullpunkte und diejenige der Pole sind auf der rechten Seite der Formeln (4) bezw. (6) sofort abzulesen. Der Überschuss des ersteren Betrages über den letzteren ist aber nach einem oben aufgestellten Satz gleich $\frac{d}{\nu}$. Es ergiebt sich: *Zwischen der Dimension d der Form $\varphi_d(z_1, z_2)$ und den bei der Darstellung* (6) *zur Geltung kommenden Zahlen m, m_1, $m_2, \ldots$ besteht die Relation:*

$$(7) \qquad d = \nu\left(m + \sum_{k=1}^{n}{}' \frac{m_k}{l_k}\right),$$

wo durch den Index am Summenzeichen wieder angezeigt sein soll, dass für die parabolischen Ecken $\frac{m_k}{l_k}$ durch $\frac{m_k'}{l_k'}$ zu ersetzen ist[*]).

§ 12. Existenztheorem eindeutiger Formen $\varphi_d(z_1, z_2)$ bei gegebenem Multiplicatorsystem M.

Wir specialisieren die vorstehenden Entwicklungen nunmehr für die *eindeutigen* Formen $\varphi_d(z_1, z_2)$ und kommen damit auf die am Anfang des vorigen Paragraphen aufgeworfene Frage zurück, ob für jedes theoretisch mögliche Multiplicatorsystem μ_1, $\mu_2, \ldots$, μ_n zugehörige Formen existieren oder nicht.

Zu diesem Zwecke bestimmen wir erstlich nach der Regel (5) pg. 78 den Factor μ_k, den die in (4) bezw. (6) § 11 dargestellte Form $\varphi_d(z_1, z_2)$ annimmt, falls wir die erzeugende Substitution U_k zur Ausführung bringen. Es gilt, da d ganzzahlig ist:

---

[*]) Man vergl. zu den vorliegenden und nächstfolgenden Entwicklungen den § 8 in der pg. 55 genannten Arbeit von Ritter, an welchen sich die Darstellung des Textes ziemlich eng anschliesst.

(1)
$$\mu_k = e^{2i\pi\left(\frac{m_k}{l_k} - \frac{d}{2l_k}\right)} \quad \text{bezw.} \quad \mu_k = e^{2i\pi\frac{m_k'}{l_k'}},$$

je nachdem U_k elliptisch oder parabolisch ist.

Auf der anderen Seite denken wir uns jetzt unabhängig von den letztvoraufgehenden Entwicklungen irgend ein theoretisch mögliches Multiplicatorsystem $\mu_1, \ldots, \mu_n$ vorgelegt. Um dabei die Fälle gerader und ungerader Dimensionen d nicht immerfort unterscheiden zu müssen, schreiben wir den Multiplicator μ_k in der Gestalt:

(2)
$$\mu_k = e^{2i\pi\frac{\lambda_k}{2l_k}}$$

mit der Bestimmung, dass die ganze Zahl λ_k der Congruenz:

(3)
$$\lambda_k \equiv d \pmod{2}$$

genügen soll [cf. (6) und (7) pg. 85]. Man kann natürlich, wenn man will, für die ganze Zahl λ_k die Bedingung $0 < \lambda_k < 2l_k$ vorschreiben. Aber es ist unter Rücksicht auf die weiter folgenden Rechnungen zweckmässiger, von dieser Bedingung abzusehen. Die Formel (2) bezieht sich zunächst allein auf den Fall einer elliptischen Substitution U_k; für eine parabolische würde sich der Multiplicator anreihen:

(4)
$$\mu_k = e^{2i\pi\frac{\lambda_k'}{l_k'}}.$$

Indessen ist es hier vorteilhaft, die Formel (4) mit unter (2) zu subsumieren; wir haben einfach zu bestimmen, *dass für $l_k = \infty$ auch λ_k unendlich gross werden soll, und zwar derart, dass $\frac{\lambda_k}{2l_k}$ dem endlichen rationalen Bruche $\frac{\lambda_k'}{l_k'}$ gleich wird.*

Für unser beliebig vorgelegtes Multiplicatorsystem M wähle man nun, je nachdem $d \equiv 0$ oder $\equiv 1 \pmod{2}$ ist, eine gerade oder ungerade Dimension d *willkürlich* aus und nehme an, dass die unter (6) pg. 99 dargestellte Form $q_d(\xi_1, \xi_2)$ dieser Dimension d und diesem Multiplicatorsysteme wirklich angehöre. Dann muss der aus der Darstellung (6) pg. 99 soeben in der Gestalt (1) bestimmte Multiplicator μ_k mit dem in (2) vorgeschriebenen identisch sein. Wir genügen dem und befriedigen zugleich die Ungleichung (5) pg. 99, *indem wir den Exponenten m_k der k^{ten} Grundform in der Darstellung (6) pg. 99 bestimmen aus:*

(5)
$$\frac{m_k}{l_k} = \frac{d + \lambda_k}{2l_k} - E\left[\frac{d + \lambda_k}{2l_k}\right].$$

Hierbei bedeutet in bekannter Weise $E[\alpha]$ die grösste, die reelle Zahl α nicht übertreffende ganze Zahl. Die Congruenz (3) gewährleistet für das so bestimmte m_k einen *ganzzahligen* Wert. Im parabolischen Falle nimmt die Gleichung (5) dank unserer soeben getroffenen Festsetzung die Gestalt an:

$$(6) \qquad \frac{m_k'}{l_k'} = \frac{\lambda_k'}{l_k'} - E\left[\frac{\lambda_k'}{l_k'}\right].$$

Die Gleichungen (5) liefern nun mit Benutzung der Relation (7) des vorigen Paragraphen:

$$d = \nu\left\{ m + \sum_{k=1}^{n}\left(\frac{d+\lambda_k}{2\,l_k}\right) - \sum_{k=1}^{n}E\left[\frac{d+\lambda_k}{2\,l_k}\right]\right\},$$

$$d\left(\frac{2}{\nu} - \sum_{k=1}^{n}\frac{1}{l_k}\right) = 2\,m + \sum_{k=1}^{n}\frac{\lambda_k}{l_k} - 2\sum_{k=1}^{n}E\left[\frac{d+\lambda_k}{2\,l_k}\right].$$

Zufolge (1) pg. 97 hat die links in der Klammer stehende Differenz den Wert $(2 - \nu)$, und also folgt für m die Darstellung:

$$(7) \qquad 2\,m = d(2 - \nu) - \sum_{k=1}^{n}\frac{\lambda_k}{l_k} + 2\sum_{k=1}^{n}E\left[\frac{d+\lambda_k}{2\,l_k}\right].$$

Die hier auf der rechten Seite der Gleichung an erster Stelle stehende Summe hat nach der letzten Relation (4) bezw. (5) pg. 85 einen ganzzahligen modulo 2 mit $d \cdot \nu$ congruenten Zahlwert. Die Folge ist, dass sich aus (7) für m ein *ganzzahliger* Wert berechnet. Jetzt hat man nur noch für den Aufbau der rechten Seite der Formel (6) pg. 99 eine homogene rationale Function $R_m(z_1, z_2)$ der soeben bestimmten Dimension m nach Willkür zu wählen und besitzt dann thatsächlich eine Form $\varphi_d(\xi_1, \xi_2)$ gewünschter Art.

Hiermit ist der fundamentale Satz bewiesen: *Für jedes theoretisch mögliche Multiplicatorsystem und jede in Übereinstimmung mit (3) gewählte Dimension d giebt es zugehörige eindeutige automorphe Formen; im einzelnen Falle sind die n Zahlen m_k bez. m_k' aus (5) bezw. (6) eindeutig bestimmt, und ebenso ergiebt sich die Zahl m aus (7) ganzzahlig und eindeutig; dagegen bleibt $R_m(z_1, z_2)$ als rationale homogene Function dieser Dimension m der z_1, z_2 frei wählbar.*

Das Multiplicatorsystem $M_0 = 1$, d. h. explicite geschrieben

$$\mu_1 = 1, \quad \mu_2 = 1, \ldots, \mu_n = 1,$$

existiert in jedem Falle und erfordert $d \equiv 0 \pmod{2}$. Die zugehörigen Formen, welche gegenüber allen Substitutionen der homogenen

Gruppe Γ absolut invariant sind, sollen als „*eigentlich*" automorphe Formen der Gruppe Γ bezeichnet werden. *Bei jeder Gruppe Γ und für jede geradzahlige Dimension d existieren eigentlich automorphe Formen.*

§ 13. Beziehungen zwischen einander inversen Multiplicatorsystemen.

Innerhalb der Abel'schen Gruppe aller Multiplicatorsysteme gehört zum einzelnen System M nach wohlbekannter Zuordnung immer ein inverses System, welches durch $\overline{M} = M^{-1}$ bezeichnet werden soll.

Bei zwei inversen Systemen M und $\overline{M} = M^{-1}$ werden je zwei correspondierende Multiplicatoren μ_k und $\bar{\mu}_k$ *zu einander reciprok* sein:

$$(1) \qquad\qquad \mu_k \cdot \bar\mu_k = 1.$$

Ein System M ist hiernach stets und nur dann sich selbst invers, falls alle Multiplicatoren in M gleich $+1$ oder -1 sind, wie dies z. B. beim Multiplicatorsystem $M_0 = 1$ zutrifft. Offenbar gehören zwei einander inverse Systeme M und $\overline{M}$ entweder beide zu gerader oder beide zu ungerader Dimension d.

Zur Vorbereitung späterer Entwicklungen, welche die Fundamentalsätze über Darstellung der automorphen Formen in Gestalt von Poincaré-schen Reihen betreffen, ziehen wir für M und $\overline{M}$ irgend zwei Dimensionen $d, \bar d$ heran, welche die Gleichung:

$$(2) \qquad\qquad d + \bar d + 2 = 0$$

befriedigen. Es handelt sich darum, unter der Voraussetzung (2) für die beiden einander inversen Systeme M, $\overline{M}$ vermöge einer elementaren arithmetischen Betrachtung eine Relation aufzustellen, welche bei der eben genannten Untersuchung zur Benutzung kommen wird.

Schreiben wir die Multiplicatoren in der Gestalt (2) pg. 100, so genügen wir der Bedingung (1), indem wir setzen:

$$\frac{\bar\lambda_k}{2\,l_k} = 1 - \frac{\lambda_k}{2\,l_k},$$

was nach der pg. 100 getroffenen Verabredung für die etwa auftretenden parabolischen U_k ohne weiteres mitgilt. Bei Benutzung von (2) gewinnt man:

$$\frac{\bar d + \bar\lambda_k}{2\,l_k} = \frac{-d-2+2\,l_k-\lambda_k}{2\,l_k} = -\frac{d+\lambda_k}{2\,l_k} + \left(1 - \frac{1}{l_k}\right),$$

$$(3) \qquad E\left[\frac{\bar d + \bar\lambda_k}{2\,l_k}\right] = E\left[-\frac{d+\lambda_k}{2\,l_k} + \frac{l_k-1}{l_k}\right].$$

Die rechte Seite dieser Gleichung lässt sich einfacher schreiben. Man bemerke erstlich für den Fall eines endlichen l_k, dass sich wegen $\lambda_k \equiv d \pmod{2}$ der Factor 2 im Nenner des ersten Gliedes forthebt. Hat nun $-\dfrac{d + \lambda_k}{2 l_k}$ ganzzahligen Wert, so ist die rechte Seite von (3) diesem Werte, den wir auch $-E\left[\dfrac{d + \lambda_k}{2 l_k}\right]$ schreiben können, gleich. Ist aber $-\dfrac{d + l_k}{2 l_k}$ nicht ganzzahlig, sondern einem rationalen Bruche des Nenners l_k gleich, so ist von den beiden um den *rechten* Bruch $\dfrac{l_k - 1}{l_k}$ differierenden Zahlen:

$$- \frac{d + \lambda_k}{2 l_k} \quad \text{und} \quad - \frac{d + \lambda_k}{2 l_k} + \frac{l_k - 1}{l_k}$$

entweder die zweite gleich einer ganzen Zahl, oder es liegt eine ganze Zahl zwischen ihnen. Die hier in beiden Fällen *gemeinte ganze Zahl* ist $- E\left[\dfrac{d + \lambda_k}{2 l_k}\right]$:

$$- \frac{d + \lambda_k}{2 l_k} < - E\left[\frac{d + \lambda_k}{2 l_k}\right] < - \frac{d + \lambda_k}{2 l_k} + \frac{l_k - 1}{l_k}.$$

Da nun das Mittelglied von der rechten Seite dieser Ungleichung um weniger als 1 absteht so folgt:

$$E\left[- \frac{d + \lambda_k}{2 l_k} + \frac{l_k - 1}{l_k}\right] = - E\left[\frac{d + \lambda_k}{2 l_k}\right].$$

Die Gleichung (3) können wir also im elliptischen Falle so schreiben:

$$(4) \qquad E\left[\frac{d + \bar{\lambda}_k}{2 l_k}\right] = - E\left[\frac{d + \lambda_k}{2 l_k}\right].$$

Ist $l_k = \infty$, d. h. haben wir eine parabolische Substitution U_k, so schreibt sich die Gleichung (3) im speciellen:

$$E\left[\frac{\bar{\lambda}_k'}{l_k'}\right] = E\left[- \frac{\lambda_k'}{l_k'} + 1\right].$$

Hier macht es einen Unterschied aus, ob $\dfrac{\lambda_k'}{l_k'}$ ganzzahlig ist oder nicht; je nachdem ersteres oder letzteres zutrifft, gilt nämlich offenbar:

$$(5) \qquad E\left[\frac{\bar{\lambda}_k'}{l_k'}\right] = - E\left[\frac{\lambda_k'}{l_k'}\right] + 1 \quad \text{bezw.} \quad E\left[\frac{\bar{\lambda}_k'}{l_k'}\right] = - E\left[\frac{\lambda_k'}{l_k'}\right].$$

Die zweite dieser beiden Formeln subsumiert sich unter die Regel (4).

Nunmehr wolle man die Zahlensysteme $m, m_1, \ldots, m_n$ und $\bar{m}, m_1, \ldots, m_n$ für die zu M und d einerseits, sowie M und $\bar{d}$ andrerseits gehörenden Formen berechnen. Für die Zahl m_k bezw. die im parabo-

lischen Falle an ihre Stelle tretende Zahl m_k' gilt die Gleichung (5)
pg. 100 bezw. (6) pg. 101. Die Gleichung für $\bar{m}_k$:

$$\frac{m_k}{l_k} = \frac{\bar{d} + \bar{\lambda}_k}{2\,l_k} - E\left[\frac{\bar{d} + \bar{\lambda}_k}{2\,l_k}\right]$$

schreibt man auf Grund der eben entwickelten Rechnungen um in:

(6) $$\frac{m_k}{l_k} = -\frac{d + \lambda_k}{2\,l_k} + \left(1 - \frac{1}{l_k}\right) + E\left[\frac{d + \lambda_k}{2\,l_k}\right].$$

An ihre Stelle tritt jedoch im parabolischen Falle:

(7) $$\frac{m_k'}{l_k'} = -\frac{\lambda_k'}{l_k'} + 1 + E\left[\frac{\lambda_k'}{l_k'}\right] - \varepsilon_k,$$

wo ε_k im allgemeinen gleich 0 ist und nur dann den Wert 1 haben soll,
wenn der Multiplicator $\mu_k = 1$ vorliegt.

Diese Gleichungen (6) und (7) wolle man mit (5) bez. (6) pg. 100
combinieren; man findet:

(8) $$\frac{m_k}{l_k} + \frac{m_k}{l_k} = 1 - \frac{1}{l_k} \quad \text{bezw.} \quad \frac{m_k'}{l_k'} + \frac{m_k'}{l_k'} = 1 - \varepsilon_k.$$

Für die Zahlen m und m gelten zufolge (7) pg. 99 die Relationen:

$$m = \frac{d}{v} - \sum_{k=1}^{d}{}'\frac{m_k}{l_k}, \quad \bar{m} = \frac{\bar{d}}{v} - \sum_{l=1}^{n}{}'\frac{\bar{m}_k}{l_k}.$$

Auf Grund von (8) findet man unter Benutzung der abgekürzten
Schreibweise $\Sigma\varepsilon_k = q$ hieraus:

$$m + \bar{m} = \frac{d + \bar{d}}{v} - \sum_{k=1}^{n}\left(1 - \frac{1}{l_k}\right) + q,$$

wobei q die Anzahl der parabolischen Multiplicatoren 1 ist, die im
Systeme $\mu_1, \mu_2, \ldots \mu_n$ vorkommen. Auf Grund der Relationen (1) pg. 97
und (2) pg. 102 geht die letzte Gleichung über in:

(9) $$m + \bar{m} + 2 = q.$$

Das Resultat merken wir in Form des Satzes an: *Für zwei einander*
inverse Multiplicatorensysteme M und M und zwei durch die Beziehung
(2) pg. 102 an einander gebundene Dimensionen d und d̄ sind die zu-
gehörigen ganzen Zahlen m, m_k bezw. m_k', $\bar{m}$, m_k bezw. m_k' durch die Re-
lationen (8) und (9) verknüpft, wo ε_k und q die angegebene Bedeutung
haben.

§ 14. Ganze Formen und Formen mit vorgegebenen Polen.

Für die Anzahl der Pole, welche eine automorphe Form von gegebenem Multiplicatorsystem und gegebener Dimension haben mag, ist vor allem die Zahl m maßgeblich. Für diese Anzahl m können wir zunächst eine wichtige Ungleichung aufstellen.

Aus den Festsetzungen (5) pg. 99 folgt:

$$0 < \frac{m_k}{l_k} \leq 1 - \frac{1}{l_k} \quad \text{bezw.} \quad 0 < \frac{m_k'}{l_k'} < 1.$$

$$0 \leq \sum_{k=1}^{n} \frac{m_k}{l_k} < \sum_{k=1}^{n} \left(1 - \frac{1}{l_k}\right).$$

wo das zweite Gleichheitszeichen in der letzten Ungleichung nur gelten kann, wenn alle U_k elliptisch sind. Mit Benutzung von (7) pg. 99 folgt nun nach kurzer Zwischenrechnung: *Für die Zahl m gilt die Ungleichung:*

$$(1) \qquad \frac{d}{\nu} > m \geq \frac{d}{\nu} - \sum_{k=1}^{n} \left(1 - \frac{1}{l_k}\right),$$

wo wieder das zweite Gleichheitszeichen nur gelten kann, wenn alle U_k elliptisch sind.

Bei der Anwendung dieser Bedingung dürfen wir $\nu < 0$ annehmen, indem wir die elementaren automorphen Gebilde (bei denen $\nu > 0$ bezw. $\nu = \infty$ ist) als ausgeschlossen ansehen.

Nehmen wir nun an, dass die Dimension $d > 0$ ist, so folgt aus (1) sofort $m < -1$. *Für eine Form $q_d(z_1, z_2)$ von positiver Dimension d ist die Dimension m der bei der Darstellung (6) pg. 99 zur Geltung kommenden rationalen Form $R_m(z_1, z_2)$ stets ≤ -1.*

Bei den negativen Dimensionen d wollen wir einige weitere Folgerungen unter der Voraussetzung $d \leq -2$ ziehen. Diese Dimensionen werden in der Theorie der Poincaré'schen Reihen ganz besonders wichtig werden. Wegen $\nu < 0$ folgt alsdann:

$$\frac{d}{\nu} - \sum_{k=1}^{n} \left(1 - \frac{1}{l_k}\right) \geq -\frac{2}{\nu} - \sum_{k=1}^{n} \left(1 - \frac{1}{l_k}\right) = -2.$$

Hat man nun $d < -2$, so folgt $m > -2$. *Die Formen einer negativen Dimension $d < -2$ haben $m > -1$.*

Für $d = -2$ ergiebt sich zunächst $m \geq -2$. Soll hier die Gleichung $m = -2$ bestehen, so dürfen parabolische U_k nicht auftreten, und es muss $m_k = l_k - 1$ für alle $k = 1, 2, \ldots, n$ gelten. Dann aber folgt mit Rücksicht auf $d = -2$ aus (5) pg. 100, dass für jeden der n Indices k die Zahl λ_k durch $2 l_k$ teilbar ist, d. h. dass das

Multiplicatorsystem M = 1 vorliegt. Beim Zutreffen der letzteren Bedingung folgt umgekehrt für lauter elliptischen U_k aus $d = -2$ stets $m = -2$. *Die eigentlich automorphen Formen der Dimension -2 haben $m = -2$ oder $m > -1$, je nachdem alle U_k elliptisch sind oder nicht; für die uneigentlich automorphen Formen der Dimension $d = -2$ gilt $m > -1$.*

Nach diesen Vorbemerkungen über die Zahl m führen wir folgende Bezeichnungen ein. Ist eine Form $q_d(\xi_1, \xi_2)$ im Fundamentalbereiche überall endlich, so nennen wir sie „*polfrei*“ oder „*ganz*“; andernfalls bezeichnen wir sie als „*einpolig*“, „*zweipolig*“ u.s.w. je nach der Anzahl der Pole. Die in (4) pg. 98 dargestellte Form würde σ-*polig* heissen. Es ist zweckmässig, an dieser Zählung der Pole selbst dann festzuhalten, wenn ein Pol in eine Ecke des Fundamentalbereichs hineinrückt, in welcher ein Nullpunkt gebrochener Ordnung festliegt (wobei natürlich eine partielle Compensation des Poles und der Nullstelle stattfindet); *d. h. wir wollen in einem solchen Falle die Ordnung des Poles nicht reduciren und entsprechend natürlich den Nullpunkt unverkürzt beibehalten.*

Sind Multiplicatorsystem M und Dimension d vorgegeben, und will man vermöge des Ansatzes (4) pg. 98 eine zugehörige Form mit möglichst geringer Anzahl von Nullpunkten und Polen bilden, so muss man entweder $\tau = m$, $\sigma = 0$ (nämlich bei $m > 0$) oder $\tau = 0$, $\sigma = -m$ (bei $m < 0$) nehmen. Soll $\sigma = 0$ sein, so muss $m > 0$ und also $d < 0$ zutreffen. *Die ganzen automorphen Formen haben durchweg negative Dimension d in ξ_1, ξ_2.* Aus den obigen Angaben über m folgt weiter: *Die Formen einer Dimension $d \leq -2$ mit der „Mindestanzahl“ der Nullpunkte und Pole sind entweder einpolig oder ganz; einzig die eigentlich automorphen Formen der Dimension -2 ohne parabolische Erzeugende U_k sind mindestens zweipolig.* —

Zur Erläuterung dieser Angaben möge zunächst die Gruppe Γ der Signatur $(0, 3; 2, 3, 7)$ dienen. Wie wir schon pg. 93 feststellten, giebt es bei dieser Gruppe nur das *eine* Multiplicatorsystem M = 1, so dass alle eindeutigen Formen eigentlich automorph und von gerader Dimension sind. Für die Dimensionen $d = -2, -4, \ldots$ sind hier die Formen mit der Mindestanzahl der Pole und Nullpunkte die folgenden:

$$q_{-2}(\xi_1, \xi_2) = \frac{(z, e_1)^{\frac{1}{2}}(z, e_2)^{\frac{2}{3}}(z, e_3)^{\frac{6}{7}}}{G_2(\xi_1, \xi_2)},$$

$$q_{-4}(\xi_1, \xi_2) = \frac{(z, e_2)^{\frac{1}{3}}(z, e_3)^{\frac{5}{7}}}{G_1(\xi_1, \xi_2)},$$

$$q_{-6}(\xi_1, \xi_2) = \frac{(z, e_1)^{\frac{1}{2}}(z, e_3)^{\frac{4}{7}}}{G_1^3(\xi_1, \xi_2)}$$

wo die G_2, G_1, G_1', ... ganze Formen zweiter bez. erster Dimension in z_1, z_2 sind, die in jedem Falle beliebig gewählt werden dürfen. Die erste ganze automorphe Form tritt für $d = -12$ ein, nämlich die Grundform $(z, c_3)^{\frac{1}{4}}$. Die für $d = -14$, -16, ... folgenden Formen sind dann zunächst erst wieder einpolig.

In der *Modulgruppe* Γ hat man zwölf Multiplicatorsysteme, welche im Sinne von pg. 86 eine cyclische Gruppe bilden. Man kann die letztere herstellen von dem zu ungeradem d gehörenden Multiplicator-systeme:

$$(2) \qquad \mu_1 = e^{\frac{\pi i}{2}}, \quad \mu_2 = e^{\frac{\pi i}{3}}, \quad \mu_3 = e^{-\frac{\pi i}{6}}.$$

Bei diesem Multiplicatorsystem ergeben sich für die Dimension $d = -1$ aus (5) pg. 100 die Werte $m_1 = 0$, $m_2 = 0$, während $m_3' = 1$ zu nehmen ist. Die Gleichung (7) pg. 99 giebt weiter $m = 0$, so dass wir, ab-gesehen von einer multiplicativen Constanten, nur die *eine* ganze Form $\sqrt[12]{\varDelta}$ gewinnen, unter $\varDelta$ die sobezeichnete Modulform erster Stufe (Discriminante) verstanden. Für die weiterfolgenden Dimensionen $d = -3$, -5, -7, -9, ... liefern die Formeln (5) ff. pg. 100 als zum Multiplicatorsystem (2) gehörende Formen mit der Mindestanzahl der Nullpunkte und Pole:

$$\frac{g_3 g_2^2 \sqrt[12]{\varDelta}}{G_1(g_2^3, g_3^2)}, \quad g_2 \sqrt[12]{\varDelta}, \quad g_3 \sqrt[12]{\varDelta}, \quad g_2^2 \sqrt[12]{\varDelta} \ldots;$$

hier sind g_2 und g_3 die bekannten Modulformen $(-4)^{\text{ter}}$ und $-(6)^{\text{ter}}$ Dimension. Nur bei $d = -3$ liegt eine einpolige Form vor, alle übrigen Formen sind ganz. Für die eigentlich automorphen Formen $(-2)^{\text{ter}}$ Dimension haben wir hier $m = -1$; die einpoligen Formen dieser Art sind:

$$\frac{g_3 g_2^2}{G_1(g_2^3, g_3^2)}.$$

Mit Rücksicht auf die Anwendungen im folgenden Kapitel fügen wir noch ein paar Angaben über Formen mit σ fest gegebenen Polen an.

Benutzen wir die Darstellung (4) bez. (6) pg. 98 für die einzelne solche Form $q_d(z_1, z_2)$, so steht im Zähler von $R_m(z_1, z_2)$ eine rationale ganze Form der Dimension $\tau = m + \sigma$. Da dieselbe $(m + \sigma + 1)$ Glieder hat, so gilt der Satz: *Sind das Multiplicatorsystem* M *und die Dimension* d *gegeben und* σ *Pole (erster Ordnung) beliebig vorgeschrieben, so giebt es nur dann zugehörige Formen, wenn* $m + \sigma \geq 0$ *ist; und zwar lässt sich alsdann die allgemeinste Form aus* $(m + \sigma + 1)$ *particulären linear und homogen mit constanten Coefficienten aufbauen.* Natürlich dürfen die Pole irgend wie coincidieren und solcherweise Pole höherer

Ordnung liefern; auch soll der Fall der polfreien Formen mit $\sigma = 0$ eingeschlossen sein.

Mehr beiläufigen Charakter haben die folgenden Ausführungen. Coincidieren von den σ soeben vorgeschriebenen Polen σ_0 bei der durch $z = y_1$ angegebenen Stelle, so schreiben wir die Darstellung (4) pg. 98 für $\varphi_d(\zeta_1, \zeta_2)$ so:

$$(3) \qquad \varphi_d(\zeta_1, \zeta_2) = (z, y_1)^{-m} (A_0 z_1^r + A_1 z_1^{r-1} z_2 + \cdots + A_r z_2^r) \frac{\prod' (z, a)^{\frac{m_i}{q_i}}}{(z, y_2)(z, y_3)\cdots}.$$

Führen wir nun für die Umgebung des fraglichen Poles eine Entwicklung von $\varphi_d(\zeta_1, \zeta_2)$ nach Potenzen der zugehörigen Entwicklungsgrösse t aus, welche je nach der Lage des Poles durch (4) pg. 68 bezw. (8) pg. 69 oder (10) pg. 70 gegeben ist, so macht man sich mit Hilfe der eben zuletzt angegebenen Gleichung leicht klar, dass die dabei auftretenden Coefficienten der Potenzen von t linear und homogen in den noch unbekannten Coefficienten $A_0, A_1, \ldots, A_r$ auf der rechten Seite von (12) aufgebaut sein werden. Sind nun in der in Rede stehenden Reihenentwicklung von $\varphi_d(\zeta_1, \zeta_2)$ die σ_0 Coefficienten der Potenzen von t mit negativen Exponenten vorgegeben, so wollen wir sagen, $\varphi_d(\zeta_1, \zeta_2)$ werde an der fraglichen Stelle „*in vorgeschriebener Art*" unendlich. Für die $A_0, A_1, \ldots, A_r$ sind alsdann σ_0 lineare Gleichungen gegeben. Somit folgt: *Es giebt bei gegebenen* M *und* d *noch* $(m + 1)$ *linear-unabhängige Formen, welche vorgeschriebene Pole besitzen und in einzelnen derselben in vorgeschriebener Weise unendlich werden.*

Hier ist zunächst $m + 1 > 0$ gedacht. Bei $m + 1 = 0$ liegen für die $(r + 1)$ Coefficienten A gerade $\sigma = r + 1$ Gleichungen vor. *Für* $m + 1 = 0$ *ist* $\varphi_d(\zeta_1, \zeta_2)$ *durch die Art des Unendlichwerdens eindeutig bestimmt.* Entsprechend folgt weiter: *Ist* $m + 1 < 0$, *so kann es bei vorgeschriebener Art des Unendlichwerdens nur dann eine zugehörige Form geben, wenn die vorgegebenen Coefficienten der Potenzen von* t *mit negativen Exponenten* $-(m + 1)$ *im einzelnen Falle bestimmten Relationen genügen.*

Bei den eigentlich automorphen Formen der Dimension -2 sind wir zu unserem Ausgangspunkt für die Bildung von automorphen Formen, nämlich zum Differentiationsprocess (cf. pg. 71) zurückgelangt. Wir würden sogar, wenn wir die gesamten eigentlich automorphen Formen $(-2)^{\text{ter}}$ Dimension jetzt umgekehrt mit (z, dz) multiplicieren und integrieren, nicht nur die sämtlichen automorphen Functionen, sondern auch noch die *Integrale* unseres automorphen Gebildes erhalten. Diese Entwicklung hat aber ein weitergehendes Interesse erst bei den automorphen Gebilden der Geschlechter $p > 0$. Indem wir demnach nicht unterlassen, auf naheliegende Beispiele, wie etwa die der Theorie der Modulfunctionen angehörenden Darstellungen:

$$J = \frac{3i}{\pi} \int g_2^2 g_3 \Delta^{-1} \cdot (\zeta, d\zeta). \quad \log J = \frac{3i}{\pi} \int g_2^{-1} g_3 \cdot (\zeta, d\zeta), \ldots$$

die Aufmerksamkeit zu lenken, werden wir alle ausführlicheren Untersuchungen über die „Integration" der Form $(-2)^{\text{ter}}$ Dimension bis zur Besprechung der automorphen Gebilde eines beliebigen Geschlechtes p hinausschieben.

Die hiermit zum vorläufigen Abschluss kommende Theorie der eindeutigen automorphen Formen hat uns mit den Grundeigenschaften dieser Formen im Fundamentalbereiche, mit ihrem Verhalten gegenüber den Substitutionen der Gruppe vertraut gemacht und hat uns letzthin auch noch über die Mannigfaltigkeit der Formen bei gegebenen d und M unterrichtet. Das nächstfolgende Kapitel wird uns als wesentlich neuen Gesichtspunkt bringen, dass wir in den Poincaré'schen Reihen für unsere Formen analytische Darstellungen gewinnen, an denen der automorphe Charakter unmittelbar in die Erscheinung tritt. Ehe wir hierzu übergehen, soll jedoch noch die pg. 43 ff. entworfene Theorie der polymorphen Functionen im Falle $p = 0$ formentheoretisch weitergebildet werden.

§ 15. Die ζ_1, ζ_2 als linear-polymorphe Formen der z_1, z_2.

Die Inversion einer einzelnen automorphen Function $z = \varphi(\zeta)$ führte uns oben (pg. 43) zur Definition einer zugehörigen „linear-polymorphen" oder kurz „polymorphen" Function $\zeta = f(z)$, welche sich bei Umläufen auf der zu Grunde liegenden Riemann'schen Fläche linear substituirte. Indem wir die entsprechenden formentheoretischen Entwicklungen jetzt in Angriff nehmen wollen, beschränken wir uns hier natürlich zunächst allein wieder auf Gebilde des Geschlechtes $p = 0$. Bei einem vorgelegten Gebilde dieser Art sei $z = \varphi(\zeta)$ eine zugehörige Hauptfunction. Die inverse Function $\zeta = f(z)$ ist alsdann eine polymorphe Function, welche an den μ Stellen $z = c_1, c_2, \ldots, c_\mu$ in bekannter Weise verzweigt ist, dagegen in der Umgebung jeder anderen Stelle z eindeutig ist.

Wir führen jetzt, indem wir $z = z_1 : z_2$ setzen, an Stelle von z die „binären Variabeln" z_1, z_2 ein und schreiben in üblicher Weise vor, dass z_1, z_2 stets endlich sein sollen und nie zugleich verschwinden dürfen. Die dann noch zulässigen Wertsysteme z_1, z_2 sind die „erlaubten Werte-

paare". Die erste Frage soll die sein, *wie wir die polymorphe Function* $\zeta = f(z)$ *in den Quotienten* $\zeta_1 : \zeta_2$ *zweier Formen:*

$$(1) \qquad \zeta_1 = f_1(z_1, z_2), \quad \zeta_2 = f_2(z_1, z_2)$$

derart spalten können, dass erlaubten Wertepaaren der Argumente z_1, z_2 *stets wieder nur erlaubte Wertepaare* ζ_1, ζ_2 *entsprechen.*

Diese Spaltung ist nun, wie aus den pg. 73 gegebenen Ausführungen hervorgeht, bereits durch den Ausdruck (3) pg. 73 der Primform z_2 gegeben. Indem wir in diesem Ausdrucke z durch $z_1 : z_2$ ersetzen, sowie andrerseits $-z_2^2 d\zeta$ für (z, dz) eintragen, entspringen nach leichter Zwischenrechnung die Gleichungen:

$$(2) \qquad \begin{cases} \zeta_1 = f_1(z_1, z_2) = C \dfrac{z}{\sqrt{\dfrac{dz}{dz}}} z_2 \prod_{k=1}^{n}(z, e_k)^{-\frac{1}{2}\left(1 - \frac{1}{l_k}\right)}, \\[2em] \zeta_2 = f_2(z_1, z_2) = C \dfrac{1}{\sqrt{\dfrac{dz}{dz}}} z_2 \prod_{k=1}^{n}(z, e_k)^{-\frac{1}{2}\left(1 - \frac{1}{l_k}\right)}, \end{cases}$$

wo C eine gewisse Constante bedeutet. Diente der Ausdruck (3) pg. 73 zur Definition der Primform z_2 bei gegebenen ζ_1, ζ_2, *so können wir umgekehrt durch die eben angegebenen Formeln* (2), *und zwar mit beliebiger endlicher, nicht-verschwindender Constante* C *bei gegebenen* z_1, z_2 *die gesuchten Formen* ζ_1, ζ_2 *in der allgemeinsten Weise definieren. Diese Formen* ζ_1, ζ_2 *sind von der Dimension:*

$$(3) \qquad \lambda = \nu^{-1} = 1 - \frac{1}{2}\sum_{k=1}^{n}\left(1 - \frac{1}{l_k}\right)$$

und erfüllen in der That die Forderung, für erlaubte Wertepaare z_1, z_2 *stets wieder nur erlaubte Wertsysteme anzunehmen.*

Für die Untersuchung der Formen ζ_1, ζ_2 in der Umgebung einer einzelnen Stelle z_1, z_2 sind ähnliche Überlegungen maßgeblich wie oben (pg. 68 ff.) bei den automorphen Formen. Wir stellen leicht fest: *Die Formen* ζ_1, ζ_2 *sind in der z-Ebene an den n Stellen* $e_1, e_2, \ldots, e_n$ *verzweigt; weitere Verzweigungspunkte kommen nicht vor.* Ist die Dimension λ ganzzahlig, so sind die ζ_1, ζ_2 in der Umgebung jeder von den e_k verschiedenen Stelle z eindeutig. Hat man gebrochene Dimension λ, so erweisen sich die ζ_1, ζ_2 schon bei constant erhaltenem z gegenüber Umläufen der Variabelen z_2 um ihren Nullpunkt als mehrdeutig (cf. die entsprechenden auf die automorphen Formen bezüglichen Betrachtungen pg. 67).

Für die Dimension λ gilt offenbar die Ungleichung:

$$(4) \qquad 1 - \frac{n}{2} < \lambda < 1 - \frac{n}{4}.$$

Eine ganzzahlige Dimension λ tritt für $n = 3$ überhaupt nicht auf. Für $n = 4$ hat man nur in dem einen Falle $l_1 = l_2 = l_3 = l_4 = \infty$ eine ganzzahlige Dimension, nämlich $\lambda = -1$. Aber schon im nächstfolgenden Falle $n = 5$ zählt man 156 Fälle mit ganzzahligem λ, nämlich $\lambda = -1$, ab: Beispiele sind:

$$l_1 = 2, \quad l_2 = 3, \quad l_3 = 7, \quad l_4 = 43, \quad l_5 = 1806,$$

$$l_1 = 2, \quad l_2 = 5, \quad l_3 = 6, \quad l_4 = 12, \quad l_5 = 20,$$

$$l_1 = 3, \quad l_2 = 4, \quad l_3 = 5, \quad l_4 = 6, \quad l_5 = 20.$$

In den elementaren Fällen, wo die Hauptfunction $z = \varphi(\zeta)$ rational oder elliptisch ist, wird λ positiv bez. gleich null. Die Mehrzahl der nachfolgenden Entwicklungen bleibt in diesen Fällen in Kraft: indessen sollen dieselben als ausgeschlossen gelten[*].

Die Haupteigenschaft der ζ_1, ζ_2 besteht in ihrem *Verhalten gegenüber geschlossenen Umläufen des Variabelenpaares* z_1, z_2 in seinem Wertbereiche. Bei der Untersuchung dieses Verhaltens der ζ_1, ζ_2 werden wir um so weniger zu verweilen brauchen, als wir oben bei der entsprechenden Betrachtung der automorphen Formen sehr ausführlich waren (pg. 75 ff.). Offenbar haben wir jetzt mit der Umkehrung der damaligen Entwicklung zu thun. Wir merken zunächst den Satz an:

Ändern sich die z_1, z_2 bei stehendem z um einen gemeinsamen Multiplicator μ, so nehmen entsprechend ζ_1, ζ_2 als Formen der Dimension λ einen gemeinsamen Factor μ^λ an, der in jedem Falle durch die beschriebene Bahn von z_2 eindeutig bestimmt ist. Daraufhin folgern wir aus den eben citierten Entwicklungen von pg. 75 ff. leicht:

Bei einem geschlossenen Umlaufe des Variabelenpaares z_1, z_2 *in seinem Wertbereiche gehen die Formen* ζ_1, ζ_2 *in lineare homogene Functionen:*

$$(5) \qquad \zeta_1' = \alpha \zeta_1 + \beta \zeta_2, \quad \zeta_2' = \gamma \zeta_1 + \delta \zeta_2$$

ihrer selbst über: diese lineare Substitution ist, falls der Umlauf nicht gerade durch eine Verzweigungsstelle e_k *hindurchläuft, in jedem Falle eindeutig bestimmt, und insbesondere ist die Determinante* $(\alpha \delta - \beta \gamma)$ *mit irgend einer Einheitswurzel gleich.*

---

[*] Siehe übrigens „Ikos." pg. 71 ff.

Um die hiermit zu Tage getretene Fundamentaleigenschaft der Formen ζ_1, ζ_2 zum Ausdruck zu bringen, wollen wir dieselben als „*linear-polymorphe Formen*" bezeichnen; abkürzend benutzen wir den Namen „*polymorphe Formen*".

Um für einfache Umläufe um die Verzweigungspunkte e_k die Substitutionen (5) explicite anzugeben, stellen wir zunächst aus den ζ_1, ζ_2 mit beliebigen endlichen und nicht zugleich verschwindenden Parametern A, B die „*lineare Formenschar*":

$$(6) \qquad A\zeta_1 + B\zeta_2 = Af_1(z_1, z_2) + Bf_2(z_1, z_2)$$

her. Irgend zwei aus dieser Schar herausgegriffene Formen, deren Quotient nicht constant ist, können offenbar an Stelle von ζ_1, ζ_2 zur Darstellung der ganzen Schar benutzt werden.

Wir wenden uns nun zu einem einzelnen Verzweigungspunkte e_k, dem eine *elliptische* Polygonecke correspondieren mag. Für die Umgebung dieses Punktes e_k entnehmen wir der Schar (6) die beiden besonderen Formen:

$$(\zeta, \varepsilon_k) = \zeta_1 \varepsilon_k^{(2)} - \zeta_2 \varepsilon_k^{(1)}, \quad (\zeta, \varepsilon_k') = \zeta_1 \varepsilon_k'^{(2)} - \zeta_2 \varepsilon_k'^{(1)}.$$

Nach den Entwicklungen von pg. 69 gilt für $(z, e_k) = z_1 e_k^{(2)} - z_2 e_k^{(1)}$ eine Darstellung:

$$(z, e_k) = (\zeta, \varepsilon_k)^\nu \left(\frac{z - t_k}{z - t_k'} \right)^{l_k} \left\{ a_0 + a_1 \left(\frac{z - t_k}{z - t_k'} \right)^{l_k} + \cdots \right\},$$

wo $a_0 \neq 0$ ist. Hieraus folgt umgekehrt:

$$(\zeta, \varepsilon_k')^\nu = e_k^{(2)} z_2 [a_0' + a_1'(z - e) + \cdots]$$

wieder mit $a_0' \neq 0$, so dass (ζ, ε_k') selbst eine in der Umgebung von e_k endliche und unverzweigte Form ist[*]). Daraufhin gewinnt man leicht auch eine entsprechende Darstellung für (ζ, ε_k). *Die beiden speciellen Formen (ζ, ε_k) und (ζ, ε_k') gestatten in der Umgebung von e_k die Darstellungen:*

$$(7) \qquad \begin{cases} (\zeta, \varepsilon_k) = (z, e_k)^{\frac{1}{l_k}} F_1(z_1, z_2), \\ (\zeta, \varepsilon_k') = F_2(z_1, z_2), \end{cases}$$

wo F_1 und F_2 Formen sind, die in der genannten Umgebung von e_k endlich, von null verschieden und unverzweigt sind.

***

[*] Der Kürze halber ist bei den Rechnungen des Textes vorausgesetzt, dass $e_k^{(2)}$ nicht verschwindet, oder (mit anderen Worten) dass der betrachtete Verzweigungspunkt nicht bei $z = \infty$ ($z_2 = 0$) gelegen ist. Indes bleibt das im Texte unter (7) angegebene Resultat auch für $e_k^{(2)} = 0$ bestehen.

Die Form $F_2(z_1, z_2)$ kann nun in der Gestalt $z_2^{\,\prime} F_2(z, 1)$ geschrieben werden, wo $F_2(z, 1)$ eine in der Umgebung von c_k eindeutige Function ist. Beschreiben wir also mit z eine kleine geschlossene Curve um den Verzweigungspunkt c_k im positiven Umlaufssinn, während z_2 fest bleibt, so wird die Form $F_2(z_1, z_2)$ ungeändert bleiben. Indem wir auf das bekannte Verhalten des Quotienten $(\zeta, \varepsilon_k):(\zeta, \varepsilon_k')$ bei jenem Umlaufe von z zurückgreifen, finden wir als Resultat: *Umläuft z bei festem z_2 den Verzweigungspunkt c_k von elliptischem Charakter im positiven Sinne, so gehen die beiden zur Darstellung der ganzen Schar* (6) *geeigneten Formen* (ζ, ε_k) *und* (ζ, ε_k') *über in:*

$$(8) \qquad (\zeta', \varepsilon_k) = e^{\frac{2i\pi}{l_k}}(\zeta, \varepsilon_k), \quad (\zeta', \varepsilon_k') = (\zeta, \varepsilon_k').$$

Entspricht dem Verzweigungspunkte c_k eine *parabolische* Polygonecke, so beziehen wir die ganze Schar (6) auf diejenigen beiden Formen, welche von den für diesen Fall pg. 65 definirten Ausdrücken (ζ, ε_k), (ζ, ε_k') geliefert werden. Für diese Formen berechnet man aus den Entwicklungen von pg. 70 als *Darstellungen für die Umgebung des parabolischen Verzweigungspunktes* c_k:

$$(9) \qquad \begin{cases} (\zeta, \varepsilon_k) = F_1(z_1, z_2), \\ (\zeta, \varepsilon_k') = \log(z - c_k)\,F_1(z_1, z_2) + F_2(z_1, z_2), \end{cases}$$

wo wieder $F_1(z_1, z_2)$ *und* $F_2(z_1, z_2)$ *Formen bedeuten, die in der fraglichen Umgebung endlich, nicht-verschwindend und unverzweigt sind.*

Auf Grund dieser Darstellungen finden wir nun sofort weiter: *Umläuft z bei stehendem z_2 den parabolischen Verzweigungspunkt c_k im positiven Sinne, so gehen die Formen* (ζ, ε_k) *und* (ζ, ε_k') *über in:*

$$(10) \qquad (\zeta', \varepsilon_k) = (\zeta, \varepsilon_k), \quad (\zeta', \varepsilon_k') = 2i\pi(\zeta, \varepsilon_k) + (\zeta, \varepsilon_k').$$

Hier kommen wir also direct zu der Substitution (5) pg. 65 zurück.

Hinzuzufügen hätten wir jetzt eigentlich noch eine Untersuchung, welche die Verallgemeinerung des hier zunächst beschriebenen „primitiven" Umlaufes der z_1, z_2 bezweckt. Da indessen die Untersuchung derjenigen von pg. 75 ff. genau analog ist, so überlassen wir ihre weitere Durchführung dem Leser.

§ 16. Andere Gestalten der polymorphen Formen. Geschichtliches.

An Stelle der ξ_1, ξ_2 lässt man zur Einführung der polymorphen Formen bez. der Spaltung der polymorphen Function $\zeta = f(z)$ in zwei binäre Grössen vielfach die beiden Ausdrücke nullter Dimension:

$$(1) \qquad Z_1 = \frac{-\frac{z}{z}}{\sqrt[]{\frac{d\zeta}{dz}}}, \qquad Z_2 = \frac{1}{\sqrt[]{\frac{d\zeta}{dz}}}$$

an die Spitze der Betrachtung treten[*]. Auf diese Weise bewerkstelligt
z. B. Riemann in dem inhaltreichen Fragmente *„Gleichgewicht der
Electricität auf Cylindern mit kreisförmigem Querschnitt und parallelen
Axen*[**] die Spaltung von ζ. Man zeigt ohne Mühe durch directe
Rechnung. *dass sich diese „polymorphen Formen nullter Dimension"
„unimodular" in der Gestalt:*

$$(2) \qquad Z_1' = \alpha Z_1 + \beta Z_2, \qquad Z_2' = \gamma Z_1 + \delta Z_2$$

substituieren, falls ζ bei einem Umlaufe von z in $\frac{\alpha\zeta + \beta}{\gamma\zeta + \delta}$ übergeht. Natürlich hat man unter (2) in jedem Falle eine bestimmte unter den beiden
homogenen unimodularen Substitutionen vor sich, welche der nicht-
homogenen ζ-Substitution entsprechen.

Des näheren gehören die bei Riemann an der citierten Stelle gegebenen Entwicklungen zu solchen automorphen Gebilden, wie wir
sie pg. 35 unter β) rubricierten: speciell handelt es sich um Gruppen
mit Halbpolygonen, die von $(p + 1)$ getrennt verlaufenden Symmetriekreisen begrenzt sind. Indessen behalten die wesentlichen Gesichtspunkte der fraglichen Riemann'schen Entwicklung auch bei den übrigen
automorphen Gebilden ihre Gültigkeit.

Unsere obigen Formen ζ_1, ζ_2 hängen mit den Z_1, Z_2 durch die
Relationen zusammen:

$$(3) \qquad \begin{cases} C Z_1 = \zeta_1 \cdot z_2^{-1} \displaystyle\prod_{k=1}^{h} (z, e_k)^{\frac{1}{2}\left(1 - \frac{1}{l_k}\right)}, \\[2mm] C Z_2 = \zeta_2 \cdot z_2^{-1} \displaystyle\prod_{k=1}^{h} (z, e_k)^{\frac{1}{2}\left(1 - \frac{1}{l_k}\right)}. \end{cases}$$

Wir finden: *Die Z_1, Z_2 erfüllen nicht mehr die Bedingung, bei „erlaubten" Wertpaaren z_1, z_4 ausschliesslich „erlaubte Wertsysteme" anzunehmen; vielmehr haben beide Grössen Z_1, Z_2 einen Pol erster Ordnung
bei $z = \infty$ und je einen Nullpunkt der Ordnung $\frac{1}{2}\left(1 - \frac{1}{l_k}\right)$ im einzelnen
Verzweigungspunkte.* Die Z_1, Z_2 sind insofern ausgezeichnet, als sie von

---

[*] Oben (pg. 74 ff.) haben wir durch Z_1, Z_2, Z_3, ... die zu den κ festen
Polygonecken gehörenden Grundformen bezeichnet. Eine Verwechselung der
gegenwärtig durch Z_1, Z_2 bezeichneten Ausdrücke mit jenen Grundformen wird
kaum zu befürchten sein.

[**] Aus nachgelassenen Andeutungen und Formeln bearbeitet von H. Weber;
siehe Riemann's gesammelte Werke pg. 413.

nullter Dimension in den z_1, z_2 sind; aber dafür muss man die eben genannten unzweckmässigen Eigenschaften in Kauf nehmen.

An Stelle von (7) pg. 112 treten für einen elliptischen Verzweigungspunkt c_k die Darstellungen:

$$(4) \quad \begin{cases} (Z, \varepsilon_k) = (z - c_k)^{\frac{1}{2}\left(1 + \frac{1}{c_k}\right)} [a_0 + a_1(z - c) + a_2(z - c)^2 + \cdots], \\ (Z, \varepsilon_k') = (z - c_k)^{\frac{1}{2}\left(1 - \frac{1}{c_k}\right)} [a_0' + a_1'(z - c) + a_2'(z - c)^2 + \cdots], \end{cases}$$

wobei $a_0 \neq 0$, $a_0' \neq 0$ gilt. Bei einem parabolischen Punkte c_k haben
wir entsprechend:

$$(5) \quad \begin{cases} (Z, \varepsilon_k) = (z - c_k)^{\frac{1}{2}} [a_0 + a_1(z - c) + a_2(z - c)^2 + \cdots], \\ (Z, \varepsilon_k') = (z - c_k)^{\frac{1}{2}} \\ \quad \{\log(z - c_k) [a_0 + a_1(z - c) + \cdots] + [a_0' + a_1'(z - c) + \cdots]\} \end{cases}$$

wieder mit $a_0 \neq 0$, $a_0' \neq 0$. Die Folge ist, dass an Stelle der Formeln (8)
und (10) pg. 113 die folgenden treten:

$$(6) \qquad (Z', \varepsilon_k) = e^{\frac{\pi i}{c_k}} (Z, \varepsilon_k), \quad (Z', \varepsilon_k') = e^{-\frac{\pi i}{c_k}} (Z, \varepsilon_k');$$

$$(7) \qquad (Z', \varepsilon_k) = (Z, \varepsilon_k), \quad (Z', \varepsilon_k') = - 2i\pi (Z, \varepsilon_k) - (Z, \varepsilon').$$

Hier liegen in der That, wie man sieht, beide Male unimodulare Substitutionen vor.

Mit den Z_1, Z_2 und der aus diesen Grössen herzustellenden linearen
Schar:
$$(8) \qquad A Z_1 + B Z_2$$

haben wir nun auch unmittelbaren Anschluss an die „*Riemann'sche
P-Function*" gewonnen. Die Riemann'schen Entwicklungen beziehen
sich in der Abhandlung „*Beiträge zur Theorie der durch die Gauss'sche
Reihe $F(\alpha, \beta, \gamma; x)$ darstellbaren Functionen*"[*] nur erst auf den Fall
von drei Verzweigungspunkten; indessen finden sich Ansätze zur Verallgemeinerung bereits in der aus dem Jahre 1857 stammenden nachgelassenen Abhandlung „*Zwei allgemeine Sätze über lineare Differentialgleichungen mit algebraischen Coefficienten*"[**]. Benutzen wir die von
Riemann gebrauchte Bezeichnungsweise, so würden wir irgend eine
Form aus der linearen Schar (8) durch das Symbol bezeichnen:

---

[*] Im 7. Bde. der Abhandlungen der Gesellsch. d. Wiss. zu Göttingen (1857);
cf. auch Riemann's gesammelte Werke pg. 62.

[**] Riemann's gesammelte Werke pg. 357.

(9) $$P\left\{\begin{array}{cccc} e_1 , & e_2 ,\dots & e_n , \\ \frac{1}{2}\left(1+\frac{1}{l_1}\right), & \frac{1}{2}\left(1+\frac{1}{l_2}\right),\dots, & \frac{1}{2}\left(1+\frac{1}{l_n}\right), & z \\ \frac{1}{2}\left(1\cdot\frac{1}{l_1}\right), & \frac{1}{2}\left(1-\frac{1}{l_2}\right),\dots, & \frac{1}{2}\left(1-\frac{1}{l_n}\right), & \end{array}\right\}.$$

Hierbei sind unter die Bezeichnung e_k des einzelnen Verzweigungspunktes die beiden zugehörigen „*Exponenten*" [cf. (4) und (5)] gesetzt.

Die formentheoretische Ausgestaltung der Riemann'schen P-Function
hat Klein zuerst in der Abhandlung „*Über Normierung der linearen
Differentialgleichungen zweiter Ordnung*"[*]) dargestellt und wiederholt in
Vorlesungen[**]) auseinandergesetzt. Der Standpunkt ist daselbst sogar
noch etwas allgemeiner, als er hier bisher entwickelt wurde. Wir
wählen eine Reihe reeller Exponenten $\lambda_1'', \lambda_2'', \dots, \lambda_n''$ beliebig aus und
schreiben:

(10) $$\lambda_1'' + \frac{1}{l_1} = \lambda_1', \; \lambda_2'' + \frac{1}{l_2} = \lambda_2', \dots, \lambda_n'' + \frac{1}{l_n} = \lambda_n'.$$

so dass die Exponentenpaare λ_k', λ_k'' vorgeschriebene Differenzen $\frac{1}{l_k}$
haben. Zufolge (7) pg. 112 und (9) pg. 113 haben wir in:

(11) $$z_1 \prod_{k=1}^n (z, e_k)^{\lambda_k''}, \; z_2 \prod_{k=1}^n (z, e_k)^{\lambda_k''}$$

Formen dieser Exponenten; und wir bezeichnen eine beliebige Form
aus der zugehörigen linearen Schar durch:

(12) $$P\left\{\begin{array}{l} e_1, e_2, \dots, e_n, \\ \lambda_1', \lambda_2', \dots, \lambda_n'; \; z_1, z_2 \\ \lambda_1'', \lambda_2'', \dots, \lambda_n''. \end{array}\right\}.$$

Eine Form unserer ursprünglichen Schar (6) pg. 112 würde in diesem
Sinne symbolisch durch:

(13) $$P\left\{\begin{array}{l} e_1, e_2, \dots, e_n, \\ \frac{1}{l_1}, \frac{1}{l_2}, \dots, \frac{1}{l_n}; \; z_1, z_2 \\ 0, 0 \dots, 0, \end{array}\right\}$$

zu bezeichnen sein. Die Dimension der Formen (12) in den z_1, z_2
bestimmt sich zu:

(14) $$1 + \sum_{k=1}^n \frac{\lambda_k' + \lambda_k''}{2} - 1.$$

---

[*] Mathem. Annalen Bd. 38 pg. 144 (1890).

  Es handelt sich um die in der Vorrede zum ersten Bande, pg. VI genannten Vorlesungen über lineare Differentialgleichungen, sowie über die hypergeometrische Function.

Alle diese Formenscharen liefern Darstellungen von ζ als Quotienten zweier linear-polymorphen Formen. Aber nur die ursprünglich betrachteten Formen ζ_1, ζ_2 befriedigen, wie wir nochmals hervorheben, die Bedingung, stets endlich zu sein und nie zugleich zu verschwinden, falls dies auch von den Argumenten z_1, z_2 gilt. Wir werden dementsprechend auch erwarten dürfen, dass bei den folgenden, die Differentialgleichungen zweiter Ordnung der polymorphen Formen betreffenden Entwicklungen die ζ_1, ζ_2 zu ganz besonders eleganten und durchsichtigen Ergebnissen hinführen werden.

§ 17. Differentialgleichungen zweiter Ordnung für die polymorphen Formen nullter Dimension.

Eine einzelne polymorphe *Function* $\zeta = f(z)$ genügte einer gewissen Differentialgleichung dritter Ordnung, welche nach pg. 50 im Falle des Geschlechtes $p = 0$ die Gestalt:

$$(1) \qquad \frac{d^3\zeta}{dz^3} - \frac{3}{2}\left(\frac{d^2\zeta}{dz^2}\right)^2 \Big/ \left(\frac{d\zeta}{dz}\right)^2 = 2R(z)$$

hat, unter $R(z)$ die folgende rationale Function verstanden:

$$(2) \quad \begin{cases} R(z) = \dfrac{1}{\displaystyle\prod_{k=1}^{n}(z - e_k)}\Bigg| G_{n-1}(z) \\[2ex] \qquad + \displaystyle\sum_{k=1}^{n} \dfrac{\frac{1}{4}\left(1 - \frac{1}{l_k^2}\right)}{z - e_k} (e_k - e_1)\cdots(e_k - e_{k-1})(e_k - e_{k+1})\cdots(e_k - e_n)\Bigg|. \end{cases}$$

Für $n = 3$ fällt das erste Glied G_{n-4} der Klammer aus; für $n > 3$ bedeutet $G_{n-1}(z)$ eine ganze rationale Function $(n-4)^{\text{ten}}$ Grades, deren $(n-3)$ Coefficienten in jedem Falle, d. h. beim einzelnen automorphen Gebilde und nach Auswahl der Hauptfunction z, eindeutig bestimmt, aber allerdings zunächst unbekannt sind.

Dementsprechend befriedigen die polymorphen *Formen* der einzelnen linearen Schar eine *lineare Differentialgleichung zweiter Ordnung*, zu deren näherer Untersuchung wir uns nunmehr hinwenden wollen. Um dabei an ältere und bekanntere Untersuchungen anzuknüpfen, betrachten wir im vorliegenden Paragraphen zunächst die zu den *polymorphen Formen „nullter Dimension"*:

(3)
$$Z_1 = \frac{z}{\sqrt{\frac{dz}{dz}}}, \quad Z_2 = \frac{1}{\sqrt{\frac{dz}{dz}}}$$

gehörende lineare Differentialgleichung zweiter Ordnung. Wir verstehen zu diesem Zwecke unter:

(4)
$$Z = A Z_1 + B Z_2$$

eine beliebige „Form" der aus den Z_1, Z_2 entspringenden linearen Schar. An die Gleichung (4) reihe man diejenigen beiden Gleichungen, welche durch zweimalige Differentiation nach z entspringen, und eliminiere aus diesen drei Gleichungen die beiden Constanten A und B. Dem Eliminationsresultat können wir die Gestalt verleihen:

$$D_1 \frac{d^2 Z}{d z^2} + D_2 \frac{d Z}{d z} + D_3 Z = 0,$$

wo die Coefficienten D die Bedeutung haben:

$$D_1 = Z_1 \frac{d Z_2}{d z} - Z_2 \frac{d Z_1}{d z},$$

$$D_2 = Z_2 \frac{d^2 Z_1}{d z^2} - Z_1 \frac{d^2 Z_2}{d z^2},$$

$$D_3 = \frac{d Z_1}{d z} \frac{d^2 Z_2}{d z^2} - \frac{d Z_2}{d z} \frac{d^2 Z_1}{d z^2}.$$

Zur genaueren Berechnung dieser Coefficienten D differenzieren wir die Gleichung $Z_2 : Z_1 = \zeta^{-1}$ nach z und finden:

$$D_1 = - Z_1^2 \zeta^{-2} \frac{d z}{d z} = - 1,$$

woraus sich sofort weiter ergiebt:

$$D_2 = \frac{d D_1}{d z} = 0.$$

Unsere Differentialgleichung zweiter Ordnung für Z nimmt somit die vorläufige Gestalt an:

(5)
$$\frac{d^2 Z}{d z^2} = D_3 Z.$$

Zur Bestimmung von D_3 differenziere man $\zeta = Z_1 : Z_2$ nach z:

$$\frac{d z}{d z} = - \frac{D_1}{Z_2^2} = \frac{1}{Z_2^2}.$$

Durch logarithmische Differentiation dieser Gleichung folgt:

$$\frac{\frac{d^2 \zeta}{d z^2}}{\frac{d z}{d z}} = - 2 \frac{\frac{d Z_2}{d z}}{Z_2},$$

woraus man durch nochmalige Differentiation gewinnt:

$$\frac{\frac{d^3 z}{d z^3}}{\frac{d z}{d z}} - \frac{\left(\frac{d^2 z}{d z^2}\right)^2}{\left(\frac{d z}{d z}\right)^2} = - 2 \frac{\frac{d^2 Z_2}{d z^2}}{Z_2} + 2 \frac{\left(\frac{d Z_2}{d z}\right)^2}{Z_2^2}.$$

Benutzt man hier zur Elimination des letzten Gliedes rechts die voraufgehende Gleichung und ersetzt im ersten Gliede rechts den Quotienten von $\frac{d^2 Z_2}{d z^2}$ und Z_2 auf Grund von (5) durch D_3, so ergiebt sich:

$$\frac{\frac{d^3 z}{d z^3}}{\frac{d z}{d z}} - \frac{3}{2} \frac{\left(\frac{d^2 z}{d z^2}\right)^2}{\left(\frac{d z}{d z}\right)^2} = -2 D_3.$$

Der Vergleich mit (1) liefert somit $D_3 = -R(z)$.

Wir sind auf diese Weise zu dem Resultate gelangt: *Die polymorphen „Formen nullter Dimension" Z_1, Z_2, sowie überhaupt jede Form Z der aus ihnen herzustellenden linearen Schar, genügen der linearen homogenen Differentialgleichung zweiter Ordnung:*

$$(6) \qquad \frac{d^2 Z}{d z^2} + R(z) \cdot Z = 0,$$

wo $R(z)$ die in Gleichung (2) dargestellte und eben dort näher charakterisierte rationale Function von z ist. Dabei hat man in $(A Z_1 + B Z_2)$, falls hier A und B als willkürliche Constante gedacht werden, das „allgemeine" Integral dieser Differentialgleichung.

Eine für die Folge nicht unwesentliche Ergänzung wollen wir noch beim Fall $n = 3$ nachtragen. Hier hatten wir oben (pg. 51) auch noch die Annahme verfolgt, dass die drei Werte e_1, e_2, e_3 insbesondere mit $0, 1, \infty$ identisch waren. Die Differentialgleichung dritter Ordnung für $\zeta = f(z)$ hatte alsdann die Gestalt (9) pg. 51. Wir schliessen hieraus sofort auf den Satz: *Legt man im Falle $n = 3$ die Verzweigungspunkte e_k nach $z = 0, 1, \infty$, so genügen die polymorphen Formen nullter Dimension Z_1, Z_2 der Differentialgleichung zweiter Ordnung:*

$$(7) \qquad \frac{d^2 Z}{d z^2} + \left(\frac{1 - \frac{1}{l_1^2}}{4 z^2} + \frac{1 - \frac{1}{l_2^2}}{4 \overline{z - 1}^2} + \frac{\frac{1}{l_1^2} + \frac{1}{l_2^2} - \frac{1}{l_3^2} - 1}{4 z \cdot \overline{z - 1}} \right) Z = 0.$$

In den Differentialgleichungen (6) und (7) fehlen die Glieder mit den ersten Ableitungen der Z. Nach bekannten Sätzen der Theorie der Differentialgleichungen folgt hieraus, dass die beiden Formen Z_1, Z_2 sich bei Umläufen des z *unimodular* substituieren, was auch bereits oben (pg. 115) festgestellt wurde. Führen wir in die Differentialgleichung (6) oder (7) an Stelle von Z die Function $H = Z \cdot \Phi(z)$ ein, unter $\Phi(z)$ eine gegebene Function von z verstanden, so wird in der transformierten Gleichung im allgemeinen ein Glied mit der ersten Ableitung von H auftreten; und die den Umläufen correspondierenden

Substitutionen werden nur dann noch unimodular sein, wenn Φ^2 eine eindeutige Function von z ist.

Insbesondere wollen wir die Differentialgleichung (7) vermöge:

$$(8) \qquad Z = H \cdot z^{\frac{1}{2}\left(1-\frac{1}{l_1}\right)} (z-1)^{\frac{1}{2}\left(1-\frac{1}{l_2}\right)}$$

transformieren. Hierbei führen wir an Stelle der l_1, l_2, l_3 drei Grössen α, β, γ durch:

$$(9) \qquad \begin{cases} \alpha = \frac{1}{2}\left(1 - \frac{1}{l_1} - \frac{1}{l_2} - \frac{1}{l_3}\right), \\[2mm] \beta = \frac{1}{2}\left(1 - \frac{1}{l_1} - \frac{1}{l_2} + \frac{1}{l_3}\right), \\[2mm] \gamma = 1 - \frac{1}{l_1} \end{cases}$$

ein, Gleichungen, die man sofort invertiert in:

$$(10) \qquad \frac{1}{l_1} = 1 - \gamma, \quad \frac{1}{l_2} = \gamma - \alpha - \beta, \quad \frac{1}{l_3} = \beta - \alpha.$$

Als Gestalt der transformierten Differentialgleichung ergiebt sich nach kurzer Zwischenrechnung:

$$(11) \qquad z(z-1)\frac{d^2 H}{dz^2} + \left[(\alpha + \beta + 1)z - \gamma\right]\frac{dH}{dz} + \alpha\beta H = 0;$$

dies ist aber die *Differentialgleichung der hypergeometrischen Reihe*. Wir sind so zu dem Ergebnis geführt: *Legt man im Falle $n=3$ die Verzweigungspunkte c_k nach $0, 1, \infty$ und spaltet die polymorphe Function ζ in den Quotienten der beiden Grössen:*

$$(12) \qquad \begin{cases} H_1 = \dfrac{z}{\sqrt{\dfrac{dz}{dz}}} z^{-\frac{1}{2}\left(1-\frac{1}{l_1}\right)} (z-1)^{-\frac{1}{2}\left(1-\frac{1}{l_2}\right)}, \\[4mm] H_2 = \dfrac{1}{\sqrt{\dfrac{dz}{dz}}} z^{-\frac{1}{2}\left(1-\frac{1}{l_1}\right)} (z-1)^{-\frac{1}{2}\left(1-\frac{1}{l_2}\right)}, \end{cases}$$

so hat man in diesen H_1, H_2 Integrale der hypergeometrischen Differentialgleichung (11) *gewonnen.* Wir sind hiermit zum Ausgangspunkt der öfter genannten Untersuchungen von H. A. Schwarz[*]) zurückgelangt.

---

[*] „Über diejenigen Fälle, in welchen die Gauss'sche hypergeometrische Reihe eine algebraische Function ihres vierten Argumentes ist." Journ. f. Math. Bd. 75 (1872).

§ 18. Invariante Gestalt der Differentialgleichung
für die polymorphen Formen ξ_1, ξ_2.

Wir kehren jetzt zu den polymorphen Formen $\xi_1 = f_1(z_1, z_2)$, $\xi_2 = f_2(z_1, z_2)$ zurück, welche wir oben (pg. 110) an die Spitze gestellt hatten. Eine beliebige Form aus der zugehörigen Schar $A\xi_1 + B\xi_2$ nennen wir $f(z_1, z_2)$; ihre Dimension λ in den z_1, z_2 ist in (3) pg. 110 dargestellt. Die Formen $f(z_1, z_2)$ unterscheiden sich von den Formen nullter Dimension Z des vorigen Paragraphen um einen Factor, den wir bereits pg. 114 feststellten; nach den damaligen Formeln (3) haben wir zu setzen:

$$(1) \qquad f = z_2^{\lambda} \Phi(z) Z, \qquad \Phi(z) = \prod_{k=1}^{n} (z - c_k)^{\frac{1}{2}\left(1 - \frac{1}{l_k}\right)}.$$

Um nun die *Differentialgleichung zweiter Ordnung der polymorphen Formen* $f(z_1, z_2)$ zu gewinnen, haben wir die für Z aufgestellte Gleichung (6) pg. 119 vermöge der eben angegebenen Beziehung zwischen Z und f auf f umzurechnen. Hierbei gipfelt unsere Untersuchung in der Gewinnung einer *invarianten* Darstellung der fraglichen Differentialgleichung der Formen f. In dieser Hinsicht beachte man vorab, dass die Ausübung der Transformation:

$$(2) \qquad z_1' = a z_1 + b z_2, \qquad z_2' = c z_1 + d z_2,$$

im Sinne unserer ursprünglichen Entwicklungen auf eine andere Auswahl der Hauptfunction unseres automorphen Gebildes hinausläuft. Die Gleichberechtigung aller dieser Hauptfunctionen hat hier umgekehrt zur Folge, *dass die Theorie der polymorphen Formen gegenüber der Transformation (2) den Charakter der Invarianz besitzen wird*. Diese Sachlage wird nun in der That an der Gestalt der Differentialgleichung für die Formen f unmittelbar zum Ausdruck kommen, insofern wir die Differentialgleichung vermöge *covarianter* Bildungen, nämlich aus *Überschiebungen* aufbauen werden.

Wir haben dabei den Überschiebungsprocess sogleich für beliebige algebraische oder transcendente Formen zu definieren. Sind $q(z_1, z_2)$ und $\psi(z_1, z_2)$ irgend zwei solche Formen, so bezeichnen wir die ν^{te} Überschiebung von q und ψ symbolisch durch $(q, \psi)_\nu$ und erklären dieselbe explicite durch*):

---

*) Siehe z. B. Gordan-Kerschensteiner „Vorlesungen über Invariantentheorie" (Leipzig 1887) Bd. 2 pg. 36. Übrigens weicht der Ausdruck $(\varphi, \psi)_\nu$ des Textes von der a. a. O. gegebenen Definition der ν^{ten} Überschiebung um einen constanten Factor ab. Diese Modification wurde zum Zwecke der Vereinfachung weiterhin zu entwickelnder Formeln vorgenommen.

$$\left\{ \begin{aligned} (\varphi,\,\psi)_\nu &= \frac{\partial^\nu\varphi}{\partial z_1^\nu}\cdot\frac{\partial^\nu\psi}{\partial z_2^\nu} - \binom{\nu}{1}\frac{\partial^\nu\varphi}{\partial z_1^{\nu-1}\partial z_2}\cdot\frac{\partial^\nu\psi}{\partial z_2^{\nu-1}\partial z_1} + \cdots \\ &\quad + (-1)^\nu\frac{\partial^\nu\varphi}{\partial z_2^\nu}\cdot\frac{\partial^\nu\psi}{\partial z_1^\nu} \end{aligned} \right.$$

Es kommen weiterhin nur die drei ersten Fälle:

$$(3)\quad\left\{ \begin{aligned} (\varphi,\,\psi)_0 &= \varphi\cdot\psi, \\ (\varphi,\,\psi)_1 &= \frac{\partial\varphi}{\partial z_1}\frac{\partial\psi}{\partial z_2} - \frac{\partial\varphi}{\partial z_2}\frac{\partial\psi}{\partial z_1}, \\ (\varphi,\,\psi)_2 &= \frac{\partial^2\varphi}{\partial z_1^2}\frac{\partial^2\psi}{\partial z_2^2} - 2\frac{\partial^2\varphi}{\partial z_1\,\partial z_2}\cdot\frac{\partial^2\psi}{\partial z_1\,\partial z_2} + \frac{\partial^2\varphi}{\partial z_2^2}\frac{\partial^2\psi}{\partial z_1^2} \end{aligned} \right.$$

in Betracht, wo wir im speciellen für $\nu = 0$ das Product beider Formen φ, ψ und für $\nu = 1$ ihre Functionaldeterminante vor uns haben.

Um übrigens nicht zu weit gehende invariantentheoretische Betrachtungen anstellen zu müssen, knüpfen wir die Ableitung der gewünschten Differentialgleichung für die polymorphen Formen $f(z_1, z_2)$ möglichst eng an die nicht-homogene Schreibweise an.

Das Product aller n den Verzweigungspunkten zugehörenden Ausdrücke (z, e_k) *heisse:*

$$(4)\qquad u(z_1, z_2) = \prod_{k=1}^{n}(z, e_k) = \prod_{k=1}^{n}(z_1 e_k^{(2)} - z_2 e_k^{(1)}).$$

Wir haben in $u(z_1, z_2)$ eine erste für die Aufstellung der fraglichen Differentialgleichung wichtige rationale Form definiert. Der Übergang zur nicht-homogenen Schreibweise wird bei diesem Producte $u(z_1, z_2)$ durch:

$$(5)\qquad u(z_1, z_2) = z_2^n\cdot u_0(z)$$

vermittelt; man hat also:

$$(6)\quad u_0(z) = \prod_{k=1}^{n}e_k^{(2)}\cdot\prod_{k=1}^{n}(z - e_k) = \prod_{k=1}^{n}e_k^{(2)}\cdot\left[z^n - z^{n-1}\sum_{k=1}^{n}e_k + \cdots\right].$$

Die Differentialgleichung, deren Gewinnung unser Ziel ist, hat nun die unten als Gleichung (12) mitgeteilte Gestalt, in der die linke Seite die Summe dreier Überschiebungen darstellt.

Man bilde somit nach Vorschrift von (3) zunächst die zweite Überschiebung $(f, u)_2$ unserer polymorphen Form f der Dimension λ und der rationalen ganzen Form u von der Dimension n. Trägt man die Ausdrücke (1) und (5) für f und u ein, so findet sich nach einer elementaren Zwischenrechnung:

$$(f, u)_2 = z_2^{\lambda+n-1}\left[n(n-1)u_0\frac{d^2\,\Phi Z}{dz^2} - 2(n-1)(\lambda-1)\frac{d u_0}{dz}\frac{d(\Phi Z)}{dz}\right.$$
$$\left. + \lambda(\lambda-1)\frac{d^2 u_0}{dz^2}(\Phi Z)\right].$$

Bei der Weiterentwicklung dieses Ausdrucks wollen wir der Kürze halber die Ableitungen von u_0, Φ und Z nach z durch obere Indices bezeichnen und ersetzen übrigens Z'' nach (6) pg. 119 durch $-ZR(z)$. Wir gewinnen auf diese Weise:

$$(7)\quad \begin{cases} (f,u)_2 = z_2^{\lambda+n-1}\{2(n-1)Z'[nu_0\Phi' - (\lambda-1)u_0'\Phi] \\ \quad + Z[n(n-1)u_0\Phi'' - 2(n-1)(\lambda-1)u_0'\Phi' \\ \quad + \lambda(\lambda-1)u_0''\Phi - n(n-1)u_0\Phi R(z)]\}. \end{cases}$$

Wir verstehen weiter unter $c(z_1, z_2)$ eine gleich näher zu bestimmende rationale ganze Form $(n-2)^{\text{ten}}$ Grades und setzen:

$$c(z_1, z_2) = z_2^{n-2}c_0(z).$$

Für die erste Überschiebung der Formen f und c ergiebt sich leicht:

$$(8)\quad (f, c)_1 = z_2^{\lambda+n-1}\{(n-2)c_0\Phi Z' + Z[(n-2)c_0\Phi' - \lambda c_0'\Phi]\}$$

Man addiere nunmehr die Gleichungen (7) und (8) und bestimme $c_0(z)$ derart, dass rechter Hand in der entspringenden Gleichung der mit Z' multiplicirte Ausdruck identisch verschwindet. Dem entsprechen wir, wenn wir c_0 durch:

$$(9)\quad c_0(z) = 2\frac{n-1}{n-2}\left[(\lambda-1)u_0' - nu_0\frac{d\log\Phi}{dz}\right]$$

definiren. Man erkennt in c_0 sofort eine rationale *ganze* Function, deren Grad $< n-1$ ist. Schreiben wir aber den Ausdruck von c_0 explicite:

$$2\frac{n-1}{n-2}\prod_{k=1}^{n}c_k^{(2)}\cdot\left[(\lambda-1)\frac{d\prod(z-c_k)}{dz} + \frac{1}{2}n\prod_{k=1}^{n}(z-e_k)\cdot\sum_{k=1}^{n}\frac{1-\frac{1}{l_k}}{z-e_k}\right],$$

so ergiebt sich als Coefficient der höheren Potenz z^{n-1}:

$$2\frac{n-1}{n-2}\prod_{k=1}^{n}c_k^{(2)}\cdot\left[n(\lambda-1) + \frac{1}{2}n\sum_{k=1}^{n}\left(1-\frac{1}{l_k}\right)\right].$$

Aber zufolge (3) pg. 110 verschwindet derselbe: *somit ist die durch (9) gegebene rationale ganze Function $c_0(z)$ vom Grade $(n-2)$, und wir besitzen in:*

$$c(z_1, z_2) = z_2^{n-2}c_0(z),$$

wie soeben bereits angenommen wurde, in der That eine rationale ganze Form $(n-2)^{\text{ter}}$ Dimension.

Die Summe der Gleichungen (7) und (8) schreiben wir nun unter Benutzung der Formeln (1) und (9) in der folgenden Gestalt:

$$(10) \qquad (f, u)_2 + (f, v)_1 = - f \cdot z_2^{-1} w_0(z),$$

wo $w_0(z)$ die folgende Bedeutung hat:

$$w_0(z) = n(n-1) u_0 \left[R + 2\left(\frac{\Phi'}{\Phi}\right)^2 - \frac{\Phi''}{\Phi} \right] + \lambda v_0' - \lambda(\lambda - 1) u_0''.$$

Um jetzt endlich die hiermit definierte Function $w_0(z)$ näher zu betrachten, entnehmen wir aus der zweiten Gleichung (1) durch logarithmische Differentiation:

$$\frac{\Phi'}{\Phi} = \frac{1}{2} \sum_{k=1}^{n} \frac{1 - \frac{1}{l_k}}{z - c_k}.$$

Differenzieren wir nochmals nach z und combinieren die entspringende Gleichung mit der soeben angegebenen, so gewinnen wir:

$$2\left(\frac{\Phi'}{\Phi}\right)^2 - \frac{\Phi''}{\Phi} = \left(\sum_{k=1}^{n} \frac{1 - \frac{1}{l_k}}{z - c_k}\right)^2 + \frac{1}{2} \sum \frac{1 - \frac{1}{l_k}}{(z - c_k)^2}.$$

Das Product dieses Ausdrucks mit $\prod(z - c_k)$ wird bei $z = \infty$ offenbar $(n-2)$-fach unendlich und in den n Punkten c_k je einfach unendlich. Des näheren stellt man an jeder der letzteren Stellen die Art des Unendlichwerdens leicht fest und gelangt solchergestalt zu der Gleichung:

$$2\left(\frac{\Phi'}{\Phi}\right)^2 - \frac{\Phi''}{\Phi} = \frac{1}{\prod_{k=1}^{n}(z - c_k)} \left\{ G_{n-2}(z) \right.$$

$$- \frac{1}{4} \sum_{k=1}^{n} \frac{1 - \frac{1}{l_k^2}}{z - c_k} (c_k - c_1) \ldots (c_k - c_{k-1})(c_k - c_{k+1}) \ldots (c_k - c_n) \left. \right\}.$$

Der Vergleich mit dem unter (2) pg. 117 dargestellten Ausdruck von $R(z)$ ergiebt, dass

$$u_0(z) \left[R(z) + 2\left(\frac{\Phi'}{\Phi}\right)^2 - \frac{\Phi''}{\Phi} \right]$$

eine ganze rationale Function $(n-2)^{\text{ten}}$ Grades von z darstellt, und dasselbe gilt demnach von $w_0(z)$. Berechnet man aber die Coefficienten, welche die Potenzen z^{n-2} und z^{n-3} in dem entwickelten Ausdruck von $w_0(z)$ haben, so findet man, dass beide verschwinden. *Hiernach ist $w_0(z)$ für $n = 3$ mit 0 identisch und stellt für $n > 3$ eine rationale ganze Function $(n-4)^{\text{ten}}$ Grades dar.* Setzen wir also:

$$z_2^{-1} w_0(z) = w(z_1, z_2),$$

so ist $w(z_1, z_2)$ eine rationale ganze Form ($n - 4^{\text{ten}}$ Grades bez. für $n = 3$ mit 0 identisch.

Zu dem gleichen Ergebnis gelangt man übrigens auch von der Gleichung (10) aus. Wir berechnen nämlich für die oben erklärte Form $w(z_1, z_2)$ die Gestalt:

$$(11) \qquad w(z_1, z_2) = \frac{f_1 u_2 + f_2 w_1}{f}.$$

Nun können wir für jede einzelne Stelle z, die Verzweigungspunkte e_i sowie $z = \infty$ nicht ausgeschlossen, eine die letzte Gleichung befriedigende particuläre Form f angeben, welche daselbst endlich und unverzweigt ist (cf. pg. 112 ff.). Wir erkennen demnach aus (11), dass $w(z_1, z_2)$ nirgends unendlich wird; da nun $w(z_1, z_2)$ eine rationale Form ist, so ist sie hiernach sogar eine rationale ganze Form. Ihre Dimension in $z_1 : z_2$ bestimmt sich aus der rechten Seite von (11) sofort zu ($n - 4$), womit wir das schon genannte Ergebnis wiedergewonnen haben.

Nach der ersten Formel (3) dürfen wir das Product der Formen f und w zum Zwecke der formalen Gleichförmigkeit als Überschiebung $(f, w)_0$ schreiben, so dass die Gleichung (10) die Gestalt gewinnt:

$$(12) \qquad (f, u)_2 + (f, v)_1 + (f, w)_0 = 0.$$

Hiermit haben wir nun thatsächlich die invariante Gestalt der Differentialgleichung zweiter Ordnung gewonnen: *Die polymorphen Formen f unserer Schar $(A z_1 + B z_2)$ sind dadurch charakterisiert, dass die in (12) dargestellte Summe der Überschiebungen einer particulären Form f mit den rationalen ganzen Formen u, v, w der Dimensionen $n, n - 2, n - 4$ verschwindet.*

Die gewonnene überaus einfache und durchsichtige Bauart der Differentialgleichung gewinnt noch ein erhöhtes Interesse, wenn wir über die in den einzelnen Gliedern auftretenden rationalen Formen folgendes recapitulieren: *Die Form $u(z_1, z_2)$ liefert vermöge ihrer Nullstellen die n Verzweigungspunkte $e_1, e_2, \ldots, e_n$; die Form $v(z_1, z_2)$ ergiebt, falls die e_k als berechnet gelten, weiter die Zahlen $l_1, l_2, \ldots, l_n$, welche die Signatur $(0, n; l_1, l_2, \ldots, l_n)$ festlegen; die Form $w(z_1, z_2)$ endlich gestattet bei Bekanntschaft der e_k und l_i die Berechnung der $(n - 3)$ accessorischen Parameter der Differentialgleichung* (cf. pg. 50), d. i. der $(n - 3)$ Coefficienten der in der Differentialgleichung (6) pg. 119 auftretenden ganzen Function $G_{n-4}(z)$. Bei weitergehenden Untersuchungen wird es sich vermutlich empfehlen, geradezu die Coefficienten von w als accessorische Parameter zu bezeichnen.

Wir kommen endlich noch speciell auf den niedersten Fall $n = 3$ zurück. Hier verschwindet w identisch, u ist eine Form dritter Dimension und v eine lineare Form. Die invariante Gestalt der Differentialgleichung zweiter Ordnung wird also hier:

$$(13) \qquad\qquad (f, u)_2 + (f, v)_1 = 0.$$

Es mögen nun noch einige historische Angaben über die invariante Darstellung unserer Differentialgleichung folgen.

Die erste in dieser Richtung liegende Entwicklung rührt von Hilbert her. Derselbe hat in seiner Abhandlung „*Über eine Darstellungsweise der invarianten Gebilde im binären Formengebiete*"[*] der hypergeometrischen Differentialgleichung eben diejenige Gestalt gegeben, zu welcher wir soeben unter (13) hingeführt wurden. Hilbert's Entwicklungen beziehen sich allerdings nur auf den Fall von algebraischen Integralen der hypergeometrischen Differentialgleichung; doch bleibt die Hilbert'sche Gleichung, wie wir gesehen haben, unmittelbar auch für die Fälle transcendenter Lösungen gültig.

Die Untersuchungen von Pick „*Über eine Normalform gewisser Differentialgleichungen zweiter und dritter Ordnung*"[**] betreffen beliebige polymorphe Functionen und Formen auf Flächen des Geschlechtes $p = 0$ und damit gerade die für uns hier zunächst in Betracht kommenden Differentialgleichungen. Es wird daselbst festgestellt, in wie weit man diesen Differentialgleichungen Invarianteneigenschaft zuzusprechen hat, und insbesondere wird für die oben (pg. 117) mit $R(z)$ bezeichnete Function eine invariante Schreibweise entwickelt.

Die pg. 116 genannte Abhandlung von Klein giebt in der Hauptsache die Definition der polymorphen Formen, die wir ζ_1, ζ_2 nannten, berührt dagegen die invariante Gestalt der Differentialgleichungen nur beiläufig.

Endlich aber ist von E. Waelsch in der Abhandlung „*Zur Geometrie der linearen algebraischen Differentialgleichungen und binären Formen*"[***] die allgemeine Gestalt (12) unserer Differentialgleichung aufgestellt worden. Freilich beziehen sich die Untersuchungen von Waelsch auch nur erst auf Differentialgleichungen mit rationalen Lösungen; doch bleibt, wie wir sahen, die Waelsch'sche Gleichung unmittelbar für unsere transcendenten Formen ζ_1, ζ_2 in Gültigkeit.

---

[*] Mathem. Annalen Bd. 30 pg. 15 1887.

[**] Mathem. Annalen Bd. 38 pg. 139 1890.

[***] Schriften der Deutschen Prager mathematischen Gesellschaft von 1892 pg. 78 ff.

§ 19. Reihendarstellung der polymorphen Formen im Falle $n = 3$.

Die Bedeutung der gewonnenen linearen Differentialgleichungen zweiter Ordnung können wir darin sehen, dass wir von ihnen aus für unsere polymorphen Formen *Potenzreihenentwicklungen nach* z, nämlich als recurrente Reihen zweiter Ordnung ohne principielle Schwierigkeit ausrechnen können. Wir müssen dabei natürlich neben den c_i und l_i auch noch die accessorischen Parameter der Differentialgleichung als bekannt ansehen. Im niedersten Falle $n = 3$ treten accessorische Parameter noch nicht auf. Es sei also erlaubt, auf diesen Fall und damit auf die *Lehre von den hypergeometrischen Reihen* kurz einzugehen. In der That sollen unsere Betrachtungen den in (12) pg. 120 definierten, der hypergeometrischen Differentialgleichung genügenden polymorphen Formen H_1, H_2 gelten. Zur Gewinnung von Reihen für andere Formen, wie z. B. für die Z_1, Z_2, müsste man dann auf deren Beziehung zu den H_1, H_2 zurückgehen.

Übrigens wolle man die nachfolgenden Entwicklungen nur mehr als einen beiläufigen Excurs in ein wichtiges Nachbargebiet auffassen, mit dem sich unsere Untersuchungen unmittelbar berühren. Eine erschöpfendere Behandlung der hypergeometrischen Reihen, welche vor allen auch die Fragen der Convergenz und des genaueren functionentheoretischen Charakters dieser Reihen zum Gegenstand haben müsste, würde uns von unseren eigenen Zielen zu weit ablenken.

Die von Gauss[*)] mit der Bezeichnung $F(\alpha, \beta, \gamma; z)$ belegte hypergeometrische Reihe:

$$(1) \qquad F(\alpha, \beta, \gamma; z) = 1 + \frac{\alpha \cdot \beta}{1 \cdot \gamma} z + \frac{\alpha(\alpha+1)}{1 \cdot 2} \frac{\beta(\beta+1)}{\gamma(\gamma+1)} z^2 + \cdots$$

gestattet bekanntlich[**)], particuläre Integrale der pg. 120 gewonnenen hypergeometrischen Differentialgleichung:

$$(2) \qquad z(z-1) \frac{d^2 H}{dz^2} + [(\alpha+\beta+1)z - \gamma] \frac{dH}{dz} + \alpha\beta H = 0$$

in mannigfacher Weise anzugeben. Wir haben für die Umgebung des singulären Punktes $z = 0$ die beiden Integrale:

[*)] „*Disquisitiones generales circa seriem infinitam* $1 + \frac{\alpha \cdot \beta}{1 \cdot \gamma} x + \cdots$". Abhandl. der Gött. Gesell. d. Wiss. von 1813 oder Gauss' Werke, Bd. 3 pg. 125. „*Determinatio seriei nostrae per aequationem differentialem secundi ordinis*", Gauss Werke, Bd. 3 pg. 207.

[**)] Siehe z. B. die Vorlesung Klein's „*Über die hypergeometrische Function*" vom Wintersemester 1893/94 pg. 63 ff. oder Schlesinger's „*Handbuch der Theorie der linearen Differentialgleichungen*" Bd. 1 pg. 265.

$$(3) \quad \begin{cases} F(\alpha, \beta, \gamma; z), \\ z^{1-\gamma}F(\alpha - \gamma + 1, \beta - \gamma + 1, 2 - \gamma; z); \end{cases}$$

hieran reihen sich für die Umgebung von $z = 1$ die particulären Integrale:

$$(4) \quad \begin{cases} F(\alpha, \beta, \alpha + \beta - \gamma + 1; 1 - z), \\ (1 - z)^{\gamma - \alpha - \beta}F(\gamma - \beta, \gamma - \alpha, \gamma - \alpha - \beta + 1; 1 - z). \end{cases}$$

sowie endlich für die Umgebung von $z = \infty$:

$$(5) \quad \begin{cases} z^{-\alpha}F\left(\alpha, \alpha - \gamma + 1, \alpha - \beta + 1; \dfrac{1}{z}\right), \\ z^{-\beta}F\left(\beta, \beta - \gamma + 1, \beta - \alpha + 1; \dfrac{1}{z}\right). \end{cases}$$

Der Einfachheit halber nehmen wir an, dass die l_1, l_2, l_3 alle drei endlich sind; dann werden die Integrale jedes der drei angegebenen Paare von einander linear-unabhängig sein.

Nur beiläufig erwähnen wir, dass nach einer zuerst von Kummer[*] vollständig durchgeführten Theorie jedes der aufgestellten particulären Integrale insgesamt stets auf *vier* Weisen durch die hypergeometrische Reihe dargestellt werden kann. Dies Theorem gründet sich auf den Umstand, dass sich die ursprüngliche Reihe (1) auch noch in folgenden drei Weisen schreiben lässt:

$$(1 - z)^{\gamma - \alpha - \beta}F(\gamma - \alpha, \gamma - \beta, \gamma; z),$$

$$(1 - z)^{-\alpha}F\left(\alpha, \gamma - \beta, \gamma; \frac{z}{z - 1}\right),$$

$$(1 - z)^{-\beta}F\left(\beta, \gamma - \alpha, \gamma; \frac{z}{z - 1}\right).$$

Man hat demnach insgesamt 24 Reihen zur Integration der Gleichung (2) zur Verfügung.

Wir betrachten nun zunächst die *Umgebung des Verzweigungspunktes* $z = 0$ und bilden zu diesem Zwecke die Formen:

$$(H, \varepsilon_1) = H_1 - \varepsilon_1 H_2, \quad (H, \varepsilon_1') = H_1 - \varepsilon_1' H_2.$$

Nach den Entwicklungen von pg. 112 ff. wird sich (H, ε_1) bei einem Umlauf um den Punkt $z = 0$ wie $z^{\frac{1}{3}}$ verhalten, während (H, ε_1') daselbst eindeutig ist. Es werden demnach (H, ε_1') und (H, ε_1) bis auf constante Factoren mit den beiden unter (3) gegebenen Functionen von z gleich sein, so dass wir den Ansatz gewinnen:

_____

[*] „Über die hypergeometrische Reihe", Journ. f. Math. Bd. 15 (1836).

$$(6) \quad \begin{cases} (H, \varepsilon_1) = C_1 z^{1-\gamma} F(\alpha - \gamma + 1, \beta - \gamma + 1, 2 - \gamma; z), \\ (H, \varepsilon_1') = C_2 F(\alpha, \beta, \gamma; z). \end{cases}$$

Zur Bestimmung der Constanten hat man etwas umständliche Rechnungen anzustellen. Man bilde erstlich den Quotienten dieser beiden Gleichungen und nenne den Quotienten von C_1 und C_2 etwa C:

$$(7) \quad \frac{\zeta - \varepsilon_1}{\zeta - \varepsilon_1'} = C \cdot z^{1-\gamma} \frac{F(\alpha - \gamma + 1, \beta - \gamma + 1, 2 - \gamma; z)}{F(\alpha, \beta, \gamma; z)}.$$

Es gilt dann zunächst, diesen Quotienten C zu bestimmen. Man lasse z von 0 bis 1 wachsen und erreicht bei $z = 1$ für beide hypergeometrische Reihen, welche in (7) vorliegen, die Convergenzgrenze. Indessen hat Gauss festgestellt, dass unsere Reihen an der fraglichen Stelle $z = 1$ noch convergieren, und er berechnete als Wert der Reihe und damit der Function $F(\alpha, \beta, \gamma; z)$ für $z = 1$:

$$(8) \quad F(\alpha, \beta, \gamma; 1) = \frac{\Pi(\gamma - 1)\Pi(\gamma - \alpha - \beta - 1)}{\Pi(\gamma - \alpha - 1)\Pi(\gamma - \beta - 1)}.$$

Hierbei bedeutet $\Pi(x)$ die von Gauss so bezeichnete, a. a. O. näher untersuchte Function*). Die Variabele z sollte nun auf der reellen Axe von 0 bis 1 wandern; und wir schreiben vor, dass $z^{1-\gamma} = z^{\frac{1}{\gamma}}$ hierbei reell und positiv genommen werden soll. Bei dieser Veränderung von z wird ζ auf einer Seite des zugehörigen Kreisbogendreiecks von ε_1 nach ε_2 wandern. Wir finden demnach, indem wir $z = 1$ in (7) eintragen und die Regel (8) benutzen, *für die Constante C den Wert:*

$$(9) \quad C = \frac{\varepsilon_2 - \varepsilon_1}{\varepsilon_2 - \varepsilon_1'} \frac{\Pi(-\alpha)\Pi(-\beta)\Pi(\gamma - 1)}{(1 - \gamma)\Pi(\gamma - \alpha - 1)\Pi(\gamma - \beta - 1)}.$$

Um jetzt weiter C_1 und C_2 zu berechnen, ziehen wir aus (7) die Folgerung, dass ζ bei $z = 0$ in erster Annäherung durch:

$$\zeta = \varepsilon_1 + C(\varepsilon_1 - \varepsilon_1') z^{1-\gamma}$$

dargestellt ist. Rechnet man sich hieraus $\frac{d\zeta}{dz}$ aus und trägt den ge-

---

*) Wir bemerken übrigens, dass die für die Gültigkeit der eben gemachten Angaben zu stellende Forderung $\gamma - \alpha - \beta > 0$ (siehe Gauss' Werke Bd. 3 pg. 143) bei den Entwicklungen des Textes zufolge der zweiten Gleichung (10) pg. 120 stets erfüllt ist.

wonnenen Wert in (12) pg. 120 ein, so ergiebt sich als Wert von H_2^2 für $z = 0$:

$$H_2^2 = \frac{(-1)^{\gamma - \alpha - \beta - 1}}{C(\varepsilon_1 - \varepsilon_1')(1 - \gamma)}.$$

Aber für $z = 0$ ist $H_1 = \varepsilon_1 H_2$. und also liefert die zweite Formel (6), gleichfalls für $z = 0$ spezialisiert:

$$(H, \varepsilon_1') = (\varepsilon_1 - \varepsilon_1') H_2 = C_2.$$

Für die Constante C_2 findet man demgemäss:

$$(10) \qquad C_2 = \pm (-1)^{\frac{\gamma - \alpha - \beta - 1}{2}} \sqrt{\frac{\varepsilon_1 - \varepsilon_1'}{C(1 - \gamma)}}.$$

Die eindeutige Bestimmung der hier rechts vor dem Wurzelzeichen stehenden Einheitswurzel hat keine Schwierigkeit, sobald man die in den Formeln (12) pg. 120 rechts stehenden Functionen von z für die hier in Frage kommende Umgebung von $z = 0$ eindeutig definiert hat. Mit C und C_2 ist jetzt auch $C_1 = C \cdot C_2$ unmittelbar bekannt.

Für die *Umgebungen der beiden anderen Verzweigungspunkte $z = 1$ und $z = \infty$* gelten ganz analoge Betrachtungen. Doch kann man auch, wie wir z. B. für $z = 1$ zeigen wollen, in etwas anderer Weise unter Benutzung der bisherigen Ergebnisse verfahren. Für $z = 1$ gelten die den Formeln (6) entsprechenden Ansätze:

$$(H, \varepsilon_2) = C_1''(1 - z)^{\gamma - \alpha - \beta} F(\gamma - \beta, \gamma - \alpha, \gamma - \alpha - \beta + 1; 1 - z),$$

$$(H, \varepsilon_2') = C_2'' F(\alpha, \beta, \alpha + \beta - \gamma + 1; 1 - z).$$

Trägt man hier $z = 0$ ein und benutzt die Regel (8), so folgt:

$$H_1 - \varepsilon_2 H_2 = C_1'' \frac{\Pi(\gamma - \alpha - \beta)\Pi(-\gamma)}{\Pi(-\alpha)\Pi(-\beta)},$$

$$H_1 - \varepsilon_2' H_2 = C_2'' \frac{\Pi(\alpha + \beta - \gamma)\Pi(-\gamma)}{\Pi(\beta - \gamma)\Pi(\alpha - \gamma)}.$$

Aber die Werte von H_1 und H_2 für $z = 0$ wurden gerade soeben bestimmt; setzt man dieselben in die letzten beiden Gleichungen ein, so lassen sich die C_1'', C_2'' sofort berechnen. —

Wir erläutern die vorstehenden Rechnungen am *Beispiele* $l_1 = 2$, $l_2 = 4$, $l_3 = 6$, welches uns bereits in I pg. 554 beschäftigte. Es soll sich hier um dasjenige ζ handeln, welches durch Figur 176 a. a. O. versinnlicht wird. Die gegenwärtig mit ε_1 und ε_2 bezeichneten Werte werden wir dann mit:

$$\varepsilon_1 = \frac{i\sqrt{2}}{-1+\sqrt{3}}, \quad \varepsilon_2 = i$$

identificieren, und ε_1', ε_2' sind einfach zu ε_1 bez. ε_2 conjugiert complex. Man wird für die Umgebung von $z = 0$ zu folgenden Ergebnissen geführt:

$$\frac{(-1+\sqrt{3})z-i\sqrt{2}}{(-1+\sqrt{3})z+i\sqrt{2}} = 2(\sqrt{2}-\sqrt{3})\frac{\Pi\left(-\frac{1}{24}\right)\Pi\left(-\frac{5}{24}\right)}{\Pi\left(-\frac{13}{24}\right)\Pi\left(-\frac{17}{24}\right)}\sqrt{z}\cdot\frac{F\left(\frac{13}{24},\frac{17}{24},\frac{3}{2};z\right)}{F\left(\frac{1}{24},\frac{5}{24},\frac{1}{2};z\right)},$$

und für die Formen H_1 und H_2:

$$H_1 - \frac{i\sqrt{2}}{-1+\sqrt{3}}\,H_2 =$$

$$2e^{\frac{\pi i}{6}}\sqrt[4]{2}\,\sqrt{1+\sqrt{3}}\,\sqrt{-\sqrt{2}+\sqrt{3}}\,\sqrt{\frac{\Pi\left(-\frac{1}{24}\right)\Pi\left(-\frac{5}{24}\right)}{\Pi\left(-\frac{13}{24}\right)\Pi\left(-\frac{17}{24}\right)}}\,\sqrt{z}\,F\left(\frac{13}{24},\frac{17}{24},\frac{3}{2};z\right),$$

$$H_1 + \frac{i\sqrt{2}}{-1+\sqrt{3}}\,H_2 =$$

$$-e^{\frac{\pi i}{6}}\sqrt[4]{2}\,\sqrt{1+\sqrt{3}}\,\sqrt{\sqrt{2}+\sqrt{3}}\,\sqrt{\frac{\Pi\left(-\frac{13}{24}\right)\Pi\left(-\frac{17}{24}\right)}{\Pi\left(-\frac{1}{24}\right)\Pi\left(-\frac{5}{24}\right)}}\,F\left(\frac{1}{24},\frac{5}{24},\frac{1}{2};z\right).$$

Bei der Ausrechnung dieser Formeln wurde von der durch:

$$\Pi(x+1) = (x+1)\cdot\Pi(x)$$

zum Ausdruck kommenden Regel der Π-Function Gebrauch gemacht.

§ 20. Darstellung der polymorphen Formen im Falle $n = 3$ durch bestimmte Integrale.

Für die Lösungen der hypergeometrischen Differentialgleichung kennt man seit langer Zeit eine *Darstellung durch bestimmte Integrale*. Auch auf diese Darstellung kommen wir hier, wenn auch nur nebenher, zu sprechen, weil wir an dieselbe einen, wie es scheint, aussichtsreichen Ansatz zur arithmetischen Darstellung der Dreiecksgruppen, sowie zur Entwicklung der zugehörigen automorphen Formen in Gestalt von Thetareihen werden knüpfen können.

Vermöge einer complexen Variabelen w setzen wir das folgende Integral an:

9*

(1)
$$\int^\bullet w^{s-1}(1-w)^{\gamma-s-1}(1-zw)^{-\alpha}dw.$$

Hierbei sollen α, β, γ im bisherigen Sinne (9) pg. 120 verstanden sein, und der „*Parameter*" z des Integrals ist irgend ein während der Integration nach w stehender Wert der bisher so bezeichneten Variabelen. Die α, β, γ, sind hier stets rationale Brüche, so dass unter dem Integral (1) eine algebraische Function von w steht, welche an den vier Stellen $w = 0$, 1, z^{-1}, ∞ in einer in jedem Falle leicht angebbaren Weise verzweigt ist. Dieser algebraischen Function gehört eine gewisse Riemann'sche Fläche über der w-Ebene zu, welche wir F_w nennen.

Aus den pg. 120 angegebenen Werten von α, β, γ und der Ungleichung:

$$0 < \frac{1}{l_1} + \frac{1}{l_2} + \frac{1}{l_3} < 1$$

liest man leicht ab, dass in (1) ein *Integral erster Gattung* der Fläche F_w vorliegt. Wenn wir also *irgend eine auf F_w geschlossene Curve* heranziehen, um das Integral (1) über dieselbe auszudehnen, so gewinnen wir als Integralwert (1) die jenem Umlaufe zugehörige *Periode des in Rede stehenden Integrals erster Gattung*.

Es besteht nun, wie schon am Eingange des Paragraphen bemerkt ist, das sehr merkwürdige Theorem, *dass das fragliche Integral (1) in Abhängigkeit vom Parameter z der hypergeometrischen Differentialgleichung (11) pg. 120 genügt.* Wir verweisen wegen des Nachweises dieser Behauptung auf die Litteratur des Gegenstandes, über welche hier einige Notizen eingeschaltet werden mögen.

Bereits Euler[*] wurde zur Betrachtung unseres Integrals (1) hingeführt; doch handelte es sich bei ihm einzig um reelle Werte von w, und das Integral war zwischen den Grenzen 0 und 1 ausgedehnt. Sind die Exponenten bez. die Grössen α, β, γ nicht in der hier vorliegenden speciellen Art, sondern zunächst beliebig gewählt, so kann freilich unter Umständen das Integral an der unteren Grenze 0 oder an der oberen 1 oder auch an beiden unstetig werden. Man hat demnach, damit der Euler'sche Ansatz unmittelbar brauchbar bleibt, die Ungleichungen $\beta > 0$, $\gamma > \beta$ als erfüllt anzusehen. Alsdann aber kann man leicht zeigen, dass das von Euler betrachtete Integral, $z < 1$ vorausgesetzt, bis auf einen constanten Factor mit $F(\alpha, \beta, \gamma; z)$ gleich ist. Dieser

---

[*] Siehe die „*Institutiones calculi integralis*" Bd. 2 Abschn. 1 Kap. 10 und 11 Petersburg 1769.

constante Factor wird aber sofort als das Euler'sche Integral erster
Gattung:

$$B(\beta, \gamma - \beta) = \int_0^1 w^{\beta-1}(1-w)^{\gamma-\beta-1} dw$$

erkannt.

Ist das Integral (1) nicht von der ersten Gattung, so wird man
den Schwierigkeiten, die aus dem Unstetigwerden des Integrals resul-
tieren, einfach dadurch aus dem Wege gehen, dass man die oben zu
Grunde gelegte Riemann'sche Auf-
fassungsweise des Integrals (1) adoptiert.
Jetzt ist w complex, und man wird mit
der auf der Fläche F_w geschlossenen Integrationscurve einfach die vier Verzweigungspunkte zu meiden haben, um
stets einen endlichen und eindeutig be-

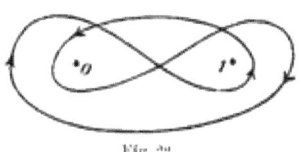

Fig. 22.

stimmten Integralwert zu besitzen. Wie man die geschlossene Curve zu
wählen hat, wird natürlich durchaus von der Structur der Fläche F_w abhängen. Es ist aber bemerkenswert, dass man in sogen. „Doppelumläufen"
um zwei unter den Verzweigungspunkten, wie sie von C. Jordan[*)],
L. Pochhammer[**)] und P. A. Nekrassoff[***)] zuerst benutzt wurden,
stets geschlossene Wege gewünschter Art besitzt. In Figur 22 ist ein
Doppelumlauf um die Verzweigungspunkte 0 und 1 dargestellt. Wie
man sieht, wird hier jeder der beiden Verzweigungspunkte zuerst in
der einen, sodann in entgegengesetzter Richtung umlaufen: eben dieserhalb resultiert ein auf F_w geschlossener Weg.

Den obigen Satz, dass das Integral (1) als Function von z der
hypergeometrischen Differentialgleichung genügt, kann man nun einfach
dadurch zeigen, dass man die durch (1) gegebene Function von z in
die Differentialgleichung einträgt und die Differentiationen nach dem
„Parameter" z unter dem Integralzeichen ausführt. Man sehe wegen
der weiteren Ausführung dieses Ansatzes neben den eben genannten
Schriften die öfter genannte Vorlesung von Klein über die „hypergeometrische Function" (cf. pg. 53). Auf Veranlassung von Klein hat
C. Schellenberg eine „Neue Behandlung der hypergeometrischen Func-

---

*) „Cours d'analyse de l'école polytechnique" t. 3 pg. 241 ff. (1887).

**) Siehe dessen Abhandlungen „Über ein Integral mit doppeltem Umlauf",
Mathem. Ann. Bd. 35 (1890) und „Über eine Klasse von Integralen mit geschlossener
Integrationscurve", ebenda Bd. 37 (1890).

***) „Über lineare Differentialgleichungen, welche mittelst bestimmter Integrale
integriert werden", Mathem. Ann. Bd. 38 (1891).

tion auf Grund ihrer Definition durch das bestimmte Integral" gegeben*),
wo auf symmetrische Benutzung aller gleichberechtigten Elemente,
sowie andrerseits auf die Ausgestaltung der hypergeometrischen Functionen als *ganzer transcendenter Functionen der Exponenten* α, β, γ der
Nachdruck gelegt wird.

Um nun die Bedeutung, welche das Integral (1) für unsere Theorie
der polymorphen Formen hat, darzulegen, wenden wir uns zunächst
zum *Specialfalle der Modulfunctionen.* Wir setzen zu diesem Zwecke
$l_1 = l_2 = l_3 = \infty$ und finden als correspondierende Werte α, β, γ:

$$\alpha = \frac{1}{2}, \ \beta = \frac{1}{2}, \ \gamma = 1.$$

Unser Integral (1) nimmt die Gestalt an:

$$(2) \qquad \int \frac{dw}{\sqrt{w \cdot 1 - w \cdot 1 - zw}},$$

d. h. wir gelangen zum *elliptischen Integral erster Gattung vom „Modul" z.*
Die Fläche F_w ist vom Geschlechte $p = 1$, und wir kommen hier unmittelbar zu der wohlbekannten Auffassung zurück, *dass die beiden
Functionen H_1, H_2 von z die Perioden des elliptischen Integrals erster
Gattung* (2) *in Abhängigkeit vom Modul z darstellen.* Dieser Anschluss
an die Theorie der elliptischen Functionen wurde aber für die Entwicklung der Modulfunctionen grundlegend, insofern man für die Darstellung
und Berechnung der Modulfunctionen und Modulformen in den
Reihenentwicklungen der doppeltperiodischen Functionen und vor allem
der Thetafunctionen unmittelbar brauchbare Ansätze erhielt**).

Wir gewinnen nun hier die interessante Erkenntnis, dass diese
in der Theorie der Modulfunctionen bekannten und grundlegenden
Verhältnisse der Verallgemeinerung auf jede Gruppe $(0, 3; l_1, l_2, l_3)$
unserer Art fähig sind. *An Stelle der elliptischen Functionen treten die
Abel'schen Functionen eines durch die Function der complexen Variablen w:*

$$w^{\gamma - 1}(1 - w)^{\gamma - \beta - 1}(1 - zw)^{-\alpha}$$

*definierten algebraischen Gebildes mit einem als variabel zu denkenden
„Modul" z.* Insbesondere tritt an Stelle des elliptischen Integrals
(2) allgemein das Abel'sche Integral erster Gattung (1); die Perioden
desselben, auf irgend ein Schnittsystem bezogen, seien $\omega_1, \omega_2, \ldots, \omega_{2p}$,
unter p das Geschlecht des algebraischen Gebildes verstanden. Es gilt

---

*) Inaugural-Dissertation (Göttingen, 1892).

**) Man vergl. namentlich „M." II, wo die im Texte erwähnten Ansätze in
ausgedehntester Weise zur Durchführung gebracht sind.

alsdann der Satz: *Die Perioden $\omega_1, \omega_2, \ldots, \omega_{2p}$ sind als Function von z durch zwei linear-unabhängige Integrale H_1, H_2 der hypergeometrischen Differentialgleichung* (11) *pg.* 120 *in der Gestalt:*

$$(3) \qquad\qquad \omega_i = a_i H_1 + b_i H_2, \qquad\qquad i = 1, 2, \ldots, 2p,$$

mit $4p$ *constanten Coefficienten* a, b *darstellbar*[*]).

Die Formeln (3) begründen einen Zusammenhang zwischen unserer ursprünglich zu Grunde gelegten homogenen Gruppe Γ von der Signatur $(0, 3; l_1, l_2, l_3)$ und einer gewissen *Gruppe ganzzahliger unimodularer Substitutionen der Perioden* $\omega_1, \omega_2, \ldots, \omega_{2p}$, welche in der Theorie der linearen Transformation der Abel'schen Functionen auftritt. In der That wird jedem *geschlossenen Umlaufe des beweglichen Verzweigungspunktes* $w = z^{-1}$ eine *Periodentransformation*:

$$(4) \qquad\qquad \omega_i' = a_{i1} \omega_1 + a_{i2} \omega_2 + \cdots + a_{i, 2p} \omega_{2p}$$

der eben genannten Art entsprechen. *Die Gesamtgruppe aller durch „Monodromie" des Verzweigungspunktes* $w = z^{-1}$ *erreichbaren Substitutionen* (4) *ist direct isomorph mit unserer Gruppe* Γ *der Signatur* $(0, 3; l_1, l_2, l_3)$. *Im Falle der Modulfunctionen sind beide Gruppen auch formal identisch; allgemein werden sie durch die* $2p$ *Gleichungen* (3) *in einander transformierbar sein.* In der Gruppe der Substitutionen (4) und den $2p$ Relationen (3) haben wir hiernach einen neuen Ansatz zu einer arithmetischen Darstellung unserer Dreiecksgruppe Γ der Signatur $(0, 3; l_1, l_2, l_3)$ gewonnen.

Zur Darstellung der automorphen Functionen und Formen des Gebildes $(0, 3; l_1, l_2, l_3)$ würde man nun, den Verhältnissen bei den elliptischen Modulfunctionen folgend, die *Thetareihen* des zugehörigen algebraischen Gebildes vom Geschlechte p heranziehen müssen. Man wird dabei in erster Linie die „*Nullwerte*" der geraden Thetafunctionen verwerten, welche nur noch von den Perioden abhängen. In den beiden besonderen Fällen $(0, 3; 4, 4, \infty)$ und $(0, 3; 3, \infty, \infty)$, die übereinstimmend zum Geschlechte $p = 2$ gehören, ist dieser Ansatz von H. Burkhardt in der Abhandlung „*Über die Darstellung einiger Fälle*

---

*) Diese Reduction aller $2p$ Perioden auf zwei Grössen H_1, H_2 hat J. Wellstein (zufolge einer brieflichen Mitteilung an den Verf.) in einer noch nicht publicierten Untersuchung direct ausführen können. Wellstein operiert hierbei mit besonders geeigneten „reducierten" Schnittsystemen und bezieht übrigens seine Untersuchung nicht nur auf den im Texte in Frage kommenden Fall von Integralen mit drei festen Verzweigungsstellen 0, 1, ∞, sondern auf Integrale mit n festen Verzweigungsstellen $e_1, e_2, \ldots, e_n$.

der automorphen Primformen durch specielle Thetareihen") thatsächlich durchgeführt worden. Leider aber haben gerade diese beiden Fälle neue Ergebnisse nicht liefern können, da die beiden genannten Gruppen $(0, 3: 4, 4, \infty)$ und $(0, 3; 3, \infty, \infty)$ mit der Modulgruppe commensurabel sind. Die von Burkhardt angegebenen Darstellungen der Primformen gehörten denn auch in der That zu bekannten Reihenentwicklungen elliptischer Modulfunctionen**).

Bei dieser Sachlage kann man es nur als wünschenswert bezeichnen, den entwickelten Ansatz in anderen aussichtsreichen Fällen, und zwar namentlich in solchen Fällen, bei denen die Commensurabilität mit der Modulgruppe von vornherein vermieden wird, zur Durchführung zu bringen.

---

*) Math. Annalen Bd. 42 pg. 185 (1892).

**) Man vergl. hierzu den Paragraph 15 in der Abhandlung von A. Hurwitz „Über endliche Gruppen linearer Substitutionen, welche in der Theorie der elliptischen Transcendenten auftreten", Mathem. Ann. Bd. 27 (1885). Es werden dort selbst allgemein analytische Darstellungen von elliptischen Modulformen aus Thetareihen von höherem p abgeleitet, wobei sich die Burkhardt'schen Formeln als Specialfälle einordnen.

Drittes Kapitel.

Theorie der Poincaré'schen Reihen mit besonderen Ausführungen für die Gebilde des Geschlechtes null.

Ehe wir die Formentheorie bei automorphen Gebilden eines beliebigen Geschlechtes weiterführen, wollen wir die schon öfter genannten Reihenentwicklungen kennen lernen, welche Poincaré eingeführt und zur Grundlage seiner ganzen analytischen Theorie der automorphen Functionen gemacht hat. Wir werden hierbei sogleich an ein automorphes Gebilde *beliebigen Geschlechtes* p anknüpfen können. Die Specialausführungen, welche wir im Anschluss an unsere allgemeinen Darlegungen für das besondere Geschlecht $p = 0$ bringen werden, setzen uns in den Stand, unsere Untersuchungen über die Gebilde dieses niedersten Geschlechtes zum endgültigen Abschluss zu bringen. Das Poincaré'sche Verfahren, welches in naheliegender Weise analytische Ausdrücke ansetzt, die gegenüber den sämtlichen Substitutionen einer vorgelegten Gruppe Γ invariant sind, ist von Poincaré bereits in seinen ersten pg. 41 genannten Noten in den Comptes rendus mitgeteilt und in der Abhandlung „*Mémoire sur les fonctions fuchsiennes*"[*]) ausführlich begründet, sowie in der späteren Abhandlung „*Mémoire sur les groupes kleinéens*"[**]) auf Gebilde ohne Hauptkreis übertragen worden. Die Betrachtungen, welche Poincaré zum Beweise der Convergenz der fraglichen Reihen ausführt, gehören zu den allerwichtigsten Entwicklungen der ganzen Theorie der automorphen Functionen.

Nach den Angaben von pg. 55 wird man erwarten, dass Poincaré bei Bildung der fraglichen Reihen sich *nicht* der homogenen Variabelen ζ_1, ζ_2 bedient, sondern vielmehr nicht-homogen operirt. Das ist in der That der Fall und hatte die Folge, dass Poincaré's Reihen gegenüber den Substitutionen von Γ *nicht absolut invariant* sind, sondern bei Ausübung der einzelnen Substitution *einen von ζ abhängigen Factor* annehmen. Die Reihen zeigen demgemäss ein Verhalten ähnlich dem-

---

[*]) Acta mathematica Bd. 1, pg. 193 (1882).
[**]) Acta mathematica Bd. 3, pg. 49 1883.

jenigen der Thetareihen bei Vermehrung ihres Argumentes um Perioden. Dieser Umstand veranlasste Poincaré, seine Reihen als „*Fuchs'sche*" bez. „*Klein'sche*" „*Thetareihen*" zu bezeichnen.

Es hat nun Ritter in seiner pg. 55 genannten Dissertation im Anschluss an Klein's Vorlesungen die in Rede stehenden Reihenentwicklungen unter Zugrundelegung der homogenen Variabelen ξ_1, ξ_2 begründet. Es handelt sich hierbei übrigens nur um eine formale Ausgestaltung der Poincaré'schen Reihen.

Ritter hat noch nach anderer Seite hin eine wesentliche Erweiterung des Poincaré'schen Ansatzes vorgenommen. Während sich nämlich Poincaré's eigene Reihen (in homogene Gestalt gesetzt) auf eindeutige Formen des Multiplicatorsystems $M_0 = 1$, und also nur auf eigentlich automorphe Formen, beziehen, erstrecken sich die Ritter'schen Entwicklungen auf *eindeutige Formen beliebiger Multiplicatorsysteme* M.

Da übrigens die Einführung der fraglichen Reihen Poincaré's eigenste Leistung ist, so ist Ritter von den bei Poincaré selbst benutzten Benennungen abgegangen und hat die an dieser Stelle sehr berechtigte Personalbenennung „*Poincaré'sche Reihen*" aufgenommen, die wir weiterhin durchweg benutzen werden.

§ 1. Ansatz der Poincaré'schen Reihen.

Es sei eine beliebige Gruppe Γ mit den zunächst nicht-homogen geschriebenen Substitutionen $V_0, V_1, \ldots$ vorgelegt, welche sämtlich ein zugehöriges Polygonnetz N in sich transformieren: das „Ausgangspolygon" oder der „Fundamentalbereich" P_0 werde durch V_k in das Polygon P_k transformiert. Die correspondierende homogene Γ ist, falls wir ihre Substitutionen „unimodular" schreiben, mit der nichthomogenen Gruppe entweder isomorph oder 2-1-deutig homomorph. Die Substitutionen der homogenen Gruppe bezeichnen wir in üblicher Weise allgemein durch U und schreiben U_k explicite so:

$$(1) \qquad \xi_1^{(k)} = \alpha_k \xi_1 + \beta_k \xi_2, \qquad \xi_2^{(k)} = \gamma_k \xi_1 + \delta_k \xi_2.$$

Das Geschlecht p des Fundamentalbereiches P_0 und damit des zugehörigen automorphen Gebildes sei bis auf weiteres ein ganz beliebiges.

Der Begriff der unverzweigten automorphen Formen wurde pg. 66 für Gruppen Γ beliebigen Geschlechtes p festgesetzt. Die *eindeutigen* automorphen Formen, welche eine specielle Classe unverzweigter Formen darstellen und stets *ganzzahlige Dimension* besitzen, werden wir für unsere jetzige Gruppe Γ genau so definieren wie oben für $p = 0$, nämlich durch die Forderung: *Der Multiplicator μ, welcher eine eindeutige Form $q_d(\xi_1, \xi_2)$ bei Ausübung einer Substitution U der homogenen Gruppe Γ annimmt, soll stets ein und derselbe sein, welchen innerhalb des Bereichs zulässiger Werte ξ_1, ξ_2 gelegenen Weg die Argumente ξ_1, ξ_2 auch bei Ausübung der Substitution beschreiben mögen.* Die zulässigen Wertsysteme ξ_1, ξ_2 sind dabei wie pg. 64 zu definieren. Wir entnehmen aus der formulierten Forderung sogleich den Satz: *Sind μ_i und μ_k die Multiplicatoren einer eindeutigen Form $q_d(\xi_1, \xi_2)$, welche den beliebigen Operationen U_i, U_k entsprechen, so gehört sowohl zu $U_i U_k$ als zu $U_k U_i$ der Multiplicator $\mu_i \cdot \mu_k$.*

Geben wir dem Bereiche Γ_0 die kanonische Gestalt, so liefert derselbe $(n + 2p)$ Erzeugende $U_1, \ldots, U_n, U_{a_1}, U_{b_1}, \ldots, U_{a_p}, U_{b_p}$, sofern (p, n) der „Charakter" von Γ ist. Die einzelne Form besitzt entsprechend ein System von $(n + 2p)$ erzeugenden Multiplicatoren, aus denen nach dem angegebenen Satze alle übrigen Multiplicatoren dieser Form herzustellen sind. Bei den Gruppen des Geschlechtes $p = 0$ kamen einzig Multiplicatoren in Betracht, welche *Einheitswurzeln* waren. Für die den etwa vorkommenden parabolischen Erzeugenden U_i, sowie den hyperbolischen U_{a_k}, U_{b_k} entsprechenden Multiplicatoren ist aus der Natur der Gruppe und dem Begriffe der eindeutigen Formen noch nicht notwendig, dass sie Einheitswurzeln darstellen. Gleichwohl bestimmen wir, *dass die $(n + 2p)$ erzeugenden Multiplicatoren und damit überhaupt alle Multiplicatoren ohne Ausnahme Zahlen vom absoluten Betrage 1 sein sollen.* Auf die Bedeutung dieser Bestimmung, auf die etwa zwischen den erzeugenden Multiplicatoren bestehenden Relationen u.s.w. kommen wir im nächsten Kapitel bei der ausführlichen Formentheorie der automorphen Gebilde mit $p > 0$ zurück. Einstweilen sind die vorstehenden Festsetzungen ausreichend, um die Theorie der Poincaré'schen Reihen in der von Ritter gewählten Ausdehnung sogleich für Gebilde von beliebigem p zu entwerfen.

Wir versuchen nun für ein einzelnes gegebenes Multiplicatorsystem analytische Ausdrücke für zugehörige eindeutige automorphe Formen vorgeschriebener ganzzahliger Dimension d zu gewinnen. Zu diesem Zwecke gehen wir auf die in (1) eingeführte Schreibweise der Substitutionen U_k von Γ zurück und bezeichnen mit μ_k den zu U_k gehörenden Multiplicator. Wir verstehen unter $H_d(\xi_1, \xi_2)$ *irgend eine homogene rationale Function der ξ_1, ξ_2 von der Dimension d* und setzen mit Hilfe derselben folgende Reihe an:

$$(2) \qquad \varphi_d(\xi_1, \xi_2) = \sum_k \mu_k^{-1} H_d(\xi_1^{(k)}, \xi_2^{(k)})$$

oder ausführlicher geschrieben:

(3) $$ \varphi_d(\xi_1, \xi_2) = \sum_k \mu_k^{-1} H_d(\alpha_k \xi_1 + \beta_k \xi_2, \gamma_k \xi_1 + \delta_k \xi_2), $$

summiert über $k = 0, 1, 2, 3, \ldots$, d. h. über alle Operationen der homogenen Gruppe Γ. Die Bezeichnung $\varphi_d(\xi_1, \xi_2)$ wolle man hier einstweilen nur als ein Symbol für die rechts angesetzte Reihe ansehen, da über deren Convergenz und functionentheoretischen Charakter noch nichts festgestellt ist. Jede solche Reihe (2) oder (3) wollen wir hinfort als eine „*Poincaré'sche Reihe*" unserer Gruppe Γ bezeichnen.

Ist $H_d(\xi_1, \xi_2)$ keine ganze Form, so besitzt dieselbe Pole in der ζ-Ebene. Fällt einer dieser Pole mit einem Grenzpunkte der Gruppe Γ zusammen, so werden, wo wir auch ζ_0 im Polygonnetze aufgreifen, in jeder noch so klein gewählten Umgebung jenes Grenzpunktes noch unbegrenzt viele mit ζ_0 äquivalente Punkte $V_k(\zeta_0)$ gelegen sein. Das Verhalten der correspondierenden Reihenglieder in (2) und ihrer Summe ist dann schwieriger festzustellen. Allerdings kommen wir unten (in § 3) auf den noch zugänglichen Fall zurück, dass ein Pol von hinreichend niedriger Ordnung in eine parabolische Spitze fällt. Um aber der hier in Rede stehenden Schwierigkeit bei der Grundlegung der Theorie der Poincaré'schen Reihen aus dem Wege zu gehen, hat man gleich anfangs die folgende Vorschrift an die Spitze gestellt: *Von den Polen der Form* $H_d(\xi_1, \xi_2)$ *soll keiner mit einem Grenzpunkte der Gruppe* Γ *zusammenfallen*. Wir werden an dieser Bestimmung, abgesehen von der schon erwähnten Entwicklung in § 3, beständig festhalten.

Als *rationale* Form ist $H_d(\xi_1, \xi_2)$ im Netze N entweder polfrei oder besitzt eine *endliche* Anzahl von Polen. Im letzteren Falle markiere man alle mit diesen Polen äquivalenten Stellen im Polygon P_0 sowie in allen übrigen Polygonen des Netzes N. An der einzelnen solchen Stelle wird ein Glied der Reihe (2) *polar* unstetig oder auch mehrere in *endlicher* Anzahl, falls nämlich mehrere Pole von $H_d(\xi_1, \xi_2)$ in Punkte fallen, die bezüglich Γ äquivalent sind. Im letzteren Falle ist es möglich, dass sich die Pole dieser Glieder bei Bildung der Summe (2) gegenseitig zerstören, ein Vorkommnis, das uns unten noch beschäftigen wird.

Wir sprechen nun folgendes Theorem aus: *Können wir beweisen, dass die Reihe* (2) *in der Umgebung einer „beliebigen" Stelle ζ_0 des Netzes N, abgesehen von endlich vielen Gliedern, die in ζ_0 polar unstetig werden, absolut und gleichmässig convergent ist, so liefert dieselbe eine eindeutige automorphe Form* $\varphi_d(\xi_1, \xi_2)$ *des vorgeschriebenen Multiplicatorsystems und der gegebenen Dimension d.* Schreiben wir nämlich die Reihe (3) symbolisch noch etwas kürzer in der Gestalt:

$$\sum_k \mu_k^{-1} H_d \{ U_k(\xi_1, \xi_2) \},$$

so führt die Ausübung von U_i auf:

$$\sum_k \mu_k^{-1} H_d \{ U_k U_i(\xi_1, \xi_2) \} = \mu_i \sum_k (\mu_i \mu_k)^{-1} H_d \{ U_k U_i(\xi_1, \xi_2) \}.$$

Nun durchläuft mit $k = 0, 1, 2, \ldots$ auch $U_k U_i$ die Gruppe $\mathit{\Gamma}$, und $\mu_i \mu_k$ ist der zugehörige Multiplicator. Wegen der absoluten und eben deshalb unbedingten Convergenz wird aber die mit μ_i auf der rechten Seite der letzen Gleichung multiplicierte Reihe denselben Summenwert wie die Reihe (3) haben. Nehmen wir noch hinzu, dass in der Umgebung der beliebigen Stelle ζ_0 des Netzes auch die „gleichmässige" Convergenz der Reihe (3) angenommen wurde, so wird diese Reihe eine im Netze N eindeutige homogene analytische Function von ξ_1, ξ_2 liefern, welche gegenüber U_i den Factor μ_i annimmt. Der ausgesprochene Satz ist damit thatsächlich bewiesen.

Ist die homogene Gruppe auf die nicht-homogene nicht isomorph, sondern 2-1-deutig homomorph bezogen, so enthält erstere die Substitution -1. Für diese homogene Substitution liefert jedes System M von gerader Dimension den Multiplicator $\mu = 1$ und jedes von ungerader Dimension $\mu = -1$. Die Folge ist, dass jetzt die Glieder der Reihe (2) zu Paaren einander gleich werden. *Es wird hiernach ausreichend sein, wenn wir beim Aufbau der Reihe (2) von je zwei der gleichen Substitution V entsprechenden homogenen U immer nur eine Substitution zulassen.*

Übrigens werden wir in der Folge meist *die Reihe (2) in nicht-homogener Gestalt* benutzen. Wir setzen hierbei:

$$(4) \qquad H_d(\xi_1, \xi_2) = \xi_2^d H_d(\xi, 1) = \xi_2^d H(\xi)$$

und gewinnen damit folgende Darstellung unserer Reihe:

$$(5) \qquad \varphi_d(\xi_1, \xi_2) = \xi_2^d \sum_k \mu_k^{-1} H \left(\frac{\alpha_k \xi + \beta_k}{\gamma_k \xi + \delta_k} \right) (\gamma_k \xi + \delta_k)^d,$$

wo die Reihenglieder jetzt den Substitutionen V_k der *nicht-homogenen* Gruppe eindeutig zugeordnet sind.

Lassen wir den Factor ξ_2^d fort und specialisieren die Formel (5) für gerade Dimensionen $d = -2m$ und für das Multiplicatorsystem $M_0 = 1$, so gelangen wir in:

$$(6) \qquad \theta(\xi) = \sum_k H \left(\frac{\alpha_k \xi + \beta_k}{\gamma_k \xi + \delta_k} \right) (\gamma_k \xi + \delta_k)^{-2m}$$

zu der von Poincaré an die Spitze gestellten „Thetafunction". Die Gleichung:

$$\varphi\left(\xi_1^{(i)},\, \xi_2^{(i)}\right) = \varphi\left(\xi_1,\, \xi_2\right)$$

liefert alsdann für die in (6) dargestellte θ-Function als Verhalten gegenüber der Substitution V_i:

$$\theta\left(\frac{\alpha_i\,\zeta + \beta_i}{\gamma_i\,\zeta + \delta_i}\right) = (\gamma_i\zeta + \delta_i)^{2m}\theta(\zeta).$$

Dass sich $\theta(\zeta)$ gegenüber V_i nicht absolut invariant verhält, vielmehr *einen von ζ abhängigen Factor* annimmt, wurde schon oben (pg. 137) angegeben.

Es kommt jetzt alles darauf an, die Convergenzuntersuchung der Poincaré'schen Reihen wirklich durchzuführen.

§ 2. Erste Convergenzbetrachtung der Poincaré'schen Reihen.

Poincaré hat in § 1 der ersten der beiden pg. 137 genannten Abhandlungen die Convergenzuntersuchung seiner Reihen im Falle der Hauptkreisgruppen nach zwei verschiedenen Methoden durchgeführt, von denen die erste ihre Beweiskraft im Falle beliebiger Polygongruppen bewahrt. Wir gehen demgemäss hier zunächst auf diese erste Poincaré-sche Convergenzbetrachtung ein. Ein paar vorläufige Überlegungen sind dabei vorauszuschicken.

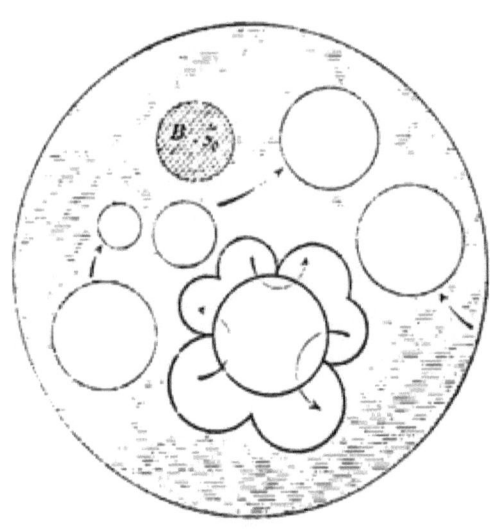

Fig. 23.

Erstlich wird es beim Beweisgang erforderlich sein, dass wir ein Netz N mit einer oder unendlich vielen Grenzcurven haben. Dies ist aber keine Einschränkung der Allgemeingültigkeit unserer Ergebnisse. Es gilt nämlich der Satz: *Sind die Reihen der Dimension d bei den Gruppen mit Grenzcurven im Innern der betreffenden Netze überall absolut und gleichmässig convergent, so findet die gleiche Convergenz bei den Reihen eben dieser Dimension d auch für die Gruppen mit nur isolirt liegenden Grenzpunkten statt.* Sollen wir nämlich bei einer Gruppe Γ der letzten Art für die Umgebung B einer Stelle ζ_0 des zugehörigen Netzes die Convergenz einer vorgelegten Reihe der Dimension d untersuchen, so componiere man Γ nach Mafsgabe von Figur 23 etwa mit einer Hauptkreisgruppe der Signatur $(0, 3: 0, 0, 0)$, die wir so wählen, dass der Bereich B auch innerhalb des Netzes der durch Composition entspringenden Gruppe liegt. In der Figur ist der Polygonrand dieser Hauptkreisgruppe und der zu ihr gehörige Hauptkreis selbst stark markiert. Durch die Composition ergiebt sich nun offenbar eine Gruppe mit unendlich vielen Grenzcurven. Man hat jetzt nur noch zu berücksichtigen, dass jeder Bestandteil einer absolut und gleichmässig convergenten Reihe wieder eine ebenso convergente Reihe darstellt, um die Richtigkeit der ausgesprochenen Behauptung von den Poincaré'schen Reihen der ursprünglichen Gruppe zu erkennen.

Wir wollen zweitens beweisen: *Die Convergenz der einzelnen Poincaré'schen Reihe ist unabhängig von einer beliebigen linearen Transformation, die wir auf ζ bez. ζ_1 und ζ_2 ausüben mögen.* Gehen wir nämlich vermöge einer etwa unimodular geschriebenen Substitution:

$$(1) \qquad \zeta_1 = A\zeta_1' + B\zeta_2', \quad \zeta_2 = C\zeta_1' + D\zeta_2'$$

zu den neuen Variabelen ζ_1' und ζ_2' über und setzen:

$$H_d(A\zeta_1' + B\zeta_2', \quad C\zeta_1' + D\zeta_2') = H_d'(\zeta_1', \zeta_2'),$$

so wird, symbolisch geschrieben:

$$H_d[U_k(\zeta_1, \zeta_2)] = H_d'[U_k'(\zeta_1', \zeta_2')],$$

wo U_k' die durch Transformation vermöge der Operation (1) aus U_k entspringende Substitution ist. Hiernach sind die beiden Reihen:

$$\sum_k \mu_k^{-1} H_d[U_k(\zeta_1, \zeta_2)], \quad \sum_k \mu_k^{-1} H_d'[U_k'(\zeta_1', \zeta_2')]$$

gliedweise einander gleich, und es kann bei Betrachtung der Convergenz in der That jede an Stelle der anderen treten.

Von der letzten Betrachtung machen wir dahingehend Gebrauch, dass wir annehmen, *der Punkt $\zeta = \infty$ liege weder im Innern noch auf dem Rande des Polygonnetzes N, welches demnach ganz im Endlichen verlaufen wird.* Würde dies zunächst nicht zutreffen, so könnten wir sofort zu einem kreisverwandten Netze übergehen, welches unsere Forderung erfüllt.

Wir schreiben nun unsere Reihe in der Gestalt (5) pg. 141 und lassen auch noch den Factor ζ_2^d (der bei der Convergenzbetrachtung

nicht interessiert) fort; es gilt also, die Convergenz der folgenden Reihe
zu untersuchen:

$$\sum_k \mu_k^{-1} H\left(\frac{\alpha_k z + \beta_k}{\gamma_k z + \delta_k}\right)(\gamma_k \zeta + \delta_k)^l.$$

Benutzen wir für die unimodular geschriebenen nicht-homogenen Substitutionen wie oben die Bezeichnung $\zeta^{(k)} = V_k(\zeta)$, so kann man die
fragliche Reihe auch so schreiben:

$$(2) \qquad \sum_k \mu_k^{-1} H[V_k(\zeta)]\left(\frac{dV_k(\zeta)}{d\zeta}\right)^{-\frac{l}{2}}.$$

Im „Innern" des Polygonnetzes werde jetzt ein „beliebiger" Punkt ζ_0
aufgegriffen und mit einem kleinen Bereiche B umgeben, der dem
Rande des Netzes N nirgends nahe kommen soll. In diesem Bereiche B
wollen wir die Convergenz der Reihe (2) untersuchen und schränken
demgemäss ζ auf den Bereich B ein.

Die mit B äquivalenten Bereiche heissen etwa $B_0 = B, B_1, B_2, \cdots$.
Wir nehmen B derart gewählt an, dass die Bereiche B_k nicht über
einander greifen; im Falle eines elliptischen Fixpunktes ζ_0 wird man
B somit als Sector von einer anliegenden Polygonecke abschneiden.
Während ζ den Bereich B beschreibt, wird offenbar $V_k(\zeta)$ den äquivalenten Bereich B_k durchlaufen.

Kommen Pole der rationalen Function $H(\zeta)$ im Netze vor, so um-
gebe man jeden derselben mit einem kleinen im Innern des Netzes
verlaufenden Kreise. Diese Kreise werden, insofern sie im „Innern"
des Netzes liegen sollten, nur mit endlich vielen Bereichen B_k Punkte
gemein haben. Die diesen letzten Bereichen zugehörigen Reihenglieder
in (2) denken wir ausgelassen; sie spielen ihrer endlichen Anzahl halber
bei der Frage der Convergenz keine Rolle. Die noch übrig gebliebenen
Bereiche B mögen $B_0', B_1', B_2', \cdots$ heissen; an die so eingeführte
Kürzung der Reihe möge durch einen oberen Index am Summenzeichen
erinnert werden.

Da nun die Bereiche B_k' von den Polen der rationalen Function
$H(\zeta)$ überall endlich entfernt sind, so werden die absoluten Beträge der
für uns in Betracht kommenden Functionswerte $H[V_k(\zeta)]$ sämtlich eine
angebbare endliche Grösse G nicht überschreiten. Gehen wir demnach
von der gekürzten Reihe (2) zur Reihe der absoluten Beträge und
benutzen, dass $|\mu_k| = 1$ ist, so gilt offenbar:

$$\sum_k{}' \mu_k^{-1} H[V_k(\zeta)] \cdot \left|\frac{dV_k(\zeta)}{d\zeta}\right|^{-\frac{l}{2}} < G \cdot \sum_k{}' \left|\frac{dV_k(\zeta)}{d\zeta}\right|^{-\frac{l}{2}}.$$

Die Untersuchung ist hiermit auf die Frage der Convergenz der Reihe:

$$(3) \qquad \sum_k{}' \left| \frac{d V_k(z)}{d z} \right|^{-\frac{d}{2}}$$

reduciert.

Nun ist für den einzelnen Punkt z des Bereiches B die geometrische Bedeutung des absoluten Betrages $\left| \frac{d V_k(z)}{d z} \right|$ die, dass derselbe das „Vergrösserungsverhältnis" oder den „Modul" der conformen Abbildung der nächsten Umgebung des Punktes z auf den Bereich B_k liefert. Dieser Abbildungsmodul nimmt gegen die Grenze 0 ab, wenn wir uns dem Rande des Netzes N mehr und mehr annähern. Somit muss, damit die Reihe (3) convergent ist, d eine „negative" ganze Zahl sein; setzen wir also $-d = d'$, so ist $d' > 1$ zu nehmen, und es handelt sich um die Convergenz der Reihe:

$$(4) \qquad \sum_k{}' \left| \frac{d V_k(z)}{d z} \right|^{\frac{d'}{2}}$$

Man ziehe nun die Grösse der *Schwankung* in Betracht, *welche der Abbildungsmodul* $\frac{d V_k(z)}{d z}$ *erfährt, wenn* z *den Bereich* B *beschreibt*. Zu diesem Zwecke schreiben wir:

$$\left| \frac{d V_k(z)}{d z} \right| = \frac{1}{\gamma_k^{\,2} \left| z + \frac{\delta_k}{\gamma_k} \right|^2}$$

wobei zu bemerken ist, dass die Coefficienten γ_k aller Substitutionen der Gruppe Γ, abgesehen von der Identität $V_0 = 1$, als von 0 verschieden angenommen werden dürfen[*]). Bezeichnen wir den grössten Wert einer im Bereiche B variabelen Grösse durch Anhängung des Index M, den kleinsten entsprechend durch Anhängung von m, so ergiebt sich aus der letzten Gleichung:

$$\left(\frac{\left| \frac{d V_k(z)}{d z} \right|_M}{\left| \frac{d V_k(z)}{d z} \right|_m} \right) = \left(\frac{\left| z + \frac{\delta_k}{\gamma_k} \right|_M}{\left| z + \frac{\delta_k}{\gamma_k} \right|_m} \right)^2.$$

Jetzt beachte man, dass $V_k^{-1}(\infty) = -\frac{\delta_k}{\gamma_k}$ ist. Der Punkt $-\frac{\delta_k}{\gamma_k}$ ist somit für jedes k mit ∞ äquivalent und also ausserhalb des Netzes N gelegen. Nun ist $\left| z + \frac{\delta_k}{\gamma_k} \right|$ einfach gleich der Entfernung der beiden

---

[*]) Ist nämlich $\gamma_k = 0$, so hat V_k bei $z = \infty$ einen Fixpunkt. Die sämtlichen nicht-elliptischen Fixpunkte liegen aber auf dem Rande von N und also nicht bei $z = \infty$. Etwaige elliptische Fixpunkte liegen ausserhalb isoliert; und man kann nach dem zweiten am Anfang des Paragraphen vorausgeschickten Hilfsatze die Anordnung stets so treffen, dass $z = \infty$ kein elliptischer Fixpunkt ist.

Punkte ζ und $-\dfrac{\delta_k}{\gamma_k}$. Demgemäss ist $\left|z + \dfrac{\delta_k}{\gamma_k}\right|_m$ grösser als die kleinste Entfernung m, welche man zwischen einem Randpunkte von B und einem solchen von N auffinden kann. Da B überall vom Rande des Netzes N endlich entfernt bleibt, so ist m eine bestimmte von 0 verschiedene positive Zahl (cf. Figur 24)*). Da ferner sämtliche Punkte

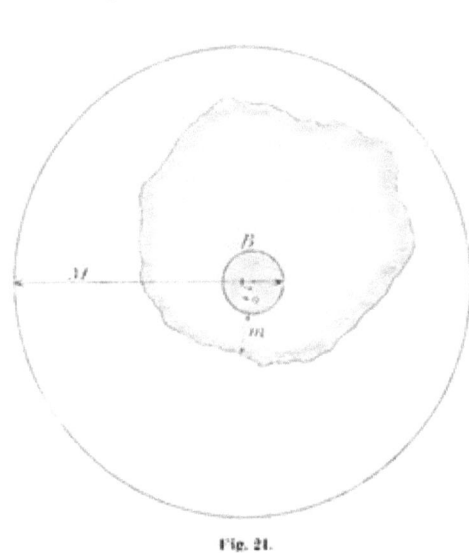

Fig. 21.

$-\dfrac{\delta_k}{\gamma_k}$ für $k = 1, 2, 3, \ldots$ im Endlichen liegen, so kann man etwa um ζ_0 einen Kreis mit bestimmtem endlichen Radius legen, der alle Punkte $-\dfrac{\delta_k}{\gamma_k}$ einschliesst. Dann aber ist $\left|z + \dfrac{\delta_k}{\gamma_k}\right|_M$ offenbar kleiner als die grösste Entfernung M, welche zwischen einem Randpunkte von B und einem Punkte der Peripherie des eben genannten Kreises existiert. Hierbei ist M wieder eine endliche Zahl

(cf. Figur 24). Setzen wir nun den Quotienten $\dfrac{M^2}{m^2} = C$, so ist die rechte Seite der letzten Gleichung $< C$, und also ergiebt sich die Ungleichung:

(5)
$$\left.\frac{dV_k(z)}{dz}\right|_M < C \left.\frac{dV_k(z)}{dz}\right|_m,$$

d. h. der Quotient des grössten Wertes des fraglichen Abbildungsmoduls im Bereiche B und des kleinsten daselbst eintretenden Wertes ist kleiner als C, wo C eine von k unabhängige endliche positive Constante ist.

Wir verstehen nun unter J_0 den Inhalt der Fläche des Bereiches B und bezeichnen entsprechend den Inhalt von B_k durch J_k. Dann gilt jedenfalls:

(6)
$$\left.\frac{dV_k(z)}{dz}\right|_m^2 J_0 \leq J_k \leq \left.\frac{dV_k(z)}{dz}\right|_M^2 J_0.$$

Diese Figur versinnlicht den Fall, dass der vom Netze N bedeckte Bereich einfach zusammenhängend ist. Doch gilt die Überlegung ohne weiteres auch in dem Falle, dass das Netz N unendlich hohen Zusammenhang besitzt.

Hieraus und aus der Ungleichung (5) folgt für einen *beliebigen* Punkt ζ im Bereiche B:

$$(7) \qquad \left| \frac{dV_k(z)}{d\zeta} \right|^2 < \left. \frac{dV_k(z)}{dz} \right|_{l_l}^2 < C^2 \left. \frac{dV_k(z)}{dz} \right|_{l_0}^2 < C^2 \frac{J_k}{J_0}.$$

Für die zu untersuchende Reihe (4) ergiebt sich demgemäss:

$$(8) \qquad \sum_k' \left| \frac{dV_k z}{dz} \right|^{\frac{d'}{2}} < C^{d'} J_0^{-\frac{d'}{2}} \cdot \sum_k' J_k^{\frac{d'}{2}}$$

als eine an der betrachteten Stelle ζ gültige Ungleichung. Ist nun zunächst $d' = 4$, so hat man die Reihe $\sum_k' J_k$, und diese ist sicher convergent; denn die Bereiche B_k collidieren nicht mit einander, und das ganze Netz N verläuft im Endlichen. Damit ist, weil $\lim_{k=\infty} J_k = 0$ ist, zugleich auch die Convergenz für alle Werte $d' > 4$ bewiesen.

Da übrigens die gedachte Stelle ζ, wie hervorgehoben, im Bereiche B willkürlich wählbar war, so ist durch die vorstehende Betrachtung auch die Gleichmässigkeit der Convergenz im Bereiche B bewiesen.

Nach den am Anfang des Paragraphen vorausgeschickten Überlegungen können wir demnach das folgende allgemeine Convergenztheorem aussprechen: *Für jede Polygongruppe Γ convergieren alle Poincaré'schen Reihen der Dimension $d \leq -4$ im obigen Sinne unbedingt und gleichmässig im ganzen Innern des Polygonnetzes N, d. h. in der Umgebung jedes vom Rande des Netzes endlich entfernten inneren Punktes.*

Der Hauptgesichtspunkt der hiermit zu Ende geführten ersten Poincaré'schen Convergenzbetrachtung besteht in der Reduction der Untersuchung auf die Convergenz der Reihe $\sum J_k$, welche geometrisch evident ist. Dabei bedeuten die J_k die „euklidischen" Flächeninhalte der äquivalenten Bereiche B_k. In der zweiten Poincaré'schen Convergenzbetrachtung wird ein gleichfalls grundlegender Gebrauch vom „hyperbolischen" Flächeninhalte der Bereiche B gemacht (cf. § 7).

§ 3. Verhalten der Poincaré'schen Reihen in parabolischen Spitzen.

Um das pg. 140 aufgestellte Theorem über den automorphen Charakter einer Poincaré'schen Reihe allgemein in Anwendung bringen zu können, müssen wir *dem Polygonnetze N* in gewohnter Art auch *die etwaigen parabolischen Spitzen der Polygone zurechnen.* Für derartige parabolische Punkte ist aber das Verhalten der Reihen durch die soeben gegebenen Betrachtungen noch nicht festgestellt.

Da die Convergenz der einzelnen Poincaré'schen Reihe von der Ausübung einer beliebigen linearen Transformation des ζ unabhängig ist, so legen wir einen zur näheren Untersuchung vorgelegten parabolischen Punkt nach $\zeta = \infty$ und setzen die zugehörige erzeugende Substitution nach (5) pg. 65 in die Gestalt:

$$(1) \qquad \zeta_1' = \zeta_1 + 2i\pi\zeta_2, \quad \zeta_2' = \zeta_2.$$

Der correspondierende Multiplicator sei $e^{2i\pi \frac{\lambda}{l}}$, unter λ eine der Zahlen $0, 1, 2, \ldots, (l-1)$ verstanden; als Entwicklungsgrösse der automorphen Functionen und Formen für die „Umgebung" des parabolischen Punktes haben wir nach (10) pg. 70:

$$t = e^{\frac{\zeta}{l}}$$

heranzuziehen.

Wir nehmen nun an, es sei eine Poincaré'sche Reihe vorgelegt, deren Convergenz im „Innern" des Netzes N bereits bewiesen ist. Dies ist für $d' = -d \geq 4$ ja allgemein der Fall. *Indem wir aber nur $d' \geq 2$ fordern,* werden unsere nächsten Überlegungen für die bei gewissen besonderen Gruppen noch convergenten Reihen mit $d' = 3$ und 2 ohne weiteres mitgelten.

Da bei Ausübung der parabolischen Substitution $\zeta_2' = \zeta_2$ ist, so wird die mit $\zeta_2^{d'}$ multiplicierte Poincaré'sche Reihe, die ja im „Innern" des Netzes gleichmässig convergiert, daselbst eine *Function* von ζ darstellen, welche bei Ausübung der Substitution $\zeta' = \zeta + 2i\pi$ den Factor $e^{2i\pi\frac{\lambda}{l}}$ annimmt. Wir schliessen für die „Umgebung" der parabolischen Spitze auf die Existenz einer eindeutig bestimmten Darstellung:

$$(2) \qquad \sum_k \mu_k^{-1} H\left(\frac{\alpha_k\zeta + \beta_k}{\gamma_k\zeta + \delta_k}\right)(\gamma_k\zeta + \delta_k)^{-d'} = t^{\frac{\lambda}{l}}\sum_{h=-\infty}^{\infty} a_h t^h,$$

wo die rechts stehende *Laurent'sche Reihe* innerhalb eines gewissen endlichen Kreises um $t = 0$, nötigenfalls vom Punkte $t = 0$ selber abgesehen, convergent ist.

Es ist nun äusserst wichtig, *dass wir die Poincaré'sche Reihe auf einem directen Wege in die so gemeinte Potenzreihe umsetzen können.* Die hierzu erforderliche Entwicklung gliedert sich folgendermafsen:

Da die Poincaré'sche Reihe im Innern des Netzes N unbedingt convergent ist, so können wir ohne Änderung des Summenwertes die Glieder der Reihe in eine beliebige Anordnung bringen. Man beachte, dass innerhalb Γ die Substitutionen $\zeta' = \zeta + 2i\pi\nu$ (mit $\nu = -\infty, \ldots, +\infty$) eine Untergruppe des Index ∞ liefern. Für diese Untergruppe mögen wir ein Repräsentantensystem in den Substitutionen $V_\varkappa$ (mit $\varkappa = 0, 1, \ldots$ ausgewählt haben; und zwar derart, dass wir in:

$$V_\varkappa(\zeta + 2i\pi\nu); \quad \varkappa = 0, 1, 2, \ldots; \quad \nu = -\infty, \ldots, +\infty$$

alle Substitutionen der Gruppe und jede nur einmal gewinnen. Es ist alsdann folgende Anordnung der Reihenglieder für uns am zweckmässigsten:

$$\sum_\varkappa \left[\mu_\varkappa^{-1} \sum_{\nu=-\varkappa}^{+\varkappa} {}^{2\varkappa i\pi \frac{\lambda}{l}} H\left(\frac{\alpha_\varkappa z + \beta_\varkappa - 2\nu i\pi\alpha_\varkappa}{\gamma_\varkappa z + \delta_\varkappa - 2\nu i\pi\gamma_\varkappa} \right) (\gamma_\varkappa \zeta + \delta_\varkappa - 2\nu i\pi\gamma_\varkappa)^{-d'} \right].$$

Setzen wir zur Abkürzung:

$$(3) \qquad \sum_{\nu=-\varkappa}^{+\varkappa} H\left(\frac{\alpha_\varkappa z + \beta_\varkappa - 2\nu i\pi\alpha_\varkappa}{\gamma_\varkappa z + \delta_\varkappa - 2\nu i\pi\gamma_\varkappa} \right) (\gamma_\varkappa \zeta + \delta_\varkappa - 2\nu i\pi\gamma_\varkappa)^{-d'} = \Phi_\varkappa(\zeta),$$

so hat damit unsere zu untersuchende Reihe die einfache Gestalt angenommen:

$$(4) \qquad \sum_\varkappa \left[\mu_\varkappa^{-1} \sum_{\sigma=0}^{l-1} {}^{2ai\pi\frac{\lambda}{l}} \Phi_\varkappa(\zeta - 2i\pi\sigma) \right]. \quad —$$

Da die rationale Function $H(\zeta)$ auf dem Netzrande überall polfrei ist, und da ferner d' ganzzahlig und > 2 vorausgesetzt wurde, so haben wir in:

$$(5) \qquad H\left(\frac{\alpha_\varkappa z + \beta_\varkappa}{\gamma_\varkappa z + \delta_\varkappa} \right) (\gamma_\varkappa \zeta + \delta_\varkappa)^{-d'} = R(\zeta)$$

für den einzelnen Index $\varkappa$ eine rationale Function von ζ, welche bei $\zeta = \infty$ *einen Nullpunkt mindestens von der zweiten Ordnung* hat. Man wolle sich überzeugen, dass diese Regel für $\varkappa = 0$, d. i. für die Substitution $V_0 = 1$ keine Ausnahme erleidet. Hier ist:

$$(6) \qquad R(\zeta) = H(\zeta) = \zeta_2^{d'} H_0(\zeta_1, \zeta_2).$$

Da nun $H_0(\zeta_1, \zeta_2)$ für $\zeta_2 = 0$, d. h. im parabolischen Grenzpunkte endlich bleiben sollte und $d' > 2$ gilt, so hat, wie behauptet, $H(\zeta)$ und also $R(\zeta)$ bei ∞ einen Nullpunkt zweiter oder höherer Ordnung.

Es möge nun $R(\zeta)$ insgesamt s Pole besitzen, welche an den endlichen Stellen $a_1, a_2, \ldots a_s$ liegen, und es sei der h^{te} unter ihnen von der Ordnung p_h. Dann gilt mit Rücksicht auf das Verhalten von $R(\zeta)$ bei $\zeta = \infty$ die Partialbruchzerlegung:

$$(7) \qquad R(\zeta) = \sum_{h=1}^s \left[\frac{A_h^{(1)}}{\zeta - a_h} + \frac{A_h^{(2)}}{(\zeta - a_h)^2} + \cdots + \frac{A_h^{(p_h)}}{(\zeta - a_h)^{p_h}} \right]$$

mit verschwindender Summe der Zähler $A_h^{(1)}$:

(8)
$$\sum_{k=1}^{s} A_k^{(1)} = 0. -$$

Die Formel (3) schreibe man nun so:

(9)
$$\Phi_\varkappa(\zeta) = R(\zeta) + \sum_{\nu=1}^{+\varkappa}[R(\zeta - 2i\pi l\nu) + R(\zeta + 2i\pi l\nu)].$$

Die hier rechts angedeutete Summation soll an den einzelnen Gliedern des entwickelten Ausdrucks (7) von $R(\zeta)$ durchgeführt werden. Zu diesem Zwecke benutze man die Formel:

$$\frac{1}{\zeta-a} + \sum_{\nu=1}^{\varkappa}\left[\frac{1}{\zeta-a-2i\pi l\nu} + \frac{1}{\zeta-a+2i\pi l\nu}\right] = -\frac{1}{2il}\operatorname{cotg}\left(\frac{\zeta-a}{2il}\right).$$

Drücken wir die Function cotg durch die Exponentialfunction aus und schreiben:

(10)
$$e^{\frac{\zeta}{l}} = t' = t',$$

so nimmt diese Gleichung die Gestalt an:

(11)
$$\frac{1}{\zeta-a} + \sum_{\nu=1}^{\varkappa}\left[\frac{1}{\zeta-a-2i\pi l\nu} + \frac{1}{\zeta-a+2i\pi l\nu}\right] = -\frac{1}{2l}\frac{1+t'\cdot e^{-\frac{a}{l}}}{1-t'\cdot e^{-\frac{a}{l}}}.$$

Die links stehende Summe liefert also eine rationale Function von t', die in der parabolischen Spitze, d. h. für $t'=0$, den *von der Lage des Poles a unabhängigen* Wert $-\frac{1}{2l}$ annimmt. —

Die in der letzten Gleichung links stehende Reihe darf, unbeschadet ihrer gleichmässigen Convergenz, gliedweise nach ζ differenziert werden. Rechts tritt dabei eine rationale Function von t' ein, die für $t'=0$ verschwindet. Genau dasselbe Sachverhältnis bleibt auch bei mehrfacher Wiederholung dieses Differentiationsprocesses bestehen: jede der Reihen,

$$\sum_{\nu=-\varkappa}^{+\varkappa}\left(\frac{1}{\zeta-a-2i\pi l\nu}\right)^2, \quad \sum_{\nu=-\varkappa}^{\varkappa}\left(\frac{1}{\zeta-a-2i\pi l\nu}\right)^3, \cdots$$

liefert eine rationale Function von t', *die für $t'=0$ verschwindet.*

Unter Benutzung der Relation (8) und mit Rücksicht auf das Verhalten des in (11) rechts stehenden Ausdrucks bei $\zeta = \infty$ finden wir demgemäss für die rechte Seite der Gleichung (9) eine rationale Function von t', die für $t'=0$ verschwindet. $\Phi_\varkappa(\zeta)$ gestattet somit eine innerhalb eines endlich ausgedehnten Kreises um $t'=0$ convergente Entwicklung nach Potenzen von t':

$$\Phi_\nu(\zeta) = b_1^{(\varkappa)}t' + b_2^{(\varkappa)}t'^2 + b_3^{(\varkappa)}t'^3 + \cdots.$$

Vermöge dieses Ausdrucks für $\Phi_\varkappa(\zeta)$ gestalte man jetzt die Summe (4) um; man findet zunächst:

$$\sum_{\sigma=0}^{l-1} e^{2 \varrho i \pi \frac{\lambda}{l}} \Phi_\varkappa(\zeta - 2 i \pi \sigma) = \sum_{\sigma=0}^{l-1} e^{2 \varrho i \pi \frac{\lambda}{l}} \left[b_1^{(\varkappa)} t' e^{-\frac{2 i \pi \sigma}{l}} + b_2^{(\varkappa)} t'^2 e^{-\frac{4 i \pi \sigma}{l}} + \cdots \right].$$

Bei der Summation in Bezug auf σ fallen hier rechter Hand alle diejenigen Glieder einfach fort, bei denen der Exponent von t' modulo l nicht mit λ congruent ist. Es folgt somit:

$$\mu_\varkappa^{-1} \sum_{\sigma=0}^{l-1} e^{2 \varrho i \pi \frac{\lambda}{l}} \Phi_\varkappa(\zeta - 2 i \pi \sigma) = \mu_\varkappa^{-1} l t'^\lambda \left[b_\lambda^{(\varkappa)} + b_{\lambda+1}^{(\varkappa)} t' + b_{\lambda+2}^{(\varkappa)} t'^2 + \cdots \right].$$

wobei im Falle $\lambda = 0$ der Anfangscoefficient $b_0^{(\varkappa)}$ verschwindet.

Die Summe aller hier rechts stehenden Ausdrücke für $\varkappa = 0, 1, 2, \ldots$ liefert den Wert der convergenten Reihe (4). Dieselbe darf, was von Weierstrass*) bewiesen worden ist, nach ansteigenden Potenzen von t umgeordnet werden und ergiebt damit die gewünschte Darstellung unserer Poincaré'schen Reihe in der Gestalt:

$$(12) \qquad \sum_k \mu_k^{-1} H\left(\frac{\alpha_k \zeta + \beta_k}{\gamma_k \zeta + \delta_k}\right) (\gamma_k \zeta + \delta_k)^{-d'} = t^\lambda (a_0 + a_1 t + a_2 t^2 + \cdots),$$

wo λ eine Zahl aus der Reihe $0, 1, 2, \ldots, l-1$ ist und a_0 *im Falle* $\lambda = 0$ *verschwindet.*

Hiermit haben wir den wichtigen Satz gewonnen: *Eine im „Innern" des Netzes N unbedingt convergente Poincaré'sche Reihe einer Dimension $d \leq -2$ weist auch in der einzelnen etwa auftretenden parabolischen Spitze niemals einen wesentlich singulären Punkt auf. Nach einem pg. 140 aufgestellten Grundtheorem wird die Reihe somit eine automorphe Form darstellen; und zwar besitzt diese Form im parabolischen Punkte unter allen Umständen, auch wenn der Multiplicator $\mu = 1$ vorliegt, einen Nullpunkt.* Insbesondere letzterer Umstand wird späterhin sehr folgenreich werden.

Die Rechnungen des vorliegenden Paragraphen geben noch zu folgender beiläufigen Betrachtung Anlass. Lassen wir zu, dass die rationale Form $H_d(z_1, z_2)$ *im parabolischen Punkte* $\zeta = \infty$ *einen Pol höchstens von der Ordnung $d'-2$ besitzt,* so bleiben alle einzelnen Schritte unserer analytischen Entwicklung formal unverändert bestehen. Die in (6) dargestellte rationale Function $R(\zeta)$ und (falls wir nicht

---

*) Monatsberichte der Berliner Akademie von 1880 oder Weierstrass' Mathematische Werke, Abhandlungen Bd. 2 pg. 205.

noch weitere Pole in Grenzpunkten zulassen) die Function (5) für beliebiges z bewahren ihren Nullpunkt mindestens der zweiten Ordnung bei $\zeta = \infty$; und man gelangt, die absolute und gleichmässige Convergenz der in Frage kommenden Reihen im Netzinnern vorausgesetzt, schliesslich wieder im vollen Umfange zum Ergebnis (12) und zu dem darangeknüpften Theoreme.

Es ist nun in der That durch H. v. Mangoldt[*] für die so verallgemeinerten Poincaré'schen Reihen bei $d' > 4$ der erforderliche Convergenzbeweis erbracht worden. Die Betrachtung gründet sich in einfacher Weise auf Rechnungen, wie wir sie in den Formeln (3) ff. anstellten. Man muss nur das Repräsentantensystem V_z der parabolischen Untergruppe (entgegen der oben befolgten Maßregel) in der Art fixieren, dass man jetzt in:

$$V_z(\zeta) + 2i\pi\nu; \quad z = 0, 1, 2, \ldots; \quad \nu = -\infty, \ldots + \infty$$

alle Substitutionen der Gruppe und jede nur einmal erhält.

Bei dem so bezeichneten Resultate scheint freilich zunächst ein Widerspruch insofern vorzuliegen, als *trotz des Poles von $H_d(\xi_1, \xi_2)$ im parabolischen Punkte* die durch die Reihe:

$$\sum_k{}' \mu_k^{-1} H_d(\alpha_k \xi_1 + \beta_k \xi_2, \ \gamma_k \xi_1 + \delta_k \xi_2)$$

dargestellte automorphe Form eben daselbst *stets einen Nullpunkt* besitzt. Indessen wolle man sich hier unserer obigen Festsetzungen über Nullpunkte der Formen in parabolischen Spitzen erinnern (cf. pg. 70). Es gilt als Potenzreihenentwicklung der einzelnen Form an der fraglichen Stelle:

$$\xi_2^{-d'} t^{\frac{\lambda}{\mu}} (a_0 + a_1 t + a_2 t^2 + \cdots),$$

und hier findet man den Pol der Form H_d im Pole des ersten Factors $\xi_2^{-d'}$ wieder, den wir nur auf Grund der genannten Verabredung bei Angabe des Verhaltens der automorphen Form nicht mitzählen.

Da übrigens hiernach auch die durch v. Mangoldt betrachteten Reihen *nicht* von der beschränkenden Eigenschaft frei sind, Nullpunkte in parabolischen Spitzen zu ergeben, so werden diese Reihen, wie wir später noch ausführlich darlegen werden[**]), nicht mehr leisten können,

---

[*] Vergl. die Abhandlung „*Über ein Verfahren zur Darstellung elliptischer Modulfunctionen durch unendliche Producte nebst einer Ausdehnung dieses Verfahrens auf allgemeinere Functionen*". Göttinger Nachr. von 1886. pg. 1.

[**] Siehe die am Schlusse des Kapitels, sowie im nächsten Kapitel zu entwickelnden Theoreme über Darstellung beliebiger automorpher Formen durch Poincaré'sche Reihen.

als die von uns bisher betrachteten Reihen. Es erscheint dieserhalb gerechtfertigt, wenn wir fortan wieder *die rationale Form* $H_i(z_1, z_2)$ *in allen Grenzpunkten der Gruppe als polfrei* voraussetzen.

§ 4. Von den Poincaré'schen Reihen (-2)ter Dimension bei Gruppen Γ mit Grenzcurven.

Bei den Betrachtungen des vorigen Paragraphen hatten wir bereits die Reihen (-2)ter und (-3)ter Dimension mit berücksichtigt. Es liegen vornehmlich über die Reihen mit $d = -2$ zahlreiche Untersuchungen vor, über welche wir jetzt berichten wollen.

Voran stellen wir den negativen Satz, *dass die Reihen* (-2)ter *Dimension sicher dann nicht mehr absolut convergent sind, wenn das Polygonnetz eine oder unendlich viele Grenzcurven besitzt*[*]).

Der Beweis ergiebt sich leicht aus den im vorletzten Paragraphen entwickelten Ansätzen, die wir dieserhalb im vollen Umfange wieder aufnehmen. Jedoch wolle man anstatt der Pole nunmehr die Nullpunkte der rationalen Function $H(z)$ markiren. Jeden einzelnen derselben wolle man mit einem kleinen Kreise umgeben und nehme aus dem Netze N alle diejenigen Polygone heraus, welche wenigstens mit einem dieser Kreise ein endlich ausgedehntes Flächenstück gemein haben. Sollten sich ein Nullpunkt oder mehrere Nullpunkte von $H(z)$ auf einer Grenzcurve von N finden, so kommen auf diese Weise unendlich viele Polygone in Fortfall. Wir können alsdann die um die Nullpunkte zu legenden Kreise so klein wählen, *dass endlich ausgedehnte Strecken des Netzrandes erhalten bleiben*.

Wir wählen jetzt z wieder irgendwo in dem oben (pg. 144) mit B_0 oder B bezeichneten Bereiche und behalten von der vorgelegten Reihe (-2)ter Dimension nur diejenigen Glieder bei, deren Bereiche B_k dem Reste des Netzes angehören. Die Kürzung der Reihe mag wieder durch einen oberen Index am Summenzeichen angedeutet sein. Der kleinste Wert K, den $H(z)$ im beibehaltenen Reste des Netzes annimmt, ist > 0. Alsdann gilt:

$$\sum_i{}' \mu_i {}^{-1} H[V_i(z)] \cdot \frac{d V_i z}{d z} > K \sum_k{}' \frac{d V_k z}{d z}$$

so dass unsere Reihe nicht absolut convergent sein wird, falls die Reihe:

---

[*]) Ritter hat diesen Satz in § 12 seiner öfter genannten Arbeit im 41. Bd. der Mathem. Annalen aufgestellt.

(1)
$$\sum_{k}' \left| \frac{d V_k(z)}{dz} \right|$$

divergent ist.

Der Bereich B durfte keinem Grenzpunkte der Gruppe Γ unendlich nahe kommen und war so zu fixieren, dass die ihm äquivalenten Bereiche B_k nirgends über einander greifen. Einer weiteren Einschränkung ist aber die Auswahl von B nicht unterworfen. Wir genügen den genannten Anforderungen, indem wir B geradezu mit demjenigen Polygone des Netzes identisch nehmen, welchem der ausgewählte Punkt ζ angehört[*]. Nur an den etwaigen parabolischen Zipfeln wolle man längs zugehöriger Bahncurven kleine Segmente abschneiden, damit B keinem Grenzpunkte unendlich nahe kommt.

Die Länge des Umfangs von B sei L_0, und L_k habe die entsprechende Bedeutung für B_k. Dann ist jedenfalls:

$$\left. \frac{d V_k(z)}{dz} \right|_m L_0 < L_k \leqq \left. \frac{d V_k(z)}{dz} \right|_M L_0.$$

Mit Benutzung von (5) pg. 146 ergiebt sich hieraus für unseren dem Bereiche B angehörenden Punkt ζ:

$$\left| \frac{d V_k(\zeta)}{dz} \right| > \left. \frac{d V_k(z)}{dz} \right|_m > C^{-1} \left. \frac{d V_k(z)}{dz} \right|_M \geqq C^{-1} \frac{L_k}{L_0}.$$

Für die zu untersuchende Reihe (1) haben wir somit die Ungleichung:

(2)
$$\sum_{k}' \left| \frac{d V_k(z)}{dz} \right| > \frac{1}{C L_0} \sum_{k}' L_k.$$

Wir kehren nun zunächst der grösseren Deutlichkeit halber für den Augenblick nochmals zum unverkürzten Polygonnetze N zurück und überzeugen uns ohne Mühe, *dass die Summe der Umfänge aller Polygone $P_0, P_1, P_2, \ldots$ des Netzes N unendlich gross ist.* In der That bringe man die Polygone in folgende Anordnung. Um P_0 herum lege man einen geschlossenen Kranz mit P_0 benachbarter Polygone. Ist P_0 mehrfach zusammenhängend, so genügt es, diesen Polygonkranz um den äusseren Rand von P_0 zu legen. Das Polygon P_0 besitzt einen solchen, da der Punkt $\zeta = \infty$ ausserhalb des Netzes N und also ausserhalb des Polygones P_0 gelegen ist. Um den construierten Polygoncomplex lege man aufs neue einen geschlossenen Kranz weiterer Polygone und fahre in derselben Art fort. Erst indem wir *unendlich viele*

---

[*] Liegt ζ auf einer Seite oder in einer Ecke der Polygonteilung, so wähle man eines der beteiligten Polygone als Bereich B.

einander umschliessende Polygonkränze dieser Art an einander gereiht haben, kommen wir dem Rande des Netzes N unendlich nahe.

Man summiere jetzt zunächst für den einzelnen solchen Polygonkranz die Umläufe der sämtlichen beteiligten Polygone. Wie diese Partialsummen für die einzelnen Kränze auch ausfallen mögen, jedenfalls werden sie sich *nicht* der Grenze null nähern, wenn wir uns in der Reihe der Polygonkränze dem Netzrande annähern.

Die für uns in Betracht kommende Summe $\sum_k L_k$ bezieht sich nun freilich nicht immer auf alle eben in Betracht gezogenen Polygone und (im Falle parabolischer Zipfel) auch nicht auf die vollständigen Polygone. Aber es genügt ersichtlich, dass das Netz N auch nach der Kürzung noch an einem *endlich* ausgedehnten Stücke des ursprünglichen äusseren Netzrandes teilnimmt, um aus den gegebenen Darlegungen auch die Divergenz der Reihe $\sum_k' L_k$ zu erkennen. Der am Anfang des Paragraphen angegebene Satz ist damit bewiesen. —

Wir schliessen hier weiter eine mehr beiläufige Bemerkung an. *Im Falle der Modulfunctionen sind die mit den Poincaré'schen Reihen nahe verwandten Eisenstein'schen Reihen $-$ 2ter Dimension „bedingt" convergent.* Die Definition dieser Eisenstein'schen Reihen[*]) ist gegeben durch:

$$(3) \qquad \sum_{m_1, m_2} \left(\frac{1}{m_1 z_1 + m_2 z_2} \right)^{d'},$$

wo sich die Summe auf alle Paare ganzer Zahlen m_1, m_2 mit Ausschluss der Combination $m_1 = 0$, $m_2 = 0$ bezieht. Dieser Reihe (3) lassen wir die folgende Reihe:

$$(4) \qquad \sum_k \left(\frac{1}{\gamma k z_1 + \delta_k z_2} \right)^{d'}$$

gegenübertreten, welche aus (3) hervorgeht, wenn man alle diejenigen Glieder jener ersteren Reihe auslässt, in welchen m_1 und m_2 einen von 1 verschiedenen Teiler gemein haben. Man bemerke, dass wir in (4) nicht direct eine Poincaré'sche Reihe der bisher betrachteten Art haben. Die bei ihr zu Grunde liegende rationale Form $H_d = \frac{z_1^d}{z_2^d}$ hat nämlich die Eigenschaft, bei einer parabolischen Untergruppe der Modulgruppe

---

[*]) Man vergl. die Abhandlung „*Genaue Untersuchung der unendlichen Doppelproducte, aus welchen die elliptischen Functionen als Quotienten zusammengesetzt sind*", Journ. f. Math. Bd. 35 (1847).

unverändert zu bleiben. Deshalb wird man, um eine automorphe
Form zu erhalten, sich auf ein jener Untergruppe zugehöriges Re-
präsentantensystem beschränken. Dabei aber wird man gerade zur
Reihe (4) geführt.

Die Beziehung beider Reihen (3) und (4) ist im Falle der unbedingten Convergenz leicht angebbar[*]). Man gewinnt, indem man
an Stelle des einzelnen Zahlenpaares γ_k, δ_k alle Paare $t\gamma_k, t\delta_k$ mit
$t = 1, 2, 3, \ldots$ setzt, offenbar alle Paare m_1, m_2. Ist somit die Reihe
(3) unbedingt convergent, so ordne man alle die Glieder, welche sich
auf das gleiche Paar relativ primer Zahlen γ_k, δ_k beziehen, zusammen
und findet auf diese Weise:

$$\sum_{m_1, m_2} \left(\frac{1}{m_1 z_1 + m_2 z_2} \right)^{d'} = \sum_{t=1}^{\infty} \left(\frac{1}{t} \right)^{d'} \cdot \sum_k \left(\frac{1}{\gamma_k z_1 + \delta_k z_2} \right)^{d'},$$

so dass beide Reihen nur um einen constanten Factor verschieden sind.

Diese unbedingte Convergenz tritt aber bekanntlich nur für
$d' > 2$ ein; dagegen ist die Reihe (3) für $d' = 2$ bedingt convergent.
Bevorzugt man z. B. diejenige Gliederanordnung, welche wir pg. 149
zum Zwecke der Potenzreihenentwicklung in der Umgebung einer parabolischen Spitze benutzt hatten, so gilt[**]):

$$\sum_{m_1, m_2} \left(\frac{1}{m_1 z_1 + m_2 z_2} \right)^2 = z_2^{-2} \left[2 \sum_{m=1}^{\infty} \left(\frac{1}{m} \right)^2 - 8\pi^2 \sum_{n=1}^{\infty} \frac{n q^{2n}}{1 - q^{2n}} \right],$$

unter q die in der Theorie der elliptischen Functionen gebräuchliche
Entwicklungsgrösse $e^{\pi i \zeta}$ für die Umgebung der parabolischen Spitze
$\zeta = i \infty$ verstanden. Hier steht rechts in der That eine convergente
Reihe. Wählt man aber andere Anordnungen der Reihenglieder,
so kommt man zu anderen und anderen Summenwerten, wie dies z. B.
in der eben genannten Arbeit von A. Hurwitz (Kap. 2, § 4) ausführlich
erörtert wird.

Es lassen sich nun die Reihen vom Typus (4) ohne weiteres
bei jeder Gruppe Γ mit parabolischen Substitutionen ansetzen. Dabei
liegt die Vermutung nahe, dass die Reihen $(-2)^{\text{ter}}$ Dimension dieser
Art in jedem Falle bedingt convergent sein möchten. Indessen ist
diese Frage noch keiner ausführlichen Untersuchung unterzogen worden.

---

[*]) Vergl. hierzu die Abhandlung von O. Rausenberger „*Notiz zur Theorie
der Modulfunctionen*", Math. Annalen Bd. 20 (1882).

[**]) Cf. A. Hurwitz, „*Grundlagen einer independenten Theorie der elliptischen
Modulfunctionen u.s.w.*" Math. Annalen Bd. 18 (1881).

§ 5. Von den Poincaré'schen Reihen (− 2)^{ter} Dimension bei Hauptkreisgruppen mit isoliert liegenden Grenzpunkten.

Ein erstes positives Ergebnis über die Reihen (− 2)^{ter} Dimension ist in folgendem Satze enthalten: *Bei denjenigen Hauptkreisgruppen, welche ein über die ganze Ebene ausgebreitetes Netz N besitzen, bei denen also die Grenzpunkte den Hauptkreis nicht überall dicht bedecken, sondern auf demselben isoliert liegen, sind die Poincaré'schen Reihen (− 2)^{ter} Dimension im ganzen Netze stets unbedingt und gleichmässig convergent*[*].

Das aufgestellte Theorem ist für die gesamten unter 2. pg. 31 genannten Kategorien automorpher Gebilde offenbar von principieller Bedeutung. Der Beweis gelingt leicht auf Grund der im ersten Poincaré'schen Convergenzbeweise (cf. § 2 pg. 142 ff.) entwickelten Gesichtspunkte.

Man wolle, was nach dem zweiten in § 2 (pg. 143) aufgestellten Theoreme erlaubt ist, den Hauptkreis zur reellen ζ-Axe machen und Sorge tragen, dass der Punkt $\zeta = \infty$ kein Grenzpunkt von Γ ist. Dabei können wir leicht noch erreichen, dass dieser Punkt $\zeta = \infty$ im Innern eines Polygons, d. h. nicht auf der Grenze zwischen zweien gelegen ist.

Die zur Untersuchung vorgelegte Reihe möge durch:

$$(1) \qquad \sum_k u_i^{-1} H\left(\frac{\alpha_i \zeta + \beta_i}{\gamma_i \zeta + \delta_i}\right) (\gamma_i \zeta + \delta_i)^{-2}$$

gegeben sein und soll in der Umgebung irgend einer endlichen Stelle ζ_0 im Innern des Netzes N betrachtet werden. Wie oben werde die Umgebung von ζ_0 durch einen Bereich B_0 dargestellt, den wir gleich noch näher fixieren wollen. Vorab markiere man diejenigen Polygone des Netzes, in denen Pole von $H(\zeta)$ gelegen sind. Die correspondierenden Glieder der Reihe (1) sollen fortgelassen werden. Ebenso verfahren wir mit demjenigen Gliede, dessen zugehöriges Polygon den Punkt $\zeta = \infty$ trägt. Die Kürzung der Reihe werde durch einen Index am Summenzeichen angedeutet. Es sind insgesamt nur *endlich viele* Glieder ausgelassen die auf die Convergenz der Reihe (1) keinen Einfluss haben

———

[*] Diesen Satz haben W. Burnside und E. Ritter unabhängig von einander gefunden und fast gleichzeitig veröffentlicht. Die Burnside'sche Entwicklung ist in der noch öfter zu nennenden Arbeit „*On a class of automorphic functions*" (Proceedings of the London Math. Soc., Nov. 1891) enthalten; bei Ritter sehe man § 12 der Arbeit in Bd. 41 der Mathem. Annalen (datiert Neujahr 1892).

Es gilt nun zunächst, die Bereiche B_0, B_1, ... in zweckmässiger Weise auszuwählen.

Zu diesem Ende ziehen wir ein Netz von *Normalpolygonen* zur Benutzung heran, indem wir insbesondere die ausgewählte Stelle ζ_0 zum Centrum eines ersten solchen Polygons P machen (cf. I pg. 106 und 243). Dieses Polygon wird nun wenigstens von einem Segmente s_0 der reellen ζ-Axe, d. i. des Hauptkreises durchsetzt, wobei die beiden Endpunkte von s_0 vermöge einer hyperbolischen Erzeugenden V von P correspondieren. Die beiden durch die Endpunkte von s_0 hindurchlaufenden Niveaukreise von V, die in Figur 25 stark markiert sind, nehmen wenigstens in der Nähe von s_0 an der Berandung des Polygons P teil. In Figur 25

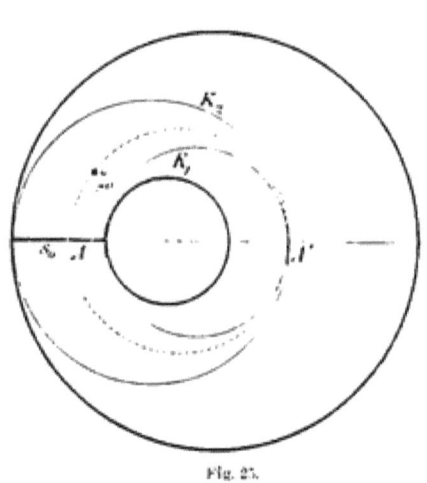

Fig. 25.

ist auch noch die durch ζ_0 hindurchlaufende Niveaucurve von V punktiert angedeutet, welche den Hauptkreis an der Stelle A des Segmentes s_0 und im Punkte A' ausserhalb des Polygons P durchschneidet. Durch A' und die beiden Endpunkte von s_0 lege man senkrecht zur reellen Axe die beiden in der Figur mit K_1 und K_2 bezeichneten Kreise.

Nach diesen Vorbereitungen setzen wir fest, dass B_0 irgend ein um den Punkt ζ_0 zu legender Kreis sein soll, der nicht über den durch K_1 und K_2 eingegrenzten sichelförmigen Bereich und natürlich auch nicht über das zu ζ_0 gehörende Polygon des Netzes hinausragen soll. Die unmittelbare Anschauung der Figur lehrt, dass man einen *endlich ausgedehnten Kreis dieser Art* wählen kann, und *dass derselbe niemals grösser sein kann, als der Kreis mit dem Durchmesser s_0*. Für den Umfang L_0 von B_0 gilt demnach:

(2) $$L_0 < \pi s_0.$$

Die hiermit getroffenen Bestimmungen haben gegenüber der Kreisverwandtschaft und also bei Übergang zu den mit B_0 äquivalenten Bereichen B_k den Charakter der Invarianz. Wir gewinnen somit ohne weiteres für die Länge L_k des Umfangs des Bereiches B_k die Ungleichung:

$$(3) \qquad\qquad L_k < \pi s_k,$$

wenn s_k das mit s_0 äquivalente Segment des k^{ten} Polygons resp. die Länge dieses Segmentes bedeutet.

Die gleichmässige Convergenz der Reihe der absoluten Beträge:

$$\sum_k{}' H | V_k(\zeta) | \cdot \left| \frac{d V_k(\zeta)}{d\zeta} \right|$$

für irgend eine Stelle ζ innerhalb B_0 ist nun leicht bewiesen. Zunächst ist die pg. 145 ff. ausgeführte Betrachtung über die Schwankung des Abbildungsmoduls bei Übergang von B_0 zu B_k auch hier gültig. Der Coefficient γ_k ist in jeder Substitution V_k von Γ, abgesehen von der Identität, von null verschieden. Die mit ∞ äquivalenten Punkte sind auf der reellen Axe zerstreut, und höchstens für ein einziges k wird $-\frac{\delta_k}{\gamma_k}$ einen im Innern des Bereiches B_0 gelegenen Punkt liefern. Sollte dies eintreten, so lasse man das betreffende Reihenglied einfach fort. Alsdann gilt auch hier eine Ungleichung von der Gestalt (5) pg. 146 mit endlichem von k unabhängigen C. Wir können ferner infolge des Ausschlusses der an den Polen von $H(\zeta)$ beteiligten Polygone eine endliche Zahl G angeben, über welche $H | V_k(\zeta) |$ in keinem der Bereiche B_k hinauswachsen kann. Alsdann aber finden wir analog wie oben (pg. 146 ff.) das Bestehen der Ungleichung:

$$\sum_k{}' H | V_k(\zeta) | \cdot \left| \frac{d V_k(\zeta)}{d\zeta} \right| < G C L_0^{-1} \sum_k{}' L_k,$$

d. i. vermöge (3):

$$\sum_k{}' H | V_k(\zeta) | \cdot \left| \frac{d V_k(\zeta)}{d\zeta} \right| < \pi G C L_0^{-1} \sum_k{}' s_k.$$

Die in der letzten Summe in Betracht kommenden s_k bedecken insgesamt nur ein *endliches* Stück der reellen Axe, da das eine durch das Unendliche ziehende Segment fortzulassen ist. Somit ist $\sum_k{}' s_k$ endlich, und also ist, da ζ im Bereiche B_0 willkürlich wählbar war, unsere Reihe daselbst in der That absolut und gleichmässig convergent[*].

---

[*] Wir machen hier noch auf die Arbeit von H. Weber „*Ein Beitrag zu Poincaré's Theorie der Fuchs'schen Functionen*" (Göttinger Nachrichten von 1886 pg. 359) aufmerksam, auf welche wir späterhin noch ausführlicher zurückkommen werden. In dieser Arbeit werden für specielle Hauptkreisgruppen mit isoliert liegenden Grenzpunkten unendliche Producte in Ansatz gebracht, deren Convergenzbeweis auf denselben geometrischen Gesichtspunkt gegründet wird, der auch bei den Untersuchungen des Textes das Fundament abgiebt.

Das Verhalten unserer als convergent erkannten Reihen $(-2)^{\text{ter}}$ Dimension in etwaigen parabolischen Spitzen ist bereits durch die Entwicklungen von § 3 (pg. 147 ff.) klargestellt. Wir dürfen sogleich den Satz aussprechen: *Für jede der in diesem Paragraphen betrachteten Hauptkreisgruppen stellt eine unserer Poincaré'schen Reihen $(-2)^{\text{ter}}$ Dimension eine automorphe Form dar, welche in den etwaigen parabolischen Spitzen einen Nullpunkt besitzt.*

§ 6. Convergenz der Poincaré'schen Reihen $(-2)^{\text{ter}}$ Dimension bei gewissen Gruppen ohne Grenzcurven und ohne Hauptkreis.

Die Reihen $(-2)^{\text{ter}}$ Dimension sind noch bei einer weiteren wichtigen Classe automorpher Gebilde von verschiedenen Seiten untersucht worden. Wir knüpfen an einen *beliebigen Fundamentalbereich* an, *der von $2p$ getrennt verlaufenden und paarweise durch loxodromische oder hyperbolische Substitutionen einander zugeordneten Vollkreisen begrenzt ist* (cf. Figur 159 in I pg. 442). Hier wird wiederum wie bei den eben betrachteten Hauptkreisgruppen das Netz N die ganze ζ-Ebene bis auf isoliert liegende Grenzpunkte bedecken. Hauptkreispolygone der genannten Art brauchen wir hier nicht auszuschliessen: doch sind diese Fälle bereits durch den vorigen Paragraphen erledigt.

Die Frage der absoluten und gleichmässigen Convergenz der Reihen $(-2)^{\text{ter}}$ Dimension ist wenigstens bei einem Teile der fraglichen Gruppen durch eine interessante Betrachtung W. Burnside's in der pg. 157 genannten Arbeit entschieden worden. Andrerseits beschäftigt sich mit dieser Convergenzuntersuchung ausführlich die Arbeit Schottky's „*Über eine Function, welche bei einer bestimmten linearen Transformation ihres Argumentes unverändert bleibt*".[*] Die nachfolgende Darstellung schliesst sich zunächst an die Entwicklungen Schottky's an.

Eine vorgelegte Reihe $(-2)^{\text{ter}}$ Dimension:

$$(1) \qquad \sum_k u_k^{-1} H\left(\frac{\alpha_k \zeta + \beta_k}{\gamma_k \zeta + \delta_k}\right)(\gamma_k \zeta + \delta_k)^{-2}$$

möge in der Umgebung des Punktes ζ_0 untersucht werden, der natürlich kein Grenzpunkt der Gruppe sein soll. Wir treffen auf Grund des pg. 143 genannten Satzes die Anordnung so, dass ζ_0 im Endlichen liegt, und dass $\zeta = \infty$ kein Grenzpunkt ist, sondern vielmehr im „Innern" eines Polygons gelegen ist. Überdies nehmen wir der Einfachheit halber an, dass ζ_0 nicht gerade auf der Grenze zwischen zwei Polygonen des Netzes N gelegen ist, was sich nötigenfalls durch eine erlaubte Abänderung der Polygone des Netzes erreichen lässt.

---

[*] Journal für Mathematik Bd. 101 pg. 22 (1887).

Die Bereiche $B_0, B_1, \ldots$, welche wir um ζ_0 und die mit ζ_0 äquivalenten Punkte herumlegen, mögen Kreise sein, deren einzelner ganz in seinem Polygon gelegen sein soll. Wir haben alsdann zunächst wieder dieselben Vorbereitungen zu treffen, wie in den voraufgehenden Fällen. Indem wir nötigenfalls eine endliche Anzahl von Reihengliedern, die in der Convergenzfrage keine Rolle spielen können, fortlassen, gewinnen wir den Satz: *Die vorgelegte Reihe* (3) *wird in der Umgebung B_0 von ζ_0 unbedingt und gleichmässig convergent sein, falls die der gekürzten Reihe entsprechende Summe* $\sum_{k}' L_k$ *der Bereichomfänge einen endlichen Wert hat.*

Wir beginnen die Summierung der Umfänge L_k von demjenigen Polygone des Netzes aus, welches den Punkt $\zeta = \lambda$ enthält. Lagern wir nur erst dieses Polygon in der ζ-Ebene ein, so bleiben zunächst noch $2p$ offene Kreisscheiben übrig, in denen sich an das erste Polygon $2p$ weitere anschliessen werden. Die in diesen gelegenen Kreise B_k sind offenbar kleiner als die $2p$ eben gemeinten Kreise selbst. Ersetzen wir diese $2p$ Umfänge L_k, soweit sie in der Summe $\sum_{k}' L_k$ auftreten, durch die Peripherien der $2p$ gerade genannten Kreise, so wird dabei $\sum_{k}' L_k$ vergrössert werden. Jetzt bleiben noch $2p(2p-1)$ offene Kreisscheiben, und in jeder derselben reiht sich ein weiteres Polygon unmittelbar an das bislang construierte Netz an. Wir setzen wieder die Peripherien jener $2p(2p-1)$ Kreisscheiben an Stelle der $2p(2p-1)$ nächst folgende Umfänge L_k, wodurch unsere Summe der Umfänge aufs neue vergrössert wird. In der gleichen Weise fahren wir fort.

Die Convergenz der vorgelegten Reihe wird hiernach bewiesen sein, *wenn die Summe aller Kreisumfänge oder (was auf dasselbe hinauskommt) die Summe aller Kreisradien unseres Netzes N einen endlichen Wert besitzt.*

Nun hat Schottky a. a. O. unter einer gewissen Voraussetzung betreffs der Gestalt des einzelnen Polygons die Endlichkeit der fraglichen Summe der Kreisradien thatsächlich darthun können. Diese „*Schottky'sche Bedingung*" ist die folgende: *Es sollen sich im einzelnen Polygon des Netzes weitere sowohl unter einander als von den $2p$ Randkreisen getrennt verlaufende Kreise derart hinzusetzen lassen, dass das Polygon in lauter „dreifach" zusammenhängende Teilbereiche zerlegt erscheint.*

Bei den Hauptkreisgruppen, welche sich unserer hier in Frage kommenden Gruppenart unterordnen, ist die „Schottky'sche Bedingung"

stets erfüllbar. Figur 26 zeigt z. B. für ein Polygon mit acht Randkreisen die Zerlegung durch fünf weitere Kreise, die in der Figur stark
markiert sind, in sechs jeweils dreifach zusammenhängende Bereiche.
Durch analoge Anordnung der Zusatzkreise, aber auch noch auf mannigfache andere Art lässt sich bei jedem Hauptkreispolygon unserer Art
die gewünschte Zerlegung vollziehen.

Schottky giebt a. a. O. noch ein zweites specielles Beispiel an.
Man lasse zunächst an Stelle von $2p$ Randkreisen $2p$ Punkte treten,

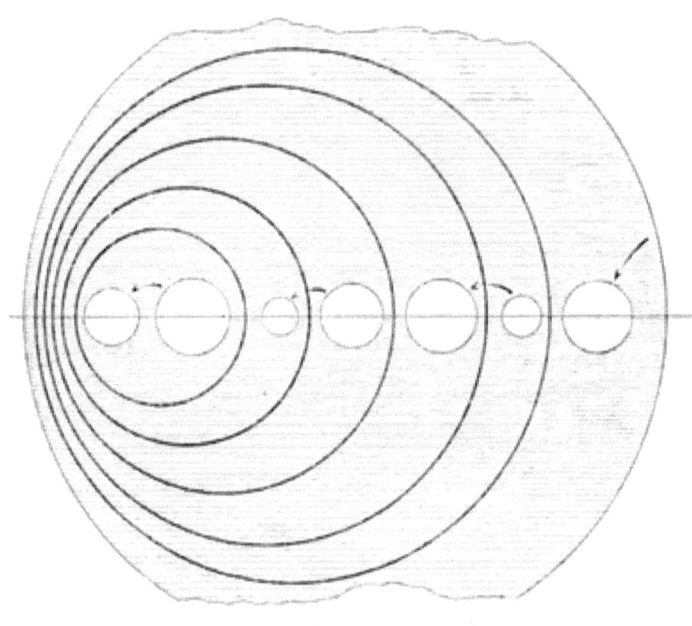

Fig. 26.

die in der ζ-Ebene ganz beliebig gelegen sind, und die in einer sogleich näher vorzuschreibenden Reihenfolge $A_1, A_2, \ldots A_{2p}$ heissen
mögen. Man markiere ferner einen Punkt C, der von keinen zwei
unter den Punkten A gleiche Entfernung hat: wir denken die $2p$ Punkte
in derjenigen Folge mit $A_1, A_2, \ldots$ bezeichnet, dass A_1 dem Punkte C
am nächsten liegt, A_2 alsdann folgt u. s. w. Nun lege man ein System
von $(2p-3)$ concentrischen Kreisen um den gemeinsamen Mittelpunkt C
derart, dass die Peripherie des kleinsten Kreises zwischen A_2 und A_3
hindurchzieht und also die Punkte A_1 und A_2 von den übrigen trennt,
dass der dann folgende Kreis zwischen A_3 und A_4 hindurchzieht u. s. w..

während der letzte Kreis zwischen A_{2p-2} und A_{2p-1} hindurchzieht. Jetzt erweitern wir die $2p$ Punkte $A_1, A_2, \ldots A_{2p}$ zu ebenso vielen Kreisen $K_1, K_2, \ldots, K_{2p}$; doch sollen dieselben die $(2p - 3)$ schon gezeichneten Kreise nirgends erreichen, und es sollen auch K_1 und K_2 ebenso wie K_{2p-1} und K_{2p} getrennt von einander verlaufen, wie dies alles in Figur 27 zur Versinnlichung gebracht ist. Ordnen wir endlich diese $2p$ Kreise in irgend einer Art einander paarweise loxodromisch zu, so haben wir damit einen Fundamentalbereich, der die Schottky'sche Bedingung erfüllt, gewonnen.

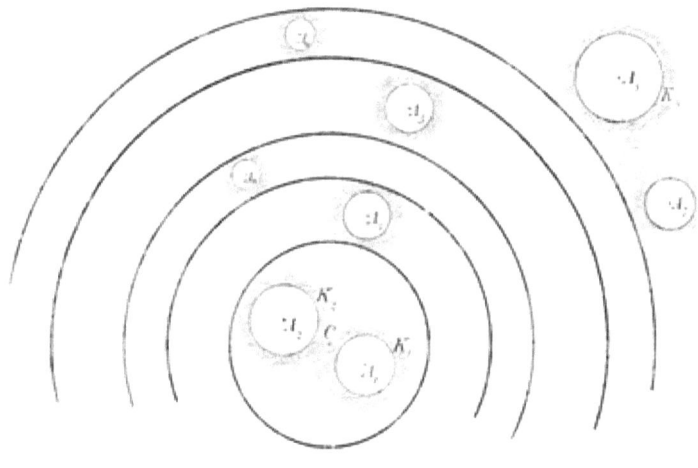

Fig. 27.

Übrigens dürfen natürlich an Stelle der hier benutzten concentrischen Kreise um C auch irgend welche andere Kreise treten, welche die durch Herausnahme der Punkte A $2p$-fach zusammenhängend gewordene ζ-Ebene in eine Reihe dreifach zusammenhängender Bereiche zerlegen.

Liege nun ein beliebiges Netz N von Polygonen $P_0, P_1, P_2 \ldots$ vor, welche die Schottky'sche Bedingung erfüllen. Wir zerlegen P_0 in angegebener Art in $(2p - 2)$ jeweils dreifach zusammenhängende Teilbereiche $T_0', T_0'', T_0''', \ldots, T_0^{(2p-2)}$ und übertragen diese Einteilung in äquivalenter Weise auf alle Polygone von N. Die ζ-Ebene erscheint solchergestalt mit einem Netze dreifach zusammenhängender Bereiche bedeckt, deren einzelner mit einem der $(2p - 2)$ Bereiche $T_0^{(i)}$ äquivalent ist und wie dieser durch drei getrennt von einander ver-

laufende Vollkreise begrenzt erscheint. Natürlich werden wir die Anordnung so treffen, dass $\zeta = \infty$ im „Innern" eines der dreifach zusammenhängenden Bereiche gelegen ist. *Lässt sich nun zeigen, dass die
Summe der Radien aller Kreise des jetzt gewonnenen Netzes endlich ist,
so ist um so mehr die Summe der Radien aller Randkreise des Polygonnetzes* P_0, P_1, P_2, ... *endlich und damit unsere Reihe convergent.*

Ein beliebiger Kreis unseres vervollständigten Netzes habe den
Radius R. Es wird durch diesen Kreis ein dreifach zusammenhängender
Bereich eingeschlossen, der im Innern durch zwei Kreise der Radien r
und r' begrenzt wird. Dann ist offenbar stets $r + r' < R$. Jedoch muss
diese Ungleichung, bevor wir sie zur Verwendung bringen können,
erst noch genauer entwickelt werden.

Zu diesem Zwecke benennen wir die Entfernung der Mittelpunkte
der beiden hier in Rede stehenden Kreise der Radien R und r durch e,
während e' dieselbe Bedeutung für den umschliessenden Kreis des
Radius R und den inneren Kreis des Radius r' hat.

Man wolle sich nunmehr erinnern, *dass zwei Kreise der ζ-Ebene
gegenüber beliebigen linearen Transformationen von ζ eine Invariante
besitzen.* Man kann als solche die nach I pg. 337 zu definierende
Invariante $j = \alpha + \delta$ derjenigen Substitution heranziehen, welche
durch Combination der Spiegelungen an jenen beider Kreisen entsteht.
In unserem Falle ist diese Substitution stets hyperbolisch und also ist
j reell und absolut > 2.

Um im speciellen für die beiden Kreise der Radien R und r die
Invariante j zu berechnen, verschieben wir vorübergehend das Kreis-
system derart, dass der Mittelpunkt des kleineren Kreises in den Nullpunkt, derjenige des grossen Kreises auf die positive reelle ζ-Axe zu
liegen kommt. Alsdann sind die beiden Spiegelungen durch:

$$(2) \qquad \zeta' = \frac{r}{r^{-1}\bar{\zeta}} , \quad \zeta' = \frac{eR^{-1}\bar{\zeta} - e^2R^{-1} - R}{R^{-1}\bar{\zeta} - eR^{-1}}$$

dargestellt, und wir finden für die Invariante den Ausdruck:

$$(3) \qquad j = Rr^{-1} + rR^{-1} - e^2 r^{-1} R^{-1} = \frac{R^2 + r^2 - e^2}{eR}.$$

In dieser Gestalt ist j positiv, und also gilt die Ungleichung $j > 2$.

Jeder dreifach zusammenhängende Bereich unseres Netzes ist nun
mit einem der Bereiche T'_0, T''_0, ..., $T_0^{(2p-2)}$ äquivalent. Es kommt
also hier nur eine *begrenzte Anzahl von Invarianten* in Betracht; und
wir nennen den kleinsten bei ihnen vertretenen Wert j_0. Es gilt
somit für das oben gedachte Kreispaar:

$$(4) \qquad R^2 + r^2 - c^2 > Rr j_0, \quad j_0 > 2.$$

Da andrerseits offenbar $R - c > r$ zutrifft, so folgt:

$$(5) \qquad R^2 - r^2 + c^2 > 2 Rc.$$

Durch Combination der Ungleichungen (4) und (5) entspringt:

$$c < R - \tfrac{1}{2} j_0 r.$$

Hieran reiht sich analog:

$$c' < R - \tfrac{1}{2} j_0 r'.$$

so dass wir durch Addition beider Ungleichungen gewinnen:

$$c + c' < 2 R - \tfrac{1}{2} j_0 (r + r').$$

Nun aber ergiebt sich aus der Gestalt unseres dreifach zusammenhängenden Bereiches (insofern nämlich die beiden inneren Randkreise getrennt verlaufen), dass $r + r' < c + c'$ ist. Wir haben somit:

$$r + r' < c + c' < 2 R - \tfrac{1}{2} j_0 (r + r')$$

$$r + r' < \frac{4}{2 + j_0} \cdot R.$$

Den hier rechts mit R multiplicirten Quotienten nenne man ε und hat wegen der zweiten Ungleichung (4) offenbar $0 < \varepsilon < 1$. *An Stelle der vorläufigen Ungleichung $r + r' < R$ tritt demnach jetzt:*

$$(6) \qquad r + r' < \varepsilon R.$$

wo ε eine für unser Bereichnetz eindeutig bestimmte dem Intervall $0 < \varepsilon < 1$ angehörende Zahl ist.

Man gehe jetzt von demjenigen Bereich aus, welcher $\zeta = \infty$ enthält und von drei einander ausschliessenden Kreisen begrenzt ist. Ein beliebiger dieser drei Kreise habe den Radius R, und man fasse die Gesamtheit der von diesem Kreise umschlossenen weiteren Kreise des Netzes auf. Die beiden sich zunächst anschliessenden Kreise liefern eine Radiensumme von $r + r' < \varepsilon R$. Innerhalb jedes dieser letzteren Kreise schliessen sich zwei weitere Kreise an, deren Radiensumme $< \varepsilon r$ bez. $< \varepsilon r'$ ist. Die Summe der Radien aller dieser vier Kreise ist somit $< \varepsilon (r + r')$ und also zufolge (6) auch $< \varepsilon^2 R$. Gehen wir wieder einen Schritt weiter, so folgen acht Kreise mit einer Radiensumme $< \varepsilon^3 R$; und das hier zu Tage getretene Gesetz bleibt auch weiterhin bestehen. Der erst genannte Kreis und die *sämtlichen* von ihm eingeschlossenen Kreise liefern hiernach eine Radiensumme, welche

$$< R + \varepsilon R + \varepsilon^2 R + \varepsilon^3 R + \cdots \quad \text{und also} \quad < \frac{R}{1-\varepsilon}$$

ist. *Hiermit ist die unbedingte und gleichmässige Convergenz der Poin-*
caré'schen Reihen (— 2)^ter *Dimension bei allen die „Schottky'sche Bedin-*
gung“ erfüllenden Gruppen unserer Art thatsächlich nachgewiesen.

Hierher gehörige Convergenzbetrachtungen hat, wie bereits im
Anfang des Paragraphen hervorgehoben wurde, auch W. Burnside
später als Schottky, aber durchaus unabhängig von Letzterem ausgeführt; es handelt sich um den „second proof“ in Art. 2 von Burnside's
pg. 157 genannter Arbeit. Der Verfasser zeigt, was sehr einfach ist,
dass es ausreichend ist, die Convergenz der Reihe:

$$\sum_i \frac{1}{\eta_i^2} ,$$

zu beweisen. Diese Reihe wird alsdann durch eine interessante Betrachtung direct untersucht, worüber man das Nähere a. a. O. nachsehen wolle.

Leider wird auf diesem Wege die Convergenz nur erst für den Fall
bewiesen, dass die „multipliers“ der p erzeugenden Substitutionen ausreichend gross sind, was wir im Anschluss an die oben benutzten
geometrischen Vorstellungen dahin formulieren können, dass die $2p$
Randkreise des Polygons P genügend klein oder genügend weit von
einander entfernt sein müssen.

Man wird unmittelbar an das durch Figur 27 pg. 163 illustrierte
Beispiel Schottky's erinnert. Doch ist die genaue Beziehung der
„Burnside'schen Bedingung“ zur oben formulierten „Schottky'schen“
(pg. 161) noch nicht festgestellt. Nach zwei Richtungen hin dürfte
Burnside weiter gehen als Schottky: *Einmal teilt Burnside a. a. O. mit,*
dass er seine Convergenzbetrachtung auch bei
Beispielen solcher Nicht-Hauptkreisgruppen habe
durchführen können, welche „parabolische“ Er-
zeugende neben etwaigen loxodromischen besitzen.
Bei Schottky ist dieser Grenzfall wenigstens
nicht unmittelbar einbegriffen. Andrerseits
geht aus Burnside's Betrachtungen das bemerkenswerte Ergebniss hervor, *dass es bei*
jedem p auch Gruppen unserer Art mit absolut
convergenten Poincaré'schen Reihen (— 1)^ter *Di-*
mension giebt.

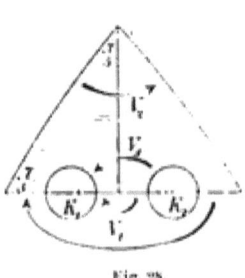

Fig. 28.

Dass übrigens auch Gruppen mit *elliptischen* Erzeugenden vorkommen, bei denen die Reihen (— 2)^ter Dimension absolut convergent
sind, zeige das Beispiel der Figur 28. Hier erzeugen V_1 und V_2 allein

eine Ikosoëdergruppe. Letztere ist componiert mit der hyperbolischen Substitution V_3, welche durch V_1 in V_3^{-1} transformiert wird. Man versteht diese Gruppen am besten, falls man von den 30 hyperbolischen Substitutionen ausgeht, die aus V_3 durch Transformation mit den Substitutionen der Ikosoëdergruppe hervorgehen. Diese 30 hyperbolischen Substitutionen erzeugen eine Gruppe, die sich bei ausreichend klein gewählten Kreisen K_1, K_2 (cf. Figur 28) dem in Figur 27 pg. 163 illustrierten Schottky'schen Beispiele direct unterordnet und also dann unbedingt convergente Reihen $(-2)^{ter}$ Dimension hat. Der Fundamentalbereich der fraglichen Gruppe zeigt nun die ikosoädrische Regularität; und der Zusatz der Ikosoëdergruppe liefert die Gruppe des Fundamentalbereichs der Figur 28. *Hier haben wir also eine Gruppe des Geschlechtes null und der Signatur* $(0, 5; 2, 2, 2, 3, 5)$, *bei welcher die Reihen* $(-2)^{ter}$ *Dimension sicher absolut convergieren: denn es liegt eine Untergruppe des „endlichen" Index* 60 *vor, bei der die fragliche Convergenz besteht.*

Alle diese Andeutungen machen es wahrscheinlich, das die Poincaré'schen Reihen $(-2)^{ter}$ Dimension noch bei weit mehr Gruppen convergent sind, als bislang erkannt wurde. Es ist sogar gelegentlich die Vermutung geäussert, die Reihen seien bei *allen* Gruppen ohne Grenzcurven convergent; und man hat versucht, zur Erhärtung dieser Vermutung anderweitige Gesichtspunkte, so z. B. gewisse Entwicklungen der Potentialtheorie zu verwerten. Indessen haben diese Versuche zur Zeit noch nicht zu greifbaren Ergebnissen geführt.

§ 7. Zweite Convergenzbetrachtung im Hauptkreisfalle. Stetige Abhängigkeit der Poincaré'schen Reihen von den Gruppenmoduln.

Poincaré hat in seiner Arbeit in den Acta mathematica Bd. 1 pg. 198 ff. noch eine zweite Convergenzbetrachtung seiner Reihen für die Hauptkreisgruppen ausgeführt: diese zweite Untersuchung gewinnt dadurch eine grundlegende Bedeutung, dass bei derselben nicht nur das Argument ζ, sondern auch die *Moduln der Gruppe* Γ *als variabel* gelten*). Es sei demnach sogleich eine „*Familie*" *von Gruppen* oder

---

*) Übrigens könnte man auch den ersten auf beliebige Polygongruppen bezüglichen Poincaré'schen Convergenzbeweis, sowie die Schottky'schen Entwicklungen, über welche in § 6 berichtet wurde, derart ausgestalten, dass Veränderlichkeit der Gruppenmoduln zugelassen wird. Wenn wir im Texte diese Entwicklung allein auf die Hauptkreisgruppen beziehen, so geschieht dies deshalb, weil wir nur bei diesen letzteren Gruppen einen abgeschlossenen Überblick über die Mannigfaltigkeit der einzelnen Gattung besitzen, während wir bei den Gruppen ohne Hauptkreis eine Entwicklung der Modultheorie in I als zu schwierig bei Seite lassen mussten.

automorphen Gebilden mit Hauptkreis vorgelegt, wobei es gleichgültig ist, ob der Hauptkreis für diese Gebilde ein Grenzkreis ist oder nicht. Es handelt sich dabei um ein *Continuum* von Gruppen resp. Gebilden, dessen Dimensionenanzahl in I Abschnitt 2 Kapitel 2 festgestellt wurde. Das einzelne Gebilde dieses Continuums konnten wir durch *ein System reeller Moduln* $j_1, j_2, \ldots, j_r$ eindeutig darstellen, zwischen denen, insofern dieses System im allgemeinen überzählige Moduln enthält[*], eine Anzahl von Gleichungen besteht. Ausserdem mussten, damit einem vorgelegten System von Moduln auch wirklich ein Hauptkreisgebilde entspricht, diese Moduln stets gewisse *Ungleichungen* erfüllen, welche in I a. a. O. erschöpfend angegeben sind. Geht eine oder gehen mehrere von diesen Ungleichungen in Gleichungen über, so haben wir mit *Grenzfällen der Familie* zu thun. *Derartige Grenzfälle sollen einstweilen von der Betrachtung ausgeschlossen bleiben.*

Übrigens erinnern wir noch daran, dass zum einzelnen zulässigen Modulsystem immer eine ganze *Classe* von Gruppen gehört, die mit einander äquivalent sind, insofern sie durch lineare Transformation von ζ in einander überführbar sind. *Wir dürfen die Classe durch eine beliebig herausgegriffene Gruppe repräsentieren.* Die Coefficienten in den Substitutionen $V_k(\zeta)$ der letzteren sind, wie schon eben bemerkt, nach I a. a. O. *rational* in den Modul $j_1, j_2, \ldots, j_r$ gebaut.

Ein beliebiges particuläres Modulsystem $j_1^{(0)}, j_2^{(0)}, \ldots, j_r^{(0)}$ liefere die Gruppe $\Gamma^{(0)}$ der vorliegenden Familie. Um die Werte dieses Systems grenzen wir jetzt mit nicht-verschwindenden, aber ausreichend klein gewählten Zahlen $d_1, d_2, \ldots, d_r$ Intervalle ab, innerhalb deren die j, soweit sie nicht fest sind[**], als reelle Grössen stetig variabel sein sollen:

$$(1) \qquad j_1^{(0)} - d_1 < j_1 < j_1^{(0)} + d_1, \ldots, j_r^{(0)} - d_r < j_r < j_r^{(0)} + d_r.$$

Natürlich sollen hierbei die Gleichungen zwischen den Moduln immer bestehen bleiben; auch werden wir die d so klein gewählt denken, dass die charakteristischen Ungleichungen stets gelten. Lassen wir in den Substitutionen der repräsentierenden Gruppe $\Gamma^{(0)}$, *ohne die ersteren übrigens zu verändern*, an Stelle von $j_1^{(0)}, \ldots, j_r^{(0)}$ ein beliebiges den Ungleichungen (1) genügendes System $j_1, \ldots, j_r$ treten, so entspringt eine

---

[*] Insbesondere denken wir uns auch die zunächst auftretenden (übrigens eindeutig bestimmten) Irrationalitäten, wie z. B. $\sqrt{D_{123}}$ oder j_{123} in I pg. 377, einfach in das Modulsystem $j_1, j_2, \ldots, j_r$ aufgenommen, um hiernach den Satz benutzen zu können, dass die Erzeugenden und damit überhaupt alle Substitutionen von Γ *rational* in den $j_1, \ldots, j_r$ gebaut sind.

[**] So bleiben z. B. solche Moduln, welche Invarianten elliptischer Erzeugenden sind, überhaupt constant.

neue Gruppe Γ der Familie: und es werden alle so gedachten Modul-systeme *die „volle Umgebung" der Gruppe $\Gamma^{(0)}$ innerhalb der Familie* ausmachen.

Dabei dürfen wir insbesondere voraussetzen, *dass alle diese Gruppen der Umgebung von $\Gamma^{(0)}$ einen und denselben Hauptkreis haben*. Schreiben wir nämlich zunächst vor, dass der Hauptkreis von $\Gamma^{(0)}$ die reelle Axe sein soll, so sind die sämtlichen Substitutionscoefficienten reelle Aus-drücke in den $j_1^{(0)} \ldots, j_\tau^{(0)}$. Da aber die $j_1, \ldots, j_\tau$ überall nur reelle Werte annehmen, so werden auch die übrigen in Rede stehenden Gruppen durchaus reelle Substitutionscoefficienten haben und also wieder die reelle Axe zum Hauptkreise besitzen. Unser Satz von der Ge-meinsamkeit des Hauptkreises bei allen Gruppen Γ der Umgebung von $\Gamma^{(0)}$ wird dann sofort auch gelten, falls wir an Stelle der reellen ζ-Axe vermöge beliebiger linearer Transformation irgend einen anderen Hauptkreis wählen. Nur muss man natürlich die Coefficienten dieser Transformation nicht selbst wieder mit den Moduln j als variabel an-nehmen wollen.

Wir merken endlich noch an, dass bei stetiger Abänderung der Modulu die Gruppenerzeugenden sich gleichfalls stetig ändern. Die Theorie der Discontinuitätsbereiche in 1 liefert daraufhin den Satz: *Wir können jeder stetigen Abänderung der Moduln immer mit einer gleich-falls stetigen Abänderung des Fundamentalbereichs folgen.*

Für die Folge ist es nun zweckmässig, als Hauptkreis den *Einheits-kreis* der ζ-Ebene zu wählen. Liegt der Punkt ζ_0, auf dessen Um-gebung wir die Convergenzbetrachtung beziehen wollen, nicht gerade auf dem Hauptkreise selbst, so dürfen wir ihn (cf. pg. 143) im Innern dieses Kreises gelegen annehmen. Punkte des Hauptkreises selber, welche allerdings, falls letzterer kein Grenzkreis ist, dem „Innern" des Polygonnetzes N angehören können, sollen demnach einstweilen ausgeschlossen bleiben. Wir nehmen überdies zunächst noch an, dass ζ_0 nicht gerade ein elliptischer Fixpunkt von $\Gamma^{(0)}$ ist. Sollte übrigens die Gruppe auch Substitutionen enthalten, die beide Seiten des Haupt-kreises austauschen, so beziehe man die Untersuchung, was vollständig ausreichend ist, an Stelle der gegebenen Gruppe auf diejenige Unter-gruppe des Index 2, deren Substitutionen das Hauptkreisinnere nur wieder in dieses selbst überführen.

Das Polygonnetz N von $\Gamma^{(0)}$ wählen wir so, dass ζ_0 nicht gerade auf dem Rande zwischen zwei Polygonen liegt*). Als Umgebung von ζ_0 betrachten wir die Punkte einer um ζ_0 als Mittelpunkt zu legenden

---

*) Wir könnten z. B. mit dem Normalpolygon des Centrums ζ_0 arbeiten.

Kreisfläche B_0, welche dem Rande des zu ζ_0 gehörenden Polygons und auch dem Hauptkreise nirgends unendlich nahe kommt.

Indem wir jetzt auch für die übrigen Gruppen Γ der vollen Umgebung von $\Gamma^{(0)}$ den Punkt ζ_0 und den Bereich B_0 festhalten, können wir nach den vorausgeschickten Überlegungen die $d_1, d_2, \ldots, d_i$ als von 0 verschiedene positive Grössen so klein annehmen, *dass bei Durchlaufung aller umgebenden Gruppen nur solche Abänderungen des B_0 umschliessenden Polygons eintreten, bei denen der Polygonrand beständig in endlicher Entfernung vom Kreise B_0 bleibt.*

Nun sei die zur Untersuchung vorgelegte Reihe:

$$(2) \qquad \sum \mu_i^{-1} H \mid V_i(\zeta) \mid \left(\frac{d\,V_i(\zeta)}{dz} \right)^{\nu}.$$

Wir fragen, ob dieselbe unbedingt und gleichmässig convergent ist für alle Gruppen Γ der Umgebung von $\Gamma^{(0)}$ und alle Punkte ζ der Kreisfläche B_0. Wir werden, indem wir die Vorentwicklungen von pg. 144 ff. auch hier durchgeführt denken, für *eine beliebige* Gruppe Γ dieser Umgebung und für einen *beliebigen* Punkt ζ aus B_0 die Reihe der absoluten Beträge:

$$(3) \qquad \sum_k \left| \frac{d\,V_k(\zeta)}{dz} \right|^{\nu}$$

zu untersuchen haben.

Hier machen wir nun mit Poincaré einen höchst interessanten Gebrauch von der *hyperbolischen Mafsbestimmung* für das Innere des Hauptkreises, bei welcher die Punkte des Hauptkreises selber die Rolle der unendlich fernen Elemente spielen. Längenangaben, welche sich auf diese Maßbestimmung beziehen, sollen stets durch das Beiwort „hyperbolisch" kenntlich gemacht werden.

Der Grundgedanke bei der Verwendung der fraglichen Maßbestimmung auf die Untersuchung unserer Reihe ist folgender. Wir beschreiben um $\zeta = 0$ ein System concentrischer Kreise $K_1, K_2, K_3, \ldots$ mit hyperbolischen Radien $r, 2r, 3r, \ldots$, unter r einen endlichen positiven Wert verstanden. Alle Glieder der Reihe (3), deren $\zeta^{(k)} = V_k(\zeta)$ innerhalb K_1 liegen, mögen die Summe S_1 liefern; und entsprechend mögen allgemein alle Glieder, deren $\zeta^{(k)} = V_k(\zeta)$ zwischen K_{n-1} und K_n oder auf K_{n-1} liegen, die Summe S_n ergeben. Hierbei meinen wir unter ζ den vorhin in B_0 ausgewählten Punkt. Da sich im einzelnen Kreisringe stets nur endlich viele Punkte $\zeta^{(k)}$ als mit dem ausgewählten Punkte ζ äquivalent finden, so sind alle Zahlen $S_1, S_2, \ldots$ endlich. Da aber ferner die Reihe (3) nur positive Glieder enthält, so dürfen ihre Glieder beliebig umgeordnet werden; und also gilt:

$$(4) \qquad \sum_{i} \left| \frac{d\,V_i(\zeta)}{d\,\zeta} \right|^{r} = S_1 + S_2 + S_3 + \cdots.$$

Wir werden beweisen können, *dass die hier rechts stehende Reihe schneller convergent ist als eine bestimmte convergente geometrische Reihe, welche unabhängig von der besonderen aus der Umgebung von $\Gamma^{(0)}$ ausgewählten Gruppe Γ sowie auch von dem speciellen aus B_0 herausgegriffenen Punkte ζ ist.*

Das hyperbolische Bogenelement $d\sigma$ und Flächenelement $d\tau$ wurden in I pg. 28 unter (7) für die in der ζ-Halbebene begründete Maßbestimmung angegeben. Aber wir bilden sofort die ζ-Halbebene auf die Fläche des Einheitskreises der ζ'-Ebene vermöge der Transformation:

$$\zeta = i\,\frac{1+\zeta'}{1-\zeta'}$$

ab. Hieraus folgt, wenn wir $\zeta = \xi + i\eta$ und $\zeta' = \xi' + i\eta'$ schreiben, einmal direct:

$$\eta = \frac{1-\xi'^2-\eta'^2}{(\xi'-1)^2+\eta'^2},$$

sodann durch Differentiation:

$$d\zeta = \frac{d\zeta'}{\xi'-1+i\eta'{}^2} = -\frac{d\zeta'}{(i\xi'-1)^2+\eta'^2}.$$

Für das Bogenelement $d\sigma$ der auf den Einheitskreis bezogenen hyperbolischen Maßbestimmung gewinnen wir somit den Ausdruck:

$$d\sigma = \frac{d\zeta}{\eta} = \frac{d\zeta'}{1-\xi'^2-\eta'^2}.$$

Zur Abkürzung der Formeln führen wir Polarcoordinaten ϱ, ω in der ζ'-Ebene ein, indem wir $\zeta' = \varrho e^{i\omega}$ setzen. Übrigens lassen wir den oberen Index bei ζ' wieder fort, da wir weiterhin nur allein noch mit der auf den Einheitskreis bezogenen Maßbestimmung zu thun haben. Indem wir noch das Flächenelement $d\tau$ mit Benutzung der Formel für $d\sigma$ in bekannter Weise berechnen, ergiebt sich: *Das hyperbolische Bogenelement $d\sigma$ und Flächenelement $d\tau$ sind dargestellt durch:*

$$(5) \qquad d\sigma = \frac{d\zeta}{1-\varrho^2}, \quad d\tau = \frac{\varrho\,d\varrho\,d\omega}{(1-\varrho^2)^2}.$$

Ein Kreis mit dem gewöhnlichen Radius ϱ um $\zeta = 0$ mit $\varrho < 1$ bekommt hiernach den hyperbolischen Radius:

$$(6) \qquad R = \int_0^\varrho \frac{d\varrho}{1-\varrho^2} = \frac{1}{2}\,\log\frac{1+\varrho}{1-\varrho}.$$

Umgekehrt berechnet sich ϱ aus R vermöge der Formel:

$$(7) \qquad \varrho = \frac{e^{2R}-1}{e^{2R}+1}.$$

Der hyperbolische Inhalt J des gedachten Kreises ist:

$$(8) \qquad J = \int_0^{2\pi}\Big(d\omega\int_0^\varrho \frac{\varrho\,d\varrho}{(1-\varrho^2)^2}\Big) = \frac{\pi\varrho^2}{1-\varrho^2}.$$

Es folgt: *Der hyperbolische Inhalt J des Kreises vom hyperbolischen Radius R ist:*

$$(9) \qquad J = \frac{\pi}{4}(e^{2R}+e^{-2R}-2).$$

Für das einzelne Glied der zu untersuchenden Reihe (3) gilt:

$$\frac{dV_k(z)}{dz} = \frac{d\,\zeta^{(k)}}{dz} = \frac{dz^{(k)}}{dz}.$$

Nun sind bezüglich der Gruppe Γ äquivalente Bogenelemente im Sinne der hyperbolischen Maßbestimmung direct congruent. Somit folgt aus der ersten Formel (5):

$$d\zeta^2 = (1-|\zeta|^2)\,d\sigma, \qquad d\zeta^{(k)} = (1-|\zeta^{(k)}|^2)\,d\sigma.$$

Merken wir demnach die Gleichung an:

$$(10) \qquad \frac{dV_k(z)}{dz} = \frac{1-|\zeta^{(k)}|^2}{1-|\zeta|^2}.$$

Bezeichnen wir mit R und R_k die hyperbolischen Entfernungen der Punkte ζ und $\zeta^{(k)}$ vom Nullpunkte $\zeta = 0$, so berechnet sich aus (10) mit Gebrauch der Formel (7) *für das einzelne Glied der Reihe* (3) *die Darstellung:*

$$(11) \qquad \Big|\frac{dV_k(z)}{dz}\Big|^2 = \Big(\frac{e^{2R}+e^{-2R}+2}{e^{2R_k}+e^{-2R_k}+2}\Big)^2 = \Big(\frac{e^R+e^{-R}}{e^{R_k}+e^{-R_k}}\Big)^4.$$

Nunmehr kehren wir zum Bereiche B_0 zurück, der einen bestimmten endlichen und von 0 verschiedenen hyperbolischen Inhalt τ haben wird. Alle mit B_0 bezüglich Γ äquivalenten Bereiche B_k sind im Sinne der hyperbolischen Maßbestimmung mit B_0 congruent, und sie haben demnach sämtlich den gleichen Inhalt τ. Wir ziehen ferner die oben schon eingeführten um $\zeta = 0$ beschriebenen Kreise $K_1, K_2, \ldots$ der hyperbolischen Radien $r, 2r, \ldots$ wieder heran und wollen die Anzahl aller mit ζ äquivalenten Punkte $\zeta^{(k)}$, welche innerhalb K_n liegen, A_n nennen: unter ζ verstehen wir hierbei natürlich wieder den in B_0 ausgewählten

Punkt. für welchen wir die Reihe (3) betrachten. Die zu diesem $\zeta^{(k)}$ gehörenden Bereiche B_k liegen entweder gänzlich innerhalb K_n oder können auch teilweise über K_n hinausragen. Ist D (im Sinne der hyperbolischen Maßbestimmung gedacht) die grösste Distanz zweier Randpunkte des Bereiches B_0, so werden jedenfalls alle zu den gesuchten $\zeta^{(k)}$ gehörenden Bereiche B_k gänzlich innerhalb eines Kreises mit dem hyperbolischen Radius $(nr + D)$ um $\zeta = 0$ liegen. Dabei werden diese Bereiche, welche Gruppe Γ wir auch aus der Umgebung von $\Gamma^{(0)}$ aufgegriffen haben mögen, nicht mit einander collidieren. Es wird demnach die Gesamtfläche $A_n \tau$ dieser B_k kleiner sein als die nach (9) zu berechnende Fläche des Kreises mit dem hyperbolischen Radius $(nr + D)$. *Hieraus ergiebt sich für die Anzahl A_n aller innerhalb des Kreises K_n gelegenen Punkte $\zeta^{(k)}$ die Ungleichung:*

$$(12) \qquad A_n < \frac{\pi}{4\tau} (e^{2nr + 2D} + e^{-2nr - 2D} - 2).$$

Die Anzahl A'_n aller $\zeta^{(k)}$ in dem von K_{n-1} und K_n eingeschlossenen Ringe oder auf K_{n-1} ist $< A_n$; es *folgt für A'_n:*

$$(13) \qquad A'_n < \frac{\pi}{4\tau} (e^{2nr + 2D} + e^{-2nr - 2D} - 2) < \frac{\pi}{4\tau} e^{2nr + 2D}.$$

Die einzelnen Beträge dieser A'_n Glieder der Reihe (3) sind aber, da die zugehörigen $\zeta^{(k)}$ nicht innerhalb des Kreises K_{n-1} liegen, zufolge (11)

$$\leq \left(\frac{e^R + e^{-R}}{e^{(n-1)r} + e^{-(n-1)r}} \right)^{d'} < (e^R + e^{-R})^{d'} \cdot e^{-d'(n-1)r}.$$

Für die oben mit S_n bezeichnete Partialsumme der zum Kreisring zwischen K_{n-1} und K_n gehörenden Reihenglieder finden wir demnach die Ungleichung:

$$S_n < \frac{\pi}{4\tau} (e^R + e^{-R})^{d'} e^{d'r + 2D} \cdot e^{-(d'-2)rn}.$$

Wir kommen somit bei Rückgang auf Formel (4) zu dem Ergebnisse, dass die folgende Ungleichung besteht:

$$(14) \qquad \sum_k \frac{dV_k(\zeta)}{d\zeta}^{\frac{d'}{2}} < \frac{\pi}{4\tau} (e^R + e^{-R})^{d'} e^{d'r + 2D} \sum_{n=1}^{\infty} e^{-(d'-2)rn}.$$

Ist $d' > 2$, so steht hier rechts an letzter Stelle eine *convergente* geometrische Reihe. Alle in der Ungleichung (14) rechts auftretenden Grössen sind unabhängig von der besonderen Auswahl der Gruppe Γ in der Umgebung von $\Gamma^{(0)}$. Von der Auswahl des Punktes ζ in B_0 ist allein R abhängig; doch bleibt R unter einer endlichen angebbaren Zahl. Wir können demnach folgendes Resultat formulieren: *Die Poincaré'schen Reihen der Dimensionen $d < -2$ sind für alle Hauptkreis-*

gruppen Γ *in der Umgebung von* Γ^0 *und für alle Punkte* ζ *in der Um-gebung con* ζ_0 *unbedingt und gleichmässig convergent.*

Bei dem zunächst ausgeschlossenen Falle, dass ζ_0 *eine elliptische Ecke* ist, hat man eine Reihe von Modificationen an den vorstehenden Betrachtungen anzubringen, ohne dass die Grundgedanken des Beweises oder das Ergebnis eine Änderung erführe. Man hat vor allem den Bereich B_0 als ein an ζ_0 anliegendes Polygonsegment etwa durch eine zugehörige Bahncurve der elliptischen Substitution einzugrenzen und muss bei der stetigen Abänderung der Moduln die repräsentierende Gruppe Γ derart stetig mitändern, dass der elliptische Fixpunkt ζ_0 fest bleibt. Die etwaigen *parabolischen* Ecken betreffend werden wir uns einfach auf die Betrachtungen von pg. 148 ff. beziehen, deren Gültigkeit *auch für die Reihen* $(-3)^{ter}$ *Dimension* oben ausdrücklich be-tont wurde.

Übrigens versagen die entwickelten Überlegungen ihrer Natur nach bei den Gruppen ohne Grenzkreis für die Punkte ζ auf dem Hauptkreise. Hier sind wir nach wie vor auf die Untersuchung von pg. 157 ff. an-gewiesen, durch welche die unbedingte Convergenz der Reihen für $d < -2$ bewiesen wurde.

Das wichtigste Ergebnis der gelieferten Entwicklung besteht aber in der Erkenntnis der *Gleichmässigkeit der Convergenz unserer Reihen bei Abänderung der Moduln* $j_1, j_2, \ldots, j_\sigma$. Diese Reihen liefern somit automorphe Formen, welche in ihrer Abhängigkeit von den Moduln $j_1, j_2, \ldots, j_\sigma$ *stetige Functionen* sind*).

Wir sprechen dieses Resultat sogleich in einer für später besonders brauchbaren Gestalt aus. Das zu der einzelnen Gruppe gehörende *algebraische Gebilde* besitzt im Sinne der Theorie der algebraischen Functionen eine Reihe von „*Moduln*", nämlich erstens die Riemann'schen „*Classenmoduln*", deren Anzahl in bekannter Weise vom Geschlechte p des Gebildes abhängt. sodann die „*absoluten Invarianten*" derjenigen Stellen des Gebildes, welche den *festen Polygonecken* correspondieren. Zusammenfassend wollen wir diese Classenmoduln und Invarianten als die „*algebraischen Moduln*" des Gebildes bezeichnen, denen gegenüber die $j_1, j_2, \ldots, j_\sigma$ die „*Gruppenmoduln*" heissen mögen. Alsdann können

---

*) Für Punkte ζ des Hauptkreises, wenn solche dem „Innern" des Netzes angehören, ist freilich die Gleichmässigkeit der Reihenconvergenz in Bezug auf die Moduln noch nicht gezeigt. Indessen ist es leicht, die im Texte bezüglich der Modulabänderung geführten Betrachtungen z. B. bei der in § 5 pg. 157 ent-wickelten Convergenzuntersuchung mit in Rücksicht zu ziehen. Bei dem soeben (im Texte) ausgesprochenen Satze werden also die Punkte ζ des Hauptkreises keineswegs eine Ausnahmerolle spielen.

wir den fundamentalen Satz aussprechen: *Durchläuft die repräsentirende Gruppe stetig die vorgelegte Familie von Hauptkreisgruppen, ohne hierbei den Grenzfällen (cf. pg. 168) unwillkürlich nahe zu kommen, so erfahren demgegenüber auch die algebraischen Moduln des zugehörigen automorphen Gebildes beständig nur „stetige" Abänderungen.*

E. Ritter hat in einer sehr ausgedehnten Untersuchung[*]) ohne Zuhilfenahme der Poincaré'schen Reihen die Abänderung der automorphen Functionen bei stetiger Abänderung des Fundamentalbereichs betrachtet. Die Ritter'sche Untersuchung arbeitet mit Riemann'schen Anschauungsweisen, wie wir sie analog oben (pg. 8 ff.) zum directen Existenzbeweise der automorphen Functionen verwendeten. Die Folge ist, dass die von Ritter bewiesenen Stetigkeitstheoreme nicht nur für Gruppendiscontinuitätsbereiche, sondern für auch allgemeinere Fundamentalbereiche gelten (cf. pg. 52). Die Poincaré'sche Stetigkeitsbetrachtung, welche wir vorstehend wiedergaben, bezieht sich demgegenüber einzig auf eindeutige automorphe Functionen mit Hauptkreis. In diesem beschränkten Gebiete hat Poincaré's Betrachtung den Vorzug grosser Kürze.

§ 8. Von den Polen der Poincaré'schen Reihen und der Möglichkeit des identischen Verschwindens derselben. Ausführungen für den Fall $\mu = 0$.

Eine einzelne convergente Poincaré'sche Reihe der Dimension d und des Multiplicatorsystems M liefert für die vorgelegte Gruppe Γ, wie wir gesehen haben, eine *eindeutige automorphe Form der Dimension d und des Multiplicatorsystems* M:

$$(1) \qquad \sum_k \mu_k^{-1} H_d(\alpha_k \xi_1 + \beta_k \xi_2, \gamma_k \xi_1 + \delta_k \xi_2) = \varphi_d(\xi_1, \xi_2).$$

Doch kann dieser Ansatz, worauf wir gleich jetzt die Aufmerksamkeit lenken müssen, dadurch unbrauchbar werden, dass die in (1) links stehende Reihe *identisch verschwindet*. Diese Möglichkeit des identischen Verschwindens Poincaré'scher Reihen ist sogar die Hauptschwierigkeit beim weiteren Ausbau der Theorie dieser Reihen gewesen. Einstweilen können wir nur den Satz aussprechen, *dass eine convergente Poincaré'sche Reihe jedenfalls dann nicht identisch verschwindet, wenn sie im Fundamentalbereiche einen oder mehrere Pole besitzt.* Ein paar weitere Bemerkungen, diese Pole betreffend, sollen hier zunächst folgen.

---

[*]) „Die Stetigkeit der automorphen Functionen bei stetiger Abänderung des Fundamentalbereichs". Teil I und II. Mathemat. Annalen, Bd. 45 pg. 473 und Bd. 46 pg. 200 (1894).

Ein Pol der rationalen Form $H_d(\zeta_1, \zeta_2)$ im Innern des Netzes N ist im allgemeinen ein Pol derselben Ordnung für die in (1) dargestellte automorphe Form $\varphi_d(\zeta_1, \zeta_2)$. Eine Ausnahme von dieser Regel kann nur dann eintreten, wenn zwei oder mehr Pole von H_d an äquivalenten Stellen ζ liegen. Dann nämlich werden entsprechend viele Glieder der Reihe an der einzelnen dieser Stellen unendlich, und es kann sein, dass bei ihrer Summierung eine Reduction der Ordnung des Poles, ja sogar ein Ausfallen des letzteren eintritt. *Wird aber $H_d(\zeta_1, \zeta_2)$ mindestens an einer Stelle des Netzes N unendlich, an deren äquivalenten Stellen $H_d(\zeta_1, \zeta_2)$ übrigens polfrei ist, so wird $\varphi_d(\zeta_1, \zeta_2)$ daselbst gleichfalls einen Pol haben; es folgt, dass man in diesem Falle sicher mit einer nicht identisch verschwindenden Reihe zu thun hat.*

Die Lage der Pole von $H_d(\zeta_1, \zeta_2)$ und damit von $\varphi_d(\zeta_1, \zeta_2)$ im Fundamentalbereich ist übrigens keiner weiteren Beschränkung unterworfen, *als dass niemals einer derselben in einer etwaigen parabolischen Spitze gelegen sein kann.* In der That haben wir ja schon in § 3 (pg. 147 ff.) ausführlich die wichtige Thatsache besprochen, *dass eine Poincaré'sche Reihe in einer parabolischen Spitze stets ein Nullpunkt aufweist.*

Diese Sachlage macht eine geringfügige Modification in der Schreibweise der Formeln von pg. 97 ff. wünschenswert, welche sich auf die Darstellung der eindeutigen automorphen Formen eines *Gebildes vom Geschlechte null* durch die zugehörigen Prim- und Grundformen bezogen. Diese Darstellung wurde uns geliefert durch:

$$(2) \qquad \varphi_d(\zeta_1, \zeta_2) = R_m(z_1, z_2) \prod_{k=1}^{\mu}{}' (z, c_k)^{l_k},$$

wobei wir jetzt insbesondere auf die für die *parabolischen* Ecken gegebene Vorschrift $0 < m_k^i < l_k^i$ zurückkommen. Ist die Form $\varphi_d(\zeta_1, \zeta_2)$ durch eine Poincaré'sche Reihe geliefert, so würde in der einzelnen etwa vorkommenden parabolischen Spitze stets ein Nullpunkt liegen. Wir bringen dies äusserlich am einfachsten dadurch zum Ausdruck, *dass wir an Stelle der oben erwähnten Ungleichung die folgende treten lassen:*

$$(3) \qquad 0 < m_k^i \lessgtr l_k^i,$$

die offenbar nur im Falle des parabolischen Multiplicators 1 eine Modification bedeutet*). Übrigens werden jetzt natürlich die Pole der

---

*) Ritter befolgt die Bestimmung (3) bereits in der allgemeinen Theorie der automorphen Formen. Doch ist von dieser Maßregel oben Abstand genommen, weil darin die Berücksichtigung eines Umstandes liegt, der den automorphen Formen an sich fremd ist.

rationalen Form $R_m(z_1, z_2)$ insofern beschränkt sein, dass keiner derselben in eine parabolische Spitze fällt.

Die neue Bestimmung (3) wird eine Abänderung der Dimension m der rationalen Form $R_m(z_1, z_2)$ bewirken. *Offenbar wird m bei den von Poincaré'schen Reihen gelieferten Formen $\varphi_d(\xi_1, \xi_2)$ der Dimension $d \leq -2$ gegen früher (pg. 99 ff.) um die Anzahl ε der parabolischen Multiplicatoren 1, welche im zu Grunde liegenden System M auftreten, kleiner werden.*

Die veränderte Definition von m hat weiter ein paar Abänderungen in den Formeln von pg. 102 ff. zur Folge. Wir kommen erstlich nochmals auf die *Paare einander inverser Multiplicatorsysteme* M, M zurück und halten betreffs der correspondierenden Dimensionen an der Relation:

$$(4) \qquad\qquad d + \bar{d} + 2 = 0$$

wie pg. 102 fest. Für die Dimension d gelte $d \leq -2$, und die zugehörige Zahl m werde unter Benutzung der Bestimmung (3) berechnet. Da $\bar{d} \geq 0$ ist, so liegt kein Anlass vor, die zu $\bar{d}$ und M gehörige Zahl $\bar{m}$ nach einer anderen als der pg. 101 befolgten Regel zu berechnen. *Unter diesen Umständen sind die Formeln* (8) *und* (9) *pg.* 104 *zu ersetzen durch:*

$$(5) \qquad \frac{m_k}{l_k} + \frac{\bar{m}_k}{\bar{l}_k} = 1 - \frac{1}{l_k} \quad \text{bezw.} \quad \frac{m'_k}{l'_k} + \frac{\bar{m}'_k}{l'_k} = 1,$$

$$(6) \qquad\qquad m + \bar{m} + 2 = 0.$$

Eine Vereinfachung findet bei den Sätzen von pg. 105 statt. Wir merken an, was man vermöge der damaligen Rechnungen unmittelbar verificiert: *Für $d < -2$ gilt $m \geq -1$; dieselbe Ungleichung $m > -1$ besteht bei $d = -2$, falls nicht das Multiplicatorsystem $M_0 = 1$ vorliegt. Dagegen haben alle „eigentlich" automorphen Poincaré'schen Reihen* $(-2)^{\text{ter}}$ *Dimension $m = -2$.*

Wir kommen nun ausführlicher auf die Möglichkeit des identischen Verschwindens Poincaré'scher Reihen zurück. Dabei beschränken wir uns auf den Fall $p = 0$, doch gelten ganz analoge Betrachtungen für Gebilde beliebigen Geschlechtes p. Es sei etwa eine Gruppe Γ mit einer *Grenzcurve* vorgelegt. Man bilde alsdann für ein gegebenes Multiplicatorsystem M Reihen $(-4)^{\text{ter}}$ Dimension, welche alle an σ vorgeschriebenen Stellen $\eta', \eta'', \ldots \eta^{(\sigma)}$ des Fundamentalbereichs Pole erster Ordnung haben sollen. Zu diesem Ende wird man die rationale Form $H_{-4}(\xi_1, \xi_2)$ so wählen, dass:

$$(\xi, \eta')(\xi, \eta'') \ldots (\xi, \eta^{(\sigma)}) \cdot H_{-4}(\xi_1, \xi_2)$$

im Innern des Netzes polfrei ist. Indessen dürfen ausserhalb des letzteren noch beliebig viele, sagen wir ν Pole der Form H_{-4} vorkommen. Dann wird der Zähler von H_{-4} die Dimension $(\sigma + \nu - 4)$ haben, so dass sich die allgemeinste hier zulässige rationale Form H_{-4} aus $(\sigma + \nu - 3)$ linear unabhängigen Formen homogen und linear aufbaut.

Nun giebt es nach pg. 107 nur $(m + \sigma + 1)$ linear unabhängige automorphe Formen $\varphi_{-4}(\zeta_1, \zeta_2)$ mit den gegebenen Polen $\eta'_i, \eta''_i, \ldots, \eta_i^{(\sigma)}$, wo sich m aus der Dimension $d = -4$ und dem Multiplicatorsystem M eindeutig berechnet. Durch hinreichend grosse Auswahl von ν wird man aber mit der Anzahl $(\sigma + \nu - 3)$ den Betrag $(m + \sigma + 1)$ beliebig weit übertreffen können. Zwischen den von den $(\sigma + \nu - 3)$ gelieferten automorphen Formen φ_{-4} müssen somit lineare Identitäten bestehen. *Jede solche Identität führt uns durch entsprechende Combination der beteiligten H_{-4} auf eine identisch verschwindende Poincaré'sche Reihe: die zugehörige rationale Form H_{-4} wird zwar im Innern des Netzes polfrei sein, verschwindet aber gewiss nicht identisch*[*]).*

Die Möglichkeit, dass Reihen, die mit nicht identisch verschwindenden, im Innern des Netzes polfreien $H_d(\zeta_1, \zeta_2)$ gebildet werden, ihrerseits identisch verschwindende Summen liefern, ist hiernach unabweislich. Daraus aber entspringt eine Schwierigkeit in der Behandlung der nunmehr wichtigsten Frage, *in wie weit beliebig gewählte automorphe Formen $\varphi_d(\zeta_1, \zeta_2)$ zulässiger Dimensionen mit Nullpunkten in den parabolischen Zipfeln einzeln durch Poincaré'sche Reihen darstellbar sind.* Die Untersuchung dieser Frage wird demgemäss erst noch besondere Vorbereitungen nötig machen.

§ 9. Construction einpoliger Poincaré'scher Reihen.

Die eben besprochenen Verhältnisse veranlassen uns, einstweilen nicht mit polfreien Reihen zu operieren, sondern *die einpoligen Poincaré'schen Reihen* in den Mittelpunkt der Untersuchung zu stellen.

Die nachfolgenden Untersuchungen gelten, wo nichts weiter bemerkt ist, sogleich für *Gebilde eines beliebigen Geschlechtes p.* Ob wir für jede Dimension d, deren Poincaré'sche Reihen convergent sind, stets einpolige Reihen bilden können, muss erst noch die weitere Entwicklung zeigen. Sollen wir das Beispiel der Gebilde mit $p = 0$ sogleich heranziehen, so würden hier nach einem Satze des vorigen Paragraphen die eigentlich automorphen Reihen $(-2)^{ter}$ Dimension stets

---

[*]) Der ausserhalb der Grenzcurve verlaufende Teil der ζ-Ebene trägt ein zweites zur fraglichen Gruppe gehörendes Netz. Innerhalb dieses Netzes ist die einzelne der soeben hergestellten identisch verschwindenden Reihen nicht polfrei, hier also wird sie keineswegs auch identisch verschwinden.

$m = -2$ haben und also im Fundamentalbereiche mindestens *zweipolig* sein. Hier kann es also keine einpolige Reihen geben. Es wird sich zeigen, *dass wir ganz allgemein bei beliebigem p abgesehen von diesem einen Ausnahmefalle $d = -2$, $M = 1$ stets einpolige Reihen zu bilden im Stande sind.*

Dies ist zunächst überaus einfach in dem Falle, dass das Polygonnetz N *nicht* die ganze ζ-Ebene bedeckt, vielmehr durch eine oder unendlich viele Grenzcurven berandet ist. Ein erster Pol sei im „Innern" des Netzes N an einer *beliebigen* Stelle ξ vorgeschrieben, die jedoch einstweilen keine feste Polygonecke sein soll. Wir spalten ξ in den Quotienten $\xi_1 : \xi_2$ und benutzen wie früher die abkürzende Schreibweise (ζ, ξ) für den Ausdruck $(\zeta_1 \xi_2 - \zeta_2 \xi_1)$. $H_{d+1}(\zeta_1, \zeta_2)$ sei eine rationale Form der Dimension $d + 1$, deren sämtliche Pole *ausserhalb* des Netzes N liegen sollen, die aber übrigens beliebig wählbar ist. *Alsdann ist in:*

$$(1) \qquad \sum_k \mu_k^{-1} \frac{H_{d+1}\left(\zeta_1^{(k)}, \zeta_2^{(k)}\right)}{\left(\zeta^{(k)}, \xi\right)}$$

für $d < -4$ eine convergente Poincaré'sche Reihe eines vorgeschriebenen Multiplicatorsystems M gegeben, welche nur an der einen mit ξ äquivalenten Stelle des Fundamentalbereichs einen Pol erster Ordnung aufweist und also in der That „einpolig" ist. Liegt übrigens eine Gruppe mit einem Grenzkreise vor, so brauchen wir bekanntlich auch den Fall $d = -3$ nicht auszuschliessen.

Die einfachste Auswahl der rationalen Form $H_{d+1}(\zeta_1, \zeta_2)$ ist offenbar die, *dass wir sie als reciproken Wert einer ganzen rationalen Form $G_{-d-1}(\zeta_1, \zeta_2)$ der Dimension $(-d-1)$ annehmen, deren $(-d-1)$ Nullpunkte ausserhalb des Netzes N liegen.* Merken wir uns demnach die einpolige Reihe sogleich in der Gestalt:

$$(2) \qquad \sum_k \mu_k^{-1} \cdot \frac{1}{\left(\zeta^{(k)}, \xi\right) G_{-d-1}\left(\zeta_1^{(k)}, \zeta_2^{(k)}\right)} \cdot -$$

Umständlichere Betrachtungen sind im anderen Falle nötig, dass das Netz N die *ganze* ζ-Ebene bis auf isoliert liegende Grenzpunkte bedeckt. Wir denken wieder ξ beliebig, jedoch von den festen Polygonecken verschieden gewählt und halten am Ansatze (1) fest. Die rationale Form $H_{d+1}(\zeta_1, \zeta_2)$, welche doch von negativer Dimension ist, hat dann aber notwendig im *Innern* des Netzes Pole. Damit keiner der letzteren ein Pol der in (1) dargestellten automorphen Form wird, hat man H derart zu wählen, *dass sich die in Rede stehenden Pole beim Summieren der Glieder der Reihe (1) gerade fortheben.* Diese Aufgabe lässt sich z. B. in folgender Weise lösen.

Wir wählen im „Innern" des Netzes N eine *beliebige, jedoch nicht mit ξ äquivalente und auch nicht mit einer festen Ecke zusammenfallende Stelle η* aus und verstehen unter $V_1, V_2, \ldots, V_{-d-1}$ irgend $(-d-1)$ Substitutionen von Γ, bei deren Auswahl jedoch einige gleich zu nennende Bedingungen beobachtet werden sollen. Die $-d$ Stellen:

$$(3) \qquad \eta, \quad \eta' = V_1(\eta), \quad \eta'' = V_2(\eta), \ldots, \quad \eta^{(-d-1)} = V_{-d-1}(\eta)$$

mögen Pole erster Ordnung von H sein. Wir geben dieser Form dementsprechend die Gestalt:

$$(4) \qquad H_{d+1}(\xi_1, \xi_2) = \frac{G_1(\xi_1, \xi_2)}{(\xi, \eta)(\xi, \eta') \cdots (\xi, \eta^{(-d-1)})},$$

unter $G_1(\xi_1, \xi_2)$ eine lineare ganze Form verstanden. *Die $(-d-1)$ Substitutionen* (3) *sollen von einander und von der Identität verschieden sein, es soll nicht in allen der dritte Coefficient γ verschwinden, und endlich sollen die zugehörigen Multiplicatoren $\mu_1, \mu_2, \ldots, \mu_{-d-1}$, sofern nicht das System $\mathsf{M}_0 = 1$ vorliegt, nicht sämtlich gleich 1 sein.* Diese weiterhin zur Verwendung zu bringenden Bedingungen können bei der Auswahl der fraglichen Substitutionen leicht beobachtet werden.

Unsere Aufgabe läuft nunmehr darauf hinaus, *die lineare Form:*

$$(5) \qquad G_1(\xi_1, \xi_2) = a_1 \xi_1 + a_2 \xi_2$$

derart zu bestimmen, dass die durch:

$$(6) \qquad \varphi_d(\xi_1, \xi_2) = \sum \mu_k^{-1} \frac{G_1(\xi_1^{(k)}, \xi_2^{(k)})}{(\xi^{(k)}, \eta)(\xi^{(k)}, \eta') \cdots (\xi^{(k)}, \eta^{(-d-1)})} (\xi^{(k)}, \xi)^{-1}$$

dargestellte automorphe Form an der Stelle η polfrei ist, während bei ξ der Pol erhalten bleibt. Ist der ersten Bedingung genügt, so werden wegen des automorphen Verhaltens von $\varphi_d(\xi_1, \xi_2)$ auch bei

$$\eta', \eta'', \ldots, \eta^{(-d-1)}$$

keine Pole auftreten. Wäre aber der letzten Bedingung nicht genügt, so würde $\varphi_d(\xi_1, \xi_2)$ polfrei, und das identische Verschwinden der Reihe wäre nicht ausgeschlossen.

Da wegen der unimodularen Gestalt der homogenen Substitutionen $(\xi', \eta') = (\xi, \eta)$, $(\xi'', \eta'') = (\xi, \eta)$, $\ldots$ zutrifft, so werden an der Stelle η nur die zu den Substitutionen $1, V_1, V_2, \ldots, V_{-d-1}$ gehörenden Glieder der Reihe (6) Pole aufweisen. Entwickeln wir in der Umgebung von η die Form $\varphi_d(\xi_1, \xi_2)$ nach Potenzen von (ξ, η), so wird der weiterhin durch $-A$ zu bezeichnende Coefficient der Potenz $(\xi, \eta)^{-1}$ durch die Gleichung gegeben sein:

$$(7) \qquad A = \sum_{k=0}^{-d-1} \mu_k^{-1} \frac{G_1(\eta_1^{(k)}, \eta_2^{(k)})}{(\eta^{(k)}, \eta) \cdots (\eta^{(k)}, \eta^{(k-1)})(\eta^{(k)}, \eta^{(k+1)}) \cdots (\eta^{(k)}, \eta^{(-d-1)})} (\xi, \eta^{(k)})^{-1}.$$

Entwickelt man andrerseits $\varphi_d(\xi_1, \xi_2)$ in der Umgebung von ξ nach Potenzen von (ζ, ξ), so hat der Coefficient von $(\zeta, \xi)^{-1}$ die Gestalt:

$$(8) \qquad \frac{G_1(\xi_1, \xi_2)}{(\overline{\xi}, \eta_1)(\overline{\xi}, \eta') \cdots (\overline{\xi}, \eta_1(-d-1))},$$

Hierfür schreiben wir:

$$(9) \qquad \frac{\xi_2^{d+1}}{\eta_2 \cdot \eta_2' \cdots \eta_2(-d-1)} \cdot \frac{G_1(\xi, 1)}{(\xi - \eta)(\xi - \eta') \cdots (\xi - \eta_1(-d-1))}$$

und entwickeln die hier als zweiter Factor stehende rationale Function von ξ, deren Nenner mindestens den zweiten Grad hat, in die Partialbrüche:

$$\frac{G_1(\eta, 1)}{(\eta_1 - \eta') \cdots (\eta_1 - \eta_1(-d-1))} (\xi - \eta_1)^{-1} + \cdots$$

$$\cdots + \frac{G_1(\eta_1(-d-1), 1)}{(\eta_1(-d-1) - \eta_1) \cdots (\eta_1(-d-1) - \eta_1(-d-2))} (\xi - \eta_1(-d-1))^{-1}.$$

Man setze jetzt den in (9) an erster Stelle stehenden Factor wieder hinzu und führe wieder überall die homogene Schreibweise ein. Nennt man das Product des Ausdrucks (8) mit $\left(\frac{\eta_2}{\xi_2}\right)^{d+2}$ abgekürzt B, so ergiebt sich:

$$(10) \qquad B = \sum_{k=0}^{-d-1} \Bigg[(\gamma_k \eta_1 + \delta_k)^{-d-2}$$

$$\frac{G_1(\eta_1^{(k)}, \eta_2^{(k)})}{(\eta^{(k)}, \eta) \cdots (\eta_1^{(k)}, \eta_1 - 1)} \frac{}{\eta_1^{(k)}, \eta_1(k+1)) \cdots (\eta_1^{(k)}, \eta_1(-d-1))} (\xi, \eta_1^{(k)})^{-1} \Bigg].$$

Hier wie in (7) bedeuten $\eta_1^{(0)}$, $\eta_2^{(0)}$ natürlich η_{11}, η_{12}. Unsere Aufgabe ist jetzt, *die Coefficienten a_1, a_2 von G_1 derart zu bestimmen, dass $A = 0$ und $B \neq 0$ ist.*

Diese Aufgabe ist unlösbar, falls $d = -2$ und $M_0 = 1$ vorliegt: denn in diesem Falle ist $A = B$. Wir kommen damit auf den schon oben besprochenen Fall der eigentlich automorphen Reihen $(-2)^{\text{ter}}$ Dimension zurück.

Indem wir diesen *Ausnahmefall $d = -2$, $M_0 = 1$ fortan ausschliessen*, ordnen wir A und B nach den Coefficienten a_1, a_2 von G_1 an:

$$(11) \qquad \begin{cases} A = a_1 \Phi_1(\eta_{11}, \eta_{12}) + a_2 \Phi_2(\eta_{11}, \eta_{12}), \\ B = a_1 \Psi_1(\eta_{11}, \eta_{12}) + a_2 \Psi_2(\eta_{11}, \eta_{12}). \end{cases}$$

Die hier mit a_1 und a_2 multiplicirten Ausdrücke wollen wir *bei stehenden ξ_1, ξ_2 und variabel gedachter Stelle η bezw. variabelen η_{11}, η_{12} als Formen dieser η_{11}, η_{12} ansehen.* Die Bedeutung dieser Formen geht aus (7) und (10) sofort hervor*); insbesondere sind sie übereinstimmend von der Dimension $(2d + 2)$.

---

*) Man wolle hierbei nur berücksichtigen, dass $\eta_1^{(k)}$, $\eta_2^{(k)}$ linear und homogen in η_1, η_2 sind.

Die Bedingung $A = 0$ erfordert nun, dass wir a_1, a_2 mit $\Phi_2, -\Phi_1$ proportional nehmen:

(12) $a_1 : a_2 = \Phi_2(\eta_1, \eta_2) : -\Phi_1(\eta_1, \eta_2).$

Es können alsdann zwei sich gegenseitig ausschliessende Fälle vorliegen. *Entweder besteht die Gleichung:*

(13) $$\frac{\Phi_1(\eta_1, \eta_2)}{\Psi_1(\eta_1, \eta_2)} = \frac{\Phi_2(\eta_1, \eta_2)}{\Psi_2(\eta_1, \eta_2)}.$$

in η identisch, und dann ist mit A immer auch B gleich null; oder die Gleichung (13) besteht nur für endlich viele η, und alsdann lässt sich η so wählen, dass $B \neq 0$ ist.

Gehen wir vom Zutreffen der ersten Möglichkeit aus, so mögen wir die einander identischen Ausdrücke der rechten und linken Seite von (13), als im Quotienten $\eta_1 : \eta_2 = \eta$ rational, mit $R(\eta)$ bezeichnen. Aus (11) ist alsdann der Schluss zu ziehen, dass, welches auch die Bedeutung der a_1, a_2 sein mag, der Quotient $A : B$ immer auch mit dieser rationalen Function $R(\eta)$ identisch ist. Der Ausdruck von $R(\eta)$ kann dieserhalb ξ_1, ξ_2 nicht mehr enthalten. Wählen wir nämlich $a_1 = \xi_2, a_2 = -\xi_1$, so fallen die ξ_1, ξ_2 sowohl aus A wie aus B zufolge (7) und (10) gänzlich aus.

Bei dieser Sachlage wird der Quotient $A : B$ dieser in den ξ und η rationalen Ausdrücke A und B seinen von ξ freien Wert $R(\eta)$ auch dann unverändert behalten, wenn wir jetzt hinterher ξ beliebig abändern. Lässt man aber ξ an die Stelle $\eta^{(k)}$ rücken, so folgt aus (7) und (10):

(14) $$\frac{A}{B} = R(\eta) = \frac{(\gamma_k \eta + \delta_k)^{d+2}}{\mu_k}.$$

gültig für alle $-d$ Indices $k = 0, 1, 2, \ldots, -d-1$. Wählen wir hier $k = 0$, so erweist sich $R(\eta)$ mit der Constanten 1 identisch. Nehmen wir sodann ein k mit $\gamma_k \neq 0$ (und eine dieser Forderung genügende Substitution V_k findet sich unter den $V_1, V_2, \ldots V_{-d-1}$), so folgt $d = -2$; denn in allen übrigen Fällen ist die rechte Seite von (14) mit η variabel. Tragen wir aber $d = -2$ und $R(\eta) = 1$ in (14) ein, so folgt:

$$\mu_1 = 1, \mu_2 = 1, \ldots, \mu_{-d-1} = 1,$$

und also liegt das Multiplicatorsystem $\mathsf{M}_0 = 1$ vor (cf. pg. 180).

Da wir hiermit zu dem oben bereits ausgeschlossenen Ausnahmefalle zurückgeführt sind, so folgt, *dass wir bei Vermeidung endlich vieler specieller Stellen η mit einem der Bedingung (12) entsprechenden Coefficientenpaare a_1, a_2 die Forderung $B \neq 0$ allemal in gewünschter Weise erfüllen können.*

Es ist nun am zweckmässigsten, der Proportion (12) in folgender Weise zu entsprechen:

$$(15) \begin{cases} a_1 = \sum_{k=0}^{-d-1} \mu_k^{-1} \eta_2^{(k)} \dfrac{(\xi, \eta) \cdots (\xi, \eta_i(k-1))(\xi, \eta_i(k+1)) \cdots (\xi, \eta_i(-d-1))}{(\eta_i^{(k)}, \eta_i) \cdots (\eta_i^{(k)}, \eta_i(k-1))(\eta_i^{(k)}, \eta_i(k+1)) \cdots (\eta_i^{(k)}, \eta_i(-d-1))}, \\[2em] a_2 = -\sum_{k=0}^{-d-1} \mu_k^{-1} \eta_1^{(k)} \dfrac{(\xi, \eta) \cdots (\xi, \eta_i(k-1))(\xi, \eta_i(k+1)) \cdots (\xi, \eta_i(-d-1))}{(\eta_i^{(k)}, \eta_i) \cdots (\eta_i^{(k)}, \eta_i(k-1))(\eta_i^{(k)}, \eta_i(k+1)) \cdots (\eta_i^{(k)}, \eta_i(-d-1))}. \end{cases}$$

Hierdurch wird G_1 in den ξ_1, ξ_2 zu einer rationalen ganzen Form der Dimension $-d-1$; wir bezeichnen dieselbe dieserhalb ausführlicher durch $G_1^{(-d-1)}(\xi_1, \xi_2; \xi_1, \xi_2)$. *Als Hauptergebnis aber sprechen wir aus: Auch im Falle einer Gruppe ohne Grenzcurven können wir für beliebige ausserhalb der festen Ecken vorgeschriebene Pole ξ, abgesehen vom wiederholt genannten Ausnahmefalle $d = -2$, $M_0 = 1$, bei jeder den allgemeinen Convergenztheoremen entsprechenden Dimension d und für jedes Multiplicatorsystem M einpolige Reihen in der Gestalt:*

$$(16) \qquad \sum_k \mu_k^{-1} \frac{G_1^{(-d-1)}(\xi_1^{(k)}, \xi_2^{(k)}; \xi_1, \xi_2)}{(z^{(k)}, \xi)(z^{(k)}, \eta)(z^{(k)}, \eta') \cdots (z^{(k)}, \eta_i(-d-1))}$$

thatsächlich bilden.

§ 10. Einpolige Reihen mit Polen in elliptischen Ecken.

Bei den Entwicklungen des vorigen Paragraphen wurde ausdrücklich festgesetzt, dass ξ von jeder festen Ecke unseres Polygonnetzes verschieden sein sollte. In Ansehung der *parabolischen* Punkte müssen wir zunächst auch weiter an dieser Bestimmung festhalten; denn wir haben oben bei den Convergenzbetrachtungen der Poincaré'schen Reihen festgesetzt, dass die zur Bildung der einzelnen Reihe benutzte rationale Form $H_d(\xi_1, \xi_2)$ in parabolischen Grenzpunkten stets polfrei sein sollte. Anders verhält es sich mit den *elliptischen* Ecken. Rückt ξ in eine solche Ecke, so bleibt die hergestellte einpolige Reihe convergent, aber es treten hier Verhältnisse ein, welche eine nähere Untersuchung erfordern.

Sei demnach ε eine beliebige elliptische Ecke, für welche wir die Klammersymbole (ξ, ε), (ξ, ε') im früheren Sinne (cf. (3) pg. 64) gebrauchen. Die einpolige Reihe (2) pg. 64 werde alsdann unter der Annahme $\xi = \varepsilon$ gebildet; sie gewinnt, wenn wir die ganze rationale Form G_{-d-1} auf (ξ, ε), (ξ, ε') transformiert denken, die Gestalt:

$$(1) \qquad \sum_k \mu_k^{-1} \frac{1}{(z^{(k)}, \varepsilon) \, G_{-d-1} \frac{1}{((z^{(k)}, \varepsilon), (z^{(k)}, \varepsilon'))}}$$

Hier haben an der Stelle ε insgesamt l Glieder der Reihe Pole erster Ordnung, unter l die Periode der zur fraglichen Ecke gehörenden Substitution verstanden: und zwar ist das Anfangsglied bei $\zeta = \varepsilon$ bis auf einen constanten Factor angenähert durch:

(2) $$(\zeta, \varepsilon)^{-1} (\zeta, \varepsilon')^{d+1}$$

gegeben. Hieraus entstehen die übrigen $(l-1)$ bei ε polaren Glieder, indem wir wiederholt die elliptische Erzeugende (cf. (4) pg. 64) anwenden und jedesmal durch ihren Multiplicator $\mu = e^{\pi i \frac{\lambda}{l}}$ dividieren. Die Wirkung dieser Operationen ist der Zusatz der multiplicativen Einheitswurzel:

(3) $$e^{\frac{\pi i}{l}} \cdot e^{\frac{(d+1)\pi i}{l}} \cdot e^{\frac{\pi i \lambda}{l}} = e^{\frac{\pi i}{l}(\lambda + d + 2)}$$

und ihrer Potenzen bis zur $(l-1)^{\text{ten}}$ zum Ausdruck (2). Wir erkennen sofort: *Nur wenn λ die Congruenz:*

(4) $$\lambda \equiv -d - 2 \qquad (\text{mod. } 2l)$$

erfüllt, hat unsere Reihe in der Ecke ε thatsächlich einen Pol, und zwar im Polygon gemessen einen solchen der Ordnung $\frac{1}{l}$: ist hingegen die Congruenz (4) nicht erfüllt, so wird die Reihe (1) bei ε und demnach überhaupt polfrei, und es ist alsdann ihr identisches Verschwinden nicht ausgeschlossen.

Man überzeugt sich nun leicht, *dass dieser Satz für die Reihe* (16) *pg. 183 unmittelbar bestehen bleibt.* In der That gilt auch hier wieder für das Anfangsglied der Reihe, abgesehen von einem von den ξ_1, ξ_2 unabhängigen Factor, der Näherungswert (2). Man hat nur zu berücksichtigen, dass das Product $(\zeta, \eta)(\zeta, \eta') \cdots (\zeta, \eta^{(-d-1)})$ eine an der Stelle ε nicht verschwindende ganze Form der Dimension $-d$ darstellt und also angenähert durch $C(\zeta, \varepsilon')^{-d}$ mit von 0 verschiedenem C ersetzt werden kann, und dass andrerseits die lineare Form $G^{(-d-1)}$ im Zähler des Anfangsgliedes (16) pg. 183 für $\zeta = \xi = \varepsilon$ nicht verschwindet.

Wir haben nun oben (pg. 100 ff.) den Standpunkt vertreten, dass in der einzelnen elliptischen Ecke stets ein Nullpunkt der durch (5) pg. 100 bestimmten Ordnung festliegen solle, welche letztere im Falle der Congruenz (4) gleich $\frac{l-1}{l}$ ist. Wir haben uns daraufhin die Auffassung zu bilden, *dass bei Geltung der Congruenz (4) zu diesem Nullpunkte ein Pol „erster" Ordnung hinzutritt.* Halten wir an dieser übrigens schon pg. 106 ausgesprochenen Auffassung fest, so ist erzielt, *dass unsere Reihe im Falle der Congruenz (4) in der That eine „einpolige" ist.*

Auf Grund dieser Anschauungsweise können wir, mag der Grenzcurvenfall vorliegen oder nicht, endlich auch leicht beim Nichtgelten der Congruenz (4) einpolige Reihen für elliptische Ecken $\xi = \varepsilon$ herstellen. Wir berechnen uns nach (5) pg. 100 für die betrachtete Ecke ε die zugehörige Zahl m*) aus:

$$\frac{m}{l} = \frac{d + \lambda}{2l} - E\left[\frac{d + \lambda}{2l}\right].$$

Alsdann bilden wir die Reihe:

$$(5) \qquad \sum_k \frac{\mu_k^{-1}}{(\zeta^{(k)}, \varepsilon)^{l-m} \cdot G_{-d+m-l}(\zeta_1^{(k)}, \zeta_2^{(k)})},$$

an deren Stelle jedoch für den Fall, dass $-d + m - l < 0$ sein sollte, die Reihe:

$$(6) \qquad \sum_k \mu_k^{-1} \frac{G_{d-m+l}(\zeta_1^{(k)}, \zeta_2^{(k)})}{(\zeta^{(k)}, \varepsilon)^{l-m}}$$

treten muss. Die Nullpunkte der in (5) benutzten ganzen rationalen Form G_{-d+m-l} sollen weder in festen Ecken, noch in Grenzpunkten der Gruppe liegen; auch mögen sie im Grenzcurvenfalle sämtlich ausserhalb des Netzes N gelegen sein. Im Falle (6) soll nur vorgeschrieben sein, dass $G_{d-m+l}(\zeta_1, \zeta_2)$ nicht gerade in der Ecke ε einen Nullpunkt aufweist.

Man berechnet zunächst leicht, dass die Reihe (5) bezw. (6) im Sinne der obigen Auffassung bei ε einen Pol erster Ordnung hat. Es ist dies eine Folge der nunmehr an Stelle von (4) gültigen Congruenz:

$$(7) \qquad \lambda \quad -d + 2m \qquad (\text{mod. } 2l).$$

Eine Weiterführung der Überlegung erfordert jetzt nur noch der Fall einer Gruppe ohne Grenzcurve, wenn ausserdem $-d + m - l > 1$ ist und also der Ansatz (5) in Frage kommt. Wir schreiben alsdann noch vor, dass $G_{-d+m-l}(\zeta_1, \zeta_2)$ nur einfache Nullpunkte haben soll. Dieselben werden entsprechend noch neue Pole erster Ordnung für die Reihe (5) liefern. Aber es ist ein Leichtes, für jeden dieser weiteren Pole eine einpolige Reihe der Gestalt (16) pg. 183 zu bilden, worauf man alsdann durch Abzug dieser mit geeigneten Coefficienten versehenen Reihen von der Reihe (5) eine ausserhalb der mit ε äquivalenten Ecken polfreie Reihe gewinnt. *Hiernach ist uns für jede beliebige Lage des Poles ξ im Innern des Netzes N unter Ausschluss allein der parabolischen Eckpunkte die Herstellung einer zugehörigen einpoligen Reihe gelungen.* Auf den Fall aber, dass ξ in einen parabolischen Eckpunkt hineinrückt, kommen wir im übernächsten Paragraphen ausführlich zurück.

---

*) Diese sonst mit m_k bezeichnete Zahl wolle man nicht mit der Zahl m im Sinne von (7) pg. 101 verwechseln.

§ 11. Einführung der Elementarformen $\Omega(\zeta_1, \zeta_2; \xi_1, \xi_2)$.

Wir kehren jetzt zu den einpoligen Reihen des vorletzten Paragraphen und zwar insbesondere zur Reihe (1) pg. 179 zurück. Um der durch diese Reihe dargestellten Form an der Stelle ξ ein möglichst einfaches Verhalten zu verleihen, wollen wir sie noch mit einem von ζ_1, ζ_2 unabhängigen Factor normieren; und zwar wählen wir hierzu den reciproken Wert der im Zähler des Anfangsgliedes stehenden rationalen Form H_{d+1}, gebildet für $\zeta_1 = \xi_1, \zeta_2 = \xi_2$. *Der Zusatz dieses gleich noch näher zu betrachtenden Factors liefert uns den weiterhin als „Elementarform" bezeichneten Ausdruck:*

$$(1) \qquad \Omega(\zeta_1, \zeta_2; \xi_1, \xi_2) = \sum_k \mu_k^{-1} \frac{H_{d+1}(\zeta_1^{(k)}, \zeta_2^{(k)})}{(\zeta^{(k)}, \xi) H_{d+1}(\xi_1, \xi_2)}.$$

Die hierdurch dargestellte automorphe Form der ζ_1, ζ_2 von der Dimension d und dem Multiplicatorsystem M hat offenbar die Eigenschaft, *dass bei Annäherung an den Pol ξ, und zwar für $\lim \zeta_1 = \xi_1$, $\lim \zeta_2 = \xi_2$ die Grenzgleichung:*

$$(2) \qquad \lim\,[(\zeta, \xi) \cdot \Omega(\zeta_1, \zeta_2; \xi_1, \xi_2)] = 1$$

zutrifft. Wir sagen hierfür, indem wir uns die Entwicklung von Ω nach Potenzen von $(\zeta - \xi)$ durchgeführt denken, es habe die Form Ω an der Stelle ξ einen Pol erster Ordnung *„vom Coefficienten 1".* Entsprechend wird an der Stelle ξ_k ein Pol erster Ordnung vom Coefficienten μ_k liegen.

Des genaueren geht die Gestalt des hinzugesetzten Factors im *Falle einer Gruppe mit einer oder unendlich vielen Grenzcurven* aus folgender Formel für die Elementarform:

$$(3) \qquad \Omega(\zeta_1, \zeta_2; \xi_1, \xi_2) = \sum_k \mu_k^{-1} \frac{G_{-d-1}(\xi_1, \xi_2)}{(\zeta^{(k)}, \xi) G_{-d-1}(\zeta_1^{(k)}, \zeta_2^{(k)})}$$

hervor, welche der einpoligen Reihe (2) pg. 179 correspondiert. Man wolle hierbei noch beachten, dass zufolge der pg. 179 getroffenen Verabredung die rationale ganze Form $G_{-d-1}(\xi_1, \xi_2)$ für *jede* Stelle ξ im Innern des Netzes von 0 verschieden ist.

Bei einer *Gruppe ohne Grenzcurve* werden wir uns entsprechend an die Gestalt (16) pg. 183 der einpoligen Reihe anschliessen. Hier liegen die Dinge insofern ganz besonders einfach, als $H_{d+1}(\xi_1, \xi_2)$ nicht nur von ζ_1, ζ_2, sondern *auch von ξ_1, ξ_2 unabhängig* wird. In der That ergiebt sich aus (15) pg. 183:

$$(4) \quad \begin{cases} H_{d+1}(\xi_1, \xi_2) = \dfrac{G_1^{(-d-1)}(\xi_1, \xi_2; \xi_1, \xi_2)}{\prod\limits_{\kappa=0}^{-d-1}(\xi \cdot \eta_x^{(\kappa)})} \\[4ex] = \sum\limits_{k=0}^{-d-1} \overline{(\eta^{(k)}, \eta_x) \cdots (\eta^{(k)}, \overline{\eta^{(k)}-1})(\eta^{(k)}, \overline{\eta^{(k)}+1}) \cdots (\eta^{(k)}, \overline{\eta^{(k)}-d-1})}, \end{cases}$$

wo die rechts stehende Summe nach den Entwicklungen des vorletzten Paragraphen, abgesehen vom Falle $d = -2$, $M_0 = 1$, durch zweckmässige Auswahl von η einen von null verschiedenen Wert annimmt. *Wir wollen nun fortan das einmal gewählte η festhalten* und nehmen alsdann einfach den von 0 verschiedenen Wert (4) als Nenner in die Coefficienten a_1, a_2 der linearen Form G auf. Es wird kaum zu Verwechslungen Anlass geben, wenn wir auch nach dieser Abänderung an der Bezeichnung $G_1^{(-d-1)}$ unserer rationalen ganzen Form festhalten. An Formel (3) reiht sich damit als *Darstellung der Elementarform im Falle einer Gruppe ohne Grenzcurven:*

$$(5) \quad \Omega(\zeta_1, \zeta_2; \xi_1, \xi_2) = \sum_k a_k^{-1} \frac{G_1^{(-d-1)}(\zeta_1^{(k)}, \zeta_2^{(k)}; \xi_1, \xi_2)}{(\zeta^{(k)}, \xi)(\zeta^{(k)}, \eta)(\zeta^{(k)}, \eta') \cdots (\zeta^{(k)}, \eta^{-d-1})}.$$

Es ist nun ein sehr wesentlicher Schritt, *dass wir fortan neben der Stelle ζ auch die Stelle ξ im Netze N beweglich und entsprechend die binären Grössen ξ_1, ξ_2 nach den pg. 64 für die ζ_1, ζ_2 entwickelten Grundsätzen als variabel ansehen wollen.* Bei der Beschreibung des Verhaltens der Elementarform $\Omega(\zeta_1, \zeta_2; \xi_1, \xi_2)$ als Form zweier Variabelenpaare können wir uns zum Teil auf schon durchgeführte Rechnungen stützen; daneben werden allerdings noch einige weitergehende Untersuchungen erforderlich sein.

Rückt erstlich ξ in eine *elliptische* Ecke, so wird Ω als Form der ζ_1, ζ_2 nur dann ihren Pol bewahren, wenn der correspondierende Multiplicator u die Congruenz (4) pg. 184 befriedigt. *Ist indessen diese Congruenz nicht erfüllt, so wird Ω polfrei, und es ist alsdann das identische, d. h. für alle ζ stattfindende, Verschwinden der Form Ω nicht ausgeschlossen.*

Rückt ξ in eine *parabolische* Spitze, so ist unsere sonst überall beobachtete Vorschrift, dass die zur Herstellung Poincaré'scher Reihen benutzten Formen $H(\xi_1, \xi_2)$ in allen Grenzpunkten polfrei sein sollen, durchbrochen. Nun ist freilich auch in diesem Falle wenigstens für alle Dimensionen $d \leq -3$ aus dem pg. 152 genannten v. Mangoldt'schen Satze die Convergenz der Reihe ersichtlich. Aber es wird nötig sein, dass wir das genaue Bildungsgesetz der Form Ω auch in Abhängigkeit von den ξ_1, ξ_2 bei Annäherung der Stelle ξ an eine parabolische Spitze explicite kennen, um die später folgenden functionentheoretischen Schlüsse ausreichend zu begründen. Wir kommen auf die Untersuchung dieses Bildungsgesetzes. die mit einigen Umständlichkeiten verknüpft ist. im nächsten Paragraphen zurück.

Endlich waren im Falle einer Gruppe ohne Grenzcurven *die Stelle* η_i *und die mit* η *äquivalenten Stellen* für ξ zunächst unzugänglich. Wir können aber diese Beschränkung fallen lassen, wie folgende Überlegung zeigt:

Lassen wir erstlich ξ an eine der $-d$ Stellen $\eta_i, \eta_i', \ldots, \eta^{(-d-1)}$ rücken, die wir $\eta^{(i)}$ nennen, und specialisieren die Formel (16) pg. 183 für diesen Fall, so berechnet sich nach (15) pg. 183:

$$a_1 \xi_1 + a_2 \xi_2 = \mu_i^{-1} (\xi, \eta^{(i)}).$$

Die genannte Formel (16) pg. 183 nimmt somit die Gestalt an:

$$\mu_i^{-1} \sum_k \frac{\eta_k^{-1}}{(z^{(k)}, \eta) (z^{(k)}, \eta') \cdots (z^{(k)}, \eta^{(-d-1)})}.$$

Hier haben wir eine convergente und leicht zugängliche Poincaré'sche Reihe vor uns, welche an der Stelle η ihren Pol erster Ordnung bewahrt. Teilen wir. wie es sein muss. durch den Ausdruck (4). so berechnet man sofort für die Stelle η_i einen Pol vom Coefficienten μ_i^{-1}. *so dass die Elementarform an der Stelle* $\xi = \eta_i^{(i)}$ *ihren Pol erster Ordnung vom Coefficienten* 1 *thatsächlich behält.*

Rückt andrerseits ξ an eine Stelle $\eta_i^{(i)}$, die mit η äquivalent. aber von $\eta_i, \eta_i', \ldots, \eta^{(-d-1)}$ verschieden ist. so liefert Gleichung (16) pg. 183 die convergente Poincaré'sche Reihe:

$$\sum \mu_k^{-1} \frac{G_1^{(-d-1)}(z_1^{(k)}, z_2^{(k)}; \eta_1^{(i)}, \eta_2^{(i)})}{(z^{(k)}, \eta) (z^{(k)}, \eta') \cdots (z^{(k)}, \eta^{(-d-1)}) (z^{(k)}, \eta_i^{(i)})}.$$

Entwickeln wir die hierdurch dargestellte Form bei η nach Potenzen von (ξ, η), so wird der Coefficient von $(\xi, \eta)^{-1}$:

$$\begin{cases} \mu_i^{-1} \dfrac{G(\eta_{i1}^{(i)}, \eta_{i2}^{(i)}; \eta_{i1}^{(i)}, \eta_{i2}^{(i)})}{(\eta_i^{(i)}, \eta) \cdots (\eta_i^{(i)}, \eta^{(-d-1)})} \\[2ex] + \displaystyle\sum_{k=0}^{-d-1} \mu_k^{-1} \dfrac{G(\eta_{i1}^{(k)}, \eta_{i2}^{(k)}; \eta_{i1}^{(i)}, \eta_{i2}^{(i)})}{(\eta_i^{(k)}, \eta_i^{(i)})(\eta_i^{(k)}, \eta) \cdots \eta_i^{(i)}, \eta^{(k-1)})(\eta_i^{(i)}, \eta^{(k+1)}) \cdots (\eta_i^{(k)}, \eta^{(-d-1)})}. \end{cases}$$

Die hier an zweiter Stelle auftretende Summe ist gleich dem in (7) pg. 180 dargestellten Ausdruck A. wenn man in letzterem ξ_1, ξ_2 durch $\eta_{i1}^{(i)}, \eta_{i2}^{(i)}$ ersetzt. Da aber der Ausdruck A in ξ_1, ξ_2 identisch verschwindet, so bleibt der Summenwert null auch nach diesem Ersatze bestehen.

Der soeben berechnete Coefficient von $(\zeta, \eta)^{-1}$ reduciert sich somit nach (15) pg. 183 auf:

$$
\begin{cases}
\mu_i^{-1} \dfrac{G\left(\eta_1^{(i)}, \eta_2^{(i)}; \eta_1^{(i)}, \eta_2^{(i)}\right)}{(\eta^{(i)}, \eta) \cdots (\eta^{(i)}, \eta^{(-d-1)})} \\[3mm]
= \mu_i^{-1} \displaystyle\sum_{k=0}^{-d-1} \dfrac{\mu_k^{-1}}{(\eta^{(k)}, \eta) \cdots \overline{(\eta^{(k)}, \eta^{(k-1)})} \, \overline{(\eta^{(k)}, \eta^{(k+1)})} \cdots (\eta^{(k)}, \eta^{(-d-1)})},
\end{cases}
$$

d. h. auf das Product von μ_i^{-1} und dem in (4) pg. 187 dargestellten von null verschiedenen Werte. Gehen wir wieder vermöge der Division durch diesen letzteren Wert von der Reihe (16) pg. 183 zur Elementarform, so gewinnt letztere bei η einen Pol vom Coefficienten μ_i^{-1} und also bei $\xi = \eta^{(i)}$ einen solchen vom Coefficienten 1.

In jedem Falle gilt also der Satz: *Die Grundeigenschaft der Elementarform $\Omega(\xi_1, \xi_2; \xi_1, \xi_2)$, als Form der ξ_1, ξ_2 einen Pol erster Ordnung vom Coefficienten 1 an der Stelle ξ zu besitzen, bleibt unverändert erhalten, auch wenn ξ an irgend eine mit η äquivalente Stelle rückt.*

Weiter beschreiben wir die Eigenschaften, welche die *Elementarform als Form der ξ_1, ξ_2 bei stehenden ζ_1, ζ_2* besitzt. Wenn wir ξ dabei auf das „Innere" des Netzes N beschränken, so wollen wir dadurch zum Ausdruck bringen, dass parabolische Spitzen zunächst gemieden werden sollen. Liegt ζ weder in einer festen Ecke, noch an einer mit η äquivalenten Stelle, so gilt folgendes Grundtheorem: *Die Elementarform Ω ist in den ξ_1, ξ_2 abgesehen von den sogleich noch näher zu bezeichnenden Polen allenthalben im „Innern" des Netzes N eine stetige analytische Form der nicht-negativen Dimension:*

$$(6) \qquad\qquad d = -d - 2.$$

Nach den allgemeinen Convergenzbetrachtungen der Poincaré'schen Reihen (cf. pg. 142 ff.) erkennen wir nämlich sehr leicht die gleichmässige Convergenz unserer, die Elementarformen definierenden Reihen (3) und (5), falls ξ auf das „Innere" des Netzes beschränkt bleibt. Die eben schon genannten Pole betreffend aber gilt folgender Satz: *Die Form Ω der ξ_1, ξ_2 hat in jedem Polygone des Netzes einen Pol erster Ordnung, und zwar sind diese Pole offenbar die mit ζ äquivalenten Stellen $\zeta, \zeta^{(1)}, \zeta^{(2)}, \cdots$.* Dabei hat, wie man sich sowohl aus Formel (3), wie im Falle (5) sofort ausrechnet, $-\Omega$ an der Stelle $\zeta^{(k)}$ des näheren einen Pol erster Ordnung vom Coefficienten $\bar{\mu}_k = \mu_k^{-1}$. Man kann also sagen, *dass $-\Omega$ in der Art des Unendlichwerdens das Verhalten einer einpoligen automorphen Form der Dimension d und des zu M inversen Multiplicatorsystems $\overline{M}$ aufweist.*

An besonderen Lagen von ζ haben wir erstlich die *festen Polygon-ecken* zu betrachten.

Es gilt in dieser Hinsicht zunächst der Satz: *Liegt ζ in einer para-bolischen Spitze oder in einer solchen elliptischen Ecke ε_k, für welche (cf. (5) pg. 100) die Zahl $(d + \lambda_k)$ nicht durch $2l_k$ teilbar ist, so ver-schwindet Ω als Form der ξ_1, ξ_2 identisch.* Beide Male hat nämlich Ω als automorphe Form der ξ_1, ξ_2 unabhängig von ζ einen Nullpunkt in der fraglichen Ecke: im elliptischen Falle hat der Nullpunkt die in (5) pg. 100 bestimmte Ordnung $\frac{m_k}{l_k}$, welche eben nur dann gleich null ist, wenn $2l_k$ in $(d + \lambda_k)$ aufgeht.

Es folgt weiter: *Liegt ζ in einer elliptischen Ecke ε_k, für welche $2l_k$ in $(d + \lambda_k)$ aufgeht, so stellt Ω eine nicht identisch verschwindende Form der ξ_1, ξ_2 dar. Jetzt bleibt nämlich der Form Ω der ξ_1, ξ_2 je ein Pol bei ε_k und den äquivalenten Punkten erhalten.* Man wird dies durch analoge Rechnungen, wie wir sie pg. 184 ausführten, bestätigen. Um etwa im Anschluss an Formel (3) pg. 186 einige kurze Andeutungen zu geben, so nenne man die elliptische Ecke ε und verstehe unter ε' in gewohnter Art den zweiten Fixpunkt der zugehörigen Substitution. Zufolge der identischen Gleichung:

$$(\varepsilon, \varepsilon')\,(\zeta, \bar{\zeta}) = (\zeta, \varepsilon)\,(\bar{\zeta}, \varepsilon') - (\zeta, \varepsilon')\,(\bar{\zeta}, \varepsilon),$$

und weil die rationale ganze Form G_{-d-1} an der Stelle ε nicht ver-schwindet, können wir das Anfangsglied der Reihe (3) für ein in nächster Nähe von ε gelegenes ζ bis auf einen numerischen Factor so schreiben:

$$(\zeta, \varepsilon')^d \, \frac{G_{-d-1}\,(\xi_1, \xi_2)}{(\bar{\zeta}, \varepsilon)}.$$

Bei Ausübung der elliptischen Substitution nimmt $(\zeta, \varepsilon')^d$ den Factor $e^{-\pi i \frac{d}{l}}$ an, und ausserdem ist der Multiplicator $\mu^{-1} = e^{-\pi i \frac{\lambda}{l}}$ zuzusetzen. Beide Factoren compensieren sich im vorliegenden Falle:

$$e^{-\pi i \frac{\lambda}{l}} \cdot e^{-\pi i \frac{d}{l}} = e^{-2 i \pi \frac{d + \lambda}{2 l}} = 1,$$

so dass wegen $G_{-d-1}\,(\varepsilon_1, \varepsilon_2) \neq 0$ in der That der Pol bei $\xi = \varepsilon$ be-stehen bleibt.

Neben den festen Ecken werden im Falle einer Gruppe ohne Grenzcurven noch *die Stelle η und die mit ihr äquivalenten Stellen* be-sondere Lagen von ζ abgeben. In dieser Hinsicht ist zunächst aus den Entwicklungen von pg. 180 ff. bekannt, dass sich, falls ζ in eine mit η äquivalente Stelle rückt, die bei diesem Übergange polar unstetigen

Glieder der Reihe gerade fortheben. *Wir haben demnach, auch wenn ζ an irgend eine mit η äquivalente Stelle rückt, in Ω eine Form der ξ_1, ξ_2, welche im „Innern" des Netzes N, vorausgesetzt, dass ξ nicht gerade selber mit η äquivalent wird, polfrei ist.* Zu untersuchen bleibt hier vorderhand nur noch, wie sich die so entspringende Form der ξ_1, ξ_2 an den mit η äquivalenten Stellen verhält.

Da Ω in den ξ_1, ξ_2 automorph ist, so ist es ausreichend, wenn wir ζ an die Stelle η rücken lassen. Wandert alsdann ξ an die mit η äquivalente Stelle $\eta^{(l)}$, welche von den $-d$ Stellen $\eta, \eta', \ldots, \eta^{(-d-1)}$ verschieden ist, so ist hierbei das Verhalten der Reihe (16) pg. 183 ziemlich leicht zu übersehen. Die $-d$ ersten Glieder werden für $\lim \zeta = \eta$ einzeln polar unstetig, doch bleibt ihre Summe stetig. Unter den folgenden Gliedern ist nur dasjenige für $k = l$ wegen des verschwindenden Factors $(\eta^{(l)}, \xi)$ im Nenner unstetig. Wir finden hier für die Reihe (16) einen Pol erster Ordnung vom Coefficienten (cf. (15) pg. 183):

$$\left\{ -\mu_l^{-1} \frac{G(\eta_1^{(l)}, \eta_2^{(l)}, \eta_1^{(l)}, \eta_2^{(l)})}{(\eta^{(l)}, \eta) \cdots (\eta^{(l)}, \eta^{-l-1})} \right.$$

$$\left. = -\mu_l^{-1} \sum_{k=0}^{-d-1} \frac{\mu_k^{-1}}{(\eta^{(k)}, \eta) \cdots (\eta^{(k)}, \eta^{(k-1)}) (\eta^{(k)}, \eta^{(k+1)}) \cdots (\eta^{(k)}, \eta^{(-d-1)})}, \right.$$

was für die Elementarform selber einen bei $\xi = \eta^{(l)}$ gelegenen Pol erster Ordnung vom Coefficienten $-\mu_l^{-1}$ zur Folge hat.

Auf etwas umständlicherem Wege gelangen wir zu dem analogen Resultate, falls ξ an eine beliebige unter den Stellen $\eta, \ldots, \eta^{(-d-1)}$, die wir wieder $\eta^{(l)}$ nennen, wandert. Knüpfen wir wieder an die Reihe (16) pg. 183 an, so ist gegenwärtig die Summe der $-d$ ersten Glieder zu untersuchen; denn der übrige Teil der Reihe hat einen endlichen Summenwert. Wir haben somit in der Summe:

$$(7) \qquad \sum_{k=0}^{-d-1} \mu_l^{-1} \frac{a_1 \zeta_1^{(k)} + a_2 \zeta_2^{(k)}}{(\zeta^{(k)}, \xi)(\zeta^{(k)}, \eta)(\zeta^{(k)}, \eta') \cdots (\zeta^{(k)}, \eta^{-d-1})}$$

zunächst ζ an die Stelle η rücken zu lassen und den so entspringenden Ausdruck alsdann für $\lim \xi = \eta^{(l)}$ zu untersuchen. Entwickelt man nun den Ausdruck (7) nach Potenzen von $(\zeta, \eta) = (\zeta^{(k)}, \eta^{(k)})$, so wird, wie wir wissen, der Coefficient von $(\zeta, \eta)^{-1}$ mit null identisch sein. Als Absolutglied dieser Potenzreihe und also als Ausdruck der Summe (7) für $\zeta = \eta$ gewinnen wir nach elementarer Zwischenrechnung:

$$(8) \left\{ \sum_{k=0}^{-d-1} \frac{\mu_k^{-1} \eta_2^{(k)-1} (\eta^{(k)}, \xi)^{-1}}{(\eta^{(k)}, \eta) \cdots (\eta^{(k)}, \eta^{(k-1)}) (\eta^{(k)}, \eta^{(k+1)}) \cdots (\eta^{(k)}, \eta^{(-d-1)})} \left[a_1 - (a_1 \eta^{(k)} + a_2) \right. \right.$$

$$\left. \left. \left(\frac{1}{\eta^{(k)} - \xi} + \frac{1}{\eta^{(k)} - \eta} + \cdots + \frac{1}{\eta^{(k)} - \eta^{(k-1)}} + \frac{1}{\eta^{(k)} - \eta^{(k+1)}} + \cdots + \frac{1}{\eta^{(k)} - \eta^{(-d-1)}} \right) \right] \right\}.$$

Untersuchen wir nun diesen Ausdruck in seiner Abhängigkeit von ξ, so wird für $\xi = \eta^{(i)}$ nur das eine Glied mit $k = i$ polar unstetig. Dabei folgt aus (15) pg. 183, dass $a_1 \eta_1^{(i)} + a_2 \eta_2^{(i)}$ den Factor $(\xi, \eta^{(i)})$ bekommt. Der Ausdruck (8) hat also bei $\xi = \eta^{(i)}$ einen Pol *erster* Ordnung vom Coefficienten:

$$\frac{\mu_i^{-1}}{(\eta^{(i)}, \eta_1) \cdots (\eta^{(i)}, \eta^{(i-1)}) (\eta^{(i)}, \eta^{(i+1)}) \cdots (\eta^{(i)}, \eta^{(-d-1)})} \cdot \left[\frac{a_1}{\eta_2^{(i)}} + \lim_{\xi = \eta^{(i)}} \left(\frac{a_1 \eta_1^{(i)} + a_2 \eta_2^{(i)}}{(\xi, \eta^{(i)})} \right) \right].$$

Aus (15) pg. 183 findet sich aber für $\xi = \eta^{(i)}$ sofort $a_1 = \mu_i^{-1} \eta_2^{(i)}$ und

$$\begin{cases} \lim_{\xi = \eta^{(i)}} \left(\frac{a_1 \eta_1^{(i)} + a_2 \eta_2^{(i)}}{(\xi, \eta^{(i)})} \right) \\ = \sum_{k=0}^{-d-1} \mu_k^{-1} \frac{(\eta^{(i)}, \eta_1) \cdots (\eta^{(i)}, \eta^{(i-1)}) (\eta^{(i)}, \eta^{(i+1)}) \cdots (\eta^{(i)}, \eta^{(-d-1)})}{(\eta^{(k)}, \eta_1) \cdots (\eta^{(k)}, \eta^{(k-1)}) (\eta^{(k)}, \eta^{(k+1)}) \cdots (\eta^{(k)}, \eta^{(-d-1)})}, \end{cases}$$

wo durch den Index am Summenzeichen angezeigt sein soll, dass der Wert $k = i$ auszulassen ist. Aber für $k = i$ würde gerade $\mu_i^{-1} = \frac{a_1}{\eta_2^{(i)}}$ als Wert des correspondierenden Summengliedes eintreten. Somit ist der Coefficient des bei $\xi = \eta^{(i)}$ gelegenen Poles von (8) einfach:

$$(9) \qquad \mu_i^{-1} \sum_{k=0}^{-d-1} \frac{\mu_k^{-1}}{(\eta^{(k)}, \eta_1) \cdots (\eta^{(k)}, \eta^{(k-1)}) (\eta^{(k)}, \eta^{(k+1)}) \cdots (\eta^{(k)}, \eta^{(-d-1)})}.$$

Die Division der Reihe (16) pg. 183 durch die hier in (9) mit μ_i^{-1} multiplicierte Summe (deren Wert $\neq 0$ ist) liefert nun die Elementarform.

   Zusammenfassend sind wir zu dem Ergebnis gelangt, *dass die oben betreffs der Pole der Form Ω von ξ_1, ξ_2 ausgesprochenen Theoreme ohne jede Abänderung auch dann bestehen bleiben, wenn der Punkt ξ an irgend eine mit η äquivalente Stelle des Polygonnetzes rückt.*

§ 12. Verhalten der Elementarform $\Omega(\xi_1, \xi_2; \xi_1, \xi_2)$ in einem parabolischen Zipfel ξ.

   Es bleibt uns jetzt noch übrig, das Verhalten der Elementarform $\Omega(\xi_1, \xi_2; \xi_1, \xi_2)$ bei *Annäherung von ξ an eine parabolische Spitze* festzustellen. Nach einem früher (pg. 143) aufgestellten Principe dürfen wir eine zur Untersuchung vorgelegte Spitze dieser Art nach $\zeta = \infty$ legen und benutzen wie pg. 148 als erzeugende parabolische Substitution:

$$(1) \qquad \zeta' = \zeta_1 + 2i\pi\zeta_2, \qquad \zeta_2' = \zeta_2.$$

Der zugehörige Multiplicator sei $e^{2i\pi} \lambda$, wobei λ in Übereinstimmung mit $0 < \lambda < l$ gewählt sein mag.

Wir wollen nun für $\zeta_2^{-\bar{d}}\Omega$ eine in der Umgebung des fraglichen *parabolischen Punktes* gültige *analytische Darstellung* in ζ gewinnen, welche das Verhalten von Ω für lim $\zeta = \infty$, d. i. im parabolischen Zipfel selbst anzugeben gestattet. Hierbei verfahren wir in der Weise, dass wir zuvörderst die nach ζ genommene $(-d-1)^{te}$ Ableitung von $\zeta_2^{-\bar{d}}\Omega$ darstellen und von hier rückwärts durch Integration zu einem Ausdruck für $\zeta_2^{-\bar{d}}\Omega$ selbst gelangen. Der Grund für dieses Verfahren wird aus der nachfolgenden Entwicklung sofort ersichtlich werden.

Zu dem genannten Zwecke schreiben wir das Anfangsglied der Reihe (3) pg. 186 in der Gestalt:

$$(2) \qquad -\zeta_2^{l}\,\zeta_2^{\bar{d}} \cdot \frac{G_{-d-1}(\zeta, 1)}{(\zeta - z)\,G_{-d-1}(z, 1)}$$

bez. dasjenige der Reihe (5) pg. 187 in der Gestalt:

$$(3) \qquad \zeta_2^{d}\,\zeta_2^{\bar{d}} \cdot \frac{G_1^{(-d-1)}(z, 1; \zeta, 1)}{(\zeta - z)\,(z_2 - \eta_2)\,(z_2' - \eta_1')\cdots z_2^{(-d-1)} - \eta_1^{(-d-1)})}$$

und bemerken, dass die hier an zweiter Stelle stehenden Quotienten, als rationale Functionen von ζ aufgefasst, für $\zeta = \infty$ Nullpunkte der Ordnung $-d$ aufweisen. Dies ist wegen des Factors ζ_2^{d} für den Convergenzbeweis der Reihen (3) und (5) pg. 186 ff. erforderlich, insofern doch die Form (2) bezw. (3) im parabolischen Grenzpunkte polfrei sein soll. In der That ist ja, da $\zeta = \infty$ einen Grenzpunkt der Gruppe darstellt, $G_{-d-1}(\zeta_1, \zeta_2)$ für $\zeta_2 = 0$ von null verschieden; und aus demselben Grunde werden im Ausdruck (3) die $\eta_2, \eta_2', \ldots, \eta_2^{(-d-1)}$ sowie auch zunächst ζ_2 nicht verschwinden.

Man beachte nun aber, dass auch die in Bezug auf ζ genommenen Ableitungen erster und höherer Ordnung der in (2) und (3) mit $-\zeta_2^{l}\,\zeta_2^{\bar{d}}$ multiplicierten Quotienten in ζ rationale Ausdrücke liefern, die bei $\zeta = \infty$ Nullpunkte mindestens der Ordnung $(-d)$ aufweisen. Dabei treten neue, von den bisherigen verschiedene Pole nicht auf, so dass diese Ableitungen, mit ζ_2^{d} multiplicirt, Formen der Dimension d in ζ_1, ζ_2 darstellen, welche zur Bildung convergenter Poincaré'scher Reihen geeignet sind. Hieraus aber folgt nach wohlbekannten Sätzen über gleichmässig convergente Reihen: *Die aus* (3) *und* (5) *pg.* 186 *ff. entspringenden Reihen für* $\zeta_2^{-\bar{d}}\Omega$ *können unbeschadet ihrer gleichmässigen Convergenz im Innern des Netzes wiederholt gliedweise nach* ζ *differenzirt werden und liefern dabei die nach* ζ *genommenen Ableitungen von* $\zeta_2^{-\bar{d}}\Omega$.

Ehe wir nun diese Differentiation ausführen, zerlegen wir die in (2) bezw. (3) mit $-\xi_2' \frac{\xi_2'}{\xi_2}$ multiplicierte rationale Function von ξ in die Summe eines auf den Pol ζ bezüglichen Partialbruchs und einer in ξ auf den Grad $-d-2$ ansteigenden ganzen Function. Dabei denken wir uns ζ irgend wo im „Innern" des Netzes fixiert, d. h. ζ soll einstweilen vom fraglichen parabolischen Punkte und den äquivalenten Stellen entfernt bleiben. Wir gelangen in beiden Fällen, d. h. sowohl bei (2) als (3), zu einem Ausdrucke der Gestalt:

$$(4) \qquad \frac{1}{\xi - \zeta} + R_0(\zeta) + \xi R_1(\zeta) + \cdots + \xi^{-d-2} R_{-d-2}(\zeta),$$

wo die $R(\zeta)$ rationale Functionen von ζ sind, deren Bauart man sowohl im ersten wie im zweiten Falle leicht verfolgen wird. Für $-\frac{\xi}{\xi_2}^{-d} \Omega$ entspringt die Darstellung:

$$(5) \quad \begin{cases} -\frac{\xi}{\xi_2}^{-d} \Omega = \sum_k \mu_k^{-1} \left(\frac{\xi^{(k)}}{\xi_2}\right)^d \left[\frac{1}{\xi - \zeta^{(k)}} + R_0(\zeta^{(k)}) + \xi R_1(\zeta^{(k)}) + \cdots \right. \\ \qquad\qquad\qquad \left. \cdots + \xi^{-d-2} R_{-d-2}(\zeta^{(k)}) \right], \end{cases}$$

und wir können die beiden bisher getrennten Fälle fortan zusammen behandeln.

Beiläufig sei bemerkt, dass die getrennte Summierung der in (5) stehenden Glieder unstatthaft ist. So würde z. B. bei:

$$\sum_k \mu_k^{-1} \left(\frac{\xi^{(k)}}{\xi_2}\right)^d \cdot \frac{1}{\xi - \zeta^{(k)}}$$

eine Form $H_d(\xi_1, \xi_2)$ vorliegen, die im parabolischen Grenzpunkte $\frac{\zeta_1}{\zeta_2} = 0$ einen Pol der Ordnung $-d-1$ aufweist. Diese Reihe würde sich somit den Convergenzbetrachtungen von pg. 140 ff., sowie auch dem v. Mangoldt'schen Satze (siehe pg. 152) entziehen. Man hat vielmehr die $R_0, \xi R_1, \ldots$ als Zusatzglieder anzusehen, welche mit $\frac{1}{\xi - \zeta^{(k)}}$ untrennbar verbunden sind und hierdurch die Anwendbarkeit der genannten Convergenztheoreme ermöglichen. Die hiermit bezeichnete complicierte Bauart der Reihe (5) verschwindet jedoch, wenn wir $(-d-1)$ Male nach ξ differenzieren; aus diesem Grunde wenden wir uns zunächst zu der bei dieser Differentiation entspringenden Reihe.

Die nach ξ genommene Ableitung ν^{ter} Ordnung möge nun durch das Symbol D_ν bezeichnet werden. Die Gleichung (5) liefert alsdann auf Grund der oben vorausgeschickten Überlegung:

$$(6) \quad D_{-d-1}\left[\frac{\xi}{\xi_2}^{-d} \Omega\right] = (-1)^d (-d-1)! \sum_k \mu_k^{-1} \left(\frac{\xi^{(k)}}{\xi_2}\right)^d \cdot \frac{1}{(\xi - \zeta^{(k)})^{-d}}$$

als Darstellung der Ableitung $(-d-1)^{\text{ter}}$ Ordnung. Die hier rechts stehende Reihe gestattet aber die Umsetzung in eine für unsere weiteren Zwecke geeignetere Gestalt.

Man beachte erstlich, dass die Reihe (6) absolut convergent ist. Wir dürfen dieselbe also ohne Abänderung des Summenwertes vermöge des pg. 149 befolgten Verfahrens nach der vorliegenden parabolischen Untergruppe anordnen. Unter Benutzung der a. a. O. erklärten Bezeichnungen folgt:

$$(7) \quad \begin{cases} D_{-d-1}[\frac{\xi}{\xi_2}^{-d}\Omega] \\ =(-1)^t(-d-1)! \sum_\varkappa \left[\mu_\varkappa^{-1}(\zeta_2^{(\varkappa)})^t \sum_{\iota=-\infty}^{+\varkappa} \frac{e^{2i\pi\frac{\iota}{l}}}{(\xi-\zeta^{(\varkappa)}-2\nu i\pi)-d} \right]. \end{cases}$$

Die innere Summe rechter Hand entwickeln wir weiter so:

$$(8) \quad \begin{cases} \sum_{\nu=-\varkappa}^{+\varkappa} \frac{e^{2i\pi\frac{\iota}{l}}}{(\xi-\zeta^{(\varkappa)}-2\nu i\pi)-d} \\ =\sum_{\sigma=0}^{l-1}\left[e^{2i\pi\frac{k}{l}} \sum_{\nu=-\varkappa}^{+\varkappa} \frac{1}{(\xi-\zeta^{(\varkappa)}-2\sigma i\pi-2\nu i\pi l)-d} \right]. \end{cases}$$

Nun hatten wir bereits oben (pg. 150) Gelegenheit, von folgender Gleichung Gebrauch zu machen:

$$(9) \quad \sum_{\nu=-\varkappa}^{+\varkappa} \frac{1}{(\xi-a-2\nu i\pi l)-d} = -\frac{1}{2!}D_{-d-1}\left(\frac{1+e^{\frac{\xi}{l}}-e^{-\frac{a}{l}}}{1-e^{\frac{\xi}{l}}\cdot e^{-\frac{a}{l}}} \right),$$

wo rechter Hand nach Ausführung der $(-d-1)$-maligen Differentiation nach ξ eine rationale Function von $e^{\frac{\xi}{l}}$ vorliegt, die mit $e^{\frac{\xi}{l}}$ verschwindet. Zur Abkürzung setzen wir:

$$e^{\frac{\xi}{l}}=t$$

und entwickeln den in (9) rechts zu differenzierenden Quotienten vor Ausführung dieser Differentiation nach Potenzen von t. Auf diese Weise gewinnt man leicht:

$$(10) \quad \sum_{\nu=-\varkappa}^{+\varkappa} \frac{1}{(\xi-a-2\nu i\pi l)-d} = -l^t\left[e^{-\frac{a}{l}}t+\frac{e^{-\frac{2a}{l}}}{2^d+1}t^2+\frac{e^{-\frac{3a}{l}}}{3^d+1}t^3+\cdots \right],$$

wo die hier rechts stehende Reihe zufolge der über die Lage von ξ gemachten Bestimmung jedenfalls in der Umgebung des Punktes $t=0$, der der parabolischen Spitze entspricht, gleichmässig convergent ist.

Man trage jetzt $a=\zeta^{(\varkappa)}+2\sigma i\pi$ ein, setze weiter in (10) nach einander $\sigma=0,1,2,\ldots,l-1$ ein und addiere nach Zusatz der in (8) rechts vorgeschriebenen Factoren $e^{2\sigma i\pi\frac{k}{l}}$ alle l Gleichungen. Es ergiebt sich so:

13*

$$\left\{ \sum_{i=-\infty}^{+\infty} \frac{e^{2\nu i\pi\frac{i}{l}}}{(\xi-\zeta(\varkappa)-2\nu i\pi)^{-d}} = -l^{d+1}\,e^{-\frac{\lambda\,\zeta(\varkappa)}{l}}\,t^\lambda \left[\frac{1}{\lambda^{d+1}} + \frac{e^{-\zeta(\varkappa)}}{(\lambda+l)^{d+1}}\,t^l \right.\right.$$
$$\left.\left. + \frac{e^{-2\zeta(\varkappa)}}{(\lambda+2l)^{d+1}}\,t^{2l} + \cdots \right]. \right.$$

Man beachte, dass hierbei die obige Festsetzung $0 < \lambda \leqq l$ zur Geltung kommt.

Die Gleichung (7) liefert jetzt weiter:

(11)
$$\left\{ D_{-d-1}|\xi_2^{-d}\Omega| = (-1)^{d+1}(-d-1)!\,l^{d+1} \sum_\varkappa \mu_\varkappa^{-1}(\xi_2^\varkappa)^d e^{-\frac{\lambda\,\zeta(\varkappa)}{l}}\,t^\lambda \left[\frac{1}{\lambda^{d+1}} \right.\right.$$
$$\left.\left. + \frac{e^{-\zeta(\varkappa)}}{(\lambda+l)^{d+1}}\,t^l + \frac{e^{-2\zeta(\varkappa)}}{(\lambda+2l)^{d+1}}\,t^{2l} + \cdots \right]. \right.$$

Hier steht rechts eine Summe unendlich vieler in der Umgebung von $t=0$ gleichmässig convergenter Potenzreihen. *Diese Summe ist jedenfalls im Innern eines endlich ausgedehnten ringförmigen Bereiches um $t=0$ gleichmässig convergent;* denn sie stellt in Gestalt der rechten Seite der Gleichung (7) eine convergente Poincaré'sche Reihe dar. Bei dieser Sachlage können wir auf Grund des bereits oben (pg. 151) benutzten Satzes von Weierstrass die Umordnung der rechten Seite der Gleichung (11) nach ansteigenden Potenzen von $t = e^{\frac{\xi}{l}}$ vornehmen. Die Coefficienten werden Formen der Dimension d in ξ_1, ξ_2, d. h. wir gelangen zu einer Darstellung:

(12) $\quad D_{-d-1}|\xi_2^{-d}\Omega| = e^{\frac{\lambda\xi}{l}}\left[\chi_d^{(0)}(\xi_1,\xi_2) + \chi_d^{(1)}(\xi_1,\xi_2)e^{\frac{\xi}{l}} + \chi_d^{(2)}(\xi_1,\xi_2)e^{\frac{2\xi}{l}} + \cdots \right],$

wobei die rechts stehende Reihe in demselben Umfange, *und offenbar auch unter Einschluss der parabolischen Spitze selbst*, gleichmässig convergent ist wie die Reihe (11).

Innerhalb des Bereiches gleichmässiger Convergenz dürfen wir nun die Reihe (12) wiederholt gliedweise integrieren. Nach $(-d-1)$-maliger Ausführung dieser Operation gelangen wir endlich zum gewünschten Ziele: *Die Elementarform $\Omega(\zeta_1,\zeta_2;\xi_1,\xi_2)$ gestattet als Form der ξ_1,ξ_2 in der Umgebung der untersuchten parabolischen Spitze die Entwicklung:*

(13)
$$\left\{ \Omega(\zeta_1,\zeta_2;\xi_1,\xi_2) = \xi_2^d\{e^{\frac{\lambda\xi}{l}}\,|\,\varphi_d^{(0)}(\zeta_1,\zeta_2) + \varphi_d^{(1)}(\zeta_1,\zeta_2)e^{\frac{\xi}{l}} + \varphi_d^{(2)}(\zeta_1,\zeta_2)e^{\frac{2\xi}{l}} + \cdots] \right.$$
$$\left. + \psi_d^{(0)}(\zeta_1,\zeta_2) + \psi_d^{(1)}(\zeta_1,\zeta_2)\xi + \cdots + \psi_d^{(-d-2)}(\zeta_1,\zeta_2)\xi^{-d-2}\}, \right.$$

wobei die nach Potenzen von $e^{\frac{\xi}{l}}$ fortschreitende Reihe in der genannten Umgebung gleichmässig convergent ist, und wo die Coefficienten φ und ψ Formen der ζ_1,ζ_2 von der Dimension d sind. Das Verhalten der

Elementarform Ω bei Annäherung von ξ an die parabolische Spitze ist damit vollständig klargestellt.

Die Natur der hier auftretenden Formen $\varphi_d(\xi_1, \xi_2)$ und $\psi_d(\xi_1, \xi_2)$ brauchen wir nicht erschöpfend aufzuweisen. So würde es z. B. gegenstandslos sein, nach dem Verhalten der $\varphi_d(\xi_1, \xi_2)$ in der parabolischen Spitze selbst zu fragen: denn den voraufgegangenen Entwicklungen liegt als Convergenzbedingung zu Grunde, dass der reelle Bestandteil jedes $\zeta^{(x)}$ grösser als derjenige von ξ ist, so dass ζ von der parabolischen Spitze entfernt bleiben muss. Immerhin ist folgender Satz bemerkenswert, der aus späteren Entwicklungen, nämlich aus dem Verhalten von $\Omega(\zeta_1, \zeta_2; \xi_1, \xi_2)$ bei Ausübung der parabolischen Erzeugenden (1) auf ξ_1, ξ_2 hervorgeht: *Für $\bar{d} > 0$ sind die $\bar{d}$ letzten unter den Formen ψ, d. h. die Coefficienten* $\psi_d^{(1)}(\xi_1, \xi_2), \ldots, \psi_d^{(d-d-2)}(\xi_1, \xi_2)$ *von* $\xi_1, \xi_2^2, \ldots, \xi^{-d-2}$ *in* (13) *„polfreie Poincaré'sche Reihen"*. Ob dasselbe von $\psi_d^{(0)}(\xi_1, \xi_2)$ gilt, muss dahingestellt bleiben.

An diesen Satz knüpfen wir noch folgende interessante Folgerung. Erreicht ξ die parabolische Spitze, d. h. nehmen wir $\xi_2 = 0$, so folgt aus (13):

$$(14) \qquad \Omega(\zeta_1, \zeta_2; \xi_1, 0) = \xi_1^{-d-2} \cdot \psi_d^{(d-d-2)}(\zeta_1, \zeta_2)$$

Ist nun $d < -2$, so steht hier rechts jedenfalls eine polfreie, als Poincaré'sche Reihe darstellbare Form[*]. Dieselbe verschwindet, falls ζ selbst in die parabolische Spitze rückt. *Hier also erleidet der sonst (d. h. im „Innern" des Polygonnetzes) gültige Satz, dass $\Omega(\zeta_1, \zeta_2; \xi_1, \xi_2)$ als Form der ξ_1, ξ_2 einen Pol an der Stelle ξ besitzt, eine Ausnahme.*

§ 13. Verhalten der Elementarformen bei Ausübung von Substitutionen der Gruppe Γ auf ξ_1, ξ_2. Ausführungen für Gebilde des Geschlechtes $p = 0$.

Die Elementarform $\Omega(\zeta_1, \zeta_2; \xi_1, \xi_2)$ hat, falls sie eine nicht identisch verschwindende Form der ξ_1, ξ_2 darstellt, die Eigenschaft, in jedem Polygone des Netzes einen Pol erster Ordnung zu besitzen. Es liegen diese Pole an den äquivalenten Stellen $\zeta, \zeta', \zeta'', \ldots$; und zwar ist der Coefficient des Unendlichwerdens an der einzelnen dieser Stellen ein solcher, als wäre Ω in den ξ_1, ξ_2 eine automorphe Form der Dimension

---

[*] Auch aus dem v. Mangoldt'schen Satze (pg. 152) würde folgen, dass die Reihe (3) bez. 5) pg. 186 ff. für $\xi_2 = 0$ eine *convergente* Poincaré'sche Reihe bleibt. Übrigens bleibt natürlich durchaus die Möglichkeit bestehen, dass die im Texte mit $\psi_d^{(d-d-2)}$ bezeichnete Reihe identisch verschwindet.

d und des zu M inversen Multiplicatorsystems M (cf. pg. 102). Dieses Sachverständnis legt uns die Frage nahe, *wie sich* $\Omega(\zeta_1, \zeta_2 : \xi_1, \xi_2)$ *bei Ausübung der Operationen U_i der Gruppe Γ auf ξ_1, ξ_2 verhält*. Wir werden finden, das Ω in gewissen Fällen thatsächlich auch in ξ_1, ξ_2 eine automorphe Form darstellt. Übrigens werden hernach gerade diejenigen Fälle, bei denen Ω in den ξ_1, ξ_2 nicht automorph ist, vermöge einer von Poincaré herrührenden genialen Gedankenwendung die allerwichtigsten werden.

Unter U_i sei eine beliebig gewählte Substitution der homogenen Gruppe Γ verstanden. Das Resultat der Ausübung von U_i auf irgend eine ganze rationale Form $G(\xi_1, \xi_2)$ ist $G(\xi_1^{(i)}, \xi_2^{(i)})$, soll indessen weiterhin auch symbolisch durch $G[U_i(\xi_1, \xi_2)]$ bezeichnet werden. Man mache nun von der Beweglichkeit der Stelle ξ in der Weise Gebrauch, dass man zunächst im Grenzcurvenfalle auf die Argumente ξ_1, ξ_2 der durch (3) pg. 186 gegebenen Form $\Omega(\zeta_1, \zeta_2; \xi_1, \xi_2)$ die Substitution U_i ausübt. Es ergiebt sich:

$$(1) \qquad \Omega(\zeta_1, \zeta_2; \xi_1^{(i)}, \xi_2^{(i)}) = \sum_k \mu_k^{-1} \frac{G_{-d-1}[U_i(\xi_1, \xi_2)]}{(\zeta^{(k)}, \xi^{(i)}) G_{-d-1}(\zeta_1^{(k)}, \zeta_2^{(k)})}.$$

Zur weiteren Umwandlung der rechten Seite nennen wir die durch Combination von U_i^{-1} und U_k entspringende Substitution U_l; man hat alsdann:

$$(2) \qquad U_i^{-1} U_k = U_l, \qquad \mu_i^{-1} \mu_k = \mu_l, \ \mu_k = \mu_l,$$

und weiter gilt:

$$(3) \qquad (\zeta^{(k)}, \xi^{(i)}) = (\zeta^{(l)}, \xi), \qquad G(\zeta_1^{(k)}, \zeta_2^{(k)}) = G[U_l(\zeta_1^{(i)}, \zeta_2^{(i)})],$$

wobei man wegen der ersteren Gleichung (3) nur berücksichtigen wolle, dass wir hier überall mit unimodularen Substitutionen zu thun haben.

Benutzen wir (2) und (3) und beachten, dass mit U_k offenbar auch die Substitution U_l die gesamte homogene Gruppe Γ durchläuft, so nimmt Gleichung (1) die Gestalt an:

$$(4) \qquad \Omega(\xi_1, \xi_2; \xi_1^{(i)}, \xi_2^{(i)}) = \mu_i \sum_l \mu_l^{-1} \frac{G_{-d-1}[U_i(\xi_1, \xi_2)]}{(\zeta^{(l)}, \xi) G_{-d-1}[U_l(\zeta_1^{(i)}, \zeta_2^{(i)})]}.$$

Die hier rechts stehende Summe liefert offenbar wieder eine auf die Stelle ξ bezogene Elementarform; nur ist bei der Bildung dieser Form an Stelle von $G_{-d-1}(\xi_1, \xi_2)$ die rationale ganze Form:

$$G_{-d-1}(\xi_1^{(i)}, \xi_2^{(i)}) = G_{-d-1}[U_i(\xi_1, \xi_2)]$$

verwendet worden, deren Nullpunkte, wie diejenigen der Form:

$$G_{-d-1}(\xi_1, \xi_2),$$

ausserhalb des Netzes N liegen. Nennen wir die so entspringende Form $\Omega_i(\zeta_1, \zeta_2; \xi_1, \xi_2)$, so ergiebt sich als *Verhalten der Elementarform*

$\Omega(\zeta_1, \zeta_2; \xi_1, \xi_2)$ *bei Ausübung der Substitution* U_i *auf* ξ_1, ξ_2 *folgende allgemeine Formel:*

$$(5) \qquad\qquad \Omega(\zeta_1, \zeta_2; \xi_1^{(i)}, \xi_2^{(i)}) = \overline{\mu}_i \Omega_i(\zeta_1, \zeta_2; \xi_1, \xi_2).$$

Diese Regel bleibt nun auch im Falle einer Gruppe ohne Grenzcurven erhalten. Es handelt sich dabei um die Transformation der durch (5) pg. 187 gegebenen Elementarform. Mit Benutzung der Gleichungen (2) und (3) finden wir leicht:

$$(6) \quad \Omega(\zeta_1, \zeta_2; \xi_1^{(i)}, \xi_2^{(i)}) = \overline{\mu}_i \sum_i \mu_i^{-1} \; \frac{G_1^{(-d-1)}[U_i(\zeta_1^{(i)}, \zeta_2^{(i)}); U_i(\xi_1, \xi_2)]}{(\overline{\eta}^{(i)}, \xi) \cdot (\overline{\eta}^{(i)}, \eta_1) \cdots (\overline{\eta}^{(i)}, \overline{\eta}_1^{(-d-1)})},$$

wenn wir mit $\overline{\eta}_1^{(m)}$, $\overline{\eta}_2^{(m)}$ die aus $\eta_1^{(m)}$, $\eta_2^{(m)}$ durch U_i^{-1} entspringenden Grössen bezeichnen sollen. Hier haben wir unter $\Omega_i(\zeta_1, \zeta_2; \xi_1, \xi_2)$ diejenige Elementarform zu verstehen, welche aus (5) pg. 187 entsteht, falls wir an Stelle der Form:

$$(7) \qquad\qquad \frac{G_1^{(-d-1)}(\zeta_1, \zeta_2; \xi_1, \xi_2)}{(\zeta, \eta) (\zeta, \eta)' \cdots (\zeta, \eta_1^{(-d-1)})}$$

die aus ihr durch Anwendung der Substitution U_i sowohl auf ζ_1, ζ_2 als ξ_1, ξ_2 entspringende Form treten lassen. Dass diese neue rationale Form ebenso gut wie die ursprüngliche Form zur Bildung einer Elementarform geeignet ist, geht aus der Formel (6) selber hervor, insofern auf der linken Seite derselben eine Elementarform steht. Offenbar zeigt Formel (6), *dass die Regel* (5) *in der That auch bei den Gruppen ohne Grenzcurven erhalten bleibt.*

Ist nun $\Omega_i(\zeta_1, \zeta_2; \xi_1, \xi_2)$ für alle Substitutionen U_i der Gruppe und zwar bei beliebigen ζ, ξ mit $\Omega(\zeta_1, \zeta_2; \xi_1, \xi_2)$ identisch, so zeigt unsere Elementarform *gegenüber der Ausübung der Substitutionen von* Γ *auf* ξ_1, ξ_2 *das Verhalten einer automorphen Form von* ξ_1, ξ_2 *des Multiplicatorsystems* M. Die Elementarform wird dann ohne weiteres eine *automorphe Form der* ξ_1, ξ_2 sein. In der That überzeugen wir uns, dass Ω an allen Stellen ξ des Fundamentalbereichs das pg. 66 ff. besprochene Verhalten einer automorphen Form darbietet, d. h. frei von wesentlichen Singularitäten ist. Nach den voraufgehenden Entwicklungen haben wir nur nötig, etwaigen parabolischen Spitzen eine kurze Betrachtung zu widmen. Entwickeln wir aber Ω bei einer solchen Spitze in der Gestalt (13) pg. 196, so schliesst man aus dem automorphen Verhalten von Ω gegenüber der parabolischen Erzeugenden sofort auf das identische Verschwinden der Formen $\psi_d^{(1)}, \psi_d^{(2)}, \ldots, \psi_d^{(-d-2)}$; und offenbar wird auch $\psi_d^{(0)}$ identisch verschwinden, falls nicht der parabolische Multiplicator $\mu = 1$ vorliegt. Wir kommen also auf das erforderliche Bildungsgesetz (12) pg. 70 zurück und merken noch an, dass eine

etwaige automorphe Form Ω von ξ_1, ξ_2 in einer parabolischen Spitze
niemals einen Pol besitzen kann.

Aber die Annahme, dass:

$$\Omega_i(\zeta_1, \zeta_2; \bar\eta_1, \bar\eta_2) = \Omega(\zeta_1, \zeta_2; \xi_1, \xi_2)$$

sei, trifft nur in einzelnen Fällen zu. Wir wollen das hier zunächst
allein für den Fall $p = 0$ durchführen und verwerten dabei einige
früher für die automorphen Formen dieses Geschlechtes entwickelte
Sätze. Zunächst passen die in den Formeln (4) ff. pg. 177 entwickelten Regeln unmittelbar auf die hier vorliegenden Verhältnisse.
In ζ_1, ζ_2 ist Ω eine automorphe Form der Dimension d und des Multiplicatorsystems M. Soll Ω auch in ξ_1, ξ_2 eine automorphe Form sein,
so hat sie die Dimension $\overline{d} = -d - 2$ und das zu M inverse Multiplicatorsystem M. Die bei der Darstellung dieser automorphen Formen
durch die Prim- und Grundformen des Gebildes auftretenden ganzen
Zahlen $m, m, m_1, m_1, \cdots$ erfüllen sonach die Relationen:

$$(8) \qquad \frac{m_k}{l_k} + \frac{m_k}{l_k} = 1 - \frac{1}{l_k} \quad \text{bezw.} \quad \frac{m_k'}{l_k'} + \frac{m_k'}{l_k'} = 1.$$

$$(9) \qquad m + m + 2 = 0.$$

Nun ist Ω eine einpolige automorphe Form von ζ_1, ζ_2; es ist also
$m \geq -1$. Die Folge ist, dass $\overline{m} < -1$ zutrifft. Aber Ω würde auch
in ξ_1, ξ_2 zufolge des dargelegten Verhaltens im Fundamentalbereich einpolig sein, so dass wir auf $m \geq -1$ schliessen. Also folgt: *Soll Ω eine
automorphe Form von ξ_1, ξ_2 sein, so ist notwendig $m = -1$ und damit
auch $m = -1$.* Man erinnere sich hierbei daran, dass die Zahl m aus der
Dimension d und dem Multiplicatorsystem M vermöge der Gleichung
(7) pg. 101 bestimmt ist. Jedoch ist an dieser Gleichung eine geringfügige Modification wegen der pg. 177 abgeänderten Bedeutung der
Zahl m vorzunehmen; wir kommen sogleich hierauf zurück. Vorab
zeigen wir, dass Ω im fraglichen Falle auch wirklich in den ξ_1, ξ_2
automorph ist.

Trifft nämlich die Bedingung $m = -1$ zu, so heisst dies doch,
dass eine automorphe Form der Dimension d und des Multiplicatorsystems M wenigstens einen Pol besitzt. Nun haben die beiden auto-
morphen Formen $\Omega_i(\zeta_1, \zeta_2; \xi_1, \xi_2)$ und $\Omega(\zeta_1, \zeta_2; \xi_1, \xi_2)$ der Argumente
ζ_1, ζ_2 übereinstimmend die Stelle ξ zum Pole erster Ordnung vom
Coefficienten 1. Hieraus entspringt die wichtige Folge, *dass die
Differenz:*

$$(10) \qquad \Omega_i(\zeta_1, \zeta_2; \xi_1, \xi_2) - \Omega(\zeta_1, \zeta_2; \xi_1, \xi_2)$$

an der Stelle ξ polfrei wird und demnach entweder eine ganze automorphe Form von ζ_1, ζ_2 darstellt oder identisch verschwindet.[*]) Aber
wir bemerkten soeben, dass eine ganze Form der Dimension d und des
Multiplicatorsystems M im vorliegenden Falle $m = -1$ nicht existiert.
Die Differenz (10) verschwindet demnach in der That identisch, so dass
$\Omega_1 = \Omega$ zutrifft. Zusammenfassend sind wir zu dem Satze geführt: Bei
einem Gebilde des Geschlechtes null ist die Elementarform $\Omega(\zeta_1, \zeta_2; \xi_1, \xi_2)$ stets
dann und nur dann auch in ξ_1, ξ_2 eine automorphe Form, und zwar eine
einpolige der Dimension d und des Multiplicatorsystems M, wenn
$m = -1$ ist.

Die Darstellung der Elementarform $\Omega(\zeta_1, \zeta_2; \xi_1, \xi_2)$ vermöge der
Prim- und Grundformen im fraglichen Falle $m = -1$ ist nach den allgemeinen Regeln von pg. 98 ff. leicht ausführbar. Wir berechnen uns
nach Vorschrift von pg. 100 bezw. pg. 176 die Exponenten $m_1, m_2, \ldots m_n$,
welche sich auf die festen Polygonecken und damit auf die Grundformen beziehen. Zu den Argumenten ξ_1, ξ_2 mögen die Werte x_1, x_2
der pg. 73 eingeführten Primformen gehören. Dann folgt erstlich:

$$\text{(11)} \qquad \Omega(\zeta_1, \zeta_2; \xi_1, \xi_2) = \frac{A}{(z, e)} \prod_{k=1}^{t'} \prime(z, e_k)^{m_k}$$

aus (6) pg. 99 als Darstellung von Ω, insofern Ω eine automorphe
Form der ζ_1, ζ_2 ist. Hierbei ist A von ζ_1, ζ_2, aber natürlich keineswegs von den ξ_1, ξ_2 unabhängig. Die Abhängigkeit des Factors A von
ξ_1, ξ_2 wird, da Ω zugleich eine automorphe Form der ξ_1, ξ_2 ist, nach
derselben Regel erkannt. Es folgt: Die Darstellung der Elementar-
form $\Omega(\zeta_1, \zeta_2; \xi_1, \xi_2)$ durch die Prim- und Grundformen ist im vorliegenden
Falle $m = -1$ geleistet durch die Gleichung:

$$\text{(12)} \qquad \Omega(\zeta_1, \zeta_2; \xi_1, \xi_2) = C \frac{\prod_{k=1}^{t'} \prime(x, e_k)^{m_k} \cdot \prod_{k=1}^{t'} \prime(z, e_k)^{m_k}}{(z, x)}$$

hierbei bedeutet C eine von den ζ und ξ unabhängige Constante, und die
Zahlen m_k sind aus den m_k vermöge der Formeln (8) zu bestimmen.

Die Berechnung von m aus d und M geschieht dabei vermöge der
vorhin genannten Gleichung (7) pg. 101. In letzterer müssen wir
für die einzelne parabolische Ecke $\frac{\lambda_k}{2 l_k}$ durch $\frac{\lambda_k'}{l_k}$ ersetzen; wir wollen
fortan etwa wieder durch einen oberen Index am Summenzeichen an
diesen Ersatz erinnern. Wegen parabolischer Ecken vom Multiplicator

---

[*]) Dieses Theorem besteht offenbar für Gebilde jedes beliebigen Geschlechtes p.

$\mu = 1$ gelten die pg. 176 entwickelten Bestimmungen, denenzufolge die jetzt mit m bezeichnete Zahl gegenüber der in (7) pg. 101 gemeinten Zahl m um die Anzahl ε der parabolischen Multiplicatoren des Systems M kleiner ist. Wir haben somit:

$$(13) \qquad 2m = d(2 - \mu) - \sum_{k=1}^{n}{}' \frac{\lambda_k}{l_k} + 2 \sum_{k=1}^{n}{}' E\left[\frac{d + \lambda_k}{2 l_k}\right] - 2\varepsilon.$$

Soll nun der eben betrachtete Fall $m = -1$ vorliegen, so hat man hier mit einer diophantischen Gleichung für d, μ, l_k und λ_k zu thun.

Wir prüfen dieselbe etwa für das bei gerader Dimension stets auftretende Multiplicatorsystem $M_0 = 1$. Alsdann sind alle λ_k gleich null zu setzen. Wir beschränken uns weiter etwa auf diejenigen Dimensionen d, für welche $-d < 2l_k$ bei $k = 1, 2, \ldots, n$ zutrifft: für $d = -2$ und -4 ist dies immer der Fall. Unter diesen Umständen ist:

$$2 \sum_{k=1}^{n}{}' E\left[\frac{d + \lambda_k}{2 l_k}\right] - 2\varepsilon = -2n,$$

und die Formel (13) liefert:
$$(14) \qquad\qquad -2 = d(2 - \mu) - 2n.$$

Die einzige Möglichkeit, die Gleichung (14) in einer ganzen Zahl μ und einer geraden Zahl d zu lösen, ist $\mu = 3$, $d = -4$. Die zugehörigen Zahlen m_k sind zufolge (5) pg. 100 gleich $(l_k - 2)$, woraus sich vermöge (8) pg. 200 für m_k der Wert 1 ergibt. Es entspringt so der merkwürdige Satz: *Im Falle der Gruppen der Kreisbogendreiecke sind die eigentlich automorphen Elementarformen der Dimension $d = -4$ stets auch in den ξ_1, ξ_2 eigentlich automorph und zwar von der Dimension $d = 2$: ihre Darstellung in den Prim- und Grundformen ist:*

$$(15) \qquad \sum_k \frac{G_3(\xi_1, \xi_2)}{(\xi^{(k)}, \xi) \, G_3(\xi^{(k)}, \xi_2^{(k)})} = C \cdot \frac{\prod_{k=1}^{3}(x, e_k)^{\frac{1}{l_k}} \prod_{k=1}^{3}(z, e_k)^{1 - \frac{2}{l_k}}}{(z, x)},$$

welche cubische Form G_3 wir auch nach Vorschrift von pg. 179 gewählt haben mögen. Man hat hier übrigens unmittelbar vor Augen, dass Ω, sofern ξ oder ζ in eine elliptische Ecke rückt, als Form jeweils des anderen Variabelenpaares in der Regel identisch verschwindet.

Abgesehen von dieser auf die „eigentlich automorphen" Elementarformen aller Gruppen des Charakters $(0, 3)$ bezogenen Formel (15) haben wir immer nur vereinzelte Fälle mit $m = -1$. Betrachten wir z.B. die Gruppe der Signatur $(0, 3; 6, 10, 15)$, so hat dieselbe (cf. pg. 91) im ganzen 60 Multiplicatorsysteme, von denen 30 zu gerader Dimension

d gehören. Unter letzteren sind ausser dem schon erledigten Systeme $M_0 = 1$ nur noch *drei* enthalten, bei denen $m = -1$, und zwar für $d = -4$, zutrifft; es sind dies die Multiplicatorsysteme:

$$\mu_1 = e^{\frac{\pi i}{3}}, \quad \mu_2 = e^{\frac{\pi i}{5}}, \quad \mu_3 = e^{\frac{22\pi i}{15}},$$

$$\mu_1 = e^{\frac{5\pi i}{3}}, \quad \mu_2 = e^{\frac{\pi i}{5}}, \quad \mu_3 = e^{\frac{2\pi i}{15}},$$

$$\mu_1 = e^{\frac{\pi i}{3}}, \quad \mu_2 = e^{\frac{9\pi i}{5}}, \quad \mu_3 = e^{\frac{28\pi i}{15}}.$$

Weiter findet sich unter den dreissig Systemen ungerader Dimension nur noch *ein* einziges, bei dem $m = -1$, und zwar für $d = -5$ zutrifft: dies System ist:

$$\mu_1 = e^{\frac{\pi i}{2}}, \quad \mu_2 = e^{\frac{3\pi i}{10}}, \quad \mu_3 = e^{\frac{\pi i}{5}}. \; -$$

Wir sehen jetzt von dem betrachteten Ausnahmefalle $m = -1$ ab und wenden uns damit zu dem für die Fortsetzung unserer Untersuchung weit wichtigeren Falle, *dass* $\Omega(\zeta_1, \zeta_2; \xi_1, \xi_2)$ *in* ξ_1, ξ_2 *nicht automorph ist.* Hier kann man also aus der Gruppe Γ, und zwar bereits unter ihren Erzeugenden, eine Substitution U_i wählen, für welche die Differenz:

$$(16) \qquad \Omega(\zeta_1, \zeta_2; \xi_1^{(i)}, \xi_2^{(i)}) - \overline{\mu}_i \, \Omega(\zeta_1, \zeta_2; \xi_1, \xi_2)$$

nicht identisch verschwindet. In Abhängigkeit von ζ stellt diese Differenz eine automorphe Form $q_d(\zeta_1, \zeta_2)$ dar, welche wir auch so schreiben können:

$$(17) \qquad q_d(\zeta_1, \zeta_2) = \overline{\mu}_i \, [\Omega_i(\zeta_1, \zeta_2; \xi_1, \xi_2) - \Omega(\zeta_1, \zeta_2; \xi_1, \xi_2)].$$

Da die hier in der Klammer stehenden Elementarformen bei ξ übereinstimmend Pole erster Ordnung vom Coefficienten 1 aufweisen, so wird ihre Differenz und also auch die Form q_d bei ξ polfrei und stellt demnach eine *ganze* automorphe Form dar.

Diese Darlegungen führen uns gegenüber der pg. 175 besprochenen Möglichkeit des identischen Verschwindens der polfreien Poincaréschen Reihen zu einem sehr wichtigen Fortschritte: *In der That haben wir in der rechten Seite der Gleichung* (17) *ein erstes Beispiel einer polfreien Poincaré'schen Reihe vor uns, die sicher nicht identisch verschwindet.* Nehmen wir noch hinzu, dass im Ausnahmefalle $m = -1$ ganze automorphe Formen mit Nullpunkten in den etwaigen parabolischen Spitzen überhaupt nicht existieren, so ergiebt sich das wichtige Theorem: *Im Falle eines Gebildes vom Geschlechte null können wir bei allen den Convergenztheoremen genügenden Dimensionen d und für jedes zugehörige Multiplicatorsystem M, falls überhaupt zugehörige ganze automorphe*

Formen mit Nullpunkten in den etwaigen parabolischen Spitzen existieren, stets auch nicht identisch verschwindende polfreie Poincaré'sche Reihen bilden. Wir kommen im Verlaufe des nächsten Paragraphen auf die Frage zurück, ob vielleicht im Einzelfalle *alle* existierenden ganzen Formen, die in etwaigen parabolischen Spitzen verschwinden, durch Reihen dieser Art darstellbar sind.[*])

§ 14. Über die Darstellbarkeit beliebiger automorpher Formen des Geschlechtes null durch die Elementarformen und die Poincaré'schen Reihen.

Die wichtige soeben aufgeworfene Frage über die Darstellung der *ganzen* automorphen Formen durch polfreie Poincaré'sche Reihen werden wir jetzt bei Gelegenheit einer Untersuchung beantworten können, welche das noch etwas allgemeinere Problem der Darstellung *beliebiger* automorpher Formen durch die Elementarformen und damit durch Poincaré'sche Reihen zum Gegenstande hat. Die Behandlung dieser Fragen beziehen wir hier einstweilen auf ein Gebilde des Geschlechtes null; doch werden dieselben für beliebiges p teils unmittelbar mitgelten, teils leicht verallgemeinert werden können.

Es sei zunächst eine *negative* Dimension d vorgelegt, welche nur der einen Beschränkung unterliegen soll, dass die zu unserer Gruppe Γ gehörenden Reihen der Dimension d auch wirklich absolut convergent sind. Eine dieser Dimension angehörende Form $q_d(z_1, z_2)$ des Multiplicatorsystems M habe erstlich nur einfache Pole; es mögen sich im Fundamentalbereiche σ solche Pole an den Stellen $^{(1)}\frac{z}{z}, ^{(2)}\frac{z}{z}, \ldots, ^{(\sigma)}\frac{z}{z}$ finden, von denen jedoch keine eine parabolische Spitze darstellen darf und auch einstweilen keine in einer elliptischen Ecke liegen soll. Man bilde die zu diesen σ Stellen gehörenden Elementarformen:

$$\Omega(z_1, z_2; ^{(1)}z_{z_1}, ^{(1)}z_{z_2}), \ldots \ldots \Omega(z_1, z_2; ^{(\sigma)}z_{z_1}, ^{(\sigma)}z_{z_2})$$

der vorliegenden Dimension d und des Multiplicatorsystems M. Es lassen sich alsdann σ von den z_1, z_2 unabhängige Constanten $A_1, A_2, \ldots A_\sigma$ derart auswählen, dass die Differenz der vorgelegten Form $q_d(z_1, z_2)$ und der Summe:

---

[*]) Wir machen schon hier darauf aufmerksam, dass wir, falls $\Omega(z_1, z_2; \zeta_1, \zeta_2)$ in den z_1, z_2 *nicht* automorph ist, nach dem im Texte benutzten Principe offenbar auch bei Gebilden eines beliebigen Geschlechtes p polfreie Poincaré'sche Reihen herstellen können.

$A_1 \Omega(\zeta_1, \zeta_2; {}^{(1)}\xi_1, {}^{(1)}\xi_2) + A_2 \Omega(\zeta_1, \zeta_2; {}^{(2)}\xi_1, {}^{(2)}\xi_2) + \cdots + A_n \Omega(\zeta_1, \zeta_2; {}^{(n)}\xi_1, {}^{(n)}\xi_2)$

polfrei wird. Wir folgern hieraus, dass sich $q_d(\zeta_1, \zeta_2)$ in der Gestalt:

$$(1) \quad q_d(\zeta_1, \zeta_2) = \sum_{r=1}^{n} A_r \Omega(\zeta_1, \zeta_2; {}^{(r)}\xi_1, {}^{(r)}\xi_2) + \text{ganze aut. Form } (\zeta_1, \zeta_2)$$

darstellen lässt.

Auch Pole höherer Ordnung lassen wir jetzt bei $q_d(\zeta_1, \zeta_2)$ zu, und die Pole dürfen fortan auch in elliptischen Ecken gelegen sein, nur dass wir in einem solchen Falle die Ordnung des Poles nach der pg. 106 gegebenen Vorschrift abschätzen müssen. In etwaigen parabolischen Spitzen aber soll $q_d(\zeta_1, \zeta_2)$ nach wie vor polfrei sein. Es bietet keine Schwierigkeit, eine Reihe der Dimension d und des Multiplicatorsystems M zu bilden, welche an vorgeschriebener Stelle einen Pol gegebener Ordnung hat, übrigens aber im Fundamentalbereiche nur einfache Pole aufweist. Ist die vorgeschriebene Stelle eine elliptische Ecke des Fundamentalbereiches, so kommen die Rechnungen von pg. 183 ff. zur Geltung. Durch Combination solcher Reihen unter Hinzunahme von Elementarformen selbst können wir alsdann einen Ausdruck gewinnen, der von $\varphi_d(\zeta_1, \zeta_2)$ abgezogen eine polfreie Differenz liefert. Es ergiebt sich als vorläufiger Satz: *Jede automorphe Form $q_d(\zeta_1, \zeta_2)$ einer den Convergenztheoremen genügenden Dimension d mit beliebigen, jedoch nicht in parabolischen Spitzen liegenden, Polen ist bis auf eine additive ganze automorphe Form durch eine Poincaré'sche Reihe darstellbar.* —

Hatten wir soeben die Formen negativer Dimensionen durch die Ω als Formen der ζ_1, ζ_2 dargestellt, so werden wir auf der anderen Seite die Formen nicht-negativer Dimensionen d durch die Ω als Formen der ξ_1, ξ_2 ausdrücken können. Hierbei müssen wir zunächst die Aufmerksamkeit auf eine sehr interessante *Analogie zwischen diesen letzteren Formen Ω unseres automorphen Gebildes und den Integralen zweiter Gattung eines algebraischen Gebildes* lenken. Wir knüpfen an die Normalintegrale dieser Gattung an (cf. „M." 1 pg. 531), deren einzelnes auf der zum Gebilde gehörenden Riemann'schen Fläche nur an einer Stelle einen Pol erster Ordnung „vom Coefficienten 1" besitzt und nur für die Hälfte der kanonischen Querschnitte von null verschiedene Perioden aufweist. Nur im Falle $p = 0$ ist dieses Integral eine *eindeutige* Function auf der Fläche. Für $p > 0$ ändert sich dasselbe bei geschlossenen Umläufen um zugehörige Perioden; hierbei kommen des näheren die a. a. O. dargelegten Verhältnisse zur Geltung.

Man wird sofort die völlige Analogie dieser Verhältnisse zu denen bei unseren Elementarformen $\Omega(\zeta_1, \zeta_2; \xi_1, \xi_2)$ erkennen. Das einzelne Ω als Form der ξ_1, ξ_2 hat *nur an einer Stelle* des Fundamentalbereichs *einen Pol erster Ordnung vom Coefficienten* 1. Aber nur bei $m = -1$ haben wir mit einer *automorphen* Form der ξ_1, ξ_2 zu thun. Für $m > -1$ ändert sich Ω gegenüber einer beliebigen Substitution U_i der Gruppe, abgesehen von der multiplicativen Constanten μ_i um ein additives Glied, welches in ξ_1, ξ_2 eine *polfreie Reihe* darstellt; in der That folgt aus den Betrachtungen von pg. 203 sofort:

$$(2) \qquad \Omega(\xi_1, \xi_2; \xi_1^{(i)}, \xi_2^{(i)}) = \mu_i \, \Omega(\xi_1, \xi_2; \xi_1, \xi_2) + \text{polfreie Reihe } (\xi_1, \xi_2)_i.$$

Die hierbei eintretenden polfreien Reihen sind es also, welche den Perioden der Elementarintegrale entsprechen.

Nun baut man bekanntlich aus linearen Combinationen der genannten Normalintegrale algebraische Functionen der Fläche auf (cf. „M." I pg. 540); man hat nur Sorge zu tragen, dass die Integralcombination lauter verschwindende Perioden aufweist. *Genau so werden wir hier bei* $m > -1$ *automorphe Formen der* ξ_1, ξ_2 *von der Dimension d durch lineare Combinationen von Elementarformen herstellen.* Dabei müssen offenbar entsprechend für jede solche Combination die gegenüber den U_i zutretenden additiven Ausdrücke sämtlich den Wert null haben.

Wir gehen auf die fragliche Darstellung von Formen der Dimension d im Falle $m > -1$ nunmehr ausführlich ein.

Nach pg. 107 giebt es für die Dimension d insgesamt $(m+1)$ linear unabhängige ganze automorphe „Formen". Beschränken wir uns hier wieder sogleich auf Formen, die in parabolischen Spitzen durchgängig Nullpunkte haben, so müssen wir, damit dieser Satz bestehen bleibt, die Zahl m nach Vorschrift von pg. 177 berechnen. Von der durch τ zu bezeichnenden Anzahl der linear unabhängigen polfreien „Reihen" der Dimension d ist noch nicht bewiesen, dass sie den Betrag $(m+1)$ wirklich erreicht. Wir können mit Rücksicht auf den am Schlusse des § 13 pg. 203 aufgestellten Satz nur erst:

$$(3) \qquad\qquad 0 < \tau \leq m + 1$$

anmerken; aber es wird unser Ziel sein, zu zeigen, dass hier in der That stets $\tau = m + 1$ zutrifft.

Irgend ein specielles System von τ linear unabhängigen polfreien Reihen denken wir in:

$$(4) \qquad\qquad \omega_1(\xi_1, \xi_2), \quad \omega_2(\xi_1, \xi_2), \ldots, \quad \omega_\tau(\xi_1, \xi_2)$$

vorgelegt; dieselben sollen von ξ_1, ξ_2 frei sein. Der einzelnen Gleichung (2) können wir daraufhin explicite die Gestalt geben:

$$(5) \qquad \Omega(\xi_1, \xi_2; \xi_1^{(i)}, \xi_2^{(i)}) = \overline{u}_i \, \Omega(\xi_1, \xi_2; \xi_1, \xi_2) + \sum_{\tau=1}^{r} f_\tau^{(i)}(\xi_1, \xi_2) \; \omega_\tau(\xi_1, \xi_2),$$

wo die $f_\tau^{(i)}(\xi_1, \xi_2)$ Formen der ξ_1, ξ_2 allein sind*).

Sollen wir jetzt aus den Elementarformen eine σ-polige automorphe Form $\varphi_\sigma^\tau(\xi_1, \xi_2)$ des Multiplicatorsystems M aufbauen, so muss zufolge pg. 107 die Bedingung $m + \sigma > 0$ befriedigt sein: für die Anzahl σ gilt also:

$$(6) \qquad\qquad \sigma \geqq -m = m + 2.$$

Alle σ Pole sollen von erster Ordnung sein und im Fundamentalbereiche an den σ Stellen $^{(1)}\xi, {}^{(2)}\xi, \ldots, {}^{(\sigma)}\xi$ gelegen sein, die natürlich wieder von parabolischen Ecken und der Einfachheit halber auch von elliptischen Fixpunkten verschieden sein mögen, übrigens aber ausdrücklich als von einander unabhängig beweglich angenommen werden sollen. Wir bilden nun mit Hilfe von σ Grössen B, die von ξ_1, ξ_2 unabhängig sein sollen, die lineare Combination von Elementarformen, die an den vorgeschriebenen Stellen Pole erster Ordnung aufweisen:

$$(7) \quad B_1 \Omega(^{(1)}\xi_1, {}^{(1)}\xi_2; \xi_1, \xi_2) + B_2 \Omega(^{(2)}\xi_1, {}^{(2)}\xi_2; \xi_1, \xi_2) + \cdots + B_\sigma \Omega(^{(\sigma)}\xi_1, {}^{(\sigma)}\xi_2; \xi_1, \xi_2)$$

und versuchen die B derart zu bestimmen, dass dieser Ausdruck (7) in ξ_1, ξ_2 automorph ist. Hierzu ist notwendig und hinreichend, dass die additiven Beträge, um welche sich das Aggregat (7) gegenüber den U_i ändert, sämtlich verschwinden. Dass der Ausdruck (7) unter diesen Umständen auch in etwaigen parabolischen Spitzen den Charakter einer automorphen Form besitzt, folgt aus dem Bildungsgesetze (13) pg. 196 vermöge der bereits pg. 199 bei einer einzelnen Elementarform benutzten Überlegung. Man setze nämlich für den Ausdruck (7) die aus (13) pg. 196 folgende Darstellung in der Nähe der parabolischen Spitze an. Soll alsdann die Summe (7) gegenüber der parabolischen Substitution U_i automorphes Verhalten zeigen, so müssen die Glieder mit den Potenzen $\xi, \xi^2, \ldots, \xi^d$ identisch verschwinden, und also kommt man auf das Bildungsgesetz der automorphen Formen zurück.

Nun ist zufolge (5) die additive Grösse, welche bei Ausübung der Substitution U_i auf (7) eintritt, die folgende:

---

*) Man specialisiere diese Formel (5) für eine parabolische Substitution U_i, indem man auf das Bildungsgesetz (13) pg. 196 der Elementarform in der Nähe einer parabolischen Spitze ξ zurückgeht. Die Rechnung zeigt, dass die damals mit $v_d^{(1)}, \ldots, v_d^{(\overline{d})}$ bezeichneten Formen der ξ_1, ξ_2 sich hierbei als lineare Combinationen der $\omega_1, \ldots, \omega_r$ darstellen und also in der That polfreie Reihen sind. Die Formen $f_\tau(\xi_1, \xi_2)$ ihrerseits sind im fraglichen Falle einer parabolischen Substitution U_i ganze rationale homogene Formen.

(8)
$$\sum_{r=1}^{r} f_r^{(i)}(\xi_1, \xi_2)\,\{B_1\,\omega_r({}^{(1)}\zeta_1, {}^{(1)}\zeta_2) + B_2\,\omega_r({}^{(2)}\zeta_1, {}^{(2)}\zeta_2)$$
$$+ \cdots + B_a\,\omega_r({}^{(a)}\zeta_1, {}^{(a)}\zeta_2)\}.$$

Bezeichnen wir den hier mit $f_r^{(i)}$ multiplicierten Klammerausdruck kurz mit C_r:

(9) $C_r = B_1\,\omega_r({}^{(1)}\zeta_1, {}^{(1)}\zeta_2) + B_2\,\omega_r({}^{(2)}\zeta_1, {}^{(2)}\zeta_2) + \cdots + B_a\,\omega_r({}^{(a)}\zeta_1, {}^{(a)}\zeta_2),$

so haben wir die Gleichungen zu fordern:

$$\sum_{r=1}^{r} C_r f_1^{(i)}(\xi_1, \xi_2) = 0.$$

Als Substitutionen U_i brauchen wir offenbar nur ein System von *Erzeugenden* der Gruppe Γ zuzulassen. Unter ihnen giebt es sicher wenigstens eine Substitution U_i, für welche die in (5) rechts stehenden $f_r^{(i)}(\xi_1, \xi_2)$ nicht alle identisch verschwinden: möge dies insgesamt bei $\varkappa$ unter den Erzeugenden zutreffen, welche wir etwa $U_1, \ldots, U_\varkappa$ nennen. Alsdann ist offenbar unsere Aufgabe, die B derart zu bestimmen, dass die $\varkappa$ Gleichungen:

(10)
$$\begin{cases} C_1 f_1^{(1)}(\xi_1, \xi_2) + C_2 f_2^{(1)}(\xi_1, \xi_2) + \cdots + C_r f_r^{(1)}(\xi_1, \xi_2) = 0, \\ C_1 f_1^{(\varkappa)}(\xi_1, \xi_2) + C_2 f_2^{(\varkappa)}(\xi_1, \xi_2) + \cdots + C_r f_r^{(\varkappa)}(\xi_1, \xi_2) = 0 \end{cases}$$

bei variabelen ξ_1, ξ_2 gültig sind.

Die Gleichungen (10) sind erfüllt, falls alle $C_1, C_2, \cdots, C_r$ verschwinden; aber sie erfordern ihrerseits nicht immer notwendig das Verschwinden sämtlicher C. Es ist nämlich zunächst nicht ausgeschlossen, dass die Formen $f(\xi_1, \xi_2)$ der einzelnen Gleichung linear abhängig von einander sind, d. h. dass zwischen ihnen eine oder auch mehrere lineare Identitäten mit constanten Coefficienten bestehen. Wir dürfen dieserhalb aus den Gleichungen (10) nur erst den Schluss ziehen, dass zwischen den $C_1, C_2, \cdots C_r$ gewisse ϱ Gleichungen bestehen:

(11)
$$\begin{cases} \alpha_{11}C_1 + \alpha_{12}C_2 + \cdots + \alpha_{1r}C_r = 0, \\ \alpha_{21}C_1 + \alpha_{22}C_2 + \cdots + \alpha_{2r}C_r = 0, \\ \cdots\cdots\cdots\cdots\cdots\cdots\cdots\cdots\cdots \\ \alpha_{\varrho 1}C_1 + \alpha_{\varrho 2}C_2 + \cdots + \alpha_{\varrho r}C_r = 0 \end{cases}$$

mit numerischen, d. h. von den ξ_1, ξ_2 und ζ_1, ζ_2 unabhängigen Coefficienten α, wobei $\varrho \geq 1$ und $\varrho < \tau$ sein wird:

(12) $1 \leq \varrho < \tau \leq m + 1.$

Die Gleichungen (11) dürfen wir als von einander linear unabhängig ansehen, da entgegengesetzten Falles einer Reduction des Systems (11) nichts im Wege steht. Wir benutzen diesen Umstand, um uns aus den τ linear unabhängigen polfreien Reihen (4) in:

$$(13) \quad \begin{cases} \omega_1'(\zeta_1, \zeta_2) = \alpha_{11}\, \omega_1(\zeta_1, \zeta_2) + \alpha_{12}\, \omega_2(\zeta_1, \zeta_2) + \cdots + \alpha_{1\tau}\, \omega_\tau(\zeta_1, \zeta_2), \\ \cdots \\ \omega_\varrho'(\zeta_1, \zeta_2) = \alpha_{\varrho 1}\, \omega_1(\zeta_1, \zeta_2) + \alpha_{\varrho 2}\, \omega_2(\zeta_1, \zeta_2) + \cdots + \alpha_{\varrho\tau}\, \omega_\tau(\zeta_1, \zeta_2) \end{cases}$$

ϱ neue linear unabhängige polfreie Reihen $\omega_1'(\zeta_1, \zeta_2), \cdots, \omega_\varrho'(\zeta_1, \zeta_2)$ herzustellen. Mit Hilfe dieser Reihen schreiben sich die durch die B zu erfüllenden Gleichungen (11) explicite so:

$$(14) \quad \begin{cases} B_1\, \omega_1'(^{(1)}\zeta_1, {}^{(1)}\zeta_2) + B_2\, \omega_1'(^{(2)}\zeta_1, {}^{(2)}\zeta_2) + \cdots + B_\sigma\, \omega_1'(^{(\sigma)}\zeta_1, {}^{(\sigma)}\zeta_2) = 0, \\ \cdots \\ B_1\, \omega_\varrho'(^{(1)}\zeta_1, {}^{(1)}\zeta_2) + B_2\, \omega_\varrho'(^{(2)}\zeta_1, {}^{(2)}\zeta_2) + \cdots + B_\sigma\, \omega_\varrho'(^{(\sigma)}\zeta_1, {}^{(\sigma)}\zeta_2) = 0. \end{cases}$$

Diese Entwicklungen setzen uns nunmehr in den Stand, zur Lösung unserer Frage nach der Darstellbarkeit der ganzen automorphen Formen durch polfreie Reihen die entscheidenden Schlüsse zu ziehen. Sobald nämlich $\sigma \geq \varrho + 1$ ist, sind die Gleichungen (14) stets durch nicht durchgängig verschwindende Werte B, die natürlich von $^{(1)}\zeta_1, \ldots, {}^{(\sigma)}\zeta_2$ abhängen, erfüllbar. Wir können auch aus der linearen Unabhängigkeit der polfreien Reihen (13) und der Beweglichkeit der Stellen $^{(1)}\zeta, \cdots, {}^{(\sigma)}\zeta$, die oben vorausgesetzt wurde, die *Notwendigkeit der Bedingung* $\sigma \geq \varrho + 1$ darthun. Doch kommen wir zunächst auch ohne Verwertung dieses letzteren Umstandes zum Ziele, indem wir benutzen, dass jedenfalls für $\sigma = \varrho + 1$ ein System brauchbarer Grössen B existiert, für welches in (7) eine nicht identisch verschwindende automorphe Form vorliegt. Die Anzahl der Pole dieser Form ist höchstens gleich $\varrho + 1$ (nämlich wenn alle B von null verschieden sind); und da diese Polanzahl nach (6) mindestens gleich $m + 2$ sein muss, so erhalten wir für ϱ die Bedingung:

$$(15) \qquad \varrho > m + 1.$$

Diese Bedingung vergleiche man nun mit der unter (12) angegebenen und ziehe sofort die höchst wichtige Folgerung, dass $\varrho = \tau = m + 1$ ist[*]). Wir sind auf diese Weise in der That zu dem oben schon angekündigten grundlegenden Satze gelangt: *Die Anzahl τ der linear unabhängigen*

---

[*]) Man beachte die Analogie des im Texte befolgten Schlussverfahrens zum Beweise des Brill-Noether'schen Reciprocitätssatzes in der Theorie der Specialfunctionen auf einer Riemann'schen Fläche; siehe das Nähere in „M." I pg. 552 ff.

polfreien Poincaré'schen Reihen ist gleich der Anzahl $(m + 1)$ *der linear unabhängigen ganzen automorphen Formen, die in den etwaigen parabolischen Spitzen verschwinden.*

Vermöge eines einfachen Determinantensatzes entspringt hieraus das fundamentale Theorem: *Jede in den etwaigen parabolischen Spitzen verschwindende ganze automorphe Form* $q_d(\xi_1, \xi_2)$ *der Dimension d unserer Gruppe* Γ *ist durch eine Poincaré'sche Reihe darstellbar:*

$$(16) \qquad q_d(\xi_1, \xi_2) = \sum_k \mu_k^{-1} H_d(\xi_1, \xi_2),$$

vorausgesetzt natürlich, dass die Dimension d bei der Gruppe Γ *den Convergenztheoremen genügt.*[*]) Der oben schon ausgesprochene Satz über Darstellbarkeit der Formen negativer Dimensionen durch Poincaré'sche Reihen kann demnach so ergänzt werden: *Jede in den etwaigen parabolischen Spitzen verschwindende automorphe Form* $q_d(\xi_1, \frac{\xi_2}{2})$ *einer den Convergenztheoremen genügenden negativen Dimension d kann in der Gestalt* (16) *durch eine Poincaré'sche Reihe dargestellt werden.* Dieser offenbar grundlegende Satz giebt uns den Abschluss der Theorie der Poincaré'schen Reihen bei den Gruppen Γ des Geschlechtes null; derselbe wird im nächsten Kapitel für automorphe Gebilde beliebigen Geschlechtes p bewiesen werden.

Wir können nun sofort auch die soeben unterbrochene *Darstellung der σ-poligen automorphen Formen* $\varphi_{\overline{d}}(\xi_1, \xi_2)$ *positiver Dimension* $\overline{d}$ *durch die Elementarformen* bis zu Ende führen. Zu diesem Zwecke haben wir im Gleichungssysteme (14) nunmehr $\varrho = m + 1$ zu setzen und benutzen jetzt die lineare Unabhängigkeit der $(m + 1)$ polfreien Reihen ω' und die Unabhängigkeit der σ Stellen $^{(1)}\xi, \ldots, ^{(\sigma)}\xi$ von einander. Hieraus kann man den Schluss ziehen, dass von den $(m + 1)$-gliedrigen Determinanten der Matrix:

$$\left|\begin{array}{cccc} \omega'_1\left(^{(1)}\xi_1, {}^{(1)}\xi_2\right), & \omega'_1\left(^{(2)}\xi_1, {}^{(2)}\xi_2\right), \ldots & \omega'_1\left(^{(\sigma)}\xi_1, {}^{(\sigma)}\xi_2\right) \\ \cdots & \cdots & \cdots \\ \omega'_{m+1}\left(^{(1)}\xi_1, {}^{(1)}\xi_2\right), & \omega'_{m+1}\left(^{(2)}\xi_1, {}^{(2)}\xi_2\right), \ldots, & \omega'_{m+1}\left(^{(\sigma)}\xi_1, {}^{(\sigma)}\xi_2\right) \end{array}\right.$$

keine in den $^{(1)}\xi_1, \ldots, ^{(\sigma)}\xi_2$ identisch verschwinden kann. Die Folge ist, dass von den σ Grössen B

$$(17) \qquad \sigma - m - 1 = \sigma + m + 1$$

willkürlich gewählt werden dürfen, während alsdann die übrigen in jenen eindeutig und zwar linear und homogen bestimmt sind. *Es giebt*

---

[*]) Dieser letztere Zusatz ist notwendig. Dass es *ganze* Formen auch für $d = -1$ giebt, zeigt das Beispiel der Modulform $\sqrt[12]{J}$.

$(\sigma + m + 1)$ *linear unabhängige automorphe Ausdrücke* (7), *welche an σ ausserhalb der festen Ecken des Polygonnetzes willkürlich wählbaren Stellen* $^{(1)}\zeta, \ldots, ^{(\sigma)}\zeta$ *Pole erster Ordnung haben.*

Nach pg. 107 ist nun $(m + \sigma + 1)$ gerade auch die Anzahl linear unabhängiger σ-poliger Formen der Dimension d. Hieraus folgt durch eine schon benutzte Schlussfolgerung: *Jede automorphe Form $\psi_{\overline{d}}(\xi_1, \xi_2)$ nicht-negativer Dimension d, welche nur einfache und nicht in die festen Ecken des Netzes N fallende Pole besitzt, kann als ein Aggregat der Gestalt* (7) *von Elementarformen dargestellt werden, falls für diese Dimension d die Convergenztheoreme überhaupt die Bildung von Elementarformen Ω zulassen.*

Es liegt hier die Vermutung nahe, dass die vorstehenden Angaben über die Darstellung der Formen positiver Dimensionen nur „im allgemeinen" gelten, dass also ähnlich wie beim Riemann-Roch'schen Satze, für specielle Punktsysteme $^{(1)}\zeta, ^{(2)}\zeta, \ldots, ^{(\sigma)}\zeta$ auch Erhöhungen der Anzahl $(\sigma + m + 1)$ linear unabhängiger automorpher Ausdrücke (7) eintreten möchten. Hinzutreten müsste offenbar im Einzelfalle die Anzahl der linear unabhängigen ganzen Formen der Dimension d, deren einzelne in den σ Punkten $^{(1)}\zeta, \ldots, ^{(\sigma)}\zeta$ zugleich verschwindet. Aber nach pg. 98 hat eine *ganze* Form der Dimension d im Fundamentalbereiche nur m Nullpunkte, während $\sigma \geq m + 2$ zutrifft. *Die ausgesprochene Vermutung ist demnach gegenstandslos.*

———————

Mit den vorstehenden Entwicklungen haben wir die Theorie der Poincaré'schen Reihen für $p = 0$ und damit überhaupt unsere formentheoretischen Untersuchungen der automorphen Gebilde des Geschlechtes null zum Abschluss gebracht. Ein paar historische Bemerkungen über die Elementarformen mögen hier am Schlusse noch Platz finden. In nicht-homogener Gestalt treten diese Formen zuerst bei Poincaré auf[*] und werden von ihm zum Beweise der fundamentalen Sätze über Darstellbarkeit der automorphen Functionen durch seine Reihen benutzt. In der That entspricht das, was Poincaré a. a. O. als „*élément simple*" bezeichnet, direct unserer Elementarform. Die formentheoretische Durchbildung ist auch hier von Ritter gegeben worden[**].

———————

[*] Vergl. die pg. 46 genannten Noten in den Comptes rendus von 1881 und 82, sowie die Abhandlungen: „*Mémoire sur les fonctions fuchsiennes*" § 5 ff., Acta mathematica Bd. 1 pg. 242 ff. 1882. „*Mémoire sur les fonctions zétafuchsiennes*" § 6, Acta mathem. Bd. 5 pg. 252 ff. (1884).

[**] „*Die eindeutigen automorphen Formen des Geschlechtes null*" § 17, Mathem. Annalen Bd. 41 pg. 69 ff. (1891).

Ritter geht dabei den zu Poincaré's ursprünglicher Entwicklung genau entgegengesetzten Weg. Der letztere knüpft (homogen gesprochen) an automorphe Formen einer nicht-negativen Dimension $\overline{d}$ und stellt die einzelne solche Form durch eine unendliche Partialbruchreihe dar, deren einzelne Glieder den Polen der Form entsprechen. Durch Zusammenfassung derjenigen Partialbrüche, welche sich auf das einzelne System äquivalenter Pole ζ, $\zeta^{(1)}$, $\zeta^{(2)}$, ... beziehen, gelangt alsdann Poincaré zu einem Ausdruck, der sich in Abhängigkeit von dieser Unstetigkeitsstelle ζ als automorph erweist und eben ein „élément simple" darstellt. Demgegenüber haben wir mit Ritter die Elementarform Ω an die Spitze gestellt.

Übrigens ist Ritter in seiner genannten Abhandlung noch nicht zur einfachsten Gestalt der Theorie der Elementarformen durchgedrungen; es war diese Theorie vielmehr noch in verschiedenen Hinsichten sicherer zu begründen, zu vereinfachen und fortzuentwickeln*).

***

*) Vergl. hierzu die Note des Verfassers „Die automorphen Elementarformen" in den Göttinger Nachrichten vom Jahre 1900, Heft 3.

Viertes Kapitel.

Die automorphen Formen und ihre analytischen Darstellungen bei Gebilden beliebigen Geschlechtes.

Bei der Verallgemeinerung der vorausgehenden Entwicklungen auf die automorphen Gebilde beliebigen Geschlechtes p, soweit dieselben für diesen Fall nicht bereits mitgelten, werden wir im grossen und ganzen die bei $p = 0$ gewonnenen Gesichtspunkte wiederfinden. Freilich werden wir bei der Begründung der Theorie der automorphen Formen für beliebiges p den Gedankengang gegenüber den pg. 66 ff. gegebenen Entwicklungen ein wenig abändern müssen. Es liegt dies an der Schwierigkeit der Herstellung einer Primform bei einem beliebigen algebraischen Gebilde mit $p > 0$. Bei dem Geschlechte $p = 0$ hatten wir einfach eine *Hauptfunction* z in den Quotienten $z_1 : z_2$ zweier binären Variabeln zu spalten, um in $(z_1 c_2 - z_2 c_1)$ eine Primform mit beliebig vorzuschreibendem Nullpunkte c zu besitzen. Bei $p > 0$ haben wir an die *transcendente Primform* anzuknüpfen, welche in „M." II. pg. 502 ff. erklärt wurde, und wir haben die Theorie dieser Primform zunächst noch etwas weiter zu entwickeln.

Die ξ_1, ξ_2 ihrerseits werden wir alsdann im Anschluss an die Entwicklungen von pg. 43 und pg. 109 ff. als „*polymorphe Formen*" *auf der Riemann'schen Fläche* auffassen und in der Primform zur Darstellung bringen. Hierdurch ist dann zugleich die Möglichkeit geboten, die automorphen Formen von ξ_1, ξ_2 als Formen auf der Riemann'schen Fläche zu betrachten. Sie bekommen daselbst den Charakter der sogenannten „*multiplicativen Formen*", deren Theorie E. Ritter in einer weiterhin noch öfter zu nennenden Arbeit[*] auf die Primform gegründet hat. Es werden hierbei *Darstellungen der automorphen Formen in der Primform* entspringen, welche die genaue Verallgemeinerung der für $p = 0$ gültigen Gleichungen (4) und (6) pg. 98 ff. liefern. Diese

---

[*] „*Die multiplicativen Formen auf algebraischem Gebild beliebigen Geschlechtes mit Anwendung auf die Theorie der automorphen Formen*", Mathem. Annalen Bd. 44 p. 261 (1893).

Darstellungen gestatten uns, die Verallgemeinerung der auf $p = 0$ bezogenen Betrachtungen von pg. 99 ff. durchzuführen, welche von den Relationen zwischen dem Multiplicatorsystem, der Dimension, der Anzahl der Pole und Nullpunkte etc. einer automorphen Form handeln.

Unsere Entwicklungen über *Convergenz der Poincaré'schen Reihen* (pg. 142 ff.) sind, worauf oben wiederholt hingewiesen wurde, für Gebilde jeden Geschlechtes p gültig, und auch die Untersuchungen über einpolige Reihen und Elementarformen (pg. 178 ff.) sind dem grössten Teile nach unabhängig von der Geschlechtszahl p. Wir werden uns unter Benutzung der Elementarformen am Schlusse des Kapitels der wichtigen Frage zuwenden können, inwieweit die Formen eines vorgelegten Gebildes mit $p > 0$ durch Poincaré'sche Reihen darstellbar sind.

Eine besondere Betrachtung widmen wir den Reihen $(-2)^{\text{ter}}$ Dimension in den Fällen, wo dieselben convergieren. Diese Reihen hängen aufs engste mit den *Integralen des automorphen Gebildes* zusammen, und wir werden im unmittelbaren Anschluss hieran noch sehr merkwürdige *Productentwicklungen für die Primformen* kennen lernen. Diese Gegenstände haben eine ziemlich reich entwickelte Litteratur, über welche wir unten näher berichten.

§ 1. Recapitulation über die Gruppen beliebigen Geschlechtes p und ihre Erzeugung.

Es dürfte am Platze sein, dass wir, analog wie am Anfang des zweiten Kapitels, so auch hier eine kurze Recapitulation über die Gruppen voraussenden, welche den automorphen Gebilden beliebigen Geschlechtes p zu Grunde liegen.

Wir werden nach den Entwicklungen in I pg. 182 ff. in jedem Falle an einen *kanonischen Fundamentalbereich* anknüpfen können, dessen „Charakter" wir wie gewohnt durch (p, n) bezeichnen. Die Erzeugenden der nicht-homogenen Gruppe Γ schreiben wir:

$$V_1, V_2, \ldots V_n, V_{a_1}, V_{b_1}, \ldots, V_{a_p}, V_{b_p}.$$

Ihnen entsprechen die homogenen Substitutionen:

$$U_1, U_2, \ldots U_n, U_{a_1}, U_{b_1}, \ldots, U_{a_p}, U_{b_p},$$

welche wir unimodular geschrieben denken. Dabei werden wir die einzelne der Substitution $U_1, U_2, \ldots U_n$ genau wie oben bei $p = 0$ nach Vorschrift von I pg. 198 fixieren. Wie wir die einzelne der Substitutionen $U_{a_1}, U_{b_1}, \ldots$ unter je den beiden Möglichkeiten, die es giebt, gewählt denken wollen, soll erst noch weiter unten angegeben werden.

Was die *Relationen für die homogenen Erzeugenden* angeht, so gilt natürlich für die elliptischen U_k dasselbe wie bei $p = 0$. Die „letzte primäre Relation" aber wird nach den Entwicklungen in I pg. 200 ff. die Gestalt annehmen:

$$(1) \qquad \prod_{k=1}^{n} U_k \cdot \prod_{g=1}^{p} U_{a_g}^{-1} U_{b_g} U_{a_g} U_{b_g}^{-1} = (-1)^n.$$

Den Charakter dieser Beziehung, sowie das Auftreten etwaiger *secundärer Relationen* erläutern wir am besten sogleich an einigen der wichtigsten Gruppentypen.

Ist das *Polygonnetz N einfach zusammenhängend* und also von einer einzigen Grenzcurve berandet, so liegen die Verhältnisse ganz besonders einfach. Alsdann ist auch der einzelne Fundamentalbereich einfach zusammenhängend, und es treten überhaupt keine secundären Relationen auf.

Haben wir einen *Fundamentalbereich mit $2p$ getrennt verlaufenden Randcurven*, die paarweise auf einander hyperbolisch oder loxodromisch bezogen sind, so hat man $n = 0$, und die p Erzeugenden $V_{a_1}, V_{a_2}, \ldots V_{a_p}$ sind sämtlich mit der identischen Substitution 1 gleich. Mag nun U_{b_g} gleich $+1$ oder -1 sein, immer wird:

$$U_{a_g}^{-1} U_{b_g} U_{a_g} = U_{b_g}$$

zutreffen. Die Relation (1) wird somit dadurch erfüllt werden, dass für den einzelnen Index g:

$$U_{a_g}^{-1} U_{b_g} U_{a_g} U_{b_g}^{-1} = U_{b_g} U_{b_g}^{-1} = 1$$

gilt; und es werden für die p restierenden Erzeugenden $U_{b_1}, U_{b_2}, \ldots, U_{b_p}$ weitere Relationen nicht auftreten.

Wir betrachten ferner den Fall einer *Gruppe mit Hauptkreis*, der aber *kein Grenzkreis* ist, wobei wir zur Verallgemeinerung der für $p = 0$ oben (pg. 57 ff.) durchgeführten Betrachtung kommen. Wir verfolgen hierbei etwa nur den Fall, dass keine Substitutionen in Γ auftreten, welche beide Seiten des Hauptkreises austauschen. In der projectiven Ebene (an welche wir wie pg. 26 anknüpfen) haben wir ein Polygon vom Charakter (p', n') mit $\mu' > 0$ hyperbolischen Ecken. Die elliptischen oder parabolischen Erzeugenden, welche vom projectiven Polygone geliefert werden, mögen $V_1, V_2, \ldots, V_{n'-\mu'}$ sein. Die $V_{n'-\mu'+1}, \ldots, V_{n'}$ sind alsdann hyperbolisch, ebenso natürlich die

$$V_{a_1}, V_{b_1}, \ldots, V_{a_{p'}}, V_{b_{p'}}.$$

Den Charakter des Fundamentalbereichs in der ζ-Ebene berechnet man aus:

(2) $$n = 2(n' - \mu'), \quad p = 2p' + \mu' - 1.$$

Am deutlichsten wird die Eigenart der Gruppe erkannt, wenn man die für $p = 0$ in Figur 16 pg. 59 angegebene Gestalt des Fundamental-bereichs für beliebiges p verallgemeinert. Man wird diese Ver-allgemeinerung vom projectiven Polygone aus leicht anbahnen, indem man einen gewissen Cyclus zufälliger Ecken über die Ellipse hinaus-

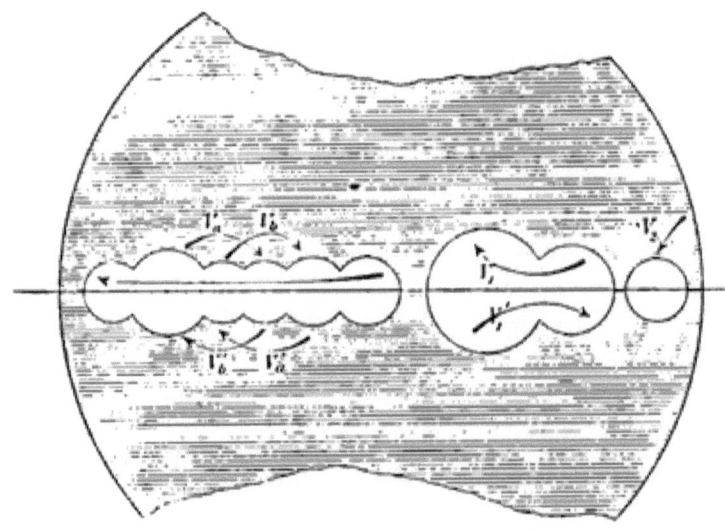

Fig. 29.

schiebt, wobei alsdann eine der hyperbolischen Erzeugenden, etwa $V_{\varkappa}'$, in Fortfall kommt*). Wir finden: *Die in Rede stehende Gruppe lässt sich durch Composition erzeugen aus:*

1. $n' - \mu'$ *cyclischen elliptischen oder parabolischen Gruppen,*
2. $\mu' - 1$ *cyclischen hyperbolischen Gruppen,*
3. p' *symmetrischen Gruppen des Charakters* $(2,0)$.

Figur 29 erläutert die Eigenart dieser Gruppencomposition am Beispiele:

$$n' = 2, \quad \mu' = 1, \quad p' = 1.$$

_____

*) Vergl. die oben (pg. 58) gegebene ausführliche Darlegung der vorliegenden Verhältnisse im Falle $p = 0$.

Diese Verhältnisse ordnen wir dem am Anfange des Paragraphen zu Grunde gelegten kanonischen Fundamentalbereiche leicht unter. Die n festen Ecken werden von den $(n'-\mu')$ Fixpunktpaaren der V_1, $V_2, \ldots, V_{n'-\mu'}$ geliefert; dabei ist der einzelne parabolische Punkt doppelt zu zählen, insofern das Polygon mit zwei Spitzen an ihn heranragt. Die n Erzeugenden V_i werden also hier im speciellen die folgenden sein:

$$V_1, V_2, \ldots, V_{n'-\mu'}, \quad V_{\nu'-\mu'+1}'' = V_1^{-1}, \ldots, \quad V_\mu'' = V_{n'-\mu'}^{-1}.$$

Wir haben die $(n'-\mu')$ *secundären Relationen*:

$$(3) \qquad V_1 \cdot V_{n'-\mu'+1}'' = 1, \quad V_2 \cdot V_{n'-\mu'+2}'' = 1, \ldots, \quad V_{n'-\mu'} \cdot V_n'' = 1.$$

Die p Paare V_a, V_b werden geliefert erstlich von $(\mu'-1)$ Paaren:

$$V_{a_h}'' = 1, \quad V_{b_h}'' = V_{n-n'+h}, \qquad (h = 1, 2, \ldots, \mu'-1),$$

den $\mu'-1$ unter 2. genannten hyperbolischen cyclischen Gruppen entsprechend. Hieran reihen sich, von den p' symmetrischen Gruppen $(2, 0)$ geliefert, p' Quadrupel:

$$V_{a_g}'', V_{b_g}'', V_{a_g}''' = V_{b_g}''^{-1}, V_{b_g}''' = V_{a_g}''^{-1}, \qquad (g = 1, 2, \ldots, p').$$

In den Gleichungen:

$$(4) \qquad V_{a_g}'' V_{b_g}''' = 1, \quad V_{b_g}'' V_{a_g}''' = 1, \qquad (g = 1, 2, \ldots, p')$$

erkennen wir *weitere $2p'$ secundäre Relationen*, so dass wir insgesamt $(2p' + n' - \mu')$ Relationen dieser Art erhalten. Aus den Gleichungen (4) ergiebt sich die zur einzelnen Gruppe des Charakters $(2, 0)$ gehörige Relation:

$$V_{a_g}''^{-1} V_{b_g}'' V_{a_g}'' V_{b_g}''^{-1} \cdot V_{a_g}'''^{-1} V_{b_g}''' V_{a_g}''' V_{b_g}'''^{-1} = 1$$

unmittelbar, wie denn überdies die letzte primäre Relation (1) eine einfache Folge der Gleichungen (3) und (4) ist.

Bei der oben festgesetzten homogenen Schreibweise werden die Relationen (3) die Gestalt annehmen:

$$(5) \qquad U_1 U_{n'-\mu'+1}'' = 1, \quad U_2 U_{n'-\mu'+2}'' = 1, \ldots, U_{n'-\mu'} U_n'' = 1;$$

den Gleichungen (4) entsprechend können wir nur erst:

$$(6) \qquad U_{a_g} U_{b_g}'' = \pm 1, \quad U_{b_g} U_{a_g}'' = \pm 1, \qquad (g = 1, 2, \ldots p')$$

ansetzen, da die homogenen $U_{a_g}, U_{b_g}, \ldots$ noch nicht endgültig fixiert sind.

Die eben betrachtete Gruppenart stellt übrigens nur einen Specialfall der *allgemeinsten Art von Gruppe Γ des Charakters (p, n)* dar, *welche wir durch den Process der Composition oder Ineinanderschiebung*

aus endlich vielen Gruppen $(p_1, n_1), (p_2, n_2), \ldots$ *herstellen können.* Wir
meinen dabei jenen einfachen Fall der Composition, bei welchem im
„Innern" des Polygons der einzelnen componierenden Gruppe die Be-
randungen der sämtlichen übrigen Polygone liegen, während jedes dieser
Einzelpolygone, für sich genommen, einen einfach zusammenhängenden
Bereich darstellt. Die einzelne componierende Gruppe darf natürlich
auch eine cyclische oder eine elliptische oder parabolische Rotations-
gruppe sein. Die „letzte primäre Relation" der einzelnen componierenden
Gruppe wird hierbei vom Standpunkte der componierten Gruppe
(p, n) übrigens eine *secundäre Relation* darstellen. Die „letzte primäre
Relation" der Gesamtgruppe (p, n) erscheint alsdann als eine einfache
Folge jener secundären Relationen. —

An diese Betrachtung der „allgemeinsten" Gruppen möge sich noch
eine Bemerkung über solche automorphe Gebilde mit $p > 0$ schliessen,
welche sich ohne Schwierigkeit von Gebilden des Geschlechtes null aus
behandeln lassen. Wir nennen in dieser Hinsicht gewisse *elliptische
Gebilde vom Charakter* $(1, 1)$ *und hyperelliptische vom Charakter* $(p, 0)$.

Automorphe Gebilde vom Charakter $(1, 0)$ finden sich nur bei den
parabolischen Rotationsgruppen. Im Grenzkreisfalle, um etwa auf diesen
einzugehen, waren die Gruppen vom Charakter $(1, 1)$ die einfachsten zum
Geschlechte $p = 1$ gehörigen. Diesen Gruppen haben wir in I pg. 254 ff.
eine ausführliche Untersuchung gewidmet. Wir sahen daselbst, *dass
jede Gruppe der Signatur* $(1, 1 : l)$ *eine ausgezeichnete Untergruppe des
Index 2 innerhalb einer Gruppe der Signatur* $(0, 4; 2. 2, 2. 2l)$ *ist.* Auf
diese letztere Gruppe des Geschlechtes $p = 0$, bez. auf das zugehörige
automorphe Gebilde wird man demnach die functionentheoretische Behandlung der Gruppe $(1, 1 : l)$ zurückführen können.

Es sei zweitens ein hyperelliptisches Gebilde vom Charakter $(p, 0)$
vorgelegt, wobei also die Gruppe Γ elliptische oder parabolische Erzeugende nicht aufweisen wird. Jedes solche Gebilde gestattet *eine
fest bestimmte Transformation der Periode 2 in sich.* In den einfachsten
Fällen stellt sich diese Transformation in ζ als lineare Substitution dar,
was wir hier freilich noch nicht entscheidend untersuchen können.
Die Folge wird dann sein, *dass die Gruppe Γ eine ausgezeichnete Untergruppe des Index 2 in einer Gruppe des Geschlechtes 0 und der Signatur:*

$$(7) \qquad (0, 2p + 2; 2, 2, 2, \ldots, 2)$$

ist, welche sich aus $(2p + 2)$ *Substitutionen der Periode zwei erzeugen
lässt.* Die beiden wichtigsten hierher gehörenden Specialfälle sind
folgende:

Erstlich gehen wir in der Kategorie der *Grenzkreisgruppen* von einem Polygone der in (7) gegebenen Signatur aus. Man kann dasselbe als $(2p+2)$-eck zeichnen, wobei die $(2p+2)$ „Seitenmitten" die Fixpunkte der Erzeugenden sind. Übt man eine dieser Erzeugenden, etwa V_1, aus und fügt das entspringende Polygon dem ersten an, so hat man einen Fundamentalbereich des correspondierenden hyperelliptischen Gebildes gewonnen. Dabei sind von den $2 \cdot (2p+1)$ noch freien Seiten je zwei bezüglich des Fixpunktes von V_1 diametrale auf einander vermöge der Substitutionen $V_1 V_2$, $V_1 V_3$, ..., $V_1 V_{2p+2}$ bezogen*).

Das zweite Beispiel gehört den *Hauptkreisgruppen mit isoliert liegenden Grenzpunkten* an. Wir meinen hier diejenigen hyperelliptischen Gebilde, welche wir bereits oben (pg. 62 ff.) auffanden. Wir gehen von $(p+1)$ getrennt und ausserhalb von einander verlaufenden Vollkreisen aus, welche alle einen Hauptkreis orthogonal schneiden. Die $(p+1)$ zugehörigen Spiegelungen erzeugen eine Gruppe zweiter Art, deren umfassendste Untergruppe erster Art ein hyperelliptisches Gebilde liefert. Der Zusatz der Spiegelung am Hauptkreise selbst zu den $(p+1)$ schon genannten Spiegelungen ergiebt (wie wir pg. 62 ff. ausführlich dargelegt haben) eine Gruppe zweiter Art, deren umfassendste Untergruppe erster Art das Geschlecht $p = 0$ besitzt**).

§ 2. Recapitulation und Ergänzung über die Theorie der Primform bei beliebigem algebraischen Gebilde.

Bei den Ergänzungen zur Theorie der Primform knüpfen wir an ein ganz beliebiges algebraisches Gebilde des Geschlechtes p an. Wir wählen uns eine zugehörige algebraische Function z, welche n-wertig sei, und beziehen das Gebilde auf die entsprechende, die z-Ebene n-blättrig überlagerude Riemann'sche Fläche F_n. Die Function z sei so gewählt, dass die Fläche F_n bei $z = \infty$ von Verzweigungspunkten frei ist.

Wir versehen die Fläche F_n mit einem kanonischen System von Querschnitten $a_1, b_1, \ldots, a_p, b_p$. Ein schematisches Bild der zerschnittenen Fläche können wir durch einen Fundamentalbereich unserer

---

*) Automorphe Gebilde dieser Art sind ausführlich betrachtet von E. T. Whittaker in der Arbeit „*On the connexion of algebraic functions with automorphic functions*", Philosophical Transactions. Bd. 192 (1898).

**) Die hyperelliptischen Gebilde der zuletzt genannten Kategorie untersuchte H. Weber in dem bereits pg. 159 genannten Aufsatze „*Ein Beitrag zu Poincaré's Theorie der Fuchs'schen Functionen*", Göttinger Nachrichten von 1886, pg. 359. Auf die in dieser Arbeit betrachteten Productenentwicklungen automorpher Functionen kommen wir unten, wie schon in Aussicht gestellt, nochmals zurück.

Art vom Charakter $(p, 0)$ darstellen, wie ihn z. B. für $p = 3$ die beigefügte Figur 30 angiebt. Natürlich soll damit noch nicht behauptet
sein, dass sich die Fläche F_{μ} stets conform auf einen solchen Bereich
abbilden lasse. Die den Pfeilen entsprechenden V_{a_k}, V_{b_k} sollen demnach hier noch keine ζ-Substitutionen bedeuten, sondern sind nur
Symbole für die Durchlaufung der elementaren Periodenwege auf der
geschlossenen Fläche. Dabei wird V_{a_k} (siehe die Figuren in I pg. 184 ff.)
die Ufer des Schnittes
a_k verbinden und also
dem Wege b_k correspon-
dieren.

In „M." II pg. 476 ff.
haben wir die *Integrale
dritter Gattung* und spe-
ciell die *Normalinte-
grale* $\Pi_{\zeta, \iota}^{x, y}$ auf der Riemann'schen Fläche stu-
diert. Hier stellen die
oberen Indices x, y die
Integralgrenzen dar, die
unteren Indices ζ, ι, aber
die „Parameter", d. h.
die beiden logarith-
mischen Unstetigkeits-
punkte des Integrals.
Diese beiden Stellen

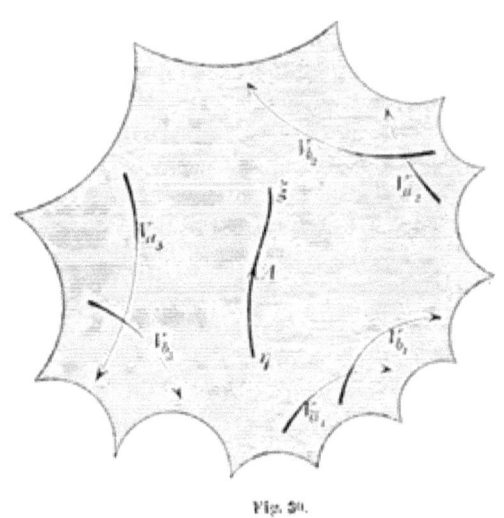

Fig. 30.

der Fläche denken wir uns durch eine von ι nach ζ gerichtete Linie A
verbunden, welche der Einfachheit halber keinen der Schnitte a_k, b_k
treffen möge (cf. Figur 30).

Die *Periodeneigenschaften* des Integrales $\Pi_{\zeta, \iota}^{x, y}$, das wir etwa als
Function der oberen Grenze x ansehen, sind in „M." II pg. 479 behandelt. Gesellen wir den bisherigen Querschnitten a_k, b_k noch einen
längs A geführten Schnitt hinzu, so ist unser Integral auf der so zerschnittenen Fläche eindeutig und weist längs des Schnittes A die constante Differenz $-2i\pi$ auf, womit der Überschuss des Integralwertes
am rechten Ufer über den gegenüberliegenden Wert gemeint ist.
Gegenüber V_{a_k} erfährt das Integral überhaupt keine Änderung, während
V_{b_k} von $\Pi_{\zeta, \iota}^{x, y}$ hinführt zu:

(1) $$\Pi_{\zeta, \iota}^{x, y} = \Pi_{\zeta, \iota}^{x, y} + 2i\pi\, j_k^{\zeta, \iota}.$$

Hierbei sind unter $j_1, j_2, \ldots, j_\rho$ die zum kanonischen Querschnittsystem a_k, b_k gehörenden Normalintegrale erster Gattung verstanden, und insbesondere bedeutet $j_k^{\xi,\eta}$ das von η längs A nach ξ erstreckte bestimmte Integral.

Wir erinnern endlich noch an den *Satz über die Vertauschbarkeit von Parameter und Argument*. Trifft die von y nach x verlaufende Integrationscurve L weder A noch die übrigen Schnitte a_k, b_k, so gilt die Gleichung:

$$(2) \qquad \Pi_{x,y}^{\xi,\eta} = \Pi_{\xi,\eta}^{x,y},$$

wo für das rechts stehende Integral A die Integrationscurve ist, während ein längs L zu führender Schnitt an Stelle von A getreten ist.

Ganz deutlich wird das Bildungsgesetz des Integrals $\Pi_{x,y}^{\xi,\eta}$ erst bei Aufnahme der *formentheoretischen Betrachtungsweise*, welche in „M." II pg. 484 ff. begründet wurde. Wir spalten z in den Quotienten $\frac{z_1}{z_2}$ zweier homogener Grössen z_1, z_2 mit der üblichen Bestimmung, dass z_1, z_2 beständig endlich sein sollen und nie zugleich verschwinden dürfen. Das in „M." II pg. 493 mit $d\zeta$ bezeichnete Differential $z_1\,dz_2 - z_2\,dz_1$ werden wir hier besser ausführlich durch (z, dz) bezeichnen, um Verwechselungen mit dem Argument ζ der automorphen Functionen zu vermeiden. Unser Integral dritter Gattung gestattet dann (cf. „M." II pg. 496) die Darstellung in Gestalt des folgenden Doppelintegrals:

$$(3) \qquad \Pi_{x,y}^{\xi,\eta} = \int_y^x \int_\eta^\xi \frac{\Psi(z, z')}{(z_1 z_2' - z_2 z_1')^2}\,(z, dz)\,(z', dz'),$$

ausgeführt längs der soeben mit A und L bezeichneten Curven. Hierbei ist $\Psi(z, z')$ sowohl in Abhängigkeit von z wie von z' eine bestimmte algebraische Function unseres Gebildes.

Die *Primform* werde in der ursprünglichen von Klein eingeführten Gestalt durch $\Omega(x_1, x_2; y_1, y_2)$ oder kurz $\Omega(x, y)$ bezeichnet.*) Sie ist in „M." II pg. 505 durch Formel (8) oder (9) erklärt (wo übrigens die Bezeichnung P statt Ω gebraucht wurde), von denen wir etwa die erste reproducieren:

---

*) Die Bezeichnung Ω für die Primform wird hier nur vorübergehend benutzt, so dass eine Verwechslung mit den gleichfalls durch Ω bezeichneten Elementarformen nicht zu befürchten ist.

$$(4) \qquad \Omega(x, y) = \sqrt{-(x, dx)(y, dy)} \; e^{-\Pi_{x,y}^{x+dx, y+dy}} \quad \text{(lim } dx = 0, dy = 0\text{)}.$$

Wir dürfen hierbei annehmen, dass die Integrationswege von y nach x und von $y + dy$ nach $x + dx$, ohne einander zu treffen, auf der Riemann'schen Fläche dicht neben einander herlaufen.

Von den Eigenschaften dieser „Klein'schen Primform", welche a. a. O. abgeleitet sind, reproducieren wir zunächst die folgenden. *Sie*

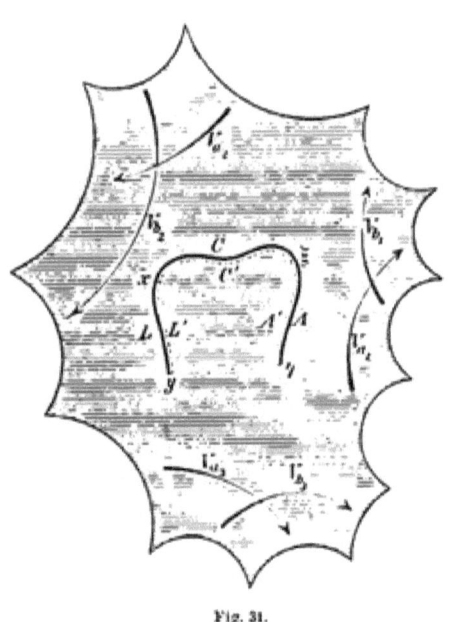

ist in Abhängigkeit von der Stelle x der Riemann'schen Fläche, bez. als Form der x_1, x_2 überall endlich und stetig; sie hat einen Nullpunkt erster Ordnung an der Stelle y; weitere Nullpunkte treten nur noch in den Verzweigungspunkten von F, auf, und zwar im einzelnen ein Nullpunkt der Ordnung $\frac{1}{2}(z - 1)$, falls z Blätter dortselbst zusammenhängen[*]).

Fig. 31.

Um das Verhalten der Primform gegenüber geschlossenen Umläufen der Stelle x bez. der x_1, x_2 auf der Fläche zu einem möglichst einfachen zu gestalten, gehen wir durch weitere Ausgestaltung von $\Omega(x, y)$ zu einer neuen Gestalt der Primform über, welche zuerst E. Ritter in seiner pg. 213 genannten Abhandlung ausführlich untersucht und benutzt hat. Den Übergang zu dieser „Ritter'schen Primform" vermittelt folgende Betrachtung, welche zugleich die Periodicitäts-

---

[*]) In der ursprünglichen Darstellung von Klein (siehe dessen Abhandlung *„Zur Theorie der Abel'schen Functionen"*, Mathem. Ann. Bd. 36 (1889) pg. 1 ff.) ist ein invarianter Aufbau der Primform auf Grundlage der Normalcurve der Formen φ gegeben, wobei die eben im Texte zuletzt genannten in den Verzweigungspunkten unserer Fläche F, gelegenen Nullpunkte natürlich nicht auftreten. Diese Nullpunkte rühren in der That erst daher, dass wir in „M." II a.a. O. bei der Begründung der Formentheorie einer speciellen Fläche F, des algebraischen Gebildes den Vorzug gaben.

eigenschaften der Primformen in erschöpfenderer Weise, als es in „M." II p. 506 ff. geschah, darlegen wird.

Wir markieren auf der Fläche F_p beliebige vier Stellen y, x, ξ, η und ziehen auf der durch die a_k, b_k zerschnittenen Fläche (cf. Figur 31) eine aus drei Stücken L, C und A bestehende Curve von y über x und ξ nach η.*) Die daneben herlaufende aus L', C', A' bestehende punktierte Linie soll einen Weg von $y + dy$ über $x + dx$ und $\xi + d\xi$ nach $\eta + d\eta$ andeuten. Wenn man will, kann man hier die $dx, dy, d\xi, d\eta$ als endliche Zahlen hinreichend kleiner Beträge ansehen.

Man bilde nun folgendes durch Π zu bezeichnende Integralaggregat:

$$\Pi = \Pi_{x,\xi}^{x+dx,\xi+d\xi} + \Pi_{y,\xi}^{y+dy,\xi+d\xi} - \Pi_{x,\xi}^{x+dx,\xi+d\xi} - \Pi_{y,\eta}^{y+dy,\eta+d\eta},$$

wobei zur Bestimmung jedes einzelnen dieser vier Glieder, die nach (3) Doppelintegrale darstellen, die soeben gezeichneten Linien als Integrationscurven benutzt werden sollen. Es ist also im ersten Gliede unseres Aggregates von η nach x längs A und C zu integrieren, von $\eta + d\eta$ nach $x + dx$ entsprechend über A' und C' etc. Man trenne nun die eben genannte Integrationsbahn von η nach x in ihre beiden Bestandteile A und C, und man verfahre entsprechend im letzten Gliede von Π: auf die Art ergiebt sich:

$$\Pi = \Pi_{x,\xi}^{x+dx,\xi+d\xi} + \Pi_{\xi,\xi}^{x+dx,x+d\xi} + \Pi_{y,\xi}^{y+dy,\xi+d\xi}$$
$$- \Pi_{x,\xi}^{x+dx,\xi+d\xi} - \Pi_{\xi,\xi}^{y+dy,x+dx} - \Pi_{y,\xi}^{y+dy,x+dx}.$$

Hier stimmen in je zwei unter einander stehenden Doppelintegralen die Grenzen der einen Integration (und natürlich auch die zugehörige Integrationscurve) überein. Durch Zusammenfassung je dieser beiden Integrale folgt somit:

$$\Pi = \Pi_{x,\xi}^{\xi+d\xi,x+d\xi} + \Pi_{\xi,\xi}^{x+dx,y+dy} + \Pi_{\xi,y}^{\xi+d\xi,x+d\eta},$$

wobei übrigens zugleich noch im letzten Gliede beide Integrationsrichtungen umgekehrt wurden. Durch Zusammenziehung des ersten und dritten Gliedes folgt endlich für lim $dx = 0, \ldots$:

$$\lim \Pi = \Pi_{x,y}^{\xi,\xi} + \Pi_{\xi,\xi}^{x,y} = 2\Pi_{\xi,\xi}^{x,y}.$$

*) Natürlich kann man die vorhin schon benutzten Linien L, A wieder gebrauchen.

Wir können nun die ursprüngliche für das Integralaggregat Π angegebene Gleichung in die Gestalt setzen:

$$\Pi = \log \frac{e^{-\Pi_{x,\xi}^{x+dx,\,\xi+d\xi}} \cdot e^{-\Pi_{y,\iota}^{y+dy,\,\iota+d\iota}}}{e^{-\Pi_{x,\iota}^{x+dx,\,\iota+d\iota}} \cdot e^{-\Pi_{y,\xi}^{y+dy,\,\xi+d\xi}}}.$$

Erweitert man hier den unter dem Logarithmuszeichen stehenden Bruch mit $(x, dx)(\xi, \xi d)(y, dy)(\iota, d\iota)$ und geht zur Grenze $dx = 0, \ldots$ über, so entspringt:

$$(5) \qquad \Pi_{\xi,\iota}^{x,y} = \log \frac{\Omega(x,\xi)\,\Omega(y,\eta)}{\Omega(x,\eta)\,\Omega(y,\xi)}.$$

In dieser *Darstellung des Integrals dritter Gattung durch die Klein'sche Primform* (cf. Formel (3) in „M." II pg. 511) sind das links stehende Integral durch die Wege A und L, die rechts auftretenden Primformen durch A, C, ..., L *eindeutig* bestimmt. Der in (5) rechts stehende Logarithmus ist endlich so zu nehmen, dass er sich der Grenze null nähert, falls sich x bei stehenden ξ, y, ι der Stelle y längs L annähert.

Infolge der Relation (5) wird die Function:

$$(6) \qquad \log \frac{\Omega(x,\xi)}{\Omega(x,\eta)},$$

welche wir bei stehenden y, ξ, ι in Abhängigkeit von x auffassen wollen, gegenüber geschlossenen Umläufen der Stelle x dieselben Perioden wie $\Pi_{\xi,\iota}^{x,y}$ besitzen. Liegt also ein beliebiger geschlossener Umlauf vor, welcher den Schnitt A μ Male öfter von links nach rechts als von rechts nach links überschreitet[*]), während er die Linie b_k ν_k Male öfter von links nach rechts als umgekehrt schneidet[**]), so gelangen wir bei analytischer Fortsetzung über diesen Umlauf vom Ausgangszweige (6) unserer Function zu folgendem Zweige:

$$(7) \qquad \overline{\log \frac{\Omega(x,\xi)}{\Omega(x,\iota)}} = \log \frac{\Omega(x,\xi)}{\Omega(x,\eta)} + 2i\pi\mu - 2i\pi \sum_{k=1}^{p} \nu_k j_k^{\xi,\eta}.$$

Wir lenken nunmehr die Aufmerksamkeit auf den Umstand, dass beim Primformquotienten $\Omega(x,\xi) : \Omega(x,\eta)$ sich die in den Verzweigungspunkten der Fläche F_p gelegenen Nullpunkte von $\Omega(x,\xi)$ und $\Omega(x,\eta)$ gerade fortheben. Dafür tritt allerdings zunächst ein an der Stelle η gelegener Pol erster Ordnung auf. Um letzteren wieder fortzuschaffen, verfahren wir folgendermafsen:

----

[*]) Wir denken hierbei wieder den Schnitt A von ι nach ξ gerichtet.

[**]) Gemäss den Figuren in I pg. 183 ff. weist V_k vom linken zum rechten Ufer von b_k.

Wir wollen der Stelle η auf der Fläche F_r zunächst eine besondere
Lage geben und wählen zu diesem Zwecke eine der w Stellen ∞.
Die w bei $z = \infty$ über einander liegenden Stellen (die Fläche sollte
hier keinen Verzweigungspunkt aufweisen) mögen $\infty_1, \infty_2, \ldots, \infty_w$,
eine beliebige unter ihnen aber ∞_k genannt werden. Auch die Stelle
ξ möge fortan durch die
Bezeichnung als fest-
stehend charakterisiert
werden; wir schreiben
dieserhalb c statt ξ. Wir
wollen überdies gleich
w Linien $A_1, A_2, \ldots, A_w$
von den w Stellen ∞_i
nachziehen (cf. Fig. 32)
und für beliebig vor-
gelegten geschlossenen
Umlauf von c möge die
oben mit μ bezeichnete
Anzahl speciell bei A_k
durch μ_k benannt werden. Endlich wollen
wir die Bezeichnung
der variabelen Stelle η

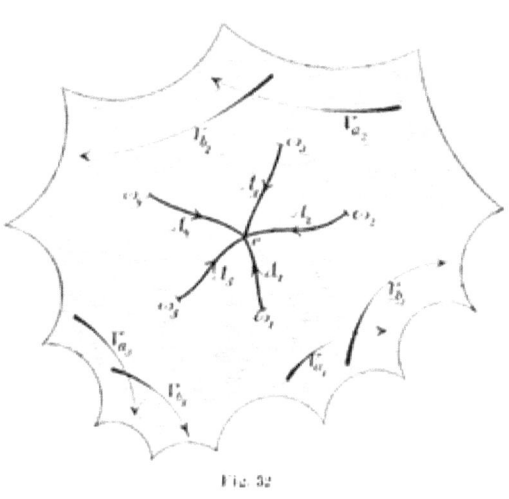

Fig. 32.

wieder durch die ursprüngliche Schreibweise z ersetzen. Für den gedachten Umlauf entspringen alsdann aus (7) die w Gleichungen:

$$
(8) \qquad \log \frac{\Omega(z, c)}{\Omega(z, x_k)} = \log \frac{\Omega(z, c)}{\Omega(z, x_k)} + 2 i \pi \mu_k - 2 i \pi \sum_{k=1}^{p} \nu_k j_i^{z, z_k}.
$$

Nun wird das Product aller w hier betrachteten Primformquotienten
eine Function von z darstellen, die bei c einen Nullpunkt der Ordnung
w besitzt und an den w Stellen ∞_k je einen Pol erster Ordnung aufweist. Nehmen wir noch den Factor z_2, welcher die eben genannten
Stellen zu Nullpunkten erster Ordnung hat, hinzu und ziehen aus dem
Producte die w^{te} Wurzel in einer der w Arten aus, so entspringt in:

$$
(9) \qquad \Omega(z, c) \sqrt[w]{\frac{z_2}{\Omega(z, x_1) \Omega(z, x_2) \ldots \Omega(z, x_w)}} = P(z, c)
$$

eine *Form der Dimension* $\frac{1}{w}$, *welche überall stetig ist und nur einen* einen
einzigen, an der willkürlichen Stelle c *der Fläche gelegenen Nullpunkt*

erster Ordnung aufweist.*) In dieser Form $P(z, c)$ oder, ausführlicher geschrieben, $P(z_1, z_2; c_1, c_2)$ haben wir nun die vorhin in Aussicht genommene „Ritter'sche Primform" gewonnen. Dieselbe hat vor der Primform $\Omega(z, c)$ voraus, *dass sie nicht mehr, wie Ω, festliegende Nullpunkte in den Verzweigungspunkten der Fläche F_ν aufweist***). Den Hauptvorzug von $P(z, c)$ vor $\Omega(z, c)$ werden wir aber bei Betrachtung der Periodicität erkennen.

In letzterer Beziehung erlaubt uns Formel (8) fast unmittelbar, das Verhalten des Logarithmus der Ritter'schen Primform gegenüber Umläufen der Stelle z in Erfahrung zu bringen. Wir addieren die ν für $k = 1, 2, \ldots, \nu$ eintretenden Gleichungen und teilen das Resultat durch ν. Dabei setzen wir zur Abkürzung:

$$(10) \qquad \mu_1 + \mu_2 + \cdots + \mu_\nu = \sigma,$$

$$(11) \qquad \frac{1}{\nu}\left(j_k^{z_1} + j_k^{z_2} + \cdots + j_k^{z_\nu}\right) = W_k^z,$$

so dass wir in $W_1^z, W_2^z, \ldots, W_p^z$ ein specielles System von Normalintegralen erster Gattung für unsere kanonisch zerschnittene Fläche vor uns haben. Die Gleichung (8) liefert alsdann in der gekennzeichneten Weise:

$$\log\left(\frac{P(z, c)}{\sqrt[\nu]{z_2}}\right) = \log\left(\frac{P(z, c)}{\sqrt[\nu]{z_2}}\right) + 2i\pi\frac{\sigma}{\nu} - 2i\pi\sum_{k=1}^{p} \nu_k W_k^z,$$

wobei der Integralwert W_k^z zu berechnen ist, indem man in (11) linker Hand die Integrationscurven $A_1, A_2, \ldots, A_\nu$ benutzt.

Beim Umlauf der Stelle z werden wir beide homogene Variabele z_1, z_2 als zugleich veränderlich annehmen; und zwar soll nicht nur ihr Quotient, sondern es sollen z_1 und z_2 einzeln schliesslich zu ihren Anfangswerten zurückkehren. Eine Stelle $z = \infty$ müssen wir mit unserem Umlaufe vermeiden, so dass der Punkt z_2 in seiner Ebene nicht durch den Nullpunkt hindurchlaufen wird. Die Bahn dieses Punktes möge sich, ohne über den Nullpunkt der z_2-Ebene hinweggeschoben zu werden, auf σ_1 einfache Umläufe um $z_2 = 0$ im positiven Sinne zusammenziehen lassen. Dann ist:

$$\log\sqrt[\nu]{z_2} = \log\sqrt[\nu]{z_2} + 2i\pi\frac{\sigma_1}{\nu},$$

---

*) Natürlich darf c ohne weiteres auch in einem Verzweigungspunkte der Fläche F_ν oder an einer Stelle ∞ gelegen sein. Die Abschätzung der Ordnung 1 des Nullpunktes bezieht sich dann selbstverständlich auf die Riemann'sche Fläche und nicht etwa auf die z-Ebene.

**) In dieser Hinsicht teilt also die Ritter'sche Primform die Einfachheit der ursprünglichen von Klein benutzten Primform (siehe die Note pg. 222).

und wir gewinnen das Resultat: *Der Logarithmus der Ritter'schen Prim-form* $\log P(z, c)$ *geht bei Fortsetzung längs eines geschlossenen Umlaufs über in:*

$$(12) \qquad \log P(z, c) = \log P(z, c) + 2 i \pi \frac{\sigma + \sigma_1}{i r} - 2 i \pi \sum_{k=1}^{p} v_k W_k',$$

wenn dieser Umlauf die Schnitte $A_1, A_2, \ldots, A_w$ *insgesamt* σ *Male öfter von links nach rechts als umgekehrt überschreitet und desgleichen den Schnitt* b_k v_k *Male öfter von links nach rechts als umgekehrt, und wenn sich endlich der geschlossene Weg von* z_2 *in der* z_2*-Ebene auf* σ_1 *Umläufe im positiven Sinne um den Nullpunkt* $z_2 = 0$ *zusammenziehen lässt.*

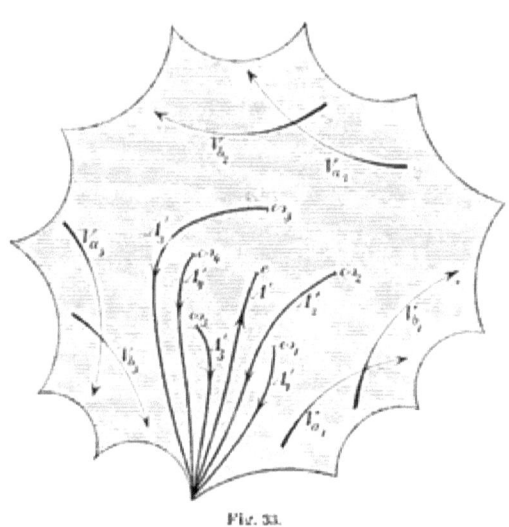

Fig. 33.

Bezieht sich eine Untersuchung neben $P(z, c)$ noch auf weitere Primformen, so wird es zweckmässig sein, die Linien $A_1, \ldots, A_v$ in ihrem Verlaufe ein wenig abzuändern. Wir führen etwa in der durch Figur 33 dargestellten Art zunächst w Linien $A_1', A_2', \ldots, A_v'$ von $\infty_1, \infty_2, \ldots, \infty_v$ nach einer ein für alle Mal festgewählten Ecke des Schnittsystems der a_k, b_k und ziehen von hier eine einzige Linie A' nach c, welche jetzt mit A_k' zusammen den Schnitt A_k in der neuen Gestalt liefert. *Alsdann gilt offenbar:*

$$(13) \qquad \log P(z, c) = \log P(z, c) + 2 i \pi \frac{\sigma' + \sigma_1}{i r} + 2 i \pi \sigma'' - 2 i \pi \sum_{k=1}^{p} v_k W_k.$$

wenn der Umlauf die Schnitte $A_1', A_2', \ldots, A_v'$ *insgesamt* σ' *Male öfter von links nach rechts als umgekehrt überschreitet und desgleichen den Schnitt* A' σ'' *Male öfter von links nach rechts als umgekehrt.*

Man beachte, dass wir mit dem Verhalten von $\log P(z, c)$ gegen-über Umläufen von z nicht nur das entsprechende Verhalten der Prim-form $P(z, c)$, sondern dasjenige *jeder beliebigen Wurzel aus* $P(z, c)$ genau

15*

kennen. In dieser Hinsicht geht also das Ergebnis unserer gegenwärtigen Untersuchung erheblich über die Darlegungen in „M." II pg. 506 ff. hinaus. Der entscheidende Fortschritt der Ritter'schen Primform ist aber in dem Umstande begründet, *dass der Multiplicator, den diese Primform bei irgend einem Umlaufe von z annimmt, unabhängig von z selber ist*, während der Multiplicator der Klein'schen Primform eine Function von z darstellt (cf. „M." II pg. 507). Der hierdurch gegebene Vorzug der Ritter'schen Primform wird in der That weiterhin eine grundlegende Bedeutung gewinnen.

§ 3. Die polymorphen Formen ζ_1, ζ_2 bei einem Gebilde beliebigen Geschlechtes p.

Ein beliebig vorgelegtes automorphes Gebilde werde durch eine in dem Gebilde enthaltene Function $z = q(\zeta)$ auf die zugehörige Riemann'sche Fläche F_z übertragen, auf welcher alsdann $\zeta = f(z)$ eine linear-polymorphe Function ist. Um den *Übergang zu den polymorphen Formen* zu gewinnen, bilden wir uns zunächst wie in (1) pg. 114 die beiden „Functionen":

$$(1) \qquad Z_1 = \frac{z}{\sqrt{\dfrac{dz}{dz}}}, \quad Z_2 = \frac{1}{\sqrt{\dfrac{dz}{dz}}},$$

wobei wir die Quadratwurzel des Nenners für einen Ausgangswert z in einer der beiden Arten gewählt denken. Die Z_1, Z_2, deren Quotient ζ ist, substituieren sich, wie schon pg. 114 hervorgehoben wurde, bei Umläufen von z auf F_z binär und unimodular: *sie ergeben auf diese Weise die homogene Gruppe Γ unseres automorphen Gebildes in der unimodularen Gestalt.*

Als Argumente der automorphen Formen zu dienen, sind die Z_1, Z_2 natürlich noch nicht geeignet. Sie genügen, wie wir vom Geschlechte $p = 0$ her wissen, noch nicht der Forderung, bei beliebigen Wegen von z immer nur „erlaubte Wertepaare" darzustellen. An dieser Forderung, *dass die Argumente ζ_1, ζ_2 der automorphen Formen beständig endlich bleiben und nie zugleich verschwinden sollen*, werden wir aber selbstverständlich hier festhalten.

Um das Verhalten von Z_1, Z_2 auf der Riemann'schen Fläche leicht beschreiben zu können, ist es zweckmässig, eine *die Differentiale auf der Fläche F_z betreffende Sprechweise* von „M." II pg. 493 wieder aufzunehmen. Wird die Umgebung einer Stelle der Fläche durch die zugehörige Function t auf die einfach und vollständig bedeckte Umgebung eines im Endlichen gelegenen Punktes t_0 der t-Ebene abgebildet, so heisst das Differential dt dieser Function an der fraglichen Stelle endlich und nicht-verschwindend. Ein zweites Differential dt' ist an dieser Stelle gleichfalls endlich und von null verschieden oder hat einen Nullpunkt oder Pol der Ordnung m, falls $\frac{dt'}{dt}$ endlich und nicht-verschwindend ist resp. einen Nullpunkt oder Pol dieser Ordnung aufweist. Die Ordnung soll dabei stets „auf der Riemann'schen Fläche gemessen" sein.

Das Differential dz hat nach „M." II pg. 494 an jeder Stelle $\smile$ von F_p einen Pol zweiter Ordnung und im einzelnen Verzweigungspunkte einen Nullpunkt der Ordnung $(\varkappa - 1)$, falls dort $\varkappa$ Blätter zusammenhängen. Von hier rühren gemeinsame Pole und Nullpunkte der Z_1, Z_2 her, welche keineswegs dem automorphen Gebilde als solchem anhaften, sondern nur durch die specielle hier ausgewählte Function $z = \varphi(\zeta)$ eingeführt sind. Um demnach zunächst diese Pole und Nullpunkte zu entfernen, gehen wir auf die formentheoretischen Vorbereitungen vom vorigen Paragraphen zurück und können vermöge derselben das Differential dz leicht zu einem „überall endlichen und nicht-verschwindenden Differential"*) ausgestalten (cf. „M." II pg. 494). Wir setzen:

$$(2) \qquad d\omega_z = \frac{(z, dz)}{P(z, r_1)^{\varkappa_1 - 1} \, P(z, r_2)^{\varkappa_2 - 1} \cdots}$$

wo das Symbol (z, dz) in gewohnter Weise als Abkürzung für $z_1 dz_2 - z_2 dz_1 = -z_2^2 \, d\frac{z_1}{z_2}$ gebraucht ist, und wo sich die Factoren des Nenners auf die verschiedenen Verzweigungspunkte von F_p beziehen.

Wir stellen gleich noch die Dimension dieses homogenen überall endlichen Differentials $d\omega_z$ fest. *Hierbei wollen wir von jetzt ab alle Dimensionsangaben auf der Fläche F_p nicht an z_1, z_2, sondern an der Primform messen. Ist letztere in den z_1, z_2 von der Dimension w^{-1}*, so werden die z_1, z_2 fortan Formen der Dimension w, wie man denn die Darstellung:

$$z_2 = P(z, \smile_1) \, P(z, \smile_2) \cdots P(z, \smile_p)$$

unmittelbar aus (9) pg. 225 abliest. Nehmen wir auf die bekannte Relation zwischen p, w und den Anzahlen z_1, z_2, ... der in dem Verzweigungspunkte zusammenhängenden Blätter Rücksicht (cf. „M." I pg. 494), so folgt: *Das überall endliche Differential $d\omega_z$ ist von der Dimension:*

$$(3) \qquad 2w - \sum (\varkappa - 1) = 2 - 2p.$$

---

*) Klein stellt in seiner pg. 222 genannten Untersuchung das überall endliche Differential an die Spitze, indem er den Aufbau desselben auf die Normalcurve der φ gründet.

Für $p = 1$ werden wir zum Differential erster Gattung zurückgeführt, und im Falle $p = 0$, der hier auch mit eingeschlossen ist, hat man einfach $d\omega_i = (z, dz)$, sofern man unter z eine Hauptfunction versteht.

Wir wenden uns nun zur Spaltung von ζ in den Quotienten zweier polymorphen Formen ξ_1, ξ_2 zurück. Das Differential $d\zeta$ hat an der einzelnen Stelle c_k, welche von einer festen Polygonecke herrührt, einen Pol der Ordnung $\left(1 - \frac{1}{l_k}\right)$, wie aus den Rechnungen von pg. 44 folgt. Sollte der Punkt ∞ der ζ-Ebene ein Abbild auf F_ν finden, so hat $d\zeta$ an dieser Stelle einen Pol zweiter Ordnung. Übrigens ist aber $d\zeta$ überall endlich und von null verschieden.

Diese Betrachtungen führen uns nun zu der gewünschten Spaltung von ζ. *In der That gewinnen wir in:*

$$
(4) \quad
\begin{cases}
\xi_1 = \sqrt{\dfrac{\zeta}{\dfrac{d\zeta}{d\omega_i}}} \ \prod_{k=1}^{\sigma} P(z, c_k)^{-\frac{1}{2}\left(1 - \frac{1}{l_k}\right)}, \\[3ex]
\xi_2 = \sqrt{\dfrac{1}{\dfrac{d\zeta}{d\omega_i}}} \ \prod_{k=1}^{\sigma} P(z, c_k)^{-\frac{1}{2}\left(1 - \frac{1}{l_k}\right)}
\end{cases}
$$

zwei Formen der Dimension:

$$
(5) \quad 1 - p - \frac{1}{2}\sum_{k=1}^{\sigma}\left(1 - \frac{1}{l_k}\right) = \nu^{-1},
$$

deren Quotient gleich ζ ist, und die gegenüber erlaubten Wertepaaren der z_1, z_2 beständig selbst wieder erlaubte Wertepaare darstellen. Hiermit haben wir auf unserer Fläche F_ν ein Paar polymorpher Formen hergestellt, welche im niedersten Specialfalle $p = 0$ direct in die Formen (2) pg. 110 übergehen, wenn man in diesen letzteren Formeln den constanten Factor C mit der imaginären Einheit $-i$ identisch nimmt.

Wir merken gleich auch die Beziehung dieser polymorphen Formen ξ_1, ξ_2 zu den in (1) definierten Z_1, Z_2 an:

$$
(6) \quad \frac{\xi_1}{Z_1} = \frac{\xi_2}{Z_2} = iz_2 \prod_h P(z, r_h)^{-\frac{1}{2}(\varkappa_h - 1)} \cdot \prod_k P(z, c_k)^{-\frac{1}{2}\left(1 - \frac{1}{l_k}\right)}.
$$

Der hier rechts stehende Ausdruck reproduciert sich gegenüber Umläufen von z bez. z_1, z_2 bis auf einen *constanten*, d. i. von x_1, x_2 unabhängigen Factor; wir sagen mit Ritter, dieser Ausdruck stelle eine „*multiplicative Form*" dar oder er „verhalte sich" gegenüber Umläufen von z „multiplicativ". Die Folge ist, *dass sich die polymorphen Formen* ξ_1, ξ_2 *bei diesen Umläufen binär, aber nicht mehr notwendig unimodular substituieren.* Die entspringende Gruppe der Substitutionen von ξ_1, ξ_2 wird demnach auf unsere homogene Γ nur noch *homomorph, aber im allgemeinen nicht mehr isomorph* bezogen sein. Für die Benutzung der ξ_1, ξ_2 als Argumente der automorphen Formen wird dies, wie wir noch sehen werden, nicht hinderlich sein.

Wir wollen gleich auch noch die *Erzeugenden dieser Gruppe der* ξ_1, ξ_2-*Substitutionen* herstellen; wir nennen diese Erzeugenden den U_k, U_{a_g}, U_{b_g} der unimodularen Gruppe Γ entsprechend U_k, U_{a_g}, U_{b_g}. Erstlich correspondiert die Substitution U_k einem einfachen Umlaufe um die Stelle c_k, die der Polygonecke ε_k entspricht. Hier kommen wir genau zu den pg. 112ff. für $p = 0$ besprochenen Verhältnissen zurück. Entwickelt man nämlich (Z, c_k) und (Z, c_k') auf Grund von (1) und daraufhin (ζ, ε_k) und (ζ, ε_k') vermöge (6) in der Umgebung der Stelle c_k, so kommt man im Falle einer elliptischen Ecke auf die Darstellung (7) pg. 112, bei einer parabolischen Ecke aber auf (9) pg. 113 zurück. *Wir haben sonach im elliptischen Falle:*

$$(7) \qquad (\xi', \varepsilon_k) = e^{\frac{2i\pi}{c_k}} (\zeta, \varepsilon_k), \quad (\xi', \varepsilon_k') = (\zeta, \varepsilon_k')$$

für U_k, *im parabolischen aber:*

$$(8) \qquad (\xi', \varepsilon_k) = (\zeta, \varepsilon_k), \quad (\xi', \varepsilon_k') = 2i\pi(\zeta, \varepsilon_k) + (\zeta, \varepsilon_k').$$

Weiter mögen die U_{a_g}, U_{b_g} *diejenigen unimodularen Substitutionen* sein, *welche die* Z_1, Z_2 *gegenüber den in den Figuren pg. 220ff. mit* V_{a_g}, V_{b_g} *bezeichneten Periodenwegen erfahren*[*]. Die U_{a_g}, U_{b_g} weichen alsdann von den U_{a_g}, U_{b_g} einfach um diejenigen constanten Factoren ab, welche die multiplicative Form auf der rechten Seite von (6) bei den fraglichen Umläufen annimmt. Mit Hilfe der Regeln des vorigen Paragraphen finden wir daraufhin als *Gestalt der letzten $2p$ Erzeugenden* U_{a_g}, U_{b_g}:

$$(9) \qquad \left\{ \begin{array}{l} \mathsf{U}_{a_g} = U_{a_g}, \\ \mathsf{U}_{b_g} = U_{b_g} \cdot e^{-i\pi\left[\sum_h (z_h-1) u_g^{c_h} + \sum_k \left(1 - \frac{1}{c_k}\right) u_g^{c_k}\right]}. \end{array} \right.$$

Beschreibt z einen auf der Fläche F_p geschlossenen einmaligen Umlauf um einen Verzweigungspunkt, so werden ξ_1, ξ_2 einen Zeichenwechsel erfahren oder unverändert bleiben, je nachdem die zuge-

---

[*] Hiermit kommt die oben (pg. 214) noch unterlassene endgültige Fixierung der unimodularen U_{a_g}, U_{b_g} zur Erledigung.

hörige Blätteranzahl z gerade oder ungerade ist. Gegenüber einem Umlauf um eine einzelne Stelle $\smile$ nehmen die ξ_1, ξ_2 den Factor $e^{\frac{2i\pi}{\varkappa}}$ an. Man bemerke hierbei, dass $(\varkappa\nu)^{-1}$ die Dimension der ξ_1, ξ_2 in den z_1, z_2 ist.

Bei allen diesen Umläufen denken wir z_2 constant oder gestatten doch dem Punkte z_2 nur solche Umläufe in der z_2-Ebene, welche sich ohne Hinwegschiebung über den Nullpunkt auf einen von diesem Nullpunkte verschiedenen Punkt zusammenziehen lassen. Liegen Umläufe um $z_2 = 0$ vor, so wird man die von hier herrührenden Multiplicatoren der ξ_1, ξ_2 aus der Gestalt der rechten Seite von (6) auf Grund der Regel (13) pg. 227 leicht feststellen.

Wir behandeln jetzt endlich noch die Frage, ob die polymorphen Formen ξ_1, ξ_2 aus ihren wesentlichen Eigenschaften als eindeutig bestimmt anzusehen sind oder nicht. Als wesentliche Eigenschaften sind hierbei anzusehen, *dass* $\zeta = \xi_1 : \xi_2$ *ist, dass erlaubten Wertepaaren* z_1, z_2 *immer nur wieder erlaubte Wertepaare der Formen* ξ_1, ξ_2 *entsprechen, und dass sich die* ξ_1, ξ_2 *gegenüber einem geschlossenen Umlaufe in der Gestalt:*

$$(10) \qquad \xi_1' = \tau\,(\alpha\xi_1 + \beta\xi_2), \quad \xi_2' = \tau\,(\gamma\xi_1 + \delta\xi_2)$$

substituieren, wo τ *ein (für jeden Umlauf besonders zu bestimmender) constanter Factor ist und* α, β, γ, δ *die Coefficienten der von den* Z_1, Z_2 *gelieferten entsprechenden unimodularen Substitution sind.*

Mögen die Formen $\bar\xi_1$, $\bar\xi_2$ die Eigenschaften der ξ_1, ξ_2 teilen, indem sie insbesondere gegenüber dem gedachten Umlaufe die Substitution erfahren:

$$\bar\xi_1' = \bar\tau\,(\alpha\bar\xi_1 + \beta\bar\xi_2), \quad \bar\xi_2' = \bar\tau\,(\gamma\bar\xi_1 + \delta\bar\xi_2).$$

Man bezeichne alsdann den Quotienten $\dfrac{\bar\xi_1}{\xi_1}$, der mit $\dfrac{\bar\xi_2}{\xi_2}$ identisch ist, als Form auf der Riemann'schen Fläche F_ν mit $f(z_1, z_2)$. Diese Form $f(z_1, z_2)$ ist auf der Fläche überall endlich und von null verschieden, und sie verhält sich gegenüber geschlossenen Umläufen multiplicativ. Dem eben im speciellen betrachteten Umlaufe correspondiert offenbar der Multiplicator $\dfrac{\bar\tau}{\tau}$ der Form $f(z_1, z_2)$.

Es gilt nun folgender wichtige und weiterhin noch oft zu verwendende Satz: *Eine multiplicative Form* $F(z_1, z_2)$, *welche auf der Fläche* F_ν *überall frei von Nullpunkten und Polen ist, und welche, wie hier stets vorauszusetzen ist, auf* F_ν *nirgends wesentlich singuläre Punkte* besitzt, ist die Exponentialfunction eines Integrals erster Gattung. Nehmen wir nämlich erstens an, $F(z_1, z_2)$ besitze die von 0 verschiedene Dimension d, so stellt:

$$| F(z_1, z_2) |^{-\frac{1}{d}} \cdot P(z, c)$$

mit willkürlich gewählter Stelle c eine multiplicative „Function" auf F_ω vor, welche polfrei ist und nur einen bei c gelegenen Nullpunkt erster Ordnung aufweist. Der Logarithmus dieser Function verhält sich gegenüber Umläufen von z „additiv", d. h. er stellt *ein Integral der Fläche F_ω* dar, und zwar müsste dasselbe *einen* bei c gelegenen logarithmischen Unstetigkeitspunkt besitzen. Aber ein solches Integral giebt es nicht; und also ist die Annahme, dass die Dimension d von $F(z_1, z_2)$ von 0 verschieden sei, unzulässig. Ist aber diese Form von der Dimension 0, so erkennt man in ihrem Logarithmus direct ein Integral erster Gattung, womit unsere Behauptung erwiesen ist.

Als System überall endlicher Integrale benutzen wir nun zweckmässig die Normalintegrale $W_1^z, W_2^z, \ldots, W_p^z$, die ohnehin bei der Primform zur Verwendung kamen. Als Ergebnis folgt alsdann: *Die allgemeinste Art, die polymorphe Function ζ in zwei polymorphe Formen ξ_1, ξ_2 zu spalten, welche eine mit der unimodularen Γ homomorphe Substitutionsgruppe liefern, und welche bei erlaubten Wertepaaren z_1, z_2 selber beständig nur erlaubte Wertepaari annehmen, wird geliefert durch:*

$$(11) \quad \begin{cases} \xi_1 = e^{c_0 + c_1 W_1^z + \cdots + c_p W_p^z} \cdot \sqrt[]{\dfrac{dz}{d\omega_1}} \prod_{k=1}^{\sigma} P(z, c_k)^{-\frac{1}{2}(1 - \frac{1}{l_k})}, \\[2ex] \xi_2 = e^{c_0 + c_1 W_1^z + \cdots + c_p W_p^z} \cdot \sqrt[]{\dfrac{dz}{d\omega_2}} \prod_{k=1}^{\sigma} P(z, c_k)^{-\frac{1}{2}(1 - \frac{1}{l_k})}, \end{cases}$$

wobei die $c_0, c_1, \ldots, c_p$ willkürlich wählbare Constante sind.

Im Falle $p = 0$, wo sich der in (11) rechter Hand auftretende Exponentialfactor auf eine Constante reducirt, kommen wir zu unseren früheren Formeln (2) pg. 110 zurück.

§ 4. Differentialgleichungen der polymorphen Functionen und Formen bei Gebilden mit $p > 0$.

Für die einzelne unserer polymorphen Functionen $\zeta(z)$ gewannen wir im ersten Kapitel (pg. 48 ff.) eine *Differentialgleichung dritter Ordnung*. Es zeigte sich nämlich, dass der in (1) pg. 47 erklärte Schwarz'sche Differentialausdruck $[\zeta]_z$ auf der Riemann'schen Fläche, für welche wir die pg. 219 ff. benutzte Bezeichnung F_w wieder aufnehmen, eine zugehörige algebraische Function wird:

$$(1) \qquad |\xi|_z = 2\,R(s, z)^*).$$

Von dieser Function $R(s, z)$ haben wir pg. 49 bereits die sämtlichen Pole, sowie einige Nullpunkte aufgezählt. Genauer verfolgt haben wir die Bauart dieser Function a. a. O. allerdings nur erst für $p = 0$. Wir gelangten hier zur Differentialgleichung (8) pg. 50, auf deren rechter Seite eine ganze Function $G_{n-4}(z)$ vom Grade $(n-4)$ noch unbestimmt blieb. Die $(n-3)$ einstweilen unbekannten Coefficienten dieser Function bezeichneten wir als die „*accessorischen Parameter*" der Differentialgleichung.

Es wird zunächst gar nicht schwierig sein, auch bei beliebigem p die *Anzahl der accessorischen Parameter* abzuzählen. Wir müssen zu diesem Zwecke nur etwas genauer auf die Angaben von pg. 49 ff. zurückkommen. Die Bezeichnungsweise wählen wir zweckmässig in Übereinstimmung mit unserer soeben in § 3 durchgeführten Untersuchung.

Die Pole unserer algebraischen Function $|\xi|_z$ liegen ausschliesslich an den n Stellen $e_1, e_2, \ldots e_n$ und in den Verzweigungspunkten c der Fläche F_μ. Für die einzelne Stelle c gilt nach (6) pg. 49:

$$(2) \quad |\xi|_z = \frac{1}{2}\left(1 - \frac{1}{l^2}\right)(z - c)^{-2}[1 + a_1(z - c) + a_2(z - c)^2 + \cdots];$$

auf die Umgebung des einzelnen Verzweigungspunktes c, in dem $\varkappa$ Blätter zusammenhängen mögen, bezieht sich die aus (5) pg. 48 entspringende Entwicklung:

$$(3) \quad |\xi|_z = \frac{\varkappa^2 - 1}{2\varkappa^2}\left(\sqrt[\varkappa]{z - c}\right)^{-2\varkappa}\left[1 + * + b_2\left(\sqrt[\varkappa]{z - c}\right)^2 + b_3\left(\sqrt[\varkappa]{z - c}\right)^3 + \cdots\right],$$

in welcher durch das Zeichen $*$ hervorgehoben sein soll, dass das Glied mit der ersten Potenz der Entwicklungsgrösse $\sqrt[\varkappa]{z - c}$ ausfällt. Wir merken an: Die Anzahl der Pole und damit die „Wertigkeit" unserer algebraischen Function $|\xi|_z = 2\,R(s, z)$ ist:

$$(4) \qquad 2n + 2\sum_h \varkappa_h,$$

wobei sich die Summe auf die Verzweigungspunkte der $\varkappa$-blättrigen Fläche F_μ bezieht.

---

* Um Verwechselungen mit der Blätteranzahl w der Fläche F_w zu vermeiden, haben wir die pg. 49 mit w bezeichnete algebraische Function des Gebildes hier $\varkappa$ genannt.

Zwischen der Blätteranzahl w, dem Geschlechte p und den Multiplicitäten z der Verzweigungspunkte besteht nun (cf. „M." 1 pg. 494) die Relation:

(5)
$$-2w + \sum_h (z_h - 1) = 2p - 2.$$

Die in (4) gegebene Wertigkeit von $|\zeta|_2$ ist hiernach stets $> 2p - 2$; und also zeigt der Riemann-Roch'sche Satz (cf. „M." 1 pg. 549), dass die allgemeinste algebraische Function von F_p, welche dieselben Pole wie $|\zeta|_2$ hat, noch:

(6)
$$2n - p + 1 + 2\sum_h z_h$$

willkürliche Constante linear und homogen enthält.*)

Für unsere besondere Function $[\zeta]_2$ reduciert sich aber diese Anzahl einmal auf Grund der Entwicklungen (2) und (3), andrerseits weil an der unendlich fernen Stelle jedes der w Blätter ein Nullpunkt vierter Ordnung liegt (cf. pg. 49). In (2) ist der Anfangscoefficient bestimmt, in (3) sogar die beiden ersten Coefficienten, so dass für jede Stelle c eine Einheit, für jeden Verzweigungspunkt zwei Einheiten von der Anzahl (6) in Abzug zu bringen sind. Bringen wir zugleich, den w Nullpunkten vierter Ordnung bei $z = \infty$ entsprechend, den Abzug $4w$ an der Anzahl (6) an, so bleibt:

$$n - p + 1 - 4w + 2\sum_h (z_h - 1),$$

eine Anzahl, die man mit Hilfe der Relation (5) sofort in die Gestalt $(n + 3p - 3)$ kleidet. Also entspringt das Ergebnis: *Die Anzahl der accessorischen Parameter in der Differentialgleichung* (1), *d. h. derjenigen Parameter, welche durch die Pole und die bei $z = \infty$ gelegenen Nullpunkte von $R(s, z)$ noch nicht bestimmt sind, ist bei beliebigem p:*

(7)
$$n + 3p - 3.$$

Für $p = 0$ kommen wir auf die Anzahl $(n - 3)$ der Coefficienten der Function $G_{n-1}(z)$ zurück.

Indem wir nun genauer auf die Gestalt der Function $R(s, z)$ eingehen, setzen wir uns sogleich auch wieder mit den pg. 117 ff. gegebenen Entwicklungen über die *linearen Differentialgleichungen zweiter Ordnung für die polymorphen Formen* in Verbindung. Insbesondere haben wir für die Formen $f(z_1, z_2)$ der linearen Schar:

---

*) Für den Fall $p = 1$, der bei der Formulierung des Riemann-Roch'schen Satzes in „M." 1 pg. 549 zunächst ausgeschlossen war, bleibt diese Angabe unmittelbar gültig.

(8) $$f(z_1, z_2) = A_{z_1}^v + B_{z_2}^v$$

in (12) pg. 125 eine *invariante* Gestalt der Differentialgleichung gewonnen, welche dem Umstande Rechnung trägt, dass an Stelle von z_1, z_2, irgend zwei linear-unabhängige Verbindungen $a z_1 + b z_2, c z_1 + d z_2$ als Argumente unserer polymorphen Formen bei $p = 0$ eintreten können.

Die für $p > 0$ ausgeführten Untersuchungen*) bringen in entsprechender Weise sowohl bei den Differentialgleichungen (1) der polymorphen Functionen, wie bei den linearen Differentialgleichungen der polymorphen Formen entsprechend die invariante Eigenart, die im einzelnen Falle vorliegt, zur Geltung. Folgende drei Fälle kommen in erster Linie in Betracht:

1. elliptische Gebilde vom Charakter $(1, n)$.
2. hyperelliptische Gebilde vom Charakter $(p, 0)$,
3. nicht-hyperelliptische Gebilde vom Charakter $(3, 0)$.

In den beiden ersten Fällen wird man z als *zweiwertige* Function auswählen, so dass wir eine Riemann'sche Fläche F_2 mit $(2p + 2)$ Verzweigungspunkten gewinnen. Die Bauart der Differentialgleichungen muss alsdann wieder invariant sein gegenüber der Transformation:

(9) $$z_1' = a z_1 + b z_2, \quad z_2' = c z_1 + d z_2;$$

denn neben $z = z_1 : z_2$ ist immer auch $z' = z_1' : z_2'$ eine zweiwertige mit z gleichberechtigte Function.

In den beiden Fällen 1 und 2 befinden wir uns hiernach im Gebiete der *binären* Invariantentheorie. Wir merken in dieser Hinsicht sogleich an, *dass* $z_2^{-4}[\zeta]_z$ *eine invariante Form* $(-4)^{ter}$ *Dimension der* z_1, z_2 *ist:* in der That gewinnt man aus (3) pg. 48 sehr leicht:

(10) $$z_2^{-4}[\zeta]_z = (ad - bc)^2 z_2'^{-4}[\zeta]_{z'}.$$

Des weiteren werden wir die Differentialgleichungen zweiter Ordnung wieder, wie pg. 125, aus *Überschiebungen* aufbauen.

Im Falle 3. wird man an die „*Normalcurve der* φ" anknüpfen (cf. „M." I pg. 569), welche für $p = 3$ eine singularitätenfreie ebene Curve vierter Ordnung wird. Hier gelangt man also in das Gebiet der *ternären* Invariantentheorie.

---

*) Neben den pg. 126 ausführlich genannten Abhandlungen kommen noch in Betracht die Vorlesungen von Klein „*Über lineare Differentialgleichungen zweiter Ordnung*" vom Sommersemester 1894, sowie die Abhandlung von G. Pick „*Zur Theorie der zu einem algebraischen Gebilde gehörenden Formen*", Mathem. Ann. Bd. 50 1897). Siehe auch die Note von Klein „*Autographirte Vorlesungshefte II*" Mathem. Annalen Bd. 46 (pg. 77 ff.), 1894.

Bei einem elliptischen Gebilde vom Charakter $(1, n)$ bezeichnen wir die Form vierter Dimension, deren Nullpunkte die vier Verzweigungspunkte*) sind, durch $\varphi_4(z_1, z_2)$:

$$(11) \qquad \varphi_4(z_1, z_2) = \prod_{h=1}^{4} (z_1 r_h^{(2)} - z_2 c_h^{(1)}).$$

Alsdann haben wir im Producte:

$$(12) \qquad z_2^{-4} [\xi]_2 \cdot \varphi_4(z_1, z_2)$$

eine algebraische *Function* des Gebildes, welche bei $z = \infty$ in beiden Blättern endlich und im allgemeinen von null verschieden ist, und welche im einzelnen Verzweigungspunkte nur noch einen Pol zweiter Ordnung aufweist. Wir verstehen nun unter:

$$(13) \qquad H_1(z_1, z_2) = \frac{\partial^2 \varphi}{\partial z_1^2} \cdot \frac{\partial^2 \varphi}{\partial z_2^2} - \left(\frac{\partial^2 \varphi}{\partial z_1 \partial z_2} \right)^2$$

die zur Form φ gehörende Hesse'sche Form, welche gleichfalls von der vierten Dimension in den z_1, z_2 ist. Die Rechnung, welche man am zweckmässigsten an eine der Normalgestalten von φ_4 anknüpft (cf. „M." I pg. 13ff.), zeigt alsdann, dass die „Function" $- \dfrac{H}{24\,\varphi}$ ausschliesslich in den Verzweigungspunkten Pole besitzt und zwar Pole von denselben Coefficienten wie die in (12) dargestellte Function [siehe oben Formel (3)]. Die Folge ist, dass:

$$z_2^{-4} [\xi]_2 \varphi + \frac{1}{24} \frac{H}{\varphi} = Q(s, z)$$

eine algebraische Function unseres Gebildes ist, die nur noch an den n Stellen c Pole jeweils zweiter Ordnung hat. Wendet man auf die Darstellung dieser Function die bekannten Sätze über den Ausdruck der algebraischen Function eines elliptischen Gebildes im Integral erster Gattung an und zieht die Anfangscoefficienten der Entwicklungen (2) hierbei heran, so zeigt sich, dass im Ausdruck von $Q(s, z)$ gerade n Coefficienten unbekannt bleiben.**) *Damit haben wir in der That die n accessorischen Parameter gewonnen; die Differentialgleichung dritter Ordnung aber gewinnt die invariante Gestalt:*

$$(14) \qquad z_2^{-4} [\xi]_2 = - \frac{1}{24} \frac{H}{\varphi^2} + \frac{Q(s, z)}{\varphi}.$$

---

*) Der Einfachheit halber halten wir an der pg. 219 getroffenen Verabredung fest, dass keiner der Verzweigungspunkte bei $z = \infty$ gelegen ist.

**) Die nähere Ausführung dieser Entwicklung findet man in den pg. 236 genannten Vorlesungen von Klein pg. 67.

Zu ganz analogen Verhältnissen gelangen wir im Falle eines hyperelliptischen Gebildes vom Charakter $(p, 0)$. Den $(2p + 2)$ Verzweigungspunkten entspricht hier die Form:

$$(15) \qquad q_{2p+2}(z_1, z_2) = \prod_{h=1}^{2p-2} (z_1 r_h^{(2)} - z_2 r_h^{(1)})$$

von der Dimension $(2p + 2)$ in den z_1, z_2. Jetzt haben wir in $z_2^{-4}[{}^z_z]_z q_{2p+2}$ eine Form der Dimension $(2p - 2)$, welche nur noch in den Verzweigungspunkten und zwar je von der Ordnung 2 polar unstetig wird. Die zu q_{2p+2} gehörende Hesse'sche Form H_{4p} besitzt die Dimension $4p$ in den z_1, z_2, so dass der Quotient $\frac{H}{q}$, welcher gleichfalls der Dimension $(2p - 2)$ in den z_1, z_2 angehört, wieder an denselben Stellen und in derselben Ordnung wie $z_2^{-4}[{}^z_z]_z q_{2p+2}$ polar unstetig wird. Dabei zeigt die nähere Rechnung, dass

$$z_2^{-4}[{}^z_z]_z q + \frac{3}{8(2p+1)^2} \frac{H}{q}$$

in den Verzweigungspunkten endlich bleibt und demnach eine *ganze* algebraische Form unseres Gebildes darstellt. Letztere ist in der Gestalt:

$$\psi_{2p-2}(z_1, z_2) + \chi_{p-3}(z_1, z_2) \sqrt{q_{2p+2}(z_1, z_2)}$$

darstellbar, ψ und χ ganze rationale Formen der Dimensionen $(2p-2)$ und $(p - 3)$ in den z_1, z_2 sind. *Die $2p - 1 + p - 2 = 3p - 3$ Coefficienten dieser Formen sind die hier in Betracht kommenden accessorischen Parameter: die Differentialgleichung aber gewinnt die Gestalt:*

$$(16) \qquad z_2^{-4}[{}^z_z]_z = -\frac{3}{8(2p+1)^2} \frac{H}{q^2} + \frac{\psi + \chi \sqrt{q}}{q}.$$

Den Übergang zur *Differentialgleichung zweiter Ordnung der polymorphen Formen* wollen wir etwa für den Fall des eben betrachteten hyperelliptischen Gebildes $(p, 0)$ näher skizzieren. Ist zunächst:

$$F(z_1, z_2) = A Z_1 + B Z_2$$

eine beliebige Form aus der vermöge der beiden „Formen nullter Dimension" (1) pg. 228 zu bildenden linearen Schar, so gilt nach pg. 118 ff.:

$$(17) \qquad \frac{d^2 F}{dz^2} + R(s, z) F = 0,$$

wo $R(s, z)$ die in (1) rechts stehende Function, d. h. im gegenwärtigen Falle die mit $\frac{1}{2} z_2^4$ multiplicirte rechte Seite der Gleichung (16) ist. Die von uns oben bevorzugten polymorphen Formen sind aber nicht die Z_1, Z_2, sondern die ζ_1, ζ_2, welche im fraglichen Falle nach (4) pg. 230 die Gestalt haben:

$$\zeta_1 = z \sqrt{\frac{d\omega_2}{dz}}, \qquad \zeta_2 = \sqrt{\frac{d\omega_2}{dz}}.$$

Dem überall endlichen und nirgends verschwindenden Differential $d\omega$ können wir nun im hyperelliptischen Falle auch die algebraische Ausdrucksform geben:

$$(18) \qquad d\omega_z = \frac{(z, dz)}{\sqrt{q_{2p+z}(z_1, z_2)}},$$

so dass die polymorphen Formen ζ_1, ζ_2 in den z_1, z_2 die Dimension $\frac{1-p}{2}$ darbieten. Die Formen $f(z_1, z_2)$ der Schar (8) werden hiernach mit den eben gemeinten Formen F nullter Dimension einfach durch die Relation:

$$(19) \qquad F = z_2^{-1}\sqrt{q_{2p+z}} \cdot f$$

zusammen. Transformieren wir aber die Differentialgleichung (17) vermöge dieser Relation auf f, so führt die Zwischenrechnung, welche wir hier unterdrücken, auf folgendes Ergebnis: *Die invariante Gestalt der Differentialgleichung zweiter Ordnung der polymorphen Formen $f(z_1, z_2)$ von der Dimension $\frac{1-p}{2}$ (in den z_1, z_2) ist im Falle eines hyperelliptischen Gebildes $(p, 0)$ die folgende:*

$$(20) \qquad (f, q)_2 = (\psi_{2p-2} + \chi_{p-3}\sqrt{q}) \cdot f,$$

wo linker Hand die zweite Überschiebung der Formen f und q gemeint ist.

An die Gleichung (20) schliessen wir noch folgende beiläufige Bemerkung. Das hyperelliptische Gebilde gestattet eine eindeutige Transformation der Periode 2 in sich, welche einen Zeichenwechsel der Function $\sqrt{q}$ bei unverändertem z bewirkt. In vielen Fällen stellt sich diese Transformation in der polymorphen Function ζ als *lineare Substitution* der Periode 2 dar, deren Zusatz zur zu Grunde liegenden Gruppe Γ des Charakters $(p, 0)$ eine Gruppe Γ' der Signatur

$$(0, 2p+2; \ 2, 2, \ldots, 2)$$

erzeugt.*) Ist dies der Fall, so verschwindet in (20) die Form χ_{p-3} identisch, und die Differentialgleichung (20) reduciert sich auf:

$$(f, q)_2 = f \cdot \psi_{2p-2}.$$

Sie ist keine andere, als die in (12) pg. 125 allgemein aufgestellte Differentialgleichung, welche zur vorliegenden Gruppe des Geschlechtes null und der Signatur $(0, 2p+2; 2, 2, \ldots, 2)$ gehört. In der That zeigt man auch nach pg. 123 leicht direct, dass die a. a. O. mit $r(z_1, z_2)$ bezeichnete Form für die hier in Rede stehende Signatur identisch verschwindet.

---

*) Es muss hier dahingestellt bleiben, bei welchen Gruppen Γ die im Texte bezeichneten Verhältnisse zutreffen.

An dritter Stelle war oben (pg. 236) ein nicht-hyperelliptisches Gebilde vom Charakter (3, 0) genannt: wir wollten für die algebraische Behandlung die Normalcurve vierter Ordnung zu Grunde legen, welche durch $g_4(z_1, z_2, z_3) = 0$ gegeben sei. Um zunächst Anschluss an die binäre Invariantentheorie zu gewinnen, kann man die eben genannte Curve auf die Axe $z_3 = 0$ projicieren, wo alsdann z_1, z_2 die binären Variabelen sind. Diesen Standpunkt nimmt Klein in seinen pg. 236 genannten Vorlesungen ein, wo man die Differentialgleichung dritter Ordnung pg. 97, diejenige zweiter Ordnung für die hier mit $f(z_1, z_2)$ bezeichneten Formen, die übrigens die Dimension $-\frac{1}{2}$ in den z_1, z_2, z_3 haben*), pg. 100 aufgestellt findet. Diese letztere Differentialgleichung hat dann aber Gordan**) einer Umgestaltung unterzogen, welche den ternären Variabelen z_1, z_2, z_3 gleichmässig gerecht wird. Bezeichnen wir die Gleichung der zu Grunde gelegten Normalcurve vierter Ordnung symbolisch durch:

$$g_4(z_1, z_2, z_3) = a_z^4 = b_z^4 = 0,$$

so ist in den Symbolen der ternären Invariantentheorie die Gordan'sche Gestalt der Differentialgleichung zweiter Ordnung für die polymorphen Formen f bei einem Gebilde (3, 0):

$$(21) \qquad a_z^2 b_z^2 (a b f)^2 + \psi_2(z_1, z_2, z_3) \cdot f = 0;$$

*hierbei bedeutet ψ_2 eine unbekannt bleibende ternäre ganze Form zweiten Grades, deren sechs Coefficienten die sechs in diesem Falle eintretenden accessorischen Parameter sind.***)*

---

*) Man beachte nur, dass das überall endliche und nirgends verschwindende Differential hier die Dimension -1 in den z_1, z_2, z_3 hat, insofern es in die Gestalt gesetzt werden kann:

$$d \omega_z = \frac{(z, dz)}{\left(\dfrac{\partial g_4}{\partial z_3}\right)},$$

unter $g_4(z_1, z_2, z_3) = 0$, wie im Texte, die Gleichung der Normalcurve vierter Ordnung verstanden.

**) „Über unverzweigte lineare Differentialgleichungen zweiter Ordnung auf ebenen Curven vierter Ordnung", Mathem. Annalen Bd. 46 pg. 606 (1895).

***) Über die allgemeine Gestalt der Differentialgleichungen zweiter Ordnung bei irgend welchen algebraischen Gebilden hat Pick in der pg. 236 genannten Abhandlung eine Reihe von Ansätzen entwickelt, welche alsdann bei binär gegebenen Gebilden zur näheren Durchführung gebracht werden.

§ 5. Darstellung aller unverzweigten automorphen Formen einer Gruppe Γ beliebigen Geschlechtes durch die Prim- und Grundformen.

In § 3 des zweiten Kapitels (pg. 66 ff.) wurde der Begriff der *unverzweigten automorphen Formen* $q_d(\xi_1, \xi_2)$ beliebiger ganzer oder gebrochener, positiver oder negativer Dimensionen d für Gebilde beliebigen Geschlechtes festgelegt und näher entwickelt. Eine solche Form nimmt bei Ausübung einer Substitution der unimodularen homogenen Gruppe einen constanten Factor μ an. Handelt es sich um eine *eindeutige* Form, so ist der Multiplicator μ durch die ausgeübte Substitution unzweideutig bestimmt; anderenfalls hat man noch anzugeben, auf welchem Wege die ursprünglichen Argumente ξ_1, ξ_2 in die äquivalenten ξ_1', ξ_2' überführt werden sollen.

Die Argumente ξ_1, ξ_2 der automorphen Formen $q_d(\xi_1, \xi_2)$ werden nach wie vor nur „erlaubte Wertepaare" (cf. pg. 64) darstellen dürfen. Aber wir wollen hier im übrigen ein wenig allgemeiner verfahren und uns nicht auf den Gebrauch von nur unimodularen Substitutionen beschränken. *Weicht die zur Ausübung kommende Substitution von der unimodularen, wie in* (10) *pg. 232, um den Factor τ ab, so wird der zugehörige Multiplicator der Form durch:*

$$(1) \qquad\qquad \mu' = \mu \cdot \tau^d$$

gegeben sein, unter μ den zur unimodularen Substitution gehörenden Multiplicator der Form $q_d(\xi_1, \xi_2)$ verstanden. Ist d ganzzahlig (und dies ist bei den später allein in Betracht kommenden *eindeutigen* Formen stets der Fall), so sind die Multiplicatoren μ und μ' unmittelbar eindeutig aus einander berechenbar.

Diese Erwägung ermöglicht uns den *Gebrauch der im vorigen Paragraphen hergestellten Formen ξ_1, ξ_2 als Argumente der automorphen Formen.* Indem wir dann aber auf die Darstellungen (4) pg. 230 der ξ_1, ξ_2 zurückgehen, *stellt die einzelne unverzweigte automorphe Form $q_d(\xi_1, \xi_2)$ durch Vermittlung dieser ξ_1, ξ_2 auf der Riemann'schen Fläche F_p eine Form dar, welche frei von wesentlich singulären Stellen ist, und welche sich gegenüber geschlossenen Umläufen auf der Fläche multiplicativ verhält.*

Diese Auffassung ist in Übereinstimmung mit unserer von Anfang an befolgten Maßregel, die Ordnungen der Nullpunkte und Pole einer automorphen Form auf dem Fundamentalbereiche oder, wie wir auch sagen können, auf der Riemann'schen Fläche F_p abzumessen. Wir erinnern daran, dass an den μ Stellen c_k, welche von den festen Poly-

gonecken herrühren, Pole oder Nullpunkte *gebrochener* Ordnungen auftreten konnten (cf. pg. 69). Wird die Stelle c_k von einer *elliptischen* Ecke
geliefert, so haben wir bei der einzelnen Form $\varphi_d(\xi_1, \xi_2)$ hier einen
Nullpunkt der Ordnung $\dfrac{m_k}{l_k}$ anzunehmen, wo m_k eine ganze Zahl des
Intervalles $0 < m_k < l_k$ ist und l_k die Periode der zugehörigen elliptischen Erzeugenden bedeutet. Entspricht aber c_k einer parabolischen
Ecke, so denken wir l_k' willkürlich gewählt und nehmen für $\varphi_d(\xi_1, \xi_2)$
bei c_k einen Nullpunkt der Ordnung $\dfrac{m_k'}{l_k'}$ an, wo wieder $0 < m_k' < l_k'$
gilt. In beiden Fällen kann alsdann zu dem derart festgelegten Nullpunkte noch irgend ein Pol oder Nullpunkt *ganzzahliger* Ordnung
hinzutreten.

Wir erkennen so: *Die unverzweigten automorphen Formen $\varphi_d(\xi_1, \xi_2)$
liefern auf der Riemann'schen Fläche F_w multiplicative Formen, welche
an den n Stellen $c_1, c_2, \ldots c_n$ in der soeben beschriebenen Weise verzweigt sind, übrigens aber auf der ganzen Fläche unverzweigt bleiben.*
Dabei wird die (in der Primform gemessene) Dimension der von
$\varphi_d(\xi_1, \xi_2)$ gelieferten multiplicativen Form $d \cdot \nu^{-1}$, wo ν durch (5) pg. 230
definiert ist.

Es ist nun ganz besonders wichtig, dass auch die Umkehrung
des so ausgesprochenen Theorems offenbar ohne weiteres gültig ist:
*Irgend eine wie bezeichnet verzweigte multiplicative Form der Fläche F_w
liefert, in Abhängigkeit von ξ_1, ξ_2 gedeutet, eine unverzweigte automorphe
Form unserer Gruppe Γ, deren Dimension d in den ξ_1, ξ_2 aus der in der
Primform gemessenen Dimension jener multiplicativen Form durch Behaften
mit dem Factor ν entspringt.*

Auf Grund dieser Sätze sind wir im Stande, die unverzweigten
automorphen Formen der vorgelegten Gruppe Γ in *allgemeinster Weise*
vermöge der Primform *auszudrücken* und damit zugleich die Gesamtheit dieser automorphen Formen zu überblicken. Mögen für eine Form
$\varphi_d(\xi_1, \xi_2)$ die Zahlen m_k bez. m_k', l_k' festgelegt sein, und möge die Form
ausserdem t einfache Nullpunkte an den Stellen $x_1, x_2, \ldots, x_t$ der Fläche
und s einfache Pole bei $y_1, y_2, \ldots, y_s$ besitzen. Natürlich dürfen sich
die einfachen Nullpunkte und ebenso die Pole auch durch Coincidenz
zu Nullpunkten resp. Polen höherer Ordnung vereinen. Wir können
alsdann aus der Primform eine multiplicative Form herstellen, welche
betreffs der Pole und Nullpunkte mit $\varphi_d(\xi_1, \xi_2)$ derart übereinstimmt,
dass der Quotient beider Formen eine überall endliche und nicht-verschwindende multiplicative Form auf F_w ist. Eine solche Form aber stellt
nach dem pg. 233 bewiesenen Grundsatze die Exponentialfunction eines

überall endlichen Integrals dar. Es entspringt so das Theorem: *Jede unverzweigte automorphe Form* $\varphi_d(\xi_1, \xi_2)$ *gestattet eine Darstellung folgender Art:*

$$(2) \qquad \varphi_d(\xi_1, \xi_2) = e^{c_0 + c_1 w_1^2 + \cdots + c_p w_p^2} \frac{P(z, x_1) \cdots P(z, x_t)}{P(z, y_1) \cdots P(z, y_s)} \prod_{k=1}^{n}{}' P(z, c_k)^{\frac{m_k}{l_k}},$$

wo durch den oberen Index am Produktzeichen daran erinnert sein soll, dass im Falle einer parabolischen Stelle c_k *der Exponent* $\frac{m_k}{l_k}$ *durch* $\frac{m_k'}{l_k'}$ *ersetzt werden soll. Die Constanten* $c_0, c_1, \ldots, c_p$ *bleiben hier unbestimmt, d.h. sie sind bei gegebener Lage der Pole und Nullpunkte von* $\varphi_d(\xi_1, \xi_2)$ *zunächst willkürlich.*

Vermöge des vorletzten Theorems folgt nun auch umgekehrt: *Jeder Ausdruck von der Gestalt der rechten Seite der Gleichung* (2) *stellt in Abhängigkeit von* ξ_1, ξ_2 *eine unverzweigte automorphe Form unseres Gebildes dar.* Dabei wird die Dimension d dieser Form in ξ_1, ξ_2 durch die Gleichung:

$$(3) \qquad d = \nu \left(m + \sum_{k=1}^{n}{}' \frac{m_k}{l_k} \right)$$

gegeben sein, wo $m = t - s$ den Überschuss der Anzahl freier Nullpunkte von $\varphi_d(\xi_1, \xi_2)$ über diejenige freier Pole darstellt und ν die durch (5) pg. 230 gelieferte Zahl ist.

Alle diese Ergebnisse entsprechen, wie man erkannt haben wird, unmittelbar den bei $p = 0$ angetroffenen Verhältnissen (cf. pg. 97 ff.). Wie pg. 74 haben wir als die einfachsten unverzweigten Formen $\varphi_d(\xi_1, \xi_2)$ unseres Gebildes die *Primformen* und die *Grundformen* anzusehen. *Als Primform oder, wenn es zur Unterscheidung wünschenswert ist, als „automorphe" Primform bezeichnen wir eine unverzweigte polfreie Form des automorphen Gebildes, die im Fundamentalbereiche nur einen Nullpunkt erster Ordnung aufweist.* Diese Primformen werden zufolge (2) unmittelbar durch:

$$(4) \qquad \varphi_r(\xi_1, \xi_2) = e^{c_0 + c_1 w_1^2 + \cdots + c_p w_p^2} P(z, x)$$

geliefert werden. Für die *Grundformen der elliptischen Punkte* c_k wird man sofort eine entsprechende Definition aufstellen und die Darstellung gewinnen:

$$(5) \qquad \varphi_{l_k}(\xi_1, \xi_2) = e^{c_0 + c_1 w_1^2 + \cdots + c_p w_p^2} P(z, c_k)^{\frac{1}{l_k}}.$$

Als *Grundform einer parabolischen Ecke* würde man consequenter Weise $\log P(z, c_k)$ zu betrachten haben; indes verhält sich dieser Ausdruck gegenüber geschlossenen Umläufen auf F_ε nicht multiplicativ, sondern additiv, und er ist demnach nicht zu den automorphen Formen resp. Functionen in unserem Sinne (pg. 66) zu zählen. Thatsächlich kommt auch bei der Darstellung (2) der Formen $q_d(\xi_1, \xi_2)$ nicht $\log P(z, e_k)$, sondern $P(z, e_k)^{\frac{1}{d}}$ zur Benutzung; wir werden demnach diesen letzteren Ausdruck, den wir der Allgemeinheit halber noch mit der Exponential-function eines überall endlichen Integrals multiplicieren, als eine Grund-form der parabolischen Ecke bezeichnen.

Nach diesen Festsetzungen vermittelt Formel (2) die *Darstellung einer beliebigen unverzweigten automorphen Form des Gebildes in den „automorphen" Prim- und Grundformen.*

§ 6. Die eindeutigen automorphen Formen und ihre Multiplicator-systeme bei einer Gruppe beliebigen Geschlechtes

Unter den gesamten unverzweigten automorphen Formen von Γ wollen wir jetzt insbesondere die „*eindeutigen*" weiter verfolgen. Wie bei $p = 0$ (cf. pg. 83) stellen wir folgende Definition an die Spitze: *Eine unverzweigte automorphe Form $q_d(\xi_1, \xi_2)$ ganzzahliger Dimension d heisst eindeutig, falls sie gegenüber einer homogenen Substitution U von Γ stets ein und denselben Factor μ annimmt, auf welchem innerhalb des Bereiches zulässiger Werte ξ_1, ξ_2 gelegenen Wege die ursprünglichen Argumente ξ_1, ξ_2 auch in die äquivalenten ξ_1', ξ_2' überführt sein mögen.*

Bei einer vorgelegten eindeutigen Form $q_d(\xi_1, \xi_2)$ mögen den n elliptischen bez. parabolischen Erzeugenden $U_1, U_2, \ldots, U_n$ die Multi-plicatoren $\mu_1, \mu_2, \ldots, \mu_n$ entsprechen; wir bezeichnen dieselben mit Ritter als „*Verzweigungsmultiplicatoren*", weil sie auf der Riemann'schen Fläche F_n durch Umläufe um die Verzweigungspunkte $e_1, e_2, \ldots, e_k$ der Form $\varphi_d(\xi_1, \xi_2)$ geliefert werden. Den $U_{a_1}, U_{b_1}, \ldots, U_{a_p}, U_{b_p}$ gehören entsprechend die „*Periodenmultiplicatoren*" $\mu_{a_1}, \mu_{b_1}, \ldots, \mu_{a_p}, \mu_{b_p}$ zu.

Den Relationen zwischen den Erzeugenden gehen nun auf Grund der pg. 85 durchgeführten Überlegung *Gleichungen für die Multiplicatoren* parallel. Zunächst bestimmen sich die zu den elliptischen bez. para-bolischen Ecken gehörenden Verzweigungsmultiplicatoren μ_k genau wie bei $p = 0$ in der Gestalt (6) bez. (7) und (8) pg. 85. Darüber hinaus haben wir als „letzte primäre Relation":

$$(1) \qquad \prod_{k=1}^{n} U_k \cdot \prod_{g=1}^{p} U_{a_g}^{-1} U_{b_g} U_{a_g} U_{b_g}^{-1} = (-1)^s$$

heranzuziehen. Wie man nun auch die beiden Periodenmultiplicatoren $\mu_{a_g}^a, \mu_{b_g}^b$ gewählt haben mag, immer ist der zu:

$$U_{a_g}^{-1}\, U_{b_g}\, U_{a_g}\, U_{b_g}^{-1}$$

gehörende Multiplicator gleich 1; denn U_{a_g} liefert den Multiplicator $\mu_{a_g}^{-1}$ u.s.w. Die Folge ist, dass sich die der Gleichung (1) entsprechende Relation für die Multiplicatoren auf dieselbe Gestalt reduciert, welche wir bereits oben (pg. 85 ff.) bei $p = 0$ discutiert haben: *Für die Gestalt der Verzweigungsmultiplicatoren und die Anzahl theoretisch möglicher Multiplicatorensysteme* $\mu_1, \mu_2, \ldots, \mu_n$ *gelten ohne Einschränkung alle für* $p = 0$ *gemachten Ausführungen und gewonnenen Ergebnisse; die Periodenmultiplicatoren* $\mu_{a_1}, \mu_{b_1}, \ldots, \mu_{a_p}, \mu_{b_p}$ *bleiben in jedem Falle als complexe Constante völlig willkürlich wählbar.* Die Anzahl aller theoretisch möglichen Multiplicatorsysteme M ist hiernach selbst in dem Falle, dass wir nur endlich viele Systeme $\mu_1, \mu_2, \ldots, \mu_n$ besitzen, bei $p > 0$ stets unendlich gross.

Was etwaige *secundäre Relationen* angeht, so gelten für dieselben abermals die gleichen Bemerkungen wie bei den Gebilden des Geschlechtes null. *Innerhalb der Abel'schen Gesamtgruppe aller bei der Signatur:*

$$(p, n; l_1, l_2, \ldots, l_n)$$

theoretisch möglichen Multiplicatorsysteme M *wird durch den Hinzutritt secundärer Relationen eine Untergruppe ausgesondert, welche alle nunmehr noch zulässigen Multiplicatorsysteme umfasst.*

Wir verfolgen diese Verhältnisse etwa sogleich am *Beispiele der Hauptkreisgruppen mit isoliert liegenden Grenzpunkten.* Diese Gruppenkategorie wurde zuletzt pg. 216 ff. ausführlich besprochen; wir nehmen die dort gebrauchten Bezeichnungen hier wieder auf.

Man hat im ganzen $(n' - \mu' + 2p')$ secundäre Relationen, von denen die $(n' - \mu')$ ersten die Verzweigungsmultiplicatoren betreffen und sich besonders leicht erledigen. Diese Relationen sind in (5) pg. 217 dargestellt und ergeben für die *Verzweigungsmultiplicatoren* die Beziehungen:

$$(2) \qquad \mu_1 \cdot \mu_{n' - \mu' + 1} = 1, \quad \mu_2 \cdot \mu_{n' - \mu' + 2} = 1, \ldots, \quad \mu_{n' - \mu'} \cdot \mu_n = 1.$$

Die $2p'$ noch übrigen secundären Relationen betreffen die p' symmetrischen Gruppen vom Charakter $(2, 0)$, welche nach pg. 216 bei der Herstellung unserer vorliegenden Hauptkreisgruppe durch Composition beteiligt sind. Für das Quadrupel der Erzeugenden V_a, V_b, V'_a, V'_b der einzelnen dieser Gruppen gelten nach (4) pg. 217 die beiden Relationen:

$$(3) \qquad V_a\, V'_b = 1, \quad V_b\, V'_a = 1.$$

Man versäume nicht, im Polygonnetze geschlossene Umläufe, wie sie diesen Relationen entsprechen, etwa mit Hilfe von Figur 29 pg. 216

sich deutlich zu machen. Der Hauptkreis, welcher in Figur 29 die reelle ζ-Axe ist, durchsetzt den Fundamentalbereich in vier Segmenten. Auf dem zweiten derselben (von links gerechnet) fixiere man einen beliebigen Punkt ζ_0. Von hier aus beschreibe man nach dem äquivalenten Punkte $V_b'(\zeta_0)$ durch das untere Halbpolygon und das betreffende benachbarte Halbpolygon eine Bahn, deren Endpunkt $V_b'(\zeta_0)$ wieder auf der reellen Axe gelegen ist. In der oberen Halbebene werde von $V_b(\zeta_0)$ zurück nach ζ_0 die symmetrisch zur ersten gelegenen Bahn beschrieben. *Auf diese Weise entspringt offenbar der geschlossene Umlauf, welcher zur ersten Relation* (3) *hinführt.*

Die homogenen Substitutionen U_{a_1}, U_{b_1}, ..., U_{a_p}, U_{b_p} sollten nun von den binären „Formen" (1) pg. 228 geliefert werden. Wählen wir, was uns frei steht, die Function z so, dass sie auf den Hauptkreissegmenten des Fundamentalbereichs reell ausfällt, so werden für conjugiert complexe ζ die Werte Z_1 selber conjugiert complex und ebenfalls diejenigen von Z_2. Demgemäss werden die Coefficienten z. B. der Substitution U_b' und U_a^{-1} paarweise conjugiert complex ausfallen. Da die letzteren Coefficienten nun aber reell sind, insofern doch die reelle ζ-Axe den Hauptkreis liefern sollte, so folgt $U_b' = U_a^{-1}$. Allgemein findet man auf diese Weise als *homogene Gestalt der fraglichen* $2p'$ *secundären Relationen:*

$$(4) \qquad U_{a_g} U_{b_g}' = 1, \qquad U_{b_g} U_{a_g}' = 1, \qquad (g = 1, 2, ..., p').$$

Es folgen *für die zugehörigen Periodenmultiplicatoren die* $2p'$ *Gleichungen:*

$$(5) \qquad \mu_{a_g} \mu_{b_g}' = 1, \qquad \mu_{b_g} \mu_{a_g}' = 1, \qquad (g = 1, 2, ..., p').$$

Weitere Relationen für Multiplicatoren liegen bei der in Discussion stehenden Gruppe nicht vor.

§ 7. Existenz der eindeutigen Formen bei gegebenem Multiplicatorsystem im Falle beliebigen Geschlechtes.

Es sei jetzt wieder eine beliebige Gruppe Γ vorgelegt, für welche ein kanonischer Fundamentalbereich ausgewählt sein mag. Derselbe liefert für die unimodulare homogene Gruppe Γ' die Erzeugenden:

$$U_1, U_2, ..., U_a, U_{a_1}, U_{b_1}, ..., U_{a_p}, U_{b_p},$$

zwischen denen ausser etwaigen secundären Relationen jedenfalls die primären Relationen in der uns bekannten Gestalt bestehen. Ein beliebiges zugehöriges, d. h. *allen* in Betracht kommenden Relationen genügendes, System M gerader oder ungerader Dimension d bestehe aus den Multiplicatoren:

$$\mu_1, \mu_2, ..., \mu_a, \mu_{a_1}, \mu_{b_1}, ..., \mu_{a_p}, \mu_{b_p}.$$

Nach pg. 100 haben wir bei der einzelnen elliptischen Erzeugenden des näheren zu setzen:

$$(1) \qquad \mu_k = e^{2i\pi\frac{\lambda_k}{2l_k}}, \quad \lambda_k \qquad d \pmod{2},$$

bei der einzelnen parabolischen Substitution U_k aber:

$$(2) \qquad \mu_k = e^{2i\pi\frac{\lambda_k'}{l_k'}}.$$

Zumeist werden wir Formel (2) mit unter (1) subsumieren, indem wir bei $l_k = \infty$ auch λ_k derart unendlich gross denken, dass $\frac{\lambda_k}{2l_k}$ dem endlichen rationalen Bruche $\frac{\lambda_k'}{l_k'}$ gleich wird. Aus der „letzten primären Relation" ergiebt sich, dass die Summe $\sum_{k=1}^{n} \frac{\lambda_k}{l_k}$ eine der Congruenz:

$$(3) \qquad \sum_{k=1}^{n} \frac{\lambda_k}{l_k} \qquad d\,n \pmod{2}$$

genügende ganze Zahl ist. Die etwa vorliegenden secundären Relationen werden für die Multiplicatoren des Systems M natürlich noch weitere Einschränkungen zur Folge haben.

Giebt es nun eine eindeutige Form $q_d(\xi_1, \xi_2)$ dieses Multiplicatorsystems M, so wird sich dieselbe nach pg. 243 als unverzweigte automorphe Form in der Gestalt:

$$(4) \qquad q_d(\xi_1, \xi_2) = e^{w_1 z + w_2 z^2 + \cdots + w_p z^p} \cdot \frac{P(z, x_1) \cdots P(z, x_l)}{P(z, y_1) \cdots P(z, y_s)} \prod_{k=1}^{n}{}' P(z, e_k)^{\frac{m_k}{l_k}}$$

darstellen lassen. Hierbei sind die Differenz $m = t - s$ der Anzahlen t und s, die Zahlen m_k und die Dimension d durch die Relation:

$$(5) \qquad d = \nu\left(m + \sum_{k=1}^{n}{}' \frac{m_k}{l_k}\right)$$

verknüpft, wobei die Bedeutung von ν aus:

$$(6) \qquad \frac{1}{\nu} = 1 - p - \frac{1}{2}\sum_{k=1}^{n}\left(1 - \frac{1}{l_k}\right)$$

hervorgeht.

Wir wenden uns nun zur Untersuchung der Frage, ob thatsächlich zum vorgelegten Multiplicatorsysteme M eine eindeutige Form (4) existiert. Zu diesem Zwecke bestimmen wir die Multiplicatoren des in Gleichung (4) rechts stehenden Ausdrucks durch Umläufe der Stelle z auf der geschlossenen Fläche. Dabei haben wir natürlich zu beachten, dass die einem solchen Umlaufe entsprechende Substitution der ξ_1, ξ_2 in jedem Falle von der unimodularen Substitution um einen

Factor τ abweicht (cf. pg. 232), und dass dieserhalb der Multiplicator μ' der in (4) dargestellten Form mit dem correspondierenden Multiplicator μ des Systems M vermöge der pg. 241 betrachteten Relation:

$$(7) \qquad \mu' = \mu \cdot \tau^{\sigma}$$

zusammenhängt.

Wir untersuchen nun zunächst einen *Umlauf um die Stelle c_k* im positiven Sinne. Hierbei wird nur der zugehörige Factor $P(z, c_k)^{\frac{m_k}{l_k}}$ eine Veränderung erfahren; und zwar kommt der fragliche Umlauf darauf hinaus, dass wir den nach c_k führenden Schnitt A einmal von links nach rechts überschreiten. In der auf $\log P(z, c_k)$ bezogenen Formel (13) pg. 227 haben wir somit $\sigma' = \sigma_1 = \nu_k = 0$ zu nehmen und $\sigma'' = 1$ zu setzen. Für $P(z, c_k)^{\frac{m_k}{l_k}}$ und damit für die rechte Seite von (4) entspringt hieraus der Multiplicator $\mu' = e^{\frac{2i\pi m_k}{l_k}}$. Da der zugehörige Multiplicator $\tau_k = e^{\frac{\pi i}{l_k}}$ ist, so folgt: *Für den „Verzweigungsmultiplicator“ μ_k ergiebt sich aus der Entwicklung (4) unserer Form φ_d die neue Darstellung:*

$$(8) \qquad \mu_k = e^{2i\pi\left(\frac{m_k}{l_k} - \frac{\sigma}{2 l_k}\right)}.$$

Der parabolische Fall ist hier mit eingeschlossen. Bei ihm ist nach pg. 231 in der That $\tau_k = 1$, und also liefert die Formel (8) in der Gestalt:

$$(9) \qquad \mu_k = e^{2i\pi \frac{m'_k}{l'_k}}$$

den richtigen Multiplicator.

Unter den *Periodenmultiplicatoren* bestimmen sich zunächst die μ_{a_g} besonders leicht. Die Operation U_{a_g} bedeutet auf der Riemann'schen Fläche für den Gebrauch der Formel (13) pg. 227 eine Überschreitung des Schnittes a_g von rechts nach links. Da die $W_1^2, \ldots, W_p^2$ von den Normalintegralen $j_1', \ldots, j_p'$ nur um additive Constante abweichen, so teilen dieselben die Periodeneigenschaften der j' (cf. „M.“ 1 pg. 530). Gegenüber U_{a_g} wird demnach nur W_g^2 eine Veränderung erfahren, und zwar um eine Einheit wachsen. Da sämtliche in (4) rechts enthaltenen Prim- und Grundformen gegenüber U_{a_g} unverändert bleiben und der zugehörige Multiplicator τ nach (9) pg. 231 gleich 1 ist, so folgt: *Der „Periodenmultiplicator“ μ_{a_g} ist gleich der Exponentialfunction des in (4) rechts auftretenden Coefficienten c_g:*

$$(10) \qquad \mu_{a_g} = e^{c_g}.$$

Etwas umständlicher ist die Bestimmung des Periodenmultiplicators μ_{b_g}. Die Operation U_{b_g} läuft auf eine einmalige Überschreitung des Querschnitts b_g von rechts nach links hinaus. Die $W_1, \ldots, W_p$ mögen hierbei die Zuwüchse $\omega_{g1}, \ldots, \omega_{gp}$ gewinnen. Für die einzelne Primform ist bei Gebrauch der Formel (13) pg. 227 nur ν_g von 0 verschieden und gleich -1 zu nehmen; alle übrigen ν, sowie die Zahlen σ sind gleich 0. Der Multiplicator τ ist in (9) pg. 231 angegeben. Wir finden auf diese Weise: *Der Periodenmultiplicator μ_{b_g} ist die Exponentialfunction des folgenden Ausdrucks:*

$$(11) \quad \sum_{\alpha=1}^{p} c_\alpha \, \omega_{g\alpha} + 2 i \pi \left[\sum_{\beta=1}^{r} W_{\gamma\beta}^{z_\beta} - \sum_{\gamma=1}^{s} W_{g\gamma}^{u_\gamma} \right] + \pi i d \sum_{k} (z_k - 1) W_{g k}^{z_k}$$
$$+ 2 i \pi \sum_{k=1}^{n}{}' \left[\frac{m_k}{l_k} + \frac{d}{2}\left(1 - \frac{1}{l_k}\right) \right] W_{g k}^{z_k}.$$

Bei den Integralen W sind hier überall diejenigen Werte gemeint, welche bei Einschränkung der Integrationsbahnen auf die kanonisch zerschnittene Fläche gewonnen werden.

Die erhaltenen Formeln gestatten uns nun umgekehrt, bei gegebenen M und d zunächst die Grössen $m_k, c_g, \ldots$ der Formel (4) zu bestimmen. Die hierzu dienende Entwicklung gliedert sich folgendermaßen:

1. Tragen wir erstlich die Ausdrücke (1) und (2) für μ_k in (8) bez. (9) ein und berücksichtigen die Festsetzungen $0 < m_k < l$ und $0 \leq m_k' < l_k'$, so ergiebt sich: *Die Zahlen m_k bestimmen sich eindeutig aus dem Multiplicatorsystem M und der Dimension d vermöge der Formel:*

$$(12) \quad \frac{m_k}{l_k} = \frac{d + \lambda_k}{2 l_k} - E\left[\frac{d + \lambda_k}{2 l_k} \right],$$

welche für den parabolischen Fall die Gestalt annimmt:

$$(13) \quad \frac{m_k'}{l_k'} = \frac{\lambda_k'}{l_k'} - E\left[\frac{\lambda_k'}{l_k'} \right].$$

2. Die Relation (5) giebt daraufhin weiter *einen eindeutig bestimmten Wert m*. Man überzeugt sich leicht, dass derselbe, wie es sein muss, *ganzzahlig* ist. In der That hat man zufolge (5), (12) und (13):

$$d = \nu \left\{ m + \sum_{k=1}^{n}{}' \left(\frac{d + \lambda_k}{2 l_k} \right) - \sum_{k=1}^{n}{}' E\left[\frac{d + \lambda_k}{2 l_k} \right] \right\},$$

$$d\left(\frac{2}{\nu} - \sum_{k=1}^{n} \frac{1}{l_k} \right) = 2 m + \sum_{k=1}^{n}{}' \frac{\lambda_k}{l_k} - 2 \sum_{k=1}^{n}{}' E\left[\frac{d + \lambda_k}{2 l_k} \right].$$

Aus (6) ergiebt sich:

$$\frac{2}{\nu} - \sum_{k=1}^{n} \frac{1}{l_k} = 2 - 2p - n,$$

so dass man für $2m$ erhält:

$$(14) \qquad 2m = 2d(1-p) - dn - \sum_{k=1}^{n}{}' \frac{\lambda_k}{l_k} + 2 \sum_{k=1}^{n}{}' E\left[\frac{d + \lambda_k}{2 l_k}\right].$$

Hier steht aber rechter Hand zufolge (3) in der That eine *gerade ganze Zahl*.

3. Durch Inversion der Gleichungen (10) gewinnt man sofort weiter: *Die Coefficienten $c_1, c_2, \ldots, c_p$ im Exponentialfactor der rechten Seite von* (4) *sind gegeben durch:*

$$(15) \qquad c_g = \log \mu_{a_g} + 2\nu_g i\pi,$$

wo die $\nu_1, \nu_2, \ldots, \nu_p$ unbestimmte ganze Zahlen sind.[*]) Der Coefficient c_0 ist natürlich von M und d unabhängig. —

Des weiteren aber ergeben sich aus den Werten der Multiplicatoren μ des vorgelegten Systems M und der Dimension d höchst merkwürdige Beziehungen für die *Lage der Nullpunkte x und der Pole y.* Wir haben bisher nur erst die Differenz $m - t - s$ ihrer Anzahlen t und s bestimmt. Die Heranholung der Periodenmultiplicatoren μ_{b_g} liefert uns jetzt die p Gleichungen:

$$(16) \qquad \sum_{\beta=1}^{t} W_g^{x_\beta} - \sum_{\gamma=1}^{s} W_g^{y_\gamma} = A_g + \nu_g' - \sum_{\alpha=1}^{p} \nu_g\, \omega_{g\alpha},$$

wo neben den ν_g weitere p unbestimmte ganze Zahlen ν_g' eingeführt sind, und wo A_g eindeutig zu berechnen ist aus:

$$(17) \qquad 2i\pi A_g = \log \mu_{b_g} - \sum_{\alpha=1}^{p} \omega_{g\alpha} \log \mu_{a_g} - \pi i d \sum_{n} (x_h - 1) W_g^{e_h}$$

$$- 2i\pi \sum_{k=1}^{n}{}' \left[\frac{m_k}{l_k} + \frac{d}{2}\left(1 - \frac{1}{l_k}\right)\right] W_g^{z_k}.$$

Diese Formeln führen uns in das *Gebiet der Abel'schen Functionen, speciell des Jacobi'schen Umkehrproblems*[**]). Wir brauchen hier nur von

---

[*]) In Gleichung (15) und den nächstfolgenden Formeln soll unter dem Zeichen log immer der Hauptwert des Logarithmus verstanden sein. Natürlich haben die im Texte soeben eingeführten Zahlen $\nu_1, \nu_2, \ldots, \nu_p$ nichts mit den in (13) pg. 227 so bezeichneten Zahlen zu thun.

[**]) Die Lösung des Umkehrproblems mit Hilfe der Thetafunctionen findet man in besonders zugänglicher und ausführlicher Gestalt behandelt in H. Stahl's „*Theorie der Abel'schen Functionen*" (Leipzig 1896). Cf. auch „M." II, pg. 512.

der Lösbarkeit der Gleichungen (16) zu handeln. Wir wollen zunächst die Anzahl $t > p$ derart wählen, dass jedenfalls $s = t - m > 0$ wird. Wir mögen ferner die s Stellen $y_1, y_2, \ldots, y_s$ noch willkürlich fixieren. *Es existiert dann auf Grund der genannten Theorie eine Schar von Lösungssystemen $x_1, x_2, \ldots, x_t$, deren Multiplicität man nach dem Riemann-Roch'schen Satze zu bestimmen hat* (cf. „M." II pg. 513).

Das einzelne Lösungssystem $x_1, x_2, \ldots, x_t$ liefert uns jetzt, in (4) eingetragen, eine Form φ_d, die wir nunmehr ohne Mühe als *eindeutige* automorphe Form erkennen. Wir haben nur noch nachzuweisen, dass weder die Umkreisung einer Stelle x oder y, noch auch diejenige einer der w Stellen $\infty_1, \infty_2, \ldots, \infty_w$ eine Veränderung von φ_d bewirkt. Die Stellen x und y erledigen sich unmittelbar; denn bei einem Umlauf um x_β ändert sich $P(z, x_\beta)$ nach (13) pg. 227 nicht, und selbstverständlich ändert sich auch kein weiterer Factor der rechten Seite von (4). Bei einem Umlauf um eine Stelle ∞ aber ändert sich das Primformproduct in (4) um den Factor:

$$e^{\frac{2i\pi}{w}\left(m + \sum_{k=1}^{z}{}' \frac{m_k}{t_k}\right)}.$$

Den zugehörigen Multiplicator τ bestimmten wir pg. 232 zu $e^{\frac{2i\pi}{m w}}$, so dass wir für die Gleichung (7) hier im speciellen:

$$e^{\frac{2i\pi}{w}\left(m + \sum_{k=1}^{h} \frac{m_k}{t_k}\right)} = \mu \cdot e^{\frac{2i\pi}{w} d}$$

finden. Die Relation (5) liefert sofort $\mu = 1$; d.h. φ_d als Form der sich „unimodular" substituierenden ξ_1, ξ_2 bleibt beim Umlauf der fraglichen Stelle ∞ unverändert.

Die Entwicklungen des vorliegenden Paragraphen führen zu folgendem fundamentalen Existenzsatze: *Für jedes theoretisch mögliche Multiplicatorsystem* M *unserer Gruppe* Γ *und für jede gerade bez. ungerade*[*] *Dimension* d *giebt es zugehörige eindeutige automorphe Formen.*

§ 8. Weiteres über eindeutige automorphe Formen bei beliebigem p.
Die p Formen $\Phi_{-2}(\xi_1, \xi_2)$.

Für die Zahlen m_i, m_i' gelten gegenwärtig dieselben Ungleichungen:

$$(1) \qquad 0 < \frac{m_k}{t_k} \leq 1 - \frac{1}{t_k}, \quad 0 \leq \frac{m_k'}{t_k'} < 1,$$

wie bei $p = 0$. Da überdies die Relation (5) pg. 247 zwischen d, m, $m_i, \ldots$ bei $p > 0$ unverändert in derselben Gestalt wie bei $p = 0$

---

[*] Je nachdem eben M ein Multiplicatorsystem gerader oder ungerader Dimension ist.

besteht, so folgt wie oben (pg. 105): *Für die Anzahl* $m = t - s$ *gilt bei der einzelnen eindeutigen Form* $q_d(\xi_1, \xi_2)$ *die Ungleichung:*

$$(2) \qquad \frac{d}{\nu} \geq m > \frac{d}{\nu} - \sum_{k=1}^{n}\left(1 - \frac{1}{l_k}\right),$$

wo das zweite Gleichheitszeichen nur gelten kann, wenn alle Erzeugenden der Gruppe elliptisch sind. Benutzt man jedoch an Stelle der zweiten Ungleichung (1) die folgende:

$$(3) \qquad 0 < \frac{m_k'}{l_k'} \leq 1.$$

was bei Untersuchung der durch Poincaré'sche Reihen darstellbaren Formen nützlich ist (cf. pg. 176), *so kann das zweite Gleichheitszeichen in* (2) *gelten, aber das erste nur dann, wenn keine parabolische Erzeugende vorliegen.*

Für alle gegenwärtig in Betracht kommenden Gruppen Γ hat ν einen *negativen endlichen* Wert. Die Ungleichungen (2) gestatten demnach bei gegebener Dimension d einige unmittelbar entspringende Folgerungen betreffs der Differenz m der Anzahl t der Nullpunkte und der Polanzahl s zugehöriger Formen $q_d(\xi_1, \xi_2)$ auszusprechen.

Ist erstlich $d > 0$, so ist die negative Zahl $d \cdot \nu^{-1}$ grösser als m, so dass notwendig $m \leq -1$ zutrifft. *Eine eindeutige automorphe Form „positiver" Dimension ist niemals polfrei.* Weitere die Formen mit $d > 0$ betreffende Angaben folgen am Schlusse des Paragraphen.

Für $d = 0$ hat man $m \leq 0$, wobei $m = 0$ nur zum Multiplicatorsystem $\mathsf{M} = 1$ gehört. Wir folgern leicht: *Auch die „Formen nullter Dimension" sind niemals polfrei, es sei denn, dass man eine Constante als polfreie eigentlich automorphe Function mitzählen will.*

Unter den negativen Dimensionen d interessieren wegen der Beziehung zu den alsbald zu betrachtenden Poincaré'schen Reihen vornehmlich die der Bedingung $d \leq -2$ genügenden. Wir lassen demnach $d = -1$ hier ganz ausser Betracht.

Ist $d = -2$, so können wir die Ungleichung (2) mit Rücksicht auf (6) pg. 247 so präcisieren:

$$-\frac{2}{\nu} \geq m \geq -\frac{2}{\nu} - \sum_{k=1}^{n}\left(1 - \frac{1}{l_k}\right) = 2p - 2.$$

Soll die Gleichung $m = 2p - 2$ gelten, so müssen für alle Indices k die Gleichungen:

$$\frac{m_k}{l_k} = 1 - \frac{1}{l_j} \quad \text{bez.} \quad \frac{m_k'}{l_k'} = 1$$

bestehen. Wie oben (pg. 105) schliessen wir hieraus, dass das Multiplicatorsystem $\mathsf{M} = 1$ vorliegt: *Für die eigentlich automorphen Formen*

der Dimension -2, *welche in den parabolischen Ecken Nullpunkte haben,
ist* $m = 2p - 2$*); alle übrigen Formen* $(-2)^{\text{ter}}$ *Dimension haben*
$m \geqq 2p - 1$.

Unter den eben betrachteten eigentlich automorphen $q_{-2}(\xi_1, \xi_2)$
sind insbesondere die *ganzen oder polfreien Formen* wichtig. Eine einzelne unter ihnen bezeichnen wir speciell durch $\Phi_{-2}(\xi_1, \xi_2)$. Dieselbe hat $2p - 2$ bewegliche Nullpunkte und weist an der Stelle e_i
einen Nullpunkt der Ordnung $1 - \frac{1}{l_i}$ auf. Wir stellten nun pg. 72
gerade fest, dass das Differential $(\xi, d\xi) = \xi_1 d\xi_2 - \xi_2 d\xi_1$ an der Stelle e_i
einen Pol der Ordnung $1 - \frac{1}{l_i}$ besitzt, übrigens aber allenthalben endlich und von null verschieden ist. Die Folge ist, dass das Differential
nullter Dimension $\Phi_{-2}(\xi_1, \xi_2)(\xi, d\xi)$ abgesehen von $2p - 2$ beweglichen
Nullpunkten allenthalben endlich und von null verschieden ist. Hier-
mit sind wir zu wohlbekannten Verhältnissen zurückgeführt. In:

$$(4) \qquad \int \Phi_{-2}(\xi_1, \xi_2)(\xi, d\xi) = W(\xi)$$

gewinnt man *ein zum vorliegenden automorphen Gebilde gehörendes Integral erster Gattung* (cf. pg. 36); und man erkennt auch sofort, dass
umgekehrt aus einem beliebigen Integrale erster Gattung $W(\xi)$ vermöge des „Differentiationsprocesses" eine Form:

$$(5) \qquad \frac{dW(\xi)}{(\xi, d\xi)} = \Phi_{-2}(\xi_1, \xi_2)$$

unserer Art entspringt. *Es giebt somit p linear unabhängige eigentlich
automorphe polfreie Formen* $(-2)^{\text{ter}}$ *Dimension, welche in etwaigen parabolischen Ecken Nullpunkte aufweisen.* Wir werden diese Formen hinfort kurz als die „*Formen* $\Phi_{-2}(\xi_1, \xi_2)$" bezeichnen.

Beiläufig erinnern wir daran, dass $p - 1$ unter den $2p - 2$ Nullpunkten $x_1, x_2, \ldots, x_{2p-2}$ einer Form Φ_{-2} durch die übrigen $p - 1$
frei wählbaren eindeutig bestimmt sind (cf. „M." I. pg. 569). In transcendenter Gestalt geben die für diesen Fall specialisierten Relationen
(16) pg. 250:

$$W_y^{x_1} + W_y^{x_2} + \cdots + W_y^{x_{2p-2}} = \sum_k (x_k - 1) W_y^{e_k} + v_y' - \sum_{\alpha = 1}^{p} v_y \, \omega_{y\alpha}$$

die zwischen den Nullstellen x bestehenden Beziehungen. Hier sind die
v_y, v_y' eindeutig bestimmte ganze Zahlen. Im niedersten Falle $p = 1$
lassen sich dieselben bei Gebrauch einer zweiblättrigen Riemann'schen
Fläche leicht direct aus der Bedeutung der Summe $\sum_k$ berechnen. —

---

*) Sofern man die Bestimmung (3) als gültig ansieht.

Sehen wir von den eigentlich automorphen Formen $(-2)^{\text{ter}}$ Dimension ab, so wird in den Ungleichungen:

$$m \geq \frac{d}{\nu} - \sum_{k=1}^{u} \left(1 - \frac{1}{l_k}\right) \geq 2p - 2$$

nicht an beiden Stellen zugleich das Gleichheitszeichen gelten können. *Bei allen eindeutigen automorphen Formen der Dimensionen $d < -2$, abgesehen allein von den eigentlich automorphen Formen $(-2)^{\text{ter}}$ Dimension, ist $m \geq 2p - 1$.*

Wir betrachten auch hier zunächst wieder die *ganzen Formen*, um deren Mannigfaltigkeit bei gegebenem d und M zu bestimmen. Die einzelne ganze Form hat $m > 2p - 1$ Nullpunkte $x_1, x_2, \ldots, x_m$. Für dieselben bestehen die p Gleichungen (16) pg. 250, welche wir unter Fortlassung des Systems simultaner Perioden $\nu'_g - \sum_{\alpha=1}^{p} \nu_g \omega_{g\alpha}$ in üblicher Weise als Congruenzen schreiben:

$$(6) \qquad W_g^{x_1} + W_g^{x_2} + \cdots + W_g^{x_m} \quad A_g, \qquad (g = 1, 2, \ldots p)$$

Bei gegebenen d, M sind die A, eindeutig bestimmt. Da $m \geq p$ ist, und da zugleich $m > 2p - 2$ zutrifft, so giebt es nach dem Umkehrtheorem insgesamt ∞^{m-p} die Bedingungen (6) befriedigende Punktsysteme $x_1, x_2, \ldots x_m$, welche im Sinne von „M.“ I pg. 562 eine „*Schar äquivalenter Punktsysteme*“ bilden. Halten wir an den für die W vorgeschriebenen Integrationswegen fest (cf. pg. 249), so werden damit die in den Gleichungen:

$$W_g^{x_1} + W_g^{x_2} + \cdots + W_g^{x_m} = A_g + \nu'_g - \sum_{\alpha=1}^{p} \nu_g \omega_{g\alpha}, \qquad (g = 1, 2, \ldots p)$$

auftretenden ganzen Zahlen ν, ν' eindeutig bestimmt sein. Wir haben auf diese Weise folgendes Resultat gewonnen: *Bei gegebener Dimension $d \leq -2$ und gegebenem Multiplicatorsystem M giebt es im ganzen $(m - p + 1)$ linear unabhängige ganze automorphe Formen.* Natürlich ist hier, wie vorhin festgesetzt, der schon besprochene Fall der Formen Φ_{-2} ausgeschlossen.

Auf dieselbe Weise gewinnt man den etwas allgemeineren Satz: *Bei gegebener Dimension $d \leq -2$ und gegebenem M giebt es im ganzen $(m + s - p + 1)$ linear unabhängige Formen, welche an vorgeschriebenen s Stellen Pole erster Ordnung haben dürfen.* Durch die Ausdrucksweise dieses Satzes ist angedeutet, dass hier die Formen, welche an einigen oder auch an allen s Stellen endlich bleiben, mitgezählt sind.

Auch die Betrachtung der *Formen nicht-negativer Dimensionen* können wir jetzt noch etwas weiter fördern. Wir gehen von einer einzelnen Form $\varphi_d(\xi_1, \xi_2)$ mit $d > 0$ aus, welche die s Pole $y_1, y_2, \ldots, y_s$ und die t Nullpunkte $x_1, x_2, \ldots, x_t$ (ausser den in den Ecken festliegenden Nullpunkten) aufweist. Die x befriedigen dann die p Bedingungen:

$$\sum_{r=1}^{t} W_{y}^{x_r} - \sum_{\gamma=1}^{s} W_{g}^{y_\gamma} + A_g, \qquad (g = 1, 2, \ldots, p).$$

Halten wir die $y_1, \ldots, y_s$ fest, so stellen die $x_1, x_2, \ldots, x_t$ ein System in einer Schar von $\infty^{t-p+\sigma}$ äquivalenten Punktsystemen dar, wo σ zufolge des Riemann-Roch'schen Satzes die Anzahl der linear unabhängigen Formen Φ_{-2} ist, welche in den t Punkten $x_1, x_2, \ldots, x_t$ eines einzelnen dieser Systeme zugleich verschwinden. Für $t > 2p - 2$ ist natürlich stets $\sigma = 0$. Es entspringt der Satz: *Für jede Form $\varphi_d(\xi_1, \xi_2)$ nicht-negativer Dimension mit den s Polen $y_1, y_2, \ldots, y_s$ giebt es*

$$m + s - p + \sigma + 1$$

linear unabhängige Formen von derselben Dimension d und dem gleichen Multiplicatorsysteme M, *welche an diesen s Stellen $y_1, y_2, \ldots, y_s$ Pole erster Ordnung haben dürfen; σ bedeutet hierbei die Anzahl linear unabhängiger Formen Φ_{-2}, welche in den t Nullpunkten einer dieser Formen zugleich verschwinden.* Wir werden im nächsten Paragraphen diesem Satze noch eine weit brauchbarere Fassung geben können.

§ 9. Begriff der conjugierten Formen. Erweiterter Riemann-Roch'scher Satz und Anwendungen desselben.

Man überzeugt sich leicht, dass die pg. 102 ff. ausgeführten Betrachtungen über die gegenseitige *Beziehung zwischen einander inversen Multiplicatorsystemen* M *und* $\bar{M} = M^{-1}$ hier bei beliebigen p unter einer geringfügigen Modification der Schlussformel bestehen bleiben. Die Multiplicatoren von M nennen wir $\bar{\mu}_k, \bar{\mu}_{a_g}, \bar{\mu}_{b_g}$; für dieselben gilt:

$$(1) \qquad \mu_k \cdot \bar{\mu}_k = 1, \quad \mu_{a_g} \cdot \bar{\mu}_{a_g} = 1, \quad \mu_{b_g} \cdot \bar{\mu}_{b_g} = 1,$$

wenn $\mu_k, \mu_{a_g}, \mu_{b_g}$ die Multiplicatoren von M sind. Für die zugehörigen Dimensionen $d, \bar{d}$ halten wir an der Bestimmung:

$$(2) \qquad d + \bar{d} + 2 = 0$$

fest. Wie a. a. O. finden wir alsdann, dass für die entsprechenden Zahlen $m_k, m_k', \ldots$ die Relationen:

$$(3) \qquad \frac{m_k}{l_k} + \frac{\bar{m}_k}{l_k} = 1 - \frac{1}{l_k}, \qquad \frac{m_k'}{l_k'} + \frac{\bar{m}_k'}{l_k'} = \varepsilon_l$$

gelten, während die Zahlen $m, \bar{m}$ durch:

(4) $$m + \overline{m} = 2p - 2 + \varepsilon$$

zusammenhängen. Hier bedeutet ε die Anzahl der parabolischen Multiplicatoren 1; und es ist ε_k im allgemeinen gleich 1 und nur dann gleich 0, wenn der parabolische Multiplicator $\mu_k = 1$ ist. Die Formel (9) pg. 104 subsumiert sich direct unter (4).

Auch die Modification der in Rede stehenden Formeln, welche wir pg. 177 besprachen, überträgt sich ohne weiteres. Nehmen wir $d \leq -2$ an und setzen für Formen dieser Dimension die Vorschrift:

(5) $$0 < \frac{m_k'}{l_k'} \leq 1$$

fest, so werden wir an Stelle von (3) *die Relationen zwischen den Zahlen* m_k, $\overline{m}_k$ haben:

(6) $$\frac{m_k}{l_k} + \frac{\overline{m}_k}{l_k} = 1 - \frac{1}{l_k}, \qquad \frac{m_k'}{l_k'} + \frac{\overline{m}_k'}{l_k'} = 1,$$

während *die Gleichung zwischen* m *und* $\overline{m}$ die Gestalt gewinnt:

(7) $$m + \overline{m} = 2p - 2.$$

Wir verabreden nun die Bezeichnungsweise, *dass zwei eindeutige automorphe Formen* $\varphi_d(\zeta_1, \zeta_2)$ *und* $\psi_{\overline{d}}(\zeta_1, \zeta_2)$, *für deren Dimensionen* d, $\overline{d}$ *und Multiplicatorsysteme* M, $\overline{\text{M}}$ *die Relationen* (2) *und* (1) *bestehen, als einander „conjugiert" benannt werden sollen.* Es ist dabei zweckmässig, für die eine der beiden Formen, etwa φ_d, deren Dimension d wir ≤ -2 annehmen mögen, bei parabolischen Ecken fortan *von der Festsetzung* (5) *Gebrauch zu machen:* es gelten alsdann beständig die Regeln (6) und (7). *Das Product zweier conjugierten Formen ist offenbar eine eigentlich automorphe Form der Dimension* -2. *welche in der einzelnen Ecke* e_k *(die parabolischen Ecken eingeschlossen) einen Nullpunkt der Ordnung* $\left(1 - \frac{1}{l_k}\right)$ *hat, und für welche die Differenz der Anzahl freier Nullpunkte und derjenigen freier Pole gleich* $(2p - 2)$ *ist.*

Nehmen wir nun $d \leq -2$ an, so folgt hieraus $\overline{d} \geq 0$. Die Form $\psi_{\overline{d}}$ ist dann sicher nicht polfrei; ihre Pole, deren Anzahl $\overline{s}$ heisse, mögen bei $y_1, y_2, \ldots, y_{\overline{s}}$ liegen. Ist φ_d eine mit $\psi_{\overline{d}}$ conjugierte ganze Form, von deren m freien Nullpunkten $\overline{s}$ bei $y_1, y_2, \ldots, y_{\overline{s}}$ gelegen sind, so wird $\varphi_d \cdot \psi_{\overline{d}}$ eine polfreie Form $(-2)^{\text{ter}}$ Dimension sein, und zwar offenbar *eine Form* Φ_{-2}, *welche an den* $\overline{t}$ *Nullpunkten von* $\psi_{\overline{d}}$ *verschwindet*[*]). Umgekehrt wird, wenn neben $\psi_{\overline{d}}$ irgend eine Form Φ_{-2} dieser Art vorgelegt ist, durch:

---

[*] Bei den Überlegungen des Textes sind die Nullpunkte und Pole stets als einfache zu denken. Doch dürfen sich dieselben durch Coincidenz zu Nullpunkten oder Polen höherer Ordnung vereinigen.

$$(8) \qquad q_d(\xi_1, \xi_2) = \frac{\Phi_{-2}(\xi_1, \xi_2)}{\psi_d(\xi_1, \xi_2)}$$

stets eine mit ψ_d conjugierte ganze Form geliefert werden, welche in den s Polen von $\psi_{\bar{d}}$ Nullpunkte hat. Hieraus ergiebt sich die Möglichkeit, die im Schlusssatze des vorigen Paragraphen mit σ bezeichnete Anzahl auch vermöge der oben gemeinten Formen q_d zu erklären. Offenbar ergiebt sich das Theorem: *Für $\bar{d} > 0$ ist die einzelne eindeutige automorphe Form $\psi_{\bar{d}}$, welche die s Stellen $y_1, y_2, \ldots, y_s$ zu Polen hat, in einer aus $(m + \bar{s} - p + \sigma + 1)$ linear unabhängigen Formen mit den gleichen Polen*), der gleichen Dimension d und dem gleichen Multiplicatorsysteme M herstellbaren Schar enthalten, wenn σ die Anzahl der linear unabhängigen ganzen zu $\psi_{\bar{d}}$ conjugierten Formen q_d ist, welche an den s Stellen $y_1, y_2, \ldots, y_s$ zugleich verschwinden.**)

Für $\bar{d} = 0$ und M $= 1$ wird $m = 0$, und die mit $\psi_{\bar{d}}$ conjugierten ganzen Formen werden nunmehr unsere oben gewonnenen Formen Φ_{-2}. Für diesen Specialfall stellt unser Theorem einfach den Riemann-Roch'schen Satz dar. Diese Sachlage veranlasste Ritter,***) das fragliche Theorem als den „*erweiterten Riemann-Roch'schen Satz*" zu benennen, eine Bezeichnungsweise, die wir hinfort in Benutzung nehmen.

An diesen erweiterten Riemann-Roch'schen Satz knüpfen wir die für die Weiterentwicklung grundlegende Frage nach der *Mindestanzahl „frei beweglicher" Pole*, welche eine automorphe Form mit $\bar{d} > 0$ aufzuweisen vermag. Schliessen wir $\bar{d} = 0$, M $= 1$ zunächst aus, so giebt es nach pg. 254 im ganzen $(m - p + 1)$ mit $\psi_{\bar{d}}$ conjugierte ganze Formen q_d, die linear unabhängig sind. Wir denken ein solches System in $q_d^{(1)}, q_d^{(2)}, \ldots, q_d^{(m-p+1)}$ ausgewählt; eine beliebige dieser Formen φ_d hat alsdann die Gestalt:

$$(9) \qquad \varphi_d(\xi_1, \xi_2) = c_1 q_d^{(1)}(\xi_1, \xi_2) + c_2 q_d^{(2)}(\xi_1, \xi_2) + \cdots + c_{m-p+1} \psi_d^{(m-p+1)}(\xi_1, \xi_2),$$

wo die c Constante bedeuten. Die s Pole von $\psi_{\bar{d}}$, deren Argumentenpaare wir $^{(1)}\xi_1, {}^{(1)}\xi_2; \ldots; {}^{(s)}\xi_1, {}^{(s)}\xi_2$ nennen, sollen *unabhängig von einander*

---

*) In der Schar können auch Formen vorkommen, welche an einem Teile der Stellen $y_1, y_2, \ldots, y_s$ endlich bleiben. Die Ausdrucksweise des Textes ist insofern gerechtfertigt, als man offenbar stets $(m + \bar{s} - p + \sigma + 1)$ linear unabhängige unter denjenigen Formen der Schar auswählen kann, welche thatsächlich an allen Stellen $y_1, y_2, \ldots, y_s$ Pole haben.

*) In der vorliegenden Gestalt würde der Satz unmittelbar auch für die Formen ψ_d mit $\bar{d} < -2$ bestehen bleiben. Hier ist nämlich im allgemeinen $\sigma = 0$, so dass man zu der schon pg. 254 bestimmten Anzahl $(\bar{m} + \bar{s} - p + 1)$ zurückgelangt. Nur für $\bar{d} = -2$, M $= 1$ und $\bar{s} = 0$ hat man, um die p linear unabhängigen Formen Φ_{-2} zu gewinnen, $\sigma = 1$ zu nehmen, wobei (eben dem Werte $\sigma = 1$ entsprechend) eine Constante als polfreie eigentlich automorphe Form nullter Dimension gilt.

***) Cf. § 11 in der pg. 213 genannten Abhandlung.

beweglich sein. Ist alsdann die Form (9) an diesen $\bar{s}$ Stellen zugleich null, so genügen die c den s Gleichungen:

$$(10) \quad c_1 q_d^{(1)}({}^{(k)}\zeta_1, {}^{(k)}\zeta_2) + \cdots + c_{m-p+1} q_d^{(m-p+1)}({}^{(k)}\zeta_1, {}^{(k)}\zeta_2) = 0, \quad (k = 1, \ldots, \bar{s}).$$

Nun sei erstlich $\bar{s} \geq m - p + 1$. Unter dieser Bedingung benutzen wir, dass zufolge der linearen Unabhängigkeit der $q_d^{(1)}, \ldots, q_d^{(m-p+1)}$ die Determinante:

$$q_{d}^{(i)}({}^{(k)}\zeta_1, {}^{(k)}\zeta_2) , \qquad (i, k = 1, 2, \ldots, m-p+1)$$

bei frei beweglichen ${}^{(1)}\zeta_1, {}^{(1)}\zeta_2; {}^{(2)}\zeta_1, {}^{(2)}\zeta_2; \ldots$ nicht identisch verschwindet. Die Coefficienten c bestimmen sich somit für $\bar{s} \geq m - p + 1$ aus (10) als durchgängig mit 0 identisch, so dass die Anzahl σ gegenwärtig gleich null ist. Da andrerseits:

$$\bar{t} = \bar{m} + \bar{s} \geq m + \bar{m} - p + 1 = p - 1$$

gilt, so ist im Falle des Ungleichheitszeichens die Lösbarkeit des Umkehrproblems im obigen Sinne (cf. pg. 251) stets gewährleistet. Der erweiterte Riemann-Roch'sche Satz ergiebt hiernach als Anzahl linear unabhängiger Formen ψ_d:

$$\bar{m} + \bar{s} - p + 1 > m + \bar{m} - 2p + 2 = 0,$$

während diese Anzahl für $\bar{s} = m - p + 1$ gleich 0 wird. *Im letzteren Falle giebt es hiernach keine Formen ψ_d, während für $\bar{s} > m - p + 1$ stets solche existieren.*

Ist jetzt $\bar{s} < m - p + 1$, so ergiebt sich aus der Beweglichkeit der Pole und der linearen Unabhängigkeit der $q_d^{(1)}, q_d^{(2)}, \ldots$ für die Anzahl σ der Wert $m - p + 1 - \bar{s}$. Der erweiterte Riemann-Roch'sche Satz lehrt, dass auch unter der jetzigen Voraussetzung keine Formen ψ_d existieren.

Wir finden demgemäss unter Zusammenfassung beider Fälle folgendes Theorem: *Bei Formen ψ_d nicht-negativer Dimension $\bar{d}$ mit frei beweglichen Polen ist die Anzahl $\bar{s}$ der letzteren an die Bedingung:*

$$(11) \qquad \bar{s} \geq m - p + 2 = p - \bar{m}$$

gebunden, wobei jedoch die Combination $\bar{d} = 0$, $\overline{M} = 1$ ausgeschlossen ist.

Für $\bar{d} = 0$, $M = 1$ werden wir aber zu den automorphen Functionen im ursprünglichen Sinne und damit zu den bekannten Sätzen über die algebraischen Functionen auf einer Riemann'schen Fläche zurückgeführt. *Hier gilt bei freier Beweglichkeit der Pole für deren Anzahl:*

$$(12) \qquad \bar{s} \geq p + 1.$$

Allgemein würde man somit den Satz dahin aussprechen können. *dass die Mindestanzahl der Pole bei freier Beweglichkeit in jedem*

Falle $\bar{d} \geq 0$ um eine Einheit grösser als die Anzahl linear unabhängiger conjugierter ganzer Formen ist.)

Eine weitere bemerkenswerte *Anwendung des Begriffs der conjugierten Formen* besprechen wir hier nur noch beiläufig. Hat eine beliebige Form φ_d, für welche wir bei etwaigen parabolischen Ecken an der Vorschrift (5) pg. 256 festhalten, an der durch $^{(1)}\zeta_1, ^{(1)}\zeta_2$ gegebenen Stelle, die der Kürze halber als von einer Polygonecke verschieden angenommen sein mag, einen Pol erster Ordnung, so gilt in der Umgebung der Stelle $^{(1)}\zeta = ^{(1)}\zeta_1 : ^{(1)}\zeta_2$ die Entwicklung:

$$(13) \qquad \zeta_2^{-d} \cdot \varphi_d(\zeta_1, \zeta_2) = \frac{C}{\zeta - ^{(1)}\zeta} + C_0 + C_1(\zeta - ^{(1)}\zeta) + \cdots$$

Hier heisse C der „zum Pol $^{(1)}\zeta$ gehörende Anfangscoefficient".

Ist im speciellen φ_d eine eigentlich automorphe Form der Dimension -2, so wird:

$$(14) \qquad \int \varphi_{-2}(\zeta_1, \zeta_2)(\zeta, d\zeta) = -C \log(\zeta - ^{(1)}\zeta) + \cdots$$

ein zum automorphen Gebilde gehörendes *Integral dritter Gattung*, welches bei $^{(1)}\zeta$ einen logarithmischen Unstetigkeitspunkt „vom Residuum $-C$" aufweist. Hat jetzt φ_{-2} im Fundamentalbereiche insgesamt s Pole, welche sämtlich von erster Ordnung sind und die Anfangscoefficienten $C^{(1)}, C^{(2)}, \ldots, C^{(s)}$ besitzen, so werden die negativ genommenen Werte dieser Coefficienten die Residua aller logarithmischen Unstetigkeitspunkte vom Integrale (14) liefern. *Nach einem wohlbekannten Satze verschwindet demnach die Summe jener Anfangscoefficienten bei unserer eigentlich automorphen Form $\varphi_{-2}(\zeta_1, \zeta_2)$ von der Dimension -2:*

$$(15) \qquad C^{(1)} + C^{(2)} + \cdots + C^{(s)} = 0.$$

Ist nun wieder $\psi_{\bar{d}}$ eine $\bar{s}$-polige Form nicht-negativer Dimension und bedeuten $^{(1)}\zeta_1, ^{(1)}\zeta_2; \ldots; ^{(\bar{s})}\zeta_1, ^{(\bar{s})}\zeta_2$ die Pole, welche natürlich alle von der ersten Ordnung sein sollen, so wende man, unter $\varphi_d^{(i)}$ eine der linear unabhängigen zu $\psi_{\bar{d}}$ conjugierten ganzen Formen verstanden,

---

*) Es ist sehr interessant, dass der Satz in der vorliegenden Gestalt auch bei $\bar{d} \leq -2$ gilt. Jetzt haben die conjugierten Formen $d \geq 0$; hier aber ist die Anzahl der ganzen Formen im allgemeinen gleich 0 und nur dann gleich 1, wenn $d = 0$, $M = 1$ vorliegt. In der That werden wir denn auch alsbald für die Dimensionen ≤ -2 einpolige Formen mit frei beweglichem Pol bilden, abgesehen vom Falle der eigentlich automorphen Formen $(-2)^{\text{ter}}$ Dimension, wo die Mindestanzahl der Pole 2 sein wird.

Übrigens sei noch erwähnt, dass Ritter in § 22 seiner pg. 213 genannten Arbeit auch einige Angaben über die Mindestanzahl der Pole bei beschränkter Beweglichkeit der letzteren macht.

die vorstehende Betrachtung auf die eigentlich automorphe Form $(-2)^{ter}$ Dimension:

$$q_d^{(i)}(\xi_1, \xi_2) \cdot \psi_{\bar{d}}(\xi_1, \xi_2) = \varphi_{-2}(\xi_1, \xi_2)$$

an. Gehört zum Pole $^{(k)}\xi$ von $\psi_{\bar{d}}$ der Anfangscoefficient $C^{(k)}$, so gehört zum gleichen Pole von q_{-2}:

$$^{(k)}\xi_2^{-d} q_d^{(i)}(^{(k)}\xi_1, {}^{(k)}\xi_2) \cdot C^{(k)}$$

als Anfangscoefficient. Da aber offenbar q_{-2} ausser den $\bar{s}$ Polen von $\psi_{\bar{d}}$ weitere Pole nicht aufweist, so entspringt auf Grund der Gleichung (15) der Satz: *Für die $\bar{s}$ Anfangscoefficienten $C^{(k)}$, welche zu den Polen der Form $\psi_{\bar{d}}$ gehören, bestehen die linearen homogenen Relationen:*

$$(16) \quad {}^{(1)}\xi_2^{-d} q_d^{(i)}({}^{(1)}\xi_1, {}^{(1)}\xi_2) \cdot C^{(1)} + \cdots + {}^{(\bar{s})}\xi_2^{-d} q_d^{(i)}({}^{(\bar{s})}\xi_1, {}^{(\bar{s})}\xi_2) \cdot C^{(\bar{s})} = 0,$$

wo der Reihe nach für $q_d^{(i)}$ alle linear unabhängigen zu $\psi_{\bar{d}}$ conjugierten ganzen Formen eines irgendwie fixierten Systems solcher Formen einzutragen sind. Giebt es übrigens σ linear unabhängige ganze zu $\psi_{\bar{d}}$ conjugierte Formen, welche in den $\bar{s}$ Polen von $\psi_{\bar{d}}$ zugleich verschwinden, so sind unter den $(m - p + 1)$ bez. p Gleichungen (16) offenbar σ von den übrigen abhängig. —

Aus Gleichung (15) entspringt noch eine weitere Folgerung, auf die wir gleich nochmals zurückkommen werden: *Einpolige eigentlich automorphe Formen $(-2)^{ter}$ Dimension existieren nicht.* In der That würde ja für $s = 1$ aus (15) das Ergebnis $C^{(1)} = 0$ hervorgehen. Dieser Satz ist auch noch auf folgende Art beweisbar. Da wir für etwaige parabolische Ecken die Vorschrift (5) pg. 256 als erfüllt ansehen, so ist für eine eigentlich automorphe Form φ_{-2}, die einpolig ist. $t = m + 1 = 2p - 1$. Demnach ist nach pg. 254 die Anzahl linear unabhängiger φ_{-2}, welche an vorgeschriebener Stelle einen Pol haben dürfen, $2p - 1 - p + 1 = p$. Dies ist aber bereits die Anzahl der *ganzen* Formen Φ_{-2}, welche hier mitzuzählen sind: es giebt also überhaupt keine φ_{-2}, welche an der fraglichen Stelle einen Pol haben.

Die hiermit zu Ende geführten Untersuchungen stellen, wie man bemerkt haben wird, die Verallgemeinerung der Entwicklungen des zweiten Kapitels auf beliebiges p dar. Wir sind über Begriff, Existenz und Mannigfaltigkeit der Formen $q_d(\xi_1, \xi_2)$ eines automorphen Gebildes von beliebigem p, sowie über die zu ihnen inversen polymorphen Formen im einzelnen unterrichtet. Es ist dies ungefähr die Stelle, bis zu welcher Ritter die Theorie der automorphen Gebilde in seiner pg. 213 genannten Arbeit über multiplicative Formen ausgebildet hat. Unsere weiter folgenden Besprechungen sollen sich nunmehr an die Entwicklungen des dritten Kapitels (pg. 138 ff.) anschliessen.

§ 10. Die Poincaré'schen Reihen und die Elementarformen bei beliebigem p. Unimultiplicative Formen.

Wir wenden uns jetzt zur Betrachtung der *Poincaré'schen Reihen* für die Gruppen Γ beliebigen Geschlechtes p. Alle oben ausgeführten Convergenzuntersuchungen waren von der Zahl p des Geschlechtes unabhängig (cf. pg. 139 ff.). Unsere seinerzeit gewonnenen Ergebnisse, *dass die Reihen der Dimensionen $d \leq -4$ stets absolut convergent sind, dass bei Gruppen mit Grenzkreisen auch die Reihen mit $d = -3$ und bei Hauptkreisgruppen mit isoliert liegenden Grenzpunkten, sowie gewissen die „Schottky'schen Bedingungen" (cf. pg. 161) befriedigenden Gruppen mit isoliert liegenden Grenzpunkten auch die Reihen mit $d = -2$ absolut convergiren,* gelten demnach allgemein für jedes p.

Wir müssen die Aufmerksamkeit jetzt sogleich auf einen sehr wichtigen Umstand lenken. Wir haben die Convergenzbeweise der Poincaré'schen Reihen oben nur unter der Voraussetzung geführt, *dass die gesamten Multiplicatoren μ_k Zahlen des absoluten Betrages 1 sind.* Dies gilt nun bei den vorangehenden Untersuchungen über die zu einer Gruppe von beliebigem p gehörigen Formen zwar stets von den Verzweigungsmultiplicatoren $\mu_1, \mu_2, \ldots, \mu_n$: dagegen waren die Periodenmultiplicatoren irgend welche complexe Zahlen. Eine eindeutige automorphe Form $\varphi_d(z_1, z_2)$, deren Periodenmultiplicatoren im speciellen sämtlich den absoluten Betrag 1 haben, wollen wir fortan als „*unimultiplicativ*" bezeichnen. *Durch Poincaré'sche Reihen vermögen wir alsdann jedenfalls nur unimultiplicative Formen darzustellen.*

Um den Grad der hierin liegende Beschränkung zu ermessen, stellen wir den Satz auf: *Jede eindeutige automorphe Form φ_d kann durch Multiplication mit der Exponentialfunction eines überall endlichen Integrals $c_1 W_1^z + c_2 W_2^z + \cdots + c_p W_p^z$ in eine unimultiplicative Form umgewandelt werden, und zwar sind hierbei die Coefficienten $c_1, \ldots, c_p$ eindeutig bestimmt.*

Bei Zusatz dieses Exponentialfactors erfahren nämlich die Verzweigungsmultiplicatoren keine Veränderung. Die Periodenmultiplicatoren der Form:

$$(1) \qquad \varphi_d' = e^{c_1 W_1^z + \cdots + c_p W_p^z} \varphi_d$$

sind aber offenbar:

$$(2) \qquad \mu_{a_g}' = e^{c_g} \mu_{a_g}, \quad \mu_{b_g}' = e^{c_1 \omega_{g_1} + \cdots + c_p \omega_{g_p}} \mu_{b_g}.$$

Unter Trennung der reellen und imaginären Bestandteile schreiben wir:

$$c_g = c_g' + i c_g'', \quad \omega_{gk} = \omega_{gk}' + i \omega_{gk}''.$$

Soll nun $\mu'_{a_y} = 1$ sein, so folgt:

$$(3) \qquad\qquad c'_g = - \log | \mu_{a_y} ,$$

womit die reellen Bestandteile der c_y eindeutig bestimmt sind. Die Forderung, dass auch alle p Beträge $| \mu'_{b_y}$ gleich 1 sind, kleidet sich mit Benutzung der eben gewonnenen Werte der c'_y in die Gestalt der p Gleichungen:

$$(4) \qquad c''_1 \omega''_{g1} + c''_2 \omega''_{g2} + \cdots + c''_p \omega''_{gp} = \log | \mu_{b_g} - \sum_{k=1}^{p} \omega'_{gk} \log \mu_{a_k} |$$

für $g = 1, 2, \ldots, p$. Die c'' bestimmen sich aus diesen p Gleichungen eindeutig, da nach einem bekannten Satze aus der Theorie der Abel-schen Integrale die p-gliedrige Determinante $| \omega''_{gk} |$ von null ver-schieden ist.

Eine andere Beschränkung für die durch Poincaré'sche Reihen darstellbaren Formen ist uns von früher bekannt; es ist die, *dass die durch Poincaré'sche Reihen gelieferten Formen* $q_d(\xi_1, \xi_2)$ *in parabolischen Spitzen stets Nullpunkte haben.* Wir kommen diesem Umstande ent-gegen, indem wir (wie auch schon im voraufgehenden Paragraphen) bei den Formen mit $d \leqq -2$ für etwaige parabolische Spitzen die vermöge der Primform zu leistende Darstellung (2) pg. 243 nach der Vorschrift (5) pg. 256 einrichten.

Die tiefer liegenden Sätze über Darstellung der Formen durch Poincaré'sche Reihen hatten wir oben bei $p = 0$ auf Grund der Theorie der *einpoligen Reihen* und der aus ihnen herzustellenden *Elementar-formen* $\Omega(\xi_1, \xi_2; \bar\xi_1, \bar\xi_2)$ gewonnen. Eine Elementarform war eine ein-polige Reihe, für welche „der zum Pole ξ gehörende Coefficient" den Wert 1 hat:

$$(5) \qquad \bar\xi_2^{-d} \xi_2^{-\bar d} \Omega(\xi_1, \xi_2; \bar\xi_1, \bar\xi_2) = \frac{1}{\bar\xi - \xi} + C_0 + C_1(\xi - \bar\xi) + \cdots.$$

Liegt eine Gruppe mit einer oder unendlich vielen Grenzcurven vor, so definieren wir die Elementarform $\Omega(\xi_1, \xi_2; \bar\xi_1, \bar\xi_2)$ durch die Reihe (3) pg. 186. Überspannt das Polygonnetz die ganze ζ-Ebene bis auf die Grenzpunkte, so hat $\Omega(\xi_1, \xi_2; \bar\xi_1, \bar\xi_2)$ die Gestalt (5) pg. 187. Alle auf die Construction der Elementarformen bezogenen Entwicklungen von pg. 179 ff., sowie auch die Untersuchungen über Herstellung von Reihen mit Polen in elliptischen Ecken, diejenigen über das Verhalten der Elementarformen bei Annäherung von ξ an eine parabolische Ecke, über das Verhalten bei Anwendung der Substitutionen U_i auf ξ_1, ξ_2 u. s. w. gelten, wie schon oben wiederholt hervorhoben, unmittelbar für Gruppen eines beliebigen Geschlechtes p.

Die speciell auf das Geschlecht $p = 0$ bezüglichen Ausführungen pg. 200 ff. werden wir nunmehr für beliebiges p zu verallgemeinern haben.

Zunächst erinnern wir daran, *dass für $d = -2$, M $= 1$ Elementarformen nicht herstellbar sind* (cf. pg. 181). Dies kommt jetzt mit dem am Schlusse des vorigen Paragraphen aufgestellten Satze überein, dass einpolige eigentlich automorphe Formen nicht existieren. Wir werden auf diesen Umstand noch öfter zurückkommen.

Bei Ausübung der Substitutionen U_i auf ξ_1, ξ_2 ist oben (pg. 199) insbesondere die Frage behandelt, ob $\Omega(\zeta_1, \zeta_2; \xi_1, \xi_2)$ auch in den ξ_1, ξ_2 eine automorphe Form sein kann. Wir werden hier leicht zeigen können: *Bei keiner Gruppe Γ mit $p > 0$ kann es eine Elementarform Ω geben, welche in den ξ_1, ξ_2 unmittelbar eine automorphe Form ist.* Da nämlich der Fall der eigentlich automorphen Formen $(-2)^{ter}$ Dimension ausgeschlossen bleibt, so hat ein einzelnes $\Omega(\zeta_1, \zeta_2; \xi_1, \xi_2)$ als Form der Dimension $d \leq -2$ in den ζ_1, ζ_2 ein $m \geq 2p - 1$. Aus der Relation:

$$m + m = 2p - 2$$

folgt hiernach $m \leq -1$. Da aber Ω auch als Form der ξ_1, ξ_2 einpolig sein würde, so müsste $m \geq -1$ zutreffen, so dass $m = -1$ folgen würde. Dieser eine Pol würde freie Beweglichkeit besitzen. Wir fanden jedoch, dass die Mindestanzahl frei beweglicher Pole

$$p - m = p + 1$$

ist. Sobald $p > 0$ ist, widerspricht diese letztere Thatsache der Annahme, dass Ω in den ξ_1, ξ_2 automorph sei; diese Annahme kann also nicht zutreffen.

Genau durch dieselbe Überlegung, wie pg. 203 bei $p = 0$, ergiebt sich jetzt, indem wir zunächst *die Combination $d = -2$, M $= 1$ ausschliessen,* das fundamentale Ergebnis: *Bei allen mit den Convergenztheoremen in Übereinstimmung befindlichen Dimensionen $d \leq -2$ und für jedes zugehörige System M giebt es polfreie, nicht identisch verschwindende Poincaré'sche Reihen.*

Wegen des Verhaltens der zu gegebenen d und M gehörenden Elementarform $\Omega(\zeta_1, \zeta_2; \xi_1, \xi_2)$ bei Ausübung der Substitutionen U_i auf ξ_1, ξ_2, welches sich nach den Entwicklungen von pg. 198 ff. regelt, recapitulieren wir folgendes: Giebt es für diese Dimension d und dieses Multiplicatorsystem M insgesamt τ linear unabhängige polfreie Poincaré'sche Reihen, die wir wieder (wie pg. 206) symbolisch durch:

(6) $\qquad \omega_1(\xi_1, \xi_2), \ \omega_2(\xi_1, \xi_2), \ \ldots, \ \omega_\tau(\xi_1, \xi_2)$

bezeichnen wollen, so geht $\Omega(\zeta_1, \zeta_2; \xi_1, \xi_2)$ bei Anwendung von U_i auf ξ_1, ξ_2 über in:

$$(7) \quad \Omega(\xi_1, \xi_2; \xi_1^{(0)}, \xi_2^{(0)}) = \mu_i \Omega(\xi_1, \xi_2; \xi_1, \xi_2) + \sum_{\nu=1}^{r} f_\nu^{(0)}(\xi_1, \xi_2) \, \omega_\nu(\xi_1, \xi_2),$$

wo die $f_\nu^{(0)}(\xi_1, \xi_2)$ Formen der Dimension $d = -d - 2$ in den ξ_1, ξ_2 allein sind, welche in keinem Falle d, M *durchgehends identisch verschwinden.* In der That kann ja Ω, wie wir soeben sahen, nicht gegenüber allen Gruppenerzeugenden U, das Verhalten einer automorphen Form von ξ_1, ξ_2 besitzen.

Von hier aus werden wir die Frage entscheiden können, *ob alle Formen, bezw. welche Formen einer mit den Convergenztheoremen in Übereinstimmung befindlichen Dimension d durch eine Poincaré'sche Reihe darstellbar sind.* Allerdings lässt sich hierbei der bei den Elementarformen ausgeschlossene Fall $d = -2$. M $= 1$, der doch unter gewissen Voraussetzungen (cf. pg. 157 ff.) den Convergenztheoremen genügt, noch nicht erledigen. Wir müssen hier zunächst noch einen Schritt weitergehen und *die eigentlich automorphen „zweipoligen" Reihen $(-2)^{ter}$ Dimension* näher in Betracht ziehen.

§ 11. Zweipolige Reihen $(-2)^{ter}$ Dimension und Integrale 2ter Gattung bei automorphen Gebilden beliebigen Geschlechtes p.

Die Gruppen Γ, deren Poincaré'sche Reihen $(-2)^{ter}$ Dimension convergent sind, besitzen, wie wir wissen, notwendig Netze N, die bis auf isoliert liegende Grenzpunkte die ganze ζ-Ebene bedecken. Wir werden bei diesen Gruppen zu automorphen Gebilden geführt, welche öfter wiederholt untersucht worden sind. Um hier einige geschichtliche Notizen vorauszusenden, so sei erstlich an die nachgelassene Note Riemann's *„Gleichgewicht der Elektricität auf Cylindern mit kreisförmigem Querschnitt und parallelen Axen"*[*]) erinnert. Dieselbe bezieht sich auf einen von $(p + 1)$ getrennt verlaufenden Symmetriekreisen begrenzten Bereich, welcher erst bei Reproduction an einem jener Kreise zu einem Fundamentalbereiche (der „ersten" Art) ergänzt wird. Auf die grosse Bedeutung dieser Arbeit ist wiederholt, so z. B. pg. 114, sowie in I pg. 438, hingewiesen. Es sei weiter an die beiden grossen Arbeiten Schottky's erinnert: *„Über conforme Abbildungen mehrfach zusammenhängender ebener Flächen"* und *„Über eine specielle Function, welche bei einer bestimmten linearen Transformation ihres Argumentes unverändert bleibt"*[**]), welche schon öfter genannt sind, und an deren

---

[*] Riemann's gesammelte Werke, pg. 413 (der ersten Aufl.), pg. 440 (der zweiten Aufl.).

[**] Journal für Math. Bd. 83 (1877) und Bd. 101 (1887).

zweite unten ausführlicher angeknüpft wird. Kurz vor der letzteren Abhandlung erschien die gleichfalls wiederholt genannte Note Weber's „*Ein Beitrag zu Poincaré's Theorie der Fuchs'schen Functionen*"[*]), in welcher für eine specielle Art hyperelliptischer Gebilde die Schottky'schen Ergebnisse vorweg genommen wurden. Andrerseits liess vier Jahre nach der zweiten Schottky'schen Arbeit W. Burnside seine pg. 157 genannte Abhandlung: „*On a Class of Automorphic Functions*"[**]) erscheinen, welche neben den von Riemann und Schottky betrachteten Fällen auch die hier insgesamt zulässigen Hauptkreisgruppen in Betracht zog, und in welcher die Behandlung der zugehörigen automorphen Gebilde auf die convergenten Poincaré'schen Reihen $(-2)^{\text{ter}}$ Dimension, welche wir sogleich betrachten werden, gegründet wurde. Weitere Litteraturnachweise, namentlich solche, welche vornehmlich gewisse, noch ausführlich zu betrachtende, Productentwicklungen betreffen, folgen besser erst unten.

Das Bemerkenswerte an den hier zu betrachtenden „*eigentlich automorphen*" *Poincaré'schen Reihen* $(-2)^{\text{ter}}$ *Dimension* ist, dass man von ihnen aus mit grosser Leichtigkeit zu *Reihenentwicklungen für die Integrale der drei Gattungen*, welche zu den fraglichen automorphen Gebilden gehören, sowie zu *Productdarstellungen der betreffenden Primformen* gelangt. Wir untersuchen im vorliegenden Paragraphen nur erst die Reihen $(-2)^{\text{ter}}$ Dimension in ihrer Beziehung zu den Integralen zweiter Gattung.

Den bequemsten Ausgangspunkt bietet in dieser Hinsicht die durch die nachfolgende Reihe erklärte Form $\Psi(\zeta_1, \zeta_2; \xi_1, \xi_2)$ zweier Variabelenpaare ζ_1, ζ_2 und ξ_1, ξ_2:

$$(1) \qquad \Psi(\zeta_1, \zeta_2; \xi_1, \xi_2) = \sum_k \frac{1}{\zeta^{(k)}, \xi^2}$$

Die Haupteigenschaften dieser Form sind folgende: *Es stellt* Ψ *in jedem der beiden Variabelenpaare eine eigentlich automorphe Form* $(-2)^{\text{ter}}$ *Dimension dar, welche offenbar zweiploig ist (insofern sie bei* ξ *bezw.* ζ *einen Pol* 2ter *Ordnung aufweist) und welche bei Austausch beider Variabelenpaare unverändert bleibt:*

$$(2) \qquad \Psi(\xi_1, \xi_2; \zeta_1, \zeta_2) = \Psi(\zeta_1, \zeta_2; \xi_1, \xi_2).$$

Wird ξ *an einer von einer Polygonecke verschiedenen Stelle festgehalten, so hat* Ψ *als Form der* ζ_1, ζ_2 *(neben* $2p$ *freien Nullpunkten) in der einzelnen elliptischen oder parabolischen Polygonecke einen Nullpunkt der Ordnung*

---

[*]) Göttinger Nachrichten von 1886 pg. 359.

[**]) Proceedings of the London Math. Society, Bd. 23 1891).

$\left(1 - \frac{1}{l_k}\right)$. *Entsprechendes gilt natürlich bei stehendem ζ für Ψ als Form der ξ_1, ξ_2.*

Es hat nun das invariante Differential $(\xi, d\xi)$ in der einzelnen Ecke gerade einen Pol der Ordnung $\left(1 - \frac{1}{l_k}\right)$, so dass das Product von Ψ und $(\xi, d\xi)$ bis auf den bei ζ gelegenen Pol zweiter Ordnung im ganzen Fundamentalbereiche polfrei ist. Dieses Product ist (ausser von ζ_1, ζ_2) nur noch vom Quotienten $\xi = \xi_1 : \xi_2$ abhängig. Man integriere jetzt bei stehenden ζ_1, ζ_2 in Bezug auf ξ etwa zwischen den Grenzen ξ_0 und ξ; das entspringende Integral werde $Y(\zeta_1, \zeta_2; \xi, \xi_0)$ genannt:

$$(3) \qquad Y(\zeta_1, \zeta_2; \xi, \xi_0) = \int_{\xi_0}^{\xi} \Psi(\zeta_1, \zeta_2; \xi_1, \xi_2)\,(\xi, d\xi).$$

Da die Reihe (1) im gesamten Bereiche ihrer gleichmässigen Convergenz, d. h. im Innern des Polygonnetzes (in der ganzen ξ-Ebene abgesehen von den Grenzpunkten der Gruppe) gliedweise integriert werden darf, so folgt als *Darstellung von Y die Poincaré'sche Reihe:*

$$(4) \qquad Y(\zeta_1, \zeta_2; \xi, \xi_0) = - \sum_k \frac{(\xi, \xi_0)}{(\zeta^{(k)}, \xi)\,(\zeta^{(k)}, \xi_0)}.$$

Die absolute Convergenz dieser Reihe, falls ξ und ξ_0 nicht in etwaigen parabolischen Spitzen liegen, ist nach den früheren Convergenztheoremen auch unmittelbar klar. Aber auch die parabolischen Punkte bieten hier keine Schwierigkeit. Entwickeln wir nämlich nach pg. 151, falls ξ in die Nähe einer etwa nach ∞ zu legenden parabolischen Spitze rückt, die „automorphe" Form Ψ von ξ_1, ξ_2 nach Potenzen von e^{ξ}, so führt die Integration für Y auf eine convergente Darstellung:

$$(5) \quad Y(\zeta_1, \zeta_2; \xi, \xi_0) = \varphi^{(0)}_2(\zeta_1, \zeta_2) + q^{(1)}_2(\zeta_1, \zeta_2)\,e^{\xi} + q^{(2)}_2(\zeta_1, \zeta_2)\,e^{2\xi} + \cdots,$$

welche das Verhalten von Y bei Annäherung von ξ an die fragliche Spitze klarstellt, und welche sich der Entwicklung der Elementarformen bei parabolischen Spitzen (cf. pg. 196) unterordnet.

Als Function von ξ hat Y im Fundamentalbereiche *einen* bei ζ gelegenen *Pol erster Ordnung*, und zwar verhält sich $\xi_2^2 \cdot Y$ bei ζ wie $(\xi - \zeta)^{-1}$. Bei Ausübung von Substitutionen der Gruppe auf ξ wird Y als Integral (3) um *Perioden, die von ξ unabhängig sind*, zunehmen. Wir kommen sogleich auf die Gestalt dieser Perioden zurück. *Man erkennt hiernach in $Y(\zeta_1, \zeta_2; \xi, \xi_0)$, als Function von ξ aufgefasst, ein einpoliges Integral zweiter Gattung.* Liegt ein Fundamentalbereich vor, der von $2p$ getrennt verlaufenden Vollkreisen begrenzt ist, so liefern diese Kreispaare für die geschlossene Fläche p Rückkehrschnitte, welche

wir als die Schnitte $b_1, b_2, \ldots, b_p$ eines kanonischen Schnittsystems ansehen können. Aus der Eindeutigkeit von Y in ξ folgt, dass Y unverändert bleibt, falls ξ einen der Schnitte b durchläuft. Aber ein
Integral zweiter Gattung, welches (auf der zerschnittenen Fläche gedacht) längs der p Schnitte a, überall keine von null verschiedenen
Wertdifferenzen aufweist, heisst ein zum kanonischen Schnittsystem
gehöriges „Normalintegral" (cf. „M." I pg. 531). Also folgt: *Im Falle
eines Fundamentalbereichs mit $2p$ getrennt verlaufenden Vollkreisen als
Randcurven ist $Y(\zeta_1, \zeta_2; \xi, \xi_0)$ als Function des ξ einpoliges „Normalintegral" zweiter Gattung.*

Das Integral zweiter Gattung wird uns hier übrigens nicht direct
in derjenigen Gestalt geliefert, welche aus der Theorie der algebraischen
Functionen entspringt, sondern weicht von letzterer um einen gewissen
von ζ abhängenden Factor ab. Man beachte nämlich, *dass Y in Abhängigkeit
von der Unstetigkeitsstelle ζ eine eigentlich automorphe Form $(-2)^{ter}$ Dimension darstellt, die zweipolig ist.* Eine solche Form hat in der einzelnen
festen Polygonecke einen Nullpunkt der Ordnung $\left(1 - \dfrac{1}{l_i}\right)$. Rückt
also ζ in eine feste Ecke, so wird Y als Function von ξ identisch verschwinden. Wir kommen auf dies abweichende Verhalten von Y gegenüber den Integralen zweiter Gattung der algebraischen Theorie sogleich
bei den Integralen dritter Gattung nochmals zurück.

Übrigens wolle man noch beachten, *dass die „Perioden" des Inte-
grals Y zwar von ξ unabhängig werden, aber in ζ_1, ζ_2 polfreie eigentlich
automorphe Formen $(-2)^{ter}$ Dimension mit Nullpunkten in den etwaigen
parabolischen Spitzen liefern.* Wir werden also hier zu den *Formen*
$\Phi_{-2}(\zeta_1, \zeta_2)$ zurückgeführt, was mit dem in der Theorie der algebraischen
Function wohlbekannten Verhalten der Integrale zweiter Gattung in
Übereinstimmung ist (cf. „M." I pg. 532 und II pg. 497). Üben wir
insbesondere auf ξ die Substitution U_i aus und schreiben:

$$(6) \qquad Y(\zeta_1, \zeta_2; \xi^{(i)}, \xi_0) = Y(\zeta_1, \zeta_2; \xi, \xi_0) + \Phi_{-2}(\zeta_1, \zeta_2),$$

so entspringt für die hier eintretende Form Φ aus (4) nach kurzer
Zwischenrechnung die Reihe:

$$(7) \qquad \Phi_{-2}(\zeta_1, \zeta_2) = \sum_k \frac{(\xi_0 \cdot \xi_0^{(i)})}{(\zeta^{(k)}, \xi_0)(\zeta^{(k)}, \xi_0^{(i)})}.$$

Dass wir hier mit einer polfreien Reihe zu thun haben, geht mit Rücksicht auf die Äquivalenz von ξ_0 und $\xi_0^{(i)}$ aus der Bauart der Reihe auch
leicht direct hervor (vergl. die Überlegungen pg. 180 ff.). Da wegen
$p > 0$ das Integral Y nicht gegenüber allen auf ξ ausgeübten Substitutionen U_i unverändert bleiben kann, so folgt das wichtige Ergebnis,
dass nicht alle polfreien Reihen (7) identisch verschwinden können. Giebt

es im ganzen τ linear unabhängige polfreie Poincaré'sche Reihen $(-2)^{\text{ter}}$ Dimension, so mögen wir ein specielles System solcher durch:

$$\Phi^{(1)}_{-2}(z_1, z_2),\ \Phi^{(2)}_{-2}(z_1, z_2),\ \ldots,\ \Phi^{(\tau)}_{-2}(z_1, z_2)$$

bezeichnen. An Stelle von (6) tritt dann *betreffs des Verhaltens von Y bei Ausübung der Substitution U_i auf z die ausführlichere Gleichung:*

$$(8) \qquad Y(z_1, z_2; z^{(i)}, z_0) = Y(z_1, z_2; z, z_0) + \sum_{\varrho=1}^{\tau} c_\varrho\, \Phi^{(\varrho)}_{-2}(z_1, z_2),$$

wo die c von z und ζ unabhängige Constante sind. Für die Anzahl τ gilt zunächst $1 < \tau < p$; wir werden im übernächsten Paragraphen ohne Mühe das Zutreffen der Gleichung $\tau = p$ zeigen können.

§ 12. Die Integrale erster und dritter Gattung. Productdarstellung für die Primform.

Unter Vorbehalt einer kurzen Ergänzung betreffs der Integrale zweiter Gattung wenden wir uns jetzt zunächst zur Betrachtung der *Integrale erster und dritter Gattung* bei denjenigen automorphen Gebilden, deren Reihen $(-2)^{\text{ter}}$ Dimension convergent sind.

Das Differential: $\qquad \Phi_{-2}(z_1, z_2)\,(z, dz)$,

welches wir aus der in Gleichung (7) des vorigen Paragraphen gelieferten Form $\Phi_{-2}(z_1, z_2)$ herstellen können, ist, wie man leicht feststellt, auch in den Polygonecken polfrei. Dasselbe wird direct ein zum algebraischen Gebilde gehörendes Differential erster Gattung, in Abhängigkeit von ζ aufgefasst, darstellen. Durch Integration zwischen den Grenzen z_0 und z möge das *Integral erster Gattung* $J(z, z_0)$ entstehen:

$$(1) \qquad J(z, z_0) = \int_{z_0}^{z} \Phi_{-2}(z_1, z_2)\,(z, dz).$$

Benutzen wir die Invarianz des Differentials (z, dz) gegenüber U_i, so folgt durch gliedweise Integration der durch (7) pg. 267 gelieferten Reihe für $\Phi_{-2}(z_1, z_2)\,(z, dz)$ als *Darstellung des Integrals erster Gattung* $J(z, z_0)$ *die nachfolgende Reihe:*

$$(2) \qquad J(z, z_0) = -\sum_k \log \frac{z^{(k)}, z_0 \cdot z^{(k)}_0, z^{(i)}_0}{z^{(k)}_0, z_0 \cdot z^{(k)}, z^{(i)}_0},$$

welche auch so geschrieben werden kann:

$$(3) \qquad J(z, z_0) = -\sum_k \log \left(\frac{z^{(k)} - z_0}{z^{(k)} - z^{(i)}_0} \cdot \frac{z^{(k)}_0 - z^{(i)}_0}{z^{(k)}_0 - z_0} \right).$$

Nehmen wir bereits als bewiesen an, dass die am Schlusse des vorigen Paragraphen mit τ bezeichnete Anzahl gleich p ist, so finden wir unter den Erzeugenden U_i der Gruppe ausreichend viele Substitutionen, um

p linear unabhängige Integrale erster Gattung auf dem bezeichneten Wege herzustellen.

Auch hier bietet *ein von* $2p$ *getrennt verlaufenden Vollkreisen begrenzter Fundamentalbereich* Gelegenheit zu einer besonderen Betrachtung. Verstehen wir dabei unter U_i eine der p Erzeugenden, so ist $\xi_0^{(i)}$ der mit der Stelle ξ_0 äquivalente Punkt in dem benachbarten Bereiche. Letzterer habe mit dem Ausgangsbereiche den Kreis K_i gemein. Der Vieldeutigkeit von $\log\left(\dfrac{z-\xi_0}{z-\xi_0^{(i)}}\right)$ entsprechend, führen wir einen Querschnitt von ξ_0 nach $\xi_0^{(i)}$, der den Kreis K_i überschreitet, ohne irgend einen anderen Kreis des Netzes zu treffen. Durchläuft jetzt ζ den Kreis K_i in der richtigen Richtung, so nimmt das dem Werte $k=0$ entsprechende Anfangsglied der Reihe (3) um den Betrag $2\pi\sqrt{-1}$ zu. Die mit ζ äquivalenten Punkte $\zeta^{(1)}, \zeta^{(2)}, \ldots$ beschreiben hingegen Kreise des Netzes, welche dem gerade gezogenen Querschnitte nicht begegnen; d. h. alle weiter folgenden Glieder der Reihe (3) bleiben gegenüber dem fraglichen Umlaufe von ζ unverändert. Beschreibt ζ den Kreis K_i, so ändert sich hiernach $J(\zeta, \zeta_0)$ um die Periode $2\pi\sqrt{-1}$. Man findet durch leichte Fortsetzung der Überlegung, dass $J(\zeta, \zeta_0)$ unverändert bleibt, falls ζ einen jener Randkreise des Fundamentalbereichs beschreibt, welche zu den $(p-1)$ übrigen Erzeugenden gehören. Wir erkennen sofort: *Die* p *Gruppenerzeugenden liefern im fraglichen Falle ein System von* p *Normalintegralen erster Gattung* [cf. „M." I pg. 530*)]; *und da dieselben als solche linear unabhängig sind, so gilt dasselbe von den* p *ihnen entsprechenden polfreien Reihen* $\Phi_{-2}(\xi_1, \xi_2)$ *der Dimension* -2. In diesem Falle ist also der Beweis unserer Behauptung, dass die Anzahl $\tau = p$ sei, bereits geliefert.

Um ferner zum *Integral dritter Gattung* zu gelangen, bilden wir uns das Differential $Y(\xi_1, \xi_2; \xi, \xi_0) \cdot (\zeta, d\zeta)$, welches in ξ_1, ξ_2 homogen nullter Dimension ist und also nur noch vom Quotienten ζ abhängt. Dasselbe besitzt zwei Pole erster Ordnung bei ξ und ξ_0 im Fundamentalbereiche, während es in den Ecken des letzteren polfrei wird. Die Integration ergibt uns nun direct in:

$$(4) \qquad Q(\zeta, \zeta_0; \xi, \xi_0) = -\int_0^{\zeta} Y(\xi_1, \xi_2; \xi, \xi_0)\,(\zeta, d\zeta)$$

ein *Integral dritter Gattung mit zwei logarithmischen Unstetigkeitspunkten* ξ und ξ_0.

---

*) Von den an dieser Stelle, sowie auch sonst im Texte gebrauchten Normalintegralen erster Gattung weichen übrigens die hier in Rede stehenden Integrale J um den gemeinsamen Factor $2\pi\sqrt{-1}$ ab.

Als Reihendarstellung dieses Integrales ergiebt sich aus (4) pg. 266:

$$(5) \qquad Q(z, z_0; \xi, \xi_0) = \sum_k \left[\log\left(\frac{z^{(k)} - \xi}{z^{(k)} - \xi_0}\right) - \log\left(\frac{z_0^{(k)} - \xi}{z_0^{(k)} - \xi_0}\right) \right].$$

Man kann hierfür auch schreiben:

$$Q(z, z_0; \xi, \xi_0) = \sum_k \log\left(\frac{(z^{(k)}, \xi)\,(z_0^{(k)}, \xi_0)}{(z^{(k)}, \xi_0)\,(z_0^{(k)}, \xi)}\right),$$

wo unter dem Logarithmuszeichen des einzelnen Gliedes ein Doppelverhältniss von vier Punkten steht. Berücksichtigt man die Invarianz
dieses Doppelverhältnisses bei gleichzeitiger Anwendung einer und derselben Substitution U_i auf die in demselben vereinigten Variabelenpaare,
so kann man aus der letzten Darstellung von Q leicht auch noch auf
die folgende schliessen:

$$(6) \qquad Q(z, z_0; \xi, \xi_0) = \sum_k \left[\log\left(\frac{z - \xi^{(k)}}{z - \xi_0^{(k)}}\right) - \log\left(\frac{z_0 - \xi^{(k)}}{z_0 - \xi_0^{(k)}}\right) \right].$$

Der Vergleich mit (5) zeigt, dass wir mit einem Integrale dritter
Gattung zu thun haben, welches *Vertauschung von „Parameter" und
„Argument"* gestattet:

$$(7) \qquad Q(\xi, \xi_0; z, z_0) = Q(z, z_0; \xi, \xi_0).$$

Die aus (3) pg. 266 entspringende Gleichung:

$$(8) \qquad Q(z, z_0; \xi, \xi_0) = \int\limits_{z_0}^{z}\int\limits_{\xi_0}^{\xi} \Psi(z_1, z_2; \xi_1, \xi_2)\,(\xi, d\xi)(z, dz)$$

bestätigt dies mit Rücksicht auf (2) pg. 265 unmittelbar.

Im Falle eines von $2p$ isoliert verlaufenden Vollkreisen begrenzten
Fundamentalbereiches ist $Q(z, z_0; \xi, \xi_0)$, wie sofort zu sehen, ein
zum kanonischen Schnittsystem gehörendes „*Normalintegral" dritter
Gattung*, wobei man die beiden Stellen ξ und ξ_0, den oben (pg. 220)
befolgten Maßregeln entsprechend, in ein und demselben Polygone des
Netzes annehmen wird.

Wir bemerken übrigens noch, *dass Q (im Gegensatz zu den Integralen Y), in Abhängigkeit von z und ξ aufgefasst, unmittelbar als ein
aus der algebraischen Theorie entspringendes Integral dritter Gattung anzusehen ist.* Will man nun aber auf der Riemann'schen Fläche durch
Differentiation den Übergang von Q zum Integral zweiter Gattung gewinnen, so wird man sich des überall endlichen und von null verschiedenen Differentials $d\omega_i$ (cf. pg. 229) bedienen. Indem wir hier
statt dessen den zu unserem Y führenden Ansatz benutzen:

$$\frac{dQ(z, z_0; \xi, \xi_0)}{(z, dz)} = Y(z_1, z_2; \xi, \xi_0),$$

erhält entgegen dem Integrale $\frac{dQ}{d\omega_z}$ das *Integral zweiter Gattung* Y, in Abhängigkeit von seiner Unstetigkeitsstelle ζ aufgefasst, *die schon oben bemerkten Nullpunkte in den festen Polygonecken, wie dieselben den* ebenda befindlichen Polen des Differentials (z, dz) entsprechen. Hiermit ist die vorhin (pg. 267) nur erst beiläufig besprochene Abweichung des Y vom Integrale zweiter Gattung $\frac{dQ}{d\omega_z}$ der algebraischen Theorie völlig aufgeklärt.

Vom Integral dritter Gattung $Q(z, z_0; \xi, \xi_0)$ aus gelangen wir endlich sehr leicht zu derjenigen *Primfunction*, welche Schottky in der zweiten der pg. 264 genannten Arbeiten zur Gewinnung von *Productentwicklungen automorpher Functionen* benutzt.

Es liege der *Fall eines Fundamentalbereichs mit $2p$ Vollkreisen* als Randcurven vor, auf welchen Schottky sich a. a. O. beschränkt. Unter diesen Umständen ist in der nicht-homogen geschriebenen Gruppe Γ abgesehen von der Identität $V_0 = 1$ keine Substitution V_k mit ihrer inversen V_k^{-1} identisch. Lassen wir demnach von je zwei inversen Substitutionen zunächst nur eine zu und nennen die so ausgewählten Substitutionen allgemein $V_\varkappa$, so werden wir in $V_0 = 1$, den $V_\varkappa$ und den $V_\varkappa^{-1}$ die gesamte Gruppe erschöpft und jede Operation nur einmal genannt haben.

Schreiben wir statt $V_\varkappa^{-1}$ das Symbol $V_{-\varkappa}$, so liefern die oben gegebenen Reihendarstellungen des Integrals Q bei Fortgang zur Exponentialfunction von Q zunächst die folgende Productentwicklung für e^Q:

$$e^{Q(z, z_0; \xi, \xi)} = \frac{(z, \xi) \; (z_0, \xi_0)}{(z, \xi_0) \; (z_0, \xi)} \prod_\varkappa \frac{(z, \xi^{(\varkappa)}) \; (z_0, \xi_0^{(-\varkappa)})}{(z, \xi_0^{(\varkappa)}) \; (z_0, \xi^{(-\varkappa)})} \cdot \prod_\varkappa \frac{(\xi, z^{(\varkappa)}) \; (\xi_0, z_0^{(\varkappa)})}{(\xi, z_0^{(\varkappa)}) \; (\xi_0, z^{(\varkappa)})}.$$

Durch Umgestaltung der Klammersymbole im ersten Product rechter Hand auf Grund der Invarianteneigenschaft jener Symbole folgt für e^Q weiter der Ausdruck:

$$\frac{(z, \xi) \; (z_0, \xi_0)}{(z, \xi_0) \; (z_0, \xi)} \prod_\varkappa \frac{(z, \xi^{(\varkappa)}) \; (z_0, \xi_0^{(\varkappa)})}{(z, \xi_0^{(\varkappa)}) \; (z_0, \xi^{(\varkappa)})} \cdot \prod_\varkappa \frac{(\xi, z^{(\varkappa)}) \; (\xi_0, z_0^{(\varkappa)})}{(\xi, z_0^{(\varkappa)}) \; (\xi_0, z^{(\varkappa)})}.$$

Nunmehr ist *die durch Schottky benutzte Primfunction* $E(\zeta, \zeta_0)$ so zu erklären:

$$(9) \qquad E(\zeta, \zeta_0) = \lim_{\substack{z = \zeta \\ \xi = \zeta}} \sqrt{-(z - \xi)(z_0 - \xi_0) e^{-Q(z, z_0; \xi, \xi)}}.$$

Offenbar werden bei dem hier vorgeschriebenen Grenzübergange die beiden Producte in dem zuletzt für e^Q angegebenen Ausdrucke einander gleich, und wir gewinnen als *convergente Productdarstellung der Primfunction* $E(\zeta, \zeta_0)$:

$$(10) \qquad E(\zeta, \zeta_0) = (\zeta - \zeta_0) \prod_{\varkappa} \frac{(z - z_0^{(\varkappa)})(z_0 - z^{(\varkappa)})}{(z - z^{(\varkappa)})(z_0 - z_0^{(\varkappa)})}.$$

Die Beziehung der in (4) pg. 222 erklärten Primform $\Omega(z, z_0)$ zur Primfunction $E(\zeta, \zeta_0)$ ist leicht aufgewiesen. Zunächst wollen wir bei der Bildung jener Primform, um die in den Verzweigungspunkten der Riemann'schen Fläche liegenden Nullpunkte zum Fortfall zu bringen, an Stelle des Differentials (z, dz) *das überall endliche Differential* $d\omega_z$ (cf. pg. 229) treten lassen. Die so entstehende Primform möge $\Omega'(z, z_0)$ heissen, wobei die Stellen z, z_0 den Argumenten ζ, ζ_0 entsprechen mögen; dieses $\Omega'(z, z_0)$ ist identisch mit derjenigen pg. 222 ff. mehrfach genannten Gestalt der Primform, welche Klein vermöge der auf die Normalcurve der q gegründete homogene Betrachtung aufbaute[*]. Bei der vorliegenden Gruppe liegen die Verhältnisse nun insofern sehr einfach, *als* $(\zeta, d\zeta)$ *direct das überall endliche Differential darstellt.* Es folgt: *Die Beziehung zwischen der Primform* $\Omega'(z, z_0)$ *und der Schottky'schen Primfunction* $E(\zeta, \zeta_0)$ *ist angegeben durch:*

$$(11) \qquad \Omega'(z, z_0) = \zeta_2 \zeta_2^{(0)} \cdot E(\zeta, \zeta_0),$$

wobei wir ζ_0 in $\zeta_1^{(0)} : \zeta_2^{(0)}$ gespalten denken. Man sieht, dass die Schottky-sche Primfunction sowohl in Abhängigkeit von ζ wie von ζ_0 bis ∞ selbst Pole haben wird, während $\Omega'(z, z_0)$ den Vorzug besitzt überall endlich zu sein. Abgesehen hiervon (d. h. vom Factor $\zeta_2 \zeta_2^{(0)}$) hat aber Schottky in seinem $E(\zeta, \zeta_0)$ für die speciellen hier in Rede stehenden Gebilde genau denjenigen Ausdruck $\Omega'(z, z_0)$ gewonnen, welches Klein a. a. O. für beliebige algebraische Gebilde hergestellt hat[**].

Für die automorphen Functionen unseres in Rede stehenden Gebildes entspringen hieraus unter Vermittlung der Primform und auf Grund der Formel (10) *Darstellungen durch unendliche Producte*, welche die Nullpunkte und Pole der einzelnen Function direct zum Ausdruck bringen. Doch wird es kaum nötig sein, diese Product-entwicklungen hier noch explicite anzugeben[***].

---

[*] Siehe die Abhandlung „*Zur Theorie der Abel'schen Functionen*", Math. Ann., Bd. 36, pg. 1 ff. (1889).

[**] Vergl. übrigens die noch weiter ausgreifenden Bemerkungen von Klein a. a. O. pg. 13.

[***] Anderweitige Versuche, von den Poincaré'schen Reihen aus zu Product-entwicklungen, die mit transcendenten convergenzerzeugenden Zusatzfactoren ausgestattet sind, für die automorphen Functionen zu gelangen, sind von H. von Mangoldt in der Arbeit „*Über ein Verfahren zur Darstellung elliptischer Modulfunctionen durch unendliche Producte etc.*" (Göttinger Nachrichten von 1886 Nr. 1) und H. Stahl in der Abhandlung „*Über die Darstellung der ein-*

§ 13. Über die Darstellbarkeit der automorphen Formen beliebigen Geschlechtes p durch die Elementarformen und die Poincaré'schen Reihen.

Es bleibt uns jetzt endlich noch die Frage erschöpfend zu be-antworten, *welche automorphe Formen $\varphi_d(\zeta_1, \zeta_2)$ eines vorgelegten Ge-bildes mit $p > 0$ als convergente Poincaré'sche Reihen darstellbar sind.* Nach pg. 261 ist es selbstverständlich, dass hier *nur unimultiplicative Formen* in Betracht kommen können. Überdies muss natürlich die Dimension d in Übereinstimmung mit den Convergenztheoremen gewählt sein; wir werden $d \leq -2$ annehmen, da wir die möglicher Weise con-vergenten Reihen $(-1)^{\text{ter}}$ Dimension (cf. pg. 166) auch oben nicht weiter verfolgt haben. Im Falle $d = -2$ sollen das Multiplicator-system $\mathsf{M} = 1$ und damit die eigentlich automorphen Formen einst-weilen ausgeschlossen sein.

Die aufgeworfene Frage ist für die Gebilde des Geschlechtes null oben (pg. 204 ff.) behandelt; wir werden jetzt zeigen, dass die dortige Überlegung mit ganz geringfügigen Abänderungen auch bei $p > 0$ zum Ziele führt.

Wir constatieren erstlich, dass ohne weiteres die Betrachtungen über Herstellung einer Poincaré'schen Reihe gültig bleiben, welche an denselben Stellen und in der gleichen Weise wie eine vorgelegte Form $\varphi_d(\zeta_1, \zeta_2)$ unendlich wird. Voraussetzung ist hier wie dort, dass keiner der Pole in einer etwaigen parabolischen Ecke des Fundamental-bereichs gelegen ist: *Jede automorphe Form $\varphi_d(\zeta_1, \zeta_2)$ einer den Con-vergenztheoremen genügenden Dimension d mit beliebigen, jedoch nicht in parabolischen Spitzen liegenden, Polen ist bis auf eine additive ganze automorphe Form durch eine Poincaré'sche Reihe darstellbar.*

Wir haben in dieser Weise unsere Frage auf den besonderen Fall reduciert, dass $\varphi_d(\zeta_1, \zeta_2)$ eine *ganze* automorphe Form ist. Hier tritt dann ein indirectes Schlussverfahren in Kraft, wie dasselbe für $p = 0$ oben pg. 207 ff. auf die Betrachtung der Formen *positiver*

---

deutigen Functionen, die sich durch lineare Substitutionen reproducieren, durch un-endliche Producte" (Mathem. Annalen Bd. 33, 1888) gemacht worden.

Neuerdings hat J. C. Kluyver eine Weiterführung der Schottky'schen Untersuchungen (cf. pg. 264) begonnen; man vergl. Kluyver's Abhandlung „*A special case of Dirichlet's problem for two dimensions*" (Acta mathematica, Bd. 21, 1897). Insbesondere kommen hier die symmetrischen Gebilde zur Behandlung, bei denen die halbierten Fundamentalbereiche durch $(p+1)$ Symmetriekreise berandet sind. Es werden die Potentiale dieser Halbbereiche in Untersuchung gezogen, wobei eine analytische Darstellung dieser Potentiale auf Grund der allgemeinen Schottky'schen Producte entwickelt wird.

Dimensionen d gegründet wurde. Es sei dabei, wie oben, $\bar{d} = -d - 2$; und das Multiplicatorsystem M sei demjenigen von $q_d(\zeta_1, \zeta_2)$ invers. Der Fall $\bar{d} = 0$ ist bei den für die Dimension $d = -2$ in Betracht kommenden Gebilden natürlich auch zulässig. Es seien nunmehr $\bar{s}$ Stellen des Fundamentalbereichs durch $^{(1)}\zeta$, $^{(2)}\zeta$, ..., $^{(\bar{s})}\zeta$ bezeichnet. Wir nehmen an, *dass diese $\bar{s}$ Stellen von einander unabhängig und frei beweglich seien*; doch sollen sie nicht in etwaige parabolische Spitzen rücken dürfen, und der Einfachheit halber mögen sie auch von elliptischen Ecken des Fundamentalbereiches fern bleiben. Gelingt es, *eine automorphe Form $\psi_{\bar{d}}$ von der nicht-negativen Dimension d und dem Multiplicatorsystem M zu construieren, welche an diesen $\bar{s}$ Stellen Pole aufweist*, so gilt nach einem pg. 258 bewiesenen Satze:

$$(1) \qquad \bar{s} \geq m - p + 2 = p - m.$$

Mit Hülfe der zu den vorliegenden d, M gehörenden Elementarform $\Omega(\zeta_1, \zeta_2; \xi_1, \xi_2)$ bauen wir uns nun zur Herstellung einer gewünschten Form $\psi_{\bar{d}}$ den Ausdruck auf:

$$(2) \qquad B_1 \Omega(^{(1)}\zeta_1, {}^{(1)}\zeta_2; \xi_1, \xi_2) + B_2 \Omega(^{(2)}\zeta_1, {}^{(2)}\zeta_2; \xi_1, \xi_2) + \cdots$$
$$\cdots + B_{\bar{s}} \Omega(^{(\bar{s})}\zeta_1, {}^{(\bar{s})}\zeta_2; \xi_1, \xi_2),$$

in welchem die B von den ξ_1, ξ_2 unabhängige Grössen sein sollen. Bei der weiteren Discussion dieses Ausdrucks bleibt die Überlegung von pg. 207 ff. in allen wesentlichen Punkten bestehen. Die B sind derart zu bestimmen, dass der Ausdruck (2) gegenüber den Operationen der Gruppe eine automorphe Form der ξ_1, ξ_2 darstellt. Das Verhalten der einzelnen Elementarform bei Ausübung von U_i auf ξ_1, ξ_2 ist in (7) pg. 264 angegeben, wenn τ die Anzahl linear unabhängiger *polfreier Poincaré'scher Reihen* für d und M bedeutet und ein System solcher Reihen durch $\omega_1(\xi_1, \xi_2)$, $\omega_2(\xi_1, \xi_2)$, ..., $\omega_\tau(\xi_1, \xi_2)$ gegeben ist.

Die correspondierende Anzahl der überhaupt existierenden *ganzen automorphen Formen*, die in den etwaigen parabolischen Spitzen verschwinden, ist nach einem pg. 254 ausgesprochenen Satze $m - p + 1$, wo m nach der pg. 256 gegebenen Vorschrift zu berechnen ist. Wir merken somit für die Anzahl τ die Ungleichung an:

$$(3) \qquad \tau \leq m - p + 1.$$

Nun wolle man zur Discussion des Ausdrucks (2) genau die Überlegung reproducieren, welche pg. 207 an den gleichen Ausdruck (7) geschlossen ist. Man hat hier nur überall $\bar{s}$ statt σ für die Polanzahl zu setzen und muss gemäss der eben unter (3) angegebenen Bedingung an Stelle der Ungleichung (12) pg. 208 die folgende treten lassen:

$$(4) \qquad 1 < \varrho < \tau < m - p + 1.$$

Die freie Beweglichkeit der $\bar{s}$ Stellen $^{(1)}\zeta$, $^{(2)}\zeta$, ... und die lineare Unabhängigkeit der ω_1', ω_2', ..., $\omega_{p'}'$ (cf. pg. 209) führt wie a. a. O. auf die Ungleichung $s \geq \varrho + 1$. Aber auch schon für den niedersten Fall $\bar{s} = \varrho + 1$ gelingt thatsächlich die Herstellung einer gewünschten Form $\psi_{\bar{d}}$. Es wird also nach der eben aufgestellten Bedingung (1):

$$\bar{s} = \varrho + 1 > m - p + 2, \quad \varrho \geq m - p + 1$$

folgen; dann aber liefert der Vergleich mit (4):

$$(5) \qquad \varrho = \tau = m - p + 1.$$

Wir haben also den centralen Satz: *Die Anzahl linear unabhängiger polfreier Reihen für gegebene d, M ist gleich der correspondierenden Anzahl ganzer Formen, die in den parabolischen Spitzen, welche etwa vorkommen, verschwinden.*

Vermöge einer elementaren Überlegung entspringt daraufhin als Ergänzung des am Anfang des Paragraphen aufgestellten vorläufigen Theorems der Satz: *Jede in den etwaigen parabolischen Spitzen verschwindende unimultiplicative automorphe Form unseres Gebildes von beliebigem Geschlechte p kann, sofern ihre Dimension d den Convergenztheoremen genügt, in Gestalt einer Poincaré'schen Reihe dargestellt werden.*

Um die Betrachtung der *Formen nicht-negativer Dimension* $\psi_{\bar{d}}$ zu Ende zu führen, haben wir im Gleichungssystem (14) pg. 209 für die B_1, B_2, ..., B_s die Anzahl $\varrho = m - p + 1$ zu nehmen. Wir schliessen wie damals (pg. 210), dass von den s Grössen B:

$$(6) \qquad s - m + p - 1 = \bar{s} + m - p + 1$$

willkürlich wählbar sind, während sich alsdann die übrigen in jenen linear und homogen darstellen: *Es giebt $(s + m - p + 1)$ linear unabhängige automorphe Ausdrücke (2), welche an $\bar{s}$ ausserhalb der festen Polygonecken frei beweglichen Stellen Pole erster Ordnung aufweisen.*

Nach dem erweiterten Riemann-Roch'schen Satze (cf. pg. 257) ist nun $(s + \bar{m} - p + \sigma + 1)$ die Anzahl der linear unabhängigen Formen $\psi_{\bar{d}}$, welche an den Stellen $^{(1)}\zeta$, $^{(2)}\zeta$, ..., $^{(\bar{s})}\zeta$ Pole erster Ordnung besitzen. Dabei bedeutet σ die Anzahl linear unabhängiger mit $\psi_{\bar{d}}$ conjugierter ganzer Formen φ_{d}, welche an den $\bar{s}$ Polen von $\psi_{\bar{d}}$ zugleich verschwinden. Nun enthält die allgemeinste ganze Form φ_d nach obigen Erörterungen $(m - p + 1)$ Constante linear und homogen. Für letztere liefern die $\bar{s}$ geforderten Nullpunkte ebenso viele lineare homogene Gleichungen. Legen wir jetzt wieder Nachdruck auf die freie Beweglichkeit der Stellen $^{(1)}\zeta$, ..., $^{(\bar{s})}\zeta$, so sind jene $\bar{s}$ Gleichungen als von einander unabhängig anzusehen. Damit es alsdann überhaupt gewünschte ganze Formen φ_d giebt, ist $m - p + 1 > \bar{s}$ zu fordern.

Dies aber widerspricht der Bedingung (1), so dass $\sigma = 0$ zutreffen muss.

Damit sind auch die Formen nicht-negativer Dimension erledigt: *Die Anzahl der linear unabhängigen Formen* ψ_d *ist gleich* $(\bar{s} + m - p + 1)$ *und also identisch mit der Anzahl der aus Elementarformen aufgebauten linear unabhängigen automorphen Ausdrücke* (2).

Das gewonnene Ergebnis können wir nun leicht auch in die Gestalt des folgenden Satzes kleiden: *Indem wir einstweilen von den eigentlich automorphen „Functionen" absehen, können wir jede Schar automorpher Formen* $\psi_d(\xi_1, \xi_2)$ *nicht-negativer Dimension* d *mit* $\bar{s}$ *ausserhalb der festen Ecken „frei beweglichen" Polen erster Ordnung in der Gestalt* (2) *als ein Aggregat von Elementarformen darstellen, vorausgesetzt, dass die Convergenztheoreme der Poincaré'schen Reihen für die Dimension* $\bar{d} = -d - 2$ *in den* ξ_1, ξ_2 *überhaupt die Herstellung von Elementarformen gestatten.* —

Es ist letzten Endes auch nicht mehr schwierig, die Untersuchung unserer Frage in dem zunächst ausgeschlossenen Falle $d = -2, \mathsf{M} = 1$ zu Ende zu führen.

Hier hat eine nicht ganze Form $\varphi_{-2}(\xi_1, \xi_2)$, wie wir wissen, mindestens zwei Pole im Fundamentalbereiche. Ist allgemein die Anzahl der Pole $s (\geq 2)$, und liegen dieselben bei:

$$\eta_i^{(1)}, \eta_i^{(2)}, \ldots, \eta_i^{(s)},$$

so bilden wir uns, sofern die Pole sämtlich von erster Ordnung sind und nicht in festen Polygonecken liegen, mit Hülfe der zugehörigen Coefficienten $C_1, C_2, \ldots, C_s$ (cf. pg. 259) die rationale Function:

$$(7) \qquad \frac{C_1}{\zeta - \eta^{(1)}} + \frac{C_2}{\zeta - \eta^{(2)}} + \cdots + \frac{C_s}{\zeta - \eta^{(s)}}.$$

Nach dem Satze vom Verschwinden der Summe aller C (cf. (15) pg. 259) liefert die Summierung der s Brüche (7) einen Ausdruck, dessen Zähler eine ganze Function $(s - 2)^{\text{ten}}$ Grades $G_{s-2}(\zeta)$ ist. Schreibt man alsdann:

$$\xi_2^{s-2} G_{s-2}(\zeta) = G_{s-2}(\xi_1, \xi_2),$$

so hat man in:

$$\sum_k \frac{G_{s-2}(\zeta_1^{(k)}, \zeta_2^{(k)})}{(\zeta^{(k)}, \eta^{(1)}) \ldots (\zeta^{(k)}, \eta^{(s)})}$$

eine convergente Poincaré'sche Reihe, welche an denselben Stellen und in der gleichen Weise wie $\varphi_{-2}(\xi_1, \xi_2)$ unendlich wird.

Liegen Pole höherer Ordnung ausserhalb der festen Ecken vor, so wird man im Ansatze (7) einfach noch entsprechende Partialbrüche höheren Grades hinzutreten lassen. Endlich hat es auch keinerlei

Schwierigkeit, in den elliptischen Ecken noch Pole hinzukommen zu lassen, deren Ordnungen dann natürlich nach den bezüglichen seiner Zeit gegebenen Regeln (cf. pg. 106) abzulesen sind. Für den Aufbau der Reihen treten in diesen Fällen die Maßregeln in Kraft, welche bei den Elementarformen pg. 184 ff. besprochen wurden. Es entspringt hiernach wieder der vorläufige Satz, *dass die einzelne eigentlich automorphe Form* $\varphi_{-2}(\xi_1, \xi_2)$ *mit irgend welchen ausserhalb etwaiger parabolischer Spitzen gelegenen Polen bis auf eine additive ganze Form durch eine Poincaré'sche Reihe darstellbar ist.*

Hiermit ist Alles auf die Frage nach der Darstellbarkeit der p *ganzen* Formen $\Phi_{-2}(\xi_1, \xi_2)$ durch Poincaré'sche Reihen reduciert. Diese Frage aber erledigt sich, entsprechend wie oben, bei Gelegenheit der Darstellung der eigentlich automorphen „Functionen" $\psi(\xi)$ durch die Integrale zweiter Gattung. Wir wollen die letzteren unter Auslassung der unteren Grenze ξ_0 kurz $Y(\xi_1, \xi_2; \xi)$ schreiben (cf. pg. 266). Die Function $\psi(\xi)$, welche wir betrachten wollen, habe nur einfache Pole bei $^{(1)}\xi, ^{(2)}\xi, \ldots, ^{(\bar{s})}\xi$. Diese s Stellen sollen von etwaigen festen Polygonecken entfernt bleiben, *übrigens aber von einander unabhängig und frei beweglich sein.*

Die Function $\psi(\xi)$ werden wir vermöge eines Ausdrucks:

$$(8) \qquad B_0 + B_1 Y(^{(1)}\xi_1, ^{(1)}\xi_2; \xi) + \cdots + B_{\bar{s}} Y(^{(\bar{s})}\xi_1, ^{(\bar{s})}\xi_2; \xi)$$

herzustellen versuchen, bei dessen näherer Untersuchung durchaus wieder die pg. 207 ff. befolgten Überlegungen in Kraft treten. Das Verhalten des einzelnen Integrals zweiter Gattung bei Ausübung einer Substitution V der Gruppe auf ξ ist durch Gleichung (8) pg. 268 festgelegt. Hier bedeutet τ die Anzahl linear unabhängiger, eigentlich automorpher, polfreier Reihen $(-2)^{\text{ter}}$ Dimension, so dass $1 < \tau < p$ zutrifft. Wir gelangen für die $B_1, B_2, \ldots, B_{\bar{s}}$, entsprechend den Relationen (14) pg. 209, zu ϱ unabhängigen linearen homogenen Gleichungen, wobei:

$$(9) \qquad 1 \leq \varrho \leq \tau < p$$

zutrifft. Die Lösbarkeit dieser Gleichungen erfordert als notwendige und hinreichende Bedingung $\bar{s} \geq \varrho + 1$. Für $\bar{s} = \varrho + 1$ können wir also thatsächlich Functionen mit frei beweglichen Polen herstellen. Nun ist aber bekanntlich (cf. Formel (12) pg. 258) eben wegen der freien Beweglichkeit der Pole $\bar{s} = \varrho + 1 > p + 1$, so dass $\varrho > p$ und also mit Rücksicht auf (9) offenbar $\varrho = \tau = p$ folgt. Wir finden damit den für eine specielle Gattung hierher gehöriger Gruppen oben (pg. 269) bereits auf anderem Wege bewiesenen Satz: *Die Anzahl linear unabhängiger polfreier Poincaré'scher Reihen $(-2)^{\text{ter}}$ Dimension* mit $M = 1$ ist (sofern diese Reihen überhaupt convergieren) gleich p und also ebenso gross wie die Anzahl der linear unabhängigen Formen $\Phi_{-2}(\xi_1, \xi_2)$, d. h. derjenigen ganzen Formen $(-2)^{ter}$ Dimension, welche zu $M = 1$ gehören und in etwaigen parabolischen Spitzen verschwinden.

Wir ergänzen nun wieder leicht den vorhin ausgesprochenen vorläufigen Satz: *Jede in etwaigen parabolischen Spitzen verschwindende eigentlich automorphe Form $(-2)^{ter}$ Dimension eines hier zulässigen Gebildes von beliebigem p ist in Gestalt einer Poincaré'schen Reihe darstellbar.*

Indem wir beide Fälle, nämlich $d < -2$ und $d = -2$, zusammenfassen, gelangen wir zu folgendem abschliessenden Theoreme: *Bei den mit den Convergenztheoremen in Übereinstimmung befindlichen Dimensionen d sind alle unimultiplicativen automorphen Formen, die in den etwaigen parabolischen Ecken verschwinden, und nur diese Formen als Poincaré'sche Reihen darstellbar.*

Schliesslich könnten wir noch unsere Discussion des Ausdrucks (8) und damit die Darstellbarkeit beliebiger Functionen $\varphi(\xi)$ in den $Y(\xi_1, \xi_2; \xi)$ weiterführen. Indessen kommen wir hier einfach auf die wohlbekannten Sätze über *Darstellung algebraischer Functionen einer Riemann'schen Fläche in den zugehörigen Integralen zweiter Gattung* zurück.

§ 14. Schlussbemerkungen.

Der hiermit zu Ende geführte Abschnitt unserer Vorlesungen hat uns den Begriff und die Existenztheoreme der automorphen Functionen und Formen und der zu ihnen inversen polymorphen Functionen und Formen geliefert. Wir haben überdies die Eigenschaften dieser Grössen einer vielseitigen Entwicklung unterzogen, und wir haben insbesondere auch über die analytischen Darstellungsweisen eine Reihe von wichtigen Ergebnissen gewonnen.

Für die späteren Zwecke der Anwendungen unserer Functionen, sei es im Gebiete theoretischer Entwicklungen, sei es bei praktischen Aufgaben, wird natürlich die Frage der *Brauchbarkeit jener analytischen Darstellungen zur Berechnung der Functionswerte* ganz besonders in den Vordergrund rücken. Einige hierauf bezügliche Bemerkungen wollen wir hier noch anfügen.

In der Theorie der Modulfunctionen, und zwar insbesondere bei der Transformationstheorie, haben wir ausgedehntesten Gebrauch von *Potenzreihenentwicklungen* nach der in „M." mit r bezeichneten Entwicklungsgrösse $e^{2\pi i \omega}$ gemacht. Die Brauchbarkeit dieser Reihen bei der Lösung der Probleme der Transformationstheorie war in dem Um-

stande begründet, dass die Coefficienten ganze Zahlen von einem in
vielen Fällen leicht übersehbaren arithmetischen Bildungsgesetze waren
(siehe z. B. „M." II. pg. 576 ff.).

Wir haben nun oben (pg. 148 ff.) von den Poincaré'schen Reihen
aus Potenzreihen der automorphen Formen in der Umgebung einer
parabolischen Spitze hergestellt, welche jene Reihenentwicklungen der
Modulformen unmittelbar als Specialfälle enthalten. Aber auch in der
Umgebung irgend einer anderen Stelle des Polygonnetzes würde es
möglich sein, von den Poincaré'schen Reihen aus Potenzreihenentwicklungen zu gewinnen, wie wir sie pg. 68 und 69 für die automorphen
Formen postulierten. Das einzelne Glied der Poincaré'schen Reihe
gestattet als rationale Function von ζ eine auf die Umgebung der
fraglichen Stelle bezogene Potenzreihe nach der a. a. O. erklärten Entwicklungsgrösse t. Die der Poincaré'schen Reihe entsprechende Summe
aller dieser Potenzreihen gestattet alsdann (cf. pg. 151) Umordnung
nach ansteigenden Potenzen von t, wodurch die gewünschte Potenzreihe gewonnen wird.

Leider haben die so gemeinten Potenzreihen abgesehen vom genannten Specialfalle der Modulfunctionen bisher noch nicht praktisch
verwertet werden können. Die Entwicklungscoefficienten kleiden sich
nämlich selbst wieder in die Gestalt von unendlichen Reihen, welche im
Einzelfalle zunächst nur näherungsweise berechnet werden können. Es
ist unter diesen Umständen keine Rede von jener leichten Handhabung
der obigen Potenzreihen der Modulformen, wie sie aus der Ganzzahligkeit der Entwicklungscoefficienten gewonnen wird.

Bei dieser Sachlage wird man gut thun, *immer auf die Poincaré-
schen Reihen selber für die Darstellung und Berechnung der automorphen
Formen zurückzugreifen*. Diese Reihen haben nicht nur ihre wichtige
theoretische Bedeutung, wie sie die beiden voraufgehenden Kapitel
hinreichend darthun, sondern es ist nicht zweifelhaft, dass sie auch für
die *numerische Berechnung* der automorphen Formen von hervorragendem
Werte sind.

Bei etwaigen Anwendungen wird man natürlich nicht davon ausgehen dürfen, dass man das arithmetische Bildungsgesetz einer vorliegenden Gruppe Γ vollständig beherrscht (cf. I pg. 446 ff.). Vielmehr ist
anzunehmen, dass man nur die Erzeugenden kennt, von wo aus man
durch Combination weitere Substitutionen von Γ, wie sie etwa einer
gewissen Anzahl von Polygonkränzen um den Ausgangsbereich zugehören, berechnen kann. Indem man alsdann die diesen Substitutionen
entsprechenden Glieder einer vorgelegten Poincaré'schen Reihe summiert,
gewinnt man einen Näherungswert der dargestellten automorphen Form;

und hier sind es die Convergenzbetrachtungen von pg. 142 ff., pg. 153 ff., pg. 161 ff., pg. 168 ff., welche alle wichtigen Gesichtspunkte für die *Beurteilung des Grades der erreichten Annäherung* zur Verfügung stellen.

Man bemerkt in letzterer Hinsicht, d. h. betreffs der Schnelligkeit der Convergenz der Poincaré'schen Reihen bei verschiedenen auto-

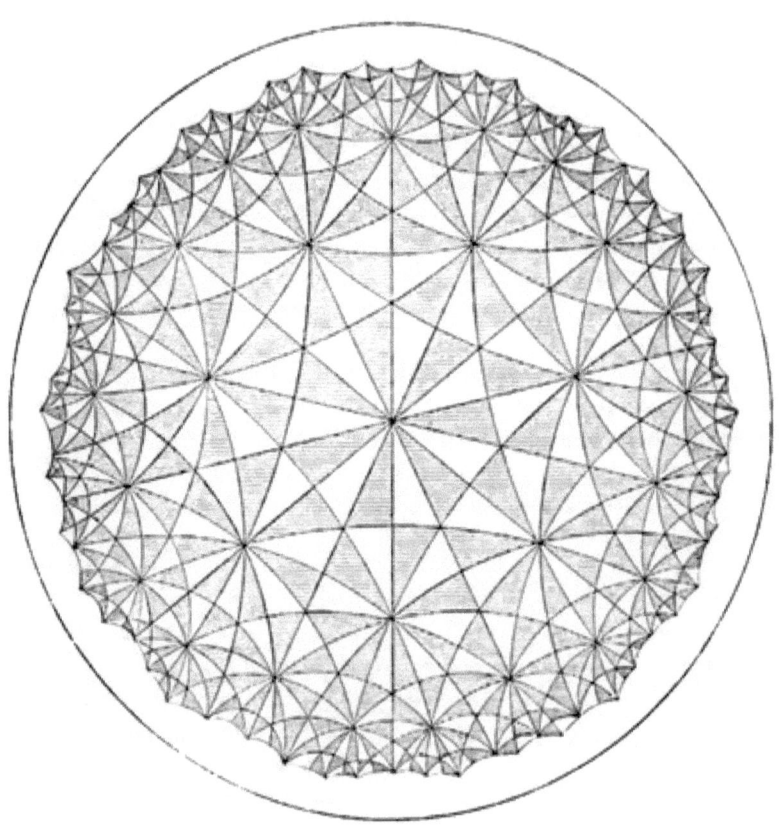

Fig. 34.

morphen Gebilden ein höchst verschiedenartiges Verhalten. Speciell für die Hauptkreisgruppen entspringt aus den Betrachtungen pg. 168 ff. das allgemeine Princip, *dass die Reihen um so schneller convergieren, je grösser der hyperbolische Inhalt des Fundamentalbereichs ist.* Auch die Convergenzuntersuchung von pg. 142 ff. führt zu dem gleichen Resultate. Als Beispiel diene die Hauptkreisgruppe der Signatur (0, 3; 2, 3, 7), deren Netz hierneben in Figur 34 angedeutet ist. Die

Convergenz der Reihen $(-4)^{\text{ter}}$ Dimension, um nur diese zu betrachten, wird vermöge der Summe der Dreiecksinhalte abzuschätzen sein. Hier liegt nur sehr langsame Convergenz vor; denn man hat eine beträchtliche Anzahl von Dreiecken zusammenzunehmen, um einen der Einheit einigermafsen nahe kommenden Bruchteil von der Fläche des Hauptkreises zu gewinnen. Das in der Figur wirklich gezeichnete Netz umfasst bereits 350 Doppeldreiecke und bedeckt doch nur erst ungefähr ⅕ der ganzen Kreisfläche.

Gehen wir übrigens im Falle des eben betrachteten Beispiels zu einer Untergruppe, etwa zu der in „M." I ausführlichst betrachteten ausgezeichneten Untergruppe des Index 168, so wird (in Übereinstimmung mit unserem vorhin ausgesprochenen allgemeinen Principe) die Schnelligkeit der Convergenz ganz ausserordentlich gesteigert. Ein einziger Kranz von Polygonen um das Ausgangspolygon liefert hier bereits eine Annäherung, welche die soeben abgeschätzte weit übertrifft.

Dieser Umstand begründet allgemein eine wichtige Bedeutung, welche den *Untergruppen* für die numerische Berechnung der automorphen Formen zukommt. Auch in der Theorie der Modulfunctionen trat uns die Thatsache entgegen, dass die Potenzreihen der zu Untergruppen hoher Indices gehörenden Modulfunctionen, wie $\sqrt[4]{k}$, $\sqrt[4]{1-k^2}$, weit schneller convergieren, als die mit grossen Zahlencoefficienten versehene Potenzreihe der Modulfunction erster Stufe $J(\omega)$. Für die Berechnung der Functionen der Gesammtgruppe aus denen der Untergruppe sind allerdings jedesmal noch rationale Rechnungen auszuüben. Diese Rechnungen kommen aber gegenüber den Umständlichkeiten, welche mit der Auswertung schlecht convergenter Reihen verknüpft sind, kaum in Betracht.

Man wird übrigens bei numerischen Rechnungen, ebenso wie in den theoretischen Entwicklungen der voraufgehenden Kapitel, den ganzen Formen und damit den polfreien Reihen eine bevorzugte Stellung einräumen. In dieser Hinsicht lieferte bei unseren obigen Entwicklungen pg. 175 ff. die *Möglichkeit des identischen Verschwindens einer polfreien Reihe* eine sehr erhebliche Schwierigkeit, deren Überwindung nur durch unsere weit ausgedehnte Untersuchung über Elementarformen gelang. Demgegenüber ist sehr bemerkenswert, *dass bei der Praxis numerischer Berechnungen jene Schwierigkeit fast vollständig ihre Bedeutung verliert.* Während wir in der allgemeinen Theorie kein directes Mittel besassen, um festzustellen, dass eine vorgelegte polfreie Reihe nicht identisch verschwindet, bietet diese Untersuchung bei einer numerisch gegebenen Gruppe mit schnell convergenten Reihen für gewöhnlich gar keine Schwierigkeit. Hat man von der zu untersuchenden Reihe die m ersten

Glieder summiert, so liefern die Convergenzuntersuchungen pg. 142 ff., . . . für den correspondierenden Reihenrest eine obere Grenze. Sobald jener Summenwert grösseren Betrag besitzt als der Reihenrest, liegt eine nicht identisch verschwindende Reihe vor. —

Nach diesen Erörterungen darf man hoffen, dass die automorphen Functionen gerade vermöge ihrer Darstellung durch Poincaré'sche Reihen im Gebiete der Anwendungen eine ähnliche Rolle zu spielen berufen sind, wie die doppeltperiodischen Functionen.

Fundamentaltheoreme über die Existenz polymorpher Functionen auf Riemann'schen Flächen.

Der Begriff einer linear-polymorphen oder kurz einer „*polymorphen*" Function $\zeta = f(z)$ auf einer Riemann'schen Fläche F, wie er sich bei Inversion der eindeutigen automorphen Functionen $z = \varphi(\zeta)$ ergiebt, ist oben (pg. 43 ff.) besprochen worden. Die Function $\zeta = f(z)$ bildet die geeignet zerschnittene Fläche F rückwärts eindeutig und konform auf das Polygon P der ζ-Ebene ab, welches uns ursprünglich als Discontinuitätsbereich einer Gruppe Γ gegeben war. Die Substitutionen:

$$\zeta' = \frac{\alpha \zeta + \beta}{\gamma \zeta + \delta}$$

dieser Gruppe Γ stellen sich auf der Riemann'schen Fläche F in der Weise ein, dass sie die unendlich vielen „Zweige" der Function $\zeta = f(z)$ liefern, welche sich in der Tat bei geschlossenen Umläufen auf der Fläche F linear substituiert. Diesen unendlich vielen Zweigen entsprechen die unendlich vielen Polygone P, welche unser Polygonnetz N zusammensetzen.

Als wichtigste Thatsache ist hierbei anzusehen, dass nicht nur das einzelne Polygon, sondern auch das ganze Netz N der Polygone einen nur *einfach* bedeckten Bereich der ζ-Ebene darstellt. Hierauf gründen sich die Überlegungen des allgemeinen „*Eindeutigkeitstheorems*" von pg. 40 ff. sowie die daselbst unmittelbar vorher abgeleiteten Sätze über die Eindeutigkeit der Integrale eines automorphen Gebildes in Abhängigkeit von ζ.

Bei der hierdurch begründeten grossen Bedeutung, welche die polymorphe Function $\zeta = f(z)$ für die Untersuchung der übrigen Functionen der Fläche F besitzt, hatten sich Klein und Poincaré frühzeitig der Frage zugewandt, ob vielleicht *auf jeder beliebig gewählten Riemann'schen Fläche* F (die bekanntlich als Definition eines zugehörigen algebraischen Gebildes dienen kann) auch stets polymorphe

Functionen $\zeta = f(z)$ obiger Art existieren möchten.*) Diese Frage haben wir oben (pg. 45 u. f.) in der Gestalt dreier besonderer „*Fundamentalprobleme*" specialisiert, deren Wortlaut ebenda unter I, II und III angegeben ist. Die Probleme I und II bezogen sich auf automorphe Gebilde mit Hauptkreis und unter ihnen das Problem I insbesondere auf den Fall, dass der Hauptkreis zugleich ein Grenzkreis des Netzes ist. Das Problem III betraf Polygone P mit $2p$ paarweise loxodromisch auf einander bezogenen geschlossenen Randkurven.

Die Auflösung dieser Probleme ist in drei „*Fundamentaltheoremen*" über die Existenz polymorpher Functionen auf Riemann'schen Flächen enthalten, welche wir entsprechend mit den Nummern I, II und III versehen, und von denen wir das erste auch als „*Grenzkreistheorem*", das zweite als „*Hauptkreistheorem*" bezeichnen wollen.

Diese Theoreme sind übrigens als Specialfälle in einem allgemeinen Fundamentaltheoreme enthalten, welches Klein im vierten Abschnitt seiner Abhandlung „*Neue Beiträge zur Riemann'schen Functionentheorie*"**) aufgestellt hat. Dieses „allgemeine Fundamentaltheorem" antwortet auf dasjenige Problem, welches wir oben, pg. 47 am Schlusse von § 11, skizziert haben.

---

*) Die in Betracht kommenden Arbeiten von Klein und Poincaré sind pg. 46, unter dem Texte, genannt.

**) Cf. Fußnote pg. 46.

Erstes Kapitel.

Continuitätsbetrachtungen im Gebiete der Hauptkreisgruppen.

Der erste von Klein und Poincaré ungefähr gleichzeitig concipierte Beweis der Fundamentaltheoreme beruht auf Continuitätsvorstellungen. Die Grundidee dieses Beweises ist, das einzelne Continuum gleichartiger Polygone bezw. Gruppen dem zugeordneten Continuum Riemann'scher Flächen gegenüber zu stellen, um aus denjenigen Eigenschaften, welche man von der Beziehung der beiden Continua auf einander von Hause aus kennt, den Schluss auf die gegenseitige Eindeutigkeit dieser Beziehung zu thun.

Klein hat im Jahre 1882 in der eben citierten Abhandlung „*Neue Beiträge zur Riemann'schen Functionentheorie*" seine Ideen über jenen „Continuitätsbeweis" entwickelt. Poincaré ist 1883 in der Abhandlung „*Sur les groupes des équations linéaires*"*) auf den Continuitätsbeweis in Anwendung auf das Grenzkreistheorem eingegangen und hat in einer für das erste Eindringen bewunderungswerten Art die Tiefen und Schwierigkeiten des Continuitätsbeweises aufgedeckt und Ideen zu ihrer Überwindung erdacht.

Eine wesentliche Schwierigkeit des fraglichen Beweisverfahrens besteht darin, dass die Continua, von denen etwas bewiesen werden soll, schwer übersehbar sind. Betreffs der Continua der Gruppen gestattet uns allerdings im *Hauptkreisfalle* die in I pg. 210 bis 398 entwickelte *Polygontheorie der Hauptkreisgruppen* eine ziemlich tief gehende Einsicht. Demgegenüber sind die Methoden, die Continua Riemann'scher Flächen darzustellen, trotz des weit grösseren Alters der in Betracht kommenden Ansätze viel weniger entwickelt. Wenn dementsprechend die Continuitätsmethode in Ansehung abschliessender und allgemeiner Beweise der Fundamentaltheoreme hinter den im zweiten Kapitel zu entwickelnden Methoden zurückbleiben wird, so wird dieselbe gleichwohl dadurch für uns sehr wertvoll, daß sie uns eine

---

*) Cf. Fußnote pg. 46.

ziemlich weit entwickelte Kenntnis der Continua automorpher Gebilde und damit (eben wegen der Fundamentaltheoreme) zugleich der Continua algebraischer Gebilde vermittelt.

Von einer entsprechenden Behandlung der Continua von Gebilden ohne Hauptkreis müssen wir absehen, weil in diesem Gebiete die in Bd. I erreichten Ergebnisse noch unzulänglich sind. Wir haben uns demnach hier zunächst auf die Probleme I und II, und also auf das Grenzkreis- und das Hauptkreistheorem zu beschränken.

Die nachfolgende Darstellung erwächst wesentlich auf zwei Abhandlungen des Verfassers, von denen die eine die Polygoncontinua der Hauptkreisgruppen betrifft, während die andere die wirkliche Durchführung des Continuitätsbeweises in einigen niederen Fällen liefert.[*]

§ 1. Recapitulation über die Polygontheorie der Hauptkreisgruppen.

Bei der in I pg. 210 ff. entwickelten Polygontheorie der Hauptkreisgruppen sind die Operationen unserer Gruppe Γ nicht in ihrer ursprünglichen Gestalt als lineare ζ-Substitutionen angenommen, sondern in projectiver Gestalt, in welcher sie Collineationen der durch:

$$z_1 z_3 - z_2^2 = 0$$

gegebenen Ellipse in sich (cf. I pg. 12 ff.) darstellen. Der Vorteil dieser Maassregel besteht erstens darin, dass an die Stelle der *Kreis*geometrie der ζ-Halbebene bezw. der ζ-Ebene die dem Auge zugänglichere *geradlinige* projective Geometrie des Ellipseninneren tritt. Zweitens sind bei der projectiven Behandlung jene beiden Fälle von Hauptkreisgruppen, welche wir zu unterscheiden haben, je nachdem der Hauptkreis zugleich ein Grenzkreis ist oder nicht (cf. unsere Probleme I und II, pg. 45 u. f.), nur noch so unwesentlich verschieden, daß eine gemeinsame Behandlung beider Fälle möglich erscheint, welche denn auch in I a. a. O. grundsätzlich durchgeführt wurde. Das einzelne Polygon P verläuft entweder gänzlich im Innern der Ellipse, indem es die Ellipse höchstens in einigen parabolischen Spitzen erreicht (Hauptkreis ist zugleich Grenzkreis), oder es reicht mit einer oder mehreren hyperbolischen Spitzen über die Ellipse hinaus, während es im Übrigen im Innern der Ellipse verläuft (Hauptkreis ist kein Grenzkreis).

Das dem projectiven Polygone P nach I, pg. 179 zukommende Geschlecht heiße p; hat P übrigens n feste Ecken (elliptische, para-

---

*) „Über die in der Theorie der automorphen Functionen auftretenden Polygoncontinua“, Göttinger Nachrichten 1903, Heft 5. „Beiträge zum Continuitätsbeweise der Existenz linear-polymorpher Functionen auf Riemann'schen Flächen“, Math. Ann., Bd. 59 (1904).

bolische oder hyperbolische), so nannten wir (p, n) den „*Character*"
des Polygons (cf. I pg. 262). Sind von den n festen Ecken im ganzen
ν elliptisch und also im Innern der Ellipse gelegen, so sind die hier
stattfindenden Polygonwinkel aliquote Theile $\dfrac{2\pi}{l_1}, \dfrac{2\pi}{l_2}, \ldots, \dfrac{2\pi}{l_\nu}$ von 2π,
wo also die $l_1, l_2, \ldots, l_\nu$ endliche positive ganze Zahlen ≥ 2 sind.
Die Zusammenstellung $(p, n; l_1, l_2, \ldots, l_\nu)$ bezeichneten wir als „*Signatur*"
des Polygons P (cf. z. B. I pg. 353).*)

Von den verschiedenen Gestalten der Polygone P haben wir erstlich die „*Normalpolygone*" zu benutzen, die in I pg. 106 eingeführt
wurden, und deren ausführliche Theorie sich in I pg. 210ff. entwickelt
findet. Das einzelne Normalpolygon hat ein Centrum C, und seine
inneren Punkte können erklärt werden als Inbegriff aller derjenigen
Stellen des Polygonnetzes N, welche dem Centrum C näher gelegen
sind als irgend einem mit C äquivalenten Punkte.**) Ein Normalpolygon vom Character (p, n) hat im allgemeinen $(12p + 4n - 6)$
Seiten, n feste Ecken und $(4p + n - 2)$ dreigliedrige Cyklen beweglicher Ecken; die Seiten sind sämmtlich gerade Linien, die Winkel
durchweg concav.***) Für specielle Lagen des Centrums C können
Herabminderungen der angegebenen Seitenanzahl unter gleichzeitigen
Erhöhungen der Anzahlen der die Ecken umlagernden Polgone eintreten (sogen. „Specialtypen" oder „Übergangstypen", cf. I pg. 263ff.).

Zweitens haben wir mit „*kanonischen Polygonen*" P zu arbeiten,
so benannt, weil die Umrandung von P auf der zugehörigen geschlossenen Fläche F ein „kanonisches" Schnittsystem liefert (cf.
Fig. 40 in I pg. 183). Eine Herabminderung der Seitenanzahl des
kanonischen Polygons auf $(2n + 4p)$ kann man dadurch erzielen, dass
man in der eben genannten Figur alle Schnitte c auf Punkte zusammenzieht und die Kreuzungsstelle je zweier Schnitte a und b nach dem
Punkte E verschiebt. Die ausführliche Theorie dieser kanonischen
Polygone für die Hauptkreisgruppen ist in I pg. 284ff. entwickelt;
sie gipfelt in dem in I pg. 319 gewonnenen Satze, dass man in
jedem Falle (d. h. wie man auch auf der geschlossenen Fläche das

---

*) Wir nahmen im Texte die Zahlen l als *endlich* an und ordnen demnach
die parabolischen Ecken den hyperbolischen als Grenzfälle zu. Natürlich kann
man auch $l = \infty$ zulassen und damit die parabolischen Spitzen als Grenzfälle der
elliptischen ansehen. Jedoch werden wir meist an der ersteren Auffassung festhalten.

**) Selbstverständlich beziehen sich diese Massangaben wie in I pg. 107 ff.
stets auf die projective Massbestimmung, der die Ellipse $z_1 z_3 - z_2{}^2 = 0$ als „ab-
soluter Kegelschnitt" zu Grunde liegt.

***) Unter Einschluss des Grenzfalles eines gestreckten Winkels.

Schnittsystem wählen mag) das kanonische Polygon P als *geradliniges* Polygon mit $(2n + 4p)$ Seiten und mit lauter *concaven* Winkeln gestalten kann.

Erst auf Grundlage der Theorie der kanonischen Polygone konnten wir in I pg. 335 ff. einen Überblick über die *Continua aller Hauptkreispolygone gegebener Signaturen* gewinnen und eine *invariante Darstellung dieser Continua* anbahnen. In ersterer Beziehung gelangten wir in I pg. 389 zu einem allgemeinen Theoreme, nach welchem zur einzelnen Signatur $(p,\ n;\ l_1,\ l_2,\ \ldots,\ l_\nu)$ stets ein einziges $(3n - \nu + 6p - 6)$-fach unendliches Continuum von Polygonen gehört.

Der Übergang von den Polygonen P zu den ihnen entsprechenden Gruppen Γ ist unten ausführlich darzulegen (was in § 8 geschehen wird). Schon hier erinnern wir daran, dass zwei Signaturen mit gleichen p, n, ν, welche sich nur in der Anordnung der ganzen Zahlen l unterscheiden, zwar verschiedene Polygoncontinua, aber ein und dasselbe Gruppencontinuum liefern; denn wir konnten beim kanonischen Schnittsystem auf der geschlossenen Fläche (cf. Fig. 40 in I pg. 183) den Schnitten d nach den Punkten e eine ganz beliebige Anordnung geben. Ferner erinnere man sich der Wirkung der in I pg. 320 ff. besprochenen Transformationen der kanonischen Polygone. Die unendlich vielen kanonischen Polygone, welche aus einem unter ihnen durch Transformation hervorgehen, liefern im Polygoncontinuum unendlich viele verschiedene Polygone; aber allen diesen Polygonen entsprach immer ein und dieselbe Gruppe Γ.

Indem wir demnach die Begriffe der Polygoncontinua und der Gruppencontinua von vornherein scharf aus einander halten, gehen wir zuvörderst auf die *Theorie der Polygoncontinua* zurück, welche wir gegenüber der in Bd. I eingehaltenen Darstellung wesentlich zu ergänzen haben. Die grundlegenden Gesichtspunkte für den Übergang zu den Gruppencontinuen werden wir dann (wie schon bemerkt) in § 8 entwickeln.

Der Vollständigkeit halber erinnern wir noch daran, dass für $p = 0$ die Anzahl $n \geq 3$ sein muss, und dass entsprechend für $p = 1$ die Anzahl $n \geq 1$ zu nehmen ist, damit wir überhaupt mit „Hauptkreisgruppen" zu thun haben. Auch haben wir beim Character $(0, 3)$ die Signatur $(0, 3;\ l_1, l_2, l_3)$ als elementar auszuschliessen: denn hier reduziert sich das Continuum der Polygone auf das einzige aus zwei einander symmetrischen Kreisbogendreiecken der Winkel $\frac{\pi}{l_1}, \frac{\pi}{l_2}, \frac{\pi}{l_3}$ zusammengesetzte Doppeldreieck

§ 2. Die Polygoncontinua vom Character (0, 3).

Die Invariantentheorie der Polygone P vom Character (0, 3) ist
in I pg. 341 ff. behandelt. Dem einzelnen Polygone P können wir,
wie Fig. 35 andeutet, die Gestalt eines
Sechsecks geben. Die Zuordnung der Sechs-
eckseiten liefert die drei Gruppenerzeugenden
V_1, V_2, V_3, welche durch die Relation

$$V_1 V_2 V_3 = 1$$

verbunden sind.

Die drei Invarianten j_1, j_2, j_3 dieser Substitutionen sind zugleich die gesammten Invarianten des Polygons P. Für die drei Invarianten j_{12}, j_{23}, j_{31} der Substitutionenpaare
gilt nach I pg. 347:

$$j_{12} = -j_3, \quad j_{23} = -j_1, \quad j_{31} = -j_2.$$

Für diese j_1, j_2, j_3 fanden wir in I pg. 348 die Bedingungen:

$$(1) \qquad \begin{cases} j_1 \geq 0, \quad j_2 \geq 0, \quad j_3 \geq 0, \\ j_1^2 + j_2^2 + j_3^2 + j_1 j_2 j_3 > 4, \end{cases}$$

mit dem Zusatze, dass für $j_\varkappa < 2$ die Gleichung:

$$(2) \qquad j_\varkappa = 2 \cos \frac{\pi}{l_\varkappa}$$

gelten muss. Es lieferte auch umgekehrt jedes System reeller Zahlen
j_1, j_2, j_3, welche den eben genannten Bedingungen genügen, ein bestimmtes Polygon. Wir bezeichneten die fraglichen Relationen dieserhalb als „die characteristischen Bedingungen" für die Invarianten der
Polygone vom Character (0, 3).

Da übrigens nach der Schlussbemerkung von § 1 der Fall, dass
alle drei $j_\varkappa < 2$ sind, hier als elementar auszuschliessen ist, so ist
mindestens eine der Invarianten $j_\varkappa$ etwa $j_3 \geq 2$. Demnach wird die
vierte Ungleichung (1) immer von selbst erfüllt sein, es sei denn, dass
gerade der niederste noch zulässige Fall $j_1 = j_2 = 0$, $j_3 = 2$ vorliegt.
Dieser gehört als Grenzfall (parabolische Diedergruppe) zu den Gruppen
$j_1 = j_2 = 0$, $j_3 > 2$ (hyperbolischen Diedergruppen), bei denen die vierte
Relation (1) erfüllt ist. *Das System der characteristischen Bedingungen
reduciert sich demnach für uns (abgesehen von den etwa vorliegenden
Gleichungen (2)) auf die drei ersten Ungleichungen (1).*

Der leichteren Anschaulichkeit halber wollen wir im Falle $j_\varkappa \geq 2$
an Stelle von $j_\varkappa$ die Grösse:

$$(3) \qquad t_\varkappa = \frac{j_\varkappa - 2}{j_\varkappa}$$

einführen und als Invariante des Polygons benutzen. Die durch $j_{\varkappa} \geqq 2$ characterisierte Wertmenge überträgt sich dabei eindeutig und stetig auf die durch $0 \leqq t_{\varkappa} < 1$ gegebene Menge.

Zum Zwecke einer geometrischen Sprechweise deuten wir die t als rechtwinklige Coordinaten und gewinnen so den übersichtlichen Satz: *Das eindimensionale Continuum der Polygone jeder einzelnen Signatur* $(0, 3; l_1, l_2)$ *erscheint eindeutig und stetig auf die Punkte der geradlinigen Strecke* $0 < t_3 < 1$ *bezogen; das zweidimensionale Continuum der Polygone der einzelnen Signatur* $(0, 3; l_1)$ *ist eindeutig und stetig auf die Punkte des Quadrates* $0 < t_2 < 1$, $0 < t_3 < 1$ *abgebildet; das dreidimensionale Continuum der Polygone der Signatur* $(0, 3)$ *lässt sich eindeutig und stetig auf die Punkte des Würfels* $0 \leqq t_1 < 1$, $0 \leqq t_2 < 1$, $0 \leqq t_3 < 1$ *beziehen.*

Fixiert man im einzelnen Falle eine variabele Invariante, so wird damit aus dem fraglichen Gebilde ein solches nächst niederer Dimensionenzahl ausgeschnitten, also aus dem Würfel ein Quadrat, u. s. w.

Mit Rücksicht auf die gleich folgenden Untersuchungen müssen wir uns noch die Gestalt der Erzeugenden $V_{\varkappa}$ als ζ-Substitutionen verschaffen, wobei als Hauptkreis die reelle ζ-Achse gelten soll. Die Substitution V_3 dürfen wir dabei (mit Rücksicht auf die künftige Verwendung der abzuleitenden Formeln) als hyperbolisch voraussetzen, d. h. wir schliessen den parabolischen Grenzfall $j_3 = 2$ aus. Der Gleichung $V_3^{-1} = V_1 V_2$ entsprechend schreiben wir für die Invariante j_3 lieber $-j_{12}$, was sich als zweckmässig erweisen wird. Man führe ζ so ein, dass die Fixpunkte von V_3 nach $\zeta = 0$ und $\zeta = \infty$ fallen, und dass $\alpha_3| < |\delta_3$ wird, unter α_3 und δ_3 den ersten und letzten Coefficienten von V_3 verstanden. V_2 ist alsdann aus der Invariante j_{12} $(= - j_3)$ eindeutig bestimmt, und zwar findet man:

$$(4) \qquad V_1 V_2 = V_3^{-1} = \begin{pmatrix} \frac{1}{2}\left(j_{12} - \sqrt{j_{12}^2 - 4}\right), & 0 \\ 0, & \frac{1}{2}\left(j_{12} + \sqrt{j_{12}^2 - 4}\right) \end{pmatrix},$$

wobei die Wurzel $\sqrt{j_{12}^2 - 4}$ positiv genommen werden soll.

Ohne V_3 zu ändern können wir ζ jetzt noch mittelst irgend einer hyperbolischen Substitution der Fixpunkte 0 und ∞ transformieren. Letztere Transformation lässt sich insbesondere so wählen, dass für die Coefficienten von V_2 die Gleichung $\beta_2 + \gamma_2 = 0$ gilt (cf. die Ausführungen über die Invarianten im Falle $(0,3)$ in I pg. 335 ff. und 341 ff.). Die Rechnung führt mit Rücksicht auf die durch Fig. 35 festgelegte Anordnung der V_1, V_2, V_3 auf folgende Gestalt von V_2:

$$(5) \qquad V_2 = \begin{pmatrix} \frac{1}{2}\left(j_2 - \dfrac{j_2 j_{12} - 2 j_1}{\sqrt{j_{12}^2 - 4}}\right), & \dfrac{J_{12}}{\sqrt{j_{12}^2 - 4}} \\[2ex] -\dfrac{J_{12}}{\sqrt{j_{12}^2 - 4}}, & \frac{1}{2}\left(j_2 + \dfrac{j_2 j_{12} - 2 j_1}{\sqrt{j_{12}^2 - 4}}\right) \end{pmatrix},$$

wobei J_{12} eine Abkürzung für folgende positiv zu nehmende Quadrat-wurzel ist:

$$(6) \qquad J_{12} = \sqrt{j_1{}^2 + j_2{}^2 + j_{12}^2 - j_1 j_2 j_{12} - 4}\,.$$

Die geometrische Bedeutung dieser Gestalt von V_2 ist die, dass im elliptischen Falle ($j_2 < 2$) die Fixpunkte dieser Substitution auf dem Einheitskreise der ζ-Ebene links von der imaginären Achse liegen; im parabolischen Falle ($j_2 = 2$) rücken die Fixpunkte bei $\zeta = -1$ zusammen, während sie endlich im hyperbolischen Falle ($j_2 > 2$) auf der reellen ζ-Achse sich als Spiegelbilder bezüglich des Einheitskreises wieder von einander entfernen.

Am umständlichsten schreibt sich bei der getroffenen Auswahl von ζ die Substitution $V_1 (= V_3^{-1} V_2^{-1})$:

$$(7) \qquad V_1 = \begin{pmatrix} \frac{1}{2}\left(j_1 - \dfrac{j_1 j_{12} - 2 j_2}{\sqrt{j_{12}^2 - 4}}\right), & \frac{1}{2}\left(-j_{12} + \sqrt{j_{12}^2 - 4}\right) \cdot \dfrac{J_{12}}{\sqrt{j_{12}^2 - 4}} \\[2ex] \frac{1}{2}\left(j_{12} + \sqrt{j_{12}^2 - 4}\right) \cdot \dfrac{J_{12}}{\sqrt{j_{12}^2 - 4}}, & \frac{1}{2}\left(j_1 + \dfrac{j_1 j_{12} - 2 j_2}{\sqrt{j_{12}^2 - 4}}\right) \end{pmatrix}.$$

§ 3. Die Polygoncontinua vom Character (0, 4).

Einen geeigneten Überblick über die Continua der Polygone vom Character (0,4) gewinnt man auf Grund des bereits in I vielfach zur Verwendung gebrachten *Princips der Composition* (cf. I pg. 190 ff., 363 ff.).

Ein einzelnes Polygon P vom Character (0, 4) liefere die vier er-zeugenden Substitutionen V_1, V_2, V_3, V_4. Dann erzeugen die drei Substitutionen V_1, V_2, $(V_1 V_2)^{-1}$ für sich genommen eine Gruppe vom Character (0, 3). Dabei ist jedenfalls $j_{12} < -2$, d. h. die dritte Er-zeugende $(V_1 V_2)^{-1}$ dieser Gruppe des Characters (0, 3) ist hyperbolisch. Eine entsprechende Gruppe erzeugen aber auch die Substitutionen V_3, V_4, $(V_3 V_4)^{-1}$; und zwar sind hierbei wegen $(V_1 V_2) \cdot (V_3 V_4) = 1$ die dritten (hyperbolischen) Erzeugenden $(V_1 V_2)^{-1}$ und $(V_3 V_4)^{-1}$ einander invers, so dass $j_{12} = j_{34}$ gilt.

Man kann nun das vorgelegte Polygon P vom Character (0, 4) *durch Composition aus den beiden Polygonen der oben genannten Gruppen vom Character (0, 3) herstellen* (cf. I pg. 363). Die hierbei in Betracht

kommenden geometrischen Verhältnisse übersieht man am besten in der
projectiven Ebene. Die etwa durch Π (cf. Fig. 36) zu bezeichnende
Polare des Fixpunktes der gemeinsamen hyperbolischen Erzeugenden
der beiden Gruppen vom Character $(0, 3)$ in bezug auf die Ellipse dient
hierbei zweckmäßig zur Orientierung. Das einzelne der zu componierenden
Polygone liegt mit fünfen seiner Ecken auf der einen Seite von Π und
sendet über Π hinüber nur einen hyperbolischen Zipfel nach dem ausser-

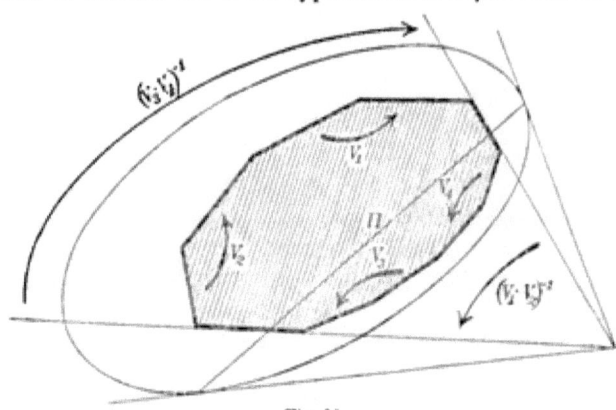

Fig. 36.

halb der Ellipse gelegenen Fixpunkte der gemeinsamen hyperbolischen
Erzeugenden (dem Pole von Π, cf. Fig. 36). Dabei liegen beide zu
componierenden Polygone bezüglich Π einander gegenüber, so dass der
eine der beiden hyperbolischen Zipfel (in Fig. 36 der zur Erzeugenden
$(V_3 V_4)^{-1}$ gehörende) durch das Unendliche hindurchzieht.[*])

Die vorstehende Überlegung ist umkehrbar. Es gilt der Satz, *dass
irgend zwei Polygone von Character $(0, 3)$ unserer Art mit gleicher dritter
(hyperbolischer) Invariante stets auf einfach unendlich viele Weisen zu
einem Polygone vom Character $(0, 4)$ componierbar sind.* Man wähle
nämlich eine beliebige Ellipsensehne als Polare Π und mache deren Pol
zum Fixpunkte der gemeinsamen hyperbolischen Erzeugenden der
beiden zu componierenden Gruppen. Demnächst ordne man die beiden
Polygone vom Character $(0, 3)$ zu verschiedenen Seiten von Π, übrigens
aber beliebig an. Ihre beiden fraglichen hyperbolischen Zipfel haben
gleiche Breite (natürlich im Sinne der projectiven Massbestimmung gemessen), brauchen indessen noch nicht zu coincidieren. Nun kann man
jedoch bei dem einen der beiden Polygone mittelst erlaubter Abänderung

den hyperbolischen Zipfel stetig längs Π verschieben, eine Massregel, die in I pg. 298 ausführlichst (allerdings in Anwendung auf die Polygone vom Character $(1, 1)$) beschrieben wurde. Man treibe die Verschiebung soweit, bis der hyperbolische Zipfel des abgeänderten Polygons mit demjenigen des liegengebliebenen anderen Polygons zusammenfällt, worauf die Composition glatt vollzogen werden kann. Das componierte Polygon kommt hierbei im allgemeinen in einer verzerrten Gestalt heraus; doch kann dasselbe nach dem in § 1, pg. 288, erwähnten Theoreme über die Gestalt der kanonischen Polygone in ein geradliniges Achteck mit lauter concaven Winkeln umgewandelt werden.

Die *Invariantentheorie der Polygone vom Character* $(0, 4)$ begründen wir jetzt unter Benutzung der vorstehenden Compositionsbetrachtungen so: Wir geben zunächst j_1, j_2, j_{12} und berechnen die zugehörigen Substitutionen V_1, V_2 in den Gestalten (7) und (5) pg. 291. Die Polare Π liefert alsdann in der ζ-Halbebene die imaginäre Axe.

Es ist für das Verständniss der Composition zweckmässig, daran zu erinnern, dass eine Gruppe des Characters $(0, 3)$ stets durch Spiegelungen erweiterungsfähig ist. Im vorliegenden Falle ist der Einheitskreis der ζ-Halbebene ein erster Symmetriekreis der aus V_1 und V_2 zu erzeugenden Gruppe: denn dieser Kreis liefert, auf die projektive Ebene übertragen, die Verbindungsgerade der beiden Fixpunkte[*]) von V_2 und $(V_1 V_2)^{-1}$.

Ordnen wir jetzt das zweite der zu componierenden Polygone, den Invarianten $j_3, j_4, j_{34} = j_{12}$ entsprechend, auf der anderen Seite der imaginären ζ-Axe (Polare Π) derart an, dass in der projectiven Ebene der Fixpunkt von V_3 gleichfalls auf der dem ζ-Einheitskreise entsprechenden Geraden liegt, so hat auch die zweite, aus V_3, V_4 zu erzeugenden Gruppe des Characters $(0, 3)$ den Einheitskreis zum Symmetriekreis, und es entspringt bei der Composition eine durch Spiegelungen erweiterungsfähige Gruppe des Characters $(0, 4)$. Man veranschauliche sich, dass dabei insbesondere die Lage der beiden zu $V_1, V_2, (V_1 V_2)^{-1}$ bezw. $V_3, V_4, (V_3 V_4)^{-1}$ gehörenden Elementardreiecke (symmetrisch halbierte Polygone) eine derartige ist, dass sie bei der Composition direkt das Elementarviereck der componierten Gruppe liefern.

Man kann nun aber unter Festhaltung von V_1, V_2 die eben ausgewählten Substitutionen V_3, V_4 noch durch eine beliebige Substitution $V = \begin{pmatrix} \tau, & 0 \\ 0, & \tau^{-1} \end{pmatrix}$ mit $\tau > 0$ transformieren, ohne dass das mittransformierte

---

[*]) Wenn in der projectiven Ebene von „dem Fixpunkte" einer Substitution V die Rede ist, so ist im Falle einer hyperbolischen Substitution stets der außerhalb der Ellipse gelegene Fixpunkt gemeint.

Polygon der zweiten Gruppe (der aus V_3, V_4 zu erzeugenden) aufhört, die dritte (hyperbolische) Erzeugende mit dem zu V_1, V_2 gehörenden Polygone gemein zu haben. Jedes solche transformierte Polygon ist dann, wie wir sahen, noch mit dem ersten Polygon, auf welches die Transformation V nicht ausgeübt wurde, componierbar. Die vorerwähnte symmetrische Gestalt des Polygons vom Character $(0, 4)$ erscheint dabei mit $\tau = 1$ als Mittellage.

Hiernach haben wir erstlich die den Erzeugenden V_1, V_2, V_3, V_4 einzeln entsprechenden Invarianten j_1, j_2, j_3, j_4, welche den bekannten Bedingungen unterliegen, dass entweder:

$$j_x \geqq 2 \quad \text{oder} \quad j_x = 2 \cos \frac{\pi}{l_x}$$

gilt. Diese vier Invarianten mögen als „*Eckeninvarianten*" bezeichnet werden. Es folgt die Invariante j_{12} $(= j_{34})$ mit der Bedingung $j_{12} < -2$; j_{12} heisse „*Transversalinvariante*", insofern die zu j_{12} bezw. $V_1 V_2$ $= (V_3 V_4)^{-1}$ gehörende Bahnkurve Π eine Transversale des Polygons vom Character $(0, 4)$ ist. Endlich haben wir in $(\tau + \tau^{-1})$ oder, was zweckmässiger ist, in τ selbst eine sechste Invariante, welche wir „*Compositionsinvariante*" nennen wollen.

Zum Zwecke einer übersichtlichen Darstellung in geometrischer Gestalt setzen wir (wie in § 2):

$$(1) \qquad \frac{j_1 - 2}{j_1} = t_1, \quad \cdots, \quad \frac{j_4 - 2}{j_4} = t_4. \quad \frac{j_{12} + 2}{j_{12}} = t_5, \quad \frac{\tau}{\tau + 1} = t_6$$

und deuten die t wieder als rechtwinklige Coordinaten. Es ergiebt sich daraufhin über die Continua der Polygone vom Character $(0, 4)$ folgender Satz: *Jedes zweidimensionale Continuum der Polygone einer Signatur* $(0, 4; l_1, l_2, l_3, l_4)$ *ist eindeutig und stetig auf das Quadrat* $0 < t_5 < 1$, $0 < t_6 < 1$ *abbildbar; jedes dreidimensionale Continuum der Polygone einer Signatur* $(0, 4; l_1, l_2, l_3)$ *ist eindeutig und stetig auf den Würfel* $0 < t_4 < 1$, $0 < t_5 < 1$, $0 < t_6 < 1$ *abbildbar usw.; schliesslich: das sechsdimensionale Continuum der Polygone der Signatur* $(0, 4)$, *dem Falle* $v = 0$ *mit nur hyperbolischen Ecken entsprechend, ist eindeutig und stetig auf den „sechsdimensionalen" Würfel* $0 < t_1 < 1$, $\cdots$, $0 < t_4 < 1$, $0 < t_5 < 1$, $0 < t_6 < 1$ *abbildbar.* Wir haben hierbei die dem gewöhnlichen (dreidimensionalen) Würfel correspondierenden regulären Körper einer Dimensionenanzahl > 3 wieder als „Würfel" bezeichnet.

Das Auftreten der bei den Eckeninvarianten vorgesehenen Gleichheitszeichen liefert Polygone mit parabolischen Spitzen. Hält man übrigens eine der variabel gedachten Eckeninvarianten fest, so wird dadurch aus dem gerade vorliegenden Gebilde ein Würfel nächst niederer Dimensionenanzahl ausgesondert.

§ 4. Die Polygoncontinua vom Character $(0, n)$.

Die durchgeführte Überlegung ist ohne weiteres der Verallgemeinerung fähig.

Es sei ein Polygon vom Character $(0, 4)$ und den Erzeugenden
V_1, V_2, V_3, V_4' vorgelegt, von denen jedenfalls die letzte V_4' hyperbolisch sein soll. Die Invarianten seien $j_1, j_2, j_3, j_4', j_{34}', \tau_1$, deren Bedeutung aus § 3 hervorgeht. Es sei zweitens ein Polygon des Characters
$(0, 3)$ mit den Erzeugenden $V_4, V_5, V_4'^{-1}$ ausgewählt, von denen die
dritte $V_4'^{-1}$, wie die Bezeichnung schon andeutet, zu der vierten Erzeugenden V_4' der ersten Gruppe invers sein soll. Beide Polygone
sind dann sofort zu einem Polygone des Characters $(0, 5)$ componierbar,
und umgekehrt können wir jedes Polygon des Characters $(0, 5)$ auf
diese Weise entstanden denken.[*)]

Gestatten wir einem der zu componierenden Polygone, etwa demjenigen des Characters $(0, 3)$ Verschiebbarkeit längs der Polare Π des
Fixpunktes von V_4', so ist zugleich deutlich, dass die Composition
beider Polygone wieder in einfach unendlich vielen Arten vollzogen
werden kann.

Als Invarianten des componierten Polygones ziehen wir erstlich die
obigen sechs Invarianten des Polygons vom Character $(0, 4)$ heran.
Nur wird hierbei zweckmässig die Invariante j_4' mit Rücksicht auf das
zweite der zu componierenden Polygone durch j_{45} $(= - j_4')$ ersetzt, und
an Stelle von j_{34}' benutzen wir besser die Bezeichnung j_{345}, da es
sich hier um die Invariante der Substitution $V_3 V_4 V_5$ handelt. Vom
zweiten zu componierenden Polygone rühren dann noch die Invarianten
j_4, j_5 her, und endlich liefert die Composition selbst noch eine Invariante
τ_2[**)]. Insgesamt haben wir also fünf Eckeninvarianten $j_1, j_2, \cdots, j_5$,
zwei Transversalinvarianten j_{345}, j_{45} und zwei Compositionsinvarianten
τ_1, τ_2. Die für diese Invarianten gültigen Ungleichungen sind genau
dieselben wie die in § 3 für die entsprechenden Invarianten der Polygone
des Characters $(0, 4)$ angegebenen.

---

*) Die Einzelheiten dieses Compositionsprozesses findet man in I pg. 361 ff.

**) Das erste, dem Werte $\tau_2 = 1$ entsprechende componierte Polygon denken
wir im Texte willkürlich unter allen einfach unendlich vielen bei der Composition
der beiden Polygone der Charaktere $(0, 4)$ und $(0, 3)$ entsprungenen Polygonen
des Charakters $(0, 5)$ gewählt. Will man die Unbestimmtheit, welche der Einführung der Compositionsinvariante τ_2 dadurch anhaftet, aufheben, so kann man
etwa festsetzen, dass $\tau_2 = 1$ für die vier Erzeugenden $(V_4 V_5), V_3, V_4, V_5$ den
symmetrischen Fall des zugehörigen Polygons vom Charakter $(0, 4)$ liefert. Diese
Vorschrift würde sich unmittelbar an die Einführung der Invariante τ in § 3
anschliessen.

Es hat nicht die geringste Schwierigkeit, den Compositionsprocess und die Herstellung der Invarianten in gleicher Weise weiter zu führen. Offenbar gelangt man zu folgendem allgemeinen Theoreme: *Den Polygonen vom Character* (0, *n*) *gehören* (3*n* − 6) *Invarianten zu*. *nämlich n „Eckeninvarianten"* $j_1, j_2, \ldots, j_n$, *den Bedingungen unterworfen:*

$$(1) \qquad j_x \gtreqless 2 \quad bezw. \quad j_x = 2 \cos \frac{\pi}{l_x},$$

ferner (*n* − 3) *„Transversalinvarianten". die wir folgerecht durch* $j_{3, 4, \ldots, n}$, $j_{4, \ldots, n}, \ldots, j_{n-1, n}$ *bezeichnen. und die den Ungleichungen:*

$$(2) \qquad j_{3, 4, \ldots, n} < -2, \quad j_{4, \ldots, n} < -2, \cdots, j_{n-1, n} < -2$$

genügen. endlich (*n* − 3) *„Kompositionsinvarianten"* $\tau_1, \tau_2, \cdots, \tau_{n-3}$ *mit den Bedingungen:*

$$(3) \qquad \tau_1 > 0, \quad \tau_2 > 0, \quad \cdots, \quad \tau_{n-3} > 0.$$

Alle (3*n* − 6) *Invarianten sind von einander unabhängig und keinen anderen als den angegebenen Bedingungen unterworfen.*

Führt man (3*n* − 6) Grössen *t* im Falle eines beliebigen *n* genau wie in (1) pg. 294 für *u* = 4 ein und deutet die *t* als rechtwinklige Coordinaten, so gelangt man für die Mannigfaltigkeit der Polygone des Characters (0, *n*) zu folgendem abschliessenden Satze: *Die der einzelnen Signatur* (0, *n*: $l_1, l_2, \cdots, l_r$) *zugehörigen Polygone bilden ein* (3*n* − *r* − 6)*-dimensionales Continuum. welches eindeutig und stetig beziehbar ist auf den durch die Ungleichungen:*

$$0 \leq t_{r+1} < 1, \quad \ldots, \quad 0 \leq t_n < 1, \quad 0 < t_{n+1} < 1, \quad \ldots, \quad 0 < t_{3n-6} < 1$$

dargestellten (3*n* − *r* − 6)*-dimensionalen Würfel.* Solche Randpunkte des Würfels, welche den bei den Eckeninvarianten vorgesehenen Gleichheitszeichen entsprechen, liefern Polygone mit einer oder mehreren parabolischen Spitzen. Auch hier führt die Fixierung einer zunächst variabel gedachten Eckeninvariante zu einem Würfel nächst niederer Dimensionenanzahl hin. Es ist dies für die spätere Fortsetzung des Compositionsverfahrens von Wichtigkeit.

§ 5. Andere Darstellung der Polygoncontinua vom Character (0, 4).

Die besondere Einfachheit des Ergebnisses bei der vorstehenden Darstellung der Polygoncontinua beruht auf der *unsymmetrischen* Einführung der Invarianten. In I pg. 361 ff. wurden demgegenüber die Invarianten in einer den Forderungen der Symmetrie mehr entsprechenden Weise eingeführt. Es soll wenigstens im Falle des Characters (0, 4) die Beziehung der beiden invarianten Darstellungen (der jetzigen unsymmetrischen und der in I a. a. O. bevorzugten) verfolgt werden, und zwar namentlich deshalb, weil wir hier zu Relationen gelangen, welche wir sogleich bei der Diskussion der Polygone vom Character (1, 1) verwerten werden.

Vorhin (§ 3, pg. 291 ff.) hatten wir für die Polygone vom Character (0, 4) die sechs Invarianten:

$$(1) \qquad j_1, j_2, j_3, j_4, j_{12} = j_{34}, \ \tau$$

zu Grunde gelegt, welche von einander unabhängig waren. In I (siehe z. B. pg. 394) wurde demgegenüber das System der acht Invarianten:

$$(2) \qquad j_1, j_2, j_3, j_4, j_{12} = j_{34}, \ j_{23} = j_{41}, \ j_{13}, \ j_{24}$$

ausgewählt, welches insofern symmetrischer gestaltet ist, als die cyclische Vertauschung der Indices 1, 2, 3, 4 das System in sich überführt Die beiden zwischen den Invarianten (2) bestehenden Relationen:

$$(3) \quad \begin{cases} j_{12}^2 + j_{23}^2 - j_{13}j_{24} - (j_1 j_2 + j_3 j_4)j_{12} - (j_1 j_4 + j_2 j_3)j_{23} \\ \qquad + (j_1 j_2 j_3 j_4 + j_1^2 + j_2^2 + j_3^2 + j_4^2 - 4) = 0, \\ j_{12}j_{23} + j_{13} + j_{24} - (j_1 j_3 + j_2 j_4) = 0 \end{cases}$$

gehen natürlich gleichfalls bei cyclischer Vertauschung der Indices 1, 2, 3, 4 in sich über.

Die ersten fünf Invarianten (2) sind auch unter den Invarianten (1) enthalten. Die drei letzten Invarianten (2), nämlich j_{23}, j_{13}, j_{24} müssen eindeutig in den unabhängigen Invarianten (1) darstellbar sein.

Um diese Darstellungen zu leisten haben wir die Erzeugenden V_1, V_2, V_3, V_4 zu berechnen, wobei wir die Substitutionen V_1, V_2 in der in (7) und (5) pg. 291 angegebenen Gestalt übernehmen können. Die Substitutionen V_3, V_4 berechne man zunächst für die Mittellage eines durch Spiegelungen erweiterungsfähigen Polygons (vergl. hierzu § 3, pg. 293) und transformiere genau unter Einhaltung der pg. 293 u. f. gegebenen Darlegung die beiden entspringenden Substitutionen durch $\begin{pmatrix} \tau, & 0 \\ 0, & \tau^{-1} \end{pmatrix}$. An Stelle von j_{34} schreibe man j_{12} in den Coefficienten von V_3 und V_4; übrigens gebrauche man entsprechend der pg. 291 eingeführten abkürzenden Bezeichnung J_{12} die Abkürzung J_{34} für die positiv zu nehmende Wurzel:

$$(4) \qquad J_{34} = \sqrt{j_3^2 + j_4^2 + j_{34}^2 - j_3 j_4 j_{34} - 4}.$$

Man wird folgende Gestalten der beiden noch fehlenden Erzeugenden finden:

$$(5) \qquad V_3 = \begin{pmatrix} \dfrac{1}{2}\left(j_3 + \dfrac{j_3 j_{12} - 2j_4}{\sqrt{j_{12}^2 - 4}}\right), & \dfrac{J_{34} \cdot \tau^2}{\sqrt{j_{12}^2 - 4}} \\[4mm] -\dfrac{J_{34} \cdot \tau^2}{\sqrt{j_{12}^2 - 4}}, & \dfrac{1}{2}\left(j_3 - \dfrac{j_3 j_{12} - 2j_4}{\sqrt{j_{12}^2 - 4}}\right) \end{pmatrix},$$

$$(6) \quad V_4 = \begin{pmatrix} \frac{1}{2}\left(j_4 + \dfrac{j_4 j_{12} - 2j_3}{\sqrt{j_{12}^2 - 4}}\right), & \frac{1}{2}\left(-j_{12} + \sqrt{j_{12}^2 - 4}\right)\dfrac{J_{34}\cdot\tau^{-2}}{\sqrt{j_{12}^2 - 4}} \\ \frac{1}{2}\left(j_{12} + \sqrt{j_{12}^2 - 4}\right)\dfrac{J_{34}\cdot\tau^2}{\sqrt{j_{12}^2 - 4}}, & \frac{1}{2}\left(j_4 - \dfrac{j_4 j_{12} - 2j_3}{\sqrt{j_{12}^2 - 4}}\right) \end{pmatrix},$$

wobei wie auch schon oben (pg. 290) die Wurzel $\sqrt{j_{12}^2 - 4}$ positiv genommen werden soll.

Die Berechnung der Invarianten j_{13}, j_{23}, j_{24} aus den Erzeugenden geschieht nun einfach nach den bezüglichen Vorschriften von I pg. 337 ff.; man findet:

$$(7) \quad \begin{cases} j_{13}(j_{12}^2 - 4) = j_{12}(j_1 j_4 + j_2 j_3) - 2(j_1 j_3 + j_2 j_4) \\ \qquad\qquad + \frac{1}{2}\left\{(\tau^2 + \tau^{-2})j_{12} - (\tau^2 - \tau^{-2})\sqrt{j_{12}^2 - 4}\right\}J_{12}J_{34}, \\ j_{23}(j_{12}^2 - 4) = j_{12}(j_1 j_3 + j_2 j_4) - 2(j_1 j_4 + j_2 j_3) - (\tau^2 + \tau^{-2})J_{12}J_{34}, \\ j_{24}(j_{12}^2 - 4) = j_{12}(j_1 j_4 + j_2 j_3) - 2(j_1 j_3 + j_2 j_4) \\ \qquad\qquad + \frac{1}{2}\left\{(\tau^2 + \tau^{-2})j_{12} + (\tau^2 - \tau^{-2})\sqrt{j_{12}^2 - 4}\right\}J_{12}J_{34}. \end{cases}$$

Mit Rücksicht auf die Festsetzung, dass die Quadratwurzeln $\sqrt{j_{12}^2 - 4}$, J_{12}, J_{34} positiv genommen werden sollten, haben wir also in der That eindeutige Darstellungen der Invarianten (2) in den unabhängigen Invarianten (1) erhalten

Trägt man die aus (7) entspringenden Ausdrücke von j_{13}, j_{23} und j_{24} in die Relationen (3) ein, so müssen diese identisch erfüllt sein. In der That bestätigt man dies ohne Mühe.

Mit Rücksicht auf die weiter folgenden Entwicklungen über die Polygone des Characters (1,1) schliessen wir hier noch folgende Überlegungen an, bei welcher wir die *Eckeninvarianten* j_1, j_2, j_3, j_4 ihren Bedingungen entsprechend in irgend einer Weise *fest gewählt* denken. Wir eliminieren j_{24} aus den beiden Relationen (3), indem wir den aus der zweiten Relation für j_{24} zu berechnenden Ausdruck in die erste eintragen. Weiter setzen wir:

$$(8) \qquad j_{12} = -x, \quad j_{13} = -y, \quad j_{23} = -z$$

und deuten diese x, y, z als rechtwinklige Raumcoordinaten. Das Ergebnis der Elimination von j_{24} schreibt sich so:

$$(9) \quad \begin{aligned} x^2 + y^2 + z^2 - xyz + (j_1 j_2 + j_3 j_4)x + (j_1 j_3 + j_2 j_4)y + (j_1 j_4 + j_2 j_3)z \\ + (j_1 j_2 j_3 j_4 + j_1^2 + j_2^2 + j_3^2 + j_4^2 - 4) = 0 \end{aligned}$$

und liefert bei der vorgeschriebenen geometrischen Deutung der x, y, z eine *Fläche dritten Grades*.

Den Verlauf dieser Fläche stellen wir unten ausführlich fest. Es wird sich finden, dass in dem allein für uns in Betracht kommenden Raumoctanten, welcher durch die hier gültigen Ungleichungen:

$$-j_{12} = x > 2, \quad -j_{13} = y > 2, \quad -j_{23} = z > 2$$

dargestellt ist, eine einzige einfach zusammenhängende Schale der Fläche (9) verläuft. Dieser Theil der Fläche dritten Grades heisse Φ_3; er ist in neuer Gestalt das Abbild des Polygoncontinuums. Unter Vorbehalt der ausführlichen Betrachtung unserer Fläche dritten Grades merken wir den Satz an: *Alle Polygone vom Character* (0,4) *mit gegebenen Eckeninvarianten* j_1, j_2, j_3, j_4 *bilden ein zweidimensionales einfach zusammenhängendes Continuum, welches man eindeutig und stetig auf die durch* Φ_3 *bezeichnete, im Raumoctanten* $x > 2$, $y > 2$, $z > 2$ *gelegene Schale der durch* (9) *dargestellten Fläche dritten Grades abbilden kann.*

Bei der Behandlung der Polygone vom Character (0,4) in § 3 kommt die Fixirung der Eckeninvarianten auf die Festlegung der t_1, t_2, t_3, t_4 hinaus. Alle Polygone mit den gewählten Eckeninvarianten werden demnach dort von den Punkten des Quadrates $0 < t_5 < 1$, $0 < t_6 < 1$ geliefert: *Dieses Quadrat muss also umkehrbar eindeutig auf die Schale* Φ_3 *der Fläche dritten Grades bezogen sein.*

Für die Darstellung dieser Beziehung zwischen den t_5, t_6 und den x, y, z sind bereits alle Mittel durch die voraufgehenden Entwickelungen geliefert. Um z. B. die x, y, z durch t_5 und t_6 darzustellen, berechne man sich erstlich aus (1) pg. 294 für $x (= -j_{12})$ und τ in t_5 und t_6:

$$(10) \qquad x = \frac{2}{1-t_5}, \qquad \tau = \frac{t_6}{1-t_6},$$

setze dem bisherigen Übereinkommen entsprechend fest, dass die Quadratwurzeln:

$$\sqrt{x^2 - 4}, \quad J_{12} = \sqrt{j_1^2 + j_2^2 + x^2 + j_1 j_2 x - 4},$$
$$J_{34} = \sqrt{j_3^2 + j_4^2 + x^2 + j_3 j_4 x - 4},$$

deren Radicanden für die zulässigen Werte j_1, j_2, j_3, j_4, x stets positiv sind, selber positiv genommen werden sollen, und berechne endlich y und z nach (7) in folgender Gestalt:

$$(11) \quad \begin{cases} y(x^2 - 4) = (j_1 j_4 + j_2 j_3)x + 2(j_1 j_3 + j_2 j_4) \\ \qquad + \frac{1}{2}\left\{(\tau^2 + \tau^{-2})x + (\tau^2 - \tau^{-2})\sqrt{x^2 - 4}\right\} J_{12} J_{34}, \\ z(x^2 - 4) = (j_1 j_3 + j_2 j_4)x + 2(j_1 j_4 + j_2 j_3) + (\tau^2 + \tau^{-2}) J_{12} J_{34}. \end{cases}$$

Diese letzten Entwicklungen werden wir sogleich in anderem Zusammenhang zu verwenden haben.

§ 6. Die Polygoncontinua vom Character (1, 1).

Die Invariantentheorie der Polygone vom Character (1, 1) ist in
I pg. 354 ff. entworfen. Das einzelne Polygon hatte zunächst drei
Invarianten j_a, j_b, j_{ab}, für welche die Ungleichungen:

(1) $$j_a > 2, \quad j_b > 2, \quad j_{ab} > 2$$

galten. Aus ihnen stellten wir noch eine vierte Invariante j_c, die
„Eckeninvariante" der einen festen Ecke des Polygons, auf Grund der
Relation:

(2) $$j_a{}^2 + j_b{}^2 + j_{ab}^2 - j_a j_b j_{ab} - 2 = j_c$$

her. Für die einzelne Signatur $(1, 1; l)$ ist die feste Ecke des Polygons
elliptisch und es gilt:

(3) $$j_c = -2 \cos \frac{\pi}{l},$$

so dass hier die Gleichung (2) eine Relation zwischen den j_a, j_b, j_{ab}
darstellt. Bei der Signatur (1, 1), d. h. für Polygone, deren feste Ecke
hyperbolisch bezw. im Grenzfall *parabolisch* ist, gilt:

(4) $$j_c \leqq -2,$$

so dass jetzt aus (2) für die j_a, j_b, j_{ab} die Ungleichung entspringt:

(5) $$j_a{}^2 + j_b{}^2 + j_{ab}^2 - j_a j_b j_{ab} < 0.$$

Diese Ansätze lassen sich nun mit den Entwicklungen über die
Polygone des Charakters (0,4) unmittelbar in Beziehung setzen, in der
Art, *dass wir die Invariantentheorie der Polygone des Characters (1,1)
als einen Specialfall der Invariantentheorie der Polygone des Characters
(0. 4) ansehen können.*

Es beruht dies auf der bereits in I pg. 293 erwähnten und
pg. 355 näher verfolgten Thatsache, dass jede Gruppe des Characters
(1, 1) durch Zusatz einer geeigneten elliptischen Substitution der
Periode 2 zu einer bestimmten Gruppe des Characters (0, 4) erweitert wird. Dabei hat die letztere die Signatur (0, 4; 2, 2, 2),
wenn $j_c \leqq -2$ ist[*]); hingegen gelangen wir zur Signatur (0, 4;

---

[*]) Das einzelne Polygon vom Character (1, 1) mit *hyperbolischer* Ecke, wird,
wie wir unten ausführlicher darlegen, durch eine zugehörige „zweiwertige" automorphe Function auf eine zweiblättrige orthosymmetrische Riemann'sche Fläche
des Geschlechtes $p = 2$ mit 6 paarweise symmetrisch liegenden Verzweigungspunkten
übertragen. Die eine durch die Symmetrielinie abgetrennte Hälfte dieser Fläche
entspricht dem im Ellipseninneren der projectiven Ebene liegenden Polygonteile.
Die drei jener Flächenhälfte angehörenden Verzweigungspunkte liefern dann

$2l, 2, 2, 2$), falls bei der gegebenen Gruppe die Signatur $(1, 1; l)$ vorliegt*).

Um den Zusammenhang der Formeln (1)ff. mit denen des vorigen Paragraphen wirklich herzustellen, setze man:

$$(6) \qquad j_a = x, \quad j_b = y, \quad j_{ab} = z, \quad j_c = 2 - j_1^2,$$

wobei die letzte Gleichung im Falle der Signatur $(1, 1; l)$ auf $l_1 = 2l$ hinausläuft. Aus (2) ergibt sich jetzt:

$$(7) \qquad x^2 + y^2 + z^2 - xyz + (j_1^2 - 4) = 0,$$

eine Gleichung, die man in der That als Specialfall der Gleichung (9) pg. 298, nämlich für $j_2 = j_3 = j_4 = 0$ unterordnen kann.

Umgekehrt enthält aber auch jede Gruppe der Signatur $(0, 4; 2, 2, 2)$ bezw. $(0, 4; 2l, 2, 2, 2)$ eine bestimmte ausgezeichnete Untergruppe des Index 2 vom Character $(1, 1)$, so dass hier volle Eindeutigkeit der Beziehung besteht. Aus einem der ersten Gruppe zugehörigen, etwa nach J pg. 299 ff. gewählten Doppelviereck stellt man nämlich durch Anreihung eines weiteren Doppelvierecks aufs leichteste den Discontinuitätsbereich vom Character $(1, 1)$ her.

Auf Grund der vorstehenden Ergebnisse ist es statthaft, für die Darstellung der Polygoncontinua vom Character $(1, 1)$ unsere obigen Resultate über den Fall des Characters $(0, 4)$ im vollen Umfange heranzuziehen. So dürfen wir die Invarianten t_5, t_6 bezw. t_1, t_5, t_6**) der Polygone des Characters $(0, 4)$ auch für die Polygone des Characters $(1, 1)$ an Stelle der x, y, z, j_c heranziehen. Die Relationen zwischen den beiderseitigen Invarianten gehen aus den Gleichungen (10) und (11) pg. 299 sofort hervor. Man findet für die x, y, z:

---

gerade die drei bei der erweiterten Gruppe der Signatur $(0, 4; 2, 2, 2)$ neu hinzukommenden Ecken, während das einzelne Blatt der zunächst doppelblättrigen Flächenhälfte gerade dem Polygone der Signatur $(0, 4; 2, 2, 2)$ correspondiert.

*) Für die Polygone des Characters $(1, 1)$ mit *elliptischer* oder *parabolischer* Ecke kommen wir hier auf bekannte Sätze aus der Theorie der elliptischen Functionen zurück. Eine zu einem solchen Polygone gehörende automorphe Function bildet dasselbe auf eine Riemann'sche Fläche des Geschlechtes $p = 1$ ab. Bezeichnet man das Integral erster Gattung dieser Fläche durch u, so gestattet bekanntlich die Fläche die einfach unendlich vielen Transformationen $u' = -u + C$ der Periode 2 in sich (cf. „Mod." II pg. 241). Um die im Texte gemeinte Transformation zu gewinnen, müssen wir beachten, dass die Riemannsche Fläche mit *einem* von der festen Polygonecke herrührenden Punkte „signiert" ist. Man hat die Constante C so zu wählen, dass einer der vier Fixpunkte der Transformation $u' = -u + C$ nach dem eben genannten Punkte der Riemannschen Fläche hinfällt.

**) Die Eckeninvarianten j_2, j_3, j_4 sind in beiden Fällen constant gleich 0.

20*

$$(8) \quad \begin{cases} x - j_a = \dfrac{2}{1 - t_5}, \qquad \tau = \dfrac{t_6}{1 - t_6}, \qquad \sqrt{2 - j_c} = j_1 = \dfrac{2}{1 - t_1}, \\[2mm] y\sqrt{x^2 - 4} = \dfrac{1}{2}\left\{(\tau^2 + \tau^{-2})x + (\tau^2 - \tau^{-2})\sqrt{x^2 - 4}\right\}\sqrt{x^2 - j_c - 2}, \\[2mm] z\sqrt{x^2 - 4} = (\tau^2 + \tau^{-2})\sqrt{x^2 - j_c - 2}. \end{cases}$$

Durch Umkehrung dieser Gleichungen gewinnt man als Darstellungen der t_1, t_5, t_6 in den x, y, z, j_c:

$$(9) \qquad t_1 = \frac{-2 + \sqrt{2 - j_c}}{\sqrt{2 - j_c}}, \qquad t_5 = \frac{x - 2}{x}, \qquad t_6 = \frac{\tau}{1 + \tau},$$

wobei τ gegeben ist durch die positiv zu nehmende Wurzel:

$$(10) \qquad \tau = \sqrt{\frac{2y - xz + z\sqrt{x^2 - 4}}{2\sqrt{x^2 - j_c - 2}}}.$$

Der Radicand dieser Wurzel ist übrigens sicher positiv, da der im Zähler stehende Ausdruck > 0 ist. Aus der Relation (7) folgt nämlich mit Rücksicht auf $x > 2$ und $z > 2$:

$$y^2 + z^2 - xyz = -j_1^2 - (x^2 - 4) < 0,$$
$$4y^2 - 4yxz + x^2 z^2 < z^2(x^2 - 4),$$
$$|2y - xz| < z\sqrt{x^2 - 4}.$$

Sollte demnach auch $2y - xz < 0$ gelten, so folgt doch aus der letzten Ungleichung, wie behauptet wurde:

$$2y - xz + z\sqrt{x^2 - 4} > 0.$$

Indem wir uns vorbehalten, unten bei der Untersuchung der Gruppencontinua vom Character $(1, 1)$ die Invarianten x, y, z heranzuziehen, wollen wir hier bei der Darstellung der Polygoncontinua die Invarianten t_5, t_6 bezw. t_1, t_5, t_6 benutzen. Wir gelangen zu folgendem Ergebniss: *Die gesammten Polygone einer gegebenen Signatur $(1, 1; l)$ bilden ein zweidimensionales Continuum, welches eindeutig stetig auf die Punkte des Quadrates $0 < t_5 < 1$, $0 < t_6 < 1$ beziehbar ist; desgleichen bilden die gesammten Polygone der Signatur $(1, 1)$ (mit $j_c \leq -2$) ein dreidimensionales Continuum, welches eindeutig stetig auf die Punkte des Würfels $0 \leq t_1 < 1$, $0 < t_5 < 1$, $0 < t_6 < 1$ abbildbar ist.*

Übrigens gilt wieder die für die Composition wichtige Bemerkung, dass durch Fixierung des Wertes $j_1 \geq 2$ oder $j_c \leq -2$ aus dem zuletzt genannten Würfel ein Quadrat ausgeschnitten wird.

§ 7. Die Polygoncontinua vom Character (p, n).

Durch die bisherigen Entwicklungen ist nun auch der Weg gebahnt, um vermöge des Princips der Composition zum allgemeinsten Continuum von Hauptkreispolygonen zu gelangen. Es sei eine beliebige Signatur vorgelegt, wobei die Anzahl ν der elliptischen Ecken irgend eine der Zahlen 0, 1, 2, ..., n ist. Irgend ein zugehöriges Polygon P kann man nach I pg. 313 entstanden denken durch Composition eines Polygons der Signatur $(p - 1, n + 1; l_1, l_2, ..., l_\nu)$ und eines Polygons der Signatur $(1, 1)$, welches mit jenem eine hyperbolische Erzeugende gemeinsam hat. Die Einzelheiten des Compositionsprocesses sind a. a. O. genau geschildert.

Umgekehrt kann man zwei Polygone bezeichneter Art mit gemeinsamer hyperbolischer Erzeugender stets auf einfach unendlich viele Weisen zu einem Polygone des Characters (p, n) componieren. Es ist hierbei nöthigenfalls an einem der Polygone, etwa denjenigen des Characters $(1, 1)$, die schon pg. 293 (oben) erwähnte Verzerrung vorzunehmen, die übrigens gerade für das Polygon vom Character $(1, 1)$ in I pg. 298 ausführlich geschildert wurde. Nach dem Theorem von I pg. 319 kann man natürlich hinterher das componierte Polygon stets wieder in ein geradliniges $(2n + 4p)$-eck mit nur concaven Winkeln umändern.

Die Invarianten des Polygons vom Character $(1, 1)$ sind im vorigen Paragraphen besprochen. Von diesen Invarianten ist j_c bereits durch das Polygon vom Character $(p - 1, n + 1)$, nämlich als eine „Eckeninvariante" desselben, gegeben. Es treten mit dem Polygon des Characters $(1, 1)$ zunächst noch drei weitere durch die Relation (2) pg. 300 an einander gebundene Invarianten j_a, j_b, j_{ab} hinzu; und weiter hat man zu beachten, dass beide Polygone auf einfach unendlich viele Arten componierbar sind, so dass noch eine Invariante τ der pg. 293 u. f. besprochenen Art hinzukommt.

Um unsere unterscheidenden Bezeichnungen für die verschiedenen Invarianten aufzunehmen und zu erweitern, so hat j_c nach der Composition den Character einer Eckeninvariante verloren und ist zu einer „*Transversalinvariante*" geworden. Die j_a, j_b, j_{ab} bezeichnen wir zweckmässig als „*Periodeninvarianten*", da ihnen Periodenwege auf der Riemannschen Fläche entsprechen (cf. I pg. 183). Endlich behält τ seinen Character als „*Compositionsinvariante*".

Es steht nun nichts im Wege, die mit dem Polygon des Characters $(1, 1)$ neu hinzukommenden Invarianten j_a, j_b, j_{ab}, welche durch *eine*

Relation mit einander verbunden sind*), auf zwei von einander unabhängige Invarianten t_5 und t_6 umzurechnen. Wir haben zu diesem Zwecke $x = j_a$, $y = j_b$, $z = j_a$, in die Formeln (9) und (10) pg. 302 einzutragen und berechnen aus diesen Formeln die beiden unabhängigen „Periodeninvarianten" t_5 und t_6**). Endlich können wir wie früher***, die bei der Composition der beiden öfter genannten Polygone auftretende Invariante τ durch eine für den Augenblick etwa mit t_7 zu bezeichnende Invariante ersetzen, die im Intervall $0 < t_7 < 1$ variabel ist. Als Zwischenresultat merken wir an, *dass der Zusatz des Polygons vom Character* (1, 1) *zu demjenigen vom Character* $(p - 1, n + 1)$ *die Einführung von drei weiteren Invarianten* t *nöthig macht, welche unabhängig von einander im Intervall* $0 < t < 1$ *variabel sind.*

Durch wiederholte Anwendung dieses Satzes können wir nun von den Entwicklungen des § 4 über die Polygone des Characters $(0, n)$ ausgehend bis zu jedem beliebigen Character (p, n) bezw. bis zu jeder beliebigen Signatur $(p, n; l_1, l_2, \ldots, l_v)$ hingelangen. Wir knüpfen an die Signatur $(0, n + p; l_1, l_2, \ldots, l_v)$ und damit an das Continuum der Polygone des Geschlechtes 0 mit $(n + p)$ festen Ecken, von denen $\nu(< n)$ elliptische sind und die Winkel $\frac{2\pi}{l_1}, \frac{2\pi}{l_2}, \ldots, \frac{2\pi}{l_v}$ haben, während weitere $(n - \nu)$ feste Ecken hyperbolisch oder parabolisch und die letzten p hyperbolisch sind. Wir setzen weiter nach einander p Polygone des Characters (1, 1) in bezeichneter Art hinzu. Das erste Polygon des Characters $(0, n + p)$ hat $(3(n + p) - \nu - 6)$ unabhängig variable Invarianten t; jedes Polygon des Characters (1, 1) liefert drei weitere Invarianten t, so dass wir schliesslich zu der richtigen Anzahl $(3n - \nu + 6p - 6)$ hingelangen.

Indem wir jetzt zweckmässig die *variabelen* Invarianten unseres Polygons durch $t_{v+1}, t_{v+2}, \ldots, t_{3n+6p-6}$ bezeichnen, stellen wir nochmals fest, dass dieselben in den Intervallen:

(1)
$$0 \leq t_{v+1} < 1, \quad \ldots, \quad 0 \leq t_n < 1,$$
$$0 < t_{n+1} < 1, \quad \ldots, \quad 0 < t_{3n+6p-6} < 1$$

willkürlich und von einander unabhängig variabel sind, wobei die bei den ersten $(n - v)$ Invarianten vorgesehenen Gleichheitszeichen das Eintreten parabolischer Spitzen anzeigen. Wir sind hiermit zu folgen-

---

*) Die in dieser Relation vorkommende Invariante j_c ist durch das Polygon vom Character $(p - 1, n + 1)$ bereits fest gegeben.

**) Wir unterlassen nicht darauf hinzuweisen, dass unsere jetzige, im Texte sogleich wieder zu nennende, Compositionsinvariante τ mit der in den Formeln von pg. 302 so bezeichneten Invariante nicht identisch ist.

***) Siehe z. B. die letzte Formel (1) pg. 294.

dem abschliessenden Theoreme gelangt: *Die gesammten zu irgend einer vorgelegten Signatur* $(p, n; l_1, l_2, \ldots, l_\nu)$ *gehörenden Hauptkreispolygone bilden ein* $(3n - \nu + 6p - 6)$-*dimensionales Continuum, welches stetig eindeutig auf den durch die Ungleichungen* (1) *dargestellten* $(3n - \nu + 6p - 6)$-*dimensionalen Würfel abbildbar ist.*

§ 8. Übergang von den Polygoncontinuen zu den Gruppencontinuen.

Jedes unserer kanonischen Polygone P liefert *eine und nur eine* Hauptkreisgruppe Γ. Eine und dieselbe Gruppe aber wird umgekehrt von *unendlich vielen verschiedenen* kanonischen Polygonen geliefert. Mit der Gewinnung der *Polygoncontinua* besitzen wir also noch keineswegs eine abgeschlossene Einsicht in die *Gruppencontinua;* vielmehr muss die Beziehung der beiden Continua auf einander eingehend untersucht werden.

Es handelt sich hier um einen principiellen Punkt in der geschichtlichen Entwicklung des Fundamentaltheorems.

Klein hat in seiner Arbeit „*Neue Beiträge zur Riemannschen Funktionentheorie*", Abschn. III § 5 die Beziehung zwischen Polygon und Gruppe berührt und aus den daselbst näher entwickelten Gründen den Plan abgeleitet, bei Fortführung seiner Untersuchung „immer von der Gebietseinteilung auszugehen". Demnach sind die Continua, mit welchen Klein bei dem Beweise des Fundamentaltheorems arbeitet, die Continua der *Polygone* und die ihnen entsprechenden Continua der *zerschnittenen* Riemannschen Flächen*).

Demgegenüber hat Poincaré in seiner Arbeit „*Sur les groupes des équations linéaires*" (§ 8 ff.) die *Gruppencontinua* dem Beweise des Fundamentaltheorems zu Grunde gelegt. Poincaré erkennt nämlich a. a. O. das Polygoncontinuum als *ungeschlossene* Mannigfaltigkeit**); er beabsichtigt demgegenüber zu zeigen, und zwar, was characteristisch ist, „*par une discussion spéciale à chaque cas particulier*", dass die von ihm betrachteten Gruppencontinua *geschlossene* Mannigfaltigkeiten sind, wie wir dies unten in Beispielen von Grenzkreisfällen bestätigt finden werden. Hierin sieht Poincaré mit Recht eine wesentliche Erleichterung des Continuitätsbeweises bei Gebrauch der Gruppencontinua.

*) Siehe z. B. auch Abschn. IV § 2 der eben genannten Arbeit von Klein, wo ausdrücklich gesagt wird: „Wir haben einerseits die Riemannschen Flächen (p, n, l), die wir uns nach einem bestimmten Typus zerschnitten denken. Sie bilden eine erste Mannigfaltigkeit M_1".

**) Der in § 7 gewonnene Würfel hat einen $(3n - \nu + 6p - 7)$-dimensionalen Rand.

Der Übergang von einem ersten Polygon P zu allen übrigen kanonischen Polygonen, welche die gleiche Gruppe darstellen, ist ausführlich in 1 pg. 320 ff. in der „Transformationstheorie der kanonischen Polygone" entwickelt. Es handelt sich um diejenigen Transformationen, welche den wesentlichen Änderungen des kanonischen Querschnittsystems auf der zu P gehörenden geschlossenen Fläche entsprechen.

Die Invarianten erfahren gegenüber jenen Umformungen des Polygons selber *birationale Transformationen*[*]). Die gesammten beim Character (p, n) eintretenden Transformationen dieser Art lieferten uns in 1 pg. 391 *die zum Character (p, n) gehörende „Modulgruppe"*. Der Name dieser Gruppe rührt daher, dass wir in 1 die Invarianten der Polygone P auch wohl als die „Moduln" derselben bezeichneten[**]). Übrigens beachte man auch, dass die Modulgruppe des Characters (p, n) zu den Hauptkreisgruppen dieses Characters in genau derselben Beziehung steht, wie in der Theorie der elliptischen Functionen (Theorie der „parabolischen Rotationsgruppen" (cf. pg. 24 und 1 pg. 165)) die daselbst auftretende „Modulgruppe" zu den Gruppen der Substitutionen:

$$u' = u + m_1 \omega_1 + m_2 \omega_2, \qquad (m_1, m_2 = 0, \pm 1, \pm 2, \cdots),$$

d. i. den parabolischen Rotationsgruppen.

Um übrigens die Entwicklungen der vorangehenden Paragraphen über Polygoncontinua mit den citierten Untersuchungen aus Bd. 1 in die richtige Beziehung zu setzen, ist noch zu bemerken, dass an den birationalen Transformationen der Invarianten auch die Eckeninvarianten, welche zu den elliptischen Erzeugenden gehören, theilhaben, insofern doch durch eine geeignete Transformation irgend eine vorgeschriebene Permutation der in Betracht kommenden v Polygonecken erzielbar war (cf. 1 pg. 301). Bei der Betrachtung der Gruppencontinua war dementsprechend die Anordnung der Zahlen l in der Signatur $(p, n; l_1, l_2, \ldots, l_v)$ gleichgültig und in beliebiger Weise abänderungsfähig.

Demgegenüber haben wir oben bei der Herstellung unserer Polygoncontinua an der Anordnung der elliptischen Ecken und damit an der einmal gewählten Signatur festhalten müssen. *Bei dieser Sachlage dürfen wir zur Gewinnung des einzelnen Gruppencontinuums nach freier Auswahl an eines von mehreren Polygoncontinuen anknüpfen, und zwar im Höchstfalle von v! Continuen, wenn nämlich alle l_x verschieden sind und $p > 0$*

---

oder doch bei $p = 0$ die Anzahl $\nu < n$ ist*). In der Modulgruppe haben wir demgemäss *eine ausgezeichnete Untergruppe des entsprechenden endlichen Index, welche die Signatur unverändert lässt und also ein Polygon immer wieder in ein solches des gleichen Continuums überführt.* Die so gewonnene Untergruppe können wir als „*die zur Signatur $(p, n; l_1, l_2, \ldots, l_\nu)$ gehörende Modulgruppe*" bezeichnen. Es ist durch diesen unvermeidlichen Schritt allerdings der Grund zu einer Unsymmetrie unserer Darstellung gelegt, welche selbst dann bestehen bleibt, wenn wir die Einführung der Invarianten (wie in I geschah) symmetrisch in bezug auf das einzelne Polygon vollziehen.

§ 9. Die Discontinuität der Modulgruppe.

Die zu einer vorgelegten Signatur gehörige Modulgruppe stellt lauter birationale Transformationen der Invarianten dar, die, auf die Invarianten t umgerechnet, unseren in § 7 gewonnenen $(3n - \nu + 6p - 6)$-dimensionalen Würfel in sich selbst überführen. Dabei tritt die Frage nach der *Discontinuität der Modulgruppe im Innern des Würfels* in den Vordergrund. In der That wird ja *ein Discontinuitätsbereich der Modulgruppe ein eindeutiges und stetiges Abbild der zur vorgelegten Signatur gehörenden Mannigfaltigkeit der Gruppen* sein.

Poincaré bezeichnet a. a. O. pg. 263 die Modulgruppe als „*évidemment discontinu*". Es ist dies so zu verstehen, dass die Modulgruppe *im Innern des Würfels* oder eines bei anderer Auswahl der Invarianten eintretenden, dem Würfel äquivalenten Bereiches „*eigentlich*" *discontinuierlich* ist (cf. I pg. 62), *d. h. ebenda einen endlich ausgedehnten $(3n - \nu + 6p - 6)$-dimensionalen Discontinuitätsbereich hat, dessen Reproductionen das ganze Würfelinnere erfüllen.*

Ohne diese Behauptung für unmittelbar einleuchtend zu halten, wollen wir vorab fragen, welche Mittel wir zur wirklichen Herstellung eines Discontinuitätsbereiches der Modulgruppe haben.

Zu diesem Zwecke werden wir unter den gesammten bezüglich der Modulgruppe äquivalenten kanonischen Polygonen P (die somit die gleiche Hauptkreisgruppe Γ liefern) eines als sogenanntes „*reducirtes*" *Polygon* herausgreifen müssen. Poincaré giebt a. a. O. pg. 265 eine Vorschrift zur Erklärung eines „*polygone réduit*", welche sich unter Benutzung der Bezeichnungen und Vorstellungen des vorletzten Paragraphen (§ 7, allgemeiner Fall $(p. n)$) so beschreiben läßt: Man verstehe unter $\Phi(t_{\nu+1}, t_{\nu+2} \ldots)$ eine reelle stetige und eindeutige Function

---

*) Für $p = 0$, $\nu = n$ haben wir im Höchstfall $(n - 1)!$ Continua, insofern jetzt die $\nu = n$ Ecken einen geschlossenen Zyklus bilden.

der variabeln Invarianten $t_{\nu+1}, \ldots, t_{3n+6p-6}$; und zwar soll diese
Function Φ auf dem Rande des Würfels überall gleich 1 sein, im
Würfelmittelpunkte verschwinden und übrigens im Würfelinnern zwischen
0 und 1 liegen. Unter allen die gleiche Hauptkreisgruppe Γ liefernden
Polygonen P heisst nach Poincarés Erklärung dasjenige reduciert,
dessen Invarianten $t_{\nu+1}, \ldots, t_{3n+6p-6}$ den kleinsten Wert der Function
Φ liefern*).

Es liegt nun (wie schon in I pg. 393 gesagt wurde) für uns
näher, eine Theorie der reducierten Polygone in anderer Weise einzuführen, und zwar durch Rückgang auf die in I pg. 241 ff. und 275 ff.
dargestellte Theorie der „normalen“ und der „natürlichen“ Polygone P.
Das einzelne Normalpolygon einer vorgelegten Gruppe Γ ist durch sein
Centrum C eindeutig bestimmt, und Centren, die bezüglich Γ äquivalent
sind, liefern (für den invarianten Standpunkt) gleiche Polygone. Lässt
man daraufhin das Centrum ein erstes irgendwie gewähltes Polygon
durchlaufen, so erhält man bereits alle bei dieser Gruppe Γ vorkommenden
Normalpolygone.

Was die Gestalt der Normalpolygone angeht, so hatten wir in
I pg. 262 ff. eine Reihe verschiedener *Typen* zu unterscheiden, zwischen
denen sich beim Übergang von einem Typus zum andern noch die
Special- oder Übergangstypen mit verminderter Seitenanzahl einfügten.
Im Falle jedes einzelnen Characters (p, n) ist die Anzahl unterschiedener
Typen *endlich*; diese Anzahl wirklich festzustellen, ist eine combina-
torische Aufgabe, die wir in I pg. 266 ff. für einige niedere Fälle
durchführten.

Es gehöre nun zu einem ersten Centrum C_0 ein Normalpolygon
P_0, welches nicht gerade einen Übergangstypus besitzt. Bei stetiger
Abänderung des Centrums C von der Anfangslage C_0 aus wird sich
auch das Polygon P stetig ändern. Wie werden demnach um C_0 einen
*rings endlich ausgedehnten***) Bereich eingrenzen können, so dass alle

---

*) Setzt man, was am nächsten liegt:
$$\Phi = 1 - 4^{3n-\nu+6p-6} \cdot \prod_{\varkappa} t_\varkappa (1 - t_\varkappa) = 1 - \prod_{\varkappa} (1 - (2t_\varkappa - 1)^2),$$
so kommt die Herstellung des Discontinuitätsbereiches der Modulgruppe auf das
bei der Bildung der „Normalbereiche“ in I pg. 106 ff. benutzte Princip hinaus.
Dem Discontinuitätsbereich wird der einzelne Punkt im Würfelinnern stets und
nur dann zuerteilt, wenn er der Würfelmitte näher oder doch nicht ferner liegt,
als seine äquivalenten Punkte.

**) Als Maassbestimmung soll in der projectiven Ebene für den Augenblick
die gewöhnliche, nicht die projective, benutzt werden, damit Bereiche, welche bis
an die Ellipse heran oder über dieselbe hinaus reichen, endlichen Flächeninhalt
behalten.

Punkte C dieses Bereiches Polygone P desselben Typus und derselben Erzeugenden wie P_0 liefern. Wenn wir nun fragen, wie weit C innerhalb P_0 wandern darf, bis wir zu einem ersten Übergangstypus kommen, so ist die Antwort hierauf bereits in I pg. 275 ff. gegeben. Wir gelangen zu einem C_0 umgebenden, a. a. O. mit T_0 bezeichneten Bereiche, für den wir hier die Benennung eines „*natürlichen Elementarbereiches*" gebrauchen wollen, und den wir (siehe auch I pg. 245 ff.) von endlich vielen aus den Erzeugenden von P_0 zu gewinnenden Stücken von Geraden, Kegelschnitten oder Kurven dritten Grades eingegrenzt fanden. Diesen Randkurven von T_0 entsprachen die verschiedenen Übergangstypen, welche sich an den Typus von P_0 anschlossen.

Wesentlich ist die Endlichkeit der Flächenausdehnung eines solchen natürlichen Elementarbereiches T. Da auch P_0 (im Sinne der augenblicklich benutzten elementaren Maassbestimmung) endlich ausgedehnt ist, *so findet in P_0 nur eine endliche Anzahl solcher Bereiche T Platz**): *Die Anzahl der bezüglich Γ inäquivalenten natürlichen Elementarbereiche ist endlich.* Wir bezeichneten diese Anzahl in I pg. 278 durch μ, die Bereiche selbst durch $T_0, T_0', T_0'', \ldots, T_0^{(\mu-1)}$. Ein solches System inäquivalenter Bereiche T lieferte uns a. a. O. einen „*natürlichen*" *Discontinuitätsbereich* für Γ.

Da nun alle Centren C eines einzelnen natürlichen Elementarbereiches T Polygone desselben Typus und desselben Erzeugendensystemes liefern, so haben wir bei unserer Gruppe Γ überhaupt nur μ wesentlich verschiedene Normalpolygone. Wählen wir demnach zunächst als *reducierte* Polygone die *Normalpolygone der allgemeinen Typen*, so entspringt ohne weiteres der Satz, *dass für unsere Gruppe Γ die Anzahl reducierter Polygone endlich, nämlich gleich μ ist.*

Diese reducierten Polygone haben nun zwar im allgemeinen noch nicht die kanonische Gestalt. Es steht aber nichts im Wege, bei jedem Typus eine eindeutig bestimmte Massregel der Umwandlung in ein kanonisches Polygon vorzuschreiben, das wir dann fortan statt des Normalpolygons als reduciertes Polygon gebrauchen wollen. Wir gelangen auf diese Weise bei jeder Hauptkreisgruppe Γ, wenn auch noch nicht zu einem einzelnen, *so doch zu einer endlichen Anzahl von μ reducierten Polygonen.* Wie wir weiter unter diesen μ reducierten Polygonen

---

*) Um einem naheliegenden Einwurfe gegen das Schlussverfahren des Textes zu begegnen, nehme man die Anzahl der verschiedenen Bereiche T innerhalb P_0 als unendlich an. Diese Bereiche T müssen dann notwendig in P_0 mindestens einen Häufungspunkt haben. Einen solchen erkennt man aber leicht als unmöglich, indem man ihn selbst zum Centrum C wählt und das zugehörige Normalpolygon betrachtet.

ein einzelnes aussuchen können, bleibt besser den gleich folgenden Einzeluntersuchungen vorbehalten.

Denken wir jedoch diese eindeutige Auswahl des reducierten Polygons getroffen, so wird damit jedem Punkte im Innern des $(3n - r + 6p - 6)$-dimensionalen Würfels und damit jedem nicht ausartenden Polygone ein und nur ein Punkt im Bereiche der reducierten Polygone zugeordnet und damit *der Discontinuitätsbereich der Modulgruppe im Würfel* festgelegt sein.

Es ist nun auch leicht einzusehen, dass dieser Discontinuitätsbereich gleichfalls $(3n - r + 6p - 6)$-dimensional ist, womit *die eigentliche Discontinuität der Modulgruppe* erkannt sein würde. Man wolle nur beachten, dass gegenüber stetiger Abänderung der Invarianten auch unsere Polygone P sich stetig ändern. Wählen wir jetzt im Würfel einen solchen Punkt, dem ein reduciertes Normalpolygon zugehört, welches von jedem Übergangstypus endlich weit entfernt ist, und grenzen wir um den gewählten Punkt einen $(3n - r + 6p - 6)$-dimensionalen Bereich ein, so kann man letzteren so klein wählen, dass wir für keinen Punkt desselben ein Normalpolygon mit Übergangstypus gewinnen. Die den Punkten jenes Bereiches zugehörigen Polygone sind demnach sämmtlich reduciert; aber zugleich sind keine zwei unter ihnen bezüglich der Modulgruppe äquivalent, da sie eben nicht dieselben Invarianten haben. Die Discontinuität der Modulgruppe im Würfel ist demnach als eine eigentliche zu bezeichnen.

Die vorstehenden Erörterungen bedürfen nun durchaus der näheren erläuternden Durchführung in den einzelnen Fällen (p, n). Der niederste Fall $(0, 3)$ ist dabei als elementar auszuschliessen. Hier haben wir mit lauter durch Spiegelungen erweiterungsfähigen „Dreiecksgruppen" zu thun (vgl. z. B. I pg. 342), deren kanonische Polygone eindeutig bestimmt sind. In diesem Falle reduciert sich die Modulgruppe auf die identische Transformation, so dass ihr Discontinuitätsbereich durch den ganzen Würfel (für $r = 0$ bezw. das ganze Quadrat $(r = 1)$ oder die ganze gerade Strecke $(r = 2)$ geliefert wird.*)

§ 10. Die reducierten Polygone vom Character (1, 1).

Nach I pg. 265 giebt es bei den Normalpolygonen vom Character (1, 1) nur *einen* allgemeinen Typus, nämlich ein Zehneck mit der in Fig. 37 dargestellten Seitenzuordnung. Neben der festen Ecke e haben

---

*) Man vgl. die oben in § 2 durchgeführte Untersuchung sowie die bezüglichen unten (§§ 27, 28 und 30) folgenden Ausführungen über die zugehörigen Fundamentaltheoreme.

wir drei Cyclen beweglicher Ecken; die Ecken des ersten Cyclus sind in der Figur ε_1, ε_1', ε_1'' genannt, die des zweiten ε_2, ε_2', u. s. w. Es besteht ein unten zur Geltung kommender Unterschied zwischen dem ersten und den beiden anderen Cyclen, den man leicht erkennt, wenn man um die Ecken ε_1, ε_2, ε_3 jeweils die drei Polygone herumlegt: *Von den drei einen Punkt ε_1 umlagernden Polygonen haben zwei die feste Ecke e gemein; die drei einen Punkt ε_2 oder ε_3 umlagernden Polygone haben drei verschiedene feste Ecken e.*

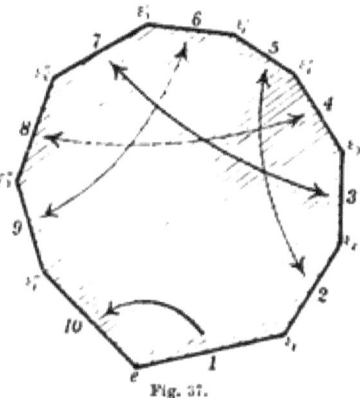

Fig. 37.

Die Auswahl eines reducierten Polygones für die einzelne Gruppe Γ gründen wir hier am besten auf die *Specialtypen* der Normalpolygone, und zwar bevorzugen wir Polygone mit einem dreigliedrigen Cyclus fester Ecken. Die Entstehung eines solchen Specialtypus aus dem allgemeinen Typus haben wir uns so vorzustellen: Sollen wir stetig vom allgemeinen Typus zu einem Polygon mit einem zweigliedrigen Cyclus fester Ecken gelangen, so haben wir das Centrum C derart zu bewegen, dass sich die Seiten 1 und 10 unseres in Fig. 37 dargestellten Zehnecks auf Punkte zusammenziehen. Die Ecken ε_1 und ε_1'' kommen mit der Ecke e zum Zusammenfall, und gleichzeitig hat ε_1' eine zweite feste Ecke e' erreicht: das Polygon ist zum Achteck der Fig. 38 geworden. Die stetige Umwandlung des Achtecks in ein Polygon, das neben e und e' noch eine dritte feste Ecke gewinnt, ist jetzt in zwei Arten möglich, entweder indem sich die Seiten 2 und 5 auf Punkte zusammenziehen, oder dadurch dass die Seiten 6 und 9 verschwinden. *In beiden Fällen erhalten wir ein Sechseck, dessen Gegenseiten einander zugeordnet sind, und dessen Ecken einen dreigliedrigen Cyclus fester Ecken und einen ebensolchen beweglicher Ecken bilden.* Fig. 39 stellt dieses Normal-

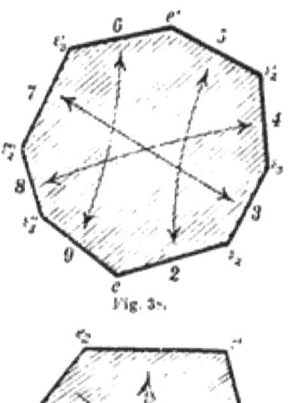

Fig. 38.

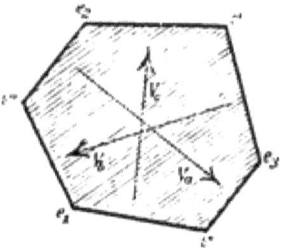

Fig. 39.

sechseck dar; die festen Ecken sind hier mit e_1, e_2, e_3 bezeichnet, die zufälligen mit ε', ε'', ε'''.

Es stellt sich nun die Frage ein: *Giebt es solche Normalsechsecke und wie viele wesentlich verschiedene existieren bei unserer Gruppe Γ?*

Die Antwort auf diese Frage ist in der Theorie jener in I pg. 258 ff. untersuchten Normalbereiche Q enthalten, welche entstehen, falls das Centrum C in der festen Ecke e gewählt wird. Der einzelne Bereich Q erscheint aus einem System von den Punkt e rings umgebenden Normalpolygonen zusammengesetzt, also im elliptischen Falle aus l, im parabolischen und hyperbolischen Falle aus unendlich vielen Normalpolygonen. Der Bereich Q teilt insofern die Gestalt der gewöhnlichen Normalpolygone, als er geradlinig begrenzt ist, sowie nur concave Winkel und dreigliedrige Cyclen zufälliger Ecken hat.

Aus Q schneiden wir ein gewöhnliches Normalpolygon durch irgend zwei von e auslaufende Niveaugerade der zu e gehörenden Erzeugenden

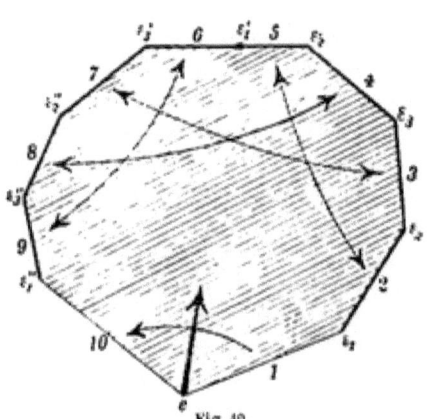

Fig. 40.

V aus, von denen die eine durch V in die andere übergeführt wird (cf. die schwach ausgezogenen Seiten 1 und 10 des Polygons in Fig. 40). Zu diesem Normalpolygone gelangen wir, wenn wir C längs der (in der Figur durch einen Pfeil angedeuteten) Winkelhalbierenden*) bis e führen. Da die Punkte ε_1 und ε_1'' im allgemeinen keine Ecken im Netze der Bereiche Q sind, so ist die Winkelsumme $\sphericalangle \varepsilon_1 + \sphericalangle \varepsilon_1''$ gleich π, und also ist auch der Winkel bei ε_1' zu einem gestreckten geworden. Der Eckencyclus ε_1, ε_1', ε_1'', welchen wir schon oben vor den beiden anderen auszeichneten, gehört eben dem Bereichnetze der Q als solchen nicht an, sondern kommt erst beim Herausschneiden des besonderen Polygons der Fig. 40 hinzu.**)

Auf das Normalpolygon der Fig. 40 wenden wir nun den in I pg. 260 aufgestellten Reciprocitätssatz an. Es ergiebt sich sofort: Wählt man C im Innern jenes Polygons oder auf den Seiten 1 oder 10, ausgenommen ε_1, e, ε_1'', so hat das diesem C zugehörige Normalpolygon nur die eine feste Ecke e. Wählt man C auf einer der Seiten 2, 3, ..., 9,

---

*) Im parabolischen Falle ist die Winkelhalbierende diejenige Gerade, bezüglich deren die Seiten 1 und 10 einander symmetrisch sind.

**) Wählen wir als Seite 1 die Gerade $e\varepsilon_1$, so wird das Normalpolygon ein Achteck, dessen sämmtliche Ecken, abgesehen von der Ecke e selbst, dem Netze der Bereiche Q angehören.

jedoch von einer Ecke, ausgenommen ϵ_1, ϵ_1', ϵ_1'', verschieden, so hat
das diesem C entsprechende Normalpolygon einen zweigliedrigen Cyclus
fester Ecken (cf. Fig. 38). Wählt man endlich eine der sechs Ecken
ϵ_2, ϵ_2', ..., ϵ_3' als Centrum C, so gelangt man zu einem Normalsechseck
der in Fig. 39 skizzierten Art. Da aber ϵ_2, ϵ_2', ϵ_2'' äquivalente Punkte
sind und dasselbe von ϵ_3, ϵ_3', ϵ_3'' gilt, so folgt: *Bei unserer Gruppe Γ
giebt es zwei und nur zwei Normalsechsecke mit einem dreigliedrigen Cyclus
fester Ecken.*

Wir erinnern nun an die in I pg. 293 und 355 festgestellte Thatsache, dass unsere Gruppe Γ eine ausgezeichnete Untergruppe des Index 2
in einer bestimmten Gruppe Γ_0 des Characters (0, 4) ist (siehe auch
pg. 300 ff.). Diese Gruppe Γ_0 hat die Signatur (0, 4; 2, 2, 2, 2*l*) oder
(0, 4; 2, 2, 2), je nachdem bei Γ der elliptische Fall vorliegt oder
nicht. Da, wie schon bemerkt, Γ in Γ_0 ausgezeichnet enthalten ist, so
wird auch jede in Γ nicht enthaltene Substitution von Γ_0 das Netz der
Bereiche Q in sich transformieren; denn dieses Netz ist mit Γ eindeutig
bestimmt. Die einzelne solche Substitution wird also die beiden normalen Sechseckuetze von Γ entweder austauschen oder jedes in sich
überführen.

Ist nun insbesondere V die zum Fixpunkte c (in Fig. 40) gehörende
Erzeugende von Γ, welche die Seite 1 in 10 überführt, so ist $V_0 = V^{\frac{1}{2}}$
eine Erzeugende von Γ_0. Diese Substitution V_0 transformiert den
Rand des c umlagernden Bereiches Q in der Art in sich, dass z. B.
die Ecke ϵ_2 in ϵ_3' und die Ecke ϵ_3 in ϵ_2'' übergeht; die beiden Eckencyclen ϵ_2, ϵ_2', ϵ_2'' und ϵ_3, ϵ_3', ϵ_3'' werden demnach ausgetauscht. Es
folgt: Durch die nicht bereits in Γ enthaltenen Substitutionen von Γ_0
werden die beiden normalen Sechsecknetze der Gruppe Γ ausgetauscht.
Die beiden Sechsecknetze sind demnach congruent und haben gleiche Invarianten: *Für den invarianten Standpunkt giebt es bei der einzelnen
Gruppe Γ des Characters (1, 1) nur ein Normalsechseck mit einem dreigliedrigen Cyclus fester Ecken; dieses Sechseck wählen wir als „reducirtes"
Polygon der Gruppe Γ.**)

Ist U diejenige Substitution von Γ, welche die Seite 7 (in Fig. 40)
in die Seite 3 überführt, so wird, da umgekehrt V_0 die Seite 3 in die
Seite 7 transformiert, die aus V_0 und U zusammengesetzte Substitution
UV_0 die Seite 3 in sich transformieren, und zwar in der Art, dass

---

*) Dies ist zwar noch nicht unmittelbar ein kanonisches Polygon. Doch
kann der Übergang zu einem solchen, wie z. B. in Fig. 43 (am Schlusse des vorliegenden Paragraphen) leicht vollzogen werden. Übrigens ist dieser Übergang
in drei Arten ausführbar, von denen wir unten (gegen Ende von § 12) eine auszuwählen haben werden.

sich die Endpunkte ε_2 und ε_3 austauschen. Demnach ist UV_0 elliptisch von der Periode 2, und der Fixpunkt dieser Substitution ist der Mittelpunkt der Seite 3. *Die Fixpunkte der in Γ_0 enthaltenen elliptischen Substitutionen der Periode 2 sind die Seitenmitten im Netze der Bereiche Q; die drei bezüglich Γ inäquivalenten Seiten im Netze der Q liefern die drei Klassen jener Substitutionen.*

Bezeichnen wir den Mittelpunkt der Seite 3 für den Augenblick durch c' und schreiben die zugehörige Substitution $VV_0 = V'$, so wird durch diese Substitution V' der Bereich Q mit dem Centrum c in den längs der Seite 3 benachbarten Bereich Q_1 transformiert, dessen Centrum c_1 heisse. Da V'' von der Periode 2 ist, so liegen die drei Punkte c, c' und c_1 auf einer Geraden. Nun ist die Seite 3 gemeinsame Seite der beiden Normalbereiche Q und Q_1 der Centren c und c_1; also folgt nach den allgemeinen Eigenschaften der Normalbereiche, *dass sich die Geraden cc_1 und $\varepsilon_2\varepsilon_3$ im Fixpunkte c' von V'' senkrecht schneiden.* Diese Betrachtung überträgt sich sofort auf alle übrigen Seiten im Bereichnetze der Q.

Man wolle nun das Centrum C etwa in denjenigen Punkt verlegen, welcher in Fig. 40 mit ε_2 bezeichnet ist, und das zugehörige Sechseck

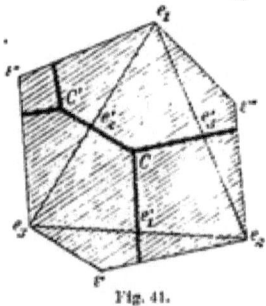

wirklich hergestellt denken (cf. Fig. 41). In dieser Figur sei c_1 die eben mit dieser Bezeichnung belegte Ecke, so dass die jetzige Ecke c_3 der bisher mit c bezeichnete Punkt ist und c_2 das Centrum des in Fig. 40 mit dem dortigen Bereiche Q längs der Seite 2 benachbarten Bereiches Q ist. Durch geradlinige Verbindung der drei festen Ecken c_1, c_2, c_3 stellen wir, wie in Fig. 41, das dem Sechseck angehörende Dreieck $c_1c_2c_3$ her.

Fig. 41.

Es soll ferner der zum gleichen Centrum $C = \varepsilon_2$ gehörende Normalbereich der Gruppe Γ_0 hergestellt werden, welcher ein Bestandteil des Sechsecks ist. Das zum Centrum $c(= c_3)$ gehörende Netz der Bereiche Q der Gruppe Γ_0 ist kein anderes als das bisherige Netz Q; somit wird der Normalbereich des Centrums $C = \varepsilon_2$ für Γ_0 gleichfalls an die Punkte c_1, c_2, c_3 heranreichen. Das schon genannte Dreieck $c_1c_2c_3$ ist demnach auch ein Bestandtheil dieses Normalbereiches von Γ_0. *Dieses Dreieck ist nun aber geradezu mit dem zu $C = \varepsilon_2$ gehörenden Normalbereiche von Γ_0 identisch.*

Wenn man nämlich den in Fig. 40 mit ε_3 bezeichneten mit ε_2 bezüglich Γ_0 äquivalenten Punkt zum Centrum C'' eines Normalbereiches von Γ_0 wählt, so wird letzterer notwendig auch an die Punkte $c(= c_3)$

und c_1 heranragen. Nun besteht aber das aus der Natur der Normalbereiche selbstverständliche Princip, dass die Verbindungsgerade zweier
Punkte eines Normalbereiches diesem ganz, wenn auch nur als Grenzgerade angehört. Die Verbindungsgerade $c(=c_3)c_1$ gehört also beiden
zu C und C'' gehörenden Bereichen an und ist somit die Grenzgerade
derselben. Diese Betrachtung überträgt sich von selber auch auf die
Dreiecksseiten $c_1 c_2$ und $c_2 c_3$, so dass das Dreieck $c_1 c_2 c_3$ thatsächlich
der Normalbereich des Centrums c_2 für Γ_0 ist.

Wir erinnern noch daran, wie man vom Punkte C aus den Linienzug
des Bereichnetzes der Q gewinnen kann, soweit derselbe dem Sechseck
angehört. Man hat einfach von C aus die drei Lote auf die Seiten
des Dreiecks $c_1 c_2 c_3$ zu fällen (welche auf diesen Seiten die Fixpunkte
c_1', c_2', c_3' (cf. Fig. 41) der elliptischen Erzeugenden der Periode 2 ausschneiden) und zwei von diesen Loten über den Rand des Sechsecks
gemäss der Zuordnung der Gegenseiten desselben fortzusetzen, bis sie
sich im Punkte C'' treffen (cf. Fig. 41).

Die bisherigen Entwicklungen geben uns zugleich die Mittel für
eine *independente Erklärung der reducierten Polygone aller unserer Gruppen*
Γ *und* Γ_0. Nur müssen wir hierbei die elliptischen und hyperbolischen
Fälle vom parabolischen scheiden, welcher letztere eine besondere Betrachtung erfordert.

Sei demnach erstlich irgend ein Dreieck $c_1 c_2 c_3$ gewählt, dessen Ecken
zugleich innerhalb oder ausserhalb der Ellipse liegen. Jedoch soll im
ersten Falle die Winkelsumme des Dreiecks gleich $\frac{\pi}{l}$ sein, und im zweiten
Falle sollen (obgleich die Ecken ausserhalb der Ellipse liegen) doch
die Seiten Sekanten der Ellipse darstellen. Die Seitenmitten c_1', c_2', c_3'
des Dreiecks sind in jedem Falle bestimmt und liegen im Innern der
Ellipse. Die drei in diesen Mittelpunkten auf den Seiten errichteten
Lote treffen sich in einem Punkte C, *dem Mittelpunkte des dem Dreieck
umschriebenen Kreises*. Wir stellen die weitere wesentliche Forderung,
*dass dieser Mittelpunkt des umschriebenen Kreises dem Innern oder doch
dem Rande des Dreiecks angehören soll.* Dies trifft ja, wie wir wissen,
bei unseren Normaldreiecken zu; aber es gilt nun auch umgekehrt der
Satz: *Jedes solches Dreieck ist der zu C gehörende Normalbereich einer
Gruppe Γ_0 unserer Art.*

Man bezeichne nämlich die zu den Fixpunkten c_1', c_2', c_3' gehörenden
elliptischen Substitutionen der Periode 2 durch V_1', V_2', V_3'. Unser
Dreieck stellt dann mit der in Fig. 42, pg. 316, angegebenen Zuordnung
der Randpunkte den Discontinuitätsbereich einer Gruppe der Signatur
$(0, 4; 2, 2, 2, 2l)$ bezw. $(0, 4; 2, 2, 2)$ dar, welche V_1', V_2', V_3' und

$V_4' = (V_1' V_2' V_3')^{-1}$ zu Erzeugenden hat. In diesem Bereiche erkennen wir nun in der That leicht den zu C als Centrum gehörenden Normalbereich der fraglichen Gruppe. Construiert man nämlich die drei (auch in Fig. 42 angegebenen) Punkte $C_1 = V_1'(C)$, $C_2 = V_2'(C)$, $C_3 = V_3'(C)$, so ist ersichtlich, dass unser Dreieck der gemeinsame Bestandtheil der drei zu C gehörenden Normalbereiche der aus V_1', V_2', V_3', einzeln genommen, entstehenden cyclischen elliptischen Gruppen ist. Nach dem in I pg. 245 aufgestellten Princip, daß der zu einem Centrum C gehörende Normalbereich

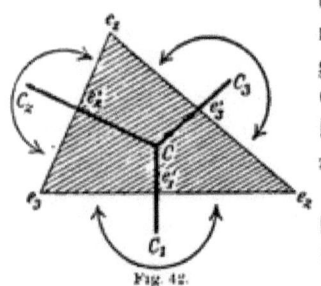

Fig. 42.

irgend einer Gruppe Γ der gemeinsame Bestandteil aller zum gleichen C gehörenden Normalbereiche der in Γ enthaltenen cyclischen Untergruppen ist, muss also für unsere vorliegende Gruppe des Characters $(0, 4)$ das zu C gehörende Normalpolygon ein Bestandtheil des Dreiecks $c_1 c_2 c_3$ sein. Es kann aber nicht kleiner sein als dieses Dreieck, da es sonst keinen Discontinuitätsbereich der Gruppe liefern würde. Also ist, wie zu beweisen war, das Dreieck selbst der Normalbereich.

Im parabolischen Falle hat man an ein Dreieck anzuknüpfen, dessen Ecken c_1, c_2, c_3 auf der Ellipse liegen. Ein derartiges Dreieck hat als solches noch keine Invariante; jedes ist in jedes andere transformierbar. Auch giebt es keine bestimmten Seitenmitten, da die Seiten unendliche Länge haben. Die bisherige Construction versagt demnach.

Um nun hier gleichwohl von einem beliebig gewählten Dreieck bezeichneter Art zu einem Discontinuitätsbereich für eine Gruppe vom Character $(0, 4)$ zu gelangen, markieren wir auf den drei Seiten des Dreiecks drei Fixpunkte c_1', c_2', c_3' für drei durch diese Punkte gegebene elliptische Substitutionen V_1', V_2', V_3' der Periode 2. Die Auswahl der Punkte c_1', c_2', c_3' ist nicht völlig willkürlich; vielmehr ist der Bedingung zu genügen, dass die Substitution $V_1' V_2' V_3' = V_4'^{-1}$, welche den auf der Ellipse gelegenen Punkt c_2 (cf. Fig. 42) zum Fixpunkte hat, nicht hyperbolisch sondern parabolisch sein muss.

Es besteht nun folgender einfache Satz: *Die Forderung, dass V_4' parabolisch ist, d. h. dass die Invariante:*

$$j_{123} = \alpha_1 \alpha_2 \alpha_3 + \delta_1 \delta_2 \delta_3 + \alpha_1 \beta_2 \gamma_3 + \delta_1 \beta_3 \gamma_2 + \alpha_2 \beta_3 \gamma_1 +$$
$$\delta_2 \beta_1 \gamma_3 + \alpha_3 \beta_1 \gamma_2 + \delta_3 \beta_2 \gamma_1$$

des Tripels V_1', V_2', V_3' (cf. I pg. 365 Gleichung (2)) den Wert ± 2 hat, kleidet sich in die geometrische Gestalt, dass die drei in den Punkten

$e_1{}'$, $e_2{}'$, $e_3{}'$ *auf den Seiten des Dreiecks errichteten Lote sich in einem Punkte schneiden.*

Den Beweis dieses Satzes führen wir durch Rechnung, bei der wir vorübergehend auch die ζ-Halbebene benutzen. Wir führen ζ so ein, dass unser Dreieck in der positiven ζ-Halbebene vom Einheitskreise und den beiden bei $\zeta = \pm 1$ zur reellen ζ-Achse senkrecht errichteten Geraden eingegrenzt wird. Auf diesen drei Seiten mögen die Punkte c' an den folgenden Stellen gelegen sein:

$$e_1{}' = \cos \alpha + i \sin \alpha, \quad c_2{}' = -1 + ib, \quad c_3{}' = 1 + ic.$$

Für die drei Substitutionen V' findet man alsdann:

$$V_1{}' = \begin{pmatrix} \operatorname{ctg} \alpha, & -\dfrac{1}{\sin \alpha} \\ \dfrac{1}{\sin \alpha}, & -\operatorname{ctg} \alpha \end{pmatrix}, \quad V_2{}' = \begin{pmatrix} b^{-1}, & b + b^{-1} \\ -b^{-1}, & -b^{-1} \end{pmatrix}, \quad V_3{}' = \begin{pmatrix} c^{-1}, & -c - c^{-1} \\ c^{-1}, & -c^{-1} \end{pmatrix},$$

so dass sich die Forderung $j_{123} = \pm 2$ in die Form kleidet:

$$\operatorname{ctg} \alpha (bc^{-1} - b^{-1}c) - \frac{1}{\sin \alpha}(bc^{-1} + b^{-1}c) = \pm 2$$

oder (ein wenig umgestaltet):

$$\cos \alpha (b^2 - c^2) - (b^2 + c^2) = \pm 2bc \sin \alpha.$$

Diese Relation lässt sich noch etwas einfacher schreiben, wenn man $\sin \alpha = \sqrt{1 - \cos^2 \alpha}$ einträgt, quadriert u. s. w.; man findet:

$$(1) \qquad \cos \alpha (b^2 + c^2) = b^2 - c^2.$$

Die Lote auf den Dreiecksseiten in den Punkten $c_1{}'$, $c_2{}'$, $c_3{}'$ sind in der ζ-Halbebene die Kreise:

$$\left(\xi - \frac{1}{\cos \alpha}\right)^2 + \eta^2 = \operatorname{tg}^2 \alpha,$$
$$(\xi + 1)^2 + \eta^2 = b^2,$$
$$(\xi - 1)^2 + \eta^2 = c^2,$$

wobei wir wie früher $\zeta = \xi + i\eta$ geschrieben haben. Nach Formel (3) in I pg. 21 haben wir den Übergang zu den homogenen Coordinaten z_1, z_2, z_3 der projectiven Ebene durch die Proportion:

$$(\xi^2 + \eta^2) : \xi : 1 = z_1 : z_2 : z_3$$

zu vollziehen. In der projectiven Ebene sind also die fraglichen drei Lote gegeben durch die Gleichungen:

$$\cos \alpha \cdot z_1 - 2 z_2 + \cos \alpha \cdot z_3 = 0,$$
$$z_1 + 2 z_2 + (1 - b^2) z_3 = 0,$$
$$z_1 - 2 z_2 + (1 - c^2) z_3 = 0.$$

21*

Die Relation (1) heisst nun in der That, dass diese drei Geraden durch *einen* Punkt laufen. Wir bezeichnen diesen Punkt weiterhin gleich wieder mit *C.*

Wir legen jetzt der Auswahl der drei Punkte e_1', e_2', e_3' die weitere Beschränkung auf, *dass der ihnen entsprechende Punkt C dem Innern oder doch dem Rande des Dreiecks angehört.* Dies trifft ja bei unseren Normaldreiecken zu; aber es gilt wieder umgekehrt der Satz, *dass jedes solche Dreieck der zu C gehörende Normalbereich einer Gruppe Γ_0 der Signatur* (0, 4; 2, 2, 2) *ist.* Den Beweis dieser Behauptung kann man durch wörtliche Wiederholung der oben in den nicht-parabolischen Fällen benutzten Überlegung führen.

Es bleibt jetzt nur noch übrig zu bemerken, dass mit dem Normaldreieck $e_1 e_2 e_3$ in jedem Falle das dieses Dreieck umgebende Normalsechseck der in Γ_0 ausgezeichnet enthaltenen Untergruppe Γ des Index 2 vom Character (1, 1) eindeutig mitgegeben ist. Das zu *C* gehörende Normalpolygon von Γ wird nämlich an die drei Ecken heranragen und also unser Normalsechseck liefern. Nennen wir wie in Fig. 39, pg. 311 die Erzeugenden dieser letzteren Gruppe Γ wieder V_a, V_b, V_c, so stellen sich dieselben mittelst der Erzeugenden V_1', V_2', V_3' von Γ_0 wie folgt dar:

$$(2) \qquad V_a = V_2' V_3', \quad V_b = V_3' V_1', \quad V_c = V_1' V_2'.$$

Zwischen ihnen besteht die Relation:

$$(3) \qquad V_a V_b V_c = 1,$$

und die drei zu den Fixpunkten e_1, e_2, e_3 gehörenden innerhalb Γ gleich berechtigten Substitutionen sind, wie wir gleichfalls noch anmerken-

$$(4) \qquad V_1 = V_b V_a V_c, \quad V_2 = V_c V_b V_a, \quad V_3 = V_a V_c V_b.$$

Um die vorstehenden Entwicklungen über die independente Angabe unserer reducierten Bereiche in ihrer vollen Bedeutung zu erfassen, erinnere man sich noch der in I pg. 294 ff. und 354 ff. entwickelten allgemeinen Theorie der kanonischen Bereiche des Characters (1, 1). Jedes der unendlich vielen kanonischen Sechsecke unserer Gruppe Γ können wir in ein zugehöriges Sechseck mit einem dreigliedrigen Cyclus fester Ecken verwandeln. In Fig. 43, wo diese Umwandlung ausgeführt ist, wurde das kanonische Sechseck stark markiert und mit der Seitenzuordnung versehen, das Sechseck mit dem drei-

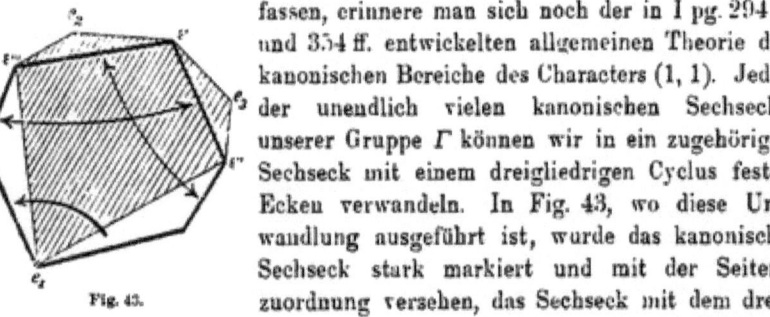

Fig. 43.

gliederigen Cyclus fester Ecken e_1, e_2, e_3 schraffiert. Das dem Sechseck

angehörende Dreieck $e_1 e_2 e_3$ ist auch hier wieder ein Discontinuitätsbereich der erweiterten Gruppe Γ_0; denn es ist die Hälfte des in Fig. 92
I pg. 295 aus dem kanonischen Sechseck hergestellten Vierecks*) mit
einander zugeordneten Gegenseiten. *Unter allen unendlich vielen Dreiecken, welche wir in dieser Weise als Discontinuitätsbereiche unserer
Gruppe Γ_0 auswählen können, ist dann eben allein unser reducirtes
Dreieck dadurch ausgezeichnet, dass bei ihm der wie oben independent
erklärte Punkt C dem Innern oder dem Rande des Dreiecks angehört.*

§ 11. Die beim Character (1, 1) auftretenden Flächen dritten Grades Φ_3.

In § 6 (pg. 300 ff.) sind die Polygoncontinua des Characters (1, 1)
durch Quadrate bezw. durch einen Würfel dargestellt, was eine Transformation der zunächst vorliegenden Invarianten j_a, j_b, j_{ab}, j_c (cf. pg. 300)
nöthig machte. Wir wollen hier der Symmetrie halber die Invarianten
j_a, j_b, j_{ab}, j_c beibehalten, wollen übrigens statt j_c lieber j_e schreiben,
damit wir die Bezeichnung j_c für j_{ab} gebrauchen können. Es sind dann
die j_a, j_b, j_c die Invarianten unserer drei Gruppenerzeugenden $V_a, V_b,$
V_c, und j_e ist die Invariante der soeben in § 10 unter (4) dargestellten
Substitutionen mit den Fixpunkten e_1, e_2, e_3.

Die Relationen, welche die Polygoncontinua characterisiren, sind
(cf. pg. 301) folgende: *Erstens die Gleichung:*

$$(1) \qquad j_a^2 + j_b^2 + j_c^2 - j_a j_b j_c = j_e + 2,$$

zweitens für die j_a, j_b, j_c die Ungleichungen:

$$(2) \qquad j_a > 2, \quad j_b > 2, \quad j_c > 2,$$

drittens für j_e die Bedingung:

$$(3) \qquad j_e = -2 \cos \frac{\pi}{l} \quad \text{bezw.} \quad j_e < -2.$$

Zur Einführung einer geometrischen Auffassungsweise deuten wir
(wie früher, pg. 301) die j_a, j_b, j_c als *Raumcoordinaten*, und zwar benutzen wir in der Regel homogene Coordinaten x, y, z, t, indem wir
setzen:

$$(4) \qquad j_a : j_b : j_c : 1 = x : y : z : t.$$

Sollen statt ihrer gewöhnliche rechtwinklige Coordinaten gebraucht

---

*) In I a. O. haben wir diese Vierecknetze der Gruppe Γ, welche den
Parallelogrammnetzen in der Theorie der doppeltperiodischen Functionen (Theorie
der parabolischen Rotationsgruppen) genau entsprachen, vor den jetzt im Texte
benutzten Sechsecken bevorzugt.

werden, so setzen wir $t = 1$. Die vierte Invariante j_e aber fassen wir als einen *Parameter* auf.

Die Relation (1) liefert jetzt in der Gestalt:

(5) $t(x^2 + y^2 + z^2) - xyz - (j_e + 2)t^3 = 0$

bei stehendem Werte des Parameters j_e *eine Fläche dritten Grades* (cf. I pg. 397), welche indessen nur soweit für uns in Betracht kommt, als die aus (2) folgenden Ungleichungen:

$$x > 2t, \quad y > 2t, \quad z > 2t$$

gelten. Beim Gebrauch rechtwinkliger Coordinaten befinden wir uns demnach in dem durch $x > 2$, $y > 2$, $z > 2$ dargestellten Raumoctanten, welcher im projectiven Raume das ganz im Endlichen gelegene durch die vier Ebenen:

(6) $x - 2t = 0, \quad y - 2t = 0, \quad z - 2t = 0, \quad t = 0$

eingegrenzte Tetraeder geben mag. Wir wollen dies Tetraeder kurz T nennen und den diesem Tetraeder T angehörenden Teil der Fläche dritten Grades (5) durch Φ_3 bezeichnen (cf. pg. 299).

Die Ebene $t = 0$ schneidet unsere Fläche dritten Grades in den drei Geraden $x = 0$, $y = 0$, $z = 0$ (Kanten von T): diese Ebene ist somit eine Tritangentialebene der Fläche, deren drei Berührungspunkte in den der Fläche $t = 0$ angehörenden Tetraederecken liegen.

Um den Verlauf der Fläche Φ_3 im Innern von T weiter fest zu stellen, schneiden wir Φ_3 mit den Ebenen des Büschels $z - 2\lambda t = 0$, wobei wir, um das Innere des Tetraeders T von der Seite $z - 2t = 0$ bis zur Seite $t = 0$ zu beschreiben, den Parameter λ von 1 bis ∞ wachsen lassen müssen. Die einzelne Ebene $z - 2\lambda t = 0$ schneidet

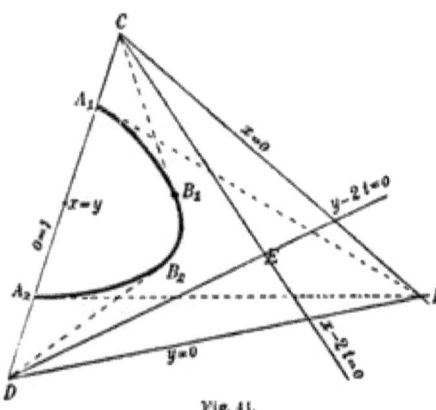

ausser der Tetraederkante $z = 0$, $t = 0$ noch eine Kurve zweiten Grades aus, welche in jener Ebene dargestellt ist durch:

$$x^2 - 2\lambda xy + y^2$$
$$+ (4\lambda^2 - j_e - 2)t^2 = 0.$$

Wie man leicht feststellt, ist der Verlauf dieser Kurve der in Fig. 44 angegebene. Das Dreieck CDE stellt hier den Schnitt durch das Innere des Tetraeders T dar. Die Gerade $t = 0$ (Tetraederkante $t = 0$, $z = 0$) schneidet

Fig. 44.

die Kurve in den beiden zur Kantenmitte symmetrisch gelegenen Punkten:

$$y = \left(\lambda \pm \sqrt{\lambda^2 - 1}\right)x\,;$$

die Tangenten der Curve in diesen in der Figur durch A_1 und A_2 bezeichneten Punkten schneiden sich im Punkte F der Coordinaten $x = 0$,
$y = 0$ *). Diese beiden Punkte A_1 und A_2 kommen, falls man λ von
∞ bis 1 abnehmen lässt, von ihren Anfangslagen C und D aus einander entgegen und conicidieren für $\lambda = 1$ in der Kantenmitte $x = y$.
Für $\lambda = \infty$ artet unsere Curve, wie bekannt, in das Paar der Tetraederkanten $x = 0$, $t = 0$ und $y = 0$, $t = 0$ aus; im anderen Grenzfall $\lambda = 1$ zieht sich die Curve auf die Kantenmitte $x = y$, $z = 0$, $t = 0$
zusammen. Man stelle vor allem fest, dass unsere Curve für alle
Zwischenwerte λ mit ihrem im Dreieck CDE liegenden Bogen die
Seiten CE und DE dieses Dreiecks nicht erreicht (cf. Fig. 44). Wegen
einer weiter zu ziehenden Folgerung veranschauliche man sich noch
die Berührungspunkte B_1, B_2 der von den Punkten C und D an
unsere Curve innerhalb T laufenden Tangenten, wie dieselben in der
Figur angegeben sind.

Nehmen wir noch hinzu, dass unsere Fläche dritten Grades gegenüber den sechs Permutationen der x, y, z invariant ist, und dass also
insbesondere auch für die Ebenenbüschel $x - 2\lambda t = 0$ und $y - 2\lambda t = 0$
alle eben für das Büschel $z - 2\lambda t = 0$ ausgesprochenen Ergebnisse
gelten werden, so entspringt ein sehr anschauliches Bild über den Verlauf der Φ_3: *Der dem Tetraeder T angehörende Teil Φ_3 unserer Fläche
dritten Grades ist eine in den Rand der Tetraederseite $t = 0$ eingespannte, sackartig im Innern von T hängende Fläche, welche die
drei Symmetrieebenen $y - z = 0$, $z - x = 0$, $x - y = 0$ von T gleichfalls zu Symmetrieebenen besitzt und also bei einer Drehung um die
Axe $x = y = z$ durch den Winkel $\frac{2\pi}{3}$ in sich übergeht.* Wie nach den
Sätzen von § 6, pg. 302, zu erwarten war, stellt die so gewonnene
Flächenschale Φ_3 einen *einfach zusammenhängenden Bereich* dar.

Der in Fig. 44 mit D bezeichnete Punkt stellt die Tetraederecke
$y = 0$, $z = 0$, $t = 0$ dar. Da diese Ecke D der Fläche dritten Grades
angehört, so wird ein von dieser Ecke ausziehender Strahl die Fläche
höchstens noch in zwei Punkten treffen. Verbinden wir insbesondere

---

*) Bei rechtwinkligen Coordinaten ($t = 1$) werden diese beiden durch

$$y = \left(\lambda \pm \sqrt{\lambda^2 - 1}\right)x$$

gegebenen Tangenten die Asymptoten der Hyperbel:

$$x^2 - 2\lambda xy + y^2 + (4\lambda^2 - j_c - 2) = 0,$$

welche durch die „Horizontalebene" $z = 2\lambda$ auf der Fläche dritten Grades ausgeschnitten wird.

die Ecke D mit einem Punkte P der Coordinaten x, y, z, t von Φ_3, so wird der Strahl DP die Fläche in einem weiteren Punkte P' der Coordinaten x', y', z', t' schneiden, *der notwendig auch auf der Schale* Φ_3 *liegt.* Beziehen wir nämlich die Fig. 44 auf die durch die Tetraederkante CD und den Punkt P bestimmte Ebene $z - 2\lambda t = 0$, so gehört ersichtlich jener weitere Schnittpunkt P' stets mit P dem Bogen $A_1 B_1 B_2 A_2$ unserer oben betrachteten Curve zweiten Grades an.

Um den Punkt P' aus P zu berechnen, dürfen wir, insofern der ausgewählte Strahl von der Ecke $y = 0$, $z = 0$, $t = 0$ auszieht, $y' = y$, $z' = z$, $t' = t$ setzen. Es gilt demnach:

$$t(x^2 + y^2 + z^2) - xyz - (j_e + 2)t^3 = 0,$$
$$t(x'^2 + y^2 + z^2) - x'yz - (j_e + 2)t^3 = 0,$$

und also folgt:

$$t(x'^2 - x^2) - yz(x' - x) = 0,$$

woraus sich (neben der auf den Punkt P zurückführenden Lösung $x' = x$) ergiebt:

$$x' = -x + \frac{yz}{t}.$$

Unter Vermeidung von Nennern setzen wir für die Coordinaten von P' besser:

(7) $$x' : y' : z' : t' = (yz - xt) : ty : tz : t^2.$$

Wir merken an: *Durch die quadratische Transformation* (7) *wird unsere Fläche dritten Grades in der Weise in sich transformiert. dass insbesondere die Flächenschale Φ_3 in sich selbst übergeht.*

Die Transformation (7) hat den Character einer *symmetrischen Umformung* oder *Spiegelung* der Φ_3 in sich und soll dieserhalb mit S bezeichnet werden. Die zugehörige Symmetrielinie, die K heissen möge, wird von den Berührungspunkten der Tangenten geliefert, welche von der Tetraederecke $y = 0$, $z = 0$, $t = 0$ an die Φ_3 laufen. Indem wir $x' = x$, $y' = y$, $z' = z$, $t' = t$ in (7) eintragen, folgt sofort: *Die Symmetrielinie K der Spiegelung S wird auf der Fläche Φ_3 durch die Fläche zweiten Grades:*

(8) $$yz - 2xt = 0$$

ausgeschnitten, die wir als Hyperboloid[*]*) kurz H nennen wollen.*

In der Ebene $z - 2\lambda t = 0$ der Fig. 44 ist B_2 ein Punkt der Curve K. Wir lesen aus dieser Figur ab, dass für alle endlichen $\lambda > 1$ die zugehörigen Punkte der Curve K die Bedingung $x > y$ be-

_____

*) Im rechtwinkligen System ($t = 1$) wird H ein hyperbolisches Paraboloid.

friedigen *). Jedoch erreichen wir für $\lambda = 1$ mit dem Punkte B_2 und also der Curve K die Kantenmitte $x = y$, $z = 0$, $t = 0$. Indem wir entsprechend den Schnitt der Ebenen des Büschels $y - 2\mu t = 0$ mit der Curve K untersuchen, stellen wir für die Punkte dieser Curve die Ungleichung $x > z$ fest mit Ausnahme des in der Mitte $x = z$ der Kante $y = 0$, $t = 0$ gelegenen Endpunktes der Curve K auf der Schale Φ_3 **). Wir merken an: *Die Symmetrielinie K endigt auf der Flächenschale Φ_3 in den beiden Kantenmittelpunkten $x = y$, $z = 0$, $t = 0$ und $x = z$, $y = 0$, $t = 0$ des Tetraeders T und verläuft im übrigen gänzlich in dem durch $x > y$, $x > z$ erklärten Drittel unseres Tetraeders T.*

Man erinnere sich jetzt endlich, dass unsere Fläche Φ_3 vermittelst der beiden Drehungen um die Achse $x = y = z$ durch die Winkel $\frac{2\pi}{3}$ und $\frac{4\pi}{3}$ in sich übergeführt wird. Es ergiebt sich sofort: *Die Fläche Φ_3 gestattet die drei nunmehr durch S_1, S_2, S_3 zu bezeichnenden Spiegelungen:*

$$(9) \quad \begin{cases} (S_1) & x':y':z':t' = (yz-xt):yt:zt:t^2, \\ (S_2) & x':y':z':t' = xt:(zx-yt):zt:t^2, \\ (S_3) & x':y':z':t' = xt:yt:(xy-zt):t^2 \end{cases}$$

in sich, welche im Raume den Cha- 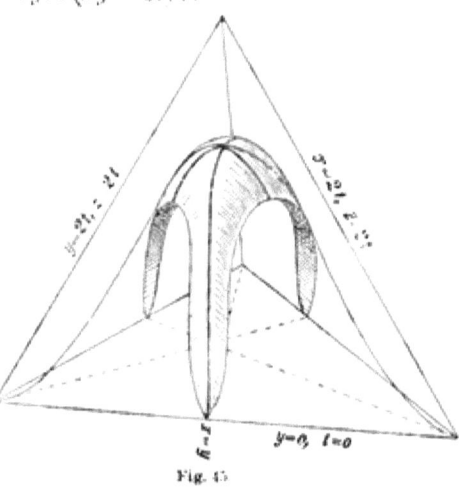 *racter von Centralprojectionen der Φ_3 in sich von den drei in der Ebene $t = 0$ gelegenen Tetraederecken aus besitzen. Die drei zugehörigen Symmetrielinien K_1, K_2, K_3 werden durch die drei Hyperboloide H_1, H_2, H_3:*

$$(10) \quad \begin{cases} yz - 2xt = 0, \quad zx - 2yt = 0, \\ xy - 2zt = 0 \end{cases}$$

auf der Φ_3 ausgeschnitten. Diese drei Curven grenzen auf Φ_3 einen dreieckigen Bereich ein, welcher sich mit drei Spitzen in drei Kantenmittelpunkten des Tetraeders T an den Rand der Schale Φ_3

Fig. 45.

---

*) Man beachte z. B., dass die Symmetrieebene $x = y$ der Fig. 44 durch den Schnittpunkt der Tangenten CB_1, DB_2 und durch die Punkte E und F hindurchläuft

**) Beiläufig bemerken wir: Der Schnitt des Hyperboloids H mit unserer Fläche dritter Ordnung zerfällt in die beiden Tetraederkanten $y = 0$, $t = 0$ und $z = 0$, $t = 0$ und in eine Restcurve vierten Grades, welche rein darstellbar ist als Schnitt der beiden Flächen zweiten Grades:

$$x^2 - y^2 - z^2 + (j_e + 2)t^2 = 0, \qquad yz - 2xt = 0.$$

Diese letztere Curve liefert unsere Symmetrielinie K.

*herauzieht, und welcher durch die drei Symmetrieebenen $y = z$, $z = x$,
$x = y$ in sechs kleinere abwechselnd symmetrische und congruente Dreiecke zerlegt wird.* Wir werden zu diesem in Fig. 45 dargestellten Bereiche sogleich in anderem Zusammenhange zurückgeführt werden.

§ 12. Der Discontinuitätsbereich der Modulgruppe und die Gruppencontinua des Characters (1, 1).

Bei den Transformationen eines kanonischen Polygons vom
Character (1, 1) bleibt der Winkel in der festen Ecke des Polygons
und damit die Invariante j_v unverändert. Alle unendlich vielen kanonischen Polygone, welche ein und dieselbe Gruppe liefern, entsprechen
demnach in unserem Raume der Invarianten $j_u = \frac{c}{t}$, $\cdots$ Punkten auf
der gleichen Flächenschale Φ_3. Um die Gruppencontinua des Characters
(1, 1) zu gewinnen, werden wir somit zunächst die Aufgabe lösen, *auf
der einzelnen Flächenschale Φ_3 den Discontinuitätsbereich der Modulgruppe zu bestimmen.*

Wir beginnen damit, auf der Φ_3 den aus einem oder vielleicht
auch aus mehreren Stücken bestehenden Bereich derjenigen Punkte
festzustellen, welche reducierte Normalsechsecke der in § 10 besprochenen
Art liefern. Entspricht aber einem Punkte (x, y, z, t) von Φ_3 ein
solches Sechseck, so wird der oben (pg. 315) independent erklärte
Punkt C dieses Sechsecks dem Dreieck e_1, e_2, e_3 angehören. Liegt C
insbesondere im „Innern" (nicht auf einer Seite) dieses Dreiecks, so
liefert auch noch die nächste Umgebung des Punktes (x, y, z, t) auf Φ_3
reducierte Sechsecke. Bei stetiger Abänderung des Punktes (x, y, z, t)
ändert sich nämlich auch unser Sechseck und sein Punkt C stetig; wir
können demnach nicht sogleich zu einem Sechseck gelangen, bei dem C
auf eine Seite oder gar aus dem Dreieck heraus rückt. Umgekehrt erkennen wir, *dass ein Randpunkt des auf der Φ_3 zu construierenden Bereiches stets ein Sechseck liefern muss, bei dem C einer Seite des Dreiecks
e_1, e_2, e_3 angehört.* Indem wir somit *alle* Punkte der Φ_3 feststellen,
welche Sechsecke dieser speziellen Art ergeben, werden wir jedenfalls
den ganzen Rand des auf der Φ_3 gesuchten Bereiches mitgewinnen.

Wir haben drei völlig gleicher Behandlung zugängliche Fälle zu
unterscheiden, je nachdem C auf die Dreiecksseite $e_2 e_3$ oder $e_3 e_1$ oder
$e_1 e_2$ tritt. Liegt etwa der erste Fall vor, so fällt C mit dem oben
durch e_1' bezeichneten Punkte zusammen. Die Folge ist (man veranschauliche sich in Fig. 41, pg. 314, den Zusammenfall der Punkte C
und C' mit e_2'), dass sich im Netze der Bereiche Q eine der drei in-

äquivalenten Seiten auf einen Punkt zusammenzieht, und dass die beiden zunächst inäquivalenten Ecken dieses Netzes in einen von *vier* Bereichen Q umlagerten Eckpunkt verschmelzen. Das zum Centrum $C = c_1'$ gehörende Normalpolygon ragt demnach an vier feste Ecken c_1, c_2, c_3, c_4 heran; und zwar ist, wenn wir die Bezeichnungen der Fig. 41, pg. 314 gebrauchen, ε' zur vierten festen Ecke c_4 geworden, während sich die Seiten $c_2 \varepsilon'''$ und $c_3 \varepsilon''$ auf Punkte zusammen gezogen haben *).

In Fig. 46 ist unser Normalviereck des Centrums $C = c_1'$ dargestellt. Die Gegenseiten sind durch die Erzeugenden V_b und V_c einander zugeordnet. Da es sich hier um ein Normalpolygon handelt, so liefern die Seiten $c_1 c_2$ und $c_3 c_4$ Niveaugerade der hyperbolischen Substitution V_b, welche bezüglich der durch das Centrum $C = c_1'$ gehenden Niveaugeraden von V_b symmetrisch liegen. Ist V die Spiegelung an dieser letzteren Niveaugeraden, so wird V_b durch V in $V_b^{-1} = V V_b V$ transformiert. Durch V

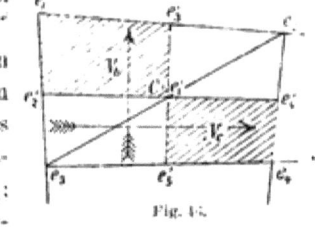

Fig. 46.

werden aber nicht nur die beiden von den Seiten $c_1 c_2$ und $c_3 c_4$ unseres Vierecks gelieferten Niveaugeraden von V_b ausgetauscht, sondern es werden im speciellen die Punkte c_2 und c_4 ausgetauscht und ebenso die Punkte c_1 und c_3: denn z. B. liegen c_2 und c_4 auf ein und derselben Bahncurve von V_b, welche doch durch V in sich transformiert wird. Wir erkennen: *Die Spiegelung V transformiert unser Viereck $c_1 c_2 c_3 c_4$ in sich selbst; die zugehörige Gruppe Γ ist demnach durch V erweiterungsfähig und liefere so die Gruppe zweiter Art $\bar{\Gamma}$* (cf. I pg. 137).

Da die Seite $c_1 c_3$ unseres Vierecks durch V in sich transformiert wird, so steht diese Seite auf der Symmetriegeraden von V senkrecht. Aber das Lot von $C (= c_1')$ auf $c_1 c_3$ schneidet den Fixpunkt c_2' der Substitution V_2' auf $c_1 c_3$ aus. Nennen wir den Schnittpunkt von $c_2 c_4$ mit der Symmetriegeraden von V etwa c_4', so *liefert das Viereck $c_1 c_2' c_4' c_2$ einen Discontinuitätsbereich für die Gruppe zweiter Art $\bar{\Gamma}$*. Die Seite $c_1 c_2$ ist dabei Symmetriegerade der erzeugenden Spiegelung $V_b V$ (cf. Fig. 46).

Weiter werden durch V die beiden von $c_1 c_3$ und $c_2 c_4$ gelieferten Niveaugeraden von V_c und also auch der ausserhalb der Ellipse liegende Fixpunkt dieser hyperbolischen Substitution in sich transformiert. Wir

---

*) Schreiben wir (abweichend von Fig. 41) $C' = V_b'(C)$, so werden die beiden zu C und C' gehörenden im allgemeinen inäquivalenten Sechsecke im vorliegenden Falle identisch und nehmen die Gestalt des Vierecks c_1, c_2, c_3, c_4 an.

finden: Die Spiegelung $\bar{V}$ transformiert V_c in sich, $V_c = \bar{V} V_c \bar{V}$, die Symmetriegerade von $\bar{V}$ ist die Gerade unter den Bahncurven von V_c. Die durch $C = e_1'$ und den Fixpunkt von V_c laufende Niveaugerade dieser Substitution schneidet die Symmetrielinie $e_2' e_4'$ von $\bar{V}$ in e_1' unter rechtem Winkel. Die Spiegelung $\bar{V}'$ an dieser Niveaugeraden von V_c transformiert nicht nur das Viereck $e_1 e_2 e_3 e_4$ in sich, sondern auch unseren Discontinuitätsbereich $e_1 e_2' e_1' e_2$. Der Zusatz von V' zu $\bar{\Gamma}$ führt zu *einer Gruppe zweiter Art* $\bar{\Gamma}_0$, *als deren Discontinuitätsbereich wir das von den Symmetriegeraden der vier erzeugenden Spiegelungen $\bar{V}, \bar{V}', \bar{V}_b \bar{V}, \bar{V}' V_c$ eingegrenzte Viereck mit den Eckpunkten e_1, e_2', e_1', e_3' wählen können.*

Die in $\bar{\Gamma}_0$ enthaltene Untergruppe erster Art Γ_0' vom Index 2 enthält unsere Gruppe Γ und ausserdem jedenfalls die Substitution $V_1' = \bar{V} \bar{V}'$. Diese Gruppe Γ_0' ist also mit unserer oben (pg. 313 ff.) so bezeichneten Gruppe des Characters (0, 4) identisch. Als Resultat merken wir an: *Tritt der Punkt C des reducierten Sechsecks auf die Dreiecksseite $e_2 e_3$, so ist die Gruppe Γ_0 des Characters (0, 4) durch Spiegelungen erweiterungsfähig zu einer Gruppe $\bar{\Gamma}_0$, deren Discontinuitätsbereich ein aus vier Symmetrielinien eingegrenztes Viereck $e_1 e_2' e_1' e_3'$ ist; und zwar ist hierbei, was characteristisch ist, die Eckenfolge eine solche, dass e_1' auf dem Rande des Vierecks dem auch der Gruppe Γ eigentümlichen Eckpunkte e_1 gegenüber liegt.*

Das gewonnene Ergebniss ist umkehrbar: *Ist die Gruppe Γ_0 durch Spiegelungen zu einer Gruppe $\bar{\Gamma}_0$ erweiterungsfähig, deren Discontinuitätsbereich ein aus vier Symmetrielinien eingegrenztes Viereck $e_1 e_2' e_1' e_3'$ ist, und ist die Eckenanordnung dieses Vierecks so, dass e_1' der elliptischen Ecke des Winkels $\frac{\pi}{2l}$ bezw. hyperbolischen oder parabolischen Ecke e_1 gegenüberliegt, so liegt beim reducierten Normalsechseck von Γ der Punkt C auf der Seite $e_2 e_3$ des Dreiecks e_1, e_2, e_3.* Legen wir nämlich die vier den Punkt e_1' umlagernden Vierecke zu einem grösseren Vierecke $e_1 e_2 e_4 e_3$ zusammen, so wird dieses einen Discontinuitätsbereich der in $\bar{\Gamma}_0$ enthaltenen Untergruppe Γ ergeben, wobei die Gegenseiten des grösseren Vierecks durch die Erzeugenden V_b und V_c von Γ auf einander bezogen sind. Dieses Viereck erweist sich nun sofort als der zum Centrum $C = e_1'$ gehörende Normalbereich von Γ. Die von den Viereckseiten $e_1 e_2$ und $e_3 e_4$ gelieferten Geraden grenzen nämlich einen Normalbereich des Centrums $C = e_1'$ für die aus V_b zu erzeugende cyclische Gruppe ein, und dasselbe leisten die Geraden $e_1 e_3$ und $e_2 e_4$ für V_c. Das Viereck $e_1 e_2 e_4 e_3$ ist also der gemeinsame Bestandteil dieser beiden cyclischen Normalbereiche, so dass nach I pg. 245 der zu e_1' gehörende Normalbereich von Γ seinerseits ein Bestandteil des Vierecks $c_1 c_2 c_1 c_3$ sein wird. Er muss demnach geradezu mit diesem Viereck identisch sein, da beide Bereiche doch vollständige Discontinuitätsbereiche von Γ sind. Also liegt thatsächlich der besondere Fall vor, dass das Normalsechseck der Gruppe Γ in ein an vier feste Ecken heranragendes Viereck ausartet, und zwar mit einem C auf der Dreiecksseite $c_2 c_3$.

Um die Invarianten im vorliegenden symmetrischen Falle zu berechnen, müssen wir die Erzeugenden V_b und V_c explicite angeben. Wir erkannten oben in der Symmetriegeraden $c_2' c_1'$ (cf. Fig. 46) die Gerade unter den Bahncurven von V_c, und ebenso ist $c_3' c_3'$ die „Bahngerade" von V_b. Wählen wir ζ so, dass diese letztere Gerade die imaginäre ζ-Axe und die „Bahngerade" von V_c den Einheitskreis der ζ-Halbebene darstellt, so gilt der Ansatz:

$$V_b = \begin{pmatrix} \alpha, & 0 \\ 0, & \delta \end{pmatrix}, \quad V_c = \begin{pmatrix} \alpha', & \beta' \\ \beta', & \alpha' \end{pmatrix}, \quad V_a = V_c^{-1} \cdot V_b^{-1} = \begin{pmatrix} \delta \alpha', & -\alpha \beta' \\ -\delta \beta', & \alpha \alpha' \end{pmatrix},$$

woraus wir entnehmen:

$$j_a = \frac{x}{t} = \alpha'(\alpha + \delta), \quad j_b = \frac{y}{t} = \alpha + \delta, \quad j_c = \frac{z}{t} = 2\alpha'.$$

Demnach besteht die Relation:

(1) $$yz - 2xt = 0,$$

d. h. wir befinden uns auf der oben (pg. 323) mit K_1 bezeichneten Curve von Φ_3.

Auch dieses Ergebniss ist wieder der Umkehrung fähig. Sei uns für die Γ_6' ein Discontinuitätsbereich in Gestalt eines Dreiecks c_1, c_2, c_3 (cf. Fig. 42, pg. 316) vorgelegt, mag dasselbe Normaldreieck sein oder nicht, so verbinde man die auf den Dreiecksseiten liegenden Fixpunkte c_1', c_3' geradlinig und erhält zufolge $V_3' V_1' = V_b$ in jedem Falle so die Bahngerade der zugehörigen Substitution V_b. Ebenso liefert die Gerade $c_2' e_1'$ die Bahngerade von V_c. Letztere machen wir in der ζ-Halbebene wieder zum Einheitskreise, während wir von ersterer allgemein etwa nur fordern dürfen, dass sie einen von $\zeta = 0$ ausziehenden Halbkreis der ζ-Halbebene liefert (der eine der beiden Fixpunkte von V_b liegt bei $\zeta = 0$). Dieser Auswahl von ζ entspricht dann der Ansatz:

$$V_b = \begin{pmatrix} \alpha, & 0 \\ \gamma, & \delta \end{pmatrix}, \quad V_c = \begin{pmatrix} \alpha', & \beta' \\ \beta', & \alpha' \end{pmatrix}, \quad V_a = V_c^{-1} \cdot V_b^{-1} = \begin{pmatrix} \alpha' \delta + \beta' \gamma, & -\alpha \beta' \\ -\beta' \delta - \alpha' \gamma, & \alpha \alpha' \end{pmatrix}.$$

Die Invarianten sind gegeben durch:

$$j_a = \frac{x}{t} = \alpha'(\alpha + \delta) + \beta' \gamma, \quad j_b = \frac{y}{t} = \alpha + \delta, \quad j_c = \frac{z}{t} = 2\alpha',$$

woraus man berechnet:

$$\frac{yz - 2xt}{t^2} = -2\beta'\gamma.$$

Soll demnach die Gleichung (1) bestehen, so folgt, da β' sicher von 0 verschieden ist, nothwendig $\gamma = 0$. Man erkennt die imaginäre ζ-Axe und den Einheitskreis sofort als Symmetriekreise; denn durch die Spiegelungen an ihnen gehen beide Erzeugende V_b, V_c in sich bezw. in ihre inversen Substitutionen über. Es liegt also unser symmetrischer Fall vor: *Jedem reducierten Normalpolygone, bei dem C auf die Seite $c_2 c_3$ des Dreiecks $e_1 e_2 e_3$ tritt, entspricht auf der Flächenschale Φ_3 ein Punkt der Curve K_1, und umgekehrt liefert jeder Punkt dieser Curve K_1 ein symmetrisches Normalpolygon unserer Art.*

Die beiden anderen Fälle, dass C den Punkt e_2' auf der Geraden $e_3 e_1$ oder den Punkt e_3' auf der Geraden $e_1 e_2$ erreicht, liefern entsprechende Ergebnisse: *Die Punkte der Curve K_2 ergeben gerade erschöpfend jene symmetrischen Fälle, bei denen C auf die Seite $c_3 c_1$ tritt, bei denen also auf dem Rande des Elementarvierecks der Γ_0 die Ecke e_2' der auch bei Γ auftretenden Ecke e_1 gegenüber liegt; endlich liefert ebenso die Curve K_3 den dritten Fall, dass C auf $c_1 c_2$ liegt und e_3' dem Punkte e_1 gegenüberliegt.*

Nach der Überlegung am Anfang des Paragraphen wird nun die gesammte Berandung des auf Φ_3 einzugrenzenden Bereiches der reducierten Normalsechsecke von den drei Curven K_1, K_2, K_3 geliefert. Aber nach pg. 323 ist der einzige durch diese Curven eingegrenzte Bereich das in Fig. 45 dargestellte Dreieck, an dessen Berandung die K_1, K_2, K_3 gerade in ihrer ganzen Ausdehnung teilnehmen: *Das durch die drei Curven K_1, K_2, K_3 auf der Flächenschale Φ_3 eingegrenzte Dreieck stellt den Bereich der reducierten Normalsechsecke dar.*

Der Discontinuitätsbereich der Modulgruppe auf der Flächenschale Φ_3 ist nun sofort gewonnen. Man beachte, dass zwar unser Normalsechseck bei der einzelnen Gruppe für den invarianten Standpunkt eindeutig bestimmt ist. Für die Substitution V_a aber haben wir noch die freie Wahl unter den drei Erzeugenden; und erst nachdem wir diese Auswahl getroffen haben, sind dann auch V_b und V_c eindeutig bestimmt.*) Setzen wir zu diesem Zwecke etwa fest, *dass j_a weder grösser als j_b, noch grösser als j_c sein soll*:

$$(2) \qquad j_a \leqq j_b, \quad j_a \leqq j_c,$$

so sind wir in dem durch Fig. 47 schematisch dargestellten drei-

---

*) Vgl. hierzu die Bemerkung von pg. 313 über die Auswahl eines reducirten kanonischen Polygons unter drei möglichen.

eckigen Bereiche auf das stark umrandete durch $x \lessgtr y$, $x \lessgtr z$ characterisierte Doppeldreieck mit der Symmetrielinie $y = z$ eingeschränkt: *Dieses Doppeldreieck ist auf der Flächenschale* Φ_3 *ein Discontinuitätsbereich der Modulgruppe.*

Würden wir zwei Polygone als äquivalent auch dann ansehen, wenn das eine durch eine Substitution zweiter Art (Umlegung) in das andere übergeht*), so würde dem die *Erweiterung unserer Modulgruppe* durch die etwa mit S_1' zu bezeichnende Spiegelung an der Symmetrielinie $y = z$ (Austausch der Invarianten j_b und j_c) entsprechen. Der Discontinuitätsbereich der so erweiterten Modulgruppe wäre dann etwa

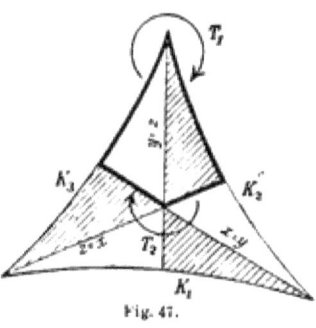

Fig. 47.

das in Fig. 47 schraffierte Elementardreieck, welches von den Symmetrielinien $y = z$, $z = x$ und der Curve K_2' eingegrenzt ist.

Zu den Erzeugenden dieser erweiterten Modulgruppe gehören dann jedenfalls die durch S_1' und S_2' zu bezeichnenden Spiegelungen an der beiden Symmetrielinien $y = z$ und $z = x$:

$$(3) \quad \begin{cases} (S_1') & x' : y' : z' : t' = x : z : y : t, \\ (S_2') & x' : y' : z' : t' = z : y : x : t. \end{cases}$$

Weiter aber liegt die Vermutung nahe, dass die dritte Erzeugende der erweiterten Modulgruppe die unter (7) pg. 322 angegebene Spiegelung S_2 der Fläche Φ_3 in sich ist. *Dann würden die in Fig. 47 mit T_1 und T_2 bezeichneten Erzeugenden der Modulgruppe (erster Art) sich in der Gestalt $T_1 = S_2 S_1'$, $T_2 = S_1' S_2'$ oder explicite:*

$$(4) \quad \begin{cases} (T_1) & x' : y' : z' : t' = tx : (xy - zt) : yt : t^2, \\ (T_2) & x' : y' : z' : t' = z : x : y : t \end{cases}$$

darstellen. In der That aber sind dies die Erzeugenden der Modulgruppe, wie wir sie in I pg. 397 aus den Transformationen der kanonischen Polygone (Abänderungen der kanonischen Querschnittsysteme auf den geschlossenen Flächen) abgeleitet hatten**).

Der Herstellung aller Transformationen der Modulgruppe aus T_1 und T_2 entspricht eine einfache und lückenlose Überdeckung der gesammten Flächenschale Φ_3 mit einem Netze äquivalenter Doppel-

---

*) Es entspricht indessen den Ansätzen in Bd. I und den Auffassungen der Theorie der algebraischen Functionen, Polygone nur dann als äquivalent anzusehen, wenn sie durch Transformationen *erster* Art in einander übergehen.

**) Die unwesentlichen Abweichungen in der Schreibweise der Transformationen gegen I pg. 397 beruhen darauf, dass damals der Discontinuitätsbereich der Modulgruppe etwas anders fixiert war.

dreiecke. Die Analogie zu dem Dreiecksnetze der in der Theorie der elliptischen Functionen auftretenden Modulgruppe liegt auf der Hand. Dass es sich hier sogar um ein eindeutiges Entsprechen der beiderseitigen Dreiecksnetze (mit umkehrbar eindeutiger Beziehung zwischen den von ihnen bedeckten Bereichen) handelt, wird unten aus dem Fundamentaltheorem der Signatur $(1, 1; l)$ hervorgehen.

Beiläufig beachte man noch, dass auch die Symmetrielinien $x = y$, $y = z$ und $z = x$ symmetrische Gebilde liefern. Ist z. B. $y = z$, d. h. haben die beiden Substitutionen $V_b = V_3' V_1'$ und $V_c = V_1' V_2'$ gleiche Invarianten, so sind im Normalsechseck der Fig. 41 pg. 314 die Strecken $c_1 c_2'$ und $c_1 c_3'$ gleich lang. Die Spiegelung an der Halbierungslinie des Winkels $\sphericalangle c_2' c_1 c_3$ transformiert somit V_1', V_2', V_3' in V_1', V_3', V_2' und also $V_1^{\frac{1}{2}} = V_3' V_1' V_2'$ in $V_1^{-\frac{1}{2}}$, so dass sie durch den Eckpunkt c_1 (cf. Fig. 41) hindurchläuft. Ergänzt man das Dreieck $c_1 c_2 c_3$ dieser Figur zum Viereck $c_1 c_2 c_4 c_3$, indem man längs der Seite $c_2 c_3$ das Dreieck $c_2 c_3 c_4 = V_1'(c_3 c_2 c_1)$ anlagert, *so ist dieses Viereck gleichseitig (Rhombus) und hat die Diagonalen $c_1 c_4$ und $c_2 c_3$ zu Symmetrielinien.*

Fragen wir jetzt endlich nach der Darstellung unserer *Gruppencontinua vom Character* $(1, 1)$, so ist diese Darstellung im *elliptischen* Falle sofort geleistet. Hier ist $j_e = -2 \cos \frac{\pi}{l}$ fest gegeben: *Auf der zugehörigen Flächenschale* Φ_3 *liefert unser eben eingegrenztes Doppeldreieck unmittelbar das Gegenbild des in diesem Falle zweidimensionalen Gruppencontinuums.* Im *hyperbolischen* Falle (den *parabolischen* Grenzfall eingeschlossen) ist j_e der Ungleichung $j_e \leqq -2$ entsprechend als variabel anzusehen. Hier haben wir die bezüglichen Flächenschalen Φ_3 stetig an einander zu reihen und auf jeder unser Doppeldreieck (Discontinuitätsbereich der Modulgruppe) einzugrenzen. Für $\lim j_e = -\infty$ reduciert sich die Flächenschale Φ_3 auf die Seite $t = 0$ unseres oben (pg. 320 ff.) oft genannten Tetraeders T. Wir finden: *Das dreidimensionale Gruppencontinuum vom Character* $(1, 1)$ *mit* $j_e \leqq -2$ *wird dargestellt durch ein Hexaeder, welches durch die drei Ebenen:*

$$(5) \qquad x - y = 0, \quad x - z = 0, \quad t = 0,$$

die beiden Flächen zweiten Grades (Hyperboloide H_3 und H_2):

$$(6) \qquad xy - 2zt = 0, \quad xz - 2yt = 0$$

und die Fläche dritten Grades (dem parabolischen Grenzfalle zugehörig):

$$(7) \qquad t(x^2 + y^2 + z^2) - xyz = 0$$

eingegrenzt wird.

§ 13. Zusammenhang und Begrenzung des einzelnen Gruppencontinuums vom Character (1, 1).

Das Gegenbild eines einzelnen unserer Gruppencontinua (Doppeldreieck auf einer Φ_3 bezw. das eben gewonnene Hexaeder) ist für sich genommen *ein einfach zusammenhängender* Bereich, der jedoch das zugehörige Gruppencontinuum nur erst *in zerschnittener Gestalt* darstellt, insofern doch die vier Randcurven des Doppeldreiecks, sowie die ihnen entsprechenden vier Randflächen des Hexaeders durch die erzeugenden Transformationen T_1 und T_2 der Modulgruppe zu Paaren einander zugeordnet sind. Die hier vorliegende Zerschneidung unserer Continua findet längs „*symmetrischer*" Gebilde statt; denn, wie wir wissen, liefern die Randcurven K_2, K_3 bezw. die Randflächen H_2, H_3 Vierecke $c_1 c_2 c_4 c_3$ (cf. Fig. 46 pg. 325) mit „*Mittelliniensymmetrie*", wie wir kurz sagen können, während die durch T_2 einander zugeordneten Randcurven bezw. -flächen Vierecke mit „*Diagonalsymmetrie*" ergeben.

Um das Zustandekommen dieses Zusammenschlusses der Randgebilde etwa am Beispiel der Transformation T_1 noch etwas näher darzulegen, haben wir in Fig. 48 das oben (cf. pg. 314 ff.) oft genannte Dreieck $c_1 c_2 c_3$ einmal längs der Seite $c_1 c_3$ zum Viereck $c_1 c_2 c_3 c_4$ mit den beiden Erzeugenden V_a, V_b ergänzt (in der Figur stark umrandet), sodann zweitens längs der Seite $c_2 c_3$ zum Viereck $c_1 c_2 c_3 c_3$ mit den Erzeugenden V_a, V_c (in der Figur schraffiert). Die Transformation T_1 in ihrer ursprünglichen Bedeutung (Abänderung des Querschnittsystems auf der geschlossenen Fläche) ist der Übergang vom zweiten dieser Vierecke zum ersten.

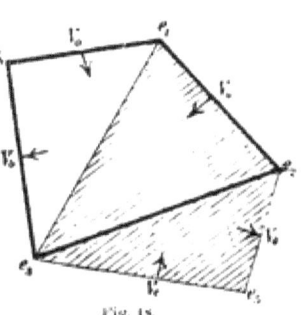

Fig. 48.

Ein Punkt auf dem Rande H_2 liefert uns nun ein Viereck $c_1 c_2 c_3 c_3$ mit Mittelliniensymmetrie. Gehen wir von hier etwa längs der zugehörigen Fläche Φ_3 zum entsprechenden Randpunkte auf H_3, so geht dem eine stetige Umwandlung des Discontinuitätsbereiches parallel, bei welcher das Viereck $c_1 c_2 c_3 c_4$ schliesslich in die Gestalt $c_1 c_2 c_3 c_3$ der Fig. 48 übergeht. Wir kommen somit thatsächlich am Ende zu der gleichen Gruppe Γ zurück, von der wir ausgingen, nur dass jetzt das Viereck mit den Erzeugenden V_a, V_b dasjenige ist, welches unmittelbar die Mittelliniensymmetrie aufweist.

Es ist nun, wie bereits in § 8, pg. 305, mitgeteilt wurde, von *Poincaré* die Behauptung aufgestellt, *dass das einzelne Continuum von*

„Grenzkreisgruppen" ein geschlossenes sei. In unserem vorliegenden Falle besteht der noch etwas weiter reichende Satz, *dass bei gegebener Invariante j_e das zugehörige zweidimensionale Gruppencontinuum ein geschlossenes ist und den Zusammenhang der Kugeloberfläche besitzt.* Aber wir können diesen Satz nicht ohne weiteres aus dem Zusammenschluss der Randcurven des Doppeldreiecks auf der Fläche Φ_3 folgern; denn dieses Doppeldreieck ragt mit einer Spitze an die *Grenze des Polygoncontinuums* heran. So lange wir uns im „Innern" des Polygoncontinuums bewegen, entspricht jedem Punkte eindeutig seine zugehörige Gruppe Γ, welche sich bei stetig wanderndem Punkte selber stetig mitändert. So oft wir aber an die Grenze des Polygoncontinuums gelangen, erhalten wir ausartende Gebilde, welche wir als die *„Grenzgebilde"* des Gruppencontinuums bezeichnen wollen, und welche eben deshalb allemal eine besondere Betrachtung erfordern, weil unsere bisherigen nur für nicht-ausartende Gebilde gültigen Untersuchungen für die Grenzgebilde nicht bündig sind.

Es möge nun zuvörderst auch für $j_e \leq -2$ der Wert dieser Invariante j_e constant bleiben. Im zugehörigen Doppeldreieck begeben wir uns alsdann dadurch zur fraglichen Spitze, dass wir den Grenzübergang vollziehen:

$$(1) \qquad \lim j_a = 2, \quad \lim j_b = \infty, \quad \lim j_e = \infty.$$

Um die hier eintretende Ausartung festzustellen, knüpfen wir an ein Normalpolygon der Fig. 40. pg. 312 an, legen jedoch die Ecke ε_1 sogleich

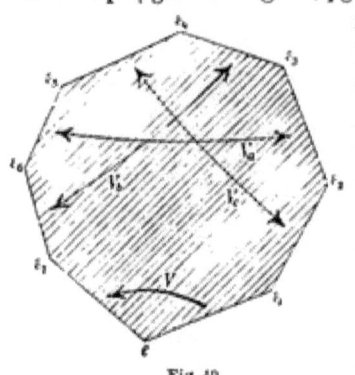

Fig. 49.

in eine dem Bereichnetz Q eigentümliche Ecke, so dass das Normalpolygon die in Fig. 49 skizzierte Gestalt gewinnt. Die V_a, V_b, V_e genannten Erzeugenden brauchen nicht gerade mit den bisher so bezeichneten Substitutionen identisch zu sein, sind ihnen aber gleichberechtigt und haben also dieselben Invarianten. Durch zweckmässige Auswahl der beiden durch V einander zugeordneten Polygonseiten können wir stets die in Fig. 49 angegebene Anordnung der V_a, V_b, V_e erhalten. Wie wir wissen, liegen die sechs durch V_a, V_b, V_e einander zugeordneten Seiten stets im Innern der Ellipse*). Dabei sind die Seiten

---

*) Man sehe z. B. Fig. 41, pg. 314, wo die c_1', c_2', c_3' elliptische Fixpunkte sind und die drei in C zusammenlaufenden Seiten Cc_1', Cc_2', Cc_3' des Netzes der Bereiche Q bei C concave Winkel bilden.

$\varepsilon_1\varepsilon_2$ und $\varepsilon_1\varepsilon_5$ Theile zweier Niveaulinien von V_c, welche einen zum Centrum c gehörenden cyclischen *Normalbereich* eingrenzen. Halten wir beim Grenzübergang (1) etwa den Punkt c an seiner Stelle fest, so werden für $\lim j_c = \infty$ die beiden eben genannten Niveaugeraden von V_c Ellipsentangenten und also ziehen sich die beiden Seiten $\varepsilon_1\varepsilon_2$ und $\varepsilon_4\varepsilon_5$ auf Punkte der Ellipsenperipherie zusammen. Da wegen $\lim j_b = \infty$ dasselbe von den durch V_b auf einander bezogenen Seiten gilt, so werden im Falle des Grenzübergangs (1) die Eckpunkte ε_1, ε_2 zu einem Punkte ε_1' der Ellipsenperipherie verschmelzen, die Punkte ε_3, ε_4, ε_5 zu einem eben solchen Punkte ε_2', endlich ε_6, ε_7 zu

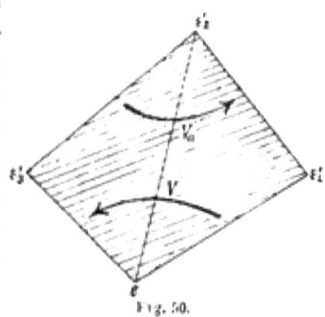

Fig. 50.

einem dritten Punkte ε_3', der gleichfalls auf der Ellipse liegt (cf. Fig. 50).

Es stellt sich nun die Frage ein, ob diese auf der Ellipse gelegenen Ecken *parabolischen* (und nicht etwa hyperbolischen) Character haben, was für die Brauchbarkeit des Grenzpolygons nach I pg. 143 nötig ist. Für die Ecke ε_2' ist dies unmittelbar ersichtlich; denn sie ist der Fixpunkt der Substitution V_a, für welche ja $\lim j_a = 2$ gilt. Wegen der beiden zu einem Cyclus zusammengehörigen Ecken ε_1', ε_3' beachte man, dass die Diagonale $\varepsilon_2'c$ (cf. Fig. 50) den Fixpunkt ε_2' von V_a mit dem Polygoncentrum c verbindet. Die Spiegelung $\overline{V}$ an dieser Diagonale tauscht demnach die Niveaugeraden $\varepsilon_2'\varepsilon_1'$ und $\varepsilon_2'\varepsilon_3'$ von V_a und auf ihnen insbesondere die Ellipsenpunkte ε_1' und ε_3' aus. Die Spiegelung $\overline{V}$ wird demnach auch die beiden Geraden $c\varepsilon_1'$ und $c\varepsilon_3'$ austauschen. Wir folgern hieraus, dass die Substitution $V_a V$ mit dem Fixpunkte ε_1' thatsächlich parabolisch ist; denn man kann $V_a V$ in der Gestalt:

$$V_a V = (V_a \overline{V})(\overline{V} V)$$

als Product der beiden Spiegelungen $V_a \overline{V}$ und $\overline{V} V$ darstellen, deren Symmetrielinien $\varepsilon_1'\varepsilon_2'$ und $\varepsilon_1'c$ sich im Punkte ε_1' schneiden.

Wir sind auf diese Weise zum Ergebnis gelangt: *Geht man aus dem Innern des Doppeldreiecks durch den Grenzübergang* (1) *irgendwie zu der an den Rand des Polygoncontinuums heranragenden Spitze, so schliesst sich hier eindeutig und stetig an die Gruppen des Characters* (1, 1) *als Ausartung eine Gruppe des Characters* (0, 3) *an, welche neben der bisherigen Erzeugenden* V *zwei parabolische Erzeugende hat.* Indem wir diese „Grenzgruppe" als unserem Continuum zugehörig ansehen, ergiebt

22*

sich der oben aufgestellte Satz über den Zusammenhang des Continuums aller zu gegebenem j_e gehörenden Gruppen.

Die elliptischen Fälle und auch der parabolische Grenzfall, wenn wir ihn für sich betrachten wollen, sind durch das eben gewonnene Ergebniss bereits vollständig erledigt. Nun haben wir aber für $j_e \leqq -2$ noch das dreidimensionale Continuum aller hyperbolischer Fälle, welches wir durch das am Schlusse von § 12, pg. 330, dargestellte Hexaeder zu versinnlichen hatten. Dieses Hexaeder stellt, allen Werten $j_e \leqq -2$ des „Parameters" j_e entsprechend, ein lineares Continuum von Doppeldreiecken dar, für deren einzelnes das soeben gewonnene Ergebnis gilt. Entsprechend werden wir das Hexaeder als Bild der Gruppenmannigfaltigkeit wenigstens insoweit als geschlossen ansehen, *dass die beiden durch die Transformation T_1 einander zugeordneten Randflächen H_2 und H_3 als nicht verschieden gelten und ebenso die beiden durch T_2 einander zugewiesenen Randflächen.*

Aber das Hexaeder wird ausserdem noch durch die Fläche $t = 0$ unseres Tetraeders T und die durch (7) pg. 330 dargestellte Fläche Φ_3 berandet. Die letztere Fläche betheiligt sich mit dem die parabolischen Fälle ($j_e = -2$) liefernden Doppeldreieck an der Umgrenzung unseres Hexaeders. Wir gelangen hier zu einem zweidimensionalen Gruppencontinuum, welches der Natur der Sache nach am Rande des Hexaeders ungedeckt bleibt: *Das den Werten $j_e \leqq -2$ entsprechende dreidimensionale Continuum von Hauptkreisgruppen „ohne Grenzkreis" ist demnach nicht mehr ein „geschlossenes" Continuum.*

Die Randfläche $t = 0$ des Hexaeders erfordert wieder eine besondere Betrachtung, weil sie auch dem Rande des Polygoncontinuums angehört. Um die hier vorliegenden Grenzgebilde festzustellen, veranschauliche man sich zunächst die Lage der beiden Hyperboloide H_2 und H_3 und stelle fest, wie dieselben die Flächenschalen Φ_3 bei immer weiter gegen $-\infty$ abnehmendem j_e schneiden*). Auf den Φ_3 werden die dreieckigen Bereiche des Netzes der Modulgruppe abgesehen von

---

*) Die pg. 322 mit K bezeichnete Curve wurde nach pg. 323 (Fussnote) rein dargestellt durch:

$$x^2 - y^2 - z^2 + (j_e + 2)t^2 = 0, \qquad yz - 2xt = 0.$$

Nimmt man der leichteren Anschaulichkeit halber einmal $x = 0$ als unendlich ferne Ebene, setzt $x = 1$ und deutet t, y. z als rechtwinklige Coordinaten, so stellt die erste dieser Gleichungen für $j_e < -2$ eine Schaar von Rotationsellipsoiden dar, die alle die Ebene $t = 0$ im Kreise $y^2 + z^2 = 1$ schneiden, und die sich für

$$\lim j_e = -\infty$$

auf die doppelt gezählte Fläche dieses Kreises reducieren. Indem man sich dies am Tetraeder T der Fig. 45, pg. 323, deutlich macht und mit dem Verlauf des

den drei um den Punkt $x = y = z$ herumgelagerten Doppeldreiecken immer mehr gegen den Rand der Schale Φ_3 gedrängt. *Für $j_c = -\infty$ ist Φ_3 zur Seite $t = 0$ von T geworden, und vom ganzen Dreiecksnetze sind nur noch jene drei Doppeldreiecke übrig geblieben, welche die fragliche Grenzfläche Φ_3 schon ganz ausfüllen; die Modulgruppe hat sich, abgesehen von den cyclischen Permutationen der j_a, j_b, j_c auf die identische Transformation allein reducirt.*

Die hier vorliegende Ausartung muss demnach sehr einfach sein. Zur weiteren Aufklärung nähern wir uns zunächst einem „inneren" Punkte der Tetraederseite $t = 0$ an. Als Discontinuitätsbereich von Γ benutzen wir das aus dem Normalsechseck der Fig. 41, pg. 314, herzustellende Viereck $c_1 c_2 c_3 c_4$ mit den Erzeugenden V_a, V_b (cf. Fig. 48, pg. 331) und übertragen der leichteren Anschaulichkeit halber dies Viereck auf die ζ-Ebene, wo es den Discontinuitäts-bereich der Fig. 51 liefert. Der vorzunehmende Grenz-übergang erfordert nun $\lim j_a = \infty$, $\lim j_b = \infty$. Hierbei ziehen sich die vier Randkreise des gezeichneten Bereiches auf

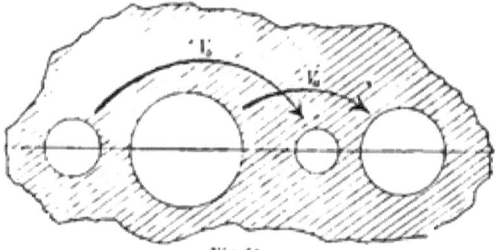

Fig. 51.

Punkte der reellen ζ-Axe zusammen, und der Discontinuitätsbereich bedeckt schliesslich die ganze ζ-Ebene. *Das erreichte Grenzgebilde, welches sich stetig an die voraufgehenden Gruppen des Characters $(1, 1)$ anschliesst und dem Continuum natürlich wieder zugerechnet werden soll, ist die aus der Identität 1 allein bestehende Gruppe Γ, gleichgültig, welchen inneren Punkt der Tetraederfläche $t = 0$ wir erreicht haben.*

Die Tetraederfläche $t = 0$ betheiligt sich an der Begrenzung unseres Hexaeders der reducirten Polygone nur mit demjenigen Drittel, welches durch $x \leqq y$, $x \leqq z$ characterisirt ist. Aber diesem Drittel gehört die Tetraederkante $x = 0$, $t = 0$, in welcher die Hexaederfläche $t = 0$ mit den Randflächen H_2 und H_3 zusammenstösst, in ihrer ganzen Ausdehnung an. Welche Grenzgebilde erreichen wir bei Annäherung an einen Punkt dieser Kante?

Die beiden durch den Mittelpunkt $y = z$ getrennten Hälften der Kante (die durch T_1 einander zugeordnet sind) verhalten sich sym-

---

Hyperboloids H vergleicht, erkennt man, dass beim Grenzübergang $\lim j_c = -\infty$ die Curve K sich dem Geradenpaar $yz = 0$ stetig annähert, woraus die Angaben des Textes entspringen.

metrisch, so dass wir uns etwa auf die durch $z \leqq y$ bezeichnete Hälfte beschränken. Sei erstlich (y_0, z_0) irgend ein innerer Punkt dieser Hälfte, so setze man:

$$(2) \qquad \frac{2y_0}{z_0} = j_a^{(0)}$$

und beachte, dass von diesem Punkte (y_0, z_0) die durch:

$$x = j_a^{(0)}t, \quad 2y = j_a^{(0)}z$$

dargestellte Gerade der Randfläche H_2 ausstrahlt. Nähern wir uns demnach dem Punkte (y_0, z_0) so an, dass die Bahn im Endpunkte eine bestimmte durch die Kante $x = 0$, $t = 0$ laufende Ebene:

$$(3) \qquad x - j_a t = 0$$

berührt, so ist, da die Annäherung im Hexaeder (die Berandung eingeschlossen) vor sich gehen soll, der „Parameter" j_a der Gleichung (3) eingeschränkt auf das Intervall $j_a \geqq j_a^{(0)}$, die obere Grenze $j_a = \infty$ eingeschlossen.

Welches Grenzgebilde wir aber bei Annäherung tangential zur Ebene (3) erreichen, lehrt ein Blick auf Fig. 51, pg. 335, in welcher $\lim j_b = \infty$ zu nehmen ist, während die Invariante von V_a schliesslich gleich dem Parameter in der Gleichung (3) wird: *Dem Kantenpunkte* (y_0, z_0) *entspricht stetig vieldeutig das lineare Continuum der cyclischen hyperbolischen Gruppen Γ aller Parameterwerte $j_a \geqq j_a^{(0)}$.* Stetige Abänderung der Ebene (3) bedingt stetige Abänderung des erreichten Grenzgebildes. Die Continuität und Eindeutigkeit der erreichten Grenzgebilde bleibt völlig gewahrt, wenn wir eben nur die unendlich vielen Annäherungen an (y_0, z_0) den Ebenen (3) entsprechend aus einander halten.

Dem Endpunkte $z_0 = 0$ unserer Kantenhälfte entspricht $j_a^{(0)} = \infty$ und also nur die eine aus der Identität 1 bestehende Gruppe Γ. Die hier in Betracht kommende Hexaederecke können wir eben vom Hexaeder aus nur tangential zur Ebene $t = 0$ erreichen. Am Kantenmittelpunkte $y_0 = z_0$ kommen wir sogar bis zum parabolischen Grenzfalle $j_a^{(0)} = 2$ der cyclischen hyperbolischen Gruppen hinauf. Man vergesse nicht, dass an diesen Punkt $(y = z)$ auch noch alle Doppeldreiecke der Flächen Φ_3 heranragen mit Grenzgruppen des Characters $(0, 3)$ einer hyperbolischen und zweier parabolischen Erzeugenden.

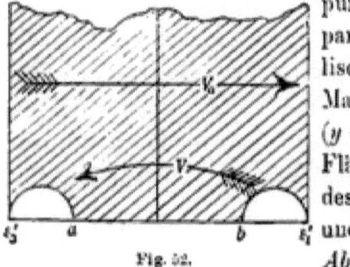

Fig. 52.

Aber selbst hier bleibt die Continuität und Eindeutigkeit der erreichten Grenzgebilde gewahrt. In ersterer Hinsicht braucht man nur einen Blick auf Fig. 52 zu werfen, in welcher das Doppeldreieck der Fig. 50, pg. 333, auf die ζ-Halbebene übertragen ist. Für lim $j_c = -\infty$ haben sich nach Durchwanderung aller Flächenschalen Φ_3 die beiden Halbkreise $a\,t_3{}'$ und $b\,t_1{}'$ auf Punkte zusammen gezogen, und es stellt sich der parabolische Grenzfall unserer schon gewonnenen cyclischen hyperbolischen Gruppen ein. Zur Wahrung der Eindeutigkeit ist aber nur erforderlich, dass wir bei Annäherung an den Punkt $y = z$ tangential zur Tetraederseite $x - 2t = 0$ noch unterscheiden, welche unter den Flächenschalen Φ_3 schliesslich von der Bahn berührt wird.

Wir sind damit zu dem für den Continuitätsbeweis grundlegenden Ergebniss gelangt, *dass wir dem gesammten Rande des Hexaeders stetig und im bezeichneten Sinne auch eindeutig ein geschlossenes Continuum von Grenzgebilden zugewiesen haben.* Wir brauchen hierbei, wenn wir wollen, auch die durch T_1 und T_2 einander zugewiesenen Randflächen nicht auszuschliessen.

§ 14. Die reducierten Polygone vom Character (0, 4).

Nach I pg. 263 ist ein Normalpolygon des Characters $(0, 4)$ von gewöhnlichem Typus ein Zehneck mit vier festen Ecken und zwei dreigliedrigen Cyclen beweglicher Ecken. Der einzige hierbei auftretende Typus ist in Fig. 53 dargestellt, welche zugleich die Bezeichnungen der Erzeugenden, der festen Ecken und einiger beweglicher Ecken erklären mag.

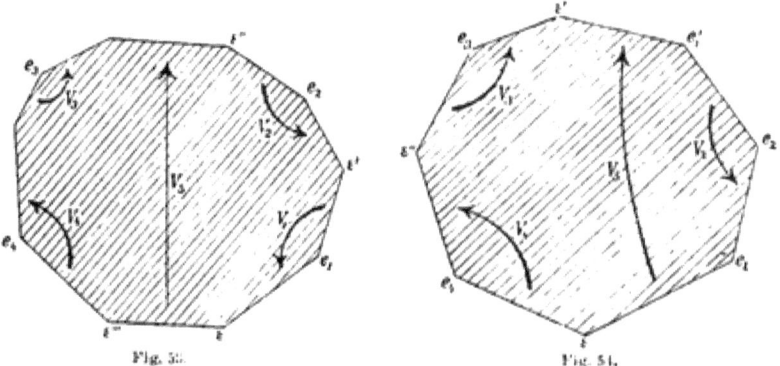

Fig. 53.   Fig. 54.

Tritt bei Bewegung des Centrums C ein Typenwechsel ein mit Änderung einer der Erzeugenden V_1, V_2, V_3, V_4, etwa der ersten V_1, so verschwinden in diesem Augenblicke die durch V_1 einander zugeordneten Seiten des Zehnecks, und wir gewinnen als Specialtypus das in Fig. 54 dargestellte Achteck mit drei festen Ecken e_2, e_3, e_4, einem zweigliedrigen Cyclus fester Ecken e_1, e_1' und einem dreigliedrigen Cyclus beweglicher Ecken. Das Centrum C liegt gegenwärtig auf der Grenzgeraden zwischen den beiden zu e_1 und e_1' gehörenden Bereichen Q, die wir, den Ecken e_1, e_1' entsprechend Q_1, Q_1' nennen.

Bei Weiterführung von C längs der Grenzgeraden von Q_1 und Q_1' bleibt der Cyclus e_1, e_1' und damit das Seitenpaar $e_1 e_2$, $e_1' e_2$ erhalten. Ein weiterer Typenwechsel kann demnach nur noch so eintreten, dass entweder die durch V_3 oder durch V_4 oder durch V_5 einander zugeordneten Seiten des Achtecks verschwinden. Die beiden ersten Fälle gestatten die gleiche Behandlung; nehmen wir demnach etwa an, dass die durch V_3 auf einander bezogenen Seiten sich gerade auf Punkte zusammen gezogen haben! Das Normalpolygon hat alsdann die Gestalt des in Fig. 55 dargestellten Sechsecks. Wir wollen beweisen, *dass dasselbe durch Spiegelung V an der Diagonale $e_2 e_4$ in sich transformiert wird.* Man verbinde nämlich das Centrum C mit der Ecke e_2 und nenne $\overline{V}$ die Spiegelung an der Geraden $C e_2$[*]); diese Spiegelung transformiert

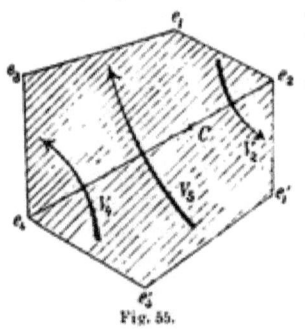

Fig. 55.

offenbar die Punkte e_1 und e_1' in einander. Nun ist C zugleich Centrum desjenigen zu V_5 gehörigen cyclischen Normalbereichs, welcher durch die Niveaugeraden $e_1 e_3$ und $e_1' e_3'$ von V_5 eingegrenzt wird. Die durch C und den Fixpunkt von V_5 laufende mittlere Symmetrielinie dieses cyclischen Normalbereiches gewinnen wir z. B. dadurch, dass wir von C ein Lot auf die Verbindungsgerade der Punkte e_1 und $e_1' = V_5^{-1}(e_1)$ fällen. Dieses Lot ist aber, wie wir schon wissen, unsere Gerade $C e_2$, von der wir somit erkennen, dass sie durch den Fixpunkt von V_5 läuft. In derselben Art findet man, dass die Gerade $C e_4$ durch den eben genannten Fixpunkt läuft. Also liegt C auf der Diagonale $e_2 e_4$, welche eine Symmetrielinie des Sechsecks ist. *Γ ist im vorliegenden Falle durch Spiegelungen erweiterungsfähig zu einer Gruppe zweiter Art $\overline{\Gamma}$, als deren Discontinuitätsbereich das Viereck $e_1 e_2 e_4 e_3$ mit den vier erzeugenden Spiegelungen V', $V' \overline{V}_2$, $V_5' \overline{V}$, $V_4' \overline{V}$ gelten kann.*

Der so erhaltene symmetrische Specialfall wird sich nun unten dem allgemeinen (unsymmetrischen) Falle zwanglos einordnen. Indem

---

*) Sollte C mit e_2 zusammenfallen, so sei $C e_2$ die Halbierungslinie des Winkels $\sphericalangle e_1 e_2 e_1'$, welche auch bei parabolischer V_2 als Gerade, bezüglich der $e_1 e_2$ und $e_1' e_2$ einander symmetrisch sind, eindeutig bestimmt ist.

wir ihn demnach zunächst ausschliessen, bleibt bei Bewegung von C längs der Grenze von Q_1 und Q_1' für den Eintritt eines weiteren Specialtypus nur noch die andere Möglichkeit, dass die in Fig. 54 durch V_5 einander zugeordneten Seiten sich auf Punkte zusammen ziehen. *Wir gelangen zum Sechseck der Fig. 56 mit drei festen Ecken e_2, e_3, e_4 und einem dreigliedrigen Cyclus fester Ecken e_1, e_1', e_1'': wir wollen dieses Sechseck als ein „unsymmetrisches Normalsechseck" bezeichnen.* Das Centrum C befindet sich jetzt in einer dreigliedrigen Ecke des Netzes der zu e_1, e_1', e_1'', ... gehörenden Bereiche Q.

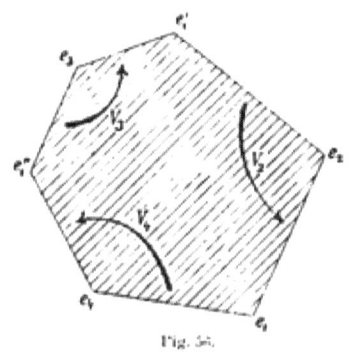

Fig. 56.

Die Frage, wie oft wir nach Bevorzugung der Ecke e_1 ein solches unsymmetrisches Normalsechseck bei der einzelnen Gruppe Γ wählen können, beantworten wir wieder durch Eingehen auf das zugehörige Netz der Bereiche Q_1, Q_1', Q_1'', ... Denken wir demnach das Polygon der Fig. 53 als Normalpolygon mit dem Centrum C in der Ecke e_1, so werden die Seiten des Polygons, abgesehen von $e_1\varepsilon$ und $e_1\varepsilon'$, dem Netze der Q angehören; die beiden Seiten $e_1\varepsilon'$ und $e_1\varepsilon = V_1(e_1\varepsilon)$ sind aber als Niveaugerade von V_1 willkürlich hinzugesetzt (cf. oben pg. 312 ff.). Wir schliessen (wie a. a. O.), dass die beiden Winkel bei ε und ε' die Summe π geben, so dass der dritte zum Cyclus gehörende Winkel bei ε'' für sich gleich π ist. Verschieben wir alsdann etwa noch den Eckpunkt ε' bis e_2, so hat unser Normalpolygon die Gestalt des Achtecks der Fig. 57 angenommen, in welcher die stark ausgezogenen Seiten dem Netze der Q angehören.

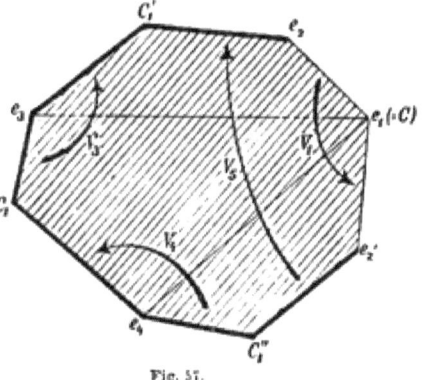

Fig. 57.

Können in diesem Polygon die beiden durch V_3 oder V_4 oder V_5 einander zugeordneten Seiten verschwinden? Es ist keine Einschränkung der Allgemeinheit, wenn wir nur das Verschwinden der beiden durch V_3 verbundenen Seiten untersuchen. V_1 und V_3 stellen sich nämlich in Fig. 57 unmittelbar als coordiniert dar. Gehörte aber das verschwindende Seitenpaar zu V_5, so wolle man bei Fortgang von Fig. 53 zu Fig. 57 an Stelle von $e_1 e$ die Gerade $e_1 e_4$ als begrenzende Niveaugerade von V_1 wählen, worauf das verschwindende Seitenpaar die Lage gewinnt, welche in Fig. 57 das zu V_3 gehörende Seitenpaar besitzt. Sobald nun aber in Fig. 57 dieses zu V_3 gehörende Seitenpaar verschwindet, entsteht ein Sechseck vom Typus der Fig. 55 mit dem Centrum C in der Ecke e_1. Alle an Fig. 55 geknüpften Schlüsse bleiben in Kraft, wir erhalten ein bezüglich seiner Diagonale $e_1 e_4$ symmetrisches Sechseck und kommen somit zu dem als ausgeschlossen geltenden symmetrischen Falle: *Im allgemeinen (unsymmetrischen) Falle können sich die Seiten des zum Centrum e_1 gehörenden Normalachtecks der Fig. 57 niemals auf Punkte zusammen ziehen* [*]).

Ein Blick auf Fig. 57 zeigt nun, dass hier *ein* Cyclus zufälliger Ecken vorliegt: *Bei unserer „unsymmetrischen" Gruppe Γ giebt es stets ein und nur ein Normalsechseck mit einem dreigliedrigen Cyclus fester Ecken e_1, e_1', e_1''.*

Die Herstellung des ganzen Netzes dieser Normalsechsecke aus dem Netze der Q_1, Q_1', Q_1'', . . lässt sich in der Weise vollziehen, *dass man in jedem Bereiche Q geradlinige Strahlen vom Centrum e_1 nach den festen Ecken . . ., e_2, e_3, e_4, e_2' . . . ., zieht (cf. Fig. 57) und dann alle übrigen Linien fortgenommen denkt.* Dabei gelangen wir z. B.

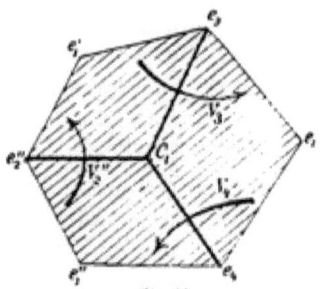

Fig. 58.

für das in Fig. 57 mit C_1 bezeichnete Centrum zu dem Sechseck der Fig. 58, welches aus den drei Vierecken:

$$C_1 e_4 e_1 e_3, \quad C_1 e_3 e_1 e_2'' = V_3^{-1}(C_1' e_3 e_1 e_2),$$
$$C_1 e_2'' e_1'' e_4 = V_4(C_1'' e_2' e_1 e_4)$$

aufgebaut ist. In der That beachte man, dass in Fig. 57 die Gerade $e_1 e_3$ den Winkel $\measuredangle C_1 e_3 C_1'$ halbiert; diese Gerade ist demnach Grenze der beiden zu C_1 und C_1' gehörenden cyclischen Normalbereiche von V_3.

Gerade so erkennt man die übrigen fünf Seiten des Sechsecks der Fig. 58 als Grenzgerade cyclischer Normalbereiche innerhalb Γ, woraus sich nach einer schon öfter vollgezogenen Schlussweise das Sechseck der Fig. 58 als Normalbereich des Centrums C_1 ergiebt.

---

[*]) Der Einfachheit halber haben wir die Anordnung der festen Ecken auf dem Rande des Polygons der Fig. 57 gerade so angenommen wie in Fig. 53. Thatsächlich werden wir gleich sehen und später aufklären, dass bei stetiger Überführung der in den Figuren 53 bis 56 gedachten Polygone in das Achteck der Fig. 57 zwischendurch ein Typenwechsel mit Eckenumordnung eintritt.

Wie man sieht, sind wir hier (vergl. die letzte Fussnote) zu einer anderen Anordnung der Ecken c_2, c_3, c_4 gelangt, als in Fig. 56. Bei stetigem Übergang zu Fig. 57 würde demnach eine abgeänderte Eckenanordnung herausgekommen sein. Indem wir zur ursprünglichen Anordnung zurückgehen, hat unser Sechseck die in Fig. 59 skizzierte Gestalt. Wir stellen gleich noch fest: *Das Centrum C_1 liegt im Innern des Dreiecks $c_2 c_3 c_4$, kann nur dann in eine Ecke desselben treten, falls der symmetrische Fall vorliegt, und ist übrigens niemals auf einer Seite des Dreiecks gelegen.* In der That sind ja die drei Geraden $C_1 c_2$, $C_1 c_3$, $C_1 c_4$ die drei inäquivalenten Seiten im Bereichnetze der Q_1, Q_1', Q_1'', ..., welche am Punkte C_1 concave Winkel bilden. Der Grenz

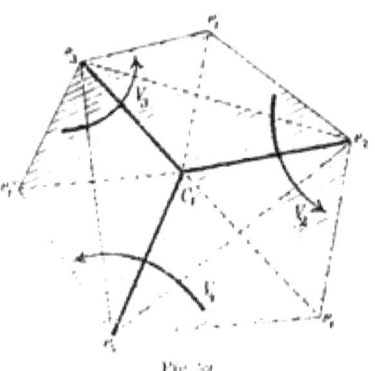

Fig. 59.

fall, dass einer dieser Winkel, z. B. $\angle c_2 C_1 c_4$ gleich π wird, wobei C_1 auf die Seite $c_2 c_4$ treten würde, ist ausgeschlossen. Die Gerade $C_1 c_1$ geht nämlich durch Spiegelung an $C_1 c_2$ in $C_1 c_1'$, durch Spiegelung an $C_1 c_4$ in $C_1 c_1''$ über, so dass im Grenzfalle $\angle c_2 C_1 c_4 = \pi$ die Geraden $C_1 c_1'$ und $C_1 c_1''$ coincidieren. Es würde demnach eine Ausartung durch Zusammenfall fester Ecken (c_1' und c_3) eintreten, welche zunächst ausgeschlossen bleibt, aber allerdings unten besonders zu betrachten ist. Der andere Theil unserer Behauptung, dass beim Verschwinden einer der Seiten $C_1 c_2$, $C_1 c_3$, $C_1 c_4$ der symmetrische Fall vorliegt, ist oben schon bewiesen.

Durch die drei Diagonalen $c_2 c_3$, $c_3 c_4$, $c_4 c_2$ wird das Sechseck in vier Dreiecke zerlegt. Denken wir die gleiche Eintheilung in allen Sechsecken des Netzes vollzogen, so entspringt ein Dreiecksnetz, welches wir mit N_3 bezeichnen wollen, und welches nach Bevorzugung der Ecke c_1 jedenfalls eindeutig bestimmt ist. Es besteht nun die wichtige Thatsache: *Das Dreiecksnetz N_3 ist für unsere unsymmetrische Gruppe Γ überhaupt eindeutig bestimmt.* Man kann nämlich das Netz N_3 von den Bereichen Q_1, Q_1', ... aus dadurch entstehen lassen, dass man das Centrum c_1 des einzelnen Bereiches Q mit den festen Ecken geradlinig verbindet und ausserdem je zwei auf dem Rande von Q auf einander folgende feste Ecken durch eine Diagonale verbindet (siehe auch Fig. 57). Nun lasse man das Centrum C von C_1 geradlinig nach c_2 wandern. Das Normalpolygon wird die Ecke c_1'' verlieren, aber c_1 und c_1' behalten, auch die Ecke c_2, welche jetzt dem Centrum ja noch näher liegt. Wir erhalten demnach als Specialtypus ein Achteck der Fig. 54, wobei sogar die Bezeichnungen der Ecken und Erzeugenden genau zutreffen. Beim Wandern des Centrums C bis e_2 können die beiden durch V_5 einander zugeordneten Seiten nicht verschwinden, da das Polygon nicht an einen dritten mit e_1, e_1' äquivalenten Punkt herangelangen kann. Aber auch die durch V_3 und durch V_4 einander zugeordneten Seiten können nicht verschwinden, da der symmetrische Fall (cf. Fig. 55) ausgeschlossen ist. Am Schlusse erhalten wir das

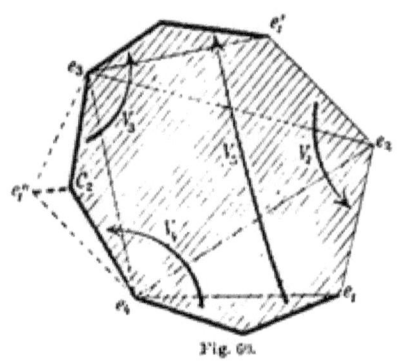

Fig. 60.

Achteck der Fig. 60, dessen Ecken e_1, e_2, e_1', e_3, e_4 genau dieselben Punkte sind, die in Fig. 59 diese Bezeichnungen tragen. Aber das Achteck der Fig. 60 ist ein Ausschnitt aus dem zum Centrum $C = e_2$ gehörenden Bereiche Q_2. Ziehen wir in ihm vom Centrum e_2 die Strahlen e_2e_1', e_2e_3, e_2e_4, e_2e_1, sowie die Diagonalen $e_1'e_3$, e_3e_4, e_4e_1 auf einander folgender fester Ecken, so gelangen wir zum zugehörigen

Dreiecksnetze. Aber die gezogenen Linien sind in der That eben jene, welche uns in Fig. 59 unser erstes Dreiecksnetz N_3 lieferten.

Auf Grund der eindeutigen Bestimmtheit des Dreiecksnetzes N_3 überwinden wir die Unsymmetrie, welche der bisherigen Betrachtung durch Bevorzugung der Ecke e_1 anhaftet. Im Netze N_3 giebt es *vier* inäquivalente Dreiecke; und wir erhalten allemal vier solche, wenn wir das einzelne Dreieck mit den vier Nachbardreiecken umlagern. Dies ist in vier inäquivalenten Arten möglich: *Wir gewinnen die vier verschiedenen bei unserer „unsymmetrischen" Gruppe Γ existierenden Normalsechsecke, wie sie den Bevorzugungen der Ecken e_1, e_2, e_3, e_4 entsprechen.*

Die vier zugehörigen Centren mögen C_1, C_2, C_3, C_4 heissen; das einzelne Centrum C_i gehört dem innern Dreiecke seines Sechseckes an. In Fig. 61 ist das einzelne Centrum mit den Ecken seines Dreiecks durch stark markierte Linien verbunden; man denke die gleiche Construction in allen übrigen Dreiecken des Netzes N_3 ausgeführt: *Man gewinnt ein unserer „unsymmetrischen" Gruppe Γ eindeutig zugehöriges Vierecksnetz N_4, das das Ergebniss der Überlagerung aller vier zu den Ecken e_i gehörenden Netze der Bereiche Q_i, Q_i', Q_i'', ... darstellt.* Nach pg. 309 bezeichnen wir diese Vierecke als „*natürliche Elementarbereiche*".[*])

---

*) Hierbei ist zu bemerken, dass wir im Texte solche Übergangstypen, bei

Sechs inäquivalente unter ihnen (cf. Fig. 64) setzen einen „natürlichen"
Discontinuitätsbereich für Γ zusammen. Bei Zusammenbiegung der auf
einander bezogenen Seiten gewinnt der letztere die Gestalt eines *Hexa-*
eders, dessen sechs Flächen die sechs natürlichen Elementarbereiche
sind, während die acht Ecken, welche
durch die beiden eingeschriebenen
Tetraeder in zwei Quadrupel zerfallen,
dieser Teilung entsprechend die vier
Ecken e_1, e_2, e_3, e_4 und die vier Centren
C_1, C_2, C_3, C_4 liefern.

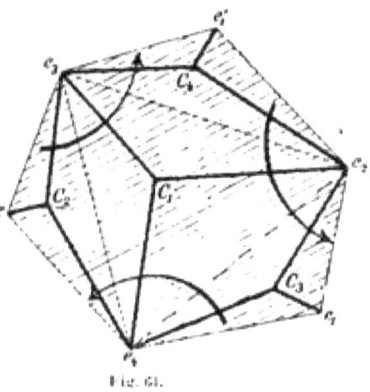

Fig. 64.

Bewegt sich C im Innern eines
der sechs Vierecke, so hat das Polygon entweder den allgemeinen Typus
Fig. 53, pg. 337, oder es tritt Typenwechsel vermöge Verschwindens der
durch die fünfte Erzeugende V_5 einander zugeordneten Seiten auf, ohne
dass die vier Erzeugenden V_1, V_2,
V_3, V_4 verändert werden. Nun stellen wir aber aus dem Normalpolygon der Fig. 53 ein *kanonisches Achteck* dadurch her, dass wir
etwa auf der an V_5 beteiligten Seite $\varepsilon \varepsilon''$ eine zufällige Ecke ε_4 willkürlich fixieren, der sich dann die weiteren drei Ecken $\varepsilon_3 = V_1(\varepsilon_4)$,
$\varepsilon_2 = V_3(\varepsilon_3)$, $\varepsilon_1 = V_2(\varepsilon_2)$ anreihen. Dies kanonische Achteck hat dann
nur noch unsere eben mit V_1, V_2, V_3, V_4 bezeichneten Erzeugenden.
Die so zu gewinnenden kanonischen Achtecke sollen nun als „*redu-*
cierte" *Polygone* gewählt werden: *Den sechs natürlichen Elementar-*
bereichen (Flächen des obigen Hexaeders) entsprechend gewinnen wir für
die vorgelegte unsymmetrische Gruppe Γ insgesammt „sechs" reducierte
Polygone.

Man erinnere sich nun, dass in der Theorie der kanonischen
Polygone (cf. I pg. 299 ff.) keine der unterschiedenen Anordnungen der
festen Ecken $e_1, e_2, \ldots$ auf dem Polygonrande vor den übrigen ausgezeichnet war. Da in unserem Falle *vier* einen Cyclus bildende Ecken
vorliegen, so sind combinatorisch gerade $3! = 6$ Anordnungen möglich:
Unsere sechs Flächen des Hexaeders der natürlichen Elementarbereiche
liefern gerade die sechs verschiedenen combinatorisch möglichen Ecken-

denen die beiden durch V_5 verbundenen Seiten (cf. Fig. 53, pg. 337) verschwinden
und also ein viergliedriger Cyclus zufälliger Ecken auftritt, als unwesentlich
gegenüber den Umordnungen der festen Ecken bei Seite gelassen haben. Bei
Hinzunahme jener Übergangstypen würde noch eine Unterteilung der Vierecke
des Textes durch gewisse Curven dritter Ordnung eintreten (cf. I pg. 251 ff.).

anordnungen, so dass wir für jede Anordnung ein und nur ein reducirtes Achteck gewinnen. In der That lehrt uns Fig. 61 folgendes Entsprechen der Vierecke und der Eckenanordnungen:

Viereck	Eckenanordnung
$e_2 C_1 e_4 C_3$	e_1, e_2, e_3, e_4
$e_3 C_2 (e_1'', e_1') C_4$	e_4, e_3, e_2, e_1
$e_3 C_1 e_2 C_4$	e_1, e_3, e_4, e_2
$e_4 C_2 (e_1'', e_1) C_3$	e_2, e_4, e_3, e_1
$e_4 C_1 e_3 C_2$	e_1, e_4, e_2, e_3
$e_2 C_3 (e_1, e_1') C_4$	e_3, e_2, e_4, e_1

Man stellt dies am einfachsten in der Weise fest, dass man im einzelnen Viereck die eine Diagonale fixiert, welche Seite im Dreiecksnetze N_3 ist, und die beiden anliegenden Dreiecke zu einem Vierecke zusammenordnet. Dies ist dann jedesmal das dem zugehörigen kanonischen Achteck eingeschriebene Viereck der festen Ecken.

Wir ziehen noch die Folgerung: *Gegenflächen des Hexaeders der natürlichen Elementarbereiche liefern allemal zwei reducirte Achtecke mit entgegengesetzter Eckenanordnung.* Zwei solche kanonische Achtecke nennen wir nach I pg. 306 einander „*conjugiert*". Ihre Herstellung aus einander, bezw. aus einem zugehörigen „*Doppelviereck*" (cf. Fig. 102 in I pg. 305) ist daselbst näher besprochen.

Um die *symmetrischen Fälle* einzuordnen, nehme man an, dass das Centrum C_1 in die Ecke e_2 des Sechsecks Fig. 61 rückt. Da $C_1 e_2$ den Sechseckwinkel bei e_2 halbiert, so ist im fraglichen Falle:

$$\angle e_1 e_2 e_3 = \angle e_1' e_2 e_3.$$

Da nun andrerseits $\angle C_3 e_2 e_3$ gleich der Summe der Winkel $\angle C_3 e_2 e_1$ und $\angle e_1' e_2 e_3$ ist (insofern doch auch $C_3 e_2$ den Winkel bei e_2 im zugehörigen Sechseck halbiert), so folgt in unserem Falle, dass $e_2 C_3$ auf $e_2 e_1$ und also C_3 in e_1 fällt[*]). Ferner gilt (s. auch Fig. 59, pg. 341):

$$\angle e_2 C_1 e_4 = \angle e_1' C_1 e_2 + \angle e_1'' C_1 e_4$$

in jedem Falle. Also ergiebt sich für $C_1 = e_3$ insbesondere:

$$\angle e_2 e_3 e_4 = \angle e_1' e_3 e_2 + \angle e_1'' e_3 e_4.$$

---

[*]) Dem Einwurf, ob vielleicht C_3 in die andere Ecke e_2 der Seite $e_2 e_1$ falle, begegnet man durch Betrachtung der Ecke e_4, wo man $e_4 C_3$ auf der Seite $e_4 e_1$ gelegen findet.

Da andrerseits:

$$\measuredangle \, C_4 c_3 c_1 = \measuredangle \, C_4 c_3 c_1' + \measuredangle \, c_1'' c_3 c_4$$

gilt, so fällt $c_3 C_4$ notwendig auf $c_3 c_2$, und man findet durch Fortsetzung der Überlegung, dass C_4 nach c_3 rückt, C_2 aber nach c_4.

Das Hexaeder der natürlichen Elementarbereiche artet in der Weise aus, dass nur *zwei* Gegenflächen erhalten bleiben, während sich die anderen vier auf Gerade (gemeinsame Seiten jener beiden Gegenflächen) zusammenziehen: *Das Netz N_4 enthält nur noch zwei inäquivalente und zwar einander symmetrische Vierecke; es stellt unmittelbar das regulär-symmetrische Vierecknetz der Gruppe zweiter Art Γ' dar, welche aus der gegenwärtig erweiterungsfähigen Gruppe Γ entspringt.*

Den drei Paaren von Gegenflächen des Hexaeders entsprechend haben wir *drei Arten solcher symmetrischer Gruppen.* Wir stellen für diese drei Fälle gleich tabellarisch die Eckencoincidenzen am Hexaeder und die Eckenanordnungen je an den beiden symmetrischen Elementarvierecken zusammen:

Coincidenzen	Eckenanordnungen
$C_1 = c_3$, $C_2 = c_1$, $C_3 = c_4$, $C_4 = c_2$	$(c_1 \cdot c_2 \cdot c_3 \cdot c_4)$ $(c_4 \cdot c_3 \cdot c_2 \cdot c_1)$
$C_1 = c_4$, $C_2 = c_3$, $C_3 = c_2$, $C_4 = c_1'$	$(c_1 \cdot c_3 \cdot c_4 \cdot c_2)$ $(c_2 \cdot c_4 \cdot c_3 \cdot c_1)$
$C_1 = c_2$, $C_2 = c_1''$, $C_3 = c_4$, $C_4 = c_3$	$(c_1 \cdot c_4 \cdot c_2 \cdot c_3)$ $(c_3 \cdot c_2 \cdot c_4 \cdot c_1)$

Übrigens sind hiermit die symmetrischen Fälle auch sämmtlich erschöpft. Geht man nämlich von einem regulär-symmetrischen Vierecksnetze aus und wählt C auf der Grenze zweier benachbarten und also einander symmetrischen Vierecke, so hat das zugehörige Normalpolygon die Gestalt der Fig. 55, pg. 338, und liefert also das aus jenen beiden Vierecken bestehende Doppelviereck. Hieraus folgert man ohne Mühe, dass das zugehörige Netz N_4 eben das vorgelegte regulär-symmetrische Vierecksnetz ist, womit unsere Behauptung erwiesen ist.

Im *symmetrischen Specialfalle* ist die Stellung der beiden reducierten Polygone unter allen unendlich vielen kanonischen Achtecken der Gruppe Γ leicht characterisiert. *Die reducierten Achtecke sind eben jene, bei denen die eingeschriebenen Vierecke der festen Ecken die beiden symmetrischen Elementarvierecke des regulär-symmetrischen Netzes bilden.*

Liegt dieser Specialfall nicht vor, so müssen wir, ehe wir bei der vorliegenden Gruppe Γ das reducierte Achteck der einzelnen Eckenanordnung vor den unendlich vielen weiteren kanonischen Achtecken der gleichen Eckenanordnung auszeichnen, vorher erst noch auf eine merkwürdige Unsymmetrie unserer Untersuchung aufmerksam machen. Als Beispiel wählen wir die Anordnung c_1, c_2, c_3, c_4 und schliessen die Untersuchung an Fig. 61, pg. 342, an. Das reducierte Achteck hat die in dieser Figur mit c_1, c_2, c_3, c_4 bezeichneten festen Ecken. Zeichnen wir das eingeschriebene Viereck dieser Ecken, wiederholen die gleiche Construction in allen Achtecken des zugehörigen Netzes und denken alle übrigen Linien ausgelöscht, so restiert nach 1 pg. 299 ff. ein Vierecknetz, in dem irgend zwei neben einander liegende Vierecke einen Discontinuitätsbereich von Γ in Gestalt eines unsymmetrischen Doppelvierecks liefern. Wir wählen etwa das der Fig. 61 entnommene Viereck $c_1 c_2 c_3 c_4$, welches wir kurz P nennen wollen, und das längs $c_2 c_3$ benachbarte etwa $\bar{P}$ zu nennende Viereck, das als Ecken die Punkte $c_3 c_2 c_1'$ und einen mit c_4 äquivalenten Punkt c_4' hat.

Wollen wir nun von diesem Vierecknetze zu dem oben mit N_3 bezeichneten, unserer Gruppe Γ eindeutig zugehörenden Dreiecknetze gelangen, so müssen wir in P die Diagonale $c_2 c_4$ und also nicht die andere Diagonale, in $\bar{P}$ aber die Diagonale $c_1' c_3$ und eben nicht $c_2 c_4'$ ziehen. Man spiegele nun das ganze Netz an der durch c_2 und c_3 hindurchlaufenden Geraden, wodurch P in ein Viereck P'' übergehen möge, $\bar{P}$ aber in ein Viereck $\bar{P}''$ der Eckenanordnung c_1, c_2, c_3, c_4, während Γ in eine Gruppe Γ' transformiert wird, welche unserem früheren Grundsatze (cf. Fussnote pg. 329) gemäss als von Γ wesentlich verschieden gilt. Beim neuen Vierecknetze haben wir nun zur Herstellung des Dreiecknetzes N_3 im Viereck P'' der Anordnung c_1, c_2, c_3, c_4 die Diagonale $c_1 c_3$ und nicht mehr $c_2 c_4$ zu ziehen und natürlich in $\bar{P}''$ gleichfalls die andere Diagonale $c_2 c_4$. *Nach Ausschluss des symmetrischen Falles haben wir somit zwei Arten von reducierten Achtecken (und damit von Gruppen Γ), je nachdem im eingeschriebenen Viereck der festen Ecken die eine oder die andere Diagonale zum Netze N_3 hinführt.*

Jedes der unendlich vielen kanonischen Achtecknetze vorgeschriebener Eckenanordnung, welche bei der Gruppe Γ existieren, liefert ein zugehöriges Netz von Doppelvierecken. Jedes solche Netz liefert zwei Dreiecknetze je nach Auswahl der Diagonalenpaare im einzelnen Doppelviereck. Endlich können wir in jedem solchen Dreiecknetze genau wie oben im Netze N_3 auf vier Weisen ein Sechseck herstellen mit einem dreigliedrigen Cyclus fester Ecken c_i, c_i', c_i'' und den drei weiteren festen Ecken c_k, c_l, c_m. *Treffen sich alsdann die drei Halbierungslinien der Sechseckwinkel an den Ecken c_k, c_l, c_m in einem „inneren" Punkte C_i des mittleren Dreiecks, so war es das reducierte Achteck, von dem wir ausgingen;* denn man erkennt im Sechseck nach einer wiederholt vollzogenen Schlussweise *) das Normalpolygon des Centrums C_i. *In allen*

---

*) Auf Grund des Princips, dass ein Normalpolygon des Centrums C der gemeinsame Bestandteil aller Normalbereiche des Centrums C der in der Gruppe enthaltenen cyclischen Untergruppen ist.

übrigen Fällen können sich somit jene drei Winkelhalbierenden eben nicht in einem inneren Punkte des mittleren Dreiecks treffen.

§ 15. Die beim Character (0, 4) auftretenden Flächen dritten Grades Φ_3.

Die invariante Darstellung der Polygoncontinua vom Character $(0, 4)$ wurde in §§ 3 und 5 (pg. 291 ff.) gegeben. Es war dabei einer unter den sechs Eckenanordnungen von vornherein der Vorzug gegeben. Wir schliessen uns hier an die Darstellung des § 5 an, so dass wir neben den Eckeninvarianten j_1, j_2, j_3, j_4 die vier Transversalinvarianten:

$$(1) \qquad j_{12} = j_{34}, \quad j_{23} = j_{41}, \quad j_{13}, \quad j_{24}$$

zuvörderst neben einander gebrauchen. Zur Abkürzung schreiben wir:

$$J = j_1 j_2 j_3 j_4 + j_1^2 + j_2^2 + j_3^2 + j_4^2 - 4,$$

$$J_1 = j_1 j_2 + j_3 j_4, \quad J_2 = j_1 j_3 + j_2 j_4, \quad J_3 = j_1 j_4 + j_2 j_3,$$

so dass sich die beiden Relationen (3) pg. 297 umschreiben in:

$$(2) \qquad \begin{cases} j_{12}^2 + j_{23}^2 - j_{13} j_{24} - J_1 j_{12} - J_3 j_{23} + J = 0, \\ j_{12} j_{23} + j_{13} + j_{24} - J_2 = 0. \end{cases}$$

Da die Werte der Eckeninvarianten den Bedingungen (1) pg. 296 unterworfen sind, so folgert man für die Werte J, J_1, J_2, J_3 die Bedingungen:

$$(3) \qquad J \geqq -3, \quad J_1 \geqq 0, \quad J_2 \geqq 0, \quad J_3 \geqq 0.$$

Die Werte $J = -3$, $J_1 = J_2 = J_3 = 0$ werden in der That bei der Signatur $(0, 4; 2, 2, 2, 3)$ erreicht[*]. Die Werte der Transversalinvarianten sind sämmtlich < -2.

Aus den beiden Relationen (2) können wir entweder j_{13} oder j_{24} eliminieren. Im ersten Falle haben wir alsdann an Transversalinvarianten noch die drei $j_{34} (= j_{12})$, j_{42}, j_{23} und schreiben zur Einführung einer schon pg. 298 vorbereiteten geometrischen Sprechweise:

$$(4) \qquad j_{34} : j_{42} : j_{23} : -1 = x : y : z : t.$$

Im zweiten Falle haben wir die drei Transversalinvarianten $j_{12} (= j_{34})$, j_{13}, j_{23} und setzen:

$$(5) \qquad j_{12} : j_{13} : j_{23} : -1 = x' : y' : z' : t'.$$

Diese beiden Möglichkeiten entsprechen den beiden Arten, das dem kanonischen Achteck eingeschriebene Viereck der festen Ecken e_1, e_2,

---

[*] Die Signatur $(0, 4; 2, 2, 2, 2)$ bleibt ausgeschlossen, da sie zu den parabolischen Rotationsgruppen (Gruppen der doppeltperiodischen Functionen) hinführt.

e_3, e_4 entweder durch die eine oder die andere Diagonale in zwei Dreiecke zu zerlegen. Wir kommen hierauf später zurück *).

Deuten wir die x, y, z, t als homogene Raumcoordinaten, so befinden wir uns wegen $j_{ik} < -2$ sogleich wieder in dem bereits pg. 320 eingeführten, durch die vier Ebenen (6) pg. 320 eingegrenzten *Tetraeder* T. Das einzelne Polygon ist alsdann (abgesehen von den Eckeninvarianten, die besonders gegeben werden müssen) dargestellt entweder durch den Punkt (x, y, z, t) oder den Punkt (x', y', z', t'), von denen der zweite aus dem ersten nach (4), (5) und der zweiten Relation (2) durch die Transformation:

$$(6) \qquad x' : y' : z' : t' = xt : (xz - yt - J_2 t^2) : zt : t^2$$

hervorgeht. Diese Transformation, welche S_2 heissen soll, erweist sich als eine solche von der Periode 2, wie man leicht durch Rechnung zeigt; sie transformiert also umgekehrt den Punkt (x', y', z', t') in (x, y, z, t).

Gehen wir vom einzelnen Polygon zum zugehörigen Polygoncontinuum, so wollen wir, falls letzteres mehr als zwei Dimensionen hat, d. h. falls mindestens eine Eckeninvariante $j_e \geqq 2$ und also variabel ist, *die Eckeninvarianten* j_1, j_2, j_3, j_4 *zuvörderst festhalten*, womit aus dem mehrdimensionalen Continuum ein *zweidimensionales* ausgeschnitten wird. Dieses Vorgehen ist (genau wie oben, pg. 324) dadurch zu rechtfertigen, dass die Eckeninvarianten gegenüber den Transformationen der Modulgruppe nur Permutationen erfahren, und dass demnach diejenigen Transformationen der Modulgruppe, welche die Eckenanordnung invariant lassen und also das Polygoncontinuum in sich transformieren, zugleich die Werte der Eckeninvarianten unverändert lassen.

Nach diesen Festsetzungen sind nur noch die Transversalinvarianten und also die Coordinaten x, y, z, t bezw. x', y', z', t' variabel. *Dabei sind die x, y, z, t, wie man durch Elimination von j_{13} aus den Relationen (2) findet, an einander gebunden durch die Relation:*

$$(7) \qquad (x^2 + y^2 + z^2) t - xyz + (J_1 x + J_2 y + J_3 z) t^2 + J t^3 = 0,$$

und man zeigt durch Elimination von j_{24} aus den Relationen (2), dass genau die gleiche Relation auch für die Coordinaten x'. y', z', t' gültig ist.

Durch die Relation (7) wird eine *Fläche dritten Grades* dargestellt; wie oben (pg. 320) wollen wir denjenigen Theil dieser Fläche, welcher den Werthen der Transversalinvarianten entsprechend für uns in Betracht kommt, durch Φ_3 bezeichnen. Da die Punkte (x, y, z, t) und

---

*) Man beachte, dass dem Dreieck e_2, e_3, e_4 die Auswahl j_{34}, j_{42}, j_{23} entspricht, ebenso dem Dreieck e_1, e_4, e_3 die Auswahl j_{12}, j_{13}, j_{23}.

(x', y', z', t'), wie wir sahen, beide auf der Fläche Φ_3 liegen, so finden wir sofort: *Die Flächenschale Φ_3 geht durch die unter (6) gegebene Transformation S_2 in sich selbst über.* Um die Punkte der Φ_3 zu bestimmen, welche bei der Transformation S_2 sich selbst entsprechen, trage man in (6) linker Hand x, y, z, t für x', y', z', t' ein und findet: *Gegenüber S_2 bleiben auf der Flächenschale Φ_3 die Punkte derjenigen Curve unverändert, welche durch die Fläche zweiten Grades:*

$$(8) \qquad xz - 2yt - J_2 t^2 = 0$$

ausgeschnitten werden. Wir wollen diese Fläche wieder *Hyperboloid* nennen und mit H_2 bezeichnen; die ausgeschnittene Curve, deren Gestalt wir bald näher kennen lernen, heisse K_2.

Die Analogie dieser Ergebnisse zu denen in § 11, pg. 319 ff., liegt auf der Hand. Dieselbe ist begründet durch den Umstand, dass sich die damalige Untersuchung, als den Character $(1, 1)$ oder (was auf dasselbe hinausläuft) die Signatur $(0, 4; 2, 2, 2, 2t)$ bezw. $(0, 4; 2, 2, 2)$ betreffend, den gegenwärtigen Entwicklungen als einfachster Specialfall einordnet. Wir werden demnach hier auch weiterhin den damaligen ähnliche Ergebnisse erwarten.

Man wolle sich den Verlauf der Fläche dritten Grades (7) im Tetraeder T wieder in der Weise klar machen, dass man dieselbe mit den Ebenen des Büschels:

$$x - 2\lambda t = 0, \quad \lambda = 1, \ldots, +\infty$$

schneidet. Die einzelne dieser Ebenen liefert als Schnitt, abgesehen von der Tetraederkante $t = 0$, $x = 0$, die Curve zweiten Grades:

$$(9) \qquad y^2 - 2\lambda yz + z^2 + (J_2 y + J_3 z)t + (4\lambda^2 + 2\lambda J_1 + J)t^2 = 0.$$

Um den Verlauf dieser Curve darzulegen, können wir Fig. 44, pg. 320, mit unwesentlichen Abänderungen wieder heranziehen[*]). Wir finden: Die Curve (9) schneidet die Gerade CD (der Fig. 44) von der Gleichung $t = 0$ in den beiden bezüglich der Mitte $y = z$ symmetrischen Punkten:

$$z = (\lambda \pm \sqrt{\lambda^2 - 1})y,$$

welche in der Figur mit A_1 und A_2 bezeichnet sind. Die beiden Tangenten unserer Curve in diesen Punkten treffen sich freilich

---

[*]) Jedoch sind in der fraglichen Figur die Coordinaten x, y, z in der Art cyclisch zu permutieren, dass y an Stelle von x u. s. w. tritt; wir haben im Texte das Büschel $x - 2\lambda t = 0$, und nicht wie a. a. O. das Ebenenbüschel $z - 2\lambda t = 0$ bevorzugt, und zwar aus einem unten hervortretenden Grunde.

nicht mehr im Punkte F der Coordinaten $y = 0$, $z = 0$, sondern im Punkte:

$$y : z : t = (J_2 + \lambda J_3) : (\lambda J_2 + J_3) : 2(\lambda^2 - 1) \, {}^*).$$

Der Durchschnitt des Tetraeders T mit der Ebene $x - 2\lambda t = 0$ ist das Dreieck CDE der Fig. 44, eingeschlossen durch die Geraden $t = 0$, $y - 2t = 0$, $z - 2t = 0$. Innerhalb dieses Dreiecks verläuft die Curve (9), wie Fig. 44 darlegt, d. h. vor allem: *Die Curve erreicht die Seiten CE und DE nicht.* Setzen wir nämlich etwa der Seite CE entsprechend $y = 2t$ in (9) ein, so folgt:

$$(z - 2\lambda t)^2 + J_3 z t + (2\lambda J_1 + 2 J_2 + J + 4)t^2 = 0,$$

eine Gleichung, die mit Rücksicht auf die positiven Werte λ und die Ungleichungen (3) durch keinen positiven Quotienten $z : t$ erfüllbar ist. Genau wir oben (pg. 321) zieht sich übrigens unsere Curve (9) für den einen Grenzwert $\lambda = 1$ auf den Mittelpunkt $y = z$ der Geraden $t = 0$ zusammen, während sie für den anderen Grenzwert $\lambda = \infty$ in das Geradenpaar $yz = 0$ der Ebene $t = 0$ ausartet.

Genau analoge Ergebnisse finden wir, wenn wir die Fläche dritten Grades mit den beiden anderen Ebenenbüscheln schneiden, welche die Kanten $y = 0$, $t = 0$ und $z = 0$, $t = 0$ des Tetraeders T zu Axen haben. Wir gelangen wieder zu demselben anschaulichen Bilde über den Verlauf der Fläche wie pg. 321: *Der dem Tetraeder T angehörende Theil unserer Fläche dritten Grades ist eine in den Rand der Seitenfläche $t = 0$ des Tetraeders eingespannte, sackartig im Innern von T hängende Fläche, welche als solche einen einfach zusammenhängenden Bereich darstellt.* Man vergl. die Andeutungen der Fig. 45, pg. 323, wobei jedoch zu beachten ist, dass die Symmetrien an den Ebenen $x = y$, $y = z$, $z = x$ jetzt in Fortfall kommen. Auf den Verlauf der Curven K_1, K_2, K_3 werden wir gleich ausführlich zurückkommen.

Es ist nun bislang noch nicht ausdrücklich bewiesen, *dass dieser ganze Bereich (und nicht etwa ein Theil desselben) das Bild des Polygoncontinuums ist.* Um diesen Beweis jetzt nachzuholen, bedienen wir uns zur Einführung der Fläche dritten Grades der Proportion (5), weil diese Annahme den Gleichungen des § 5, pg. 296 ff. zu Grunde lag. Das Polygoncontinuum von gegebenen Eckeninvarianten war daselbst zunächst durch das Quadrat $0 < t_5 < 1$, $0 < t_6 < 1$ dargestellt; die Abbildung dieser Quadratfläche auf die Fläche dritten Grades wurde durch die Formeln (10) und (11) pg. 299 geleistet. Die Eigenart dieser Ab-

---

*) Mittelpunkt der Hyperbel (9), welche nach der Substitution $t = 1$ bei rechtwinkligen Coordinaten y, z vorliegt.

bildung ist jetzt leicht dargethan. Legen wir durch das Quadrat die Transversale $t_5 = \mu$, wo μ irgend ein Werth zwischen 0 und 1 ist, so entspricht dem, falls wir $(1 - \mu)^{-1} = \lambda$ setzen, für unsere jetzigen homogenen Coordinaten die Vorschrift $x - 2\lambda t = 0$, d. h. die Transversale findet ihr Abbild auf der Curve (9). Wir beschreiben nun die Transversale vollständig, wenn wir t_6 von 0 bis 1, also τ (cf. (10) pg. 299) von 0 bis ∞ wandern lassen. Hierbei aber beschreibt der aus den umgerechneten Gleichungen (11) pg. 299:

$$\frac{y}{t}(4\lambda^2 - 4) = 2J_2 + 2\lambda J_3 + J_{12} J_{34} \left\{ (\tau^2 + \tau^{-2})\lambda + (\tau^2 - \tau^{-2})\sqrt{\lambda^2 - 1} \right\},$$

$$\frac{z}{t}(4\lambda^2 - 4) = 2\lambda J_2 + 2J_3 + (\tau^2 + \tau^{-2}) J_{12} J_{34}$$

zu bestimmende Punkt $y : z : t$, wie man leicht feststellt, gerade einfach und vollständig den im Tetraeder T gelegenen Theil unserer Curve (9). Man hat jetzt nur noch zu beachten, dass der Überdeckung des Quadrates mit Transversalen $\mu = 0, \ldots, 1$ die Überdeckung des in T verlaufenden Theiles der Fläche dritten Grades mit Curven (9) für $\lambda = 1$ ..., ∞ gegenübersteht, so dass in der That die ganze in T verlaufende Flächenschale Φ_3 das Abbild des Quadrates ist.

Über die geometrische Bedeutung der unter (6) gegebenen Transformation S_2 unserer Fläche Φ_3 in sich gelten unverändert alle Ausführungen von pg. 321 ff. Für S_2 gilt insbesondere $x' : z' : t' = x : z : t$. Diese Transformation hat also im Raume wieder den Character einer „Centralprojection" der Fläche Φ_3 in sich von der Tetraederecke $x = 0$, $z = 0$, $t = 0$ aus. Auf der Fläche selber hat unsere Transformation den Character einer „Spiegelung", deren Symmetrielinie K_2 von dem durch (8) gegebenen „Hyperboloid" H_2 ausgeschnitten wird. K_2 ist eine Raumcurve vierten Grades*), welche von den Berührungspunkten aller von der Tetraederecke $x = 0$, $z = 0$, $t = 0$ an die Fläche Φ_3 laufenden Tangenten gebildet wird. Es sind dies die Berührungspunkte B_2 der in Fig. 44, pg. 320, von D an die ebenen Schnitte der Φ_3 gelegten Tangenten; daraufhin ergiebt sich der Verlauf der Curve K_2 auf der Fläche Φ_3 wieder genau in der oben (pg. 322 ff.) geschilderten Weise.

Auch der Abschluss der Entwicklung gestaltet sich genau wie oben: Die Transformation S_2 ist eine unter drei coordinierten Operationen. Wir gelangen zu folgendem Ergebniss: *Die Flächenschale Φ_3 gestattet die drei durch S_1, S_2, S_3 zu bezeichnenden „Spiegelungen":*

---

*) Sie wird nämlich rein dargestellt als Schnitt des Hyperboloids H_2 mit der Fläche zweiten Grades:

$$x^2 - y^2 + z^2 + J_1 xt + J_2 zt + J t^2 = 0.$$

$$(10) \quad \begin{cases} (S_1) & x':y':z':t' = (yz-xt-J_1t^2):yt:zt:t^2, \\ (S_2) & x':y':z':t' = xt:(zx-yt-J_2t^2):zt:t^2, \\ (S_3) & x':y':z':t' = xt:yt:(xy-zt-J_3t^2):t^2 \end{cases}$$

in sich, welche im Raume den Character von „Centralprojectionen" der Φ_3 *in sich von den drei in der Ebene* $t=0$ *gelegenen Tetraederecken aus besitzen. Die drei zugehörigen Symmetrielinien* K_1, K_2, K_3 *werden auf der* Φ_3 *durch die „Hyperboloide"* H_1, H_2, H_3:

$$(11) \quad \begin{cases} yz-2xt-J_1t^2 = 0, \\ zx-2yt-J_2t^2 = 0, \\ xy-2zt-J_3t^2 = 0 \end{cases}$$

ausgeschnitten. Diese drei Curven grenzen auf der Φ_3 *einen einfach zusammenhängenden dreiseitigen Bereich ein, welcher sich mit drei Spitzen an den Rand der Flächenschale, und zwar an die Mittelpunkte der in der Ebene* $t=0$ *gelegenen drei Kanten des Tetraeders* T *heranzieht.*

§ 16. Der Discontinuitätsbereich der Modulgruppe und die Gruppencontinua des Characters (0, 4).

Um die Gruppencontinua des Characters $(0,4)$ zu gewinnen, behalten wir zunächst die im vorigen Paragraphen gemachte Voraussetzung constanter Eckeninvarianten bei. Unter Festhaltung der Eckenanordnung wollen wir alsdann auf der zugehörigen Flächenschale Φ_3 einen Discontinuitätsbereich der Modulgruppe fixieren. Als einen solchen Discontinuitätsbereich können wir die Gesammtheit derjenigen Punkte (x, y, z, t) wählen, welche reducierte Polygone liefern; denn nach pg. 344 ist für jede Gruppe Γ bei vorgeschriebener Eckenanordnung das reducierte Polygon *eindeutig* bestimmt. Jedoch ist zu bemerken, dass dieser Ansatz nur dann gilt, *wenn wir zuvörderst die vier Eckeninvarianten als von einander durchweg verschieden annehmen.* Sobald indessen die Eckeninvarianten nicht mehr durchweg von einander verschieden sind, reduciert sich die Anzahl unterschiedener Eckenanordnungen, und also ist zu erwarten, dass auf die einzelne Anordnung mehr als ein reduciertes Polygon kommt. Diese Specialfälle werden wir unten besonders zu betrachten haben.

Nun giebt es nach pg. 346, wenn wir zunächst von den symmetrischen Fällen absehen, zwei Arten reducierter Polygone der Eckenanordnung e_1, e_2, e_3, e_4. Für die eine Art (cf. Fig. 61, pg. 342) ist im Viereck der festen Ecken e_1, e_2, e_3, e_4 die Diagonale e_2e_4 zu ziehen, wenn das nach pg. 341 eindeutig der Gruppe Γ zugehörige Dreiecksnetz N_3 gewonnen werden soll. Bei der anderen Art spielt die Diago-

nale $e_1 e_3$ diese ausgezeichnete Rolle. Betrachten wir zuvörderst die
erstere Art reducierter Polygone, so werden wir uns zwecks Einführung der Flächenschale Φ_3 der Proportion (4) pg. 347, bedienen, da
die Seiten des das Centrum C_1 umschliessenden Dreiecks $e_2 e_3 e_4$ (cf.
Fig. 61, pg. 343) der Symmetrie halber die Benutzung der Invarianten
j_{34}, j_{42}, j_{23} empfehlen.

Als Reductionsbedingung stellten wir pg. 346 für das Sechseck
der Fig. 61 fest, dass sich die Halbierungslinien der Sechseckwinkel
bei e_2, e_3, e_4 im Punkte C_1 des Dreiecks $e_2 e_3 e_4$ treffen mussten. Für
ein erstes Polygon, bei dem C_1 weder auf einer Seite noch in einer
Ecke dieses Dreiecks $e_2 e_3 e_4$ und also im Innern desselben liegt, construieren wir den zugehörigen Punkt (x, y, z, t) der Flächenschale Φ_3.
Da bei stetiger Abänderung dieses Punktes auf der Φ_3 sich das Polygon
gleichfalls nur stetig zu ändern vermag, so wird C_1 nicht sofort auf
den Rand des Dreiecks $e_2 e_3 e_4$ rücken können, d. h. die nächste Umgebung jenes ersten Punktes (x, y, z, t) auf der Φ_3 liefert auch noch
reducierte Polygone. Umgekehrt wird demnach der gesammte Rand
desjenigen Bereiches, welcher den reducierten Polygonen fraglicher Art
entspricht, nur von solchen Punkten geliefert werden können, bei deren
Polygonen C_1 auf dem Rande des Dreiecks $e_2 e_3 e_4$ liegt.

Nun stellten wir bereits pg. 341 und 345 fest: *Die drei Fälle,
dass C_1 in eine Ecke des Dreiecks $e_2 e_3 e_4$ rückt, liefern die drei linearen
Continuen symmetrischer Gebilde, welche wir bereits a. a. O. tabellarisch
zusammenstellten; rückt jedoch C_1 auf eine Seite des Dreiecks (aber nicht
in eine Ecke), so tritt Ausartung durch Zusammenfall fester Polygonecken ein, und also befinden wir uns am Rande des Polygoncontinuums.*
Indem wir die Untersuchung dieser Ausartung hinausschieben, betrachten wir zuvörderst die symmetrischen Fälle.

Wir haben oben (pg. 346) den Übergang von unserer Gruppe Γ
zu einer Gruppe Γ' beschrieben, in deren reduciertem Polygone die
Diagonale $e_1 e_3$ ausgezeichnet war, und zwar vollzogen wir diesen Übergang durch die etwa V zu nennende Spiegelung an der Geraden $e_2 e_3$
der Fig. 61. Ordnen wir den Discontinuitätsbereich für Γ' um das
a. a. O. mit P' bezeichnete Viereck der festen Ecken an, so hat man,
wie leicht festzustellen ist, als Erzeugende von Γ':

$$V_1' = \overline{V} V_2^{-1} V_1^{-1} V_2 \overline{V}, \quad V_2' = V_2, \quad V_3' = V_3, \quad V_4' = \overline{V} V_3 V_4^{-1} V_3^{-1} \overline{V}.$$

Hieraus folgt mit Rücksicht auf $\overline{V} V_2 = V_2^{-1} \overline{V}$ und $V_1 V_2 V_3 V_4 = 1$:

$$V_1' V_2' = \overline{V} V_2^{-1} V_1^{-1} V_2 \overline{V} V_2 = \overline{V} (V_1 V_2)^{-1} \overline{V},$$
$$V_2' V_3' = V_2 V_3,$$
$$V_4' V_2' = \overline{V} V_3 V_4^{-1} V_3^{-1} \overline{V} V_2 = \overline{V} V_3 V_4^{-1} V_3^{-1} V_2^{-1} \overline{V} = \overline{V} (V_3 V_1) \overline{V}.$$

Somit gilt $j'_{12} = j_{12}$ und also $j'_{34} = j_{34}$, ferner $j'_{23} = j_{23}$ und $j'_{24} = j_{13}$. Mit Rücksicht auf die zweite Relation (2) pg. 347 finden wir also die Invarianten der Gruppe Γ' aus denen der Gruppe Γ vermöge:

(1) $$j'_{34} = j_{34}, \quad j'_{24} = -j_{24} - j_{12}j_{23} + J_2, \quad j'_{23} = j_{23}.$$

Liegt nun der in der Tabelle pg. 345 zuerst genannte symmetrische Fall vor (C_1 in der Ecke e_3), so wird Γ durch Γ' in sich transformiert, und insbesondere fallen die pg. 346 mit P und P' bezeichneten Vierecke zusammen, so dass neben der ersten und dritten Relation (1) auch noch $j'_{24} = j_{24}$ gilt. Im unsymmtrischen Falle aber sind, wie wir aus der Theorie der reducierten Polygone wissen, die Gruppen Γ und Γ' wesentlich verschieden, und also gilt dann die Gleichung $j'_{24} = j_{24}$ nicht. Trägt man aber $j'_{24} = j_{24}$ in die zweite Relation (1) ein, so folgt $j_{12}j_{23} + 2j_{24} - J_2 = 0$ oder in homogener Schreibweise:

$$xz - 2yt - J_2 t^2 = 0,$$

d. h. wir befinden uns auf der oben mit K_2 bezeichneten Curve: *Das in der Tabelle pg. 345 an erster Stelle genannte lineare Continuum symmetrischer Gebilde wird gerade vollständig von den Punkten der auf der Φ_3 gelegenen Curve K_2 dargestellt.*

Rückt C_1 in die Ecke e_4 hinein, so haben wir den zweiten symmetrischen Fall der Tabelle pg. 345, bei welchem das Viereck $e_1 e_3 e_4 e_2$ der Fig. 61, pg. 343, das Elementarviereck wird. Um die voraufgehenden Rechnungen unmittelbar verwerthen zu können, gebrauchen wir für den Augenblick die Bezeichnungen e'_1, e'_2, e'_3, e'_4 für e_1, e_3, e_4, e_2. Die zugehörigen entsprechend durch $j'_1, j'_2, \ldots$ zu bezeichnenden Invarianten sind:

$$j'_1 = j_1, \; j'_2 = j_3, \; j'_3 = j_4, \; j'_4 = j_2, \; j'_{34} = j_{24}, \; j'_{24} = j_{23}, \; j'_{23} = j_{34},$$

woraus sich noch $J'_2 = J_3$ berechnet. Für den symmetrischen Fall ist nun nach der oben ausgeführten Rechnung die Relation:

$$j'_{34}j'_{23} + 2j'_{24} - J'_2 = 0$$

characteristisch. Dieselbe rechnet sich um auf $j_{24}j_{34} + 2j_{23} - J_3 = 0$, oder homogen geschrieben:

$$xy - 2zt - J_3 t^2 = 0,$$

d. h. wir gelangen zur Curve K_3.

Indem wir den dritten symmetrischen Fall gerade so erledigen, finden wir: *Die drei linearen Continua symmetrischer Gebilde werden bei Gebrauch der reducierten Polygone gerade erschöpfend dargestellt durch die drei Curven K_1, K_2, K_3, welche den am Schlusse des vorigen Paragraphen (pg. 352) auf der Flächenschale Φ_3 gewonnenen einfach zu-*

sammenhängenden Bereich eingrenzen. Den drei Spitzen, mit denen dieser Bereich an die Grenze des Polygoncontinuums heranragt, entsprechen die drei Ausartungen, bei denen C_1 auf eine Seite des oft genannten Dreiecks $c_2 c_3 c_4$ tritt. Wir kommen hierauf unten zurück.

Nun wird auf der Φ_3 die gesammte Berandung des Bereiches reducierter Polygone mit ausgezeichneter Diagonale $c_2 c_4$ von den Curven K_1, K_2, K_3 geliefert. Aber diese Curven grenzen nur unseren öfter genannten dreieckigen Bereich ein und kommen hierbei auch in ihrer ganzen (auf der Flächenschale Φ_3 gelegenen) Ausdehnung zur Geltung: *Also ist jenes Dreieck der Bereich derjenigen reducierten Polygone der Eckenanordnung c_1, c_2, c_3, c_4, bei denen die Diagonale $c_2 c_4$ zum Netze N_3 führt.*

Für die reducierten Polygone der anderen Art (mit ausgezeichneter Diagonale $c_1 c_3$) bedienen wir uns der Proportion (5), pg. 347, zur Einführung der Fläche Φ_3, welche wir im Anschluss an die Bezeichnung x', y', z', t' der Coordinaten für den Augenblick Φ_3' nennen. Die bisherigen Betrachtungen übertragen sich dann sofort und geben als Bereich der reducierten Polygone wieder das durch die Curven K_1, K_2, K_3 eingegrenzte Dreieck. Aber die Beziehung zwischen den Flächen Φ_3 und Φ_3' ist durch die in (6) pg. 348 gegebene Transformation S_2 dargestellt. Bleiben wir also bei der Fläche Φ_3, d. h. halten wir an der Proportion (4) zur Einführung derselben fest, so ist der Bereich der reducierten Polygone der jetzt in Rede stehenden Art *das dem Dreieck der Seiten K_1, K_2, K_3 längs K_2 benachbarte aus ihm durch S_2 hervorgehende Dreieck, welches neben K_2 durch die Seiten $K_1' = S_2(K_1)$ und $K_3' = S_2(K_3)$ begrenzt ist.* Zwei von den Zipfeln dieses neuen Dreiecks sind die von den Endpunkten der Curve K_2 gelieferten Kantenmitten des Tetraeders T; die dritte Ecke, in der die beiden Curven K_1' und K_3' zusammenlaufen, ist die Tetraederecke $x = 0$, $z = 0$, $t = 0$ *)*.

Mit den Flächen der beiden genannten Dreiecke sind die gesammten reducierten Polygone erschöpft: *Auf der Flächenschale Φ_3 wird ein Discontinuitätsbereich der Modulgruppe aus dem durch die Curven K_1, K_3, K_1', K_3' eingegrenzten Doppeldreieck gebildet, welches hierneben in Fig. 62 schematisch dargestellt ist. Die Randcurven des Doppeldreiecks sind, wie die*

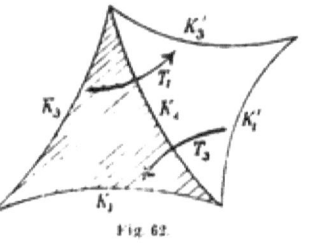

Fig 62.

Figur andeutet, einander zugeordnet durch die Erzeugenden $T_1 = S_2 S_3$, $T_3 = S_1 S_2$ *der Modulgruppe.* Noch etwas symmetrischer ist es, als Erzeugende der Modulgruppe die drei durch die Relation $T_1 T_2 T_3 = 1$ an einander gebundenen Transformationen:

$$T_1 = S_2 S_3, \quad T_2 = S_3 S_1, \quad T_3 = S_1 S_2$$

zu benutzen. Explicite findet man aus (10) pg. 352 für T_1:

(2)
$$\begin{aligned} x' : y' : z' : t' &= xt^2 : (x^2 y - xzt - yt^2 - J_3 xt^2 - J_2 t^3) \\ &: (xyt - zt^2 - J_3 t^3) : t^3, \end{aligned}$$

während T_2 und T_3 hieraus durch cyclische Permutation der Coordinaten x, y, z und der Indices 1, 2, 3 entspringen.

Hiermit sind wir in der That zur ursprünglichen Bedeutung der Transformationen der Modulgruppe zurückgelangt, welche wir ja in Bd. I aus den Abänderungen der kanonischen Querschnittsysteme herleiteten. Die hier mit T_1 bezeichnete Transformation ist nämlich keine andere als das Quadrat der in I pg. 395 mit T_1 bezeichneten Transformation. Letztere, die wir fortan besser $T_1^{\frac{1}{2}}$ nennen, ist gegeben durch:

(3)
$$\left\{ \begin{aligned} x' : y' : z' : t' &= xt : (xy - zt - J_3 t^2) : yt : t^2, \\ J_1' &= J_1, \quad J_2' = J_3, \quad J_3' = J_2, \quad J' = J, \end{aligned} \right.$$

als deren Quadrat man in der That sofort die Substitution (2) wieder gewinnt. Die Transformation (3) führt übrigens die Fläche Φ_3 in die durch:

(4)
$$(x^2 + y^2 + z^2)t - xyz + (J_1 x + J_3 y + J_2 z)t^2 + Jt^3 = 0$$

gegebene etwa durch Φ_3' zu bezeichnende Fläche über, welche man durch Spiegelung der Φ_3 an der Ebene $y = z$ erzeugen kann, und welche der Eckenanordnung e_2, e_1, e_3, e_4 entspricht. Da wir hier die Eckenanordnung e_1, e_2, e_3, e_4 bevorzugten, so konnte die Transformation $T_1^{\frac{1}{2}}$ nicht unmittelbar in der vorstehenden Entwicklung auftreten.

Die letzten Betrachtungen führen uns unmittelbar zu den schon oben (pg. 352) erwähnten Specialfällen zurück, dass zwei oder noch mehr Eckeninvarianten einander gleich werden. Sind zwei, jedoch keine drei Eckeninvarianten gleich, so werden unter den drei Grössen J_1, J_2, J_3 zwei einander gleich, während die dritte von ihnen verschieden ist; sind mindestens drei Eckeninvarianten einander gleich, so gilt $J_1 = J_2 = J_3$. Man verstehe nun wieder unter S_1', S_2' die in (3) pg. 329 eingeführten Spiegelungen an den Symmetrieebenen $y = z$ und $z = x$ des Tetraeders T und erkläre S_3' entsprechend für die Ebene $x = y$. Wird nun etwa $J_2 = J_3$, so wird nicht nur die Flächenschale Φ_3 durch S_1' in sich transformiert, *sondern die aus S_1, S_2, S_3 zu er-*

zeugende erweiterte Modulgruppe ist durch Zusatz von S_1' auf's Neue erweiterungsfähig, da S_1 durch S_1' in sich transformiert wird, S_2 und S_3 aber wegen $J_2 = J_3$ durch S_1' in einander übergeführt werden. Der Discontinuitätsbereich dieser erweiterten Gruppe ist eine durch die „Höhe" $y = z$ abgetrennte Hälfte des Dreiecks der Seiten K_1, K_2, K_3. Ist sogar $J_1 = J_2 = J_3$, so *ist Erweiterung durch S_1', S_2' und S_3' möglich.* Das eben genannte Dreieck ist dann durch die drei „Höhen" $y = z$, $z = x$, $x = y$ in sechs Teildreiecke zu zerlegen, von denen eines den Discontinuitätsbereich der zuletzt gewonnenen Gruppe ausmacht*).

Es gelte nun zuvörderst $j_1 = j_2$, $j_3 \gtreqless j_1$, $j_4 \gtreqless j_1$ und also $J_2 = J_3$, $J_1 \gtreqless J_2$. Von den sechs Eckenanordnungen verschmelzen alsdann (c_1, c_2, c_3, c_4) und (c_2, c_1, c_3, c_4)**), während die übrigen vier von jenen noch verschieden sind. Die Reductionstheorie liefert demnach jetzt *zwei* reducierte Polygone, welche wir in Fig. 61, pg. 342, um die Vierecke der festen Ecken c_1, c_2, c_3, c_4 und c_2, c_1', c_3, c_4 zu lagern haben. Sind die Erzeugenden beim ersten Polygon wie bisher V_1, V_2, V_3, V_4, so haben wir für das zweite:

$$V_1' = V_2, \quad V_2' = V_2^{-1} V_1 V_2, \quad V_3' = V_3, \quad V_4' = V_4,$$

was folgende Transformation der Invarianten liefert:

$$j_1' = j_2, \quad j_2' = j_1, \quad j_3' = j_3, \quad j_4' = j_4,$$
$$j_{12}' = j_{12}, \quad j_{23}' = j_{24}, \quad j_{13}' = j_{23}, \quad j_{14}' = j_{24},$$

die sich mit Rücksicht auf die zwischen den Invarianten bestehenden Relationen sofort als die unter (3) angegebene Transformation $T_1^{\frac{1}{2}}$ ergiebt. Andrerseits zeigt man im vorliegenden Specialfalle $J_2 = J_3$ ohne weiteres das Bestehen der Relation:

$$T_1^{\frac{1}{2}} = S_1' S_3 = S_2 S_1'.$$

Der Discontinuitätsbereich der Modulgruppe ist demnach im vorliegenden Specialfalle $j_1 = j_2$ das in Fig. 63 dargestellte Doppeldreieck mit den Erzeugenden:

$$T_1^{\frac{1}{2}} = S_1' S_3 = S_2 S_1', \quad T_3 T_1^{\frac{1}{2}} = S_1 S_1'.$$

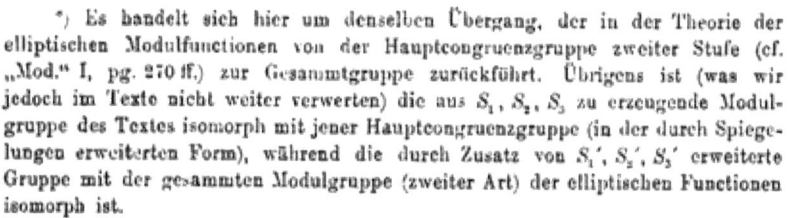

Fig. 63.

*) Es handelt sich hier um denselben Übergang, der in der Theorie der elliptischen Modulfunctionen von der Hauptcongruenzgruppe zweiter Stufe (cf. „Mod." I, pg. 270 ff.) zur Gesammtgruppe zurückführt. Übrigens ist (was wir jedoch im Texte nicht weiter verwerten) die aus S_1, S_2, S_3 zu erzeugende Modulgruppe des Textes isomorph mit jener Hauptcongruenzgruppe (in der durch Spiegelungen erweiterten Form), während die durch Zusatz von S_1', S_2', S_3' erweiterte Gruppe mit der gesammten Modulgruppe (zweiter Art) der elliptischen Functionen isomorph ist.

**) D. h. die beiden zugehörigen Polygoncontinua werden identisch.

Dieses Ergebniss bleibt unverändert bestehen, falls neben $j_1 = j_2$ auch noch die Gleichung $j_3 = j_4$ besteht, wenn nur $j_1 \gtreqless j_3$ gilt. Zwar verschmelzen mit den beiden bisher betrachteten Eckenanordnungen jetzt auch noch die weiteren (e_2, e_1, e_4, e_3) und (e_1, e_2, e_4, e_3). Indessen wird der Übergang vom ursprünglich ausgewählten reducierten Polygon zu dem der Anordnung e_2, e_1, e_4, e_3, wie man mit Hilfe von Fig. 61, pg. 343, leicht feststellt, durch:

$$V_1' = V_2, \quad V_2' = V_2^{-1} V_1 V_2, \quad V_3' = V_3 V_4 V_3^{-1}, \quad V_4' = V_3$$

dargestellt, woraus für die Invarianten die Transformation:

$$j_1' = j_2, \quad j_2' = j_1, \quad j_3' = j_4, \quad j_4' = j_3, \quad j_{34}' = j_{34}, \quad j_{12}' = j_{42}, \quad j_{23}' = j_{23}$$

folgt. Wir gelangen somit im Raume der x, y, z, t zur identischen Transformation. Der Übergang zum reducierten Polygon der Anordnung (e_1, e_2, e_4, e_3) kommt aber wieder auf die Transformation $T_1^{\frac{1}{2}}$ hinaus.

Gilt endlich $j_1 = j_2 = j_3$, gleichgültig, ob auch noch j_4 jenen Invarianten gleich ist oder nicht, so haben wir nur *eine* Eckenanordnung, und also gehören alle sechs reducierten Polygone zur gleichen Anordnung. Die Modulgruppe enthält neben $T_1^{\frac{1}{2}}$ auch noch die coordinierten Transformationen:

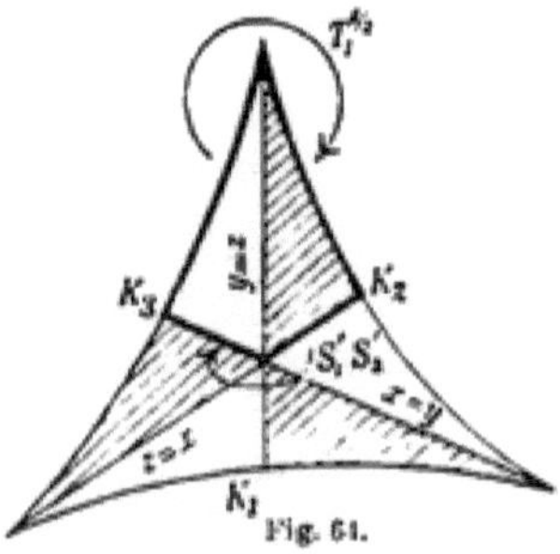

Fig. 64.

$$T_2^{\frac{1}{2}} = S_2' S_1 = S_3 S_2',$$
$$T_3^{\frac{1}{2}} = S_3' S_2 = S_1 S_3'.$$

Der Discontinuitätsbereich der Modulgruppe kann in Gestalt des Doppeldreiecks der Fig. 64 gewählt werden, entsprechend den beiden Erzeugenden:

$$(T_1^{\frac{1}{2}}) \qquad x':y':z':t' = xt:(xy-zt-J_1 t^2):yt:t^2,$$
$$(S_1' S_2') \qquad x':y':z':t' = z:x:y:t.$$

Im niedersten Falle $J_1 = 0$ werden wir zu den beiden Erzeugenden (4) pg. 329 der Modulgruppe des Characters (1, 1) zurückgeführt.

Sind nun alle Eckeninvarianten $j_x \leqq 2$[*]), so sind dieselben, wie wir wissen, nicht variabel. *Der auf der zugehörigen Flächenschale Φ_3 eingegrenzte Discontinuitätsbereich der Modulgruppe stellt uns dann unmittelbar das in diesem Falle zweidimensionale Continuum der Gruppen der Signatur* $(0, 4, l_1, l_2, l_3, l_4)$ *eindeutig dar.*

Ist hingegen eine Invariante oder sind mehrere $j_x \geqq 2$, so ist bezw. sind dieselben im Intervall $j_x \geqq 2$ frei variabel, und wir gelangen zu

---

[*]) Wir können hier den parabolischen Fall mit einschliessen.

drei- oder mehrdimensionalen Gruppencontinuen. Wir verfahren dann am einfachsten so, dass wir die schon bei den Polygoncontinuen eingeführten Invarianten:

$$t_\varkappa = \frac{j_\varkappa - 2}{j_\varkappa}$$

wieder heranziehen, und setzen im übrigen, um nicht die einzelne Gruppe Γ mehrfach zu gewinnen, allemal eine Eckenanordnung fest, bei der die Bedingung:

(5) $$j_{\varkappa-1} \leqq j_\varkappa$$

erfüllt ist. Denken wir die t wieder als rechtwinklige Coordinaten, so werden wir, sobald mindestens zwei hyperbolische Ecken vorliegen, der Bedingung (5) und also der Ungleichung $t_{\varkappa-1} \leqq t_\varkappa$ entsprechend, nicht wie oben (pg. 204) die gesammten Würfel $0 < t_\varkappa < 1$ zuzulassen haben, sondern nur die durch $t_3 < t_4$ dargestellte Hälfte, das durch $t_2 < t_3 < t_4$ gelieferte Sechstel oder das durch $t_1 < t_2 < t_3 < t_4$ bestimmte Vierundzwanzigstel des Würfels. *In jedem Falle aber gelangen wir zur eindeutigen und vollständigen Darstellung des Gruppencontinuums, wenn wir nunmehr jeden Punkt des zugelassenen Würfeltheiles als Repräsentant des auf der zugehörigen Flächenschale Φ_3 eingegrenzten Discontinuitätsbereiches der Modulgruppe ansehen.*

Die Berandung des Discontinuitätsbereiches der Modulgruppe besteht neben Grenzflächen des Würfels dann noch aus einer bezw. zwei oder drei inneren Ebenen $t_3 = t_4, \ldots$ des Würfels. Bei der Erzeugung der Modulgruppe spielen diese Ebenen die Rolle von Symmetrieebenen. In der That kommen jetzt auch diejenigen Transformationen, bei denen die Eckeninvarianten permutiert werden, entweder teilweise oder in ihrer Gesammtheit zur Verwendung.

§ 17. Begrenzung und Zusammenhang des einzelnen Gruppencontinuums vom Character (0, 4).

An den eben gewonnenen im Innern des Würfels gelegenen „Randebenen" $t_3 = t_4, \ldots$ des Discontinuitätsbereiches der Modulgruppe ist das Gruppencontinuum selbst geschlossen. Einen wirklichen Grenzpunkt des einzelnen Gruppencontinuums können wir in der That höchstens da erreichen, wo wir uns zugleich an der Grenze des Polygoncontinuums befinden.

Um dementsprechend die wahren Grenzfälle im Gruppencontinuum festzustellen, wählen wir zuvörderst die vier Eckeninvarianten wieder fest, und zwar die hyperbolischen Invarianten $j_\varkappa$ jedenfalls nicht an ihrer oberen Grenze ∞. Das damit fixierte zweidimensionale Gruppen-

continuum stellten wir durch das Doppeldreieck der Fig. 62 bezw. die
Doppeldreiecke der Figuren 63 und 64 (pg. 355 ff.) dar. Diese Bereiche aber ragen mit drei bezw. zwei oder einem Zipfel an die Grenze
des Polygoncontinuums heran. Es ist demnach festzustellen, was in
einem solchen Zipfel aus unserer Gruppe Γ wird.

Um hierauf zu antworten, betrachten wir zuerst ein symmetrisches
Polygon, welches ja stets reduciert ist. In Fig. 65 ist der Curve K_2
auf der Flächenschale Φ_3 entsprechend ein Elementarviereck der Ecken

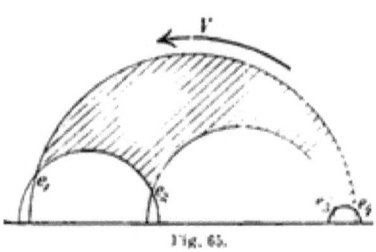

Fig. 65.

c_1, c_2, c_3, c_4 gezeichnet*). Die beiden
Endpunkte der Curve K_2 müssen als-
dann zwei invariantentheoretisch verschiedene Grenzfälle liefern; und zwar
sei im ersten Falle:

$$\lim j_{12} = \lim j_{34} = -2\,^{**}),$$

im zweiten:

$$\lim j_{23} = \lim j_{14} = -2.$$

*Jeder dieser beiden Grenzübergänge ist geometrisch in drei Weisen
realisierbar; und zwar erhalten wir in zwei Fällen als Gruppe Γ eine
solche des Characters (0, 3) mit mindestens einer parabolischen Erzeugenden, im dritten Falle aber gelangen wir zu einer Ausartung, d. h. es
liegt im Grenzfalle überhaupt keine Gruppe mehr vor.*

Es ist nämlich j_{12} die Invariante derjenigen Substitution, welche
durch Combination der Spiegelungen an den Kreisen $c_1 c_4$ und $c_2 c_3$ der
Fig. 65 entsteht. Soll demnach $j_{12} = -2$ werden, so muss diese Substitution entweder parabolisch oder = 1 werden. Erstere Alternative
erfordert, dass entweder der Kreis $c_3 c_4$ oder der Kreis $c_1 c_2$ (aber nicht
beide zugleich) sich auf einen Punkt der reellen ζ-Axe zusammenzieht, wobei die beiden Symmetriekreise der eben genannten Spiegelungen entweder im Punkte $c_3 = c_4$ oder im Punkte $c_1 = c_2$ zur Berührung kommen. Im ersten Falle führt der Grenzübergang zu einer
Gruppe Γ des Characters (0, 3) und der Erzeugenden V_1, V_2, $(V_1 V_2)^{-1}$,
deren letzte parabolisch ist; im zweiten Falle kommt entsprechend eine
Gruppe des Characters (0, 3) und der Erzeugenden V_3, V_4 und der
parabolischen $(V_3 V_4)^{-1}$. Es bleibt noch als dritter Fall derjenige der
Ausartung, bei welcher die beiden Kreise $c_1 c_2$ und $c_3 c_4$ zugleich un-

---

*) Damit die Ecken als solche in der ζ-Halbebene hervortreten, haben wir
sie elliptisch gewählt; die Angaben des Textes sind von dieser Annahme unabhängig.

**) Die Fläche Φ_3 berührt, wie aus den Entwicklungen von pg. 349 u. f.
hervorgeht, die Ebene $x = 2t$ des Tetraeders T im Kantenmittelpunkte $y = z$.

endlich klein werden und die beiden Kreise $c_1 c_4$ und $c_2 c_3$ zur Coincidenz kommen; das Polygon hört auf, der Discontinuitätsbereich einer Gruppe*) zu sein.

Wir kommen nochmals auf die beiden ersten Grenzfälle mit den Gruppen des Characters $(0, 3)$ zurück und nehmen an, dass wir uns auf der Curve K_2 der symmetrischen Gebilde unserer Art dem Endpunkte $j_{12} = -2$ bereits sehr nahe befinden, ohne ihn jedoch schon erreicht zu haben. Zwei von den schliesslich herauskommenden Dreiecken nur noch wenig verschiedene Vierecke $c_1 c_2 c_3 c_4$ werden dann immer noch äquivalent sein. So ist in Fig. 65 z. B. die Seite $c_3 c_4$ bereits sehr klein angenommen. Wir können dann aber hier mittelst einer hyperbolischen Substitution V, welche den Kreis $c_4 c_1$ zur Bahncurve hat und in der Pfeilrichtung der Fig. 65, d. h. von c_4 nach c_1 verschiebt, sofern wir nur die Invariante von V ausreichend gross wählen, derart transformieren, dass die Seite $c_1 c_2$ sehr klein wird, während $c_3 c_4$ entsprechend zunimmt. Nur im Grenzfalle selber ist diese Transformation nicht mehr ausführbar; denn für $\lim j_{12} = -2$ würde die Invariante j der eben gemeinten hyperbolischen Substitution selbst unendlich werden müssen.

Bei dieser Betrachtung lässt sich leicht auch der dritte Grenzfall (die Ausartung) mit einbegreifen. Bei einem der Ausartung nahen Vierecke sind sowohl die Ecken c_1, c_2 einander sehr nahe gekommen, wie auch die Ecken c_3, c_4. Verschiebt man jetzt mittelst der eben durch V bezeichneten Substitution, so entfernen sich c_3 und c_4 von einander, während sich c_1 und c_2 einander nähern. Wir kommen also dem zweiten Grenzfalle des Characters $(0, 3)$ nahe. So lange wir also den drei Grenzfällen uns annähern, bleibt die Äquivalenz der Polygone gewahrt; doch geht dieselbe in der Grenze selbst verloren.

Auch im allgemeinen (unsymmetrischen) Falle kommen wir zu demselben Ergebniss**). Wir bedienen uns hier mit Vorteil des Normal-

---

*) D. h. einer Gruppe mit Hauptkreis. Transformiert man dagegen ζ so, dass die negative ζ-Halbebene zunächst ein endlicher Kreis wird, und zieht man sodann diesen Kreis beim Grenzübergang $\lim j_{12} = -2$ auf einen Punkt zusammen, so kommt als Grenzfall der Discontinuitätsbereich einer cyclischen parabolischen Gruppe heraus.

**) Wir stellten bereits pg. 341 fest, was eintritt, falls der Punkt C_1 der Fig. 59, pg. 340, auf die Seite $c_2 c_4$ (jedoch nicht in eine der Ecken c_2, c_4) rückt. Es ergab sich $\sphericalangle c_1'C_1 c_3 = \sphericalangle c_1''C_1 c_3 = 0$, so dass sich die Kante $c_1 c_3$ des durch Zusammenbiegung der Seiten aus den vier Dreiecken der Fig. 59 entstehenden Tetraeders auf einen Punkt zusammenzieht. Die beiden dieser Kante benachbarten Dreiecke verschwinden; das oben (pg. 341) mit N_3 bezeichnete Dreiecknetz weist nicht mehr vier sondern nur noch zwei inäquivalente Dreiecke auf und

polygons der Fig. 54, pg. 337, welches der Annahme eines Centrums C auf der Hexaederkante $C_1 e_2$ der Fig. 61, pg. 343, entspricht. Hier sind die durch V_5 einander zugeordneten Seiten Niveaucurven dieser hyperbolischen Substitution. Verlängern wir diese Seiten über ε und ε' hinaus (durch das Unendliche) bis zu dem ausserhalb der Ellipse gelegenen Fixpunkte Φ von V_5 und lassen die durch V_3 und V_4 einander zugeordneten Seiten fort, so liegt das Polygon P' der aus V_1, V_2, $V_5 = (V_1 V_2)^{-1}$ zu erzeugenden Gruppe Γ'' des Characters $(0,3)$ vor, und zwar ist dieses Polygon P' eingegrenzt durch lauter Symmetriegeraden dieser stets durch Spiegelungen erweiterungsfähigen Gruppe (C liegt auf der Verbindungsgeraden der Ecken e_2 und Φ, welche gleichfalls Symmetriegerade von Γ' ist). Verlängern wir hingegen die durch V_5 zugeordneten Seiten über e_1 und e_1' hinaus bis Φ und lassen die beiden zu V_2 gehörenden Polygonseiten fort, so entspringt das Polygon P'' der aus V_3, V_4, $V_5 = V_3 V_4$ zu erzeugenden Gruppe Γ'' des Characters $(0,3)$, welche mit Γ'' komponiert unsere Gruppe Γ wieder ergiebt.

Die Polare Π des Fixpunktes Φ (gerade Bahncurve von V_5) trennt in jedem der Polygone P' und P'' die hyperbolische Ecke Φ von den übrigen festen Ecken. Nach dem ersten Theorem in I pg. 308 können

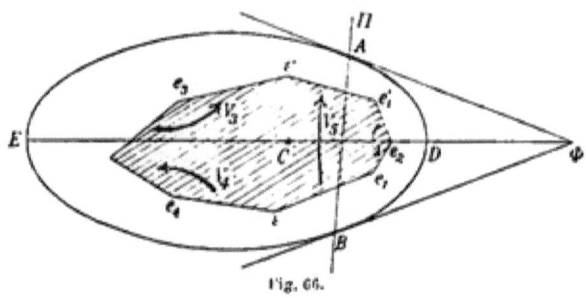

Fig. 66.

wir (nöthigenfalls durch unwesentliche Abänderung von P'') auch die zufälligen Ecken von P'' so annehmen, dass sie von der Ecke Φ durch die Polare Π getrennt sind. Das Polygon P von Γ hat alsdann in der projectiven Ebene die in Fig. 66 schematisch angegebene Gestalt; hier sind A und B die Schnittpunkte der Polare Π mit der Ellipse und also die auf letzterer gelegenen Fixpunkte von V_5; mit D und E

liefert unmittelbar das regulär-symmetrische Dreiecknetz der im Grenzfall herauskommenden Gruppe des Characters $(0,3)$. Die sechs Kanten des eben genannten Tetraeders liefern sechs Grenzfälle, von denen je zwei zusammengehören und durch unsere Invarianten nicht unterscheidbar sind. Die drei Paare von Grenzfällen entsprechen den drei Zipfeln des Discontinuitätsbereiches der Modulgruppe. Die Betrachtungen des Textes werden diese vorläufigen Angaben bestätigen.

sind die Schnittpunkte der Ellipse und derjenigen Niveaugeraden von V_5 bezeichnet, welche durch das Polygoncentrum C und die Ecke e_2 läuft.

Der Grenzübergang $\lim j_{12} = -2$ erfordert nun, dass V_5 entweder eine parabolische oder die identische Substitution wird. Der erste Fall kann zunächst dadurch eintreten, dass das Dreieck $AB\Phi$ sich auf einen Punkt zusammenzieht. Die Fixpunkte $e_1 e_2 e_1'$ kommen zum Zusammenfall, und zwar handelt es sich hierbei, da die Seiten εe_1, $e_1 e_2$, $e_2 e_1'$, $e_1' \varepsilon'$, $e_2 \Phi$ Symmetriegerade von Γ' sind, um genau denselben geometrisch durchsichtigen Übergang zur parabolischen Spitze (durch Verschwinden der Seiten $e_1 e_2$ und $e_1' e_2$ sowie „Berührung“ von εe_1, $C e_2$, $\varepsilon' e_1'$) wie wir ihn im Anschluss an Fig. 65, pg. 360, im symmetrischen Falle kennen lernten. Für das Polygon Γ'' ist die Grenzlage insofern weit einfacher, als eine wesentliche Änderung desselben nicht eintritt, vielmehr nur die hyperbolische Spitze Φ desselben in eine parabolische übergeht. *Wie man sieht, erhalten wir als Grenzfall eine Gruppe Γ''' des Characters (0, 3) und der Erzeugenden V_3, V_4, V_5, von denen jedenfalls V_5 parabolisch ist.*

Zweitens ist der vorgeschriebene Grenzübergang zu einer parabolischen Substitution V_5 noch in der Weise vollziehbar, dass dasjenige Dreieck $AB\Phi$, welches sich links an AB anschliesst und durch das Unendliche an die Ecke Φ heranragt auf einen Punkt zusammengezogen wird[*]). *Hier gewinnen wir dann entsprechend als Grenzfall unserer Gruppe Γ' eine Gruppe Γ'' des Characters (0, 3) und der Erzeugenden V_1, V_2, V_5, deren letzte jedenfalls parabolisch ist.* Bei Gebrauch eines Normalpolygons, dessen Centrum C auf einer der Hexaederkanten $e_3 C_4$ oder $e_4 C_3$ (Fig. 61, pg. 343) gelegen ist, wird dieser Übergang geometrisch sich wieder ebenso einleuchtend gestalten, wie vorigen Falle.

Wird endlich die Substitution V_5 beim Grenzübergang zur Identität, so artet das Polygon in eine Ellipsensehne aus. Dabei rücken, wie wir dies oben im symmetrischen Falle der Fig. 65, pg. 360, feststellten und eben deshalb für die Ecken $e_1 e_2$ in Fig. 66 unmittelbar und für die übrigen Ecken mittelbar (nämlich durch die andere eben erwähnte Gestalt des Normalpolygons mit dem Centrum C auf $e_3 C_4$ oder $e_4 C_3$) einsehen, sämmtliche Ecken auf die Ellipse; und zwar liefern die Ecken e_1, e_2, e_1' den einen Endpunkt der schliesslich übrig bleibenden Ellipsensehnen, die übrigen Ecken den anderen End-

---

[*]) Man transformiere das Polygon der Fig. 66 zunächst durch eine hyperbolische Substitution V, welche DE zur Bahngeraden hat und von D nach E verschiebt, so dass das im Texte gemeinte Dreieck $AB\Phi$ nicht mehr durch das Unendliche zieht und also Φ auf der Verlängerung von DE über E hinaus liegt.

punkt derselben. *Das Polygon ist also in diesem Falle ausgeartet, d. h. es stellt nicht mehr den Discontinuitätsbereich einer Hauptkreisgruppe dar*).*

Auch die *Äquivalenz dreier Polygone, welche den beiden ersten Grenzfällen und der Ausartung sehr nahe sind,* ist wieder wie im symmetrischen Falle ersichtlich. Ist nämlich das in Fig. 66 endlich gezeichnete Dreieck $AB\Phi$ bereits sehr klein, so kann man immer durch Transformation mittelst der in der vorletzten Fussnote mit V bezeichneten Substitution bei ausreichend grosser Invariante derselben zu einem Polygon übergehen, bei dem das in Fig. 66 sich durch das Unendliche ziehende Dreieck $AB\Phi$ sehr klein wird. Ebenso kann man, falls ein der Ausartung bereits sehr nahes Polygon vorliegt, dieses durch eine Substitution V mit hinreichend grosser Invariante in eine dem einen Grenzpolygon des Characters (0, 3) nahe Gestalt überführen. Nur für die Grenzfälle selber hören die Äquivalenzen deshalb auf, weil die Invarianten der zur Verwendung kommenden Substitutionen V unendlich gross werden.

Dem einzelnen Zipfel des Discontinuitätsbereiches der Modulgruppe finden wir auf diese Weise zugeordnet zwei Gruppen Γ' und Γ'' des Characters (0, 3) und eine Ausartung (cyclische parabolische Gruppe). Wir wollen das System dieser Grenzfälle als eine einzige Gruppe des Characters (0, 4) repräsentierend dem Continuum dieser Gruppen zurechnen. Unter dieser Voraussetzung gilt der Satz: *Alle Gruppen des Characters (0, 4) mit gegebenen Eckeninvarianten bilden ein zweidimensionales „geschlossenes" Continuum „vom Zusammenhang der Kugelfläche".*

Indem wir jetzt auf die am Eingang des Paragraphen (pg. 359) entwickelte Frage zurückgehen, haben wir festzustellen, dass wir zufolge des eben gewonnenen Resultates auch bei den mehrdimensionalen Gruppencontinuen vom Character (0, 4) nie an einen wirklichen Grenzpunkt des Continuums gelangen können, so lange die variabeln Eckeninvarianten $t_\varkappa$ sich im „Innern" ihrer Intervalle $0 < t_\varkappa < 1$ befinden. Um demnach an die Grenze des einzelnen Continuums wirklich heran zu gelangen, haben wir jetzt diejenigen Gruppen Γ zu untersuchen, welche den Extremwerten $t_\varkappa = 0$ und $t_\varkappa = 1$ der Eckeninvarianten entsprechen.

Die einzelnen Randflächen $t_\varkappa = 0$ bieten keine Schwierigkeit. Hier wird die bisher hyperbolische Ecke $e_\varkappa$ parabolisch, und wir gelangen zu einer Grenzmannigfaltigkeit mit einer um eine Einheit verringerten

---

*) Siehe jedoch die Note pg. 361.

Dimensionenanzahl. *An dieser Grenzmannigfaltigkeit ist das gerade betrachtete Gesammtcontinuum ungeschlossen *).*

Umständlicher gestaltet sich die Untersuchung an einer einzelnen Randfläche $t_\varkappa = 1$; denn hier wird $j_\varkappa = \infty$, und also artet die erzeugende Substitution $V_\varkappa$ aus.

Wir fragen zunächst, wie im Falle einer Gruppe des Characters $(0, 3)$ eine Eckeninvariante, z. B. j_3, unendlich werden kann. Eine solche Gruppe ist stets durch Spiegelungen erweiterungsfähig und liefert in der ζ-Halbebene als Discontinuitätsbereich der erweiterten Gruppe den in Fig. 67 schraffierten Bereich, wobei als Beispiel $j_1 > 2$ und $j_2 < 2$ angenommen wurde. Soll jetzt

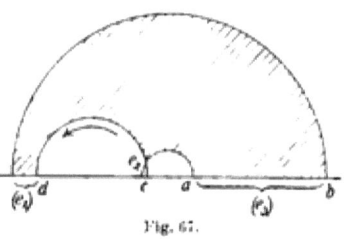

Fig. 67.

der Grenzübergang $\lim j_3 = \infty$ vollzogen werden, so muss sich entweder der Halbkreis $e_2 a$ oder der Halbkreis $e_1 b$ auf einen Punkt der reellen ζ-Axe zusammenziehen oder beides muss zugleich eintreten. *Wir gewinnen also auch hier wieder drei Grenzfälle: erstens die vorgelegte Gruppe V des Characters $(0, 3)$ reduciert sich auf die aus V_1 zu erzeugende cyclische Gruppe, zweitens auf die aus V_2 zu erzeugende cyclische Gruppe; im dritten Falle aber reduciert sich die Gruppe auf die Identität 1, indem sich zugleich der Discontinuitätsbereich über die ganze ζ-Halbebene erstreckt.*

Auch finden wir betreffs der Annäherung an diese Grenzfälle wieder dieselben Verhältnisse, wie bei den oben discutierten Grenzübergängen. Ist der Halbkreis $e_2 a$ bereits sehr klein, so kann man, mag der Halbkreis $e_1 b$ auch bereits sehr klein sein oder nicht, immer noch mittelst einer hyperbolischen Substitution V der Fixpunkte c und d (cf. Fig. 67), welche von c nach d verschiebt, bei ausreichend gross gewählter Invariante j von V so transformieren, dass der Kreis $e_2 a$ beliebig wächst, während der Kreis $e_1 b$ sich entsprechend zusammenzieht. Nur die Grenzfälle selbst gestatten solche Übergänge nicht mehr, da $\lim j = \infty$ werden würde.

Wir kehren zum einzelnen Gruppencontinuum des Characters $(0, 4)$ zurück, für welches jedenfalls $j_\iota \geqq 2$ sein soll, und erinnern zunächst an die Relation:

$$j_{12}^2 + j_{13}^2 + j_{23}^2 + j_{12} j_{13} j_{23} - J_1 j_{12} - J_2 j_{13} - J_3 j_{23} + J = 0,$$

sowie an die Ungleichungen:

$$J_k \geqq 0, \qquad j_\varkappa \geqq 0, \qquad j_{\iota\varkappa} \leqq -2.$$

*) Siehe das entsprechende Ergebniss beim Continuum der Signatur $(1, 1)$ oben pg. 334.

Da für $\lim j_4 = \infty$ jedenfalls auch $\lim J = \infty$ wird und übrigens:

$$- J_1 j_{12} - J_2 j_{13} - J_3 j_{23} \geqq 0$$

sicher zutrifft, so muss beim Grenzübergang $\lim j_4 = \infty$ zugleich:

$$\lim \left(j_{12}^2 + j_{13}^2 + j_{23}^2 + j_{12} j_{13} j_{23}\right) = -\infty$$

werden. Zwei von den drei hier beteiligten Transversalinvarianten müssen demnach unendlich von gleicher Ordnung werden, so dass nur eine unter ihnen endlich und damit variabel bleiben kann; doch ist nicht ausgeschlossen, dass auch die dritte Invariante unendlich wird.

Um die Natur dieser Grenzfälle verständlich zu machen, wählen wir das Centrum C des Normalpolygons auf der Hexaederkante $C_1 e_3$

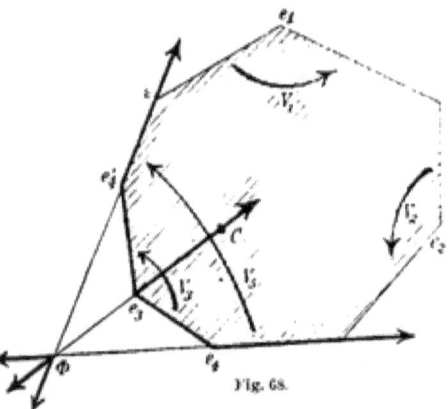

der Fig. 61, pg. 343, und erhalten das in Fig. 68 dargestellte Polygon, mittelst dessen wir, wie oben (pg. 362), die Decomposition von Γ in zwei Gruppen Γ'' und Γ''' des Characters (0, 3) vollziehen. Γ'' sei die Gruppe der Erzeugenden V_1, V_2, V_5 und Γ''' diejenige der Erzeugenden V_3, V_4, V_5; für die letztere Gruppe Γ''' sind die stark ausgezogenen Geraden Symmetrielinien.

Fig. 68.

Mittelst dieser Figur können wir den Grenzübergang $\lim j_4 = \infty$ für den Fall verfolgen, dass die Invariante j_{12} von V_5 einen beliebigen Wert behält: denn auf das stark ausgezogene Doppeldreieck der Fig. 68 finden unmittelbar diejenigen Betrachtungen Anwendung, welche wir an Fig. 67 anschlossen. Es seien A und B die Schnittpunkte der Geraden $\Phi e_3 C$ mit der Ellipse, und zwar A der zwischen Φ und C gelegene. Weiter sei V eine hyperbolische Substitution, welche die Ellipsensehne AB zur geraden Bahncurve hat und von A nach B verschiebt.

Die erste Möglichkeit, den Grenzübergang $\lim j_4 = \infty$ auszuführen ist dann die, dass die Ecke e_3 in den Punkt A rückt, während die Geraden $e_3 e_4$ und $e_3 e_4'$ auf die Tangente der Ellipse im Punkte A zu liegen kommen. Als Grenzgebilde des vorgelegten Continuums gewinnen wir eine Gruppe des Characters (0, 3) und der Erzeugenden V_1, V_2, V_5, von denen jedenfalls die letzte hyperbolisch, und zwar von der Invariante j_{12}, ist. Die zweite Art des Grenzübergangs können wir mit genau denselben Invarianten vollziehen, indem wir nur durch Ausübung einer hyperbolischen Substitution V mit ausreichend grosser

Invariante j dafür Sorge tragen, dass der Punkt e_3 an Ort und Stelle bleibt. Die Folge ist, wie wir von Fig. 67 her wissen, dass jetzt der Punkt Φ an den Ellipsenpunkt B herangedrängt wird, und dass die Geraden Φe_4 und $\Phi e_4'$ auf die Ellipsentangente im Punkte B zu liegen kommen. Von den Eckpunkten unseres Polygons Fig. 68 ist e_3 an Ort und Stelle geblieben, e_4 und e_4' liegen ausserhalb der Ellipse, während alle übrigen Ecken bei B coincidieren. Als Grenzfall erscheint die cyclische Gruppe der Erzeugenden V_3. Die dritte noch übrig bleibende Möglichkeit erscheint als Combination der beiden ersten: e_3 rückt nach A, Φ aber nach B; die Gruppe Γ reduciert sich in diesem Falle auf die identische Substitution. *Soll die Grenze $t_4 = 1$ unseres Continuums bei beliebig bleibender Transversalinvariante j_{12} erreicht werden, so gelangen wir zum System folgender drei Gruppen. Erstens die Gruppe des Characters $(0, 3)$ und der Invarianten j_1, j_2, j_{12}, zweitens die cyclische Gruppe der Invarianten j_3, drittens die aus der Identität 1 allein bestehende Gruppe.*

In den beiden anderen Fällen, dass entweder j_{13} oder j_{23} willkürlich bleiben, knüpft man vollkommen analoge Überlegungen an zwei Normalpolygone, deren Centren den Hexaederkanten $C_1' e_2$ und $C_1 e_1'$ der Fig. 61 (pg. 343) angehören. *Die Ergebnisse sind dem eben ausgesprochenen genau entsprechend.*

Endlich können wir den Grenzübergang zu $t_4 = 1$ noch in der Weise vollziehen, dass alle drei Invarianten j_{12}, j_{13}, j_{23} zugleich unendlich werden. *Das System der erreichbaren Grenzfälle setzt sich dann zusammen aus den drei cyclischen Gruppen der Invarianten j_1, j_2, j_3 und aus der nur die Identität 1 enthaltenden Gruppe.*

Halten wir die drei ersten Eckeninvarianten fest, während t_4 sein Intervall $0 \leq t_4 \leq 1$ oder (was auf dasselbe hinauskommt) j_4 sein Intervall $2 \leq j_4 \leq + \infty$ durchläuft, so können wir der vorstehenden Betrachtung in dem pg. 320 eingeführten Tetraeder T in derselben Art eine anschauliche Deutung verleihen, wie dies pg. 334 ff. im Falle der Signatur $(1, 1)$ geschah. Den verschiedenen Werthen des „Parameters" j_4 entspricht eine Schar von Flächenschalen (7) pg. 348, von denen, wie man leicht zeigt, im Innern von T keine zwei durch einen und denselben Punkt laufen. Grenzt man auf jeder dieser Φ_3 den Discontinuitätsbereich der Modulgruppe ein, so gelangt man als Gegenbild des dreidimensionalen Gruppencontinuums zu einem Hexaeder, von dessen sechs Seitenflächen zwei ungedeckt bleiben, nämlich die zu $j_4 = 2$ und zu $j_4 = \infty$ gehörenden, während die übrigen durch die Erzeugenden der Modulgruppe auf einander bezogen sind.

Die vorstehende Grenzbetrachtung betrifft alsdann die zu $j_4 = \infty$

gehörende Grenzebene $t = 0$ des Hexaeders. Bei Annäherung an einen inneren Punkt dieser Grenzebene haben wir den zuletzt betrachteten Grenzübergang mit gleichzeitigem Unendlichwerden der drei Invarianten j_{12}, j_{13}, j_{23}. Die Annäherungen an die drei Kanten der Tetraederfläche $t = 0$ entsprechen den drei Arten der Grenzübergänge zu $j_1 = \infty$ mit einer endlich bleibenden Invariante j_{12} oder j_{13} oder j_{23}. Die Verhältnisse gestalten sich im Einzelnen ganz analog denen der Signatur $(1, 1)$, die pg. 335 ff. ausführlich besprochen wurden.[*]

Schliesslich erinnern wir noch an unsere Festsetzung $t_1 \leqq t_2 \leqq t_3 \leqq t_4$. Soll demnach beispielsweise $t_3 = 1$ werden, so befinden wir uns auch im Grenzfalle $t_4 = 1$. Bei den für diesen letzteren Grenzfall gewonnenen Grenzgruppen wird der Leser leicht den weiteren durch $\lim t_3 = 1$ angezeigten Grenzübergang auf Grund derjenigen Angaben vollziehen, die wir pg. 365 betreffs des Unendlichwerdens von Eckeninvarianten bei Gruppen des Characters $(0, 3)$ entwickelten.

§ 18. Die normalen und die reducierten Polygone vom Character $(0, n)$.

Bei der Verallgemeinerung der vorstehenden Entwicklungen wenden wir uns zunächst zum allgemeinen Falle des Geschlechtes $p = 0$ mit

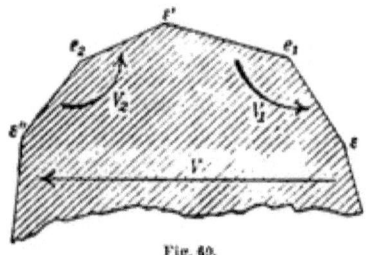

Fig. 69.

n festen Ecken und legen der Reductionstheorie der Polygone auch hier wieder den Begriff eines *Normalpolygones vom Character $(0, n)$ zu Grunde*[**].

Ein Normalpolygon des Characters $(0, n)$ von allgemeinem Typus hat $(4n - 6)$ Seiten und also neben n festen Ecken noch $(n - 2)$ dreigliedrige Cyclen beweglicher Ecken. Es giebt im Falle $p = 0$ *drei* verschiedene Arten von Cyclen beweglicher Ecken,

---

*) Die Theorie der Signatur $(1, 1)$ ist in der That nur ein Specialfall der Entwicklung des Textes. Übrigens ist die gegenwärtige Untersuchung insofern allgemeiner angelegt, als wir hier bei Übergang zu einem Grenzpunkte $t = 0$ des Hexaeders stets das „System aller hierbei erreichbaren Grenzgruppen" aufgestellt haben, während dort stets nur *eine* Grenzgruppe bevorzugt wurde, und zwar in der Absicht, dem Rande des Hexaeders ein Continuum eindeutig bestimmter Grenzgruppen zuzuordnen.

**) Poincaré's Reductionsbedingung (cf. oben pg. 307) ist nicht in gleichem Grade geometrisch zugänglich. Im symmetrischen Falle benutzt Poincaré die symmetrischen Doppel-n-ecke als reducirt, welche als Normalpolygone auch im Sinne des Textes reducirt sind. Hier gelang es denn auch Poincaré leicht die Continuitätsbetrachtung zur wirklichen Durchführung zu bringen.

je nachdem am Cyclus eine, zwei oder drei hyperbolische Erzeugende
beteiligt sind, die nicht zu festen Ecken des Polygons gehören *).
Dieselben sind in den Figuren 69 bis 71
dargestellt, wo c_1, c_2 feste, ε, ε', ε'' bewegliche Ecken sind.

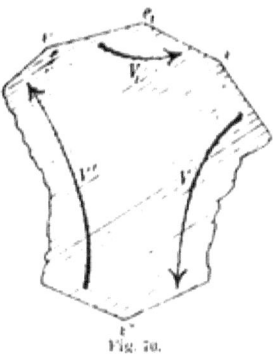

Fig. 70.

Denkt man sich an einer Unterbrechung
einer dieser Polygonparzellen die Kette der
hier eintretenden Polygonseiten eingehängt,
so werden diese Seiten nur unter einander
zusammengehören können. Wäre nämlich z. B.
im Falle einer Parzelle zweiter Art (cf. Fig. 70)
eine jenseits der rechten Unterbrechung befindliche Seite bezogen auf eine Seite jenseits der linken Unterbrechung, so könnte
das Geschlecht p nicht $= 0$ sein; denn die zu jenen beiden Seiten
gehörende Substitution und die in Fig. 70 mit V bezeichnete würden
auf der zum Polygon gehörenden geschlos-
senen Fläche ein Paar conjugierter Rückkehrschnitte liefern. Das Gesammtpolygon entsteht also durch glatte Aneinanderreihung
(Composition) von Polygonparzellen dieser
drei Arten, wobei je zwei benachbarte Parzellen eine hyperbolische Erzeugende gemeinsam haben. Kommen hierbei λ_1 Parzellen
erster Art, λ_2 zweiter und λ_3 dritter Art zur
Verwendung, so hat das Polygon $(2\lambda_1 + \lambda_2)$
feste Ecken und $1 + 2(\lambda_1 + \lambda_2 + \lambda_3)$ Erzeugende, woraus man folgert:

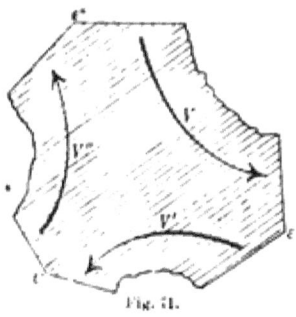

Fig. 71.

$$2\lambda_1 + \lambda_2 = n, \quad 1 + 2(\lambda_1 + \lambda_2 + \lambda_3) = 2n - 3.$$

Für die ganzen Zahlen λ gelten demnach die Bedingungen:

$$(1) \qquad 2 < \lambda_1 \leq \frac{n}{2}, \quad \lambda_2 = n - 2\lambda_1, \quad \lambda_3 = \lambda_1 - 2,$$

so dass insbesondere λ_2 und λ_3 durch λ_1 bestimmt sind.

Auf Grund dieser Abzählung kann man für die niederen Fälle
$n = 5, 6, 7, \ldots$ leicht die verschiedenen allgemeinen Typen von Normalpolygonen zusammenstellen, wobei man übrigens finden wird, dass zum
einzelnen Zahlentripel λ_1, λ_2, λ_3 im allgemeinen mehrere Typen ge-

---

*) Nur für $n = 3$ gehören an dem einen hier auftretenden Cyclus alle drei
Erzeugenden zu festen Ecken des Sechsecks.

hören. Um die Einordnung der symmetrischen Polygone *) hier dar-
zulegen, haben wir das stets eintretende Zahlentripel $\lambda_1 = 2$, $\lambda_2 = n - 4$,
$\lambda_3 = 0$ zu nehmen und die $(n - 4)$ Parzellen zweiter Art so neben
einander zu lagern, dass allemal die festen Ecken benachbart werden
(cf. Fig. 72 für $n = 6$). Dieser stellt sich stets ein, wenn das Polygoncentrum C einer Symmetrielinie nahe ist. Rückt C auf die Symmetrielinie selbst, so tritt als Specialtypus ein durch diese Linie symmetrisch
halbiertes Doppel-n-eck auf. Tritt z. B. in Fig. 72 das Centrum C
auf die Symmetrielinie $e_1 e_2$, so verschwinden zugleich die durch V_3,
durch V_4, durch V_5 und endlich durch V_6 einander zugeordneten Seiten,
und es ergiebt sich das symmetrische Doppelsechseck der Fig. 73.

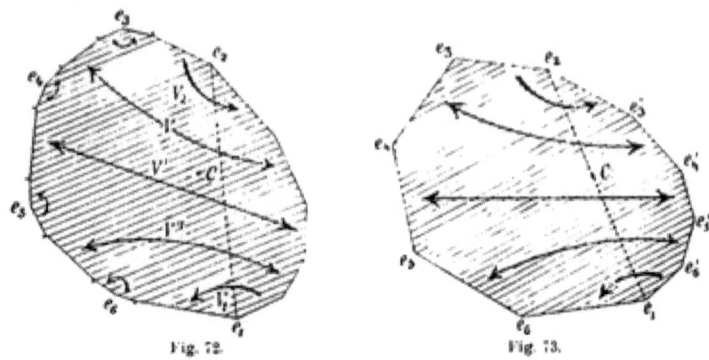

Fig. 72.   Fig. 73.

Gegenüber diesem extremen Falle treten bei jeder Gruppe Γ Übergangstypen durch Verschwinden eines einzigen Seitenpaares auf. Handelt
es sich dabei um zwei nicht-benachbarte Seiten, so verschmelzen zwei
Cyclen zufälliger Ecken zu einem viergliedrigen Cyclus solcher Ecken.
Sind indessen zwei benachbarte am Eckpunkte e_i gelegene Seiten verschwunden, so liegt ein zweigliedriger Cyclus fester Ecken e_i und e_i'
vor, während einer der $(n-2)$ Cyclen beweglicher Ecken verschwunden
ist. Diese letzteren Übergangstypen werden weiterhin besonders wichtig.

Für unsere vorgelegte Gruppe Γ gehört zu jedem Normalpolygon
ein *einziges kanonisches Polygon*, welches die gleichen festen Ecken wie
das Normalpolygon hat und insbesondere in der gleichen Anordnung,
die auf dem Rande des Normalpolygons vorliegt. Ändern wir demnach das Centrum C, so bleibt das kanonische Polygon so lange im
wesentlichen unverändert, als am Normalpolygon kein Typenwechsel
der zweiten soeben genannten Art (mit einem zweigliedrigen Cyclus

---

*) Gemeint ist hier immer, wie in der vorletzten Note, der extreme Fall,
dass die erweiterte Gruppe aus n Spiegelungen erzeugbar ist.

fester Ecken c_i, c_i') eintritt. Für diesen letzteren Typenwechsel mit
Änderung der Anordnung der festen Ecken auf dem Polygonrande sind,
wie im Falle $(0, 4)$, so auch im allgemeinen Falle des Characters $(0, n)$
die Netze der Bereiche Q, deren Theorie in I pg. 258 ff. entwickelt ist,
grundlegend.

Rückt das Centrum C in die Ecke c_1, so tritt an Stelle des
Normalpolygons ein Bereich Q, welcher aus einer Kette von l_1 (im
elliptischen Falle) bezw. von unendlich vielen (im parabolischen und
hyperbolischen Falle) den Punkt c_1 umlagernden Normalpolygonen zusammengesetzt erscheint. Der Rand von Q wird durch die zu c_1 gehörende Erzeugende V_1 in sich transformirt. Ist s irgend eine zufällige Ecke dieses Randes, so wird durch die beiden Punkte s und
$s' = V_1(s)$ ein Stück des Randes eingegrenzt, das aus lauter bezüglich
V_1 inäquivalenten Punkten besteht. Längs dieses Stückes finden sich
die $(n-1)$ Ecken c_2, c_3, ..., c_n in einer bestimmten durch die vorliegende Gruppe Γ bedingten Anordnung, untermischt mit $3(n-3)$ zufälligen Ecken. Es liegen also auf dem Rande von Q im ganzen
$(4n-10)$ bezüglich V_1 inäquivalente Seiten vor, die bezüglich Γ zu
Paaren zusammengehören. Nennen wir den c_1 umgebenden Bereich Q
insbesondere Q_1 und reihen den mit c_1 äquivalenten Punkten c_1', c_1'', ...
entsprechend die äquivalenten Bereiche Q_1', Q_1'', ... an, *so finden sich im
Netze* Q_1, Q_1', Q_1'' *im ganzen* $(2n-5)$ *bezüglich der Gesamtgruppe inäquivalente Seiten.* Jedoch gelten diese Angaben nur „im allgemeinen",
nämlich, wenn bei Q_1 der allgemeine Typus vorliegt. Zeigt indessen Q_1
einen Specialtypus, so ist die Anzahl inäquivalenter Seiten im Netze
Q_1, Q_1', Q_1'' ... *kleiner als* $(2n-5)$. Diese Specialtypen werden unten
zur Eingrenzung des Discontinuitätsbereiches der Modulgruppe dienen.

Man bilde nun für jede der übrigen Ecken c_i gleichfalls das Netz
Q_i, Q_i', Q_i'', ... und trage die n-Netze über einander. So entsteht *das
unserer Gruppe Γ eigenthümliche Netz der natürlichen Elementarbereiche.*[*])
Liegt bei keinem Bereiche Q_i ein Specialtypus vor, so weist das Netz
der natürlichen Elementarbereiche $n(2n-5)$ inäquivalente Gerade auf,
welche zu je $(n-1)$ in der einzelnen Ecke c_i, zu je dreien in $n(n-3)$
zufälligen Ecken zusammenlaufen und sich übrigens in einer allgemein
nicht überschbaren Art überkreuzen mögen. Für $n = 4$ traten solche
Überkreuzungen noch nicht auf; hier kommen wir zur Vorstellung des
pg. 343 ff. oft genannten Hexaeders zurück. In jedem Falle ist aber,
wie man aus der Endlichkeit der Anzahl $n(2n-5)$ inäquivalenter

---

*) Der Begriff „natürlicher Elementarbereich" ist hier in demselben Sinne
wie pg. 343 für $n = 4$ gefaßt; man vergl. die dortige Fußnote.

gerader Strecken entnimmt, *die Anzahl μ inäquivalenter natürlicher Elementarbereiche als eine endliche erkannt.*

Die vorstehenden Zahlenangaben modificieren sich, wenn an einem oder mehreren Bereichen $Q_1, Q_2, \ldots, Q_n$ Specialtypen vorliegen; insbesondere wird in diesem Falle die Anzahl inäquivalenter gerader Strecken $< n(2n - 5)$. Als Extremfall ist wieder der *symmetrische* zu nennen, *wo sich das Netz der natürlichen Elementarbereiche einfach auf das regulär-symmetrische Netz der Doppel-n-ecke reduciert und also μ = 2 wird.*

Wählen wir das Centrum C in einem einzelnen natürlichen Elementarbereiche, so hat das zugehörige Normalpolygon n feste Ecken, welche ihre Lage und ihre Anordnung auf dem Polygonrande beibehalten, so lange sich C in jenem Elementarbereiche bewegt. Zu jedem der $μ$ natürlichen Elementarbereiche gehört demnach ein eindeutig bestimmtes kanonisches Polygon. Setzen wir also nur erst allgemein fest, dass *die zu den Normalpolygonen (ohne Specialtypus) unserer vorgelegten Gruppe Γ gehörenden kanonischen Polygone als reducierte Polygone* gebraucht werden sollen, *so haben wir in jedem Falle eine endliche Anzahl von μ reducierten Polygonen.*

Aber diese Anzahl $μ$ ist stets > 1. Wir fanden selbst im günstigsten Specialfalle einer symmetrischen Gruppe $μ = 2$ und entsprechend zwei reducierte Polygone mit einander entgegengesetzter Eckenanordnung. Im allgemeinen ist aber $μ$ noch weit grösser; denn wir fanden bereits $μ = 6$ für $n = 4$.

Wenn wir demnach zur Eingrenzung eines Discontinuitätsbereiches der Modulgruppe unter den $μ$ reducierten Polygonen eines aussuchen müssen, so ist, wie auch im Falle $n = 4$, ein unsymmetrisches Vorgehen nicht mehr zu vermeiden. Zu diesem Zwecke wollen wir zur Vereinfachung der nächstfolgenden Entwicklungen zuvörderst annehmen, *dass die n Eckeninvarianten der vorliegenden Gruppe Γ durchweg von einander verschieden seien.* Die Ergänzungen in den Fällen gleicher Eckeninvarianten werden später keine besonderen Schwierigkeiten machen. Die kleinste Eckeninvariante nennen wir j_1, die zweitkleinste j_2; die zugehörigen Ecken selbst heissen c_1 und c_2. Man bilde den zur Ecke c_1 gehörenden Bereich Q_1. Betreffs der Folge der Ecken auf dem Rande dieses Bereiches Q_1 haben wir zwei Fälle zu unterscheiden. Im Allgemeinen finden sich längs eines Randstückes von Q_1, das wir wie oben durch zwei Punkte $ε$ und $ε' = V_1(ε)$ eingrenzen, nur $(n-1)$ *feste Ecken.* Wir schneiden dann aus Q_1 mittelst zweier von c_1 ausziehenden Geraden, von denen die eine durch V_1 in die andere transformiert wird, ein Normalpolygon in der Weise aus, *dass c_2 die im üblichen Sinne* (siehe z. B. Fig. 102 in I pg. 305) *auf e_1 folgende feste Ecke wird. Das mit dem Normalpolygon unmittelbar gegebene kanonische Polygon, welches für unsere Gruppe Γ eindeutig bestimmt ist, wählen wir als reduciertes Polygon P.* Im Besonderen kann es vorkommen, dass auf dem Rande von Q_1 zwischen ε und $\varepsilon' = V_1(\varepsilon)$ mehr als $(n-1)$ feste Ecken gelegen sind. Die eben befolgte Massregel würde dann noch mehrere kanonische Polygone ergeben, wie man leicht übersehen wird. Die hier vorliegenden Verhältnisse treten uns sogleich wieder entgegen und brauchen hier nicht weiter verfolgt zu werden.

§ 19. Die Continua der reducierten Polygone vom Character (0, n) bei gegebenen Eckeninvarianten und fester Eckenordnung.

Die bisherige Betrachtung betraf die Auswahl eines reducierten Polygons bei der einzelnen Gruppe Γ. Indem wir jetzt zu den Gruppencontinuen zurückgehen, halten wir jedoch bis auf weiteres an der Annahme fest, *dass die Eckeninvarianten $j_1, j_2, \ldots, j_n$ constant seien.* Es werden somit nur die $(2n-6)$ unabhängigen Compositions- und Transversalinvarianten variabel sein. Wir nehmen an, dass eine erste Gruppe Γ vorgelegt sei, bei der nicht gerade der am Schlusse des vorigen Paragraphen genannte Specialtypus zutreffe. Indem wir auch ferner an der *Annahme durchgängig verschiedener Eckeninvarianten* einstweilen festhalten, ist das reducierte Polygon P von Γ eindeutig bestimmt. Die auf dem Rande von P auf e_2 folgenden Ecken mögen in ihrer vorliegenden Reihenfolge $e_3, e_4, \ldots, e_n$ heissen. P gehört einem Polygoncontinuum an, welches den allein variabeln Compositions- und Transversalinvarianten entsprechend $(2n-6)$-dimensional ist und oben in Gestalt eines Würfels dieser Dimensionenanzahl dargestellt wurde; wir wollen diesen Würfel kurz W_{2n-6} nennen.

Wir haben nun zunächst die $(n-3)$ Compositionsinvarianten näher zu betrachten. Der pg. 295 ff. vollzogene Aufbau irgend eines kanonischen Polygons vom Character $(0, n)$ bestand in der Wiederholung von $(n-3)$ gleichartigen Compositionen. Beim einzelnen dieser $(n-3)$ Schritte hatten wir ein etwa P_ν zu nennendes Polygon des Characters $(0, \nu)$ und der Erzeugenden:

$$V_1, V_2, \cdots, V_{\nu-1}, V = (V_\nu V_{\nu+1} \cdots V_n)$$

mit einem Polygon P_3 des Characters $(0, 3)$ und der Erzeugenden:

$$V_\nu, V' = (V_{\nu+1} V_{\nu+2} \cdots V_n), V^{-1},$$

welches mit P_ν die hyperbolische Erzeugende V gemein hat, zu einem Polygon $P_{\nu+1}$ zu componieren. An Stelle von P_3 konnte hierbei aber auch irgend ein Polygon $P_3' = V^\sigma(P_3)$ treten, wo σ einen ganz beliebigen Exponenten zwischen $-\infty$ und $+\infty$ darstellt. Für das einzelne Polygon des so eintretenden linearen Continuums ist dann der zugehörige Exponent σ die Compositionsinvariante in einer ersten Gestalt. Man beachte, dass die Erklärung von σ die Angabe eines ersten Polygones $P_{\nu+1}$ voraussetzt, dem dann der Wert $\sigma = 0$ zukommt, das aber übrigens irgend eines in dem hier auftretenden linearen Continuum von Polygonen des Characters $(0, \nu + 1)$ sein kann.

Zwei um eine ganze Zahl verschiedene σ liefern nun zwar verschiedene Polygone $P_{\nu+1}$, aber die ihnen zugehörigen Gruppen Γ erkennt man sofort als identisch. Verschieben wir nämlich bei festem P_ν das Polygon P_3 durch einen Discontinuitätsbereich der gemeinsamen hyperbolischen Erzeugenden V, so ist die zum verschobenen Polygon $V(P_3)$ gehörige Gruppe offenbar wieder mit der Gruppe von P_3 identisch geworden. Ist wie am Eingang des Paragraphen P ein Normalpolygon des Centrums C, so liegen die Ecken $e_1, e_2, \ldots, e_\nu$ und, wie aus der Gestalt eines Normalsechseckes P_3 vom Centrum C hervorgeht, auch die zu V gehörende Ecke im Innern des cyclischen Normalbereiches vom Centrum C der hyperbolischen Substitution V; beide Polygone $P_{\nu-1}$ und P_3 können demnach innerhalb dieses cyclischen Bereiches angeordnet werden. Führen wir also σ in der Art ein, dass $\sigma = 0$ zu irgend einem Polygone $P_{\nu+1}$ gehört, bei dem jene beiden componierenden Polygone im fraglichen cyclischen Normalbereiche liegen, so kann die in Rede stehende Compositionsinvariante σ unseres Normalpolygons P nie $> +1$ und nie < -1 sein. Wir gelangen zu dem Ergebniss, *dass die Compositionsinvarianten auch in ihrer pg. 296 ff. benutzten Gestalt als Grössen t für unsere reducierten Polygone niemals den beim Polygoncontinuum W_{2n-6} vorliegenden Grenzen $t = 0$ und $t = 1$ nahe kommen können.*

Anders verhalten sich die $(n-3)$ Transversalinvarianten $j_{3, 4, \ldots, n}$, $j_{4, \ldots, n}, \cdots, j_{n-1, n}$. Liegt ein kanonisches Polygon mit $2n$ nichtverschwindenden Seiten vor, bei dem also keine zwei unter den festen Ecken einander unendlich nahe gekommen sind, so hat $j_{\nu, \nu+1, \ldots, n}$ als *Invariante der hyperbolischen Substitution $V_\nu V_{\nu+1} \cdots V_n$ einen endlichen Wert, der zwischen -2 und $-\infty$, unter Ausschluss der Grenzen, liegt.* Demgegenüber werden wir bald sehen, *dass selbst schon bei den symmetrischen Polygonen unter Zusammenfall fester Ecken die Transversalinvarianten ihre Grenzwerte -2 bezw. $-\infty$ erreichen können.*

Wir gehen jetzt auf das am Anfang des Paragraphen eingeführte Normalpolygon der festen Ecken $e_1, e_2, \ldots, e_n$ zurück, welches wir durch zwei Niveaugerade von V_1 aus dem Bereiche Q_1 des Centrums e_1

ausgeschnitten hatten, und erinnern daran, dass die $(2n-5)$ inäquivalenten Seiten von Q_1 zunächst als durchgängig nicht-verschwindend galten. Dem fraglichen reducierten Polygone P wird demnach ein Punkt im „Innern" des Würfels W_{2n-6} entsprechen. Ändern wir von hier aus die Invarianten stetig, so ändert sich P gleichfalls stetig. Somit kann keine der $(2n-5)$ Seiten sogleich verschwinden, und also liefern die Punkte des Würfels W'_{2n-6} in der nächsten Umgebung der fixierten Stelle gleichfalls noch reducierte Polygone. Fassen wir demnach alle diejenigen Punkte von W_{2n-6}, welche reducierte Polygone unserer Art der Eckenanordnung $c_1, c_2, \ldots, c_n$ liefern, zu einem Bereiche B zusammen, so wird dieser Bereich B aus einem oder vielleicht auch aus mehreren Theilen bestehen, *welche gleichfalls $(2n-6)$-dimensional sind*, und an deren Ränder wir nur dadurch herankommen können, *dass entweder am Bereiche Q_1 Typenwechsel mit Umordnung der festen Ecken eintritt, oder dass mindestens eine der Transversalinvarianten ihren einen oder anderen Grenzwert erreicht.*

Wir wenden uns zur ersten dieser beiden Möglichkeiten und nehmen an, dass die beiden in c_i zusammenstossenden Seiten von Q_1 gerade verschwunden seien. Vorher, d. h. ehe das Verschwinden eingetreten

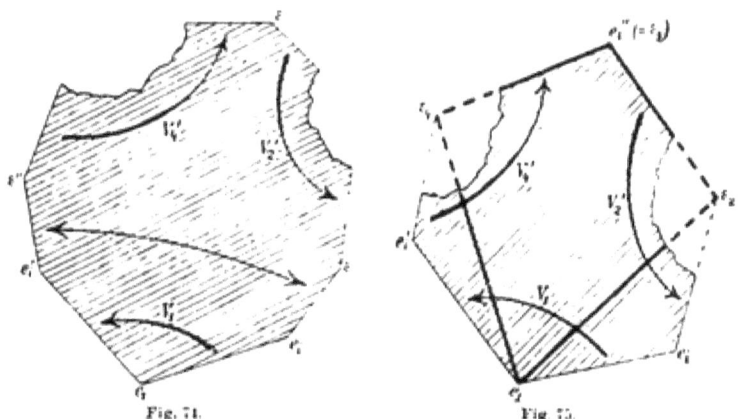

Fig. 74.   Fig. 75.

ist, ändern wir P erst noch in der Art ab, dass wir an Stelle der bisherigen Niveaugeraden von V'_1 mittelst der Geraden $c_i e_i$ und $c_i e'_i = V_1(c_i e_i)$ das Polygon P aus Q_1 ausschneiden. P hat dann die in Fig. 74 skizzierte Gestalt, in welcher ε, ε' und ε'' einen Cyclus beweglicher Ecken bilden. Verschwinden nun die beiden Seiten $c_i \varepsilon$ und $c_i' \varepsilon''$, so wird in diesem Augenblick ε zu einer mit c_i und c_i' äquivalenten Ecke c_i'', und P nimmt die in Fig. 75 angegebene Gestalt an.

Die durch V'_2 einander zugewiesenen Seiten sind Niveaugerade dieser Substitution und schneiden sich bei Verlängerung im Fixpunkte ε_2 derselben. Entsprechendes gilt für die zu V_4' gehörenden Seiten. Es ist nicht ausgeschlossen, dass ε_2 eine Ecke, und zwar dann eine feste Ecke von P ist, falls nämlich die Ecken e_i und $\varepsilon_2(=e_{i+1})$ eine Polygonparzelle erster Art (cf. Fig. 69, pg. 368) bilden. Aber jedenfalls kann P, da $n > 4$ anzunehmen ist, nicht an beide Ecken ε_2 und ε_4 heranragen.

Man erkennt nun, dass die vier Substitutionen:

$$V_1', \quad V_2', \quad V_3' = V_2'^{-1} V_1'^{-1} V_4'^{-1}, \quad V_4'$$

mit den Fixpunkten e_1, ε_2, $\varepsilon_3(=e_i'')$, ε_4 eine in Γ enthaltene Untergruppe des Characters $(0, 4)$ erzeugen, für welche in Fig. 75 ein Normalsechseck mit einem dreigliedrigen Cyclus fester Ecken vorliegt. Das Centrum C dieses Normalsechsecks liegt in der festen Ecke e_1; demzufolge ergiebt die Theorie der Normalpolygone vom Character $(0, 4)$ (cf. pg. 339) das Resultat: *Bei der fraglichen Gruppe des Characters (0, 4) liegt der symmetrische Fall vor, wobei das in Fig. 75, pg. 375, stark umrandete Viereck $e_1 \varepsilon_2 e_3 \varepsilon_4$ ein Elementarviereck liefert.* Dieses Sachverhältniss wollen wir dahin bezeichnen, dass an unserem reducierten Polygone P der Eckenfolge $e_1, e_2, \ldots, e_n$ eine „*Partialsymmetrie*" eingetreten sei.

Die Invarianten des Polygones vom Character $(0, 4)$ mögen $j_1'(=j_1)$, j_2', $j_3'(=j_i)$, j_4', j_{12}', $\ldots$ heissen. Nach pg. 354 besteht alsdann die Symmetriebedingung:

$$(1) \qquad j_{12}' j_{23}' + 2 j_{24}' - J_2' = 0.$$

Diese Invarianten gehören entweder direct zu denen unseres reducierten Polygons P vom Character $(0, n)$, oder sie sind in den Invarianten des letzteren rational darstellbar. Die Gleichung (1) rechnet sich mittelst dieser Darstellungen in *eine algebraische Relation:*

$$(2) \qquad F(j_1, j_2, \ldots, j_{12}, \ldots, j_{n-1}, n) = 0$$

zwischen den Invarianten von P um, welche im Falle der gefundenen Partialsymmetrie erfüllt ist. Diese Relation (2) stellt uns im Würfel W_{2n-6} einen $(2n-7)$-dimensionalen Rand R_{2n-7} des Bereiches B unserer reducierten Polygone P der Eckenanordnung $e_1, e_2, e_3, \ldots, e_n$ dar. Nach Überschreiten dieses Randes hat am Normalbereiche eine Versetzung der Ecke e_i statt gefunden, so dass das kanonische Polygon der Eckenanordnung $e_1, e_2, \ldots, e_n$, sofern wir dieses beibehalten wollen, aufgehört hat, zu den reducierten Polygonen dieser Eckenordnung zu gehören.

Die Stelle, nach welcher e_i versetzt wird, regelt sich nach der Polygonparzelle, an welcher e_i unmittelbar vor Eintritt der Partialsymmetrie theil hatte (siehe die zufällige Ecke s am Polygon der Fig. 74, pg. 375). Man wolle nun beachten, dass im Innern von B solche Typenwechsel des Normalbereiches Q_1, an denen nur von zufälligen Ecken begrenzte Seiten betheiligt sind, keineswegs ausgeschlossen sind. Derartige Typenwechsel lassen die Eckenanordnung $e_2, e_3, \ldots, e_n$ auf dem Rande von Q_1 unverändert, modificiren aber die Polygonparzellen. Man kann demnach allgemein nur sagen, dass e_i in irgend eines unter den $(n-3)$ zwischen den übrigen Ecken $e_{i+1}, e_{i+2}, \ldots, e_n, e_2, \ldots, e_{i-1}$ frei bleibenden Intervallen versetzt wird, was im Höchstfalle $(n-3)$ Partialsymmetrieen liefert. Da im übrigen e_i eine unter den Ecken $e_2, e_3, \ldots, e_n$ ist, so ist insgesammt die Anzahl der Partialsymmetrieen $< (n-1)(n-3)$.

Man erinnere sich nun, dass man im übrigen nur noch dadurch an den Rand des Bereiches B gelangen kann, dass mindestens eine der Transversalinvarianten ihren einen oder anderen Grenzwert erreicht, womit wir uns zugleich am Rande des Polygoncontinuums W_{2n-6} befinden. Wir gelangen zu der wichtigen Erkenntniss: *Im Innern von W_{2n-6}, d. h. abgesehen von solchen Randgebilden, die zugleich auf dem Rande des Polygoncontinuums W_{2n-6} liegen, ist der $(2n-6)$-dimensionale Bereich B unserer reducirten Polygone der Eckenanordnung $e_1, e_2, \ldots, e_n$ vollständig begrenzt durch gewisse $(2n-7)$-dimensionale „algebraische Ränder" R_{2n-7}, deren Anzahl $< (n-1)(n-3)$ ist.* Aus dem algebraischen Character dieser Randgebilde R_{2n-7} ergiebt sich unmittelbar weiter: *Der Bereich B ist entweder selbst ein Continuum, oder er besteht aus einer endlichen Anzahl $(2n-6)$-dimensionaler Continua.* Im Falle $n = 4$ wird die obere Grenze $(n-1)(n-3) = 3$ wirklich erreicht; hier sind die drei Gebilde R_1 die Curven K_1, K_2, K_3, welche uns den Bereich B als *ein* Continuum, nämlich als das pg. 355ff. oft genannte Dreieck auf der Flächenschale Φ_3 (cf. Fig. 45 pg. 323) eingrenzten [*]).

Wir untersuchen jetzt diejenigen reducirten Grenzpolygone, welche

---

[*]) Man überlege noch die Stellung der symmetrischen Polygone der Eckenordnung $e_1, e_2, \ldots, e_n$ mittelst der für $n = 6$ gezeichneten Fig. 73, pg. 370. Auf dem Rande von Q_1 liegen zwischen zwei Punkten e_n und $e_n' = V_1^{-1}(e_n)$ zwei Punkte e_3, e_3', zwei Punkte $e_4, e_4', \ldots$, endlich zwei Punkte e_{n-1}, e_{n-1}', aber nur ein Punkt e_i. Somit treten $(n-3)$ Partialsymmetrieen zugleich auf, so dass wir zu dem $(2n-6)-(n-3) = (n-3)$-dimensionalen Durchschnitt gewisser $(n-3)$ Ränder R_{2n-7} gelangen. Wie man am symmetrischen Polygon leicht direct feststellt, bildet dieser Durchschnitt *ein* Continuum.

eintreten, falls eine Transversalinvariante ihren einen oder anderen
Grenzwert erreicht. Die hier eintretenden Untersuchungen sind durchaus analog und nicht wesentlich complicierter wie die entsprechenden
für $n = 4$.

Zu unseren reducierten Polygonen P gehören insbesondere stets
die *symmetrischen Polygone* der Eckenanordnung $e_1, e_2, \ldots, e_n$. Ein
Elementar-n-eck mit dieser Eckenordnung heisse P, die Spiegelung an
der Seite e_{i-1}, e_i werde V_i genannt, so dass:

$$V_i' = V_i \bar{V}_{i+1}$$

gilt. Die Transversalinvariante $j_{1,2,\ldots,i-1} = j_{i,i+1,\ldots,n}$ ist die Invariante der hyperbolischen Substitution:

$$V_1 V_3 \cdots V_{i-1} = (V_1 V_2) \cdot (V_2 V_3) \cdots (V_{i-1} V_i) = V_1 V_i,$$

welche durch Combination der Spiegelungen an der ersten und i^{ten}
Seite entsteht. Zur Abkürzung nennen wir die herausgegriffene Transversalinvariante kurz j.

Für den Grenzwert $j = -2$ gilt nun genau dasselbe wie bei $n = 4$
(cf. pg. 360): *Man kann den Grenzübergang* $\lim j = -2$ *auf drei durch
die Invarianten nicht zu unterscheidende Arten ausführen, entweder dadurch, dass unter Coincidenz von* $e_i, e_{i+1}, \ldots, e_n$ *in einem Punkte der
reellen ζ-Axe die Symmetriekreise von V_1 und V_i an dieser Coincidenzstelle zur Berührung kommen, oder dass unter Coincidenz von* $e_1, e_2, \ldots,$
e_{i-1} *die beiden fraglichen Kreise sich schliesslich an dieser letzteren Stelle
der reellen ζ-Axe berühren, oder endlich dadurch, dass diese beiden Eckencoincidenzen gleichzeitig stattfinden, während die beiden Symmetriehalb-
kreise zur Deckung kommen. Im letzten Falle wird $V_1 V_i$ zur identischen Substitution, und das Polygon artet aus*[*]); die beiden ersten
Fälle liefern die beiden Möglich-
keiten, dass $V_1 V_i$ parabolisch
wird: *Wir gewinnen zwei symmetrische Polygone der Charactere*
$(0, i)$ *und* $(0, n-i+2)$, *wo beide
Male an der Coincidenzstelle der
bisher getrennten Ecken eine parabolische Spitze eingetreten ist.* Auch

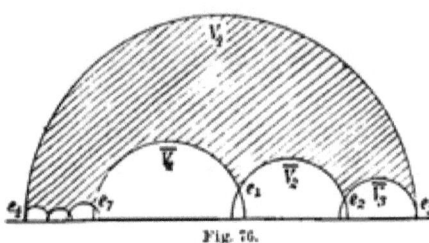

Fig. 76.

leuchtet wieder ein, dass die drei
Grenzübergänge durch die Invarianten nicht unterscheidbar sind. So
ist z. B. für $n = 7$, $i = 4$ in Fig. 76 ein dem einen parabolischen

---

[*]) D. h. als Hauptkreispolygon. Siehe jedoch die Fussnote pg. 361.

Grenzfall nahes Polygon gezeichnet. Dasselbe können wir durch Transformation mittelst einer hyperbolischen Substitution, welche den Symmetriekreis von V_i zur Bahncurve hat, von c_i nach c_3 verschiebt und ausreichend grosse Invariante besitzt, stets in ein dem anderen parabolischen Grenzfall nahes Polygon überführen.

Bei dem eben vollzogenen Grenzübergange werden die auf:

$$ j = j_{i, i+1, \cdots, n} $$

folgenden Transversalinvarianten:

$$ j_{i+1, \cdots, n}, \cdots, j_{n-1, n} $$

sämmtlich am ersten Grenzpolygone, demjenigen der Erzeugenden V_1, $V_2, \cdots, V_{i-1}, (V_i V_{i+1} \cdots V_n)$, ihre Bedeutung verlieren; vielmehr sind sie die $(n-i-1)$ Transversalinvarianten des anderen Grenzpolygones, an welchem die $(i-3)$ ersten Transversalinvarianten nicht mehr in Betracht kommen. Bilden wir weiter für irgend zwei den Ungleichungen:

$$ 1 < k < i, \quad i < l $$

genügende Indices k, l die Transversalinvariante $j_{k, k+1, \cdots, l-1}$, d. i. die Invariante der hyperbolischen Substitution $V_k V_l$, die wir freilich nicht unter die $(n-3)$ unabhängigen Transversalinvarianten aufnahmen, so wird diese Invariante, wie ein Blick auf Fig. 76 lehrt, beim Grenzübergange $\lim j = -2$ selbst unendlich werden.

Auch umgekehrt wird, falls eine Transversalinvariante unendlich werden soll, notwendig mindestens eine andere den Grenzwert -2 erreichen. Soll z. B. unsere oben ausgesuchte Invariante $j = -\infty$ werden, so muss mindestens einer unter den beiden Symmetriekreisen, die zu V_1 und V_i gehören, sich auf einen Punkt der reellen ζ Axe zusammen ziehen. Demnach werden entweder die Punkte c_n und c_1 oder c_{i-1} und c_i verschmelzen, sofern nicht beides zugleich eintritt. Man wird die hier eintretenden Verhältnisse leicht weiter verfolgen und zum Ergebniss gelangen: *Andere Grenzpolygone als die oben durch Zusammenrücken fester Ecken hergestellten symmetrischen Polygone niederer Charactere kommen im symmetrischen Falle des Characters $(0, n)$ überhaupt nicht vor.*

Im unsymmetrischen Falle gelangen wir zu dem entsprechenden Ergebniss. Wir untersuchen etwa wieder die Transversalinvariante:

$$ j = j_{1, 2, \cdots, i-1} = j_{i, i+1, \cdots, n}, $$

welche zur hyperbolischen Substitution:

$$ V = V_1 V_2 \cdots V_{i-1} = (V_i V_{i+1} \cdots V_n)^{-1} $$

gehört. Unserem reducirten Polygone P geben wir unter Beibehaltung der festen Ecken die in Fig. 77 skizzierte Gestalt, welche nach dem ersten Theorem in I pg. 308 stets erreichbar ist. Hier ist Φ der Fixpunkt von V und Π die Polare von Φ, welche die Ellipse in den Punkten A und B schneidet. Es kommen nur zwei Cyclen beweglicher Ecken vor, je einer an der einzelnen der beiden durch Π ab-

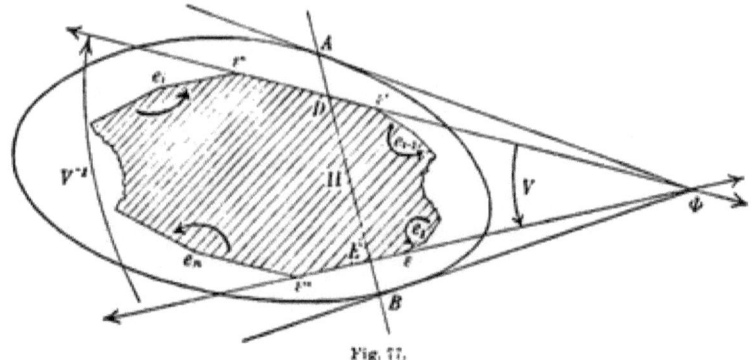

Fig. 77.

getrennten Randparzellen von P. Der eine Cyclus umfasst die Ecken ϵ', $V_{i-1}(\epsilon')$, $V_{i-2}V_{i-1}(\epsilon')$, ..., $\epsilon = V_1 V_2 ... V_{i-1}(\epsilon')$, der andere die Ecken ϵ''', $V_n(\epsilon''')$, ..., $\epsilon'' = V_i V_{i+1} ... V_n(\epsilon''')$.

Das Polygon P lässt sich hier sehr leicht in zwei Theilpolygone P' und P'' der Charactere $(0, i)$ und $(0, n-i+2)$ und der Erzeugenden V_1, V_2, ..., V_{i-1}, V^{-1} und V, V_i, V_{i+1}, ..., V_n decomponieren. Z. B. entspringt P'' durch Fortlassung der zwischen ϵ und ϵ' rechter Hand (in Fig. 77) eingehängten Seiten von P und Anfügung der durch V correspondierenden Seiten $\epsilon\Phi$ und $\epsilon'\Phi$; entsprechend gewinnt man das Polygon P' (cf. pg. 362).

Für den Grenzübergang $\lim j = -2$ gilt jetzt Wort für Wort die im Falle $n = 4$ oben (pg. 363) durchgeführte Überlegung. *Wir gelangen zu zwei Grenzpolygonen P', P'' der Charactere $(0, i)$ und $(0, n-i+2)$ und einer Ausartung*); von den $(n-3)$ Transversalinvarianten sind die $(i-3)$ ersten $j_{1,2}, j_{1,2,3}, ..., j_{1,2,...,i-2}$ die Transversalinvarianten von P' geworden, die $(i-2)^{te}$ Invariante ist mit dem Werte -2 Eckeninvariante für P' und P'' geworden, und der Rest der $(n-i-1)$ Invarianten $j_{i+1,...,n}, ..., j_{n-1,n}$ liefert die Transversalinvarianten für P''.*

Zur Untersuchung des Grenzübergangs $\lim j = -\infty$ ist es zweckmässig, die durch V einander zugewiesenen Seiten $\epsilon\epsilon''$ und $\epsilon\epsilon'''$ auf die Punkte D und E von Π zusammen zu ziehen, so dass P ein kano-

---

*) Cf. Fussnote pg. 361.

nisches $2n$-eck wird. Beim Grenzübergang können wir nöthigenfalls durch Verschiebung von P längs Π erreichen, dass zunächst etwa die Ecke E an Ort und Stelle bleibt. Alsdann betrachte man die Gruppe des Characters $(0, 3)$, welche:

$$V_1 V_2 \ldots V_{i-2}, \quad V_{i-1}, \quad V_i V_{i+1} \ldots V_n$$

zu Erzeugenden hat. Von den drei zugehörigen Invarianten ist die erste die nicht weiter beschränkte Transversalinvariante $j_{1, 2, \ldots, i-2}$, die zweite ist als Eckeninvariante j_{i-1} von P fest, während die dritte unsere Invariante j ist, die $-\infty$ werden soll. Es liegt somit der pg. 365 für den Character $(0, 3)$ ausführlich discutierte Grenzfall vor. Nach den damaligen Ergebnissen wird die Ecke c_{i-1} nach dem Ellipsenpunkte A (cf. Fig. 77) hingedrängt, da wegen Festhaltung der Ecke E der Fixpunkt von $V_1 \cdot V_2 \ldots V_{i-2}$ jedenfalls von B entfernt bleibt.

Genau die entsprechende Überlegung kann man für die aus:

$$V_1 V_2 \ldots V_{i-1}, \quad V_i, \quad V_{i+1} V_{i+2} \ldots V_n$$

zu erzeugende Gruppe des Characters $(0, 3)$ durchführen. Wir kommen zu dem Ergebniss, dass c_{i-1} und c_i im Ellipsenpunkte A zur Conicidenz gelangen. Aus der Theorie des Characters $(0, 3)$ folgt, dass bei dieser Conicidenz V_{i-1} und V_i zu einer *parabolischen* Substitution $V_{i-1} V_i$ hinführen *). Wir gelangen demnach hier zu einem Grenzfall genau derselben Art, wie im vorbetrachteten Falle $\lim j = -2$: *Die oben im Falle $j = -2$ gewonnenen Grenzfälle sind die einzigen, welche bei unseren reducierten Polygonen des Characters $(0, n)$ auftreten können* **).

Um die Anzahl der Invarianten der einzelnen an unserem Bereiche B der reducierten Polygone P auftretenden Grenzmannigfaltigkeit festzustellen, beachte man erstlich, dass die Ausartung keine Invariante liefert***). Weiter hat das Polygon P' vom Character $(0, i)$ für sich genommen $(2i - 6)$ unabhängige Invarianten und das Polygon P'' vom Character $(0, n - i + 2)$ noch $(2(n - i + 2) - 6)$ solche. *Die Gesamtanzahl der Invarianten der Grenzmannigfaltigkeit ist hiernach:*

$$(2i - 6) + (2(n - i + 2) - 6) = 2n - 8;$$

sie ist also um zwei Einheiten kleiner als die Dimensionenanzahl des

---

*) Man beachte etwa, dass $V_{i-1}, V_i, (V_{i-1} V_i)^{-1}$ eine in unserer Gruppe enthaltene Untergruppe des Characters $(0, 3)$ liefern.

**) Natürlich soll nicht ausgeschlossen sein, dass nicht nur eine sondern mehrere Eckenreihen zugleich zu ebenso vielen parabolischen Punkten verschmelzen. Dann stellt das einzelne Grenzpolygon in seiner Mannigfaltigkeit niederen Characters selbst wieder einen Grenzfall dar.

***) Die cyclische parabolische Gruppe besitzt keine Invarianten; jede parabolische Substitution ist in jede andere transformierbar.

Bereiches B selbst. Diese Herabminderung um zwei Einheiten ist auch in der Weise verständlich, dass im Grenzfall nicht nur eine der Transversalinvarianten einen festen Wert annimmt, sondern dass überdies die im Allgemeinen bei der Composition von P' und P'' zum Polygon P eintretende Compositionsinvariante für den Grenzfall ausfällt.

Da mit den hier betrachteten Verhältnissen die pg. 305 erwähnte Behauptung Poincarés, das Gruppenkontinuum sei ein geschlossenes, zusammenhängt, so gehen wir auf dieselben noch etwas näher ein.

Man bezeichne wie oben (pg. 374) die Compositionsinvariante, welche bei Zusammenfügung von P' und P'' eintritt, mit σ und erinnere sich, dass σ, da doch P ein reduciertes Polygon ist, auf ein Intervall $\sigma_1 \leqq \sigma \leqq \sigma_2$ eingegrenzt war, das weder mit dem einen Endpunkte σ_1 noch mit dem anderen σ_2 den Grenzwerten des beim Polygoncontinuum für σ vorgeschriebenen Intervalles nahe kam.

Befinden wir uns nun in einer betrachteten Grenze des Bereiches B, welche einem $(2n-7)$-dimensionalen Rande des Würfels W_{2n-6} angehört, so können wir, an irgend ein Grenzgebilde (eine Combination spezieller Polygone P', P'' und der Ausartung) anknüpfend, unter Festhaltung der $(2n-8)$ Invarianten von P' und P'' die Invariante σ von σ_1 bis σ_2 bewegen, ohne daß wir zu einem anderen Grenzgebilde kommen. Wir haben so in der Grenze von B eine Gerade beschrieben, deren Punkte alle dasselbe Gebilde darstellen. *Der Bereich B ist an seiner fraglichen Grenze nicht mehr im Stande, mittelst seiner Punkte das einzelne unserer reducierten Grenzpolygone je nur einmal zu liefern.*

Im Falle $n = 4$ hatten wir dieserhalb den Bereich B nicht im Quadrat W_2, sondern auf der Flächenschale Φ_3 konstruiert. Hier war die betrachtete Grenze des Bereiches B unmittelbar nur ein einziger Punkt (Spitze des Dreiecks der Fig. 45, pg. 323). Ohne die Frage zu erledigen, ob wir vielleicht auch bei beliebigen n eine in dieser Hinsicht geeignetere Auswahl der Invarianten treffen können, dürfen wir jedenfalls das System unserer Gruppen (reducierten Polygone) in abstracto, d. i. unabhängig von jeder Darstellung durch Invarianten, als eine continuierliche Mannigfaltigkeit fassen. *Diese Mannigfaltigkeit hat alsdann sicher dem fraglichen Grenzübergange entsprechend einen $(2n-8)$-dimensionalen Rand.* Auf die Bedeutung dieses Ergebnisses für die fragliche Poincaré'sche Behauptung kommen wir gleich zurück.

§ 20. Der Discontinuitätsbereich der Modulgruppe und die Gruppencontinua des Characters (0, n).

Die eben gewonnenen Ergebnisse führen uns jetzt leicht zum Discontinuitätsbereiche der Modulgruppe für den Character (0, n). Der

Bereich B stellte entweder selbst ein Continuum dar oder zerfiel in endlich viele, sagen wir etwa in ν Teilbereiche B_1, B_2, ..., B_ν, deren einzelner ein $(2n-6)$-dimensionales Continuum ist. Gehen wir jetzt im Würfel W_{2n-6} aus irgend einem dieser Teilbereiche, etwa B_i, durch Überschreitung eines Randes R_{2n-7} hinaus, so tritt in diesem Augenblicke eine Versetzung einer festen Ecke auf dem Rande des Normalbereiches Q_1 ein.

Ist die versetzte Ecke nicht gerade e_2, so behalten wir die beiden bisherigen Niveaugeraden von V_1, welche das Polygon P aus dem Bereiche Q_1 ausschnitten, bei. Ist hingegen e_2 versetzt, so werden wir, damit auch am neuen Polygon P die versetzte Ecke e_2 auf e_1 folgt, entsprechend andere Niveaugerade von V_1 heranziehen. In jedem Falle sieht man, dass am neuen Polygon P eine andere Anordnung der $(n-2)$ Ecken e_3, e_4 ..., e_n vorliegt.

Nun liefern aber alle Polygone der neuen Eckenanordnung einen zweiten Würfel W_{2n-6}'; in diesem ist der repräsentierende Punkt für das neue reducierte Polygon P gelegen. Übertragen wir aber die Theorie des vorigen Paragraphen auf diesen Würfel, so seien entsprechend B_1', B_2', ..., $B_{\nu'}'$, die ν' Continua der reducierten Polygone dieser neuen Eckenanordnung. In eines dieser Continua sind wir hineingelangt, als wir den Rand R_{2n-7} von B_i überschritten hatten; möge das so erreichte Continuum etwa B_k' sein.

Nun giebt es im ganzen $(n-2)!$ Anordnungen der Ecken e_3, ..., e_n, und bei jeder Anordnung treten reducierte Polygone auf; denn bei jeder finden sich symmetrische Polygone. Man denke im einzelnen der $(n-2)!$ Würfel $W_{2n-6}^{(\lambda)}$ die $\nu^{(\lambda)}$ continuierlichen Teilbereiche $B^{(\lambda)}$ der reducierten Polygone eingegrenzt: *Es entspringt so eine endliche Anzahl von Continuen $B_k^{(i)}$, deren einzelnes von endlich vielen Rändern R_{2n-7} eingegrenzt ist.* Diese Ränder sind einander zu Paaren zugeordnet, indem zwei correspondierende Randpunkte ein und dasselbe Polygon mit Übergangstypus liefern. Indem wir zwei solche Ränder als nicht verschieden ansehen, ordnen sich die $\nu + \nu' + \nu'' + \cdots$ Bereiche $B_k^{(\lambda)}$ zu einem grösseren Continuum oder zu mehreren solchen zusammen.

Wir behaupten, *dass es sich hierbei nur um ein einziges Continuum handeln kann.* Sind nämlich P und P' irgend zwei reducierte Polygone, welche zwei beliebigen unter unseren Teilbereichen $B_k^{(\lambda)}$ angehören, so wähle man für die beiden zugehörigen Gruppen Γ und Γ' in einem einzelnen unserer Würfel W_{2n-6} zwei Polygone P_0 und P_0' aus*) und beschreibe in W_{2n-6} von P_0 nach P_0' irgend eine Bahn

---

*) Für jede unserer Gruppen Γ giebt es in W_{2n-6} unendlich viele Polygone.

(etwa die geradlinige). Diese Bahn übertrage man, indem man Punkt für Punkt zum reducierten Polygon zurückgeht, auf den Gesammtbereich aller reducierten Polygone. Sie wird hier wegen der Zuordnung der Ränder R_{2n-7} zu einem gleichfalls zusammenhängenden Wege, welcher von P zu P' hinführt. Unsere Behauptung ist also richtig.

Im Falle $n = 4$ ist $(n-2)! = 2$. Wir hatten für diesen Fall (cf. pg. 352 ff.) zwei Quadrate W_2, W_2' oder an ihrer Stelle die beiden Flächenschalen Φ_3 und Φ_3' und auf jeder derselben einen nur aus einem Continuum bestehenden Bereich (Dreieck der reducierten Polygone). Diese beiden Bereiche B und B' ergaben zusammen genommen *ein geschlossenes Continuum*. Diese Geschlossenheit stellten wir oben (pg. 355) in der Weise wirklich her, dass wir B' (in einer unter drei Weisen) auf die Schale Φ_3 übertrugen und mit B zu einem Doppeldreieck zusammenfügten. Die vier dann noch offenen Seiten gehörten zu Paaren zusammen und lieferten solcherweise die Erzeugenden der Modulgruppe, deren Discontinuitätsbereich eben jenes Doppeldreieck war.

Genau analog können wir im allgemeinen Falle $(0, n)$ verfahren. Gehen wir etwa in dem im vorigen Paragraphen benutzten Würfel W_{2n-6} von einem ersten Theilbereiche B_1 aus, so möge die Überschreitung eines Randes R_{2n-7} der bisherigen Vorstellung entsprechend zu einem Theilbereiche $B_k^{(\lambda)}$ im Würfel $W_{2n-6}^{(1)}$ führen. Mit diesem Bereiche $B_k^{(\lambda)}$ ist ein unmittelbar an B_1 in W_{2n-6} angelagerter Bereich äquivalent, der genau dieselben Gruppen wie $B_k^{(\lambda)}$, freilich nicht mehr mit reducierten Polygonen, liefert.

Man setzt diese Betrachtung ohne jede Mühe fort und findet den Würfel W_{2n-6} lückenlos und einfach ausgefüllt von einem „Netze" unendlich vieler Theilbereiche. Aber unter diesen Theilbereichen giebt es bezüglich der Modulgruppe nur eine endliche Anzahl $m = \nu + \nu' + \nu'' + \cdots$ inäquivalenter. Wir können auf eine gewisse endliche Anzahl von Arten beginnend mit jenem ersten Theilbereich B_1 m inäquivalente Theilbereiche zu einem Continuum B zusammenreihen: *Dieses Continuum* B *von* $(2n-6)$ *Dimensionen bildet den Discontinuitätsbereich unserer vorliegenden Modulgruppe; die noch frei bleibenden Ränder* R_{2n-7} *dieses Bereiches* B *gehören zu Paaren zusammen und liefern für die Modulgruppe die Erzeugenden, deren Anzahl, wie man sieht, endlich ist.*

Die Grenzgebilde, welche den auf dem Würfelrande gelegenen Punkten von B entsprechen, denken wir wie oben für $n = 4$ unserem Gruppencontinuum zugehörig. Für diese ungedeckt bleibenden Randflächen gelten die am Schlusse des vorigen Paragraphen gegebenen Ausführungen. Die einzelne Randfläche ist $(2n-7)$-dimensional, stellt aber in dem dort bezeichneten Sinne ein nur $(2n-8)$-dimensionales

Continuum von Grenzgebilden dar. Im Falle $n = 4$ handelt es sich um die drei Ecken des Discontinuitätsbereiches der Modulgruppe. Beim Zusammenbiegen der Randkurven dieses Bereiches hörten jene drei Ecken auf Randkurven zu sein, und das Gruppencontinuum gewann den Zusammenhang der Kugelfläche, ist also ein geschlossenes Continuum. Fassen wir das Gruppencontinuum wie am Schlusse von § 19 in abstracto, so liegen bei diesem Continuum höchstens noch jene endlich vielen $(2n - 8)$-dimensionalen Ränder vor, welche den auf dem Rande von W_{2n-6} gelegenen Grenzgebilden entsprechen. Nun kann[*] ein einzelner Punkt niemals Grenze eines zweidimensionalen Continuums sein, falls er diesem Continuum angehört, eine einzelne Linie kann niemals Grenze eines dreidimensionalen Continuums sein, falls sie diesem Continuum angehört. Ist entsprechend ein m-dimensionales Continuum nie durch ein ihm angehörendes $(m - 2)$-dimensionales Continuum begrenzbar, so ist die Poincaré'sche Behauptung, unser Gruppencontinuum sei ein durchaus geschlossenes, bewiesen.

Bisher hatten wir die Eckeninvarianten als durchweg verschieden angenommen. Es erübrigt noch auf die Besonderheiten hinzuweisen, welche eintreten, wenn dies nicht mehr der Fall ist. Die Darlegungen von pg. 356 ff. für den Fall $n = 4$ sind hier vorbildlich. *Es treten reguläre Unterteilungen des Bereiches* B *und entsprechende Erweiterungen der Modulgruppe ein.* Ist z. B. $j_{n-1} = j_n$, so tritt eine Zweiteilung ein: an Stelle je zweier Würfel W_{2n-6}, deren Eckenanordnungen durch Austausch von e_{n-1} und e_n in einander übergingen, kommt jetzt nur noch einer in Betracht. Die Modulgruppe ist durch diejenige Transformation erweiterungsfähig, welche e_{n-1} und e_n austauscht (cf. I pg. 301). Im übrigen bleiben alle wesentlichen über die Modulgruppe und ihren Discontinuitätsbereich soeben gewonnenen Ergebnisse erhalten.

Für den Fall fester Eckeninvarianten und also insbesondere dann, wenn hyperbolische Ecken e_i nicht vorliegen, ist die Theorie hiermit abgeschlossen. Wir nehmen jetzt an, dass nur die ν ersten Invarianten $j_1, j_2, \ldots, j_\nu$ fest seien[**], während der Rest der Eckeninvarianten, die dann sicher ≥ 2 sind, übrigens frei variabel seien. Für die Behandlung des hierbei eintretenden erweiterten Gruppencontinuums ist die entsprechende Theorie für den Fall $n = 4$ (cf. pg. 358 ff.) massgeblich.

---

[*] Die folgende Überlegung erhebt keinen Anspruch auf Strenge. Fasst man das Gruppencontinuum (damit die Grenzgebilde $(2n - 8)$-dimensionale Continua liefern) unabhängig von der Darstellung durch Invarianten abstract als continuierliche Menge, so ist man auf die Sätze der allgemeinen Mengenlehre angewiesen, welche Theoreme über die Natur des Randes m-dimensionaler Continua noch nicht aufgestellt hat.

[**] Der Fall $\nu = 0$ gilt hier eingeschlossen.

Wie dort benutzen wir die variabeln Eckeninvarianten in der Gestalt:

$$t_x = \frac{j_x - 2}{j_x}$$

und deuten die t_x als rechtwinklige Coordinaten. Wir setzen, um nicht die einzelne Gruppe Γ mehrfach zu gewinnen, eine Eckenanordnung fest, bei der $j_{x-1} \leq j_x$ und also $t_{x-1} < t_x$ gilt. Von dem $(n - \nu)$-dimensionalen Würfel $W_{n-\nu}$ der t_x kommt dann für uns nur der durch:

(1) $$t_{\nu+1} \leq t_{\nu+2} \leq \cdots \leq t_n$$

erklärte Theil in Betracht. Jedem Punkte dieses Theiles gehört nun ein $(2n - 6)$-dimensionales Gruppencontinuum B zu, welches sich bei stetiger Änderung jenes Punktes im $W_{n-\nu}$ stetig mitändert. *Wir gelangen zur eindeutigen und vollständigen Darstellung des hier eintretenden $(3n - \nu - 6)$-dimensionalen Gruppencontinuums, wenn wir jeden Punkt des zugelassenen Teiles vom Würfel $W_{n-\nu}$ als Repräsentanten des zugehörigen $(2n - 6)$-dimensionalen Continuums B auffassen.*

Die Berandung des zugelassenen Teiles vom Würfel $W_{n-\nu}$ besteht dann neben Grenzebenen noch aus inneren Ebenen $t_{n-1} = t_n$, $\cdots$ desselben. *Aber diese letzteren Ebenen sind jedenfalls für unser Gruppencontinuum keine Grenzflächen.* Sie sind vielmehr, wie wir schon im Falle $n = 4$ (cf. pg. 359) erkannten, Symmetrieebenen für die Erzeugenden der Modulgruppe, und zwar kommen hierbei Transformationen in Betracht, welche sich bei den regulären Unterteilungen der Bereiche B im Falle gleicher Eckeninvarianten einstellten.

Weiter haben wir am Würfel $W_{n-\nu}$ wegen der Ungleichungen (1) nur noch die Randflächen $t_{\nu+1} = 0$ und $t_n = 1$. Die erstere erledigt sich wie im Falle $n = 4$ (cf. pg. 364) sofort: *Für $t_{\nu+1} = 0$ wird die im Allgemeinen hyperbolische Ecke $e_{\nu+1}$ parabolisch, und wir gelangen zu einer eigentlichen Grenzmannigfaltigkeit unseres Gruppencontinuums, bestehend aus einem $(3n - \nu - 7)$-dimensionalen Gruppencontinuum unserer Art.* Unser Gruppencontinuum ist also jedenfalls nicht mehr ein geschlossenes.

Der Grenzübergang $\lim t_n = 1$ muss am einzelnen unserer reducierten Normalpolygone P etwas ausführlicher untersucht werden. Die Ecke e_n gehört einer Polygonparzelle von P an, die wir in Fig. 78 herausgegriffen denken. Wir

Fig. 78.

nennen den Punkt e_n hier vorübergehend e_3'; die Substitution V_n aber

V_3''. Die beiden anderen an der Parzelle beteiligten Substitutionen sind V_1' und V_2'. An der zu V_1' gehörigen Unterbrechung mögen sich auf dem Rande des Polygons P n_1 feste Ecken einfügen, von denen ν_1 feste Invarianten haben, entsprechend mögen an der anderen Unterbrechung n_2 feste Ecken folgen mit ν_2 festen Invarianten; dann gilt jedenfalls:

$$(2) \qquad n_1 + n_2 + 1 = n, \quad \nu_1 + \nu_2 = \nu.$$

Die Substitutionen V_1'', V_2'', V_3'' bilden nun eine Gruppe des Characters $(0, 3)$, deren dritte Invariante $j_3' = j_n$ ist. Der Grenzübergang $\lim j_3' = \infty$ wurde oben (pg. 365) untersucht und lieferte drei invariantentheoretisch ununterscheidbare Grenzfälle des Polygons und damit der Gruppe: die cyclische Gruppe der Erzeugenden V_1'', diejenige der Erzeugenden V_2'' und drittens die aus der Identität allein bestehende Gruppe. Man wende dies auf Fig. 78 an und denke sich zugleich an den Unterbrechungen die Seitenketten des Polygons P eingehängt. Es ergiebt sich: *Der Grenzübergang* $\lim j_n = \infty$ *führt auf drei invariantentheoretisch ununterscheidbare Grenzgestalten unseres Polygons: ein Polygon des Characters* $(0, n_1 + 1)$ *mit* ν_1 *festen Eckeninvarianten, ein Polygon des Characters* $(0, n_2 + 1)$ *mit* ν_2 *festen Eckeninvarianten, endlich drittens die ganze Ellipsenfläche entsprechend der aus der Identität allein bestehenden Gruppe.* Ist eine der beiden Zahlen n_1, n_2, etwa die erste gleich 1, so ist das erste der eben gemeinten Polygone einfach der cyclische Discontinuitätsbereich von V_1''.

Als Anzahl der Invarianten der gewonnenen Grenzmannigfaltigkeit erhalten wir, falls $n_1 > 1$ und $n_2 > 1$ gilt:

$$(3(n_1 + 1) - \nu_1 - 6) + (3(n_2 + 1) - \nu_2 - 6)$$

und also mit Rücksicht auf die Relationen (2) den Betrag $(3n - \nu - 9)$. Ist hingegen eine der Zahlen n_1, n_2, etwa wieder n_1 gleich 1, so finden wir die als fraglich Anzahl:

$$(1 - \nu_1) + (3(n-1) - \nu_2 - 6) = 3n - \nu - 8.$$

§ 21. Die Gruppencontinua vom Character (p, n).

Bei einer ausführlichen Betrachtung der Gruppencontinua vom Character (p, n) ist genau so wie in den bisher betrachteten Fällen die Theorie der Normalpolygone zu Grunde zu legen. Für eine vorgelegten Gruppe Γ giebt es nach pg. 309 stets nur eine endliche Anzahl μ wesentlich verschiedener Normalpolygone, welche den μ inäquivalenten natürlichen Elementarbereichen entsprachen. Eines unter diesen μ Normalpolygonen auszuwählen, gelingt für $n > 0$ etwa wieder in der

Art, dass man eine erste feste Ecke c_1 zum Centrum C wählt. Da dieser Ansatz aber für $n = 0$ versagt, so behalten wir besser alle μ Normalpolygone neben einander bei und wählen als „reduciert" irgend ein kanonisches Polygon P, welches dann durch μ wohlbestimmte Transformationen aus jenen Normalpolygonen hergestellt werden kann.

Sind einstweilen die Eckeninvarianten constant, so gehört dieses reducierte Polygon P einem $(2n + 6p - 6)$-dimensionalen Polygoncontinuum an, das wir oben (pg. 304) in der Gestalt eines Würfels $W_{2n+6p-6}$ darstellten. In diesem Würfel ist dann der Discontinuitätsbereich der zugehörigen Modulgruppe einzugrenzen. Wie im Falle $(0, n)$ existiert im $W_{2n+6p-6}$ ein „Netz" von Bereichen $B_1, B_2, \ldots$, deren einzelner eine endliche Anzahl von Rändern $R_{2n+6p-7}$ hat, und unter denen nur eine endliche Anzahl bezüglich der Modulgruppe inäquivalenter $B_1, B_2,$ herausgegriffen werden kann.

Diese Ränder $R_{2n+6p-6}$ werden geliefert von jenen besonderen Gruppen Γ, bei denen eine Herabminderung der im allgemeinen vorliegenden Anzahl μ dadurch eintritt, dass mindestens einer der μ natürlichen Elementarbereiche verschwindenden Inhalt bekommt (cf. den Fall $(0, 4)$ oben pg. 345). In diesem Falle wird mindestens eines der μ Normalpolygone einen Specialtypus annehmen, der durch keine Veränderung des Centrums C rückgängig gemacht werden kann.

Zur genaueren Untersuchung dieser Verhältnisse sind aber noch weitergehende Zurüstungen nothwendig. Führt man die zu den dreigliedrigen Cyclen zufälliger Ecken gehörenden Polygonparzellen wie oben (pg. 368) ein, so zeigt sich, dass zwei Arten von Parzellen zu unterscheiden sind, die man als Parzellen des Geschlechtes $p = 0$ und solche des Geschlechtes $p = 1$ zu bezeichnen hat. Wegen der Diskussion jener Specialtypen von Normalpolygonen, welche die Ränder $R_{2n+6p-7}$ liefern, hat man auch die Paare benachbarter Polygonparzellen näher zu untersuchen; und hierbei zeigt sich, dass die Durchführbarkeit der Betrachtung im allgemeinen Falle (p, n) erst noch die genauere Kenntniss der besonderen Theorie des Characters $(1, 2)$ zur Voraussetzung hat [*].

Bei dieser Sachlage sehen wir davon ab, die vorstehend angedeutete Theorie zur Durchführung zu bringen, versuchen vielmehr uns auf einem weniger grundsätzlichen Wege über die Gruppencontinua des

---

[*] Zwei benachbarte Parzellen, von denen die eine zum Geschlechte 0 und die andere zum Geschlechte 1 gehört, bilden für sich ein Normalpolygon des Characters $(1, 1)$; dagegen bilden zwei benachbarte Parzellen des Geschlechtes 1 ein Normalpolygon vom Character $(1, 2)$.

Characters (p, n) insoweit Rechenschaft abzulegen, als es mit Rücksicht auf unsere weiteren Betrachtungen erwünscht erscheint.

Um gleich den allgemeinsten Fall ins Auge zu fassen, nehmen wir an, dass von den n Eckeninvarianten ν fest gegeben seien, und wollen das Symbol (p, n, ν) als eine abgekürzte Bezeichnung für die Signatur gebrauchen. Für irgend eine zugehörige Gruppe sei ein erstes kanonisches Polygon P vorgelegt, welches als Erzeugende der Gruppe $(n + 2p)$ Substitutionen $V_1, \ldots, V_n, V_{a_1}, V_{b_1}, \ldots, V_{a_p}, V_{b_p}$ liefert. Aus $V_{a_\varkappa}, V_{b_\varkappa}$ stellen wir dann nach I pg. 311 die Substitution her:

$$V_{c_\varkappa} = V_{b_\varkappa} V_{a_\varkappa}^{-1} V_{b_\varkappa}^{-1} V_{a_\varkappa}.$$

Dieses Polygon P unterwerfen wir jetzt auf Grund der Compositionstheorie von I pg. 314 ff. einer Reduktion, die wir allerdings nur als eine „unvollständige" werden bezeichnen dürfen. Wir stellten a. a. O. das Polygon P durch Composition aus einem Polygone des Characters $(0, n + p)$ und der Erzeugenden:

$$V_1, \ldots, V_n, V_{n+1} = V_{c_1}^{-1}, \ldots, V_{n+p} = V_{c_p}^{-1}$$

und aus p Polygonen des Characters $(1, 1)$ her, deren einzelnes ein Tripel $V_{a_\varkappa}, V_{b_\varkappa}, V_{c_\varkappa}$ als Erzeugende ergab. Das erste dieser Polygone, dessen Signatur wir durch $(0, n + p, \nu)$ zu bezeichnen haben würden, liefert eine Gruppe, die einem $(3(n+p) - \nu - 6)$-dimensionalen Gruppencontinuum angehört. Letzteres können wir im Würfel $W_{3(n+p)-\nu-6}$ des in Rede stehenden Polygons der Signatur $(0, n + p, \nu)$ durch einen continuirlichen Bereich B_0 darstellen, der im Innern des Würfels geschlossen erscheint, auf dem Rande desselben aber $(3(n+p) - \nu - 7)$-dimensionale ungedeckte Grenzmannigfaltigkeiten hat.

Als ersten Schritt der vorzunehmenden Reduction ersetzen wir das zunächst vorliegende Polygon der Signatur $(0, n + p, \nu)$ durch dasjenige äquivalente Polygon, welches dem Bereiche B_0 angehört. Die Erzeugenden des neuen Polygons $V_1', \ldots, V_n', V_{n+1}'' = V_{c_1}'^{-1}, \ldots,$ $V_{n+p}'' = V_{c_p}'^{-1}$ sind in der Gruppe der Signatur $(0, n + p, \nu)$ und also auch in unserer ursprünglichen Gesammtgruppe Γ mit $V_1, \ldots, V_n,$ $V_{c_1}^{-1}, \ldots, V_{c_p}^{-1}$ gleichberechtigt. Möge dabei die Substitution, welche $V_{c_\varkappa}$ in $V_{c_\varkappa}'$ überführt, zugleich $V_{a_\varkappa}$ in $V_{a_\varkappa}'$ und $V_{b_\varkappa}$ in $V_{b_\varkappa}'$ transformiren.

Der zweite Schritt der Reduction bezieht sich auf jedes einzelne Polygon des Characters $(1, 1)$, welches wir anzuhängen haben. Wir dürfen das zu $V_{a_\varkappa}', V_{b_\varkappa}', V_{c_\varkappa}'$ gehörende Polygon nach der Reductionstheorie des Characters $(1, 1)$ durch ein eindeutig bestimmtes reducirtes Polygon ersetzen, welches einem geschlossenen zweidimensionalen Bereiche angehört, den wir $B_\varkappa$ nennen wollen. Hierbei mögen an Stelle von $V''_{a_\varkappa}$ und $V''_{b_\varkappa}$ die Erzeugenden $V'''_{a_\varkappa}$ und $V'''_{b_\varkappa}$ treten, während $V'_{c_\varkappa}$ erhalten bleibt.

Der dritte Schritt der Reduction betrifft die Compositionsinvarianten, welche bei den p fraglichen Compositionen eintreten, und damit die Transformation des einzelnen Polygons vom Character $(1, 1)$ durch die zugehörige Substitution $V'_{c_\varkappa}$. Fixieren wir die Compositionsinvariante wie oben (pg. 374) in Gestalt eines Exponenten $\sigma_\varkappa$, so können wir, falls für das jetzt erreichte Polygon mit den Erzeugenden $V'''_{a_\varkappa}$, $V'''_{b_\varkappa}$ die Invariante $\sigma_\varkappa$ ausserhalb des Intervalles $0 < \sigma_\varkappa < 1$ liegt, durch Transformation mit $V'_{c_\varkappa}$ zu einem Polygon des Characters $(1, 1)$ und der Erzeugenden $V''''_{a_\varkappa}$, $V''''_{b_\varkappa}$ gelangen, bei dem $\sigma_\varkappa$ jenem Intervall angehört. Dabei beachte man noch, dass $\sigma_\varkappa = 1$ nicht mehr zugelassen zu werden braucht, da für diesen Wert dieselbe Gruppe wie für $\sigma_\varkappa = 0$ vorliegt. Wenn wir demnach der Gleichmässigkeit wegen die p Intervalle $0 \leqq \sigma_\varkappa < 1$ als p lineare Bereiche $B_\varkappa'$ einführen, so sind auch diese, insofern die beiden Endpunkte als nicht verschieden zu gelten haben, wie die zweidimensionalen Bereiche $B_\varkappa$ als geschlossen anzusehen.

Wir combinieren nun die $(1 + 2p)$ Bereiche B_0, $B_\varkappa$, $B_\varkappa'$, indem wir als Punkte eines umfassenderen Continuums alle möglichen Combinationen von je $(1 + 2p)$ Punkten aus jenen Bereichen auffassen. *So entspringt ein $(3n - v + 6p - 6)$-dimensionales Continuum, das wir B' nennen wollen, und in dem sich für jedes Polygon der Signatur (p, n, v) sicher ein äquivalentes findet. Aber es findet sich nicht nur eins, sondern im Allgemeinen mehrere solche, so dass die Reduction in der That als eine unvollständige zu bezeichnen ist.* Man wolle nämlich beachten, dass bei der Reduction, wie wir sie eben vollzogen, jene Elementartransformationen, die wir in I, pg. 331 ff. als solche der vierten Art bezeichneten*), noch gar nicht zur Verwendung kamen. Der Hinzunahme der noch fehlenden Transformationen wird demnach eine Unterteilung von B' entsprechen, *und erst im einzelnen so entspringenden Theilbereiche B haben wir das eindeutige Bild des $(3n - v + 6p - 6)$-dimensionalen Gruppencontinuums der Signatur (p, n, v) vor uns.*

§ 22. Bericht über die Continua der Riemann'schen Flächen des Geschlechtes p.

Sobald man bei der einzelnen unserer Hauptkreisgruppen Γ auf Grund des allgemeinen Existenztheorems der automorphen Functionen

---

*) Transformationen, bei denen zwei benachbarte Polygone des Characters $(1, 1)$ zu zwei neuen Polygonen dieses Characters umgeformt wurden.

(cf. pg. 18 ff.) zur Betrachtung der zugehörigen Functionen $\varphi(\zeta)$ übergeht, wird die Frage, ob der Hauptkreis ein Grenzkreis ist oder nicht, von grundsätzlicher Bedeutung. Liegt nämlich kein Grenzkreis vor, so hat das (in der projectiven Ebene gedachte) Polygon P hyperbolische Spitzen, deren Anzahl wir (wie oben, pg. 26 ff.) durch μ bezeichnen. P wird alsdann durch eine zugehörige Function $z = \varphi(\zeta)$ auf eine symmetrische Riemann'sche Fläche mit μ Übergangs- oder Symmetrielinien abgebildet.

Indem wir die Besprechung dieses Falles hinausschieben, wenden wir uns also zunächst zum Falle einer *Grenzkreisgruppe des Characters* (p, n) bezw. *der Signatur**) $(p, n: l_1, \ldots, l_n)$, deren Polygon P wir durch eine geeignet gewählte Function $z = \varphi(\zeta)$ auf eine *Riemann'sche Fläche F des Geschlechtes p* abgebildet haben. Wir markieren auf F die n Stellen, welche den festen Polygonecken entsprechen, nennen diese Stellen $e_1, e_2, \ldots, e_n$ und bezeichnen die so ausgestattete Fläche als die *„signierte" Riemann'sche Fläche.*

Jede zu P gehörende automorphe Function führt zu einer solchen Riemann'sche Fläche. Aber alle diese Flächen liefern, wie wir wissen, ein und dasselbe algebraische Gebilde, sind also algebraisch eindeutig in einander transformierbar und sollen demnach für die nächst folgenden Betrachtungen als nicht wesentlich verschieden gelten; eine unter ihnen wählen wir als Repräsentanten aller.

Die Gruppe Γ gehört einem $(2n + 6p - 6)$-dimensionalen Continuum an, dessen Eigenart im voranfgehenden Teile des vorliegenden Capitels thunlichst eingehend untersucht wurde. Auf der anderen Seite gehört unsere repräsentierende signierte Riemann'sche Fläche F der *Gesammtmannigfaltigkeit wesentlich verschiedener* mit je n Punkten $e_1, \ldots,$ e_n *signierter Riemann'scher Flächen F des Geschlechtes p* an. Diese Mannigfaltigkeit ist Gegenstand vieler älterer und neuerer Untersuchungen gewesen, welche freilich zu einem erschöpfenden Abschlusse nicht geführt haben. Wir haben hier kurz über die Hauptgesichtspunkte der in Betracht kommenden Theorieen zu berichten.

Wir nennen als ersten Hauptsatz: *Alle (unsignierten) Riemannschen Flächen des Geschlechtes p bilden ein einziges Continuum.* Diese Thatsache ist zum ersten Male ausdrücklich hervorgehoben von Klein im Abschnitt III der 1882 erschienenen Schrift „*Über Riemann's Theorie der algebraischen Functionen und ihrer Integrale*" (Leipzig, Teubner) und zwar in der Form, dass die Gesammtheit aller m-blättrigen Rie-

---

*) Hierbei sollen auch die Werte $l_i = \infty$, den parabolischen Spitzen entsprechend, zugelassen sein.

mannschen Flächen mit w zweiblättrigen Verzweigungspunkten als ein
Continuum hingestellt wird. Wählt man eine Anzahl $m > 2p - 2$, so
giebt es zufolge des Riemann-Roch'schen Satzes (cf. „Mod." I, pg. 546)
stets m-wertige Functionen, so dass wir bei jedem algebraischen Gebilde des Geschlechtes p eine Riemannsche Fläche der gewählten Blätteranzahl m als Repräsentanten finden können. Auch ist bekanntlich die
Annahme nur zweiblättriger Verzweigungspunkte keine Einschränkung
der Allgemeinheit; die Anzahl w dieser Verzweigungspunkte berechnet
sich übrigens nach „Mod." I, pg. 545 zu:

$$w = 2m + 2p - 2.$$

Was den Beweis des ausgesprochenen Satzes angeht, so bezieht
sich Klein a. a. O. auf zwei Untersuchungen von Lüroth[*]) und
Clebsch[**]), aus denen der Satz folge. Diese Untersuchungen sind für
die Lehre von der Gestalt einer Riemann'schen Fläche von grundlegender Bedeutung. Die Riemann'sche Fläche wird zunächst in der Weise
hergestellt, dass die w Verzweigungspunkte in irgend einer Anordnung
durch eine sich selbst nicht überkreuzende Curve C vom ersten bis
zum letzten Verzweigungspunkte verbunden werden. Alle m Blätter
werden alsdann längs C durchschnitten und die entstehenden Schnittränder zwischen je zwei auf einander folgenden Verzweigungspunkten
in irgend einer Weise so verbunden, dass eben nur zweiblättrige Verzweigungspunkte entstehen. Das Problem ist dann, festzustellen, wie
bei der so gewonnenen Fläche durch nachträgliche Abänderung der
Anordnung der Verzweigungspunkte bezw. der Curve C die Blätter-
anordnung modificierbar ist. Die eindringende und erschöpfende Lösung
des Problems führt zu einem überraschend einfachen Ergebniss, aus
dem in der That die Folgerung gezogen werden kann, dass jede unserer
Flächen durch stetige Wanderungen der Verzweigungspunkte in jede
andere überführbar ist.

Im Übrigen ist zu bemerken, dass die oben genannte Schrift von
Klein das fragliche Theorem von vornherein mittelbar zum Ausdruck
bringt. An Stelle der gewöhnlichen mehrblättrig über einer Ebene
gelagerten Riemann'schen Flächen arbeitet Klein mit beliebigen mehrfach zusammenhängenden geschlossenen Flächen im Raume, auf denen
zugehörige algebraische Functionen auf Grund physikalischer Erwägungen construiert werden. Dass aber zwei solche Flächen von

---

[*]) „Note über Verzweigungsschnitte und Querschnitte in einer Riemann'schen
Fläche", Math. Ann. Bd. 4, pg. 181 (1871).
[**]) „Zur Theorie der Riemann'schen Flächen", Math. Ann. Bd. 6, pg. 216
1872).

gleichem Grade des Zusammenhanges im Sinne der Analysis situs
äquivalent sind, d. h. stetig und eindeutig auf einander bezogen werden
können, ist seit lange bekannt[*]). Hieraus ergiebt sich dann leicht
die stetige Überführbarkeit der einen Fläche in die andere und damit
der stetige Zusammenhang aller algebraischen Gebilde des gleichen
Geschlechtes p.

Indem wir jetzt weiter jede unserer Riemann'schen Flächen des
Geschlechtes p mit n Punkten $c_1, \ldots, c_n$ signieren, ertheilen wir jedem
einzelnen dieser Punkte unabhängig von den übrigen freie Beweglichkeit auf der ganzen Fläche. *Auch die so signierten Riemann'schen
Flächen des Geschlechtes p mit der gleichen Anzahl n von Punkten c
werden alsdann ein einziges Continuum bilden.*

Für die Bestimmung der Dimensionenanzahl dieses Continuums
sind die Betrachtungen Riemann's in Art. 12 seiner „*Theorie der Abel-
schen Functionen*"[**]) grundlegend. Bezeichnen wir vorübergehend als
„einfach unendlich" den Wertbereich einer complexen Variabelen, *so
bilden die (unsignierten) Riemann'schen Flächen des Geschlechtes p ein
$(3p-3)$-dimensionales Continuum.* Riemann drückt dies so aus, *dass
beim Geschlechte p die algebraischen Gebilde $(3p-3)$ Moduln (absolute
Invarianten gegenüber rationaler Transformation) besitzen.* In dieser Form
gilt der Satz, falls $p > 1$ ist; für $p = 0$ liegt überhaupt noch kein
Modul vor, für $p = 1$ bekanntlich einer.

Eine auch die Fälle $p = 0$ und $p = 1$ mit umfassende Darstellung
entwickelt Klein im Abschnitt III seiner Schrift über Riemann. Das
Ergebniss ist, *dass beim Geschlechte p die Anzahl der Moduln $(3p-3+\varrho)$
ist, wobei die Anzahl ϱ angiebt, wie vielfach unendlich oft die einzelne
Riemann'sche Fläche in sich selbst transformierbar ist.* In dieser Hinsicht aber gilt bekanntlich der Satz: *Für $p = 0$ ist $\varrho = 3$, für $p = 1$
ist $\varrho = 1$, für $p > 1$ aber stets 0.*

Wenn wir zu den signierten Flächen zurückkehren, werden diese
Transformationen der Fläche in sich von Bedeutung. Wir erinnern
vorab daran, dass für $p = 0$ die Anzahl $n \geq 3$, für $p = 1$ aber $n \geq 1$
sein muss, da die hiermit ausgeschlossenen Combinationen bei Hauptkreisgruppen nicht vorkommen. Alsdann können wir im Falle $p = 0$
drei von den n Punkten c durch eine geeignete Transformation an
drei vorgeschriebene Stellen bringen, so dass nur noch $(n-3)$ Punkte
auf der Fläche frei beweglich sind. Bei $p = 1$ aber kann man einen

---

[*]) Cf. Moebius, „*Theorie der Elementarverwandtschaften*", Leipz. Berichte
Bd. 15 (1863) oder Ges. Werke, Bd. 2, sowie C. Jordan, „*Sur la déformation des
surfaces*", Liouvilles Journal, Reih. 2, Bd. 2, pg. 105 (1866).
[**]) Crelles Journal, Bd. 54 (1857) oder Ges. Werke, pg. 112 (erste Auflage).

Punkt c an eine beliebig vorgeschriebene Stelle bringen, und also sind nur noch $(n-1)$ Punkte frei beweglich. Unter Festhaltung an der Riemann'schen Ausdrucksweise können wir somit sagen, *dass die Signierung der Fläche $(n-\varrho)$ weitere (complexe) Moduln mit sich bringt.*

Die Gesammtzahl der Moduln der signierten Fläche ist hiernach $(n+3p-3)$. Wenn wir demnach als „einfach unendlich" wieder den Wertbereich einer reellen Variabelen bezeichnen, so gilt der Satz: *Das Continuum der mit n Punkten c signierten Riemann'schen Flächen des Geschlechtes p ist $(2n+6p-6)$-dimensional.* Diese Dimensionenanzahl stimmt genau mit derjenigen des gegenüberstehenden Gruppencontinuums überein!

Um die fraglichen beiden Continua, das Gruppencontinuum und das Continuum der Riemann'schen Flächen, mit endgültigem Erfolge vergleichen zu können, müssten wir das Flächencontinuum durch *wirkliche Herstellung der $(n+3p-3)$ complexen resp. $(2n+6p-6)$ reellen Moduln* in eine übersehbare Darstellung bringen, analog der Darstellung des Gruppencontinuums durch die $(2n+6p-6)$ unabhängigen Invarianten. Leider ist diese Darstellung der Continua Riemannscher Flächen nur in den niedersten Fällen zu einem befriedigenden Abschlusse gebracht.

Im Falle $p=0$, wo wir mit der einblättrigen z-Ebene zu thun haben, kommen nur die von der Signierung herrührenden $(n-3)$ Moduln in Betracht. Wir werden sie etwa in der Gestalt *der $(n-3)$ unabhängigen Doppelverhältnisse der n Punkte $c_1, \ldots, c_n$* auswählen; diese Doppelverhältnisse sind complex und repräsentieren also $(2n-6)$ reelle Moduln. Setzen wir das durch (c_1, c_2, c_3, c_k) zu bezeichnende Doppelverhältniss der vier Punkte c_1, c_2, c_3, c_k etwa in der Gestalt:

$$(c_1, c_2, c_3, c_k) = \frac{c_1 - c_k}{c_3 - c_k} : \frac{c_1 - c_2}{c_3 - c_2}$$

an, so wird, falls wir über die uns noch frei stehende lineare Transformation der Variabelen z derart verfügen, dass $c_1 = 0$, $c_2 = 1$, $c_3 = \infty$ zutrifft, für den vierten Punkt c_k die Gleichung:

$$c_k = (c_1, c_2, c_3, c_k)$$

zutreffen. Wählen wir demnach als $(n-3)$ Moduln die etwa kurz durch $\lambda_1, \lambda_2, \ldots, \lambda_{n-3}$ zu bezeichnenden Doppelverhältnisse:

$$\lambda_1 = (c_1, c_2, c_3, c_4),\ \lambda_2 = (c_1, c_2, c_3, c_5),\ \ldots,\ \lambda_{n-3} = (c_1, c_2, c_3, c_n),$$

so werden diese, wie die Werte $c_4, c_5, \ldots, c_n$ *unbeschränkt veränderliche, von einander unabhängige complexe Grössen* sein. Die hiermit gewonnene Darstellung des Continuums der signierten Riemann'schen

Flächen des Geschlechtes $p = 0$ ist nur dann nicht eindeutig, wenn Grenzfälle mit Coincidenzen der Punkte c_1, c_2, c_3 vorliegen; diese Fälle würden also noch besondere Mittel der Darstellung beanspruchen.

Für das Geschlecht $p = 1$ wählen wir die repräsentierenden Flächen zweiblättrig mit vier Verzweigungspunkten. Den einen Modul der noch nicht signierten Fläche können wir dann entweder in *algebraischer* Gestalt etwa als *Doppelverhältniss λ der vier Verzweigungspunkte resp. als zugehörige absolute Invariante J wählen* (cf. „Mod." I, pg. 5 ff.) oder aber in *transcendenter* Gestalt als *Periodenquotient ω*. Im letzteren Falle, den wir bevorzugen, haben wir, um das gesammte Flächencontinuum zu gewinnen und eindeutig darzustellen, den „Modul" ω auf den von „Mod." I, pg. 209 ff. her bekannten „*Fundamentalbereich der Modulgruppe*" zu beschränken. Um weiter die von der Signierung herrührenden Moduln zu fixieren, wählen wir das zur Fläche gehörende Integral erster Gattung u so, dass ein erster Punkt c_1 nach $u = 0$ zu liegen kommt. Ein Periodenparallelogramm der Ecken $u = 0$, ω_1, ω_2, $\omega_1 + \omega_2$ bestimmen wir so, dass der Quotient $\frac{\omega_1}{\omega_2}$ dem „Modul" ω gleich ist. Die weiteren $(n - 1)$ Punkte $c_2 \ldots, c_n$ mögen sich dabei auf die Stellen:

$$u_1 = p_1\omega_1 + q_1\omega_2, \ u_2 = p_2\omega_1 + q_2\omega_2, \ldots, u_{n-1} = p_{n-1}\omega_1 + q_{n-1}\omega_2$$

übertragen. *Als $(2n - 2)$ noch fehlende reelle Moduln können wir dann die hier auftretenden Zahlen p_i, q_i benutzen, welche sämmtlich im Intervall:*

$$0 < p_i < 1, \quad 0 < q_i < 1$$

unabhängig von einander variabel sind.

Ein algebraisches Gebilde des Geschlechtes $p = 2$ ist stets hyperelliptisch, so dass sich die repräsentierende Riemann'sche Fläche als zweiblättrige Fläche über der z-Ebene mit sechs etwa bei $z = c_1$, $c_2, \ldots, c_6$ gelegenen Verzweigungspunkten anordnen lässt. *Das Continuum der unsignierten Flächen ist somit eindeutig bezogen auf das Continuum der mit 6 Punkten signierten Flächen $p = 0$ und also durch drei unabhängige (complexe) Doppelverhältnisse darstellbar.* Kommt jetzt noch eine Signierung mit n Punkten c_1, $c_2, \ldots, c_n$ hinzu, so werden wir n weitere Moduln etwa in der Gestalt der Doppelverhältnisse (r_1, r_2, r_3, c_k) hinzufügen und müssen, um anzugeben, in welchem Blatte c_k gelegen ist, dem einzelnen dieser Doppelverhältnisse noch einen bestimmten unter den beiden Werten:

$$\pm \sqrt{(c_k - c_1)(c_k - c_2) \ldots (c_k - c_6)}$$

zuordnen. *Das Gesammtcontinuum beschreiben wir eindeutig und vollständig, indem wir nicht nur die drei Doppelverhältnisse (r_1, r_2, r_3, r_4),*

(v_1, v_2, v_3, v_5), $(v_1, v_2. v_3, v_6)$, *sondern auch die n weiteren* (v_1, v_2, v_3, e_4), *und zwar die letzteren für jede der beiden adjungierten Wurzeln, unabhängig von einander durch alle complexen Werte führen.* Diese Darstellung versagt und ist zu ergänzen nur für jene Grenzfälle, bei denen Conicidenzen der drei Verzweigungspunkte v_1, v_2, v_3 eintreten.

Für die höheren Fälle mit $p \geqq 3$ erscheinen die bisher entwickelten Ansätze zur wirklichen Herstellung der Moduln nur wenig zugänglich. Man kann dieselben entweder auf *algebraischem Wege*, nämlich *als absolute Invarianten der „Normalcurve der Functionen φ"* (*cf. „Mod." I, pg. 569*) *im Sinne der linearen Invariantentheorie*, oder auf *transcendentem* Wege von den *Perioden der Integrale erster Gattung* aus herstellen. Hierzu würden dann noch die von der Signierung herrührenden Moduln in einer Darstellungsform treten, welche geeignet ist, n auf der Riemann'schen Fläche willkürlich bewegliche Punkte anzugeben [*]).

§ 23. Bericht über die Continua der symmetrischen Riemann'schen Flächen des Geschlechtes p.

Hat das projective Polygon $\mu > 0$ hyperbolische Zipfel, so wollen wir (wie schon pg. 28) seinen Character durch (p', n') bezeichnen, um die Bezeichnungen p, n für die correspondierende Riemann'sche Fläche vorzubehalten. Unter den festen Polygonecken sind dann $v = n' - \mu$ elliptische und parabolische enthalten, so dass die Signatur des Polygons durch $(p', n'; l_1, l_2, \ldots, l_v)$ zu bezeichnen ist.

Die zugehörige Riemann'sche Fläche (wir denken wieder eine unter allen in Betracht kommenden als Repräsentanten gewählt) ist dann, wie wir schon vorhin (pg. 391) feststellten, *symmetrisch* und weist μ Übergangs- oder Symmetrielinien auf; ihr Geschlecht p berechnet sich nach (2) pg. 28 zu:

$$(1) \qquad p = 2p' + \mu - 1,$$

und sie ist mit:

$$(2) \qquad n = 2(n' - \mu) = 2\nu$$

paarweise symmetrisch gelegenen Punkten c signiert, welche den elliptischen und parabolischen Ecken des Polygones entsprechen.

Aus (1) ergiebt sich:

$$\mu = p + 1 - 2p'.$$

---

[*]) Über die Moduln der unsignierten Flächen des Geschlechtes $p = 3$ finden sich weitere Ausführungen und Nachweise in der Abhandlung von Klein, *„Zur Theorie der Abel'schen Functionen"*, Abschn. II, Math. Ann., Bd. 36 (1889), pg. 45.

Sammeln wir demnach für gegebenes p alle unseren Polygonen entsprechenden symmetrischen Flächen, so haben wir für p' der Reihe nach alle ganzen Zahlen des Intervalls:

$$0 < p' < \frac{p+1}{2}.$$

einzutragen, was für die Anzahl der Symmetrielinien die Werte $\mu = p+1$, $p-1$, $p-3$, ... bis herab zu 2 oder 1 ergiebt.

Es hat nun Klein bereits 1882 in seiner Schrift über Riemann die Untersuchung der symmetrischen Flächen in Angriff genommen und dabei vor allem zwei wesentlich verschiedene Fälle unterschieden, je nachdem die längs der μ Symmetrielinien zerschnittene Fläche noch zusammenhängt oder in zwei getrennte symmetrische Hälften zerfällt. Die Flächen der letzteren Art bezeichnet Klein als „orthosymmetrisch"; nur mit solchen Flächen haben wir hier zu thun, da unsere Polygone der ζ-Ebene (cf. Fig. 9, pg. 27) durch die reelle ζ-Axe in zwei getrennte Stücke zerschnitten werden. Für die orthosymmetrischen Flächen des Geschlechtes p aber findet Klein, dass solche mit $(p+1)$ Symmetrielinien, solche mit $(p-1)$, $(p-3)$ u. s. w. auftreten, andere aber nicht. Jedenfalls liefern also unsere Polygone für alle Arten der orthosymmetrischen Riemann'schen Flächen des Geschlechtes p Beispiele.

Auf Anlass von Klein hat G. Weichold in seiner Leipziger Dissertation von 1883 „Über symmetrische Riemann'sche Flächen und die Periodicitätsmoduln der zugehörigen Abel'schen Normalintegrale erster Gattung"[*] die symmetrischen Flächen einer eingehenden Untersuchung unterzogen. Übrigens ist Klein selbst auf die Theorie unserer Flächen in sehr ausführlicher Weise im dritten Theile seiner Vorlesung „Riemann'sche Flächen"[**]) aus dem Sommersemester 1892 zurückgekommen.

Fassen wir die orthosymmetrischen Riemann'schen Flächen des Geschlechtes p mit der gleichen Anzahl μ von Symmetrielinien zu einer Art zusammen, so werden diese eine Mannigfaltigkeit bilden, die im Gesammtcontinuum der Flächen des Geschlechtes p enthalten ist. Dabei besteht der Satz: *Die orthosymmetrischen Riemann'schen Flächen der einzelnen durch p und μ gegebenen Art bilden für sich gleichfalls ein einziges Continuum.* Dieser Satz ist zuerst in der eben genannten Weichold'schen Dissertation ausgesprochen, sowie in der gleichfalls soeben zitierten Vorlesung von Klein festgestellt. Der Beweis wird auf Grund der allgemeinen Flächensätze von Moebius und Jordan in der

---

[*]) Cf. Zeitschr. f. Math. u. Phys. Bd. 28, pg. 321.

[**]) Autographiert und im Commissionsverlage von B. G. Teubner, Leipzig, erschienen. Siehe auch die Abh. „Über Realitätsverhältnisse bei der einem beliebigen Geschlechte zugehörigen Normalcurve der q" Math. Ann. Bd. 42 (1892).

schon im vorigen Paragraphen bei den allgemeinen Flächen des Geschlechtes *p* angedeuteten Weise geführt.*) Es bliebe aber wohl zu wünschen, dass eine mit den Lüroth-Clebsch'schen Entwicklungen parallel gehende Untersuchung der symmetrischen Flächen direct in ihrer Gestalt als eigentliche mehrblättrige Riemann'sche Flächen über einer Ebene ausgeführt würde.

Die Dimensionenanzahl der Continua orthosymmetrischer Flächen oder, wie wir wieder sagen können, die Anzahl der Moduln der einzelnen Fläche bestimmt Klein in seiner genannten Vorlesung vom Sommersemester 1892 pg. 136 ff. auf Grund derselben Principien wie bei den unsymmetrischen Flächen. Er gewinnt als Ergebniss: *Die einzelne orthosymmetrische Fläche des Geschlechtes p besitzt* $(3p - 3 + \sigma)$ *reelle Moduln, wobei die Anzahl σ angiebt, wie vielfach unendlich oft die Fläche unter Beibehaltung ihrer Symmetrielinien in sich selbst transformierbar ist.* Hierbei gilt als „einfach unendlich" der Werthbereich einer reellen Variabelen. *Bekanntlich hat man alsdann σ = 3 für p = 0, σ = 1 für p = 1 und σ = 0 für p > 1.*

Für $p = 0$ wählen wir als repräsentierende Fläche die schlichte *z*-Ebene und machen die reelle *z*-Axe zur Symmetrielinie. Die ∞^3 Transformationen der Fläche in sich sind dann die linearen Transformationen von *z* mit reellen Coefficienten. Für $p = 1$ sind die symmetrischen Gebilde in I, pg. 224 ff. erschöpfend untersucht. Wir finden drei Arten, welche a. a. O. durch die Figuren 60, 62 und 63 dargestellt wurden. Aber nur die durch Fig. 62 gelieferte Art mit rechteckigem Periodenparallelogramm giebt eine orthosymmetrische Fläche, und zwar eine solche mit zwei Symmetrielinien, wie es sein muss. Wir können das Integral erster Gattung *u* so wählen, dass von den beiden Perioden ω_1, ω_2 die erste rein imaginär und die zweite reell ist, und dass sich überdies eine der Symmetrielinien auf die reelle *u*-Axe überträgt. Die ∞^1 Transformationen der Fläche in sich, bei denen zugleich die Symmetrielinien erhalten bleiben, werden dann bekanntlich in der Gestalt $u' = \pm u + a$ darstellbar, wo *a* ein reeller Parameter ist.

Diese letzteren Angaben werden von Wichtigkeit, wenn wir jetzt die Signierung unserer einzelnen Fläche mit irgend welchen $n = 2\nu$ paarweise symmetrischen Punkten *e* vornehmen. *Selbstverständlich werden auch die solchergestalt mit n Punkten signierten orthosymmetrischen Flächen des Geschlechtes p mit μ Symmetrielinien ein einziges Continuum bilden.* Um sogleich dessen Dimensionenanzahl festzustellen, disponieren wir im Falle des Geschlechtes $p = 0$ über die $\frac{1}{2}n$ Punkte *e*

---

*) Siehe die betreffende Fussnote pg. 393.

der positiven z-Halbebene so, dass ein erster Punkt c nach $z = i$, ein zweiter etwa auf die imaginäre z-Axe oberhalb $z = i$ zu liegen kommt*). Dieser zweite Punkt liefert dann *einen* reellen Modul, während die übrigen $\left(\frac{1}{2}n - 2\right)$ Punkte, welche willkürlich beweglich bleiben, noch weitere $(n - 4)$ reelle Moduln liefern. Die Gesammtzahl derselben ist somit $(n - 3)$. Im Falle $p = 1$ können wir einen ersten Punkt c der einen Flächenhälfte so wählen, dass sein Abbild in der u-Ebene auf die imaginäre u-Axe fällt**). Dieser Punkt liefert nur einen reellen Modul, während die $\left(\frac{1}{2}n - 1\right)$ übrigen frei beweglichen Punkte c noch $(n - 2)$ reelle Moduln liefern. Die Gesammtzahl der Moduln ist demnach $(n - 1)$. Für $p > 1$ können wir über keinen der $\frac{1}{2}n$ Punkte c der einen Flächenhälfte verfügen; vielmehr bleiben sie alle frei beweglich und liefern also n reelle Moduln. Unter Zusammenfassung aller Fälle können wir sagen, dass die Signierung der Fläche $(n - \sigma)$ reelle Moduln den bisherigen $(3p - 3 + \sigma)$ hinzufügt, wobei die Anzahl σ die oben notierte Bedeutung hat. Durch Addition folgt: *Die einzelne signierte orthosymmetrische Fläche hat $(n + 3p - 3)$ reelle Moduln, oder das Continuum der mit n paarweise symmetrischen Punkten c signierten orthosymmetrischen Riemann'schen Flächen des Geschlechtes p mit μ Symmetrielinien ist $(n + 3p - 3)$-dimensional.*

Aus den Relationen (1) und (2) folgt:

$$n + 3p - 3 = 2n' + \mu + 6p' - 6 = 3n' - \nu + 6p' - 6.$$

Das Continuum der Gruppen von der Signatur $(p', n'; l_1, l_2, \ldots, l_\nu)$ war gleichfalls $(3n' - \nu + 6p' - 6)$-dimensional. Das gegenüberstehende Continuum der orthosymmetrischen Riemann'schen Flächen zeigt also dieselbe Dimensionenanzahl wie das Gruppencontinuum!

Um die beiden fraglichen Continua, das Continuum der Hauptkreisgruppen von der Signatur $(p', n'; l_1, l_2, \ldots, l_\nu)$ und das Continuum der mit n paarweise symmetrischen Punkten c signierten orthosymmetrischen Riemann'schen Flächen des Geschlechtes p mit μ Symmetrielinien, mit Erfolg vergleichen zu können, müssten wir das Flächencontinuum durch *wirkliche Herstellung der $(n + 3p - 3)$ reellen Moduln*

---

*) Für $p = 0$ gilt $p' = 0$, $\mu = 1$, so dass die Anzahl $n' \geqq 3$ sein muss. Aus (2) pg. 396 folgt somit:

$$\tfrac{1}{2}n = n' - 1 \geqq 2.$$

**) Für $p = 1$ folgt aus (1) pg. 396 sofort $p' = 0$, $\mu = 2$, so dass gleichfalls $n' \geqq 3$ gilt. Aus (2) pg. 396 folgt jetzt:

$$\tfrac{1}{2}n = n' - 2 \geqq 1.$$

in eine übersehbare Darstellung bringen, analog der Darstellung des Gruppencontinuums durch die $(3n' - v + 6p' - 6)$ unabhängigen Invarianten. Indessen ist auch hier wieder die Darstellung der Flächencontinua nur in den niedersten Fällen zu einem befriedigenden Abschlusse gebracht.

Im Falle $p = 0$ seien zu den Punkten c_i, c_k der positiven z-Halbebene die Punkte $\bar{c}_i$, $\bar{c}_k$ symmetrisch. Das etwa (c_i, c_k) zu nennende Doppelverhältniss λ dieser vier Punkte dürfen wir dann als reelle dem Intervall $0 < \lambda \leq 1$*) angehörende Grösse ansetzen. *Als $(n-3)$ Moduln können wir dann die $(n-3)$ Doppelverhältnisse:*

$$(c_1, c_2),\ (c_1, c_3),\ (c_2, c_3),\ (c_1, c_4),\ (c_2, c_4),\ \ldots,$$
$$(c_1, c_{\frac{1}{2}n}),\ (c_2, c_{\frac{1}{2}n})$$

ansetzen, welche alsdann alle reell sind und zwischen 0 und 1, die Grenzen eingeschlossen, liegen. Aber die Verhältnisse sind hier bereits insofern complicierter, als zwischen je drei Doppelverhältnissen (c_1, c_2), (c_1, c_i), (c_2, c_i) eine Ungleichung (Schnittbedingung zweier Kreise) besteht, und dass beim Erfülltsein der letzteren nach Festlegung der Punkte c_1, c_2 der dritte Punkt c_i aus den Doppelverhältnissen erst zweideutig (Schnitt zweier Kreise) bestimmt ist.

Im Falle $p = 1$ haben wir als *ersten Modul* den *absoluten Betrag* $|\omega|$ des *rein imaginären Periodenquotienten* ω. Von den Perioden ω_1, ω_2 selbst wollten wir ω_2 reell und also ω_1 rein imaginär wählen, die eine Flächenhälfte sollte aber auf das halbe Periodenparallelogramm mit den Ecken $u = 0$, $\frac{1}{2}\omega_1$, ω_2, $\frac{1}{2}\omega_1 + \omega_2$ abgebildet werden. Einen ersten Punkt c_1 können wir dann nach $u_1 = \frac{1}{2}p_1\omega_1$ verlegen, die übrigen mögen ihre Abbilder an den Stellen:

$$u_2 = \frac{1}{2}p_2\omega_1 + q_2\omega_2, \quad u_3 = \frac{1}{2}p_3\omega_1 + q_3\omega_2, \ \ldots,$$
$$u_{\frac{1}{2}n} = \frac{1}{2}p_{\frac{1}{2}n}\omega_1 + q_{\frac{1}{2}n}\omega_2$$

finden. *Die von der Signierung herrührenden $(n-1)$ Moduln sind dann die $(n-1)$ Zahlen p_1, p_2, q_2, p_3, q_3, $\ldots$, $p_{\frac{1}{2}n}$, $q_{\frac{1}{2}n}$, welche sämmtlich unabhängig von einander zwischen den Grenzen 0 und 1, die letzteren eingeschlossen, variabel sind.*

Von den höheren Fällen erscheinen noch leicht zugänglich diejenigen für $p = 2$, $n = 0$, also die *unsignierten orthosymmetrischen*

---

*) Man vergl. z. B. die Entwicklungen über das Doppelverhältnis von vier Punkten in „Mod." I, pg. 5 ff.

hyperelliptischen Flächen des Geschlechtes $p = 2$. Als Repräsentanten wählen wir in jedem Falle eine zweiblättrige Fläche über der z-Ebene mit sechs Verzweigungspunkten $v_1, v_2, \ldots, v_6$, die entweder reell oder zu Paaren conjugiert complex sind. Es sind demnach zunächst vier Fälle denkbar, je nachdem alle sechs Verzweigungspunkte v oder vier oder zwei oder endlich keiner reell sind. Ist $\bar{z}$ der zu z conjugierte complexe Wert, so ist die Transformation $z' = \bar{z}$ an der Fläche immer in zwei Weisen ausführbar, je nachdem wir Vertauschung der Blätter eintreten lassen oder nicht: *Unsere Fläche lässt also immer zwei, für den Augenblick etwa S_1, S_2 zu nennende, symmetrische Umformungen in sich zu.* Skizziert man sich die Flächen, so gelangt man zu folgendem einschränkenden Ergebniss: *Orthosymmetrie liefert erstens der Fall von sechs reellen Verzweigungspunkten, und zwar für jede der beiden Umformungen S_1, S_2, wobei beide Male drei Übergangslinien auftreten, zweitens der Fall dreier Paare conjugiert complexer Verzweigungspunkte v mit einer Symmetrielinie, der letztere jedoch nur für eine der beiden Umformungen S; die andere Umformung sowie alle übrigen Fälle liefern Diasymmetrie*). In den beiden verschiedenen hiernach für uns in Betracht kommenden Fällen werden wir leicht *das dreifach unendliche Continuum der Flächen durch drei reelle Doppelverhältnisse der $v_1, \ldots, v_6$ darstellen,* worauf wir unten zurückkommen.

Vielfach betrachtet ist auch noch der Fall $p = 3$, wo wir die beiden Fälle $\mu = 4$ und $\mu = 2$ zu unterscheiden haben. Zur Gewinnung der sechs reellen Moduln auf algebraischem Wege hat man an *die singularitätenfreien ebenen Curven vierten Grades mit vier bezw. mit zwei reellen Zügen* anzuknüpfen, die zuerst von Zeuthen**) einer ausführlichen Untersuchung und Classification unterworfen sind***). Indessen scheint es nicht leicht zu sein, aus den bisher vorliegenden Untersuchungen auch nur für die unsignierten Flächen zu einer Darstellung der sechs Moduln zu gelangen, welche die beiden hier in Betracht kommenden Flächencontinua deutlich zu übersehen gestattet.

---

*) Vergl. hierzu die Ausführungen von Klein in der pg. 397 genannten Vorlesung „Riemann'sche Flächen", pg. 124 ff. des zweiten Theiles.

**) „Sur les différentes formes des courbes planes du quatrième ordre", Math. Ann. Bd. 7, pg. 410 (1874).

***) Siehe auch die bezüglichen Ausführungen von Klein in der öfter genannten Vorlesung, Theil I, pg. 202 und Theil II, pg. 156 ff.

§ 24. Stetigkeit der Beziehung zwischen dem Continuum der Gruppen und dem Continuum der Riemann'schen Flächen.

Das $(3n - v + 6p - 6)$-dimensionale Continuum der Gruppen Γ einer gegebenen Signatur $(p, n; l_1, l_2, \ldots, l_r)$ hatten wir oben durch einen Bereich B dargestellt, den wir jetzt des genaueren mit B_g bezeichnen wollen. B_f sei entsprechend der Name des gegenüberstehenden gleichdimensionalen Continuums der Riemann'schen Flächen F. Die einzelne Gruppe Γ oder die einzelne Fläche F bezeichnen wir dann auch wohl als einen „Punkt" in B_g bezw. B_f.

Das Existenztheorem der automorphen Functionen (pg. 18 ff.) lehrt nun jedenfalls, dass jedem einzelnen Punkte in B_g eindeutig ein bestimmter Punkt in B_f entspricht. Wir fragen, *ob bei stetiger Änderung des Punktes in B_g vielleicht auch der entsprechende Punkt in B_f sich stetig ändert oder nicht?* Wir werden diese Frage bejahend beantworten können durch einen Satz, den wir weiterhin als „*Stetigkeitssatz*" citieren werden.

Jedenfalls besteht zuvörderst der Satz, *dass wir einer stetigen Abänderung der Invarianten der Gruppe immer mit einer gleichfalls stetigen Abänderung des Polygons P zu folgen vermögen.* Berechnen wir uns nämlich nach I pg. 335 ff. aus dem (im Allgemeinen überzähligen) Invariantensystem die Erzeugenden $V_1, V_2, \ldots, V_{a_1}, V_{b_1}, \ldots$ für Γ, so sind die Coefficienten dieser Substitutionen bestimmte rationale Functionen der Invarianten, welche sich demnach gegenüber stetigen Änderungen der Invarianten j selber stetig mitändern werden. Vollzieht man nun etwa nach I, pg. 314 den Aufbau des Polygons P durch Composition aus einem Polygon des Characters $(0, n+p)$ und p Polygonen des Characters $(1, 1)$ und wählt man diese $(p + 1)$ zu componierenden Polygone als Normalpolygone eines und desselben Centrums, so ist, falls bei der stetigen Änderung der Invarianten dieses Centrum fest bleibt oder sich doch nur stetig ändert, unmittelbar einleuchtend, dass sich das Gesammtpolygon bei diesen Änderungen selber nur stetig mitändert.

Wir behaupten weiter: *Gegenüber jeder stetigen Änderung der Invarianten und also des Polygons gehen die Functionen der Gruppe Γ gleichfalls stetig in die Functionen der abgeänderten Gruppe über.*

Dieser im Mittelpunkte der gegenwärtigen Betrachtung stehende Satz ist auf zwei Arten bewiesen worden. Der erste von Poincaré herrührende Beweis, auf den wir gleich ausführlicher zurückkommen, wurde bereits oben (pg. 167 ff.) entwickelt. Er schliesst sich an die Darstellung der automorphen Functionen durch die Poincaré'schen

Reihen an und beruht auf dem Nachweise der gleichmässigen Convergenz dieser Reihen gegenüber Abänderung der Invarianten.

Den zweiten Beweis unseres Satzes hat E. Ritter in einer mit grosser Gründlichkeit ausgeführten Untersuchung: „*Die Stetigkeit der automorphen Functionen bei stetiger Abänderung des Fundamentalbereichs**) geliefert. Ritter knüpft an die Herstellung der automorphen Functionen vermöge der Elementarpotentiale und Integrale zweiter Gattung des Polygons P an. Er führt ein Maass für die Abänderung des Polygons P numerisch ein und dringt bis zur Gewinnung einer zugehörigen oberen Grenze für die correspondierende Abänderung der automorphen Functionen durch, aus der alsdann hervorgeht, dass thatsächlich die Abänderung der Functionen mit dem Maasse der Abänderung des Polygons P gleichmässig gegen 0 convergiert.

Ausartungen betrachtet Ritter nur im Falle der symmetrischen Polygone P, und zwar in § 11 der zweiten eben genannten Abhandlung. Eine Ausartung solcher Art, wie Ritter sie zulässt, liegt vor, wenn eine hyperbolische Eckeninvariante parabolisch wird, d. h. den Grenzwert 2 annimmt. Dagegen treten bei unseren symmetrischen oder unsymmetrischen Polygonen auch noch andere Grenzfälle auf, z. B. die, bei denen eine Transversalinvariante parabolisch wird. Diese Fälle sind demnach bei Ritter noch nicht mit erledigt.

Die Umständlichkeit der Ritter'schen Untersuchung gegenüber dem weit kürzeren Poincaré'schen Verfahren belohnt sich übrigens dadurch, dass die Ritter'schen Erwägungen unabhängig davon sind, ob das Polygon P Discontinuitätsbereich einer Gruppe Γ ist oder bei Reproduction zu mehrfacher Überdeckung der ζ-Ebene hinführt bezw. für sich genommen bereits Teile der ζ-Ebene mehrfach überdeckt (cf. pg. 51), während Poincaré's Beweis nur soweit Gültigkeit hat, als der Gebrauch der nach ihm benannten Reihen statthaft ist, d. h. allein im Gebiete der „eindeutigen" automorphen Functionen.

In diesem hier allein in Betracht kommenden Gebiete leistet der, wie bemerkt, bereits oben (pg. 167 ff.) dargestellte Poincaré'sche Beweis alles Erforderliche. Er beruht auf der absoluten und gleichmässigen Convergenz der Poincaré'schen Reihen der Dimensionen $d < -2$, falls ζ auf den a. a. O. mit B_0 bezeichneten Bereich und Γ auf die „volle Umgebung" der zuerst gewählten Gruppe $\Gamma^{(0)}$ im Continuum B_g eingeschränkt ist. Diese Convergenz aber geht aus dem

---

*) Theil I „*Symmetrische Fundamentalbereiche*", Math. Ann. Bd 45, pg. 473 (1894); Theil II „*Allgemeine Fundamentalbereiche*", Math. Ann. Bd. 46, pg. 200 1894).

Umstande hervor, dass die in die Gestalt (4) pg. 171 umgesetzte Reihe besser als eine unter (14) pg. 173 rechter Hand angesetzte selber convergente geometrische Reihe convergiert*).

Bei dem fraglichen Convergenzbeweise haben wir oben die Grenzfälle des Continuums B_g, d. h. diejenigen Gruppen Γ, bei denen eine Erniedrigung des Characters (p, n) des Polygons P oder eine Ausartung desselben eintritt, zunächst ausgeschlossen (cf. pg. 168). Es geschah dies jedoch nur deshalb, weil die Eigenart dieser Grenzfälle damals noch nicht ausreichend geklärt war. Bei einer Ausartung des Polygons in eine Linie (Niveaucurve einer hyperbolischen Substitution, welcher zur Identität wird) versagt selbstverständlich der Ansatz der Poincaré'schen Reihen. Aber wir konnten jeden Grenzübergang (und zwar im allgemeinen auf zwei Weisen) derart ausführen, dass als Grenzfall *ein nicht-ausartendes Polygon P von niederem Character* eintrat. Bei einem solchen Grenzpolygon bleibt aber die pg. 167 ff. dargestellte Poincaré'sche Convergenzbetrachtung vollkommen brauchbar. In der That ist hierzu nur erforderlich, dass der pg. 170 um den Punkt ζ_0 eingegrenzte Bereich B_0 auch bei Änderung der Invarianten im Innern des Polygons P verbleibt, was ja bei endlich ausgedehntem P stets erreichbar ist. Alle weiteren Schritte der Entwicklung pg. 170 ff. bleiben dann aber unberührt. Somit bleibt unser Satz vom stetigen Übergange der automorphen Functionen einer Gruppe in die Functionen nächst benachbarter Gruppen *auch unter Einschluss der Grenzfälle im Continuum B_g in Geltung, denen endlich ausgedehnte Polygone niederer Charactere angehören**).*

Wir brauchen jetzt nur noch daran zu erinnern, dass zwei Functionen φ_1, φ_2 der einzelnen Gruppe durch eine algebraische Relation $G(\varphi_1, \varphi_2) = 0$ verbunden sind, die ihrerseits eine repräsentierende Rie-

---

*) Übrigens macht es nichts aus, dass der Bereich B_0, auf welchen sich die Convergenzbetrachtung bezieht, ganz im Innern des Hauptkreises (oder ganz ausserhalb desselben) liegt und also die Convergenz für etwa dem Hauptkreise selbst angehörende Punkte von P nicht unmittelbar mitbewiesen ist. Gehen nämlich innerhalb des *endlich* ausgedehnten Bereiches B_0 die Reihen einer ersten Gruppe Γ und also die durch sie darzustellenden automorphen Functionen bei stetiger Änderung der Invarianten selber *stetig* in diejenigen der benachbarten Gruppe über, so werden sich dabei die Coefficienten jeder zwischen zwei Functionen φ_1, φ_2 bestehenden algebraischen Relation und damit auch die Moduln der Riemann'schen Fläche, worauf es uns schliesslich ankommt, nur stetig ändern können.

**) Poincaré selbst ist auf die Ausdehnung der Stetigkeitsbetrachtungen auf die Grenzfälle im Laufe seiner Abhandlung „*Sur les groupes des équations linéaires*", Act. math. Bd. 4, pg. 236 ff. (1884) zurückgekommen.

mann'sche Fläche F des algebraischen Gebildes zu definieren geeignet
ist. Bei stetiger Abänderung der Gruppeninvarianten werden die Functionen φ und damit die Coefficienten jener Relation $G(\varphi_1, \varphi_2) = 0$
sich stetig ändern, und also gilt dasselbe von der repräsentierenden
Riemann'schen Fläche. So entspringt als Antwort auf die am Anfang
des Paragraphen aufgeworfene Frage des *„Stetigkeitssatzes":* Bei irgend
welchen stetigen Bewegungen des Punktes im Bereiche B_g *bewegt sich der*
correspondierende Punkt im Bereiche B_f *ausnahmslos gleichfalls stetig!*

§ 25. Eindeutigkeit der Beziehung zwischen dem Continuum der Gruppen und dem Continuum der Riemann'schen Flächen.

Dem einzelnen Punkte des Gruppencontinuums B_g entsprach eindeutig ein bestimmter Punkt im Continuum B_f der Riemann'schen
Flächen. Wir fragen jetzt, ob hierbei zwei verschiedene Punkte von
B_g ein und denselben Punkt von B_f liefern können, ob also zwei
wesentlich verschiedene Gruppen Γ' und Γ'' der Signatur $(p, n; l_1, l_2 \ldots, l_n)$
ein und dieselbe signierte Riemann'sche Fläche F liefern können. Die
Frage ist zu verneinen, es besteht also folgender *„Eindeutigkeitssatz":*
Die Beziehung zwischen dem Gruppencontinuum B_g *und dem Continuum*
der Flächen B_f *ist eine solche, dass dem einzelnen Punkte von* B_f *nie-*
mals mehr als ein einziger Punkt von B_g *entsprechen kann.*

Dieser Eindeutigkeitssatz ist von Klein im Verlaufe der Abhandlung *„Neue Beiträge zur Riemann'schen Functionentheorie"*[*] nicht nur
für Hauptkreisgruppen, sondern auch für solche Gruppen mit unendlich
vielen Hauptkreisen aufgestellt, zu denen man mittelst des Compositionsprozesses von den Hauptkreisgruppen aus gelangen kann. In dem hier
allein in Betracht kommenden Falle der Hauptkreisgruppen ist der
Eindeutigkeitssatz zuerst von Poincaré am 17. October 1881[**] mitgetheilt und späterhin innerhalb der Abhandlung *„Sur les groupes des*
équations linéaires"[***] als *„lemme fondamental"* bewiesen. Die nachfolgende Darstellung giebt diesen Beweis Poincaré's wieder.

Für die erste Gruppe Γ' wählen wir in der projectiven Ebene ein
kanonisches Polygon von $(2n + 4p)$ Seiten, welches in der positiven
ζ-Halbebene das Polygon P liefere. Ist $\nu = n$, so liefert P die gesammte Fläche F, ist aber $\nu < n$, liegt also der symmetrische Fall
mit $\mu = n - \nu$ Symmetrielinien vor, so liefert P nur die eine der
beiden symmetrischen Hälften von F. Die Fläche F bezw. deren Hälfte

---

[*] Math. Ann., Bd. 21, pg. 209 ff. (1882).

[**] Comptes Rendus, Bd. 93, pg. 582.

[***] Act. math., Bd. 4, pg. 231 (October 1883).

trägt dem Rande von P entsprechend ein kanonisches Schnittsystem. Wir übertragen die so zerschnittene Fläche (Flächenhälfte) in einer neuen positiven Halbebene der Variabeln ζ' auf ein Polygon P' der zweiten Gruppe Γ'. Dann entsprechen die beiden Polygone P und P' der Halbebenen von ζ und ζ' einander durch Vermittlung von F stetig, eindeutig und *conform*, wobei insbesondere die Seiten und Ecken von P und P' einander eindeutig correspondieren.

Den Substitutionen 1, V_1, V_2, ... von Γ mögen die Substitutionen 1, V_1', V_2', ... der isomorphen Gruppe Γ' entsprechen. Die Substitution V_k führe P in P_k über und entsprechend V_k' das Polygon P' in P_k'. Die beiden Polygone P_k und P_k' sind dann gleichfalls eindeutig, stetig und conform auf einander bezogen. Wie man sieht, entspringt hieraus eine eindeutige, stetige und conforme Beziehung der beiden aus P und P' herzustellenden Polygonnetze N und N' in den Halbebenen von ζ und ζ', und zwar hört die Conformität dieser Beziehung auch in den im Innern der Halbebenen gelegenen elliptischen Eckpunkten deshalb nicht auf, weil ja in zwei solchen correspondierenden Polygonecken stets der gleiche Winkel $\dfrac{2\pi}{l}$ vorliegt.

Über die Beziehung der beiden reellen Axen von ζ und ζ' auf einander wollen wir zunächst noch keine Folgerung ziehen. Dagegen betreffen unsere Angaben über die eindeutige, stetige und conforme Beziehung der beiden Halbebenen auf einander alle diejenigen Theile derselben, welche von den reellen Axen endliche Entfernung haben. In der That wird ja jeder Punkt $\zeta = \xi + i\eta$ und $\zeta' = \xi' + i\eta'$ mit $\eta > 0$ bezw. $\eta' > 0$ nach Durchlaufung von endlich vielen Polygonen in das Innere des Netzes N bezw. N' hineingezogen.

Die vorstehenden Angaben über die Beziehung der beiden Halbebenen von ζ und ζ' auf einander gestatten nun bereits den Schluss zu ziehen, *dass die fragliche Beziehung nothwendig durch eine lineare Gleichung:*

$$(1) \qquad \zeta' = \frac{a\zeta + b}{c\zeta + d}$$

darstellbar sein muss.

Um dies zu zeigen, verstehen wir unter ζ_0 und ζ_0' irgend zwei einander entsprechende Werthe aus dem Innern der beiden Halbebenen. Indem wir mit $\bar{\zeta}_0$ und $\bar{\zeta}_0'$ die beiden zu ζ_0 und ζ_0' conjugiert complexen Werthe verstehen, führen wir zwei neue Variabele Z und Z' durch:

$$(2) \qquad Z = \frac{\zeta - \zeta_0}{\zeta - \bar{\zeta}_0}, \qquad Z' = \frac{\zeta' - \zeta_0'}{\zeta' - \bar{\zeta}_0'}$$

ein. In den Ebenen dieser Variabelen Z und Z' bilden sich die beiden bisher betrachteten Halbebenen auf zwei Kreisflächen der Radien 1 um die Nullpunkte $Z = 0$, $Z' = 0$ ab. Die Beziehung dieser beiden Kreisflächen auf einander ist dann wieder ausnahmslos eindeutig, stetig und conform im Innern beider Flächen, wobei die beiden Nullpunkte $Z = 0$ und $Z' = 0$ einander entsprechen. Ferner aber ist die Beziehung eine solche, dass für $\lim Z = 1$ (bezw. $\lim Z' = 1$) stets auch $\lim Z' = 1$ (bezw. $\lim Z| = 1$) zutrifft.

Betrachten wir daraufhin den Quotienten $\frac{Z'}{Z}$ im Innern des Einheitskreises der Z-Ebene, so stellt derselbe hier überall eine von 0 verschiedene, endliche, stetige und eindeutige analytische Function ohne singuläre Punkte dar. Demgemäss wird der Logarithmus jenes Quotienten $\log\left(\frac{Z'}{Z}\right)$ im fraglichen Kreise eine überall endliche, stetige und eindeutige analytische Function liefern.

Indem wir unter Trennung des Reellen und Imaginären $Z = X + iY$ schreiben, möge die zuletzt gewonnene Function bei der gleichen Trennung:

$$(3) \qquad \log\left(\frac{Z'}{Z}\right) = U(X, Y) + i V(X, Y)$$

liefern. Es sind alsdann $U(X, Y)$ und $V(X, Y)$ zwei einander conjugierte Functionen von X und Y, die im „Innern" des Einheitskreises der Z-Ebene überall eindeutig, stetig und harmonisch sind.

Nun haben wir für die erste dieser beiden Functionen die Darstellung:

$$(4) \qquad \log\frac{Z'}{Z} = U(X, Y).$$

Nähern wir uns aus dem Innern des Einheitskreises auf irgend einem Wege der Peripherie desselben, so nähert sich dabei auch $|Z'|$ gleichmässig dem Werte 1 an. Man kann demnach im Innern des Einheitskreises einen, demselben ausreichend nahe gelegenen, mit ihm concentrischen Kreis derart annehmen, dass längs der Peripherie desselben $|Z|$ und $|Z'|$ „beliebig" wenig von 1 und also $U(X, Y)$ „beliebig" wenig von 0 abweichen. Wegen des harmonischen Verhaltens von $U(X, Y)$ geht hieraus hervor, dass $U(X, Y)$ im Innern jenes Kreises und damit überhaupt im „Innern" des Einheitskreises keinen von 0 verschiedenen Wert annehmen kann.

Ist aber $U(X, Y)$ innerhalb des Einheitskreises überall als mit 0 identisch erkannt, so hat die conjugierte Function $V(X, Y)$ daselbst überall einen constanten Wert, welcher ϑ heissen mag. Gleichung (3) liefert daraufhin:

$$(5) \qquad Z' = e^{i\vartheta} \cdot Z,$$

und also findet sich, wenn wir vermöge (2) zu ζ und ζ' zurückgehen, zwischen diesen ζ und ζ' in der That eine lineare Relation (1).

Mittelst dieser Transformation (1) geht somit die Gruppe Γ in Γ'' über. Beide Gruppen sind demnach für den invarianten Standpunkt nicht von einander verschieden und liefern denselben Punkt im Bereiche B_y. Der Eindeutigkeitssatz ist damit bewiesen.

§ 26. Allgemeines über den Continuitätsbeweis des Fundamentaltheorems im Gebiete der Hauptkreisgruppen.

Die Beziehung des bei der Signatur $(p, n; l_1, l_2, \ldots, l_\nu)$ auftretenden Gruppencontinuums B_y zu dem gegenüberstehenden Continuum B_f signierter Riemann'scher Flächen ist, wie jetzt feststeht, eine solche, dass jedem Punkte von B_y eindeutig ein Punkt von B_f entspricht, der sich mit seinem Original in B_y ausnahmslos stetig mitändert, sowie dass umgekehrt dem einzelnen Punkte in B_f höchstens ein Punkt in B_y entsprechen kann. Können wir zeigen, dass dem einzelnen Punkte in B_f auch stets ein Punkt in B_y entspricht, so sind beide Continua, B_y und B_f, gegenseitig eindeutig auf einander bezogen, und die beiden die Hauptkreisgruppen betreffenden Fundamentalprobleme I und II pg. 45 u. f. sind durch zwei entsprechende *Fundamentaltheoreme*, das *„Grenzkreistheorem"* und das *„Hauptkreistheorem"* in der Art beantwortet, *dass in der That auf jeder signierten Riemann'schen Fläche eine polymorphe Function $\zeta = f(z)$ existiert, welche die geforderte Abbildung der Fläche auf ein Grenzkreis- bezw. Hauptkreispolygon leistet.*

Den Beweis des Satzes, dass *jedem* Punkte von B_f ein Punkt von B_y entsprechen muss, haben nun Klein und Poincaré unabhängig von einander und ungefähr gleichzeitig durch eine Continuitätsbetrachtung zu erbringen versucht (cf. pg. 285). Die schon öfters citierten beiderseitigen ausführlichen Darstellungen sind unten nochmals genannt[*]), wobei zu bemerken ist, dass die Abhandlung Poincaré's nur deshalb ein Jahr später als die Klein's datiert sein dürfte, weil Poincaré an die „Gruppencontinua" und nicht (wie Klein) an die „Polygoncontinua" anknüpfte und somit seine ausgedehnten Entwicklungen über Polygonreduction vorab erst durchzuführen hatte (cf. pg. 305).

Die Darstellung von Klein bezieht sich nicht nur auf das Grenzkreis- und Hauptkreistheorem sondern zugleich auf das pg. 47 erwähnte

---

[*]) Klein, *„Neue Beiträge zur Riemann'schen Functionentheorie"*, Math. Ann., Bd. 21 (pg. 211), datiert 2. Oct. 1882; Poincaré, *„Sur les groupes des équations linéaires"*, Act. math., Bd. 4 (pg. 233 und 276), datiert 20. Oct. 1883.

allgemeinere Theorem, welches bei Gruppen auftritt, die durch Composition ("Ineinanderschiebung") beliebiger Hauptkreisgruppen auftreten.

Wegen der Beziehung der Continua B_y und B_f auf einander setzt Klein die zwar nicht bewiesene, aber ihm unzweifelhaft erscheinende Annahme voraus, dass diese Beziehung eine „*analytische*" sei. Die als reelle Grössen gewählten Moduln der Riemann'schen Fläche sollen also $(2n + 6p - 6)$ reelle analytische Functionen der Gruppeninvarianten sein.

Hieraus ergiebt sich zunächst wegen der Beziehung zwischen B_y und B_f in der Umgebung einzelner Stellen: Wird in einem gerade betrachteten Punkte von B_y die Functionaldeterminante jener $(2n + 6p - 6)$ Functionen weder 0 noch ∞, so bildet sich die Umgebung dieses Punktes gerade genau auf die volle Umgebung des entsprechenden Punktes in B_f ab. Dass von dieser Art unsere Beziehung von B_y auf B_f aber überall sein muss, ergiebt sich aus dem Eindeutigkeitssatze. Wäre nämlich z. B. die volle Umgebung eines Punktes in B_y auf einen Theil der Umgebung des entsprechenden Punktes in B_f abgebildet, so müssten daselbst wegen des Stetigkeitssatzes nothwendig Punkte in B_y auffindbar sein, deren jeder mehr als einen Punkt in B_f liefern würde. Man veranschauliche sich den niedersten Fall: Zieht sich bei stetiger Abbildung einer Ebene auf eine andere die volle Umgebung eines Punktes der ersten Ebene auf einen Theil der Umgebung des entsprechenden Punktes der anderen Ebene also einen Winkel $< 2\pi$ zusammen, so werden die Punkte auf den Schenkeln des Winkels zu Paaren dem gleichen Punkte der ersten Ebene entsprechen.

Weiter verwertet Klein einen bekannten Satz von Weierstrass über die Erreichung von Grenzwerten durch analytische Functionen. Beschreiben wir im Continuum B_y einen Weg nach einem gewissen Punkte „Γ_0", so wird diesem Wege ein stetiges Abbild in B_f gegenüberstehen, welches sich der Grenze Γ_0 entsprechend einem gewissen Grenzpunkte „F_0" annähert. Aus dem Weierstrass'schen Satze folgert Klein, dass diese Grenze auch thatsächlich erreicht wird.

Bei der weiteren Durchführung des Continuitätsbeweises geht nun Klein zunächst von der Annahme aus, dass bei der Übertragung von B_y auf B_f noch gewisse Gebietstheile in B_f übrig bleiben, denen keine Punkte in B_y entsprechen. Klein betrachtet daraufhin den Rand eines solchen Gebietes und leitet aus dessen angenommener Existenz einen Widerspruch her. Erstlich nämlich ist der einzelne Randpunkt nach der zuletzt angegebenen Überlegung bei der Abbildung von B_y auf B_f stets erreichbar. Dann aber ist er eben auch überschreitbar zufolge des Princips der Abbildung der Umgebung einer Stelle von B_y auf die volle Umgebung der correspondierenden Stelle in B_f. Mittelst dieser

Überlegung, welche auch bereits bei einem bekannten Beweise des Fundamentaltheorems der Algebra zur Verwendung kommt, folgt somit die Unmöglichkeit frei bleibender Gebietstheile in B_f[*]). Vielmehr sind B_g und B_f gegenseitig eindeutig auf einander bezogen, womit das Fundamentaltheorem bewiesen sein würde.

Poincaré's Continuitätsbeweis arbeitet im Grunde mit denselben Überlegungen. Indessen erhebt Poincaré gegen die Darstellung Klein's in einem allerdings sehr wesentlichen Punkte, der die Gestalt der beiden häufig genannten Bereiche B betrifft, Einwendungen. Wir haben zum Zwecke des besseren Anschlusses an die voraufgehenden Paragraphen den Bericht über den Continuitätsbeweis Klein's an das Continuum der *Gruppen* B_g angeschlossen. Thatsächlich liegt der Darstellung Klein's, wie bereits mehrfach erwähnt wurde, nicht das Continuum der Gruppen, sondern das etwa B_p zu nennende *Continuum der Polygone* P zu Grunde, dem das Continuum B_f' der zerschnittenen Riemann'schen Flächen gegenüber steht. Das Continuum B_p ist nun aber ein *offenes:* denn wir stellten dasselbe z. B. im Grenzkreisfalle des Charakters (p, n) oben (pg. 303 ff.) als $(2n + 6p - 6)$-dimensionalen Würfel dar. Gegen den Rand des Würfels hin drängen sich die Discontinuitätsbereiche der zugehörigen Modulgruppe immer dichter zusammen und die Polygone P selbst nehmen dabei eine mehr und mehr verzerrte Gestalt an[**]). Auch beim Continuum B_f' der zerschnittenen Flächen müssen gegen den Rand desselben hin entsprechende Verzerrungen des Querschnittsystemes eintreten. Bei den hier in Betracht kommenden schwierigen Verhältnissen den Schluss zu ziehen, dass der Würfelrand des B_p sich auch wirklich auf den eben gemeinten Rand des Bereiches B_f' überträgt, würde allerdings berechtigten Bedenken unterliegen.

Den Übergang von den Continuen B_p der Polygone zu denjenigen B_g der Gruppen vollzogen zu haben, ist der grosse und wesentliche Fortschritt Poincaré's. In sachlicher Hinsicht ist hierbei übrigens zu bemerken, dass Poincaré seine ausführliche Untersuchung auf den *Grenzkreisfall* beschränkt[***]). Dies hat die nicht unwesentliche Erleichterung

---

[*]) Bei dieser Überlegung finden freilich die Randpunkte der bei Klein vorliegenden ungeschlossenen Mannigfaltigkeiten keine ausreichende Beachtung. Siehe den im Texte sogleich zu besprechenden Einwurf Poincaré's gegen die von Klein gelieferte Darstellung des Continuitätsbeweises.

[**]) Man erinnere sich der Verhältnisse der in der Theorie der elliptischen Functionen auftretenden Modulgruppe, sowie der bei den Periodenparallelogrammen gegen den Rand des Dreiecksnetzes hin auftretenden Verzerrungen.

[***]) Siehe jedoch wegen des Hauptkreistheorems die Behauptung Poincaré's am Schlusse seiner Abhandlung, a. a. O., pg. 311.

zur Folge, dass diejenigen Grenzfälle, welche durch Unendlichwerden
hyperbolischer Eckeninvarianten eintreten, ausgeschlossen bleiben. Zweitens ist in formeller Hinsicht nachzutragen, dass Poincaré das Grenzkreistheorem in etwas anderer gleich näher zu bezeichnender Gestalt
ausspricht.

Man erinnere sich nämlich daran, dass die einzelne polymorphe
Function ζ auf einer Riemann'schen Fläche nach Gleichung (1) pg. 234
die Differentialgleichung 3ter Ordnung:

$$(1) \qquad\qquad [\zeta]_z = 2R(s, z)$$

befriedigt, wobei wir die Riemann'sche Fläche über der z-Ebene durch
die algebraische Relation:

$$(2) \qquad\qquad G(s, z) = 0$$

zwischen s und z gegeben denken. An Stelle der Gleichung (1) können
wir auch die lineare Differentialgleichung 2ter Ordnung für die nach
(3) pg. 118 aus ζ zu bildenden „polymorphen Formen Z nullter Dimension" treten lassen, welche sich zufolge der Rechnung pg. 118 u. f. in
der Gestalt:

$$(3) \qquad\qquad \frac{d^2 Z}{dz^2} + R(s, z)Z = 0$$

darstellt. An Stelle der $(n + 3p - 3)$ „complexen" Moduln der signierten
Riemann'schen Fläche treten dann die $(3p - 3)$ Moduln der Relation (2)
und die n singulären Stellen der Differentialgleichung (3). Das Grenzkreistheorem läuft aber darauf hinaus, dass bei beliebig gegebener
Relation (2) des Geschlechtes p und willkürlich auf der zugehörigen
Riemann'schen Fläche fixierten n singulären Punkten nach Vorschrift
einer diesen singulären Punkten zugehörigen „Signatur" $(p, n; l_1, \ldots, l_n)$
(wie wir unter Benutzung unserer Sprechweise kurz sagen können)
immer eine und nur eine Differentialgleichung (3) existiert, deren
Integralquotient ζ die geeignet zerschnittene Fläche auf ein Grenzkreispolygon jener Signatur abbildet.

Im einzelnen Continuum B_J von Grenzkreisgruppen meinte nun
Poincaré, wie schon oben mehrfach (z. B. pg. 305) erwähnt wurde, eine
geschlossene Mannigfaltigkeit zu erkennen. Für das gegenüberstehende
Continuum B_J der signierten Riemann'schen Flächen müsste alsdann
die gleiche Eigenschaft erkennbar sein. Hierüber spricht sich Poincaré
a. a. O., pg. 277, näher aus. An die Grenze des Bereiches B_J können
wir erstens dadurch gelangen, dass zwei unter den n Punkten e coincidieren, zweitens dadurch, dass eine Herabminderung des Geschlechtes p
der Riemann'schen Fläche um eine Einheit durch Verschmelzen zweier

Verzweig ngspunkte eintritt*). Im ersteren Falle geben die beiden coincidierenden Punkte c einen einzigen solchen Punkt von parabolischem Character (cf. pg. 363), so dass sich n um eine Einheit vermindert. Gestalten wir aber die Riemann'sche Fläche nach den pg. 392 entwickelten Principien von Lüroth und Clebsch und bringen zwei Verzweigungspunkte, welche dieselben beiden Blätter verbinden, zum Verschmelzen, so wird der Zusammenhang der Blätter an der Verschmelzungsstelle aufhören, doch treten daselbst in den beiden Blättern zwei neue Punkte e von parabolischem Character auf**), so dass im Grenzfall die Signatur $(p-1,\ n+2;\ l_1, l_2, \ldots, l_{n+2})$ vorliegt. In beiden Fällen erniedrigt sich, wie man leicht feststellt, die Dimensionenanzahl des Grenzcontinuums gegenüber derjenigen von B_f um *zwei* Einheiten. Hieraus zieht Poincaré auf Grund der Annahme, bei einer m-dimensionalen ungeschlossenen Mannigfaltigkeit müsse der Rand notwendig $(m-1)$-dimensional sein, alsdann die Folgerung, daß das Flächencontinuum B_f ein geschlossenes sei***). Auf dieser Grundlage entwickelt alsdann Poincaré den Continuitätsbeweis im wesentlichen durch die schon am Anfang des Paragraphen skizzierte Überlegung.

Auch die Poincaré'sche Darstellung des Continuitätsbeweises ist von Bedenken nicht frei. Was erstlich den funktionentheoretischen Character der Abhängigkeit unserer beiden Mannigfaltigkeiten B_g und B_f von einander angeht, so liegt der Poincaré'schen Überlegung augenscheinlich die Voraussetzung zu Grunde, daß diese Abhängigkeit eine *analytische* sei. Indessen ist diese Voraussetzung nirgends ausdrücklich bewiesen oder auch nur ausgesprochen. Was Poincaré a. a. O. in den §§ 3 und 4 entwickelt, ist allgemein†) nicht zureichend.

Ein weiteres Bedenken liegt bei der Annahme vor, den Rand einer

---

*) Poincaré selbst vollzieht übrigens die Herabminderung des Geschlechtes durch Einführung eines „neuen Doppelpunktes" bei der „Curve" $G(s, z) = 0$.

**) Vgl. oben, pg. 333, die ausführliche Darlegung der Verhältnisse am Polygone P des Geschlechtes $p = 1$, die (zufolge des Princips der Composition) allgemeine Bedeutung besitzt.

***) Die gleiche Schlussweise verwendet Poincaré übrigens auch bei den Gruppencontinuen (cf. pg. 382 und 385).

†) In § 3 wird eine lineare Differentialgleichung m^{ter} Ordnung mit rationalen Coefficienten betrachtet und der Beweis geführt, dass die Invarianten der Substitutionen eines zugehörigen Integralsystems *ganze Funktionen* der Coefficienten der Differentialgleichung sind; § 4 beschränkt sich auf Differentialgleichungen zweiter Ordnung und zeigt die Eindeutigkeit der Coefficienten dieser Differentialgleichung in gewissen a. a. O. näher erklärten Invarianten der Substitutionen eines Integralsystems. Diese Entwicklungen beziehen sich nur noch auf den Grenzkreisfall des Charakters $(0, n)$, so dass nur in diesem Falle der analytische Charakter der fraglichen Abhängigkeit als durch Poincaré erbracht anzusehen ist.

begrenzten m-dimensionalen Mannigfaltigkeit sei allemal $(m-1)$-dimensional. Dies ist freilich von Riemann und Betti gelegentlich behauptet worden; indessen zeigt die Mengenlehre, dass schon die hier in Frage kommenden Dimensionsbegriffe durchaus der Klärung bedürfen.*) Falls man den analytischen Character der Abhängigkeit zwischen B_g und B_f dahin gestellt sein läßt, hat man sich auch bei der Übertragung von B_g auf B_f lediglich auf die allgemeinen Sätze der Mengenlehre zu stützen. Es handelt sich hierbei in erster Linie um die Theoreme über die *Invarianz der Dimensionenanzahl* **). In letzterer Hinsicht hat neuestens L. E. I. Brouwer drei Sätze ***) aufgestellt, welche einen sehr wesentlichen Fortschritt im Ausbau dieses Teiles der Mengenlehre bedeuten. Zu den unter dem Texte genannten Sätzen müssten alsdann, falls die Überlegungen des Continuitätsbeweises abgesehen von der Frage der Geschlossenheit unserer Mannigfaltigkeiten und unabhängig von der Möglichkeit der analytischen Abhängigkeit einwurfsfrei zu Ende geführt werden sollen, noch noch zwei weitere Sätze treten, deren erster dem oben genannten Weierstrass'schen Theorem entsprechen würde, während der zweite zu zeigen hätte, dass die Umgebung einer Stelle in B_g sich auch wirklich auf die *volle* Umgebung der entsprechenden Stelle in B_f überträgt (cf. die für zweidimensionale Mannigfaltigkeiten oben, pg. 409, skizzierte Überlegung).

Wenn bei dieser Sachlage die allgemeine Durchführung des Continuitätsbeweises in einer völlig befriedigenden Gestalt zur Zeit noch wenig aussichtsreich erscheint, so werden wir doch versuchen dürfen, wenigstens in leicht übersehbaren Specialfällen niederer Charactere den fraglichen Beweis zur wirklichen Durchführung zu bringen. Bei diesem Unternehmen wollen wir von der Frage, ob die Beziehung der Con-

---

*) Siehe hierzu den der Deutschen Mathematiker-Vereinigung erstatteten Bericht von A Schönflies, *„Die Entwicklung der Lehre von den Punktmannigfaltigkeiten"*, II. Teil (1908), Kap. IV und V, speciell Kap. IV, § 6.

**) Siehe Schönflies, a. a. O., insbesondere § 6.

***) Der Verf. dankt einer brieflichen Mittheilung des Herrn *Brouwer* die Kenntnis dieser drei Sätze:

I. „Eine n-dimensionale Mannigfaltigkeit kann *nicht* das ein-eindeutige stetige Bild einer Mannigfaltigkeit *höherer* Dimensionenzahl enthalten."

II. „In einer n-dimensionalen Mannigfaltigkeit erfüllt das ein-eindeutige und stetige Bild einer Mannigfaltigkeit *gleicher* Dimensionenzahl einen gewissen Bereich *überall dicht.*"

III. „In einer n-dimensionalen Mannigfaltigkeit ist das ein-eindeutige und stetige Bild einer Mannigfaltigkeit *geringerer* Dimensionenzahl eine *nirgends dichte* Punktmenge."

Herr Brouwer hat diese Sätze in einer demnächst in den Mathem. Annalen erscheinenden Arbeit bewiesen.

tinua B_g und B_f auf einander eine analytische ist oder nicht, Abstand nehmen und uns lediglich auf den Stetigkeits- und Eindeutigkeitssatz stützen.

§ 27. Durchführung des Continuitätsbeweises bei der Signatur $(0, 3; l_1, l_2)$.

Sieht man von den cyclischen hyperbolischen Gruppen *) ab (die man, wenn man will, den Hauptkreisgruppen zurechnen kann), so giebt es nur einen einzigen Fall mit *eindimensionalen* Continuen B_g und B_f, nämlich denjenigen der Signatur $(0, 3; l_1, l_2)$.

Beim Character $(0, 3)$ reduciert sich die Modulgruppe auf die identische Transformation, so dass das Gruppencontinuum B_g mit dem Polygoncontinuum identisch ist. Letzteres stellten wir oben (pg. 290) unter Benutzung der Gestalt t für die hyperbolische Eckeninvariante durch die mittelst der Ungleichung $0 < t \leq 1$ erklärte Gerade der Länge 1 dar. Das gegenüberstehende Continuum B_f stellten wir nach pg. 398 durch einfache z-Ebenen dar, in denen die reelle Axe als Symmetrielinie galt, während die positive z-Halbebene mit zwei beliebigen Punkten c_1, c_2, die negative Halbebene mit den symmetrischen Punkten $\bar{c}_1$, $\bar{c}_2$ signiert waren.

Indessen ist hier eine etwas andere Auswahl der Riemann'schen Flächen zweckmässig. Jede unserer Gruppen (wie überhaupt jede Gruppe des Characters $(0, 3)$ gestattet Erweiterung durch Spiegelungen auf eine Gruppe zweiter Art, deren Discontinuitätsbereich das „Ele-

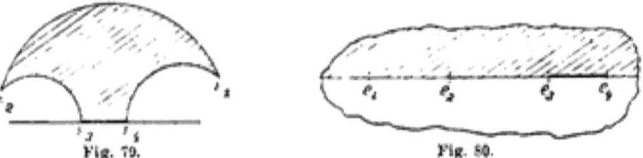

Fig. 79.   Fig. 80.

mentardreieck" der Signatur $(0, 3; l_1, l_2)$ ist. Fügen wir auch noch die Spiegelung an der reellen ζ-Axe hinzu, so entspringt eine $\bar{\Gamma}$, deren Discontinuitätsbereich das in Fig. 79 dargestellte Viereck ist. Um Verwechselungen mit den Punkten c der z-Ebenen zu vermeiden, haben wir die Ecken dieses Vierecks, wie Fig. 79 zeigt, ε_1, ε_2, ε_3, ε_4 genannt.

Der ersten der beiden hier vollzogenen Gruppenerweiterungen ent-

---

*) Das Fundamentaltheorem behauptet in diesem Falle die Abbildbarkeit jeder zweiblättrigen Riemann'sche Fläche mit vier Verzweigungspunkten auf einen Kreisring. Die Richtigkeit des Satzes geht bereits aus der Theorie der elliptischen Functionen hervor, kann aber natürlich auch nach Art des Textes durch eine Continuitätsbetrachtung dargethan werden.

spricht die Spiegelung der vorbetrachteten z-Ebene am Kreise durch die vier Punkte $c_1, c_2, \bar{c}_1, \bar{c}_2$, der zweiten Erweiterung aber die Spiegelung an der reellen z-Axe. Führen wir als automorphe Function $z = \varphi(\zeta)$ eine solche ein, welche das Viereck der Fig. 79 auf die positive z-Halbebene abbildet, so mögen den vier Ecken $\varepsilon_1, \varepsilon_2, \varepsilon_3, \varepsilon_4$ die nunmehr durch e_1, c_2, e_3, c_4 zu bezeichnenden Punkte der reellen z-Axe entsprechen (cf. Fig. 80). Die zuerst betrachtete z-Ebene lagert dann über der neuen als zweiblättrige Fläche mit den Verzweigungspunkten e_3, e_4, und sie ist an den Stellen c_1, c_2 in beiden Blättern signirt. Indem wir für das lineare Continuum B_f lieber diese zweiblättrigen Flächen als Repräsentanten wählen, erklären wir im Anschluss an die eben definirten Punkte c als zugehörigen Modul das Doppelverhältniss:

(1) $$\lambda = \frac{(e_1 - e_2)(e_3 - e_4)}{(e_1 - e_3)(e_2 - e_4)}.$$

Dieser Modul ist reell und hat, um das ganze Continuum B_f zu beschreiben, das Intervall $0 < \lambda < 1$ zu durchlaufen.

Die Übergänge zu $t = 0$ und $t = 1$ mögen die Grenzwerte:

$$\lim_{t=0} \lambda = \lambda_0, \qquad \lim_{t=1} \lambda = \lambda_1$$

ergeben. Die Gerade B_g überträgt sich dann stetig und umkehrbar eindeutig (zufolge unserer beiden öfter genannten Theoreme) auf die durch λ_0 und λ_1 eingegrenzte Strecke von B_f. Die Zugehörigkeit der Grenzwerte λ_0, λ_1 zum Abbilde, sowie diese Werte selber sind aber erst noch näher festzustellen.

Den Grenzfall $t = 0$ konnten wir in drei verschiedenen Weisen erzielen, erstens durch Verschmelzen von ε_3 und ε_4 zu einem parabolischen Punkte unter Zerfall des Polygons in zwei Grenzkreispolygone, zweitens durch Verschmelzen von ε_1 und ε_2 zu einer parabolischen Spitze ohne Zerfall des Polygons, drittens durch Ausartung des Polygons in eine Linie (gleichzeitiger Zusammenfall von ε_3 und ε_4, sowie von ε_1 und ε_2).

Sehen wir vom letzten Falle (wegen Versagens der Poincaré'schen Reihen) ab, so wird zufolge des Stetigkeitssatzes in jedem der beiden anderen Fälle die Function $z = \varphi(\zeta)$ gleichmässig stetig in diejenige des Grenzfalles übergehen. Das eine Mal kommt unter Zusammenrücken der Verzweigungspunkte e_3, e_4 Zerfall der Fläche in zwei getrennte Blätter, das andere Mal kommen in jedem Blatte die beiden signirten Stellen c_1, c_2 zum Zusammenfall. Auch die Äquivalenz je zweier solcher Flächen, welche diesen Grenzfällen nahe sind (siehe die betreffenden Erörterungen am Polygon pg. 361), ist sofort erkennbar.

Ist nämlich e_3 sehr nahe an e_4 herangerückt, so kann man mittelst einer Transformation:

$$\frac{z'-e_1}{z'-e_4} = \mu \frac{z-e_1}{z-e_4}$$

mit ausreichend kleinem μ zu einer z'-Ebene übergehen, in welcher sich e_3 von e_4 wieder entfernt hat, während nun e_2 dem Punkte e_1 nahe gekommen ist.

Jeder der beiden Grenzfälle (sowohl $e_3 = e_4$ als auch $e_2 = e_1$) liefert nun zufolge (1) den Wert $\lambda_0 = 0$. *Wir dürfen übrigens, so oft wir wie hier mittelst einer unter den möglichen Grenzgestalten des Polygons die zugehörigen Moduln der Riemann'schen Fläche schon vollständig bestimmen können, unsere Betrachtung auf diese eine Grenzgestalt einschränken.*

Diesem Principe folgend wollen wir im anderen Grenzfalle $t = 1$ unter den möglichen (und durchweg nicht ausartenden) Grenzpolygonen das bei Coincidenz von ε_2 mit ε_3 eintretende bevorzugen; es liegt dann Erniedrigung der Gruppe auf eine cyclische Gruppe von elliptischer oder parabolischer Art vor (je nachdem l_1 endlich ist oder nicht). Für die Grenzfunction $z = \varphi(\zeta)$ liegt $e_2 = e_3$ vor, so dass der Grenzwert $\lambda_1 = 1$ ist und gleichfalls erreicht wird.

Hiernach sind die beiden Continua B_y und B_f *gegenseitig eindeutig auf einander bezogen; und also ist das Fundamentaltheorem für die Signatur* $(0, 3; l_1, l_2)$ *bewiesen.*

§ 28. Durchführung des Continuitätsbeweises bei der Signatur (0, 3; l_1).

Es giebt im Ganzen drei Fälle mit *zweidimensionalen* Continuen B_y und B_f, den Signaturen $(0, 3; l_1)$, $(1, 1; l_1)$ und $(0, 4; l_1, l_2, l_3, l_4)$ entsprechend, von denen die erste zu einem Hauptkreis- und die beiden anderen je zu einem Grenzkreistheorem führen.

Auch bei der Signatur $(0, 3; l_1)$, die wir zuerst betrachten, ist das Gruppencontinuum B_y mit dem Polygoncontinuum identisch und wird wie dieses mittelst der beiden den hyperbolischen Eckeninvarianten j_2, j_3 entsprechenden Grössen t_1, t_2, welche den Bedingungen:

(1) $0 < t_1 \leqq 1, \quad 0 < t_2 \leqq 1$

unterliegen, durch die Fläche eines Quadrates dargestellt.

Für die Riemann'schen Flächen können wir statt der pg. 400 vorgesehenen transcendenten Moduln $|\omega|$ und $u_1 = \frac{1}{2} p_1 \omega_1$ im vorliegenden Specialfalle besser *algebraische* Moduln gebrauchen. Die einzelne hierher gehörende Riemann'sche Fläche gestattet nämlich *zwei* verschiedene symmetrische Umformungen in sich mit je zwei Symmetrielinien, wie man sich dies in der Ebene des Integrals erster Gattung u an dem entsprechend untergetheilten Peri-odenrechteck der Fig. 81 klar machen wolle. Man führe nun die Function z so ein, dass sie das Theil-rechteck mit den Ecken $u = 0$, $\frac{\omega_2}{2}$, $\frac{\omega_1 + \omega_2}{2}$, $\frac{\omega_1}{2}$ auf die positive z-Halbebene überträgt. Die repräsentierende Riemann'sche Fläche überlagert dann diese z-Ebene doppelt und hat die vier in Fig. 82 mit $e_2, \ldots, e_5$ be-zeichneten Verzweigungspunkte, während sie bei e_1 in beiden Blättern signiert ist.

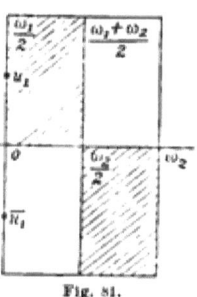

Fig. 81.

Die einzelne unserer Gruppen Γ ist ihrerseits entsprechend zwei-mal durch Spiegelungen erweiterungsfähig, und zwar handelt es sich hier um dieselben Erweiterungen, die bereits an der Gruppe des vorigen

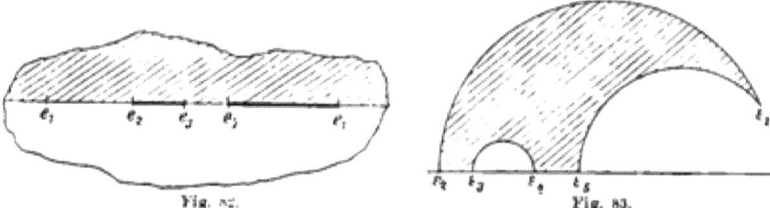

Fig. 82.   Fig. 83.

Paragraphen (pg. 414) bezeichnet wurden. Der Discontinuitätsbereich der schliesslich entspringenden $\overline{\Gamma}$ hat die Gestalt des Fünfecks der Fig. 83, dessen durch $z = \varphi(\zeta)$ geliefertes Abbild dann unmittelbar die positive z-Halbebene der Fig. 82 ist. Die Ecken $\varepsilon_1, \ldots, \varepsilon_5$ entsprechen den Punkten $e_1, \ldots, e_5$ der reellen z-Axe.

Wir gelangen nun zur übersichtlichsten Darstellung des vorliegen-den Continuums B_f, wenn wir die beiden *algebraischen Moduln* in Ge-stalt der Doppelverhältnisse:

$$(2) \qquad \lambda_1 = \frac{(e_4 - e_1)(e_2 - e_3)}{(e_4 - e_3)(e_1 - e_3)}, \qquad \lambda_2 = \frac{(e_1 - e_3)(e_4 - e_5)}{(e_1 - e_4)(e_3 - e_5)}$$

einführen. Schliessen wir vorerst die Grenzfälle aus, so wird λ_2 im Intervall $0 < \lambda_2 < 1$ willkürlich wählbar sein und nach Auswahl das Quadrupel e_1, e_3, e_4, e_5 im Wesentlichen (d. h. von linearer Trans-formation abgesehen) fixieren. Der Punkt e_2 ist dann noch im Intervall $e_1 < e_2 < e_3$ willkürlich beweglich, was zur Folge hat, dass λ_1 unab-hängig von λ_2 das Intervall $0 < \lambda_1 < 1$ zu beschreiben hat. Unter Hereinnahme der Grenzfälle sind also λ_1 und λ_2 in den Intervallen:

$$(3) \qquad 0 \leqq \lambda_1 \leqq 1, \quad 0 \leqq \lambda_2 \leqq 1$$

willkürlich beweglich, so dass wir auch das Continuum B_J durch die Fläche eines Quadrates dargestellt finden.

Bei der Abbildung des Quadrates B_g auf das Quadrat B_J sollen die Randpunkte von B_g zunächst betrachtet werden.

Längs der Seite $t_1 = 0$ wird die Eckeninvariante $j_2 = 2$, also parabolisch. Nach dem Princip von pg. 416 über die Bevorzugung *einer* Grenzgestalt des Polygons (unter den verschiedenen Möglichkeiten), falls die bevorzugte Gestalt bereits die Moduln zu bestimmen gestattet, wollen wir die Ecken ε_2, ε_3 zu einer parabolischen Spitze verschmelzen und gelangen somit zum linearen Continuum der Signatur $(0, 3; l_1, \infty)$, das wir in § 27 behandelten. Auf der Riemann'schen Fläche kommen unter Coincidenz der Verzweigungspunkte e_2 und e_3 die beiden Blätter hier ausser Zusammenhang, indem sie an der Coincidenzstelle mit zwei neuen Punkten c signiert erscheinen. Wir erhalten $\lambda_1 = 0$ und finden nach dem Ergebnis von § 27, pg. 416, das fragliche Continuum $t_1 = 0$, $0 \leq t_2 \leq 1$ eindeutig stetig auf die Seite $\lambda_1 = 0$, $0 \leq \lambda_2 \leq 1$ des Quadrates B_J in der Art abgebildet, dass $t_2 = 0$ den Endpunkt $\lambda_2 = 0$ (mit der Gruppe der Signatur $(0, 3; l_1, \infty, \infty)$) liefert, der Punkt $t_2 = 1$ aber den Endpunkt $\lambda_2 = 1$. Und zwar dürfen und wollen wir im letzteren Punkte als Grenzfall die cyclische parabolische Gruppe wählen, welche bei gleichzeitiger Coincidenz von ε_2 mit ε_3 und ε_1 mit ε_5 entsteht.

Wir reihen hieran gleich die Besprechung der Seite $t_2 = 1$, welche den Grenzübergang $\lim j_3 = \infty$ erfordert. Diesen vollziehen wir am Polygon der Fig. 83 in der Weise, dass wir den Eckpunkt ε_1 (natürlich ohne den Winkel daselbst zu ändern) an den Punkt ε_5 heranrücken lassen. Es entspringt die cyclische hyperbolische Gruppe der Invariante j_2 bezw. t_1. Die Functionen des Grenzfalls liefern eine unsignierte orthosymmetrische Fläche des Geschlechtes $p = 1$, welche aus Fig. 82 dadurch entsteht, dass die Punkte c_1 der beiden Blätter an den Verzweigungspunkt c_5 heranrücken. Dabei wird $\lambda_2 = 1$, und λ_1 ist der Modul dieser Fläche. Dass sich aber die Quadratseite $t_2 = 1$ hierbei gerade eindeutig und stetig auf die ganze Quadratseite $\lambda_2 = 1$ (unter Einschluss der Endpunkte) abbildet, ist der Inhalt des zu Anfang von § 27, pg. 414, erwähnten bereits in der Theorie der elliptischen Functionen bewiesenen Fundamentaltheorems.

Am Ende $t_1 = 0$ der Geraden $t_2 = 1$ ist der parabolische Grenzfall coincidierender Punkte ε_2, ε_3 wählbar, den wir auch am Ende $t_2 = 1$ der Geraden $t_1 = 0$ erreicht hatten. An dieser Stelle liegt also Continuität der ausgewählten Grenzpolygone und gleichfalls der entsprechenden Flächen vor. Das andere Ende $t_1 = 1$ der Geraden $t_2 = 1$ erreichen wir, indem wir (nach der schon vollzogenen Coincidenz von ε_1 mit ε_5)

die Punkte ε_3 und ε_4 an irgend einer Stelle des Segmentes ε_2, ε_5 der reellen ζ-Axe, etwa in der Mitte desselben, zusammenfallen lassen.

Genau entsprechende Betrachtungen gelten für die Seiten $t_2 = 0$ (Coincidenz von ε_4 und ε_5) und $t_1 = 1$ (Coincidenz von ε_1 mit ε_2). Man beachte dabei insbesondere die Continuität der gewählten Grenzpolygone in den Ecken $t_1 = 0$, $t_2 = 0$ (Gruppe der Signatur $(0, 3; l_1, \infty, \infty)$) und $t_2 = 0$, $t_1 = 1$ (gleichzeitige Coincidenz von ε_4 mit ε_5 und ε_1 mit ε_2). Am Ende $t_2 = 1$ der Quadratseite $t_1 = 1$ lassen wir, nachdem ε_1 mit ε_2 bereits zusammen gefallen war, die Punkte ε_3 und ε_4 in der Mitte des Segmentes ε_2, ε_5 der reellen ζ-Axe coincidieren. Dies ist aber nicht das Grenzpolygon, welches wir an der fraglichen Ecke längs $t_2 = 1$ erreichten: *Hier ist also die Continuität der Grenzpolygone unterbrochen; sie lässt sich auch nicht durch andere Auswahlen der Grenzpolygone längs der Seiten $t_1 = 1$ und $t_2 = 1$ herstellen.*

Zur näheren Untersuchung der fraglichen Ecke wollen wir unterscheiden, in welcher Richtung vom Quadrate B_y aus wir uns derselben annähern, indem wir etwa den zwischen 0 und $+\infty$ gelegenen Grenzwert:

$$(4) \qquad \lim \frac{j_1}{j_2} = \lim \frac{1 - t_1}{1 - t_2}$$

fixieren. In der Grenze selbst sollen, wie soeben, die Punkte ε_3 und ε_4 in der Mitte des Segmentes ε_2, ε_5 zusammenfallen. Es entspringt dann als Grenzpolygon das Dreieck ε_1, ε_2, ε_5 der Fig. 84, in welcher nach Festlegung der Punkte ε_2, ε_5 die Ecke ε_1 auf einem Kreise K durch ε_2 und ε_5 liegt, der im übrigen durch den Polygonwinkel bei ε_1 bestimmt ist. Der Punkt ε_1 beschreibt

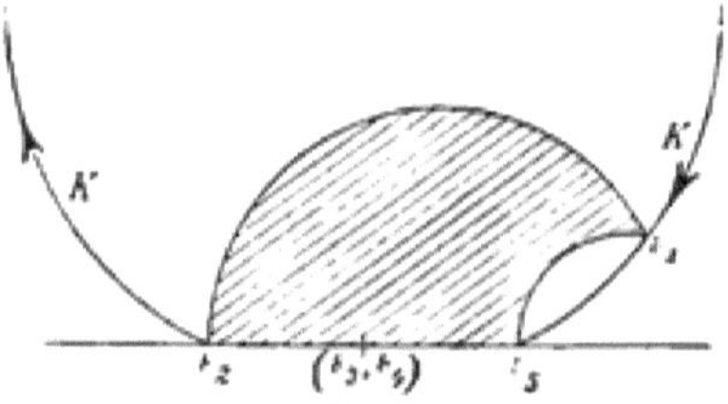

Fig. 84.

nun diesen Kreis K von ε_2 bis ε_5 gerade stetig und vollständig, wenn der Grenzwert (4) das durch:

$$(5) \qquad 0 \leq \lim \frac{j_1}{j_2} \leq \div \infty$$

erklärte Continuum durchläuft. Die beiden Endwerte 0 und $+\infty$ liefern aber gerade die beiden bisher in der Ecke $t_1 = 1$, $t_2 = 1$ angetroffenen Grenzpolygone (Coincidenz von ε_1 mit ε_2 bezw. von ε_1 mit ε_5). Zwischen ihnen stellen wir jetzt die Continuität her, indem wir das lineare Continuum der eben besprochenen Dreiecke ε_1, ε_2, ε_5 einschalten.

Der Anschaulichkeit halber setzen wir:

$$(6) \qquad t_3 = \frac{1 - t_2}{2 - t_1 - t_2}$$

und deuten t_3 als dritte rechtwinklige Coordinate neben t_1 und t_2. Die in (6) rechts stehende Function von t_1 und t_2 ist im Quadrat B_y, abgesehen von der Ecke $t_1 = 1$, $t_2 = 1$, eindeutig, wird aber in jener Ecke derart stetig vieldeutig, dass das in (5) gegebene Intervall der Grenzwerte (4) auf das Intervall $1 \geqq t_3 \geqq 0$ eindeutig und stetig abgebildet wird. Die Relation (6) deuten wir im Raume der t als „Paraboloid"; dem Quadrat B_y entspricht auf letzterem ein von drei Geraden und zwei Hyperbelstücken eingegrenztes *Fünfeck*, das B_y' heissen möge. B_y' ist auf das Quadrat B_y im Allgemeinen eindeutig bezogen, auf die Ecke $t_1 = 1$, $t_2 = 1$ jedoch in der Art unendlich vieldeutig, dass die verschiedenen Richtungen aus dem Quadrat gegen diese Ecke eindeutig und stetig der Fünfeckseite $t_1 = 1$, $t_2 = 1$, $0 \leqq t_3 \leqq 1$ zugeordnet sind. Dem Rande des Fünfecks B_y' haben wir nun *ein geschlossenes Continuum von Grenzpolygonen* zugeordnet.

Wie gestalten sich demgegenüber die Verhältnisse an der entsprechenden Ecke $\lambda_1 = 1$, $\lambda_2 = 1$ des Quadrates B_f?

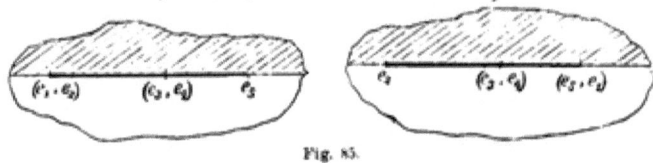

Fig. 85.

Wir hatten hier längs der Quadratseiten zunächst zwei Grenzfälle erreicht, die wir kurz durch die sofort verständlichen Figuren 85 kennzeichnen können. Zur Herstellung der Continuität schalten wir zwischen ihnen (indem wir etwa $e_3 = e_4$ in der Mitte der Strecke e_2, e_5 festhalten) alle die Flächen ein, welche bei stetiger Wanderung der Stelle e_1 von e_2 nach e_5 (durch das Unendliche) eintreten. Zur Darstellung dieses Continuums bedienen wir uns des Doppelverhältnisses:

$$(7) \qquad \lambda_3 = \frac{(e_1 - e_2)(e_3 - e_5)}{(e_1 - e_3)(e_2 - e_5)},$$

welches entsprechend von 0 bis 1 zu wachsen hat. Dasselbe ist mit λ_1, λ_2 durch:

$$(8) \qquad \lambda_3 = \frac{\lambda_1 - 1}{\lambda_1 \lambda_2 - 1} = \frac{1}{\lambda_2 + \frac{1 - \lambda_2}{1 - \lambda_1}}$$

verknüpft, so dass auch hier das Continuum der Richtungen aus dem Quadrate B_f gegen die fragliche Ecke hin dem Intervalle $0 \leqq \lambda_3 \leqq 1$ stetig und eindeutig entspricht. Aus (8) folgt:

$$(9) \qquad \lambda_1 \lambda_2 \lambda_3 - \lambda_1 - \lambda_3 + 1 = 0,$$

eine Relation, die wir unter Deutung von λ_3 als einer dritten rechtwinkligen Coordinate durch eine *Fläche dritten Grades* interpretieren. Auf ihr projiciert sich das Viereck B_y wiederum auf ein *Fünfeck*, das jetzt von fünf Geraden begrenzt erscheint. Wir nennen dasselbe B_y' und können wegen seiner Beziehung auf das Quadrat B_y Wort für Wort dasselbe wiederholen, was oben bei B_y und B_y' ausgesprochen wurde.

Es folgt nun bereits aus dem Existenzsatze der automorphen Functionen ohne Zuhilfenahme eines Fundamentaltheorems, *dass die fünfte Seite des Fünfecks B_y' derjenigen des Fünfecks B_y' eindeutig und stetig zugeordnet ist.* Das einzelne Dreieck ε_1, ε_2, ε_5 (cf. Fig. 84) transformiere man zunächst so, dass ε_2 nach $\zeta = -1$, ε_5 nach $\zeta = +1$ und ε_1 auf die imaginäre ζ-Axe zu liegen kommt. Die Coincidenzstelle von ε_3 und ε_4 liegt dann im Allgemeinen nicht mehr in der Mitte des Segmentes ε_2, ε_5; vielmehr werden wir gerade das durch die fünfte Seite von B_y' dargestellte Continuum gewinnen, indem wir die Stelle $\varepsilon_3 = \varepsilon_4$ das Segment ε_2, ε_5 von ε_2 bis ε_5 beschreiben lassen.

Die Abbildung des Dreiecks ε_1, ε_2, ε_5 auf die z-Halbebene richten wir entsprechend so ein, dass $c_2 = -1$, $c_5 = +1$ und $c_1 = \infty$ wird. Das Segment ε_2, ε_5 ist dann eindeutig und stetig auf die Strecke der reellen z-Axe von -1 bis $+1$ abgebildet, und der wandernden Stelle $\varepsilon_3 = \varepsilon_4$ entsprechend beschreibt ihr Abbild $c_3 = c_4$ jene Strecke von $z = -1$ bis $z = +1$. Das Doppelverhältnis λ_3 durchläuft hierbei gerade sein Intervall von 1 bis 0, und damit wird in der That die fünfte Seite von B_y' beschrieben.

Der bisherigen Überlegung zufolge *ist der geschlossene Rand des Fünfecks B_y' eindeutig und stetig auf den geschlossenen Rand von B_y' abgebildet.*

Zur Erledigung des Fünfeckinneren knüpfen wir etwa an diejenige Geradenschar auf dem Paraboloidstück B_y' an, welche durch die Ebenen $t_3 = $ Const. ausgeschnitten wird. Wir beschreiben diese Schar, indem wir ihren „Parameter" t_3 von 0 bis 1 wachsen lassen; dabei liefern die Extremwerte $t_3 = 0$ und $t_3 = 1$ zwei Seiten des Fünfecks B_y' selbst.

Die einzelne dieser Geraden überträgt sich eindeutig und stetig auf eine Curve des Bereiches B_y', welche zwei Randpunkte von B_y' verbindet und sich selbst weder überkreuzt noch berührt (Eindeutigkeitssatz). Die ganze Schar der Geraden von B_y' liefert auf B_y' eine Schar von Curven, von denen keine zwei einen Punkt gemein haben können (Eindeutigkeitssatz). Die beiden Extremcurven (für $t_3 = 0$ und $t_3 = 1$) sind, wie wir schon wissen, Seiten des Fünfecks B_y', welche den correspondierenden Seiten von B_y' homolog sind. Im Innern von

B_f' aber kann keine von Curven unbedeckte Lücke übrig bleiben; denn aus der Existenz einer solchen Lücke würden wir sofort einen Widerspruch gegen den Stetigkeitssatz folgern: *Somit sind die Bereiche B_y' und B_f' gegenseitig eindeutig (unter Einschluss ihrer Ränder) auf einander bezogen, und das Fundamentaltheorem ist für die Signatur $(0, 3; l_1)$ bewiesen.*

§ 29. Durchführung des Continuitätsbeweises bei der Signatur $(1, 1; l_1)$.

Besonders einfach gestaltet sich der Continuitätsbeweis im Falle der Signatur $(1, 1; l_1)$. Das Gruppencontinuum B_y wurde hier durch das in Fig. 47, pg. 329, scharf umrandete Doppeldreieck geliefert und stellte vermöge der Zuordnung der Randcurven dieses Doppeldreiecks ein Continuum vom Zusammenhange der Kugelfläche dar, sofern wir die Gruppe der Signatur $(0, 3; l_1, \infty, \infty)$, welche der einen Ecke des Doppeldreiecks angehörte, dem Continuum zurechneten.

Als Modul der zugehörigen Riemann'schen Flächen wollten wir (cf. pg. 395) den Periodenquotienten ω wählen, so dass das vorliegende

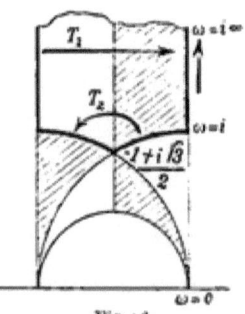

Fig. 86.

Continuum B_f etwa durch das in Fig. 86 stark umrandete Doppeldreieck der ω-Halbebene darstellbar ist; die Lage dieses Bereiches in der Halbebene ist durch einige Werte ω characterisiert.

Wir machten nun bereits pg. 330 darauf aufmerksam, dass das Dreiecksnetz der Flächenschale Φ_3 genau dieselbe Structur zeigt wie das Dreiecknetz der ω-Halbebene. Die Sachlage ist nun einfach die, *dass das Doppeldreieck B_y der Fig. 47, pg. 329, auf das Doppeldreieck B_f der Fig. 86 umkehrbar eindeutig und stetig bezogen ist*, woraus dann sofort eine entsprechende Beziehung zwischen der Flächenschale Φ_3 und der ω-Halbebene entspringt.

Um dies Ergebniss zu gewinnen, haben wir die Perioden ω_1, ω_2 des Integrals erster Gattung derart einzuführen, dass die Erzeugenden V_c und V_a von Γ folgende Transformationen von u liefern:

$$(1) \qquad (V_c) \quad u' = u + \omega_1, \qquad (V_a) \quad u' = u + \omega_2.$$

Aus der Relation $V_a V_b V_c = 1$ oder $V_b = (V_c V_a)^{-1}$ folgt dann als Wirkung von V_b auf u:

$$(2) \qquad (V_b) \quad u' = u - \omega_1 - \omega_2 \quad \text{oder} \quad u' = u + \omega_3,$$

falls wir ω_3 durch die Gleichung $\omega_1 + \omega_2 + \omega_3 = 0$ erklären.

Wir übertragen jetzt zunächst den Rand des schraffierten Elementar-
dreiecks der Fig. 47 auf die Halbebene des nunmehr erklärten Quotienten
ω der Perioden ω_1, ω_2. Die von der Symmetrielinie $x = z$ auf der
Curve K_2 (cf. Fig. 47) ausgeschnittene Ecke jenes Dreiecks lieferte als
Discontinuitätsbereich der Gruppe Γ ein Viereck der Erzeugenden V_a
und V_c, welches (in der Sprechweise von pg. 331) sowohl „Mittellinien-"
als „Diagonalsymmetrie" aufweist. Diese Symmetrieen übertragen sich
beide auf das Periodenparallelogramm der u-Ebene, so dass letzteres
ein Quadrat ist. Wir haben somit den „harmonischen" Fall des elliptischen Gebildes (cf. „Mod." I, pg. 10 u. f.), und die Orientierung der
Erzeugenden V_c und V_a gegen einander (siehe z. B. Fig. 48, pg. 331)
ergiebt für den Periodenquotienten den Wert $\omega = + i$.

Von hier verfolgen wir die Seite K_2 des Bereiches B_y bis zu der
bei $y = z$ auf dem Rande der Schale Φ_3 gelegenen Spitze. Nach pg. 328
(wo sich freilich die Discussion nicht auf die Curve K_2, sondern auf
K_1 bezieht) liefern alle Punkte der Curve K_2, deren Gleichung

$$xz - 2yt = 0$$

war, Vierecke der Erzeugenden V_a, V_c mit Mittelliniensymmetrie. Die
zugehörigen Periodenparallelogramme sind somit Rechtecke und ω wird
rein imaginär; und zwar folgt aus der für B_y zutreffenden Bedingung
$x < z$ oder $j_a < j_c$ für das Periodenrechteck $|\omega_2| < |\omega_1|$ und also $|\omega| > 1$.
Haben wir die am Rande von Φ_3 gelegene Spitze von B_y längs der
Seite K_2 erreicht, so ist die Herabminderung auf die Signatur $(0, 3;$
$l_1, \infty, \infty)$ eingetreten, und also ist $\omega = + i\infty$ erreicht. Unsere übliche
Überlegung ergiebt, dass die fragliche Seite des Bereiches B_y sich umkehrbar eindeutig und stetig auf die imaginäre ω-Axe von $\omega = + i$
bis $\omega = + i\infty$, d. h. also auf die homologe Seite des Bereiches B_y
überträgt.

Man wird diese Betrachtung sehr leicht fortsetzen. Gehen wir von
der schon auf $\omega = i$ übertragenen Ecke des Bereiches B_y längs der
Symmetrielinie $x = z$ weiter, so ge-
langen wir zu Vierecken mit „Diagonalsymmetrie"; $j_a = j_c$ hat somit
die Folge $|\omega_1| = |\omega_2|$, so dass wir
uns mit ω auf dem Einheitskreise
der Halbebene bewegen. Der Endpunkt $x = y = z$ der jetzt beschriebenen Seite von B_y liefert für Γ ein

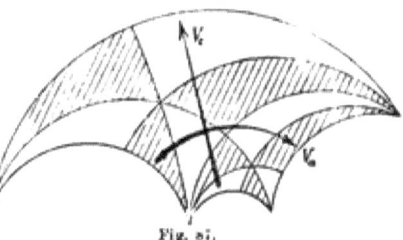

Fig. 48.

Polygon, welches sowohl als Viereck der Erzeugenden V_a, V_c Diagonalsymmetrie besitzt, wie auch als Viereck der Erzeugenden V_a, V_b und

als Viereck der Erzeugenden V_b, V_c. Trägt man alle Symmetrielinien ein, so entspringt eine Zerlegung etwa des hier stets bevorzugten Vierecks der Erzeugenden V_a, V_c in 12 abwechselnd symmetrische und congruente Dreiecke der Winkel $\frac{\pi}{2}$, $\frac{\pi}{3}$, $\frac{\pi}{6l_1}$, wie dies in Fig. 87, p. 423, zum Ausdruck kommt. Die Symmetrieen übertragen sich sämmtlich auf

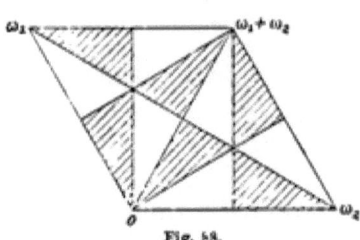

Fig. 88.

die u-Ebene; hier kommt also das Periodenparallelogramm der Fig. 88 mit dem „*äquianharmonischen*" Falle, d. h. mit

$$\omega = \frac{-1 + i\sqrt{3}}{2}.$$

Die durch $x = z$ dargestellte Seite von B_y überträgt sich somit eindeutig stetig auf die homologe Seite von B_f.

Endlich bietet auch die dritte durch $y = z$ gegebene Seite des schraffierten Theiles von B_y keine Schwierigkeit. Hier folgt $\omega_3 = |\omega_1$, woraus sich ergiebt, dass der reelle Bestandtheil von ω gleich $-\frac{1}{2}$ ist.

Die Abbildung auf die homologe Seite des schraffierten Theiles von B_f wird man leicht weiter vollziehen.

Berufen wir uns jetzt auf die Zusammenordnung der Randcurven von B_y und derjenigen von B_f vermöge der Transformationen T_1 und T_2, so erledigen sich die Reste der Ränder unserer beiden Bereiche ohne weiteres: *Der geschlossene Rand des Doppeldreiecks B_y überträgt sich umkehrbar eindeutig und stetig auf denjenigen des Doppeldreiecks B_f*.

Um endlich das Innere von B_y zu erledigen, bedecken wir dieses Doppeldreieck einfach und lückenlos mit irgend einer zweckmässig gewählten Curvenschar. Wir können hierzu etwa die *Curven zweiten Grades* wählen, welche wir pg. 320 mittelst der Ebenen $z - 2\lambda t = 0$ auf der Flächenschale Φ_3 ausschnitten. Die Übertragung dieser Schar auf B_f vollzieht man Wort für Wort genau so wie die entsprechende Maassregel in dem pg. 421 besprochenen Falle. *Wir finden die beiden Doppeldreiecke B_y und B_f umkehrbar eindeutig einander zugeordnet, womit das Fundamentaltheorem für die Signatur $(1, 1; l_1)$ bewiesen ist.*

Auf den dritten Fall *zweidimensionaler* Bereiche B_y und B_f, der Signatur $(0, 4; l_1, l_2, l_3, l_4)$ zugehörend, wollen wir deshalb nicht näher eingehen, weil sich die Betrachtung genau nach dem Vorbilde der soeben zu Ende geführten gestalten lässt. Der Bereich B_y lässt sich, sofern wir von den Specialfällen gleicher Eckeninvarianten absehen, durch das Doppeldreieck der Fig. 62, pg. 355, darstellen. Als Modul der Riemann'schen Flächen benutzen wir entweder das Doppelverhältnis

$$\lambda = \frac{(e_1 - e_2)(e_3 - e_4)}{(e_1 - e_3)(e_2 - e_4)}$$

oder, was sich wegen der Analogie zum Voraufgehenden vielleicht noch
mehr empfiehlt, den Periodenquotienten ω für eine zweiblättrige Fläche
über der z-Ebene, welche an den vier signierten Stellen e_1, e_2, e_3, e_4
verzweigt ist. Im ersteren Falle ist *die Ebene der complexen Variabelen λ
das Gegenbild des Continuums* B_f, im letzteren Falle *das zur „Modulfunction“ $\lambda(\omega)$ gehörende Doppeldreieck der Winkel 0 in der ω-Halbebene*
(cf. Fig. 67 in „Mod.“ I, pg. 276). Der Leser wird leicht selbständig
beweisen, *dass dieses Doppeldreieck auf dasjenige der Fig. 62, pg. 355,
ein-eindeutig bezogen ist, womit das Fundamentaltheorem im Falle der
Signatur* $(0, 4; l_1, l_2, l_3, l_4)$ *bewiesen ist*[*).

§ 30. Durchführung des Continuitätsbeweises bei der Signatur (0, 3).

Es giebt im Ganzen drei Signaturen mit dreidimensionalen Conti-
nuis B_g und B_f, nämlich $(0, 3)$, $(1, 1)$, $(0, 4; l_1, l_2, l_3)$. In den beiden
ersten Fällen, bei denen eine Signierung mit Punkten e nicht vorliegt,
ist das Geschlecht der Riemann'schen Flächen $p = 2$; es handelt sich
um die beiden Arten orthosymmetrischer Flächen dieses Geschlechtes,
welche wir pg. 401 besprachen. Im dritten Falle ist das Geschlecht
der Riemann'schen Fläche $p = 0$. Alle drei Fälle liefern Hauptkreis-
theoreme.

Bei der Signatur $(0, 3)$ ist das Gruppencontinuum B_g wieder mit
dem Polygoncontinuum identisch und also wie letzteres mittelst der in
die Gestalt t umgesetzten Eckeninvarianten j durch den *Würfel* darstellbar, welcher den Ungleichungen:

$$(1) \qquad 0 \leq t_1 \leq 1, \quad 0 \leq t_2 \leq 1, \quad 0 \leq t_3 \leq 1$$

entspricht. Die einzelne Gruppe gestattet hier, wie immer beim Character
$(0, 3)$, zwei Erweiterungen durch Spiege-
lungen, deren eine die Halbierung des
Doppeldreiecks (in der projectiven Ebene)
bewirkt, während die zweite die Spiegelung an der reellen ζ-Axe ist. Als Discontinuitätsbereich der schliesslich entspringenden Gruppe zweiter Art benutzen
wir das in Fig. 89 dargestellte Kreisbogenpolygon.

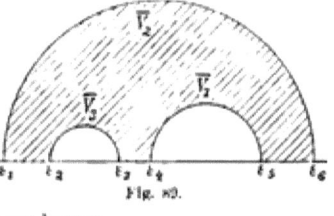

Fig. 89.

Bei den orthosymmetrischen Flächen des Geschlechtes $p = 2$
handelt es sich um *diejenige mit sechs reellen Verzweigungspunkten*, von

---

[*) Eine eingehendere Darstellung findet man im Abschnitt IV der zweiten
pg. 286 genannten Arbeit des Verf.

denen wir bereits pg. 401 feststellten, dass die einzelne Fläche in zwei Arten orthosymmetrisch mit drei Übergangslinien ist. Es sind dies die beiden symmetrischen Umformungen, welche den beiden Erweiterungen der Gruppe durch Spiegelungen entsprechen. Der symmetrischen Unter-theilung des Discontinuitätsbereiches der Gruppe entspricht die Zer-schneidung der Riemann'schen Fläche (cf. Fig. 90) längs der reellen Axe (der sechs hier angeordneten Symmetrielinien) in vier Halbblätter. Wir setzen

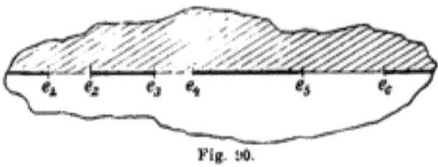

Fig. 90.

das positive obere Halbblatt dem Polygon der Fig. 89 entsprechend, wobei die Punkte e_1, e_2, ... den Ecken ϵ_1, ϵ_2, ... correspondieren sollen.

Zur Darstellung des Continuums B_f benutzen wir als Moduln die drei Doppelverhältnisse:

$$(2) \quad \lambda_1 = \frac{(e_1 - e_2)(e_3 - e_6)}{(e_1 - e_3)(e_2 - e_6)}, \quad \lambda_2 = \frac{(e_3 - e_4)(e_5 - e_2)}{(e_3 - e_5)(e_4 - e_2)}, \quad \lambda_3 = \frac{(e_5 - e_6)(e_1 - e_4)}{(e_5 - e_1)(e_6 - e_4)}.$$

Jeder dieser drei Werte ist auf das Intervall $0 \leq \lambda \leq 1$ beschränkt. Zugleich sind die drei Werte λ unabhängig von einander in diesem Intervall wählbar und liefern nach getroffener Auswahl im Wesent-lichen (d. i. für den invarianten Standpunkt) nur ein System von Punkten e_1, e_2, ..., e_6.

Schliessen wir nämlich zunächst die Grenzfälle $\lambda = 0$ und $\lambda = 1$ aus, so ist es statthaft:

$$e_1 = 0, \quad e_4 = 1, \quad e_6 = \infty$$

zu setzen. Dann aber folgt aus (1):

$$(3) \quad e_2 = \lambda_1 e_3, \quad e_5 = \lambda_3^{-1}, \quad \lambda_2 = \frac{\lambda_1 \lambda_3 e_3{}^2 - (\lambda_1 \lambda_3 + 1)e_3 + 1}{\lambda_1 \lambda_3 e_3{}^2 - \lambda_1 + \lambda_3 e_3 + 1}.$$

Die zweite dieser Gleichungen bestimmt e_5; zufolge der ersten ist durch den Wert λ_1 festgelegt, in welchem Verhältniss der Punkt e_2 die Strecke von e_1 bis e_3 theilt. Endlich aber ist durch Hinzunahme des Wertes λ_2 der Punkt e_3 aus der dritten Gleichung (3) wegen seiner Lage zwi-schen 0 und 1 eindeutig bestimmt. Findet man diese Bestimmung von e_3 unanschaulich, so rechne man diese dritte Gleichung in:

$$1 - \lambda_2 = \frac{(1 - \lambda_1)(1 - \lambda_3)e_3}{(1 - \lambda_1 e_3)(1 - \lambda_3 e_3)}$$

um und überzeuge sich, dass λ_2 stetig und ohne Umkehr von 1 bis 0 abnimmt, falls e_3 stetig von $e_1 = 0$ bis $e_4 = 1$ wandert. Unter Herein-nahme der Grenzwerte der λ können wir feststellen: *Das Continuum* B_f

unserer orthosymmetrischen Flächen des Geschlechtes $p = 2$ *können wir unter Einschluss der Grenzfälle mittelst des durch die Bedingungen:*

$$(4) \qquad 0 \leqq \lambda_1 \leqq 1, \quad 0 \leqq \lambda_2 \leqq 1, \quad 0 \leqq \lambda_3 \leqq 1$$

erklärten Würfels darstellen.

Die Abbildung des Würfels B_λ auf den Würfel B_t beginnen wir mit der Discussion der sechs Randflächen des ersteren.

Die drei erzeugenden Spiegelungen, welche die zum Polygon der Fig. 89 gehörende Γ (neben $\zeta' = \bar{\zeta}$) hat, seien, wie in der Figur selbst schon angedeutet wurde, V_1, V_2, V_3. Aus ihnen gewinnen wir die Erzeugenden der ursprünglichen Γ in der Form:

$$(5) \qquad V_1 = V_2 V_3, \quad V_2 = V_3 V_1, \quad V_3 = V_1 V_2.$$

Den Grenzübergang $\lim t_3 = 0$ für die Invariante von V_3 können und wollen wir durch Verschmelzen der Punkte ε_5 und ε_6 zu einer parabolischen Spitze vollziehen. Auf der Riemann'schen Fläche kommen die Verzweigungspunkte e_5 und e_6 zur Coincidenz; es tritt Herabminderung auf $p = 1$ ein, und an der Coincidenzstelle liegen in beiden Blättern Punkte e, die den beiden parabolischen Zipfeln des Grenzpolygons correspondieren. Hier sind wir zu der im vorletzten Paragraphen (pg. 416 ff.) behandelten Signatur $(0, 5; \infty)$ zurückgelangt. Der Modul λ_3 ist gleich 0 geworden; und man überzeugt sich leicht, dass die Coordinaten t_1, t_2 im Quadrate $t_3 = 0$, sowie die λ_1, λ_2 im Quadrate $\lambda_3 = 0$ genau diejenigen sind, mit denen wir a. a. O. arbeiteten. Aus dem damaligen Ergebniss folgt jetzt sofort: *Die quadratische Seitenfläche* $t_3 = 0$ *vom Würfel* B_t *ist auf die homologe Fläche* $\lambda_3 = 0$ *von* B_λ *umkehrbar eindeutig und stetig bezogen, wobei die Ecken und Seiten des einen Quadrates den homologen Ecken und Seiten des anderen entsprechen.*

Coordiniert mit $t_3 = 0$ sind die Randflächen $t_2 = 0$ und $t_1 = 0$. *Auch sie erscheinen demnach umkehrbar eindeutig und stetig auf die homologen Randflächen von* B_λ *bezogen.*

Der Ebene $t_3 = 1$ wollen wir uns senkrecht und also etwa bei Constanten t_1, t_2 annähern, wobei wir zwei verschiedene Grenzpolygone herstellen wollen.

Indem wir nämlich unter V eine hyperbolische Substitution der Fixpunkte $\varepsilon_2, \varepsilon_3$ (cf. Fig. 89) verstehen, welche die ζ-Ebene von ε_2 nach ε_3 verschiebt, und mit σ einen stetig variabelen Parameter bezeichnen, wollen wir erstlich bei festbleibenden Kreisen von V_2 und V_3 den Symmetriekreis von V_1 durch V^σ transformieren. Die neuen erzeugenden Spiegelungen sind:

$$V^\sigma V_1 V^{-\sigma}, \quad V_2, \quad V_3.$$

Die Substitution V_1 bleibt unverändert, V_2 behält ihre Invariante t_2, da $V_3 = V^\sigma V_3 V^{-\sigma}$ gilt, während t_3 mit σ stetig veränderlich wird und für $\sigma = +\infty$ die Grenze $t_3 = 1$ erreicht.

Das Grenzpolygon liefert die cyclische hyperbolische Gruppe der Invariante t_1. Das Geschlecht der Riemann'schen Fläche reduciert sich unter Coincidenz der Verzweigungspunkte c_3, c_4, c_5 auf $p = 1$. Der Modul der Fläche ist λ_1; dagegen ist $\lambda_3 = 1$ geworden, während λ_2 eine unbestimmte Gestalt annimmt. Nach dem Fundamentaltheoreme über die cyclischen hyperbolischen Gruppen ist das lineare Continuum $0 \leq t_1 \leq 1$ auf das durch $0 \leq \lambda_1 \leq 1$ dargestellte umkehrbar eindeutig und stetig bezogen; wir denken diese Beziehung durch die Gleichung $\lambda_1 = \psi(t_1)$ dargestellt.

Zur Bestimmung des Verhaltens von λ_2 bilden wir eine zweite Gestalt für das Grenzpolygon. Jetzt mögen die Symmetriekreise von V_1 und V_3 unverändert bleiben, während derjenige von V_2 durch $V^{-\sigma}$ transformiert werden möge; die erzeugenden Spiegelungen sind dann:

$$V_1, \quad V^{-\sigma} \overline{V}_2 V^\sigma, \quad \overline{V}_3.$$

Das Grenzpolygon liefert nun die cyclische hyperbolische Gruppe der Invariante t_2; und eine analoge Betrachtung wie soeben ergiebt $\lambda_2 = \psi(t_2)$, unter ψ dieselbe Abhängigkeit verstanden, wie vorhin. Somit hat sich ergeben: *Die quadratische Randfläche $t_3 = 1$ von* B_g *ist umkehrbar eindeutig und stetig auf die homologe Randfläche $\lambda_3 = 1$ von* B_f *bezogen, wobei homologe Seiten und Ecken einander entsprechen; die Beziehung hat hier den einfachen durch:*

$$\lambda_1 = \psi(t_1), \quad \lambda_2 = \psi(t_2)$$

zum Ausdruck kommenden Character, demzufolge Parallele zu den Seiten des einen Quadrates eben solche im anderen Quadrate liefern.

Eine analoge Betrachtung mit dem entsprechenden Ergebniss wird man sofort für die coordinierten Seitenflächen $t_2 = 1$ und $t_1 = 1$ durchführen.

Nach Erledigung der Randflächen legen wir durch das Innere von B_g die Schnittebene $t_3 = \tau$, unter τ irgend einen Wert zwischen 0 und 1 verstanden. Den quadratischen Schnitt wollen wir in den Würfel B_f übertragen, wobei es sich um nichts weiter als eine Wiederholung des Continuitätsbeweises der Signatur $(0, 3; t_i)$ handelt. Zuvörderst bilde man die beiden Seiten $t_1 = 0$ und $t_2 = 0$ unseres durch $t_3 = \tau$ gegebenen Quadrates (gemäss der Randflächenzuordnung) auf zwei in den Randflächen $\lambda_1 = 0$ bezw. $\lambda_2 = 0$ von B_f gelegene Curven ab, welche in der Kante $\lambda_1 = 0$, $\lambda_2 = 0$ von einem gemeinsamen, dem Polygone der Signatur $(0, 3; \infty, \infty)$ und der Invariante $t_3 = \tau$ entsprechenden Punkte auslaufen und in den Kanten $\lambda_1 = 1$, $\lambda_2 = 0$ bezw. $\lambda_1 = 0$, $\lambda_2 = 1$ in der gleichen Höhe $\lambda_3 = \psi(\tau)$ endigen. Die beiden anderen Seiten des abzubildenden Quadrates übertragen sich in den homologen Randflächen von B_f einfach auf zwei Gerade in der gleichen Höhe $\lambda_3 = \psi(\tau)$.

Bei der Übertragung der Quadratfläche stellt sich gegen die Ecke $t_1 = 1$, $t_2 = 1$ hin dieselbe Complication ein, welcher wir pg. 419 an der entsprechenden Stelle begegneten. Auch hier heben wir dieselbe, indem wir die verschiedenen Grenzwerte:

$$\lim \frac{j_2}{j_1} = \lim \frac{1 - t_1}{1 - t_2}$$

und damit die verschiedenen Richtungen unterscheiden, unter denen wir uns der fraglichen Ecke annähern können. Wir finden durch die übliche Schlussweise: *Das unseren Würfel B_g in der Höhe $t_3 = \tau$ durchsetzende Quadrat überträgt sich umkehrbar eindeutig und stetig auf die Fläche eines Durchschnitts durch den Würfel B_f, welches längs des Randes von B_f in das schon bezeichnete Viereck eingespannt ist.*

Nun bleibt weiter nichts übrig, als den Parameter τ von 0 bis 1 wachsen zu lassen und solchergestalt den ganzen Würfel B_g lückenlos und einfach mit einer Ebenenschaar auszufüllen. Bei der Übertragung derselben auf den Würfel B_f hat man sich wieder auf die beiden Sätze der Stetigkeit und Eindeutigkeit zu stützen und im Übrigen nur zu beachten, dass die beiden Grenzfälle $\tau = 0$ und $\tau = 1$, wie wir schon wissen, die Randflächen $\lambda_3 = 0$ und $\lambda_3 = 1$ von B_f liefern: *Die beiden Würfel B_g und B_f sind umkehrbar eindeutig und stetig auf einander bezogen, womit das Fundamentaltheorem für die Signatur $(0, 3)$ thatsächlich bewiesen ist.*

§ 31. Darstellung der dreidimensionalen Continua B_g und B_f bei der Signatur $(1, 1)$.

Das dreidimensionale Gruppencontinuum B_g, welches bei der Signatur $(1, 1)$ auftritt, stellen wir nach dem am Schlusse des § 12, pg. 330, gewonnenen Resultate durch ein daselbst näher charakterisiertes *Hexaeder* dar, welches durch *drei Ebenen, zwei Flächen zweiten Grades* (Hyperboloide H_2 und H_3) und *eine Fläche dritten Grades* (dem parabolischen Grenzfalle entsprechend) eingegrenzt wurde.

Das gegenüberstehende Continuum B_f umfasst *die orthosymmetrischen Flächen des Geschlechtes $p = 2$, welche als zweiblättrige Flächen über der z-Ebene mit sechs zu Paaren bezüglich der reellen z-Axe symmetrisch liegenden Verzweigungspunkten darstellbar sind* (cf. pg. 401). Die Verzweigungspunkte der positiven z-Halbebene mögen bei $z = v_1, v_2, v_3$

28*

gelegen sein. Die hier vorliegende Function $z = \varphi(\zeta)$ kann man auch als Hauptfunction derjenigen Gruppe des Geschlechtes $p = 0$ von der Signatur $(0, 4; 2, 2, 2)$ auffassen, deren in der projectiven Ebene gelegenes Polygon durch Fig. 42, pg. 316, gegeben ist. Die Stellen v_1, v_2, v_3 entsprechen dann den a. a. O. mit v_1', v_2', v_3' bezeichneten Punkten. B_f *ist demnach einfach das Continuum der mit drei Punkten v_1, v_2, v_3 signirten Halbebenen, wobei alle diejenigen signirten Halbebenen als nicht verschieden gelten, welche im Sinne unserer in I, pg. 26 ff., begründeten hyperbolischen Maassbestimmung congruent sind.*

Um demnach die *Moduln* in invarianter Weise einzuführen, ziehen

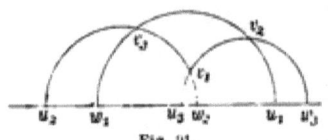

Fig. 91.

wir durch je zwei unter den drei Punkten v, einen zur reellen z-Axe orthogonalen Halbkreis und bezeichnen die auf der reellen Axe gelegenen Fusspunkte dieser Halbkreise in der in Fig. 91 angegebenen Weise. Als Moduln könnten wir dann die drei Doppelverhältnisse benutzen:

$$(1) \quad \begin{cases} \lambda_1 = \dfrac{(u_1 - v_2)(v_3 - w_1)}{(u_1 - v_3)(v_2 - w_1)}, \\[2mm] \lambda_2 = \dfrac{(u_2 - v_3)(v_1 - w_2)}{(u_2 - v_1)(v_3 - w_2)}, \\[2mm] \lambda_3 = \dfrac{(u_3 - v_1)(v_2 - w_3)}{(u_3 - v_2)(v_1 - w_3)}, \end{cases}$$

die sämmtlich dem Intervall $0 \leqq \lambda \leqq 1$ angehören, und deren negativ genommene Logarithmen die Entfernungen der drei Punkte v von einander im Sinne der hyperbolischen Maassbestimmung angeben würden[*].

Der Vergleich der beiden Continua B_g und B_f wird sich noch etwas durchsichtiger gestalten lassen, wenn wir an Stelle der λ_1, λ_2, λ_3 die drei Moduln:

$$(2) \qquad \lambda_a = \lambda_1 + \frac{1}{\lambda_1}, \quad \lambda_b = \lambda_2 + \frac{1}{\lambda_2}, \quad \lambda_c = \lambda_3 + \frac{1}{\lambda_3}$$

treten lassen, deren Bezeichnung im Anschluss an diejenige der Gruppeninvarianten j_a, j_b, j_c gewählt wurde. Die Moduln (2) erscheinen wegen $0 \leqq \lambda_i \leqq 1$ den Bedingungen:

$$(3) \qquad 2 \leqq \lambda_a \leqq + \infty, \quad 2 \leqq \lambda_b \leqq + \infty, \quad 2 \leqq \lambda_c \leqq + \infty$$

unterworfen. Mit den λ_a, λ_b, λ_c sind übrigens die λ_1, λ_2, λ_3 wegen $0 \leqq \lambda_i \leqq 1$ eindeutig bestimmt.

Bei Angabe von λ_a ist die „Entfernung" der beiden Punkte v_2 und v_3 (im Sinne der hyperbolischen Maassbestimmung) fixirt. Legen

---

[*] Die im Texte gewählte Darstellung des Continuums B_f versagt nur im „parabolischen" Grenzfalle, worauf wir später zurückkommen.

wir etwa r_2 nach $z = i$ und r_3 zwischen 0 und i auf die imaginäre
z-Axe, so ist einfach $r_3 = i\lambda_1$. Durch Angabe von λ_c wird weiter der
Punkt r_1 auf die Peripherie eines „Kreises" um $r_2 = i$ beschränkt; die
Gleichung dieses Kreises entwickelt man aus der dritten Gleichung (1)
und findet, falls man $z = x + iy$ schreibt:

$$x^2 + y^2 - \lambda_c y + 1 = 0.$$

Entsprechend beschränkt die Angabe von λ_b unseren Punkt r_1 auf die
Peripherie des „Kreises" um r_3:

$$x^2 + y^2 - \lambda_1 \lambda_b y + \lambda_1^2 = 0.$$

Damit diese beiden Kreise überhaupt einander treffen, ist die Bedingung
zu fordern:

$$(4) \qquad \lambda_a^2 + \lambda_b^2 + \lambda_c^2 - \lambda_a \lambda_b \lambda_c - 4 \leqq 0.$$

Gilt die Ungleichung (4), so haben wir zwei Punkte r_1, welche bezüglich des zur reellen z-Axe orthogonalen Kreises durch r_2 und r_3
(imaginären z-Axe bei der obigen Auswahl der Stellen r_2, r_3) symmetrisch liegen. Gilt aber die Gleichung (4), so haben wir nur einen
Punkt r_1, der auf jenem Kreise durch r_2 und r_3 selber gelegen ist.
In diesem Falle zeigt die Riemann'sche Fläche eine weitere Symmetrie,
insofern sie durch die Spiegelung am Kreise durch die Punkte r_1, r_2,
r_3 in sich selbst übergeht.

Es ist bislang noch nicht darüber entschieden, in welcher Anordnung wir die drei Verzweigungspunkte der positiven z-Halbebene mit
r_1, r_2, r_3 bezeichnen wollen. Liegt nicht gerade der eben genannte
symmetrische Fall vor, bilden also die Punkte r_1, r_2, r_3 wie in Fig. 91
ein eigentliches Kreisbogendreieck der z-Halbebene, so möge die Bezeichnung der Ecken etwa so getroffen sein, dass die Punkte r_1, r_2, r_3
auf dem Rande jenes Dreiecks stets wie in Fig. 91 auf einander folgen.
Im Falle der Ungleichung (4) ist dann unter den beiden vorhin gefundenen Punkten r_1 immer einer ausgezeichnet, so dass ein zulässiges
Wertsystem λ_a, λ_b, λ_c die Punkte r_1, r_2, r_3 eindeutig bestimmt.

Indem wir das Gleichheitszeichen in (4) vor der Hand auch weiter
ausschliessen, ist aber jetzt noch eine cyclische Permutation der Bezeichnungen r_1, r_2, r_3 zulässig. Wir verfügen über letztere so, dass λ_a
nicht grösser als λ_b und auch nicht grösser als λ_c ausfällt:

$$(5) \qquad \lambda_a \leqq \lambda_b, \quad \lambda_a \leqq \lambda_c,$$

womit wir in Übereinstimmung mit unserer beim Gruppencontinuum
eingehaltenen Bedingung $j_a \leqq j_b$, $j_a \leqq j_c$ bleiben.

Ein Zusatz ist jetzt nur noch im symmetrischen Falle, d. h. beim
Gleichheitszeichen in (4) nöthig, wo die drei Punkte r_1, r_2, r_3 auf einem

zur reellen Axe orthogonalen Kreise liegen. Die Forderung (5), an der
wir festhalten, heisst, dass die „Entfernung" der Punkte v_2 und v_3 nicht
grösser sei, als die der Punkte v_3 und v_1, und auch nicht grösser als
die der Punkte v_1 und v_2. Dieser Forderung können wir, wie Fig. 92

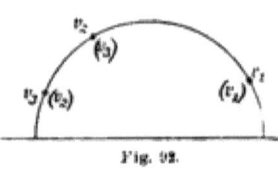

zeigt, noch in zwei Arten genügen; und der
Übergang von der einen zur anderen Art kommt
auf einen Austausch der Werthe λ_b und λ_c hinaus. Im Falle des Gleichheitszeichens in (4)
werden somit die beiden Werthsysteme λ_a, λ_b,
λ_c und $\lambda_a' = \lambda_a$, $\lambda_b' = \lambda_c$, $\lambda_c' = \lambda_b$ dieselbe Fläche
liefern.

Fig. 92.

Das gewonnene Ergebniss kleiden wir in geometrische Gestalt, in-
dem wir die λ_a, λ_b, λ_c als rechtwinklige Coordinaten deuten oder besser
statt ihrer gleich homogene Coordinaten ξ, η, ζ, τ mittelst der Proportion:

$$(6) \qquad \lambda_a : \lambda_b : \lambda_c : 1 = \xi : \eta : \zeta : \tau$$

einführen. Zufolge der Bedingungen (3) befinden wir uns alsdann in
dem durch:

$$(7) \qquad \xi - 2\tau \gtreqless 0, \quad \eta - 2\tau \gtreqless 0, \quad \zeta - 2\tau \gtreqless 0, \quad \tau \gtreqless 0$$

eingegrenzten Tetraeder. Die Gleichung (4) aber liefert uns in der
Gestalt:

$$(8) \qquad (\xi^2 + \eta^2 + \zeta^2)\tau - \xi\eta\zeta - 4\tau^3 = 0$$

eine *Fläche dritten Grades*, die wir im Gegensatze zu der Φ_3 des Randes
von B_y etwa durch F_3 bezeichnen. Die Gestalt der F_3 stellt man
leicht nach den auch bei der Φ_3 befolgten Überlegungen dar (siehe
z. B. pag. 320 ff.). Wir merken an: Die F_3 hat im Tetraedereckpunkt
$\xi = 2\tau$, $\eta = 2\tau$, $\zeta = 2\tau$ einen Knotenpunkt und berührt die hier zusammenlaufenden Tetraederflächen in den Mittellinien $\eta = \zeta$ bezw. $\zeta = \xi$
und $\xi = \eta$. Im Übrigen erscheint die F_3 längs der Ebene $\tau = 0$ in
das Dreieck $\xi\eta\zeta = 0$ eingespannt und hängt sackartig im fraglichen
Tetraeder mit einer Zuspitzung gegen den genannten Knotenpunkt.

Indem wir uns jetzt noch der Forderungen (5) und der an Fig. 92
angeschlossenen Überlegung erinnern, haben wir als Ergebniss: *Unser
Flächencontinuum B_f findet im Raume der ξ, η, ζ, τ als Gegenbild ein
Tetraeder, begrenzt durch eine Schale der Fläche F_3 durch die beiden
Ebenen $\xi - \eta = 0$ und $\xi - \zeta = 0$ sowie endlich die Ebene $\tau = 0$; die
beiden Tetraederflächen $\xi - \eta = 0$ und $\xi - \zeta = 0$ sind auf einander be-
zogen, insofern homologe Punkte derselben die gleiche Fläche über der
z-Ebene liefern (cyclische Permutation der Bezeichnungen v_i); desgleichen*

sind die beiden durch die Symmetrielinie $\eta = \zeta$ abgetrennten Hälften der Tetraederfläche F_3 einander zugeordnet (cf. Fig. 92), während allein die vierte Tetraederfläche $\tau = 0$ ungedeckt bleibt. Die Ebene $\eta = \zeta$ ist eine Symmetrieebene des Tetraeders B_f. Zwei bezüglich derselben symmetrische Punkte von B_f ergeben zwei Riemann'sche Flächen, von denen die eine durch Umlegung (etwa durch die Spiegelung $z' = -\bar{z}$ an der imaginären z-Axe) in die andere übergeht[*]. Wir dürfen diese beiden Flächen nicht als äquivalent ansehen; denn dies haben wir entsprechend auch bei unseren Gruppen Γ nicht gethan.

§ 32. Durchführung des Continuitätsbeweises bei der Signatur (1, 1).

Es ist nun der Beweis zu führen, dass das Hexaeder B_y und das Tetraeder B_f auf einander umkehrbar eindeutig bezogen sind. Der Bereich B_y wird durch seine Symmetrieebene $y = z$ in zwei symmetrische Hälften zerlegt, von denen wir die durch $y \geq z$ characterisierte etwa durch $B_y^{(0)}$ bezeichnen. Entsprechend wird auch das Tetraeder B_f durch die Symmetrieebene $\eta = \zeta$ in zwei symmetrische Hälften zerlegt, deren eine $B_f^{(0)}$ das Abbild von $B_y^{(0)}$ enthält. Wir nehmen an, dass $B_f^{(0)}$ durch $\eta \geq \zeta$ bezeichnet ist; dies ist nöthigenfalls dadurch erreichbar, dass wir bei der Vertheilung der Bezeichnungen c_1, c_2, c_3 auf die Verzweigungspunkte eine Permutation von c_2 und c_3 vornehmen. Unser Beweis wird sich jetzt darauf beschränken können zu zeigen, *dass das Pentaeder $B_y^{(0)}$ und das Tetraeder $B_f^{(0)}$ umkehrbar eindeutig einander entsprechen*, da für die anderen Hälften unserer Bereiche B_y und B_f alsdann dasselbe sofort aus Symmetriegründen folgt.

Wir haben nun oben (pg. 334 ff.) dem geschlossenen Rande des Pentaeders $B_y^{(0)}$ ein durchweg continuierliches geschlossenes System von Grenzpolygonen zugeordnet. Hierbei hatten wir insbesondere an der in der Ebene $t = 0$ gelegenen Kante $x = 0$ zu unterscheiden, in welcher Richtung wir aus dem Bereiche $B_y^{(0)}$ an den einzelnen Kantenpunkt herangehen wollten. Darüber hinaus war im Mittelpunkte $y = z$ jener Kante bei den tangential zur Ebene $x = 2t$ einmündenden Bahnen sogar noch zu unterscheiden, in welcher unter den unendlich vielen B_y durchsetzenden Flächen Φ_3 wir jenen Punkt erreichen wollten.

Die Übertragung der so mit Grenzpolygonen versehenen Randpunkte des Pentaeders $B_y^{(0)}$ auf das Tetraeder $B_f^{(0)}$ ist zwar etwas umständlich, findet aber keine grundsätzliche Schwierigkeit: *Wir finden*

---

[*] Hierbei ist bestimmungsgemäss ein Austausch der Bezeichnungen r_2 und r_3 vorzunehmen, was Austausch von λ_0 und λ bewirkt, also in der That die Transformation $\xi' = \xi$, $\eta' = \zeta$, $\zeta' = \eta$, $\tau' = \tau$ liefert.

als *Abbild des Pentaederrandes gerade den gesammten Rand des Tetraeders* $B_f^{(0)}$. Im Einzelnen entsprechen einander die verschiedenen Randstücke, wie folgende Tabelle aussagt:

Pentaeder $B_y^{(0)}$	Tetraeder $B_f^{(0)}$
Fläche Φ_3	Eckpunkt $\xi = 2\tau,\ \eta = 2\tau,\ \zeta = 2\tau$
Fläche $xz - 2yt = 0$	Fläche F_3
Ebene $x = z$	Ebene $\xi = \zeta$
Ebene $y = z$	Ebene $\eta = \zeta$
Ebene $t = 0$	Ebene $\tau = 0$

Für je zwei solchergestalt einander zugeordnete Grenzmannigfaltigkeiten ist der Continuitätsbeweis im Einzelnen durchzuführen, was nirgends auf Schwierigkeiten stösst. Wir wollen dies hier nicht alles bis ins Einzelne darstellen und beschränken uns auf folgende Angaben:

Erstlich liefert die Fläche Φ_3 die parabolischen Grenzfälle, d. h. also das zweidimensionale Continuum der Signatur $(1, 1; \infty)$. Die Moduln λ_a, λ_b, λ_c versagen hier, wie schon pg. 396 bemerkt wurde[*]; sie nehmen übereinstimmend den Wert 2 an. Man könnte sich dadurch helfen, dass man die ∞^2 Richtungen unterscheidet, unter denen man vom Pentaeder $B_y^{(0)}$ aus an den Eckpunkt $\lambda_a = 2$, $\lambda_b = 2$, $\lambda_c = 2$ (Knotenpunkt der F_3) herangehen kann. Rechnerisch ist dies in der Art zu vollziehen, dass man etwa:

$$(\lambda_a - 2) : (\lambda_b - 2) : (\lambda_c - 2) = X : Y : Z$$

setzt und dann der Anschaulichkeit halber die X, Y, Z als homogene Coordinaten in der Ebene deutet. Die Bedingung (4) pg. 431 liefert:

(1) $$X^2 + Y^2 + Z^2 - 2YZ - 2ZX - 2XY \leqq 0,$$

so dass wir auf die Fläche der durch die „Gleichung" (1) dargestellten „Ellipse" beschränkt sind. Jedoch kommt von dieser Fläche wegen (5) pg. 431 auch nur das durch $X \leqq Y$, $X \leqq Z$ bezeichnete Drittel zur Geltung, von welchem dann wieder nur die eine durch die Symmetrielinie $Y = Z$ abgetrennte Hälfte zu $B_y^{(0)}$ gehört. Die Gültigkeit des Fundamentaltheorems für das hier vorliegende zweidimensionale Con-

---

[*] Die zweiblättrige Riemann'sche Fläche über der z-Ebene hat man hier so zu wählen, dass nicht die reelle z-Axe, sondern ein eigentlicher Kreis die Symmetrielinie darstellt. Dieser Kreis ist alsdann auf einen Punkt zusammen zu ziehen, wobei er neben den restierenden r_1, r_2, r_3 einen vierten Verzweigungspunkt liefert, der dem parabolischen Zipfel des Grenzpolygons entspricht.

tinuum geht dann aber bereits aus § 29, pg. 422 ff., hervor, wo ja der Fall der Signatur $(1, 1; \infty)$ mit eingeschlossen war[*]).

Die Fläche $xz - 2yt = 0$ lieferte uns in der projectiven Ebene Vierecke der Erzeugenden V_a, V_c mit Mittelliniensymmetrie, die in der ζ-Halbebene die in Fig. 93 charakterisierte Polygongestalt ergeben. Die

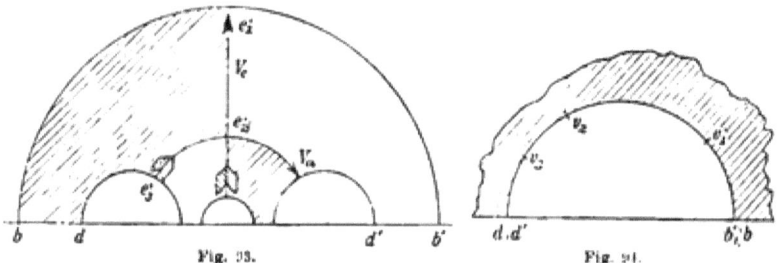

Fig. 93.   Fig. 94.

eine Hälfte, etwa das Polygon d, b, e_1', b', d', e_2', e_3', ergiebt ein Halbblatt der Riemann'schen Fläche, wie es Fig. 94 darstellt. Die Symmetrie bleibt hier erhalten, und also kommen wir in der That zur Fläche F_2. Der zutreffenden Ungleichung $j_a \leqq j_c$ entspricht hier $\xi \leqq \zeta$. Gilt dabei die Gleichung, d. h. befinden wir uns auf dem Rande $x = z$ unserer Fläche $xz - 2yt = 0$, so gewinnt unser Polygon neben der Mittelliniensymmetrie auch noch die Diagonalsymmetrie, und insbesondere wird das Polygon d, b, e_1', e_2', e_3' sich selbst symmetrisch bezüglich eines Kreises, der von e_2' nach der „Mitte" des Segmentes d, b zieht. Wir erkennen, dass die Kante $x = z$, $xz - 2yt = 0$ das lineare Continuum der Signatur $(0, 3; 2, 4)$ liefert, für welches unser Fundamentaltheorem in § 27, pg. 414 ff., bewiesen wurde.

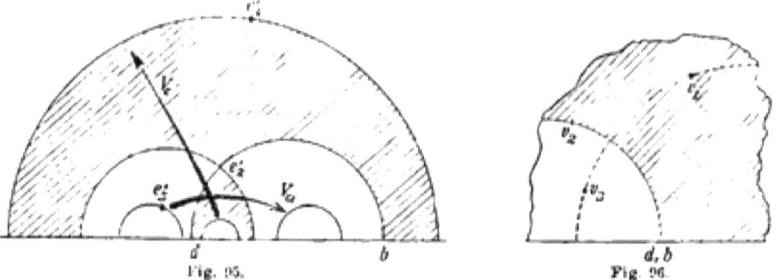

Fig. 95.   Fig. 96.

Gehen wir über die fragliche Kante hinüber zur Ebene $x = z$, so bleibt hinfort nur noch die Diagonalsymmetrie bestehen, und unser Polygon gewinnt in der ζ-Halbebene den in Fig. 95 dargestellten Typus.

---

[*]) Man vgl. die erschöpfende Darstellung in Abschnitt III der zweiten pg. 286 genannten Arbeit des Verf.

Die etwa ausserhalb des Symmetriehalbkreises d, e_2', b gelegene Hälfte ergiebt das in Fig. 96 skizzierte Halbblatt der Riemann'schen Fläche. Die hier entsprechend zu Tage tretende Symmetrie ergiebt $\lambda_a = \lambda_c$ und also, wie wir behaupteten, die Ebene $\xi = \zeta$. Die sich anreihende Kante $x = y = z$ liefert Polygone mit dreifacher Diagonalsymmetrie; ihr Typus

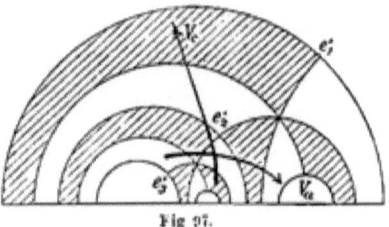 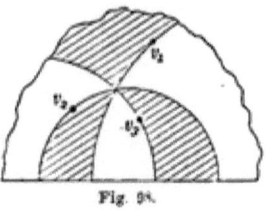

Fig. 97.   Fig. 98.

ist durch Fig. 97 gegeben, das entsprechende Halbblatt der Fläche ist in Fig. 98 skizziert. Wir kommen zum linearen Continuum der Signatur $(0. 3; 2, 3)$, für welches das Fundamentaltheorem gleichfalls schon in § 27, pg. 414 ff., bewiesen ist.

Die sich anschliessende Ebene $y = z$ liefert in der projectiven Ebene Vierecke der Erzeugenden V_b, V_c mit Diagonalsymmetrie. Fig. 99 stellt den hier eintretenden Polygontypus dar, der uns eben wegen der Symmetrie $\lambda_b = \lambda_c$ und also $\eta = \zeta$ liefert. Besonders interessiert das lineare Continuum der Grenzgebilde, welches dem Übergang zum Punkte

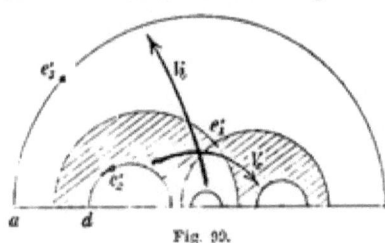

$x = 0$, $t = 0$, $y = z$ entspricht. Da zieht sich das in Fig. 99 mit a, d bezeichnete Segment der reellen ζ-Axe auf einen Punkt zusammen, in welchem die Punkte e_2', e_3' zu einer parabolischen Spitze verschmelzen. Wir kommen zum linearen Continuum der Signatur $(0. 3; 2, \infty)$, das

Fig. 99.

wir auch von der Fläche $xz - 2yt = 0$ und also von Fig. 93 aus durch Verschmelzen der Punkte e_2', e_3' zu einer parabolischen Spitze erreichen. Am Pentaeder $B_y^{(0)}$ hatten wir zur Darstellung dieses Continuums die verschiedenen Flächen Φ_3 heranzuziehen, welche tangential gegen die Ebene $x - 2t = 0$ an der fraglichen Stelle einmünden. Am Tetraeder $B_f^{(0)}$ handelt es sich einfach um die Kante $\eta = \zeta$ der Fläche F_3; auf der Riemann'schen Fläche sind die Verzweigungspunkte v_2 und v_3 zur Coincidenz gekommen, haben sich dadurch aufgehoben und liefern in jedem Blatte einen Punkt v. Das Fundamentaltheorem ist auch für dieses Continuum bereits in § 27, pg. 414 ff., bewiesen.

Es würde übrig bleiben, nun auch die Ebenen $t = 0$ und $\tau = 0$, sowie ihre Kanten entsprechend zu betrachten. Hier aber kommen wir zu besonders einfachen Verhältnissen (cf. pg. 335) und beschränken uns auf folgende kurze Andeutungen. Nähern wir uns der Fläche $t = 0$ etwa dadurch an, dass wir in Fig. 99 alle vier durch V_k und V_e einander zugewiesenen Kreise auf Punkte zusammenziehen, so wird im Grenzfall die Gruppe Γ nur noch aus der identischen Substitution 1 bestehen; denn das Polygon überspannt die ganze z-Ebene. An der Riemann'schen Fläche sind die

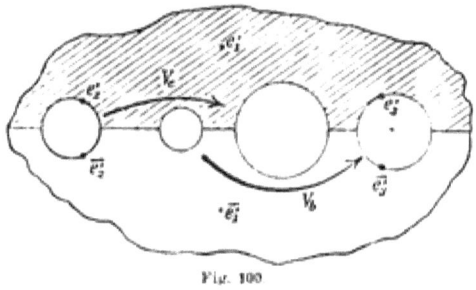

Fig. 100

Verzweigungspunkte c_2 und $\bar{c}_2$, sowie auch c_3 und $\bar{c}_3$ auf der reellen Axe zum Zusammenfall gekommen. Unsere Grenzfunction z aber ist einfach durch:

$$\frac{z - c_1}{z - c_1'} = \left(\frac{\bar{z} - c_1'}{\bar{z} - \bar{c}_1'}\right)^2$$

gegeben. Wir gelangen zur Ebene $\tau = 0$ und können sogar ein eindeutiges Entsprechen dieser Ebenen von elementarem Character erkennen, indem wir die Untersuchung fortführen und auch noch die beiden anderen Arten des hier möglichen Grenzüberganges betrachten, bei denen je einer der Punkte c_2', c_3' im „Innern" der z-Halbebene gehalten werden.

Weiter haben wir nun auch für die anderen zuvor betrachteten Randflächen unserer Bereiche $B_y^{(0)}$ und $B_f^{(0)}$ die Continuitätsbetrachtung zur völligen Durchführung zu bringen. Man wird die einzelne Randfläche von $B_y^{(0)}$ hierbei in üblicher Weise mit einer Curvenschaar einfach und vollständig überziehen und wird solche Schaaren immer zweckmässig durch die Schaar unserer Flächen Φ_3 vom dritten Grade:

$$t(x^2 + y^2 + z^2) - xyz - (j_r + 2)t^3 = 0$$

ausschneiden, wobei der Parameter j_3 von -2 bis $-\infty$ abzunehmen hat.

Nach Absolvierung dieser einzelnen Betrachtungen erfüllt man das Innere des Pentaeders einfach und vollständig mit den Flächen Φ_3 dieser Schaar und discutiert die Abbildung auf das Tetraeder $B_f^{(0)}$ immer unter Benutzung des Eindeutigkeits- und des Stetigkeitssatzes. Man gelangt zu dem Ergebniss, *dass die Bereiche $B_y^{(0)}$ und $B_f^{(0)}$ und demnach auch das Hexaeder B_y und das Tetraeder B_f umkehrbar eindeutig und stetig auf einander bezogen sind, womit das Fundamentaltheorem für die Signatur* (1, 1) *bewiesen ist.*

Der dritte Fall von Continuen B_g' und B_f, die dreidimensional sind, war derjenige der Signatur $(0, 4; l_1, l_2, l_3)$. Die Theorie derselben gestaltet sich genau wie diejenige des eben zu Ende geführten Falles der Signatur $(1, 1)$; nur ist diese Theorie, wenigstens wenn keine zwei unter den Zahlen l_1, l_2, l_3 einander gleich sind, insofern noch einfacher, als die Ungleichungen $x \leqq y$, $x \leqq z$ und die entsprechenden $\xi \leqq \eta$, $\xi \leqq \zeta$ in Fortfall kommen. B_g' setzt sich nach pg. 355 ff. aus zwei neben einander liegenden Pentaedern zusammen, deren eines durch eine Fläche Φ_3 (dem parabolischen Grenzfalle entsprechend), die drei Flächen H_1, H_2, H_3 von pg. 352 und die Fläche $t = 0$ begrenzt wird. B_f ist einfach das Continuum der mit drei Punkten e_1, e_2, e_3 signierten Halbebenen, wobei die Bezeichnungen dieser Punkte e_i nicht permutabel sind. Also ist B_f das „Dieder", welches durch unsere Fläche F_3 und die Ebene $\tau = 0$ eingegrenzt ist. Die Durchführung des Continuitätsbeweises unterlassen wir hier, da sie in der That gegenüber der voraufgehenden Entwicklung nichts Neues mehr zu bringen im Stande ist.

Die Entwicklungen des vorstehenden Kapitels bestätigen die pg. 285 gemachte Behauptung, dass die Schwierigkeit des Continuitätsbeweises in dem Umstande begründet ist, dass man die Continua, von denen etwas bewiesen werden soll, nicht ausreichend zu übersehen im Stande ist. In den zuletzt betrachteten Specialfällen, bei denen wir einen abgeschlossenen Überblick über die Continua besassen, führt das Schlussverfahren des Continuitätsbeweises verhältnismässig leicht zum Ziele, während im allgemeinen Falle die endgültige Durchführung dieses Beweises vor allem an dem Umstande scheiterte, dass es uns an Mitteln für eine durchsichtige Darstellung des Continuums B_f der Riemann'schen Flächen fehlte.

Diese Sachlage begründet die grosse Bedeutung der im nächsten Kapitel zu besprechenden direkten Beweismethoden unserer Fundamentaltheoreme. Sobald diese Theoreme auch im allgemeinen Falle einen einwurfsfreien Beweis gefunden haben, werden wir berechtigt sein, *zur erschöpfenden Darstellung auch der Continua algebraischer Gebilde an Stelle der uns fehlenden Moduln durchweg unsere Invarianten j der Polygonen zu benutzen.*

Zweites Kapitel.

Beweis des Hauptkreis- und des Grenzkreistheorems.

Die beiden Theoreme, welche auf die Fundamentalprobleme I und II
pg. 45 f. antworteten, hatten wir bereits im voraufgehenden Kapitel
mit den Namen des *„Grenzkreistheorems"* und des *„Hauptkreistheorems"*
belegt. Das Problem III pg. 46 knüpfte an eine beliebige Riemann'sche
Fläche mit einem Geschlechte $p > 1$ an, auf der ein System von p sich
nicht treffenden Rückkehrschnitten gezogen war[*]. Das zugehörige
Fundamentaltheorem behauptet dann die Abbildbarkeit der zerschnittenen
Fläche durch eine polymorphe Funktion $\zeta = f(z)$ auf einen von $2p$ geschlossenen Randkurven begrenzten Bereich von der pg. 35 unter β bezeichneten Art[**]. Um auch für dieses Theorem eine kurze und sach-
liche Benennung zu besitzen, empfiehlt sich der Name *„Rückkehrschnitttheorem"*.

Bei den weiterhin zu entwickelnden direkten Beweisen dieser Fundamentaltheoreme können die beiden ersten, also das Grenzkreis- und
das Hauptkreistheorem, zusammen behandelt werden, was im vorliegenden Kapitel geschehen soll. Der Beweis des Rückkehrschnitttheorems,
der bedeutend schwieriger ist und noch weitergehende Vorbereitungen
verlangt, soll im dritten Kapitel folgen.

Einige geschichtliche Mittheilungen über die direkten Beweismethoden aller drei Theoreme mögen hier zunächst voranstehen[***].

---

[*] Für $p = 1$ ist das Problem III bereits durch einen wohlbekannten Satz
aus der Theorie der doppeltperiodischen Functionen beantwortet.

[**] Es handelt sich um diejenige Art automorpher Functionen, der die in
I pg. 104 genannten Untersuchungen von Schottky gewidmet sind.

[***] Im Gegensatz zur Continuitätsmethode des vorigen Kapitels werden die
fraglichen Beweise als „directe" bezeichnet, insofern sie unmittelbar auf der einzelnen vorgelegten Riemann'schen Fläche die Existenz der postulierten polymorphen
Function darthun.

§ 1. Geschichtliche Mittheilungen über die direkten Beweismethoden der Fundamentaltheoreme.

Es existieren zwei direkte Beweisansätze für die Fundamentaltheoreme, welche auf Ideen von H. A. Schwarz beruhen, und von denen der erste Ansatz seiner Natur nach auf die Fälle mit Haupt- bzw. Grenzkreis eingeschränkt und bisher sogar nur für das Grenzkreistheorem durchgeführt ist. Wir beschränken demnach die zunächst folgenden Angaben auf dies Theorem. Der Beweisansatz knüpft an die *hyperbolische Massbestimmung* an, welche in I pg. 26ff. für die Fläche des Grenzkreises zu Grunde gelegt wurde. Im Sinne dieser Massbestimmung lieferten die Substitutionen der einzelnen in Betracht kommenden Gruppe $\varGamma$ congruente Verschiebungen der „hyperbolischen Ebene" in sich, deren „unendlich ferne Punkte" in bekannter Weise von der Peripherie des Grenzkreises geliefert wurden.

Das „hyperbolische Bogenelement" $d\sigma$ haben wir in Formel (5) pg. 171 unter der Voraussetzung, dass der Grenzkreis in der Ebene der Variabelen $\zeta = \xi + i\eta$ der Kreis des Radius 1 um $\zeta = 0$ sei, in der Form dargestellt:

$$(1) \qquad d\sigma = \frac{\mid d\xi \mid}{1 - \xi^2 - \eta^2}.$$

Möge nun zunächst irgend ein Polygon vom Character (p, n) vorliegen, so können wir dasselbe mittelst einer zugehörigen automorphen Function $z = q(\zeta)$ auf eine Riemann'sche Fläche F über der Ebene von $z = x + iy$ conform abbilden. Ist alsdann $ds = |dz|$ das dem $d\sigma$ entsprechende Bogendifferential auf der Fläche F, so dürfen wir wegen der Conformität der Abbildung:

$$(2) \qquad d\sigma = Q \cdot dz$$

setzen, wo Q nur von der Stelle und nicht von den Richtungen der Bogendifferentiale abhängt. Betrachten wir $Q = Q(x, y)$ auf der Riemann'schen Fläche, so ist diese Function bei Fortsetzung über die Fläche wegen des zu Grunde liegenden automorphen Characters auf F eindeutig. Dabei ist diese reelle Function $Q(x, y)$ auf F im Allgemeinen endlich, stetig und > 0; Ausnahmen von leicht bestimmbarem Charakter finden nur statt an den n Stellen $e_1, e_2, \ldots, e_n$ von F, die von den festen Polygonecken herrühren, in den Punkten $z = \infty$ und in den Verzweigungspunkten.

Bei der näheren Untersuchung dieser Ausnahmestellen ergiebt sich, dass auch noch die Function:

$$(3) \qquad u(x, y) = 2 \log Q(x, y),$$

wobei der reelle Wert des Logarithmus gemeint ist, *auf F eindeutig und im Allgemeinen endlich und stetig ist mit Ausnahme allein jener drei eben genannten Arten von Punkten, in denen u in leicht angebbarer Weise logarithmisch unendlich wird.* Für diese Function $u(x, y)$ gelingt es nun, aus den Relationen (1) und (2) vermöge einer hier nicht anzugebenden Zwischenrechnung *die Differentialrelation:*

$$(4) \qquad \frac{\partial^2 u}{\partial x^2} + \frac{\partial^2 u}{\partial y^2} = 8 e^u$$

zu entwickeln.

Diese letztere Thatsache ist von anderer Seite her unmittelbar verständlich. In I pg. 30 ff. wurde dargelegt, dass die Verhältnisse der hyperbolischen Maassbestimmung auf einer *Fläche von constantem negativen Krümmungsmaasse* elementar realisierbar sind, wobei dann z. B. die verschiedenen Polygone des auf jene Fläche übertragenen Netzes in elementarem Sinne congruent ausfallen. Man findet in Bianchi's *„Vorlesungen über Differentialgeometrie"* die Abbildung der Fläche des Hauptkreises auf eine sogenannte *„pseudosphärische Fläche"* (Fläche von constantem negativen Krümmungsmasse) ausführlich dargestellt[*]. Aus den allgemeinen Formeln der Krümmungstheorie[**] ergeben sich nun für die conforme Abbildung unserer Riemann'schen Fläche F über der Ebene $z = x + iy$ folgende Regeln: Ist $d\sigma$ das Bogendifferential auf der pseudosphärischen Fläche, so hat man erstlich:

$$(5) \qquad d\sigma = \varrho(x, y) \cdot \sqrt{dx^2 + dy^2};$$

und andererseits berechnet sich das constante Krümmungsmaß K aus der Relation:

$$(6) \qquad K = -\frac{1}{\varrho^2}\left(\frac{\partial^2 \log \varrho}{\partial x^2} + \frac{\partial^2 \log \varrho}{\partial y^2}\right).$$

Dies sind nun, wenn wir $K = -4$ setzen, unmittelbar unsere Formeln (2) und (4). *Es handelt sich demnach in unserem Falle um eine conforme Abbildung unserer Fläche F auf eine pseudosphärische Fläche des Krümmungsmaasses K = — 4.*

Denken wir F etwa durch ein canonisches Schnittsystem der üblichen Gestalt (cf. I, p. 183) in eine einfach zusammenhängende Fläche verwandelt, so wissen wir, dass dieselbe ein Polygon der bekannten Art, d. h. also einen einfach bedeckten oder, wie wir weiterhin kurz sagen wollen, einen *„schlichten"* Bereich auf der pseudosphärischen Fläche liefert. Auch wird die Fortsetzung über Periodenwege der unzerschnit-

---

[*] Cf. Kap. XVI der ersten Auflage der deutschen Bearbeitung (Leipzig, 1899).
[**] Cf. Bianchi, a. a. O. § 35, 36 und 37. pg. 66 ff.

tenen Fläche oder Umläufe um Punkte e hin zu congruenten, neben-
gelagerten Bereichen hinführen. Grundlegend ist nun die Erkenntniss,
*dass diese beiden Eigenschaften der Abbildung unserer Fläche F auf die
pseudosphärische Fläche auch unmittelbar auf Grund der vorstehenden
Formeln aus den Eigenschaften der Function $u(x, y)$ geschlossen werden
können.*

Auf diesem Umstande beruht die Idee der hier in Rede stehenden
Beweismethode des Grenzkreistheorems. Ist eine *beliebige Riemann'sche
Fläche F* gegeben, und sind auf derselben n Stellen $e_1, e_2, \ldots, e_n$, denen
n ganze Zahlen $l_1, l_2, \ldots, l_n$ in bekannter Art zugeordnet sind, markiert, *so fragen wir nach der Existenz einer auf der Fläche F eindeutigen
Lösung u der Differentialgleichung* (4), *die in den n Punkten e_i, den
Verzweigungspunkten und den Punkten $z = \infty$ das Verhalten unserer
oben betrachteten Function $u(x, y)$ besitzt und übrigens auf F allenthalben
endlich und stetig ist.* Wenn wir alsdann irgend einem ersten Bogen-
differential $|dz|$ von F ein beliebig gelegenes und gerichtetes Bogen-
differential:

$$d\sigma = e^{\frac{u}{2}} \cdot dz$$

der pseudosphärischen Fläche zuordnen, so ist bei Fortsetzung von
hier aus die ganze Abbildung der Fläche F auf die Pseudosphäre eindeutig bestimmt und hat, wie bemerkt, die Eigenschaften, welche das
Grenzkreistheorem behauptet.

Der Beweis des Grenzkreistheorems ist auf diese Weise zurückgeführt auf den Existenzbeweis einer mit gewissen Eigenschaften ausgestatteten Lösung u der Differentialgleichung (4) auf unserer willkürlich gewählten Fläche F. Auf Veranlassung von H. A. Schwarz, der
übrigens die Grundgedanken der vorstehenden Entwicklung nur münd-
lich verschiedenen Mathematikern mitgetheilt hatte, stellte die Göttinger
Gesellschaft der Wissenschaften im December 1889 die Erbringung jenes
Existenzbeweises der Lösung u als Preisaufgabe für das Jahr 1891.

Die weitere Entwickelung ist dann die gewesen, dass dieser Existenzbeweis der Lösung u durch E. Picard in einer grösseren Reihe von Abhandlungen[*]) thatsächlich geliefert ist. In den Grundgedanken schliessen
sich die Picard'schen Überlegungen an die bekannten Methoden von

---

[*]) Die ersten Mittheilungen sind in den Compt. Rend. vom 23. Sept. 1889 und
13. Juni 1890 gemacht; unter den ausführlichen Darstellungen sind vornehmlich
die beiden Arbeiten zu nennen: „De l'équation $\Delta u = k e^u$ sur une surface de
Riemann fermée", Journ. de Math. (4ᵉ série), Bd. 9 (1893) und „De l'intégration de
l'équation $\Delta u = e^u$ sur une surface de Riemann fermée", Crelle's Journ. Bd. 130,
pg. 243 (1904).

Schwarz und Neumann zur Lösung der Laplace'schen Differentialgleichung $\Delta u = 0$ an. Es wird zuvörderst die „Randwertaufgabe" der
Differentialgleichung (4) für ausreichend klein gewählte Bereiche gelöst.
Sodann wird der Übergang zu grösseren Bereichen sowie endlich zur
geschlossenen Fläche durch Zusammenfügung der Theilbereiche mittelst
alternierenden Verfahrens gewonnen. Beim letzten Schritte, d. h. beim
Übergang zur geschlossenen Fläche stellten sich anfangs Schwierigkeiten ein, die erst später überwunden wurden.

Übrigens setzt Picard bei seinen genannten Untersuchungen voraus, dass die n ganzen Zahlen $l_1, l_2, \ldots, l_n$ durchweg endlich sind,
was darauf hinausläuft, dass die Punkte $c_1, c_2, \ldots c_n$ sämmtlich elliptischen Character bekommen. Poincaré ist es in einer großen Arbeit
aus dem Jahre 1898*) gelungen, die Untersuchung auch auf den Fall
auszudehnen, dass die Punkte c beliebig von elliptischem oder parabolischem Charakter sind. – –

Der zweite Beweisansatz für die Fundamentaltheoreme, der von
dem vorstehend bezeichneten gänzlich verschieden ist, zeichnet sich in
hohem Maasse durch Verallgemeinerungsfähigkeit aus. Auch diesen
Ansatz verdankt man mündlichen Anregungen von Schwarz, welcher
seine bezüglichen Ideen Ostern 1882 Klein und ein Jahr später
Poincaré mittheilte. Im Anschluss an den Grenzkreisfall können wir
eine erste Vorstellung der fraglichen Beweismethode etwa folgendermaassen skizziren.

Es sei irgend ein Grenzkreispolygon P gegeben, das wir mittelst
einer zugehörigen automorphen Function $z = \varphi(\zeta)$ auf eine Riemann'sche
Fläche F abbilden. Die letztere können und wollen wir auch dadurch
erklären, dass wir eine zweite geeignet gewählte algebraische Function w
derselben einführen, die mit z durch die algebraische Gleichung:

$$(7) \qquad\qquad G(w, z) = 0$$

verbunden erscheint, wobei alsdann diese Gleichung von sich aus zur
Fläche F hinführt und also als Ersatz der Fläche dienen kann.

Wir ziehen nun weiter das zu P gehörende, die Fläche des Grenzkreises schlicht bedeckende Netz N der Polygone heran und bilden
dieses mittelst der Funktion $z = \varphi(\zeta)$ ab: *Es entspringt eine aus unendlich vielen über einander geschichteten Exemplaren der Fläche F bestehende
zusammenhängende Riemann'sche Fläche, die wir mit F_∞ bezeichnen und
als „Überlagerungsfläche" von F benennen wollen.* Dabei hängen die verschiedenen Exemplare der Fläche F unter einander genau so zusammen,

*) „*Les fonctions fuchsiennes et l'équation* $\Delta u = e^u$", Journ. de Math. (4e série),
Bd. 4, pg. 137 ff.

wie ihre Originale, nämlich die Polygone des Netzes N: denn es ist ja
die Überlagerungsfläche F_∞ umkehrbar eindeutig, stetig und conform
auf das Netz N und damit auf die Fläche des Grenzkreises bezogen. Insbesondere aber folgt: *Entsprechend der Bauart des Netzes N stellt die
Überlagerungsfläche einen „einfach zusammenhängenden" Bereich dar, innerhalb dessen jede geschlossene Curve stetig und ohne Zerreissen auf einen
Punkt zusammengezogen werden kann.*

Nun begründen folgende zwei Ideen unseren neuen Beweisansatz:
*Ist irgend eine mit n Punkten e und zugehörigen ganzen Zahlen l aus-
gestattete Riemann'sche Fläche F gegeben, so können wir für dieselbe in
ganz entsprechender Art eine eindeutig bestimmte Überlagerungsfläche F_∞
herstellen.* Die Lösung dieser Aufgabe, welche auf Betrachtungen der
„Analysis situs" beruht, hat in der That, wie wir noch sehen werden,
durchaus keine besondere Schwierigkeit. Und nun ist die zweite Idee von
Schwarz, *dass man versuchen soll, diese „einfach zusammenhängende", unendlich-blättrige Fläche F_∞ conform auf die schlichte Fläche eines Kreises in
derselben Art abzubilden, wie man diese Abbildung für endlich-blättrige,
einfach zusammenhängende Flächen mit einem etwa analytisch voraus-
gesetzten Rande zu leisten im Stande ist.* Hinterher ist dann noch nachzuweisen, dass die neben einander lagernden Abbilder der verschiedenen
Exemplare der Fläche F allemal kreisverwandt sind, sowie dass die
Abbildung im wesentlichen nur in einer Weise vollzogen werden kann.
Beides ist wenigstens in dem hier zunächst allein betrachteten Grenzkreisfalle nicht schwierig.

Diese Schwarz'sche Anregung hat nun zunächst Poincaré aufgenommen und sogar in sehr bemerkenswerter Weise verallgemeinert[*].
Poincaré hat nämlich bemerkt, dass es ohne Vermehrung der eigentlichen Schwierigkeiten der Untersuchung möglich ist, die algebraische
Relation (7) durch eine beliebige *analytische* zu ersetzen, wobei alsdann
(sofern eben nicht der algebraische Fall vorliegt) die über der z-Ebene
gelegene Fläche F der analytischen Function $w(z)$ selbst bereits unendlich vielblättrig ist. Freilich waren die damaligen Betrachtungen
Poincaré's, welche die Möglichkeit der Abbildung der Überlagerungsfläche auf die schlichte Fläche eines Kreises dartun sollten, nur erst
vorläufige. Sowohl nach Seiten der Voraussetzungen lagen der Entwickelung beschränkende Annahmen zu Grunde, wie auch andererseits
nach Seite der Ergebnisse nicht alles Erwünschte erreicht wurde. In
letzterer Hinsicht fand sich, dass der schlichte Bildbereich zwar im

---

[*] Siehe die Note „*Sur un théorème de la théorie générale des fonctions*". Bull.
de la soc. mathém. de France vom 18. Mai 1883, Bd. 11 (pg. 112 ff.).

Innern des Grenzkreises liegt, nicht aber, dass er notwendig die Fläche dieses Kreises voll bedecke*).

Erst seit 1900 stellen sich einige Fortschritte ein, welche sich theils auf einzelne Punkte der allgemeinen Poincaré'schen Überlegung von 1883 beziehen, theils Specialfälle betreffen**). Dann aber haben im Jahre 1907 fast gleichzeitig und unabhängig von einander Poincaré selbst und P. Koebe das unser Grenzkreisproblem umfassende, auf beliebige analytische Relationen (7) sich beziehende Problem allgemein und vollständig gelöst***).

Die gebräuchlich gewordene Bezeichnung „Uniformisirung" analytischer Functionen oder analytischer Curven bringt zum Ausdruck, dass in der polymorphen Function $\zeta(z)$ umgekehrt sowohl z als auch w eindeutige automorphe Functionen werden†).

Hiermit war also zugleich für unser „Grenzkreistheorem" ein zweiter direkter Beweis gegeben, der, wie man sagen kann, die „Methode der Überlagerungsfläche" befolgt. Bereits kurze Zeit vorher war es Koebe gelungen, mittelst der gleichen Methode das „Hauptkreistheorem" zu beweisen††). Im Zusammenhange hat Koebe beide Theoreme ausführlich behandelt in der Abhandlung „Über die Uniformisirung der algebraischen Curven, I.", welche F. Klein zu seinem sechzigsten Geburtstage zugeeignet worden ist †††).

Die Methode der Überlagerungsfläche erwies sich aber noch als weiter tragend. In der That ist es Koebe in einer allerdings weit schwierigeren Untersuchung gelungen, mittelst dieser Methode auch das

---

*) Man vergl. auch den Abschnitt „Uniformisirung analytischer Beziehungen mittelst automorpher Functionen" in Hilbert's Pariser Vortrag „Mathematische Probleme", Gött. Nachr. von 1900, pg. 253 ff.

**) Man sehe Osgood, „On the existence of the Greens function for the most general simply connected plan region", Amer. M. S. Transact., Bd. 1, pg. 310 (1900), Brodén, „Bemerkungen über die Uniformisirung analytischer Functionen", Lund (Berling'sche Druckerei, 1905), sowie die Arbeiten von Johansson, „Über die Uniformisirung Riemann'scher Flächen mit endlicher Anzahl von Windungspunkten", Act. soc. Fenn., Bd. 33 (1906), „Ein Satz über die conforme Abbildung einfach zusammenhängender Flächen auf den Einheitskreis", Math. Ann., Bd. 62, pg. 177 (1906).

***) Poincaré, „Sur l'uniformisation des fonctions analytiques", Act. math., Bd. 31, pg. 1 ff.; Koebe, „Über die Uniformisirung beliebiger analytischer Curven", Gött. Nachr. von 1907, p. 191 ff.

†) Siehe übrigens betreffs der Bedeutung von ζ als „uniformisirender Variabelen" die Ausführungen von pg. 40 ff.

††) „Über die Uniformisirung reeller algebraischer Curven", Gött. Nachr. von 1907, pg. 171 ff.

†††) Math. Ann., Bd. 67, pg. 143 (1909).

„Rückkehrschnitttheorem" zu beweisen*). Bei diesem Theoreme hat
Koebe dann noch eine zweite auf einem *iterierenden Verfahren* be-
ruhende Methode entwickelt, durch deren Vertiefung es ihm sogar gelungen ist, jenes allgemeine von Klein aufgestellte Fundamentaltheorem zu beweisen, das wir pg. 47 (am Schlusse des § 11)
nannten**). In ausführlicher Weise hat Koebe einen ersten Theil seiner
hierher gehörigen Untersuchungen in der Abhandlung: „*Über die Uniformisierung der algebraischen Curven. II*"***) dargestellt.

Auf Grund der so erfolgreichen Arbeiten Koebe's besitzen wir
also für die drei öfter genannten Theoreme direkte Beweise nach einheitlicher Methode, eben derjenigen der „Überlagerungsfläche". Daher
wird es zur Erledigung des durch Aufstellung der drei Probleme I,
II und III pg. 45 u. f. aufgenommenen Programms für uns das zweck-
mässigste sein, der weiter folgenden ausführlichen Darstellung der
direkten Beweise unserer Theoreme im Anschluss an Koebe die „Methode der Überlagerungsfläche" zu Grunde zu legen. Es soll dies
in der Weise geschehen, dass wir im vorliegenden Kapitel das Haupt-
kreis- und das Grenzkreistheorem, im folgenden aber das Rückkehrschnitttheorem erledigen. In den nächsten vier Paragraphen folgen zunächst vorbereitende Entwickelungen allgemeinerer Art.

§ 2. Sätze über logarithmische Potentiale und Green'sche Functionen.

In „Mod." I pg. 504 haben wir die zu einer Riemann'schen Fläche
gehörenden *logarithmischen Potentiale* (dortselbst kurz „Potentiale"
genannt) betrachtet. Aus der Theorie dieser Potentiale haben wir eine
Reihe allgemeiner Sätze zu benutzen, die zur Vermeidung künftiger
Unterbrechungen hier vorher zusammengestellt werden sollen. Wegen
der Beweise verweisen wir zumeist auf die Originalabhandlungen, wobei vor allem die grundlegenden Arbeiten von H. A. Schwarz†) in

---

*) „*Über die Uniformisierung der algebraischen Curven durch automorphe
Funktionen mit imaginären Substitutionsgruppen*", Gött. Nachr. von 1909, pg. 68 ff.

**) „*Über die Uniformisierung der algebraischen Curven durch automorphe Funktionen mit imaginären Substitutionsgruppen*" (Fortsetzung und Schluss), Gött. Nachr.
von 1910, pg. 180 ff.

***) Math. Ann., Bd. 69, pg. 1 ff. (1910).

† „*Über die Integration der partiellen Differentialgleichung:*

$$\frac{\partial^2 u}{\partial x^2} + \frac{\partial^2 u}{\partial y^2} = 0$$

unter vorgeschriebenen Grenz- und Unstetigkeitsbedingungen", Berlin. Monatsber.
von 1870, pg. 767 ff.; „*Zur Integration der partiellen Differentialgleichung* $\Delta u = 0$",
Crelles Journ., Bd. 74, pg. 218 ff. (1870 und 71). Beide Abhandlungen sind abgedruckt

Betracht kommen, oder auch auf die Lehrbücher der Funktionentheorie. In letzterer Hinsicht bevorzugen wir die vielseitige und übersichtliche Darstellung von Osgood*), der im 13. Kapitel seines unten genannten Werkes die Theorie des logarithmischen Potentials behandelt hat.

Über der Ebene der complexen Variabelen $z = x + iy$ sei ein zusammenhängender Bereich B ausgebreitet, der endlich-blättrig sein soll, nur endlich viele Verzweigungspunkte und desgleichen nur endlich viele Randcurven haben soll, welche letztere den gesamten Rand R von B zusammensetzen. Jedenfalls ist der Grad des Zusammenhangs dieses Bereiches B selbst ein endlicher. Beliebig viele unter den Blättern von B dürfen sich ins Unendliche erstrecken oder, wie wir sagen wollen, den Punkt $z = \infty$ enthalten. Nur wollen wir zur Vereinfachung voraussetzen, dass der Rand R nicht gerade durch einen Punkt $z = \infty$ und auch nicht durch einen Verzweigungspunkt hindurchlaufe.

Unter einem „logarithmischen Potential" $u(x,y)$ des Bereiches B verstehen wir alsdann eine *eindeutige reelle Funktion des Ortes in B, welche abgesehen von endlich vielen Unstetigkeitspunkten sich in der Umgebung jeder Stelle von B „harmonisch" verhält.* Die letztere Eigenschaft besagt, dass daselbst die Ableitungen $\frac{\partial u}{\partial x}$, $\frac{\partial u}{\partial y}$, $\frac{\partial^2 u}{\partial x^2}$, $\frac{\partial^2 u}{\partial y^2}$ existieren, dass u sammt diesen Ableitungen, wie schon allgemein angenommen wurde, eindeutig sowie endlich und stetig ist, und dass endlich für die beiden Ableitungen zweiter Ordnung die Laplace'sche Gleichung:

$$(1) \qquad \frac{\partial^2 u}{\partial x^2} + \frac{\partial^2 u}{\partial y^2} = 0$$

erfüllt ist. An jeder der endlich vielen Unstetigkeitsstellen soll aber eine bestimmte daselbst unstetig werdende Funktion $\omega(x,y)$ existieren, so dass $u(x,y)$ in der Umgebung jener Stelle die Darstellung gestattet:

$$(2) \qquad u(x,y) = \omega(x,y) + \text{harmon. Funct.}$$

Eine zusätzliche Erläuterung erfordern hierbei nur noch die Stellen $z = \infty$ und die Verzweigungspunkte des Bereiches B. Die Umgebung eines Punktes ∞ und diejenige eines bei z_0 gelegenen ν-blättrigen Verzweigungspunktes bilden wir durch:

$$z' = \frac{1}{z} \qquad \text{bezw.} \qquad z' = \sqrt[\nu]{z - z_0}$$

in Bd. 2 von H. A. Schwarz' „Gesammelten mathematischen Abhandlungen" (Berlin 1890), auf welche wir der leichten Zugänglichkeit halber weiterhin zitieren werden.

*) „Lehrbuch der Funktionentheorie", Bd. 1 Leipzig 1907.

auf die schlichte Umgebung des Nullpunktes der z'-Ebene ab. Geht hierbei u in $u'(x', y')$ über, so sagen wir, u verhalte sich in der Umgebung jenes besonderen Punktes von B harmonisch, falls sich u' in der Umgebung des Nullpunktes der z'-Ebene harmonisch verhält.

Zur Vereinfachung nehmen wir noch an, dass keine der für $u(x, y)$ vorgeschriebenen Unstetigkeitsstellen auf dem Rande R des Bereiches B liege. Die Randwerthe von $u(x, y)$, welche wir durch die Bezeichnung $\Gamma(x, y)$ auszeichnen wollen, werden dann eine überall endliche stetige Werthefolge darstellen. Es gelte die Annahme, *dass $u(x, y)$ vom Innern des Bereiches B her gleichmässig stetig in die Randwerthe Γ übergehe.* Auch die ersten Ableitungen $\dfrac{\partial u}{\partial x}$, $\dfrac{\partial u}{\partial y}$ mögen am Rande R noch existieren und stetig sein; und desgleichen mögen die Innenwerthe dieser Ableitungen gleichmässig stetig in die Randwerthe übergehen.

Unter den Sätzen über logarithmische Potentiale stellen wir folgenden an die Spitze: *Vollziehen wir mittelst irgend einer analytischen Function $z' = f(z)$ eine conforme Abbildung des Bereiches B auf einen Bereich B' über der z'-Ebene, welcher alle vom Bereiche B geforderten Eigenschaften der Gestalt besitzt, so geht $u(x, y)$ hierbei wieder in ein logarithmisches Potential unserer Art $u'(x', y')$ für B' über; demselben kommt also gegenüber conformer Abbildung der Charakter der Invarianz zu.* Es ist dies eine Grundeigenschaft der logarithmischen Potentiale, welche auf der Natur der conformen Abbildung, und also rechnerisch auf den Cauchy-Riemann'schen Differentialrelationen beruht[*]).

Eine Reihe weiterer Eigenschaften unserer Potentiale u ergiebt sich aus den wohlbekannten Green'schen Integralsätzen. Wir nennen zunächst den bekannten auch bereits in „Mod." I pg. 504 ff. mehrfach benutzten Satz: *Ist B_0 irgend ein mit endlich vielen Randkurven ausgestatteter Teilbereich von B (der auch mit B selbst identisch sein darf), in dem u frei von Unstetigkeiten ist und sich demnach überall harmonisch verhält, so kann u (abgesehen von dem Falle, dass u in B_0 überall constant ist) in keinem „inneren" Punkte von B_0 seinen grössten oder kleinsten Werth annehmen; vielmehr liegt jeder Innenwerth von u zwischen dem Maximum und Minimum der Werthe u am Rande R_0 von B_0, ohne mit einem dieser Extremwerthe gleich zu sein.* Verhält sich nämlich u in der Umgebung eines Punktes z_0 harmonisch, so beschreibe man in dieser Umgebung um z_0 als Mittelpunkt einen Kreis; alsdann ist der Werth von u in z_0 der Mittelwerth aller auf jener Kreisperipherie eintretenden Werthe u, woraus der angegebene Satz leicht folgt[**]).

---

[*]) Vgl. hierzu Osgood „Lehrbuch usw." pg. 565.
[**]) Cf. Osgood „Lehrbuch usw.", pg. 544 ff.

Eine Folge des letzten Satzes ist, *dass ein logarithmisches Potential u des Bereiches B durch seine Randwerthe U und die Art, wie u im Bereiche B unstetig wird, eindeutig bestimmt ist.* Gäbe es nämlich noch ein zweites Potential u_1 mit denselben Randwerthen U und der gleichen Art des Unstetigwerdens in vorgeschriebenen Punkten von B, so wäre die Differenz $(u_1 - u)$ in B überall harmonisch und längs des ganzen Randes R von B gleich null, also auch überall im Innern von B gleich null.

Zu den logarithmischen Potentialen des Bereiches B gehören insbesondere die „*Green'schen Functionen*" desselben. Ist z_0 ein beliebiger Punkt innerhalb B, den wir weiterhin kurz als „Punkt O" von B bezeichnen wollen, so verstehen wir unter r den absoluten Betrag der Differenz $(z - z_0)$:

$$r = z - z_0.$$

Als die zum Punkte O gehörende Green'sche Function g(x, y) des Bereiches B bezeichnen wir alsdann ein logarithmisches Potential von B, welches

1. in der Umgebung der Stelle O die Darstellung gestattet:

$$(3) \qquad g(x,y) = \log(r^{-1}) + \text{harmon. Funct.},$$

2. sonst in B überall harmonisch ist, und

3. längs des Randes R von B überall verschwindet.

Wenn die Green'sche Function eines Bereiches B mit vorgeschriebener Unstetigkeitsstelle O überhaupt existirt, so ist *dieselbe nach dem zuletzt ausgesprochenen Theoreme auch eindeutig bestimmt.*

Besitzt man die Green'sche Function für einen beliebigen Punkt $z_0 = x_0 + i y_0$ des Bereiches B, so ist man im Stande, *die „Randwerthaufgabe" (cf. „Mod." I pg. 510) für diesen Bereich allgemein zu lösen.* Ist nämlich $u(x,y)$ ein in B überall harmonisches Potential, so zeigt man mittelst des Green'schen Satzes die folgende Gleichung für den Wert $u(x_0, y_0)$ von u an der fraglichen Stelle z_0:

$$(4) \qquad u(x_0, y_0) = \frac{1}{2\pi} \int\limits_{(R)} U \cdot \frac{\partial g}{\partial n} ds,$$

wobei das Integral über den Rand R von B in der für diesen Bereich positiven Umlaufsrichtung zu erstrecken ist, U wie oben die Randwerthe von u bedeuten und mit $\frac{\partial g}{\partial n}$ der nach der inneren Normale von R genommene Differentialquotient unserer zur Stelle z_0 gehörenden Green'schen Function gemeint ist[*]).

*) Die Erklärung des Integrals in (4) rechter Hand findet in den weiterhin in Betracht kommenden Fällen, wo wir den Rand R stets aus endlich vielen Stücken analytischer Curven zusammensetzen, keine Schwierigkeiten.

Für den Fall, dass B insbesondere eine schlichte Kreisfläche ist, gelingt es sofort, die zu irgend einem inneren Punkte O dieser Kreisfläche gehörende Green'sche Function von B zu bilden. Ist O' zu O bezüglich der Kreisperipherie R symmetrisch gelegen, und bezeichnet man mit ϱ und ϱ' die Entfernungen irgend eines Punktes $z = x + iy$ der Kreisfläche von O und O', so ist der Quotient $\frac{\varrho}{\varrho'}$ bekanntlich längs der Peripherie R konstant und habe daselbst den Wert k. *Die zum Punkte O gehörende Green'sche Function der Kreisfläche ist dann einfach:*

$$(5) \qquad g(x,y) = -\log \varrho + \log \varrho' + \log k,$$

und die Eintragung dieses Ausdrucks der Green'schen Function in die Formel (4) liefert die Lösung der Randwertaufgabe für die Kreisfläche mittelst des Poisson'schen Integrals.[*])

Das Poisson'sche Integral seinerseits wird zur Quelle einer Reihe weiterer wichtiger Sätze über Potentiale. Wir nennen z. B. das Theorem: *„Ein logarithmisches Potential $u(x,y)$ unserer Art hat im Bereiche B seiner Definition partielle Ableitungen aller Ordnungen, deren jede sich wieder harmonisch verhält*[**]). Vor allem aber kann man den Sätzen über das Poisson'sche Integral mit Hilfe des oben aufgestellten Theorems über die Maxima und Minima der Potentiale $u(x,y)$ den folgenden weiterhin grundlegenden Convergenzsatz entnehmen[***]): *Convergiert die unendliche Reihe:*

$$(6) \qquad u_1 + u_2 + u_3 + u_4 + \cdots$$

von Potentialen des Bereiches B in diesem Bereiche, seinen Rand eingeschlossen, gleichmässig, so stellt die Summe daselbst wieder ein logarithmisches Potential unserer Art dar.

Zu den *analytischen* Functionen des Bereiches B stehen die Potentiale $u(x,y)$ in der in „Mod." I pg. 505 ff. aufgewiesenen Beziehung. Bilden wir aus dem logarithmischen Potentiale $u(x,y)$ mittelst des Integrales:

$$(7) \qquad v(x,y) = \int \left(\frac{\partial u}{\partial x}\, dy - \frac{\partial u}{\partial y}\, dx \right),$$

geführt von irgend einem in B fest gewählten Anfangspunkte bis zur

---

[*]) Siehe hierzu namentlich die zweite der pg. 446 genannten Abhandlungen von Schwarz in den „*Gesammelten mathematischen Abhandlungen*", Bd. 2, pg. 175 ff., sowie den Zusatz ebenda pg. 360. Vgl. auch Osgood, „*Lehrbuch usw.*", pg. 554 und „Mod." I, pg. 513.

[**]) Cf. Osgood, „*Lehrbuch usw.*", pg. 560.

[***]) Siehe wegen des ausführlichen Nachweises Osgood, „*Lehrbuch usw.*", pg. 571.

Stelle $z = x + iy$, das zu $u(x,y)$ „conjugierte Potential" $v(x,y)$, so ist bekanntlich:

$$(8) \qquad f(z) = u(x,y) + iv(x,y)$$

eine im Bereiche B erklärte und daselbst eindeutig fortsetzbar analytische Function von z, die aber natürlich, falls B mehrfach zusammenhängend ist oder Unstetigkeitspunkte vorliegen, keineswegs selber in B eindeutig zu sein braucht. Von hier aus kann man die Sätze über analytische Fortsetzung rückwärts auch auf die Potentiale $u(x,y)$ übertragen; doch kann man auch eine Lehre von der „harmonischen Fortsetzung" für die Potentiale $u(x,y)$ selbständig entwickeln, wie dies z. B. bei Osgood a. a. O. pg. 575 ff. geschehen ist.

Dem vorhin aufgestellten Convergenztheoreme entspricht, wie wir noch erwähnen, der bekannte Satz, *dass eine gleichmässig convergente Reihe analytischer Functionen wieder eine analytische Function liefert.*

§ 5. Weiteres über die Lösung der Randwerthaufgabe.

Giebt man auf dem Rande R eines Bereiches B unserer Art eine stetige Folge reeller Werthe U, so giebt es, wie schon bemerkt, höchstens eine Function $u(x,y)$, die im Bereiche B überall eindeutig und harmonisch ist und stetig in die aufgetragenen Randwerthe U übergeht. Die „Randwerthaufgabe" verlangt, die Existenz dieser Function $u(x,y)$ nachzuweisen und sie wirklich herzustellen.

Sind wir im Besitze der Green'schen Function des Bereiches B für einen beliebigen Punkt O desselben, so konnten wir die Randwerthaufgabe für diesen Bereich mittelst der Gleichung (4) pg. 449 lösen. Hieran schloss sich, da die Green'sche Function für die Kreisfläche hergestellt werden konnte, die Lösung der Randwerthaufgabe für die Kreisfläche mittelst des Poisson'schen Integrals.

Mittelbar ist damit die Randwerthaufgabe auch zugleich für alle diejenigen einfach zusammenhängenden Bereiche als gelöst anzusehen, welche durch bekannte analytische Functionen eindeutig auf schlichte Kreisflächen abgebildet werden können. Hierher gehören z. B. mehrfach bedeckte Kreisscheiben mit einem inneren Windungspunkte, wie wir sie in „Mod." I, pg. 510 bei den Verzweigungspunkten Riemann'scher Flächen ausgeschnitten hatten, auch „Kreisscheiben" mit dem Mittelpunkte $z = \infty$, d. i. ausserhalb sehr grosser Kreise verlaufende Theile der schlichten z-Ebene, endlich auch die oben (pg. 9 ff.) beim Existenzbeweise der automorphen Functionen benutzten Kreissectoren.

Hierzu tritt nun weiter die in „Mod." I pg. 514 ff. ausführlich besprochene bekannte „*Combinationsmethode auf Grund eines alternieren-*

den Verfahrens" von Schwarz und Neumann. Hat man zwei Bereiche B_1 und B_2, welche sich zum Theil überdecken, und ist man im
Stande, die Randwerthaufgabe für B_1 und B_2 einzeln zu lösen, so ergiebt
jene Methode die Existenz und Herstellungsweise der Function $u(x, y)$,
welche die Randwerthaufgabe für den aus B_1 und B_2 durch Verschmelzung entspringenden Bereich löst.

Diese Prämissen waren zureichend, um in „Mod." I pg. 508 ff. den
Existenzbeweis algebraischer Functionen auf beliebig gegebener Riemann'-
scher Fläche, sowie auch um im vorliegenden Bande pg. 9 ff. den Existenzbeweis der automorphen Functionen bei einem beliebigen Discontinuitätsbereiche der ζ-Ebene zu lösen. Es galt einfach, die Riemann'sche
Fläche bzw. den Discontinuitätsbereich mit einer endlichen Anzahl
von schlichten Kreisscheiben bzw. von Kreisscheiben mit Windungspunkten oder von Kreissectoren nach und nach vollständig zu bedecken und das oben bezeichnete combinatorische Verfahren bei Zusatz
jeder neuen Kreisscheibe auszuüben.

Für unsere weiteren Zwecke erscheint es wünschenswerth, in der
Lösung der Randwerthaufgabe noch einen Schritt weiter zu gehen. In
der That wollen wir uns jetzt den im vorigen Paragraphen zu Grunde
gelegten Bereich B so denken, *dass sein Rand K aus einer endlichen
Anzahl analytischer Curvenstücke besteht, von denen je zwei benachbarte
in einem nicht verschwindenden Winkel zusammenstossen.* Die Lösbarkeit der Randwerthaufgabe für Bereiche B dieser allgemeinen Gestalt
ist von Schwarz bereits im Jahre 1870 dargethan worden[*]. Wir
wollen seine Überlegung hier kurz skizziren.

Ist K eines dieser Curvenstücke, so kleidet sich die Annahme, K
sei analytisch, in die Gestalt, dass die Coordinaten x und y der Punkte
von K mittelst eines reellen Parameters t durch *zwei reelle analytische
Functionen*:

$$(1) \qquad\qquad x = \varphi(t), \quad y = \psi(t)$$

von t darstellbar seien. Und zwar mögen wir K gerade vollständig
beschreiben, wenn wir den Parameter t das Intervall:

$$(2) \qquad\qquad \alpha \leq t \leq \beta$$

durchlaufen lassen. Übrigens sollen noch (was bei den später zu benutzenden Curven K ohne weiteres erfüllt sein wird) für jeden Punkt

---

[*] Cf. Schwarz, „*Ges. math. Abh.*", Bd. 2, pg. 150 ff., sowie übrigens auch
Osgood, „*Lehrbuch usw.*" pg. 608 ff.

t_0 des Intervalles (2) die Ableitungen der Functionen (1) die Ungleichung:

$$(3) \qquad \varphi'(t_0)| + \psi'(t_0) > 0$$

erfüllen.

Setzen wir nun für die Umgebung des eben gedachten Punktes t_0 die Taylor'schen Entwicklungen:

$$\varphi(t) = a_0 + a_1(t - t_0) + a_2(t - t_0)^2 + \cdots$$
$$\psi(t) = b_0 + b_1(t - t_0) + b_2(t - t_0)^2 + \cdots$$

der Functionen $\varphi(t)$ und $\psi(t)$ an, so gewinnen wir in:

$$(4) \quad z = x + iy = (a_0 + ib_0) + (a_1 + ib_1)(t - t_0) + (a_2 + ib_2)(t - t_0)^2 + \cdots$$

eine *analytische Function* z *von* t, welche die reelle t-Axe in der Umgebung von t_0 auf das correspondierende Stück der Curve K abbildet. Durch analytische Fortsetzung über das ganze Intervall (2) hin finden wir die durch diese Ungleichung (2) eingegrenzte Strecke der reellen t-Axe mittelst der analytischen Function:

$$(5) \qquad z = \varphi(t) + i\psi(t)$$

auf das Curvenstück K abgebildet.

Nun erweitert Schwarz diese durch die Gleichung (5) gelieferte Abbildung der reellen t-Axe *auf complexe Werthe* von t. Da für die Punkte t_0 unseres Intervalles zufolge (3) die Ableitung $(\varphi'(t) + i\psi'(t))$ nirgends verschwindet, so wird ein längs jener Strecke der reellen t-Axe ausreichend schmal gewählter Streifen der complexen t-Ebene durch die analytische Function (5) ein ausnahmslos conformes Abbild in der z-Ebene liefern, welches sich als schmaler Streifen um das Bild der reellen t-Axe, d. i. die Curve K, lagert. Wir wollen hierbei die Anordnung so getroffen annehmen, dass der dem Innern des Bereiches B angehörende Theil des Abbildes von dem in der „positiven t-Halbebene" gelegenen Theile des Streifens herrührt.

Auf diese Betrachtung gründet sich dann die Lösung der Randwerthaufgabe für unseren Bereich B. Wir construieren von einem Endpunkte $t = \alpha$ und zum andern $t = \beta$ einen Kreisbogen, der die reelle t-Axe unter von null verschiedenen, aber ausreichend kleinen Winkeln η erreicht und die positive t-Halbebene durchzieht. Er grenzt mit der öfter genannten Strecke der reellen t-Axe eine schmale „Kreissichel" ein, für welche die Randwerthaufgabe lösbar ist[*]. Die Abbildung dieser

---

[*] In der That kann man eine Kreissichel leicht conform auf die Fläche eines schlichten Vollkreises abbilden.

Kreissichel mittelst der analytischen Function (5) liefert in der z-Ebene ein durchweg conformes Bild, welches zwar die Randcurve K mit dem Bereiche B gemein hat, übrigens aber bei hinreichend klein gewähltem Winkel η ganz innerhalb B verläuft. Für diesen Bereich sind wir demnach im Stande, die Randwerthaufgabe gleichfalls zu lösen.

Die weitere Entwicklung gründet sich dann wieder auf die Combinationsmethode von Schwarz und Neumann. Sind für zwei an einer Ecke des Randes B zusammenstossende Bereiche gedachter Art die Winkel η und η' so gross, dass sich die beiden an diese Ecke heranragenden Bereiche hier bereits theilweise überdecken, so können wir dieselben auch sofort verschmelzen. Haben jedoch diese beiden Bereiche nur erst den Eckpunkt gemein, so·müssen wir uns noch eines vermittelnden Bereiches bedienen. Als solchen wählen wir etwa einen Kreissector*), ausgeschnitten aus einem Kreise um die fragliche Ecke als Mittelpunkt; abgesehen von dieser Ecke soll der Kreissector ganz im Innern von B liegen und so grossen Centriwinkel haben, dass er an der Ecke beiderseits über die hier zu verschmelzenden Bereiche hinübergreift.

Wir verfahren nun in der vorstehend skizzierten Weise mit allen einzelnen analytischen Randstücken von B. Die im Innern unseres Bereiches B alsdann noch offen bleibende Lücke decken wir weiter mit endlich vielen Kreisscheiben ab und gelangen auf diese Weise schliesslich zu folgendem Ergebnis: *Für den pg. 447 zu Grunde gelegten Bereich B können wir die Randwerthaufgabe lösen, falls der Rand B desselben aus einer endlichen Anzahl analytischer Kurvenstücke bezeichneter Art besteht, welche in den Ecken des Randes nicht verschwindende Winkel mit einander bilden**).*

Die vorstehenden Entwicklungen enthalten zugleich das Schwarz'sche „*Princip der Symmetrie*" in seiner allgemeinen Gestalt (cf. „Mod." 1 pg. 92) und damit auch die „*analytische*" bezw. „*harmonische Fortsetzung*" der Functionen unseres Bereiches B über ein analytisches Randstück K desselben hinaus***), ein Gegenstand, auf den wir im nächsten Paragraphen nochmals zurückkommen.

---

*) Ein Kreissector kann leicht in der Art auf einen Halbkreis abgebildet werden, dass die beiden den Sector begrenzenden Radien in den den Halbkreis begrenzenden Durchmesser übergehen. Der Halbkreis ist dann wie vorhin die Kreissichel auf einen Vollkreis abbildbar, so dass die Lösung der Randwerthaufgabe für den Kreissector keine Schwierigkeit hat.

**) Siehe die ausführlichere Darstellung bei Osgood, „*Lehrbuch usw.*", pg. 608 ff.

***) Man sehe das Nähere bei Osgood, „*Lehrbuch u. s. w.*", pg. 580.

§ 4. Die Green'sche Function eines einfach zusammenhängenden Bereiches.

Es sei jetzt der Bereich B insbesondere ein *einfach zusammenhängender*; der Rand R von B, der voraussetzungsgemäss aus einer endlichen Anzahl analytischer Stücke mit nicht-verschwindenden Eckenwinkeln zusammengesetzt ist, wird demnach jetzt aus *einer einzigen in sich zurücklaufenden Linie* bestehen. Im Inneren des Bereiches markieren wir einen beliebig gewählten Punkt O und verstehen unter $g(x, y)$ die zu diesem Punkte als Unstetigkeitspunkte gehörende Green'sche Function des Bereiches B, deren Existenz und eindeutige Bestimmtheit im vorangehenden Paragraphen bewiesen wurde. In der Umgebung von O gilt nach (3) pg. 449 die Darstellung:

$$(1) \qquad g(x, y) = - \log r + \text{harmon. Funct.},$$

übrigens ist $g(x, y)$ innerhalb B allenthalben harmonisch. Die Werthe von $g(x, y)$ innerhalb B sind überall > 0. gegen den Rand R geht $g(x, y)$ gleichmässig stetig in den Werth 0 über.

Es sei jetzt c irgend ein constanter positiver Werth. Dann bilden alle Punkte des Bereiches B, in denen $g(x, y)$ diesen Werth c annimmt, die durch:

$$(2) \qquad g(x, y) = c$$

dargestellte zu c gehörende „*Niveaucurve*" unserer Green'schen Function. Diese Curve ist die Randcurve desjenigen Theilbereiches B_c von B. innerhalb dessen die Ungleichung $g(x, y) > c$ zutrifft. *Dieser Theilbereich B_c besteht nothwendig aus einem einzigen Continuum, in dessen Inneren der Unstetigkeitspunkt O gelegen ist.* Würde derselbe nämlich aus mindestens zwei getrennten Theilen bestehen, so könnte O nur innerhalb des einen unter ihnen liegen, und also wäre $g(x, y)$ im Innern des anderen Theiles überall harmonisch und auf dem Rande desselben constant gleich c. Nach einem pg. 448 genannten Satze wäre demnach $g(x, y)$ auch innerhalb dieses Theiles überall gleich c, und die harmonische Fortsetzung unserer Function würde zeigen, dass dieselbe überhaupt constant gleich c ist, was ausgeschlossen ist.

Auf Grund der gleichen Erwägung zeigt man weiter: *Der Rand R_c des Bereiches B_c kann nicht in getrennte Theile zerfallen; er ist vielmehr zusammenhängend und grenzt demnach einen „einfach" zusammenhängenden Theilbereich B_c ein.* Jedenfalls hat nämlich B_c eine äussere Randcurve, jenseits deren man zum Rande R von B gelangt. Käme nun noch eine innere, für sich geschlossene Randcurve hinzu, so würde diese wieder einen zu B_c nicht gehörenden Bereich eingrenzen, innerhalb dessen $g(x, y)$ constant gleich c wäre.

Wir fragen weiter, ob es möglich ist, dass die durch (2) gegebene Niveaucurve R_c unserer Green'schen Function $g(x, y)$ *mehrfache Punkte* aufweist. In einem solchen Punkte würde dann gleichzeitiges Verschwinden der beiden Ableitungen $\frac{\partial g}{\partial x}$ und $\frac{\partial g}{\partial y}$ eintreten.

Aus dem allgemeinen Verhalten einer Function von x und y in der Umgebung einer Stelle, in der sie sich harmonisch verhält[*]), würde

sich an einer Stelle gleichzeitigen Verschwindens der Ableitungen $\frac{\partial g}{\partial x}$, $\frac{\partial g}{\partial y}$ für den Bereich B_c die in Fig. 101 skizzierte Gestalt ergeben. Das Wesentliche ist, dass sich der durch Schraffierung hervorgehobene Bereich B_c mit einer Anzahl von Spitzen *in dem gleichen Blatte*[**]) des Gesammtbereiches B an den fraglichen Punkt heranzieht. Handelt es sich um einen ν-fachen Punkt der Niveaucurve, so zieht sich

Fig. 101.

der Bereich B_c mit ν Ecken der Winkel $\frac{\pi}{\nu}$ an diesen Punkt heran (in Fig. 101 ist ν gleich 3 genommen), und es bleiben ν zwischenliegende Ecken der gleichen Winkel $\frac{\pi}{\nu}$ vom Bereiche B_c frei. Die im Innern des Bereiches B_c der Fig. 101 dicht am Rande hinlaufende punktierte Linie zeigt, wie man den Rand R_c durchlaufen muss, um ihn auch hier noch als eine einzige in sich zurücklaufende Linie aufzufassen.

Nun zerfällt aber, wie man sieht, im vorliegenden Falle R_c in mindestens ν geschlossene Curven, von denen ν mit Ecken an den fraglichen Punkt heranragen. Zwei von diesen letzteren Curven greifen wir auf und nennen sie K_1 und K_2. Die geschlossene Curve K_1, als dem einfach zusammenhängenden Bereiche B angehörend, theilt diesen Bereich B in zwei Theilbereiche B_c' und B_c'', von denen der erstere den Punkt O und den Bereich B_c enthält, während B_c'' der ringförmige Rest-

---

[*]) Siehe das Nähere bei Osgood, „Lehrbuch u. s. w.", p. 578, insbesondere den Satz 4 daselbst.

[**]) Wir nehmen bei der Ausdrucksweise des Textes an, dass an der Stelle, wo der mehrfache Punkt von R_c liegt, sich nicht gerade ein Verzweigungspunkt findet. Wie die Sachlage im letzteren Falle zu verstehen ist, ergiebt sich nach bekannten Grundsätzen, indem man sich die Umgebung des Verzweigungspunktes vorübergehend auf einen schlichten Bereich abgebildet denkt.

bereich mit dem äusseren Rande R ist. Jetzt gehört aber ersichtlich weiter die zweite geschlossene Curve K_2 dem inneren Bereiche B' an, woraus wir sofort wie oben den Schluss ziehen, dass $g(x, y)$ überall constant sein müsste.

Hiernach ist das Auftreten eines mehrfachen Punktes bei einer Niveaucurve (2) oder, wie wir auch sagen können, das gleichzeitige Verschwinden der Ableitungen $\frac{\partial g}{\partial x}$, $\frac{\partial g}{\partial y}$ in B ausgeschlossen. Man kann diese Thatsache auch so ausdrücken, dass der nach der inneren Normale einer Niveaucurve genommene Differentialquotient $\frac{\partial g}{\partial \nu}$ stets > 0 ist: *Die Niveaucurve* (2) *ist eine einfach geschlossene überall stetig gekrümmte Curve, und die ganze Schar der Niveaucurven, welche eintritt, wenn wir c von 0 bis ∞ wachsen lassen, wird unseren Bereich B einfach und lückenlos bedecken.*

Man stelle nunmehr das zu $g(x, y)$ conjugirte Potential:

$$(3) \qquad h(x, y) = \int \left(\frac{\partial g}{\partial x}\, dy - \frac{\partial g}{\partial y}\, dx \right)$$

her, indem man die hierbei verfügbare willkürliche Constante irgendwie wählt. *Dann ist:*

$$(4) \qquad Z = e^{-g + ih}$$

eine analytische Function von z, welche den einfach zusammenhängenden Bereich B conform auf die schlichte Fläche des Einheitskreises der Z-Ebene abbildet. Dabei entspricht dem Punkte O der Nullpunkt $Z = 0$ und die Umgebung von O der einfach und vollständig bedeckten Umgebung von $Z = 0$. Bei Fortführung der Abbildung von hier aus kann sich nach den obigen Darlegungen in der That kein innerer Verzweigungspunkt im Abbilde ergeben[*]. Andrerseits gelangen wir bei Abbildung des Bereichrandes R, wo g stetig in den Werth 0 übergegangen ist, an die Peripherie des Einheitskreises der Z-Ebene heran. *Die Abbildung ist eine durchweg conforme, und zwar unter Einschluss des analytischen Randes R, abgesehen davon, dass die Umgebungen innerer Windungspunkte des Bereiches B schlicht bedeckte Abbilder in der Z-Ebene liefern, sowie dass die Ecken am Rande R von B beim Abbilde in Wegfall kommen[**].*

Nach den am Schlusse von § 3, pg. 454, gegebenen Andeutungen

---

[*] Diese Thatsache folgern wir hier aus der Gestalt der Niveaucurven. Man kann auch an den Umstand anknüpfen, dass das Abbild jedenfalls in der Umgebung von $Z = 0$ einblättrig ist, und dass sich der Rand des Bereiches B auf die Peripherie des Einheitskreises abbildet. Die Unmöglichkeit innerer Verzweigungspunkte lässt sich hieraus vermöge einer in § 9 näher auzugebenden Überlegung folgern.

[**] Vergl. übrigens Osgood, „Lehrbuch u. s. w.", pg. 594 ff.

ist es übrigens möglich, *die Green'sche Function* $g(x, y)$ *und damit die Function* $Z(z)$ *harmonisch bezw. analytisch über das einzelne analytische Randstück des Bereiches B hinaus fortzusetzen*).* Wir wollen dies hier noch ein wenig weiter ausführen.

Das einzelne analytische Randstück benannten wir pg. 452 durch K und bildeten die nächste Umgebung desselben conform auf die Ebene einer Variabelen t ab, welche mit z durch die Gleichung (5) pg. 453 zusammenhing. Die Curve K selbst ging dabei in das durch $\alpha \leqq t \leqq \beta$ erklärte Stück der reellen t-Axe über. In dem der positiven t-Halbebene angehörenden Theile der Umgebung dieser Strecke der reellen t-Axe, unter Einschluss dieser Strecke selbst, ist nun die aus unserer Green'schen Function $g(x, y)$ hervorgehende complexe Function $(h - ig)$, in Abhängigkeit von t aufgefasst, eine analytische Function, welche längs der reellen t-Axe selbst reelle Werthe annimmt. Dann aber lehrt das Princip der Symmetrie: Die analytische Fortsetzung der Function $(h - ig)$ in die negative t-Halbebene hinein geschieht in der Weise, *dass diese Function in Punkten, die bezüglich der reellen t-Axe symmetrisch sind, selber conjugiert complexe Werthe annimmt.*

Diese Betrachtung kann man aber ebenso leicht auch unmittelbar am Curvenstück K der z-Ebene und an der Function $Z(z)$ ausführen. Zwei dicht am Rande K innerhalb und ausserhalb des Bereiches B gelegene Punkte, die conjugiert complexen Werthen t, also bezüglich der reellen t-Axe symmetrischen Punkten der t-Ebene entsprechen, bezeichnet man *als bezüglich des analytischen Curvenstücks K symmetrisch gelegen**).* Dann aber gilt offenbar der Satz: *Die Fortsetzung der Function* $Z(z)$ *über das analytische Randstück K hinaus regelt sich in der Weise, dass in zwei bezüglich K symmetrischen Punkten Werthe Z mit gleichen h, aber entgegengesetzten g stattfinden, oder dass der eine Werth Z' reciprok zum conjugiert complexen Werthe $\bar{Z}$ des anderen Z ist.*

§ 5. Zwei Theoreme von Koebe.

Neben den bisher entwickelten allgemeiner bekannten Sätzen über logarithmische Potentiale und speciell Green'sche Functionen benutzt Koebe bei seinen Beweisen des Hauptkreis- und des Grenzkreistheorems noch zwei besondere Theoreme, welche er für den Zweck dieser Beweise entwickelt hat***).

---

*) Vergl. hierzu Osgood, „*Lehrbuch u. s. w.*", pg. 581 ff.

**) Die Symmetrie bezüglich eines Kreises ist ein Specialfall dieser allgemeinen Definition.

***) Cf. die oben (pg. 445) genannten Arbeiten Koebe's in den Gött. Nachr. von 1907, pg. 203 ff. und den Math. Ann. Bd. 67, pg. 208 und 215.

Der Einheitskreis in der z-Ebene werde weiterhin mit K bezeichnet. B sei ein einfach zusammenhängender schlichter Bereich, der der Fläche des Kreises K angehört und den mit O zu bezeichnenden Nullpunkt der z-Ebene in seinem Innern enthält. Der Rand R von B ist eine geschlossene Curve, welche auch Theile der Peripherie K selbst enthalten darf. Der dem Mittelpunkte O nächstgelegene Randpunkt von B habe noch die Entfernung d von O; wir wollen sie weiterhin als „Minimaldistanz“ des Randes R vom Mittelpunkt O bezeichnen.

Vom Bereiche B soll die Voraussetzung gelten, *dass die zum Punkte O gehörende Green'sche Function $g(x, y)$ existiere.* Wir wollen hier explicite eine Entwicklung derselben für die Umgebung des Punktes O einführen*). Ist die Zahl z in Polardarstellung $z = re^{\vartheta i}$, so gilt für $g(x, y)$ die Reihenentwicklung:

$$(1) \qquad g(x, y) = \log\left(\frac{1}{r}\right) + a + \sum_{k=1}^{\infty} r^k (a^{(k)} \cos k\vartheta + b^{(k)} \sin k\vartheta),$$

welche jedenfalls innerhalb eines Kreises mit dem Radius d um O convergent ist.

Ist die Minimaldistanz $d = 1$, so heisst das, der Bereich B sei mit der Fläche des Kreises K identisch. Dann gilt einfach $g = \log(r^{-1})$, und also sind in der Entwicklung (1) das Absolutglied a sowie alle weiteren Coefficienten $a^{(k)}$, $b^{(k)}$ gleich null. Für beliebige Minimaldistanz $d < 1$ ist sicher:

$$(2) \qquad g(x, y) - \log\left(\frac{1}{r}\right)$$

im Bereiche B überall harmonisch. Am Rande R von B ist $g = 0$ und $r \leqq 1$, wobei das Gleichheitszeichen (wegen $d < 1$) jedenfalls nicht überall zutrifft. Die Function (2) ist also längs R jetzt sicher $\leqq 0$, wobei auch hier das Gleichheitszeichen nicht beständig gilt. Somit wird nach einem pg. 448 aufgestellten Satze im Innern von B stets:

$$g(x, y) - \log\left(\frac{1}{r}\right) < 0$$

gelten. Im Punkte O, der innerhalb B liegt, hat aber die Function (2) zufolge (1) den Werth a. *Somit folgt für das Absolutglied a der Entwickelung* (1) *unserer Green'schen Function $g(x, y)$ die Ungleichung:*

$$(3) \qquad a < 0,$$

sobald die Minimaldistanz $d < 1$ ist.

Das erste Theorem von Koebe giebt nun eine wesentliche Verschärfung dieses Resultates und kann so ausgesprochen werden: *Ent-*

---

*) Cf. Osgood, „*Lehrbuch u. s. w.*“, pg. 573.

*nimmt man eine Zahl D dem Intervall $0 < D < 1$ irgendwie und schreibt
für die Minimaldistanz d die Ungleichung $d \leqq D$ vor, so lässt sich, wie
auch übrigens der Bereich B gestaltet sein mag, eine bestimmte Zahl $A < 0$
angeben, so dass das Absolutglied a der Entwicklung* (1) *unserer Green-
schen Function* $g(x, y)$ *der Ungleichung:*

(4) $a < A$

genügt.

Dieser Satz ist beweisbar durch Vergleich der Function $g(x, y)$ mit
einer zweiten Green'schen Function $G(x, y)$, deren Bereich B' den Bereich B als Theilbereich enthält, und die ihrerseits allein durch die Auswahl der Zahl D bedingt ist. Der Bereich B' ist zweiblättrig und
wird in folgender Weise gewonnen:

Nach der Voraussetzung giebt es mindestens einen Randpunkt von
B, der den Abstand d vom Nullpunkte O hat. Von diesem Punkte
ziehen wir eine sich selbst nicht überkreuzende Linie, welche nirgends
in das Innere von B eintritt, zunächst bis zur Peripherie K und von
dort ausserhalb K etwa geradlinig weiter bis nach $z = \infty$. Da $d \leqq D$
ist, so kann man auf dieser Linie einen Punkt z_0 markieren, für

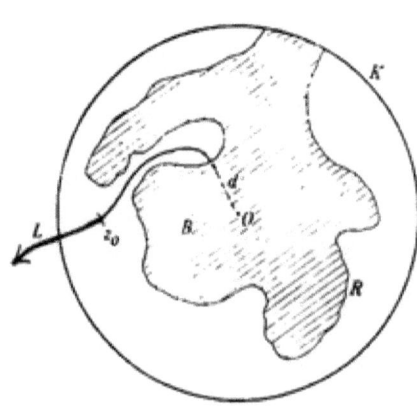

welchen $z_0 = D$ gilt. Sollte es
mehrere solche Punkte geben, so
verstehen wir unter z_0 den bei der
Ziehung der Linie zuletzt durch-
laufenen Punkt dieser Art. Dieser
Punkt liegt innerhalb K: derjenige
Theil der gezogenen Linie, welcher
von z_0 nach $z = \infty$ verläuft, heisse
L (cf. Fig. 102).

Man führe nun die zur Function
$\sqrt{z - z_0}$ gehörende zweiblättrige
Riemann'sche Fläche über der z-
Ebene ein, benutze hierbei die Linie
L, was statthaft ist, als Verzweigungsschnitt und stelle sich vor,

Fig. 102.

dass der Bereich B im oberen Blatte gelegen sei. Diese Riemann'sche
Fläche ist einfach zusammenhängend. Der Kreis K liefert auf ihr erst
nach zweimaliger Durchlaufung eine geschlossene Curve. Führen wir
durch beide Blätter längs K einen Schnitt und nehmen den ausserhalb K
verlaufenden Theil der Fläche fort, so restiert ein gleichfalls einfach zusammenhängender Bereich mit einer in sich zurücklaufenden Randcurve.
Aus diesem Bereiche wollen wir nun im unteren Blatte noch alle durch

$|z| < \frac{1}{2} D$ charakterisierten Punkte herausnehmen, wodurch eine Kreisperipherie des Radius $\frac{1}{2} D$ um O im unteren Blatte[*]) als zweite Randcurve auftritt. Der so entspringende zweifach zusammenhängende Bereich sei der zu construirende Bereich B'. *Dieser Bereich B' ist allein
durch die gewählte Zahl D und die Lage des Punktes z_0 auf der Peripherie des Kreises vom Radius D um O bedingt; dagegen sind die
Functionen des Bereiches B' natürlich unabhängig von der besonderen
Führung des Verzweigungsschnittes L zwischen z_0 und K.* Offenbar ist
B wieder ein Theilbereich von B', der vielleicht Theile der Peripherie K
des oberen Blattes mit dem Rande von B' gemein hat.

Nach den Sätzen von § 3, pg. 451 ff. existirt die zum Punkte O
gehörige Green'sche Function $G(x, y)$ des Bereiches B' und sei in der
Umgebung von O durch die daselbst convergente Reihe:

$$(5) \qquad G(x, y) = \log\left(\frac{1}{r}\right) + A + \sum_{k=1}^{\infty} r^k\,\left(A^{(k)} \cos k\vartheta + B^{(k)} \sin k\vartheta\right)$$

dargestellt. Nach den soeben gemachten Angaben wird diese Function
zwar nicht nur durch den absoluten Betrag $z_0 = D$, sondern auch
durch die Amplitude von z_0 bedingt sein. Aber da zwei Bereiche B'
mit gleichem z_0 und verschiedenen Amplituden von z_0 im wesentlichen
einfach durch Drehung um O in einander überführbar sind, so ändern
sich bei Änderung der Amplitude von z_0 nur die Coefficienten $A^{(1)}$, $B^{(1)}$.
$A^{(2)}$, $B^{(2)}$, ... in (5), dagegen bleibt das Absolutglied A unverändert: *Das
Absolutglied A in der Entwicklung (5) der Green'schen Function $G(x, y)$
ist eine allein von der ausgewählten Zahl D abhängende Grösse.*

Die Function:

$$(6) \qquad\qquad G(x, y) + \log r$$

ist im Bereiche B' überall harmonisch. Auf der Randkurve K von B'
verschwindet dieselbe, auf der zweiten im unteren Blatte gelegenen Randcurve von B' aber hat sie den constanten negativen Werth:

$$\log\left(\frac{D}{2}\right) < -\log 2.$$

Demnach ist die Function (6) im Innern von B' überall negativ (cf.
pg. 448), und da sie insbesondere im Punkte O den Werth A annimmt,
so folgt: *Die allein von D abhängende Zahl A genügt der Ungleichung:*

$$(7) \qquad\qquad A < 0.$$

---

[*]) Man beachte, dass kein Punkt des Verzweigungsschnittes L vom Mittelpunkte O eine Entfernung $< D$ hat.

Wir vollziehen nun den Vergleich zwischen $g(x, y)$ und $G(x, y)$. Die letztere Function ist für jeden inneren Punkt von B' positiv. Da B ein vom Ganzen verschiedener Theilbereich von B' ist, so sind die auf dem Rande R von B eintretenden Werthe von $G(x, y)$ nothwendig ≥ 0, wobei das Gleichheitszeichen nicht überall gilt. Die für B erklärte Function:

$$\tag{8} G(x, y) - g(x, y),$$

die in B überall harmonisch ist, wird demnach längs des Randes R gleichfalls ≥ 0 sein, unter Ausschluss der beständigen Geltung des Gleichheitszeichens. Demnach gilt innerhalb B überall:

$$G(x, y) - g(x, y) > 0,$$

und wir finden insbesondere für den Punkt O die Ungleichung:

$$A > a,$$

womit das oben aufgestellte Theorem bewiesen ist.

Aus dem bewiesenen Theoreme ziehen wir eine *Folgerung*, die später benutzt wird. Es sei eine dem Intervall $0 < \varepsilon < 1$ angehörende Zahl ε beliebig klein, aber fest gewählt. Die zu $D = 1 - \varepsilon$ im Sinne des bewiesenen Theorems gehörende Zahl A heisse speciell α. Jeder Bereich B mit einer Minimaldistanz $d \leq 1 - \varepsilon$ hat alsdann als Absolutglied in der Entwicklung (1) der Green'schen Function eine Zahl a, für welche $a < \alpha$ gilt. Umgekehrt hat demnach ein Bereich, für den jenes Absolutglied a dem Intervall $\alpha < a < 0$ angehört, nothwendig eine Minimaldistanz $d > 1 - \varepsilon$. Also gilt die Folgerung: *Ist ε dem Intervall $0 < \varepsilon < 1$ als beliebig kleine, aber feste Zahl entnommen, so giebt es eine Zahl α, die < 0 ist, so dass für einen Bereich B, bei dem das Absolutglied a in der Entwicklung der Green'schen Function der Ungleichung $a \geq \alpha$ genügt, die Minimaldistanz d nothwendig die Bedingung:*

$$\tag{9} 1 - d < \varepsilon$$

befriedigt. —

Der vorstehende Satz kommt beim Hauptkreistheorem zur Benutzung. Ein mit ihm nahe verwandter Satz, der nun abzuleiten ist, dient entsprechend dem Grenzkreistheorem. Der Bereich B sei, wie bisher, schlicht und einfach zusammenhängend; auch enthalte er wieder den Nullpunkt O in seinem Innern. Der Punkt $z = \infty$ soll weder dem Innern noch dem Rande R von B angehören; es soll also B ein endlicher Bereich sein. Dabei ist für die Eigenart des aufzustellenden Theorems sehr bemerkenswerth, *dass wir übrigens keine obere Grenze für die „Maximaldistanz" des Randes R vom Nullpunkte O vorauszusetzen* *brauchen.* Die einzige jetzt noch hinzutretende Forderung ist die, dass jedenfalls die zum Punkte O gehörende Green'sche Function von B existieren soll.

Unter d verstehen wir wie bisher die „Minimaldistanz" des Bereiches B, d. i. den kürzesten Abstand eines Randpunktes vom Nullpunkte O. Es gilt alsdann folgendes zweite Theorem von Koebe: *Wählt man eine der Bedingung $D > 0$ genügende Zahl D beliebig aber fest, und schreibt man für die Minimaldistanz d des Bereiches B die Ungleichung $d \leq D$ vor, so giebt es, wie auch übrigens B vorschriftsgemäss gewählt sein mag, eine bestimmte endliche Zahl A, so dass das Absolutglied a in der Entwicklung* (1) *der Green'schen Function $g(x, y)$ von B der Ungleichung genügt:*

$$(10) \qquad\qquad a < A.$$

Der Beweis beruht auf denselben Principien wie derjenige des ersten Theorems. Wir ziehen von einem Randpunkte des Bereiches B, der gerade den Abstand d von O hat, eine sich nicht selbst überkreuzende und nicht in das Innere von B eindringende Linie bis zum Punkte $z = \infty$. Da $d \leq D$ ist, so giebt es auf dieser Linie mindestens einen Punkt z_0 mit dem Abstande $z_0 = D$ vom Nullpunkte O. Kommen mehrere solche Punkte auf der Linie vor, so sei z_0 der beim Beschreiben der Linie zuletzt durchlaufene unter ihnen. Den zwischen diesem Punkte z_0 und dem Endpunkte $z = \infty$ gelegenen Theil unserer Linie nennen wir L und denken diese Linie L wie oben wieder als Verzweigungsschnitt der zur Function $\sqrt{z - z_0}$ gehörenden zweiblättrigen, einfach zusammenhängenden Riemann'schen Fläche.

Wir stellen uns wieder vor, dass der Bereich B im oberen Blatte dieser Fläche gelegen sei. Aus dem unteren Blatte aber schneiden wir genau wie oben die durch $|z| < \frac{1}{2} D$ erklärte Kreisscheibe aus. Der Restbereich B', der den Punkt $z = \infty$ enthält, ist einfach zusammenhängend und hat den Kreis des Radius $\frac{1}{2} D$ um O im unteren Blatte als Randcurve. Die Functionen des Bereiches B' werden allein durch die Lage des Punktes z_0 bedingt, aber von der zufälligen Führung des Verzweigungsschnittes L unabhängig sein. Bilden wir insbesondere die zum Punkte O gehörende Green'sche Function $G(x, y)$ von B', so finden wir wie vorhin, dass das Absolutglied A in der Entwicklung (5) derselben nur noch vom absoluten Betrage $z_0 = D$ abhängt, von der Amplitude der complexen Zahl z_0 aber unabhängig ist.

Der Bereich B ist ein vom Ganzen verschiedener Theil von B' und ragt nirgends an den Rand von B' heran. Demnach ist die für B erklärte Function:

(11) $$G(x, y) - g(x, y),$$

welche in diesem Bereiche überall harmonisch ist, längs des ganzen
Randes R nothwendig > 0. Somit wird die Function (11) auch im
inneren Punkte O sicher > 0 sein (cf. pg. 448), woraus sich die im
Theoreme behauptete Ungleichung ergiebt:

$$A > a.$$

Als Zusatz notieren wir: *Ist $D > 1$, so gilt für A die Ungleichung*
$A > 0$. Ist nämlich $D > 1$, so gehören zu den Bereichen B auch solche,
welche den Einheitskreis der z-Ebene ganz in ihrem Innern enthalten.
In einem derartigen Falle ist die Function:

(12) $$g(x, y) + \log r$$

im fraglichen Kreise überall harmonisch und auf seiner Peripherie stets
> 0. Also gilt für den Werth a der Function (12) im Nullpunkte
gleichfalls $a > 0$, womit aus (10) um so mehr $A > 0$ folgt.

Wie oben schliessen wir auch hier eine *Folgerung* aus dem zweiten
Koebe'schen Theoreme an. Wählen wir eine Zahl ε aus dem Intervalle
$0 < \varepsilon < 1$ beliebig klein, aber fest und setzen $D = \dfrac{1}{\varepsilon}$, so gehört zu
diesem D im Sinne des Theorems eine bestimmte Zahl $A > 0$. Wir
schreiben $\dfrac{1}{A} = a$, so dass auch a eine mit ε fest bestimmte endliche,
der Bedingung $a > 0$ genügende Zahl ist. Für *alle* Bereiche B mit
$d \leq D$ gilt $a < A$, also kann ein Bereich mit $a \geq A$ nicht $d \leq D$ haben.
Wir gewinnen somit die Folgerung: *Ist ε dem Intervall $0 < \varepsilon < 1$ als
beliebig kleine Zahl fest entnommen, so giebt es eine bestimmte endliche,
der Bedingung $a > 0$ genügende Zahl a der Art, dass für alle endlichen
wie oben gewählten Bereiche B, bei denen das Absolutglied a in der Entwicklung (1) der zugehörigen Green'schen Function $g(x, y)$ der Ungleichung
$a \geq \dfrac{1}{a}$ genügt, nothwendig die Minimaldistanz d die Bedingung:*

(13) $$d > \frac{1}{\varepsilon}.$$

befriedigt.

§ 6. Herstellung der Überlagerungsfläche F_∞ im Grenzkreisfalle.

Wir gehen jetzt an die Grundlegung der „Methode der Überlagerungs-
fläche", und zwar zunächst für den Grenzkreisfall. Über der Ebene einer
Variabelen z sei irgend eine geschlossene m-blättrige Riemann'sche
Fläche F des Geschlechtes p gegeben, für welche nach einer bekannten
Regel die Anzahl der Verzweigungspunkte $\leq 2m + 2p - 2$ ist. Die

Fläche sei mit n beliebig, aber fest gewählten Punkten $c_1, c_2, \ldots, c_n$ signiert, welchen wir ebenso viele ganze Zahlen $l_1, l_2, \ldots, l_n$, die $\geqq 2$ seien und auch $= \infty$ sein dürfen, zuordnen. Das Symbol $(p, n: l_1, l_2, \ldots, l_n)$ nennen wir, wie üblich, die „*Signatur*" der Fläche. Die Zahl n kann hierbei auch gleich 0 sein, wo alsdann die Signatur $(p, 0)$ vorliegt.

Man beachte sogleich: *Es sind alle diejenigen niederen Signaturen auszuschliessen, bei denen entweder überhaupt kein Grenzkreistheorem in Betracht kommt, oder bei denen dies Theorem von vornherein feststeht.* Dies sind zunächst die Signaturen mit $p = 0$, $n < 3$, aber auch alle Signaturen $(0, 3; l_1, l_2, l_3)$. Bei den niedersten unter ihnen liegen nämlich elliptische oder parabolische Rotationsgruppen vor; bei den übrigen beachte man, dass hier ja im Einzelfalle (für den invarianten Standpunkt) stets nur *eine* Fläche F vorliegt, und dass die Existenz der unserem Theorem entsprechenden polymorphen Function $\zeta(z)$ aus derjenigen der zugehörigen automorphen Function $z(\zeta)$ bereits folgt. Für $p = 0$ werden wir somit $n \geqq 4$ annehmen und auch hier noch den Specialfall $(0, 4: 2, 2, 2, 2)$ ausschliessen, insofern ja letzterer zu einer parabolischen Rotationsgruppe führt und also für ihn die Richtigkeit des zugehörigen Fundamentaltheorems bereits aus der Theorie der elliptischen Functionen folgt. Aus dem gleichen Grunde schliessen wir für $p = 1$ den niedersten Fall $(1, 0)$ aus. Weitere Ausschliessungen finden jedoch nicht statt.

Auf F führe man ein kanonisches Querschnittsystem etwa von derjenigen übersichtlichen Gestalt ein, wie sie dem Satze in 1 pg. 319 zu Grunde liegt. Es sollen also die $2p$ conjugierten Rückkehrschnitte a_i, b_i von einem und demselben Punkte der Fläche auslaufen, und von dem gleichen Punkte sollen auch die n Schnitte c_k nach den Punkten c_k ausziehen, wobei die Reihenfolge dieser Schnitte der schon oben benutzten Reihenfolge dieser Punkte entspreche. Bei der Ausführung dieser Schnitte wollen wir folgende Vorschrift befolgen: *Jeder der Schnitte a_i, b_i, c_k soll sich aus endlich vielen analytischen Stücken. z. B. aus Geraden, aufbauen, die im gemeinsamen Ursprung der Schnitte unter nicht verschwindenden Winkeln zusammenlaufen.* Die Erfüllung dieser Vorschrift begegnet keiner Schwierigkeit.

Die zerschnittene Fläche wollen wir mit F_1, ihren Rand mit R_1 bezeichnen. F_1 stellt einen einfach zusammenhängenden Bereich dar, dessen Rand R_1 aus den $(2n + 4p)$ Ufern der $(n + 2p)$ Querschnitte besteht. Wir wollen das einzelne solche Ufer, vom gemeinsamen Ursprung der Schnitte bis zu einem Punkte c bezw. vom gemeinsamen Ursprung bis zu diesem letzteren zurück reichend, als eine „Seite" des Randes R_1 bezeichnen.

Bei der Herstellung der Überlagerungsfläche F_ω handelt es sich nun nach pg. 443 um ein Übereinanderschichten unendlich vieler Exemplare der eben gewonnenen Fläche F_1 und um Verbindung dieser Exemplare mit einander genau in der Weise, wie die unendlich vielen Polygone P eines Grenzkreisnetzes N von der Signatur $(p, n; l_1, l_2, \ldots, l_n)$ mit einander verbunden erscheinen.

Um diesen Überlagerungsprozess jetzt näher auszuführen, greifen wir irgend ein nicht ausartendes Grenzkreispolygon P_1 auf, welches die Signatur $(p, n; l_1, l_2, \ldots, l_n)$ unserer Fläche F hat. Die festen Ecken von P_1 nennen wir der Unterscheidung halber $\varepsilon_1, \varepsilon_2, \ldots, \varepsilon_n$ und setzen voraus, dass dieselben am Rande von P_1 dieselbe Reihenfolge darbieten, wie die ihnen entsprechenden Punkte $e_1, e_2, \ldots, e_n$ am Rande von F_1. Der Anschaulichkeit halber denken wir P_1 in der projectiven Ebene gelegen und als geradliniges Polygon von $(2n + 4p)$ Seiten und durchweg konkaven oder doch nicht-konvexen Winkeln gestaltet.

Wir können nun den Rand des Polygons P_1 auf den gleichartigen Rand des Bereiches F_1 eindeutig beziehen, indem wir vor allem den Ecken $\varepsilon_1, \varepsilon_2, \ldots, \varepsilon_n$ von P_1 die „Ecken" $e_1, e_2, \ldots, e_n$ des Randes von F_1 entsprechen lassen und die zwischen liegenden Seiten von P_1 sowie auch die übrigen Seiten von P_1 unter Wahrung der Reihenfolge, d. i. also den homologen Seiten des Randes von F_1 zuordnen. Da es sich weiterhin nur um Erwägungen der „Analysis situs" handelt, so genügt es, zwei homologe Seiten einander als ganze zuzuordnen, ohne diese Zuordnung für die einzelnen Punkte der Seiten zu specialisieren. Im gleichen Sinne ordnen wir das ganze Polygon P_1 und die Fläche F_1 einander zu.

Wir begründen nun einen Annäherungsprozess an die Überlagerungsfläche, indem wir zunächst in der projectiven Ebene folgende Construction ausführen. Wir lagern in dem zu P_1 gehörenden Polygonnetze N an P_1 alle diejenigen Polygone an, welche mit P_1 mindestens einen nicht-parabolischen Randpunkt gemein haben. Anzulagern ist also jedes längs einer Seite von P_1 benachbarte Polygon, desgleichen alle um eine elliptische oder zufällige Ecke von P_1 herumliegenden Polygone, endlich aber an einer parabolischen Ecke stets nur die zwei benachbarten Polygone, welche ja mit P_1 je eine Seite gemein haben. Sehen wir diese beiden Polygone als im parabolischen Eckpunkte zusammenhängend an, so ist es ein einfach geschlossener Kranz von Polygonen, welche wir angelagert haben. Mögen dieselben zusammen mit P_1 einen Bereich bedecken, den wir mit P_2 bezeichnen wollen.

Vor allen Dingen stellen wir fest, dass P_2 *wieder ein einfach zusammenhängender Bereich ist*. Dabei ist P_1 ein vom Ganzen verschiedener Theilbereich von P_2, und der Rand von P_1 verläuft ganz innerhalb von

P_2, abgesehen von den etwa auftretenden parabolischen Ecken, welche der Rand von P_1 mit dem von P_2 gemein hat[*]).

Wir lagern weiter an P_2 alle diejenigen Polygone des Netzes N an, welche mit diesem Bereiche P_2 mindestens einen von einem parabolischen Punkte verschiedenen Randpunkt gemeinsam haben. Durch Hinzunahme dieser umgelagerten Polygone wird P_2 zu einem aus endlich vielen Polygonen zusammengesetzten Bereiche P_3 von einfachem Zusammenhange[**]) erweitert. In gleicher Weise fahren wir fort und gewinnen *eine unendliche Kette von einfach zusammenhängenden Bereichen P_1, P_2, P_3 . . ., deren einzelner P_ν einen aus endlich vielen Seiten aufgebauten in sich zurücklaufenden Rand besitzt.* Dabei gilt weiter: *Für jedes endliche ν ist $P_{\nu-1}$ ein vom Ganzen verschiedener Theil von P_ν, indem der Rand von $P_{\nu-1}$ abgesehen von den parabolischen Eckpunkten, in denen $P_{\nu-1}$ allemal an den Rand von P_ν heranreicht, ganz im Innern von P_ν verläuft.* Übrigens kann bekanntlich jeder Innenpunkt des Netzes N nach Durchlaufung von nur endlich vielen Polygonen vom Ausgangsraume P_1 aus erreicht werden. Also folgt schliesslich: *Für jeden inneren Punkt des Netzes N oder (falls wir zur ζ-Ebene zurückgehen) für jeden inneren Punkt der Fläche des Grenzkreises giebt es eine endliche Zahl ν, so dass jener Punkt in P_ν und also auch in $P_{\nu+1}$, $P_{\nu+2}$, . . . gelegen ist.* Insbesondere gilt dies natürlich auch von den zufälligen und elliptischen Ecken im Netze N. *während der einzelne parabolische Punkt von einem bestimmten ν ab Randpunkt von P_ν wird und dann dauernd Randpunkt der folgenden Bereiche $P_{\nu+1}$, $P_{\nu+2}$, . . . bleibt.* Man kann das vorliegende Sachverhältniss dahin ausdrücken, *dass sich unsere Bereiche P_1, P_2, P_3, . . . gleichmässig einem Grenzbereiche P_∞ nähern, welcher die schlicht bedeckte Fläche der Ellipse der projectiven Ebene bezw. des Grenzkreises in der ζ-Ebene ist[***]).*

[*) Erhebt man den Einwurf, dass am Polygon P_2 gelegentlich convexe Winkel (Summen je zweier Polygonwinkel im Netze N) auftreten können, und dass demnach der *einfache* Zusammenhang von P_2 nicht unmittelbar evident sei, so würden wir durch eingehendere Winkelbetrachtungen in der projectiven Ebene diesen Einwurf entkräften können. Doch können wir auch, um nicht zu weit auf die Theorie der Polygone einzugehen, folgendermaassen verfahren: Jedenfalls hat P_2 eine *äussere Umrandung*, die aus endlich vielen Seiten des Netzes N zusammengesetzt erscheint; auch werden, wo etwa zwei benachbarte unter diesen Seiten in einem parabolischen Punkte zusammenstossen, nur endlich viele Polygone des Netzes N zwischen ihnen an diesen Punkt heranragen. Man verstehe nun unter P_2 einfach den Complex der endlich vielen von diesem äusseren Rande umschlossenen Polygone des Netzes N. Dieser Bereich P_2 ist dann sicher einfach zusammenhängend.

**) Siehe nöthigenfalls die vorige Fussnote.

***) Dieser Angabe liegt die gewöhnliche (nicht die projective) Massbestimmung in der Ebene der Ellipse bezw. der ζ-Ebene zu Grunde.

Den endlich vielen Polygonen, welche den Complex P_ν zusammensetzen, ordnen wir jetzt ebenso viele Exemplare der Fläche F_1 zu und schichten dieselben über einander. Wir heften sodann je zwei dieser Flächenexemplare, die benachbarten Polygonen des Complexes entsprechen, längs der betreffenden (über einander gelegenen) Schnittränder („Seiten" der beiden Exemplare F_1) zusammen und erzeugen in dieser Art einen zusammenhängenden Flächencomplex F_ν, der in Ansehung der gegenseitigen Lagenbeziehungen der verschiedenen Exemplare F_1 zu einander den Bereich P_ν zum eindeutigen Abbild besitzt. Wir stellen demnach fest: *Der Bereich F_ν ist einfach zusammenhängend, bedeckt die z-Ebene endlich-blätterig mit endlich vielen Verzweigungspunkten und besitzt einen in sich zurücklaufenden Rand R_ν, der aus endlich vielen analytischen Curvenstücken mit nicht verschwindenden Eckenwinkeln zusammengesetzt erscheint.* Die Verzweigungspunkte rühren theils von denjenigen der ursprünglichen Fläche F her, theils treten sie an den Stellen e_k beim Übereinanderschichten der Exemplare F_1 auf.

Diese Angaben gelten für jede endliche ganze Zahl ν. Stellen wir jetzt aber die unbegrenzte Kette F_1, F_2, F_3, ... von berandeten Flächen her, so lesen wir betreffs der gegenseitigen Beziehung derselben aus den obigen die P_ν angehenden Angaben ab: *Für jedes endliche ν ist $F_{\nu-1}$ ein vom Ganzen verschiedener Theil des Bereiches F_ν, wobei der Rand $R_{\nu-1}$ von $F_{\nu-1}$, abgesehen von den parabolischen Punkten e_k, in denen allemal $F_{\nu-1}$ an den Rand von F_ν heranreicht, ganz innerhalb von F_ν verläuft.* Jeder parabolische Punkt e_k wird demnach dauernd am Rande unserer Bereiche gelegen bleiben.

Mit wachsendem ν nähern sich nun die Bereiche F_ν mehr und mehr demjenigen Gebilde F_∞ an, welches wir als die für das Grenzkreistheorem zu benutzende „*Überlagerungsfläche*" der Riemann'schen Fläche F_1 bezeichnen wollten (cf. pg. 443). Diese Überlagerungsfläche, welche ihr eindeutiges Abbild im ganzen Polygonnetze $N = P_\infty$ findet, ist ein vollkommen bestimmtes Gebilde, insofern jedes ihrer Blätter bezw. jedes ihrer Exemplare F_1 von der Ausgangsfläche F_1 aus durch einen bestimmten endlichen Process zu erreichen ist. Für jedes endliche ν ist F_ν ein vom Ganzen verschiedener Bestandtheil der Überlagerungsfläche F_∞. Auf der anderen Seite giebt es für jeden Innenpunkt[*] und für jede Curve im Innern von F_∞ eine endliche Zahl ν, so dass der Punkt bezw.

---

[*] Ein Punkt e_k von parabolischem Charakter liegt zwar von einem gewissen Index an auf dem *Rande* jedes weiteren Bereiches F_ν, gehört also nicht zu den „inneren" Punkten der Fläche F_∞. Jedoch kann ein solcher Punkt bei der Überlegung des Textes auch den inneren Punkten zugerechnet werden.

die Curve dem Bereiche F_γ angehört. Innerhalb F_γ, also innerhalb F_∞ ist jede geschlossene Curve ohne Zerreissen stetig auf einen Punkt zusammenziehbar: *Die Überlagerungsfläche F_∞ stellt demgemäss einen einfach zusammenhängenden Bereich dar.*

§ 7. Herstellung der Überlagerungsfläche F_∞ im Hauptkreisfalle.

Es sei jetzt eine beliebige *orthosymmetrische* Riemann'sche Fläche F vorgelegt, die m-blätterig über der z-Ebene lagere und das Geschlecht p besitze. Die Anzahl der Symmetrielinien heisse μ. Die Punkte c_i, mit denen wir F signiert denken, unterliegen hier der Beschränkung, dass keiner von ihnen auf einer der μ Symmetrielinien liegen darf[*]). Die Anzahl n dieser Punkte muß demnach gerade sein; $\frac{1}{2} n$ von ihnen, $c_1, c_2, \ldots, c_{\frac{1}{2} n}$ liegen in der einen durch die μ Symmetrielinien abgetheilten Flächenhälfte, während der Rest der Punkte c die zu ihnen symmetrisch liegenden Punkte der anderen Flächenhälfte sind. Den ersteren Punkten ordnen wir die ganzen Zahlen $l_1, l_2, \ldots, l_{\frac{1}{2} n}$ zu, die $\geqq 2$ seien oder auch ∞ bedeuten können; den Punkten c der anderen Flächenhälfte gehören bezw. dieselben Zahlen l zu.

Wir haben hier dieselben Bezeichnungen gebraucht, die wir pg. 396 ff. bei der Besprechung der orthosymmetrischen Flächen einführten. Auch die damaligen Bezeichnungen p' und n' müssen wir wieder aufnehmen, aber allerdings hier noch ohne Benutzung eines Hauptkreispolygons direkt im Anschluss an unsere Riemann'sche Fläche F erklären. Wir nehmen die eine durch die Symmetrielinien abgetrennte Flächenhälfte, welche also eine mit μ Randcurven versehene Riemann'sche Fläche ist, und denken dieselbe dadurch wieder zu einer geschlossenen Fläche umgestaltet, dass wir in jede Randcurve einen einfach zusammenhängenden Bereich einhängen. Dann ist einfach p' das Geschlecht der so entstehenden geschlossenen Fläche. Für die Zahl n' aber haben wir nach (2) pg. 397 einfach die Erklärung:

$$ n' = \frac{1}{2} n + \mu, $$

so dass n' die Anzahl der in der Flächenhälfte liegenden Punkte c vermehrt um die Anzahl der Randcurven dieser Hälfte ist. Als *„Signatur"*

---

[*]) Über den Charakter solcher Ausartungen von Hauptkreispolygonen, bei denen eine elliptische oder parabolische Ecke auf eines der μ Hauptkreissegmente des Polygones rückt, sehe man die Entwicklungen des vorigen Kapitels z. B. pg. 416 oder pg. 420.

der Flächenhälfte wollen wir die Zusammenstellung $(p', n'; l_1, l_2, \ldots, l_{n'-\mu})$ bezeichnen.

Diese Signatur ist dann gerade diejenige von Hauptkreispolygonen (in der projectiven Darstellung), welche von sich aus zu orthosymmetrischen Flächen unserer Art hinführen. Wir werden weiterhin stets nur mit der einen Flächenhälfte zu operieren haben. Auf dieser legen wir jetzt ein canonisches Querschnittsystem zu Grunde, wie es dem Theoreme in I pg. 319 entspricht. Wir haben also von einer Stelle der Flächenhälfte auslaufend und zu ihr zurücklaufend $2p$ Rückkehrschnitte a_i, b_i anzulegen, sowie von der gleichen Stelle aus weitere n' Querschnitte c_k nach den $\frac{1}{2}n$ Punkten c und den μ Randcurven zu ziehen. Die Anordnung der Schnitte treffen wir so, dass wir wieder den Rand der mit F_1 zu bezeichnenden zerschnittenen Flächenhälfte eindeutig beziehen können auf den Rand eines ganz beliebig gewählten nicht ausartenden Polygons P_1 der Signatur $(p', n': l_1, l_2, \ldots, l_{n'-\mu})$. Dabei verstehen wir unter P_1 ein in der projectiven Ebene gelegenes Polygon, und zwar nur den im Ellipseninneren gelegenen Theil, so dass sich am Rande von P_1, den μ von den Symmetrielinien herrührenden Randcurven von F_1 entsprechend, μ Ellipsensegmente (Hauptkreissegmente) betheiligen. Die Beziehung der Ränder von F_1 und P_1 auf einander ist natürlich in demselben Sinne der „Analysis situs" verstanden, wie die entsprechende Beziehung im vorigen Paragraphen (pg. 466). In dem gleichen Sinne soll auch die Fläche F_1 als Ganzes der Fläche des Polygons P_1 entsprechen.

Die vorstehenden Festsetzungen erfordern noch zwei Ergänzungen. Erstlich nämlich sollen auch hier die Schnitte a_i, b_i, c_k nicht ganz willkürlich gestaltet sein. Wir setzen vielmehr, wie pg. 465, fest, *dass jeder derselben aus endlich vielen analytischen Stücken, z. B. aus Geraden, zusammengesetzt sein soll, und dass dabei am gesammten Rande von F_1 nur von 0 verschiedene Eckenwinkel auftreten dürfen.* Die Erfüllung dieser Forderung begegnet auch hier keiner Schwierigkeit. Was aber die μ von den Symmetrielinien herrührenden Randcurven von F_1 angeht, *so sind diese sicher analytisch, ja sogar algebraisch;* denn man kann auf der ursprünglichen Riemann'schen Fläche F über der z-Ebene eine algebraische Function w derart einführen, dass sich jene μ Symmetrielinien auf ebenso viele reelle Züge der „algebraischen Curve":

$$f(w \cdot z) = 0$$

abbilden[*])

---

*) Siehe die Litteraturnachweise pg. 396 ff.

Eine zweite ergänzende Bemerkung betrifft die etwa auszuschliessenden Signaturen von elementarem Charakter. In dieser Hinsicht liegen die Dinge hier einfacher als beim Grenzkreistheorem; wir haben nur festzusetzen, *dass für $p' = 0$ die Ungleichung $n' > 2$ zu gelten hat*, wodurch die auf cyklische Gruppen führenden Fälle ausgeschlossen werden. Bei ihnen ist das Hauptkreistheorem, sofern man noch von einem solchen reden will, entweder unmittelbar einleuchtend (im elliptischen und parabolischen Falle) oder (im hyperbolischen Falle) aus der Theorie der elliptischen Functionen bekannt.

Nach diesen Vorbereitungen können wir zur Herstellung der Überlagerungsfläche F_∞ genau so verfahren wie im vorigen Paragraphen. Wir gehen erstlich auf das zum Polygon P_1 gehörende Polygonnetz N ein und lagern an P_1 zunächst alle diejenigen Nachbarpolygone an, welche mit P_1 mindestens einen nicht-parabolischen Randpunkt gemein haben. Hinzu kommen also alle an den Seiten von P_1 benachbarten Polygone, ausserdem aber diejenigen Polygone, welche sonst noch um die im Innern der Ellipse (des Hauptkreises) gelegenen Ecken von P_1 herumliegen. Der solchergestalt vergrösserte Bereich P_2 hat *einfachen* Zusammenhang[*]).

In derselben Weise fahren wir fort und erzielen eine unendliche Kette von immer umfassenderen einfach zusammenhängenden Bereichen $P_1, P_2, P_3, P_4, \ldots$, von denen mit einer einzigen Ausnahme alle oben (pg. 467) über die damalige Bereichkette geschehenen Aussagen wieder gelten. Das Neue ist nur dies, *dass der Rand von $P_{\nu-1}$ nicht nur mit seinen etwaigen parabolischen Punkten, sondern immer auch mit seinen sämmtlichen Ellipsensegmenten an den Rand von P_ν heranragt.* Von diesen Segmenten gilt offenbar dasselbe wie von den parabolischen Spitzen, nämlich dass sie beständig am Rande der weiter folgenden Bereiche verbleiben. Auch hier gilt wieder der Satz[**]), *dass sich die Bereiche P mit wachsendem Index ν einem Grenzbereiche P_∞ gleichmässig annähern, welcher nichts anderes ist als die schlicht bedeckte Fläche der Ellipse (des Hauptkreises).*

Den endlich vielen Polygonen, welche den Complex P_ν zusammensetzen, ordnen wir jetzt wieder ebenso viele Exemplare der Fläche F_1 zu und schichten dieselben über einander. Die über einander liegenden

---

[*]) Nöthigenfalls werden wir wie in der Fussnote pg. 467 überlegen. Damit jene Betrachtung hier völlig unverändert gültig bleibt, wollen wir die einzelnen Polygone vorübergehend über die μ Segmente der Ellipse bis zu den ausserhalb gelegenen hyperbolischen Ecken fortsetzen. Für diese Ecken gilt dann die oben für die parabolischen Punkte gegebene Betrachtung unmittelbar mit.

[**]) Natürlich wie oben im Sinne der elementaren (nicht der projectiven) Maassbestimmung gemeint.

Randstücke dieser Exemplare heften wir sodann an einander nach genauer Vorschrift der Zusammenhänge, welche bei den entsprechenden Polygonen im Complex P_ν vorliegen. Es entspringt ein Flächencomplex F_ν, welcher in P_ν sein eindeutiges Abbild findet. Insbesondere gilt wieder: *Der Bereich F_ν ist einfach zusammenhängend, bedeckt die z-Ebene endlich-blätterig mit endlich vielen Verzweigungspunkten und hat einen in sich zurücklaufenden Rand R_ν, der aus endlich vielen analytischen Curvenstücken mit nicht-verschwindenden Eckenwinkeln zusammengesetzt ist.*

Auch über die gegenseitige Beziehung der Bereiche F_1, F_2, F_3, $\cdots$ zu einander gelten alle Aussagen von pg. 468 natürlich wieder mit der alleinigen Ausnahme, *dass der Rand $R_{\nu-1}$ nicht nur mit etwaigen parabolischen Punkten e_{k}, sondern auch mit seinen sämmtlichen von den Symmetrielinien herrührenden Stücken an den Rand von F_ν heranreicht.* Diese Bestandtheile bleiben demnach dauernd am Rande unserer Bereiche.

Beim Grenzübergang $\lim \nu = \infty$ gewinnen wir als Abbild des ganzen Netzes $N = P_\infty$ die für das Hauptkreistheorem zur Benutzung kommende „*Überlagerungsfläche*" F_∞ der Riemann'schen Fläche F_1, in welcher wir wie pg. 468 ein vollkommen bestimmtes Gebilde erkennen. Auch die Überlegungen am Schlusse von § 6 übertragen sich sofort; wir merken insbesondere den Satz an, *dass die Überlagerungsfläche F_∞ einen einfach zusammenhängenden Bereich darstellt.*

§ 8. Die Green'schen Functionen der Bereiche F_ν und ihre Convergenz im Hauptkreisfalle.

Im Bereiche F_ν und zwar im Innern des Ausgangsraumes F_1 wählen wir eine beliebige mit O zu bezeichnende Stelle z_0, die jedoch nicht gerade ein Punkt e_k, auch kein Verzweigungspunkt sein soll und jedenfalls im Endlichen gelegen ist. Die zum Punkte O gehörende Green'sche Function des Bereiches F_ν existiert nach dem Satze von pg. 454 und werde mit u_ν bezeichnet[*]. Setzen wir $z - z_0 = re^{\vartheta i}$, so gilt für u_ν die in der Umgebung von O convergente Entwickelung:

$$(1) \qquad u_\nu = \log\left(\frac{1}{r}\right) + a_\nu + \sum_{k=1}^{\infty} r^k(a_\nu{}^{(k)} \cos k\vartheta + b_\nu{}^{(k)} \sin k\vartheta).$$

Da wir Entwickelungen dieser Art weiterhin mehrfach anzugeben haben, so sei es gestattet, die Abkürzung:

$$(2) \qquad u_1 = \log\left(\frac{1}{r}\right) + a_1 + \sum_{k=1}^{\infty}$$

---

[*] Die Bezeichnung g möge einer anderen bald näher zu erklärenden Green'schen Function vorbehalten bleiben.

zu benutzen, so dass also das Summensymbol solche Glieder zusammenfasst, welche bei O verschwinden.

Bildet man die Differenz $(u_{\nu+1} - u_\nu)$, so gewinnt man eine für den
Bereich F_ν erklärte und in demselben überall harmonische Function.
Die Randpunkte von F_ν sind abgesehen von etwaigen parabolischen
Punkten c_k und den im Hauptkreisfalle auftretenden von den Symmetrielinien gelieferten Randstücken durchweg innere Punkte von $F_{\nu+1}$, in
denen somit $u_{\nu+1} > 0$ gilt. Also wird $(u_{\nu+1} - u_\nu)$ am Rande R_ν nirgends
negativ und nicht überall gleich 0 sein. Für jeden inneren Punkt*) von
F_ν gilt somit (cf. pg. 448) die Ungleichung $u_{\nu+1} - u_\nu > 0$. Diese für
alle Indices ν gültige Überlegung ergiebt *die Kette der Ungleichungen*:

$$(3) \qquad u_1 < u_2 < u_3 < u_4 < \cdots$$

als für jeden inneren Punkt der Überlagerungsfläche F_∞ gültig, wobei jedoch diejenigen Anfangsglieder dieser unendlichen Kette fortzulassen
sind, welche für jenen Punkt nicht erklärte Functionen enthalten**).

Im Punkte O ist zufolge (2) der Werth der Differenz $(u_{\nu+1} - u_\nu)$
gleich $(a_{\nu+1} - a_\nu)$, und da dieser Punkt innerer Punkt von F_ν für jeden
Index ν ist, so gilt stets $a_{\nu+1} - a_\nu > 0$. Wir gewinnen somit den Satz:
*Für die Absolutglieder a_ν in den Entwickelungen (2) unserer Green'schen
Functionen gilt die Kette der Ungleichungen*:

$$(4) \qquad a_1 < a_2 < a_3 < a_4 < \cdots.$$

Wir verfolgen zunächst die Ungleichung (4) und fragen, ob die
Zahlen a_ν mit wachsendem Index ν sich einer *endlichen* oberen Grenze
nähern oder nicht. Sowohl im Hauptkreis- wie im Grenzkreisfalle lässt
sich zeigen, dass eine solche endliche Grenze existiert. Aber die zu
diesem Ergebnis führende Überlegung ist im Grenzkreisfalle äusserst
langwierig, während sie im anderen Falle ebenso kurz ist. Wir lassen
demnach *zunächst die Beschränkung auf den Hauptkreisfall* eintreten.

In diesem Falle haben wir nämlich den Vortheil, dass wir für jeden
endlichen Index ν im Bereiche F_ν für u_ν eine sogenannte „*Majorante*" angeben können, d. i. in unserem Falle ein von ν unabhängiges bestimmtes
logarithmisches Potential, von dem feststeht, dass es im Innern des ganzen
Bereiches F_ν grösser als u_ν ist. Eine solche Majorante liess sich demgegenüber im Grenzkreisfalle allgemein nicht auffinden. Zur Erklärung der

---

*) Die parabolischen Stellen c_k sind im Gegensatze zu pg. 168 hier nicht den
inneren Punkten zugerechnet.

**) Liegt der fragliche innere Punkt im Innern von F_ν oder auf dem Rande
dieses Bereiches, ohne schon ein Punkt von $F_{\nu-1}$ zu sein, so hat man die Kette (3)
einfach mit u_ν zu beginnen.

Majorante geben wir auf die ursprünglich vorgelegte Riemann'sche Fläche
zurück, ziehen die μ Symmetrielinien, zerschneiden längs derselben und
behalten nur unsere eine Flächenhälfte bei, ohne indessen auf derselben
das canonische Schnittsystem anzubringen. Wir haben also eine mit
μ Randcurven versehene Fläche, auf der wir unsere vorhin gewählte
Stelle O markieren. *Die zu dieser Stelle O gehörende Green'sche Function*
$g(x, y)$ *der Flächenhälfte ist die gewünschte Majorante und besitze die in*
der Umgebung von O convergente Entwickelung:

$$(5) \qquad g = \log\left(\frac{1}{r}\right) + A + \sum_{k=1}^{\infty} .$$

Indem wir jetzt die Schnitte a_i, b_i, c_k zufügen, wird offenbar längs
dieser Schnitte, abgesehen von den Endpunkten der nach den Symmetrielinien laufenden Schnitte c_k, stets $g > 0$ gelten. Verpflanzen wir demnach g auf alle Exemplare F_1, welche F_r zusammensetzen, so gewinnen
wir in g ein im Bereiche F_r eindeutiges Potential, das längs der von
den Symmetrielinien gelieferten Stücke des Randes R_r verschwindet, in
allen übrigen Punkten von R_r aber > 0 ist, das ferner im Punkte O
sowie in den homologen Punkten der übrigen F_r zusammensetzenden
Exemplaren F_1 unstetig wird wie $\log\left(\frac{1}{r}\right)$, und das endlich sonst in F_r
überall harmonisch ist. Wie man sieht, ist diese Function g unabhängig
von v.

Wir vergleichen nun u_v mit der Majorante g und bilden zu diesem
Zwecke die Differenz $(g - u_v)$. Längs R_v ist diese Differenz nirgends
negativ und abgesehen von den Symmetrielinienstücken auch sicher > 0.
Von den Unstetigkeitspunkten ist der bei O für die Differenz $(g - u_v)$
fortgefallen, während bei den übrigen mit O homologen Punkten die
Unstetigkeiten wie $\log(r^{-1})$ bestehen bleiben. Also gilt für alle weiteren
inneren Punkte nothwendig $g - u_v > 0$, und wir ziehen hieraus insbesondere für den Punkt O die Folgerung $A - a_v > 0$. Die Zahl a_v bleibt
somit für jeden Index v unterhalb des Absolutgliedes A der Entwickelung (5), so dass $\lim_{v=\infty} a_v = \infty$ als unmöglich erkannt ist: *Im Hauptkreis-*
falle ist die Existenz einer endlichen bestimmten oberen Grenze:

$$(6) \qquad a = \lim_{v=\infty} a_v$$

für die Absolutglieder a_v in den Entwickelungen (2) *unserer Green'schen*
Functionen u_v erwiesen.

Mit diesem Ergebniss ausgerüstet gehen wir jetzt auch an die Kette
der Ungleichungen (3) heran und werfen die Frage auf, ob die Func-

tionenreihe u_1, u_2, u_3, ... gegen eine Grenzfunction convergire oder nicht. Um hierüber zu entscheiden, wird die Differenz $(u_{\nu+\nu'} - u_\nu)$ für irgend zwei Indices ν und ν' abzuschätzen sein. Diese Untersuchung führen wir aber zweckmässiger Weise nicht in dem Bereiche F_ν, für welchen $(u_{\nu+\nu'} - u_\nu)$ zunächst erklärt ist, aus, sondern in einem mittelst der Green'schen Function $u_{\nu+\nu'}$ zu gewinnenden schlichten Bereiche.

Wir wollen nämlich, indem wir unter ν und ν' wie bemerkt irgend zwei positive ganze Zahlen verstehen, zunächst nur die Green'sche Function $u_{\nu+\nu'}$ heranziehen und bilden das zugehörige conjugierte Potential $v_{\nu+\nu'}$ unter beliebiger Auswahl der verfügbaren Constanten. Nach § 4, pg. 455 ff. bildet die analytische Function:

$$(7) \qquad e^{-u_{\nu+\nu'} - i v_{\nu+\nu'}} = Z = X + i Y$$

von z den einfach zusammenhängenden Bereich $F_{\nu+\nu'}$ auf die schlichte Fläche des weiterhin K zu nennenden Einheitskreises der Z-Ebene ab. Der Bestandtheil F_ν von $F_{\nu+\nu'}$ liefere dabei den vom Ganzen verschiedenen Theilbereich B der Kreisfläche K, wobei jedoch der Rand R von B eine endliche Anzahl von Segmenten sowie vorkommenden Falles*) auch von Punkten mit der Peripherie K gemein hat.

Wir wollen nun die Functionen $u_{\nu+\nu'}$ und u_ν auf die Kreisfläche K bezw. den Bereich B verpflanzen und bezeichnen dieselben in Abhängigkeit von Z resp. von den reellen Variabelen X und Y durch:

$$(8) \qquad u_{\nu+\nu'} = U_{\nu+\nu'}(X, Y), \quad u_\nu = U_\nu(X, Y).$$

Für die erste unter ihnen findet sich aus (7) sofort:

$$(9) \qquad U_{\nu+\nu'} = \log \frac{1}{Z},$$

d. h. $U_{\nu+\nu'}$ ist die Green'sche Function der Kreisfläche K. Da ferner:

$$(10) \qquad U_{\nu+\nu'} - U_\nu = u_{\nu+\nu'} - u_\nu$$

in dem vom Punkte O herrührenden Nullpunkte $Z = 0$ harmonisch bleibt, so wird U_ν hierselbst gleichfalls unstetig wie $- \log Z|$, und wir gewinnen also als Darstellung von U_ν in der Umgebung von $Z = 0$:

$$(11) \qquad U_\nu = \log \frac{1}{Z} + a_\nu' + \sum_{k=1}^{\infty}.$$

Da überdies U_ν längs des Randes R, Abbildes von R_ν, verschwindet, so erkennen wir in U_ν die zu $Z = 0$ gehörende Green'sche Function des Be-

---

*) Nämlich wenn auch noch parabolische Punkte c_k vorliegen.

reiches B, wie dies übrigens auch leicht aus der Invarianz unserer Potentiale gegenüber conformer Abbildung hätte entnommen werden können.

Wir wollen die Gleichung (10) noch für den Punkt $Z = 0$ bezw. den Punkt O specialisieren, indem wir für die Berechnung der linken Seite auf die Entwickelungen (9) und (11), für diejenige der rechten Seite auf die zugehörigen Reihen (2) zurückgehen. Offenbar ergiebt sich:

$$(12) \qquad\qquad - a_\nu' = a_{\nu+\nu'} - a_\nu,$$

so dass wir aus (4) noch die weitere Ungleichung entnehmen:

$$(13) \qquad\qquad a_\nu' < 0.$$

Die anzustellende Convergenzbetrachtung stützt sich nun auf die pg. 462 angegebene Folgerung aus dem ersten Theorem von Koebe, wobei man sich zuvörderst überzeugen wolle, dass die hier vorliegenden Bereiche K und B, sowie auch der Rand R des letzteren den Voraussetzungen des genannten Koebe'schen Satzes entsprechen. Denken wir demnach eine Zahl ε dem Intervall $0 < \varepsilon < 1$ beliebig klein, aber fest entnommen, so giebt es eine zugehörige bestimmte Zahl α, die < 0 ist, für welche die in jener „Folgerung" gemachten Angaben zutreffend sind.

Nun folgt aber aus den Ungleichungen (4) und der Endlichkeit der Grenze (6) *die Existenz eines bestimmten endlichen Index* ν_0, so dass für jeden Index $\nu \geq \nu_0$ und willkürlich bleibendes ν' die Ungleichung:

$$(14) \qquad\qquad a_{\nu+\nu'} - a_\nu < \alpha_1$$

gilt, unter α_1 den absoluten Werth jener mit ε fest bestimmten Zahl α verstanden. Aus (12) folgt demnach mit Rücksicht darauf, dass a_ν' und α negative Zahlwerthe haben:

$$(15) \qquad\qquad \alpha < a_\nu' < 0.$$

Daraufhin aber lehrt die „Folgerung" unmittelbar: *Ist* $\nu \geq \nu_0$ *gewählt, so gilt für die Minimaldistanz d des Bereichrandes R vom Nullpunkte* $Z = 0$ *die Ungleichung* $1 - d < \varepsilon$ *und also:*

$$(16) \qquad\qquad d > 1 - \varepsilon.$$

Die Abschätzung von $(u_{\nu+\nu'} - u_\nu)$ vollziehen wir nun nicht in F_ν, sondern zweckmässiger Weise in B, wo $(U_{\nu+\nu'} - U_\nu)$ überall harmonisch ist. Am Rande R ist $U_\nu = 0$, während daselbst $U_{\nu+\nu'}$ als Green'sche Function (9) der Kreisfläche K nirgends negativ ist. Da aber nach dem eben gewonnenen Ergebniss (16) längs R stets $|Z| > 1 - \varepsilon$ erfüllt ist, so folgt als für jeden Punkt des Randes R gültig:

$$0 < U_{\nu+\nu'} - U_\nu = U_{\nu+\nu'} < \log\left(\frac{1}{1-\varepsilon}\right).$$

Da sich nun, wie wir wissen, die Function $(U_{\nu+\nu'} - U_\nu)$ innerhalb B überall harmonisch verhält, so folgt (cf. pg. 448) die für alle Punkte des Bereiches B gültige Ungleichung:

$$0 < U_{\nu+\nu'} - U_\nu < \log\left(\frac{1}{1-\varepsilon}\right).$$

Unter Rückgang zum Bereiche F, gewinnen wir also das Ergebniss: *Nach Auswahl einer beliebig kleinen Zahl ε des Intervalls $0 < \varepsilon < 1$ giebt es einen zugehörigen endlichen Index ν_0, so dass für jedes $\nu \geqq \nu_0$ und beliebiges ν' im ganzen Bereiche F, unter Einschluss des Randes R, die Ungleichung gilt:*

$$(17) \qquad 0 \leq u_{\nu+\nu'} - u_\nu < \log\left(\frac{1}{1-\varepsilon}\right).$$

Jetzt ist *die gleichmässige Convergenz der Functionenreihe $u_1, u_2, u_3, \cdots$ gegen eine bestimmte auf der Überlagerungsfläche F_∞ existirende Grenzfunction:*

$$(18) \qquad \lim_{\nu=\infty} u_\nu = u$$

leicht erkennbar. Ist nämlich B irgend ein im Innern der Überlagerungsfläche gelegener Bereich, der auch parabolische Punkte e sowie von Symmetrielinien herrührende Randstücke in endlicher Anzahl auf seinem Rande enthalten darf, so giebt es (cf. pg. 467) eine endliche ganze Zahl λ der Art, dass B ein Bestandtheil von F_λ ist. Wir haben alsdann die Function u für den Bereich B einfach durch die unendliche Reihe:

$$(19) \qquad u = u_\lambda + (u_{\lambda+1} - u_\lambda) + (u_{\lambda+2} - u_{\lambda+1}) + (u_{\lambda+3} - u_{\lambda+2}) + \cdots$$

zu erklären. Diese Reihe ist im Bereiche B gleichmässig convergent; denn wir können den Werth:

$$(u_{\lambda+\mu+1} - u_{\lambda+\mu}) + (u_{\lambda+\mu+2} - u_{\lambda+\mu+1}) + \cdots$$
$$\cdots + (u_{\lambda+\mu+\nu'} - u_{\lambda+\mu+\nu'-1}) = u_{\lambda+\mu+\nu'} - u_{\lambda+\mu}$$

zufolge (17) in jedem Punkte von B durch ausreichend gross gewähltes endliches μ und beliebiges ν' unter jeden noch so klein gewählten positiven Betrag herabdrücken. Nach dem Theorem von pg. 450 stellt aber diese gleichmässig convergente Reihe selbst wieder ein Potential von B dar, das natürlich im Punkte O die Unstetigkeit $\log(r^{-1})$ des ersten Gliedes u_λ besitzt und übrigens allenthalben harmonisch ist. *Die Existenz der Grenzfunction u auf der Überlagerungsfläche F_∞ ist damit bewiesen.*

Die Ungleichung (17) gilt auch am Rande R_ν, wo $u_\nu = 0$ ist, und zwar für beliebiges ν'. Da sich die Functionen $u_{\nu+\nu'}$ bei wachsendem ν' der Grenzfunction u längs des ganzen Randes R_ν gleichmässig annähern,

so kann lim $u_{\nu+\nu} = u$ längs R_ν nicht grösser als der in (17) rechts
stehende Betrag sein. Setzen wir letzteren abkürzend $= r_i$, so entspringt der Satz: *Nach Auswahl einer beliebig kleinen Zahl $\eta > 0$ ist
ein endlicher Index ν_0 angebbar der Art, dass für $\nu \geqq \nu_0$ die Grenzfunction u längs des ganzen Randes R_ν der Ungleichung genügt:*

$$(20) \qquad\qquad 0 \leqq u \leqq r_i.$$

Wir können kurzweg sagen, *unsere Grenzfunction u nähere sich längs
des Randes R_ν bei wachsendem ν gleichmässig dem Werthe 0 an.*

　　Endlich wollen wir hier noch auf die Möglichkeit der harmonischen
Fortsetzung unserer Green'schen Functionen auf Grund des Princips der
Symmetrie hinweisen (cf. pg. 454 und 458). Greifen wir irgend ein
von Symmetrielinien der ursprünglichen Fläche geliefertes Randstück
von F_ν auf, so können wir über dasselbe hinaus zunächst den Bereich
F_ν fortsetzen, indem wir einen bezüglich jener Symmetrielinie symmetrischen Bereich F_ν' anhängen[*]).

　　*In Punkten, die zur gemeinsamen Übergangslinie zwischen F_ν und
F_ν' symmetrisch liegen, wird dann bei der harmonischen Fortsetzung die
Function u_ν einfach entgegengesetzte Werthe annehmen.*

　　Da übrigens das fragliche Randstück auch für $F_{\nu+1}$, $F_{\nu+2}$, $\cdots$
sowie schliesslich für F_∞ ein solches bleibt, *so gilt für die Fortsetzung
der Functionen $u_{\nu+1}$, $u_{\nu+2}$, $\cdots$, ja auch für diejenige der Grenzfunction u
dieselbe Regel.* Wir kommen im nächsten Paragraphen hierauf nochmals zurück.

§ 9. Abbildung der Überlagerungsfläche auf eine Kreisscheibe.
Gewinnung des Hauptkreistheorems.

　　Die erhaltenen Ergebnisse führen uns jetzt leicht zum Abschluss
unserer Betrachtungen über das Hauptkreistheorem. In der That brauchen
wir nur das durch die Function (7) pg. 475 entworfene Abbild des Bereiches $F_{\nu+\nu}$ auf die schlichte Fläche des daselbst mit K bezeichneten
Kreises für lim $\nu' = \infty$ zu untersuchen, um zu der dem Hauptkreistheorem zu Grunde liegenden Abbildung der Überlagerungsfläche zu
gelangen. Doch ziehen wir vor, uns unmittelbar an die Grenzfunction u
anzuschliessen, um auf Grund der letzten Angaben des vorigen Paragraphen ohne einen nochmaligen Grenzübergang zum Ziele zu kommen.

　　Zu diesem Zwecke verstehen wir unter v das zu u conjugirte Potential, indem wir die hierbei verfügbare Constante irgend wie wählen.

---

　　[*]) Derselbe würde aus Exemplaren F_1' der oben (pg. 469 ff.) nicht benutzten
Hälfte der ursprünglichen Fläche aufzubauen sein, und zwar in genau symmetrischer
Weise zum Aufbau des Bereiches F_ν aus Exemplaren F_1.

Wegen des einfachen Zusammenhanges der Überlagerungsfläche ist auch v auf derselben eindeutig, und also besitzen wir in:

(1) $$\zeta = e^{-u - iv}$$

eine auf der F_∞ überall eindeutige und reguläre analytische Function, der sich offenbar die in (7) pg. 475 gegebenen Functionen Z für $\lim v' = \infty$ und bei richtiger Auswahl der in $c_{i+i'}$ enthaltenen willkürlichen Constanten annähern würden.

Indem wir nun die F_∞ mittelst der Function $\zeta(z)$ abbilden, möge die gesammte Überlagerungsfläche das conforme Abbild P_∞ liefern, der Theilbereich F_v aber den Bestandtheil P_v. Natürlich haben diese Abbilder P_∞ und P_v zunächst nichts mit den in § 6 u. f. so bezeichneten Polygoncomplexen zu thun. Unsere jetzigen Gebilde P_∞ und P_v sind nun näher zu untersuchen.

Da für u auf der Überlagerungsfläche stets die Ungleichung $u \geqq 0$ gilt, so ist auch stets $\zeta \leq 1$. Es folgt: *Das Abbild P_∞ und also auch sein Bestandtheil P_v ragen nirgends über den etwa wieder durch K zu bezeichnenden Einheitskreis der ζ-Ebene hinaus.*

Der Rand von P_v ist das Abbild des Randes R_v vom Theilbereich F_v in der ζ-Ebene. Für diesen Rand R_v aber galt die Ungleichung (20) pg. 478. Nach Auswahl einer beliebig kleinen Zahl $\eta > 0$ haben wir also ein endliches v_0 der Art, dass bei $v \geqq v_0$ für alle Punkte von R_v die Ungleichung:

$$0 \leqq \log \frac{1}{\zeta} < \eta$$

gilt, die wir unter Rückgang auf die Grösse ε an Stelle von η in:

(2) $$1 - \varepsilon \leq |\zeta| \leq 1$$

umzurechnen haben. Wir können sagen: *Nach Auswahl einer beliebig kleinen Zahl $\varepsilon > 0$ giebt es ein endliches v_0 der Art, dass für $v \geqq v_0$ die Minimaldistanz d des Bereichrandes P_v vom Mittelpunkte $\zeta = 0$ der Ungleichung genügt:*

(3) $$1 - \varepsilon \leq d \leq 1.$$

Es lässt sich nun zunächst der Schluss auf die Schlichtheit des Abbildes P_∞ ziehen. Der Punkt O der Überlagerungsfläche, in dem u unendlich wird, liefert als Bild den Punkt $\zeta = 0$. Die Umgebung von O wird auf die einfach und vollständig bedeckte Umgebung von $\zeta = 0$ abgebildet. Da im übrigen u allenthalben harmonisch und also insbesondere endlich bleibt, so kann kein weiterer Theil von P_∞ an den Punkt $\zeta = 0$ heranreichen. In der nächsten Umgebung von $\zeta = 0$ wird also das Abbild P_∞ die ζ-Ebene nur *einblättrig* bedecken.

Aus der Eindeutigkeit und Regularität der Function $\zeta(z)$ im Bereiche F_∞ folgt nun noch keineswegs unmittelbar, dass nicht das Abbild P_∞ die Fläche des Einheitskreises K zum Theil auch mehrblättrig überdecken könne. Nehmen wir demnach etwa an, dass wir einen Punkt ζ_0 mit $|\zeta_0| < 1$ nachweisen können, der von mindestens zwei Blättern des Abbildes P_∞ überdeckt ist. Die beiden bei ζ_0 über einander liegenden Stellen von P_∞ werden zwei Innenpunkte z_0' und z_0'' der Überlagerungsfläche F_∞ liefern. Wir können einen bestimmten endlichen Index ν_0' angeben, so dass für alle $\nu \geq \nu_0'$ die beiden Punkte z_0' und z_0'' auch bereits Innenpunkte von F_ν sind.

Andrerseits wähle man irgend ein ε des Intervalles $0 < \varepsilon < (1 - |\zeta_0|)$, bestimme die zugehörige endliche Zahl ν_0 und findet aus (3), dass für $\nu \geq \nu_0$ die Minimaldistanz d des Randes vom Bereiche P_ν der Ungleichung:

$$(4) \qquad d \geq 1 - \varepsilon > |\zeta_0|$$

genügt.

Hieraus ergiebt sich ein Widerspruch. Es bedeckt nämlich, wenn wir $\nu \geq \nu_0$ und auch $\nu \geq \nu_0'$ irgendwie gewählt denken, der Bereich P_ν als Bestandtheil des Bereiches P_∞ die Umgebung von $\zeta = 0$ nur einfach, diejenige von ζ_0 aber, wie wir oben annahmen, mindestens doppelt. Stellen wir uns demnach die concentrischen Kreise um $\zeta = 0$ mit Radien $\leq |\zeta_0|$ vor, so werden die kleinen unter diesen Kreisen von P_ν nur einfach bedeckt, diejenigen mit Radien, die fast gleich ζ_0 sind, aber theilweise mindestens zweifach. Es giebt demnach einen grössten unter diesen Kreisen, dessen Fläche von P_ν gerade noch durchweg einfach bedeckt ist. Seine Peripherie wird also an den Rand des Bereiches P_ν gerade heranreichen, und sein Radius liefert die Minimaldistanz d des Randes vom Bereiche P_ν. Die für diesen Radius geltende Ungleichung $d \leq \zeta_0$ steht im Widerspruch zu (4), so dass die Annahme mehrfacher Bedeckung der ζ-Ebene durch P_∞ nicht zu halten ist.

Wir brauchen jetzt nur noch einmal auf die Ungleichung (3) hinzuweisen und folgern aus derselben, dass sich die Ränder der Bereiche P_ν für $\lim \nu = \infty$ gleichmässig der Peripherie des Einheitskreises K annähern. Damit entspringt das Ergebniss: *Die Function $\zeta(z)$ bildet die Überlagerungsfläche F_∞ conform auf die schlicht bedeckte Fläche des Einheitskreises K der ζ-Ebene ab.*

Um in $\zeta(z)$ diejenige polymorphe Function zu erkennen, deren Existenz das Hauptkreistheorem behauptet, haben wir jetzt folgende weitere Betrachtung anzustellen.

Die Überlagerungsfläche F_∞ war aus unendlich vielen Exemplaren der Fläche F_1 zusammengesetzt, welche wir jetzt durch die Bezeichnungen F_1, F_1', F_1'', ... unterscheiden wollen. Um die Lagenbeziehungen zwischen diesen Exemplaren in einem schlichten Bilde zu übersehen, hatten wir in § 7 an ein beliebig gewähltes Netz von Hauptkreispolygonen der in Betracht kommenden Signatur angeknüpft. Um Verwechslungen mit dem durch die Function $\zeta(z)$ gelieferten conformen Abbilde zu vermeiden, wollen wir jenes in § 7 benutzte Netz jetzt $\bar{N}$ nennen und seine Polygone, wie sie den Exemplaren F_1, F_1', F_1'', ... entsprechen, mit $\bar{P}_1$, $\bar{P}_1'$, $\bar{P}_1''$, ... bezeichnen. Diese Polygone haben zu einander genau dieselben Lagenbeziehungen wie die ihnen entsprechenden Exemplare $F_1^{(i)}$. Die Beziehung zwischen F_∞ und $\bar{N}$ war im übrigen nur die, dass das Exemplar $F_1^{(i)}$ als Ganzes dem Polygon $\bar{P}_1^{(i)}$ entsprechend gesetzt war, und dass die einzelne „Seite" des Randes von $F_1^{(i)}$ wiederum als Ganze einer Polygonseite von $P_1^{(i)}$ entsprach.

Nun ist das Netz $\bar{N}$ ein reguläres, dem eine Gruppe Γ linearer Substitutionen zugehört. Möge insbesondere die Substitution V_i das Ausgangspolygon P_1 in das beliebig gewählte andere $\bar{P}_1^{(i)}$ überführen. V_i stellt eine umkehrbar eindeutige stetige Transformation des Netzes $\bar{N}$ in sich dar, bei der das einzelne Polygon immer wieder in ein Polygon von $\bar{N}$ übergeht. Die Möglichkeit einer solchen Transformation ist durch die Regularität der Anordnung der Polygone im Netze $\bar{N}$ bedingt.

Nun kommt diese Regularität unmittelbar auch der Anordnung der Exemplare F_1, F_1', F_1'', ... zur Überlagerungsfläche F_∞ zu. Demgemäss giebt es eine umkehrbar eindeutige Beziehung der Überlagerungsfläche F_∞ auf sich selbst, die der Substitution V_i entspricht, und die wir so zu erklären haben: Das Exemplar F_1 entspricht als Ganzes dem Exemplar $F_1^{(i)}$, und von hier aus ist die im gleichen Sinne verstandene Beziehung in der Art fortzusetzen, dass an homologen Seiten benachbarte Exemplare allemal weiter entsprechend gesetzt werden. Diese Beziehung der Fläche F_∞ auf sich selbst können wir uns aber sofort auch für die *Punkte* derselben specialisiren, indem wir einfach den Punkten des einzelnen Exemplars $F_1^{(k)}$ die homologen Punkte des zugeordneten Exemplars $F_1^{(i)}$ entsprechen lassen. Auf diese Weise erscheint die F_∞ *conform* auf sich selbst bezogen, und also haben wir der einzelnen Substitution V_i entsprechend *eine umkehrbar eindeutige analytische Transformation der Überlagerungsfläche F_∞ in sich* gefunden.

Wir kehren jetzt zur analytischen Function $\zeta(z)$ und damit zum Abbilde P_∞ der F_∞ zurück. Die unendlich vielen Exemplare F_1, F_1', F_1'', ... liefern im Abbilde unendlich viele *neben einander* gelagerte Theilbereiche P_1, P_1', P_1'', ..., die in ihrer Gesammtheit ein die Fläche des Einheitskreises K schlicht bedeckendes Netz N ergeben. Die gewonnene Transformation liefert *eine umkehrbar eindeutige analytische Transformation V_i des Netzes N und damit der Fläche des Kreises K in sich.* wobei insbesondere der Ausgangsraum P_1 in P_1' übergeht. Nach den Ausführungen von pg. 406 ff. ergiebt sich hieraus, *dass die Transformation V_i eine lineare Substitution von ζ ist:*

$$(5) \qquad V_i(\zeta) = \frac{\alpha_i \zeta + \beta_i}{\gamma_i \zeta + \delta_i},$$

womit wir in $\zeta(z)$ in der That die linear-polymorphe Function erkannt haben, deren Existenzbeweis zu führen war. Den „*Eindeutigkeitssatz*" oder, wie man auch sagt, den „*Unitätssatz*", *dass jedenfalls nicht mehr als eine einzige solche polymorphe Function $\zeta(z)$ auf unserer ursprünglichen Riemann'schen Fläche existieren kann*, haben wir bereits pg. 405 ff. bewiesen.

Zur Ergänzung ist es vielleicht nicht überflüssig, auf die Bedeutung des *Princips der Symmetrie* für die vorstehende Betrachtung hinzuweisen. Ergänzen wir das erste Exemplar F_1 durch Anfügung seines Spiegelbildes längs der μ Symmetrielinien zur ursprünglich vorgelegten Riemann'schen Fläche F (die dann freilich in ihren beiden Hälften symmetrisch verlaufende Schnitte a, b, c aufweist), so ist, wie man aus den Ausführungen am Schlusse des vorigen Paragraphen (pg. 478) sofort entnimmt, die analytische Function $\zeta(z)$ nach dem Princip der Symmetrie in die neu angehängte Flächenhälfte fortsetzbar. *Als Abbild dieser Hälfte entspringt dann einfach das Spiegelbild von P_1 bezüglich des „Hauptkreises" K.* Selbstverständlich gewinnen wir dann weiter bei Fortsetzung über die Schnitte a, b, c der neuen Flächenhälfte ein außerhalb des Hauptkreises K gelegenes Netz, welches einfach das Spiegelbild des innerhalb K erhaltenen Netzes ist. *Das Hauptkreistheorem ist damit im vollen Umfange bewiesen.*

Von den Ungleichungen (4) pg. 473 ab bezogen sich unsere Betrachtungen nur erst auf das Hauptkreistheorem; insbesondere war es uns zunächst nicht möglich, das Bestehen der Gleichung (6) pg. 474 für den Grenzkreisfall zu beweisen. Sobald uns dies gelungen sein wird, *können wir die vorstehende Betrachtung in allen wesentlichen Punkten auf den Grenzkreisfall übertragen*, wie man sich im Einzelnen überzeugen wolle. Der einzige Unterschied ist der, dass alle die Bemerkungen in Fortfall kommen, welche mit den μ Symmetrielinien und den von ihnen herrührenden Randstücken der Bereiche F_ν, $F_\varkappa$ bezw. P_ν und $P_\varkappa$ zusammenhängen. Damit fallen natürlich auch die Ausführungen über analytische Fortsetzung der polymorphen Function $\zeta(z)$ über den Kreis K hinaus fort; in der That ist ja der letztere jetzt „Grenzkreis". *Bei*

dieser Sachlage wird auch das Grenzkreistheorem im vollen Umfange be-
wiesen sein, sobald es uns gelungen ist, das an die Gleichung (6) pg. 474
angeschlossene Theorem auch im Grenzkreisfalle zu zeigen.

§ 10. Einführung neuer Functionenreihen im Grenzkreisfalle.

Wir kehren im Grenzkreisfalle zur Reihe der Green'schen Functionen:

$$(1) \qquad u_\nu = \log\left(\frac{1}{r}\right) + a_\nu + \sum_{k=1}^{\infty}$$

unserer einfach zusammenhängenden Bereiche F_ν zurück, für welche
die Ungleichungen (3) und (4) pg. 473 bezw. die an dieselben angeschlossenen Theoreme gültig sind. Der Beweis der Existenz einer endlichen oberen Grenze für die Reihe $a_1, a_2, a_3, \ldots$ der Absolutglieder
in (1) gelingt durch ein ziemlich umständliches indirectes Beweisverfahren, bei dem wir also von der *Annahme, dass* $\lim a_\nu = \infty$ *sei*, ausgehen.

Wesentliche Dienste leistet uns auch hier wieder (wie oben pg. 475)
die Abbildung des einfach zusammenhängenden Bereiches $F_{\nu+\nu'}$ auf die
schlichte Fläche eines Kreises K. Doch wollen wir gegenüber (7) pg. 475
den Ansatz der abbildenden Function $Z(z)$ ein wenig abändern, indem wir:

$$(2) \qquad e^{-(u_{\nu+\nu'}-a_{\nu+\nu'})-iv_{\nu+\nu'}} = Z = X + iY$$

schreiben und zur eindeutigen Bestimmung des conjugierten Potentials
$v_{\nu+\nu'}$ die Bestimmung treffen, dass in der für die Umgebung von O
gültigen Entwicklung desselben das Absolutglied verschwinde. Übrigens
wollen wir zur Kürzung weiter folgender Rechnungen den Punkt O
bei $z = 0$ gelegen annehmen[*]).

Der Kreis K, dessen Fläche das Abbild des Bereiches $F_{\nu+\nu'}$ ist,
ist nun freilich nicht mehr der Einheitskreis der Z-Ebene. *Vielmehr
ist der etwa durch* $\varrho_{\nu+\nu'}$ *zu bezeichnende Radius dieses Kreises K offenbar
durch*:

$$(3) \qquad \varrho_{\nu+\nu'} = e^{a_{\nu+\nu'}}$$

*gegeben; dieser Radius wächst demnach voraussetzungsgemäss mit wachsen-
dem Index über alle Grenzen.* Aber wir haben den Vortheil, dass der
Abbildungsmodul im Punkte O gleich 1 ist. Wir finden mit Rücksicht auf die Bestimmung über die im Potential $v_{\nu+\nu'}$ enthaltene Con-

---

[*]) Sollten alle Stellen $z = 0$ unserer Riemann'schen Fläche Verzweigungspunkte oder Punkte e sein, so werden wir z in geeigneter Weise zunächst linear
transformieren.

staute für den Exponenten in (2) linker Hand eine Entwicklung der Gestalt:

$$- (u_{r+r'} - a_{r+r'}) - iv_{r+r'} = \log r + i\vartheta + c_1 z + c_2 z^2 + \cdots,$$

die wir auch schreiben können:

$$\log Z = \log z + c_1 z + c_2 z^2 + \cdots.$$

Umgekehrt existiert demnach für $\log (z^{-1})$ in der Z-Ebene eine in der Umgebung von $Z = 0$ convergente Entwicklung der Gestalt:

$$\log \left(\frac{1}{z} \right) = \log \left(\frac{1}{Z} \right) + C_1 Z + C_2 Z^2 + \cdots.$$

Wir entnehmen hieraus weiter*):

(4)
$$\log \left(\frac{1}{r} \right) = \log \frac{1}{Z_1} + \sum_{k=1}^{\infty}{}'.$$

Der dem Bestandtheile F_r von $F_{r+r'}$ entsprechende Theilbereich der Kreisfläche K heisse wie pg. 475 wieder B. Auf B verpflanzen wir die Werte des Potentials u_r und schreiben dasselbe als Function von X und Y:

(5)
$$u_r = U_r(X, Y).$$

Indem wir für das logarithmische Glied in (1) rechts den Ausdruck (4) eintragen, folgt:

$$U_r = \log \frac{1}{Z} + a_r + \sum_{k=1}^{\infty} + \sum_{k=1}^{\infty}{}',$$

und da die beiden Summen rechter Hand harmonische Functionen darstellen, die bei $Z = 0$ verschwinden, so können wir sie in ein einziges Summensymbol zusammenfassen:

(6)
$$U_r = \log \frac{1}{Z} + a_r + \sum_{k=1}^{\infty}{}''.$$

Wir notieren als Ergebniss: *Die Function $U_r(X, Y)$, welche die zum Nullpunkte gehörende Green'sche Function des Bereiches B ist, besitzt eine für die Umgebung von $Z = 0$ convergente Entwicklung (6) mit demselben Absolutgliede a_r, das auch in (1) auftritt.*

Auf die hier vorliegenden Verhältnisse sind nun die Voraussetzungen des zweiten Koebe'schen Theorems und seiner „Folgerung" zugeschnitten.

---

*) Wir erinnern daran, dass wir durch Summensymbole wie in (4) rechts immer Glieder zusammenfassen wollten, die in O bezw. $Z = 0$ verschwinden. Verschiedene Summen dieser Art, wie z. B. die in (1) und (4), unterscheiden wir, falls erforderlich, durch Indices am Summenzeichen.

Man wolle nur beachten, dass der Radius $\varrho_{\nu,\,i\,\nu}$ für jeden endlichen Index selbst *endlich* ist. Demnach ist auch B endlich: eine bestimmte endliche „Maximaldistanz" des Bereichrandes vom Nullpunkte gehörte aber, wie schon pg. 462 hervorgehoben wurde, keineswegs zu den Voraussetzungen jenes Theorems. Man wähle nun im Sinne der „Folgerung" eine Zahl ε des Intervalles $0 < \varepsilon < 1$ beliebig klein und denke die zugehörige endliche, der Bedingung $\alpha > 0$ genügende Zahl bestimmt. Da $\lim_{\nu = \infty} \alpha_\nu = \infty$ voraussetzungsgemäss gilt, so können wir einen endlichen Index ν_0 angeben, so dass für alle $\nu \geq \nu_0$ die Bedingung $\alpha_\nu \geq \frac{1}{\varepsilon}$ erfüllt ist. Die „Folgerung" liefert alsdann das Ergebnis: *Nach Auswahl einer dem Intervall $0 < \varepsilon < 1$ entnommenen beliebig kleinen Zahl ε giebt es stets einen endlichen Index ν_0 der Art, dass für alle $\nu \geq \nu_0$ die Minimaldistanz d des zu B gehörenden Randes vom Nullpunkte $Z = 0$ die Ungleichung befriedigt:*

$$(7) \qquad d > \frac{1}{\varepsilon}$$

Wir werden diese Ungleichung alsbald zu verwenden haben.

Es ist nun eine besonders wirksame Idee Koebe's gewesen, neben den Green'schen Functionen noch zwei weitere ähnlich erklärte Functionenreihen $u_1', u_2', u_3', \ldots$ und $u_1'', u_2'', u_3'', \ldots$ auf der Überlagerungsfläche F_∞ einzuführen. Ist μ irgend ein Index, so sollen die Potentiale u_μ' und u_μ'' für den Bereich F_μ erklärt sein, und zwar durch folgende Festsetzungen: *Im Punkte O sollen die Potentiale u_μ' und u_μ'' unstetig werden wie der reelle bezw. der von i befreite imaginäre Bestandtheil von z^{-1}, übrigens sollen sie in F_μ allenthalben harmonisch sein und am Rande R_μ wie die Green'sche Function u_μ verschwinden.* Die Existenz dieser Potentiale steht nach § 3, pg. 451 ff., ausser Frage.

Auf die Z-Ebene verpflanzt mögen die u_μ', u_μ'' die Potentiale:

$$(8) \qquad u_\mu' = U_\mu'(X, Y), \qquad u_\mu'' = U_\mu''(X, Y)$$

liefern. Dieselben sind jedenfalls für die Umgebung von $Z = 0$ erklärt und besitzen hier, wenn wir $Z = \varrho e^{\vartheta i}$ schreiben, convergente Entwicklungen der Gestalt:

$$(9) \qquad U_\mu' = \frac{\cos\vartheta}{\varrho} + A_\mu' + \sum_{k=1}^{\infty}{}', \qquad U_\mu'' = -\frac{\sin\vartheta}{\varrho} + A_\mu'' + \sum_{l=1}^{\infty}{}'',$$

wo die hier rechts auftretenden Summen natürlich nicht die vorhin so bezeichneten sein sollen. Speciell sind die Functionen $U_{\nu+\nu}'$ und $U_{\nu+\nu}''$ für unsere Kreisfläche K erklärt und verschwinden auf deren Peripherie; desgleichen sind die Functionen U_ν' und U_ν'' für den Bereich B erklärt und verschwinden auf dem Rande R desselben.

Unter den für uns maassgeblichen Voraussetzungen können wir nun den Schluss ziehen, dass die Functionen der beiden Reihen u_1', u_2', ... und u_1'', u_2'', ... gegen zwei Grenzfunctionen:

$$(10) \qquad u' = \lim_{\mu = \infty} u_\mu', \quad u'' = \lim_{\mu = \infty} u_\mu''$$

gleichmässig convergieren. Die Überlegung arbeitet in beiden Fällen mit denselben Schlüssen; wir führen sie für die Reihe u_1', u_2', u_3', ... aus.

Die Differenz:

$$(11) \qquad u_{\nu+\nu'}' - u_\nu' = U_{\nu+\nu'}' - U_\nu'$$

ist auch bei $Z = 0$ und also im ganzen Bereiche B harmonisch. Schreiben wir:

$$U_{\nu+\nu'}' - U_\nu' = \left(U_{\nu+\nu'}' - \frac{\cos\theta}{\varrho} \right) - \left(U_\nu' - \frac{\cos\theta}{\varrho} \right),$$

so folgt für den absoluten Betrag der Differenz (11):

$$(12) \qquad |U_{\nu+\nu'}' - U_\nu'| \leq \left| U_{\nu+\nu'}' - \frac{\cos\theta}{\varrho} \right| + \left| U_\nu' - \frac{\cos\theta}{\varrho} \right|.$$

Nun ist $\left(U_{\nu+\nu'}' - \frac{\cos\theta}{\varrho} \right)$ innerhalb K überall harmonisch und längs der Peripherie (wo $U_{\nu+\nu'}'$ verschwindet) gleich $-\frac{\cos\theta}{\varrho_{\nu+\nu'}}$, so dass $\left| U_{\nu+\nu'}' - \frac{\cos\theta}{\varrho} \right|$ längs der Peripherie $\leq \frac{1}{\varrho_{\nu+\nu'}}$ und also $< \frac{1}{d}$ ist, da der Bereich B mit der Minimaldistanz d ein vom Ganzen verschiedener Theilbereich der Kreisfläche K des Radius $\varrho_{\nu+\nu'}$ ist. Nach einem oft angewandten Satze von pg. 448 wird demnach die Ungleichung:

$$(13) \qquad \left| U_{\nu+\nu'}' - \frac{\cos\theta}{\varrho} \right| < \frac{1}{d}$$

auch innerhalb K und also längs des Randes R von B gelten. Längs dieses Randes ist $U_\nu' = 0$ und also:

$$U_\nu' - \frac{\cos\theta}{\varrho} = -\frac{\cos\theta}{\varrho} \leq \frac{1}{d},$$

so dass wiederum längs R nach (12) und (13):

$$|U_{\nu+\nu'}' - U_\nu'| < \frac{2}{d}$$

gilt. Dieselbe Ungleichung wird demnach für den ganzen Bereich B bestehen. Unter Rückgang auf die Überlagerungsfläche und Benutzung des an die Formel (7) angeschlossenen Satzes gilt: *Nach Auswahl einer dem Intervall $0 < \varepsilon < 1$ entnommenen beliebig kleinen Zahl ε giebt es einen endlichen Index ν_0 der Art, dass für jedes $\nu \geq \nu_0$ und beliebiges*

v' im ganzen Bereiche F, unter Einschluss des Randes R, die Ungleichungen gelten:

$$(14) \qquad u'_{r+r'} - u'_r < 2\varepsilon, \qquad u''_{r+r'} - u''_r | < 2\varepsilon.$$

Wir haben das Ergebniss sofort für die Reihe u_1'', u_2'', ... mit ausgesprochen; in der That überträgt sich die Überlegung unmittelbar auf diese Reihe, falls man nur überall $\cos\theta$ durch $-\sin\theta$ ersetzen will.

Hieran knüpft das bekannte Schlussverfahren an, das wir oben, pg. 477, im Anschluss an die damalige Ungleichung (17) ausführlich beschrieben haben: *Die gleichmässige Convergenz unserer beiden Functionenreihen gegen zwei für das ganze Innere der Überlagerungsfläche erklärte Grenzfunctionen u' und u'' ist also thatsächlich festgestellt.*

Um sogleich noch eine Abschätzung der Grenzfunctionen u' und u'' am Rande R, von F, vorzunehmen, gehen wir nochmals auf die Ungleichungen (14) zurück und erinnern daran, dass längs R, sowohl u'_v als u''_v verschwindet. Längs R, gelten also die Ungleichungen $|u'_{r+r'} < 2\varepsilon$ und $u''_{r+r'} < 2\varepsilon$, und zwar für beliebiges v'. Da sich nun mit mehr und mehr wachsendem v' die Functionen $u'_{r+r'}$ und $u''_{r+r'}$ gleichmässig den Grenzfunctionen u' und u'' annähern, so können die letzteren längs R, absolut genommen jedenfalls nicht grösser als 2ε sein: *Längs des Randes R, mit irgend einem $v \geqq v_0$ befriedigen unsere Grenzfunctionen die Bedingungen:*

$$(15) \qquad |u' < 2\varepsilon, \quad |u'' < 2\varepsilon.$$

Wir können kurz sagen: *Unsere Grenzfunctionen u' und u'' nähern sich längs R, bei weiter und weiter wachsendem v gleichmässig dem Werthe 0 an.*

Wir heben nochmals hervor, dass alle diese Folgerungen auf der Annahme $\lim_{v=\infty} a_v = \infty$ beruhen. Indem wir unten eine gewisse durch die Grenzfunctionen u' und u'' vermittelte Abbildung der Überlagerungsfläche F_∞ untersuchen, werden wir zu einem Ergebniss gelangen, dessen Unmöglichkeit sich leicht darthun lässt. Umgekehrt werden wir daraus den Schluss ziehen, dass unsere Annahme $\lim a_v = \infty$ unzutreffend war, womit alsdann nach den Ausführungen von pg. 482 u. f. das Grenzkreistheorem bewiesen sein wird.

§ 11. Zusammenhang der Grenzfunctionen u', u'' unter einander und mit den Green'schen Functionen u_μ.

Nach Gewinnung der Grenzfunctionen u', u'' können wir weitergehende Angaben über die Green'schen Functionen u_μ unserer Bereiche F_μ machen, welche wiederum Rückschlüsse auf jene Grenzfunctionen selbst gestatten.

Es sei B irgend ein im Innern der Überlagerungsfläche gelegener Bereich. Wir können dann zuvörderst μ_0' so gross wählen, dass für jeden endlichen Index $\mu \geq \mu_0'$ der Bereich B ein Bestandtheil von F_μ ist. Die für den Bereich F_μ erklärte analytische Function:

$$(1) \qquad Z_\mu(z) = e^{-(u_\mu - a_\mu) - i v_\mu}$$

bildete F_μ auf die Fläche eines jetzt genauer durch K_μ zu bezeichnenden Kreises vom Radius $\varrho_\mu = e^{a_\mu}$ ab. Das Bild B_μ des Bereiches B in der Z_μ-Ebene ist ein Theilbereich dieser Kreisfläche.

Wir wollen nun den reciproken Werth der Function (1) in Abhängigkeit von z durch $\varphi_\mu(z)$ bezeichnen:

$$(2) \qquad \varphi_\mu(z) = \frac{1}{Z_\mu} = e^{(u_\mu - a_\mu) + i v_\mu}$$

und eine Abschätzung dieser Function im Bereiche B vornehmen. Zu diesem Zwecke gehen wir auf die Functionen (8) pg. 485 zurück und stellen für dieselben die längs der Peripherie K_μ gültigen Ungleichungen (cf. pg. 486):

$$(3) \qquad U_\mu' - \frac{\cos\theta}{\varrho} \leq \frac{1}{\varrho_\mu}, \qquad U_\mu'' + \frac{\sin\theta}{\varrho} \leq \frac{1}{\varrho_\mu}$$

fest, welche zufolge bekannter Schlussweise auch im Innern von K_μ und also insbesondere im ganzen Breiche B_μ gelten.

Nun ist offenbar:

$$\left| (U_\mu' + i U_\mu'') - \frac{\cos\theta - i\sin\theta}{\varrho} \right| \leq U_\mu' - \frac{\cos\theta}{\varrho} + U_\mu'' + \frac{\sin\theta}{\varrho} .$$

Erinnern wir uns demnach, dass $\varrho e^{\theta i}$ die Polardarstellung der complexen Variabelen Z_μ ist, und dass also:

$$\frac{\cos\theta - i\sin\theta}{\varrho} = \frac{1}{\varrho e^{\theta i}} = \frac{1}{Z_\mu} = \varphi_\mu(z)$$

gilt, so finden wir unter Rückgang zur Überlagerungsfläche F_∞ aus der letzten Ungleichung mit Rücksicht auf (3):

$$(4) \qquad (u_\mu' + i u_\mu'') - \varphi_\mu(z) \leq \frac{2}{\varrho_\mu},$$

gültig für alle $\mu \geq \mu_0'$ im gesammten Bereiche B.

Nun erinnern wir uns, dass die Functionen u_μ' und u_μ'' sich mit wachsendem Index den Grenzfunctionen u' und u'' innerhalb B gleichmässig annähern. Nach Auswahl einer von 0 verschiedenen positiven, aber beliebig kleinen Zahl η_i giebt es einen zugehörigen endlichen Index

μ_0'', so dass für alle μ, die nicht unter μ_0' und μ_0'' liegen, inerhalb B überall die Ungleichung gilt:

$$(5) \qquad (u' + i u'') - (u_\mu' + i u_\mu'')| < \eta .$$

Da nun wieder:

$$(u' + i u'') - \varphi_\mu(z)| \leq (u' + i u'') - (u_\mu' + i u_\mu'') + |(u_\mu' + i u_\mu'') - \varphi_\mu(z)$$

richtig ist, so folgern wir aus (4) und (5):

$$(6) \qquad (u' + i u'') - \varphi_\mu(z)| < \eta + \frac{2}{\varrho_\mu} ,$$

gültig im ganzen Bereiche B *und für alle* μ, *die nicht unter* μ_0' *und* μ_0'' *liegen.*

Um diese letztere Bestimmung über die zulässigen Indices μ noch etwas zu kürzen, wählen wir eine von 0 verschiedene positive Zahl ε beliebig klein und setzen alsdann fest:

$$(7) \qquad \eta = \frac{\varepsilon}{6} , \qquad \frac{1}{\varrho_\mu} \leq \frac{\varepsilon}{6} .$$

Diesem η gehört alsdann eine bestimmte endliche Zahl μ_0'' zu; andrerseits ist die zweite Forderung (7) wegen $\lim \varrho_\mu = \infty$ erfüllt, sobald μ nicht unterhalb eines bestimmten endlichen Index μ_0''' liegt. Nun wählen wir schliesslich μ_0 als endliche Zahl so, dass keine der Zahlen μ_0', μ_0'', μ_0''' grösser als μ_0 ist. *Dann gilt im ganzen Bereiche* B *die Ungleichung:*

$$(8) \qquad |(u' + i u'') - \varphi_\mu(z)| < \frac{1}{2} \varepsilon$$

für alle Indices μ, *die* $\geq \mu_0$ *sind.*

Hieraus kann man leicht auf die gleichmässige Convergenz der Functionenreihe $\varphi_1(z)$, $\varphi_2(z)$, ... im Bereiche B schliessen, wobei natürlich wieder die Anfangsglieder auszulassen sind, die für B nicht oder nur theilweise erklärt sind. *Ist nämlich* $\mu \geq \mu_0$ *und bedeutet* μ' *einen ganz willkürlich wählbaren Index*, so folgt aus:

$$\varphi_{\mu + \mu'}(z) - \varphi_\mu(z) = ((u' + i u'') - \varphi_\mu z)) - ((u' + i u'') - \varphi_{\mu + \mu'}(z))$$

die Ungleichung:

$$|\varphi_{\mu + \mu'}(z) - \varphi_\mu(z) \leq (u' + i u'') - \varphi_\mu(z)| + (u' + i u'') - \varphi_{\mu + \mu'}(z)|,$$

und also ziehen wir aus (8) die Folgerung:

$$(9) \qquad |\varphi_{\mu + \mu'}(z) - \varphi_\mu(z)| < \varepsilon .$$

Hieraus ergiebt sich in bekannter Schlussweise die behauptete gleichmässige Convergenz unserer Functionenreihe im Bereiche B gegen eine

32*

Grenzfunction, die zufolge (8) keine andere ist als unsere Function $(u' + iu'')$. Da nun B ein beliebiger Bereich im Innern der Überlagerungsfläche war, so notieren wir als Ergebniss: *Unsere für die Bereiche F_1, F_2, F_3, ... erklärten analytischen Functionen:*

$$(10) \qquad \varphi_1(z), \ \varphi_2(z), \ \varphi_2(z), \ \dots$$

convergieren gleichmässig gegen eine für das ganze Innere der Überlagerungsfläche F_∞ als erklärt anzusehende analytische Grenzfunction, nämlich gegen:

$$(11) \qquad \lim_{\mu = \infty} \varphi_\mu(z) = u' + iu'',$$

unter u' und u'' unsere im vorigen Paragraphen gewonnenen Grenzfunctionen verstanden.

Die neue Erkenntniss, welche wir hier betreffs dieser Grenzfunctionen u', u'' gewinnen, ist die, *dass $(u' + iu'')$ eine analytische Function ist oder, anders ausgesprochen, dass u'' das conjugierte Potential von u' ist*[*]). Wir wollen dies Resultat äusserlich dadurch kennzeichnen, dass wir an Stelle von u'' fortan die Bezeichnung v' treten lassen.

§ 12. Abbildung der Überlagerungsfläche mittelst der Function $(u' + iv')$. Gewinnung des Grenzkreistheorems.

Mittelst der analytischen Function $(u' + iv')$, die wir durch:

$$(1) \qquad \zeta(z) = u' + iv'$$

bezeichnen wollen, und die für das ganze Innere der Überlagerungsfläche F_∞ eindeutig erklärt ist, wollen wir nunmehr diese Fläche auf die ζ-Ebene abbilden. Das Abbild werde P_∞ genannt, der Theilbereich F_r liefere den Bestandtheil P_r: natürlich haben diese Bereiche P_∞ und P_r zunächst nichts mit den in § 6 so bezeichneten Polygoncomplexen zu thun.

Wenn es sich nun darum handelt, die Eigenart des conformen Abbildes P_∞ der F_∞ festzustellen, so weisen uns bereits die Näherungsfunctionen $\varphi_\mu(z)$ der Function $\zeta(z)$ den Weg. Die Function $\varphi_\mu(z)$ liefert

---

[*]) Koebe hat in seiner ersten Mittheilung über das Grenzkreistheorem „*Über die Uniformisierung beliebiger analytischer Kurven*", Gött. Nachr. von 1907, pg. 206 ff., an Stelle der Functionen u_1'', u_2'', u_3'', ... unmittelbar mit den conjugierten Potentialen v_1', v_2', v_3', ... der u_1', u_2', u_3', ... gearbeitet. In der ausführlichen Darstellung in den Math. Ann. Bd. 67, pg. 219 ff., der wir hier gefolgt sind, hat Koebe der Symmetrie halber neben den u_μ die coordinierten Functionen u_μ'' eingeführt, wobei dann freilich erst noch der Beweis zu führen war, dass die Summe $(u_\mu' + iu_\mu'')$ für $\lim \mu = \infty$ auch thatsächlich eine analytische Function ergab.

als conformes Abbild von F_μ denjenigen schlicht bedeckten Theil der φ_μ-Ebene, welcher ausserhalb des Kreises mit dem Radius $\frac{1}{\varrho_\mu}$ um den Nullpunkt dieser Ebene verläuft. Doch können wir auch ohne diese Näherungsfunctionen die Betrachtung allein auf die Angaben stützen, welche am Schlusse von § 10, pg. 487, über die Grenzfunctionen u' und v' gemacht wurden.

Der Theilbereich F'_ν mit dem Rande R'_ν liefert, durch die Function $\zeta(z)$ abgebildet, den Bereich P'_ν, dessen Rand also dem Rande R_ν correspondiert. Nehmen wir die in (15) pg. 487 gemeinte Maassgrösse ε wieder auf und wählen den Index ν nicht kleiner als die zugehörige endliche Zahl ν_0, so gelten am Rande R_ν die Ungleichungen (15) pg. 487, aus denen wir die Folgerung:

$$(2) \qquad\qquad |\zeta| \leq u' + v' < 4\varepsilon$$

ziehen. *Also wird das Bild des Randes R_ν in der ζ-Ebene sicher im Innern des Kreises vom Radius 4ε um den Nullpunkt liegen.*

Es lässt sich hieraus durch eine ganz analoge Betrachtung wie pg. 480 der Schluss auf die Schlichtheit des Abbildes P_∞ ziehen. Der Punkt O von F_∞, in dem $z = 0$ zutrifft, ist der einzige Unstetigkeitspunkt der Function ζ, und zwar wird ζ unendlich wie z^{-1}. Der Punkt O überträgt sich demnach auf den Punkt $\zeta = \infty$, und die Umgebung von O liefert dabei die schlicht bedeckte Umgebung des Bildpunktes $\zeta = \infty$. In allen übrigen Punkten der Überlagerungsfläche hat ζ endliche Werthe. *Jedenfalls wird also das Abbild P_∞ die Umgebung von $\zeta = \infty$ nur einblättrig bedeckt.*

Die Eindeutigkeit und Regularität von $\zeta(z)$ innerhalb F_∞ bedingen nun noch keineswegs die Schlichtheit des Abbildes P_∞. Wir wollen demnach prüfen, ob irgend eine vom Nullpunkte $\zeta = 0$ verschiedene Stelle ζ_0 von mindestens zwei Blättern des Abbildes P_∞ überlagert sein kann. Die beiden bei ζ_0 über einander liegenden Stellen werden zwei Innenpunkten z_0' und z_0'' der Überlagerungsfläche F_∞ entsprechen. Wir können dann auch bereits einen bestimmten endlichen Index ν_0' angeben, so dass für alle $\nu \geq \nu_0'$ die beiden Punkte z_0', z_0'' zugleich Innenpunkte von F_ν werden.

Auf der anderen Seite wählen wir eine beliebig kleine Zahl ε des Intervalles $0 < \varepsilon < \frac{1}{4} \zeta_0$ und bestimmen die zugehörige Zahl ν_0, so dass für $\nu \geq \nu_0$ die Ungleichung (2) am Rande von F_ν zutrifft. Alsdann führt die Annahme der Mehrblättrigkeit von P_∞ bei ζ_0 leicht zu einem Widerspruch.

Es bedeckt nämlich, wenn wir v weder kleiner als v_0 noch kleiner als v_0' wählen, der Bereich P_v als Bestandtheil von P_∞ die Umgebung von $\zeta = \infty$ einfach, diejenige von ζ_0 aber mindestens doppelt. Stellen wir uns demnach die concentrischen Kreise um $\zeta = 0$ mit allen Radien $> \zeta_0$ vor, so wird das Äussere dieser Kreise bei hinreichend grossen Radien nur einfach von P_∞ bedeckt, aber bei Radien, die hinreichend nahe bei ζ_0, liegen, mindestens doppelt. Es giebt demnach einen kleinsten unter jenen Kreisen, dessen Äusseres durch P_∞ gerade noch einfach bedeckt war. Seine Peripherie wird also an den Rand des Bereiches P_v gerade heranreichen, und P_v hat demgemäss Randpunkte mit einem Abstand $> \zeta_0 > 4\varepsilon$ vom Nullpunkte, was in der That mit (2) im Widerspruch steht. *Also überdeckt das Abbild P_∞ die ζ-Ebene an keiner vom Nullpunkte verschiedenen Stelle mehrfach.*

Wir brauchen jetzt nur noch einmal auf die Ungleichung (2) zurückzugehen und folgern aus derselben, dass sich die Ränder der Bereiche P_v für $\lim v = \infty$ gleichmässig um den Nullpunkt der ζ-Ebene zusammenziehen. Damit entspringt das Ergebniss: *Die Function $\zeta(z)$ bildet das gesammte Innere der Überlagerungfläche F_∞ conform auf die schlicht bedeckte ζ-Ebene, ausgenommen allein den Nullpunkt $\zeta = 0$ derselben, ab.* Übrigens wollen wir der Bequemlichkeit halber an Stelle von ζ den reciproken Wert $\zeta' = \dfrac{1}{\zeta}$ treten lassen. *Dann erscheint als conformes Abbild des ganzen Innern der Überlagerungsfläche F_∞ die schlicht bedeckte ζ'-Ebene, ausgenommen den einzigen Punkt $\zeta' = \infty$ derselben.*

Nun können wir die Betrachtungen von pg. 481, welche sich auf den regulären Aufbau der Überlagerungsfläche F_∞ aus unendlich vielen Exemplaren der ursprünglichen Fläche F_1 gründen, auf die vorliegenden Verhältnisse Wort für Wort übertragen. Jenen unendlich vielen Exemplaren entsprechen in der ζ'-Ebene unendlich viele neben einander gelagerte Bereiche $P_1, P_1', P_1'', \ldots$, welche sich zu einem regulären, die ganze ζ'-Ebene bis auf den Punkt $\zeta' = \infty$ schlicht bedeckenden Netze $\bar N$ zusammenfügen. Auch die Ausführungen über die umkehrbar eindeutigen analytischen Transformationen der F_∞ und damit des Netzes $\bar N$ in sich bleiben unverändert bestehen. Insbesondere ziehen wir den Schluss auf die Existenz einer analytischen, umkehrbar eindeutigen Transformation $V_i(\zeta')$ des Netzes $\bar N$ in sich, bei der der Ausgangsbereich $\bar P_1$ in einen beliebig vorgeschriebenen Bereich $\bar P_1^{(i)}$ von $\bar N$ übergeht.

Nun folgt aber aus den Prinzipien der Theorie der ganzen Functionen sehr leicht, dass eine ein-eindeutige und im Endlichen überall conforme Abbildung der ζ'-Ebene auf sich selbst, bei der der Punkt $\zeta = \infty$ sich selbst entspricht, nothwendig *eine lineare ganze Trans-*

formation ist. Die Transformation V_i der ζ'-Ebene in sich hat also die Gestalt:

$$(3) \qquad\qquad V_i(\zeta') = \alpha_i \zeta' + \beta_i.$$

Sammeln wir alle diese Transformationen für $i = 0, 1, 2, \ldots$, so entspringt *eine Gruppe Γ mit dem Discontinuitätsbereich $\overline{P}_1$ und mit dem einzigen Grenzpunkte $\zeta = \infty$*. Zufolge I pg. 222 ff. ist demnach Γ eine *parabolische Rotationsgruppe*, und also hat $\overline{P}_1$ und damit unsere ursprüngliche Fläche F_1 eine jener wenigen zu diesen Gruppen gehörenden Signaturen.

Aber diese Signaturen haben wir als nicht zum Grenzkreistheorem gehörig oben (pg. 465) ausdrücklich ausgeschlossen. Der Widerspruch, den wir schon pg. 483 anzeigten, ist demnach aufgedeckt, und damit ist unsere pg. 483 gemachte Annahme, dass $\lim_{\nu = \infty} a_\nu = \infty$ sei, als unhaltbar erwiesen. *Auch im Grenzkreisfalle nähern sich die Absolutglieder a_ν in den Entwicklungen (1) pg. 472 der Green'schen Function u_ν unserer Bereiche F_ν einer „endlichen“ Grenze, so dass nach den Ausführungen am Schlusse von § 9, pg. 482, nunmehr auch das Grenzkreistheorem bewiesen ist.*

Die ausserordentliche Bedeutung, welche dem hiermit gewonnenen Ergebnisse zukommt, haben wir bereits im Schlusswort zum voraufgehenden Kapitel, pg. 438, gekennzeichnet. Das Grenzkreistheorem ist keineswegs das allgemeinste „Fundamentaltheorem“; denn es bezieht sich in der Form, wie wir dasselbe hier zur Darstellung brachten, nicht auf den allgemeinen Fall analytischer Gebilde, sondern nur auf algebraische Gebilde, und es wird auch in diesem Bereiche überboten von jenem pg. 47 genannten allgemeinen Fundamentaltheoreme Klein's, welches das Grenzkreistheorem und das Rückkehrschnittheorem nur als einfachste Specialfälle enthält. Aber das Grenzkreistheorem hat einen sehr charakteristischen Vorzug vor dem Rückkehrschnittheorem und dem allgemeinen eben genannten Fundamentaltheoreme, *d. i. der Charakter der Invarianz gegenüber einer beliebigen Transformation des canonischen Schnittsystems.* In allen übrigen Fällen des allgemeinen Theorems von Klein hängt die polymorphe Function $\zeta(z)$ in einem gewissen Grade von der Auswahl des Querschnittsystems ab: *Beim Grenzkreistheorem ist sie von dieser Auswahl unabhängig*).* Eine Abänderung des Quer-

---

*) Natürlich auch beim Hauptkreistheorem; doch verfolgen wir dies im Texte nicht besonders, da dieses Theorem sich nur auf eine specielle Gattung Riemann'scher Flächen, nämlich die orthosymmetrischen, bezieht.

schnittsystems bedingt eine Abänderung des abbildenden Polygons *bei unverändertem Gesammtnetz N*, wie wir sie in I pg. 320 als „Transformation der canonischen Polygone" ausführlich betrachteten. *Die polymorphe Function ζ(z) des Grenzkreistheorems gehört bereits der unzerschnittenen Fläche und also dem vorgelegten algebraischen Gebilde als einzige Grösse ihrer Art an.* In ihr ist dasjenige Element gefunden, welches für eine unsignierte Fläche des Geschlechtes $p = 1$ das zugehörige elliptische Integral erster Gattung ist. Mit der Auffindung der polymorphen Function ζ(z) des Grenzkreistheorems hat demnach die Theorie der algebraischen Gebilde ihren naturgemässen Abschluss gewonnen, wobei wir freilich zugestehen müssen, dass der Ausbau dieser Theorie im allgemeinen Falle gegen den besonderen Fall der unsignierten Flächen des Geschlechtes $p = 1$ deshalb weit zurücksteht, weil wir im allgemeinen Falle keine analytischen Darstellungen der Functionen des Gebildes in ζ besitzen, welche sich an Brauchbarkeit mit den Jacobi'schen Thetareihen des Falles $p = 1$ messen könnten.

Drittes Kapitel.

Beweis des Rückkehrschnitttheorems.

Wir wenden uns nunmehr dem „Rückkehrschnitttheorem" zu, welches auf das dritte der pg. 46 formulierten Fundamentalprobleme antwortet. Dieses von Klein im Jahre 1882 aufgestellte Theorem behauptet folgendes: *Ist eine beliebige endlich-blättrige geschlossene Riemann'sche Fläche F mit endlich vielen Verzweigungspunkten und einem Geschlechte $p > 0$ gegeben, und ist diese Fläche längs irgend welcher p einander nicht treffender und die Fläche nicht zerstückelnder Rückkehrschnitte durchschnitten, so giebt es eine und im wesentlichen auch nur eine polymorphe Function, welche die Fläche auf einen Discontinuitätsbereich der pg. 35 unter β genannten Art mit $2p$ paarweise linear auf einander bezogenen Randcurven abbildet.*

Für $p = 1$ kommen wir auf einen bekannten Satz aus der Theorie der elliptischen Funktionen zurück, nach welchem sich jede mit einem Rückkehrschnitt versehene Fläche dieses Geschlechtes conform auf einen Kreisring*), dessen beide Randcurven den Schnittufern entsprechen, übertragen lässt. Fügt man nämlich den conjugierten Rückkehrschnitt hinzu und bildet die so zerschnittene Fläche mittelst des Integrals erster Gattung u auf ein Periodenparallelogramm ab, so mögen dessen Ecken bei $u = 0$, ω_1, ω_2, $\omega_1 + \omega_2$ liegen, und insbesondere möge die Seite von 0 nach ω_2 dem einen Ufer des anfänglich gezogenen Rückkehrschnittes entsprechen. Bei dieser Annahme liefert die Function:

$$\zeta = e^{\frac{2i\pi u}{\omega_2}}$$

als Abbild des Periodenparallelogramms auf die ζ-Ebene in der That einen Kreisring, dessen Randcurven durch die loxodromische oder (in speciellen Fällen, z. B. dem eines rein imaginären Periodenquotienten) hyperbolische Substitution:

$$\zeta' = e^{\frac{2i\pi\omega_1}{\omega_2}} \cdot \zeta$$

---

*) Sofern man den Rückkehrschnitt nöthigen Falls in geeigneter Weise zurecht gerückt hat (erlaubte Abänderung).

auf einander bezogen sind. Dieser Sachlage entsprechend werden wir weiterhin $p > 1$ voraussetzen dürfen.

Das allgemeine Rückkehrschnitttheorem ist bis 1908 unbewiesen geblieben. Erst im Februar des genannten Jahres hat Koebe in der mathematischen Gesellschaft zu Göttingen*) einen Beweis des Rückkehrschnitttheorems angegeben, der auf der Methode der Überlagerungsfläche beruht. Darstellungen des Beweises bringen die pg. 446 genannte Note in den Gött. Nachr. von 1909, pg. 68 ff., sowie die ebendaselbst genannte Abhandlung in Bd. 69 der Math. Annalen. Die folgende Darstellung des Beweises des Rückkehrschnitttheorems schliesst sich der letzteren Arbeit Koebe's im allgemeinen Gedankengang an, weicht indessen von derselben in der Einzelüberlegung vielfach ab, so namentlich bei der Abbildung der Theilbereiche F_4 der Überlagerungsfläche F_∞ auf schlichte Bereiche. Auch die allgemeinen Sätze über conforme Abbildung in § 1 bis 4 erscheinen hier in mehr präcisierter Gestalt, insofern die Rechnungen bis zu numerischen Angaben über die in Betracht kommenden Abschätzungsconstanten durchgeführt werden.

Kurze Zeit nach Koebe hat R. Courant im zweiten Kapitel seiner Dissertation**) einen zweiten Beweis für das Rückkehrschnitttheorem entwickelt. Derselbe erscheint als eine spezielle Anwendung von Abbildungstheoremen, welche Courant im ersten Kapitel seiner Arbeit im Anschluss an eine Theorie von Hilbert über die Behandlung der allgemeinsten Probleme der conformen Abbildung auf Grund des Dirichletschen Principes***) ausführte.

§ 1. Sätze über schlichte unendliche Abbilder einer Kreisfläche.

Wir verstehen unter K_r die Peripherie des Kreises vom Radius r um den Nullpunkt der Ebene einer complexen Variabelen z. Im Innern von K_1, d. h. für $|z| < 1$ sei eine eindeutige analytische Function $f(z)$ durch die ebenda convergente Reihe:

$$(1) \qquad f(z) = \frac{1}{z} + a_1 z + a_2 z^2 + \cdots$$

mit verschwindendem Absolutgliede gegeben. Im Nullpunkte selbst soll

*) Siehe die bezügliche Notiz im Berichte über die Thätigkeit der Göttinger mathematischen Gesellschaft im Jahresberichte der Deutschen Mathematiker-Vereinigung von 1908 pg. 50.

**) „Über die Anwendung des Dirichlet'schen Principes auf die Probleme der conformen Abbildung", Göttingen. 1910; abgedr. in Bd. 71 der Math. Annalen.

***) Siehe darüber die Note Hilbert's „Zur Theorie der conformen Abbildung" in den Gött. Nachr. vom 17. Juli 1909.

also $f(z)$ unendlich werden wie z^{-1}: überdies nehmen wir an, *dass $f(z)$ innerhalb K_1 keinen Werth mehr als einmal annimmt.*

Diese Function $f(z)$ wird die Innenfläche des Kreises K_1 auf einen schlichten, d. h. die Bildebene nirgends mehrfach bedeckenden Bereich abbilden, welcher den Punkt ∞ der Bildebene, dem Nullpunkte $z = 0$ entsprechend, in seinem Innern enthält. Die Bilder der Kreisperipherien K_r für $r < 1$ werden jenen Bereich einfach und lückenlos bedecken und zwar in der Art, dass für $r_1 > r_2$ das Bild von K_{r_2} dasjenige von K_{r_1} rings umschliesst. Bezeichnen wir demnach mit M_r das Maximum des absoluten Betrages $f(z)$ längs K_r, so wird sicher für $r_1 > r_2$:

(2)
$$M_{r_1} < M_{r_2}$$
gelten.

Die nächste Betrachtung hat das Ziel, für den Betrag M_r eine obere Schranke zu berechnen. Zufolge der Voraussetzungen über $f(z)$ sind die beiden Functionen:

(3)
$$\varphi(z) = f(z) - \frac{1}{z}, \quad \psi(z) = \frac{1}{z}\,\varphi(z)$$

innerhalb K_1 überall, d. h. auch unter Einschluss des Nullpunktes, regulär und eindeutig. Bezeichnen wir nun mit M_r' und M_r'' die Maxima der Absolutwerthe $\varphi(z)$ und $\psi(z)$ längs K_r, so ergeben sich aus:

$$f(z) = z^{-1} + \varphi(z), \quad \varphi(z) = z\,\psi(z)$$

die Folgerungen:

(4)
$$M_r \leq \frac{1}{r} + M_r', \quad M_r' = r\,M_r''.$$

Für irgend ein $r_1 < 1$ ist nun $\psi(z)$ eine innerhalb und auf K_{r_1} endliche, eindeutige und reguläre Function. Dieselbe wird die Fläche des Kreises K_{r_1} auf einen einfach zusammenhängenden, ein- oder mehrblättrigen *endlichen* Bereich der ψ-Ebene abbilden. Da dies Abbild, wie hervorgehoben, den Punkt ∞ der ψ-Ebene nicht überspannt, so lässt sich für jeden Innenpunkt des Abbildes, wie dasselbe auch übrigens gestaltet sein mag, ein Randpunkt angeben, der vom Nullpunkte $\psi = 0$ der Bildebene weiter absteht als jener Innenpunkt. Ist demnach wieder $r_2 < r_1$, so gilt sicher:

$$M_{r_2}'' < M_{r_1}'',$$

und also folgt aus der zweiten Formel (4):

(5)
$$M_{r_2}' = r_2 M_{r_2}'' < r_2 M_{r_1}'' = \frac{r_2}{r_1} M_{r_1}'.$$

Aus (2), (4) und (5) ergiebt sich hiernach:

$$M_{r_1} < M_{r_2} \leq \frac{1}{r_2} + M'_{r_2} < \frac{1}{r_2} + \frac{r_1}{r_1} M'_{r_1};$$

und da zufolge der ersten Gleichung (3) offenbar:

$$M'_{r_1} \leq M_{r_1} + \frac{1}{r_1}$$

richtig ist, so folgt weiter:

$$M_{r_1} < \frac{1}{r_2} + \frac{r_2}{r_1}\left(M_{r_1} + \frac{1}{r_1}\right)$$

und also:

(6)
$$M_{r_1} < \frac{r_1{}^2 + r_2{}^2}{r_1 r_2 (r_1 - r_2)}.$$

Für r_2 darf man hier irgend einen Werth des Intervalles $0 < r_2 < r_1$ eintragen. Setzen wir speciell $r_2 = r_1(-1 + \sqrt{2})$, so wird die rechte Seite von (6) für gegebenes r_1 minimal. Wir lassen noch den Index 1 fort und notieren als Ergebniss: *Ist $f(z)$ innerhalb K_1 durch die convergente Reihe* (1) *gegeben, und nimmt diese Function ebendort keinen Werth mehr als einmal an, so befriedigt für irgend ein $r < 1$ das Maximum M_r von $f(z)$ längs K_r die Ungleichung:*

(7)
$$M_r < \frac{2 + 2\sqrt{2}}{r}$$

unabhängig davon, welche besondere Function $f(z)$ vorliegen mag.

Wir lassen jetzt an Stelle der Entwicklung (1) die folgende treten:

(8)
$$f(z) = \frac{1}{z} + a_0 + a_1 z + a_2 z^2 + \cdots$$

und halten im übrigen an allen Voraussetzungen über $f(z)$ fest.

Die Function:

$$f_1(z) = f(z) - a_0$$

erfüllt dann die Vorbedingungen des eben ausgesprochenen Theorems ausnahmslos, so dass für das Maximum von $f_1(z)$ längs K_r die Ungleichung (7) gilt.

Als „*Schwankung*" S_r der Function $f(z)$ längs der Peripherie K_r bezeichnen wir das Maximum des absoluten Werthes:

$$f(z) - f(z')|,$$

welches für irgend zwei Stellen z und z' der Peripherie K_r eintritt. Da offenbar:

$$f(z) - f(z') = f_1(z) - f_1(z') \leq f_1(z)| + f_1(z')|$$

zutrifft, und da überdies die beiden rechts stehenden Beträge nach der gerade vorausgeschickten Bemerkung die in (7) gemeinte Grösse M_r nicht übertreffen, so folgt: *Ist $f(z)$ innerhalb K_1 durch die daselbst convergente Reihe ($\aleph$) gegeben, und nimmt diese Function ebendort keinen Werth mehr als einmal an, so befriedigt für irgend ein $r < 1$ die Schwankung S_r der Function längs K_r die Ungleichung:*

$$(9) \qquad S_r < \frac{4 + 4\sqrt{2}}{r}$$

unabhängig davon, welche besondere Function vorliegen mag.

§ 2. Sätze über schlichte endliche Abbilder einer Kreisfläche.

Es sei jetzt durch:

$$(1) \qquad f(z) = z + b_2 z^2 + b_3 z^3 + \cdots$$

eine Function gegeben, die im Innern und auf dem Rande von K_1 regulär und so beschaffen sei, dass sie daselbst keinen Werth mehr als einmal annimmt. Setzen wir $w = f(z)$, so wird durch diese Function die Fläche des Kreises K_1, den Rand eingeschlossen, auf ein schlichtes endliches Stück der w-Ebene abgebildet, und zwar in der Art, dass der Nullpunkt $z = 0$ wieder den Nullpunkt der Bildebene liefert, und dass der Abbildungsmodul (das Vergrösserungsverhältniss der Abbildung) an dieser Stelle gleich 1 ist.

Für irgend ein $r \leq 1$ sei L_r das Bild der Kreisperipherie K_r in der w-Ebene. Diese Linie L_r ist alsdann eine geschlossene, sich selbst nicht schneidende, den Nullpunkt einmal umlaufende Linie. Für die Entfernung, welche die einzelnen Punkte der Linie L_r vom Nullpunkte der w-Ebene besitzen, ist sowohl eine untere als eine obere Schranke angebbar, die allein von r, dagegen nicht von der besonderen vorliegenden Function abhängen.

Zur Gewinnung der unteren Schranke für die „Minimaldistanz" der Linie L_r vom Nullpunkte führt folgende Betrachtung. Man setze:

$$(2) \qquad w_1 = f_1(z) = \frac{1}{f(z)} = \frac{1}{z} - b_2 + c_1 z + c_2 z^2 + \cdots$$

und gewinnt so eine Function $f_1(z)$, welche den Vorbedingungen des am Schlusse von § 1 ausgesprochenen Satzes genügt. Das Bild von K_r und also von L_r in der w_1-Ebene heisse $L_r^{(1)}$; dasselbe wird eine geschlossene den Nullpunkt $w_1 = 0$ einmal umlaufende Linie darstellen. Da nun die Schwankung von $f_1(z)$ längs K_r kleiner als $\frac{4 + 4\sqrt{2}}{r}$ ist und diese Schwankung in der w_1-Ebene die Bedeutung der grössten Sehne der Linie $L_r^{(1)}$ hat, so wird kein Punkt der Linie $L_r^{(1)}$ von dem durch die Linie umschlossenen Nullpunkte eine Entfernung erreichen können, die $\geq \frac{4 + 4\sqrt{2}}{r}$ wäre. Also finden wir durch Rückgang zur w-Ebene, dass alle Punkte von L_r eine Distanz $> \frac{-1 + \sqrt{2}}{4} r$ vom Nullpunkte haben. Die Ungleichung (9) im vorigen Paragraphen war zwar nur für $r < 1$ ausgesprochen. Es ist aber aus der gegenwärtig vorliegenden Abbildung der Kreisfläche K_1 auf die w-Ebene unmittelbar selbstverständlich, dass das eben über die Minimaldistanz von L_r gewonnene Resultat auch für $r = 1$ bestehen bleibt, falls es für alle $r < 1$ gilt: *Nimmt die durch die Reihe (1) gegebene, innerhalb und auf K_1 reguläre Function $w = f(z)$ ebenda keinen Werth mehr als einmal an, so befriedigt für alle $r \leq 1$ die Minimaldistanz d_r der Linie L_r, welche der Peripherie K_r entspricht, vom Nullpunkte der Bildebene die Ungleichung:*

$$(3) \qquad d_r > \frac{-1 + \sqrt{2}}{4} r,$$

welche besondere Function $f(z)$ auch vorliegen mag. Insbesondere gilt also für die Minimaldistanz d_1 des Randes L_1:

$$(4) \qquad d_1 > \frac{-1 + \sqrt{2}}{4}.$$

Übrigens können wir aus der speciellen Ungleichung (4) sofort den allgemeineren Satz (3) entnehmen. Man beachte nämlich, dass $z^{-1} \cdot f(z)$ im Nullpunkte $z = 0$ den Werth 1 hat und also eine innerhalb und auf K_1 allenthalben reguläre und von 0 verschiedene Function ist. Somit ist:

$$(5) \qquad \log \frac{f(z)}{z}$$

ein in und auf K_1 überall harmonisches Potential, von welchem zufolge (4) längs des Randes K_1 die Ungleichung:

$$\log \frac{f(z)}{z} > \log \left(\frac{-1 + \sqrt{2}}{4} \right)$$

gilt. Dieselbe Ungleichung wird also auch innerhalb K_1 gelten, so dass insbesondere für jeden Punkt von K_r die Ungleichung:

$$\log f(z) > \log r + \log \left(\frac{-1 + \sqrt{2}}{4} \right)$$

gilt, welche die Regel (3) liefert*).

----

*) Die zum Punkte $w = 0$ gehörende Green'sche Function des von L_1 eingegrenzten Bereiches, welche rückwärts die Abbildung dieses Bereiches auf die Fläche des Kreises K_1 leistet, hat in ihrer für die Umgebung von $w = 0$ gedachten Ent-

Die in (4) rechts stehende Zahl ist eine untere „Schranke" für d_1 und keineswegs eine untere „Grenze", der die Distanz d_1 für geeignete Functionen $f(z)$ unserer Art beliebig nahe kommen könnte. Ist w insbesondere eine lineare Function von z, so hat sie voraussetzungsgemäss die Gestalt:

$$ w = \frac{z}{az + 1} $$

und stellt also eine parabolische Substitution dar. Wählen wir z so, dass die reelle z-Axe zu den Bahncurven dieser Substitution gehört, und dass der einzelne positive reelle Werth z in einen kleineren Werth w transformiert wird, so läuft das darauf hinaus, dass a reell und > 0 ist. Da überdies w in und auf K_1 regulär sein soll, so folgt $a < 1$. Der absolut kleinste Werth von w längs der in diesem Falle kreisförmigen Linie L_1 rührt von $z = 1$ her und ist $w = \frac{1}{a+1} > \frac{1}{2}$. Für lineare Functionen $f(z)$ gilt also:

$$ (6) \qquad d_1 > \frac{1}{2}, $$

und zwar hat hier die Schranke zugleich die Bedeutung einer (nicht erreichbaren) Grenze.

Den absolut grössten Werth von w längs des Kreises K_1 erhält man bei $z = -1$, wo:

$$ (7) \qquad w = \frac{1}{1 - a} $$

gilt. Da a zwar < 1 ist, aber dem Werthe 1 beliebig nahe kommen darf, so ist für die Beträge (7) unserer Function ∞ eine (nicht erreichbare) obere Grenze. Hieraus ergiebt sich, *dass auch im Allgemeinen, d. i. bei beliebigen Functionen $f(z)$ unserer Art, für die „Maximaldistanz" der dem Kreise K_1 entsprechenden Linie L_1 eine endliche obere Grenze nicht existieren kann.*

Das gewonnene Ergebniss schliesst nicht aus, *dass für jedes $r < 1$ eine allein von r abhängige und von der besonderen Function $f(z)$ unabhängige endliche obere Schranke angebbar ist, unter der die Maximaldistanz D_r der Linie L_r in jedem Falle enthalten ist, eine Schranke, die dann freilich für $\lim r = 1$ selber unendlich werden muss.* Die Existenz

---

wicklung verschwindendes Absolutglied. Der Satz (4) des Textes schliesst sich somit seiner Art nach als Specialsatz der allgemeinen Folgerung an, welche wir oben, pg. 464, aus dem damaligen zweiten Koebe'schen Theoreme entnahmen, wobei freilich jene „Folgerung" auf andere Voraussetzungen zugeschnitten ist. Der gegenwärtige Specialsatz ist insofern präciser, als in (4) rechter Hand eine ganz bestimmte Zahlenangabe sich findet.

einer solchen Schranke ist thatsächlich durch Koebe bewiesen, und zwar mittelst einer Betrachtung, die sich der Art nach an seine Entwicklungen zum Beweise der Theoreme von pg. 459 ff. anschliesst. Wir werden hier sogar explicite bis zu einem Ausdrucke für diese obere Schranke in r durchdringen.

Das in und auf K_1 überall harmonische Potential (5) hat im Punkte $z = 0$ den Werth 0. Sollte dasselbe constant gleich 0 sein, so wäre $|f(z)| = |z|$ und also $D_r = r$, woraus das Zutreffen unserer Behauptung selbstverständlich wird. Ist das Potential nicht constant (was wir hiernach allein zu betrachten haben), so nimmt dasselbe längs K_1 sowohl positive wie negative Werthe an, und also kann man insbesondere Punkte auf K_1 nachweisen, in denen $f(z)| < 1$ zutrifft. Das Bild L_1 des Kreises K_1 wird demnach streckenweise innerhalb des Einheitskreises der w-Ebene verlaufen, oder (was dasselbe besagt) der Einheitskreis der w-Ebene wird jedenfalls streckenweise ausserhalb des von L_1 umrandeten Bildbereiches B_1 der Kreisfläche K_1 verlaufen.

Man fixiere nun irgend einen Punkt mit $|w| = 1$ ausserhalb L_1 und drehe darauf die w-Ebene so, dass der fixierte Punkt nach $w = 1$ gelangt. Die Maximaldistanz D_r ist dabei nicht verändert; was von ihr bei der neuen Lage des Bereiches B_1 gilt, gilt auch bei der ursprünglichen Lage, so dass die Annahme gestattet ist, der Punkt $w = 1$ liege ausserhalb L_1.

Man ziehe nun von $w = 1$ bis zum Punkte $w = \infty$ einen ausserhalb L_1 verlaufenden Schnitt Q (cf. Fig. 103). Nur der leichteren An-

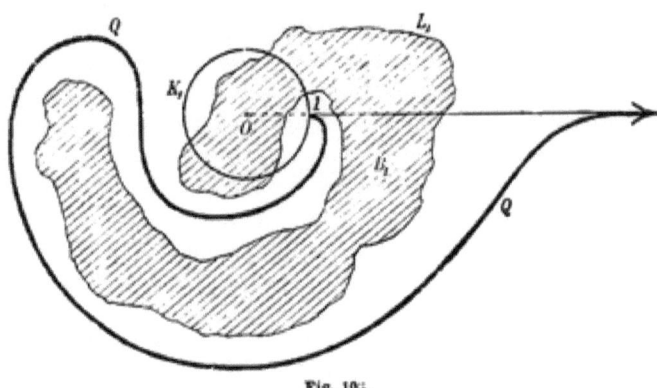

Fig. 103.

schaulichkeit halber richte man diesen Schnitt so ein, dass er in seinem Anfangspunkte $w = 1$ von rechts her tangential an die reelle w-Axe herankommt, dass er ferner in seinem letzten Ende mit der positiven

reellen w-Axe coincidiert (die ja aus dem „endlichen" Bereiche B_1 sicher
bei einem endlichen w definitiv heraustritt), sowie dass schliesslich die
Linie Q, ohne über den Nullpunkt hinweggeschoben zu werden, bei
Festhaltung ihres Anfangs- und ihres Endpunktes stetig in das von 1
bis ∞ reichende Stück der reellen positiven w-Axe deformierbar ist
(cf. Fig. 103).

Diese Festsetzungen haben den Zweck, die Abbildung der w-Ebene
mittelst der Function:

$$(8) \qquad t = \log (w - 1)$$

möglichst übersichtlich zu gestalten. Erklären wir diese Function $t(w)$
in der längs Q zerschnittenen w-Ebene dadurch eindeutig, dass wir
für $w = 0$ den Functionswerth $t(0) = \pi i$ vorschreiben, so überträgt sich
die zerschnittene w-Ebene auf einen von zwei im Abstande von 2π
verlaufenden Parallelcurven begrenzten Streifen, dessen unterer (dem
einen Ufer von Q entsprechender) Rand sich links der reellen t-Axe
asymptotisch nähert und rechts sogar in die reelle t-Axe einmündet
(cf. Fig. 104). Dem in Fig. 103 punktierten Stücke der reellen w-Axe

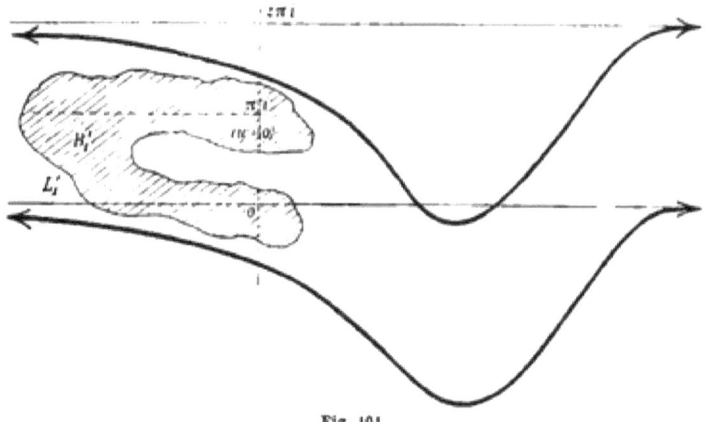

Fig. 104.

zwischen 0 und 1 entspricht dabei die in Fig. 104 punktierte Parallele
zur negativen reellen t-Axe von $t = \pi i$ bis $t = \infty$. *Diese Gerade verläuft gänzlich im Innern unseres Bildstreifens.* Der Bereich B_1 findet
sein conformes Abbild in einem *gleichfalls ganz im Innern des Bildstreifens gelegenen schlichten Bereiche B_1'*, der jedenfalls den Punkt $t = \pi i$
in seinem Innern enthält*).

---

*) Die in Fig. 104 gegebene Zeichnung ist natürlich nur schematisch zu ver-
stehen.

Der gewonnene Streifen kann als Ausgangsbereich für die aus der Substitution:

$$(9) \qquad t' = t + 2i\pi$$

zu erzeugende cyklische Gruppe angesehen werden, und wir wollen uns in der That die ganze t-Ebene in lauter äquivalente Streifen eingetheilt denken. Dann liefert umgekehrt die t-Ebene als Abbild über der w-Ebene eine unendlich-blättrige Riemann'sche Fläche von einfachem Zusammenhange, bei welcher Q als „Verzweigungsschnitt" dienen kann. Hauptfunction dieser Fläche ist natürlich $t(w)$.

Nachdem wir solchergestalt die ganze t-Ebene mit w in Beziehung gesetzt haben, müssen wir von der t-Ebene ihrerseits noch eine Abbildung vollziehen. Wir setzen:

$$(10) \qquad s = \sqrt{t - 3\pi i}$$

und müssen dieser Function entsprechend über die bisherige t-Ebene ein zweites Blatt lagern, das mit dem ersten in den beiden Punkten $t = 3\pi i$ und $t = \infty$ zu verzweigen ist. Als Verzweigungsschnitt benutzen wir die von $3\pi i$ parallel zur negativen reellen t-Axe bis ∞ verlaufende Gerade, *welche gänzlich in demjenigen Streifen der t-Ebene gelegen ist, der durch die Substitution (9) aus dem Ausgangsstreifen hervorgeht.* Die Function (10) aber wollen wir auf der zweiblättrigen t-Fläche dadurch eindeutig erklären, dass wir in dem unteren, unseren Bereich B_1' tragenden Blatte bei $t = \pi i$ (dem Werthe $z = 0$ entsprechend) den Functionswerth:

$$(11) \qquad s = \sqrt{\pi}(-1 + i)$$

mit positiv genommener Wurzel $\sqrt{\pi}$ festsetzen. Dem unteren Blatte der t-Fläche entspricht alsdann die zur Linken der imaginären s-Axe gelegene Halbebene, und in ihr findet sich als Abbild von B_1' *ein endlicher schlichter Bereich B_1''* wieder, der den Rand der Halbebene, d. i. die imaginäre s-Axe, nicht erreicht.

Nun bilden wir endlich die eben wiederholt genannte s-Halbebene mittelst der Function:

$$(12) \qquad Z = \frac{s + \sqrt{\pi}(1 - i)}{s - \sqrt{\pi}(1 + i)}$$

der Art auf die schlichte Fläche des Einheitskreises der Z-Ebene ab, dass dem in (11) gegebenen Werthe s und also dem Nullpunkte der ursprünglichen z-Ebene der Punkt $Z = 0$ entspricht. *Dem Bereiche B_1'' und also der Fläche des Kreises K_1 der z-Ebene entspricht dabei ausnahmslos eindeutig und conform ein schlichter Bereich B_1''' der Z-Ebene,*

der auch mit seinem Rande gänzlich innerhalb des Einheitskreises der
Z-Ebene liegt.

Die diese Abbildung leistende Function $Z(z)$ ist hiernach in und
auf K_1 eindeutig und regulär. Dasselbe gilt auch noch vom Quotienten $\frac{Z}{z}$, da dem Werthe $z = 0$ wieder der Werth $Z = 0$ entspricht.
Dieser Quotient ist aber, wie wir gerade fanden, längs der Peripherie
K_1 selber allenthalben absolut < 1; es wird demgemäss das in und auf
K_1 überall harmonische Potential:

$$(13) \qquad \log\left|\frac{Z}{z}\right|$$

längs K_1 überall < 0 sein und also auch innerhalb K_1 stets negative
Werthe haben. Hieraus ergibt sich, *dass für jedes $r < 1$ längs der Peri-*
pherie K_r der z-Ebene $|Z| < r$ zutrifft.

Nun ist aber w als Function von Z, wie aus (8), (10) und (12)
folgt, dargestellt durch:

$$(14) \qquad w = 1 - e^{-2i\pi\left(\frac{1+iZ}{1-Z}\right)^2}.$$

Demgemäss wird für $|w|$ längs K_r die Ungleichung zutreffen:

$$(15) \qquad |w| < 1 + \text{obere Grenze von} \quad e^{-2i\pi\left(\frac{1+iZ}{1-Z}\right)^2},$$

wobei sich die obere Grenze auf alle Werthe Z mit $|Z| < r$ bezieht.

Eine Abschätzung dieser oberen Grenze ist leicht vollzogen. Die
Kreisfläche des Radius r um $Z = 0$ findet sich in der Ebene der
Variabelen:

$$Z' = \frac{1+iZ}{1-Z}$$

wieder als schlichte endliche Kreisfläche des Mittelpunktes $Z' = \frac{1+ir^2}{1-r^2}$,
die den Nullpunkt $Z' = 0$ weder im Innern noch auf der Peripherie
enthält, und die demnach ganz innerhalb des Kreises vom Radius
$\frac{2\sqrt{1+r^4}}{1-r^2}$ liegt. Gehen wir demnach jetzt zur Ebene der Variabelen
$Z'' = Z'^2$ weiter, so liegt in ihr das Abbild der eben gemeinten Kreis-
fläche, die allen Werthen Z mit $|Z| < r$ entspricht, innerhalb des Kreises
vom Radius $\frac{4(1+r^4)}{(1-r^2)^2}$ um $Z'' = 0$.

Setzen wir $Z'' = X'' + iY''$, so folgt:

$$\left|e^{-2\pi i\left(\frac{1+iZ}{1-Z}\right)^2}\right| = |e^{-2\pi iZ''}| = |e^{-2\pi i(X''+iY'')}| = e^{2\pi Y''},$$

und da, wie wir eben sahen, für $|Z| < r$ nothwendig $Y'' < \frac{4(1+r^4)}{(1-r^2)^2}$ zutrifft, so haben wir damit eine Abschätzung der in (15) gemeinten oberen Grenze vollzogen:

$$(16) \qquad |w| = |f(z)| < 1 + e^{8\pi \frac{1+r^2}{(1-r^2)^2}}.$$

Diese längs der Peripherie K_r gültige Ungleichung zeigt nun rechts in der That einen Ausdruck, der für jedes $r < 1$ endlich ist, aber allerdings, wie schon vorausgesagt wurde, für $\lim r = 1$ selber unendlich wird.

Die beiden für $|w|$ längs K_r gewonnenen Schranken wollen wir abkürzend wie folgt bezeichnen:

$$(17) \qquad g(r) = \frac{-1+\sqrt{2}}{1} r, \qquad G(r) = 1 + e^{8\pi \frac{1+r^2}{(1-r^2)^2}}.$$

Das erhaltene Ergebniss wollen wir dann sogleich in einer etwas allgemeineren Gestalt aussprechen. Erstlich mögen an Stelle der beiden Nullpunkte die Punkte z_0 und w_0 treten, die beliebig, jedoch im Endlichen unserer beiden Ebenen gelegen sind. Zweitens nehmen wir an, dass der Abbildungsmodul für die durch $w = f(z)$ gelieferte Abbildung der z-Ebene auf die w-Ebene an der Stelle z_0 irgend einen endlichen Werth M_0 habe. Dann gilt von $M_0^{-1} \cdot w$, was bisher von w bewiesen wurde; und also sind jetzt die Schranken von $|w|$ längs K_r einfach $M_0 g(r)$ und $M_0 G(r)$. Drittens wollen wir annehmen, dass an Stelle des Kreises K_1 um z_0 ein Kreis K_R mit beliebigem endlichen Radius R tritt. Durch die Transformation:

$$z' = R^{-1} \cdot (z - z_0)$$

wird derselbe in den Kreis K_1' der z'-Ebene verwandelt. Ist M_0 der Modul der Abbildung der z-Ebene auf die w-Ebene bei z_0, so ist ersichtlich $M_0 \cdot R$ der Modul der Abbildung der z'-Ebene auf die w-Ebene bei $z' = 0$. Übrigens liefert der Kreis K_r um z_0 offenbar den Kreis K_r' um $z' = 0$, so dass sich als Schranken für $|w|$ längs K_r ergeben:

$$M_0 R g\left(\frac{r}{R}\right), \qquad M_0 R G\left(\frac{r}{R}\right).$$

Wir können endlich die Voraussetzungen noch so beschränken, dass die an die Function $f(z)$ zu stellenden Forderungen nicht mehr nothwendig längs der Peripherie K_R selber erfüllt sind, sondern nur innerhalb dieser Peripherie überall gelten. Wählen wir nämlich eine von 0 verschiedene positive Zahl δ beliebig klein, so wird $f(z)$ im Innern und auf der Peripherie $K_{R-\delta}$ alle bisherigen Anforderungen erfüllen. Nun sind für jedes bestimmte $r < R - \delta$ die Ausdrücke:

$$(18) \qquad M_0 (R-\delta) g\left(\frac{r}{R-\delta}\right), \qquad M_0 (R-\delta) G\left(\frac{r}{R-\delta}\right)$$

bei $\lim \delta = 0$ unter Einschluss der Grenze *stetig* von δ abhängig. In (18) handelt es sich aber für $|w|$ um „Schranken" und nicht etwa um „Grenzen", denen $|w|$ beliebig nahe kommen könnte. Da nun andrerseits δ beliebig klein wählbar war, so dürfen wir wegen der hervorgehobenen Stetigkeit der Ausdrücke (18) in δ auch sogleich $\delta = 0$ nehmen.

Unter Zusammenfassung aller Einzelergebnisse haben wir folgenden grundlegenden Satz gewonnen: *Ist innerhalb des Kreises K_R vom endlichen Radius R um den Punkt z_0 der z-Ebene eine Function $w = f(z)$ gegeben, die daselbst überall eindeutig und regulär ist, und die ebendort keinen Werth mehr als einmal annimmt, und ist M_0 der Abbildungsmodul im Punkte z_0, der den Punkt w_0 liefert, so befriedigt der absolute Betrag von $w - w_0 = f(z) - f(z_0)$ längs der Peripherie K_r mit irgend einem $r < R$ die Ungleichungen:*

$$(19) \qquad M_0\, R g\left(\frac{r}{R}\right) < |f(z) - f(z_0)| < M_0\, R\, G\left(\frac{r}{R}\right),$$

unabhängig davon, welche besondere Function $f(z)$ vorliegen mag.

Man kann das Ergebniss auch in geometrische Form kleiden, indem man auf die Abbilder L_r der Kreisperipherien K_r zurückgeht. Für jedes einzelne $r < R$ wird L_r eine den Bildpunkt w_0 von z_0 einmal umlaufende Curve sein, für deren Minimaldistanz d_r und Maximaldistanz D_r vom Punkte w_0 die Ungleichungen gelten:

$$(20) \qquad d_r > M_0\, R g\left(\frac{r}{R}\right), \qquad D_r < M_0\, R\, G\left(\frac{r}{R}\right),$$

unter g und G die in (17) gegebenen Functionen verstanden.

§ 3. Der Verzerrungssatz für kreisförmige Bereiche.

Bei Abbildung der Fläche des Kreises K_R auf die w-Ebene mittelst unserer Function $w = f(z)$ sei jetzt $M = |f'(z)|$ der Abbildungsmodul an einer beliebigen Stelle z. Ist wieder, wie in Formel (19), § 2, der Abbildungsmodul $M_0 = |f'(z_0)|$ im Mittelpunkte z_0 von K_R gegeben, so können wir auf Grund des am Schlusse von § 2 aufgestellten Satzes zeigen, dass für jedes $r < R$ sowohl eine obere als eine untere Schranke der Werthe $M = |f'(z)|$ innerhalb K_r unabhängig von $f(z)$ angebbar ist.

Um zunächst die obere Schranke zu gewinnen, schalten wir zwischen den Peripherien K_r und K_R die Peripherie K_ϱ mit $\varrho = \frac{1}{2}(r + R)$ ein und können dann für eine beliebige Stelle z innerhalb oder auf K_r mittelst des Cauchy'schen Satzes:

$$(1) \qquad f'(z) = -\frac{1}{2 i \pi} \int\limits_{(K_\varrho)} \frac{f(\zeta)}{(\zeta - z)^2}\, d\zeta$$

ansetzen, wo die Integrationsvariabele ζ den Kreis K_ϱ, wie durch den unteren Index am Integralzeichen angedeutet ist, im positiven Umlaufssinn zu beschreiben hat.

Wäre $f(z)$ constant gleich $f(z_0)$, so wäre $f'(z) = 0$. In diesem Falle lautet die Gleichung (1):

$$0 = -\frac{1}{2 i \pi} \int_{(K_\varrho)} \frac{f(z_0)}{(z - z)^2} d\zeta .$$

Ziehen wir diese Formel von (1) ab, so folgt:

$$(2) \qquad f'(z) = -\frac{1}{2 i \pi} \int_{(K_\varrho)} \frac{f(z) - f(z_0)}{(z - z)^2} d\zeta .$$

Aus (2) finden wir für den Absolutwerth der links stehenden Ableitung:

$$(3) \qquad \mathsf{M} = |f'(z)| \leq \frac{1}{2 \pi} \int_{(K_\varrho)} \left| \frac{f(z) - f(z_0)}{z - z} \right| d\zeta .$$

Nun gilt aber zufolge (19), § 2, längs K_ϱ:

$$|f(z) - f(z_0)| < \mathsf{M}_0 R \, G\left(\frac{\varrho}{R}\right) .$$

Andrerseits ist offenbar:

$$|z - z| > \varrho - r \quad \text{und also} \quad \frac{1}{z - z} < \frac{1}{(\varrho - r)^2} ,$$

während das Integral aller $d\zeta$ die Länge $2 \varrho \pi$ der Peripherie K_ϱ liefert. Somit folgt aus (3):

$$\mathsf{M} = |f'(z)| < \frac{1}{2 \pi} \mathsf{M}_0 R \, G\left(\frac{\varrho}{R}\right) \cdot \frac{1}{(\varrho - r)^2} \cdot 2 \varrho \pi .$$

Unter Zusammenfassung und Eintragung des Ausdrucks von ϱ in r und R ergiebt sich:

$$(4) \qquad \mathsf{M} = |f'(z)| < \frac{2 \mathsf{M}_0}{R} \frac{R(R + r)}{(R - r)^2} G\left(\frac{1}{2} + \frac{r}{2 R}\right)$$

für jede Stelle z innerhalb oder auf K_r.

Aus der damit gewonnenen oberen Schranke für $|f'(z)|$ können wir leicht auch eine untere Schranke herleiten. Um die anzustellenden Rechnungen zu vereinfachen, denken wir die z-Ebene nöthigenfalls so in sich verschoben, dass $z_0 = 0$ ist, und dass der etwa durch M' zu bezeichnende kleinste Werth von $M = f'(z)$ längs K_r an der Stelle $z = -r$ zutrifft. Durch die hyperbolische Substitution:

$$(5) \qquad z' = \frac{R^2 z + r R^2}{r z + R^2}$$

wird die Fläche des Kreises K_R so in sich transformiert, dass die Punkte $z = -r$ und $z = 0$ in $z' = 0$ bezw. $z' = +r$ übergehen. Bei $z = 0$ berechnet sich der Modul μ dieser Abbildung (5) leicht zu:

$$(6) \qquad \mu = \left(\frac{dz'}{dz} \right)_{z=0} = \frac{R^2 - r^2}{R^2}.$$

bei $z = -r$ ist er hierzu reciprok.

Setzen wir nun:

$$f(z) = f\left(\frac{R^2 z' - r R^2}{-r z' + R^2} \right) = f_1(z'),$$

so befriedigt die Function $f_1(z')$ innerhalb des Kreises K_R' der z'-Ebene alle Anforderungen, die wir an die Function $f(z)$ innerhalb K_R stellten. Insbesondere haben wir aber bei der Abbildung der Fläche jenes Kreises mittelst der Function $w = f_1(z')$ auf die w-Ebene an den Stellen $z' = 0$ und $z' = r$ die Abbildungsmoduli $\mu M'$ bezw. $\mu^{-1} M_0$. Für den letzteren Modul als auf der Peripherie K_r' der z'-Ebene stattfindend gilt die Ungleichung (4), falls man für M_0 rechter Hand den jetzt im Mittelpunkte stattfindenden Modul $\mu M'$ einträgt:

$$\mu^{-1} M_0 < \frac{2 \mu M' R(R+r)}{(R-r)^2} G\left(\frac{1}{2} + \frac{r}{2R} \right).$$

Man setze jetzt für μ seinen Ausdruck (6) ein und erinnere sich, dass M' der kleinste Werth von $M = |f'(z)|$ längs K_r sein sollte. Es folgt als längs K_r gültig:

$$(7) \qquad M = |f'(z)| > \frac{M_0 R^2}{2(R+r)^2} \left(G\left(\frac{1}{2} + \frac{r}{2R} \right) \right)^{-1}.$$

Da die hier rechts stehende Schranke mit abnehmendem r zunimmt, so gilt die Ungleichung (7) auch für $z < r$.

Unter Zusammenfassung der Ergebnisse (4) und (7) gelangen wir zu folgendem Satze: *Ist $f(z)$ im Innern des Kreises K_R vom Mittelpunkt z_0 eindeutig und regulär, und nimmt diese Function daselbst keinen Werth mehr als einmal an, so gilt für jedes bestimmte $r < R$ an allen Stellen z innerhalb und auf K_r die Ungleichung:*

$$(8) \qquad \frac{M_0 R^2}{2(R+r)^2} \left(G\left(\frac{1}{2} + \frac{r}{2R} \right) \right)^{-1} < |f'(z)| < \frac{2 M_0 R(R+r)}{(R-r)^2} G\left(\frac{1}{2} + \frac{r}{2R} \right),$$

*unter M_0 den Abbildungsmodul im Punkte z_0 verstanden, welche besondere
Function $f(z)$ auch vorliegen mag.*

Das Verhältniss der beiden Moduli $M_1 = |f'(z_1)|$ und $M_2 = |f'(z_2)|$ zu
einander giebt uns den Grad der „*Verzerrung*" an, welche für die beiden
Stellen z_1, z_2 beim Fortgange zum Abbilde in der w-Ebene eintritt.
Als Maass der Verzerrung dürfen wir in der That den Quotienten zweier
Bogendifferentiale $|dw_1|$ und $|dw_2|$ ansehen, welche zwei gleichen bei
z_1 und z_2 gezeichneten Bogendifferentialen $|dz|$ entsprechen. Wir setzen
zur Abkürzung den nur vom Quotienten $r : R$ abhängigen Ausdruck:

$$(9) \qquad \frac{4(R+r)^4}{R^2(R-r)^2}\left(G\left(\frac{1}{2}+\frac{r}{2R}\right)\right)^2 = H\left(\frac{r}{R}\right).$$

Aus dem eben ausgesprochenen Theoreme folgt dann leicht weiter:
*Unter Festhaltung der bisherigen Voraussetzungen ergiebt sich bei irgend
zwei Stellen z_1, z_2 innerhalb oder auf K_r für das Maass der Verzerrung
die Ungleichung:*

$$(10) \qquad \left(H\left(\frac{r}{R}\right)\right)^{-1} < \frac{|f'(z_1)|}{f'(z_2)} < H\left(\frac{r}{R}\right).$$

Koebe bezeichnet den hiermit ausgesprochenen Satz als „*Verzerrungssatz*". Setzen wir insbesondere $z_2 = z_0$, so folgt aus (10) die
mit (8) analoge Ungleichung:

$$(11) \qquad M_0\left(H\left(\frac{r}{R}\right)\right)^{-1} < f'(z) < M_0 H\left(\frac{r}{R}\right).$$

Doch sind in der Ungleichung (8), wie man sieht, die Schranken enger
gezogen. Wir werden die Bezeichnung „Verzerrungssatz" auch auf das
durch (8) zum Ausdruck kommende Theorem anwenden.

Als Beispiel betrachten wir wieder eine lineare Function:

$$(12) \qquad w = f(z) = \frac{\alpha z + \beta}{\gamma z + \delta}, \qquad \alpha\delta - \beta\gamma = 1$$

und nehmen, was keine Einschränkung der Allgemeinheit bedeutet,
$z_0 = 0$ an. Der elementare Fall $\gamma = 0$, wo $f'(z)$ constant ist, wird sich
den aufzustellenden Formeln unterordnen und gilt bei der Überlegung
als ausgeschlossen. Der bei $z_1 = -\frac{\delta}{\gamma}$ gelegene Pol von $f(z)$ darf nicht
dem Innern von K_R angehören:

$$(13) \qquad |z_1| = \frac{\delta}{\gamma} \gtreqless R.$$

Nun gilt im vorliegenden Falle:

$$M = |f'(z)| = \frac{1}{|\gamma z + \delta|^2} = \frac{1}{\gamma^2} \cdot \frac{1}{|z_1 - z|^2}, \qquad M_0 = \frac{1}{\delta^2}.$$

Das Maximum von M für alle Stellen mit $z \leq r$ wird demnach auf der Peripherie K_r selbst stattfinden in dem am Pole z_1 nächst gelegenen Punkte, wo

$$z_1 - z' = |z_1| - r$$

wird, das Minimum am entgegengesetzten Punkte von K_r, wo

$$z_1 - z' = |z_1| + r$$

wird:

$$\frac{1}{\gamma^2} \cdot \frac{1}{(z_1 + r)^2} < |f'(z)| < \frac{1}{\gamma^2} \cdot \frac{1}{(z_1 - r)^2}.$$

Unter Aufnahme des Abbildungsmoduls M_0 können wir hierfür schreiben:

$$\left(1 + \frac{r}{z_1}\right)^2 \leq f'(z) < \left(1 - \frac{r}{z_1}\right)^2.$$

Im Grenzfalle $|z_1| = R$ tritt der kleinste Werth der linken Seite und zugleich der grösste Werth der rechten Seite ein. *Somit gilt als Specialsatz für lineare Functionen:*

$$(14) \qquad \frac{M_0 R^2}{(R + r)^2} < |f'(z)| \leq \frac{M_0 R^2}{(R - r)^2}$$

oder auch als der Ungleichung (10) *entsprechende Folge:*

$$(15) \qquad \left(\frac{R - r}{R + r}\right)^2 < \frac{f'(z_1)}{f'(z_2)} < \left(\frac{R + r}{R - r}\right)^2$$

für irgend welche innerhalb oder auf K_r gelegene Punkte z, z_1, z_2. In beiden Fällen sind die angegebenen Schranken zugleich erreichbare Grenzen.

§ 4. Der Verzerrungssatz für beliebige Bereiche.

Es sei jetzt in der z-Ebene ein beliebiger endlicher schlichter und zusammenhängender Bereich gegeben, den wir B nennen, und dessen Rand durch R bezeichnet*) werde. Letzterer kann aus einer oder auch aus irgend einer endlichen Anzahl in sich zurücklaufender Curven zusammengesetzt sein, so dass wir über den Grad des Zusammenhangs von B nur voraussetzen, dass derselbe endlich sei. Um jedoch nicht jeder Möglichkeit Raum zu geben, wollen wir annehmen, dass jede der Randcurven von B aus endlich vielen analytischen Stücken zusammengesetzt sei.

---

*) Weiterhin brauchen wir R nur noch in dieser Bedeutung und nicht mehr als Radius eines Kreises K_R.

Es sei ferner irgend eine Function $w = f(z)$ gegeben, welche im Innern von B überall eindeutig und regulär sei, und welche daselbst keinen Werth mehr als einmal annimmt. In einem innerhalb B bestimmt gewählten Punkte z_0 habe der zu dieser Function gehörende Abbildungsmodulus den endlichen Werth $M_0 = |f'(z_0)|$.

Um nun die Sätze des vorigen Paragraphen auf die hier vorliegenden allgemeineren Verhältnisse zu übertragen, verstehen wir unter B_0 irgend einen Theilbereich von B, dessen Rand R_0 vom Rande R des Bereiches B überall endlich weit entfernt ist. Es soll sich also für die „Minimaldistanz" des Randes R_0 vom Rande R eine bestimmte Zahl $d > 0$ angeben lassen. Der Bereich B_0 soll jedenfalls auch den Punkt z_0 enthalten. Unter diesen Voraussetzungen wird es uns gelingen, für die Werthe der Moduli $M = |f'(z)|$ im Innern und auf dem Rande von B_0 eine untere und eine obere Schranke anzugeben, die beide endlich und von der besonderen Function $f(z)$ unabhängig sind.

Zeichnen wir in B die Parallelcurven der Randcurven im Abstande d (welche offenbar selbst wieder aus endlich vielen analytischen Stücken aufgebaut erscheinen), so werden dieselben einen Theilbereich B_0' eingrenzen, der aus mehreren Stücken bestehen kann. Aber sicher wird das z_0 enthaltende zusammenhängende Stück B_0'', dessen Rand R_0'' heisse, den Bereich B_0 als Bestandtheil enthalten. Hieraus ist folgendes klar: Wir können von z_0 aus nach jedem beliebig vorgeschriebenen Punkte z innerhalb B_0 oder auf dem Rande von B_0 eine Linie ziehen, deren Minimaldistanz vom Rande R nicht $< d$ ist, und deren Länge unterhalb einer fest angebbaren endlichen Zahl l liegt. In der That können wir uns z. B. der geraden Verbindungslinie von z_0 nach z bedienen, indem wir nur überall dort, wo dieselbe über den Rand R_0'' aus B_0'' austritt, längs des Randes selber bis zur Wiedereintrittsstelle herumgehen. Die beschriebene Linie setzt sich daraufhin aus Stücken einer geraden Strecke, deren Länge unterhalb der Maximaldistanz zweier Randpunkte des endlich ausgedehnten Bereiches B bleibt, sowie aus Theilen des Randes R_0'', der eine endliche Gesammtlänge hat, zusammen; die Länge der Linie bleibt also unterhalb einer angebbaren endlichen Zahl l.

Die von z_0 nach z beschriebene Linie wollen wir nun mit einer Kette von Kreisen des Radius d nach folgendem Princip überlagern: Der erste Kreis $K^{(1)}$ habe den Mittelpunkt z_0; der zweite $K^{(2)}$ habe denjenigen Punkt z_1 zum Mittelpunkt, wo die fragliche Linie endgültig aus dem mit $K^{(1)}$ concentrischen Kreise des Radius $\frac{1}{2}d$ austritt; der dritte Kreis $K^{(3)}$ habe die Stelle z_2 zum Mittelpunkt, wo die Linie endgültig aus dem mit $K^{(2)}$ concentrischen Kreise des Radius $\frac{1}{2}d$ austritt u. s. w. Die Länge der beschriebenen Linie von z_0 bis zum Mittelpunkte des Kreises $K^{(v)}$ ist $\geqq \frac{1}{2}(v-1)d$. Setzen wir demnach:

$$(1) \qquad\qquad v = 1 + E\left(\frac{2l}{d}\right),$$

unter $E\left(\frac{2l}{d}\right)$ die grösste in $\frac{2l}{d}$ enthaltene ganze Zahl verstanden, so wird spätestens der Kreis $K^{(v)}$, wenn nicht ein früherer, so gelegen sein, dass der Endpunkt z der Linie vom Mittelpunkte jenes Kreises die Entfernung $< \frac{1}{2}d$ bekommt. Es existiert also ein Index $v_0 \leqq v$ der Art, *dass der Endpunkt z der Linie vom Mittelpunkte des Kreises $K^{(v_0)}$ eine Entfernung $< \frac{1}{2}d$ besitzt.*

Nun wenden wir die Ungleichungen (8) pg. 509 auf unsere Kreise an, wobei wir $r = \frac{1}{2}d$, $R = d$ zu setzen haben und zur Abkürzung die endliche Constante:

$$(2) \qquad\qquad G\binom{3}{1} = 1 + e^{\frac{2696\,\pi}{10}} = G$$

setzen. Für den Abbildungsmodul M_1 unserer Function $f(z)$ im Mittelpunkte von $K^{(2)}$ folgt:

$$\tfrac{4}{27}M_0 G^{-1} < M_1 < 12 M_0 G.$$

Mit Benutzung dieses Ergebnisses und erneute Anwendung von (8) pg. 509 folgt für den Abbildungsmodul M_2 im Mittelpunkte von $K^{(3)}$:

$$\left(\tfrac{4}{27}\right)^2 M_0 G^{-2} < M_2 < 12^2 M_0 G^2.$$

Durch Fortsetzung des gleichen Schlussverfahrens finden wir für den Abbildungsmodul M_{v_0-1} im Mittelpunkte des Kreises $K^{(v_0)}$ die Ungleichungen:

$$\left(\tfrac{4}{27}\right)^{v_0-1} M_0 G^{-v_0+1} < M_{v_0-1} < 12^{v_0-1} M_0 G^{v_0-1}.$$

Nun aber liegt der Endpunkt z der Linie mit dem Abbildungsmodul $M = |f'(z)|$ vom Mittelpunkte des Kreises $K^{(v_0)}$ in einer Entfernung $< \frac{1}{2}d$. Somit ergiebt sich:

$$\left(\tfrac{4}{27}\right)^{v_0} M_0 G^{-v_0} < M < 12^{v_0} M_0 G^{v_0},$$

und also, da $v_0 \leqq v$ zutrifft:

$$(3) \qquad\qquad \left(\tfrac{4}{27}\right)^v M_0 G^{-v} < M < 12^v M_0 G^v.$$

Auf diese Weise sind wir zum allgemeinen „*Verzerrungssatze*" gelangt: *In dem endlichen schlichten und zusammenhängenden Bereiche B, dessen Rand R aus endlich vielen analytischen Stücken aufgebaut ist, und der einfach oder mehrfach zusammenhängend sein mag, sei eine Function f(z) gegeben, die innerhalb B überall eindeutig und regulär ist, und die ebenda keinen Werth mehr als einmal annimmt. Alsdann besteht für jeden Punkt z im Innern und auf dem Rande eines Theilbereichs B_0, dessen Rand R_0 vom Rande des Bereiches B überall endliche Entfernung hat, die Ungleichung:*

$$(4) \qquad \left(\tfrac{4}{27}\right)^\nu G^{-\nu} M_0 < f'(z) < 12^\nu G^\nu M_0,$$

unter M_0 den Werth $f'(z_0)$ verstanden, und es besteht ferner für jedes Punktepaar z_1, z_2 innerhalb oder auf dem Rande von B_0 die Ungleichung:

$$(5) \qquad 3^{-4\nu} G^{-2\nu} < \frac{f'(z_1)}{f'(z_2)} < 3^{4\nu} G^{2\nu},$$

welche besondere Function auch vorliegen mag. Dabei ist ν eine durch (1) gegebene für den Bereich B_0 charakteristische endliche ganze Zahl und G bedeutet die in (2) gegebene endliche Constante.

§ 5. Folgerungen aus dem Verzerrungssatze.

Wir halten an den Voraussetzungen über den Bereich B und die Function f(z) fest und nehmen überdies an, *dass f(z) seine geforderten Eigenschaften nicht nur in B sondern auch am Rande R von B sowie auch noch ausserhalb B unmittelbar am Rande besitze.* Die letztere Forderung wollen wir des genaueren so einkleiden: Wir denken zu jeder Randcurve von B ausserhalb dieses Bereiches eine Parallelcurve des Abstandes d gezeichnet, unter d eine ausreichend klein gewählte*), aber von 0 verschiedene positive Zahl verstanden. Diese Parallelcurven grenzen einen Bereich $\overline{B}$ ein, der aus B durch Anlagerung von lauter Ebenenbändern der Breite d längs der Randcurven entsteht. Unsere Voraussetzung ist demnach, *dass bei dem unabhängig von f(z) fest gewählten $d > 0$ die Function f(z) ihre Eigenschaften auch noch im vergrösserten Bereiche $\overline{B}$ besitze.*

---

*) Die einzelne Randcurve von B ist zwar als endlich ausgedehnt gedacht, und auch der von ihr umschlossene ausserhalb B gelegene Bereich soll nicht verschwinden. Auch nehmen wir an, dass jedes endliche Stück einer Randcurve nicht nur B, sondern auch ausserhalb B gelegene Theile der Ebene berandet. Bei ausreichend klein gewähltem d ist es dann immer möglich, das im Texte beschriebene Ebenenband der Breite d ausserhalb B am Rande glatt anzulagern und so den Bereich $\overline{B}$ herzustellen.

Die Anzahl der Randcurven von B sei n, und es gelte $n \geq 2$. Eine derselben umgrenzt B nach aussen, die übrigen $(n-1)$ aber sind innere Randcurven.

Gehen wir jetzt mittelst der Function $w = f(z)$ zur w-Ebene, so wird $\bar{B}$ einen schlichten Bildbereich $\bar{B}'$, B aber einen endlichen und schlichten Bildbereich B' liefern. Eine der Randcurven (nicht nothwendig diejenige, welche der äusseren Randcurve von B entspricht) wird B' nach aussen begrenzen, die übrigen $(n-1)$ Randcurven begrenzen B' nach innen. Jede dieser letzteren Curven umschliesst einen einfach zusammenhängenden Bereich, der aus dem Bereiche B' herausgeschnitten erscheint. Wir wollen mit $J_1, J_2, \ldots, J_{n-1}$ die Flächeninhalte dieser $(n-1)$ vom Bereiche B' umschlossenen Bereiche bezeichnen. Andrerseits sei J_n der Flächeninhalt des von der äusseren Randcurve des Bereiches B' umschlossenen einfach zusammenhängenden Bereiches, so dass J_n als Summe der Inhaltszahlen $J_1, J_2, \ldots, J_{n-1}$ und des Inhaltes von B' darstellbar ist.

Für die eben genannten Inhaltszahlen können wir nun die Ungleichung:

$$(1) \qquad J_1 + J_2 + \cdots + J_{n-1} < q J_n$$

beweisen, in welcher q eine nur vom Bereiche B abhängige, aber von der besonderen vorliegenden Function $f(z)$ unabhängige Zahl des Intervalles $0 < q < 1$ ist.

Zum Beweise der Ungleichung (1) wählen wir innerhalb B einen beliebigen Punkt z_0, dessen Minimaldistanz vom Rande R mit r bezeichnet werde. Wir dürfen annehmen, dass der Abbildungsmodulus $M_0 = |f'(z_0)| = 1$ sei; denn dies ist nöthigenfalls durch eine noch auf die w-Ebene auszuübende Ähnlichkeitstransformation erzielbar, bei der sämmtliche Inhaltszahlen J denselben Factor annehmen und also die Ungleichung (1) ohne Änderung von q bestehen bleibt.

Der Kreis K_r des Radius r um z_0 gehört ganz dem Bereiche B an, so dass wir auf diesen Kreis das Theorem von § 2, pg. 500, anwenden können. Letzterem Theorem zufolge hat das Abbild des Kreises K_r in der w-Ebene einen Flächeninhalt F_r, für welchen die Zahl:

$$(2) \qquad m = \frac{3 - 2\sqrt{2}}{16} \pi r^2$$

eine untere Schranke abgiebt:

$$(3) \qquad F_r > m.$$

Wendet man andrerseits den Verzerrungssatz (4), pg. 514, auf den Bereich B an, so ergiebt sich längs des Randes R:

$$(4) \qquad |f'(z)| < 12^n G.$$

Es sei nun L_n die gegebene endliche Länge des äusseren Randes von B, und entsprechend sei L_n' die Länge des äusseren Randes von B', der uns vorhin die Fläche des Inhaltes J_n umgrenzte. Dann gilt:

$$L_n' = \int |dw| = \int |f'(z)| \, |dz|,$$

wo das erste Integral über den äusseren Rand von B' und entsprechend das zweite über denjenigen von B zu erstrecken ist. Da längs des letzteren die Ungleichung (4) gilt, so folgt:

$$L_n' < 12^\nu G^\iota \int |dz|, \quad L_n' < 12^\nu G^\iota L_n.$$

Der Inhalt J_n des von dieser Linie umschlossenen Bereiches genügt nun der Ungleichung:

$$J_n \leq \frac{L_n'^2}{4\pi}.$$

Für die Flächenzahl J_n wird demnach der endliche Betrag:

(5) $$M = \frac{12^{2\nu}}{4\pi} G^{2\iota} L_n^2$$

eine obere Schranke abgeben:

(6) $$J_n < M.$$

Aus (3) und (6) folgt sofort:

(7) $$\frac{F_r}{J_n} > \frac{m}{M},$$

wo rechter Hand eine allein von unserem Bereiche B und der Zahl d abhängige, dagegen von $f(z)$ unabhängige, zwischen 0 und 1 gelegene Zahl steht.

Da das Bild des Kreises K_r ein Theilbereich von B' ist und der Inhalt von B' durch $J_n - (J_1 + J_2 + \cdots + J_{n-1})$ gegeben ist, so gilt:

$$F_r \leq J_n - (J_1 + J_2 + \cdots + J_{n-1}),$$

woraus wir weiter entnehmen (mit Benutzung von (7)):

$$\frac{J_n}{J_1 + J_2 + \cdots + J_{n-1}} \geq \frac{J_n}{J_n - F_r} = \frac{1}{1 - \frac{F_r}{J_n}} > \frac{1}{1 - \frac{m}{M}}.$$

Schreiben wir demnach:

(8) $$1 - \frac{m}{M} = q,$$

so gilt $0 < q < 1$, und wir haben:

(9) $$J_1 + J_2 + \cdots + J_{n-1} < q J_n.$$

Wir haben demnach den Satz gewonnen: *Ist $f(z)$ im Innern des oben aus unserem n-fach zusammenhängenden Bereiche B hergestellten Bereiches B eindeutig und regulär, und nimmt $f(z)$ ebendort keinen Werth mehr als einmal an, so ist der von den $(n-1)$ inneren Randcurven des Bildbereiches umschlossene Gesammtflächeninhalt kleiner als der mit q multiplizierte Inhalt J_n, welcher von der äusseren Randcurve des Bildes B umgrenzt ist; und zwar ist hierbei q eine allein von B und der Streifenbreite d abhängige, jedoch von der besonderen Function $f(z)$ unabhängige Zahl des Intervalles $0 < q < 1$.*

Zur Aufstellung einer zweiten Folgerung ziehen wir im Bereiche B irgend eine Curve C von endlicher Länge. Das Bild derselben in B' sei die Curve C', deren Länge wir mit L bezeichnen. Demgegenüber sei L_0 die Länge von C.

Zur Gewinnung einer Ungleichung für die Curvenlänge L knüpfen wir an die Darstellung:

$$L = \int_{(C')} |dw| = \int_{(C)} |f'(z) \cdot dz|,$$

wo das erste Integral längs C' und das zweite entsprechend längs der Originalcurve C zu erstrecken ist. Das Maximum von $f'(z)$ längs C werde mit M_C bezeichnet: dann gilt jedenfalls:

$$L < M_C \int_{(C)} |dz| = M_C L_0.$$

Durch Quadrieren erhalten wir:

$$(10) \qquad L^2 < M_C^2 L_0^2.$$

Setzen wir in die Ungleichung (5'), pg. 514, für z_1 diejenige Stelle von C ein, an der das Maximum M_C eintritt, während z_2 irgend eine beliebige Stelle z von B ist, so folgt:

$$M_C < 3^n G^{2n} f'(z)|$$

und also wieder durch Quadrieren:

$$(11) \qquad M_C^2 < 3^{2n} G^{4n} |f'(z)|^2.$$

Nun bezeichne man durch $d\omega$ ein Flächenelement des Bereiches B an der Stelle z und durch $d\omega'$ dessen Bild im Bereiche B'. Man hat dann:

$$d\omega' = f'(z)|^2 d\omega,$$

und also folgt aus der Ungleichung (11) durch Multiplication mit $d\omega$:

$$M_C^2 d\omega < 3^{2n} G^{4n} d\omega'.$$

Das links stehende Differential integrire man über B und also das rechts stehende entsprechend über B':

$$M_C^2 \int\limits_{(B)}^{\cdot} d\omega < 3^{\kappa\nu} G^{4\nu} \int\limits_{(B')}^{\cdot} d\omega'.$$

Bezeichnen wir mit J den Inhalt von B' und entsprechend mit J_0 denjenigen von B, so haben wir:

$$M_C^2 J_0 < 3^{8\nu} G^{4\nu} J.$$

Mit Benutzung von (10) folgt demnach weiter:

$$L^2 < \left(\frac{3^{8\nu} G^{4\nu} L_0^2}{J_0}\right) \cdot J.$$

Zur Abkürzung schreiben wir:

(12) $$Q = \frac{3^{8\nu} G^{4\nu} L_0^2}{J_0}$$

und haben als Ergebniss auszusprechen: *Gelten die Voraussetzungen des zuletzt aufgestellten Theorems, und ist im Bereiche B eine Curve C endlicher Länge gezogen, so giebt es eine von der besonderen Function f(z) unabhängige positive endliche Zahl Q von der Art, dass das Quadrat der Länge L der Bildcurve von C im Bereiche B' kleiner ist als das Product jener Zahl Q und des Inhaltes J vom Bildbereiche B':*

(13) $$L^2 < QJ.$$

Hiermit sind die allgemeinen Vorbereitungen zum Beweise des Rückkehrschnitttheorems beendet.

§ 6. Herstellung der Überlagerungsfläche F_∞ für eine mit p Rückkehrschnitten versehene Riemann'sche Fläche.

Der Beweis des Rückkehrschnitttheorems sollte, wie schon pg. 446 bemerkt wurde, mittelst der Methode der Überlagerungsfläche geführt werden. Wir haben uns hierfür nunmehr das Fundament herzustellen.

Es sei eine beliebige geschlossene Riemann'sche Fläche F mit einem Geschlechte $p > 1$ gegeben. Wir denken auf F in einer unter den unendlich vielen möglichen Arten ein System von p die Fläche nicht zerstückenden, von einander getrennt verlaufenden Rückkehrschnitten gezogen und nennen die so zerschnittene Fläche F_1. Die zerschnittene Fläche F_1 ist p-fach zusammenhängend und hat die $2p$ Querschnittufer zu ebenso vielen je in sich zurücklaufenden Randcurven.

Der zerschnittenen Fläche F_1 stellen wir irgend einen beliebigen Discontinuitätsbereich P_1' der pg. 35 unter β genannten Art*) mit $2p$

---

*) Wir behalten die Bezeichnung P_1 in anderer Bedeutung für später vor.

einander paarweise zugeordneten Randcurven gegenüber (cf. Fig. 12,
pg. 35). Zwischen F_1' und P_1' können wir eine im Sinne der „Analysis
situs" verstandene, umkehrbar eindeutige, stetige Beziehung herstellen,
wobei insbesondere die p Paare der Querschnittufer von F_1 den p Paaren
zugeordneter Randcurven von P_1' entsprechen.

Zur Herstellung dieser Beziehung denken wir die p auf F_1' gezogenen Rückkehrschnitte im Sinne der Fig. 40 in I pg. 183 als
Schnitte b, setzen nach Vorschrift dieser Figur p conjugierte Schnitte a,
sowie p von einem Punkte der F_1' nach den Schnitten a laufende
Schnitte c hinzu. Andrerseits verbinden wir in P_1' je zwei einander
zugeordnete Randcurven durch einen dem einzelnen Rückkehrschnitte a
entsprechenden Querschnitt und ziehen sodann von irgend einem inneren
Punkte des Bereiches P_1' den c entsprechend p weitere Querschnitte
nach den eben zuvor gezogenen Schnitten. F_1' und P_1' sind auf diese
Weise zu einfach zusammenhängenden Bereichen ausgestaltet, deren
beide Randcurven wir sofort in der Art eindeutig auf einander beziehen
können, dass in der That die p Schnitte b den p Paaren der Randcurven
von P_1' zugeordnet sind. Die Ausgestaltung der Beziehung auch für
die inneren Punkte dieser beiden einfach zusammenhängenden Bereiche
hat alsdann keine Schwierigkeit mehr.

Indem wir jetzt die Schnitte a und c, sowie die ihnen entsprechenden Schnitte in P_1' wieder fortgenommen denken, reproducieren wir
P_1' vermöge der Erzeugenden der zugehörigen Gruppe und stellen auf
diese Weise ein Polygonnetz N' her, welches die ganze Ebene des Polygons abgesehen von unendlich vielen discret liegenden Grenzpunkten
schlicht bedeckt.

Wir wollen die Erzeugung dieses Netzes in einzelnen Schritten
vornehmen, und zwar lagern wir an die $2p$ Randcurven von P_1' zunächst ebenso viele neue mit P_1' äquivalente Bereiche an, deren einzelner demnach noch $(2p-1)$ ungedeckte Randcurven aufweist. Insgesammt haben wir damit $(2p+1)$ unter einander zusammenhängende
Bereiche mit $2p(2p-1)$ noch ungedeckt bleibenden Randcurven gewonnen; wir wollen diesen Complex mit P_2' bezeichnen. An jeder der
$2p(2p-1)$ Randcurven lagern wir jetzt einen weiteren mit P_1' äquivalenten Bereich an und gewinnen einen mit P_3' zu bezeichnenden
Complex von $(4p^2+1)$ mit P_1' äquivalenten Bereichen, welcher noch
$2p(2p-1)^2$ ungedeckte Randcurven aufweist.

In derselben Weise fahren wir fort und finden nach $(n-1)$ Schritten
von P_1' aus einen mit P_n' zu bezeichnenden Complex von:

$$(1) \qquad \frac{p(2p-1)^{n-1}-1}{p-1}$$

mit P_1' äquivalenten Bereichen, der noch:

$$(2) \qquad\qquad 2p\,(2p-1)^{n-1}$$

ungedeckte Randcurven aufweist und die Ebene nirgends mehr als einfach bedeckt. Als Grenzgebilde P_∞' für lim $n = \infty$ erhalten wir das schon genannte Polygonnetz N', welches die Ebene bis auf die isoliert liegenden Grenzpunkte schlicht bedeckt.

Auf Grund der eindeutigen stetigen Beziehung des Bereiches P_1' auf die zerschnittene Riemann'sche Fläche F_1 wollen wir nun den Reproductionsprocess des Bereiches P_1' als Überlagerungsprocess der Fläche F_1 in genau entsprechender Weise wiederholen. Wir überlagern also zunächst F_1 mit $2p$ weiteren Exemplaren dieser Fläche, indem wir längs jeder der $2p$ Randcurven von F_1 ein weiteres Exemplar anhängen. Die so zusammengeordneten $(2p+1)$ Exemplare F_1 liefern eine mit F_2 zu bezeichnende Riemann'sche Fläche mit $2p\,(2p-1)$ Randkurven, von welcher der oben mit P_2' bezeichnete Bereich ein eindeutiges stetiges Abbild liefert.

Längs jeder der $2p\,(2p-1)$ Randcurven lagern wir demnächst ein weiteres Exemplar F_1 an und gelangen zur Fläche F_3, die dem Complex P_3' entspricht. Nach $(n-1)$ Schritten erhalten wir eine mit F_n zu bezeichnende Fläche, welche aus der in (1) gegebenen Anzahl von Exemplaren der Fläche F_1 durch Überlagerung aufgebaut erscheint und noch ungedeckte Randcurven in der Anzahl (2) enthält. Diese Randcurven sind Querschnittufer der am Rande von F_n gelegenen Exemplare F_1. Es ist selbstverständlich, dass F_n wieder im schlichten Bereiche P_n' sein eindeutiges stetiges Abbild findet.

Vollziehen wir jetzt wieder den Grenzübergang lim $n = \infty$, so entspringt als Gegenbild des Netzes $N' = P_\infty'$ *die aus unendlich vielen Exemplaren F_1 zusammengesetzte für das Rückkehrschnitttheorem zu benutzende „Überlagerungsfläche" F_∞ der Fläche F_1.* Diese Fläche F_∞ ist ein vollkommen bestimmtes Gebilde, insofern jedes zu ihr gehörige Exemplar F_1 vom ersten aus durch eine eindeutig bestimmte Kette von Flächenexemplaren F_1 erreichbar ist.

Wie im Grenzkreisfalle beim Fehlen parabolischer Punkte e_k reicht hier der Bereich F_{n-1} nirgends bis an den Rand des nächsten Bereiches F_n heran. Andrerseits bestehen natürlich wesentliche Unterschiede zwischen der damaligen Überlagerungsfläche und der jetzigen F_∞. Man beachte z. B. folgendes Sachverhältniss: Nimmt man aus der Überlagerungsfläche des Grenzkreisfalles ohne parabolische Punkte e_k den Theilbereich F_n heraus, so restiert eine einzige zusammenhängende unendlich-blättrige Fläche, welche im Endlichen eine in sich zurücklaufende Randcurve hat; nimmt man aus der jetzigen F_n den Theilbereich F_n heraus, so verbleiben $2p(2p-1)^{n-1}$ getrennte Reststücke, deren jedes unendlich-blättrig ist und im Endlichen eine geschlossene Randcurve aufweist.

§ 7. Abbildung der Fläche F_n auf einen schlichten Bereich bei speciellen Rückkehrschnitten.

Die Beziehung der berandeten Fläche F_n auf den schlichten Bereich P_n' war zwar eindeutig und stetig, aber nicht conform. Diese Abbildung diente allein dem Zwecke, für die gegenseitigen Lagenbeziehungen der die Fläche F_n aufbauenden Exemplare F_1 zu einander ein deutliches Bild zu gewinnen.

Das Ziel der nächsten Entwicklungen ist, *für irgend ein endliches n die berandete Fläche F_n conform auf einen schlichten ebenen Bereich P_n abzubilden*, der dann freilich zunächst nichts mit einer Gruppe linearer Substitutionen zu thun hat. Wir wollen diese Abbildung zuvörderst für eine specielle Auswahl der p Rückkehrschnitte, die wir gleich näher zu bezeichnen haben, durchführen und beginnen mit dem Falle $n = 1$, d. h. mit der berandeten Fläche F_1 selbst.

Wir dürfen annehmen, dass die gegebene Riemann'sche Fläche nur zweiblättrige Verzweigungspunkte habe, was nöthigenfalls durch rationale Transformation der Fläche erzielbar ist. Lagert dieselbe μ-blättrig über der Ebene der complexen Variabelen z, so ist die Anzahl w der Verzweigungspunkte durch:

$$(1) \qquad w = 2\mu + 2p - 2$$

gegeben. Nach den pg. 392 genannten Untersuchungen von Lüroth und Clebsch können wir bei zweckmässiger Anordnung der Verzweigungsschnitte der Fläche folgende Gestalt geben: Die zwei obersten Blätter sind nach Art einer zweiblättrigen (hyperelliptischen) Fläche des Geschlechtes p mit $(2p+2)$ Verzweigungspunkten, die wir $e_1, e_2, \ldots, e_{2p+2}$ nennen, an einander geheftet, und es laufen zwischen ihnen $p+1$ Verzweigungsschnitte von e_1 nach e_2, von e_3 nach e_4 u. s. w., endlich von e_{2p+1} nach e_{2p+2} (cf. Fig. 105, pg. 522). Das dritte nach unten auf das zweite folgende Blatt ist mit dem zweiten durch zwei weitere Verzweigungspunkte und einen zwischen ihnen verlaufenden Verzweigungsschnitt verbunden, ebenso das vierte Blatt mit dem dritten u. s. w., endlich das μ^{te} mit dem $(\mu-1)^{ten}$. Dabei wird gerade die Gesammtzahl:

$$2p + 2 + 2(\mu - 2) = w$$

der Verzweigungspunkte erschöpft.

34*

Die p Rückkehrschnitte legen wir alle in das oberste Blatt, und zwar soll der erste den c_1 und e_2 verbindenden Verzweigungsschnitt umlaufen,

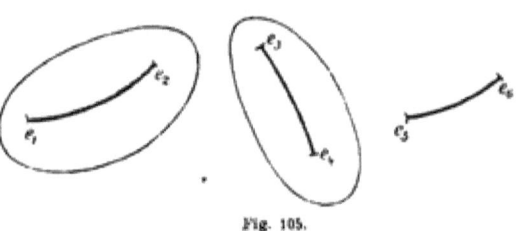

Fig. 105.

der zweite den von e_3 nach e_4 ziehenden u. s. w. (cf. Fig. 105, wo $p = 2$ gilt)*). Wir nehmen nun eine Ergänzung unserer zerschnittenen Fläche F_1 wiederum zu einer geschlossenen Fläche vor, indem wir jedem einzelnen der p Rückkehrschnitte entsprechend ein einzelnes Vollblatt der z-Ebene hinzufügen. Letzteres denken wir uns durch eben diesen Rückkehrschnitt in zwei Theile zerschnitten, und zwar hängen wir den innern Theil an das äussere Ufer des fraglichen Rückkehrschnittes von F_1 an, den äusseren Theil aber an das innere Schnittufer. Die berandete Fläche F_1 wird auf diese Weise durch Zufügung der p Vollblätter zu einer geschlossenen $(\mu + p)$-blättrigen Fläche F_1', deren Anzahl der Verzweigungspunkte die bisherige in (1) gegebene ist. Nach bekannter Regel (cf. „Mod." I pg. 494) berechnet sich das Geschlecht p' von F_1' zu:

$$(2) \qquad\qquad p' = -(\mu + p) + 1 + \frac{1}{2} w = 0.$$

Dasselbe Ergebniss gewinnt man auch vom eindeutigen stetigen Abbilde P_1' der Fläche F_1 aus. Denkt man P_1' in der ζ-Ebene so gewählt, dass der Punkt $\zeta = \infty$ im Innern von P_1' liegt, so hat dieser Bereich $2p$ innere Randkurven, welche ebenso viele einfach zusammenhängende Theile der ζ-Ebene umschliessen. Fügen wir diese Theile dem Bereiche P_1' an, so entspringt ein einfach zusammenhängendes geschlossenes Gebiet, nämlich die volle ζ-Ebene.

Auf der Fläche F_1' des Geschlechtes $p' = 0$ giebt es nun nach den Existenzsätzen der algebraischen Functionen auf Riemann'schen Flächen (cf. „Mod." I pg. 508) eine *Hauptfunction*, die wir $r_{i1}(z)$ nennen wollen, und die wir durch drei Angaben eindeutig fixieren können. Wir wollen zu diesem Ende festsetzen, dass $r_{i1}(z)$ an einer beliebigen, aber ein für

---

*) Wie man sieht, haben wir hier nicht mit einem beliebigen, sondern mit einem sehr speciellen Systeme von Rückkehrschnitten zu thun. Die Betrachtung des Textes hat demnach nur eine vorläufige und orientierende Bedeutung, während im nächsten Paragraphen die allgemein gültige Untersuchung folgen wird. Will man übrigens auf die oben genannten Entwicklungen von Lüroth und Clebsch nicht zurückgreifen, so ist es bei Lage der Sache statthaft, die Untersuchung unmittelbar an die im Texte beschriebene besondere Riemann'sche Fläche anzuknüpfen.

alle Mal fest gewählten Stelle z_0 im Innern von F_1 unendlich werde
und in der Umgebung von z_0 die Entwicklung:

$$(3) \qquad \eta_{11}(z) = \frac{1}{z - z_0} + c_1(z - z_0) + c_2(z - z_0)^2 + \cdots$$

mit fehlendem Absolutgliede gestatte. Hierdurch ist $\eta_{11}(z)$ vollständig bestimmt. In der That sind zwei Bedingungen für $\eta_{11}(z)$ durch die Forderung gegeben, dass diese Function bei z_0 unendlich werde wie
$(z - z_0)^{-1}$, und hierdurch ist $\eta_{11}(z)$ bis auf eine additive Constante bestimmt. Die letztere ist durch die Forderung fixiert, dass in (3) kein
von 0 verschiedenes Absolutglied auftreten soll.

Die Function $\eta_{11}(z)$ bildet die geschlossene Riemann'sche Fläche F_1'
conform auf die schlicht bedeckte η_{11}-Ebene ab. *Dabei wird insbesondere
der Theilbereich F_1 von F_1' sein conformes Abbild in einem schlichten Bereiche P_1 der η_{11}-Ebene finden, der den Querschnittufern von F_1 entsprechend $2p$ geschlossene Randcurven aufweist und übrigens den Punkt
$\eta_{11} = \infty$, dem Punkte z_0 entsprechend, in seinem Innern enthält.* Dies ist
die Abbildung, welche wir von F_1 erzielen wollten.

Bei der Übertragung dieser Entwicklung auf F_n macht sich das
Bedürfniss geltend, für die in (1) und (2) pg. 519 u. f. angegebenen
Anzahlen abgekürzte Bezeichnungen zu besitzen. Wir schreiben:

$$(4) \qquad s_n = \frac{p(2p-1)^{n-1} - 1}{p - 1}, \qquad p_n = p(2p-1)^{n-1};$$

s_n ist also die Anzahl der Exemplare F_1, welche F_n zusammensetzen,
während $2p_n$ die Anzahl der Randcurven von F_n (ungedeckt bleibenden
Querschnittufer der am Rande von F_n liegenden Exemplare F_1) bedeutet. Im ganzen haben wir $2p$ verschiedenartige Querschnittufer. Man
wolle sich durch eine inductive Überlegung an den P_1', P_2', ... deutlich machen, *dass an der Berandung von F_n die einzelne Art der Rückkehrschnittufer $(2p-1)^{n-1}$ Male, also jede Art gleich oft, vertreten ist.*

In Folge dieses Umstandes kommen von der einzelnen Art der
Rückkehrschnitte ebenso viele Innenufer als Aussenufer vor. Demnach
können wir die Ergänzung der Fläche F_n zu einer geschlossenen Riemann'schen Fläche F_n' in derselben Weise wie im Falle $n = 1$ vollziehen. Zuvörderst werden $(2p-1)^{n-1}$ Exemplare der z-Ebene durch
den ersten Rückkehrschnitt je in zwei Theile zerlegt, worauf wir die
inneren Theile an die von den äusseren Ufern des ersten Querschnitts
herrührenden Randcurven von F_n anhängen, die äusseren Theile aber
an die von den inneren Ufern herrührenden Randcurven. Mit $(2p-1)^{n-1}$
weiteren Exemplaren der z-Ebene verfahren wir genau so bei den
vom zweiten Querschnitt herrührenden Randcurven u. s. w.

Man gelangt so zu einer geschlossenen $(\mu s_n + p_n)$-blättrigen Riemann'schen Fläche F_n' mit ws_n zweiblättrigen Verzweigungspunkten. Das Geschlecht p_n' dieser Fläche berechnet sich der Relation (2) entsprechend mit Benutzung der Ausdrücke (4) zu:

$$(5) \qquad p_n' = -(\mu s_n + p_n) + 1 + \frac{1}{2} w s_n = 0.$$

Natürlich kann man dies Ergebnis wie oben im Falle $n = 1$ auch aus der Gestalt des eindeutigen Abbildes P_n' der Fläche F_n ablesen.

Die geschlossene Riemann'sche Fläche F_n' des Geschlechtes $p_n' = 0$ besitzt eine eindeutig bestimmte Hauptfunction $\eta_a(z)$, welche in der Umgebung der oben im Ausgangsexemplar F_1 der F_n ausgewählten Stelle z_0 die Entwicklung:

$$(6) \qquad \eta_a(z) = \frac{1}{z - z_0} + c_1^{(n)}(z - z_0) + c_2^{(n)}(z - z_0)^2 + \cdots$$

gestattet. Diese Hauptfunction $\eta_a(z)$ bildet die geschlossene Fläche F_n' auf die schlichte Vollebene η_a ab. *Dabei wird insbesondere die berandete Fläche F_n als Theilbereich von F_n' ihr conformes Abbild in einem schlichten Bereiche P_n der η_a-Ebene finden, der $2p_n$ geschlossene Randcurven besitzt und übrigens den Punkt $\eta_a = \infty$, der Stelle z_0 entsprechend, in seinem Innern enthält.* Dieser Bereich P_n ist das conforme Abbild, welches wir von F_n herstellen wollten.

§ 8. Abbildung der Fläche F_n auf einen schlichten Bereich bei beliebigen Rückkehrschnitten.

Auch bei einem ganz beliebig gewählten Systeme von p Rückkehrschnitten können wir unter Beibehaltung der wesentlichen Gesichtspunkte vorstehender Überlegung die Abbildung der Fläche F_n auf einen schlichten Bereich P_n mittelst einer analytischen Function $\eta_a(z)$ leisten.

Wir beginnen wieder mit dem Falle $n = 1$ und denken die gegebene Fläche als „Riemann'sche Kugelfläche" über der „z-Kugel" gelagert. Über die Wahl der p Rückkehrschnitte setzen wir nichts Besonderes voraus. Die Gestalt des einzelnen Schnittes dürfen wir aber so geregelt denken, dass derselbe aus *einer endlichen Anzahl von Stücken grösster Kugelkreise* aufgebaut erscheint.

Längs des einzelnen Rückkehrschnittes, den wir S nennen wollen, ziehen wir auf beiden Seiten nahe an S, jedoch in nirgends verschwindender Entfernung zwei geschlossene Curven S' und S'', die wir wieder aus endlich vielen Stücken grösster Kugelkreise aufbauen. Wir wollen sodann folgende Construction ausführen: Von den Eckpunkten, in denen die Kreisbogen der Curve S' zusammenstossen, ziehen wir nach dem

Kugelmittelpunkte Radien und stellen die ebenen Kreissectoren her, welche von je zwei auf einander folgenden Radien und dem zwischenliegenden Kreisbogen der Curve S' begrenzt werden. Diese Kreissectoren bilden in ihrer Aufeinanderfolge eine cyclisch geschlossene Kette und liefern solchergestalt die Mantelfläche einer Pyramide mit der Spitze im Kugelmittelpunkte und dem Rande S'. Diese Mantelfläche stellt einen einfach zusammenhängenden Bereich dar; und der Zusammenhang bleibt auch dann noch ein einfacher, wenn wir an die Mantelfläche das zwischen S und S' verlaufende Flächenband anfügen. Die gleiche Construction denken wir für die Curve S'', sowie in entsprechender Weise für alle $(p-1)$ übrig bleibenden Rückkehrschnitte ausgeführt.

Mit Hilfe der $2p$ so hergestellten einfach zusammenhängenden Bereiche vollziehen wir nun die Ausgestaltung der berandeten Fläche F_1 zu einer geschlossenen Fläche. Längs des vom einzelnen Querschnittufer gelieferten Randes von F_1 fügen wir das gegenüberliegende Flächenband mit seinem Pyramidenmantel an. Indem wir so längs aller $2p$ Randcurven von F_1 verfahren, entspringt eine *geschlossene* Fläche F_1'', die, wie man durch Rückgang auf das Bild F_1' von F_1 sofort erkennt, wieder *einfach* zusammenhängend ist.

Die Fläche F_1'' ist eine Polyederfläche, welche aus endlich vielen ebenen und sphärischen Stücken zusammengesetzt ist. Auf solche Flächen sind die in „Mod." I pg. 508 ff. entwickelten Methoden von Schwarz und Neumann zur Herstellung von Functionen unmittelbar übertragbar, wie dies von Schwarz bereits im Jahre 1870 ausgesprochen wurde.*) Es gelingt nämlich die dachziegelartige Überdeckung der Polyederfläche durch endlich viele Bereiche, deren einzelner conform auf die Fläche eines schlichten Kreises abbildbar ist.

Da nun die gewonnene Fläche F_1' das Geschlecht $p_1' = 0$ hat, so existiert auf ihr eine Hauptfunction $\eta_1(z)$, welche wir wieder durch die Forderung fixieren, dass für dieselbe in der Umgebung des im Innern der F_1 ein für alle Mal fest gewählten Punktes z_0 die Entwicklung gilt:

$$(1) \qquad \eta_1(z) = \frac{1}{z - z_0} + c_1(z - z_0) + c_2(z - z_0)^2 + \cdots.$$

Diese Hauptfunction bildet die Polyederfläche F_1' auf die schlicht be-

---

*) Cf. § 14 der Abhandlung von Schwarz. „*Über die Integration der partiellen Differentialgleichung:*

$$\frac{\partial^2 u}{\partial x^2} + \frac{\partial^2 u}{\partial y^2} = 0$$

unter vorgeschriebenen Grenz- und Unstetigkeitsbestimmungen", Berl. Monatsber. von 1870 pg. 767 ff., Ges. math. Abh., Bd. 2.

deckte η_{i_1}-Ebene ab. *Dabei wird insbesondere die berandete Fläche F_1 conform auf einen schlichten Bereich P_1 der η_{i_1}-Ebene abgebildet, der den $2p$ Schnittufern entsprechend $2p$ geschlossene Randcurven besitzt und übrigens den Punkt $\eta_{i_1} = \infty$, der Stelle z_0 entsprechend, in seinem Innern enthält.*

Für die Fläche F_n, welche jetzt eine berandete Riemann'sche Kugelfläche ist, bleiben die im vorigen Paragraphen durchgeführten Abzählungen vollständig bestehen. Die $2p_n$ Randcurven von F_n zerfallen demnach wieder in $2p$ Systeme zu je $(2p-1)^{n-1}$ gleichartige Rückkehrschnittufer. An den $(2p-1)^{n-1}$ Randcurven der einzelnen Art werden wir nun wieder mittelst ebenso vieler je aus einem Ebenenbande und einem Pyramidenmantel bestehender einfach zusammenhängender Bereiche den Schluss der Fläche F_n herstellen. Es entspringt schliesslich eine aus endlich vielen ebenen und sphärischen Stücken bestehende geschlossene Polyederfläche F_n', deren Zusammenhang, wie sich durch Rückgang auf den Bildbereich P_n' ergiebt, einfach ist. Die zugehörige Hauptfunction $\eta_n(z)$, welche wir durch die Vorschrift:

$$(2) \qquad \eta_n(z) = \frac{1}{z - z_n} + c_1^{(n)}(z - z_0) + c_2^{(n)}(z - z_0)^2 + \cdots$$

eindeutig erklären, führt uns wieder zum Ziele: Die Hauptfunction $\eta_n(z)$ bildet die geschlossene Polyederfläche F_n' conform auf die einfach und vollständig bedeckte η_n-Ebene ab. *Demgemäss wird die berandete Fläche F_n als Theilbereich von F_n' durch $\eta_n(z)$ auf einen schlichten Bereich P_n der η_n-Ebene abgebildet, der $2p_n$ Randcurven besitzt und den Punkt $\eta_n = \infty$, der Stelle z_0 entsprechend, in seinem Innern enthält.*

Die Schnitte S, welche, soweit sie auf der F_n ungedeckt sind, die Randcurven unseres schlichten Bereiches P_n liefern, setzten wir oben je aus endlich vielen Bogen grösster Kugelkreise zusammen. Jeder solche Kreis wird durch die analytische Function $\eta_n(z)$ auf eine analytische Curve der η_n-Ebene abgebildet. *Jede der $2p_n$ Randcurven von P_n erscheint demnach als aus endlich vielen Stücken analytischer Curven zusammengesetzt.*

Denken wir uns die Fläche F_n als Theilbereich der Überlagerungsfläche F_∞, so können wir das bei Herstellung der geschlossenen Fläche F_n' längs der einzelnen Randcurve von F_n angefügte Flächenband als auf der F_∞, und zwar in dem längs jener Randcurve mit F_n benachbarten Exemplare F_1 gelegen ansehen. Dieses Flächenband bildete sich aber mittelst der Function (2) in der η_n-Ebene auf ein an die betreffende Randcurve sich anschliessendes ringförmiges Gebiet ab, welches sich schlicht im Innern des von jener Randcurve umschlossenen, einfach zusammenhängenden Bereiches einlagert. *Während demnach die Function $\eta_n(z)$ auf der F_n zunächst nur für den Theilbereich F_n erklärt ist, so erweist sich $\eta_n(z)$ gleichwohl noch bei analytischer Fortsetzung über die einzelne Randcurve von F_n hinaus längs eines ausserhalb sich anschliessenden Streifens von nirgends verschwindender Breite als eindeutig und regulär; auch giebt die Abbildung der durch die $2p_n$ Streifen vergrösserten Fläche F_n in der η_n-Ebene noch einen schlichten wieder mit $2p_n$ Randcurven versehenen Bereich.*

Wie man bemerkt haben wird, sind auf diese Verhältnisse die Theoreme des § 5 berechnet; in der That werden wir die letzteren unten auf unseren Bereich P_n anzuwenden haben.

§ 9. Einführung eines zum Bereiche P'_n gehörenden Systems analytischer Transformationen.

Die Fläche F_n war aus s_n Exemplaren der Fläche F_1 aufgebaut. Diesen s_n über einander gelagerten Exemplaren entsprechen ebenso viele neben einander gelagerte Theilbereiche von P_n, die wir mit $P_n^{(0)}$, $P_n^{(1)}$, ..., $P_n^{(s_n-1)}$ bezeichnen wollen, und die in ihrer Gesammtheit den Bereich P_n gerade erschöpfen. Da jeder dieser Bereiche eindeutig und conform auf ein und dieselbe berandete Fläche F_1 bezogen ist (denn jene s_n Exemplare F_1 sind alle unter einander congruent), so sind je zwei unter den Bereichen $P_n^{(0)}$, $P_n^{(1)}$, ..., $P_n^{(s_n-1)}$ eben durch Vermittlung von F_1 selber auf einander eindeutig und conform abbildbar. Wir können insbesondere den Satz aussprechen: *Es giebt s_n analytische Transformationen $T_n^{(0)}$, $T_n^{(1)}$, ..., $T_n^{(s_n-1)}$, von denen $T_n^{(i)}$ den Theilbereich $P_n^{(0)}$ so in $P_n^{(i)}$ transformiert, dass zwei correspondirende Punkte η_n und $T_n^{(i)}(\eta_n)$ einem und demselben Punkte der Fläche F_1 entsprechen.*

Die Bereiche $P_n^{(0)}$, $P_n^{(1)}$, ..., $P_n^{(s_n-1)}$ haben zu einander genau dieselben Lagenbeziehungen, wie die den Bereich P'_n des Netzes N' zusammensetzenden mit P'_1 äquivalenten Bereiche (cf. pg. 519), welche ja durch Vermittlung von F_n jenen s_n Bereichen $P_n^{(i)}$ eindeutig zugeordnet sind. Diese Theilbereiche von P'_n werden durch Anwendung linearer Substitutionen V_0, V_1, ..., V_{s_n-1} vom Ausgangsbereich P'_1 aus gewonnen. Offenbar entsprechen einander hierbei die analytische Transformation $T_n^{(i)}$ und die lineare Substitution V_i, und insbesondere ist sowohl V_0 als $T_n^{(0)}$ die identische Operation.

Die Analogie geht sogar insofern noch etwas weiter, *als sich die Transformationen $T_n^{(i)}$ gerade wie die Substitutionen V_i aus p unter ihnen, mit denen die p inversen Transformationen als mitgegeben anzusehen sind, in bekannter Weise durch Wiederholung und Combination erzeugen lassen.*

Ein erster Schnitt S der F_1 liefere als Bilder seiner beiden Ufer zwei einander zugeordnete Randcurven von $P_n^{(0)}$, von denen wir die eine mit R_0, die andere mit R_0' bezeichnen. Längs R_0' sei $P_n^{(0)}$ mit $P_n^{(1)}$ benachbart, ein Bereich, der durch die Transformation $T_n^{(1)}$ aus $P_n^{(0)}$ entstehe. Dann ist insbesondere $R_0' = T_n^{(1)}(R_0)$, und also führt die zu $T_n^{(1)}$ inverse Transformation R_0' in R_0 über. Nun giebt es aber unter den $T_n^{(i)}$ eine etwa durch $T_n^{(p+1)}$ zu bezeichnende Transformation, welche R_0' in genau derselben Weise in R_0 überführt, nämlich diejenige Transformation, welche $P_n^{(0)}$ in den längs R_0 benachbarten Bereich überführt. Man beachte jetzt, dass eine analytische Transformation (Function) vollständig bestimmt ist, wenn wir das durch sie entworfene Bild eines endlich ausgedehnten Curvenstücks geben. Also folgt, *dass $T_n^{(p+1)}$ mit der zu $T_n^{(1)}$ inversen Transformation identisch ist.*

In dieser Weise mögen die p Randcurvenpaare von $P_n^{(0)}$ überhaupt die p Transformationen:

(1) $$T_n^{(1)}, \; T_n^{(2)}, \; \ldots, \; T_n^{(p)}$$

und die p zu ihnen inversen Transformationen $T_n^{(p+1)}, \ldots$ liefern. Indem wir die letzteren p Transformationen mit den ersteren als mitgegeben ansehen, *werden wir in der That alle s_n Transformationen $T_n^{(i)}$ aus den p Transformationen* (1) *erzeugen können.*

Um dies jetzt allgemein zu beweisen, führen wir $P_n^{(0)}$ in irgend einen Theilbereich $P_n^{(i)}$ von P_n mittelst der Transformation $T_n^{(i)}$ über. Die mit R_0 und R_0' homologen Randcurven von $P_n^{(i)}$ mögen R_i und R_i' heissen:

(2) $$R_i = T_n^{(i)}(R_0), \quad R_i' = T_n^{(i)}(R_0').$$

Es möge nun auch noch der längs R_i' mit $P_n^{(i)}$ benachbarte Theilbereich $P_n^{(i+1)}$ dem Gesammtbereiche P_n angehören und aus $P_n^{(0)}$ durch $T_n^{(i+1)}$ hervorgehen. Dann wird, insofern R_i' die mit R_0 homologe Randcurve von $P_n^{(i+1)}$ ist, die Gleichung:

$$R_i' = T_n^{(i+1)}(R_0)$$

gelten, während andrerseits durch Einsetzung von $R_0' = T_n^{(1)}(R_0)$ in die zweite Gleichung (2) sich ergiebt:

$$R_i' = T_n^{(i)} T_n^{(1)} (R_0).$$

Aus dem vorhin schon benutzten Princip von der Bestimmtheit analytischer Functionen ergiebt sich demgemäss die Identität von $T_n^{(i+1)}$ und $T_n^{(i)} T_n^{(1)}$. Durch wiederholte Anwendung dieses Schlussverfahrens erzeugt man, wie behauptet, alle s_n Transformationen $T_n^{(i)}$ aus den p speciellen Transformationen (1) und ihren inversen Transformationen.

Natürlich muss man sich hüten, etwa weitere Principien unserer Gruppen *linearer* Substitutionen V auf die hier vorliegenden Transformationen anzuwenden. Wir können ja ohne weiteres von einer ganzen Gruppe analytischer Transformationen reden, welche die p Transformationen (1) zu Erzeugenden habe. Aber es ist keine Rede davon, dass etwa $P_n^{(0)}$ ein Discontinuitätsbereich dieser Gruppe sei, wie denn auch über das Verhalten der analytischen Functionen $T_n^{(i)}(\eta_n)$ in den vom Bereiche P_n frei bleibenden Theilen der η_n-Ebene gar nichts weiter ausgesagt ist, als was sich aus der Eindeutigkeit und Regularität von $\eta_n(z)$ auf F_n hart am Rande ausserhalb F_n entnehmen liesse.

Die vorstehenden Angaben gelten für jedes endliche n. Nun ist aber unser Ziel, eine auf den Grenzfall $\lim n = \infty$ bezogene Convergenzbetrachtung anzustellen. Hierbei werden wir die Existenz einer Grenzfunction:

$$(3) \qquad \zeta(z) = \lim_{n = \infty} \eta_n(z)$$

feststellen können, welche die von uns gesuchte polymorphe Function des Rückkehrschnitttheorems sein wird, und für welche dann die aus den $T_\infty^{(1)}, \ldots, T_\infty^{(p)}$ zu erzeugende Gruppe die bekannte Bedeutung gewinnen wird.

§ 10. Anwendung des Verzerrungssatzes auf den Bereich P_n.

Der Punkt z_0, den wir bei der Herstellung der Function $\eta_n(z)$ benutzten, sollte im Innern der Anfangsfläche F_1 gewählt sein; auch sei derselbe nicht gerade einer der Verzweigungspunkte unserer Fläche. Es wird sich demnach um z_0 als Mittelpunkt mit einem endlichen Radius ein Kreis beschreiben lassen, der gleichfalls ganz innerhalb F_1 verläuft und weder in seinem Innern einen Verzweigungspunkt der Fläche hat, noch mit seiner Peripherie durch einen solchen hindurchläuft. Die Fläche dieses Kreises wird demnach eine schlichte in F_1 gelegene Kreisfläche sein. Wir dürfen den Radius dieses Kreises auch gleich 1 voraussetzen: denn dies ist nöthigenfalls durch Ausübung einer Ähnlichkeitstransformation sofort erreichbar. Wir nennen den Kreis demnach K_1 und führen gleich auch den mit K_1 concentrischen Kreis $K_{\frac{1}{2}}$ des Radius $\frac{1}{2}$ ein.

Das Bild der Peripherie $K_{\frac{1}{2}}$ in der η_n-Ebene sei die Curve C_n; der schlichte ausserhalb C_n gelegene Theil der η_n-Ebene ist das conforme Abbild der Fläche des Kreises $K_{\frac{1}{2}}$. Da im Innern von K_1 für $\eta_n(z)$ die Entwicklung:

$$(1) \qquad \eta_n(z) = \frac{1}{z - z_0} + c_1^{(n)}(z - z_0) + c_2^{(n)}(z - z_0)^2 + \cdots$$

gilt, und die Function $\eta_n(z)$ ebendort keinen Werth mehr als einmal annimmt, so ist nach dem Satze von pg. 498 längs K_2 das Maximum von $|\eta_n(z)|$ kleiner als $(4 + 4\sqrt{2})$. Wir notieren demnach als Ergebniss: *Die Curve C_n, welche das Abbild des Kreises K_2 in der η_n-Ebene ist, verläuft ganz in dem durch $|\eta_n| < 4 + 4\sqrt{2}$ charakterisierten Theile dieser Ebene.*

Andrerseits können wir beweisen, dass die Curve C_n auch bei beliebig bleibendem n nicht unter einen gewissen Grad der Kleinheit zusammenschrumpfen kann. Zu diesem Zwecke nennen wir den Werth η_n in dem auf der Peripherie K_1 gelegenen Punkte $(z_0 + 1)$:

$$(2) \qquad \eta_n(z_0 + 1) = \alpha_n,$$

wo α_n eine Zahl mit einem Betrage $|\alpha_n| < 4 + 4\sqrt{2}$ ist. Bilden wir die η_n-Ebene durch:

$$(3) \qquad \eta_n' = \frac{1}{\eta_n - \alpha_n}$$

auf die η_n'-Ebene ab, so liefere C_n in der η_n'-Ebene die Curve C_n'. Der von C_n' umschlossene einfach zusammenhängende Bereich ist das conforme Abbild der Fläche des Kreises K_1. Dabei entspricht dem Mittelpunkte z_0 der Nullpunkt $\eta_n' = 0$, und zwar ist der Abbildungsmodulus an dieser Stelle gleich 1. Auch im Innern von K_1 ist $\eta_n'(z)$ eindeutig und regulär und nimmt daselbst keinen Werth mehr als einmal an. Wir können demnach den Satz 19, pg. 507, anwenden, wo wir $M_0 = 1$, $R = 1$ und $r = \frac{1}{2}$ einzutragen haben; wir finden: *Die Curve C_n' verläuft innerhalb desjenigen ringförmigen Bereiches der η_n'-Ebene, welcher durch:*

$$(4) \qquad -\frac{1 + \sqrt{2}}{8} < \eta_n' < 1 + e^{\frac{136\pi}{9}} < e^{16\pi}$$

fixiert ist; und also verläuft die Curve C_n innerhalb des durch:

$$(5) \qquad e^{-16\pi} < |\eta_n - \alpha_n| < 8 + 8\sqrt{2}$$

charakterisierten Ringbereiches der η_n-Ebene. Da sie nun die Stelle α_n der η_n-Ebene umläuft, so ist selbstverständlich, dass sie für kein endliches n unter den durch die linke Seite von (5) festgelegten von n unabhängigen Grad der Kleinheit herabsinken kann.

Den Theilbereichen F_1, F_2, ..., F_{n-1} von F_n mögen die Theilbereiche $P_{n,1}$, $P_{n,2}$, ..., $P_{n,n-1}$ von P_n entsprechen, von denen natürlich auch jeder ein Theilbereich des nächstfolgenden ist. Offenbar geht nämlich $P_{n,k+1}$ aus $P_{n,k}$ hervor, indem wir an den $2p_k$ Randcurven von $P_{n,k}$ je einen Bereich $P_n^{(i)}$, der einem Flächenexemplar F_1 entspricht,

anfügen. $P'_{n,1}$ ist natürlich mit dem durch $P_n^{(0)}$ bezeichneten Ausgangsbereiche von pg. 527 identisch. Nehmen wir von P_n den ausserhalb
der Curve C_n verlaufenden Theil der η_n-Ebene fort, so verbleibt ein mit
$(2p_n + 1)$ Randcurven versehener Restbereich, der P'_n heisse; entsprechend
geht aus $P_{n,k}$ durch Fortnahme des ausserhalb C_n verlaufenden Theiles
der η_n-Ebene der Bereich $P'_{n,k}$ hervor, welcher $(2p_k + 1)$ Randcurven
besitzt, nämlich die äussere Randcurve C_n und $2p_k$ innere Randcurven.

Während n eine zwar endliche, aber beliebig grosse Zahl ist, verstehen wir unter l einen fest gewählten endlichen Index, der jedenfalls
unter n liegt. P'_{l+1} wird derjenige Bereich sein, welcher aus P_{l+1} durch
Fortnahme des ausserhalb der Curve C_{l+1} verlaufenden Theiles der
η_{l+1}-Ebene liegt. In entsprechender Weise entsteht $P'_{n,l}$ aus $P_{n+1,l}$.
Da es sich um eine bestimmte endliche Zahl l handelt, so haben wir
in $P'_{l+1,l}$ und P'_{l+1} fest bestimmte Bereiche unserer Bauart vor uns,
von denen der letztere aus dem ersteren durch Zusatz von $2p_l$ Bereichen $P_{l+1}^{(0)}$ hervorgeht. Wir wollen insbesondere hervorheben, dass
die verschiedenen Randcurven dieser Bereiche $P_{l+1}^{(0)}$ von einander überall
endlich entfernt sind.

In der η_n-Ebene haben wir in $P'_{n,l}$ und $P'_{n,l+1}$ conforme Abbilder
von $P'_{l+1,l}$ und P'_{l+1}, entworfen durch die Function $\eta_n = f(\eta_{l+1})$. Für
diese Abbilder gelten die Voraussetzungen des allgemeinen Verzerrungssatzes am Schlusse von § 4, pg. 514, im vollen Umfange. Unsere Bereiche sind nämlich durchweg schlicht, und ihre Ränder sind aus endlich vielen analytischen Stücken zusammengesetzt, die ja mittelst der
analytischen Functionen $\eta_{l+1}(z)$ und $\eta_n(z)$ aus Stücken grösster Kugelkreise der ursprünglichen Riemann'schen z-Kugel entstehen. Wir dürfen
die Ungleichung (5), pg. 514, des Verzerrungssatzes aber auch unter
Einschluss der Ränder unserer Bereiche anwenden. In der That können
wir längs jeder Randcurve von $P'_{l+1,l}$ bezw. P'_{l+1} noch einen ausserhalb gelegenen Streifen nirgends verschwindender Breite anfügen, ohne
dass der vergrösserte Bereich aufhört, den Bedingungen des Verzerrungssatzes zu genügen. Für die Curve C_{l+1} und auch für die inneren Randcurven von $P'_{l+1,l}$ ist dies selbstverständlich, insofern letzterer Bereich
ein Theilbereich von P'_{l+1} ist. Für die inneren Randcurven von P'_{l+1}
wolle man sich jener Streifen bedienen, welche den längs der Randcurven von F_{l+1} auf der Riemann'schen Kugelfläche angelegten Flächen-
bändern entsprechen.

Die Länge der Curve C_n ist gegeben durch:

$$(6) \qquad \int_{(C_n)} |d\eta_n| = \int_{(C_{l+1})} |f'(\eta_{l+1})\, d\eta_{l+1}|,$$

wo das rechts stehende Integral in der v_{n+1}-Ebene, wie angedeutet, längs der Curve C_{l+1} zu erstrecken ist. Verstehen wir unter M das Maximum von $f'(v_{n+1})$ längs C_{l+1} und unter λ die endliche Länge der Curve C_{l+1}, so gilt offenbar:

$$\int_{(C_{l+1})} |f'(v_{n+1})| \, |dv_{n+1}| \leq M\lambda.$$

Da andrerseits zufolge (5) die Länge der Curve C_n sicher grösser ist, als die Länge der Peripherie eines Kreises mit dem in (5) links stehenden Betrage als Radius, so folgt:

$$(7) \qquad\qquad M > \frac{2\pi}{\lambda} e^{-16\pi}.$$

Es kommen also längs C_{l+1} sicher Werthe $f'(v_{n+1})$ vor, die grösser sind als der in (7) rechts angegebene Betrag.

Da nun die Ungleichung (5), pg. 514, des Verzerrungssatzes unter Einschluss des Randes für P'_{l+1} gilt, so können wir einen solchen den Betrag in (7) rechts übertreffenden Werth für den Nenner $|f'(z_2)|$ eintragen. Dann gilt für jede andere Stelle z_1 oder, wie wir hier sagen werden, v_{n+1} innerhalb und auf dem Rande des Bereiches P'_{l+1} die Ungleichung:

$$(8) \qquad\qquad |f'(v_{n+1})| > 3^{-4\nu} G^{-2\nu} \cdot \frac{2\pi}{\lambda} e^{-16\pi}.$$

Aber die in (2), pg. 513, erklärte Constante G ist $> e^{16\pi}$. Unter Verkleinerung der rechten Seite von (8) können wir demnach auch schreiben:

$$(9) \qquad\qquad |f'(v_{n+1})| > \frac{2\pi}{\lambda \cdot 3^{4\nu} \cdot G^{2\nu+1}}.$$

Es ist damit, wie gross auch die endliche Zahl n gewählt sein mag, eine allein von l abhängige, jedoch von n unabhängige untere Schranke für den Abbildungsmodulus $|f'(v_{n+1})|$ innerhalb und auf dem Rande von P'_{l+1} gewonnen.

Wir wollen nun denjenigen inneren Randpunkt von $P'_{n,l+1}$ ins Auge fassen, welcher vom Rande des voraufgehenden Bereiches $P'_{n,l}$ kleinsten Abstand m hat. Die Gerade von jenem Punkte bis zum nächst gelegenen Randpunkte von $P'_{n,l}$ heisse A; sie gehört offenbar bis auf ihre beiden Endpunkte dem Innern eines am Rande von $P_{n,l+1}$ gelegenen Bereiches $P_n^{(i)}$ an. Bildet sich die gerade Linie A auf die Curve A' der v_{n+1}-Ebene ab, so haben wir für die Länge m der Geraden A die Darstellung:

$$m = \int_{(A)} |dv_{in}| = \int_{(A')} |f'(v_{n+1})| \, |dv_{n+1}|.$$

Ist also etwa durch λ' die Länge der Curve Λ' bezeichnet, so folgt aus der letzten Gleichung:

$$m > \frac{2\pi\lambda'}{\lambda \cdot 3^{l+1} \cdot G^{2l+1}}.$$

Nun verbindet Λ' einen inneren Randpunkt von P'_{l+1} mit einem innern Randpunkte von $P'_{l+1,l}$. Also ist die Länge λ' von Λ' nicht kleiner als die Minimaldistanz d des Innenrandes von P'_{l+1} vom Innenrande des Bereiches $P'_{l+1,l}$, ein Betrag d, welcher einen von n unabhängigen von 0 verschiedenen Werth hat. Dementsprechend gilt für die Minimaldistanz m die Ungleichung:

$$m > \frac{2\pi d}{\lambda \cdot 3^{l+1} \cdot G^{2l+1}}.$$

Endlich ist $P'_{n,l+1}$ ein Theilbereich von P'_n, der nur im niedersten Falle $n = l + 1$ mit P'_n identisch sein würde. Die inneren Randpunkte von P'_n können also denen von $P'_{n,l}$ nicht näher liegen, als die inneren Randpunkte von $P'_{n,l+1}$. Unter Rückkehr zu den Bereichen P_n und $P'_{n,l}$ können wir demnach folgendes Ergebniss zum Ausdruck bringen: *Ist l ein fester und $n > l$ ein beliebiger endlicher Index, so giebt es für die Minimaldistanz des Randes des Bereiches P_n vom Rande des Bereiches $P_{n,l}$ eine untere Schranke:*

$$(10) \qquad s = \frac{2\pi d}{\lambda \cdot 3^{l+1} \cdot G^{2l+1}},$$

welche unabhängig von n und von 0 verschieden ist.

§ 11. Anwendung der Folgerungen des Verzerrungssatzes auf den Bereich P_n.

Es sollen nun die in § 5, pg. 514 ff., aufgestellten Folgerungen des Verzerrungssatzes auf den Bereich P_n in Anwendung gebracht werden, wobei wir an den Bezeichnungen P_n, $P_{n,k}$ sowie auch P'_n, $P'_{n,k}$ in der bisherigen Bedeutung festhalten. Unter $P_{n,1}$ $(= P_n^{(0)})$ haben wir also denjenigen Theil von P_n zu verstehen, welcher dem Ausgangsexemplar F_1 entspricht. Die dem Kreise $K_{\frac{1}{2}}$ dieses Flächenexemplars entsprechende Curve C_n ist (cf. pg. 530) ganz in dem durch $\eta_n' < 4 + 4\sqrt{2}$ charakterisierten Theile der η_n-Ebene gelegen. Andrerseits finden sich die $2p$ vom Bereiche $P_{n,1}$ noch frei bleibenden Theile der η_n-Ebene, wir wollen sagen „die $2p$ Lücken des Bereiches $P_{n,1}$", sämmtlich innerhalb C_n. Demnach wird der etwa mit $J_{n,1}$ zu bezeichnende Gesammtflächeninhalt dieser Lücken kleiner als die Fläche des Kreises vom Radius $(4 + 4\sqrt{2})$ sein:

$$(1) \qquad J_{n,1} < (48 + 32\sqrt{2})\pi.$$

Wir bilden uns jetzt zur weiter folgenden Benutzung den Bereich P_1', welcher aus P_1 durch Fortlassung des ausserhalb C_1 gelegenen Theiles der η_1-Ebene entsteht. Andrerseits lagern wir in einer ersten Lücke von $P_{n,1}$ den Nachbarbereich $P_n^{(1)}$ ein, aus dem wir noch den der Fläche des Kreises K_1 entsprechenden Theil herausnehmen. Der Rest, welcher jetzt wieder $2p$ innere Lücken enthält, heisse $P_n^{(1)'}$; derselbe ist ein schlichter endlicher Bereich, welcher eindeutig und conform auf den gleichfalls schlichten endlichen Bereich P_1' bezogen ist. Die Beziehung lässt sich ohne Einbusse ihrer Eigenart auch noch auf Streifen nirgends verschwindender Breite übertragen, welche man längs jeder Randcurve ausserhalb unserer Bereiche anlagert. Für die von der Peripherie K_1 herrührenden Randcurven ist dies aus der Beziehung von $P_n^{(1)}$ auf P_1' selbstverständlich; für die übrigen Randcurven benutze man wieder die Streifen, welche wir längs der Randcurven von F_1 auf der Riemann'-schen Kugelfläche anlagerten.

Für unseren Bereich P_1' und sein Bild $P_n^{(1)'}$ gilt demnach der im Anschluss an (9), pg. 516, ausgesprochene Satz. Zufolge desselben ist der Gesammtinhalt der $2p$ inneren Lücken von $P_n^{(1)'}$ und also um so mehr der Gesammtinhalt der $(2p-1)$ inneren Lücken von $P_n^{(1)}$ kleiner als der mit q multiplicierte Inhalt derjenigen Lücke von $P_{n,1}$, in welcher wir $P_n^{(1)}$ einlagerten. Dabei ist q eine Zahl des Intervalls $0 < q < 1$, welche von der abbildenden Function unabhängig ist und also allein durch den Bereich P_1', d. i. durch die Fläche F_1, und durch die Auswahl des Punktes z_0 bedingt ist.

Die gleiche Betrachtung können wir auf alle übrigen in die Lücken von $P_{n,1}$ einzulagernden Bereiche von $P_n^{(2)}$, $P_n^{(3)}$, ... anwenden. Durch diese Einlagerungen aber gelangen wir zum Bereiche $P_{n,2}$ mit $2p_2$ Lücken. Der Gesammtinhalt $J_{n,2}$ dieser Lücken wird also, wie man durch Addition findet, kleiner sein, als der mit q multiplicierte Gesammtinhalt $J_{n,1}$ aller Lücken von $P_{n,1}$. Mit Benutzung von (1) finden wir somit:

$$(2) \qquad J_{n,2} < (48 + 32\sqrt{2})\pi q\,.$$

Wir wiederholen die gleiche Betrachtung für die in die Lücken von $P_{n,2}$ anzureihenden weiteren Bereiche $P_n^{(k)}$, welche ja sämmtlich auf P_1 eindeutig und conform bezogen sind. Es folgt:

$$(3) \qquad J_{n,3} < (48 + 32\sqrt{2})\pi q^2\,.$$

Durch Fortsetzung der Betrachtung entspringt der allgemeine Satz: *Der Gesammtflächeninhalt $J_{n,k}$ der $2p_k$ Lücken des Bereiches $P_{n,k}$ befriedigt die Ungleichung:*

$$(4) \qquad J_{n,k} < (48 + 32\sqrt{2})\pi q^{k-1}\,,$$

wobei q eine dem Intervall $0 < q < 1$ angehörende Zahl ist, die allein von der zu Grunde liegenden Fläche F_1 und der Auswahl der Stelle z_0 abhängt. Da $P_{n,n}$ mit P_n identisch ist, so werden wir für $J_{n,n}$ kurz J_n schreiben. Für den Gesammtflächeninhalt J_n der $2p_n$ Lücken von P_n haben wir somit die Ungleichung:

$$(5) \qquad J_n < (48 + 32\sqrt{2})\pi q^{n-1}.$$

Auch die zweite, durch die Ungleichung (13), pg. 518, zum Ausdruck kommende Folgerung aus dem Verzerrungssatze ist auf die vorliegenden Verhältnisse zugeschnitten. Die $2p_k$ Randcurven des Bereiches $P_{n,k}$ haben, als im Endlichen verlaufend und aus je endlich vielen analytischen Stücken zusammengesetzt, endliche Längen, die wir durch $L_{n,k}^{(1)}$, $L_{n,k}^{(2)}$, ..., $L_{n,k}^{(2p_k)}$ bezeichnen wollen. Für $n = 1$ kommen wir auf die $2p$ Randcurven von P_1 zurück. Um den Satz (13), pg. 518, bequem anwenden zu können, wollen wir uns der beiden Linien S' und S'' von pg. 524 erinnern, die wir neben dem einzelnen Schnitte S auf der gegebenen Riemann'schen Fläche gezogen hatten. Wir übertragen das von S' und S'' eingegrenzte Flächenband mittelst der Function $\eta_1(z)$ auf die η_1-Ebene und finden dasselbe in einem Ebenenbande wieder, in dessen Innern die gerade in Betracht kommende Randcurve von P_1 verläuft. Um aber mit dem zu betrachtenden Bereiche nicht bis an den Rand dieses Ebenenbandes heranzukommen, wollen wir uns im Innern des Bandes einen schmaleren Streifen gezogen denken, der zwar auch noch die Randcurve von P_1 in seinem Innern enthält, sich im übrigen aber vom Rande des eben genannten Ebenenbandes überall endlich entfernt hält. Solche Streifen denken wir uns für jede Randcurve von P_1 angebracht und nennen dieselben $St_1^{(1)}$, $St_1^{(2)}$, ..., $St_1^{(2p)}$. Selbstverständlich laufen dieselben in der η_1-Ebene von einander getrennt, ohne irgendwo über einander zu greifen.

Die erste Randcurve von $P_{n,k}$, deren Länge wir $L_{n,k}^{(1)}$ nannten, möge nun als Randcurve eines Bereiches $P_n^{(i)}$ derjenigen Randcurve von P_1 entsprechen, um welche wir den Streifen $St_1^{(1)}$ abgrenzten. Die Vorkehrungen sind so getroffen, dass alle Voraussetzungen des an (13), pg. 518, angeschlossenen Theorems durch den Streifen $St_1^{(1)}$ erfüllt sind. Es giebt also eine allein vom Bereiche $St_1^{(1)}$ abhängende endliche Zahl Q_1 der Art, dass das Quadrat der Länge $L_{n,k}^{(1)}$ die Ungleichung:

$$(6) \qquad \left(L_{n,k}^{(1)}\right)^2 < Q_1 J^{(1)}$$

erfüllt, unter $J^{(1)}$ den Inhalt des die betrachtete Randcurve von $P_{n,k}$ umschliessenden Bildbereiches von $St_1^{(1)}$ verstanden.

In ganz entsprechender Weise findet man für die Randcurven von $P_{n,k}$ überhaupt:

$$(7) \qquad \left(L_{n,k}^{(i)}\right)^2 < Q_i J^{(i)}, \qquad\qquad i = 1, 2, \ldots, 2p_k.$$

Unter den Zahlen Q_i haben wir natürlich nur $2p$ verschiedene, die den $2p$ Streifen $St_1^{(1)}$, $St_1^{(2)}$, $\ldots$, $St_1^{(2p)}$ zugehören. Nennen wir die grösste unter ihnen Q, so gilt offenbar:

$$\left(L_{n,k}^{(i)}\right)^2 < Q \cdot J^{(i)},$$

woraus wir durch Addition gewinnen:

$$(8) \qquad \sum_{i=1}^{2p_k} \left(L_{n,k}^{(i)}\right)^2 < Q \sum_{i=1}^{2p_k} J^{(i)}.$$

In der einzelnen Lücke von $P_{n,k-1}$ lagert nun je ein mit P_1 conformer Bereich als sich hier einordnender Bestandtheil von $P_{n,k}$. An den $(2p-1)$ inneren Randcurven dieses Bestandtheils befinden sich dann $(2p-1)$ Bildstreifen, die ebenso wenig mit einander collidieren, wie die Streifen $St_1^{(1)}$, $\ldots$, $St_1^{(2p)}$ des Bereiches P_1. Hieraus ergiebt sich, dass die in (8) rechts stehende Summe kleiner ist als der Gesammtflächeninhalt der $2p_{k-1}$ Lücken des Bereiches $P_{n,k-1}$. Dieser Gesammtinhalt wurde oben mit $J_{n,k-1}$ bezeichnet und gehorcht der Ungleichung:

$$J_{n,k-1} < \left(48 + 32\sqrt{2}\right)\pi q^{k-2}.$$

Also entspringt aus (8) folgendes Ergebniss: *Die Summe der Quadrate der Bogenlängen aller $2p_k$ Randcurven von $P_{n,k}$ befriedigt die Ungleichung:*

$$(9) \qquad \sum_{i=1}^{2p_k} \left(L_{n,k}^{(i)}\right)^2 < \left(48 + 32\sqrt{2}\right)\pi\, Q q^{k-2},$$

wo q dieselbe Bedeutung wie in (4) hat und auch Q eine von n und k unabhängige endliche positive Zahl ist, welche nur von unserer Fläche F_1 und den ein für alle Mal ausgewählten Streifen $St_1^{(1)}$, $\ldots$, $St_1^{(2p)}$ abhängt.

Insbesondere für den Bereich $P_{n,n} = P_n$ selber wollen wir die Längen der Randcurven $L_n^{(1)}$, $\ldots$, $L_n^{(2p_n)}$ nennen. Für diese ergiebt sich also aus (9):

$$(10) \qquad \sum_{i=1}^{2p_n} \left(L_n^{(i)}\right)^2 < \left(48 + 32\sqrt{2}\right)\pi\, Q q^{n-2}.$$

§ 12. Durchführung des Convergenzbeweises der Functionen $\eta_{i_n}(z)$.

Wir haben jetzt alle Mittel beisammen, um die Convergenz der Functionen:

$$(1) \qquad \eta_{i_1}(z), \; \eta_{i_2}(z), \; \ldots, \; \eta_{i_n}(z), \; \ldots$$

gegen eine für alle inneren Punkte der Überlagerungsfläche F_α erklärte Grenzfunction:

$$(2) \qquad \lim_{n = \infty} \eta_{i_n}(z) = \zeta(z)$$

zu beweisen.

Wir verstehen unter B irgend einen im „Innern" der Überlagerungsfläche gelegenen fest gewählten Bereich. Es giebt alsdann eine bestimmte endliche Zahl l der Art, dass B Theilbereich von F_l ist. Während also l festliegt, bedeute $n > l$ einen beliebigen die Zahl l übertreffenden endlichen Index. Wir betrachten die Differenz:

$$(3) \qquad \eta_{n+m}(z) - \eta_{i_n}(z)$$

und können zeigen, dass dieselbe durch ausreichend gross gewähltes n bei willkürlich bleibendem m im ganzen Bereiche B beliebig klein gemacht werden kann.

Wir verlegen die Betrachtung in die η_{i_n}-Ebene und schreiben zur Abkürzung η statt η_{i_n}. B liefert hier einen schlichten Bereich B_η, welcher Theilbereich von $F'_{n,l}$ und also um so mehr von F'_n ist. Die Differenz (3) werde in Abhängigkeit von η abgekürzt:

$$(4) \qquad \eta_{i_n+m}(z) - \eta_{i_n}(z) = \varDelta(\eta)$$

geschrieben. $\varDelta(\eta)$ stellt eine nicht nur in B_η, sondern im ganzen Bereiche F'_n eindeutige und reguläre Function dar, ohne dass die Stelle $\eta = \infty$, welche dem Punkte z_0 entspricht, auszunehmen wäre. In der That gilt ja zufolge (6), pg. 524, in der Umgebung von z_0 die Entwicklung:

$$(5) \qquad \varDelta = (c_1^{(n+m)} - c_1^{(n)})(z - z_0) + (c_2^{(n+m)} - c_2^{(n)})(z - z_0)^2 + \cdots,$$

so dass $\varDelta$ an der Stelle $\eta = \infty$ einen Nullpunkt erster Ordnung aufweist.

Bei dieser Sachlage brauchen wir $\varDelta(\eta)$ nur noch für irgend eine im Endlichen gelegene Stelle η_0 des Bereiches B_η abzuschätzen. Dies kann auf Grund des Cauchy'schen Integralsatzes geschehen. Um diesen anzusetzen, beschreiben wir um η_0 als Mittelpunkt einen Kreis K_r mit so grossem Radius, dass alle etwa mit $R_1, R_2, \ldots, R_{2p_n}$ zu bezeichnenden Randcurven von F'_n innerhalb K_r liegen. Nehmen wir den ausserhalb K_r verlaufenden Theil der η-Ebene vom Bereiche F'_n fort, so verbleibt ein mit $(2p_n + 1)$ Randcurven versehener Bereich $F'_n{}'$. Die

Function $\varDelta(\eta)$ ist in diesem Bereiche $P_n{'}$ unter Einschluss aller Randcurven eindeutig und regulär. Zufolge des Cauchy'schen Integralsatzes
können wir also setzen:

$$(6) \qquad \varDelta(\eta_0) = \frac{1}{2 i \pi} \int\limits_{(K_r)}^{\cdot} \frac{\varDelta(\eta)}{\eta - \eta_0} d\eta + \frac{1}{2 i \pi} \sum_{k=1}^{2 p_n} \int\limits_{(R_k)}^{\cdot} \frac{\varDelta(\eta)}{\eta - \eta_0} d\eta,$$

wo die Integrale, wie angedeutet, über die Randcurven von $P_n{'}$ zu erstrecken sind.

Da sich für $\lim r = \infty$ zufolge (5) der Betrag $|\varDelta(\eta)|$ längs K_r
gleichmässig dem Werthe 0 nähert, so kann der Betrag des ersten Integrales in (6) bei hinreichend gross gewähltem r beliebig klein gemacht
werden, ohne dass sich die übrigen Bestandtheile der Gleichung (6)
ändern. Dieses Integral verschwindet also für sich, so dass wir finden:

$$(7) \qquad \varDelta(\eta_0) = \frac{1}{2 i \pi} \sum_{k=1}^{2 p_n} \int\limits_{(R_k)}^{\cdot} \frac{\varDelta(\eta)}{\eta - \eta_0} d\eta.$$

Verstehen wir unter $\eta_i^{(k}$ irgend eine fest gewählte Stelle der Randcurve R_k, so gilt jedenfalls:

$$\int\limits_{(R_k)}^{\cdot} \frac{\varDelta(\eta^{(k)})}{\eta_i - \eta_{i0}} d\eta = \varDelta(\eta^{(k)}) \int\limits_{(R_k)}^{\cdot} \frac{d\eta_i}{\eta - \eta_0} = 0,$$

da die Function unter dem letzten Integralzeichen auf und innerhalb
der Integrationscurve R_k durchweg regulär ist. Mit Benutzung dieses
Umstandes dürfen wir die Gleichung (7) umschreiben in die Gestalt:

$$(8) \qquad \varDelta(\eta_0) = \frac{1}{2 i \pi} \sum_{k=1}^{2 p_n} \int\limits_{(R_k)}^{\cdot} \frac{\varDelta(\eta_i) - \varDelta(\eta^{(k)})}{\eta_i - \eta_{i0}} d\eta_i.$$

Wir können nun leicht das einzelne der rechts stehenden Integrale
seinem absoluten Betrage nach abschätzen. Da erstlich η_0 im Innern
von $P_{n,i}$ liegt und η_i in (8) nur Randpunkte von P_n bedeutet, so ist
nach dem an die Gleichung (10), pg. 533, angeschlossenen Theoreme
jedenfalls $\eta_i - \eta_{i0} > s$ und also:

$$(9) \qquad \frac{1}{\eta_i - \eta_0} < \frac{1}{s},$$

unter s die ebendort angegebene von n unabhängige und von 0 verschiedene Zahl verstanden. Bezeichnen wir ferner die Schwankung (cf.
pg. 498) der Function $\varDelta(\eta_i)$ längs der Curve R_k durch $S_k(\varDelta(\eta))$, so ist
für die Punkte η_i eben dieser Curve R_k selbstverständlich:

$$(10) \qquad \varDelta(\eta_i) - \varDelta(\eta^{(k)}) \leqq S_k(\varDelta(\eta)).$$

Endlich aber gilt:

$$(11) \qquad \int_{(R_k)} |d\eta| = L_n^{(k)},$$

wo rechts wie im vorigen Paragraphen die Länge der Curve R_k gemeint ist.

Bezeichnen wir demnach das k^{te} Integral der Summe (8) kurz durch $\int_{(k)}$, so finden wir für dessen Absolutwerth:

$$\int_{(k)} < \int_{(R_k)} \left| \frac{\varDelta(\eta_i) - \varDelta \eta_i^{(k)}}{\eta - \eta_{i0}} \right| d\eta_i < \frac{1}{s} S_k L_n^{(k)},$$

wobei S_k abgekürzt für $S_k(\varDelta(\eta_i))$ geschrieben ist. Da nun allemal $2SL < S^2 + L^2$ ist, so können wir auch schreiben:

$$(12) \qquad \int_{(k)} < \frac{1}{2s}\left(S_k^2 + \left(L_n^{(k)}\right)^2\right).$$

Nun ist die Schwankung von $\varDelta(\eta_i) = \eta_{i+m} - \eta_i$ längs R_k nicht grösser als die Summe der Schwankungen von η_{i+m} und η_i ebenda. Aber die Schwankung von $\eta_{in} = \eta_i$ ist offenbar kleiner als die Curvenlänge $L_n^{(k)}$, und diejenige von η_{i+m} ist kleiner als die Länge $L_{n+m,n}^{(k)}$ der correspondierenden Randcurve des Bereiches $P'_{n+m,n}$ in der η_{n+m}-Ebene. Somit gilt:

$$(13) \qquad S_k < L_n^{(k)} + L_{n+m,n}^{(k)},$$

woraus wir sofort die Folgerung ziehen:

$$S_k^2 < \left(L_n^{(k)}\right)^2 + (L_{n+m,n}^{(k)})^2 + 2 L_n^{(k)} L_{n+m,n}^{(k)},$$
$$S_k^2 < 2\left(L_n^{(k)}\right)^2 + 2\left(L_{n+m,n}^{(k)}\right)^2.$$

Die Ungleichung (12) geht demnach über in:

$$\int_{(k)} < \frac{1}{2s}\left(3\left(L_n^{(k)}\right)^2 + 2\left(L_{n+m,n}^{(k)}\right)^2\right),$$

und also folgt aus (8):

$$(14) \qquad \varDelta(\eta_{i0}) < \frac{1}{4\pi s}\left\{3 \sum_{k=1}^{2\nu_n}\left(L_n^{(k)}\right)^2 + 2 \sum_{k=1}^{2\rho_n}(L_{n+m,n}^{(k)})^2\right\}.$$

Nun kommen die Ungleichung (10), pg. 536, sowie die Ungleichung (9) ebenda zur Benutzung, in welcher letzteren man für die Indices n und k jetzt $n+m$ und n einsetze. Es ergiebt sich:

$$(15) \qquad |\varDelta(\eta_{i0})| < \frac{1}{s}\left(60 + 40\sqrt{2}\right) Q q^{n-2}.$$

Hiermit haben wir unser Ziel erreicht. Da Q und q von n unabhängig sind und q dem Intervall $0 < q < 1$ angehört, so können wir durch ausreichend gross gewähltes n den Betrag $\Delta(\eta_0)|$ unter jede angebbare von 0 verschiedene positive Grösse herabdrücken. *Dadurch aber ist die gleichmässige Convergenz der unendlichen Reihe analytischer Functionen:*

$$(16) \qquad \eta_l + (\eta_{l+1} - \eta_l) + (\eta_{l+2} - \eta_{l+1}) + \cdots$$

im Bereiche B *bewiesen; die Summe ist die analytische Grenzfunction:*

$$(17) \qquad \zeta(z) = \lim_{n = \infty} \eta_n(z),$$

die für das ganze Innere der Überlagerungsfläche F_∞ definiert ist.

In ihr besitzen wir bereits die polymorphe Function des Rückkehrschnitttheorems. Um dies aber endgültig einzusehen, haben wir noch zwei Thatsachen festzustellen, erstlich nämlich die, dass $\zeta(z)$ „*linear*"-polymorph ist, zweitens die, dass $\zeta(z)$ im wesentlichen *eindeutig* bestimmt ist.

§ 13. Beweis des Linearitätssatzes.

Über die Abbildung, welche die Grenzfunction $\zeta(z)$ von dem gesammten Innern der Überlagerungsfläche F_∞ leistet, gehen mehrere Angaben unmittelbar aus den bisherigen Entwicklungen hervor. Mit P_∞ wird das Abbild der F_∞ in der ζ-Ebene zu bezeichnen sein, und der Theilbereich F_n' von F_∞ wird den Theilbereich $P_{\infty, n}$ ergeben. Letzterer Bereich lagert schlicht auf der ζ-Ebene und hat $2p_n$ Randcurven, welche die $2p_n$ inneren Lücken von $P_{\infty, n}$ umgrenzen.

Die Ungleichungen (4), pg. 534, und (9), pg. 536, gelten bei feststehendem k für jedes n, also wegen der gleichmässigen Convergenz der $\eta_n(z)$ gegen $\zeta(z)$ unter Einschluss der möglichen Gleichheiten auch für $\lim n = \infty$. Schreiben wir nach dem Grenzübergang $\lim n = \infty$ in jenen Ungleichungen statt k die Bezeichnung n ein, so gewinnen wir über das Abbild der F_∞ in der ζ-Ebene den Satz: *Für den Gesammtinhalt $J_{\infty, n}$ der $2p_n$ Lücken des schlichten Bereiches $P_{\infty, n}$ gilt:*

$$(1) \qquad J_{\infty, n} \leqq (48 + 32\sqrt{2})\pi q^{n-1};$$

desgleichen finden wir für die Längen $L_{\infty, n}^{(k)}$ der $2p_n$ Randcurven des Bereiches $P_{\infty, n}$:

$$(2) \qquad \sum_{k=1}^{2p_n} \left(L_{\infty, n}^{(k)}\right)^2 \leqq (48 + 32\sqrt{2})\pi Q q^{n-2}.$$

Auch die Entwicklungen von § 10 übertragen sich auf den Fall $n = \infty$. Zunächst bleibt die Bedingung (5), pg. 530, für $\lim n = \infty$,

d. h. für die Curve $C_\varkappa$ bestehen. Daran knüpfen sich die a. a. O. entwickelten Anwendungen des Verzerrungssatzes, und also notieren wir: *Bei jedem endlichen l giebt es für die Entfernung eines Randpunktes des Bereiches $P_{\varkappa, l+1}$ von einem inneren Punkte oder Randpunkte des Bereiches $P_{\varkappa, l}$ eine von 0 verschiedene positive untere Schranke s_l. Um so mehr wird diese Schranke bestehen für die Entfernung eines Randpunktes irgend eines Bereiches $P_{\varkappa, n}$ mit $n > l$ von einem Innen- oder Randpunkte des Bereiches $P_{\varkappa, l}$.*

Da $p > 1$ vorausgesetzt wird, so wächst die Anzahl:

$$2p_n = 2p(2p-1)^{n-1}$$

der Lücken von $P_{\varkappa, n}$ mit $\lim n = \infty$ selbst über alle Grenzen. Demgegenüber entspringt aus (1):

$$(3) \qquad\qquad \lim_{n=\infty} J_{\varkappa, n} = 0.$$

Es folgt: *Das Abbild $P_\varkappa$ der Überlagerungsfläche $F_\varkappa$ bedeckt die ganze ζ-Ebene schlicht bis auf eine unendliche Menge von Grenzpunkten, die wir M_y nennen wollen, und die zufolge (3) keinen Inhalt hat.*

Fixiert man einen einzelnen dieser Grenzpunkte, d. h. also irgend eine dem Innern von $P_\varkappa$ nicht angehörende Stelle der ζ-Ebene, so wird dieselbe für jedes n in einer eindeutig bestimmten unter den $2p_n$ Lücken gelegen sein. Wenn man dann weiter irgend zwei von einander verschiedene Grenzpunkte markiert, so werden dieselben eine bestimmte endliche Entfernung e von einander haben. Wählen wir daraufhin die Zahl n so gross, dass der in (2) rechts stehende Betrag $< 4e^2$ ausfällt, so werden um so mehr die $2p_n$ Längen $L_{\varkappa, n}^{(k)}$ kleiner als $2e$ sein. Hieraus ergiebt sich unmittelbar, dass die beiden Punkte in zwei verschiedenen unter den $2p_n$ Lücken von $P_{\varkappa, n}$ liegen müssen, und dass also *jede* Verbindungslinie der beiden Stellen durch das Innere von $P_{\varkappa, n}$ dringen muss. Es folgt: *Für irgend zwei verschiedene Punkte der Menge M_y giebt es keine Verbindungslinie, die nur aus Grenzpunkten bestände; M_y stellt also eine Menge discreter Punkte dar.*

Wir übertragen weiter die Sätze des § 9, pg. 527, auf den Grenzfall $n = \infty$. Den unendlich vielen über einander gelagerten Exemplaren F_1, welche die $F_\varkappa$ bilden, entsprechen unendlich viele neben einander gelagerte Bereiche $P_\varkappa^{(0)}$, $P_\varkappa^{(1)}$, $P_\varkappa^{(2)}$, ..., welche in ihrer Gesammtheit den Bereich $P_\varkappa$ lückenlos und einfach überdecken. $P_\varkappa^{(0)}$ sei mit $P_{\varkappa, 1}$ identisch. $P_{\varkappa, 2}$ besteht aus $P_\varkappa^{(0)}$ und den $2p$ benachbarten Bereichen $P_\varkappa^{(i)}$; ebenso besteht $P_{\varkappa, 3}$ aus $P_\varkappa^{(0)}$ und allen von $P_\varkappa^{(0)}$ durch nicht mehr als einen Bereich $P_\varkappa^{(i)}$ getrennten Bereichen $P_\varkappa^{(k)}$. In derselben Weise fortfahrend können wir sagen: $P_{\infty,n}$ *besteht aus* $P_\infty^{(0)}$ *und allen von diesem Ausgangsraum durch höchstens* $(n-2)$ *Bereiche* $P_\infty^{(i)}$ *getrennten* $P_\infty^{(k)}$. Man wolle an dieser Erklärung für eine weiter unten anzustellende Überlegung festhalten.

Vor allem stellen wir fest: Die Überlagerungsfläche F_∞ ist in dem Sinne regulär, dass sie um jedes ihrer Exemplare F_1 herum gerade so aufgebaut ist, wie um jedes andere: sie gestattet demnach unendlich viele umkehrbar eindeutige Transformationen in sich, deren einzelne man dadurch festlegt, dass man dasjenige Flächenexemplar F_1 angiebt, in welches das Ausgangsexemplar mittelst jener Transformation übergeführt wird. Diese unendlich vielen Transformationen der F_∞ in sich bilden offenbar eine Gruppe.

Gehen wir zur ζ-Ebene, so gelangen wir zur Übertragung der Ergebnisse des § 9, pg. 527, auf den Grenzfall $n = \infty$. *Wir gewinnen eine Gruppe analytischer Functionen:*

$$(4) \qquad \zeta' = T_\infty^{(0)}(\zeta), \quad \zeta' = T_\infty^{(1)}(\zeta), \quad \zeta' = T_\infty^{(2)}(\zeta), \; \ldots,$$

deren jede das Netz P_∞ *der Bereiche* $P_\infty^{(0)}$, $P_\infty^{(1)}$, $P_\infty^{(2)}$, ... *derart umkehrbar eindeutig in sich transformiert, dass bei Ausübung von* $T_\infty^{(i)}$ *der Ausgangsraum* $P_\infty^{(0)}$ *in* $P_\infty^{(i)}$ *übergeführt wird. Die Gruppe ist aus p Erzeugenden herstellbar* (cf. pg. 528), *welche* $P_\infty^{(0)}$ *in p benachbarte* $P_\infty^{(i)}$ *überführen.*

Die voraufgesandten Entwicklungen gestatten uns nunmehr zu zeigen, dass es sich um eine Gruppe linearer ζ-Substitutionen handelt. Der analytische Charakter der einzelnen Substitution $T_\infty^{(i)}$ bezieht sich vorerst allein auf die inneren Punkte von P_∞; denn nur für diese ist $T_\infty^{(i)}(\zeta)$ bisher erklärt. Nun können wir aber $T_\infty^{(i)}(\zeta)$ sofort auch für die Punkte der Menge M_g erklären. Dem einzelnen Grenzpunkte entspricht nämlich eine bestimmte und nur für ihn charakteristische Kette von Bereichen $P_\infty^{(k)}$, welche vom Ausgangsraum $P_\infty^{(0)}$ zu jenem Grenzpunkte hinführt. Die durch die einzelne $T_\infty^{(i)}$ transformierte Kette führt dann zu demjenigen Grenzpunkte, welcher jenem ersten mittelst der Transformation $T_\infty^{(i)}$ entspricht. *Nach dieser Erweiterung liefert die einzelne Transformation* $T_\infty^{(i)}$ *eine in der ganzen* ζ*-Ebene eindeutige stetige Function, abgesehen davon, dass sie einen Pol erster Ordnung an derjenigen innerhalb* P_∞ *gelegenen Stelle aufweist, welche durch die zu* $T_\infty^{(i)}$ *inverse Transformation aus dem innerhalb des Ausgangsbereiches* $P_\infty^{(0)}$ *gelegenen Punkte* $\zeta = \infty$ *hervorgeht.*

Es fragt sich nun, ob $T_\infty^{(i)}(\zeta)$ im einzelnen Grenzpunkte analytisch ist. Wir brauchen dies nur für die p Erzeugenden zu beweisen. Sei demnach $T(\zeta)$ eine derselben, welche $P_\infty^{(0)}$ in den benachbarten Bereich $P_x^{(1)}$ transformire. Wir wollen dann ähnlich wie pg. 538 den Cauchy'schen Satz verwerthen, um die Function $T(\zeta)$ für einen beliebigen endlichen und vom Pole $T^{-1}(\infty)$ verschiedenen Innenpunkt ζ_0 des Gebietes P_∞ darzustellen. Denken wir ζ_0 fest gewählt, so können wir eine bestimmte endliche Zahl l so auswählen, dass ζ_0 auch bereits Innenpunkt von $P_{\infty,l}$ ist. Sei alsdann n ein beliebiger die Zahl l übertreffender Index, so ist ζ_0 auch in $P_{\infty,n}$ gelegen, und übrigens ist $T(\zeta)$ innerhalb und auf dem Rande von $P_{\infty,n}$ überall eindeutig und analytisch. Man wolle jetzt den $2p_n$ inneren Randcurven von $P_{\infty,n}$ noch eine geschlossene endliche äussere Randcurve hinzufügen, welche ζ_0 und alle inneren Randcurven umschliessen soll, jedoch so, dass der Pol $T^{-1}(\infty)$ von $T(\zeta)$ ausserhalb dieser Curve liegt*). Wir nennen diese neue Randcurve C und wollen den ausserhalb C verlaufenden Theil der ζ-Ebene vom Bereiche $P_{\infty,n}$ fortnehmen. Im gekürzten Bereiche, der $P'_{\infty,n}$ heisse, wird alsdann die Function $T(\zeta)$ auch noch überall stetig sein.

Auf diesen Bereich $P'_{\infty,n}$ beziehen wir den Cauchy'schen Lehrsatz und finden $T(\zeta_0)$ dargestellt durch:

$$(5) \qquad T(\zeta_0) = \frac{1}{2i\pi} \int\limits_{(C)} \frac{T(\zeta)}{\zeta - \zeta_0}\, d\zeta + \frac{1}{2i\pi} \sum_{k=1}^{2p_n} \int\limits_{(R_k)} \frac{T(\zeta)}{\zeta - \zeta_0}\, d\zeta,$$

wo sich die Integrale auf die $(2p_n+1)$ Randkurven von $P'_{\infty,n}$ beziehen, deren $2p_n$ innere wir wie pg. 538 durch R_1, R_2, ... bezeichnen.

Das einzelne Integral der Summe in (5) rechts, welches zur Abkürzung durch $\int\limits_{(k)}$ bezeichnet sein mag, wandeln wir nach dem schon pg. 538 benutzten Principe um. Unter ζ_k werde irgend ein Punkt der k^{ten} Randcurve R_k verstanden, der fest gewählt sei. Dann gilt (cf. pg. 538) die Gleichung:

$$\int\limits_{(R_k)} \frac{T(\zeta_k)}{\zeta - \zeta_0}\, d\zeta = T(\zeta_k) \int\limits_{(R_k)} \frac{d\zeta}{\zeta - \zeta_0} = 0,$$

so dass wir für das k^{te} Integral der Summe (5) die Schreibweise:

$$(6) \qquad \int\limits_{(k)} = \int\limits_{(R_k)} \frac{T(\zeta) - T(\zeta_k)}{\zeta - \zeta_0}\, d\zeta$$

gebrauchen dürfen. Für den absoluten Betrag des Integrals folgt:

$$(7) \qquad \int\limits_{(k)} < \int\limits_{(R_k)} \left| \frac{T(\zeta) - T(\zeta_k)}{\zeta - \zeta_0} \right|\, d\zeta .$$

---

*) Dieser Pol findet sich in einem Bereiche $P_\infty^{(0)}$, der mit $P_\infty^{(0)}$ benachbart ist.

Nun ist aber:

$$|T(\zeta) - T(\zeta_k)| < S_k(T(\zeta)),$$

wo rechts die Schwankung von $T(\zeta)$ längs R_k gemeint ist. Ferner gilt $|\zeta - \zeta_0| \geqq s_i$ und also:

$$\frac{1}{z - z_0} \leqq \frac{1}{s_i},$$

unter s_i die oben (pg. 541) so bezeichnete von 0 verschiedene positive Zahl verstanden, da ζ_0 ein innerer Punkt von $P_{\infty,i}$ und ζ nur Randpunkte von $P_{\infty,n}$ bedeutet. Endlich ist:

$$\int\limits_{(R_k)} |d\zeta| = L_{\infty,n}^{(k)}$$

die Länge der k^{ten} Randcurve R_k von $P_{\infty,n}$. Aus (7) folgt somit:

$$(8) \qquad \int\limits_{(k)} < \frac{1}{s_i} S_k L_{\infty,n}^{(k)} \leqq \frac{1}{2 s_i} \left(S_k^2 + \left(L_{\infty,n}^{(k)} \right)^2 \right),$$

wo S_k zur Abkürzung für $S_k(T(\zeta))$ gesetzt ist.

Man gehe nun auf die obige Erklärung von $P_{\infty,n}$ zurück (pg. 542). Da T eine Erzeugende sein sollte, so war $P_\infty^{(1)} = T\left(P_\infty^{(0)}\right)$ mit $P_\infty^{(0)}$ benachbart. Entsprechend besteht $T(P_{\infty,n})$ aus $P_\infty^{(1)}$ und allen den Bereichen $P_\infty^{(i)}$, welche von $P_\infty^{(1)}$ durch nicht mehr als $(n-2)$ solche Bereiche getrennt sind. Aber ein Bereich $P_\infty^{(i)}$, der von $P_\infty^{(1)}$ durch höchstens $(n-2)$ Bereiche getrennt ist, wird vom Nachbarbereich $P_\infty^{(0)}$ höchstens durch $(n-1)$ Bereiche getrennt sein, so dass $T(P_{\infty,n})$ ein Bestandtheil von $P_{\infty,n+1}$ ist. Andererseits wird ein Bereich des Complexes $P_{\infty,n-1}$, der doch von $P_\infty^{(0)}$ durch höchstens $(n-3)$ Bereiche getrennt ist, von $P_\infty^{(1)}$ durch höchstens $(n-2)$ Bereiche getrennt sein und also $T(P_{\infty,n})$ angehören. Demnach ist $P_{\infty,n-1}$ seinerseits Bestandtheil von $T(P_{\infty,n})$.

Die durch T transformierte Randcurve R_k, die $T(R_k)$ zu nennen ist, gehört demnach als Randcurve entweder dem Bereiche $P_{\infty,n-1}$ oder $P_{\infty,n}$ oder endlich $P_{\infty,n+1}$ an. Da aber offenbar $S_k(T(\zeta))$ kleiner als die Länge dieser Randcurve ist, so entspringt:

$$\sum_{k=1}^{2p_n} S_k^2 < \sum_{k=1}^{2p_{n-1}} \left(L_{\infty,n-1}^{(k)} \right)^2 + \sum_{k=1}^{2p_n} \left(L_{\infty,n}^{(k)} \right)^2 + \sum_{k=1}^{2p_{n+1}} \left(L_{\infty,n+1}^{(k)} \right)^2.$$

Die Bedingung (2) liefert demnach:

$$\sum_{k=1}^{2p_n} S_k^2 < (48 + 32\sqrt{2})\pi \, Q(q^{n-3} + q^{n-2} + q^{n-1})$$

und also um so mehr:

$$\sum_{k=1}^{2p_n} S_k^2 < 3(48 + 32\sqrt{2})\pi\, Q q^{n-3}.$$

Da $q < 1$ ist, so ergiebt sich aus (2) weiter:

$$\sum_{k=1}^{2p_n} \left(L_{\infty,n}^{(k)}\right)^2 < (48 + 32\sqrt{2})\pi\, Q q^{n-3},$$

und also folgt aus (8):

$$\sum_{k=1}^{2p_n}\int_{(k)}^{\cdot} < \sum_{k=1}^{2p_n}\int_{(k)}^{\cdot} < \frac{1}{s_l}(96 + 64\sqrt{2})\pi\, Q q^{n-3}.$$

Man gehe nun auf die Gleichung (5) zurück, deren erstes Glied rechter Hand nach links genommen werde. Durch Übergang zum absoluten Betrage rechts und links folgt:

$$(9) \qquad T\!\left(\tbinom{\omega}{z_0}\right) - \frac{1}{2i\pi}\int_{(C)}^{\cdot}\frac{T(\zeta)\,d\zeta}{\zeta - z_0} < \frac{1}{s_l}(48 + 32\sqrt{2}) Q q^{n-3}.$$

Halten wir auch bei wechselnder Auswahl von n an der einmal gewählten Curve C fest, so steht in (9) links ein *bestimmter von n unabhängiger* Betrag. Dahingegen kann die rechte Seite der Ungleichung (9) durch ausreichend gross gewähltes n dem Werthe 0 *beliebig* nahe gebracht werden. *Demnach ist der Betrag in (9) links mit 0 identisch, und also besteht die Gleichung:*

$$(10) \qquad T(\zeta_0) = \frac{1}{2i\pi}\int_{(C)}^{\cdot}\frac{T(\zeta)\,d\zeta}{\zeta - z_0}.$$

Das hier rechts stehende Integral liefert nun nicht nur für die Punkte ζ_0 im Innern von P_∞, sondern nach bekannten Sätzen für den gesammten von C umschlossenen Bereich, also auch für die Punkte der Menge M_g eine eindeutige und stetige analytische Function. Diese Function stimmt mit unserer Function $T(\zeta)$ zufolge (10) in allen Punkten ζ_0 im Innern von P_∞ überein. Die Übereinstimmung bleibt eben deshalb auch in den Grenzpunkten bestehen, da wir wissen, dass $T(\zeta)$ auch in ihnen stetig ist: *Die Function $T(\zeta)$ ist nicht nur im Innern von P_∞, sondern auch in den Punkten der Menge M_g und also in der gesammten ζ-Ebene eine umkehrbar eindeutige analytische Function.*

Eine derartige Function ist nach bekannten Grundsätzen der Functionentheorie notwendig eine *lineare:*

$$(11) \qquad T(\zeta) = \frac{\alpha \zeta + \beta}{\gamma \zeta + \delta}.$$

Da nun dieses Ergebniss für jede der p Erzeugenden gilt, so gilt es zugleich für die gesammten Transformationen $T_{\infty}^{(i)}(\zeta)$ unserer Gruppe. Wir haben damit den „*Linearitätssatz*" bewiesen: *Die Gruppe der eindeutigen Transformationen der Überlagerungsfläche F_{∞} in sich stellt sich in der Grenzfunction $\zeta(z)$ als Gruppe „linearer Substitutionen" mit $P_{\infty}^{(0)}$ als „Discontinuitätsbereich" dar, so dass $\zeta(z)$ in der That eine linear-polymorphe Function der gewünschten Art auf unserer gegebenen Riemann'schen Fläche ist.* Es bleibt jetzt nur noch die Frage zu entscheiden, ob $\zeta(z)$ die einzige Function dieser Art ist, oder ob es deren mehrere giebt.

§ 14. Beweis des Unitätssatzes. Gewinnung des Rückkehrschnitttheorems.

Die Thatsache, dass die gewonnene polymorphe Function $\zeta(z)$ der Fläche F_1 im wesentlichen, d. h. von linearer Transformation abgesehen, einzig ist, beweisen wir indirect, indem wir von der Existenz einer zweiten linear-polymorphen Function $\bar{\zeta}(z)$ ausgehen, welche F_1 wieder auf einen Discontinuitätsbereich unserer Art abbildet. Wir wollen den letzteren $\bar{P}_{\infty}^{(0)}$ nennen, die sich anreihenden äquivalenten Bereiche durch $\bar{P}_{\infty}^{(1)}$, $\bar{P}_{\infty}^{(2)}$, ... und das ganze Netz durch $\bar{P}_{\infty}$ bezeichnen. Der Bereich $\bar{P}_{\infty}$ ist eindeutig und conform auf die Überlagerungsfläche F_{∞} bezogen; dabei entspreche wieder dem Theilbereiche $F_{\varkappa}$ von F_{∞} der Theilbereich $\bar{P}_{\infty,\varkappa}$ von $\bar{P}_{\infty}$. Der Einfachheit halber setzen wir noch fest, dass der Stelle z_0 des ursprünglichen Flächenexemplars F_1 die Stelle $\bar{\zeta} = \infty$ entspreche, was nöthigenfalls durch lineare Transformation von $\bar{\zeta}$ erreichbar ist.

Die Überlegungen der Paragraphen 10 und 11, welche die Anwendungen des Verzerrungssatzes auf das Netz P_{∞} der Bereiche $P_{\infty}^{(i)}$ betrafen, übertragen sich unmittelbar auf das Netz $\bar{P}_{\infty}$. Dabei sind sogar die Zahlen q und Q dieselben wie damals, da ja unser jetziger Bereich $\bar{P}_{\infty}^{(0)}$ durch Vermittlung von F_1 conform auf $P_{\infty}^{(0)}$ bezogen ist. Wir notieren insbesondere für die Längen $\bar{L}_{\infty,\varkappa}^{(i)}$ der $2p_{\varkappa}$ Randcurven von $\bar{P}_{\infty,\varkappa}$ die der Bedingung (2), pg. 540, entsprechende Ungleichung:

$$(1) \qquad \sum_{k=1}^{2p_{\varkappa}} (\bar{L}_{\infty,\varkappa}^{(i)})^2 \leqq (48 + 32\sqrt{2})\pi \, Q q^{n-2}.$$

Durch Vermittlung der Überlagerungsfläche F_∞ ist das gesammte Innere des Bereiches $\bar{P}_\infty$ auf dasjenige von P_∞ umkehrbar eindeutig und conform bezogen, wobei unserer Festsetzung gemäss die Stellen $\bar\zeta = \infty$ und $\zeta = \infty$ einander entsprechen. Wir können die Eindeutigkeit des Entsprechens aber sofort auch auf die beiderseitigen Mengen $\bar{M}_g$ und M_g der Grenzpunkte ausdehnen, indem homologe Bereichketten der beiden Netze $\bar{P}_\infty$ und P_∞ einander zugeordnete Grenzpunkte liefern. Die Beziehung zwischen ζ und $\bar\zeta$ ist dann insbesondere auch in allen Grenzpunkten eine stetige.

Die festgelegte Beziehung wollen wir nun durch die Gleichung:

$$(2) \qquad\qquad \bar\zeta = f(\zeta)$$

darstellen. Diese Function $f(\zeta)$ ist alsdann für alle Werthe ζ, auch den Werth $\zeta = \infty$ einbegriffen, umkehrbar eindeutig und für alle endlichen ζ stetig; überdies ist sie jedenfalls für alle der Menge M_g nicht angehörenden Stellen ζ analytisch. Dass aber der analytische Charakter auch in den Grenzpunkten gewahrt bleibt, erkennt man durch Wiederholung der pg. 543 an den Cauchy'schen Satz angeschlossenen Überlegung. Sei wieder ζ_0 ein beliebiger endlicher innerhalb P_∞ gewählter Punkt, so verfüge man über die Indices l und n wie damals (pg. 543). Auch gehen wir wieder von $P_{\infty,n}$ zu einem endlichen Bereiche $P'_{\infty,n}$ durch Zufügung einer äusseren Randcurve C, welche ζ_0 und alle $2p_n$ inneren Randcurven von $P_{\infty,n}$ umschliesst. Der Cauchy'sche Satz liefert alsdann:

$$(3) \qquad f(\zeta_0) = \frac{1}{2i\pi} \int\limits_{(C)}' \frac{f(\zeta)\,d\zeta}{\zeta - \zeta_0} + \frac{1}{2i\pi} \sum_{k=1}^{2p_n} \int\limits_{(R_k)}' \frac{f(\zeta)\,d\zeta}{\zeta - \zeta_0}.$$

Für diese Gleichung lässt sich die an (5), pg. 543, angeschlossene Überlegung erneut anwenden, wobei der einzige unwesentliche Unterschied besteht, dass für die Abschätzung der Schwankung von $f(\zeta)$ längs R_k unsere jetzige Ungleichung (1) an Stelle der Ungleichung (2) pg. 540 zu benutzen ist. Wir kommen wieder zu dem Ergebniss, dass die in (3) rechts stehende $2p_n$-gliedrige Summe für sich verschwindet, woraus die Darstellung folgt:

$$(4) \qquad f(\zeta_0) = \frac{1}{2i\pi} \int\limits_{(C)}' \frac{f(\zeta)\,d\zeta}{\zeta - \zeta_0}.$$

Die Übertragung der an (10), pg. 545, angeschlossenen Überlegung zeigt daraufhin, dass der analytische Charakter von $f(\zeta)$ auch in den Punkten der Menge M_g gewahrt bleibt. Sobald dies feststeht, versteht sich von selbst, dass $\bar{\zeta}$ eine lineare Function von ζ ist; und zwar gilt:

$$\bar{\zeta} = \alpha\zeta + \beta,$$

da dem Werthe $\zeta = \infty$ wieder der Werth $\bar{\zeta} = \infty$ entspricht. Hiermit gewinnen wir den „*Unitätssatz*": *Es giebt im wesentlichen, d. i. von linearer Transformation abgesehen, nur eine einzige linear-polymorphe Function $\zeta(z)$ der gewünschten Art auf der zerschnittenen Riemann'schen Fläche F_1'.*

Unter Zusammenfassung aller Ergebnisse entspringt das „*Rückkehrschnitttheorem*": *Auf jeder Riemann'schen Fläche eines Geschlechtes $p > 0$, welche wir mit irgend einem System von p dieselbe nicht zerstückenden Rückkehrschnitten versehen haben, existiert eine und im wesentlichen auch nur eine linear-polymorphe Function $\zeta(z)$, welche die zerschnittene Fläche auf einen mit $2p$ paarweise linear einander zugeordneten geschlossenen Randcurven versehenen schlichten Bereich (Discontinuitätsbereich) conform überträgt.*

§ 15. Koebe's Beweis des allgemeinen Klein'schen Fundamentaltheorems.

Von den weitergehenden Untersuchungen Koebe's[*]) kommen namentlich die beiden Noten „*Über die Uniformisierung der algebraischen Curven durch automorphe Functionen mit imaginären Substitutionsgruppen*", welche bereits pg. 446 genannt wurden, hier in Betracht, und zwar deshalb, weil es Koebe hier gelungen ist, auch das allgemeinste pg. 47 erwähnte Fundamentaltheorem von Klein[**]), welches sich auf Bereiche bezieht, die aus ν Polygonen mit Grenzkreisen[***]) von den Signaturen:

$$(1) \qquad (p_i, n_i; l_1^{(i)}, l_2^{(i)}, \ldots, l_{n_i}^{(i)}), \qquad i = 1, 2, \ldots, \nu$$

durch Composition entstehen, zum Nachweise zu bringen[†]). Es sollen hier wenigstens die Hauptgesichtspunkte dieses Koebe'schen Beweises kurz bezeichnet werden.

---

[*]) Ausser den oben (pg. 445 u. f.) citierten Arbeiten nennen wir noch Koebe's Note „*Über die Hilbert'sche Uniformisierungsmethode*", Gött. Nachr. von 1910, pg. 59, welche sich an die pg. 496 genannte Note Hilbert's „*Zur Theorie der conformen Abbildung*", Gött. Nachr. von 1909, pg. 314, anschliesst.

[**]) Ausgesprochen 1882 in Bd. 20 der Math. Ann., pg. 206 ff.

[***]) Es können auch noch elliptische oder parabolische Rotationsgruppen an der Composition theilnehmen; doch sehen wir der Kürze halber von ihnen ab.

[†]) Eine ausführliche Darstellung seines Beweises wird Koebe in der Arbeit „*Über die Uniformisierung der algebraischen Curven III*" geben, die demnächst in den mathematischen Annalen erscheinen soll.

Ausser den bisherigen Untersuchungsmethoden tritt noch eine als wesentlich neu hinzu, welche Koebe als ein „*iterierendes Verfahren*" bezeichnet. Wir können den Charakter dieses Verfahrens am besten bei Anwendung auf das Rückkehrschnitttheorem beschreiben.

Die längs der p Rückkehrschnitte durchschnittene Fläche F_1 hatten wir pg. 525 u. f. auf einen schlichten mit $2p$ Randcurven versehenen Bereich P_1 der η_1-Ebene abgebildet. Die Randcurven waren zu Paaren einander zugeordnet, und zwar ist diese Zuordnung (was wir damals für P_1 noch nicht besonders verfolgten) eine *analytische*, wie aus der Betrachtung der oben (pg. 524) auf der Riemann'schen Fläche längs der Rückkehrschnitte angebrachten Flächenbänder unmittelbar beweisbar ist.

Das iterierende Verfahren hat nun zum Ziele, diesen Bereich P_1 conform auf einen neuen schlichten Bereich mit $2p$ Randcurven zu übertragen, bei dem jedoch die analytische Zuordnung der Randcurven insbesondere eine *lineare* ist. Dies geschieht in folgender Weise: Wir behalten nur ein einziges Paar auf einander bezogener Randcurven bei und denken also die $(2p-2)$ übrigen Lücken unseres Bereiches P_1 schlicht gefüllt. Den so gewonnenen Bereich können wir wegen der analytischen Zuordnung seiner beiden noch vorhandenen Randcurven conform auf eine geschlossene Riemann'sche Fläche des Geschlechtes $p = 1$ abbilden. Das Integral erster Gattung u dieser Fläche habe demjenigen Periodenwege, welcher aus den Randcurven von P_1 entsteht, entsprechend die Periode ω_2, während in gegenüberliegenden Uferpunkten des betreffenden Rückkehrschnittes u um ω_1 differiere. Wir bilden alsdann mittelst der Function:

$$(2) \qquad\qquad v_2 = e^{\frac{2i\pi u}{\omega_1}}$$

die Riemann'sche Fläche und damit unseren Bereich der η_1-Ebene auf die v_2-Ebene ab, wo wir wieder einen mit zwei Randcurven versehenen Bereich gewinnen. Die letzteren sind aber nun durch die *lineare* Substitution:

$$(3) \qquad\qquad v_2' = e^{\frac{2i\pi \omega_1}{\omega_2}}\, v_2$$

auf einander bezogen.

Dem Bereiche P_1 entspricht ein etwa $P^{(2)}$ zu nennender Theilbereich des so erhaltenen Bereiches der v_2-Ebene. Der gewonnene Vortheil ist, dass bei *einem* unter den p Randcurvenpaaren *lineare* Beziehung vorliegt, während jeweils die beiden Curven der übrigen $(p-1)$ Paare nach wie vor analytisch auf einander bezogen sind. Sobald lineare Beziehung der Randcurven vorliegt, tritt der Begriff des Discontinuitätsbereiches der durch die Beziehung erzeugten Gruppe in Kraft. Wir können also wenigstens in die beiden zu den bevorzugten Randcurven

gehörenden Lücken je eine unendliche Kette von äquivalenten Bereichen
anlagern, welche sich glatt an einander lagern, und von denen natürlich
jeder noch $(2p-2)$ innere Lücken (wie P_2) darbietet.

Wir vollziehen nun dieselbe Operation an einem zweiten Paare
von Randcurven und gelangen zu einem in einer r_3-Ebene gelegenen
schlichten Bereiche $P^{(3)}$, bei dem die Randcurven jenes zweiten Paares
linear zusammenhängen. Dabei ist dann freilich für den analytischen
Charakter des Zusammenhanges der Randcurven des ersten Paares der
lineare Charakter wieder verloren gegangen. Aber es bleibt für das
erste Paar etwas Wesentliches erhalten: *Nämlich die zugehörige analytische Transformation, auf $P^{(3)}$ angewandt, liefert auch in den beiden zuerst bevorzugten Lücken glatte Aneinanderreihung der äquivalenten Bereiche.*
Hierin liegt der Nerv der ganzen Betrachtung: Während man im Allgemeinen bei nicht-linearen analytischen Transformationen von vornherein über die Fortsetzung in die Bereichlücken hinsichtlich der Schlichtheit nichts auszusagen vermag, verhält sich an $P^{(3)}$ die zum ersten
Paare gehörende Transformation nach wie vor in Anbetracht der Aneinanderreihung der Bereiche wie eine lineare Substitution. Diese Thatsache ist eine Folge des Umstandes, dass sich die conforme Abbildung
der r_2-Ebene auf diejenige von r_3 auf die Vollebenen, abgesehen von
je den beiden zum zweiten Randcurvenpaar gehörenden Lücken, erstreckt.
Die Reproduction am zweiten Randcurvenpaar können wir demnach sogleich auf die einfach unendliche Kette von Bereichen beziehen, welche
wir am ersten Randcurvenpaar bereits entworfen hatten. Heissen T_1
und T_2 die beiden ersten Transformationen für $P^{(3)}$ (von denen also T_2
gegenwärtig linear ist), so werden jetzt bereits alle Transformationen
$T_2^m T_1^n$ (für alle positiven, negativen und verschwindenden ganzzahligen
m, n gebildet) glatte Aneinanderreihung der Bereiche bewirken.

Man behandle jetzt nach derselben Methode das dritte, das vierte
u. s. w. Randcurvenpaar und hat, nachdem man das p^{te} Paar erledigt hat,
mit dem ersten wieder zu beginnen. Das iterierende Verfahren besteht in
der unbegrenzten Wiederholung des gleichen Verfahrens, wobei nach und
nach für *alle* aus den p erzeugenden Transformationen herzustellenden
weiteren Transformationen glatte Aneinanderreihung der Bereiche eintritt.

Zu zeigen bleibt hierbei die *Convergenz gegen eine Grenzfunction*
$\lim\limits_{n=\infty} v_n$, sowie die Sätze der *Linearität* und *Unität* im Grenzfall. Wie
Koebe a. a. O. dargethan hat, gelingt dies auf Grund derselben Principien,
welche der Methode der Überlagerungsfläche zu Grunde liegen, so dass
hiermit ein zweites Beweisverfahren zunächst für das Rückkehrschnitttheorem gewonnen ist.

Wie Koebe nun in der zweiten der oben citierten Noten bewiesen hat, bewahrt genau dieselbe Untersuchungsmethode ihre Zugkraft auch beim Beweise des allgemeinen vorhin genannten Klein'schen Fundamentaltheorems. Die Hauptgesichtspunkte seiner Überlegung sind die folgenden:

Eine beliebige geschlossene mit n Punkten c signierte Riemannsche Fläche des Geschlechtes p sei vorgelegt. Auf derselben soll irgend ein Querschnittsystem der pg. 47 besprochenen Art gezeichnet sein, wie es bei der Composition von ν Grenzkreispolygonen entsteht. Das Gesammtsystem soll also in ν getrennte Querschnittsysteme je von kanonischem Charakter (cf. Fig. 40 in I pg. 183) zerfallen. Ist die Signatur des i^{ten} unter diesen Systemen durch (1) gegeben, so gilt:

$$p = p_1 + p_2 + \cdots + p_\nu, \quad n = n_1 + n_2 + \cdots + n_\nu.$$

Die so zerschnittene Fläche ist, wie schon pg. 47 festgestellt wurde, noch ν-fach zusammenhängend und besitzt ν aus Querschnittufern aufgebaute Randcurven.

Diese Fläche bildet Koebe zunächst auf einen schlichten ν-fach zusammenhängenden Bereich mit analytischer Randkurvenzuordnung ab. Die Zuordnung bezieht sich dabei auf die verschiedenen Theile eines und desselben unter den ν geschlossenen Rändern, und zwar ist die Reihenfolge der zugeordneten Seiten dieselbe, wie sie am Rande eines kanonischen Grenzkreispolygons vorliegt.

Nun setzt das iterierende Verfahren ein. Es wird nur der erste Rand, derjenige der Signatur $(p_1, n_1; l_1^{(1)}, \ldots)$, beibehalten, während die $(\nu - 1)$ übrigen Lücken schlicht ausgefüllt werden. Der ergänzte Bereich kann auf eine Riemann'sche Fläche des Geschlechtes p_1 und der Signatur $(p_1, n_1; l_1^{(1)}, \ldots)$ abgebildet werden, diese aber auf Grund des bewiesenen Grenzkreistheorems rückwärts auf ein Grenzkreispolygon der gleichen Signatur. Nach Vollzug der Abbildung tragen wir die Bilder der $(\nu - 1)$ übrigen Lücken wieder ein und gelangen zu einem mit ν Rändern versehenen Bereich zurück, der wenigstens in Bezug auf seinen ersten Rand „Grenzkreischarakter" besitzt. In Bezug auf diesen Grenzkreis ist also glatte Aneinanderreihung der Bereiche erzielt.

Vor Weiterführung des Processes spiegelt Koebe das bisher erhaltene Netz in das Innere des Grenzkreises hinein und wendet die Fortsetzung zugleich auf das äussere und innere Netz an. Diese Fortsetzung besteht darin, dass jetzt auf einen zweiten, einen dritten u. s. w. Rand die Umformung auf Grenzkreischarakter mit nachfolgender Spiegelung vollzogen wird, und dass nach Erledigung des ν^{ten} Randes mit dem ersten wieder begonnen wird.

Auch hier gelingt es Koebe auf Grund der Folgerungen seines Verzerrungssatzes die Convergenz des Processes, sowie die Linearität und Unität der Grenzfunction zu zeigen, womit das genannte allgemeine Theorem Klein's in der That bewiesen ist.

Bei aller Wichtigkeit, welche den hiermit zu Ende geführten Untersuchungen zukommt, können wir doch nicht unterlassen, hier noch einmal auf die besondere Stellung des Grenzkreistheorems hinzuweisen (cf. pg. 493). Das Schnittsystem der Riemann'schen Fläche, welches dem Rückkehrschnitttheorem zu Grunde liegt, ist in unendlich vielen wesentlich verschiedenen Arten wählbar; und dasselbe gilt offenbar von dem in ν getrennte Züge zerfallenden Schnittsystem des zuletzt betrachteten allgemeinen Theorems.

Dementsprechend giebt es in diesen Fällen allemal unendlich viele wesentlich verschiedene polymorphe Functionen $\zeta(z)$.

Dagegen war die polymorphe Function des Grenzkreistheorems, die auf jeder signierten Fläche existiert, invariant gegenüber einer Transformation des kanonischen Schnittsystems. *Die Function $\zeta(z)$ des Grenzkreistheorems hat in dieser Hinsicht eine einzigartige Stellung, und sie erscheint als eindeutig bestimmtes Attribut der unzerschnittenen Fläche.*

Die polymorphe Function $\zeta(z)$ des Grenzkreistheorems leistet denn auch in Bezug auf ihre „*uniformisierende Kraft*" am meisten. Ziehen wir auf einer mit n Punkten e_i und zugehörigen ganzen Zahlen l_i ausgestatteten Fläche einmal ein kanonisches Schnittsystem von der Grenzkreisart, sodann aber ein in ν getrennte Züge zerfallendes Schnittsystem von der Art des allgemeinen Theorems, so wird die zum letzten System gehörende polymorphe Function eindeutig sein in der Function $\zeta(z)$ des Grenzkreistheorems (wie sie zum erstgewählten Schnittsystem gehört); aber keineswegs ist umgekehrt auch diese Function des Grenzkreistheorems eindeutig in der polymorphen Function des allgemeinen Theorems.

Bei dieser Sachlage darf man die Entdeckung der polymorphen Function $\zeta(z)$ des Grenzkreisfalles auf jeder signierten Fläche durch Klein und Poincaré, sowie den endgültigen Existenzbeweis dieser Function durch Koebe, Picard und Poincaré als einen Gipfelpunkt bezeichnen, den die Riemann'sche Functionentheorie nach dieser Richtung hin erreicht hat. Die Entwicklung würde sogar als eine vollkommene bezeichnet werden können, wenn nicht (cf. pg. 279) leider zur Zeit noch ein Desideratum in der Hinsicht übrig bliebe, dass wir noch kein wirklich brauchbares analytisches Darstellungsgesetz der übrigen Functionen der Fläche in ζ besitzen.

Anhang.

Ein Beitrag zur Transformationstheorie der automorphen Functionen.

In der Theorie der elliptischen Modulfunctionen nimmt die Behandlung des Problems der Transformation n^{ten} Grades einen sehr breiten Raum ein. Die Entwicklungen in „Mod." II sind wesentlich dieser Transformationstheorie und ihren vielfältigen Anwendungen algebraischer und arithmetischer Natur gewidmet. Der Gegenstand hatte neben dem sachlichen auch ein historisches Interesse, insofern es galt, die z. Th. sehr lange bekannten Resultate der Transformationstheorie der elliptischen Functionen in die auf gruppentheoretisch-geometrischer Basis aufgebaute Theorie der Modulfunctionen von „Mod." I einzuordnen und in neuer Weise verständlich zu machen.

Eine solche Tradition haftet nun freilich der Transformationstheorie anderer eindeutiger automorpher Functionen nicht an. Erst im Jahre 1887 hat Poincaré in seiner Arbeit „*Les fonctions fuchsiennes et l'arithmé-tique*"[*]) auf die Möglichkeit einer Transformationstheorie bei solchen automorphen Functionen hingewiesen, deren Gruppen in der genannten Arbeit (cf. auch I pg. 501) aus der Theorie der indefiniten ganzzahligen ternären quadratischen Formen abgeleitet werden. Einen Versuch, diese Idee weiter zu verfolgen, macht Poincaré nicht; auch ist ein solcher Versuch, von ein paar kleinen Ansätzen[**]) abgesehen, bis vor kurzem von anderer Seite nicht unternommen. Gleichwohl liegen in dieser Richtung Entwicklungen, die sich ihrer Eigenart nach aufs schönste in den Gesammtcharakter des vorliegenden Buches einordnen. Wir wollen dies hier zum Schlusse wenigstens an einem Falle darthun, indem wir die *Transformation dritten Grades der zur Signatur* (0, 3; 2, 4, 5) *gehörenden Dreiecksfunction* behandeln. Wir lernen hier eine Entwicklung kennen, welche mit der Behandlung der Transformation 7ten Grades der ellip-

---

[*]) Journ. de Math., 4te Reihe, Bd. 3.

[**]) Siehe hierüber insbesondere das Kap. III „*Congruenzgruppen und Transformationstheorie*" der Abhandlung des Verf. „*Weitere Untersuchungen über automorphe Gruppen u. s. w.*", Math. Ann. Bd. 39, pg. 62 ff. (1891).

36*

tischen Functionen durch Klein[*]) sinnfällig verwandt erscheinen wird,
wenn auch die hier zu entwickelnde Theorie in gewisser Hinsicht sich
noch beziehungsreicher gestalten wird. Einige allgemeine Bemerkungen
über die Transformation höheren Grades der automorphen Functionen
schicken wir zunächst voraus.

§ 1. Allgemeiner Ansatz der Transformation eindeutiger automorpher Functionen.

Ist $J(\omega)$ die so bezeichnete wohlbekannte Modulfunction erster
Stufe, und sind a, b, c, d vier ganze Zahlen von positiver Determinante:

$$ad - bc = n > 0,$$

so sagt man (cf. „Mod." II pg. 44), die Function:

$$J'(\omega) = J\left(\frac{a\omega + b}{c\omega + b}\right)$$

entstehe durch Transformation n^{ten} Grades aus $J(\omega)$. Ist $n = 1$, so ist
$J'(\omega) = J(\omega)$. Ist $n > 1$, so besteht zwischen $J'(\omega)$ und $J(\omega)$ eine
algebraische Gleichung:

$$f(J', J) = 0,$$

welche als „Modulargleichung erster Stufe für Transformation n^{ten} Grades"
bezeichnet wird und Gegenstand ausgedehnter algebraischer und arithmetischer Entwicklungen ist (cf. „Mod." II pg. 54 ff.).

Indem wir versuchen, diesen Ansatz zu verallgemeinern, verstehen
wir unter Γ irgend eine unserer Gruppen des Geschlechtes $p = 0$ und
unter $J(\zeta)$ eine zweckmässig gewählte Hauptfunction von Γ. Die Substitutionen von Γ seien wie üblich $V_0 = 1, V_1, V_2, V_3, \ldots$ genannt
und, sofern wir ihre entwickelte Gestalt brauchen, in der Form:

$$(1) \qquad \zeta_i = \frac{\alpha_i \zeta + \beta_i}{\gamma_i \zeta + \delta_i}, \qquad \alpha_i \delta_i - \beta_i \gamma_i = 1,$$

d. i. also „unimodular" geschrieben. Der Fundamentalbereich der Gruppe Γ,
der eindeutig und conform auf die J-Ebene bezogen ist, werde P_0 genannt und gehe durch V_i in den Bereich P_i über. Das ganze Netz der
Bereiche $P_0, P_1, P_2, \ldots$ heisse wie üblich N.

Man verstehe nun unter T eine in Γ nicht enthaltene lineare Substitution von ζ:

$$(2) \qquad \zeta' = T(\zeta) = \frac{a\zeta + b}{c\zeta + d}$$

mit nicht verschwindender Determinante $(ad - bc)$ und frage, ob es ins-

---

[*] Math. Ann. Bd. 14, pg. 428 (1878); cf. auch „Mod." I. pg. 692.

besondere solche Substitutionen T geben kann, für welche die transformierte Hauptfunction:

$$(3) \qquad J'(\zeta) = J(T(\zeta)) = J\begin{pmatrix} a\zeta + b \\ c\zeta + d \end{pmatrix}$$

mit der ursprünglichen $J(\zeta)$ durch eine algebraische Relation:

$$(4) \qquad f(J', J) = 0$$

verbunden ist.

Die transformierte Function $J'(\zeta)$ ist die Hauptfunction der Gruppe $\Gamma' = T^{-1} \Gamma T$ aller Substitutionen:

$$(5) \qquad V_i' = T^{-1} V_i T,$$

welche aus den V_i durch Transformation vermittelst T hervorgehen. Als Fundamentalbereich von Γ' in der ζ-Ebene wird das Polygon $P_0' = T^{-1}(P_0)$ zu wählen sein; durch die Substitution V_i' geht dasselbe über in $P_i' = V_i'(P_0')$.

Da die beiden eindeutigen Functionen $J(\zeta)$ und $J'(\zeta)$ zufolge (4) algebraisch zusammenhängen sollen, so haben sie gleiche Definitions-bereiche: *Das Gesammtnetz der Bereiche P_0', P_1', P_2', ... deckt sich genau mit dem Netze N der Bereiche P_0, P_1, P_2, ..., so dass der Bereich N durch die Transformation T in sich übergeführt wird.*

Die Gleichung (4) dürfen wir als irreducibel voraussetzen und nehmen an, dass sie in J' den Grad μ besitze; ihr gehört alsdann eine gewisse μ-blättrige zusammenhängende Riemann'sche Fläche F_μ über der J-Ebene zu. Wir wollen nun feststellen, wie die Substitutionen der Gruppe Γ auf die eindeutige Function $J'(\zeta)$ wirken, und gehen zu dem Zwecke von einer Stelle ζ des Ausgangsbereiches P_0, wo die Functions-werthe $J(\zeta)$ und $J'(\zeta)$ vorliegen, im Innern des Netzes N zu den äqui-valenten Stellen $V_i(\zeta)$. Die Function J reproduciert sich bei jedem solchen Wege, und also übertragen sich unsere Wege in der J-Ebene auf geschlossene Wege, in der Fläche F_μ aber auf Wege von der der Ausgangsstelle ζ bezw. dem zugehörigen Werthepaar J, J' entsprechen-den Stelle zu irgend einer der μ hierselbst über einander liegenden Stellen. Solche Wege führen von dem eben insbesondere durch J' be-zeichneten „Zweige" unserer durch (4) erklärten algebraischen Function J' von J zu irgend einem der μ etwa durch die Bezeichnungen J', J'', J''', ..., $J^{(\mu)}$ zu unterscheidenden Zweige dieser Function. Umgekehrt kann man auch durch Übertragung eines geeigneten Weges von der Riemann'schen Fläche F_μ auf das Netz N in der genannten Art zu jedem Zweige unserer algebraischen Function gelangen: *Durch Ausübung der Substitutionen V_0, V_1, V_2, ... von Γ auf $J'(\zeta)$ gewinnt man die ge-sammten μ Zweige $J'(\zeta)$, $J''(\zeta)$, ..., $J^{(\mu)}(\zeta)$ unserer algebraischen Func-*

tion und nur diese. Insbesondere können wir die μ ersten Substitutionen $V_0 = 1$, V_1, V_2, ..., $V_{\mu-1}$ so gewählt denken, dass sie die μ Zweige:

(6) $\quad J'(\zeta) = J'(V_0(\zeta)), \quad J''(\zeta) = J'(V_1(\zeta)), \quad \ldots, \quad J^{(\mu)}(\zeta) = J'(V_{\mu-1}(\zeta))$

gerade vollzählig ergeben.

Liefert nun irgend eine Substitution V_k von Γ gleichfalls den Zweig $J^{(i+1)}$, den wir bereits durch V_i erhielten, so gilt:

$$J'(V_k(\zeta)) = J'(V_i(\zeta)),$$

und also wird:

$$V = V_k V_i^{-1}$$

eine Substitution von Γ sein, welche $J'(\zeta)$ invariant lässt. Ist umgekehrt V irgend eine Substitution von Γ, die $J'(\zeta)$ in sich transformiert, so wird:

$$V_k = V V_i$$

zu demselben Zweige $J^{(i+1)}$ führen wie V_i. Hieraus folgt mittelst bekannter Schlussweise: *Die gesammten Substitutionen V von Γ, welche $J'(\zeta)$ unverändert lassen, bilden in Γ eine Untergruppe Γ_μ des endlichen Index μ, für welche die Substitutionen $V_0 = 1$, V_1, V_2, ..., $V_{\mu-1}$ ein „Repräsentantensystem" darstellen.*

Nun umfasste die transformierte Gruppe $\Gamma' = T^{-1} \Gamma T$ die gesammten Substitutionen des Netzes N in sich, welche die zugehörige „Hauptfunction" $J'(\zeta)$ reproduciren. Also ist Γ_μ auch in Γ' als Untergruppe $\Gamma'_{\mu'}$ enthalten. Hierbei ist, da die vorstehende Betrachtung genau so an die Gruppe Γ' und die Function J' (an Stelle von J) angeknüpft werden kann, der Index μ' gleich dem Grade, den unsere Relation (4) in J erreicht.

Zwei Gruppen, welche eine Untergruppe gemeinsam haben, die in jeder der beiden Gruppen von endlichem Index ist, heissen „*commensurabel*". *Unsere beiden Gruppen Γ und $\Gamma' = T^{-1} \Gamma T$ müssen demnach nothwendig commensurabel sein.* Hiermit aber haben wir zugleich die hinreichende Bedingung für die Existenz einer Transformation T gewünschter Art gewonnen, da umgekehrt aus der Commensurabilität der Gruppen Γ und Γ' die Existenz einer algebraischen Relation (4) unmittelbar folgt: *Wird die Gruppe Γ der Hauptfunction $J(\zeta)$ durch Transformation mittelst T in eine mit Γ „commensurabele" Gruppe $\Gamma' = T^{-1} \Gamma T$ übergeführt, so existiert zwischen der ursprünglichen Function $J(\zeta)$ und der transformierten $J'(\zeta) = J(T(\zeta))$ eine algebraische Relation (4), welche als die zugehörige „Transformationsgleichung" bezeichnet werden soll.*

Mit T werden auch alle unendlich vielen Substitutionen $T_k = T V_k$ eine solche Transformation leisten. Aber wie wir schon sahen, gelangen wir auf diese Weise nur zu den μ verschiedenen Functionen:

(7) $\quad J'(\zeta) = J(T\zeta), \; J''(\zeta) = J(TV_1(\zeta)), \; \ldots, \; J^{(\mu)}(\zeta) = J(TV_{\mu-1}(\zeta)),$

so dass wir die μ Transformationen:

(8) $\quad\quad T, \; T_1 = TV_1, \; T_2 = TV_2, \; \ldots, \; T_{\mu-1} = TV_{\mu-1}$

als die „*Repräsentanten*" für die gesammten hier vorliegenden Transformationen TV_k zu bezeichnen haben.

Die μ Functionen $J'(\zeta), J''(\zeta), \ldots, J^{(\mu)}(\zeta)$ kann man auch als die μ Lösungen der Transformationsgleichung (4) auffassen. Gegenüber den Substitutionen der Gruppe Γ erfahren diese μ Functionen eine Gruppe von Permutationen, welche *die Galois'sche Gruppe (Monodromiegruppe) der Transformationsgleichung* (4) darstellt. Zu diesen μ Functionen gehören μ gleichgerechtigte Untergruppen:

(9) $\quad\quad \Gamma_\mu, \; V_1^{-1}\Gamma_\mu V_1, \; V_2^{-1}\Gamma_\mu V_2, \; \ldots, \; V_{\mu-1}^{-1}\Gamma_\mu V_{\mu-1}.$

Die allen diesen Gruppen gemeinsamen Substitutionen bilden innerhalb Γ *eine ausgezeichnete Untergruppe von endlichem Index, deren Fundamentalbereich auf die J-Ebene übertragen die Riemann'sche Fläche der Galois'schen Resolvente der Transformationsgleichung liefert.*

Alle diese Angaben sind die Übertragungen wohlbekannter Sätze aus der Transformationstheorie der Hauptmoduln in der Theorie der Modulfunctionen. Auch ist klar, dass, falls die ursprünglich vorgelegte Gruppe ein Geschlecht $p > 0$ hat, an Stelle der Transformationsgleichung eine „*Transformationscorrespondenz*" mit analogen gruppentheoretischen und algebraischen Eigenschaften tritt. Doch verfolgen wir dies nicht weiter.

Die Hauptfrage wird nunmehr sein, unter welchen Bedingungen wirklich eine Gruppe Γ durch eine Transformation T in eine mit ihr commensurabele Gruppe $\Gamma' = T^{-1}\Gamma T$ übergeht. Auch hier sind die oben kurz berührten Verhältnisse der Modulgruppe vorbildlich. Diese Gruppe war ein einfachstes Beispiel einer grossen Reihe arithmetisch erklärter Gruppen, die in I pg. 446 unter verschiedenartigen Gesichtspunkten untersucht wurden. Der Erklärung einer einzelnen solchen Gruppe Γ liegt ein gewisser reeller Zahlkörper zu Grunde in der Art, dass die Substitutionscoefficienten $\alpha, \beta, \gamma, \delta$ der Γ als *ganze Zahlen* diesem Körper angehören. Dabei setzen wir, um nur den einfachsten Fall hier zunächst im Auge zu haben, die Substitutionen als *unimodular* voraus, d. h. wir nehmen an, dass die Determinante der einzelnen Substitution $\alpha\delta - \beta\gamma = 1$ sei[*]. Bei der Modulgruppe handelt es sich um alle ganz-

---

[*] Schon in dem unten zur ausführlichen Behandlung gelangenden Falle der Gruppe der Signatur (0, 3; 2, 4, 5) sind die Verhältnisse arithmetisch etwas complicierter, insofern die Forderung von nur unimodularen Substitutionen nicht aufrecht erhalten werden kann.

zahligen unimodularen Substitutionen dieser Art im Körper der rationalen Zahlen. Liegt ein Zahlkörper zweiten oder höheren Grades vor,
so kommt noch eine gewisse *Structur der Substitutionen* hinzu, welche
bei Combination derselben erhalten bleibt.

Die Substitutionen:

$$T(\zeta) = \frac{a\zeta + b}{c\zeta + d},$$

für welche eine Transformationstheorie besprochener Art möglich sein
soll, haben dann dasselbe Bildungsgesetz zu befolgen, wie die Substitutionen V von Γ mit der einzigen Ausnahme, *dass die Determinante von* T:

$$ad - bc = n$$

irgend eine ganze positive Zahl des zu Grunde liegenden Körpers ist.
Dies ist die directe Übertragung des aus der Theorie der Modulfunctionen bekannten Ansatzes. Es wird statthaft sein, auch in dem Falle
von einer „*Transformation des Grades* n" zu sprechen, dass n keine
rationale ganze Zahl ist*).

Um die aus $V = \begin{pmatrix} \alpha, \beta \\ \gamma, \delta \end{pmatrix}$ durch Transformation mittelst T entstehende
Substitution:

$$V' = T^{-1}VT = \begin{pmatrix} \alpha', \beta' \\ \gamma', \delta' \end{pmatrix}$$

gleich wieder *unimodular* zu schreiben, haben wir zu setzen:

$$(10) \quad \begin{cases} n\alpha' = ad\alpha - bc\delta + cd\beta - ab\gamma, \\ n\beta' = bd(\alpha - \delta) + d^2\beta - b^2\gamma, \\ n\gamma' = ac(\delta - \alpha) - c^2\beta + a^2\gamma, \\ n\delta' = ad\delta - bc\alpha - cd\beta + ab\gamma. \end{cases}$$

Auch hat zweitens V' wieder *die Structur* der Substitutionen V von Γ,
da wir dieselbe bei der Substitution T voraussetzten. Also bleibt, sofern
die transformierte Substitution V' der Untergruppe Γ'_μ und also der
Gruppe Γ wieder angehören soll, drittens nur noch die *Ganzzahligkeit* zu

---

*) Wenden wir diesen Ansatz auf die in I pg. 533 behandelten Gruppen an,
deren zu Grunde liegender Zahlkörper quadratisch sind oder durch Combination
quadratischer Körper entstehen, so gelangen wir zu dem in der Einleitung (pg. 551)
genannten zuerst von Poincaré erwähnten Falle der Transformation. Im Anschluss an die zugehörigen indefiniten ternären Formen, aus denen Poincaré die
fraglichen Gruppen Γ ableitet, lässt sich der Ansatz der Transformation bereits
im Körper der rationalen Zahlen formulieren: Die gesammten „*unimodularen*" ganzzahligen ternären Substitutionen der Form in sich liefern die Gruppe Γ; eine Transformation T wird von einer eben solchen Substitution „*beliebiger nicht verschwindender Determinante*" geliefert.

fordern übrig. Diese Forderung kleidet sich aber zufolge (10) in *Congruenzen nach dem Modul n*, welche die vier Coefficienten α, β, γ, δ erfüllen müssen, und welche z. B. immer dann erfüllt sind, wenn die Bedingungen:

$$(11) \qquad \alpha \equiv \delta, \quad \beta \equiv 0, \quad \gamma \equiv 0 \qquad (\text{mod. } n)$$

zutreffen.

Wie man sieht, gestalten sich die Verhältnisse genau wie bei der Modulgruppe. Durch die Congruenzen (11) wird eine ausgezeichnete Untergruppe von endlichem Index innerhalb Γ erklärt, welche wir als *die Hauptcongruenzgruppe der Stufe n* benennen werden; dieselbe liefert uns mittelst ihres Fundamentalbereiches die *Galois'sche Resolvente der Transformationsgleichung für den Grad n*. Die umfassendste Γ und $\Gamma' = T^{-1}\Gamma T$ gemeinsam angehörende Untergruppe Γ_μ ist eine jene Hauptcongruenzgruppe in sich enthaltende *Congruenzgruppe der Stufe n*, deren Fundamentalbereich die functionentheoretische Grundlage für die Aufstellung der Transformationsgleichung selbst abgiebt. Ist die Hauptcongruenzgruppe innerhalb Γ eine Untergruppe Γ_M des Index M, so wird sich die Gesammtgruppe Γ nach dem Modul n *auf eine endliche Gruppe G_M der Ordnung M reduciren*, welche die *Galois'sche Gruppe der Transformationsgleichung* in neuer Darstellungsform giebt.

Alle diese Angaben entsprechen wohlbekannten Sätzen aus der Transformationstheorie der Modulfunctionen. Indem wir aber unsere Ansätze für die Gruppe Γ der Signatur (0, 3; 2, 4, 5) und zwar im niedersten dabei in Betracht kommenden Falle des Grades $n = 3$ durchführen wollen, werden wir vorher an die arithmetische Structur der fraglichen Gruppe Γ etwas eingehender zu erinnern haben.

§ 2. Der arithmetische Charakter der Gruppe von der Signatur (0, 3; 2, 4, 5).

Die Gruppe Γ der Signatur (0, 3; 2, 4, 5) ist eine der arithmetisch einfachsten gegen die Modulgruppe sicher incommensurabelen Gruppen. Die arithmetische Theorie derselben ist in den Entwicklungen von I pg. 586 ff. vollständig enthalten. Da aber diese Entwicklungen sehr allgemein gehalten sind, so ist es nöthig, sie hier für unsere in Rede stehende Gruppe zu specialisiren *).

---

*) Die nachfolgenden Angaben weichen (in Folge anderer Auswahl des Ausgangsdreiecks) ein wenig von I pg. 586 ff. ab, schliessen sich jedoch unmittelbar an die Arbeiten des Verf. an „*Entwicklungen zur Transformation fünfter und siebenter Ordnung einiger specieller automorpher Functionen*", Act. math. Bd. 17, pg. 345 (1893) und „*Über eine einfache Gruppe von 360 Operationen*", Gött. Nachr. von 1896, Heft 3.

Unter j verstehen wir weiterhin die der quadratischen Gleichung:

$$(1) \qquad\qquad j^2 + j - 1 = 0$$

genügende reelle ganze algebraische Zahl:

$$(2) \qquad\qquad j = \frac{-1 + \sqrt{5}}{2}.$$

Der zugehörige reelle quadratische Zahlkörper kann mittelst der Basis $|1, j|$ dargestellt werden; insbesondere gelangen wir gerade genau zu allen ganzen Zahlen dieses Körpers, wenn wir mittelst aller Paare rationaler ganzer Zahlen a, b die Summen $(a + bj)$ bilden.

Dieser Zahlkörper liegt der Darstellung unserer Gruppe Γ der Signatur $(0, 3; 2, 4, 5)$ zu Grunde. Wenn wir nämlich in der positiven Halbebene der Variabelen $\zeta = \xi + i\eta$ die drei Halbkreise der Gleichungen:

$$(3) \qquad \begin{cases} \xi^2 + \eta^2 + 2\xi - 1 = 0 \\ (1 + j - \sqrt{j})(\xi^2 + \eta^2) - (1 + j + \sqrt{j}) = 0 \\ \xi = 0 \end{cases}$$

zeichnen, so schliessen diese gerade ein Kreisbogendreieck der gewünschten Winkel $\frac{\pi}{2}, \frac{\pi}{4}, \frac{\pi}{5}$ ein. Die zu diesen Kreisen als Symmetriekreisen gehörenden Spiegelungen sind:

$$(4) \qquad \begin{cases} (\overline{V}_1) & \zeta' = \dfrac{-\bar{\xi} + 1}{\bar{\xi} + 1}, \\[2mm] (\overline{V}_2) & \zeta' = \dfrac{(1 + j + \sqrt{j})}{(1 + j - \sqrt{j})\bar{\zeta}}, \\[2mm] (\overline{V}_3) & \zeta' = -\bar{\xi}, \end{cases}$$

wobei $\bar{\zeta}$ der zu ζ conjugiert complexe Werth ist. Die aus ihnen hervorgehenden Erzeugenden der Gruppe Γ der Signatur $(0,3; 2,4,5)$ selbst sind:

$$(5) \qquad \begin{cases} (V_1 = \overline{V}_2 \overline{V}_3) & \zeta' = \dfrac{(1 + j + \sqrt{j})}{(-1 - j + \sqrt{j})\zeta}, \\[2mm] (V_2 = \overline{V}_3 \overline{V}_1) & \zeta' = \dfrac{\zeta - 1}{\zeta + 1}, \\[2mm] (V_3 = \overline{V}_1 \overline{V}_2) & \zeta' = \dfrac{(1 + j - \sqrt{j})\zeta + (-1 - j - \sqrt{j})}{(1 + j - \sqrt{j})\zeta + (1 + j + \sqrt{j})}. \end{cases}$$

Wie es sein muss, befriedigen diese Substitutionen die Bedingungen:

$$V_1^2 = 1, \quad V_2^4 = 1, \quad V_3^5 = 1, \quad V_1 V_2 V_3 = 1.$$

Dem in (5) hervorgetretenen Substitutionentypus folgend, bilden wir uns mittelst irgend welcher ganzen Zahlen A, B, C, D unseres quadratischen Körpers allgemein die Substitutionen:

$$(6) \qquad \zeta' = \frac{(A + B\sqrt{j})\zeta + (C + D\sqrt{j})}{(-C + D\sqrt{j})\zeta + (A - B\sqrt{j})}$$

und wollen zur Abkürzung die einzelne solche Substitution V unter Angabe ihrer vier ganzen Zahlen A, B, C, D durch das Symbol bezeichnen:

$$(7) \qquad V = (A, B, C, D).$$

Der Typus dieser Substitutionen V reproduciert sich bei Combination zweier unter ihnen. Da aber alle drei Substitutionen (5) sich diesem Typus unterordnen, so werden jedenfalls alle Substitutionen unserer Gruppe $\varGamma$ den in Rede stehenden Typus besitzen.

Indessen liegt gegenüber den allgemeinen Angaben des vorigen Paragraphen hier noch eine Abweichung vor. Nach jenen Angaben würden wir alle *unimodularen* Substitutionen (6) zu einer Gruppe vereinigen und auf diese die Transformation T anwenden. Damit aber treffen wir unsere gewünschte Gruppe der Signatur (0, 3; 2, 4, 5) noch nicht; denn unter den drei Erzeugenden (5) haben die beiden ersten die Determinante 2 und die dritte die Determinante 4; und es würde, falls die Substitutionen unimodular geschrieben werden, die Ganzzahligkeit der Coefficienten verloren gehen*).

Wie die hier hervorgetretene Unstimmigkeit zu überwinden ist, lehren die allgemeinen Entwicklungen von I pg. 589 ff. Wir denken *alle dimodularen und quadrimodularen Substitutionen* (6), d. i. alle Substitutionen der Determinanten 2 und 4 gebildet, wobei sich unter den quadrimodularen auch die gesammten mit 2 erweiterten unimodularen Substitutionen finden werden.

Betrachten wir alsdann zunächst die quadrimodularen Substitutionen, für welche also:

$$A^2 - jB^2 + C^2 - jD^2 = 4$$

gilt, so ergiebt sich hieraus:

$$(8) \qquad A^2 + C^2 \equiv j(B^2 + D^2), \quad (\text{mod. } 4).$$

Da es nun modulo 2 vier incongruente Zahlen giebt und modulo 2 congruente Zahlen modulo 4 congruente Quadrate liefern, so giebt es in unserem quadratischen Körper modulo 4 im Ganzen nur die vier quadratischen Reste:

$$(9) \qquad 0, \quad 1, \quad 1 + 3j, \quad 2 + j,$$

wie man sofort durch Quadrieren der modulo 2 incongruenten Zahlen feststellt. Demnach ist $(B^2 + D^2)$ entweder mit einer der vier Zahlen:

---

*) Nur die Substitution V_1 würde ganzzahlig bleiben, da man in $\dfrac{1 + j + \sqrt{j}}{\sqrt{2}}$ leicht eine ganze algebraische Zahl erkennt.

(10) $0, \quad 2, \quad 2+2j, \quad 2j$

oder mit einer der sechs Zahlen:

(11) $1, \quad 1+3j, \quad 2+j, \quad 2+3j, \quad 3+j, \quad 3$

modulo 4 congruent. Den sechs Resten (11) entsprechen die Congruenzen:

(12) $j(B^2+D^2) \equiv j, \; 3+2j, \; 1+j, \; 3+3j, \; 1+2j, \; 3j, \quad \text{(mod. 4)}$,

wo hier rechts gerade die sechs in (10) und (11) noch nicht vertretenen Reste modulo 4 stehen. Da diese, wie wir sahen, nicht mit der Summe zweier Quadrate (A^2+C^2) nach dem Modul 4 congruent sein können, so fordert die Congruenz (8):

$$A^2 + C^2 \equiv j(B^2+D^2) \equiv 0, \; 2, \; 2+2j, \; 2j, \quad \text{(mod. 4)}.$$

Hieraus aber ergiebt sich, dass für die quadrimodularen Substitutionen (6) nothwendig:

(13) $A \equiv C, \quad B \equiv D, \quad \text{(mod. 2)}$

zutrifft.

Combinieren wir jetzt die beiden Substitutionen:

$$V = (A, B, C, D), \quad V' = (A', B', C', D')$$

und schreiben:

$$V V' = V'' = (A'', B'', C'', D''),$$

so gelten (ausführlich geschrieben) die vier Gleichungen:

(14) $\begin{cases} A'' = AA' + jBB' - CC' + jDD', \\ B'' = AB' + BA' + CD' - DC', \\ C'' = AC' + jBD' + CA' - jDB', \\ D'' = AD' + BC' - CB' + DA'. \end{cases}$

Sind nun V und V' quadrimodular, gelten also für diese beiden Substitutionen die Congruenzen (13), so erkennt man sofort in A'', B'', C'', D'' durch 2 theilbare Zahlen. Nach Fortheben des gemeinsamen Factors 2 aus den vier Coefficienten von V'' restirt also wieder eine quadrimodulare Substitution vom Typus (6) mit ganzzahligen Coefficienten: *Die gesammten quadrimodularen Substitutionen* (6) *mit ganzen Zahlen A, B, C, D unseres quadratischen Körpers bilden für sich eine Gruppe.*

Die dimodularen Substitutionen erledigt man in einfachster Art auf Grund der Thatsache, dass die unter (5) gegebene Substitution V_2, welche dimodular ist, die Gruppe der quadrimodularen Substitutionen in sich transformirt. In der That gilt für eine beliebige Substitution $V = (A, B, C, D)$:

$$V'' = V_2^{-1} V V_2 = (A, D, C, -B).$$

so dass V' wieder quadrimodular ist, wenn es V war. Die Gruppe der quadrimodularen Substitutionen ist also durch Zusatz von V_2 erweiterungsfähig zu einer umfassenderen Gruppe, in welcher die erstere eine ausgezeichnete Untergruppe des Index 2 ist. Hinzu kommen die Substitutionen $V' = VV_2$, wo V alle quadrimodularen Substitutionen zu durchlaufen hat. Aber es gilt:

$$(15) \qquad V' = VV_2 = (A + C,\ B + D,\ -A + C,\ -B + D).$$

Da nun für V die Congruenzen (13) gelten, so können wir aus den Coefficienten der in (15) gewonnenen Substitutionen V' den gemeinsamen Factor 2 fortheben und erkennen demnach in V' wieder eine unserer *dimodularen* Substitutionen. Wir gelangen so aber auch zu sämmtlichen dimodularen Substitutionen; denn ist V' irgend eine unter ihnen, so ist $V'V_2^{-1} = V$ quadrimodular und also ist $V' = VV_2$ in der Gestalt (15) darstellbar: *Die durch V_2 erweiterte Gruppe aller quadrimodularen V ist identisch mit der Gruppe aller dimodularen und quadrimodularen Substitutionen, deren Existenz wir damit bewiesen haben.*

Die gewonnene arithmetisch erklärte Gruppe enthält die Gruppe der Signatur $(0, 3; 2, 4, 5)$ bei der oben ausgewählten Lage des Ausgangsdreiecks (3) jedenfalls in sich und ist andrerseits eigentlich discontinuierlich (cf. I pg. 597 ff.). Daraus ergiebt sich alsdann mit Rücksicht auf die Gestalt des Kreisbogendreiecks $\frac{\pi}{2}, \frac{\pi}{4}, \frac{\pi}{5}$ auf Grund der in I pg. 617 ff. entwickelten Überlegung sehr leicht, *dass die Gruppe der Signatur $(0, 3; 2, 4, 5)$ bei der in (3) getroffenen Auswahl des Ausgangsdreiecks mit der Gruppe aller dimodularen und quadrimodularen ganzzahligen Substitutionen (6) geradezu identisch ist.*

§ 3. Einführung der Transformation dritten Grades.

Da die Gruppe Γ die dimodularen Substitutionen (6) pg. 561 selbst enthält und übrigens die Zahl 3 im zu Grunde liegenden quadratischen Zahlkörper eine Primzahl ist, so kommt 3 hier als niederster Transformationsgrad in Betracht. Eine einzelne Transformation dritten Grades, an welche wir anknüpfen wollen, ist:

$$(1) \qquad \zeta' = T(\zeta) = \frac{(1 + j)\zeta - j}{j\zeta + (1 + j)};$$

in der That besitzt dieselbe den Typus (6) pg. 561 der Substitutionen unserer Gruppe Γ, nur dass eben die Determinante der Substitution (1) gleich 3 ist.

Wir beginnen damit, die in Γ und der transformierten Gruppe $\Gamma' = T^{-1}\Gamma T$ gemeinsam enthaltene Congruenzgruppe dritter Stufe Γ'_μ

aufzusuchen. Ist $V = (A, B, C, D)$ eine Substitution von Γ und $V'' = T^{-1} V T = (A', B', C', D')$ die entsprechende Substitution von Γ'', so findet man leicht, sofern man V'' wieder die Determinante von V ertheilt:

$$(2) \quad \begin{cases} A' = A, & B' = \frac{1}{3}(B(1+2j) + 2D), \\ C' = C, & D' = \frac{1}{3}(-2B + D(1+2j)). \end{cases}$$

Man sieht sofort, dass V' stets und nur dann wieder ganzzahlig und also in Γ enthalten ist, wenn V die Congruenz:

$$(3) \quad D \equiv B(1-j), \quad (\mathrm{mod.}\ 3)$$

erfüllt.

Die Auflösung der Gleichung (2) nach A, B, C, D ergiebt:

$$(4) \quad \begin{cases} A = A', & B = \frac{1}{3} \cdot B'(1+2j) - 2D'), \\ C = C', & D = \frac{1}{3}(2B' + B'(1+2j)). \end{cases}$$

Die in Γ' wieder enthaltenen transformierten Substitutionen V'' erfüllen somit die Congruenz:

$$(5) \quad D' \equiv B'(-1+j), \quad (\mathrm{mod.}\ 3);$$

und man sieht umgekehrt auch leicht, dass *jede* Substitution von Γ, welche die Congruenz (5) erfüllt, aus einer anderen Substitution $V = (A, B, C, D)$, welche dann der Congruenz (3) genügt, durch Transformation mittelst T gewonnen wird: *Die gemeinsame Untergruppe Γ_0 der Gruppe Γ und der transformierten Gruppe $\Gamma' = T^{-1}\Gamma T$ ist die durch die Bedingung:*

$$(6) \quad D \equiv B(-1+j), \quad (\mathrm{mod.}\ 3)$$

erklärte Congruenzgruppe dritter Stufe

Dass die Congruenz (6) eine Untergruppe definiert, sieht man auch leicht direct. Sind nämlich $V_1 = (A_1, B_1, C_1, D_1)$ und $V_2 = (A_2, B_2, C_2, D_2)$ irgend zwei Substitutionen von Γ und gewinnt man durch ihre Combination die Substitution $V_3 = V_1 V_2 = (A_3, B_3, C_3, D_3)$ von Γ, so gilt nach (14) pg. 562:

$$A_1 B_2 + B_1 A_2 + C_1 D_2 - D_1 C_2 = \sigma B_3.$$
$$A_1 D_2 + B_1 C_2 - C_1 B_2 + D_1 A_2 = \sigma D_3.$$

wo $\sigma = 1$ oder 2 ist, je nachdem beide Substitutionen V_1, V_2 dimodular waren oder nicht. Gilt nun die Congruenz (6) für V_1 und V_2, so folgt als modulo 3 gültig:

$$A_1 B_2 + B_1 A_2 + (-1+j) C_1 B_2 + (1-j) B_1 C_2 \equiv \sigma B_3.$$
$$(-1+j) A_1 B_2 + B_1 C_2 - C_1 B_2 + (-1+j) B_1 A_2 \equiv \sigma D_3.$$

Mit Rücksicht auf $(-1+j)^2 \equiv -1$, (mod. 3) folgt demnach die Gültigkeit der Congruenz (6) auch für V_3.

Die gesammten Substitutionen V von Γ, welche bei der Transformation durch T die Untergruppe Γ_μ lieferten, und welche also der Congruenz (3) genügen, bilden selbstverständlich auch eine durch (3) als definiert anzusehende Untergruppe. Ihr kommt derselbe Index wie Γ_μ zu, und sie heisse dieserhalb Γ_μ'; denn es gilt:

$$(7) \qquad \Gamma_\mu' = T \Gamma_\mu T^{-1},$$

so dass der Discontinuitätsbereich von Γ_μ' aus dem von Γ_μ durch die Transformation T hervorgeht und also dieselbe Anzahl von Kreisbogendreiecken enthält wie der von Γ_μ.

Für die Gewinnung des Discontinuitätsbereiches von Γ_μ ist der Umstand wichtig, dass wir Γ_μ' auch noch durch eine andere Transformation aus Γ_μ herstellen können. Mit der Substitution (A, B, C, D) enthält nämlich Γ_μ stets auch die Substitution $(A, B, -C, D)$. Gehen wir von dieser Substitution zu:

$$(8) \qquad (A', B', C', D') = (A, B, -C, -D),$$

indem wir auch noch die vierte ganze Zahl im Zeichen wechseln, so wird auch die so gewonnene Substitution (8) in Γ enthalten sein, und zwar befriedigt sie die Congruenz (3) und ist also in Γ_μ enthalten. Auch gewinnen wir offenbar auf diese Weise von Γ_μ aus die ganze Γ_μ'. Zeichenwechsel von C und D wird nun aber, wie man leicht ausrechnet, durch Transformation mittelst der Spiegelung V_3 an der imaginären ζ-Axe erzielt:

$$V_3^{-1}(A, B, C, D) V_3 = (A, B, -C, -D).$$

Man kann somit Γ_μ' aus Γ_μ auch durch Transformation mit V_3 herstellen:

$$\Gamma_\mu' = V_3^{-1} \Gamma_\mu V_3.$$

Im Verein mit (7) folgt hieraus sofort weiter:

$$(V_3 T) \Gamma_\mu (V_3 T)^{-1} = \Gamma_\mu,$$

womit der Satz gewonnen ist: *Die Congruenzgruppe dritter Stufe Γ_μ wird durch Transformation mittelst der Substitution zweiter Art:*

$$(9) \qquad V_3 T(\zeta) = \frac{-(1+j)\bar{\zeta}+j}{j\bar{\zeta}+(1+j)}$$

in sich selbst übergeführt; diese Substitution (9) ist eine Spiegelung, und ihr Symmetriekreis ist gegeben durch:

$$(10) \qquad (\xi + 2 + j)^2 + \eta^2 = 6 + 3j.$$

Der Zusatz dieser Spiegelung möge Γ'_μ zur „Gruppe zweiter Art" Γ'_μ erweitern.

Man beachte hierbei wohl, *dass die gewonnene Spiegelung keineswegs in der durch V_3 erweiterten Gruppe Γ enthalten ist.* Die erkannte Symmetrie ist hiernach eine Eigenschaft der Untergruppe Γ'_μ und nicht der Gesammtgruppe. Der Symmetriekreis (10) wird demnach durch die Dreiecke unseres zur Γ gehörenden Netzes quer hindurchschneiden, und zwar in einer Art, die wir bald näher festzustellen haben.

Zuvor machen wir auf die Thatsache aufmerksam, *dass unsere Gruppe Γ'_μ noch durch eine zweite wesentlich neue Substitution, nämlich durch:*

$$(11)\qquad T'(\xi) = \frac{(3+2j)\sqrt{j}\,\xi + (1+j)(3+2\sqrt{j})}{(1+j)(-3+2\sqrt{j})\xi - (3+2j)\sqrt{j}}$$

in sich transformiert wird. Schreibt man nämlich:

$$T'^{-1}(A,\,B,\,C,\,D)\,T' = (A',\,B',\,C',\,D'),$$

so stellt man leicht die Relationen fest:

$$(12)\qquad \begin{cases} A' = A, \\ B' = -\frac{1}{3}(11+5j)B + (5+3j)C - \frac{2}{3}(3+2j)D, \\ C' = -(3+2j)B + (5+3j)C - 2(1+j)D, \\ D' = -\frac{2}{3}(3+2j)B + (4+2j)C - \frac{1}{3}(7+4j)D. \end{cases}$$

Da B und D der Congruenz (6) genügen, so erkennt man in B' und D' wieder ganze Zahlen. Andrerseits folgt aus (12):

$$D' + (1-j)B' = -(4+j)B + 3(2+j)C - (3+2j)D$$

und also:

$$D' + (1-j)B' \equiv j(D + (1-j)B) \equiv 0, \quad (\bmod\ 3).$$

Da endlich die transformierte Substitution dieselbe Determinante wie die ursprüngliche hat, so ist unsere Behauptung bewiesen.

T' ist eine elliptische Substitution der Periode 2. Der Zusatz dieser Substitution zu Γ'_μ wird diese Gruppe zu einer Gruppe $\Gamma'_{\frac{1}{2}\mu}$ erweitern, in der $\overline{\Gamma}_\mu$ eine ausgezeichnete Untergruppe des Index 2 ist. Natürlich ist $\Gamma_{\frac{1}{2}\mu}$ ebensowenig in der erweiterten Gruppe Γ enthalten, wie Γ'_μ.

Indessen giebt es eine andere in $\Gamma'_{\frac{1}{2}\mu}$ enthaltene Untergruppe zweiter Art Γ''_μ, die in der erweiterten $\overline{\Gamma}$ enthalten ist. Wir finden nämlich in:

$$(13)\qquad T'T^{-1} = \begin{pmatrix} -1 + (1+j)\sqrt{j}, & (2+j)(1+\sqrt{j}) \\ (2+j)(-1+\sqrt{j}), & -1-(1+j)\sqrt{j} \end{pmatrix}$$

eine in der Gruppe Γ enthaltene Substitution. Hieraus geht einmal hervor, *dass $J(T'(\zeta)) = J(T(\zeta))$ gilt, und dass also T und T' zwei Transformationen sind, von denen jede durch die andere repräsentiert werden kann.* Andererseits gewinnen wir in:

$$(14) \quad T'T^{-1}\overline{V}_3(\zeta) = T'(\overline{V}_3 T)^{-1}(\zeta) = \frac{(1-(1+j)\sqrt{j})\,\zeta + (2+j)(1+\sqrt{j})}{(2+j)(1-\sqrt{j})\,\zeta - 1 - (1+j)\sqrt{j}}$$

eine in Γ enthaltene Substitution, die Γ_{μ} in sich transformiert. Der Zu-

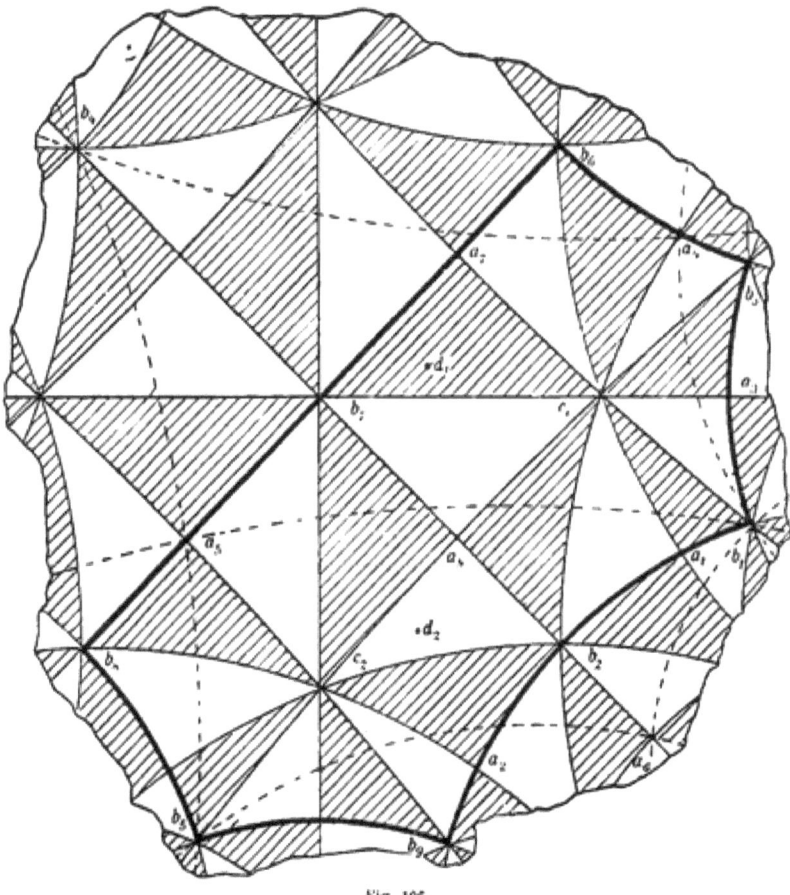

Fig. 106.

satz dieser Substitution zu Γ_{μ} liefert die oben durch Γ''_{μ} bezeichnete Gruppe.

Die bisherigen Angaben sind ausreichend, um den Discontinuitätsbereich der Gruppe Γ_{μ} zu construieren. In den beigefügten Fig 106

sind diejenigen Eckpunkte der Dreiecksteilung von $\bar{\Gamma}$, welche von 4 Dreiecken umlagert sind, allgemein durch a bezeichnet; entsprechend sind
Punkte b und c solche Eckpunkte, die von 8 bzw. 10 Dreiecken umgeben sind. Man fasse das Dreieck $a_3 b_1 c_1$ als Ausgangsraum der Γ', so
dass b_1 bei $\zeta = i$ liegt, der Kreis $b_1 a_1 b_2$ den Einheitskreis darstellt, auf
dem a_1 und b_2 an den Stellen:

$$\zeta = -j(\sqrt{j} + i\sqrt{2}), \quad \zeta = -\sqrt{j} + ij$$

gelegen sind, und endlich der Kreis $b_1 a_3 b_3$ die imaginäre ζ-Axe liefert,
auf welcher die Punkte a_3 und b_3 bzw. die Werte:

$$\zeta = \frac{i}{\sqrt{2}}(1 + j + \sqrt{j}), \quad \zeta = i(1 + j)(1 + \sqrt{j})$$

tragen (der erste von ihnen ist der Fixpunkt von V_1 [cf. (5) pg. 560]).
Zu dem in der Figur mit a_4 bezeichneten Punkte gehört die Substitution der Periode 2:

(15) $V_4 = V_3^{-1} V_1 V_3 = (0, 1, 2 + j, 2 + j)$,

so dass der Punkt a_4 das Bild des Fixpunktes von V_4:

(16) $\zeta = (1 + \sqrt{j})(-\sqrt{j} + i\sqrt{2})$
ist.

Die Substitutionen V_2 und V_4 genügen der Congruenz (6) pg. 564
und sind demnach in der Γ_μ enthalten. Die bei:

$$\xi = 0, \quad \eta = 1 \quad \text{bzw.} \quad \xi = -j - \sqrt{j}, \quad \eta = (1 + \sqrt{j})\sqrt{2}$$

gelegenen Fixpunkte dieser Substitutionen sind Punkte des Symmetriekreises (10) der Spiegelung $\bar{V}_3 T$. Dieser Symmetriekreis (10) ist also
der in der Figur punktierte Kreis $b_1 a_4$*).

Mit $\bar{V}_3 T$ und V_2 ist in der $\bar{\Gamma}_\mu$ auch die Operation:

$$\bar{V}_3 T V_2(\zeta) = \frac{-\bar{\zeta} + (1 + 2j)}{(1 + 2j)\bar{\zeta} + 1}$$

enthalten, welche wieder eine Spiegelung ist, nämlich diejenige des Symmetriekreises:

(17) $(1 + 2j)(\xi^2 + \eta^2) + 2\xi - (1 + 2j) = 0$.

Derselbe schneidet den Symmetriekreis (10) im Punkte b_1 unter dem
Winkel $\frac{\pi}{4}$ und ist der in der Figur punktierte Kreis $b_1 a_5$.

Nun ziehen wir die elliptische Substitution T'' der Periode 2 heran,
deren Fixpunkt in der Figur mit d_1 bezeichnet ist. Auf Grund der

---

*) Diese beiden Punkte genügen zur Festlegung des fraglichen Kreises, da
derselbe ja zum Orthogonalkreis unseres Dreiecksnetzes selber senkrecht verlaufen muss.

Relationen (12) beweist man leicht, dass die durch T'' transformierte Substitution V_4 die folgende ist:

$$V_5 = T''^{-1} V_4 T'' = (0,\ 4 + 3j,\ 4 + 2j,\ 2 + j).$$

Combinieren wir dieselbe mit der Spiegelung $\overline{V}_3 T V_2$, so entspringt in:

$$V_5 \overline{V}_3 T V_2(\xi) = \frac{(4 + 3j)\bar{\xi} + 2 + j + 3(2 + j)\sqrt{j}}{(2 + j - 3(2 + j)\sqrt{j})\bar{\xi} - (4 + 3j)}$$

wiederum eine Spiegelung. Also liegt in der That der Fixpunkt a_5 von V_5 auf dem Symmetriekreise (17), und letzterer wird von dem Symmetriekreise:

$$(18)\quad (2 + j - 3(2 + j)\sqrt{j})(\xi^2 + \eta^2) - 2(4 + 3j)\xi - (2 + j + 3(2 + j)\sqrt{j}) = 0$$

der eben gewonnenen Spiegelung unter rechtem Winkel gekreuzt.

Hiermit hat sich bereits der Discontinuitätsbereich für die umfassendste Gruppe $\Gamma'_{\frac{1}{2}\mu}$ geschlossen. Wir haben als Resultat: *Ein Discontinuitätsbereich der Gruppe $\Gamma'_{\frac{1}{2}\mu}$ wird von dem Dreieck $b_1 a_4 a_5$ geliefert; von den drei Seiten desselben sind zwei, nämlich $b_1 a_4$ und $b_1 a_5$, die Symmetriekreise der erzeugenden Spiegelungen $\overline{V}_3 T$ und $\overline{V}_3 T V_2$; die dritte Seite wird in d_1 halbiert, und die beiden Hälften sind durch die dritte Erzeugende T'' auf einander bezogen.*

Die Gewinnung der Discontinuitätsbereiche für die übrigen in $\Gamma'_{\frac{1}{2}\mu}$ enthaltenen Untergruppen Γ_μ, Γ''_μ, Γ'_μ hat nun keine Schwierigkeit mehr. Das Dreieck $b_1 a_4 a_5$ wird durch T'' in das Dreieck $b_1 a_5 a_4$ der Figur transformiert. *Durch Anfügung des zweiten an das erste Dreieck gewinnen wir im Kreisbogenviereck $b_1 a_4 b_1 a_5$ einen Discontinuitätsbereich für die Gruppe $\overline{\Gamma}_\mu$*, die somit aus den vier Spiegelungen $\overline{V}_3 T$, $V_5 T V_1$, $V_5 \overline{V}_3 T V_2$, $\overline{V}_3 T V_2$ erzeugbar ist. Die Substitution T'' transformiert dieses Viereck zwar in sich, führt aber dabei das Dreiecksnetz der Gruppe Γ in dasjenige der transformierten Gruppe $T''^{-1} \Gamma T''$ über.

Fügen wir dem Viereck $b_1 a_4 b_1 a_5$ sein Spiegelbild längs $b_1 a_5$ an, so entspringt *im Doppelviereck $b_1 a_1 b_4 a_5 b_2 a_6$ endlich ein Discontinuitätsbereich für die Gruppe Γ_μ*, in der wir demnach eine Gruppe des Geschlechtes $p = 0$ erkennen, die erzeugbar ist aus den beiden elliptischen Substitutionen V_2, V_5 und der hyperbolischen Substitution $V_3 T V_1 V_3 T V_2$.

Übrigens ist es leicht, den erhaltenen Bereich durch erlaubte Abänderung so umzuwandeln, dass er aus einer Anzahl unzerstückter Dreiecke zusammengesetzt erscheint. Man wird das Dreieck $b_1 b_2 a_6$ durch V_2 transformieren usw. Durch geeignete Fortsetzung gewinnt man *den Discontinuitätsbereich der Γ_μ in Gestalt des aus zwei regulären rechtwink-*

ligen Fünfecken aufgebauten in der Figur stark umrandeten Bereiches $b_1 b_3 b_6 b_8 b_5 b_9$, wobei wir die Zusammengehörigkeit der Randcurven in sofort verständlicher Weise durch die Tabelle angeben:

$$(b_1 b_2) - (b_1 b_8), \quad (a_4 b_3) - (a_4 b_6), \quad (b_6 b_7) - (b_2 b_9),$$
$$(a_5 b_7) - (a_5 b_8), \quad (b_5 b_8) - (b_5 b_9).$$

Wir notieren vor allen Dingen das Ergebniss: *Unsere Gruppe* Γ_μ *hat den Index* $\mu = 10$, *so dass sie fortan als* Γ_{10} *zu bezeichnen ist.*

Endlich erledigen wir ohne Mühe auch noch die in der Gruppe $\overline{\Gamma}$ enthaltene Gruppe $\overline{\Gamma}'_{10}$, die wir oben durch Zusatz der Substitution (14) zur Γ_{10} erzeugten. Statt dieser Substitution (14) können wir auch die aus der elliptischen Substitution T' und der Spiegelung $V_3 T V_2$ am Kreise $b_1 a_5$ zusammengesetzte Substitution:

$$(19) \qquad T' V_3 T V_2(\zeta) = \frac{(3+j+\sqrt{j})\,\bar{\zeta} + 1 + j + (3+2j)\sqrt{j}}{(1+j-(3+2j)\sqrt{j})\,\bar{\zeta} - 3 \quad j + \sqrt{j}}$$

benutzen, deren Wirkung auf den Discontinuitätsbereich der Γ_{10} unmittelbar feststellbar ist. Durch Ausübung der Spiegelung und nachherige Anwendung von T' wird nämlich das Viereck $b_1 a_5 b_8 a_6$ in der Weise in das Viereck $b_1 a_4 b_4 a_5$ umgelegt, dass die Punkte b_5, a_5 bezw. nach b_1, a_4 gelangen. Man liest in der Figur sofort ab, dass hierbei das reguläre Fünfeck $b_7 b_8 b_5 b_1 b_2$ auf das Fünfeck $b_6 b_3 b_1 b_2 b_7$ zu liegen kommt. Daraus aber ergiebt sich sofort: *Ein Discontinuitätsbereich für die erweiterte Gruppe* $\overline{\Gamma}'_{10}$ *wird von dem regulären Fünfeck* $b_1 b_3 b_6 b_7 b_2$ *geliefert; diese Gruppe ist demnach aus drei Substitutionen erzeugbar, nämlich* V_2, V_4 *und der Substitution zweiter Art* (19), *welche die Fünfeckseite* $b_7 b_2$ *in* $b_6 b_7$ *transformiert.*

§ 4. Aufstellung der Transformationsgleichung zehnten Grades.

Um nun die der Transformation dritten Grades T entsprechende Transformationsgleichung zehnten Grades zwischen $J'(\zeta) = J(T(\zeta))$ und $J(\zeta)$ wirklich zu gewinnen, bedienen wir uns unter Heranziehung der bei den Modulargleichungen der elliptischen Functionen von Klein[*] befolgten Methode einer *Hauptfunction* $\varphi(\zeta)$ der zum Geschlechte $p = 0$ gehörenden Gruppe Γ_{10}.

Würde man bei Festlegung dieser Hauptfunction $\varphi(\zeta)$ nur erst auf die Γ_{10} allein Rücksicht nehmen und noch nicht auf die Gesammtgruppe

---

[*] „Über die Transformation der elliptischen Functionen und die Auflösung der Gleichungen fünften Grades." Math. Ann. Bd. 14 pg. 141 (1878). Vergl. auch „Mod." 1, pg. 636.

Γ und damit auf die Ausfüllung des Discontinuitätsbereiches der Γ_{10} durch Kreisbogendreiecke, so würde es z. B. nahe liegen, $\varphi(\zeta)$ so zu wählen, dass diese Function im Punkte d_1 (cf. Fig. 106, pg. 567) verschwindet und das Kreisbogenviereck $b_1 a_4 b_4 a_5$ auf den Einheitskreis der φ-Ebene abbildet. Der Substitution T', der Spiegelung $\overline{V}_3 T V_2$ und der Substitution zweiter Art $T' \overline{V}_3 T V_2$ entsprechen dann bezw. die Substitutionen:

$$(1) \qquad \varphi' = -\varphi, \quad \varphi' = \frac{1}{\overline{\varphi}}, \quad \varphi' = -\frac{1}{\overline{\varphi}},$$

wo wie üblich $\overline{\varphi}$ der zu φ conjugiert complexe Werth ist. Die dritte dieser Substitutionen (1), welche also der in der Gruppe Γ enthaltenen Substitution (19), pg. 570, entspricht, stellt die Umformung durch sogenannte „*Diametralsymmetrie*" dar. Denken wir die Werthe von φ so auf der „φ-Kugel" gelagert, dass die reelle Axe, die imaginäre Axe und der Einheitskreis drei einander orthogonal kreuzende grösste Kugelkreise sind, so besteht die Diametralsymmetrie einfach darin, dass jeder Punkt der Kugel in den diametral gegenüberliegenden übergeht.

Wir können nun, ohne dass die Diametralsymmetrie ihre Darstellungsform (1) verliert, noch eine beliebige Drehung der φ-Kugel um ihren Mittelpunkt vornehmen, was nach I pg. 42 darauf hinausläuft, statt φ irgend eine Hauptfunction:

$$\varphi' = \frac{(a+ib)\varphi + (c+id)}{(-c+id)\varphi + (a-ib)}$$

unter der dort angegebenen Bedeutung der reellen Coefficienten a, b, c, d einzuführen. Hiervon wollen wir Gebrauch machen, indem wir φ in einer der Gesammtgruppe Γ und ihrem Dreiecksnetze besser angepassten Art fixieren.

Wir wollen zuförderst so drehen, dass die beiden diametralen Punkte $\varphi = 0$ und $\varphi = \infty$ den beiden in der Figur (cf. pg. 567) mit c_1 und c_2 bezeichneten Punkten des Discontinuitätsbereiches entsprechen. Dabei möge zunächst noch unentschieden bleiben, ob $\varphi = 0$ im Punkte c_1 oder in c_2 stattfindet, so dass hiermit eine erste Zweideutigkeit in der Auswahl von φ eingeführt ist. Wir wollen dann weiter um den von $\varphi = 0$ nach $\varphi = \infty$ ziehenden Kugeldurchmesser so weit drehen, dass irgend ein dritter Werth φ, z. B. der im Eckpunkt b_3 stattfindende, rein imaginär wird. Hierdurch ist eine zweite Zweideutigkeit eingeführt; denn der fragliche Werth kann sowohl positiv wie negativ imaginär gewählt werden. *Wir haben demnach im Ganzen noch vier zulässige Auswahlen von $\varphi(\zeta)$; jedoch hängen diese vier Hauptfunctionen aufs einfachste zusammen, indem sich in einer ersten unter ihnen $\varphi(\zeta)$ die drei anderen in den Gestalten:*

(2) $$\varphi' = - \varphi, \quad \varphi' = \frac{1}{\varphi}, \quad \varphi' = - \frac{1}{\varphi}$$

darstellen. Wir behalten uns die Entscheidung darüber. welche unter diesen vier Functionen unsere Hauptfunction $\varphi(\zeta)$ sein soll, einstweilen vor.

Um den Zusammenhang der Hauptfunction $\varphi(\zeta)$ mit der Hauptfunction $J(\zeta)$ der Gesammtgruppe $\varGamma$ zu erforschen, lagern wir in bekannter Weise die φ-Ebene und also den Discontinuitätsbereich der $\varGamma_{10}$ als zehnblättrige geschlossene Riemann'sche Fläche über die J-Ebene. Die Verzweigung dieser Fläche liest man sofort aus der Fig. 106 pg. 567 ab: *Bei $J = 0$ verlaufen zwei Blätter isoliert (Punkte a_4, a_5), die übrigen Blätter hängen zu Paaren in vier Verzweigungspunkten zusammen; bei $J = 1$ verlaufen gleichfalls zwei Blätter isoliert (Punkte b_1, b_5), die übrigen Blätter hängen zu je vier in zwei Verzweigungspunkten zusammen; bei $J = \infty$ hängen schliesslich die Blätter zu je fünf in zwei Verzweigungspunkten zusammen, in denen unserer Festsetzung gemäss die Werte $\varphi = 0$ und $\varphi = \infty$ zutreffen.*

Für die Darstellung von J als rationale Function zehnten Grades von φ entnehmen wir diesen Angaben den Ansatz:

3) $$\begin{aligned} J : J - 1 : 1 &= (\varphi^2 + a\varphi + b)(\varphi^4 + c\varphi^3 + d\varphi^2 + e\varphi + f)^2 \\ &: (\varphi^2 + \alpha\varphi + \beta)(\varphi^2 + \gamma\varphi + \delta)^4 \\ &: \varepsilon\varphi^5. \end{aligned}$$

Unsere nächste Aufgabe besteht darin, die Werthe der elf hier noch unbekannten Coefficienten in Erfahrung zu bringen.

Nun muß diese Gleichung gegenüber der oben genannten Diametralsymmetrie in der Art invariant sein, dass bei Ausübung der dritten Substitution (1) J in $\bar{J}$ übergeht; denn diese Substitution entspricht der in der erweiterten Gruppe $\varGamma$ enthaltenen Operation (19), pg. 570. Die rechte Seite der Gleichung (3) wird demnach auch bei Ausübung der dritten Substitution (1) und nachherigem Zeichenwechsel von i in allen Bestandtheilen der Gleichung in sich selbst übergehen. Indem wir beachten, dass β und δ sicher nicht verschwinden, wenden wir diese Forderung der Invarianz zunächst auf die im mittleren Gliede der rechten Seite von (3) stehenden beiden Trinome an. Es ergiebt sich, dass die beiden Gleichungen

$$\varphi^2 - \frac{\bar{\alpha}}{\bar{\beta}}\varphi + \frac{1}{\bar{\beta}} = 0, \quad \varphi^2 + \alpha\varphi + \beta = 0$$

übereinstimmen müssen, und ebenso die beiden Gleichungen:

$$\varphi^2 - \frac{\bar{\gamma}}{\bar{\delta}}\varphi + \frac{1}{\bar{\delta}} = 0, \quad \varphi^2 + \gamma\varphi + \delta = 0.$$

Somit gilt:

$$(4) \qquad \alpha = -\frac{\alpha}{\beta}, \quad \beta = \frac{1}{\beta}, \quad \gamma = -\frac{\bar{\gamma}}{\delta}, \quad \delta = \frac{1}{\delta}.$$

Die beiden Lösungen von $\varphi^2 + \gamma\varphi + \delta = 0$ sind die Werthe der Function $q(\zeta)$ in den Punkten b_2 und b_3 des Discontinuitätsbereiches der Γ_{10}. Der eine dieser Werthe sollte rein imaginär sein, und also gilt dies auch vom zweiten, da er aus dem ersten durch die dritte Substitution (1) hervorgeht. Für einen rein imaginären Werth φ gilt $\bar\varphi = -\varphi$, so dass die dritte Gleichung (1) für jene zweite Wurzel $\varphi' = -\frac{1}{\varphi}$ liefert. Somit folgt $\delta = \varphi \varphi' = 1$, so dass wir die dritte und vierte Gleichung (4) genauer so zu schreiben haben:

$$(5) \qquad \bar\gamma = -\gamma, \quad \delta = 1.$$

Zur Gewinnung weiterer Bedingungen für die unbekannten Coefficienten benutzen wir (cf. Klein a. a. O. oder „Mod." I, pg. 636) den Umstand, dass die Functionaldeterminante der beiden Functionen:

$$(\varphi^2 + \alpha\varphi + \beta)(\varphi^2 + \gamma\varphi + \delta)^4, \quad \varphi^5$$

wegen der nothwendig zutreffenden Identität:

$$(6) \qquad (\varphi^2 + \alpha\varphi + b)(\varphi^4 + c\varphi^3 + d\varphi^2 + e\varphi + f)^2$$
$$= (\varphi^2 + \alpha\varphi + \beta)(\varphi^2 + \gamma\varphi + \delta)^4 + \varepsilon\varphi^5$$

den Factor $(\varphi^4 + c\varphi^3 + d\varphi^2 + e\varphi + f)$ enthalten muss. Die Durchrechnung dieses Ansatzes liefert für die Coefficienten c, d, e, f folgende Ausdrücke in α, β, γ:

$$(7) \qquad \begin{cases} c = \frac{4}{5}\alpha + \frac{1}{5}\gamma, \\[4pt] d = \frac{3}{5}\beta - \frac{3}{5}, \\[4pt] e = -\frac{4}{5}\alpha - \frac{1}{5}\beta\gamma, \\[4pt] f = -\beta. \end{cases}$$

Um weitere Relationen, insbesondere auch solche für a und b zu gewinnen, benutzen wir die Identität (6) selber und vergleichen links und rechts die Coefficienten von φ^9, φ und die Absolutglieder. Auf diese Weise finden wir:

$$(8) \qquad \begin{cases} a + 2c = \alpha + 4\gamma, \\ af^2 + 2bef = \alpha + 4\beta\gamma, \\ bf^2 = \beta. \end{cases}$$

Mit Benutzung von (7) ergeben die erste und dritte dieser Gleichungen:

$$(9) \qquad a = -\frac{3}{5}\alpha + \frac{18}{5}\gamma, \quad b = \frac{1}{\beta},$$

die zweite Gleichung (8) aber liefert:

$$(10) \qquad \alpha(\beta^2 - 1) = 6\beta\gamma(\beta - 1).$$

Wäre nun $\beta = 1$, so wäre $\alpha = -\alpha$ und hätte auch die Gleichung $\varphi^2 + \alpha\varphi + \beta = 0$ rein imaginäre Lösungen, die wir im Anschluss an Fig. 106 pg. 567 durch $\varphi(b_1)$ und $\varphi(b_5)$ bezeichnen dürfen. Auch wäre $b = 1$ und a rein imaginär, so dass auch $\varphi(a_4)$ und $\varphi(a_5)$ rein imaginär sein würden. Da in den beiden Punkten c die Werthe $\varphi = 0$ und $\varphi = \infty$ zutreffen, so würden in der φ-Ebene die sechs Punkte $\varphi(a_4)$, $\varphi(a_5)$, $\varphi(b_1)$, $\varphi(b_5) = \varphi(b_4)$, $\varphi(c_1)$, $\varphi(c_2)$ auf der imaginären Axe und also bei jeder anderen Auswahl der Hauptfunction φ auf der Peripherie eines und desselben Kreises liegen. Wählen wir aber $\varphi(\zeta)$ in der pg. 571 (oben) erwähnten Art aus, so liegen die Punkte $\varphi(b_1)$, $\varphi(a_4)$, $\varphi(b_4)$, $\varphi(a_5)$ auf dem Einheitskreise. Dieser Peripherie aber gehört dann eben $\varphi(c_1)$ nicht an. Also ist β von 1 verschieden, so dass wir aus Gleichung (10) die Relation entnehmen:

$$(11) \qquad \alpha(\beta + 1) = 6\beta\gamma.$$

Wäre weiter $\alpha = 0$, so müsste, da β nicht verschwindet, nothwendig $\gamma = 0$ sein, und also würden zufolge (9) und (7) auch a, c und e verschwinden. In der Identität (6) würden demnach abgesehen vom einzigen Gliede $\epsilon\varphi^5$ nur gerade Potenzen von φ auftreten, so dass $\epsilon = 0$ sein würde. Dies aber ist ausgeschlossen, und also ist α von 0 verschieden. Die erste Gleichung (4) sowie (11) liefern nun:

$$(12) \qquad \beta = -\frac{\alpha}{\bar{\alpha}}, \quad \gamma = \frac{1}{6}(\alpha - \bar{\alpha}),$$

worauf man in (9) und (7) auch für a, b, ..., f eindeutige Ausdrücke in α erhält.

Zur Gewinnung von α selbst aber reichen die bisher aufgestellten Bedingungen noch nicht aus. Wir ziehen noch die Thatsache heran, dass die Functionaldeterminante der beiden Functionen:

$$(\varphi^2 + \alpha\varphi + b)(\varphi^4 + c\varphi^3 + d\varphi^2 + e\varphi + f)^2, \quad \varphi^5$$

den Factor $(\varphi^2 + \gamma\varphi + 1)$ im Cubus enthalten muss. Es ist indessen ausreichend, wenn wir diesem Ansatze nur noch die eine Relation entnehmen:

$$2ac + 3b + d = 15 + 15\gamma^2,$$

welche sich mit Hilfe der schon gewonnenen Ausdrücke von a, b, c, d, γ in α und $\bar{\alpha}$ auf die Gestalt umrechnet:

$$(13) \qquad -\frac{1}{3}\,\alpha\bar{\alpha} + \frac{1}{75}\,\bar{\alpha}^2 - \frac{\bar{\alpha}}{\alpha} - \frac{1}{5}\,\frac{\alpha}{\bar{\alpha}} = \frac{26}{5} + \frac{5}{36}\,(\alpha - \bar{\alpha})^2.$$

Da die numerischen Coefficienten in dieser Gleichung alle reell sind, so ist der Austausch von α und $\bar{\alpha}$ statthaft:

$$(14) \qquad -\frac{1}{3}\,\alpha\alpha + \frac{1}{75}\,\alpha^2 - \frac{\alpha}{\bar{\alpha}} - \frac{1}{5}\,\frac{\bar{\alpha}}{\alpha} = \frac{26}{5} + \frac{5}{36}\,(\alpha - \bar{\alpha})^2.$$

Durch Subtraction dieser beiden Gleichungen von einander folgt:

$$(15) \qquad \frac{1}{75}\,(\alpha^2 - \bar{\alpha}^2) = \frac{4}{5}\,\frac{\alpha^2 - \bar{\alpha}^2}{\alpha\bar{\alpha}}.$$

Wäre nun α reell, so würde aus (12) folgen $\beta = -1$, $\gamma = 0$, und also wäre zufolge (9) auch $b = -1$ und a reell. Somit würden alle sechs Werthe $\varphi(a_1)$, $\varphi(a_2)$, $\varphi(b_1)$, $\varphi(b_2)$, $\varphi(c_1)$, $\varphi(c_2)$ reell sein, was nach einer oben schon angeführten Überlegung unmöglich ist. Wäre zweitens α rein imaginär, so würde man unter entsprechender Schlussweise jene sechs Werthe φ rein imaginär finden, was gleichfalls unmöglich ist. Hiernach ist $(\alpha^2 - \bar{\alpha}^2)$ von 0 verschieden, und also folgt aus (15):

$$(16) \qquad \alpha\bar{\alpha} = 60.$$

Unter Benutzung dieses Resultates liefert die Addition der Gleichungen (13) und (14) nach kurzer Zwischenrechnung:

$$(\alpha - \bar{\alpha})^2 = -180.$$

Damit ergeben sich für α die vier Werthe:

$$\alpha = \sqrt{15} + 3i\sqrt{5}, \quad \sqrt{15} - 3i\sqrt{5}, \quad -\sqrt{15} + 3i\sqrt{5}, \quad -\sqrt{15} - 3i\sqrt{5}.$$

Dieselben entsprechen den vier noch möglichen Auswahlen der Hauptfunctionen $\varphi(\zeta)$. Eine Bestätigung des Ergebnisses können wir dadurch vollziehen, dass wir die vier Gestalten der Function:

$$\frac{(\varphi^2 + \alpha\varphi + \beta)(\varphi^2 + \gamma\varphi + \delta)^4}{\varphi^5}$$

wirklich ausrechnen:

$$\left(\varphi^2 + (\sqrt{15} \pm 3i\sqrt{5})\varphi + \frac{1 \mp i\sqrt{3}}{2}\right)(\varphi^2 \pm i\sqrt{5}\,\varphi + 1)^4 \cdot \varphi^{-5},$$

$$\left(\varphi^2 - (\sqrt{15} \pm 3i\sqrt{5})\varphi + \frac{1 \mp i\sqrt{3}}{2}\right)(\varphi^2 \mp i\sqrt{5}\,\varphi + 1)^4 \cdot \varphi^{-5}.$$

Aus einem unter diesen Ausdrücken müssen die drei anderen bis auf einen constanten Factor*) durch die Substitutionen (2) hervorgehen. Die Prüfung bestätigt dies.

---

*) Man beachte, dass der Coefficient ε noch nicht bestimmt ist.

Wir bestimmen jetzt die Hauptfunction $\varphi(\zeta)$ dadurch eindeutig, dass wir für α den ersten der angegebenen Werthe $\sqrt{15}(1 + i\sqrt{3})$ wählen. Die Coefficienten β, γ, a, b, $\dots$, f sind damit, wie schon bemerkt, eindeutig bestimmt; endlich bestimmt sich aus der Identität (6) auch ε eindeutig. Wir gewinnen als Resultat: *Die Hauptfunction $J(\zeta)$ ist als rationale Function zehnten Grades der Hauptfunction $\varphi(\zeta)$ der Untergruppe Γ_{10} dargestellt durch:*

(17)
$$J : J - 1 : 1 =$$

$$\left(\varphi^2 - \frac{3\sqrt{3}}{\sqrt{5}}(1 - i\sqrt{3})\varphi + \frac{1}{2}(1 + i\sqrt{3})\right)\left(\varphi^4 + \frac{1}{\sqrt{5}}(4\sqrt{3} + 13 i)\varphi^3\right.$$
$$\left. - \frac{3}{10}(1 + i\sqrt{3})\varphi^2 - \frac{1}{2\sqrt{5}}(9\sqrt{3} + 25 i)\varphi - \frac{1}{2}(1 - i\sqrt{3})\right)^2$$
$$: \left(\varphi^2 + \sqrt{15}(1 + i\sqrt{3})\varphi + \frac{1}{2}(1 - i\sqrt{3})\right)(\varphi^2 + i\sqrt{5}\,\varphi + 1)^4$$
$$: \frac{2^7 \cdot 3^1\sqrt{3}}{5^2\sqrt{5}}(1 + i\sqrt{3})\varphi^5.$$

Mit Rücksicht auf spätere Entwicklungen müssen wir noch genauere Angaben über die Werthevertheilung der Hauptfunction $\varphi(\zeta)$ im Discontinuitätsbereiche der Γ_{10} (cf. Fig. 106, pg. 567) machen. Erstlich sind die beiden durch $\varphi(a_4)$, $\varphi(a_5)$ zu bezeichnenden Werthe die Lösungen der quadratischen Gleichung:

$$\varphi^2 - \frac{3\sqrt{3}}{\sqrt{5}}(1 - i\sqrt{3})\varphi + \frac{1}{2}(1 + i\sqrt{3}) = 0,$$

wobei nur zunächst noch unentschieden bleibt, welche Wurzel dem Punkte a_4 und welche a_5 zugehört:

$$\varphi(a_4), \varphi(a_5) = \frac{1 - i\sqrt{3}}{2} \cdot \frac{3\sqrt{3} \pm 4\sqrt{2}}{\sqrt{5}}.$$

In demselben Sinne findet man:

$$\varphi(b_1), \varphi(b_5) = -\frac{1 + i\sqrt{3}}{2}(\pm 4 + \sqrt{15}),$$

$$\varphi(b_3), \varphi(b_7) = -i\frac{\pm 3 + \sqrt{5}}{2}.$$

Die Werthe $\varphi(c_1)$ und $\varphi(c_2)$ sind, wie wir erinnern, gleich 0 und ∞, wobei wieder unentschieden ist, ob $\varphi(c_1)$ gleich 0 oder gleich ∞ ist. Zwei von den noch vier fehlenden Werthen $\varphi(a)$ sind:

$$\varphi(a) = \frac{-1 + i\sqrt{3}}{2} \cdot \frac{3 + \sqrt{5}}{2} \cdot \frac{(-3 \mp \sqrt{-3} + 8\sqrt{6})\sqrt{3} + i(5\sqrt{5} \pm \sqrt{3}\sqrt{3} + 8\sqrt{6})}{4\sqrt{5}},$$

die beiden anderen gehen aus diesen Werthen durch die dritte Substitution (1), pg. 571 (Diametralsymmetrie) hervor.

Um die hier noch vorliegenden Unbestimmtheiten zu heben, wollen wir nach einer in „Mod." I oft ausgeübten Methode den Discontinuitäts- bereich der Γ_{10} durch Zusammenbiegung der auf einander bezogenen Randkurven mechanisch in die φ-Ebene überführen, in welcher wir uns zuvor zur leichteren Orientierung die den Werthen $\varphi(a_4)$, $\varphi(a_3)$, ... ent- sprechenden Punkte markiert denken. Das conforme Abbild des Disconti-

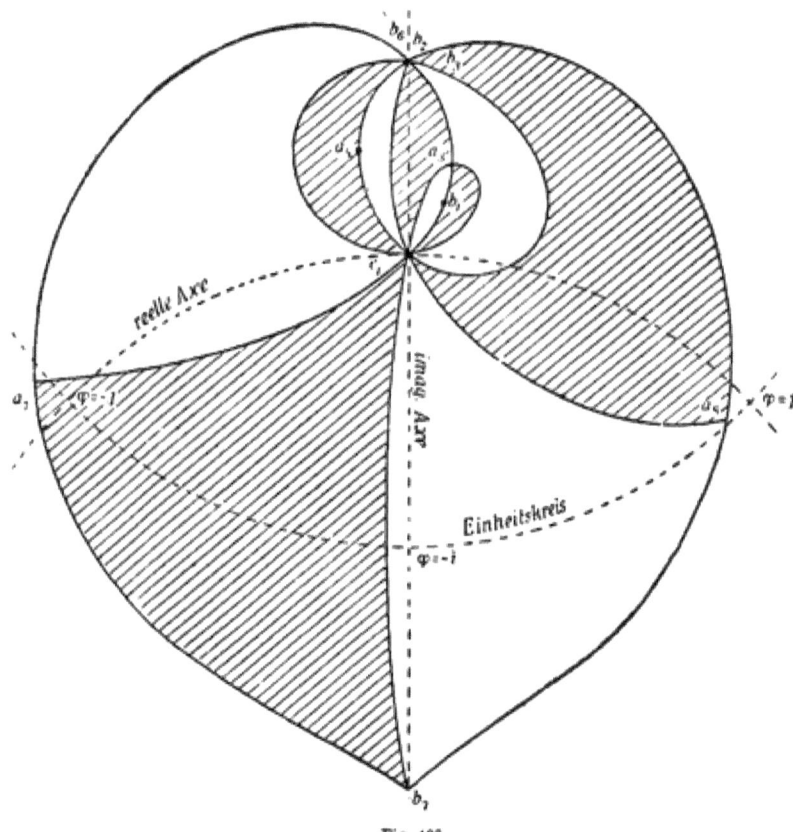

Fig. 107.

nuitätsbereiches auf die φ-Ebene ist freilich deshalb nicht recht brauchbar, weil einige unter den anfgetragenen Punkten zu nahe am Nullpunkte zusammenrücken, andere weit hinaus liegen. Man kann diese Unbequem- lichkeit aber durch Übergang zu einer kreisverwandten Figur heben. Dies ist hierneben in Fig. 107 geschehen, in der man die eine Hälfte des Discontinuitätsbereiches, nämlich das reguläre Fünfeck mit dem Mittelpunkte c_1 übertragen findet. Die imaginäre Axe ist hier noch als

Gerade verblieben, während die reelle φ-Axe zu einem Kreise mit endlichem Radius geworden ist.

Wir haben in der Figur eine Werthevertheilung von φ dadurch
angedeutet, dass wir die drei Punkte $\varphi = \pm 1$, $\varphi = -i$ markierten,
was die Annahme $\varphi(c_1) = 0$ involviert. Indessen besteht noch die Unbestimmtheit, dass wir nicht wissen, ob diese Werthevertheilung die richtige ist, oder ob die thatsächlich zutreffende Werthevertheilung aus der
eben gedachten erst durch eine der drei Transformationen (2) pg. 572
hervorgeht. Aber die Transformation $\varphi' = -\varphi$ kann deshalb nicht zutreffen, weil die nahe am Nullpunkt gelegenen Stellen:

$$-\frac{1+i\sqrt{3}}{2} \cdot \frac{4\sqrt{2}-3\sqrt{3}}{\sqrt{5}}, \quad \frac{1+i\sqrt{3}}{2}(4-\sqrt{15}), \quad i\frac{3-\sqrt{5}}{2}$$

positive imaginäre Bestandtheile haben. Wäre $\varphi' = -\varphi^{-1}$ die zur richtigen Werthevertheilung führende Transformation, so hätten, wie Fig. 107
lehrt, die Zahlen $\varphi(b_1)$ und $\varphi(a_4)$ Beträge > 1 und positive imaginäre
Bestandtheile. Aber die wegen der Forderung $\varphi(b_1) > 1$, $\varphi(a_4) > 1$
allein zulässigen Zahlen:

$$-\frac{1+i\sqrt{3}}{2}(4+\sqrt{15}), \quad \frac{1-i\sqrt{3}}{2} \cdot \frac{3\sqrt{3}+4\sqrt{2}}{\sqrt{5}}$$

haben negative imaginäre Bestandtheile. Würde endlich $\varphi' = \varphi^{-1}$
gelten, so würde wiederum zufolge der Fig. 107 nothwendig $|\varphi(b_1)| > 1$,
$|\varphi(a_4)| > 1$ sein und $\varphi(b_1)$ müsste positiven, $\varphi(a_4)$ aber negativen reellen
Bestandtheil haben. Aber auch dies trifft nicht zu. *Wir notieren dem-
gemäss als Resultat:*

$$(18) \quad \begin{cases} \varphi(c_1) = 0, \quad \varphi(c_2) = \infty, \quad \varphi(b_1) = \frac{1+i\sqrt{3}}{2}(4-\sqrt{15}), \\ \varphi(b_2) = \varphi(b_3) = \varphi(b_6) = i\frac{3-\sqrt{5}}{2}, \quad \varphi(a_4) = -\frac{1+i\sqrt{3}}{2} \cdot \frac{4\sqrt{2}-3\sqrt{3}}{\sqrt{5}}, \ldots \end{cases}$$

Die in (11) pg. 566 gegebene Transformation T' der Periode 2
lieferte, wie wir oben feststellten, eine Umformung der Gruppe Γ_μ in
sich. Demnach ist auch:

$$(19) \qquad \varphi'(\zeta) = \varphi(T'(\zeta))$$

eine Hauptfunction von Γ_μ und hängt also mit $\varphi(\zeta)$ linear zusammen.
Zudem wird diese lineare Substitution von φ in φ', da wie bemerkt
$T'^2 = 1$ ist, selber von der Periode 2 sein. Dabei muss insbesondere
der Werth $\varphi = \varphi(b_1)$ in $\varphi' = \varphi(b_4)$ übergehen und ebenso der Werth
$\varphi = \varphi(a_4)$ in $\varphi' = \varphi(a_5)$. Nachdem wir die Werthe $\varphi(b_1), \ldots$ eindeutig
festgestellt haben, ist demnach jetzt die lineare Relation zwischen φ

und φ' unmittelbar angebbar. *Die ursprüngliche Hauptfunction* $\varphi(\zeta)$ *und die durch* T'' *transformierte* $\varphi'(\zeta)$ *stehen in der linearen Beziehung:*

$$(20) \qquad \varphi' = \frac{i\sqrt{5}\,\varphi - 8 + 2i\sqrt{3}}{(8 + 2i\sqrt{3})\,\varphi - i\sqrt{5}}.$$

Zur Gewinnung der Transformationsgleichung zehnten Grades:

$$(21) \qquad f(J', J) = 0$$

liegen nun alle Mittel bereit. Da nach pg. 567:

$$J'(\zeta) = J(T(\zeta)) = J(T'(\zeta))$$

gesetzt werden kann, so findet man nach Eintragung von $T''(\zeta)$ für ζ in (17) zwischen $J'(\zeta)$ und $\varphi'(\zeta)$ die mit (17) gleichlautende Relation:

$$(22) \quad J' : J - 1 : 1 = \left(\varphi'^2 - \frac{3\sqrt{3}}{\sqrt{5}}(1 - i\sqrt{3})\varphi' + \cdots\right)(\varphi'^4 + \cdots)^2$$

$$: \left(\varphi'^2 + \sqrt{15}(1 + i\sqrt{3})\varphi' + \cdots\right)(\varphi'^2 + i\sqrt{5}\,\varphi' + 1)^4$$

$$: \frac{2^7 \cdot 3^1 \sqrt{3}}{5^2 \sqrt{5}}(1 + i\sqrt{3})\varphi'^5.$$

Die Transformationsgleichung zehnten Grades (21) *ergiebt sich jetzt durch Elimination von* φ *und* φ' *aus den Gleichungen* (17), (20) *und* (22); *in üblicher Art*[*] *sehen wir diese drei Gleichungen als Ersatz der Transformationsgleichung an.*

§ 5. Die Galois'sche Gruppe der Transformationsgleichung und ihre cyklischen Untergruppen.

Nach pg. 559 ist die Galois'sche Gruppe (Monodromiegruppe) der Transformationsgleichung zehnten Grades isomorph mit derjenigen endlichen Gruppe G_M, auf welche sich unsere Gruppe Γ der Signatur $(0, 3; 2, 4, 5)$ modulo 3 reducirt. Bei dieser Reduction übernimmt die ganze algebraische Zahl j die Rolle einer „Galois'schen Imaginären", welche der irreducibelen Congruenz:

$$(1) \qquad j^2 + j + 2 \equiv 0 \quad (\text{mod. } 3)$$

genügt. Entsprechend werden die A, B, C, D nur noch modulo 3 zu unterscheidende ganze imaginäre Zahlen der Gestalt $(a + bj)$, wo a und b rationale ganze Zahlen sind.

Die Determinante der einzelnen Substitution ist zunächst $\equiv \pm 1$ (mod. 3). Aber wir können, falls die Determinante $\equiv -1$ ist, die vier

---

[*] Siehe die Nachweise pg. 570.

Coefficienten der Substitution mit der ganzen Zahl $(j-1)$, die der Congruenz:

$$(j-1)^2 \equiv -1, \quad (\text{mod. } 3)$$

genügt, multiplicieren, worauf ohne Störung der Bauart unserer Substitutionen in allen Fällen die Determinante $\equiv 1$ wird: *Die Galois'sche Gruppe der Transformationsgleichung ist isomorph mit der Gruppe G_M aller modulo 3 incongruenten „unimodularen" Substitutionen:*

(2) $$V \equiv (A, B, C, D),$$

für welche also:

(3) $$A^2 + C^2 - j(B^2 + D^2) \equiv 1, \quad (\text{mod. } 3)$$

gilt. Dabei sind jedoch zwei Substitutionen, die durch Zeichenwechsel der Coefficienten in einander überführbar sind, als nicht verschieden anzusehen.

Um gleich die Perioden der einzelnen Substitutionen von G_M festzustellen, leiten wir mit Rücksicht auf (3) aus der Regel (14) pg. 562 für das Quadrat und die vierte Potenz der Substitution (2) ab:

$$V^2 \equiv (A^2 + 1, \, AB, \, AC, \, AD)$$
$$V^4 \equiv (A^4 - A^2 - 1, \quad A^3B + AB, \quad A^3C + AC, \quad A^3D + AD).$$

Da gleichzeitiger Zeichenwechsel der A, B, C, D die Substitution nicht ändert, so können wir A auf einen der fünf Reste $0, 1, 1 + 2j$, $j, 1 + j$ (mod. 3) reduciren. Ist erstlich $A \equiv 0$, so ist, wie man sieht, $V^2 \equiv 1$, ohne dass $V \equiv 1$ ist; also ist V von der Periode *zwei*. Ist zweitens $A \equiv 1$, so folgt:

$$V^2 \equiv (A, \, -B, \, -C, \, -D) \equiv V^{-1};$$

also ist $V^3 \equiv 1$, d. h. V ist entweder die hierher gehörige Identität $(1, 0, 0, 0)$ oder aber von der Periode *drei*. Ist drittens $A \equiv 1 + 2j$, so gilt:

$$A^2 + 1 \equiv j^2 + j + 2 \equiv 0;$$

demnach ist V^2 von der Periode zwei und V von der Periode *vier*. Für $A \equiv j$ folgt aus (1) leicht:

$$A^4 - A^2 - 1 \equiv A, \quad A^3 + A \equiv -1;$$

somit wird jetzt:

$$V^4 \equiv (A, \, -B, \, -C, \, -D) \equiv V^{-1},$$

so dass $V^5 \equiv 1$ wird, und also V, da die Identität $V \equiv 1$ ausgeschlossen ist, die Periode *fünf* hat. Ist letzten Endes $A \equiv 1 + j$, so gilt:

$$A^4 - A^2 - 1 \equiv -A, \quad A^3 + A \equiv 1,$$

woraus man für V wieder die Periode *fünf* findet: *Die Gruppe G_M enthält außer der Identität $V \equiv 1$ Substitutionen der Periode zwei, nämlich* für $A \equiv 0$, Substitutionen der Periode drei, nämlich für $A \equiv \pm 1$, Substitutionen der Periode vier, nämlich für $A \equiv \pm (1 + 2j)$, und Substitutionen der Periode fünf, nämlich für $A \equiv \pm j$ und $A \equiv \pm (1 + j)$.

Um die Ordnung M der Gruppe zu bestimmen, beachte man, dass sich unter den 9 modulo 3 incongruenten Zahlen $(a + bj)$ die fünf quadratischen Reste $0, 1, 1 + 2j, 2 + j, 2$ finden. Durch Addition je zweier unter diesen Resten stellt man leicht fest: Unter den 81 incongruenten Zahlenpaaren B, D liefern 17 Paare die Summe $B^2 + D^2 \equiv 0$, während die einzelne der 8 nicht mit 0 congruenten Zahlen von je 8 Paaren B, D in der Gestalt $(B^2 + D^2)$ dargestellt wird.

Ist nun $A \equiv 0$, so dürfen wir C auf die Zahlen $0, 1, 1 + 2j, j, 1 + j$ beschränken. Für $C \equiv 0$ liefert die Congruenz (3) nach den vorstehenden Bemerkungen 8 zulässige Zahlenpaare B, D, von denen aber je zwei durch gleichzeitigen Zeichenwechsel von B, D in einander übergehen. Diese 8 Paare liefern also nur 4 verschiedene Substitutionen. Für $C \equiv 1$ liefert die Congruenz (3) im Ganzen 17 Paare B, D, für die übrigen drei Werthe C aber je 8 Paare. Man hat also im Ganzen $4 + 17 + 3 \cdot 8 = 45$ Substitutionen mit $A \equiv 0$. Ist zweitens $A \equiv 1$, so haben wir für $C \equiv 0$ im Ganzen 17 Paare B, D, bei den übrigen 8 Zahlen C aber je 8. Unter den $17 + 8 \cdot 8 = 81$ Substitutionen ist die Identität enthalten. Bei $A \equiv 1 + 2j$ haben wir für jede der beiden Zahlen $C \equiv 1 + 2j$ und $C \equiv 2 + j$ als incongruente Lösungen von (3) im Ganzen je 17 Paare B, D, bei den 7 übrigen Zahlen C aber je 8 Paare B, D, was $2 \cdot 17 + 7 \cdot 8 = 90$ Operationen ergiebt. Endlich finden wir für $A \equiv j$ und $A \equiv 1 + j$ keine Zahl C, für welche $A^2 + C^2 \equiv 1$ wäre; in beiden Fällen haben wir also für alle 9 incongruenten Zahlen C je 8 zulässige Paare B, D, was $2 \cdot 9 \cdot 8 = 144$ Operationen ergiebt: *Die Gruppe G_M der mod. 3 incongruenten Substitutionen (2) enthält ausser der Identität 45 Substitutionen der Periode zwei, 80 Substitutionen der Periode drei, 90 Substitutionen der Periode vier und 144 Substitutionen der Periode fünf; da weitere Substitutionen nicht auftreten, so ist die Ordnung unserer Gruppe M = 360, so dass wir diese Gruppe fortan als die G_{360} bezeichnen werden.*

Zu den 45 Substitutionen der Periode zwei gehört auch die Substitution $(0, 0, 1, 0)$. Um festzustellen, mit wie vielen diese Substitution gleichberechtigt ist, suchen wir alle diejenigen Substitutionen $V \equiv (A, B, C, D)$ auf, welche $(0, 0, 1, 0)$ in sich transformieren oder, was auf dasselbe hinauskommt, welche mit $(0, 0, 1, 0)$ vertauschbar sind. Diese Forderung:

$$(0, 0, 1, 0) \cdot V \equiv V \cdot (0, 0, 1, 0)$$

kleidet man aber auf Grund der Regel (14) pg. 562 in die ausführliche Gestalt:

$$(C, - D, - A, B) \equiv (C, D, - A, - B).$$

Es muss also entweder $B \equiv D \equiv 0$ oder $A \equiv C \equiv 0$ zutreffen, so dass wir zu den 8 Substitutionen:

(4)
$$\begin{cases} (1 - j, 0, \pm (1 - j, 0), \quad (0, 0, 1, 0), \quad (1, 0, 0, 0) \\ (0, 1, 0, \pm j), \quad (0, j, 0, \pm 1) \end{cases}$$

geführt werden. *Die Substitution* $(0, 0, 1, 0)$ *ist hiernach eine von* $360 : 8 = 45$ *gleichberechtigten, d. h. alle 45 Substitutionen der Periode zwei sind gleichberechtigt.*

Die erste Substitution (4), nämlich $(1 - j, 0, 1 - j, 0)$, ist von der Periode vier. Sie kann höchstens mit den Substitutionen V vertauschbar sein, die auch mit ihrem Quadrat $(0, 0, 1, 0)$ vertauschbar sind. Die Rechnung zeigt jedoch, dass $(1 - j, 0, 1 - j, 0)$ nur mit den in der ersten Zeile (4) stehenden Substitutionen vertauschbar ist, während die vier in der zweiten Zeile (4) stehenden Substitutionen $(1 - j, 0, 1 - j, 0)$ in ihre inverse Substitution $(1 - j, 0, - 1 + j, 0)$ transformieren. *Somit ist* $(1 - j, 0, 1 - j, 0)$ *eine unter* $360 : 4 = 90$ *gleichberechtigten, d. h. alle 90 Substitutionen der Periode vier sind gleichberechtigt.*

Unter den 80 Substitutionen der Periode drei greifen wir die beiden besonderen auf:

(5) $(1, 1, 0, - 1 + j), \quad (1, 1, 0, 1 - j).$

Soll $V \equiv (A, B, C, D)$ mit der ersten unter ihnen vertauschbar sein:

$$(1, 1, 0, - 1 + j) \cdot V \equiv V \cdot (1, 1, 0, - 1 + j),$$

so findet man auf Grund der Regel (14) pg. 562:

$$\begin{aligned} &(A + jB + (1 + j)D, \quad A + B + (1 - j)C, \quad - 1 + j)B + C + jD, \\ &\qquad - (1 - j)A + C + D) \\ &\equiv (A + jB + (1 + j)D, \quad A + B - (1 - j)C, \quad 1 + j)B + C - jD, \\ &\qquad - (1 - j)A - C + D). \end{aligned}$$

Für das Bestehen dieser Congruenz ist, wie man leicht zeigt,

$$C \equiv 0, \quad D \equiv (- 1 + j)B$$

hinreichend und nothwendig. Sind diese beiden Bedingungen erfüllt, so reduciert sich die Congruenz (3) auf $A^2 \equiv 1$, so dass sich die erste Substition (5) insgesammt mit den 9 Substitutionen:

(6) $(1, B, 0, (- 1 + j)B)$

vertauschbar erweist. Ebenso findet man, dass die zweite Substitution (5) mit den 9 Substitutionen:

$$(1, B, 0, (1 - j)B)$$

vertauschbar ist. Dagegen zeigt die auf Grund der Regel (14) pg. 562 anzustellende Durchrechnung des Ansatzes:

$$(1, 1, 0, -1 + j) \cdot V \equiv V \cdot (1, 1, 0, 1 - j),$$

dass es keine Substitution V in unserer G_{360} giebt, welche die eine Substitution (5) in die andere transformirt. *Jede der Substitutionen* (5) *ist demnach eine unter* $360 : 9 = 40$ *gleichberechtigten, so dass die* 80 *Substitutionen der Periode drei in zwei durch die Substitutionen* (5) *repräsentierte Systeme von je* 40 *gleichberechtigten Substitutionen zerfallen.*

Hier bleibt noch die Frage zu entscheiden, ob die einzelne Substitution der Periode drei mit ihrer inversen gleichberechtigt ist oder nicht. Nun zeigt man aber nach (14) pg. 562 sofort:

$$(1, 1, 0, -1 + j)(0, 1, 1, -1 + j) \equiv (0, 1, 1, -1 + j)(1, -1, 0, 1 - j),$$

so dass die Substitution $(1, 1, 0, -1 + j)$ durch $(0, 1, 1, -1 + j)$ in ihre inverse transformierbar ist. Entsprechendes gilt natürlich von der zweiten Substitution (5). *Die einzelne Substitution der Periode drei und ihre inverse gehören stets einem und demselben System von* 40 *gleichberechtigten Substitutionen an.*

Die fünf Substitutionen:

$$(7) \quad (j, 1 - j, 0, 0), \quad (1 + j, 1 + j, 0, 0), \quad (1 + j, -1 - j, 0, 0),$$
$$(j, -1 + j, 0, 0), \quad (1, 0, 0, 0)$$

sind die verschiedenen Potenzen der ersten unter ihnen, welche die Periode fünf besitzt. Es sind dies zugleich die einzigen in der G_{360} enthaltenen Substitutionen mit $C \equiv 0$, $D \neq 0$; denn die Congruenz $A^2 - jB^2 \equiv 1$ liefert, wie man leicht ausrechnet, eben nur die 5 Substitutionen (7). Soll nun $(j, 1 - j, 0, 0)$ mit (A, B, C, D) vertauschbar sein, so muss zufolge (14) pg. 562:

$$(jA - (1 + j)B, \quad (1 - j)A + jB, \quad jC - (1 + j)D, \quad 1 - j)C + jD)$$
$$\equiv (jA - (1 + j)B, \quad (1 - j)A + jB, \quad jC + (1 + j)D, \quad -(1 - j)C + jD)$$

zutreffen. Diese Congruenz ist aber nur für $C \equiv 0$, $D \equiv 0$ erfüllbar, so dass wir ausschliesslich auf die 5 Potenzen (7) der Substitution $(j, 1 - j, 0, 0)$ zurückkommen. Die Substitution $(j, 1 - j, 0, 0)$ ist hiernach nur mit ihren eigenen Potenzen vertauschbar. Dasselbe gilt von $(1 + j, 1 + j, 0, 0)$, da diese Substitution die zweite Potenz von $(j, 1 - j, 0, 0)$ ist und andrerseits $(j, 1 - j, 0, 0)$ als dritte Potenz von $(1 + j, 1 + j, 0, 0)$

darstellbar ist. *Hiernach ist die Substitution* $(j, 1 - j, 0, 0)$ *und ebenso auch die Substitution* $(1 + j, 1 + j, 0, 0)$ *eine von* $360 : 5 = 72$ *gleichberechtigten Substitutionen; d. h. alle 72 Substitutionen der Periode fünf mit* $A = \pm j$ *sind gleichberechtigt und ebenso alle 72 Substitutionen der Periode fünf mit* $A = \pm (1 + j)$.

Die cyklischen Untergruppen der G_{360} sind hiermit vollständig erledigt: *Die* G_{360} *enthält ausser der aus der Identität allein bestehenden* G_1 *an cyklischen Untergruppen 15 gleichberechtigte* G_4 *und in diesen ebensoviele gleichberechtigte* G_2, *zwei Systeme von je 20 gleichberechtigten* G_3 *und endlich 36 gleichberechtigte cyklische* G_5.

Auf Grund dieser Angaben lässt sich leicht der Satz beweisen: *Die* G_{360} *ist eine einfache Gruppe.* Eine in der G_{360} enthaltene ausgezeichnete Untergruppe G_μ enthält nämlich ausser der Identität entweder keine G_2 oder alle 45 Substitutionen der Periode zwei, was wir zusammenfassen können in die Aussage, dass die G_μ nothwendig $45 \cdot \varepsilon_1$ Substitutionen der Periode zwei enthält, wo ε_1 entweder $= 0$ oder $= 1$ ist. Die G_μ wird, wenn $\varepsilon_1 = 1$ ist, entweder keine oder alle gleichberechtigten G_4 und also $90 \cdot \varepsilon_1 \varepsilon_2$ Substitutionen der Periode vier enthalten, wo auch $\varepsilon_2 = 0$ oder $= 1$ ist. Die G_μ wird, wie man durch Fortsetzung der Überlegung feststellt, $(40 \cdot \varepsilon_3 + 40 \cdot \varepsilon_4)$ Substitutionen der Periode drei und $144 \cdot \varepsilon_5$ Substitutionen der Periode fünf enthalten, wo auch jede dieser drei letzteren Zahlen ε entweder $= 0$ oder $= 1$ ist. Die Ordnung μ jeder ausgezeichneten Untergruppe ist somit in der Gestalt darstellbar:

$$\mu = 1 + 45\,\varepsilon_1 + 90\,\varepsilon_1 \varepsilon_2 + 40\,\varepsilon_3 + 40\,\varepsilon_4 + 144\,\varepsilon_5.$$

Nun muss aber μ ein Theiler von 360 sein, wobei wir von $\mu = 1$ und $\mu = 360$ selbst absehen können. Wäre $\varepsilon_5 = 1$, so wäre $\mu = 180$, was aber durch keine zulässige Wahl der übrigen ε erreichbar ist. Also ist $\varepsilon_5 = 0$ und damit μ relativ prim gegen 5. Die Zahl μ ist also bereits Theiler von 72, so dass $\varepsilon_1 \varepsilon_2 = 0$ ist. Offenbar ist aber durch keine der zulässigen Auswahlen von $\varepsilon_1, \varepsilon_3, \varepsilon_4$ die Summe $(1 + 45\,\varepsilon_1 + 40\,\varepsilon_3 + 40\,\varepsilon_4)$ zu einem von 1 verschiedenen Theiler von 72 zu machen. *Eine von der* G_1 *und der* G_{360} *verschiedene ausgezeichnete Untergruppe* G_μ *existiert demnach nicht, so dass unsere* G_{360} *in der That eine einfache Gruppe ist.*[*)]

---

*) Die G_{360} als Gruppe linearer Substitutionen tritt in einer dem Texte nahe verwandten Gestalt bereits bei E. H. Moore auf; siehe dessen Note „*A doubly-infinite system of simple groups*", Bull. of the New York Math. Soc., Bd. 3, No. 3 (1893). Eine ausführlichere Darstellung giebt L. E. Dickson in seinem Buche „*Linear groups with an exposition of the Galois field theory*" (Leipzig, 1901). Daselbst (pg. 264) wird auch bereits auf die im Texte vorliegende Gestalt der Substitutionen hingewiesen; dieselben werden als „hyperorthogonale Substitutionen" bezeichnet.

§ 6. Die nichtcyklischen Untergruppen der G_{360} und die erweiterte G_{720}.

Die nichtcyklischen Untergruppen der G_{360} wollen wir in An-knüpfung an die schon bekannten cyklischen G_2, G_3, G_4, G_5 mittelst einer Schlussweise aufstellen, die wir zunächst allgemein bezeichnen. Ist G_μ irgend eine Untergruppe der G_{360}, und wissen wir, dass dieselbe eine unter ν gleichberechtigten Gruppen ist, so ist G_μ insgesammt mit $360\,\nu^{-1} = \mu'$ Substitutionen vertauschbar; die letzteren bilden eine $G_{\mu'}$, welche die umfassendste Untergruppe darstellt, in der G_μ ausgezeichnet enthalten ist. Wir schreiten dann von G_μ zu $G_{\mu'}$ vor und wiederholen die gleiche Überlegung für $G_{\mu'}$.

Diese Schlussweise ist nicht weiter fortsetzbar, sobald $\mu\nu = 360$ ist, d. h. sobald G_μ nur mit ihren eigenen Substitutionen vertauschbar ist. Nennen wir in diesem Falle die ν gleichberechtigten Gruppen:

$$(1) \qquad G_\mu,\ G_\mu',\ \ldots,\ G_\mu^{(\nu-1)},$$

so erhalten wir nach Transformation mittelst irgend einer Substitution V der G_{360} in:

$$(2) \qquad V^{-1}G_\mu V,\ V^{-1}G_\mu'V,\ \ldots,\ V^{-1}G_\mu^{(\nu-1)}V$$

eine Permutation der Gruppen (1). Ergeben hierbei V und V' die gleiche Permutation, so wird, wie man sofort erkennt, die Substitution $V'V^{-1}$ jede Gruppe (1) in sich transformiren. Aber die gesammten Substitutionen, welche jede einzelne Gruppe (1) in sich transformiren, bilden eine von der G_{360} verschiedene*) innerhalb dieser Gesammtgruppe aus-gezeichnete Untergruppe, die also nothwendig die G_1 ist. Keine zwei verschiedene Substitutionen V, V' können demnach die gleiche Permu-tation (2) liefern.

Den 360 Substitutionen V entsprechen in dieser Weise ebenso viele verschiedene Permutationen der ν Gruppen (1), die eine mit der G_{360} isomorphe Permutationsgruppe bilden. Da diese in der Gesammtgruppe aller $\nu!$ Permutationen der ν Gruppen (1) enthalten ist, so ist 360 ein Theiler von $\nu!$, und also ist $\nu \geqq 6$ und damit $\mu \leqq 60$. *Jede von der Gesammtgruppe G_{360} verschiedene Untergruppe G_μ hat eine Ordnung $\mu \leqq 60$.* Sollte der Höchstwerth $\mu = 60$ erreicht werden, so ist die G_{360} mit einer Permutationsgruppe von 6 Dingen isomorph. Aber die einzige solche Gruppe, die die Ordnung 360 hat, ist die Gruppe der geraden Ver-tauschungen von 6 Dingen. Mit dieser Gruppe werden wir unsere G_{360} unten isomorph erkennen.

---

*) Den Fall $\mu = 360$, $\nu = 1$ können wir bei der Schlussweise des Textes nicht erreichen, da die G_{360} eine einfache Gruppe ist.

Die einzelne G_2 als eine unter 45 gleichberechtigten Gruppen ist ausgezeichnet in einer Gruppe G_8 enthalten, z. B. die aus $(0, 0, 1, 0)$ entspringende G_2 in der G_8 der Substitutionen:

$$(3) \quad \begin{cases} (1-j, 0, 1-j, 0), & (0, 1, 0, j), \\ (0, 0, 1, 0), & (0, j, 0, 1), \\ (1-j, 0, -1+j, 0), & (0, j, 0, -1), \\ (1, 0, 0, 0), & (0, 1, 0, -j), \end{cases}$$

welche wir schon in (4) pg. 582 zusammenstellten. Diese G_8 hat den Diedertypus und ist zugleich die umfassendste Gruppe, in der die aus $(1-j, 0, 1-j, 0)$ zu erzeugende cyklische G_4 ausgezeichnet enthalten ist. Den 45 G_2 bezw. G_4 entsprechend finden wir: *Es giebt in der G_{360} 45 gleichberechtigte Diedergruppen G_8; die einzelne G_2 ist immer an fünf solchen G_8 betheiligt, jedoch nur an einer unter diesen fünfen als ausgezeichnete Untergruppe.*

Bereits die einzelne G_8 ist nur mit ihren eigenen Substitutionen vertauschbar, so dass wir von diesen Diedergruppen G_8 aus unmittelbar zu keinen weiteren Untergruppen G_μ gelangen. Nun sind aber in der Diedergruppe G_8 zwei Vierergruppen G_4 ausgezeichnet enthalten; bei der Gruppe (3) haben wir als eine Vierergruppe:

$$(4) \quad (0, 0, 1, 0), \quad (0, 1, 0, j), \quad (0, j, 0, -1), \quad (1, 0, 0, 0).$$

als andere aber:

$$(5) \quad (0, 0, 1, 0), \quad (0, j, 0, 1), \quad (0, 1, 0, -j), \quad (1, 0, 0, 0).$$

Wir bemerken zugleich: An anderen Vierergruppen als diesen beiden kann die Substitution $(0, 0, 1, 0)$ nicht betheiligt sein. Die vier Substitutionen einer solchen Vierergruppe G_4 sind nämlich durchweg mit einander vertauschbar: mit $(0, 0, 1, 0)$ sind aber eben nur die 8 Substitutionen (3) der Dieder-G_8 vertauschbar. Da nun die einzelne Vierergruppe drei Substitutionen der Periode zwei enthält, so gewinnen wir im Ganzen $2 \cdot 45 : 3 = 30$ Vierergruppen.

Man bestimmt diese Anzahl auch leicht daraus, dass die einzelne Vierergruppe immer von drei unter den 45 gleichberechtigten Diedergruppen G_8 geliefert wird. So wird die Gruppe (4) von jenen drei G_8 geliefert, in denen die drei Substitutionen $(0, 0, 1, 0)$, $(0, 1, 0, j)$, $(0, j, 0, -1)$ ausgezeichnet enthalten sind. Es zerfallen nun diese 30 Vierergruppen in zwei durch die Gruppen (4) und (5) repräsentierte Systeme zu je 15 gleichberechtigten G_4. Wären nämlich alle 30 G_4 gleichberechtigt, so wäre die einzelne ausgezeichnet in einer umfassendsten Gruppe G_{12} enthalten, die eine Diedergruppe G_8 enthalten müsste, was ein Widerspruch ist. Wir haben somit als Resultat: *Als einzige in der G_{360} enthaltenen Vierergruppen haben wir zwei Systeme von je 15 gleichberechtigten G_4, welche durch die Gruppen (4) und (5) repräsentiert werden.*

Als eine unter 15 gleichberechtigten ist die einzelne Vierer-G_4 ausgezeichnet in einer G_{24} enthalten, welche bekanntlich den Oktaedertypus besitzt. Wir finden somit weiter: *In der G_{360} sind zwei Systeme von je 15 gleichberechtigten Oktaedergruppen G_{24} enthalten, die ihrerseits wieder zwei Systeme von je 15 gleichberechtigten Tetraedergruppen G_{12} enthalten; zugleich sind diese, da die Vierergruppen einzig waren, auch die einzigen in der G_{360} enthaltenen Oktaeder- und Tetraedergruppen.* Als Beispiel notieren wir diejenige Oktaeder-G_{24}, welche aus den Substitutionen:

$$(6) \qquad S_0 \equiv (1-j, 0, 1-j, 0), \quad T_0 \equiv (0, 1+j, 1-j, 1-j),$$
$$U_0 \equiv (1, 1-j, 1, 1+j)$$

erzeugbar ist. Diese letzteren befriedigen nämlich die Congruenzen:

$$S_0^4 \equiv 1, \quad T_0^2 \equiv 1, \quad U_0^3 \equiv 1, \quad S_0 T_0 U_0 \equiv 1$$

und erzeugen somit nach „Mod." I pg. 456[*]) thatsächlich eine Oktaedergruppe.

Da die einzelne G_{24} nur noch mit ihren eigenen Substitutionen vertauschbar ist, so gelangt unser Schlussverfahren bei ihnen zu Ende. Wir betrachten demnach jetzt die beiden Systeme von je 20 gleichberechtigten cyklischen Gruppen G_3. Gehen wir zunächst auf die Substitutionen der Periode drei selbst zurück, so ist die einzelne unter ihnen als eine unter 40 gleichberechtigten ausgezeichnet in einer G_9 enthalten, z. B. die erste Substitution (5) pg. 582 in der G_9 der Substitutionen:

$$(7) \qquad (1, B, 0, (-1+j)B),$$

welche, wie man sieht, ausser der Identität 8 Substitutionen der Periode drei enthält. Da jede dieser Substitutionen mit jeder anderen vertauschbar ist[**]), so wird jede unter ihnen von sich aus mittelst unserer Schlussweise zu der gleichen G_9 führen, so dass die einzelne Substitution der Periode drei sich nur in einer G_9 findet.

Gehörten nun alle 8 Substitutionen (7) nur dem einen Systeme der 40 gleichberechtigten Substitutionen der Periode drei an, so würden wir nach dem eben gewonnenen Resultate nur $40 : 8 = 5$ gleichberechtigte G_9 gewinnen. Dann aber wäre die einzelne ausgezeichnet in einer

---

[*]) Siehe auch D y c k, „*Gruppentheoretische Studien*", Math. Ann. Bd. 20, pg. 1 (1882).

[**]) Dies geht unmittelbar aus der leicht beweisbaren Congruenz hervor:
$(1, B, 0, (-1+j)B)(1, B', 0, (-1+j)B') \equiv (1, B+B', 0, (-1+j)(B+B')).$

G_{72} enthalten, während doch eine solche Gruppe nicht existieren kann. Also enthält die einzelne G_9 Substitutionen der Periode drei aus beiden Systemen. Da wir nun im Ganzen 80 Substitutionen der Periode drei haben, so gewinnen wir als Ergebniss: *Die G_{360} enthält 10 gleichberech- tigte Gruppen G_9, deren einzelne aus lauter mit einander vertauschbaren Substitutionen besteht und je zwei cyklische G_3 aus dem einzelnen der beiden Systeme enthält.*

Die einzelne der G_9 als eine unter 10 gleichberechtigten Gruppen ist ausgezeichnet in einer G_{36} enthalten. Insbesondere liefert die G_9 der Substitutionen (7) eine G_{36}, die weiter die 9 Substitutionen der Periode zwei:

$$(8) \qquad\qquad (0, B, 1, (-1+j)B)$$

und die 18 Substitutionen der Periode vier:

$$(9) \qquad\qquad (1-j, B, \pm(1-j), (-1+j)B)$$

enthält. Dass diese 36 Substitutionen eine Gruppe bilden, ist selbst- verständlich; *denn wir haben es hier mit jener G_{36} zu thun, welche die oben der Transformationsgleichung zehnten Grades zu Grunde gelegte durch (6) pg. 564 erklärte Congruenzgruppe Γ_{10} liefert.* Die G_9 aber ist nothwendig in der G_{36} ausgezeichnet enthalten, da sie neben der Identität nur Sub- stitutionen der Periode drei enthält, und die übrigen Substitutionen (8) und (9) der G_{36} dieser Periode nicht angehören.

Übrigens bilden die Substitutionen (7) und (8) für sich genommen eine G_{18}; es ist dies die umfassendste Gruppe, in der die einzelne in (7) enthaltene G_3 ausgezeichnet ist. *Die G_{360} enthält zehn gleichberechtigte G_{36} und in diesen zehn gleichberechtigte G_{18}, deren jede vier cyklische G_3 als ausgezeichnete Untergruppen umfasst.* Überdies kommen in der G_{18} noch Diedergruppen G_6 in einer gewissen leicht feststellbaren Anzahl vor; doch kommen diese G_6 nicht weiter in Betracht.

Die einzelne G_5 ist als eine unter 36 gleichberechtigten Gruppen ausgezeichnet in einer diedrischen G_{10} enthalten. *Die G_{360} wird 36 gleichberechtigte Diedergruppen G_{10} dieser Art enthalten.* Weitere Gruppen liefert unser Ansatz aber nicht.

Nun existieren aber noch weitere ganz besonders wichtige Unter- gruppen in der G_{360}, nämlich zwei Systeme von je 6 gleichberechtigten Ikosaeder-G_{60}, welche also das Maximum der Ordnung μ besitzen, das wir oben feststellten. Es ist selbstverständlich, dass wir mittelst unseres Schlussverfahrens zu diesen Gruppen nicht gelangen konnten; denn die Ikosaedergruppe ist eine einfache Gruppe. Doch ist es leicht, die Ikosaeder- gruppe aus Erzeugenden zu erklären, wie dies vorhin durch die Substi- tutionen (6) bei einer Oktaeder-G_{24} geschah. Wir setzen erstlich:

(10) $S_1 \equiv (j, 1-j, 0, 0)$, $T_1 \equiv (0, j, 0, 1)$, $U_1 \equiv (1, 1-j, -1-j, j)$

und beweisen für diese Substitutionen leicht:

$$S_1^5 \equiv 1, \quad T_1^2 \equiv 1, \quad U_1^3 \equiv 1, \quad S_1 T_1 U_1 \equiv 1.$$

Setzt man zweitens:

(11) $S_2 \equiv (j, 1-j, 0, 0)$, $T_2 \equiv (0, j, 0, -1)$, $U_2 \equiv (1, 1-j, 1+j, -j)$,

so gelten entsprechend die Congruenzen

$$S_2^5 \equiv 1, \quad T_2^2 \equiv 1, \quad U_2^3 \equiv 1, \quad S_2 T_2 U_2 \equiv 1,$$

und es ist überdies $S_1 = S_2$. Nach „Mod." I pg. 456 erzeugen sowohl die Substitutionen (10) eine Ikosaeder-G_{60}, wie auch die Substitutionen (11).

Diese beiden Gruppen sind sicher nicht identisch. Wenn sie es nämlich wären, so würde in der G_{60} auch die Substitution:

$$T_1 T_2 \equiv (1-j, 0, -1+j, 0)$$

der Periode vier enthalten sein, was nicht der Fall ist. Beide G_{60} haben die aus $S_1 = S_2$ zu erzeugende G_5 gemeinsam. Hieraus lässt sich schliessen, dass diese beiden Gruppen nicht mit einander gleichberechtigt sein können. Die einzelne G_{60} ist nämlich eine von sechs gleichberechtigten Gruppen. Wären jene beiden G_{60} in diesem System von sechs G_{60} enthalten, so würde die einzelne G_5 immer in mindestens zwei G_{60} enthalten sein. Da nun die einzelne G_{60} sechs G_5 enthält, so hätten wir höchstens $6 \cdot 6 : 2 = 18$ gleichberechtigte G_5, während wir doch deren 36 haben (cf. pg. 584). Wir notiren somit: *Innerhalb der G_{360} sind zwei Systeme von je sechs gleichberechtigten Ikosaedergruppen G_{60} enthalten, welche durch die beiden aus den Substitutionen* (10) *bezw.* (11) *zu erzeugenden Gruppen repräsentirt werden können.* Aus der Existenz der G_{60} folgt nach den am Anfang des Paragraphen vorausgeschickten Bemerkungen sogleich weiter als Hauptsatz: *Die G_{360} ist isomorph mit der Gruppe der geraden Permutationen von 6 Dingen.*

Die einzelne G_{60} enthält fünf gleichberechtigte Tetraeder-G_{12}, und zwar als einzige Untergruppen dieses Typus. Wir finden: *Das einzelne der beiden Systeme der 15 gleichberechtigten G_{12} ist dem einzelnen System der 6 Gruppen G_{60} zugeordnet, und zwar in der Art, dass die einzelne Tetraedergruppe G_{12} immer in zwei Ikosaedergruppen G_{60} des zugeordneten Systems enthalten ist.*

Schliesslich kann man leicht zeigen, *dass ausser den genannten 12 Ikosaedergruppen keine weiteren Gruppen dieser Structur in der G_{360} enthalten sind.* Ist nämlich G_{60} irgend eine in der G_{360} enthaltene Ikosaedergruppe, so giebt es eine mit der G_{60} gleichberechtigte Gruppe, welche die Substitution der Periode fünf $S \equiv (j, 1 - j, 0, 0)$ enthält, ausserdem aber eine noch zu bestimmende Substitution der Periode zwei $T \equiv (0, B, C, D)$, welche mit S combinirt in $ST \equiv ((1 + j)B, \ldots)$ eine Substitution der Periode drei liefert. Es wird somit $B \equiv j$ und also zufolge (3), pg. 580:

$$C^2 - jD^2 \equiv -j$$

gelten. Die Lösung dieser Congruenz beschränkt T auf folgende zehn Substitutionen:

$$T \equiv (0, j, 0, \pm 1), \quad (0, j, 1, \pm (1 + j)), \quad (0, j, \pm (1 + j), j),$$
$$(0, j, -1, \pm (1 + j)), \quad (0, j, \pm (1 + j), -j).$$

Da aber die fünf Substitutionen:

$$T, \; S^{-1}TS, \; S^{-2}TS, \; \ldots, \; S^{-4}TS^4$$

offenbar dieselbe G_{60} liefern, so gewinnen wir von den ausgerechneten zehn T nur zwei verschiedene G_{60}, welche mit den bereits besprochenen Ikosaedergruppen identisch sind.

Die Gruppe Γ war durch die Spiegelung $\bar{V}_3(\zeta) = -\bar{\zeta}$ an der imaginären Axe zu einer Gruppe zweiter Art $\bar{\Gamma}$ erweiterungsfähig, welche modulo 3 reducirt *eine Gruppe* $\bar{G}_{720}$ *der Ordnung* 720 liefert:

$$\bar{G}_{720} = G_{360} + G_{360} \bar{V}_3.$$

Um festzustellen, wie viele mit der Spiegelung $\bar{V}_3$ gleichberechtigte Substitutionen in G_{720} enthalten sind, zählen wir die mit $\bar{V}_3$ vertauschbaren Substitutionen $V \equiv (A, B, C, D)$ ab. Die Congruenz $\bar{V}_3 V \equiv V \bar{V}_3$ aber lautet explicite:

$$(A, B, C, D) \equiv (A, B, -C, -D)$$

und fordert entweder $C \equiv 0$, $D \equiv 0$ oder $A \equiv 0$, $B \equiv 0$. Wir erhalten hier also die zehn Substitutionen der zu $(j, 1 - j, 0, 0)$ gehörenden Dieder-G_{10}. Hieraus folgt: *Die Spiegelung* $\bar{V}_3$ *ist innerhalb der* $\bar{G}_{720}$ *eine unter* $360 : 10 = 36$ *gleichberechtigten Substitutionen.*

Haben wir ferner in:

$$(12) \qquad\qquad G_\mu, \; G_\mu', \; G_\mu'', \; \ldots, \; G_\mu^{(\nu - 1)}$$

ein System von ν gleichberechtigten Untergruppen der G_{360}, und nehmen wir sogleich den Extremfall $\mu\nu = 360$ an, so gilt folgende Alternative. Entweder sind diese ν Gruppen auch in der $\bar{G}_{720}$ *nur* unter sich gleichberechtigt, wo dann die einzelne G_μ, als eine unter ν gleichberechtigten, ausgezeichnet in einer Gruppe zweiter Art $\bar{G}_{2\mu}$ der Ordnung $720 : \nu = 2\mu$ enthalten ist. Oder die Transformation etwa mit $\bar{V}_3$ liefert ein von (12) verschiedenes System:

$$(13) \qquad V_3 G_\mu V_3, \quad V_3 G'_\mu V_3, \quad \ldots, V_3 G_\mu^{(\sigma-1)} V_3,$$

welches erst in der G_{720}, aber noch nicht in der G_{360} mit dem System (12) gleichberechtigt ist. Im letzteren Falle sind die G_μ innerhalb der G_{360} nicht zu Gruppen $G_{2\mu}$ erweiterungsfähig. Natürlich kann der zweite Fall nur dann zutreffen, wenn es in der G_{360} zwei nicht gleichberechtigte Systeme gleicher Structur giebt.

Die Anwendung dieser allgemeinen Betrachtung auf unsere oben in der G_{360} aufgefundenen Untergruppen G_μ bietet nicht die geringste Schwierigkeit. Wir finden: *Die 10 gleichberechtigten Gruppen G_{36} sind innerhalb der G_{720} zu 10 gleichberechtigten G_{72} erweiterungsfähig (was wir bereits von pg. 566 her wussten); die beiden Systeme zu je 15 Oktaeder-G_{24} und ebenso die beiden Systeme zu je 6 Ikosaeder-G_{60} werden innerhalb der G_{720} gleichberechtigt.*

Hiermit haben wir die für die folgenden Entwicklungen ausreichenden gruppentheoretischen Grundlagen gewonnen.

§ 7. Die beiden Resolventen sechsten Grades der Transformationsgleichung.

Die Zerlegung der Galois'schen Gruppe G_{360} der Transformationsgleichung gestattet uns, die *Resolventen der Transformationsgleichung 16ten Grades* kennen zu lernen. Die wichtigsten unter denselben sind *zwei Resolventen 6ten Grades*, die den beiden Systemen von Ikosaedergruppen G_{60} entsprechen, *zwei Resolventen 15ten Grades*, die den beiden Systemen von Oktaedergruppen G_{24} entsprechen, und endlich *die Galoissche Resolvente 360sten Grades*, der gesammten G_{360} selbst entsprechend. Das Ziel der weiteren Untersuchungen wird sein müssen, diese Resolventen aufzustellen und die Lösung der Resolventen und der Transformationsgleichung selbst durch die Galois'sche Resolvente wirklich durchzuführen.

Die beiden Systeme der G_{60} liefern *zwei Systeme von je sechs gleichberechtigten Congruenzgruppen dritter Stufe Γ_6 des Index* 6; innerhalb der erweiterten Γ sind beide Systeme in einander transformierbar. Der Discontinuitätsbereich der einzelnen Γ_6 besteht aus sechs Doppeldreiecken des Netzes N der Gruppe Γ. Der Versuch zeigt, dass es im wesentlichen nur eine einzige Möglichkeit giebt, dem zu unserem Netze N gehörenden Verzweigungssatze (cf. „Mod." I, pg. 346) entsprechend einen *unsymmetrischen* Bereich dieser Art aufzubauen. Fig. 108 giebt den Bereich in der einen der beiden zu einander symmetrischen Anordnungen an;

die Spiegelung an der Mittellinie $c_0 b_2$ liefert den andern Bereich. Indem wir der Reihe nach das einzelne der sechs Doppeldreiecke dieser beiden Bereiche mit dem oben (pg. 560) fixierten Ausgangsdreieck des Netzes N

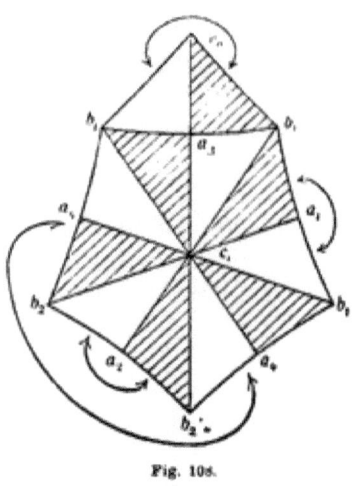

Fig. 108.

identificieren, erhalten wir die Discontinuitätsbereiche aller $2 \cdot 6$ Gruppen Γ_6. Wie man sieht, haben wir in der Figur wieder die Bezeichnungen a, b, c für die Eckpunkte aufgenommen; und zwar tragen die jeweils zu einem Cyklus zusammengehörenden Ecken gleiche Bezeichnungen.

Unsere Gruppen Γ_6 gehören zum Geschlechte $p = 0$. Eine zum Discontinuitätsbereiche der Fig. 108 gehörende Hauptfunction $\psi(\zeta)$ erklären wir eindeutig durch die Bestimmung:

$$(1) \qquad \psi(c_0) = 0, \quad \psi(b_1) = 1,$$
$$\psi(c_1) = \infty.$$

Bilden wir die Ebene der Hauptfunction $\psi(\zeta)$ und also den Bereich der Fig. 108 auf die J-Ebene ab, so entspringt *eine sechsblättrige Riemannsche Fläche über dieser Ebene*, welche folgende Verzweigung hat: *Bei $J = 0$ liegen zwei Verzweigungspunkte zu je zwei Blättern, während zwei Blätter isoliert verlaufen; bei $J = 1$ findet sich ein Verzweigungspunkt zu zwei und ein weiterer, der den Werth $\psi = 1$ trägt, zu vier Blättern; bei $J = \infty$ verläuft dasjenige Blatt, welches daselbst den Werth $\psi = 0$ trägt, isoliert, während die fünf übrigen Blätter in einem den Werth $\psi = \infty$ tragenden Verzweigungspunkte zusammenhängen.*

Für die Darstellung von J als rationale Function sechsten Grades von ψ entnehmen wir hieraus den Ansatz:

$$J : J - 1 : 1 = (\psi^2 + a\psi + b)(\psi^2 + c\psi + d)^2 : (\psi + e)^2(\psi - 1)^4 : f\psi.$$

Die Berechnung der hier noch unbekannten Coefficienten a, b, c, …, f bietet keine Schwierigkeit. Benutzen wir zunächst den Umstand, dass die Functionaldeterminante der beiden Functionen $(\psi + e)^2(\psi - 1)^4$ und ψ den Factor $(\psi^2 + c\psi + d)$ enthalten muss, so finden wir (wie oben pg. 573) durch Coefficientenvergleichung folgende Darstellungen von c und d in e:

$$(2) \qquad 5c = 3e - 1, \quad 5d = e.$$

Da andrerseits die Functionaldeterminante von:

$$(\psi^2 + a\psi + b)(\psi^2 + c\psi + d)^2, \quad \psi$$

den Factor $(\psi + e)(\psi - 1)^3$ aufweisen muss, so findet man entsprechend
die weiteren Relationen:

(3)
$$\begin{cases} 4a + 3c = 5e - 15, \\ 2ac + 3b + d = 15 - 15e, \\ bd = 5e. \end{cases}$$

Die beiden letzten Gleichungen (2) und (3) ergeben, da c sicher nicht
verschwindet, sofort $b = 25$. Die erste Gleichung (3) ergiebt zufolge (2):

$$5a = 4c - 18.$$

Tragen wir $b = 25$ und die Darstellungen von a, c und d durch e in
die zweite Gleichung (3) ein, so ergiebt sich eine quadratische Gleichung für e, deren Lösungen:

$$e = -\frac{11 \pm 3 i \sqrt{15}}{2}$$

sind. Die zugehörigen Werthe a, c, d bestimmt man nun sofort und
berechnet den noch fehlenden Coefficienten f aus der identischen
Gleichung:

$$(\psi^2 + a\psi + b)(\psi^2 + c\psi + d)^2 - (\psi + e)^2(\psi - 1)^4 = f\psi,$$

indem man etwa $\psi = 1$ einträgt. *Die Darstellung von J als rationale
Function sechsten Grades der Hauptfunction ψ hat hiernach die Gestalt:*

(4)
$$J : J - 1 : 1 =$$

$$\left(\psi^2 - \frac{8\sqrt{5} \pm 6 i \sqrt{3}}{\sqrt{5}} \psi + 25\right)\left(\psi^2 - \frac{7\sqrt{5} \pm 9 i \sqrt{3}}{2\sqrt{5}} \psi - \frac{11 \pm 3 i \sqrt{15}}{10}\right)^2$$

$$: \left(\psi - \frac{11 \pm 3 i \sqrt{15}}{2}\right)^2 (\psi - 1)^4$$

$$: \pm \frac{2^8 \cdot 3^4 i \sqrt{3}}{5^3 \cdot \sqrt{5}} \psi;$$

*diese Relationen stellen, indem wir sie bei gegebenem J als Gleichungen
sechsten Grades für ψ auffassen, unmittelbar die beiden gesuchten Resolventen sechsten Grades dar.* Die $2 \cdot 6$ Lösungen ψ dieser Resolventen
liefern die Hauptfunctionen der zwölf Gruppen Γ_6. Gegenüber den Substitutionen der Gesammtgruppe Γ werden die sechs Functionen des einzelnen Systems der Γ_6 die 360 geraden Permutationen erfahren. Wir
haben also hier mit zwei Gleichungen sechsten Grades zu thun, deren
Galois'sche Gruppe (Monodromiegruppe) die Gruppe der geraden Ver-
tauschungen ihrer Wurzeln ist.

Mit Rücksicht auf weitere Entwicklungen haben wir noch festzustellen, welche von den beiden Gleichungen (4) zu dem in Fig. 108 gezeichneten Disconti-
nuitätsbereiche ge-
hört. Hierüber ist
leicht zu entscheiden.
Wir ziehen die zu den
oberen Zeichen ge-
hörende Gleichung
(4) heran und erin-
nern daran, dass die
reellen Werthe J
längs der Seiten der
Dreieckstheilung un-
seres Netzes N zu-
treffen. An Fig. 108
stellt man aber fest,
dass sich die ge-
sammten Dreiecks-
seiten auf einen ein-
zigen in sich zurück-
laufenden Curvenzug
der ψ-Ebene über-
tragen. Die Gleichung
dieses Curvenzuges
können wir für die
ausgewählte Resol-

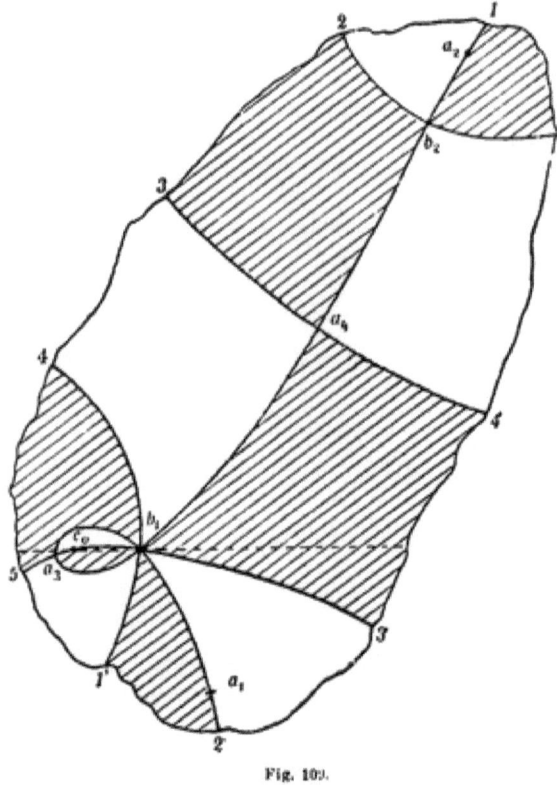

Fig. 109.

vente (4) leicht angeben. Damit nämlich J reell wird, ist hinreichend
und nothwendig, dass:

$$(2\psi - 11 - 3i\sqrt{15})^2 (\psi - 1)^4 \psi^{-1}$$

rein imaginär ausfällt. Setzen wir demnach $\psi = x + iy$ und verstehen
unter $\Re(A)$ den reellen Bestandtheil der complexen Zahl A, so ergiebt
sich als Trägerin aller reellen Werthe J die Kurve siebenten Grades:

$$(5) \qquad \Re\left(\left(2x - 11 + i(2y - 3\sqrt{15})\right)^2 (x - 1 + iy)^4 (x - iy)\right) = 0.$$

Um diese Curve in der x, y-Ebene zu zeichnen, berechne man sich
zunächst aus (4) die Werthe:

$$\psi(a_1),\ \psi(a_2) = \frac{1}{\sqrt{3}}\left(4\sqrt{5} + 3i\sqrt{3} \pm 2\sqrt{3}\left(\sqrt{-3} + 2\sqrt{6} + i\sqrt{3} + 2\sqrt{6}\right)\right),$$

$$\psi(a_3),\ \psi(a_4) = \frac{1}{4\sqrt{5}}\left(7\sqrt{5} + 9i\sqrt{3} \pm \sqrt{15}\left(\sqrt{3 + 8\sqrt{6}} + i\sqrt{-3 + 8\sqrt{6}}\right)\right),$$

markiere die betreffenden angenähert durch:

$$6{,}14 + 6{,}66\,i; \quad 1{,}86 - 2{,}01\,i; \quad \ldots$$

gegebenen Punkte in der x, y-Ebene und füge auch die Punkte

$$\psi(c_0) = 0, \quad \psi(b_1) = 1, \quad \psi(b_2) = \frac{1}{2}\left(11 + 3\,i\,\sqrt{15}\right)$$

hinzu. Der übrige Verlauf der Curve ist in Fig. 109 skizziert. Die Curve schneidet die in der Figur punktiert angedeutete x-Axe vierfach bei $x = 1$, einfach bei $x = 0$ und ausserdem je einfach bei $x = \frac{1}{2}(11 \pm 3\sqrt{15})$; sie hat ferner fünf Asymptoten gleicher Richtungsunterschiede $\frac{\pi}{5}$, welche den mit $1, 1', 2, 2', \ldots$ bezeichneten Zweigen entsprechen.

Ein Blick auf die Figuren 108 und 109 genügt jetzt, um zu erkennen, dass wir hier mit dem zusammengebogenen Polygon der Fig. 108 zu thun haben und eben nicht mit dem zu dieser Figur symmetrischen Polygon. Wir notieren somit als Resultat: *Zu dem in Fig. 108 ausgewählten Polygon gehört die Resolvente (4) mit den oberen Zeichen.*

§ 8. Die Discontinuitätsbereiche der zu den Oktaeder- und Tetraedergruppen gehörenden Γ_{15} und Γ_{30}.

In der G_{360} fanden wir (pg. 587) zwei Systeme von je 15 Oktaedergruppen G_{24}. Ihnen entsprechen *zwei Systeme von je 15 gleichberechtigten Congruenzgruppen dritter Stufe* Γ_{15} *vom Index* 15, welche innerhalb der erweiterten Γ, aber noch nicht innerhalb der ursprünglichen Gruppe Γ gleichberechtigt sind. Es ist ausreichend, den Discontinuitätsbereich für eine einzelne Γ_{15} herzustellen; wir bevorzugen unter den Oktaedergruppen G_{24} etwa diejenige, welche wir oben (pg. 587) aus den Substitutionen:

$$(1) \quad S \equiv (1-j, 0, 1-j, 0), \quad T \equiv (0, 1+j, 1-j, 1-j),$$
$$U \equiv (1, 1-j, 1, 1+j)$$

herstellten. Wir erinnern sogleich daran, dass diese G_{24} die Dieder-G_8 der Substitutionen:

$$(2) \begin{cases} (1-j, 0, 1-j, 0), & (0, 0, 1, 0), & (1-j, 0, -1+j, 0), & (1, 0, 0, 0), \\ (0, 1, 0, j), & (0, j, 0, 1), & (0, j, 0, -1), & (0, 1, 0, -j) \end{cases}$$

in sich enthält (cf. pg. 586) und demnach in der Gestalt:

$$(3) \quad G_{24} = G_8 + U G_8 + U^2 G_8$$

darstellbar ist.

Ein Discontinuitätsbereich der zu dieser G_{21} gehörenden Γ_{15} ist in Fig. 110 dargestellt. Um die Lagerung desselben im Dreiecksnetze N

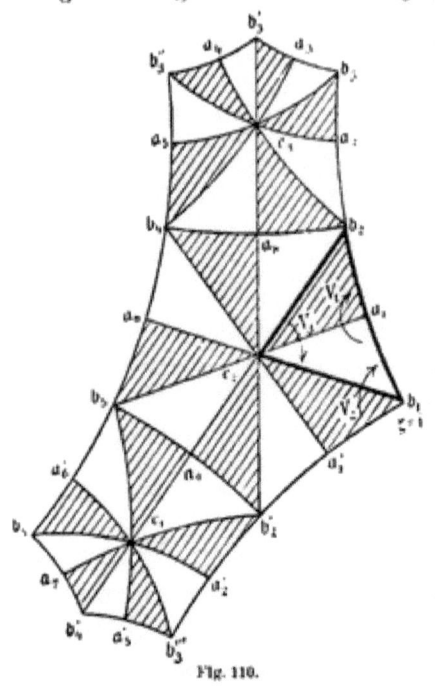

zu kennzeichnen, ist das oben (pg. 560) ausgewählte Ausgangsdreieck der Gesammtgruppe Γ in der Figur stark umrandet, und es sind die Erzeugenden der Gruppe Γ hinzugesetzt. Der Eckpunkt b_1 liegt also bei $\zeta = i$, der Kreisbogen $b_1 b_3$ stellt den sich anschliessenden Theil der imaginären ζ-Axe mit $|\zeta| > 1$ dar, der Kreisbogen $b_1 b_3'''$ aber einen Theil des Einheitskreises. Für die Ecken haben wir durchweg die Bezeichnungen a, b, c wieder aufgenommen; Ecken, die zu einem Cyklus zusammen gehören, haben gleichen unteren Index und sind durch obere Indices unterschieden. Die Zusammengehörigkeit der Randcurven geben wir in einer sofort verständlichen Bezeichnungsweise tabellarisch an:

Fig. 110.

$$
(4) \quad
\begin{cases}
(b_1 b_3) \longrightarrow (b_1 b_3'''), & S = V_2^{-1} \equiv (1-j,\, 0,\, 1-j,\, 0), \\
(a_3 b_3) \longleftrightarrow (a_3 b_3'), & V_4 \equiv (0,\, -1+j,\, 1-j,\, 1+j), \\
(a_4 b_3') \longleftrightarrow (a_4 b_3''), & V_5 \equiv (0,\, 1,\, 0,\, j), \\
(a_7 b_4') \longleftrightarrow (a_7 b_4''), & V_6 \equiv (0,\, j,\, 0,\, 1), \\
(b_5 b_4) \longleftrightarrow (b_5 b_4'), & V_7 \equiv (0,\, 1-j,\, 1-j,\, -1-j), \\
(b_3''' b_4'') \longrightarrow (b_3'' b_4), & V_8 \equiv (1,\, 1-j,\, -1,\, 1+j),
\end{cases}
$$

wobei neben jedem Paare zusammengeordneter Randcurven die zugehörige Substitution notiert ist.

Diese Angaben kann man in folgender Weise bestätigen: Zunächst überzeuge man sich, dass die Zusammenordnung der Randcurven eine solche ist, wie sie dem zu unserem Dreiecksnetze gehörenden Verzweigungssatze (cf. „Mod." I, pg. 346) entspricht. Der Discontinuitätsbereich definiert also eine Untergruppe der Gruppe Γ, und zwar offenbar eine Γ_{15} des Index 15, da der genannte Bereich aus 15 Doppeldreiecken aufgebaut ist. Diese Γ_{15} ist ersichtlich vom Geschlechte $p = 0$; und es liegen auf dem Rande des Bereiches die festen Ecken a_3, a_4, b_5, a_7 und

b_1, denen Erzeugende der Perioden 2, 2, 2, 2 und 4 zugehören. *Die durch den angegebenen Bereich erklärte Gruppe Γ_{15} hat demnach die Signatur* $(0, 5; 2, 2, 2, 2, 4)$.*)

Man wolle zweitens die erklärten Substitutionen V_4, V_5, ..., V_8 in den Erzeugenden V_1, V_2, V_3 der Gesammtgruppe darstellen und wird in jedem Falle die in (4) angegebene Congruenz bestätigt finden. Die Substitutionen $S = V_2^{-1}$, V_5, V_6 gehören der unter (2) angegebenen G_8 und also der ausgewählten G_{24} an. Dasselbe gilt aber auch von V_4 und V_7; denn es gelten die Congruenzen:

$$V_4 \equiv U^2 \cdot (0, j, 0, -1), \quad V_7 \equiv U^2 S^{-1} \equiv U^2 V_2.$$

Endlich ist $V_8 = V_7 V_6$, so dass auch V_8 der G_{24} angehört. Alle Erzeugenden der durch den Bereich der Fig. 110 erklärten Γ_{15} und also diese Gruppe selbst ist in der zu unserer G_{24} gehörenden Γ_{15} enthalten; beide Gruppen Γ_{15} sind also als Gruppen von gleichem Index identisch: *Die zur Oktaedergruppe G_{24} gehörende Γ_{15} ist die durch den Discontinuitätsbereich der Fig. 110 erklärte Gruppe der Signatur* $(0, 5; 2, 2, 2, 2, 4)$.

In der G_{24} ist eine ausgezeichnete Tetraedergruppe enthalten. Diese Gruppe G_{12} setzt sich zusammen einmal aus der auch in der G_{24} ausgezeichnet enthaltenen Vierergruppe:

$$(5) \qquad V_2^2 \equiv (0, 0, 1, 0), \quad V_5 \equiv (0, 1, 0, j), \ (0, j, 0, -1),$$
$$V_6 \equiv (1, 0, 0, 0)$$

und ausserdem aus den acht in der G_{24} enthaltenen Substitutionen der Periode drei. Einen Discontinuitätsbereich der zur G_{12} gehörenden Γ_{30} wird man ohne Mühe aus dem Bereiche der Fig. 110 herstellen. Man übe auf diesen Bereich die Substitution V_2, welche die G_{12}, ohne derselben anzugehören, in sich transformirt, aus und hänge den entspringenden neuen Bereich dem ersteren an. So erhält man als Discontinuitätsbereich der Γ_{30} das in Fig. 111, pg. 598, dargestellte Polygon. Bei der Zuordnung der Randcurven gilt folgende Überlegung: Diejenigen Erzeugenden V der Γ_{15}, welche zur Vierergruppe (5) gehören oder von der Periode drei sind, bleiben der Γ_{30} als Erzeugende erhalten; bei der zweiten hinzugefügten Hälfte des Polygons reiht sich dann einer Erzeugenden V dieser Art die weitere $V_2 V V_2^{-1}$ an. Der Rest der Erzeugenden gehört noch nicht der Γ_{30} an; eine unter ihnen, V, giebt dann in $V_2 V$ eine Erzeugende der Γ_{30}. Zur ersten Kategorie gehören nur die Erzeugenden V_5 und V_6 der Γ_{15}, neben welche also die Substitutionen $V_2 V_5 V_2^{-1}$, $V_2 V_6 V_2^{-1}$ treten. Die zweite Kategorie bilden

---

*) Diese Γ_{15} ist weder durch eine Spiegelung der Γ noch durch eine dieser Gruppe fremde Spiegelung erweiterungsfähig.

V_2, V_4, V_6, V_7, welche also die Erzeugenden V_2^2, V_2V_4, V_9V_6, $V_2'V_7$ der Γ_{30} liefern. Wir stellen die Zuordnung der Randcurven bei Fig. 111 nebst den zugehörigen Substitutionen wieder tabellarisch zusammen:

$$(6) \quad \begin{cases} (b_1 b_3'') \leftrightarrow (b_1 b_3'''), & V_2^2, \\ (b_2 b_3) \rightarrow (b_2' b_3'''), & V_2 V_4, \\ (a_1 b_3) \leftrightarrow (a_1 b_2'), & V_5, \\ (b_3'' b_4') \rightarrow (b_3' b_4), & V_8, \\ (b_4 b_5') \rightarrow (b_4'' b_5''), & V_2 V_7, \\ (b_4' b_5') \rightarrow (b_4'' b_5), & V_2 V_6, \\ (a_2 b_2') \leftrightarrow (a_2 b_2''), & V_2 V_5 V_2^{-1}, \\ (b_2 b_5) \rightarrow (b_2'' b_5''), & V_2 V_8 V_2^{-1}. \end{cases}$$

Aus der damit angegebenen Zuordnung der Randcurven stellt man sofort fest, dass wir hier mit einem Polygon des Geschlechtes $p = 1$

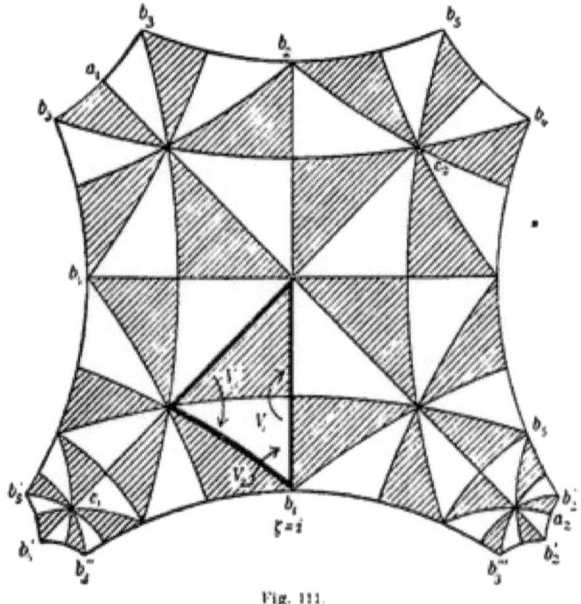

Fig. 111.

zu thun haben. An festen Ecken, die Fixpunkte von Erzeugenden der Γ_{30} sind, finden sich auf dem Rande des Polygons die drei a_1, a_2, b_1, welche Fixpunkte von Substitutionen der Periode zwei V_2^2, V_5, $V_2 V_5 V_2^{-1}$ der Γ_{30} sind. Wir notieren demnach als Ergebniss: *Die der ausgewählten*

Tetraedergruppe G_{12} zugehörige Γ_{30} ist eine Gruppe der Signatur $(1, 3; 2, 2, 2)$, deren Discontinuitätsbereich durch das Polygon der Fig. 111 und der Randcurvenzuordnung (6) *gegeben ist.*

Jede der sechs gleichberechtigten Ikosaedergruppen G_{60} des einzelnen Systems enthält fünf gleichberechtigte Tetraedergruppen G_{12}, so dass sich die einzelne G_{12} immer in zwei gleichberechtigten Ikosaedergruppen, G_{60} und G'_{60}, findet, und zwar offenbar als grösster gemeinsamer Bestandtheil dieser beiden Gruppen. Die zum Bereiche der Fig. 111 gehörende Γ_{30} ist demnach grösster gemeinsamer Bestandtheil zweier unserer gleichberechtigten Gruppen Γ_6 und Γ'_6 des einen Systems.

Dies bestätigt sich an der Fig. 111 in der That. Ordnet man mittelst erlaubter Abänderung den Discontinuitätsbereich der Γ_{30} cyklisch um den in Fig. 111 mit c_2 bezeichneten Punkt an, so entspringt als neue Gestalt des Discontinuitätsbereiches der Γ_{30} die in Fig. 112 gegebene,

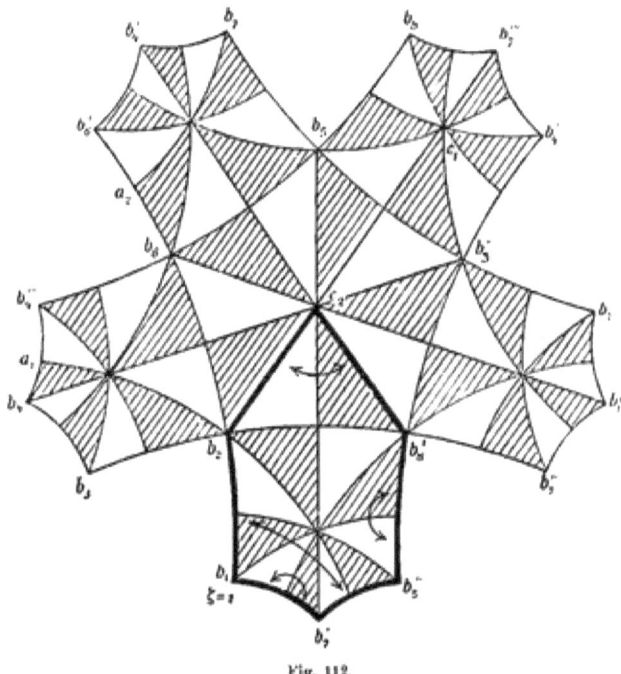

Fig. 112.

wobei die mit c_2, b_1 ($\zeta = i$) und b_5'' bezeichneten Punkte der alten Anordnung in der neuen dieselben Bezeichnungen tragen. Die Zuordnung der Randcurven stellen wir für Fig. 112 wieder tabellarisch zusammen:

$$
(7)
\begin{cases}
(b_1 b_2 b_3 b_4) \longrightarrow (b_1' b_2' b_3' b_4'), \\
(a_1 b_4) \longrightarrow (a_1 b_4'''), \\
(b_4'' b_6') \longrightarrow (b_4''' b_6), \\
(a_2 b_6) \longrightarrow (a_2 b_6'), \\
(b_7 b_5 b_8 b_7''') \longrightarrow (b_7' b_5'' b_8' b_7''), \\
(b_4' b_7) \longrightarrow (b_4' b_7''').
\end{cases}
$$

Fügen wir nun zur Γ_{30} die etwa mit W zu bezeichnende Substitution der Periode fünf mit dem Fixpunkte c_2 hinzu, so gewinnen wir in:

$$
\Gamma_6 = \Gamma_{30} + W\,\Gamma_{30} + W^2\,\Gamma_{30} + W^3\,\Gamma_{30} + W^4\,\Gamma_{30}
$$

eine Gruppe, deren Discontinuitätsbereich, wie man durch Reduction der Zuordnung der Randcurven von Fig. 112 mittelst der Drehung W um c_2 zeigt, das in Fig. 112 stark umrandete Theilpolygon mit sechs Doppeldreiecken ist. Die Zuordnung der Randcurven dieses Theilpolygons ist in seinem Innern angegeben. Wie man sieht, sind wir hier zum Discontinuitätsbereiche der Fig. 108 pg. 592 zurückgekommen, durch den wir in der That das eine System der sechs gleichberechtigten Γ_6 erklären konnten.

Die zweite mit der Γ_6 gleichberechtigte Gruppe Γ_6' lässt sich in derselben Art gewinnen, indem wir den Bereich der Fig. 111 durch erlaubte Abänderung cyklisch um den Punkt c_1 anordnen, der den ebenso bezeichneten Punkt der Fig. 112 liefert. Die Gruppe Γ_6' ist nämlich einfach durch $\Gamma_6' = V_2^{-1}\,\Gamma_6\,V_2$ gegeben, wie man aus dem Umstande folgert, dass zwar die Γ_{30}, aber nicht die Γ_6 durch V_2 in sich transformiert wird. Wir schliessen mit dem Satze: *Combiniert man die 6 Gruppen Γ_6 des einzelnen Systems zu Paaren, was im Ganzen 15 Paare Γ_6, Γ_6' ergiebt, so ist der grösste gemeinsame Bestandtheil der Gruppen Γ_6, Γ_6' des einzelnen Paares eine unserer 15 gleichberechtigten Γ_{30} der Signatur* (1, 3; 2, 2, 2).

§ 9. Die beiden Resolventen 15${}^{\text{ten}}$ Grades der Transformationsgleichung.

Die vorstehenden gruppentheoretisch-geometrischen Betrachtungen legen den Grund zur Gewinnung der den beiden Systemen der Γ_{15} entsprechenden *zwei Resolventen 15ten Grades der Transformationsgleichung*. Allerdings sind die Verhältnisse hier ziemlich schwierig; der unmittelbare Ansatz einer Hauptfunction der ausgewählten Γ_{15} und der Versuch, die Relation zwischen ihr und der Hauptfunction $J(\xi)$ der Gesammtgruppe aus der Verzweigung des Polygons der Fig. 110 über der J-Ebene nach der Functionaldeterminantenmethode festzustellen, ist aussichtslos. Wir müssen hier vielmehr einen ziemlich weiten Umweg machen.

Nach dem Schlusssatze des vorigen Paragraphen ist die Γ_{30} des Discontinuitätsbereiches Fig. 111, pg. 598, grösster gemeinsamer Bestandtheil zweier Gruppen Γ_6 und $\Gamma_6' = V_2^{-1}\Gamma_6 V_2$, deren Hauptfunctionen:

$$1) \qquad \psi(\zeta), \quad \psi'(\zeta) = \psi(V_2(\zeta))$$

nach der pg. 592 gegebenen Vorschrift gewählt sein sollen. *Wir haben für unsere Γ_{30} des Geschlechtes $p = 1$ in $\psi(\zeta)$ und $\psi'(\zeta)$ unmittelbar ein Functionssystem, welches das einzelne Paar zusammengehöriger Werthe jeweils nur in einem Punkte des Discontinuitätsbereiches annimmt.* Da $\psi(\zeta)$ und $\psi'(\zeta)$ in diesem Bereiche fünfwerthig sind, so gehen diesen Functionen eine algebraische Relation mit einander ein, die in jeder unter ihnen auf den fünften Grad steigt. Diese Relation ist sofort angebbar. Da nämlich ψ und ψ' zwei verschiedene Lösungen der zu den oberen Zeichen (cf. pg. 595) gehörenden Gleichung (4) pg. 593 sind, so findet man durch Gleichsetzen der beiden Ausdrücke von $(J-1)$ in ψ und ψ':

$$\left(\psi - \frac{11 + 3i\sqrt{15}}{2}\right)^2 (\psi - 1)^4 \psi' - \left(\psi' - \frac{11 + 3i\sqrt{15}}{2}\right)^2 (\psi' - 1)^4 \psi = 0.$$

Befreien wir die linke Seite von ihrem nicht identisch verschwindenden Factor $(\psi - \psi')$, so folgt als *algebraische Relation des Geschlechtes $p = 1$ zwischen ψ und ψ'*:

$$2) \quad (\psi + \psi')^4 \psi\psi' - 3(\psi + \psi')^2(\psi\psi')^2 + (\psi\psi')^3 - 3(5 + i\sqrt{15})((\psi + \psi')^3\psi\psi'$$

$$- 2(\psi + \psi')(\psi\psi')^2) + 3\frac{31 + 19i\sqrt{15}}{2}((\psi + \psi')^2\psi\psi' - (\psi\psi')^2) - 2^2 \cdot 7 \cdot$$

$$(2 + 3i\sqrt{15})(\psi + \psi')\psi\psi' + 3(8 + 37i\sqrt{15})\psi\psi' + \frac{1}{2}(7 - 33i\sqrt{15}) = 0.$$

Diese Relation ist in ψ und ψ' symmetrisch. Der Austausch von ψ und ψ' stellt eine Transformation der Periode zwei des durch (2) gelieferten algebraischen Gebildes in sich dar; und zwar handelt es sich dabei um diejenige Umformung, welche der Transformation V_2 der Γ_{30} in sich angehört.

Ehe wir Functionen von geringerer Werthigkeit für die Γ_{30} aufstellen, gehen wir zur Γ_{15}, welche aus der Γ_{30} durch Zusatz von V_2 entsteht. Die symmetrischen Functionen:

$$3) \qquad t(\zeta) = \psi(\zeta) \cdot \psi'(\zeta), \quad u(\zeta) = \psi(\zeta) + \psi'(\zeta)$$

der ψ, ψ', welche zufolge (2) durch die Relation:

$$4) \quad tu^4 - 3t^2u^2 + t^3 - 3(5 + i\sqrt{15})(tu^3 - 2t^2u) + \frac{3}{2}(31 + 19i\sqrt{15})(tu^2 - t^2)$$

$$- 2^2 \cdot 7(2 + 3i\sqrt{15})tu + 3(8 + 37i\sqrt{15})t + \frac{1}{2}(7 - 33i\sqrt{15}) = 0$$

an einander gebunden sind, liefern uns Functionen der Γ_{15}. Nun ist
wesentlich, dass nicht nur $t(\zeta)$ sondern auch noch $\sqrt{t(\zeta)}$ eine eindeutige
automorphe Function der Γ_{15} ist. Es haben nämlich die Functionen ψ
und ψ' ihre Nullpunkte und Pole im Polygon der Fig. 111 (pg. 598)
ausschliesslich in den Punkten c; und zwar wird $\psi(\zeta)$ fünffach 0 in c_2
und je einfach ∞ in den übrigen Punkten c, während $\psi'(\zeta)$ fünffach 0
in c_1 und je einfach ∞ in den übrigen Punkten c wird. Für die linke
Hälfte des genannten Polygons, d. i. für den in Fig. 110, pg. 596, gegebenen Discontinuitätsbereich der Γ_{15} folgt demnach, dass $t = \psi \cdot \psi'$
im Punkte c_1 dieses Bereiches vierfach 0 und in den Punkten c_2 und c_3
je zweifach ∞ wird. Da sonstige Nullpunkte und Pole fehlen, und da
andererseits die Γ_{15} vom Geschlechte $p = 0$ ist, so folgt, *dass auch noch:*

$$(5) \qquad v(\zeta) = \sqrt{t(\zeta)} = \sqrt{\psi(\zeta)\psi'(\zeta)}$$

*eine eindeutige Function der Γ_{15} ist, die in c_1 zweifach 0 und in c_2 und c_3
je einfach ∞ ist.* Durch (5) ist die Function v erst bis auf das Vorzeichen bestimmt; die Auswahl desselben behalten wir uns vor.

Die zwischen den Functionen $u(\zeta)$ und $v(\zeta)$ bestehende algebraische
Relation können wir aus (4) ableiten. Setzen wir nämlich hier $t = v^2$
ein, so muss die entspringende Gleichung:

$$u^4 v^2 - 3u^2 v^4 + v^6 - (15+3i\sqrt{15})(u^3 v^2 - 2uv^4) + \tfrac{1}{2}(93+57i\sqrt{15})(u^2 v^2 - v^4)$$

$$- (56 + 84i\sqrt{15})uv^2 + (24 + 111i\sqrt{15})v^2 + \tfrac{1}{2}(7 - 33i\sqrt{15}) = 0$$

sich als reducibel erweisen. In der That lässt sich die linke Seite dieser
Gleichung in die beiden Factoren:

$$\left(u^2 v - \tfrac{1}{2}(15+3i\sqrt{15})uv - v^3 + (12+3i\sqrt{15})v\right) \pm \left(uv^2 - \tfrac{1}{2}(15+3i\sqrt{15})v^2 \right.$$

$$\left. + \tfrac{1}{2}(11 + 3i\sqrt{15})\right)$$

zerlegen, welche sich bei Vorzeichenwechsel von v austauschen. Da wir
nun über das Vorzeichen von $v(\zeta)$ noch disponieren können, so bestimmen wir dasselbe in der Art, *dass die beiden Functionen $u(\zeta)$ und $v(\zeta)$
der Gruppe Γ_{15} des Geschlechtes $p = 0$ die algebraische Relation:*

$$(6) \qquad u^2 v + uv^2 - v^3 - \tfrac{1}{2}(15 + 3i\sqrt{15})uv - \tfrac{1}{2}(15 + 3i\sqrt{15})v^2$$

$$+ (12 + 3i\sqrt{15})v + \tfrac{1}{2}(11 + 3i\sqrt{15}) = 0$$

mit einander eingehen.

Diese Relation bestätigt, dass $v(\zeta)$ eine zweiwerthige Function im
Polygon der Γ_{15} ist, und zeigt weiter, dass $u(\zeta)$ ebendort dreiwerthig

ist. Wir können nun aber auch leicht, und zwar auf zwei Wegen, zu einer Hauptfunction der Γ_{15} gelangen. Fassen wir erstlich die Gleichung (6) als quadratische Gleichung für u, so gehört derselben eine zweiblättrige Riemann'sche Fläche des Geschlechtes $p = 0$ über der v-Ebene zu. In den Verzweigungspunkten dieser Fläche verschwindet die Discriminante der quadratischen Gleichung (6):

$$(7) \quad v\left(5v^3 + (15 + 3i\sqrt{15})v^2 - \frac{1}{2}(51 - 21i\sqrt{15})v - (22 + 6i\sqrt{15})\right).$$

Einer der Verzweigungspunkte liegt bei $v = 0$: und da wegen des Geschlechtes $p = 0$ nur noch *ein* weiterer Verzweigungspunkt auftritt, so muss der cubische Factor in (7) nothwendig das Quadrat eines linearen Factors enthalten. Dieser lineare Factor lässt auch die Ableitung des cubischen Factors verschwinden:

$$15v^2 + (30 + 6i\sqrt{15})v - \frac{1}{2}(51 - 21i\sqrt{15}) = 0$$

und kann von hier aus leicht gefunden werden. Daraufhin zerlegt man die Discriminante (7) in die Factoren:

$$(8) \quad v(v + 4)\left(v\sqrt{5} - \frac{1}{2}(\sqrt{5} - 3i\sqrt{3})\right)^2,$$

so dass der zweite Verzweigungspunkt der fraglichen Riemann'schen Fläche bei $v = -4$ gelegen ist. Als Lösung der Gleichung (6) für u merken wir noch an:

$$(9) \quad u = -\frac{1}{2}v + \frac{1}{4}(15 + 3i\sqrt{15}) \pm \frac{1}{2}\left(v\sqrt{5} - \frac{1}{2}(\sqrt{5} - 3i\sqrt{3})\right)\sqrt{\frac{v+4}{v}}.$$

Nun können wir *eine Hauptfunction* $\chi(\zeta)$ *der* Γ_{15} in der Gestalt:

$$(10) \quad \chi(\zeta) = \sqrt{\frac{v(\zeta) + 4}{v(\zeta)}}$$

gewinnen und wollen das hier noch disponibele Zeichen so bestimmen, *dass* $\chi(\zeta)$ *mit den eindeutig erklärten Functionen* u *und* v *die aus* (9) *folgende Relation eingeht*:

$$(11) \quad u = -\frac{1}{2}v + \frac{1}{4}(15 + 3i\sqrt{15}) - \frac{1}{2}\left(v\sqrt{5} - \frac{1}{2}(\sqrt{5} - 3i\sqrt{3})\right) \cdot \chi.$$

Die zweite Art, eine Hauptfunction der Γ_{15} zu erklären, knüpft an die Deutung von u und v als rechtwinklige Coordinaten in einer Ebene an. Gleichung (6) stellt dann eine Curve dritten Grades dar, die als zum Geschlechte $p = 0$ gehörig einen Doppelpunkt haben muss. Die gewünschte Hauptfunction wird alsdann auf dieser Curve durch ein Geradenbüschel mit dem Centrum im Doppelpunkte ausgeschnitten. *Diese*

Darstellung der Hauptfunction $\chi(\zeta)$ *auf der Curve dritten Grades geht über unmittelbar aus der Gleichung* (11) *in der Gestalt:*

$$(12) \qquad \chi = -\frac{4u + 2v - 3(5 + i\sqrt{15})}{2\sqrt{5}\,v - \sqrt{5} + 3i\sqrt{3}}$$

hervor. Gleichzeitiges Verschwinden von Zähler und Nenner der rechten Seite dieser Gleichung tritt im Punkte der Coordinaten:

$$(13) \qquad u_0 = \frac{7\sqrt{5} + 9i\sqrt{3}}{2\sqrt{5}}, \quad v_0 = \frac{\sqrt{5} - 3i\sqrt{3}}{2\sqrt{5}}$$

ein, womit, wie man leicht zeigt, in der That der Doppelpunkt unserer Curve dritten Grades gewonnen ist.

Die rationalen Ausdrücke dritten und zweiten Grades von u und v in der Hauptfunction $\chi(\zeta)$ findet man jetzt aus (10) und (11) sehr leicht:

$$(14) \begin{cases} u = v + v' = \dfrac{(\sqrt{5} - 3i\sqrt{3})\chi^3 + 3(5 + i\sqrt{15})\chi^2 - 3(3\sqrt{5} - i\sqrt{3})\chi - (23 + 3i\sqrt{15})}{2^2(\chi^2 - 1)} \\ v = \sqrt{t} = \sqrt{v\,v'} = \dfrac{2^2}{\chi^2 - 1} \end{cases}$$

Fassen wir jetzt $v(\zeta)$ und $\chi(\zeta)$ als ein System von Functionen der Gruppe Γ_{30}, die im zugehörigen Discontinuitätsbereiche 5- bezw. 2-werthig sind, so erscheinen dieselben nach (14) durch die algebraische Relation verbunden:

$$(15) \quad 4v^2(\chi^2 - 1)^2 - v(\chi^2 - 1)\big((\sqrt{5} - 3i\sqrt{3})\chi^3 + 3(5 + i\sqrt{15})\chi^2$$
$$- 3(3\sqrt{5} - i\sqrt{3})\chi - (23 + 3i\sqrt{15})\big) + 64 = 0.$$

Die Resolvente 15ten Grades der Transformationsgleichung, deren Auffindung das Ziel der gegenwärtigen Untersuchung ist, kann nun durch Elimination von v aus dieser Gleichung (15) und der Gleichung (4) pg. 593 (für die oberen Zeichen) gewonnen werden. Indessen erweist sich auch diese Rechnung wegen ihres Umfangs als undurchführbar. Wir gehen demnach einen andern Weg, indem wir *die Werthertheilung der Hauptfunction* χ *im Discontinuitätsbereiche der* Γ_{15} explicite feststellen.

Da in den Punkten c_1, c_2, c_3 des Polygons der Γ_{15} die Werthe $v(c_1) = 0$, $v(c_2) = \infty$, $v(c_3) = \infty$ zutrafen, so stellen wir zunächst:

$$(16) \qquad \chi(c_1) = \infty, \quad \chi(c_2), \; \chi(c_3) = \pm 1$$

fest.

Dem Doppelpunkte der Curve (6) entsprechen zwei Stellen des Polygons der Γ_{15}, in denen zufolge (13):

$$v + v' = \frac{7\sqrt{5} + 9i\sqrt{3}}{2\sqrt{5}}, \quad v v' = -\frac{11 + 3i\sqrt{15}}{10}$$

zutrifft. Die an diesen beiden Stellen stattfindenden Werthe v sind also die Lösungen der quadratischen Gleichung:

$$v^2 - \frac{7\sqrt{5} + 9i\sqrt{3}}{2\sqrt{5}}\,v - \frac{11 + 3i\sqrt{15}}{10} = 0.$$

Aber hier steht linker Hand die Basis des quadratischen Factors im ersten Glied rechter Hand der Gleichung (4) pg. 593. In den Bezeichnungen der Fig. 108, pg. 592, sind also die beiden hier in Betracht kommenden Werthsysteme der ψ, v' die folgenden:

$$\psi = v(a_3),\ v' = v(a_1) \quad \text{und} \quad v = v(a_4),\ \psi' = \psi(a_3).$$

Geht man nun auf die Einlagerung der Polygone der zu v und v' gehörenden Gruppen Γ_6 und Γ_6' in das Polygon der Fig. 111 ein, so stellt man leicht fest, dass im Polygon der Fig. 110 die beiden Stellen $a_5 = a_5'$ und a_9 die beiden soeben angegebenen Werthsysteme v, v' tragen. *Dem Doppelpunkte der Curve dritten Grades entsprechen somit die beiden Stellen $a_5 = a_5'$ und a_9 unseres Bereiches.* Nehmen wir die Bezeichnungen u_0, v_0 für die Coordinaten des Doppelpunktes wieder auf, so folgt aus (12) und (13):

$$\frac{u - u_0}{v - v_0} = -\frac{\sqrt{5}}{2}\chi - \frac{1}{2}.$$

Andrerseits berechnet man aus der Gleichung der Curve dritten Grades nach elementaren Regeln, dass die im Doppelpunkt stattfindenden beiden Grenzwerte für die linke Seite der letzten Gleichung die Lösungen der quadratischen Gleichung sind:

$$\left(\frac{u - u_0}{v - v_0}\right)^2 + \left(\frac{u - u_0}{v - v_0}\right) - \frac{41 + 15i\sqrt{15}}{16} = 0.$$

Für die beiden zugehörigen Werthe χ finden wir also die Gleichung:

$$\chi^2 - \frac{1}{4}\left(9 + 3i\sqrt{15}\right) = 0.$$

Wir notieren also als Ergebniss:

$$(17) \qquad \chi(a_5),\ \chi(a_9) = \pm\frac{1}{2}\sqrt{9 + 3i\sqrt{15}}.$$

Weiteren Rechnungen schicken wir folgende allgemeine Überlegung voraus: Kennt man die Werthe v und v' in einer einzelnen Ecke des Polygons der Γ_{15}, so sind damit auch die Werthe u und v^2, sowie zufolge der aus (6) sich ergebenden Relation:

$$(18) \qquad v = -\frac{2uv^2 - (15 + 3i\sqrt{15})v^2 + 11 + 3i\sqrt{15}}{2u^2 - 2v^2 - (15 + 3i\sqrt{15})u + 24 + 6i\sqrt{15}}$$

auch der Werth v bekannt. Dann aber finden wir das zugehörige $\chi(\zeta)$ aus (12).

So ist erstlich im Eckpunkt $b_1 (\zeta = i)$:

$$\psi - \psi' = \frac{1}{2}(11 + 3i\sqrt{15}),$$

woraus man in der beschriebenen Weise:

$$u = 11 + 3i\sqrt{15}, \quad v = -\frac{1}{2}(11 + 3i\sqrt{15})$$

berechnet. Gleichung (12) liefert damit:

$$(19) \qquad \chi(b_1) = \frac{1}{8}(3\sqrt{5} + i\sqrt{3}).$$

In den Punkten b_2 und b_3 haben ψ und ψ' die Werthe:

$$\psi = 1, \quad \psi' = \frac{1}{2}(11 + 3i\sqrt{15}),$$

woraus wir für u und v berechnen:

$$u = \frac{1}{2}(13 + 3i\sqrt{15}), \quad v = \pm\sqrt{\frac{1}{2}(11 + 3i\sqrt{15})} = \pm\frac{1}{2}(3\sqrt{3} + i\sqrt{5}).$$

Beide Werthe v sind zu verwenden, da wir zwei verschiedene Werthe χ erhalten müssen[*]. Gleichung (12) ergiebt:

$$(20) \qquad \chi(b_2), \ \chi(b_3) = -\frac{1}{4}\left(\sqrt{5} - i\sqrt{3} \pm (1 - i\sqrt{15})i\right),$$

zwei Werthe, welche der quadratischen Gleichung genügen:

$$(21) \qquad \chi^2 + \frac{1}{2}(\sqrt{5} - i\sqrt{3})\chi - \frac{1}{4}(3 + i\sqrt{15}) = 0.$$

Es folgen die Ecken b_4 und b_5, die beide das Werthsystem $\psi = 1$, $\psi' = 1$ und also $u = 2$, $v = \pm 1$ tragen. Auch hier sind beide Werthe v zu benutzen, da wir zwei verschiedene Werthe χ bekommen müssen[**]. Diese beiden Werthe berechnen sich aus (12) zu:

$$(22) \qquad \chi(b_4), \ \chi(b_5) = \sqrt{5}, \ -i\sqrt{3}.$$

Hier tritt jedoch eine neue Schwierigkeit ein. Die beiden Punkte b_4 und b_5 sind insofern verschiedenartig, als auf dem geschlossen gedachten Polygon der Γ_{15} der Punkt b_4 von vier, b_5 aber nur von zwei Doppeldreiecken umlagert ist. Für die Aufstellung der Resolvente 15ten Grades müssen wir demnach wissen, welcher von den beiden in (22) rechts angegebenen Werthen $\chi(b_4)$ und welcher $\chi(b_5)$ ist.

Zu diesem Zwecke wollen wir durch Vergleichung der Kantenzuordnung bei Fig. 110 und 111 folgende Feststellung machen: Lagern

---

[*] Man beachte, dass für die fraglichen Werthe u, v die rechte Seite von (18) unter der Gestalt $\frac{0}{0}$ erscheint.

[**] Auch für $u = 2$, $v^2 = 1$ nimmt die rechte Seite von (18) die Gestalt $\frac{0}{0}$ an.

wir das in Fig. 111 gegebene Polygon der Γ_{30} über die χ-Ebene (dem geschlossen gedachten Polygon der Fig. 110), so entspringt *eine zwei-blättrige Riemann'sche Fläche des Geschlechtes* $p = 1$ *mit vier Verzweigungs-punkten*, welche von den Ecken a_3, a_7, b_1, b_5 der Fig. 110 herrühren. Nun gehört zu dieser Fläche die Relation (15). Fassen wir diese also als quadratische Gleichung für ψ, so muss die in χ auf den 10${}^{\text{ten}}$ Grad steigende Discriminante sich aus dem Quadrat eines cubischen Factors und einem biquadratischen Factor mit den vier Wurzeln $\chi(a_3)$, $\chi(a_7)$, $\chi(b_1)$, $\chi(b_5)$ zusammensetzen. Die wirkliche Berechnung der Discrimi-nante von (15) zeigt in der That, dass dieselbe das Quadrat von:

$$\chi^3 + i\sqrt{3}\,\chi^2 - \chi - i\sqrt{3}$$

enthält, ausserdem aber den biquadratischen Factor:

$$\left(\chi - \sqrt{5}\right)\left(\chi - \tfrac{1}{8}(3\sqrt{5} + i\sqrt{3})\right)\left(\chi^2 + \tfrac{5}{8}(\sqrt{5} + 3i\sqrt{3})\chi + \tfrac{1}{8}(7 + 9i\sqrt{15})\right).$$

Damit steht fest:

(23) $$\chi(b_5) = \sqrt{5}, \quad \chi(b_4) = -i\sqrt{3},$$

während die beiden Werthe $\chi(a_3)$, $\chi(a_7)$ die Lösungen der quadratischen Gleichung sind:

(24) $$(\chi - \chi(a_3))(\chi - \chi(a_7)) = \chi^2 + \tfrac{5}{8}(\sqrt{5} + 3i\sqrt{3})\chi + \tfrac{1}{8}(7 + 9i\sqrt{15}).$$

Im Punkte a_1 sind die Lösungen der quadratischen Gleichung:

(25) $$\psi^2 - \frac{8\sqrt{5} + 6i\sqrt{3}}{\sqrt{5}}\,\psi + 25 = 0,$$

welche man dem ersten Gliede der rechten Seite von (4) pg. 593 ent-nimmt, die zutreffenden Werthe ψ, ψ'. Es folgt somit:

$$u = \frac{8\sqrt{5} + 6i\sqrt{3}}{\sqrt{5}}, \quad v = \pm 5,$$

und die Relation (18) giebt als zutreffenden Werth $v = 5$. Damit aber liefert (12) sofort:

(26) $$\chi(a_1) = -\frac{3}{\sqrt{5}}.$$

Zur Bestimmung der noch fehlenden Werthe $\chi(a_7)$, $\chi(a_9)$, $\chi(a_6)$, $\chi(a_8)$ hat man je eine Lösung von (25) mit je einer von:

$$\psi^2 - \frac{7\sqrt{5} + 9i\sqrt{3}}{2\sqrt{5}}\,\psi - \frac{11 + 3i\sqrt{15}}{10} = 0$$

zu combiniren. Hier gestalten sich aber aufs neue die Rechnungen höchst umständlich, so dass wir auf die Einzelwerthe $\chi(a_1), \ldots$ verzichten und nur den biquadratischen Ausdruck herstellen wollen, der für sie verschwindet. Zu diesem Zwecke beachte man, dass die sämmtlichen Werthe $\chi(b)$ und $\chi(c)$ bekannt sind. Wir können die Resolvente 15ten Grades insoweit bereits aufbauen, als wir $(J-1)$ bis auf einen numerischen Factor in χ fertig darstellen können. Der fehlende biquadratische Factor ergiebt sich dann einfach nach der Functionaldeterminantenmethode in der Gestalt:

$$(27) \quad \chi^4 - \frac{4}{\sqrt{5}}\chi^3 + \frac{1+15\,i\sqrt{15}}{20}\chi^2 + \frac{3\sqrt{5}-15\,i\sqrt{3}}{10}\chi + \frac{9+3\,i\sqrt{15}}{20}.$$

Es ist endlich noch der eben erwähnte numerische Factor in der Resolvente 15ten Grades zu bestimmen. Zu dem Zwecke stellen wir eine für die Umgebung des Punktes c_1 gültige Näherungsrechnung an. Daselbst werden J, ψ und χ gleichzeitig unendlich; und zwar liefern die höchsten Glieder der Relationen (4) pg. 593 und (15) pg. 604 die Beziehungen:

$$J = \frac{5^2\sqrt{5}}{2^3\cdot 3^4 i\sqrt{3}}\cdot \psi^5, \quad \psi = \frac{1}{4}\,(\sqrt{5}-3\,i\sqrt{3})\chi.$$

Es folgt hieraus weiter:

$$\chi^5 = \frac{3^4 i\sqrt{3}}{2^3\cdot 5^2\sqrt{5}}\,(\sqrt{5}+3\,i\sqrt{3})^5\cdot J,$$

woraus der fragliche nummerische Factor abgelesen werden kann.

Unter Zusammenfassung aller Ergebnisse unserer Rechnungen finden wir als *Ausdruck der einen Resolvente 15ten Grades unserer Transformationsgleichung 10ten Grades:*

$$(28) \qquad J : J-1 : 1 =$$

$$\left(\chi+\frac{3}{\sqrt{5}}\right)\left(\chi^2+\frac{5\sqrt{5}+15\,i\sqrt{3}}{8}\chi+\frac{7+9\,i\sqrt{15}}{8}\right)\left\{\left(\chi^2-\frac{9+3\,i\sqrt{15}}{4}\right)\right.$$

$$\left.\cdot\left(\chi^4-\frac{4}{\sqrt{5}}\chi^3+\frac{1+15\,i\sqrt{15}}{20}\chi^2+\frac{3-3\,i\sqrt{15}}{2\sqrt{5}}\chi+\frac{9+3\,i\sqrt{15}}{20}\right)\right\}^2$$

$$: \left(\chi-\frac{3\sqrt{5}+i\sqrt{3}}{8}\right)(\chi-\sqrt{5})^2\cdot\left\{(\chi+i\sqrt{3})\left(\chi^2+\frac{\sqrt{5}-i\sqrt{3}}{2}\chi-\frac{3+i\sqrt{15}}{4}\right)\right\}^4$$

$$: \frac{3^4 i\sqrt{3}}{2^3\cdot 5^2\sqrt{5}}\,(\sqrt{5}+3\,i\sqrt{3})^5(\chi^2-1)^5,$$

aus welcher die zweite Resolvente 15ten Grades einfach durch Zeichenwechsel von i hervorgeht.

§ 10. Notiz über die zu den zehn gleichberechtigten G_{18} gehörenden Gruppen Γ_{20}.

Wir stellten pg. 588 fest, dass in der einzelnen der zehn gleichberechtigten G_{36} eine ausgezeichnete Untergruppe G_{18} des Index 2 enthalten ist, die die Substitutionen der Perioden zwei und drei, nicht aber diejenigen der Periode vier von G_{36} enthielt. Diesen G_{18} entsprechen *zehn gleichberechtigte Congruenzgruppen dritter Stufe Γ_{20}, die auch noch zum Geschlechte $p = 0$ gehören.* Wählen wir nämlich als Beispiel die zum Doppelviereck der Fig. 106, pg. 567, gehörende Γ_{10}, so sind in der zugehörigen Untergruppe Γ_{20} nach einer eben gemachten Bemerkung zwar die zu den Ecken a_4, a_5, a_6 gehörenden Substitutionen der Periode zwei enthalten, von den zu den Ecken b_1, b_4 und b_5 gehörenden Substitutionen der Periode vier aber nur erst die zweiten Potenzen. Lagern wir demnach den Discontinuitätsbereich der Γ_{20} als zweiblättrige Fläche über die φ-Ebene (den geschlossen gedachten Discontinuitätsbereich der Γ_{10}), so ergeben sich dabei zwei und nur zwei Verzweigungspunkte, die den Ecken b_1 und b_4 (oder b_5) entsprechen. Die Γ_{20} ist also wirklich vom Geschlecht $p = 0$.

Die Herstellung von Hauptfunctionen dieser Γ_{20} ist ohne weiteres möglich. Da nämlich zufolge der Transformationsgleichung (17), pg. 576 die Werthe der Hauptfunction $\varphi(\zeta)$ in den Ecken b_1 und b_4 die Wurzeln der quadratischen Gleichung:

$$\varphi^2 + \sqrt{15}\,(1 + i\sqrt{3})\,\varphi + \frac{1}{2}\,(1 - i\sqrt{3}) = 0$$

sind, so folgt unmittelbar: *Aus den zehn Hauptfunctionen $\varphi(\zeta)$ lassen sich Hauptfunctionen für die zehn gleichberechtigten Γ_{20} in der Gestalt gewinnen:*

$$(1) \qquad \sqrt{\dfrac{\varphi - \frac{1}{2}\,(4 - \sqrt{15})\,(1 + i\sqrt{3})}{\varphi + \frac{1}{2}\,(4 + \sqrt{15})\,(1 + i\sqrt{3})}}.$$

Die vorstehende Betrachtung erlangt weiter unten ihre eigentliche Bedeutung. Die Galois'sche Resolvente der Transformationsgleichung besitzt nämlich, wie wir alsbald sehen werden, eine Riemann'sche Fläche des Geschlechtes $p = 10$. Die zu dieser Fläche gehörenden, aus den Integralen erster Gattung herstellbaren zehn linear-unabhängigen Functionen φ[*]) liefern bekanntlich in ihren Quotienten Functionen einer Werthigkeit $\leq 2p - 2$, d. h. also ≤ 18. Nun ergeben aber unsere

---

[*]) Cf. „Mod." 1, pg. 543. Man wolle diese zehn Functionen φ nicht mit den zehn Hauptfunctionen φ der Γ_{10} verwechseln.

Hauptfunctionen (1) der Γ_{20} für die zur Untergruppe G_1 der G_{360} gehörende „Hauptcongruenzgruppe" dritter Stufe Γ_{360} gerade 18-werthige Functionen. Es liegt also die Vermuthung nahe, *dass wir in jenen zehn Hauptfunctionen* (1) *Quotienten unserer zehn linear-unabhängigen Functionen* φ *vor uns haben.* Wir werden dies unten unmittelbar bestätigt finden und dabei aus den hier entwickelten Ansätzen die Mittel gewinnen, um die Auflösung der Transformationsgleichung durch ihre Galois'sche Resolvente wirklich durchzuführen.*)

§ 11. Die Riemann'sche Fläche der Galois'schen Resolvente der Transformationsgleichung.

Die aus der Identität allein bestehende Untergruppe G_1 der G_{360} liefert als entsprechende Untergruppe in Γ *die ausgezeichnete Hauptcongruenzgruppe* Γ_{360} *des Index* 360. Der zugehörige Discontinuitätsbereich ergiebt bei Abbildung durch $J(\zeta)$ über der J-Ebene *eine regulärsymmetrische 360-blättrige Riemann'sche Fläche*, welche nach pg. 557 ff. *die Riemann'sche Fläche der Galois'schen Resolvente unserer Transformationsgleichung ist.* Wir nennen diese Fläche F_{360} und dürfen sie auch der leichteren Anschauung wegen als eine im Raume gelegene, durch Zusammenbiegung der zugeordneten Randcurven des Discontinuitätsbereiches entspringende geschlossene Fläche uns vorstellen. *Diese Fläche F_{360} gestattet 360 eindeutige Transformationen erster Art in sich und ebenso viele von der zweiten Art;* jene liefern eine unmittelbare geometrische Deutung unserer Gruppe G_{360}, während die Hinzunahme der 360 Transformationen zweiter Art die Deutung der Gruppe zweiter Art G_{720} ergiebt.

---

*) Es bietet sich auch folgendes Schlussverfahren dar: In jeder Γ_{20} ist wieder eine ausgezeichnete Untergruppe Γ_{40} des Index 2 enthalten; es handelt sich um diejenigen zehn gleichberechtigten Γ_{40}, welche den zehn Gruppen G_9 entsprechen. Die einzelne Γ_{20} war nun (wie man aus der Verdoppelung des Doppelvierecks der Fig. 106, pg. 567, leicht entnimmt) eine Gruppe der Signatur (0, 6; 2, 2, ..., 2). Da nun die G_9 keine einzige Substitution der Periode zwei mehr enthält, so liefert der zur Γ_{40} gehörende Discontinuitätsbereich über der Ebene der Hauptfunction (1) eine zweiblättrige Fläche mit *sechs* Verzweigungspunkten, die somit das Geschlecht $p = 2$ hat. Auf einer hyperelliptischen Fläche ist aber die zweiwerthige Function stets als Quotient der beiden linear-unabhängigen Differentiale erster Gattung darstellbar (cf. „Mod." I, pg. 571). In unserem Falle können wir jene beiden Differentiale erster Gattung auch als solche der Γ_{360} auffassen, woraus dann die im Texte ausgesprochene Vermuthung als zutreffend hervorgeht.

Wenn wir übrigens im Texte die unmittelbare hier gewonnene Beziehung zwischen den zehn gleichberechtigten Γ_{20} und den zehn linear-unabhängigen Functionen φ der Gruppe Γ_{360} nicht weiter verfolgen, so hat das seinen Grund darin, dass bei dieser Γ_{360} Functionen einer noch weit geringeren Werthigkeit (Specialfunctionen) existieren, deren sehr interessante Theorie nun zu entwickeln ist.

Für das regulär-symmetrische Netz N von $2 \cdot 360$ Dreiecken, welches die im Raume geschlossene F_{360} überspannt, wollen wir die früheren Bezeichnungen der Ecken beibehalten. *Das Netz wird also 180 Punkte a, den 180 bei $J = 0$ gelegenen zweiblättrigen Verzweigungspunkten entsprechend, aufweisen, ferner 90 Eckpunkte b, die den 90 vierblättrigen Verzweigungspunkten bei $J = 1$ zugehören, endlich 72 Eckpunkte c, die ebenso vielen fünfblättrigen Verzweigungspunkten bei $J = \infty$ gegenüber stehen.*

Einige unmittelbare Folgerungen aus der Structur der G_{360} und den eben durchgeführten Abzählungen schliessen wir hier gleich an. Da wir 36 gleichberechtigte cyklische G_5 und 72 Punkte c auf der F_{360} haben, so folgt: *Die einzelne cyklische G_5 hat zwei Fixpunkte c.* Ebenso ergiebt sich: *Die einzelne der 45 cyklischen G_4, die innerhalb der G_{360} gleichberechtigt sind, hat zwei Fixpunkte b; die in den G_4 enthaltenen 45 Gruppen G_2 haben ausser diesen beiden Punkten b immer noch je vier Punkte a zu Fixpunkten.*

Was die *Symmetrielinien* unserer F_{360} angeht, so zeigt ein Blick auf unser Dreiecksnetz (siehe z. B. Fig. 111, pg. 598), dass wir *zwei Arten* solcher Linien haben. Auf einer Linie der einen Art liegen nur Punkte a und b in wechselnder Folge; auf einer Linie der andern Art liegen Punkte a, b und c, und zwar in der Anordnung $a, c, b, c, a, c, \ldots$ *Dass zwei Symmetrielinien derselben Art gleichberechtigt sind*, ist selbstverständlich.

Um die Anzahl der Symmetrielinien abzuzählen, bemerken wir, dass eine einzelne solche Linie eine cyklische G_μ von Verschiebungen in sich zulässt. Die Ordnung μ dieser cyklischen Gruppe ergiebt sich aus der Anzahl der Dreiecksseiten des Netzes N, welche die Symmetrielinie aufbauen. Liegt eine Symmetrielinie erster Art (eine solche ohne Punkte c) vor, so besteht dieselbe aus 2μ Seiten, während eine Linie zweiter Art 4μ Seiten haben muss. Man verfolge nun z. B. in Fig. 112, pg. 599, welche den Discontinuitätsbereich einer Γ_{30} darstellt, auf Grund der a. a. O. angegebenen Zuordnung der Randcurven die durch die Ecken b_5'', b_5' hindurchlaufende Symmetrielinie. Sie enthält die Seitenpaare $(b_5'' b_8')$, $(b_8' b_3')$, $(b_3' b_4')$; hieran reiht sich $(b_4'' b_6')$ und sodann $(b_6 b_8)$, worauf sich alsdann das mit dem ersten Seitenpaar äquivalente Paar $(b_5 b_8)$ anschliesst. Die fragliche Symmetrielinie enthält aufeinander folgend fünf bezüglich der Γ_{30} und also auch bezüglich der Γ_{360} inäquivalente Seitenpaare. Da nun cyklische G_μ mit $\mu > 5$ in der G_{360} nicht auftreten, so gilt für jede Symmetrielinie der ersten Art $\mu = 5$. Als Beispiel einer Symmetrielinie zweiter Art ziehe man die durch die Punkte c_1, c_2 der Fig. 112, pg. 599, ziehende heran. Man wird leicht finden, dass sie sich bezüglich der Γ_{30} und demnach auch bezüglich der Γ_{360} nach Durchlaufung von 20 Dreiecksseiten schliesst. Also ist $4\mu = 20$ und damit wieder $\mu = 5$. Nun haben wir aber im ganzen 360 Seiten (ab) für die Symmetrielinien der ersten Art und $2 \cdot 360$ Seiten (ac) und (bc) für diejenigen der zweiten Art zur Verfügung. Wir gewinnen demnach das Resultat: *Das regulär-symmetrische Netz der F_{360} weist zwei Systeme von je 36 gleichberechtigten Symmetrielinien auf.*

Die 36 Symmetrielinien des einzelnen Systems sind, wie wir sahen, den 36 gleichberechtigten cyklischen G_5 eindeutig zugeordnet, in der Art, dass die einzelne Symmetrielinie durch die fünf Substitutionen ihrer G_5 in sich verschoben wird. Umgekehrt gehört demnach der einzelnen G_5 je eine Symmetrielinie der beiden Systeme zu. Sind V und V' die beiden symmetrischen Umformungen der F_{360} an diesen beiden Symmetrielinien und ist V die Erzeugende der G_5, so ist V sowohl mit $\bar V$ als mit $\bar V'$ vertauschbar:

$$V \bar V = \bar V V, \qquad V \bar V' = \bar V' V.$$

Durch Zusatz von $\bar V$ zur G_5 entspringt demnach eine Untergruppe $\bar G_{10} = G_5 + G_5 \bar V$ der $\bar G_{720}$, in welcher V ausgezeichnet enthalten ist; und ebenso wird V in der Untergruppe $\bar G'_{10} = G_5 + G_5 \bar V'$ von $\bar G_{720}$ ausgezeichnet enthalten sein. Nun ist aber V in der G_{720} eine unter 72 gleichberechtigten Substitutionen. Es giebt also in der G_{720} nur $720 : 72 = 10$ Substitutionen, mit denen V vertauschbar ist. Die beiden Gruppen $\bar G_{10}$ und $\bar G'_{10}$ sind somit identisch, so dass $\bar V'$ eine der fünf Substitutionen $V \cdot \bar V$ ist. Da nun:

$$\bar V'^2 = V \cdot \bar V \cdot V \cdot \bar V = V^{2\nu} \cdot \bar V^2 = V^{2\nu} = 1$$

sein muss, so ist $\nu = 0$ und also $\bar V' = \bar V$. Demnach ergiebt sich: *Unter den 360 Transformationen zweiter Art der Fläche F_{360} in sich giebt es 36 und nur 36 symmetrische Umformungen; dieselben sind den 36 gleichberechtigten G_5 eindeutig zugeordnet, und jede unter ihnen hat zwei Symmetrielinien, je eine aus dem einzelnen Systeme.*

Mittelst der Symmetrielinien kann man zahlreiche weitere geometrische Ausführungen über die Structur der G_{360} entwickeln. Mit Rücksicht auf spätere Untersuchungen machen wir aber nur noch darauf aufmerksam, dass auf der einzelnen Symmetrielinie stets fünf Punkte a und ihnen (auf der Symmetrielinie) diametral gegenüber fünf Punkte b liegen. Sie sind die Fixpunkte von Substitutionen der Periode zwei, die mit der G_5 vertauschbar sind. Wir gelangen zu den 36 oben (pg. 588) gefundenen Diedergruppen G_{10} zurück und können den Satz aussprechen: *Das einzelne Paar zusammengehöriger Symmetrielinien als eines unter 36 gleichberechtigten Paaren wird insgesammt durch zehn eine Diedergruppe*

G_{10} *bildende Transformationen der* G_{360} *in sich übergeführt.* Die einzelne zur G_5 hinzukommende Substitution der Periode zwei hat je einen Fixpunkt a auf der einzelnen Symmetrielinie, diesen a gegenüberliegend (auf den Symmetrielinien) ihre beiden Fixpunkte b, während die beiden noch fehlenden Fixpunkte a auf den übrigen Symmetrielinien durch diese Punkte b zu letzteren diametral sind.

Was nun den *functionentheoretischen Charakter* unserer F_{360} angeht, so stellen wir zunächst das Geschlecht p fest. Als 360-blättrige Fläche über der J-Ebene hat unsere F_{360} die oben schon genannten 180 Punkte a, 90 Punkte b und 72 Punkte c zu Verzweigungspunkten mit zwei bezw. vier und fünf cyklisch zusammenhängenden Blättern. Weitere Verzweigungspunkte aber treten nicht auf. Zufolge einer bekannten Regel (cf. (2) in „Mod." I, pg. 494) berechnen wir demnach, *dass unsere Riemann'sche Fläche* F_{360} *zum Geschlechte* $p = 10$ *gehört.*

Ferner stellen wir sofort fest, *dass die* F_{360} *nicht hyperelliptisch sein kann.* Wäre sie nämlich hyperelliptisch, so würde auf ihr eine zweiwerthige Function existieren, welche gegenüber den 360 eindeutigen Transformationen der Fläche in sich eine G_{360} oder doch eine G_{180} linearer Substitutionen erfahren würde; solche Gruppen aber existieren nicht. Bei dieser Sachlage werden die zehn aus den Integralen erster Gattung entspringenden linear-unabhängigen Functionen φ unserer Fläche nach „Mod." I, pg. 569 auf eine eigentlich im Raume R_9 von neun Dimensionen gelegene „Normalcurve" vom 18ten Grade abbilden, welche den 360 Transformationen der Fläche in sich entsprechend 360 Collineationen in sich zulässt.

Wir haben diese Functionen vorhin (pg. 609 u. f.) bereits erwähnt und ihre Beziehung zu den zehn gleichberechtigten Γ_{10} besprochen. Aber wir deuteten dort auch bereits an, dass wir hier mit Specialfunctionen geringerer Werthigkeit zu arbeiten haben würden. Sobald solche Functionen existieren, werden wir sie stets den p Functionen φ vorziehen. Wir haben hier eine Gelegenheit, die Entwicklungen über Specialfunctionen in Anwendung zu bringen, welche wir in „Mod." I, pg. 546 an den Riemann-Roch'schen Satz anschlossen. In der That gelangen wir mittelst der dort allgemein angegebenen Schlussweisen zu dem einfachsten auf unserer Fläche F_{360} existierenden Functionssysteme.

Ein bereits erheblich günstigeres System von Functionen können wir den Entwicklungen von pg. 601 ff. entnehmen. Bildet man den Quotienten der beiden a. a. O. mit $\psi(\zeta)$ und $\upsilon'(\zeta)$ bezeichneten Functionen, so stellt dieser im Polygon der Γ_{30} (Fig. 112, pg. 599) eine sechswerthige Function dar, deren sechs Nullpunkte bei c_2 koincidieren, während die sechs Pole im Punkte c_1 zusammenfallen. Übrigens ist zufolge (14) pg. 604:

$$(1) \qquad \sqrt{\frac{\psi}{\psi'}} = \frac{4}{\psi'(\chi^2 - 1)},$$

so dass auch noch die Wurzel unseres Quotienten eine eindeutige Function der Γ_{30} ist, welche bei c_2 dreifach 0, bei c_1 aber dreifach ∞ wird. Die dritte Wurzel des Ausdrucks (1)

$$(2) \qquad \sqrt[6]{\frac{\psi}{\psi'}} = \frac{\sqrt[3]{4}}{\sqrt[3]{\psi'(\chi^2 - 1)}}$$

ist demnach gleichfalls noch unverzweigt, kann aber nicht mehr ein deutig sein, da sie eine einwerthige Function der Γ_{30} vom Geschlechte $p = 1$ sein würde. Jedoch kann man zeigen*), *dass sie eine eindeutige Function der Γ_{360} ist, so dass wir hier eine zwölfwerthige Function der Γ_{360} gewonnen haben.*

Wir genügen nun der Symmetrie, indem wir sogleich die sechs Lösungen der einen unserer beiden Resolventen sechsten Grades neben einander stellen. Dieselben mögen durch die Bezeichnungen $\psi_1, v_2, \ldots, v_6$ unterschieden werden. Wir erklären sodann sechs Verhältnissgrössen $\omega_1, \omega_2, \ldots, \omega_6$ durch die Proportion:

$$(3) \qquad \omega_1 : \omega_2 : \cdots : \omega_6 = \sqrt[6]{v_1} : \sqrt[6]{v_2} : \cdots : \sqrt[6]{v_6}$$

und bilden aus ihnen sogleich die sechsfach unendliche Schar:

$$(4) \qquad a_1 \omega_1 + a_2 \omega_2 + \cdots + a_6 \omega_6$$

mittelst willkürlich wählbarer Constanten a. Der Quotient irgend zweier Grössen der Schar (4) ist eine eindeutige zwölfwerthige Function der Γ_{360}. Übrigens werden wir später unmittelbar einsehen und könnten auch bereits mit den hier zur Verfügung stehenden Mitteln beweisen, dass die sechs Grössen ω linear-unabhängig sind.

Bringen wir demnach hier die Entwicklungen von „Mod." I, pg. 551 ff. zu Verwendung und deuten im Sinne derselben die ω als homogene Coordinaten eines Raumes R_5 von fünf Dimensionen, so entspringt der Satz: *Mittelst der Grössen (3) bilden wir die Fläche F_{360} auf eine eigentlich im Raume R_5 von fünf Dimensionen gelegenen „Normalcurve" zwölften Grades ab; dieselbe erfährt, wie die Normalcurve der Functionen φ, gegenüber der G_{360} offenbar 360 Collineationen in sich.* In der That permutieren sich gegenüber den Operationen der G_{360} die ω abgesehen von hinzutretenden multiplicativen sechsten Einheitswurzeln.

---

*) Die Entwicklungen bis zum Schlusse des vorliegenden Paragraphen sollen nur noch die Bedeutung einer orientierenden Skizze haben, so dass wir die Beweise der Kürze halber übergehen.

Es ist selbstverständlich, dass man den gleichen Ansatz auch an die zweite Resolvente sechsten Grades, deren Lösungen ψ_1', ψ_2', ..., ψ_6' seien, anknüpfen kann. Indessen werden wir weiter unten erkennen, dass die von hieraus zu gewinnende Schar:

$$\alpha_1' \omega_1' + \alpha_2' \omega_2' + \cdots + \alpha_6' \omega_6'$$

mit der Schar (4) identisch ist, woraus sich für die Wurzeln der einen Resolvente sechsten Grades mittelst gewisser 36 Constanten β Darstellungen der Gestalt:

$$(5) \qquad \sqrt[6]{\psi_k'} = \beta_{k1} \sqrt[6]{\psi_1} + \beta_{k2} \sqrt[6]{\psi_2} + \cdots + \beta_{k6} \sqrt[6]{\psi_6}, \qquad (k = 1, 2, \ldots, 6)$$

in den Wurzeln der anderen Resolvente ergeben.[*] Für den invarianten Standpunkt gewinnen wir also von den beiden Resolventen sechsten Grades aus nur eine Schar (4) und demnach nur *eine* Curve C_{12} im R_5.

Man wende nun auf diese Ergebnisse den in „Mod." 1, pg. 553 mitgetheilten „Reciprocitätssatz von Brill und Noether" an. In die a. a. O. unter (5) gegebene zweite Gleichung hat man der sechsfach unendlichen Schar zwölfwerthiger Verhältnissgrössen entsprechend einzutragen:

$$\tau' = 6, \quad m = 12, \quad p = 10.$$

Der genannte Satz liefert als die zur Schar (4) „reciproke" oder „complementäre" Schar eine solche mit:

$$m' = 2p - 2 - m = 6, \quad \tau = \tau' - m + p - 1 = 3,$$

d. h. also eine dreifach unendliche Schar sechswerthiger Verhältnissgrössen, deren Quotienten *sechswerthige „Specialfunctionen"* der F_{360} sind. Wir wollen diese Schar durch:

$$(6) \qquad \gamma_1 x_1 + \gamma_2 x_2 + \gamma_3 x_3$$

bezeichnen. *Dieselbe liefert als Abbild der F_{360} eine im R_2 gelegene, d. h. ebene Curve sechsten Grades C_6*, deren Gleichung im Anschluss an die Benennung der F_{360} durch:

$$(7) \qquad F(x_1, x_2, x_3) = 0$$

bezeichnet sein möge, und die der G_{360} entsprechend wieder *360 Collineationen in sich gestattet*. Diese ebene Curve C_6 hat das Geschlecht $p = 10$ und ist daher *singularitätenfrei*.

In der Schar (6) haben wir nun die einfachsten Functionen der F_{360} wirklich gewonnen und wollen zum Verständniss der Sachlage gleich noch den Satz mittheilen: *Die sechsfach unendliche Schar (4) entspringt aus den quadratischen Verbindungen:*

---

[*] Auch der directen functionentheoretischen Betrachtung würde z. B. der Quotient $\psi_1 : \psi_1'$ leicht zugänglich sein.

(8)
$$x_1^2, x_2^2, x_3^2, x_2 x_3, x_3 x_1, x_1 x_2,$$

die zehnfach unendliche Schar der Functionen φ aus den cubischen:

(9)
$$x_1^3, x_2^3, x_3^3, x_1^2 x_2, x_1^2 x_3, x_2^2 x_1, x_2^2 x_3, x_3^2 x_1, x_3^2 x_2, x_1 x_2 x_3.$$

Sowohl die 6 Grössen (8) wie die 10 Grössen (9) sind linear unabhängig; denn die Relation 6ten Grades (7) ist irreducibel. Im übrigen wird dieser Satz unten unmittelbar einleuchtend sein.

Es würde an sich wohl möglich sein, die gewonnene Curve C_6 mittelst der bisher allein angewandten rein functionentheoretischen Schlussweise näher zu untersuchen. Indessen gewinnen wir infolge der 360 Collineationen der C_6 in sich in der *ternären Invariantentheorie* ein neues und sehr werthvolles Mittel der Untersuchung. Wir werden dasselbe hier um so mehr heranziehen, als die *ternäre Gruppe der 360 Collineationen* bereits seit längerer Zeit bekannt und gerade „invariantentheoretisch" schon eingehend durchforscht ist.

Schon vor mehr als 30 Jahren versuchte C. Jordan alle überhaupt existierenden ternären Gruppen endlicher Ordnung aufzuzählen[*]. Doch wurde die G_{360} gerade wie die bei der Transformation 7ten Grades der elliptischen Functionen auftretende ternäre G_{168} bei dieser Aufzählung übersehen. Die Entdeckung der ternären Gruppe G_{360} verdankt man G. Valentiner[**]), der auch die in der G_{360} enthaltenen cyklischen Untergruppen vollständig angab, im übrigen aber nur das Auftreten von Untergruppen G_{60} des Ikosaedertypus bemerkte. Eine ausführliche invariantentheoretische Untersuchung der G_{360} ebener Collineationen ist von A. Wiman[***]) ausgeführt. Bei den folgenden Entwicklungen zur Aufstellung der Gleichung der C_6 schliessen wir uns vielfach eng an die Wiman'sche Darstellung an.

Für die Gewinnung der Gleichung der C_6 haben wir drei Ansätze zur Verfügung, die sich an die drei Gattungen umfassendster Untergruppen G_{24}, G_{60} und G_{36} unserer G_{360} anschliessen. Der hierbei einzuschlagende Gedankengang möge im Anschluss an die G_{24} kurz bezeichnet werden.

Die Auswahl dreier specieller Verhältnissgrössen x_1, x_2, x_3 zur Darstellung der Schar (6) kommt auf die Auswahl eines Coordinaten-

---

[*]) „*Mémoire sur les équations différentielles linéaires à intégrale algébrique*", Crelle's Journ. Bd. 84 (1878) und „*Sur la détermination des groupes d'ordre fini contenus dans le groupe linéaire*", Atti della R. Accademia di Napoli (1880).

[**]) „*De endelige Transformations-Gruppers-Theori*", Abh. der Dänischen Akademie, 6te Reihe, Bd. 5 pg. 64 (1889).

[***]) „*Über eine einfache Gruppe von 360 ebenen Collineationen*", Math. Ann., Bd. 47 pg. 531 (1895).

systems in der Ebene der C_6 hinaus. Man ziehe nun zunächst eine einzelne Oktaedergruppe G_{24} heran und erinnere sich der (sogleich zu reproducierenden) Fig. 7 in I pg. 71, welche die „Oktaedertheilung" in der projectiven (elliptischen) Ebene darstellt. Bei zweckmässiger Auswahl der Coordinaten, die wir weiterhin als die „oktaedrischen Coordinaten" bezeichnen werden, nimmt die „ternäre Gestalt" der G_{24}, welche die genannte Theilung in sich überführt, eine sehr einfache Form an, die uns insbesondere leicht gestattet, das „volle Formensystem" der G_{24} anzugeben. Unter den aus diesen Grundformen zusammenzusetzenden Formen 6ten Grades muss es alsdann eine specielle Form $F(x_1, x_2, x_3)$ geben, welche ausser den Substitutionen der G_{24} noch weitere Substitutionen in sich, eben diejenigen der G_{360}, zulässt. Gleich 0 gesetzt, liefert diese Form $F(x_1, x_2, x_3)$ unsere Curve C_6. Wir gewinnen auf diese Weise die Curve C_6 im „oktaedrischen Coordinatensystem" oder auch als „Covariante der Oktaedergruppe".

Es ist selbstverständlich, dass wir eine entsprechende Betrachtung an eine einzelne Ikosaedergruppe G_{60} anknüpfen und also unsere C_6 im „ikosaedrischen Coordinatensystem" oder als „Covariante der Ikosaedergruppe" darstellen können. Endlich hat die einzelne ternäre G_{36} eine sehr bekannte Bedeutung: Sie stellt nämlich, wie wir unten ausführlicher darlegen werden, die Collineationen einer ebenen Curve dritten Grades C_3 von sogenanntem „harmonischen Doppelverhältniss" in sich dar. Wir wollen diese Curve kurz selbst als „harmonische C_3" bezeichnen, ein im Anschluss an sie gewähltes System aber als „harmonisches Coordinatensystem". Unser dritter Ansatz wird die C_6 im „harmonischen Coordinatensystem" oder als „Covariante der harmonischen Curve C_3" liefern*).

Die ternäre Gruppe G_{360} hat noch zu einer ganzen Reihe weiterer Untersuchungen Anlass gegeben, die sich bis in die neueste Zeit hineinziehen. Wir weisen hier zunächst allgemein auf diese Entwicklungen hin, indem wir uns eine specielle Bezugnahme für solche Stellen vorbehalten, zu denen sich die nachfolgende Darstellung mit den fraglichen Untersuchungen enger berührt.

*) Will man gegen die Darstellung des Textes den Einwand erheben, dass die Angaben des vorliegenden Paragraphen theilweise ohne Beweis geliefert sind, so fasse man die nächstfolgenden Entwicklungen in der Art independent auf, dass man die ternäre Gruppe G_{360} als unmittelbar gegeben ansieht. In der That sind die Entwicklungen des § 12 von den voraufgehenden functionentheoretischen Untersuchungen unabhängig und begründen ihrerseits die Existenz und Gestalt der ternären G_{360}. Den Anschluss an die Transformationstheorie der zur Gruppe Γ der Signatur (0, 3; 2, 4, 5) gehörenden Hauptfunction gewinnt man dann vermöge einer auf das Grenzkreistheorem gegründeten Schlussweise, welche unten (pg. 655) unter dem Texte angegeben ist.

Kurze Zeit nach Erscheinen der Wiman'schen Arbeit hat sich Gerbaldi der Fortsetzung der Wiman'schen Untersuchung zugewandt. In einer ersten Arbeit*) hat derselbe auf Grundlage des ternären Ansatzes die Resolvente 6ten Grades berechnet, welche etwa ein Jahr früher vom Verf. mittelst der oben (pg. 591 ff.) befolgten functionentheoretischen Schlussweise gewonnen war (cf. Note pg. 559). Späterhin hat Gerbaldi in einer grossen sich über vier Jahre hinziehenden Untersuchung**) die ternäre Gruppe G_{360} invariantentheoretisch und geometrisch nach allen Richtungen hin durchforscht und die verschiedenen Resolventen behandelt. Er hat auf diese Weise das von Wiman zunächst entworfene Programm***) erschöpfend bearbeitet und dabei freilich (wie auch Wiman schon vermutete) nur mit einem sehr erheblichen Aufwande von Rechnungen zum Ziele kommen können.†)

Gleichfalls im Anschluss an Wiman hat Lachtin††) die Resolvente 6ten Grades berechnet und eine lineare Differentialgleichung 3ter Ordnung mit drei singulären Punkten angegeben, in deren Integralen die Wurzeln jener Resolvente rational darstellbar sind. Es handelt sich hierbei um diejenige „Differentialresolvente" der ternären G_{360}, welche eben für diese Gruppe der in „Mod." I, pg. 700 unter (9) im Anschluss an Untersuchungen von Halphen und Hurwitz angegebenen Differentialgleichung 3ter Ordnung der ternären Gruppe G_{168} genau entspricht. In einer späteren Arbeit†††) verallgemeinert Lachtin seine Untersuchung insoweit, dass sie sich nicht mehr nur auf die Curve C_6, sondern allgemein auf die Ebene der Koordinaten x_1, x_2, x_3, die der ternären G_{360} unterworfen sind, bezieht. Die „Differentialresolvente" kleidet sich hier zunächst in die Gestalt dreier linearer partieller Differentialgleichungen 2ter Ordnung. An Stelle der besonderen Resolvente 6ten Grades der bisherigen Betrachtung tritt alsdann eine algebraische Gleichung 6ten Grades allgemeiner Art; Lachtin spricht sich in der Einleitung

---

*) „*Sul gruppo semplice di 360 collineazioni piane*", Math. Ann. Bd. 50, p. 473 (1897).

**) „*Sul gruppo semplice di 360 collineazioni piane*", Rend. di Palermo Bde. 12, 13, 14, 16 (1898—1902).

***) Siehe die Schlussworte seiner mehrfach genannten Arbeit, Math. Ann. Bd. 47, pg. 556.

†) Für die Resolven 6ten, 10ten und 15ten Grades ist eben die oben (pg. 570 ff.) auf unseren transcendenten Ansatz gegründete functionentheoretische Methode der naturgemässe und einfachste Zugang.

††) „*Die Differentialresolvente einer algebraischen Gleichung 6ten Grades mit einer Gruppe 360er Ordnung*", Math. Ann. Bd. 51, pg. 463 (1898).

†††) „*Die Differentialresolvente einer algebraischen Gleichung 6ten Grades allgemeiner Art*", Math. Ann. Bd. 56, pg. 445 (1902).

zur zuletzt genannten Arbeit über die Bedeutung aus, welche er seinen Untersuchungen für die allgemeine Theorie der Gleichungen 6ten Grades beimisst.

Diese Bedeutung der ternären Gruppe G_{360} für die allgemeine Theorie der Gleichungen 6ten Grades steht im Mittelpunkte der nun zu nennenden Untersuchungen von Klein und Gordan. Klein*) benutzt das unten (in § 17) aufzustellende „Galois'sche Problem" der G_{360} in derselben Weise als „Normalproblem" für die Auflösung der allgemeinen Gleichung 6ten Grades, wie er im zweiten Theile seiner „Vorlesungen über das Ikosaeder" die Lösung der allgemeinen Gleichung 5ten Grades auf die „Ikosaedergleichung" als Normalgleichung zurückführt. Vor der Entdeckung der ternären G_{360} hatte sich Klein**) für die Theorie der Gleichungen 6ten Grades eine quaternäre Collineationsgruppe G_{360} construiert***). Wesentlich diesem Gebiete gehören auch zwei ausgedehnte Untersuchungen von Gordan†) an. In der ersten dieser Arbeiten giebt Gordan sehr ausgedehnte invariantentheoretische Rechnungen, bei den als Zielpunkt gilt, die schon von Lachtin betrachteten Differentialgleichungen explicite herzustellen und ausführlicher zu begründen. In der zweiten Arbeit giebt Gordan die Fortsetzung seiner Rechnungen im Anschluss an die beiden zuletzt genannten Abhandlungen von Klein. Neuestens ist es Coble††) gelungen, die Gordan'schen Untersuchungen erheblich zu vereinfachen und durchsichtiger zu gestalten.

§ 12. Die Curve C_6 im oktaedrischen Coordinatensystem.

In Fig. 113, p. 620, ist die vorhin erwähnte Oktaedertheilung der projectiven Ebene reproduciert. Die neun Geraden dieser Theilung sind die *Perspectivitätsaxen* der neun in der G_{24} enthaltenen Collineationen der Periode zwei, welche *„harmonische Perspectivitäten"* darstellen. Sie zerfallen bekanntlich in zwei Systeme zu 6 bezw. 3 innerhalb der G_{24}

---

*) „Sulla risoluzione delle equazioni di sesto grado", Acc. dei Linc. Bd. 8 (1899); „Über die Auflösung der allgemeinen Gleichungen 5ten und 6ten Grades", Crelle's Journ. Bd. 129, pg. 151 (1905), abgedr. in Bd. 61 der Math. Ann. pg. 50 ff.

**) „Zur Theorie der allgemeinen Gleichungen 6ten und 7ten Grades", Math. Ann. Bd. 28, pg. 499 (1886).

***) Siehe auch die Abhandlung von Klein „Über die Auflösung gewisser Gleichungen vom 7ten und 8ten Grade", Math. Ann. Bd. 15 (1879).

†) „Die partiellen Differentialgleichungen des Valentinerproblems", Math. Ann. Bd. 61, pg. 453 (1905); „Über eine Klein'sche Bilinearform. (Ein Beitrag zur Auflösung der Gleichungen 6ten Grades)", Math. Ann. Bd. 68, pg. 1 (1910).

††) „The reduction of the sextic equation to the Valentiner formproblem", Math. Ann. Bd. 70, pg. 337 (1910).

gleichberechtigten Operationen. Die drei letzteren Perspectivitäten bilden mit der Identität die in der G_{24} ausgezeichnete Vierergruppe G_4. Wir wählen die in der Figur stärker markierten Axen dieser drei Opera-

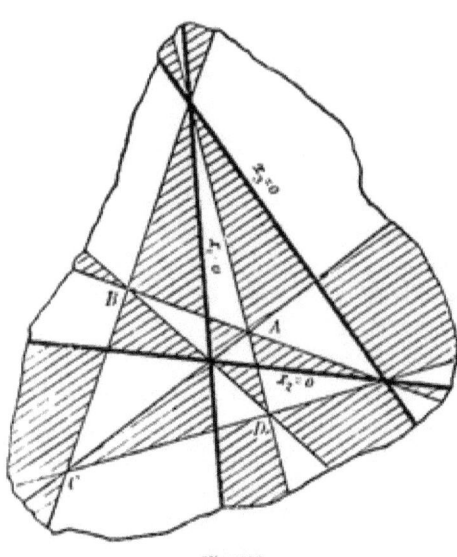

tionen zu Coordinatenaxen $x_1 = 0$, $x_2 = 0$, $x_3 = 0$. Die oktaedrischen Coordinaten x_1, x_2, x_3 sind dadurch bis auf 3 constante Factoren bestimmt; die letzteren wählen wir so, dass der in der Figur mit A bezeichnete Schnittpunkt dreier unter den sechs gleichberechtigten Perspectivitäts-axen die Coordinaten $x_1 = 1$. $x_2 = 1$, $x_3 = 1$ bekommt.

In dem so gewählten Coordinatensysteme stellt sich die G_{24} einfach in der Weise dar, dass wir die sechs Permutationen der x mit den acht durch Zeichenwechsel der x gewinnbaren Transformationen

Fig. 113.

combinieren. Je zwei unter den 48 so entspringenden Transformationen, welche durch gleichzeitigen Zeichenwechsel der ursprünglichen x_1, x_2, x_3 in einander übergehen, liefern dieselbe Collineation; wir wählen etwa jeweils diejenige unter solchen zwei Transformationen aus, welche als ternäre Substitution unimodular ist.

Als Erzeugende der G_{24} notieren wir:

$$(S) \qquad x_1' = - x_2, \qquad x_2' = + x_1, \qquad x_3' = + x_3,$$
$$(T) \qquad x_1' = + x_3, \qquad x_2' = - x_2, \qquad x_3' = + x_1,$$
$$(U) \qquad x_1' = + x_2, \qquad x_2' = + x_3, \qquad x_3' = + x_1,$$

wobei (unter geringfügiger Abweichung von (6) pg. 587) jetzt $ST = U$ und nicht $= U^{-1}$ gilt. Die ausgezeichnete G_4 enthält neben der Identität die drei Perspectivitäten:

$$(TS^2T) \qquad x_1' = + x_1, \qquad x_2' = - x_2, \qquad x_3' = - x_3,$$
$$(U^2S^2U) \qquad x_1' = - x_1, \qquad x_2' = + x_2, \qquad x_3' = - x_3,$$
$$(S^2) \qquad x_1' = - x_1, \qquad x_2' = - x_2, \qquad x_3' = + x_3.$$

Die Collineationen der G_{24} führen den durch:

(1) $$x_1^2 + x_2^2 + x_3^2 = 0$$

gegebenen Kegelschnitt in sich selbst über; wir wollen denselben als den zur G_{24} gehörenden „*Oktaederkegelschnitt*" bezeichnen. Im Sinne der Entwicklungen von I, pg. 15 ff. handelt es sich hier um den absoluten Kegelschnitt der elliptischen Maassbestimmung, auf welche sich die Eintheilung der Fig. 113 bezieht (cf. (2) in I, pg. 17).

In (1) haben wir die einzige Covariante 2ten Grades der G_{24} gewonnen. Im übrigen liegen hier die Verhältnisse noch so einfach, dass wir eine besondere Betrachtung über das volle Formensystem der G_{24} nicht anzustellen brauchen. Es ist aus der Gestalt der ternären G_{24} sofort zu erkennen, dass jede Covariante 6ten Grades eine lineare Combination der drei Formen:

$$x_1^6 + x_2^6 + x_3^6, \quad x_1^4 x_2^2 + x_1^4 x_3^2 + x_2^4 x_1^2 + x_2^4 x_3^2 + x_3^4 x_1^2 + x_3^4 x_2^2, \quad x_1^2 x_2^2 x_3^2$$

sein muss. Also haben wir als Ansatz: *Unsere Curve C_6 muss sich im oktaedrischen Coordinatensystem mittelst gewisser Constanten a, b, c in der Gestalt:*

$$(2) \quad a(x_1^6 + x_2^6 + x_3^6) + b(x_1^4 x_2^2 + x_1^4 x_3^2 + \cdots + x_3^4 x_2^2) + c x_1^2 x_2^2 x_3^2 = 0$$

darstellen lassen.

Um die Coefficienten a, b, c zu bestimmen, wolle man vorab überlegen, dass man das oktaedrische Coordinatensystem den $2 \cdot 15$ G_{24} entsprechend zunächst in 30 Arten auswählen kann. Doch zerfallen dieselben in zwei Reihen zu je 15 gleichberechtigten Systemen; und da zwei gleichberechtigte Systeme durch Collineationen der G_{360} aus einander herstellbar sind, bei denen die linke Seite von (2) invariant ist, so giebt es *nur zwei wesentlich verschiedene Auswahlen oktaedrischer Coordinaten* x_1, x_2, x_3, gehörend zu zwei innerhalb der G_{360} nicht gleichberechtigten Gruppen. Diese Coordinatensysteme heissen in dem Sinne wesentlich verschieden, als sie zu *verschiedenen Darstellungen* (2) *unserer Curve C_6* führen. Denn der Übergang vom einen System zum anderen wird zwar durch eine lineare Substitution der x vermittelt, aber diese Substitution gehört nicht der G_{360} an, so dass sie die linke Seite von (2) nicht invariant lässt. Wohl aber muss sich *eine Transformation zweiter Art*, etwa einer Spiegelung der $\bar{G}_{720}$ entsprechend, angeben lassen, *welche das eine System in das andere und dabei die C_6 in sich überführt.*

Hiernach wird, so lange nicht darüber entschieden ist, welches der beiden wesentlich verschiedenen Coordinatensysteme mit den x_1, x_2, x_3 gemeint ist, jede Art, die Coefficienten a, b, c in (2) zu bestimmen, nothwendig auf *zwei verschiedene Werthsysteme* führen müssen. Die Auswahl eines unter ihnen kommt dann auf die eindeutige Bestimmung des Coordinatensystems hinaus. Um die gefundene Sachlage kurz zu charakterisieren, könnten wir die x_1, x_2, x_3 als „*unsymmetrische Oktaeder-*

coordinaten" bezeichnen; wir werden alsbald eine der Forderung der
Symmetrie genügende mit den x_1, x_2, x_3 in naher Beziehung stehende
Coordinatenwahl treffen, bei der es eben wegen dieser Beziehung ge-
stattet ist, von *„symmetrischen Oktaedercoordinaten"* zu sprechen.

Ehe wir die Coordinatentransformation aufstellen, welche von dem
einen der unsymmetrischen Systeme zum anderen hinführt, müssen wir
überlegen, wie sich die ternäre Gestalt der G_{24} bei einer gewissen
gleich zu bezeichnenden Änderung des Coordinatensystems mitändert.
Wir halten daran fest, dass die Coordinatenaxen die drei Axen der in
der ausgezeichneten Vierergruppe G_4 enthaltenen Perspectivitäten sein
sollen. Dagegen soll die Änderung darin bestehen, dass der Fixpunkt A
der erzeugenden Collineation U jetzt irgend drei endliche und von 0
verschiedene *reelle oder complexe* Coordinaten $\alpha_1, \alpha_2, \alpha_3$ bekommen möge.
Die neue Gestalt der G_{24} in den x ist dahin zu charakterisieren, dass
bei Umrechnung auf Coordinaten x_1', x_2', x_3' vermöge:

$$(3) \qquad x_1 = \alpha_1 x_1', \quad x_2 = \alpha_2 x_2', \quad x_3 = \alpha_3 x_3'$$

die G_{24} in diesen x_1', x_2', x_3' wieder die oben angegebene einfache Gestalt gewinnt.

Die Rolle, welche die reelle Oktaedertheilung der Fig. 113 hierbei
spielt, erhellt aus folgender Betrachtung: Ist der Quotient $\alpha_1 : \alpha_2$ reell,
während $\alpha_1 : \alpha_3$ nicht reell ist, so sind in der reellen Ebene der x_1, x_1, x_3
neben den Seiten des Coordinatendreiecks nur noch die beiden durch
den Eckpunkt $x_1 = 0$, $x_2 = 0$ laufenden Perspectivitätsaxen:

$$(4) \qquad \alpha_1 x_2 \pm \alpha_2 x_1 = 0$$

reell (entsprechend den Axen AC und BD der Fig. 113). In der reellen
Coordinatenebene ist demnach nur noch die Diedertheilung derjenigen
Untergruppe G_8 der G_{24} sichtbar, welche die jetzt noch reellen Collineationen der G_{24} zusammenfasst. Sind beide Quotienten der α complex, so sind in der G_{24} reell nur noch die vier Collineationen der ausgezeichneten G_4, welche sogar ihre oben angegebenen Gestalten $x_1' = x_1$,
$x_2' = -x_2$, $x_3' = -x_3$ usw. unverändert beibehalten. Entsprechend verbleiben von der Fig. 113 nur noch die drei Seiten des Coordinatendreiecks, die „Vierertheilung" darstellend, im Reellen bestehen.

Wir kommen nun auf unsere beiden unsymmetrischen Oktaeder-
Coordinatensysteme zurück, um ihre gegenseitige Beziehung festzustellen.
Nach pg. 586 ist die einzelne Diedergruppe G_8 immer in zwei innerhalb der G_{360} nicht gleichberechtigten Oktaedergruppen G_{24}, G_{24}' enthalten. Wir wählen etwa die zur Collineation S gehörende Dieder-G_8
und erinnern daran, dass in einer solchen G_8 stets *zwei* innerhalb der

G_{360} nicht gleichberechtigte Vierergruppen enthalten sind. In unserer G_8 haben wir also neben der bisher mit G_4 bezeichneten Gruppe eine zweite Vierergruppe G_4', welche mit der ersten die Substitutionen 1 und S^2 gemein hat. Die G_4' ist dann ihrerseits innerhalb einer mit der G_{24} nicht gleichberechtigten Oktaedergruppe G_{24}' ausgezeichnet; und wir können dieser G_{24}' das zweite der unsymmetrischen Coordinatensysteme entnehmen.

Diese zweite G_{24}' kann im ursprünglichen Coordinatensysteme der x_1, x_2, x_3 ausser der G_8 keine reelle Collineation enthalten. Anderenfalls wäre sie und demnach auch die durch Combination der G_{24}, G_{24}' erzeugbare G_{360} gänzlich reell; aber eine derartige reelle ternäre Gruppe G_{360} giebt es nicht (cf. I, pg. 15 ff. und pg. 69 ff.). Wenn wir demnach die zu den drei Perspectivitäten der G_4' gehörenden Axen:

$$(5) \qquad x_1'' = x_1 + x_2 = 0, \quad x_2'' = x_1 - x_2 = 0, \quad x_3'' = x_3 = 0$$

(Geraden BD, AC und $x_3 = 0$ der Fig. 113) als die zur G_{24}' gehörenden Coordinatenaxen einführen, so kann der dem Punkte A der Fig. 113 für unsere G_{24}' entsprechende Punkt A' der Coordinaten α_1', α_2', α_3' nicht mehr reell sein. Vielmehr wird derselbe als imaginärer Punkt auf der Perspectivitätsaxe:

$$\alpha_1' x_2'' - \alpha_2' x_1'' = \alpha_1'(x_1 - x_2) - \alpha_2'(x_1 + x_2) = (\alpha_1' - \alpha_2')x_1 - (\alpha_1' + \alpha_2')x_2 = 0$$

gelegen sein. Nun ist aber die letztere Axe die zur reellen Dieder-G_8 gehörende Axe $x_2 = 0$; somit ist $\alpha_1' = \alpha_2'$, und wir dürfen also auch beide Coordinaten α_1', α_2' gleich 1 setzen. Schreiben wir demnach:

$$x_1'' = x_1', \quad x_2'' = x_2', \quad x_3'' = \alpha_3' x_3'$$

oder (indem wir den reciproken Werth von α_3' mit α bezeichnen):

$$(6) \qquad x_1' = x_1 + x_2, \quad x_2' = x_1 - x_2, \quad x_3' = \alpha x_3,$$

so muss die G_{24}', auf die Coordinaten x_1', x_2', x_3' umgerechnet, wieder die einfache bei der G_{24} oben zu Grunde gelegte Gestalt gewinnen. *Es giebt somit eine nicht reelle Constante α der Art, dass die Transformation (6) zum zweiten unsymmetrischen Oktaeder-Coordinatensystem x_1' x_2', x_3' führt.*

Bei der Gestalt der G_{24}' muss unsere Curve C_6 dem Ansatze (2) entsprechend in der Form:

$$(7) \qquad a'(x_1'^6 + x_2'^6 - x_3'^6) + b'(x_1'^4 x_2'^2 + \cdots + x_3'^4 x_2'^2) + c' x_1'^2 x_2'^2 x_3'^2 = 0$$

darstellbar sein. Zur Bestimmung der unbekannten Constanten in (7) und (2) können wir nun die Thatsache benutzen, dass die Gleichung (7) durch die Substitution (6) in die Gleichung (2) transformiert werden muss. Setzen wir aber die Ausdrücke (6) der x' in den x in die Gleichung (7) ein, so ergiebt sich nach kurzer Zwischenrechnung:

$$(8) \quad 2(a' + b')(x_1^6 + x_2^6) + a'a^6x_3^6 + (30a' - 2b')(x_1^4x_2^2 + x_2^4x_1^2)$$
$$+ (2b' + c')a^2(x_1^4x_3^2 + x_2^4x_3^2) + 2b'a^4(x_3^4x_1^2 + x_3^4x_2^2)$$
$$+ (12b' - 2c')a^2x_1^2x_2^2x_3^2 = 0.$$

Diese Gleichung ordnet sich aber stets und nur dann dem Ansatze (2) unter, wenn die drei Bedingungen zutreffen:

$$(9) \quad \begin{cases} 2a' + 2b' = a'a^6, \\ 15a' - b' = b'a^4, \\ 2b' + c' = 2b'a^4. \end{cases}$$

Wäre nun $a' = 0$, so wäre auch $b' = 0$ und $c' = 0$; also ist a' nicht gleich 0, und wir dürfen demnach $a' = 1$ setzen. Die Elimination von b' aus den beiden ersten Gleichungen (9) ergiebt:

$$a^{10} + a^6 - 2a^4 - 32 = 0,$$

eine Gleichung 5$^\text{ten}$ Grades für a^2 mit den fünf Lösungen:

$$(10) \quad a^2 = 2, \quad a^2 = \frac{-3 \pm i\sqrt{7}}{2}, \quad a^2 = \frac{1 \pm i\sqrt{15}}{2}$$

Die erste Lösung ist als reell jedenfalls unbrauchbar. Die zweite Gleichung (10) führt zur ternären Gruppe G_{168}, die bei der Transformation 7$^\text{ten}$ Grades der elliptischen Functionen auftritt[*]. Man erinnere sich nämlich, dass auch in dieser G_{168} zwei unter einander nicht gleichberechtigte Systeme von Oktaedergruppen auftreten, und dass auch dort je zwei nicht gleichberechtigte G_{24}, G_{24}' eine Dieder-G_8 gemein haben. Unser hier benutzter Ansatz muss also ohne jede Abänderung auch zu derjenigen Covariante 6$^\text{ten}$ Grades der ternären G_{168} führen, welche in „Mod." I pg. 733 in dem damaligen Coordinatensysteme der z_1, z_2, z_3 durch $X(z_1, z_2, z_3)$ bezeichnet ist.

Für die G_{360} bleiben demnach nur noch die beiden Werthe:

$$(11) \quad a^2 = \frac{1 \pm i\sqrt{15}}{2} = \left(\frac{\sqrt{5} \pm i\sqrt{3}}{2}\right)^2,$$

welche in (9) eingetragen die beiden Coefficientensysteme liefern:

$$(12) \quad a' = 1, \quad b' = -\frac{15 \pm 3i\sqrt{15}}{4}, \quad c' = 15 \mp 3i\sqrt{15}.$$

Durch Eintragung der berechneten Werthe in (8) und Fortlassung des gemeinsamen Factors a^6 aller Glieder müssen wir die Relation (2) mit

---

[*] Cf. Klein, „Über Transformation 7$^\text{ter}$ Ordnung der elliptischen Functionen", Math. Ann. Bd. 14 (1878) oder „Mod." I pg. 692 ff.

$a = 1$ gewinnen. Also finden wir entsprechend für die Coefficienten a, b, c in (2):

$$(13) \qquad a = 1, \quad b = -\frac{15 \mp 3i\sqrt{15}}{4}, \quad c = 15 \pm 3i\sqrt{15}.$$

Wie wir voraussahen, haben wir hier zwei Werthsysteme der Coefficienten a, b, c erhalten. Wir wählen das oktaedrische Coordinatensystem der x nunmehr eindeutig aus, indem wir:

$$(14) \qquad \alpha = \frac{\sqrt{5} + i\sqrt{3}}{2}$$

setzen*), und gewinnen als Resultat: *Die Curve 6ten Grades C_6 stellt sich in dem endgültig ausgewählten oktaedrischen Coordinatensysteme x_1, x_2, x_3 durch folgende Gleichung dar:*

$$(15) \quad x_1^6 + x_2^6 + x_3^6 - \frac{15 - 3i\sqrt{15}}{4}\left(x_1^4 x_2^2 + x_1^4 x_3^2 + x_2^4 x_1^2 + x_2^4 x_3^2 \right.$$
$$\left. + x_3^4 x_1^2 + x_3^4 x_2^2\right) + \left(15 + 3i\sqrt{15}\right) x_1^2 x_2^2 x_3^2 = 0.$$

Um die 360 Collineationen dieser C_6 in sich alle erzeugen zu können, müssen wir ausser der G_{24} wenigstens noch eine weitere Collineation kennen. Wir bevorzugen etwa diejenige Operation U', welche unserer obigen Collineation U (cf. pg. 620) entsprechend die cyklische Vertauschung der Coordinaten im zweiten zur G_{24}' gehörenden Systeme darstellt. Diese der G_{24}' und also der G_{360} angehörende Collineation schreibt sich zufolge (6) in den ursprünglichen Coordinaten x:

$$x_1' + x_2' = x_1 - x_2, \quad x_1' - x_2' = \frac{\sqrt{5} + i\sqrt{3}}{2} x_3, \quad \frac{\sqrt{5} + i\sqrt{3}}{2} x_3' = x_1 + x_2$$

und wird von hier aus leicht in eine unimodulare ternäre Substitution der x_1, x_2, x_3 umgerechnet. Da für die dritte Erzeugende U der Oktaeder-G_{24} die Darstellung $U = ST$ gilt, so haben wir als Ergebniss anzumerken: *Die G_{360} der 360 Collineationen der Curve (15) in sich ist erzeugbar aus den drei Collineationen:*

$$(S) \qquad x_1' = -x_2, \quad x_2' = x_1, \quad x_3' = x_3,$$

$$(T) \qquad x_1' = x_3, \quad x_2' = -x_2, \quad x_3' = x_1,$$

$$(U') \quad \begin{cases} x_1' = \frac{1}{2} x_1 - \frac{1}{2} x_2 + \frac{\sqrt{5} + i\sqrt{3}}{4} x_3, \\[1mm] x_2' = \frac{1}{2} x_1 - \frac{1}{2} x_2 - \frac{\sqrt{5} + i\sqrt{3}}{4} x_3, \\[1mm] x_3' = \frac{\sqrt{5} - i\sqrt{3}}{4} x_1 + \frac{\sqrt{5} - i\sqrt{3}}{4} x_2. \end{cases}$$

---

*) Ein Zeichenwechsel von α läuft auf Ausübung der Perspectivität S^2 hinaus und ist, da diese der G_{24} angehört, ohne Bedeutung.

Im zweiten unserer beiden unsymmetrischen Coordinatensysteme ist die Curve (15), wie wir sahen, gegeben durch:

$$(16) \qquad x_1'^6 + x_2'^6 + x_3'^6 - \frac{15 + 3\,i\,\sqrt{15}}{4}(x_1'^4\,x_2'^2 + \cdots + x_3'^4\,x_2'^2)$$
$$+ (15 - 3\,i\,\sqrt{15})\,x_1'^2\,x_2'^2\,x_3'^2 = 0.$$

Entsprechend hat in diesen x' die G_{360} eine Gestalt, die aus der eben mittelst der Erzeugenden S, T, U' herstellbaren Gestalt der Collineationsgruppe einfach durch Zeichenwechsel von i in den Substitutionscoefficienten gewonnen wird.

Bezeichnet man übrigens mit $\bar{x}_1$, $\bar{x}_2$, $\bar{x}_3$ die zu x_1, x_2, x_3 conjugiert complexen Werthe, so kann die Gleichung (15) unserer C_6 auch in die Gestalt gekleidet werden:

$$\bar{x}_1^6 + \bar{x}_2^6 + \bar{x}_3^6 - \frac{15 + 3\,i\,\sqrt{15}}{4}(\bar{x}_1^4\,\bar{x}_2^2 + \cdots + \bar{x}_3^4\,\bar{x}_2^2)$$
$$+ (15 - 3\,i\,\sqrt{15})\,\bar{x}_1^2\,\bar{x}_2^2\,\bar{x}_3^2 = 0.$$

Wie man sieht, werden demnach die beiden Gleichungen (15) und (16) durch die „*ternäre Substitution zweiter Art*":

$$(17) \qquad x_1' = x_1, \quad x_2' = \bar{x}_2, \quad x_3' = \bar{x}_3$$

ausgetauscht. Gehen wir von der durch (15) gegebenen C_6 zuerst durch die besser in die Gestalt:

$$x_1' = \frac{x_1 + x_2}{\sqrt{2}}, \quad x_2' = \frac{x_1 - x_2}{\sqrt{2}}, \quad x_3' = \frac{\sqrt{5} + i\sqrt{3}}{2\sqrt{2}}\,x_3$$

gekleidete Transformation (6) zur Gleichung (16) und üben hernach die Transformation (17) aus, so gelangen wir zur Gleichung (15) zurück. *Demgemäss gewinnen wir in:*

$$(18) \qquad x_1' = \frac{x_1 + x_2}{\sqrt{2}}, \quad x_2' = \frac{x_1 - \bar{x}_2}{\sqrt{2}}, \quad x_3' = \frac{\sqrt{5} - i\sqrt{3}}{2\sqrt{2}}\,\bar{x}_3$$

eine „*Collineation zweiter Art*", *welche unsere durch* (15) *gegebene Curve C_6 in sich überführt, und welche demnach zur G_{360} zugefügt mit ihr die* „*Collineationsgruppe zweiter Art*" $\bar{G}_{720}$ *erzeugt.* Bezeichnen wir die Substitution (18) durch V, so zeigt man sofort, dass $V^2 = 1$ ist; es handelt sich also hier um eine der 36 *Spiegelungen* der $\bar{G}_{720}$. Weiter berechnet man leicht:

$$V S V = S^{-1}, \quad V U V = U'',$$

S, U und U' in der bisherigen Bedeutung gebraucht. Aus S und U ist die G_{24}, aus S und U' die G_{24}' erzeugbar. *In* (18) *haben wir also* diejenige Spiegelung gewonnen, welche die innerhalb der G_{360} noch nicht gleichberechtigten Gruppen G_{24}, G'_{24} in einander transformiert.

Es bleibt noch die Besprechung des „*symmetrischen Oktaedercoordinatensystems*" übrig. Da die Operation S durch die Spiegelung $\overline{V}$ in ihre inverse S^{-1} transformiert wird, so wird ein Coordinatendreieck, dessen Eckpunkte die drei Fixpunkte der Collineation S sind, durch $\overline{V}$ in sich transformiert. Ein solches Dreieck ist auf 45 Weisen wählbar; doch sind diese 45 Dreiecke, wie die 45 cyklischen Untergruppen G_4 der G_{360}, alle gleichberechtigt und also für unseren Zweck nicht wesentlich verschieden.

Nun sind die Fixpunkte von S erstens der bisherige Eckpunkt $x_1 = 0$, $x_2 = 0$ und weiter die beiden Schnittpunkte der Geraden $x_1 \pm i x_2 = 0$ mit der bisherigen dritten Axe $x_3 = 0$, welche demnach als solche bestehen bleibt. Für den Übergang von den x_1, x_2, x_3 zu den symmetrischen Coordinaten, die wir etwa X, Y, Z nennen, haben wir somit den Ansatz:

$$X = \alpha(x_1 + i x_2), \quad Y = \beta(x_1 - i x_2), \quad Z = \gamma x_3,$$

und müssen die noch verfügbaren Constanten α, β, γ so bestimmen, dass nicht nur das Coordinatendreieck, sondern die Coordinaten X, Y, Z selbst gegenüber der Spiegelung $\overline{V}$ invariant sind. Zunächst berechnen wir als Ausdruck der Spiegelung (18) in den X, Y, Z:

$$X' = \frac{\alpha}{\bar{\alpha}} \cdot \frac{1+i}{\sqrt{2}} \, \overline{X}, \quad Y' = \frac{\beta}{\bar{\beta}} \cdot \frac{1-i}{\sqrt{2}} \, \overline{Y}, \quad Z' = \frac{\gamma}{\bar{\gamma}} \cdot \frac{\sqrt{5} - i\sqrt{3}}{2\sqrt{2}} \, \overline{Z}.$$

Wählen wir demnach die α, β, γ etwa in der Gestalt:

$$\alpha = e^{-\frac{\pi i}{8}}, \quad \beta = e^{\frac{\pi i}{8}}, \quad \gamma = \sqrt{5 + i\sqrt{15}},$$

so erhalten wir als Coordinatentransformation:

$$(19) \quad X = e^{-\frac{\pi i}{8}}(x_1 + i x_2), \quad Y = e^{\frac{\pi i}{8}}(x_1 - i x_2), \quad Z = \sqrt{5 + i\sqrt{15}}\, x_3,$$

und die Spiegelung $\overline{V}$ gewinnt die einfache Gestalt:

$$(20) \qquad X' = \overline{X}, \quad Y' = \overline{Y}, \quad Z' = \overline{Z}.$$

Die Gleichung der C_6 wird demnach, da sie durch die Spiegelung (20) in sich transformiert wird, jetzt durchweg reelle Coefficienten bekommen, und der Ausdruck der Collineationsgruppe G_{360} in den X, Y, Z ist sich selbst conjugiert; d. h. bei Ersetzung aller Substitutionscoefficienten durch ihre conjugiert complexen Werthe geht die Gruppe in sich selbst über. Die Rechnung bestätigt dies; wir finden: *Die Curve sechsten*

Grades C_6 erhält im symmetrischen Oktaedercoordinatensystem die reelle Gleichung:

$$(21) \quad 15\sqrt{15}\,(X^4 - Y^4)(2XY - Z^2) + 100\,X^3Y^3 + 150\,X^2Y^2Z^2 \\ + 30\,XYZ^4 - Z^6 = 0.$$

Die Bemerkung über die zugehörige Gestalt der G_{360} ist damit selbstverständlich.

§ 13. Die Curve C_6 im ikosaedrischen Coordinatensystem.

Der Gedankengang der Entwicklung bei Aufstellung der Gleichung der C_6 im ikosaedrischen Coordinatensystem ist der eben abgeschlossenen Untersuchung in allen wesentlichen Punkten analog. Bei der ternären Darstellung einer einzelnen Ikosaedergruppe G_{60} verzichten wir freilich auf die von der Fig. 16 in I, pg. 72 gelieferte reelle Gestalt; vielmehr legen wir mit Wiman (cf. l. c. pg. 548) diejenige mit jener reellen collineare Gestalt der ternären G_{60} zu Grunde, welche Klein in „Ikos.", pg. 211 ff. beim „Problem der A" benutzt, da wir auf diese Weise unmittelbar von den ebendort gegebenen formentheoretischen Entwicklungen Gebrauch machen können.

Statt der Coordinaten A_1, A_2, A_0 gebrauchen wir in besserem Anschluss an das Bisherige die Bezeichnungen y_1, y_2, y_3. Als Erzeugende der G_{60} der ternären Substitutionen haben wir dann (cf. „Ikos.", pg. 213) unter Gebrauch der Abkürzung $e^{\frac{2i\pi}{5}} = \varepsilon$:

$$(S) \qquad y_1' = \varepsilon^4 y_1, \quad y_2' = \varepsilon y_2, \quad y_3' = y_3,$$

$$(T) \quad \begin{cases} \sqrt{5}\,y_1' = (\varepsilon^2 + \varepsilon^3)y_1 + (\varepsilon + \varepsilon^4)y_2 + 2y_3, \\ \sqrt{5}\,y_2' = (\varepsilon + \varepsilon^4)y_1 + (\varepsilon^2 + \varepsilon^3)y_2 + 2y_3, \\ \sqrt{5}\,y_3' = y_1 + y_2 + y_3. \end{cases}$$

Reell sind bei dieser Darstellung nur vier eine der fünf Vierergruppen bildende Substitutionen, zu denen auch T gehört. Der absolute Kegelschnitt, der für die Ikosaedertheilung der Fig. 16 in I, pg. 72 nicht reell ist, fällt in dem hier gewählten Coordinatensystem der y reell aus; derselbe hat nach „Ikos.", pg. 214, (6) die Gleichung:

$$(1) \qquad y_1 y_2 + y_3^2 = 0$$

und werde weiterhin als der zur G_{60} gehörende „Ikosaederkegelschnitt" bezeichnet.

An unabhängigen Covarianten sechsten Grades haben wir neben der dritten Potenz von $(y_1 y_2 + y_3^2)$ zufolge „Ikos." pg. 214 nur noch eine einzige Form, die wir in der l. c. pg. 218 unter (14) angegebenen Gestalt B heranziehen:

(2) $$y_1^3 y_2^3 - (y_1^5 + y_2^5)y_3 - 2y_1^2 y_2^2 y_3^3 + 8y_1 y_2 y_3^4.$$

Da die C_6 irreducibel ist, so gewinnen wir unmittelbar den Ansatz: *Unsere Curve C_6 muss sich in den ikosaedrischen Coordinaten y_1, y_2, y_3 nothwendig in der Gestalt:*

$$y_1^3 y_2^3 - (y_1^5 + y_2^5)y_3 - 2y_1^2 y_2^2 y_3^3 + 8y_1 y_2 y_3^4 + a(y_1 y_2 + y_3^2)^3 = 0$$

oder besser geordnet:

(3) $$(1+a)y_1^3 y_2^3 - (y_1^5 + y_2^5)y_3 + (3a-2)y_1^2 y_2^2 y_3^2$$
$$+ (3a+8)y_1 y_2 y_3^4 + ay_3^6 = 0$$

mit einer noch zu bestimmenden Constanten a darstellen.

Zur Berechnung von a schliessen wir genau wie oben (pg. 622 u. f.). Da wir zwei innerhalb der G_{360} nicht gleichberechtigte Systeme von Ikosaedergruppen G_{60} haben, so können wir die ikosaedrischen Coordinaten y_1, y_2, y_3 wieder in zwei wesentlich verschiedenen (d. h. zu zwei verschiedenen Gleichungsformen (3) führenden) Arten auswählen und werden uns unten zu Gunsten einer dieser Arten zu entscheiden haben. Nun war die einzelne cyklische G_5, z. B. die aus der jetzigen Collineation S entspringende, in zwei nicht gleichberechtigten Ikosaedergruppen G_{60}, G_{60}' enthalten. Die Fixpunkte dieser Collineation S liefern die Ecken des Coordinatendreiecks der y. Wählen wir demnach das zweite der beiden „unsymmetrischen Ikosaeder-Coordinatensysteme" y_1', y_2', y_3' im Anschluss an die G_{60}' unter Bevorzugung der auch in ihr enthaltenen Collineation S, so bleiben die Ecken des Coordinatendreiecks der y erhalten, *so dass der Übergang vom einen zum anderen Coordinatensysteme durch eine Transformation der Gestalt:*

(4) $$y_1' = \alpha_1 y_1, \quad y_2' = \alpha_2 y_2, \quad y_3' = \alpha_3 y_3$$

mit drei endlichen von 0 verschiedenen α zu vollziehen ist.

Nun hat die G_{60}' im zweiten Systeme der y_1', y_2', y_3' wieder dieselbe Gestalt, wie die G_{60} im ersten. Wir schliessen hieraus sofort, dass sich unsere C_6 mittelst der y' in der Gestalt:

$$(1+a')y_1'^3 y_2'^3 - (y_1'^5 + y_2'^5)y_3' + (3a'-2)y_1'^2 y_2'^2 y_3'^2$$
$$+ (3a'+8)y_1' y_2' y_3'^4 + a' y_3'^6 = 0$$

darstellen lassen muss. Die so erhaltene Gleichung muss nun durch die Transformation (4) in die mit einem von 0 verschiedenen Factor b multiplicirte Gleichung (3) unserer C_6 im ersten System der y_1, y_2, y_3

zurückgeführt werden. Man stellt aber sofort fest, dass dies stets und nur dann zutrifft, wenn die folgenden sechs Gleichungen gelten:

$$(5)\quad\begin{cases}(1+a')\alpha_1^3\alpha_2^3 = b(1+a),\\ \alpha_1^5\alpha_3 = \alpha_2^5\alpha_3 = b,\\ (3a'-2)\alpha_1^2\alpha_2^2\alpha_3^2 = b(3a-2),\\ (3a'+8)\alpha_1\alpha_2\alpha_3^4 = b(3a+8),\\ a'\alpha_3^6 = ba.\end{cases}$$

Wäre nun eine der Grössen a, a' gleich 0, so würden zufolge der letzten Gleichung (5) auch die andere verschwinden; und dann ergäbe die Elimination von b aus den übrigen Gleichungen:

$$\alpha_1^3\alpha_2^3 = \alpha_1^2\alpha_2^2\alpha_3^2 = \alpha_1\alpha_2\alpha_3^4 = \alpha_1^5\alpha_3 = \alpha_2^5\alpha_3.$$

Setzt man also, was statthaft ist, $\alpha_3 = 1$, so folgt:

$$\alpha_1\alpha_2 = 1,\quad \alpha_1^5 = \alpha_2^5 = 1,\quad \alpha_1 = \varepsilon^\nu,\quad \alpha_2 = \varepsilon^{-\nu},$$

wo ν eine ganze Zahl ist. Die Substitution (4) wäre also eine Potenz von S, die jedoch den Übergang von den y zu den y' nicht vermitteln kann. Also sind a und a' sicher nicht gleich 0.

Die Elimination von b aus den Gleichungen (5) ergiebt weiter:

$$(6)\quad\begin{cases}a(1+a')\alpha_1^3\alpha_2^3 = a'(1+a)\alpha_3^6,\\ a(3a'-2)\alpha_1^2\alpha_2^2 = a'(3a-2)\alpha_3^4,\\ a(3a'+8)\alpha_1\alpha_2 = a'(3a+8)\alpha_3^2,\\ a\alpha_1^5 = a\alpha_2^5 = a'\alpha_3^5.\end{cases}$$

Die ersten drei Gleichungen (6) gestatten unter Benutzung der Abkürzung:

$$(7)\quad\alpha_1\alpha_2\alpha_3^{-2} = \beta$$

die Schreibweise als drei lineare homogene Gleichungen für die drei nicht verschwindenden Grössen aa', a, a':

$$(8)\quad\begin{cases}aa'(\beta^3-1) + a\beta^3 - a' = 0,\\ 3aa'(\beta^2-1) - 2a\beta^2 + 2a' = 0,\\ 3aa'(\beta-1) + 8a\beta - 8a' = 0.\end{cases}$$

Also gilt für β die Gleichung fünften Grades:

$$(9)\quad\begin{vmatrix}\beta^3-1, & \beta^3, & -1\\ 3(\beta^2-1), & -2\beta^2, & 2\\ 3(\beta-1), & 8\beta, & -8\end{vmatrix} = 0,$$

und wir finden aus (8) durch Lösung nach a und a' die Darstellung dieser Grössen in β:

$$(10) \qquad a = \frac{8}{3(5\beta + 4)}, \qquad a' = \frac{8\beta}{3(4\beta + 5)}.$$

Von den Lösungen der Gleichung (9) erweist sich $\beta = 0$ ohne weiteres als unbrauchbar, desgleichen die Doppelwurzel $\beta = 1$, die, wie man leicht zeigt, die Substitution (4) wieder zu einer Potenz von S macht. Die beiden für uns in Betracht kommenden Lösungen bleiben jetzt allein noch übrig:

$$\beta = \frac{-7 \mp i\sqrt{15}}{8}.$$

Indem wir unter diesen beiden Werten etwa denjenigen mit dem oberen Vorzeichen auswählen:

$$(11) \qquad \beta = \frac{-7 + i\sqrt{15}}{8},$$

haben wir damit das unsymmetrische Ikosaeder-Coordinatensystem der y_1, y_2, y_3 endgültig gewählt. Die Gleichungen (10) liefern als zugehörige Werthe a und a':

$$(12) \qquad a = -\frac{\sqrt{3} + 5i\sqrt{5}}{6\sqrt{3}}, \qquad a' = -\frac{\sqrt{3} - 5i\sqrt{5}}{6\sqrt{3}}.$$

Die letzte Gleichung (6) ergiebt daraufhin:

$$\alpha_1^5 = \alpha_2^5 = -\frac{61 - 5i\sqrt{15}}{64} \alpha_3^5 = -\left(\frac{1 + i\sqrt{15}}{4}\right)^5 \alpha_3^5.$$

Setzen wir demnach, was statthaft ist:

$$\alpha_3 = -\frac{1 - i\sqrt{15}}{4},$$

so folgt weiter:

$$\alpha_1^5 = \alpha_2^5 = 1, \qquad \alpha_1 = \varepsilon^\mu, \qquad \alpha_2 = \varepsilon^\nu.$$

Die Gleichung (7) ergiebt jetzt:

$$\varepsilon^{\mu + \nu} = \beta \alpha_3^2 = \frac{-7 + i\sqrt{15}}{8} \cdot \frac{-7 - i\sqrt{15}}{8} = 1,$$

so dass $\alpha_1 = \varepsilon^\mu$, $\alpha_2 = \varepsilon^{-\mu}$ ist. Da wir nun auf das Coordinatensystem der y, ohne dasselbe wesentlich zu ändern, noch eine beliebige Potenz von S ausüben dürfen, so ist es erlaubt, die eben durch μ bezeichnete ganze Zahl gleich 0 zu setzen.

Durch Eintragung des gefundenen Werthes a in den Ansatz (3) ergiebt sich als Hauptresultat: *Die Gleichung unserer Curve sechsten Grades im ausgewählten unsymmetrischen Ikosaeder-Coordinatensystem ist:*

(13) $5(\sqrt{3} - i\sqrt{5})y_1^3y_2^3 - 6\sqrt{3}(y_1^5 + y_2^5)y_3 - 15(\sqrt{3} + i\sqrt{5})y_1^2y_2^2y_3^2$
$\qquad + 15(3\sqrt{3} - i\sqrt{5})y_1y_2y_3^4 - (\sqrt{3} + 5i\sqrt{5})y_3^6 = 0;$

dieses Coordinatensystem geht durch die Transformation:

(14) $y_1' = y_1, \quad y_2' = y_2, \quad y_3' = \left(\dfrac{\sqrt{3} + i\sqrt{5}}{2\sqrt{2}}\right)^2 y_3$

in das zweite Ikosaeder-Coordinatensystem der y' über, in welchem unsere Curve C_6 dargestellt ist durch:

(15) $5(\sqrt{3} + i\sqrt{5})y_1'^3y_2'^3 - 6\sqrt{3}(y_1'^5 + y_2'^5)y_3' - 15(\sqrt{3} - i\sqrt{5})y_1'^2y_2'^2y_3'^2$
$\qquad + 15(3\sqrt{3} + i\sqrt{5})y_1'y_2'y_3'^4 - (\sqrt{3} - 5i\sqrt{5})y_3'^6 = 0.$

Man sieht sofort wieder, dass die Transformation zweiter Art:

$$y_1' = \bar{y}_1, \quad y_2' = \bar{y}_2, \quad y_3' = \bar{y}_3$$

die beiden Gleichungen (13) und (15) austauscht, und knüpft hieran dieselbe Betrachtung, die wir pg. 626 an die damalige Transformation (17) schlossen. Wir notieren als Satz: *Die durch* (13) *gegebene Curve C_6 wird durch die „Collineation zweiter Art":*

(16) (V) $y_1' = \bar{y}_1, \quad y_2' = \bar{y}_2, \quad y_3' = \left(\dfrac{\sqrt{3} - i\sqrt{5}}{2\sqrt{2}}\right)^2 \bar{y}_3$

in sich selbst transformiert; $\overline{V}$ *ist eine Spiegelung der erweiterten Gruppe* $\overline{G}_{720}$, *welche die beiden Ikosaedergruppen G_{60} und G_{60}' in einander transformiert, und welche demnach mit den Collineationen S und T die gesammte* $\overline{G}_{720}$ *zu erzeugen gestattet.*

An die beiden unsymmetrischen Systeme reihen wir jetzt als drittes das *„symmetrische Ikosaeder-Coordinatensystem" x, y, z*, welches wir so zu wählen haben, dass die Spiegelung V sich in der Gestalt:

(17) $x' = \bar{x}, \quad y' = \bar{y}, \quad z' = \bar{z}$

darstellt. Dann nämlich ist die Collineationsgruppe G_{360} sich selbst conjugiert und die Gleichung der C_6 wird reelle Coefficienten erhalten. Damit die Spiegelung (16) die eben vorgeschriebene Gestalt gewinnt, haben wir zu setzen:

$$x = \alpha y_1, \quad y = \beta y_2, \quad z = \gamma \frac{\sqrt{3} + i\sqrt{5}}{2\sqrt{2}} y_3,$$

wo die α, β, γ drei beliebig wählbare *reelle* Constante sind. Indem wir die Auswahl $\alpha = \beta = \sqrt{3}$, $\gamma = \sqrt{2}$ treffen, werden die Coefficienten der Curvengleichung nicht nur reell, sondern sogar durchweg rational. *In dem durch:*

$$(18) \qquad x = \sqrt{3}\, y_1, \quad y = \sqrt{3}\, y_2, \quad z = \frac{\sqrt{3} + i\sqrt{5}}{2}\, y_3$$

erklärten „symmetrischen" Ikosaeder-Coordinatensysteme stellt sich die Curve sechsten Grades C_6 in der nicht nur reellen, sondern auch rationalen Gleichungsform dar:

$$(19) \qquad 10\, x^3 y^3 - 9(x^5 + y^5)z - 45\, x^2 y^2 z^2 - 135\, x y z^4 + 27\, z^6 = 0.$$

Wir wollen hier noch feststellen, wie sich die Coordinaten x, y, z in die symmetrischen Oktaedercoordinaten X, Y, Z, denen die Gleichung (21), pg. 628, unserer C_6 zugehörte, transformieren lassen. In letzterem Systeme war $Z = 0$ die Axe einer Perspectivität, deren Centrum in der gegenüberliegenden Ecke $X = 0$, $Y = 0$ lag. In unseren ikosaedrischen Coordinaten hat die in „Ikos.", pg. 213 unter (4) gegebene Perspectivität U die einfachste Gestalt; sie schreibt sich in den symmetrischen Coordinaten:

$$x' = -y, \quad y' = -x, \quad z' = -z$$

und hat demnach die Axe $x - y = 0$, während das Centrum im Schnittpunkt der beiden Geraden $x + y = 0$, $z = 0$ gelegen ist. Jene Axe möge also die Seite $Z = 0$ des neuen Coordinatendreiecks sein, während sich die Seiten $X = 0$, $Y = 0$ im angegebenen Perspectivitätscentrum schneiden sollen. Um den Übergang zu gewinnen, schalten wir ein vermittelndes System X', Y', Z durch:

$$X' = z, \quad 2\,Y' = x + y, \quad 2\,Z = x - y$$

oder umgekehrt:

$$(20) \qquad x = Y' + Z, \quad y = Y' - Z, \quad z = X'$$

ein und erhalten dann die definitiven X, Y nur noch mittelst einer binären Transformation:

$$X' = a X + b Y, \quad Y' = c X + d Y.$$

Man trage nun die Ausdrücke (20) für x, y, z in die Gleichung (19) ein und ordne nach Potenzen von Z:

$$(21) \qquad \begin{aligned} &-10\, Z^6 - 15\, Z^4 (3\, X'^2 + 6\, X' Y' - 2\, Y'^2) \\ &+ 15\, Z^2 (9\, X'^4 + 6\, X'^2 Y'^2 - 12\, X' Y'^3 - 2\, Y'^4) \\ &+ (27\, X'^6 - 135\, X'^4 Y'^2 - 45\, X'^2 Y'^4 - 18\, X' Y'^5 + 10\, Y'^6) = 0. \end{aligned}$$

Die entsprechend geordnete (mit 10 multiplicirte) Gleichung (21), pg. 628, ist:

$$(22) \qquad \begin{aligned} &-10 Z^6 + 300 Z^4 X Y + 15 Z^2 (-10\sqrt{15}\, X^4 + 100\, X^2 Y^2 + 10\sqrt{15}\, Y^4) \\ &+ (300\sqrt{15}\, X^4 + 1000\, X^2 Y^2 - 300\sqrt{15}\, Y^4) X Y = 0. \end{aligned}$$

Der Vergleich zeigt zunächst, dass der von Z freie Bestandtheil der Gleichung (21) den Factor $(3\,X'^2 + 6\,X'\,Y'' - 2\,Y''^2)$ aufweisen muss; in der That ist derselbe gleich dem Producte dieses Factors mit dem Ausdruck:

$$9\,X'^4 - 18\,X'^3\,Y'' - 3\,X'^2\,Y''^2 - 6\,X'\,Y''^3 - 5\,Y''^4.$$

Der weitere Vergleich von (21) und (22) ergiebt:

$$-20\,X\,Y = 3\,X'^2 + 6\,X'\,Y'' - 2\,Y''^2,$$

$$-10\sqrt{15}\,X^4 + 100\,X^2\,Y^2 + 10\sqrt{15}\,Y^4 =$$
$$9\,X'^4 + 6\,X'^2\,Y''^2 - 12\,X'\,Y''^3 - 2\,Y''^4,$$

$$15\sqrt{15}\,X^4 - 50\,X^2\,Y^2 + 15\sqrt{15}\,Y^4 =$$
$$9\,X'^4 - 18\,X'^3\,Y'' - 3\,X'^2\,Y''^2 - 6\,X'\,Y''^3 - 5\,Y''^4$$

als nothwendige und hinreichende Bedingungen für die Transformierbarkeit der Gleichung (21) in (22). Diese Relationen sind nicht von einander unabhängig, da man durch Combination der zweiten und dritten leicht das Quadrat der ersten erzeugt. Als zu befriedigende Bedingungen nehmen wir demnach die erste (deren rechte Seite wir in ihre Linearfactoren zerlegen) und die durch Elimination von $X^2\,Y^2$ aus der zweiten und dritten entstehende Gleichung:

$$-20\,X\,Y = \left(\sqrt{3}\,X' + (\sqrt{3} + \sqrt{5})\,Y''\right)\left(\sqrt{3}\,X' + (\sqrt{3} - \sqrt{5})\,Y''\right),$$

$$-40\sqrt{15}\,(X^4 - Y^4) = 27\,X'^4 - 36\,X'^3\,Y'' - 24\,X'\,Y''^3 - 12\,Y''^4.$$

Es ist keine Beschränkung der Allgemeinheit unserer Überlegung[*), wenn wir der ersten dieser beiden Relationen den Ansatz entnehmen:

$$(23) \qquad \begin{cases} \alpha\,X = \sqrt{3}\,X' + (\sqrt{3} + \sqrt{5})\,Y'' \\ \beta\,Y = \sqrt{3}\,X' + (\sqrt{3} - \sqrt{5})\,Y'' \end{cases} \qquad (\alpha\beta = -20).$$

Mit Rücksicht auf $\alpha\beta = -20$ folgt hieraus:

$$20^4(X^4 - Y^4) = \beta^4\left(\sqrt{3}\,X' + (\sqrt{3} + \sqrt{5})\,Y''\right)^4 - \alpha^4\left(\sqrt{3}\,X' + (\sqrt{3} - \sqrt{5})\,Y''\right)^4.$$

Damit dies die zweite der zu befriedigenden Relationen ist, sind die beiden Gleichungen:

$$\alpha^4 = 400\,(4 + \sqrt{15}), \qquad \beta^4 = 400\,(4 - \sqrt{15})$$

hinreichend und nothwendig. Gleichzeitige Änderungen von α und β

---

* Man beachte, dass die Relation (21, pg. 628), die Collineation:

$$X' = e^{\frac{\pi i}{4}}\,Y, \qquad Y'' = e^{-\frac{\pi i}{4}}\,X, \qquad Z' = Z$$

zulässt, welche die Seiten $X = 0$, $Y = 0$ austauscht.

um die Factoren i^r und i^{-r} sind unwesentlich. Es bestimmen sich demnach α und β zu:

$$\alpha = 2\sqrt[4]{5}\,\sqrt{\frac{\sqrt[4]{5}+\sqrt[4]{3}}{\sqrt[4]{2}}}, \qquad \beta = -2\sqrt[4]{5}\,\sqrt{\frac{\sqrt[4]{5}-\sqrt[4]{3}}{\sqrt[4]{2}}}.$$

Die Eintragung dieser Werthe in (23) und Auflösung nach X' und Y' ergiebt:

$$(24)\quad \begin{cases} X' = \sqrt[4]{\frac{2}{3}}\left(\sqrt{\frac{\sqrt[4]{5}-\sqrt[4]{3}}{\sqrt[4]{2}}}\,X - \sqrt{\frac{\sqrt[4]{5}+\sqrt[4]{3}}{\sqrt[4]{2}}}\,Y\right), \\[3mm] Y' = \sqrt{\frac{\sqrt[4]{5}+\sqrt[4]{3}}{\sqrt[4]{2}}}\,X + \sqrt{\frac{\sqrt[4]{5}-\sqrt[4]{3}}{\sqrt[4]{2}}}\,Y. \end{cases}$$

Aus (20) und (24) entspringt endlich der unsere Betrachtung schliessende Satz: *Das ikosaedrische Coordinatensystem* x, y, z *hängt mit dem oktaedrischen* X, Y, Z *folgendermassen zusammen:*

$$(25)\quad \begin{cases} x = \sqrt{\frac{\sqrt[4]{5}+\sqrt[4]{3}}{\sqrt[4]{2}}}\,X + \sqrt{\frac{\sqrt[4]{5}-\sqrt[4]{3}}{\sqrt[4]{2}}}\,Y + Z, \\[3mm] y = \sqrt{\frac{\sqrt[4]{5}+\sqrt[4]{3}}{\sqrt[4]{2}}}\,X + \sqrt{\frac{\sqrt[4]{5}-\sqrt[4]{3}}{\sqrt[4]{2}}}\,Y - Z, \\[3mm] z = \sqrt[4]{\frac{2}{3}}\,\sqrt{\frac{\sqrt[4]{5}-\sqrt[4]{3}}{\sqrt[4]{2}}}\,X - \sqrt[4]{\frac{2}{3}}\,\sqrt{\frac{\sqrt[4]{5}+\sqrt[4]{3}}{\sqrt[4]{2}}}\,Y. \end{cases}$$

§ 14. Die Curve C_6 im harmonischen Coordinatensystem.

Den kürzesten Zugang zur Curve C_6 gewährt der dritte der pg. 617 besprochenen Ansätze, bei welchem wir die C_6 als „Covariante einer harmonischen Curve dritten Grades", d. i. einer C_3 von harmonischem Doppelverhältnis betrachten. Nach „Mod." II, pg. 242 gestattet eine ebene Curve dritten Grades C_3 des Geschlechtes $p = 1$ *18 Collineationen in sich,* die natürlich eine Gruppe G_{18} bilden. Diese G_{18} lässt sich im zugehörigen Integral erster Gattung u mit dem Paare primitiver Perioden ω_1, ω_2 in der besonders zugänglichen Gestalt:

$$(1)\qquad u' \equiv \pm u + \frac{\lambda\omega_1 + \mu\omega_2}{3}, \quad (\text{mod. } \omega_1, \omega_2)$$

darstellen (cf. a. a. O. Gleichung (12)), wobei also λ, μ auf die neun mod. 3 inkongruente Zahlenpaare zu reducieren sind. Liegt der harmonische Fall vor, d. h. verschwindet die Aronhold'sche Invariante $T = \frac{64}{27}g_3$

der Curve dritten Grades, so erhöht sich die Anzahl der Collineationen der C_3 in sich auf 36. In der transcendenten Darstellung schreibt sich diese G_{36} der Collineationen:

$$(2) \qquad u' \equiv i^{\nu}u + \frac{\lambda\omega_1 + \mu\omega_2}{3}, \qquad (\text{mod. } \omega_1, \omega_2),$$

wo i die imaginäre Einheit ist und also ν ein Restsystem mod. 4 durchlaufen muss. Dabei wird, wenn man sich eines reducierten Periodenpaares bedient, $\omega_1 = i\omega_2$ gelten.

Die Gleichung der Curve C_3 kann, wenn wir uns etwa gleich auf den für uns in Betracht kommenden harmonischen Fall beschränken, nach „Mod." II pg. 246 in die Gestalt gekleidet werden:

$$(3) \qquad x_1^2 x_3 - 4 x_2^3 + g_2 x_2 x_3^2 = 0,$$

wobei als Coordinatensystem ein a. a. O. als „canonisch" bezeichnetes zu Grunde gelegt ist. Der geometrische Charakter dieses Systems ist (cf. l. c. pg. 248) der, dass $x_3 = 0$ eine Wendetangente ist, deren Berührungspunkt in der Ecke $x_2 = 0$, $x_3 = 0$ liegt, dass ferner $x_1 = 0$ die harmonische Polare des Wendepunktes ist, und dass endlich $x_2 = 0$ die lineare Polare der Wendetangente in Bezug auf das Tripel der übrigen vom Wendepunkt an die C_3 laufenden Tangenten darstellt. Hieraus geht, wie auch schon a. a. O. festgestellt wurde, hervor, dass wir den 9 Wendepunkten entsprechend im Ganzen *neun canonische Coordinatendreiecke* zur Verfügung haben. Das einzelne Dreieck wird also immer durch *vier* eine G_4 bildende Collineationen der G_{36} in sich transformiert; diese G_4 sind cyklisch, indem die z. B. zum Coordinatensystem der in (3) gegebenen Gleichung gehörenden G_4 aus der Collineation:

$$(4) \qquad x_1' = x_1, \quad x_2' = i x_2, \quad x_3' = - i x_3$$

von der Periode 4 entsteht.

Man stellt nun sofort fest, dass die einzelne unserer 10 gleichberechtigten Untergruppen G_{36} der G_{360} isomorph ist mit unserer hier betrachteten, durch (2) in transcendenter Gestalt gegebenen Collineationsgruppe G_{36}. Diese Collineations-G_{36} ist aber (abgesehen von Transformationen des Coordinatensystems) einzig[*]; also gewinnen wir den

---

[*] Man erkennt dies am einfachsten, indem man an eine in der G_{360} enthaltene Collineations-G_{18} anknüpft und sich erinnert, dass in derselben vier in der G_{18} ausgezeichnete cyklische G_3 enthalten sind (cf. pg. 588). Die Fixpunkte der einzelnen G_3 liefern demnach ein Dreieck, welches durch alle 18 Collineationen der G_{18} in sich transformiert wird. Sind x_1, x_2, x_3 die auf eines dieser vier Dreiecke bezogenen Coordinaten, so entspringt die zugehörige G_3 nothwendig aus:

$$(5) \qquad x_1' = x_1, \quad x_2' = \varrho x_2, \quad x_3' = \varrho^2 x_3 \qquad \left(\varrho = e^{\frac{2i\pi}{3}} \right).$$

Satz: *Die einzelne unserer Collineationsgruppen G_4, besitzt eine harmonische Curve dritten Grades C_3 als eine niederste Covariante.*

Um von hier aus unsere Curve C_6 zu gewinnen, wollen wir zur Vereinfachung der Rechnungen an Stelle der canonischen Coordinaten x_1, x_2, x_3 neue Coordinaten z_1, z_2, z_3 durch die Transformation:

$$x_1 = z_3 \cdot \sqrt{2\,i\sqrt{3}\,g_2}\sqrt{g_2}, \quad x_2 = z_1 \cdot \sqrt{g_2}, \quad x_3 = z_2 \cdot 2\,i\sqrt{3}$$

einführen, wobei die Gleichung (3) unserer C_3 übergeht in:

$$(6) \qquad\qquad z_1{}^3 + 3 z_1 z_2{}^2 + 3 z_2 z_3{}^2 = 0.$$

Die neuen Coordinaten wollen wir fortan, wie beabsichtigt, als die „harmonischen Coordinaten" bezeichnen. Das canonische Dreieck ist bei der ausgeübten Transformation als Coordinatendreieck bestehen geblieben. Da nun die Ecken dieses Dreiecks Fixpunkte einer cyklischen G_4 waren (cf. 4)), so folgt, falls wir die pg. 627 eingeführten X, Y, Z im Anschluss an diese G_4 wählen, der Satz: *Das harmonische Coordinatensystem der z_1, z_2, z_3 hat mit dem symmetrischen Oktaeder-Coordinatensystem X, Y, Z das Coordinatendreieck gemein.* Im übrigen werden wir finden, dass genau wie in den früheren Fällen das harmonische System z_1, z_2, z_3 *in zwei Arten auswählbar* ist, die durch eine erst in der G_{720} enthaltene Operation austauschbar sind; wir kommen hierauf bald zurück.

— — —

Im übrigen werden sich die „Seiten" des Coordinatendreiecks bei den Operationen der G_{18} permutieren. Wie man leicht beweist, kann man die in den x_1, x_2, x_3 noch verfügbaren Factoren so wählen, dass die G_{18} durch Combination der Collineation (5) mit den sechs Permutationen der Coordinaten x_1, x_2, x_3 selbst entspringt. Hiermit haben wir aber in der That die Collineations-G_{18} einer ebenen C_3, bezogen auf ein in „Mod." II pg. 251 als „singulär" bezeichnetes Coordinatensystem gewonnen. Damit steht der im Texte aufgestellte Satz von der Existenz einer covarianten C_3 für die einzelne Collineations-G_{18} der G_{360} fest.

Zum Verständniss der vorliegenden Verhältnisse notieren wir noch, wie sich im ausgewählten singulären Coordinatensysteme die drei anderen singulären Dreiecke („Wendedreiecke" der Curve 3ten Grades) darstellen. Ein zweites solches Dreieck wird von den drei Seiten:

$$x_1 + \varrho^v \cdot x_2 + \varrho^{2v} \cdot x_3 = 0. \quad (v = 0, 1, 2)$$

geliefert, die beiden letzten aber von:

$$\varrho^{\pm 1} x_1 + x_2 + x_3 = 0,$$
$$x_1 + \varrho^{\pm 1} x_2 + x_3 = 0,$$
$$x_1 + x_2 + \varrho^{\pm 1} x_3 = 0.$$

Die Invarianz jedes dieser Dreiecke gegenüber der obigen G_{18} leuchtet unmittelbar ein.

Einige Sätze aus der Invariantentheorie der ternären cubischen Formen*) genügen zur Gewinnung eines Ansatzes für die Gleichung der Curve C_6. Ist $f(z_1, z_2, z_3)$ oder kurz $f(z)$ irgend eine cubische Form, deren erste und zweite Ableitungen kurz durch f_i bezw. f_{ik} bezeichnet werden mögen, so hat man zunächst als cubische Covariante die etwa durch $h(z)$ zu bezeichnende Hesse'sche Determinante:

$$\begin{vmatrix} f_{11}, & f_{12}, & f_{13} \\ f_{21}, & f_{22}, & f_{23} \\ f_{31}, & f_{32}, & f_{33} \end{vmatrix} .$$

welche in den Coefficienten der Form f von der 3ten Dimension ist. Hieran reiht sich als Covariante 6ten Grades die geränderte Hesse'sche Determinante:

$$\begin{vmatrix} f_{11}, & f_{12}, & f_{13}, & h_1 \\ f_{21}, & f_{22}, & f_{23}, & h_2 \\ f_{31}, & f_{32}, & f_{33}, & h_3 \\ h_1, & h_2, & h_3, & 0 \end{vmatrix} ,$$

wo h_1, h_2, h_3 die partiellen Ableitungen erster Ordnung von $h(z)$ sind. Diese etwa $g(z)$ zu nennende Covariante ist, wie man sieht, in den Coefficienten der Form f von der 8ten Dimension.

Aber $g(z)$ ist nicht die einzige Covariante 6ten Grades und 8ter Dimension. Da nämlich die Aronhold'sche Invariante S die Dimension 4 hat, so gewinnen wir in $Sf(z)h(z)$ eine zweite Covariante 6ten Grades 8ter Dimension. Dann aber zeigt die Invariantentheorie, dass jede weitere Covariante 6ten Grades und also insbesondere die linke Seite $F(z_1, z_2, z_3)$ der Gleichung unserer C_6 mittelst constanter Factoren λ, μ in der Gestalt:

$$F(z) = \lambda g(z) + \mu Sf(z)h(z)$$

darstellbar sein muss. Da übrigens $F(z)$ irreducibel ist, so kann λ nicht verschwinden und darf demnach auch $= 1$ gesetzt werden.

Wir berechnen nun in unserem Falle (6) unter Fortlassung numerischer Factoren:

$$f = z_1^3 + 3z_1 z_2^2 + 3z_2 z_3^2, \quad h = z_1^2 z_2 - z_1 z_3^2 - z_2^3,$$
$$g = z_3^6 - 9z_3^4 z_1 z_2 - z_3^2 (8z_1^4 - 30z_1^2 z_2^2 - 6z_2^4) - z_1 z_2 (z_1^4 - 6z_2^2 z_3^2 + 21z_2^4).$$

Wir haben demnach folgenden Ansatz: *Die Gleichung der Curve 6ten Grades C_6 ist nothwendig in der Gestalt darstellbar:*

$$(7) \quad z_3^6 + (3\mu - 9)z_3^4 z_1 z_2 + 30z_3^2 z_1^2 z_2^2 + (6 - 2\mu)z_1^3 z_3^2 + z_3^2(\mu - 8 z_1^4$$
$$+ 3\mu + 6)z_2^4) - z_1 z_2((\mu + 1)z_1^4 + (21 - 3\mu)z_2^4) = 0.$$

*) Cf. z. B. Clebsch-Lindemann, „Vorlesungen über Geometrie", 5. Abth., oder Salmon-Fiedler, „Höhere ebene Curven", Cap. 5 Abschn. 5.

Zur Bestimmung von μ genügt der Hinweis auf die Thatsache, dass die aus (4) sich ergebende Collineation der G_{36}:

$$z_1' = iz_1, \quad z_2' = -iz_2, \quad z_3' = z_3$$

von der Periode 4 durch vier der G_{360} angehörende harmonische Perspectivitäten in ihre inverse Collineation transformiert wird. Jede dieser Perspectivitäten hat somit die Gestalt:

$$(8) \qquad z_1' = \alpha z_2, \quad z_2' = \alpha^{-1} z_1, \quad z_3' = z_3.$$

Diese Operation muss die Gleichung (7) in sich transformiren, so dass die beiden biquadratischen Formen:

$$(\mu - 8)z_1{}^4 + 3(\mu + 2)z_2{}^4, \quad (1 + \mu)z_1{}^4 + 3(7 - \mu)z_2{}^4$$

gegenüber (8) absolut invariant sein müssen. Es gilt somit:

$$(\mu - 8)\alpha^4 = 3(\mu + 2), \quad (1 + \mu)\alpha^4 = 3(7 - \mu),$$

woraus durch Elimination von α für μ die quadratische Gleichung entspringt:

$$(\mu + 1)(\mu + 2) + (\mu - 7)(\mu - 8) = 0.$$

Wir finden somit für μ die beiden Werthe:

$$(9) \qquad \mu = 3 \pm 2i\sqrt{5}.$$

Es bestätigt sich hiernach, *dass wir das harmonische Coordinatensystem in zwei wesentlich verschiedenen Arten auswählen können; die eine Auswahl liefert als Gleichung der Curve* C_6:

$$(10) \quad z_3{}^6 + 6i\sqrt{5}z_3{}^4 z_1 z_2 + 30 z_3{}^2 z_1{}^2 z_2{}^2 - 4i\sqrt{5}z_1{}^3 z_2{}^3 + z_3{}^2\big((-5 + 2i\sqrt{5})z_1{}^4$$
$$+ 3(5 + 2i\sqrt{5})z_2{}^4\big) - z_1 z_2\big((4 + 2i\sqrt{5})z_1{}^4 + 3(4 - 2i\sqrt{5})z_2{}^4\big) = 0,$$

die andere aber:

$$(11) \quad z_3{}^6 - 6i\sqrt{5}z_3{}^4 z_1 z_2 + 30 z_3{}^2 z_1{}^2 z_2{}^2 + 4i\sqrt{5}z_1{}^3 z_2{}^3 + z_3{}^2\big((-5 - 2i\sqrt{5})z_1{}^4$$
$$+ 3(5 - 2i\sqrt{5})z_2{}^4\big) - z_1 z_2\big((4 - 2i\sqrt{5})z_1{}^4 + 3(4 + 2i\sqrt{5})z_2{}^4\big) = 0.$$

Die Beziehung beider Coordinatensysteme zu einander ist leicht angebbar. Nennen wir die linken Seiten der beiden Gleichungen (10) und (11) kurz $F(z)$ und $\bar{F}(z)$, so zeigt sich, dass diese beiden Formen $F(z)$ und $\bar{F}(z)$ durch die Transformation:

$$(12) \qquad z_1' = e^{\frac{\pi i}{4}}\sqrt{3}\,z_2, \quad z_2' = e^{\frac{3\pi i}{4}}\frac{1}{\sqrt{3}}z_1, \quad z_3' = z_3$$

in einander übergeführt werden. *Die Transformation* (12) *führt demnach vom einen harmonischen Coordinatensystem zum andern.* Die An-

wendung der Transformation (12) auf unsere Formen $f(z)$ und $h(z)$
ergiebt übrigens:

$$(13) \qquad f(z') = e^{\frac{7\pi i}{4}} \sqrt[3]{27}\, h(z), \quad h(z') = e^{\frac{5\pi i}{4}} \frac{1}{\sqrt[3]{27}}\, f(z),$$

so dass von constanten Factoren abgesehen auch die beiden cubischen
Formen $f(z)$ und $h(z)$ durch die Transformation (12) in einander übergeführt werden.

Die letztere Thatsache hat eine bemerkenswerthe Folge. Wir erkennen, dass die Collineationsgruppe G_{36}, von den z auf die z' transformiert, die Collineationsgruppe der Formen $h(z')$ und $f(z')$, d. i. wieder
die ursprüngliche G_{36} ist. Diese Gruppe wird demnach durch die Transformation (12) in sich übergeführt; und da übrigens das Quadrat von (12)
der G_{36} angehört, *so wird die G_{36} durch Zusatz der Transformation (12)
zu einer G_{72} erweitert, in der die G_{36} ausgezeichnet enthalten ist.*

Diese Gruppenerweiterung haben wir pg. 566 in anderer Gestalt
bereits kennen gelernt. In der That handelt es sich hier um diejenige
Erweiterung der a. a. O. mit $\Gamma_\mu'(\Gamma_{10}')$ bezeichneten Gruppe, welche wir
durch die in (11) pg. 566 angegebene Transformation dritten Grades T'
erzielten. Diese Operation T' führte unsere ursprüngliche Gruppe Γ
über in die transformirte Gruppe Γ', welche mit Γ die Γ_{10} gemein
hat, die unserer Untergruppe G_{36} der G_{360} entspricht. Die eigentliche
Bedeutung der beiden Gleichungsgestalten (10) und (11) resp. der beiden
zugehörigen Coordinatensysteme ist also die, *dass die beiden harmonischen
Coordinatensysteme durch eine der Transformation dritten Grades T' correspondirende Collineation* (12) *in einander übergehen.*

Eine gegenüber der G_{72} invariante Curve 6ten Grades gewinnt man
in $\frac{1}{2}(F\, z + \bar{F}\, z) = 0$ oder ausführlich:

$$(14) \qquad z_3{}^6 + 30 z_3{}^2 z_1{}^2 z_2{}^2 - 5 z_3{}^2 (z_1{}^4 - 3 z_2{}^4) - 4 z_1 z_2 (z_1{}^4 + 3 z_2{}^4) = 0.$$

Diese C_6 mit 72 Collineationen in sich hat eine reelle Gleichung und
besitzt, wie man leicht zeigt, auch mindestens einen reellen Zug; dieselbe wird demnach durch die Collineation 2ter Art:

$$(15) \qquad z_1{}' = \bar{z}_1, \quad z_2{}' = \bar{z}_2, \quad z_3{}' = \bar{z}_3$$

in der Weise in sich transformirt, dass der reelle Zug dabei Punkt
für Punkt sich selbst entspricht. *Die G_{72} ist demgemäss durch die
„Spiegelung"* (15) *zu einer Gruppe zweiter Art $\overline{G}_{144}$ erweiterungsfähig.* Es
handelt sich, wie man sofort übersieht, um die pg. 566 mit $\Gamma_{\frac{1}{2}}''$ bezeichnete erweiterte Gruppe, so dass die Operation (15) der damals durch

$\bar{V}_3 T = T'^{-1} \bar{V}_3$ bezeichneten Spiegelung (9) pg. 565 correspondiert und der reelle Bestandtheil der Curve (14) das Abbild der in Fig. 106 pg. 567 punktierten Symmetrielinien ist.

Nun fanden wir in (14) pg. 567, dass die Combination der Transformation 3ten Grades T' mit der Spiegelung $\bar{V}_3 T$ jene in der erweiterten $\bar{\Gamma}$ enthaltene Substitution $\bar{V}$ lieferte, deren Zusatz zur Γ_{10} die Γ_{10} mit dem pg. 570 beschriebenen rechtwinkligen Kreisbogenfünfeck als Discontinuitätsbereich ergab. Combinieren wir also die Collineationen (12) und (15) zu:

$$(16) \qquad z_1' = e^{\frac{\pi i}{4}} \sqrt[]{3}\, \bar{z}_2, \quad z_2' = e^{\frac{3\pi i}{4}} \frac{1}{\sqrt{3}} \bar{z}_1, \quad z_3' = \bar{z}_3,$$

so haben wir hier eine in der $\bar{G}_{720}$ enthaltene Collineation zweiter Art gewonnen, welche die G_{36} zu einer $\bar{G}_{72}$ erweitert. Bei Ausübung dieser Transformation (16) gehen denn auch wirklich die Gleichungen (10) und (11) einzeln in sich selbst über, wie aus:

$$F'(z') = F'(z), \quad \bar{F}(z') = F(z)$$

sofort folgt.

Will man die beiden harmonischen Coordinatensysteme wieder als „unsymmetrisch" bezeichnen, so wird sich zwischen sie ein *symmetrisches* System reihen, das jedoch einfach mit dem auf dasselbe Coordinatendreieck bezogenen symmetrischen Oktaeder-Coordinatensystem der X, Y, Z identisch sein muss. Wir notieren als *Übergang vom ersten harmonischen Coordinatensystem (demjenigen der Gleichung (10)) zum oktaedrischen Systeme der X, Y, Z:*

$$(17) \quad z_1 = e^{\frac{\pi i}{3}} \sqrt[4]{\frac{5}{2\mid 3}} \sqrt{1 + i\sqrt{5}\, X}, \quad z_2 = e^{\frac{3\pi i}{3}} \sqrt[4]{\frac{5}{6\mid 3}} \sqrt{1 - i\sqrt{5}\, Y}, \quad z_3 = Z.$$

Die Gleichung (10) geht durch diese Transformation nach Zeichenwechsel unmittelbar in die reelle Gleichung (21) pg. 628 unserer C_6 über. Durch Combination von (12) und (17) gewinnt man den Zusammenhang zwischen dem zweiten harmonischen Systeme der z_1', z_2', z_3' und dem der X, Y, Z.

§ 15. Die reellen Züge der C_6 und der Charakter der Punkte a, b, c.

Nach pg. 612 können wir auf 36 Arten ein Coordinatensystem aussuchen, in dem die Curve 6ten Grades *zwei reelle Züge* bekommen, welche einem Paare zusammengehöriger Symmetrielinien der beiden Arten auf der Riemann'schen Fläche F_{360} (cf. pg. 611 u. f.) entsprechen. Wie diese Symmetrielinien müssen auch jene beiden reellen Züge durch 10 reelle eine Diedergruppe bildende Transformationen in sich übergehen. Ein Coordinatensystem fraglicher Art ist demnach so zu wählen, dass eine einzelne Diederuntergruppe G_{10} der Gruppe unserer 360 Collineationen und nur diese G_{10} reell ausfällt.

Transformieren wir die pg. 628 eingeführten ikosaedrischen Coordinaten y_1, y_2, y_3 zunächst durch:

$$y_1 = x_1 + i x_2, \quad y_2 = x_1 - i x_2, \quad y_3 = x_3$$

auf neue Coordinaten x_1, x_2, x_3, so nimmt der „Ikosaederkegelschnitt" (1) pg. 628 die Gleichungsform:

$$x_1^2 + x_2^2 + x_3^2 = 0$$

an und die ternäre Ikosaedergruppe G_{60} gewinnt die reelle Gestalt, welcher die in 1 pg. 72 Fig. 16 angegebene Ikosaedertheilung zu Grunde liegt. Die pg. 628 genannten Erzeugenden S, T und die in „Ikos." pg. 213 unter (4) erklärte Operation U haben in den so erklärten Coordinaten x_1, x_2, x_3 durchweg reelle Coefficienten:

$$(S) \quad x_1' = x_1 \cos \frac{2\pi}{5} + x_2 \sin \frac{2\pi}{5}, \quad x_2' = - x_1 \sin \frac{2\pi}{5} + x_2 \cos \frac{2\pi}{5}, \quad x_3' = x_3,$$

$$(T) \quad x_1' = - \frac{1}{\sqrt{5}} x_1 + \frac{2}{\sqrt{5}} x_3, \quad x_2' = - x_2, \quad x_3' = \frac{2}{\sqrt{5}} x_1 + \frac{1}{\sqrt{5}} x_3,$$

$$(U) \quad x_1' = - x_1, \quad x_2' = x_2, \quad x_3' = - x_3.$$

Führen wir sodann eine zweite Transformation auf Coordinaten ξ, η, ζ*) durch:

$$x_1 = \xi, \quad x_2 = \eta, \quad \frac{\sqrt{5} + i\sqrt{5}}{2\sqrt{3}} x_3 = \zeta$$

aus, so verbleiben noch S und U reell, während T complexe Coefficienten erhält. Da aber die aus S und U zu erzeugende diedrische G_{10} in keiner von der G_{10} und G_{60} selbst verschiedenen Untergruppe der Ikosaedergruppe enthalten ist, so sind die Collineationen der G_{10} jetzt, wie es sein sollte, die einzigen reellen Collineationen der G_{60}.

Mit dem symmetrischen Ikosaeder-Coordinatensystem der x, y, z hängen die ξ, η, ζ zufolge (18) pg. 633 so zusammen:

(1) $$x = \sqrt{3}(\xi + i\eta), \quad y = \sqrt{3}(\xi - i\eta), \quad z = \sqrt{3}\zeta.$$

Unsere Curve C_6 stellt sich demnach (cf. (19) pg. 633) in den Coordinaten ξ, η, ζ wie folgt dar:

$$10(\xi^2 + \eta^2)^3 - 18\xi\zeta(\xi^4 - 10\xi^2\eta^2 + 5\eta^4) - 45(\xi^2 + \eta^2)^2\zeta^2$$
$$- 135(\xi^2 + \eta^2)\zeta^4 + 27\zeta^6 = 0.$$

---

*) Eine Verwechselung der hier vorübergehend benutzten Coordinate ζ mit dem complexen Argumente ζ der automorphen Functionen dürfte nicht zu befürchten sein.

Setzen wir noch $\zeta = 1$ und deuten ξ und η als rechtwinklige Coordinaten, so gewinnen wir die Gleichung unserer Curve C_6 in der Gestalt:

$$(2) \qquad 10(\xi^2 + \eta^2)^3 - 18\xi(\xi^4 - 10\xi^2\eta^2 + 5\eta^4) - 45(\xi^2 + \eta^2)^2$$
$$- 135(\xi^2 + \eta^2) + 27 = 0.$$

Die G_{10} der reellen Collineationen in sich aber wird aus:

$$(S) \quad \xi' = \xi \cos\frac{2\pi}{5} + \eta \sin\frac{2\pi}{5}, \quad \eta' = -\xi \sin\frac{2\pi}{5} + \eta \cos\frac{2\pi}{5},$$

$$(U) \quad \xi' = \xi, \quad \eta' = -\eta$$

erzeugt.

Die Curve (2) hat nun in der $\xi\eta$-Ebene thatsächlich zwei reelle Züge, welche in Fig. 114 dargestellt sind. Diese reelle Curve geht durch die Drehung S der Periode 5 um den Nullpunkt in sich über und hat die fünf durch den Nullpunkt gezeichneten Geraden zu Symmetrieaxen (Perspectivitätsaxen). Sie besteht aus einem inneren nahezu kreisförmigen Zuge und einem diesen umschliessenden äusseren Zweige; jener entspricht der Symmetrielinie, die nur Punkte a und b enthält, dieser der Symmetrielinie, die Punkte a, b und c aufweist. Dabei werden die Punkte a und b (Fixpunkte der Perspec-

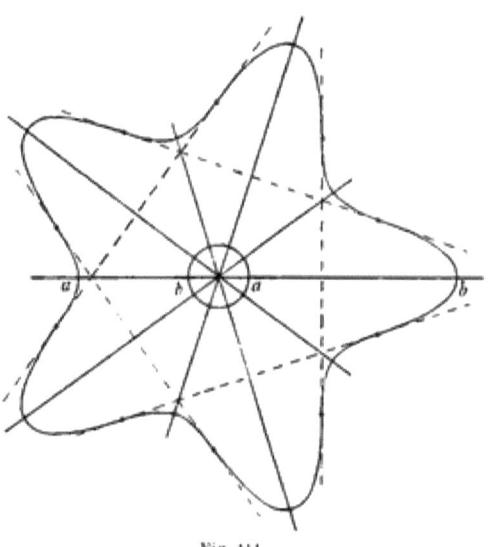

Fig 114

tivitäten) auf dem einzelnen Zuge durch die genannten Symmetrieaxen in der Art ausgeschnitten, dass allemal einem Punkte a ein Punkt b gegenüber liegt (cf. pg. 612). Nehmen wir die ξ-Axe als Beispiel einer dieser Symmetrielinien, so findet man deren Schnittpunkte mit der C_6 durch Lösung der Gleichung 6ten Grades:

$$\xi^6 - \frac{9}{5}\xi^5 - \frac{9}{2}\xi^4 - \frac{27}{2}\xi^2 + \frac{27}{10} = 0,$$

deren linke Seite sich folgendermaassen zerspalten lässt:

$$\left(\xi^3 - 3\xi - \frac{3}{2}\right)\left(\xi^3 + \frac{3 + 2\sqrt{6}}{5}\xi + \frac{3 - 3\sqrt{6}}{5}\right)\left(\xi^3 + \frac{3 - 2\sqrt{6}}{5}\xi + \frac{3 + 3\sqrt{6}}{5}\right) = 0.$$

Insgesammt hat die einzelne Perspectivität 6 Fixpunkte, nämlich 4 Punkte a und 2 Punkte b. Es ist keinem Zweifel unterworfen (und lässt sich mittelst später aufzustellender Formeln bestätigen), dass im Falle der ξ-Axe die beiden Punkte b vom ersten Factor der letzten Gleichung in der Gestalt:

$$\xi = \frac{3 \pm \sqrt{15}}{2}, \quad (\xi = 3{,}436\ldots \text{ bezw. } = -0{,}436\ldots)$$

geliefert werden. Von den vier Fixpunkten a sind in der $\xi\eta$-Ebene nur zwei reell und werden vom zweiten Factor der vorletzten Gleichung in der Gestalt geliefert:

$$\xi = \frac{-3 - 2\sqrt[6]{6} \pm 3\sqrt{-3 + 8\sqrt{6}}}{10}, \quad (\xi = 0{,}432\ldots \text{ bezw. } = -2{,}012\ldots).$$

Für $\xi = \frac{3}{2}$ nimmt die Gleichung (2) unserer C_6 die Gestalt an:

$$10\left(\eta^2 - \frac{15}{4}\right)^3 = 0.$$

Wir lesen hieraus sofort ab, dass die Gerade $2\xi - 3 = 0$ eine *Doppelwendetangente der Curve C_6* mit den beiden Wendepunkten der Coordinaten $\xi = \frac{3}{2}$, $\eta = \pm\frac{\sqrt{15}}{2}$ ist. Die fünf reellen, in der Figur punktierten Doppelwendetangenten schneiden auf dem äusseren Curvenzuge 10 Punkte aus, die sämmtlich Wendepunkte darstellen. Nun hat nach den Plücker-schen Formeln unsere singularitätenfreie Curve C_6 im Ganzen 72 Wendepunkte; und es permutieren sich diese Punkte gegenüber den 360 Collineationen nur unter sich. Nach pg. 611 sind wir hier zu den Punkten c geführt: *Die Punkte c liefern auf der Curve sechsten Grades C_6 die 72 Wendepunkte; und insbesondere sind also die in der Figur markierten Schnittpunkte des äusseren Zweiges mit den fünf Doppelwendetangenten die 10 Punkte c, welche dieser Zweig trägt.*

Im Anschluss hieran können wir auch noch den geometrischen Charakter der Punkte a und b aufklären. Durch fünf consecutive Punkte unserer C_6 läuft stets ein bestimmter Kegelschnitt hindurch. Denken wir diesen Kegelschnitt für einen Scheitelpunkt eines der reellen Züge (Schnittpunkt mit einer Symmetrieaxe) gebildet, so wird der Kegelschnitt selbst bezüglich dieser Axe symmetrisch sein und also die Curve in einer geraden Anzahl von Punkten, mithin noch in einem sechsten Punkte, schneiden: *Der Scheitelpunkt a oder b ist somit ein „sextaktischer" Punkt der Curve.*

Auch diese sextaktischen Punkte haben gegenüber Collineationen invarianten Charakter, so dass alle (reellen oder imaginären) Punkte a

und b der C_6 nothwendig sextaktische Punkte sind. Nun hat aber nach einer von Cayley aufgestellten Regel (cf. „Mod." I, pg. 697) eine singularitätenfreie Curve n^{ten} Grades $n(12n-27)$ sextaktische Punkte, so dass unserer C_6 im Ganzen 270 solche Punkte zukommen. Da diese 270 Punkte gerade genau durch die Punkte a und b erschöpft werden, so folgt: *Der geometrische Charakter der 180 Punkte a und 90 Punkte b unserer Curve C_6 ist der, dass dieselben die gesammten sextaktischen Punkte der Curve darstellen.*

§ 16. Weitere geometrische Sätze über die Collineationsgruppe G_{360}.

Da die verschiedenen bisher gebrauchten Coordinatensysteme in ihren Zusammenhängen untersucht sind, so ist es an sich gleichgültig, welches System wir weiterhin benutzen wollen. Indessen gestalten sich die Rechnungen zumeist am zugänglichsten bei Gebrauch der oktaedrischen Coordinaten x_1, x_2, x_3, weil sich die ihnen zugehörige Oktaedergruppe G_{24} (cf. pg. 620) in den x_i in einfachster Weise darstellte. Wir werden deshalb meistens dieses Coordinatensystem bevorzugen.

Es sollen nun zunächst einige Sätze über Punkte und Gerade der Ebene aufgestellt werden, welche gegenüber Untergruppen der G_{360} invariant sind. Hierbei stellen sich zahlreiche geometrische Beziehungen zwischen diesen Gebilden ein, welche jedoch meist nur Übertragungen oben (pg. 580 ff.) abgeleiteter Sätze über cyklische Gruppen und Diedergruppen in der G_{360} sind.[*]

Den 45 gleichberechtigten G_2 entsprechen *45 Perspectivitätsaxen und ebensoviele Perspectivitätscentren.* Eine erste unter den Axen ist durch $x_1 = 0$ gegeben; die übrigen gewinnt man von ihr aus durch wiederholte Anwendung der pg. 625 notierten Erzeugenden S, T, U der G_{360}. Vier bezüglich der obigen G_{24} inäquivalente Axen sind durch:

$$(1)\quad \begin{cases} x_1 = 0, \quad x_2 + x_3 = 0, \quad x_1 + x_2 + \dfrac{\sqrt{5} + i\sqrt{3}}{2} x_3 = 0, \\[2mm] \dfrac{1 + i\sqrt{3}}{2} x_1 + \dfrac{1 + \sqrt{5}}{2} x_2 + \dfrac{-1 + i\sqrt{3}}{2}, \dfrac{-1 + \sqrt{5}}{2} x_3 = 0 \end{cases}$$

gegeben. Mittelst Permutationen und Zeichenwechsel der x (Operationen der G_{24}) liefert die erste Gleichung insgesammt drei Axen, die zweite sechs, die dritte zwölf und die vierte 24, womit ihre Gesammtzahl erreicht ist. Analog kann man aus dem Centrum $x_1 = 1$, $x_2 = 0$, $x_3 = 0$ der ersten Perspectivität die übrigen 44 Centra berechnen.

---

[*] Man vergl. die ausführlichen Darlegungen von Gerbaldi in der pg. 618 genannten Arbeit in den Rend. die Palermo, Bd. 12 ff.

Wir nennen zweitens *die 36 Doppelwendetangenten*, die den gleichberechtigten G_5 zugeordnet sind. Zwei bezüglich der G_{24} inäquivalente sind:

$$(2) \quad -\frac{1+\sqrt{5}}{2}x_1 + \frac{1+i\sqrt{3}}{2}x_2 = 0, \quad x_1 + x_2 + \left(\frac{1+i\sqrt{3}}{2} - \frac{-1+\sqrt{5}}{2}\right)x_3 = 0.$$

Die G_{24} erzeugt aus der ersten im Ganzen 12, aus der zweiten aber 24, womit alle 36 gewonnen sind.

Wir erwähnen ferner *zwei Systeme von je 60 den cyklischen G_3 entsprechenden Geraden*, die sich zu zwei Systemen von je 20 Dreiecken ordnen. Gemeint sind je die drei Verbindungsgeraden der Fixpunkte der einzelnen G_3. Wir notieren etwa nur für eine in der G_{24} enthaltene G_3 die drei Geraden:

$$(3) \quad x_1 + x_2 + x_3 = 0, \quad \varrho^{+1}x_1 + \varrho^{\mp1}x_2 + x_3 = 0,$$

wobei ϱ zur Abkürzung für die dritte Einheitswurzel $\frac{-1 \div i\sqrt{3}}{2}$ gesetzt ist.

Die 36 cyklischen G_5 liefern entsprechend $3 \cdot 36$ Gerade, die in zwei Systeme zerfallen, nämlich erstens die 36 Doppelwendetangenten und zweitens *ein System von 72 gleichberechtigten Geraden*, die man aus den Wendetangenten vermittelst der unten zu besprechenden Ikosaeder-Kegelschnitte leicht gewinnt. Endlich gewinnen wir aus den 45 cyklischen G_4 dreimal 45 Gerade, zerfallend in das System der 45 Perspectivitätsaxen und *ein System von 90 gleichberechtigten Geraden*, die man am leichtesten aus den erst genannten Axen mittelst der Oktaeder-Kegelschnitte erhält.

Der Schnittpunkt zweier Perspectivitätsaxen ist stets Fixpunkt einer cyklischen Gruppe. Die von den 45 Axen gelieferten $45 \cdot 22$ Schnittpunkte coincidieren in folgender Weise: Erstlich coincidieren diese Punkte *zu je 10 an 36 gleichberechtigten Stellen, welche Fixpunkte der G_5 sind.* Durch den einzelnen solchen Fixpunkt laufen in der That immer 5 Axen hindurch; der Rest der 72 weiteren Fixpunkte der G_5, durch welche keine der Perspectivitätsaxen hindurchlaufen, liegt auf der Curve C_6 und liefert hier das *System der 72 Punkte c.* Zweitens fallen die Schnittpunkte der Perspectivitätsaxen *zu je 6 an 45 gleichberechtigten Fixpunkten der cyklischen G_4* zusammen, welche mit den 45 Perspectivitätscentren identisch sind. Durch jedes solche Centrum laufen nämlich vier Axen hindurch. Der Rest der Fixpunkte dieser G_4 liefert die *90 auf C_6 gelegenen Punkte b.* Endlich fallen die Schnittpunkte der Perspectivitätsaxen *zu je drei in den $2 \cdot 60$ Fixpunkten der G_3* zusammen, deren einzelner von je drei Axen durchzogen ist: diese Punkte liegen nicht auf der C_6. Hiermit sind alle $36 \cdot 10 + 45 \cdot 6 + 2 \cdot 60 \cdot 3 = 45 \cdot 22$ Axenschnittpunkte erschöpft.

Wir gelangen hier auch unmittelbar zur Deutung der *Diedergruppe* G_6, G_8 und G_{10}, indem wir die vorstehenden Verhältnisse dualistisch entgegengesetzt interpretieren. Bei den $45 \cdot 22$ Verbindungsgeraden der Perspectivitätscentren finden folgende Coincidenzen statt. Erstlich fallen diese Geraden *36 Male zu je 10 zusammen* und liefern dabei die 36 Doppelwendetangenten, deren einzelne gegenüber der aus den fünf zugehörigen G_2 erzeugbaren Dieder-G_{10} invariant ist. Zweitens fallen die fraglichen Geraden *45 Male zu je 6 zusammen* und liefern so die 45 Perspectivitätsaxen, deren einzelne gegenüber der aus vier zugehörigen G_2 erzeugbaren Dieder-G_8 invariant ist. Drittens fallen die Verbindungsgeraden der Centren *zweimal 60 Male zu je 3 zusammen* und ergeben so die $2 \cdot 60$ Geraden, deren einzelne gegenüber der aus den drei zugehörigen G_2 erzeugbaren G_6 invariant ist.

Von besonderem Interesse sind die zu unserer Collineationsgruppe G_{360} gehörenden Kegelschnittsysteme. Wir haben zuerst den G_{24} zugehörig *zwei Systeme con je 15 Oktaeder-Kegelschnitten* zu nennen. Gehen wir vom Kegelschnitt (1), pg. 620, der bevorzugten G_{24} aus und wenden die Gruppenerzeugenden S, T, U (cf. pg. 625) auf denselben an, so gewinnen wir für das erste System die drei bezüglich der G_{24} inäquivalenten Kegelschnitte:

$$(4) \begin{cases} x_1^2 + x_2^2 + x_3^2 = 0, \\ \dfrac{-1\sqrt{5} + 3i\sqrt{3}}{2}\, x_1^2 + \sqrt{5}\,(x_2^2 + x_3^2) + 2i\sqrt{3}\, x_2 x_3 = 0, \\ \varrho x_1^2 + \varrho^2 x_2^2 + x_3^2 + \dfrac{i\sqrt{3}(\sqrt{5} + i\sqrt{3})}{2}(\varrho x_2 x_3 + \varrho^2 x_3 x_1 + x_1 x_2) = 0. \end{cases}$$

Durch Ausübung der Permutationen und Zeichenwechsel der x_1, x_2, x_3 liefert die erste Gleichung einen, die zweite Gleichung sechs und die dritte acht Kegelschnitte. Indem man dieselben Gleichungen im zweiten unsymmetrischen Oktaeder-Coordinatensystem ansetzt und dann auf das erste zurücktransformiert, gelangt man zum zweiten Systeme der 15 Oktaeder-Kegelschnitte. Zwei bezüglich der G_{24} inäquivalente Oktaeder-Kegelschnitte dieses Systems sind durch:

$$(5) \begin{cases} x_1^2 + x_2^2 + \dfrac{1 + i\sqrt{15}}{4}\, x_3^2 = 0, \\ x_1^2 + x_2^2 - \sqrt{5}\,\dfrac{\sqrt{5} - i\sqrt{3}}{4}\, x_3^2 - 3\,\dfrac{1 - i\sqrt{15}}{4}\, x_1 x_2 \\ \qquad + i\sqrt{3}\,\dfrac{1 - i\sqrt{15}}{4}(x_1 + x_2)x_3 = 0 \end{cases}$$

gegeben. Aus dem ersten dieser Kegelschnitte erzeugt man mittelst der G_{24} im Ganzen drei, aus der zweiten die übrigen zwölf Oktaeder-Kegelschnitte des zweiten Systems.

Besonders bemerkenswerth sind wegen ihrer geringen Anzahl die *zwei Systeme von je sechs Ikosaeder-Kegelschnitten*. Die in unserer bevorzugten G_{24} enthaltene Tetraedergruppe G_{12} ist ihrerseits in zwei gleichberechtigten Ikosaedergruppen G_{60} enthalten. Es muss also zwei Kegelschnitte geben, welche gegenüber der G_{12} invariant sind und durch die der G_{12} nicht angehörenden Collineationen der G_{24} permutiert werden. Die einzigen Kegelschnitte, von denen dies gilt, sind durch:

$$(6) \qquad \varrho^{\pm 1} x_1{}^2 + \varrho^{\mp 1} x_2{}^2 + x_3{}^2 = 0$$

gegeben; in ihnen haben wir also zwei Ikosaeder-Kegelschnitte des einen Systems vor uns. Die anderen vier Ikosaeder-Kegelschnitte dieses Systems gewinnt man durch die vermittelst der Collineationen S, T, U':

$$(7) \quad \begin{cases} x_1{}^2 + x_2{}^2 + x_3{}^2 - i\sqrt{3}\,\dfrac{\sqrt{5}-i\sqrt{3}}{2}\,(x_2 x_3 + x_3 x_1 + x_1 x_2) = 0, \\[2mm] x_1{}^2 + x_2{}^2 + x_3{}^2 + i\sqrt{3}\,\dfrac{\sqrt{5}-i\sqrt{3}}{2}\,(-x_2 x_3 + x_3 x_1 + x_1 x_2) = 0, \\[2mm] x_1{}^2 + x_2{}^2 + x_3{}^2 + i\sqrt{3}\,\dfrac{\sqrt{5}-i\sqrt{3}}{2}\,(x_2 x_3 - x_3 x_1 + x_1 x_2) = 0, \\[2mm] x_1{}^2 + x_2{}^2 + x_3{}^2 + i\sqrt{3}\,\dfrac{\sqrt{5}-i\sqrt{3}}{2}\,(x_2 x_3 + x_3 x_1 - x_1 x_2) = 0. \end{cases}$$

Noch übersichtlicher gestalten sich die Gleichungen der sechs Kegelschnitte des zweiten Systems:

$$(8) \quad \begin{cases} x_2{}^2 + x_3{}^2 - \dfrac{1+i\sqrt{15}}{2}\,x_1{}^2 \pm 2i\sqrt{3}\,x_2 x_3 = 0, \\[2mm] x_3{}^2 + x_1{}^2 - \dfrac{1+i\sqrt{15}}{2}\,x_2{}^2 \pm 2i\sqrt{3}\,x_3 x_1 = 0, \\[2mm] x_1{}^2 + x_2{}^2 - \dfrac{1+i\sqrt{15}}{2}\,x_3{}^2 \pm 2i\sqrt{3}\,x_1 x_2 = 0. \end{cases}$$

Nennen wir mit Rücksicht auf die Beziehung der Ikosaeder-Kegelschnitte zu den Hauptfunctionen $\varphi\left(\frac{z}{s}\right)$ die linken Seiten der Gleichungen (8) etwa der Reihe nach $\Psi_1(x_1, x_2, x_3)$, ..., $\Psi_6(x_1, x_2, x_3)$, so werden sich diese Ausdrücke Ψ_1, ..., Ψ_6 bei Ausübung der Erzeugenden S, T, U' der Collineationsgruppe, von Kubikwurzeln der Einheit, als Factoren, abgesehen, einfach permutieren. In der That findet man leicht:

$$(S) \qquad (\Psi_1{}', \ldots, \Psi_6{}') = (\Psi_3,\ \Psi_4,\ \Psi_2,\ \Psi_1,\ \Psi_6,\ \Psi_5),$$

$$(T) \qquad (\Psi_1{}', \ldots, \Psi_6{}') = (\Psi_6,\ \Psi_5,\ \Psi_3,\ \Psi_4,\ \Psi_2,\ \Psi_1),$$

$$(U') \qquad (\Psi_1{}', \ldots, \Psi_6{}') = (\Psi_4,\ \Psi_1,\ \Psi_3,\ \Psi_2,\ \varrho\,\Psi_5,\ \varrho^2\,\Psi_6).$$

Zahlreiche weitere Sätze über unsere Collineationsgruppe ergeben sich aus der näheren Betrachtung dieser Kegelschnittsysteme. So findet man z. B. sofort: *Der einzelne Oktaeder-Kegelschnitt des einen Systems befindet sich immer mit drei Oktaeder-Kegelschnitten des anderen Systems in doppelter Berührung.* Die drei Berührungssehnen sind drei Perspectivitätsaxen, welche auf jenem ersten Kegelschnitt drei (auf der C_6 gelegene) Punktepaare b ausschneiden. Die Kegelschnitttangenten in den Punkten b des einzelnen Paares liefern als Schnittpunkte das (nicht auf der C_6 gelegene) zugehörige Perspectivitätscentrum. Von den Ikosaeder-Kegelschnitten gilt der Satz: *Jeder Ikosaeder-Kegelschnitt befindet sich mit den sechs Kegelschnitten des anderen Systems in doppelter Berührung, wobei die sechs Berührungssehnen Doppelwendetangenten der C_6 sind.*[*]) Der Kegelschnitt schneidet die C_6 in zwölf Wendepunkten c; und die zu den sechs Wendetangenten (bezüglich des Ikosaeder-Kegelschnittes) gehörenden Pole sind die sechs (nicht auf der C_6 gelegenen) Fixpunkte der in der correspondierenden G_{60} enthaltenen cyklischen Gruppen G_5. Diese sechs Punkte bilden in der Sprechweise von Clebsch[**]) ein „*zehnfach Brianchon'sches Sechseck*", während ihre Polaren, d. i. die sechs Doppelwendetangenten entsprechend ein „*zehnfach Pascal'sches Sechsseit*" liefern. Hierbei handelt es sich, falls man der ternären G_{60} die reelle Gestalt giebt, natürlich um nichts anderes als die geradlinige Ikosaedertheilung der Fig. 16 in I, pg. 72. Man wird hier leicht auch noch die sechs gleichfalls reellen Doppelwendetangenten, von denen die einzelne immer durch fünf „Kantenhalbierungspunkte" des Ikosaeders hindurch läuft, eintragen.[***])

An die betrachteten Kegelschnitte würden sich als nächst höhere Gebilde *die zehn gleichberechtigten Curven dritten Grades* der G_{36} und ihre *zehn Hesse'schen Covarianten desselben Grades* reihen. Doch wollen wir auf deren Discussion, da sich die Rechnungen im oktaedrischen Coordinatensystem etwas umständlich gestalten, nicht mehr eingehen.

---

[*]) Auch die sechs Ikosaeder-Kegelschnitte des einzelnen Systems stehen in bemerkenswerther Beziehung zu einander. Es verschwinden nämlich für je zwei Kegelschnitte des Systems die beiden simultanen Invarianten; und man kann zeigen, dass diese Eigenschaft hinreicht, um das ganze System der sechs Kegelschnitte projectiv zu definieren. Gerbaldi hat sich bereits 1882 mit diesem Kegelschnittsystem beschäftigt, ohne freilich damals die wichtige Beziehung desselben zur Collineationsgruppe G_{360} zu vermuthen; s. Gerbaldi's Arbeit „*Sui gruppi di sei coniche in involuzione*", Act. d. Turiner Acad. Bd. XVII, p. 566 ff.

[**]) Siehe die Nachweise in „Ikos.", pg. 218 oder auch in I, pg. 74.

[***]) Einige weitere Ausführungen über die Kegelschnitte findet man bei Wiman a. a. O. Übrigens sehe man die umfassende Darstellung bei Gerbaldi in der pg. 618 in der zweiten Note genannten Abhandlung.

§ 17. Die Galois'sche Resolvente der Transformationsgleichung.

Wir nehmen jetzt den mit dem Ende des § 9 unterbrochenen Gedankengang wieder auf, indem wir zur Aufstellung der Galois'schen Resolvente 360ten Grades der Transformationsgleichung gehen. Wir finden den Ausdruck dieser Resolvente, indem wir *die Hauptfunction J der Gruppe Γ als Covariante der Collineationsgruppe G_{360} in Gestalt einer rationalen Function auf der Curve C_6 aufbauen*.[*])

Versuchen wir ähnlich wie bei der G_{168} die Covarianten der in der Gleichung (15) pg. 625 der C_6 links stehenden Form $F(x_1, x_2, x_3)$ sechsten Grades anzusetzen, so haben wir zunächst *die Hesse'sche Covariante zwölften Grades:*

$$H(x_1, x_2, x_3) = \begin{array}{ccc} F_{11}, & F_{12}, & F_{13} \\ F_{21}, & F_{22}, & F_{23} \\ F_{31}, & F_{32}, & F_{33} \end{array},$$

unter $F_{11}, F_{12}, \ldots$ die partiellen zweiten Ableitungen von F verstanden (cf. pg. 638). Gleich 0 gesetzt schneidet diese Covariante auf der C_6 die 72 *Wendepunkte c* aus. Dasselbe leistet natürlich jede Curve der Schar:

$$\lambda H(x) + \mu F(x)^2 = 0$$

mit einem von 0 verschiedenen λ.

Unter diesen Curven findet sich eine, welche in das erste System der sechs Ikosaeder-Kegelschnitte zerfällt, und eine zweite, welche entsprechend das andere System der Kegelschnitte dieser Art liefert. Wir haben also nicht nötig, die etwas umständliche Berechnung der Covariante H zu leisten, sondern benutzen *zum Ausschnitt der 72 Punkte c auf der C_6 unter Bevorzugung der Kegelschnitte (8) pg. 648 die Covariante zwölften Grades:*

$$(1) \qquad H(x) = \prod \left\{ \left(x_1^2 + x_2^2 - \frac{1 + i\sqrt{15}}{2} x_3^2 \right)^2 + 12 x_1^2 x_2^2 \right\},$$

wobei sich das Productzeichen auf die drei cyklischen Permutationen der Indices der x bezieht.

Als zweite Covariante setzen wir *die mit den ersten Ableitungen von H geränderte Hesse'sche Determinante von F* an:

$$G'(x_1, x_2, x_3) = \begin{array}{cccc} F_{11}, & F_{12}, & F_{13}, & H_1 \\ F_{21}, & F_{22}, & F_{23}, & H_2 \\ F_{31}, & F_{32}, & F_{33}, & H_3 \\ H_1, & H_2, & H_3, & 0 \end{array}$$

---

[*]) Siehe die entsprechenden Verhältnisse bei der Collineationsgruppe G_{168} in „Mod." I, pg. 732 ff.

Dieselbe ist *vom Grade 30* und schneidet also auf der C_6 ein invariantes System von 180 Punkten aus, sofern nicht etwa G' den Factor F enthalten sollte. Nun giebt es auf der C_6 zwei invariante Systeme von 180 Punkten, nämlich erstens die 180 Punkte a und zweitens das doppelt gezählte System der 90 Punkte b. Die Annahme, $G'(x) = 0$ schneide die 180 Punkte a aus, führt aber leicht zu einem Widerspruch. Ein einzelner Punkt a liegt nämlich immer auch auf einer Perspectivitätsaxe. Diese Axe kann kein Bestandtheil der Curve $G'(x) = 0$ sein, da sonst die Covariante 30ten Grades $G'(x) = 0$ alle 45 Perspectivitätsaxen enthielte. Da nun die Curve $G'(x) = 0$ als Covariante von F durch die fragliche Perspectivität gleichfalls in sich transformiert wird, so muss diese Curve an der Stelle a die Perspectivitätsaxe entweder senkrecht schneiden und berührt hier alsdann die C_6, oder sie hat in a einen Doppelpunkt. In beiden Fällen zählt a als Schnittpunkt von $G'(x) = 0$ und $F(x) = 0$ doppelt. Aber auch dies ist unmöglich, da diese beiden Curven 180 und nicht $2 \cdot 180$ Schnittpunkte liefern. Falls demnach $G'(x)$ längs der Curve C_6 nicht identisch verschwindet, wird durch die Curve $G'(x) = 0$ das System der 90 Punkte b doppelt gezählt ausgeschnitten. Wir brauchen aber auch hier nicht die Covariante $G'(x)$ auszurechnen; denn dieser Ausschnitt der Punkte b wird bereits *von jedem der beiden Systeme der Oktaeder-Kegelschnitte* geleistet, deren einzelner (zufolge der pg. 649 gegebenen Entwicklungen) die C_6 in sechs Punkten b berührt. Unter Bevorzugung der Kegelschnitte (5) pg. 647 bedienen wir uns *zum Ausschnitt des doppelt gezählten Systems der 90 Punkte b auf der C_6 der Covariante* 30ten *Grades:*

$$(2) \quad G(x) = \prod \left(x_1^2 + x_2^2 + \frac{1 + i\sqrt{15}}{4} x_3^2 \right) \cdot \prod \left\{ x_1^2 + x_2^2 - \sqrt{5}\frac{\sqrt{5} - i\sqrt{3}}{4} x_3^2 \right.$$
$$\left. - 3\frac{1 - i\sqrt{15}}{4} x_1 x_2 + i\sqrt{3}\frac{1 - i\sqrt{15}}{4}(x_1 + x_2) x_3 \right\},$$

wo sich das erste Productzeichen auf die cyklischen Permutationen der Indices der x, das zweite auf zwölf geeignet gewählte Operationen unserer bevorzugten Oktaedergruppe G_{24} bezieht.

An dritter Stelle bilden wir *die Functionaldeterminante von F, G und H:*

$$K'(x_1, x_2, x_3) = \begin{vmatrix} F_1, & F_2, & F_3 \\ G_1, & G_2, & G_3 \\ H_1, & H_2, & H_3 \end{vmatrix},$$

welche *dem Grade 45* angehört. Ist K' nicht längs der C_6 identisch 0, so schneidet $K' = 0$ auf der C_6 ein invariantes System von 270 Punkten aus, also entweder die Punkte b dreifach gezählt oder die Punkte a und b, je einfach gezählt. Aber man sieht mittelst der eben an $G'(x)$ angeschlossenen Überlegung, *dass $K'(x) = 0$ nothwendig die 45 Perspectivitätsaxen darstellen muss.* Somit brauchen wir auch K' nicht auszurechnen, da wir diese Covariante bis auf einen numerischen Factor aus den Gleichungen (1), pg. 645, sofort bilden können. *Den Ausschnitt der Punkte a und b, je einfach gezählt, auf der C_6 vollziehen wir durch Nullsetzen der Covariante 45ten Grades:*

$$(3) \quad K(x) = x_1 x_2 x_3 (x_2{}^2 - x_3{}^2)(x_3{}^2 - x_1{}^2)(x_1{}^2 - x_2{}^2) \prod \prod \left(x_1 + x_2 \div \frac{\sqrt{5} + i\sqrt{3}}{2} x_3 \right).$$

$$\prod \left(\frac{1 + i\sqrt{3}}{2} x_1 + \frac{1 + \sqrt{5}}{2} x_2 + \frac{-1 + i\sqrt{3}}{2} \cdot \frac{-1 + \sqrt{5}}{2} x_3 \right),$$

wo sich das erste Productzeichen auf gewisse 12, das zweite aber auf alle 24 Operationen der bevorzugten G_{24} bezieht.

Wenn wir nun die Hauptfunction $J(\zeta)$ der Gruppe Γ als 360-werthige rationale Function auf der Curve C_6 darstellen wollen, so beachten wir, dass die 360 Nullpunkte von J zu Paaren an den 180 Stellen a zusammenfallen, während die 360 Pole zu je 5 an den 72 Stellen c coincidieren. Demnach ist der Ausdruck $(JGH^5 : K^2)$, der nur noch von den Quotienten der x_1, x_2, x_3 abhängt, eine von Polen und Nullpunkten freie Function, d. h. eine Constante. Ebenso fallen die 360 Nullpunkte von $(J - 1)$ zu je 4 an den 90 Stellen b zusammen, und also erkennt man auch in $(J - 1 \, H^5 : G^2)$ eine Constante. Für die Darstellung von J gewinnen wir so den Ansatz:

$$(4) \qquad\qquad J : J - 1 : 1 = \alpha K^2 : \beta G^3 : \gamma G H^5,$$

wo α, β, γ drei Constante sind, die nur in ihren Quotienten zur Geltung kommen.

Für die Bestimmung dieser Constanten kann man erstlich den Umstand benutzen, dass $(\alpha K^2 - \beta G^3)$ für irgend einen Punkt c, dessen Coordinaten wir berechnen können, verschwinden muss, während zweitens $(\beta G^2 + \gamma H^5)$ für irgend einen Punkt a, dessen Coordinaten zu berechnen sein würden, zu null werden muss. Aber diese Rechnungen gestalten sich wegen des hohen Grades der Ausdrücke G, H und K recht umständlich, so dass wir uns mit der Darstellung von J in der unfertigen Gestalt (4) begnügen wollen. *In dieser Gleichung (4) im Verein mit der Gleichung:*

$$(5) \qquad\qquad F(x_1, x_2, x_3) = 0$$

unserer Curve C_6 haben wir nun die Galois'sche Resolvente der Transformationsgleichung vor uns. Die algebraische Aufgabe würde darin bestehen, dass man bei gegebenem J durch Auflösung der Gleichungen (4) und (5) eine erste zugehörige Stelle x_1, x_2, x_3 als „Wurzel der Galois'schen Resolvente" berechnet, worauf dann der Galois'sche Charakter des Problems dadurch zur Geltung kommt, dass in jenem ersten Lösungssystem x_1, x_2, x_3 alle 360 Lösungssysteme linear mit zahlentheoretisch einfachen Substitutionscoefficienten, nämlich durch die Substitutionen unserer G_{360}, darstellbar sind.[*]

Nach Erledigung dieses Problems sind die Wurzeln der Resolventen 6ten und 15ten Grades, sowie die Wurzeln der Transformationsgleichung selbst rational berechenbar. Indem wir uns also jetzt zu unserer letzten Aufgabe, nämlich zur *Auflösung jener Resolventen und derjenigen der Transformationsgleichung* hinwenden, werden wir diese Aufgabe in dem Sinne zu fassen haben, dass wir die Hauptfunctionen $\psi(\zeta)$, $\chi(\zeta)$ und $\varphi(\zeta)$ der Gruppen Γ_6, Γ_{15} und Γ_{10} als rationale Functionen auf der Curve C_6 darstellen.

§ 18. Die Lösung der Resolventen 6ten und 15ten Grades.

Zur Darstellung der Lösungen φ unserer beiden Resolventen 6ten Grades (4), pg. 593, in einer Lösung der Galois'schen Resolvente, d. h. also zur Darstellung der Hauptfunctionen $\varphi(\zeta)$ der Gruppen Γ_6 als rationaler Functionen auf der Curve C_6 haben wir uns der Ikosaeder-Kegelschnitte zu bedienen. Knüpfen wir die Betrachtung etwa an den Kegelschnitt:

$$(1) \qquad x_2^2 + x_3^2 - \frac{1 + i\sqrt{15}}{2} x_1^2 + 2 i \sqrt{3}\, x_2 x_3 = 0,$$

---

[*] Entwickelt man, wie es bei Wiman geschehen ist, die Theorie der Collineationsgruppe G_{360} independent, d. i. unabhängig von der hier vorausgeschickten, der Theorie der automorphen Functionen entstammenden, transcendenten Grundlage, so kann man bei der jetzt in der Darstellung des Textes erreichten Stelle den Anschluss an die transcendente Theorie gewinnen. Wenn man nämlich die Curve C_6 mittelst der in (4) erklärten Function auf die J-Ebene abbildet, so gewinnt man als Abbild eine regulär-symmetrische Riemann'sche Fläche F_{360} von 360 Blättern über der J-Ebene, welche die pg. 611 beschriebene Verzweigung hat. Zufolge des „Grenzkreistheorems" existirt auf dieser F_{360} eine polymorphe Function $\zeta(J)$ vom Grenzkreischarakter, welche den eindeutigen Transformationen der F_{360} in sich entsprechend selber lineare Substitutionen erster bezw. zweiter Art erfährt. Speciell den symmetrischen Umformungen der Fläche in sich entsprechen *Spiegelungen* von ζ; und es ist von hier aus sofort klar, dass das einzelne Halblatt der Riemann'schen Fläche auf ein von Symmetriekreisen eingegrenztes Dreieck der Winkel $\frac{\pi}{2}$, $\frac{\pi}{4}$, $\frac{\pi}{5}$ in der ζ-Ebene abgebildet wird. Wir haben damit die Variabele ζ wiedergewonnen, welche oben als Argument zugehöriger automorpher Functionen an die Spitze gestellt wurde.

so schneidet dieser auf der Curve C_6 ein System von zwölf bezüglich der zugehörigen Ikosaeder-G_{60} äquivalenter Punkte c aus. Nun lehrt ein Blick auf die Fig. 108, pg. 592, dass die 72 Punkte c bezüglich der G_{60} in ein System von zwölf äquivalenten Punkten, repräsentiert durch den Punkt c_0 jener Figur, und ein Restsystem von 60 äquivalenten Punkten, repräsentiert durch c_1, zerfallen. Jenes erste Punktsystem wird also durch den Kegelschnitt (1) ausgeschnitten, das zweite System der 60 Punkte c aber durch die fünf anderen mit (1) gleichberechtigten Ikosaeder-Kegelschnitte.

Nun galt für die pg. 592 ausgewählte Hauptfunction $\psi(c_0) = 0$, $\psi(c_1) = \infty$; die 60 Nullpunkte von v auf der C_6 coincidieren somit zu je fünf an den zwölf Stellen c des ersten Systems, während die 60 Pole die Punkte c des zweiten Systems sind. Vermöge der bereits bei der Galois'schen Resolvente angewandten functionentheoretischen Überlegung finden wir somit, dass ψ bis auf einen constanten Factor durch den Quotienten der 5ten Potenz der in (1) links stehenden Form und des Productes der fünf gleichberechtigten Formen oder (was kürzer ist) durch den Quotienten der 6ten Potenz der Form (1) und unserer Covariante $H(x)$ dargestellt wird:

$$\psi = C\,\frac{\left(x_2{}^2 + x_3{}^2 - \frac{1+i\,\sqrt{15}}{2}\,x_1{}^2 + 2i\,\sqrt{3}\,x_2 x_3\right)^6}{H(x)}$$

Zur Bestimmung der Constanten C hat man nur zu beachten, dass die Collineation $x_1{}' = -x_1$, $x_2{}' = -x_2$, $x_3{}' = x_3$ von der Periode 2, welche den Punkt b der Coordinaten $x_1 = i$, $x_2 = 1$, $x_3 = 0$ zum Fixpunkte hat, die Function v *nicht* in sich transformiert. Dieser Punkt b ist demnach bezüglich der G_{60} mit dem in Fig. 108, pg. 592, mit b_1 bezeichneten Punkte äquivalent, da nur dieser Eckpunkt b_1 (nicht aber b_2) im geschlossen gedachten Discontinuitätsbereiche von vier Doppeldreiecken umlagert ist. Nun war aber $\psi(b_1) = 1$, so dass die für ψ angesetzte Gleichung für $v = 1$, $x_1 = i$, $x_2 = 1$, $x_3 = 0$ richtig werden muss. Hieraus folgt sofort:

$$C = \frac{1+i\,\sqrt{15}}{2},$$

so dass wir für v die endgültige Darstellung erhalten:

$$(2) \qquad \psi = \frac{1+i\,\sqrt{15}}{2} \cdot \frac{\left(x_2{}^2 + x_3{}^2 - \frac{1+i\,\sqrt{15}}{2}\,x_1{}^2 + 2i\,\sqrt{3}\,x_2 x_3\right)^6}{H(x)}.$$

Um festzustellen, welcher von den beiden Resolventen (4), pg. 593, diese Wurzel ψ angehört, trage man die Coordinaten $x_2 = i$, $x_3 = 1$,

$x_1 = 0$ in (2) ein; dieselben liefern einen Punkt b, von dem man leicht erkennt, dass er bezüglich der G_{60} mit dem Punkte b_2 des Discontinuitätsbereiches der Fig. 108, pg. 592, äquivalent ist. Die Rechnung liefert an dieser Stelle:

$$\psi(b_2) = \frac{11 + 3\,i\,\sqrt{15}}{2},$$

so dass wir mit der zu den *oberen* Zeichen gehörenden Resolvente (4), pg. 593, zu thun haben.

Da sich nun die linken Seiten der Gleichungen (8), pg. 648, für welche wir die Bezeichnungen $\Psi_k(x_1, x_2, x_3)$ oder kurz $\Psi_k(x)$ wieder aufnehmen wollen, gegenüber den ternären Substitutionen unserer G_{360} von dritten Einheitswurzeln, als Factoren, abgesehen, zufolge pg. 648 einfach permutieren, so überträgt sich die Darstellung (2) sofort auf die fünf übrigen Wurzeln unserer Resolvente. Bezeichnen wir diese Wurzeln, wie pg. 614, durch $\psi_1, \psi_2, \ldots$, so entspringt als Ergebniss: *Die sechs Wurzeln der Resolvente 6ten Grades* (4)*, pg. 593, mit den oberen Zeichen stellen sich als rationale Functionen auf der Curve C_6 so dar:*

$$(3) \qquad \psi_k = \frac{1 + i\,\sqrt{15}}{2} \cdot \frac{\Psi_k(x)^6}{H(x)}. \qquad (k = 1, 2, \ldots, 6).$$

Für die zweite Resolvente 6ten Grades gelten ganz analoge Überlegungen. Wir begnügen uns damit, für die etwa zur ersten Gleichung (7), pg. 648, gehörende Wurzel ψ' der zweiten Resolvente die Darstellung mitzutheilen:

$$(4) \quad \psi' = -\frac{1 + i\,\sqrt{15}}{2} \cdot \frac{\left(x_1^2 + x_2^2 + x_3^2 - i\,\sqrt{3} \cdot \frac{\sqrt{5} - i\,\sqrt{3}}{2}(x_2 x_3 + x_3 x_1 + x_1 x_2)\right)^6}{H(x)},$$

deren Richtigkeit man leicht darthun wird.

Zufolge (3) können wir die Quotienten der 6ten Wurzeln der ψ_k, in denen wir bereits pg. 614 eindeutige Functionen der Gruppe Γ_{360} erkannten, durch die Proportion darstellen:

$$(5) \qquad \sqrt[6]{\psi_1} : \sqrt[6]{\psi_2} : \cdots : \sqrt[6]{\psi_6} = \Psi_1(x) : \Psi_2(x) : \cdots : \Psi_6(x).$$

In den $\Psi_k(x)$ haben wir also jene sechs Verhältnissgrössen vor uns, welche wir pg. 614 unter der Bezeichnung $\omega_1, \omega_2, \ldots, \omega_6$ einführten. Auch die übrigen damaligen Angaben sind jetzt einleuchtend. *Die $\Psi_k(x)$ bilden sechs linear-unabhängige quadratische Formen der x_1, x_2, x_3;* denn es gelingt sofort, die sechs Ausdrücke $x_1^2, x_2^2, \ldots, x_1 x_2$ linear in den $\Psi_k(x)$ darzustellen:

$$
(6)\quad
\begin{cases}
x_1{}^2 = \dfrac{-1 + i\sqrt{15}}{24}\,(\Psi_1 + \Psi_2) + \dfrac{1}{12}(\Psi_3 + \Psi_4 + \Psi_5 + \Psi_6), \\[2ex]
x_2{}^2 = \dfrac{-1 + i\sqrt{15}}{24}\,(\Psi_3 + \Psi_4) + \dfrac{1}{12}(\Psi_1 + \Psi_2 + \Psi_5 + \Psi_6), \\[2ex]
x_3{}^2 = \dfrac{-1 + i\sqrt{15}}{24}\,(\Psi_5 + \Psi_6) + \dfrac{1}{12}(\Psi_1 + \Psi_2 + \Psi_3 + \Psi_4), \\[2ex]
x_2 x_3 = \dfrac{1}{4\, i\sqrt{3}}(\Psi_1 - \Psi_2), \\[2ex]
x_3 x_1 = \dfrac{1}{4\, i\sqrt{3}}(\Psi_3 - \Psi_4), \\[2ex]
x_1 x_2 = \dfrac{1}{4\, i\sqrt{3}}(\Psi_5 - \Psi_6).
\end{cases}
$$

Wir erkennen, dass der *Übergang von den Hauptfunctionen* $v(\zeta)$ *zu der dreifach unendlichen Schar der sechswerthigen Specialfunctionen*, deren Existenz wir pg. 615 gefunden hatten, ein sehr einfacher ist:

$$
(7)\qquad x_1 : x_2 : x_3 = \frac{1}{\sqrt[6]{v_1} - \sqrt[6]{v_2}} : \frac{1}{\sqrt[6]{v_3} - \sqrt[6]{v_4}} : \frac{1}{\sqrt[6]{v_5} - \sqrt[6]{v_6}}
$$

Zugleich ergeben sich jetzt explicite die in (5), pg. 615, angesetzten *linearen Darstellungen der 6ten Wurzeln aus den Lösungen v der einen Resolvente 6ten Grades in den 6ten Wurzeln der Lösungen der anderen Resolvente;* so findet man z. B. für die 6te Wurzel der unter (4) dargestellten Lösung ψ' der zweiten Resolvente auf Grund der Relationen (5) und (6):

$$
(8)\quad \sqrt[6]{\psi'} = \frac{\sqrt{3} - i\}\sqrt[3]{3}}{4\}\sqrt{3}}\left(\varrho^2(\sqrt[6]{v_1} + \sqrt[6]{\psi_3} + \sqrt[6]{\psi_5}) + \varrho\,\sqrt[6]{v_2} + \sqrt[6]{v_4} + \sqrt[6]{v_6}\right).
$$

Um die Wurzeln der beiden Resolventen 15ten Grades als rationale Functionen auf der Curve C_6 darzustellen, erinnern wir daran, dass die Oktaedergruppen G_{24} des einzelnen Systems den Paaren von Ikosaedergruppen G_{60} des zugehörigen Systems der G_{60} eindeutig zugeordnet waren. Es seien demnach $\Psi = 0$ und $\Psi' = 0$ irgend zwei gleichberechtigte Ikosaeder-Kegelschnitte, und $\Omega = 0$ sei der diesem Paare zugeordnete Oktaeder-Kegelschnitt.

Dieser Kegelschnitt $\Omega = 0$ berührt die Curve C_6 in sechs bezüglich der zugehörigen G_{24} äquivalenten Punkten b. Der Discontinuitätsbereich der Fig. 110, pg. 596, zeigt, dass es bei der G_{24} nur ein einziges System von *sechs* äquivalenten Punkten b giebt, welches durch die Ecke b_1 der genannten Figur repräsentiert wird. Für diesen Punkt b_1 gilt zufolge (19), pg. 606:

$$
(9)\qquad \chi(b_1) = \frac{3\sqrt{5} \pm i\}\sqrt{3}}{8}.
$$

Das Product $\Psi \cdot \Psi'$ ist eine Covariante der G_{24}, so dass wir durch $\Psi \cdot \Psi' = 0$ auf der C_6 ein System von 24 bezüglich der G_{24} äquivalenten Punkte c ausschneiden. Zufolge (5), pg. 602, und (10), pg. 603, sind diese Punkte die 24 Pole der Function χ auf der C_6. Unsere wiederholt angewandte functionentheoretische Schlussweise liefert somit den Satz: *Die Wurzeln der Resolventen 15ten Grades stellen sich auf der Curve C_6 in der Gestalt:*

$$(10) \qquad \chi - \frac{3\sqrt{5} \pm i\sqrt{3}}{8} = C \frac{(\Omega(x))^2}{\Psi(x) \cdot \Psi'(x)}$$

dar, wo C in jedem Falle eine Constante ist.

Die Bestimmung von C bietet keine Schwierigkeit. Wählen wir als Beispiel $\Psi = \varrho x_1^2 + \varrho^2 x_2^2 + x_3^2$, $\Psi' = \varrho^2 x_1^2 + \varrho x_2^2 + x_3^2$, so gehört diesem Paare $\Omega = x_1^2 + x_2^2 + x_3^2$ zu. Bei der correspondierenden Resolvente 6ten Grades (4), pg. 593, gilt das untere Zeichen (wie wir aus der eben beendeten Besprechung dieser Resolventen wissen), und also trifft für dieses Beispiel im Ansatze (10) links gleichfalls das untere Zeichen zu:

$$(11) \qquad \chi - \frac{3\sqrt{5} - i\sqrt{3}}{8} = C \frac{(x_1^2 + x_2^2 + x_3^2)^2}{x_1^4 + x_2^4 + x_3^4 - x_2^2 x_3^2 - x_3^2 x_1^2 - x_1^2 x_2^2}.$$

Man ziehe nun die Collineation der Periode 4:

$$x_1' = \frac{1}{2} x_1 - \frac{1}{2} x_2 + \frac{\sqrt{5} + i\sqrt{3}}{4} x_3,$$

$$x_2' = -\frac{1}{2} x_1 + \frac{1}{2} x_2 + \frac{\sqrt{5} + i\sqrt{3}}{4} x_3,$$

$$x_3' = -\frac{\sqrt{5} - i\sqrt{3}}{4} (x_1 + x_2)$$

mit dem Fixpunkte der Coordinaten:

$$(12) \qquad x_1 = 1, \qquad x_2 = 1, \qquad x_3 = \frac{\sqrt{3} + i\sqrt{5}}{2}$$

heran.[*] Da

$$\Omega(x') = \frac{\sqrt{5} - i\sqrt{3}}{8} \left(-\frac{\sqrt{5} + 3i\sqrt{3}}{2} x_3^2 + \sqrt{5}(x_1^2 + x_2^2) - 2i\sqrt{3} x_1 x_2 \right)$$

gilt, so wird χ durch die fragliche Operation nicht in sich transformiert. Die zweite Potenz dieser Operation $x_1' = -x_2$, $x_2' = -x_1$, $x_3' = -x_3$ führt jedoch χ in sich über. Der Punkt mit den Coordinaten (12) ist

---

[*] Es handelt sich hier einfach um diejenige Substitution, welche sich in dem zweiten der beiden unsymmetrischen Oktaeder-Coordinatensysteme $x_1' = x_3$, $x_2' = x_2$, $x_3' = -x_1$ schreibt.

demnach mit dem Eckpunkte b_5 der Fig. 110, pg. 596, äquivalent, in welchem zufolge (23), pg. 607:

$$(13) \qquad\qquad \chi(b_5) = \sqrt{5}$$

zutrifft. Die Eintragung der Werthe (12) und (13) in den Ansatz (11) liefert in üblicher Weise den Werth der Constanten C. *Die hier als Beispiel gewählte Lösung χ unserer einen Resolvente 15ᵗᵉⁿ Grades stellt sich demnach so dar:*

$$(14) \quad \chi = \frac{3\sqrt{5} - i\sqrt{3}}{8} - \frac{\sqrt{5} - i\sqrt{3}}{2} \cdot \frac{(x_1{}^2 + x_2{}^2 + x_3{}^2)^2}{x_1{}^4 + x_2{}^4 + x_3{}^4 - x_2{}^2 x_3{}^2 - x_3{}^2 x_1{}^2 - x_1{}^2 x_2{}^2}$$

§ 19. Lösung der Transformationsgleichung 10ᵗᵉⁿ Grades.

Für die Lösung der Transformationsgleichung (17), pg. 576, d. i. für die Darstellung der Hauptfunctionen $\varphi\binom{z}{\tau}$ der Gruppen Γ'_{10} als rationaler Functionen auf der Curve C_6 haben wir die zehn Curven dritten Grades $f(z_1, z_2, z_3) = 0$ und ihre Hesse'schen Curven $h(z_1, z_2, z_3) = 0$ von pg. 638 ff. heranzuziehen. Wir wollen hierbei an dem harmonischen Coordinatensysteme der z_1, z_2, z_3 festhalten, weil (wie schon pg. 649 bemerkt wurde) die Gleichungen der $2 \cdot 10$ Curven C'_3 im oktaedrischen Systeme der x_1, x_2, x_3 etwas unübersichtlich ausfallen.

Für eine erste Γ_{10} bezw. G_{36} haben wir die beiden C_3:

$$(1) \quad f_1(z) = z_1{}^3 + 3z_1 z_2{}^2 + 3z_2 z_3{}^2 = 0, \quad h_1(z) = z_1{}^2 z_2 - z_1 z_3{}^2 - z_2{}^3 = 0.$$

Das Coordinatendreieck der z wird von den Fixpunkten einer in der G_{36} enthaltenen cyklischen G_4 geliefert. Da die zehn G_{36} je neun von den 45 cyklischen G_4 enthalten, so kommt jede G_4 in *zwei* Gruppen G_{36} vor. Diese beiden G_{36} werden durch eine der vier unter (8), pg. 639, gemeinten Perspectivitäten, etwa:

$$z_1{}' = \frac{1 + i\sqrt{5}}{\sqrt{2 \mid 3}} z_2, \quad z_2{}' = \frac{1 - i\sqrt{5}}{\sqrt{6 \mid 3}} z_1, \quad z_3{}' = z_3$$

in einander transformiert. Die Ausübung dieser Transformation auf (1) liefert als zur zweiten G_{36} gehörig die beiden Curven C_3:

$$(2) \quad \begin{cases} f_2(z) = z_1{}^2 z_2 + z_1 z_3{}^2 + \left(\dfrac{2 - i\sqrt{5}}{3}\right)^2 z_3{}^3 = 0, \\[2mm] h_2(z) = \left(\dfrac{2 + i\sqrt{5}}{3}\right)^2 z_1{}^3 - 3z_1 z_2{}^2 + 3z_2 z_3{}^2 = 0. \end{cases}$$

Die übrigen $2 \cdot 8$ Gleichungen $f_3(z) = 0$, $h_3(z) = 0$, ... fallen auch im harmonischen Coordinatensystem der z_1, z_2, z_3 nicht ganz einfach aus.

Es sei nun eine beliebige der zehn Gruppen G_{36} vorgelegt, deren Curven C_3 durch $f(z) = 0$, $h(z) = 0$ gegeben seien. Jede dieser beiden Curven C_3 schneidet unsere Curve C_6' in einem System von 18 bezüglich der G_{36} äquivalenten Punkten. Zufolge des durch Fig. 106, pg. 567, gegebenen Discontinuitätsbereiches der Γ_{10} giebt es im Ganzen vier Systeme von 18 bezüglich der G_{36} äquivalenten Punkten: erstlich zwei Systeme von je 18 Punkten a, repräsentiert durch die Ecken a_4 und a_5 in Fig. 106, zweitens zwei Systeme von je neun doppelt zu zählenden Punkten b, repräsentiert durch die Ecken b_1 und b_5 der genannten Figur. Es ist nun ohne weiteres deutlich, dass die an zweiter Stelle genannten beiden Systeme der Punkte b von unseren beiden Curven C_3 auf der C_6 je doppelt gezählt ausgeschnitten werden. So berührt z. B. die Curve $f_1(z) = 0$ die C_6 in dem von der Ecke $z_1 = 0$, $z_3 = 0$ des Coordinatendreiecks gelieferten Punkte b; beide Curven, die C_3' und die C_6' gehen durch die zur Axe $z_3 = 0$ gehörende Perspectivität in sich über und schneiden demnach jene Axe senkrecht. Dasselbe Sachverhältniss liegt beim Schnitt der Curve $h_1(z) = 0$ mit der C_6' in der Ecke $z_2 = 0$, $z_3 = 0$ vor: *Die Curven $f(z) = 0$ und $h(z) = 0$ berühren die Curve C_6' in je neun bezüglich der G_{36} äquivalenten Punkten b, welche durch die Polygonecken b_1 und b_5 der Fig. 106 repräsentiert werden.*

Zufolge (17), pg. 576, sind die Werthe $\varphi(b_1)$ und $\varphi(b_5)$ die Wurzeln der quadratischen Gleichung:

$$\varphi^2 + \sqrt{15}\,(1 + i\sqrt{3})\varphi + \frac{1 - i\sqrt{3}}{2} = 0,$$

und zwar gilt nach (18), pg. 578, genauer:

$$(3) \qquad \varphi(b_1) = \varrho^2(\sqrt{15} - 4), \qquad \varphi(b_5) = \varrho^2(\sqrt{15} + 4).$$

Bilden wir demnach den Quotienten:

$$(4 \qquad \frac{\varrho\varphi - \sqrt{15} + 4}{\varrho\varphi - \sqrt{15} - 4},$$

so werden die 36 Nullpunkte desselben zu je vier in den neun Berührungspunkten der einen der beiden Curven $f(z) = 0$, $h(z) = 0$ zusammenfallen und die 36 Pole zu je vier in den neun Berührungspunkten der anderen C_3 mit der C_6'.

Es werden nun der Pol und der Nullpunkt der Function (4) durch die pg. 566 mit T'' bezeichnete Transformation gerade ausgetauscht. Die Wirkung dieser Transformation auf φ ist nämlich die in (20), pg. 579, angegebene, eine Substitution, die wir für unsere gegenwärtigen Zwecke besser in die Gestalt kleiden:

$$(5) \qquad \frac{\varrho \varphi' - \sqrt{15} - 4}{\varrho \varphi' - \sqrt{15} + 4} = - \left(\frac{\sqrt{5} + \sqrt{3}}{\sqrt{5} - \sqrt{3}}\right)^2 \cdot \left(\frac{1 + i \sqrt{5}}{1 - i \sqrt{5}}\right)^4 \cdot \frac{\varrho \varphi - \sqrt{15} + 4}{\varrho \varphi - \sqrt{15} - 4}.$$

Wenn wir demnach, um weitergehende Rechnungen zu vermeiden, annehmen, dass die Nullpunkte der Function (4) mit den Berührungspunkten der C_6 und der Curve $f = 0$ identisch seien, so müssen wir freilich dahingestellt sein lassen, ob in den Functionen (4) die Wurzeln φ unserer Transformationsgleichung (17), pg. 576, oder aber die mit ihnen durch die Relation (5) zusammenhängenden Wurzeln der anderen Gestalt (22), pg. 579, unserer Transformationsgleichung gemeint sind. Unter diesem Vorbehalte können wir den Satz aussprechen: *Die Darstellung der Wurzeln φ unserer Transformationsgleichung als rationaler Functionen auf der Curve C_6 ist geleistet durch:*

$$(6) \qquad \frac{\varrho \varphi - \sqrt{15} + 4}{\varrho \varphi - \sqrt{15} - 4} = C \left(\frac{f(z)}{h(z)}\right)^2,$$

wo C eine Constante ist.

Die Berechnung von C allerdings nur bis auf das Vorzeichen, dessen eindeutige Bestimmung weitergehende Rechnungen erfordern würde, kann man auf folgendem Wege durchführen. Die in (12), pg. 639, angegebene Transformation, welche die beiden a. a. O. gebrauchten harmonischen Coordinatensysteme austauscht, entspricht zwar der pg. 566 mit T' bezeichneten Transformation dritten Grades nicht unmittelbar, war aber doch bezüglich der G_{36} mit T' äquivalent. Es wird demnach der Transformation (12), pg. 639, die Überführung von φ in die in (5) links gemeinte Function φ' entsprechen:

$$\frac{\varrho \varphi' - \sqrt{15} + 4}{\varrho \varphi' - \sqrt{15} - 4} = C \left(\frac{f(z')}{h(z')}\right)^2.$$

Nun gilt zufolge (13), pg. 640, für die hier angewandte Transformation:

$$\frac{f(z')}{h(z')} = i \sqrt{27} \, \frac{h(z)}{f(z)},$$

so dass mit Rücksicht auf (5) aus der vorletzten Gleichung folgt:

$$\left(\frac{\sqrt{5} - \sqrt{3}}{\sqrt{5} + \sqrt{3}}\right)^2 \left(\frac{1 - i \sqrt{5}}{1 + i \sqrt{5}}\right)^4 \frac{\varrho \varphi - \sqrt{15} - 4}{\varrho \varphi - \sqrt{15} + 4} = 27 C \left(\frac{h(z)}{f(z)}\right)^2.$$

Durch Multiplikation mit (16) ergibt sich:

$$\left(\frac{\sqrt{5} - \sqrt{3}}{\sqrt{5} + \sqrt{3}}\right)^2 \left(\frac{1 - i \sqrt{5}}{1 + i \sqrt{5}}\right)^4 = 27 C^2,$$

woraus der Werth von C^2 eindeutig folgt. *Die Darstellung von* φ *ist somit (bis auf das unentschieden gebliebene Vorzeichen) geleistet durch:*

$$(7) \qquad \frac{\varrho\varphi - \sqrt{15} + 4}{\varrho\varphi - \sqrt{15} - 4} = \pm \frac{(4 - \sqrt{15})(1 - 4i\sqrt{5})}{27\sqrt[4]{3}} \left(\frac{f(z)}{h(z)}\right)^2.$$

Eine Bestätigung dieses Ergebnisses liefert die Transformation zweiter Art (16), pg. 641, welche die G_{36} in sich überführt. Sie lieferte für φ die Transformation der „Diametralsymmetrie":

$$(8) \qquad \varphi' = -\frac{1}{\bar{\varphi}},$$

während sie auf $f(z)$ und $h(z)$ wie folgt wirkt:

$$(9) \qquad f(z') = e^{\frac{7\pi i}{4}} \sqrt[4]{27}\, h(\bar{z}), \qquad h(z') = e^{\frac{5\pi i}{4}} \frac{1}{\sqrt[4]{27}}\, f(\bar{z}).$$

Die Anwendung der fraglichen Transformation auf Gleichung (6) liefert somit nach kurzer Zwischenrechnung:

$$\frac{4 - \sqrt{15}}{4 + \sqrt{15}} \cdot \frac{\varrho^2\bar{\varphi} - \sqrt{15} - 4}{\varrho^2\bar{\varphi} - \sqrt{15} + 4} = 27\,C\left(\frac{h(\bar{z})}{f(\bar{z})}\right)^2.$$

Ändern wir in dieser Gleichung überall die Vorzeichen der imaginären Bestandtheile, so folgt:

$$\frac{4 - \sqrt{15}}{4 + \sqrt{15}} \cdot \frac{\varrho\varphi - \sqrt{15} - 4}{\varrho\varphi - \sqrt{15} + 4} = 27\,\bar{C}\left(\frac{h(z)}{f(z)}\right)^2,$$

eine Gleichung, deren Multiplikation mit (6) ergiebt:

$$(4 - \sqrt{15})^2 = 27\,C\bar{C}.$$

Dieser Bedingung entspricht in der That der vorhin berechnete Werth von C.

Letzten Endes weisen wir noch darauf hin, *dass für die in* (1), *pg. 609, angegebenen Hauptfunctionen der zehn gleichberechtigten Gruppen* Γ_{20} *nun auch rationale Darstellungen auf der* C_6 *sich ergeben:*

$$\sqrt{\frac{\varrho\varphi - \sqrt{15} + 4}{\varrho\varphi - \sqrt{15} - 4}} = \frac{(\sqrt{5} - \sqrt{3})(2 + i\sqrt{5})}{3\sqrt{\pm 6\sqrt{3}}} \cdot \frac{f(z)}{h(z)}.$$

Sie stellen sich auf diese Weise unmittelbar als Quotienten von „Functionen φ" der Riemann'schen Fläche F_{360} dar; denn zehn linear-unabhängige Functionen dieser Art für unsere F_{360} des Geschlechtes $p = 10$ haben wir ja als „Verhältnissgrössen" in den zehn cubischen Ausdrücken $z_1^3, z_2^3, \ldots, z_1 z_2 z_3$.

Unsere nun beendete Darstellung hat jedenfalls dies gezeigt, dass
auch im Gebiete der Transformation der automorphen Functionen frucht-
bare und bemerkenswerthe Entwicklungen anzutreffen sind. Das aus
gewählte Beispiel mag sogar wetteifern können mit jenen schönen Entwicklungen, die Klein über die Transformation siebenten Grades der
elliptischen Functionen auf seine Theorie der Modulfunctionen gründete
(Math. Ann. Bd. 14, pg. 428 (1878) und „Mod." I, pg. 692 ff.). So mag
unsere Darstellung mit diesem kleinen Ausschnitt aus der Transformationstheorie der automorphen Functionen zum Abschluss kommen:
in ihm gelangt noch einmal der Charakter und die Schönheit jener
von Klein geschaffenen Richtung der Mathematik zum Ausdruck, welche
dahin strebt, die verschiedenen Gebiete der mathematischen Forschung
in lebendige Wechselwirkung zu setzen.

Sachregister.

*) II, 39 bedeutet Band II, Seite 39.